MANUALE E QUESITI

CONCORSI

544 ADDETTI CPI REGIONE LAZIO

249 Assistenti mercato del lavoro (**cat. C**)

295 Esperti mercato del lavoro (**cat. D**)

TEORIA e **QUIZ**
per la **prova scritta** e la **prova orale**

Accedi ai servizi riservati

Il codice personale contenuto nel riquadro dà diritto a servizi riservati ai clienti. Registrandosi al sito, dalla propria area riservata si potrà accedere a:

MATERIALI DI INTERESSE E CONTENUTI AGGIUNTIVI

CODICE PERSONALE

Grattare delicatamente la superficie per visualizzare il codice personale.
Le **istruzioni per la registrazione** sono riportate nella pagina seguente.
Il volume NON può essere venduto né restituito se il codice personale risulta visibile.
L'**accesso ai servizi riservati** ha la **durata di 18 mesi** dall'attivazione del codice e viene garantito esclusivamente sulle edizioni in corso.

Istruzioni per accedere ai contenuti e ai servizi riservati

SEGUI QUESTE SEMPLICI ISTRUZIONI

SE SEI REGISTRATO AL SITO

clicca su **Accedi al materiale didattico**

inserisci email e password

inserisci le ultime 4 cifre del codice ISBN, riportato in basso a destra sul retro di copertina

inserisci il tuo **codice personale** per essere reindirizzato automaticamente all'area riservata

SE NON SEI GIÀ REGISTRATO AL SITO

clicca su **Accedi al materiale didattico**

registrati al sito **edises.it**

attendi l'email di conferma per perfezionare la registrazione

torna sul sito **edises.it** e segui la procedura già descritta per utenti registrati

CONTENUTI AGGIUNTIVI

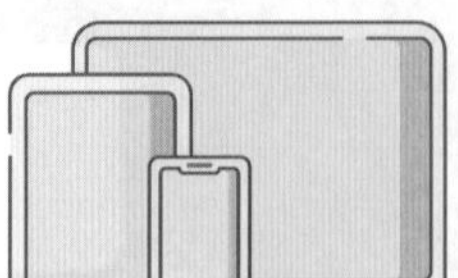

Per problemi tecnici connessi all'utilizzo dei supporti multimediali e per informazioni sui nostri servizi puoi contattarci sulla piattaforma **assistenza.edises.it**

Concorsi

544 ADDETTI CPI REGIONE LAZIO

249 Assistenti mercato del lavoro (cat. C)

295 Esperti mercato del lavoro (cat. D)

TEORIA e **QUIZ**
per la **prova scritta** e la **prova orale**

EdiSES
edizioni

Concorsi 544 addetti CPI Regione Lazio
I Edizione, 2022

9 8 7 6 5 4 3 2 1 0
2026 2025 2024 2023 2022

Le cifre sulla destra indicano il numero e l'anno dell'ultima ristampa effettuata

Progetto grafico: ProMedia Studio di A. Leano

Cover Design and Front Cover Illustration: Digital Followers Srl

Fotocomposizione: EdiSES Edizioni S.r.l.

Stampato presso: INDUSTRIA Grafica Vulcanica S.r.l. – Nola (NA)

Per conto della EdiSES Edizioni S.r.l. – Piazza Dante 89 – Napoli

ISBN 978 88 3622 719 8

www.edises.it

Sommario

Libro I
Diritto amministrativo e disciplina del pubblico impiego

Sezione I DIRITTO AMMINISTRATIVO

Sezione II IL LAVORO ALLE DIPENDENZE DELLE PUBBLICHE AMMINISTRAZIONI

Libro II
Diritto del lavoro e legislazione sociale

Sezione I DIRITTO DEL LAVORO

Sezione III INCENTIVI ALL'OCCUPAZIONE, COLLOCAMENTO MIRATO E REDDITO DI CITTADINANZA (RDC)

Libro IV
Economia e politiche del lavoro

Libro V
I fondi europei: disciplina e gestione

Libro VI
Contabilità pubblica

Libro VII
I contratti pubblici

Premessa

Il volume è rivolto ai quanti intendono partecipare ai concorsi indetti dalla **Regione Lazio** per l'assunzione di **complessive 544 unità**, 249 da inquadrare nella categoria C (Assistente mercato e servizi per il lavoro) e 295 nella categoria D (Esperto mercato e servizi per il lavoro).
Il testo riporta una **trattazione manualistica** delle materie richieste per la **prova scritta e il colloquio di entrambi i profili**: diritto amministrativo (con particolare riferimento al pubblico impiego e al CCNL Funzioni locali), diritto del lavoro e legislazione sociale, politiche a sostegno dell'occupazione (D.Lgs. 150/2015) e servizi per l'impiego (in particolare quelli forniti dai CPI sulla base del D.M. 4/2018, il reddito di cittadinanza e il collocamento mirato), economia e politica del lavoro, fondi europei e politiche attive a valere sul FSE+, contabilità pubblica, contratti pubblici.
Tra il **materiale online** è disponibile una sezione sulle *capacità logico-deduttive e di ragionamento critico verbale, quesiti situazionali* e sintesi di *inglese*, di *informatica*, nonché (per la prova orale) sui *reati contro la P.A.*, sulle misure in materia di *trasparenza e di contrasto alla corruzione* e quelle concernenti la *tutela della privacy*.
Ogni capitolo della parte teorica è completato da un **questionario di verifica** (disponibile tra il materiale online) che consente di verificare il livello di preparazione raggiunto ed eventualmente ritornare sugli argomenti che meritano un ripasso e un approfondimento.
Grazie al **software online**, accessibile gratuitamente nell'area riservata, sarà possibile effettuare ulteriori verifiche e simulare lo svolgimento della prova concorsuale.

Ulteriori materiali didattici sono disponibili nell'area riservata a cui si accede mediante la registrazione al sito *edises.it* secondo la procedura indicata nelle prime pagine del volume.
Eventuali errata-corrige saranno pubblicati sul sito *edises.it*, nella scheda "Aggiornamenti" della pagina dedicata al volume.
Altri aggiornamenti sulle procedure concorsuali saranno disponibili sui nostri profili social.

blog.edises.it
infoconcorsi.edises.it

Indice

Libro I
Diritto amministrativo e disciplina del pubblico impiego

Sezione I DIRITTO AMMINISTRATIVO

Libro II
Diritto del lavoro e legislazione sociale

Sezione I DIRITTO DEL LAVORO

Libro III
Legislazione in materia di politiche del lavoro e servizi per l'impiego. Il Reddito di cittadinanza (Rdc)

Sezione I POLITICHE DEL LAVORO

Sezione II SERVIZI PER L'IMPIEGO

Sezione III INCENTIVI ALL'OCCUPAZIONE, COLLOCAMENTO MIRATO E REDDITO DI CITTADINANZA (RDC)

Libro IV
Economia e politiche del lavoro

Libro V
I fondi europei: disciplina e gestione

Libro VI
Contabilità pubblica

Libro VII
I contratti pubblici

Libro I

Diritto amministrativo e disciplina del pubblico impiego

SOMMARIO

Sezione I
Diritto amministrativo

Capitolo 1
La Pubblica Amministrazione e il diritto amministrativo

1.1 Il diritto amministrativo e le sue fonti

1.1.1 La nozione di diritto amministrativo

Per il perseguimento dei propri fini lo Stato si avvale di apparati che nel loro complesso formano la **Pubblica Amministrazione**, la quale agisce attraverso persone fisiche preposte a organi la cui attività è direttamente imputabile agli enti della cui organizzazione fanno parte. L'art. 1, co. 2, D.Lgs. 165/2001 precisa che per Amministrazioni Pubbliche s'intendono tutte le *Amministrazioni dello Stato*, ivi compresi gli istituti e le scuole di ogni ordine e grado e le istituzioni educative, le aziende e Amministrazioni dello Stato ad ordinamento autonomo, le *Regioni*, le *Province*, i *Comuni*, le *Comunità montane*, e loro consorzi e associazioni, le Istituzioni universitarie, gli Istituti Autonomi Case Popolari, le Camere di commercio e loro associazioni, tutti gli *enti pubblici non economici* nazionali, regionali e locali, le Amministrazioni, le aziende e gli enti del *Servizio sanitario* nazionale (SSN), l'Agenzia per la Rappresentanza negoziale delle Pubbliche Amministrazioni (ARAN) e le altre *Agenzie* pubbliche.

L'art. 22 L. 241/1990 definisce la Pubblica Amministrazione, ai fini della disciplina dell'accesso agli atti, come «tutti i **soggetti di diritto pubblico** e i **soggetti di diritto privato** limitatamente alla loro attività di pubblico interesse disciplinata dal diritto nazionale o europeo».

Si definisce **diritto amministrativo**, invece, l'insieme delle norme che disciplinano l'organizzazione e il funzionamento di quest'insieme di apparati, sia nei beni e nelle attività riferiti alla Pubblica Amministrazione, sia nei rapporti che la stessa instaura con altri soggetti.

Le fonti del diritto amministrativo sono quelle tipiche dell'ordinamento costituzionale dello Stato. Peraltro, potendo operare pure con gli strumenti del diritto comune, la Pubblica Amministrazione è soggetta altresì al rispetto dei contratti e delle convenzioni stipulate tra soggetti pubblici e con i soggetti privati, che «*hanno forza di legge tra le parti*»; ne consegue che, in queste ipotesi, anche le disposizioni del codice civile sono applicabili alle amministrazioni pubbliche.

In questa sede si esamineranno i *regolamenti* (atti formalmente amministrativi), gli *atti amministrativi generali*, le *ordinanze di necessità e di urgenza* e gli *atti interni*.

1.2 Le fonti del diritto amministrativo: i regolamenti

1.2.1 Caratteristiche generali

I regolamenti sono atti **formalmente amministrativi**, perché provenienti da organi dell'apparato amministrativo dello Stato, e **sostanzialmente normativi**, in quanto idonei, nei limiti stabiliti dalle fonti di rango primario, a immettere nuove norme nell'ordinamento giuridico; ne consegue che si tratta di **fonti del diritto di rango secondario subordinate alla legge**.

I regolamenti, in quanto atti formalmente amministrativi (anche se sostanzialmente normativi), sono soggetti al sindacato del giudice amministrativo quando ledono interessi legittimi. Normalmente, peraltro, gli atti normativi non sono idonei ad incidere direttamente sulla sfera giuridica soggettiva dei potenziali destinatari (essendo, per definizione, atti diretti *erga omnes* – verso tutti) e, dunque, la lesione dell'interesse del singolo deriva dal provvedimento assunto in forza del regolamento: in tal caso, l'interessato dovrà impugnare sia il regolamento sia il provvedimento applicativo.

Sono fonti di produzione del diritto soltanto i *regolamenti esterni*, quelli cioè che si rivolgono a soggetti estranei all'ordinamento dell'ente od organo che li emana. Per altro verso, non possono considerarsi fonti del diritto i *regolamenti interni*, che disciplinano, invece, l'organizzazione interna di un organo o di un ente e perciò si rivolgono soltanto ai soggetti che di tale organizzazione fanno parte.

Il **fondamento tradizionale** della potestà regolamentare è rinvenuto nel **principio di legalità**, secondo il quale l'Esecutivo può emanare regolamenti soltanto quando a ciò sia autorizzato da una previa norma di legge che attribuisca ad un organo amministrativo la relativa competenza.

La novella costituzionale del 2001 ha previsto espressamente **tre tipologie** di regolamenti, individuando l'ambito di competenza di ciascuno di essi:

- i **regolamenti statali**, *ex* art. 117, co. 6, Cost. possono operare nelle materie di competenza legislativa esclusiva statale;
- i **regolamenti regionali** possono operare nelle materie di competenza legislativa regionale concorrente o residuale e anche nelle materie di competenza legislativa esclusiva statale, in questo caso previa delega dello Stato;
- i **regolamenti degli enti locali** disciplinano l'organizzazione e lo svolgimento delle funzioni loro attribuite.

Il potere regolamentare trova, quindi, adesso il suo **fondamento direttamente nella Costituzione** e limitatamente alle materie e ai settori in essa espressamente indicati.

In quanto fonti di rango secondario, i regolamenti dell'Esecutivo incontrano una serie di **limiti**:

- non possono mai derogare o contrastare con la Costituzione, né con i principi in essa contenuti;
- in quanto subordinate alla Costituzione e alle leggi costituzionali, non possono mai regolare le **materie riservate dalla Costituzione alla legge** (ordinaria o costituzionale);
- non possono contenere sanzioni penali, esistendo una **riserva di legge in materia penale** (art. 25 Cost.);
- non possono derogare né contrastare con le leggi ordinarie, salvo che sia una legge ad attribuire loro il potere, in un determinato settore e per un determinato caso, di innovare anche nell'ordine legislativo (**delegificando** la materia);
- in quanto fonti subordinate alla legge, non possono derogare al **principio di irretroattività**, fissato appunto in una norma di legge (art. 11 disp. prel. c.c.);

- i regolamenti delle autorità inferiori non possono mai contrastare con i regolamenti emanati da autorità gerarchicamente superiori;
- non possono disciplinare **materie di competenza legislativa regionale**, né tantomeno interferire nell'organizzazione e nell'esercizio delle funzioni conferite agli enti locali, materie riservate alla potestà regolamentare degli stessi (art. 117, co. 6, Cost.).

1.2.2 Tipologie di regolamenti

La prima classificazione dei regolamenti dell'Esecutivo elaborata dal legislatore repubblicano, dopo l'esperienza fascista della L. 100/1926, è contenuta nell'art. 17 L. 400/1988, che ha anche disciplinato il procedimento di formazione di tali fonti.
Trattandosi di legge ordinaria, la disciplina in essa contenuta non può essere derogata dalle stesse fonti regolamentari, ma può sempre essere superata o derogata per singoli casi da successiva legge ordinaria, sulla base del criterio cronologico.
Attualmente è possibile individuare i seguenti atti regolamentari:

- **regolamenti di esecuzione.** Sono destinati a *dare esecuzione alla disciplina dettata da leggi, decreti legislativi o regolamenti dell'Unione europea*, introducendo ulteriori specificazioni alle norme di rango primario o europeo o stabilendo modalità attuative delle stesse. Sono gli unici regolamenti ammessi a operare nell'ambito di una riserva assoluta di legge;
- **regolamenti di attuazione e di integrazione.** Questa tipologia di regolamenti è destinata a *integrare la disciplina fissata da leggi e decreti legislativi* con disposizioni che possono avere anche carattere innovativo, pur nel rispetto dei principi da attuare fissati dalle norme di rango primario;
- **regolamenti indipendenti.** Sono autorizzati direttamente dall'art. 17, lett. *c*), L. 400/1988, a disciplinare *materie in cui l'intervento di norme primarie non si sia ancora configurato e che non sono soggette a riserva assoluta o relativa di legge*;
- **regolamenti di organizzazione.** Disciplinano *l'organizzazione e il funzionamento delle pubbliche amministrazioni* secondo disposizioni dettate da legge, cui l'art. 97 Cost. riserva in via relativa la disciplina di queste materie. Tale tipologia di regolamenti si risolve, in realtà, o in *regolamenti esecutivi* oppure in *regolamenti attuativo-integrativi*, a seconda dell'estensione e del grado di dettaglio della disciplina di rango legislativo;
- **regolamenti di riordino.** Si tratta di una categoria di regolamenti introdotta dalla L. 69/2009, la quale, nell'integrare l'art. 17 L. 400/1988 del comma 4-*ter*, stabilisce che attraverso tale strumento si deve *provvedere alla periodica riorganizzazione delle disposizioni regolamentari vigenti*, nonché alla ricognizione di quelle che sono state oggetto di abrogazione implicita e all'espressa abrogazione di quelle che hanno esaurito la loro funzione o sono prive di effettivo contenuto normativo o sono comunque obsolete;
- **regolamenti di delegificazione.** Sono disciplinati dall'art. 17, co. 2, L. 400/1988 e consentono al legislatore di autorizzare di volta in volta il Governo, in materie non soggette a riserva assoluta di legge, a emanare *regolamenti che sostituiranno le norme di legge* fino a quel momento vigenti. In tal caso la legge di autorizzazione detta comunque le norme generali regolatrici della materia, mentre l'effetto abrogativo delle leggi vigenti è prodotto dalla stessa legge che autorizza il regolamento, il quale si limita, con la sua entrata in vigore, a rendere operativa l'abrogazione.

Per le caratteristiche di tali regolamenti, che sostituiscono la disciplina di rango legislativo con una disciplina di rango secondario, i regolamenti di delegificazione non possono operare in materie coperte da riserva assoluta di legge;

- **regolamenti di attuazione delle direttive europee.** Sono previsti dall'art. 35 L. 234/2012, la quale stabilisce che la legge di delegazione europea può *autorizzare il Governo a recepire direttive dell'Unione mediante regolamento*, che apparterrà alla tipologia dei *regolamenti di delegificazione*.

Nelle materie di competenza esclusiva statale non disciplinate da legge o da regolamenti governativi e non coperte da riserva di legge, le direttive possono essere recepite con *regolamento ministeriale o interministeriale* o, ove di contenuto non normativo, con *atto amministrativo generale*.

1.2.3 Il procedimento di formazione dei regolamenti

Il procedimento di formazione dei **regolamenti esecutivi, attuativo-integrativi, organizzativi e indipendenti** prevede che essi (art. 17, co. 2, L. 400/1988):

- siano sottoposti al previo *parere del Consiglio di Stato*, che deve pronunciarsi entro quarantacinque giorni dalla richiesta, pena la facoltà riconosciuta all'amministrazione di procedere senza l'acquisizione del suddetto parere (art. 17 L. 127/1997);
- siano *deliberati dal Consiglio dei Ministri* e adottati con *decreto del Presidente della Repubblica*;
- siano sottoposti, prima della pubblicazione sulla Gazzetta ufficiale, al *visto e alla registrazione della Corte dei conti*;
- rechino la denominazione di «regolamento», che consente, insieme agli altri elementi formali e procedurali suindicati, di distinguerli dagli altri atti normativi e amministrativi del Governo (art. 17, co. 4, L. 400/1988).

I **regolamenti di attuazione delle direttive europee** sono deliberati su proposta dal Presidente del Consiglio o del Ministro per gli Affari europei e del Ministro con competenza prevalente nella materia, di concerto con gli altri Ministri interessati. Il procedimento è quello previsto dall'art. 17, co. 2, L. 400/1988.

I **regolamenti ministeriali, interministeriali e di altre autorità** sono adottati con decreti ministeriali o interministeriali, rispettivamente nelle materie di competenza del Ministro (o di autorità sottordinate a esso) o di più Ministri, previa autorizzazione da parte della legge. Tali decreti devono essere comunicati al Presidente del Consiglio prima dell'emanazione e seguono lo stesso procedimento dei regolamenti governativi esecutivi, attuativo-integrativi, organizzativi e indipendenti (art. 17, co. 4, L. 400/1988).

1.2.4 I regolamenti regionali

La *potestà regolamentare* è attribuita anche alle *Regioni* ed è esplicitamente prevista dall'art. 117, co. 6, Cost., secondo il quale le Regioni la esercitano in **tutte le materie in cui non sussiste una competenza legislativa esclusiva dello Stato, o anche in tale ambito purché vi sia delega statale**.

Anche se hanno contenuto sostanzialmente normativo, i regolamenti regionali sono atti formalmente amministrativi, *subordinati alla legge regionale*, in quanto fonti secondarie, ma anche alla legge statale, che fissa i principi fondamentali nelle materie di legislazione concorrente o disciplina la delega della potestà regolamentare alla Regione nelle materie di competenza esclusiva statale (vige, invece, il *criterio di competenza* nei rapporti con i regolamenti statali).

Gli statuti regionali prevedono le seguenti tipologie di regolamenti regionali:

- i **regolamenti attuativi** e quelli **integrativi**, mentre non sembrano trovare spazio i regolamenti indipendenti, in alcuni casi implicitamente vietati dalle norme degli statuti che richiedono, per tutti i regolamenti, una norma di legge che previamente ne autorizzi l'emanazione;
- i **regolamenti di delegificazione**, che ricalcano sostanzialmente il modello statale, con la legge regionale che fissa le norme generali poste a regolare la materia e individua le norme di legge da abrogare, mentre l'abrogazione è posticipata al momento in cui i regolamenti entrano in vigore;
- i **regolamenti delegati dallo Stato**, espressamente previsti dall'art. 117, co. 6, Cost., e generalmente attribuiti dagli statuti alla competenza del Consiglio regionale.

Il previgente testo dell'art. 121 Cost. individuava l'organo competente a deliberare i regolamenti regionali nel Consiglio regionale. Attualmente è lo statuto ad attribuire tale potestà al Consiglio o alla Giunta, oppure ad entrambi su materie e per tipologie differenziate.
La Costituzione, all'art. 123, prevede che le disposizioni relative alla *pubblicazione* dei regolamenti regionali siano fissate nei rispettivi statuti, mentre l'art. 121 Cost. attribuisce al Presidente della Giunta il *potere di emanare* i regolamenti della Regione.

1.3 Le altre fonti del diritto amministrativo

1.3.1 Gli atti amministrativi generali

Si dice generalmente che gli **atti amministrativi** hanno **contenuto puntuale e concreto** in contrapposizione al **contenuto generale e astratto** degli **atti normativi**. Tuttavia, in alcuni casi, gli atti amministrativi hanno contenuto generale, in quanto hanno per destinatari non soggetti singoli, ma categorie di soggetti indeterminati e indeterminabili; è proprio questo il caso degli atti amministrativi generali che hanno in comune con quelli normativi il carattere della *generalità* ma non condividono quello dell'*astrattezza*.
Un esempio di atto amministrativo generale è il bando di gara o di concorso: esso si riferisce ad una pluralità di destinatari non determinati e non determinabili, ma non per questo astratti, dal momento che si rivolge solo ai soggetti in possesso dei requisiti per partecipare alla procedura di gara o di concorso. L'atto amministrativo generale ha destinatari indeterminabili a priori, ma certamente determinabili a posteriori in quanto è volto a regolare non una serie indeterminati di casi ma, conformemente alla sua natura amministrativa, un caso particolare e/o una vicenda determinata (la gara, il concorso), esaurita la quale vengono meno anche i suoi effetti.
La distinzione è importante dal momento che il regime giuridico è diverso; ad esempio, per gli atti amministrativi l'art. 3 L. 241/1990 impone l'obbligo della motivazione, requisito non richiesto per quelli normativi.
Gli atti amministrativi generali vanno anche distinti dagli *atti plurimi*; questi ultimi sono atti suddivisibili in singoli provvedimenti, anche se da un punto di vista formale sono unici; hanno anch'essi una pluralità di destinatari ma tutti specificamente individuabili *a priori* (è il caso, ad esempio, del provvedimento con cui si promuovono più dipendenti di un'Amministrazione Pubblica).

1.3.2 Le ordinanze di necessità e urgenza

Le ordinanze costituiscono una particolare categoria di **ordini**, vale a dire atti con cui si creano obblighi o divieti.
Non promanano dalla sola autorità amministrativa, in quanto il potere di ordinanza deriva dalla legge, e sono finalizzate a **fronteggiare situazioni di necessità e urgenza** pur senza una *preventiva determinazione del contenuto* in cui il potere potrà concretizzarsi.
Sulla materia si è più volte pronunciata la Corte costituzionale (sentenze n. 8/1956; n. 26/1961; n. 4/1977), chiarendo che:
- sono *atti formalmente e sostanzialmente amministrativi*;
- sono *atipiche*, essendo legislativamente predeterminata solo l'autorità tenuta alla relativa adozione e non i casi in cui il potere va esercitato né il contenuto dell'atto;
- sono *straordinarie*, vale a dire che il ricorso ad esse è consentito in via residuale, quando non vi siano altri atti tipici cui si possa ricorrere in alternativa;
- l'efficacia deve esserne necessariamente circoscritta;
- solo la legge può attribuire un simile potere;
- sono soggette a obbligo di motivazione e pubblicazione;
- non possono contrastare norme costituzionali né principi generali dell'ordinamento giuridico, né intervenire in materie coperte da riserva assoluta di legge.

Appartengono alla categoria delle ordinanze d'urgenza, per esempio, quelle prefettizie in materia di *pubblica sicurezza* e quelle emesse dal Sindaco per fronteggiare *situazioni di emergenza di carattere sanitario o di igiene pubblica*.
L'art. 42 D.Lgs. 33/2013 ha stabilito che le Pubbliche Amministrazioni che adottano provvedimenti contingibili e urgenti e, in generale, provvedimenti di carattere straordinario in caso di calamità naturali o di altre emergenze hanno l'obbligo di pubblicare:
- i provvedimenti adottati, con l'indicazione espressa delle norme di legge eventualmente derogate e dei motivi della deroga, nonché l'indicazione di eventuali atti amministrativi o giurisdizionali intervenuti;
- i termini temporali eventualmente fissati per l'esercizio dei poteri di adozione dei provvedimenti straordinari;
- il costo previsto degli interventi e il costo effettivo sostenuto dall'Amministrazione.

1.3.3 Gli atti interni e le circolari amministrative

Le norme dettate dalle autorità amministrative, quando costituiscono espressione dell'autonomia degli ordinamenti, hanno per definizione *rilevanza esterna* e sono **fonti del diritto** (statuti, leggi, regolamenti e ordinanze regionali e degli altri enti locali). Le regole, invece, che hanno rilevanza solo all'interno dell'Amministrazione che le produce (istruzioni di servizio, regolamenti interni, circolari, direttive ecc.) non sono fonti del diritto, pur avendo una portata normativa circoscritta nell'ambito di un determinato settore della Pubblica Amministrazione.
Ciò nondimeno esse possono acquistare efficacia esterna in quanto strumentali alla validità degli atti amministrativi: la violazione delle istruzioni prodotte ad uso interno può invalidare l'atto amministrativo così prodotto per **eccesso di potere**.

Le **circolari amministrative**, in particolare, sono atti interni diretti agli organi e agli uffici periferici, al fine di disciplinarne l'attività.
Pertanto, esse non possono essere annoverate tra le fonti del diritto, non possono essere in contrasto con norme imperative (leggi, regolamenti, decreti) e, infine, la loro inosservanza può dar luogo a responsabilità disciplinari, contabili ecc. per il dipendente o il dirigente al quale erano state indirizzate da parte dell'organo superiore.

Classificazione delle circolari	
Circolari organizzative	Contengono atti di organizzazione interna degli uffici
Circolari interpretative di leggi e regolamenti	Costituiscono la *lectio* cui l'apparato amministrativo deve attenersi nell'interpretazione del diritto a fini di omogeneità e uniformità
Circolari normative	Sono vincolanti per l'Amministrazione, ma non per coloro che vi siano estranei
Circolari informative	Promuovono la conoscenza di fatti o atti all'interno della Pubblica Amministrazione

Se pur del tutto interne, le circolari contengono istruzioni destinate ai pubblici funzionari e, conseguentemente, condizionano l'applicazione di atti normativi in grado di incidere sulle posizioni soggettive dei cittadini. Particolarmente rilevanti, sotto quest'aspetto, sono le **circolari interpretative**, attraverso cui gli organi di vertice dell'Amministrazione impongono agli uffici sott'ordinati l'interpretazione, a loro avviso corretta, di norme controverse. Discusso è se tali circolari possano essere disattese dall'ufficio sottoposto: prevale la tesi per cui l'interpretazione è vincolante solo se e nella misura in cui dia una *lettura corretta del testo della legge*, potendosi l'ufficio subordinato discostare da interpretazioni erronee dandone congrua motivazione.

1.3.4 La prassi amministrativa

Diversa dalle circolari è la prassi amministrativa, che si instaura di fatto in una determinata materia e **orienta l'azione degli organi amministrativi** come una consuetudine conforme alla legge, pur non rappresentando una fonte di produzione del diritto.
La prassi è strettamente collegata al potere discrezionale: dove esistono dei margini di scelta in relazione a possibili condotte, accade solitamente che l'ufficio ne scelga una e a essa si attenga per lungo tempo. Quando ciò accade, la Pubblica Amministrazione si vincola in sostanza a osservare quella medesima **regola di condotta** per il futuro e in casi che presentino le stesse caratteristiche.
Secondo parte della dottrina, la prassi amministrativa costituirebbe **norma interna**, pur non potendosi qualificare come fonte del diritto. Secondo altra opinione, la prassi non darebbe vita a norme, ma la relativa violazione, se non accompagnata da congrua motivazione, si tradurrebbe in violazione del dovere di coerenza che incombe sulla Pubblica Amministrazione nella cura degli interessi pubblici.

1.4 L'attività amministrativa

1.4.1 Definizione

L'attività amministrativa è quell'**attività mediante la quale la Pubblica Amministrazione persegue gli interessi affidati alle sue cure**.

Se un tempo l'attività amministrativa era concepita esclusivamente come manifestazione di potere e di autorità, dalla quale il privato cittadino doveva difendersi, negli ultimi anni l'operato dei pubblici poteri e, segnatamente, quello della Pubblica Amministrazione, è sempre più orientato a svolgersi come **servizio per i cittadini** e sempre meno come manifestazione di potere e di autorità. La situazione del cittadino non si atteggia più e solo come **interesse oppositivo**, quale contrasto e contenimento del potere autoritativo, quanto anche e soprattutto come **interesse pretensivo** a esigere, chiedere e ottenere quanto dovuto.

Ciò posto, l'azione della Pubblica Amministrazione non si esaurisce nella prevalente attività di diritto pubblico, ma sempre più spesso consiste nell'uso da parte di soggetti pubblici di **forme negoziali di natura privatistica** (contratti, convenzioni ecc.).

Sebbene lo scopo resti perseguire il pubblico interesse, la posizione che la Pubblica Amministrazione assume nei confronti dei terzi risulta in larga parte diversa a seconda che si avvalga di strumenti di tipo pubblicistico o di **forme e strumenti propri del diritto privato**. Nel primo caso la Pubblica Amministrazione si trova in condizione di *supremazia* rispetto ai cittadini, che sono assoggettati al potere pubblico. Se sono utilizzati strumenti privatistici, viceversa, essa si trova a operare in posizione paritetica rispetto al privato cittadino, nei cui confronti non riveste alcuna posizione di preminenza né esercita alcuna potestà, operando secondo le regole di diritto comune.

Contrariamente alla tradizionale opinione, secondo cui gli strumenti privatistici sono intrinsecamente inidonei al conseguimento di finalità pubblicistiche, la dottrina più moderna distingue, nell'ambito dell'attività di diritto privato della Pubblica Amministrazione:

> l'**attività strumentale**, finalizzata al reperimento delle risorse necessarie allo svolgimento della sua azione;
> l'**attività amministrativa di diritto privato istituzionale**, espletata da quelle Amministrazioni che operano esclusivamente a livello privatistico e per le quali il regime pubblicistico investe solo gli organi di vertice;
> l'**attività amministrativa di diritto privato equivalente**, espletata in alternativa all'attività amministrativa pubblica.

Il riconoscimento generale dell'autonomia negoziale della Pubblica Amministrazione trova oggi il proprio fondamento normativo nell'art. 1, co. 1-*bis*, L. 241/1990, ai sensi del quale *la Pubblica Amministrazione, nell'adozione di atti di natura non autoritativa, agisce secondo le norme di diritto privato salvo che la legge disponga diversamente*.

Il **limite principale** che incontra la capacità di diritto privato della Pubblica Amministrazione è di **carattere funzionale**: è preclusa la conclusione di negozi incompatibili con lo scopo pubblico specifico perseguito dalla Pubblica Amministrazione stipulante, che è tenuta a indirizzare e conformare la sua attività al perseguimento dell'interesse pubblico affidato alle sue cure.

1.4.2 Atti e provvedimenti amministrativi

Gli atti che la Pubblica Amministrazione emana nell'espletamento dei suoi compiti istituzionali, e precisamente nell'esercizio di una funzione amministrativa, sono denominati **atti amministrativi**.

Allorquando l'atto amministrativo è espressione dell'autoritatività dell'Amministrazione ed è idoneo a incidere, modificandola (con effetti favorevoli o sfavorevoli), sulla situazione giuridica di soggetti estranei all'apparato della Pubblica Amministrazione, è definito **provvedimento amministrativo**. Sua caratteristica essenziale è quella di essere un *atto unilaterale*, vale a dire posto in essere dalla Pubblica Amministrazione in virtù dei suoi poteri autoritativi, senza che occorra il consenso dei soggetti cui è indirizzato (anzi è talvolta emanato contro la volontà di questi soggetti): ciò significa che l'amministrazione, quando pone in essere un atto o più specificamente un provvedimento amministrativo, agisce sempre come autorità, in modo che il provvedimento, qualunque sia il suo contenuto, costituisce in ogni caso un atto d'espletamento della potestà amministrativa e non un atto d'autonomia privata.

Il provvedimento amministrativo è quell'atto a rilevanza esterna, produttivo di **effetti giuridici**, con il quale si conclude il **procedimento amministrativo**. Esso si connota come atto di *disposizione* funzionale alla tutela dell'*interesse pubblico* che la Pubblica Amministrazione deve necessariamente perseguire (*doverosità amministrativa*).

Il **principio di legalità** dell'azione amministrativa impone che ogni provvedimento emanato nell'espletamento di una funzione amministrativa sia inquadrabile in una delle tipologie previste dalla legge (cd. **nominatività e tipicità** del provvedimento): la legge precisa l'ambito d'operatività del provvedimento, ne indica la finalità, stabilisce in quali circostanze esso possa essere legittimamente adottato e a quale autorità spetti tale potere.

Gli atti che non sono spontaneamente osservati dai soggetti cui si rivolgono possono essere portati a esecuzione direttamente dall'Amministrazione. Si parla, al riguardo, di **esecutorietà** del provvedimento amministrativo, che è cosa ben diversa dall'efficacia, ossia dall'effettiva attitudine a produrre effetti giuridici.

1.4.3 Atti politici e atti di alta amministrazione

Intesa l'*attività amministrativa* come quella mediante la quale organi statali provvedono alla cura in concreto degli interessi pubblici a essa affidati, è necessario in questa sede evidenziare le differenze con l'attività prettamente politica. Si tratta di una **distinzione non di poco conto poiché incide sull'impugnabilità degli atti** che ne discendono: laddove, infatti, è preclusa l'impugnazione di un atto politico, lo stesso non può dirsi per gli atti di alta amministrazione.

La giurisprudenza dominante ha oggi superato la teoria tradizionale, per la quale, dalla definizione degli atti politici come liberi nel fine e gli atti di alta amministrazione come vincolati al perseguimento delle finalità pubbliche, derivavano precisa conseguenze.

In particolare, i primi sarebbero distinti dai secondi:

- dal *punto di vista soggettivo*, dovendo pervenire gli atti politici da un organo preposto all'indirizzo e alla direzione al massimo livello della cosa pubblica, costituendo così concreta realizzazione del potere politico;

> dal *punto di visto oggettivo*, dovendo gli atti politici riguardare la costituzione, la salvaguardia e il funzionamento dei pubblici poteri nella loro organica struttura, mentre quelli di alta amministrazione avrebbero preso in considerazione interessi settoriali.

Il Consiglio di Stato, con il parere n. 2483 del 19 settembre 2019, dando seguito ad un nutrito filone giurisprudenziale (*ex multis*, Corte cost. n. 52/2016; Corte cost. n. 81/2012), ha abbandonato tale impostazione, ponendo l'accento su un diverso aspetto della questione.

Quel che va indagato, infatti, non è tanto la qualificazione dell'atto, e, dunque, l'organo di provenienza del medesimo, ma le **caratteristiche della norma posta a fondamento della funzione esercitata con l'atto impugnato**.

Già da tempo era stato infatti evidenziato che il *discrimen* tra sindacabilità e insindacabilità dell'atto andasse ravvisato nei parametri giuridici alla stregua dei quali poter verificare gli atti politici. E ciò perché le uniche limitazioni cui l'atto politico soggiace sono costituite dall'osservanza dei precetti costituzionali, la cui violazione può giustificare un sindacato della Corte costituzionale di legittimità sulle leggi e gli atti aventi forza di legge (Cons. Stato, n. 4502/2011).

Dello stesso parere anche la Corte di Cassazione (12 luglio 2019, n. 18829), che ha sottolineato come, per ravvisare il **carattere politico di un atto**, al fine di sottrarlo al sindacato del giudice, occorre che sia **impossibile individuare un parametro giuridico** (sia norme di legge sia principi dell'ordinamento) sulla **base del quale svolgere il sindacato giurisdizionale**. In sostanza, quel che conta non è tanto la natura "politica" o meno dell'atto quanto la sussistenza o meno di un vincolo giuridico posto all'esercizio del potere discrezionale.

Si tratta di una conclusione che ben si sposa sia con quanto previsto dall'art. 31 T.U. Cons. St. sia con quanto disposto dal sostanzialmente identico art. 7 D.Lgs. 104/2010 (Codice del processo amministrativo), per la quale *non sono impugnabili gli atti o provvedimenti emanati dal Governo nell'esercizio del potere politico*.

Posta in tal modo la questione, sfumano le differenze tra le due categorie in esame, quella di "atto politico" e di "atto di alta amministrazione", a favore della seconda: la giurisprudenza, sulla scorta della norme prima richiamate, unitamente a quanto disposto dall'art. 113 Cost. (che prevede l'impugnabilità di tutti gli atti della pubblica amministrazione in sede giurisdizionale senza esclusioni o limitazioni per determinate categorie), ha di fatto ampliato l'area degli atti di alta amministrazione e, di conseguenza, circoscritto quella degli atti politici.

1.5 La Pubblica Amministrazione nella Costituzione

Nella Costituzione la disciplina della Pubblica Amministrazione è collocata all'interno del *Titolo Terzo* della *Parte Seconda* dedicata al Governo.

La *Sezione Prima* di questo Titolo è dedicata al Consiglio dei Ministri, mentre sono fondamentali i due articoli della *Sezione Seconda*, che individuano i principi che reggono l'attività della Pubblica Amministrazione e dei pubblici impiegati: l'art. 97 e l'art. 98.

L'articolo 97 della Costituzione così recita:«Le Pubbliche Amministrazioni, in coerenza con l'ordinamento dell'Unione europea, assicurano l'equilibrio dei bilanci e la sostenibilità del debito pubblico.

I pubblici uffici sono organizzati secondo disposizione di legge, in modo che siano assicurati il buon andamento e l'imparzialità dell'Amministrazione.
Nell'ordinamento degli uffici sono determinate le sfere di competenza, le attribuzioni e le responsabilità proprie dei funzionari.
Agli impieghi nelle Pubbliche Amministrazioni si accede mediante concorso, salvo i casi stabiliti dalla legge».
L'articolo 98 della Costituzione, invece, afferma che:«I pubblici impiegati sono al servizio esclusivo della Nazione.
Se sono membri del Parlamento, non possono conseguire promozioni se non per anzianità.
Si possono con legge stabilire limitazioni al diritto d'iscriversi ai partiti politici per i magistrati, i militari di carriera in servizio attivo, i funzionari ed agenti di polizia, i rappresentanti diplomatici e consolari all'estero».
Ne risulta che la titolarità del potere esecutivo è attribuita al Governo, che la esercita tramite la Pubblica Amministrazione, intesa come organizzazione di mezzi e di persone cui è devoluta la funzione di raggiungere gli obiettivi di interesse pubblico definiti dall'ordinamento.
L'organizzazione dei pubblici uffici è materia coperta da riserva di legge (relativa) e quindi di competenza del Parlamento (art. 97, co. 2, e art. 98, co. 3).
Pertanto la Pubblica Amministrazione, pur se apparato servente del potere esecutivo, è soggetta alle leggi (**principio di legalità**) e deve operare nel rispetto del **principio di imparzialità**.
In questa sede è da ricordare anche l'**articolo 28 della Costituzione** che afferma il **principio generale della responsabilità della Pubblica Amministrazione**, sia a livello individuale che a livello istituzionale, in forza del principio di immedesimazione organica del dipendente con il proprio ente.
A garanzia dei diritti del cittadino si afferma che i funzionari e i dipendenti dello Stato e degli enti pubblici «*sono direttamente responsabili, secondo le leggi penali, civili e amministrative, degli atti compiuti in violazione di diritti. In tali casi la responsabilità civile si estende allo Stato e agli enti pubblici*».
Lo Stato o l'ente pubblico di appartenenza intervengono a risarcire le conseguenze civili del comportamento illecito e ciò per offrire una maggiore garanzia al danneggiato e migliore soddisfazione delle sue pretese.
La disposizione si riferisce soltanto ai **diritti soggettivi** ma la Corte di Cassazione, con sentenza n. 500 del 1999, ha riconosciuto anche la risarcibilità degli **interessi legittimi**.

Capitolo 2
Le situazioni giuridiche soggettive

2.1 Nozioni

Le situazioni giuridiche soggettive sono il risultato della valutazione discrezionale che l'ordinamento giuridico fa dei vari interessi ritenuti meritevoli di tutela e, a seconda che attribuiscano al soggetto un vantaggio o uno svantaggio si distinguono in attive e passive.
Le prime (situazioni giuridiche soggettive **attive)** attribuiscono al soggetto titolare determinati vantaggi, consistenti nell'attribuzione di poteri e facoltà, più o meno intensi, che consentono di realizzare l'interesse ad esse sotteso. A ogni situazione giuridica soggettiva attiva (facente capo al titolare di poteri e facoltà) ne corrisponde una **passiva** (facente capo ad un soggetto individuato o alla collettività), che impone un dovere, un obbligo, un onere ecc.

2.2 Il diritto soggettivo

Il diritto soggettivo è una situazione giuridica soggettiva attiva e di vantaggio: esso è tradizionalmente definito come **il potere di agire per il soddisfacimento di un proprio interesse ritenuto meritevole di tutela da parte dell'ordinamento giuridico**.
Si tratta della situazione giuridica soggettiva che garantisce la più completa **tutela degli interessi**, perché l'ordinamento giuridico conferisce e riconosce ad un soggetto determinate utilità in ordine ad un bene e tutela i suoi interessi relativamente al bene stesso.
Si definiscono **diritti assoluti** quelli che hanno per contenuto una pretesa che può essere fatta valere nei confronti della generalità dei consociati, i quali devono astenersi dal tenere comportamenti che ledano o minaccino quella pretesa. Sono diritti assoluti, oltre alla proprietà, quello alla vita, all'integrità fisica, all'onore e, più in generale, tutte le libertà costituzionali.
Sono, invece, **diritti relativi** quelli che attribuiscono al titolare un potere di azione solo verso una o più persone determinate, a carico delle quali sussiste un obbligo di dare, fare o non fare qualcosa (es. i crediti di denaro o il diritto di ottenere dal debitore l'adempimento dell'obbligazione). Al diritto soggettivo corrisponde una situazione giuridica soggettiva passiva detta **obbligo** (una particolare forma di dovere).
Si parla di **diritto soggettivo perfetto** ogni qualvolta una *norma di relazione* (diretta cioè a disciplinare comportamenti intersoggettivi) attribuisca ad un soggetto un *potere* diretto e immediato per la realizzazione di un proprio interesse, a cui corrisponde un *obbligo* in capo a soggetti determinati o in capo a tutta la collettività.
Si parla di **diritto condizionato** quando il suo esercizio è sottoposto ad una condizione risolutiva o sospensiva. Sono ipotesi in cui l'ordinamento acconsente al sacrificio di un diritto individuale per realizzare un vantaggio collettivo, come nel caso in cui gli si espropri un bene da destinare alla pubblica utilità. Quando l'esercizio del diritto è temporaneamente impedito da un ostacolo giuridico si dice che il diritto è *in attesa di espan-*

dersi, come nel caso del diritto di edificazione, il cui esercizio è subordinato al rilascio di permesso amministrativo. Si verifica, invece, il fenomeno del cosiddetto *affievolimento* quando l'Autorità amministrativa impone limiti, temporanei o definitivi, ad un diritto che fino a quel momento era stato liberamente e pienamente esercitato dal suo titolare, come nel caso del proprietario al quale viene imposto un vincolo d'inedificabilità o che viene espropriato del proprio diritto di proprietà.

2.3 L'aspettativa di diritto

Si parla di aspettativa di diritto quando **la fattispecie attributiva di un diritto soggettivo si compone di vari elementi di cui solo alcuni sono venuti a esistenza.** In questa circostanza, l'ordinamento ritiene meritevole di tutela la posizione di chi attende che tutti gli elementi vengano in essere e, quindi, che la fattispecie si perfezioni.
La tutela riservata a tale posizione di *attesa* si concretizza nell'attribuzione di *poteri di natura conservativa* ed è *strumentale* al realizzarsi del diritto soggettivo nonché *provvisoria*, dal momento che la fattispecie *in itinere* potrà o meno perfezionarsi (in quest'ultimo caso, non nascerà alcun diritto e verrà meno anche la situazione di aspettativa).
L'ordinamento giuridico non tutela l'**aspettativa di fatto**, che consiste nella mera speranza di un futuro diritto soggettivo. Tale situazione è irrilevante per l'ordinamento in quanto non si realizza nessun elemento della fattispecie produttiva di effetti attributivi di diritti soggettivi.

2.4 La potestà

La potestà è il **potere di agire per il soddisfacimento di un interesse che non è proprio di chi agisce, bensì di un altro soggetto**. La caratteristica principale di questa situazione soggettiva attiva è che non v'è coincidenza tra chi formalmente esercita il diritto (il titolare della potestà) e chi è l'effettivo titolare dell'interesse tutelato. Tale potere può essere attribuito dalla legge (come nel caso della potestà *genitoriale*, ora denominata *responsabilità genitoriale*, in cui i genitori gestiscono in nome e nell'interesse dei figli minorenni vari rapporti giuridici) o dal titolare dell'interesse (come nel caso della *rappresentanza diretta*, in cui gli effetti dell'attività compiuta dal rappresentante si producono direttamente e immediatamente nel patrimonio del rappresentato). Il potere di esercitare il diritto altrui non è libero, bensì vincolato, in quanto chi lo esercita non può liberamente determinarsi, ma deve perseguire l'altrui interesse per il quale la potestà gli è attribuita.

2.5 Il diritto potestativo

Si configura allorquando un **soggetto consegue con un determinato comportamento un risultato favorevole**, provocando una modificazione nella sfera giuridica di un altro soggetto, che si trova in una posizione di soggezione. Il diritto potestativo ricorre:
- sia nell'ipotesi in cui il risultato favorevole è conseguito tramite il semplice **comportamento del titolare del diritto** (come nel caso di recesso unilaterale dal rapporto contrattuale *ex* art. 1373 c.c.);

> sia nell'ipotesi in cui l'effetto favorevole è ottenuto tramite una **sentenza del giudice** (come nel caso di acquisto della servitù coattiva di passaggio che, in mancanza di un accordo tra i proprietari dei fondi, può essere costituita con una sentenza *ex* art. 1032 c.c.).

Il soggetto che subisce la modificazione non deve né può fare nulla per impedirla.

2.6 La facoltà

Costituisce il contenuto di un diritto soggettivo, ma non ha un'esistenza autonoma rispetto al diritto; in altri termini le facoltà consistono nel **potere del titolare di un diritto soggettivo di comportarsi in un certo modo** (cioè di fare o di non fare qualcosa, di tenere o di non tenere una determinata condotta). Si concretizza nel poter compiere atti connessi al diritto principale (ad esempio, se io ho il diritto di proprietà su un bene, ho la facoltà di utilizzarlo o meno, di venderlo, di donarlo, possibilità che non avrei se non godessi del diritto di proprietà).

2.7 L'interesse legittimo

2.7.1 Definizione

L'**interesse che ciascun amministrato vanta a che la Pubblica Amministrazione agisca nel rispetto della legalità**, vale a dire di quelle norme giuridiche e regole tecniche che governano il corretto esercizio del potere pubblico. Per esempio, il partecipante ad un pubblico concorso ha l'interesse, giuridicamente tutelato, a che la procedura di selezione si svolga nel rispetto delle norme di legge e di quelle fissate nel bando di concorso.

Come situazione giuridica individuale, l'interesse legittimo ha trovato riconoscimento nel nostro ordinamento con la L. 5992/1889 istitutiva della *Quarta Sezione* (giurisdizionale) del Consiglio di Stato. La Carta costituzionale lo inserisce, nell'**art. 24**, al fianco dei diritti soggettivi, assicurandogli la massima tutela davanti alla giustizia amministrativa. La Costituzione lo richiama, inoltre, in altre due norme:

> nell'**art. 113**, in riferimento alla possibilità di impugnare gli atti della Pubblica Amministrazione dinanzi alla giurisdizione ordinaria o amministrativa;
> nell'**art. 103**, dove si afferma che gli organi della giustizia amministrativa hanno giurisdizione per la tutela degli interessi legittimi.

Ciò nondimeno, nessuno dei menzionati precetti si occupa di dare un'espressa definizione di interesse legittimo. La dottrina più autorevole parla di «*situazione giuridica di vantaggio, costituita dalla protezione giuridica di interessi finali che si attua non direttamente e autonomamente, ma attraverso la protezione indissolubile e intermediata di un altro interesse del soggetto, meramente strumentale, alla legittimità dell'atto amministrativo e soltanto nei limiti della realizzazione di tale interesse strumentale*» (così Casetta).

Mentre il diritto soggettivo è una posizione autonomamente tutelabile, l'interesse legittimo può essere espresso in termini di posizione non autonoma: l'utilità sperata dal titolare di questa posizione non è riconducibile direttamente alla legge ma dipende da un provvedimento o da un comportamento della P.A., che devono essere posti in essere

nel rispetto delle norme di legge. Principale caratteristica dell'interesse legittimo è la differenziazione: il suo titolare, cioè, vanta verso la P.A. una situazione **differenziata**, ben distinguibile rispetto a quella di altri soggetti. Inoltre tale situazione è **qualificata**, in quanto presa in considerazione, sia pure indirettamente, dalla norma che disciplina l'esercizio del potere pubblico.
S'è molto discusso in dottrina circa i criteri per distinguere l'interesse legittimo dal diritto soggettivo. In realtà, dopo l'apertura normativa alla possibilità che il privato possa partecipare alle scelte dell'Amministrazione facendo emergere le proprie esigenze nel corso dello svolgimento di un procedimento amministrativo (cosiddetta **partecipazione procedimentale**, di cui alla L. 241/1990), e soprattutto dopo la sentenza n. 500/1999 delle Sezioni Unite della Cassazione, che ha ammesso la risarcibilità della lesione degli interessi legittimi, le due posizioni soggettive di vantaggio si sono notevolmente avvicinate sotto l'aspetto della relativa tutela, ossia sul versante che tradizionalmente più le distingueva.

2.7.2 Interessi pretensivi e interessi oppositivi

Secondo la prospettiva più moderna, l'interesse legittimo è una situazione giuridica soggettiva che si concreta nella *pretesa* o nel *mantenimento* di un determinato bene della vita: nel primo senso si parla di **interesse pretensivo**; mentre nel secondo si definisce l'**interesse oppositivo**.
Nella prima ipotesi (**interesse pretensivo**), il privato chiede alla P.A. l'attribuzione o il riconoscimento di un *quid* e si trova di fronte, come situazione correlata, la situazione giuridica attiva della stessa Amministrazione che ha il potere di accogliere o rifiutare tale richiesta; egli dunque ha un interesse legittimo alla **pretesa** di ottenere. Nell'ipotesi, invece, dell'**interesse oppositivo** il privato si trova di fronte ad un potere della Pubblica Amministrazione cui egli si vuole **opporre** e vanta, quindi, un interesse legittimo al mantenimento del suo diritto.
Sicché, nel caso di interessi legittimi pretensivi, i titolari pretendono dalla Pubblica Amministrazione un'attività diretta ad ampliare la loro sfera giuridica (es. pretendono il rilascio di un'autorizzazione oppure di una concessione); al contrario, nel caso di interessi legittimi oppositivi essi si oppongono a provvedimenti amministrativi riduttivi della loro sfera giuridica (es. espropriazione, requisizione, confisca ecc.).
Si prenda ancora l'esempio del concorso pubblico: nel caso in cui la Pubblica Amministrazione violi le disposizioni che regolano l'esercizio del potere (**norme di azione**), attribuendo un punteggio inferiore ad un concorrente che non verrà quindi inserito nella graduatoria, questo soggetto può ricorrere al giudice amministrativo per ottenere l'annullamento dell'atto illegittimo. Dall'eliminazione dell'atto illegittimo (interesse primario alla legalità dell'azione amministrativa) consegue l'utilità che avrà il candidato una volta che, annullato l'atto illegittimo, verrà inserito nella graduatoria (**interesse secondario**). Il concorrente escluso è cioè titolare di un **interesse legittimo pretensivo**, e cioè di una *situazione sostanziale individuale che si sostanzia in una pretesa del privato* (nel caso di specie il soggetto esercita la pretesa di essere ammesso in graduatoria a fronte dell'eliminazione dell'atto illegittimo). Ipotesi diversa è quella del soggetto espropriato che si oppone al provvedimento di esproprio: costui, infatti, è titolare di un **interesse legittimo oppositivo**, perché si *oppone all'adozione di un atto pregiudizievo-*

le per la propria sfera giuridica (cioè si oppone all'adozione del provvedimento che lo priva del suo diritto di proprietà).

2.7.3 Interessi diffusi e interessi collettivi

L'**interesse diffuso** è un *interesse privo di titolare, latente nella comunità e ancora allo stato fluido*, in quanto comune a tutti gli individui di una formazione sociale non organizzata e non individuabile autonomamente (si pensi, per esempio, all'interesse che ciascuno vanta a vivere in un ambiente salubre, all'interesse ad una buona qualità della vita ecc.).
L'**interesse collettivo**, invece, è *quell'interesse che fa capo ad un ente esponenziale di un gruppo non occasionale (cioè stabile)*, della più varia natura giuridica, ma autonomamente individuabile (si pensi alle associazioni riconosciute e non, ai comitati).
In relazione a beni quali l'ambiente, la salute o la qualità della vita, non sono configurabili situazioni di interesse individuale, ma solo *situazioni di interesse che afferiscono ad una indefinita pluralità di soggetti*. Oggi giorno è indirizzo consolidato quello secondo cui l'interesse diffuso si trasforma in interesse collettivo e diventa, quindi, interesse legittimo tutelabile in giudizio, nel momento in cui, indipendentemente dalla sussistenza della personalità giuridica, l'ente dimostri la sua rappresentatività rispetto all'interesse che intende proteggere.
Secondo i criteri elaborati dalla giurisprudenza, però, affinché le organizzazioni di categoria siano riconosciute titolari della legittimazione a ricorrere al giudice, per la tutela di tali situazioni, deve trattarsi di enti i cui statuti prevedano come fine istituzionale la protezione di un determinato bene a fruizione collettiva; in secondo luogo, l'ente deve essere in grado, per la sua organizzazione e struttura, di realizzare le proprie finalità e deve svolgere all'esterno la propria attività in via continuativa. Infine, deve sussistere uno stabile collegamento territoriale tra l'area di afferenza dell'attività dell'ente e la zona in cui è situato il bene a fruizione collettiva che si assume leso (criterio della cosiddetta *vicinitas*).

2.7.4 Gli interessi semplici (o amministrativamente protetti) e gli interessi di fatto

L'**interesse amministrativamente protetto**, detto anche **interesse semplice**, è quello che ciascun cittadino vanta a che la Pubblica Amministrazione operi nel rispetto delle regole di opportunità e di convenienza che ispirano l'azione dei pubblici poteri. Questi interessi godono di una tutela puramente amministrativa e per tale ragione sono denominati interessi amministrativamente protetti: di conseguenza l'unica via perseguibile nel caso di lesione di tali situazioni soggettive da parte dei pubblici poteri è quella dei ricorsi amministrativi. Solo in via eccezionale è consentita la tutela giurisdizionale per vizi di merito dell'atto amministrativo.
Gli **interessi di fatto**, invece, sono interessi privi di qualificazione giuridica e come tali del tutto irrilevanti per il diritto (es. l'interesse all'illuminazione delle strade). L'unica possibilità che i privati hanno di far valere tali interessi è quella di presentare denunce che tuttavia non sono giuridicamente vincolanti per la Pubblica Amministrazione. Soltanto in casi eccezionali sono consentite **azioni popolari** da parte di soggetti coinvolti nelle questioni in cui rilevano interessi di questo tipo.

2.8 Le situazioni giuridiche passive

Ad ogni situazione giuridica attiva corrisponde una situazione giuridica passiva: ad esempio alla situazione di diritto soggettivo assoluto (proprietario di un'automobile) corrisponde un dovere giuridico generico (tutti i cittadini devono astenersi da azioni che possano inficiare tale possesso). Alla situazione di diritto soggettivo relativo (devo ricevere 50 euro da Tizio) corrisponde un obbligo specifico a carico del debitore (Tizio è tenuto a darmi i 50 euro).

Al diritto potestativo corrisponde la soggezione altrui (uno dei proprietari può chiedere la divisione di una cosa comune senza che gli altri comproprietari possano impedirlo).

Le principali situazioni giuridiche passive sono:

- il **dovere**: a una situazione di diritto assoluto di un soggetto corrisponde una situazione di svantaggio per tutti gli altri, che sono tenuti a rispettare quel diritto. Ad esempio, il dovere di rispettare la proprietà altrui o di non ledere il diritto all'integrità fisica;
- l'**obbligo**: a un diritto relativo di un soggetto corrisponde una situazione di svantaggio per un altro specifico soggetto, tenuto a osservare un certo comportamento. Ad esempio, il debitore è obbligato a restituire la somma di denaro presa in prestito;
- la **soggezione**: è la situazione nella quale viene a trovarsi chi è sottoposto all'altrui diritto potestativo;
- l'**onere**: è ravvisabile quando un soggetto deve tenere un dato comportamento al fine di realizzare un interesse proprio e, in assenza di tale comportamento, derivano al soggetto onerato effetti negativi. Da ciò si evince che la situazione in cui si trova il soggetto onerato è in qualche modo doverosa. Per esempio, chiunque voglia far valere una pretesa in giudizio ha l'onere di dimostrare che quella pretesa è giuridicamente fondata; la mancata dimostrazione comporta il disconoscimento giudiziale della pretesa.

Capitolo 3
L'organizzazione amministrativa

3.1 Nozioni di ente, organo e ufficio

Si definisce **ente** la persona giuridica composta da più organi mediante i quali l'ente stesso esplica la propria capacità di agire. Tale definizione ci fa intendere che l'ente può agire solo attraverso i suoi **organi** che, a loro volta, non hanno una soggettività distinta dall'ente, non hanno, personalità giuridica propria, ma mettono in pratica quella che è la capacità giuridica dell'ente. Per esempio il Comune è un ente composto di organi (Consiglio comunale, Giunta, Sindaco e dirigenti) e gli atti da essi prodotti sono imputabili al Comune stesso, titolare della capacità giuridica.
Sotto il profilo organizzativo, l'**unità organizzativa minima** degli enti pubblici è costituita dall'**ufficio amministrativo**; questo può definirsi come un complesso di **persone fisiche** (*aspetto soggettivo*) e **mezzi tecnici e organizzativi** (*aspetto oggettivo*) funzionalmente coordinati e collegati per lo svolgimento di un determinato compito in seno alla persona giuridica pubblica (dal Ministero alla Prefettura, al Comune, al singolo istituto scolastico ecc.).

3.2 L'organo amministrativo

3.2.1 Definizioni e caratteristiche

L'organo amministrativo si caratterizza – rispetto all'ufficio – per l'aspetto propriamente funzionale, in quanto ad esso sono riconosciuti compiti *decisionali* e *deliberativi*.
L'organo è titolare di una specifica **competenza**, che è una parte o quota della competenza amministrativa dell'ente del quale l'organo fa parte. Inoltre, nell'ambito della sfera di competenza assegnatagli, l'organo si avvale del complesso di beni e persone strumentali all'esercizio delle potestà attribuitegli.
Sotto il profilo soggettivo, alcuni autori identificano l'organo con il suo **titolare**. Questa ricostruzione è stata però criticata da coloro che ritengono che essa non riesca a distinguere quando la persona fisica agisca in qualità di organo e quando a titolo personale.
Sotto il profilo oggettivo o funzionale, invece, l'organo viene identificato come **complesso di attribuzioni**. Questa opinione non spiega, però, la casistica delle incompatibilità e dei difetti di legittimazione, che rilevano come elementi idonei a rendere illegittimo l'atto dell'organo.
Prevale, perciò, la teoria mista per la quale l'organo è sia, sotto il profilo soggettivo, la **persona** (organo individuale, come per esempio il Sindaco, il Ministro, il Dirigente scolastico ecc.) o il **complesso di persone** (organo collegiale, come per esempio la Giunta, il collegio dei revisori, il Consiglio d'istituto ecc.) cui spetta l'esercizio delle funzioni rientranti nella sfera di **competenza assegnata**, sia, sotto il profilo obiettivo, il **centro di imputazione** di detta competenza amministrativa (es. la carica di Sindaco, l'istituzione collegiale ecc.).

Gli elementi strutturali dell'organo amministrativo sono:

- il **titolare** (il funzionario) che ha, con l'organo medesimo, un rapporto di immedesimazione organica e che esercita la funzione di esprimerne e/o di manifestarne la volontà all'esterno e la potestà che individua le concrete attribuzioni (la sfera di competenza) dell'organo amministrativo;
- i **poteri** per lo svolgimento dell'attività di competenza.

Tra gli organi amministrativi, taluni hanno la **legale rappresentanza** dell'ente, vale a dire l'attitudine a manifestare la volontà dell'ente nei rapporti con i terzi. Il rapporto di **immedesimazione organica**, invece, è una peculiare forma di rapporto di organizzazione tra il titolare dell'organo e l'ente del quale l'organo manifesta la volontà.

La dottrina lo ha elaborato per superare le difficoltà connesse alla tradizionale ricostruzione di tale rapporto come riconducibile alla figura della *rappresentanza*, che non consentiva l'imputazione dell'attività del titolare all'ente, cui erano riferibili solo gli effetti giuridici. Attraverso il rapporto di immedesimazione organica, invece, il titolare dell'organo, nell'esercizio dell'attività rientrante nella sua sfera di attribuzioni, esprime direttamente la volontà dell'ente e non una volontà propria; ne consegue che all'ente pubblico sono direttamente riferibili sia l'attività, sia i relativi effetti, favorevoli o sfavorevoli che siano.

3.2.2 Le diverse tipologie di organi

L'esercizio di una funzione amministrativa può essere attribuito ad *una persona* o ad *una pluralità di persone*, aventi ciascuna lo stesso potere decisionale, gestito collegialmente, attraverso sedute o riunioni in cui prevale la volontà della maggioranza: nel primo caso si parla di **organi monocratici** (es. i singoli Ministri, il Capo dello Stato, i Prefetti, i sindaci); nel secondo caso, invece, si parla di **organi collegiali** (es. le Camere, il Consiglio dei Ministri, i Consigli comunali e metropolitani, i collegi giudiziari, le commissioni esaminatrici).

Quando un ente dispone di un'organizzazione ramificata sul territorio è possibile distinguere tra **organi centrali** e **organi periferici**. I primi hanno una competenza estesa all'intero territorio dell'ente (es. il Governo), i secondi, invece, hanno una competenza limitata all'ambito territoriale in cui operano (es. i Prefetti).

S'è detto che gli organi sono gli strumenti attraverso i quali l'ente opera giuridicamente. Non tutti gli organi, però, hanno poteri decisionali: alcuni, infatti, hanno soltanto il compito di fornire pareri a quelli che devono decidere, ed altri il compito di esercitare un sindacato (di legittimità o di merito) sulle decisioni prese da questi ultimi. Si definiscono **organi attivi** quelli dotati di potestà decisionale: sono organi vitali dell'ente quelli che ne formano la volontà e senza i quali l'ente stesso non potrebbe relazionarsi con gli altri soggetti giuridici (es. i Consigli regionali o comunali).

Sono, invece, **organi consultivi** quelli deputati a dare pareri (es. il Consiglio di Stato) e **organi di controllo** quelli investiti appunto di funzioni di controllo (es. la Corte dei conti).

3.2.3 La competenza

La competenza è il **complesso dei poteri esercitabili da un organo**: in particolare è la sua capacità di esercitare un potere e di emanare un atto. L'incompetenza, essendo

il suo opposto, rende non esercitabile un potere e pertanto vizia gli atti eventualmente emanati.
La competenza, indicando la misura dei poteri attribuiti ad un organo amministrativo, si manifesta a tre livelli: competenza per materia, competenza per territorio e competenza per grado.
La **competenza per materia** si determina in relazione all'oggetto dell'attività che l'organo svolge (es. il Ministro dell'Istruzione ha competenza in materia di organizzazione dell'attività scolastica) e può essere di *tipo esclusivo* (così per i Ministeri) o *concorrente*, nel caso in cui siano previste decisioni conformi di più organi o decisioni prese dietro parere o sottoposte a controllo di altri organi (così per gli organi collegiali).
La **competenza per territorio** delimita l'ambito spaziale in cui si esplica l'attività di un determinato organo e pertanto dell'efficacia degli atti (es. l'attività dell'Ufficio scolastico regionale si esplica nel territorio della Regione).
La **competenza per grado**, infine, si determina in relazione alla scala gerarchica all'interno della quale l'organo è inserito, così che un organo detto *superiore gerarchico* abbia poteri diversi e ulteriori rispetto ad un altro detto *subordinato* (un tipico rapporto di subordinazione gerarchica è quello che si instaura tra un Commissario e un Questore).
Si parla, d'altra parte, di **conflitto di competenza** quando due o più organi affermano contemporaneamente la propria competenza (*conflitto positivo*) o contemporaneamente la negano (*conflitto negativo*). I conflitti possono essere effettivi (*reali*) o potenziali (*virtuali*) e determinarsi sia tra organi aventi la stessa funzione (*conflitti interni*) sia tra organi con funzioni differenti (*conflitti esterni*).
La soluzione dei conflitti interni avviene ad opera del capo dell'ufficio di cui fanno parte gli organi in conflitto; la soluzione di quelli esterni si ha con l'intervento del superiore gerarchico o di un'autorità esterna individuata dalla legge o con funzioni di controllo sui contendenti.
Laddove dovesse poi concretarsi uno spostamento dell'esercizio della competenza in capo ad altri soggetti, diversi da quello che ne è titolare, è possibile individuare le seguenti situazioni:

- la **delega**, ovvero la derivazione della competenza in capo ad altro organo (*organica*) o soggetto (*intersoggettiva*), che tuttavia non assume la titolarità del potere. Trattasi di un *atto amministrativo discrezionale*, adottato per ragioni di carattere organizzativo e il cui effetto è quello di ampliare le attribuzioni del **delegato** (cioè del soggetto che riceve la delega); per tale ragione, il **delegante** può impartire *direttive* per l'esercizio della delega e inoltre, in caso di *inerzia*, può sostituirsi al delegato, oltre a poter annullare eventuali atti illegittimi e, in ultima analisi, *revocare* la delega stessa;
- l'**avocazione**, la quale prevede – in casi individuati dalla legge – che un organo sovraordinato attiri a sé l'esercizio di una competenza dell'organo gerarchicamente subordinato (es. nel processo penale è previsto che il procuratore generale può per particolari esigenze avocare a sé l'inchiesta precedentemente affidata ad un sostituto);
- la **sostituzione**, che è simile nella struttura all'avocazione ma presuppone l'ingiustificata *inerzia* dell'organo sostituito (che persiste nella sua inattività anche dopo la diffida a provvedere) e il *carattere vincolato* dell'atto da emanarsi (deve trattarsi, cioè, di un atto la cui emanazione è prevista dalla legge come obbligatoria).

3.2.4 L'incompetenza

L'incompetenza, in quanto **difetto di attribuzione**, si traduce in vizio per gli atti emanati. Si distingue in assoluta e relativa:

> l'**incompetenza assoluta** si configura quando l'organo amministrativo emana un atto:
- in una materia sottratta alla sua competenza amministrativa e riservata ad un altro potere dello Stato (*straripamento di potere*);
- riservato alla competenza di un settore dell'amministrazione completamente diverso (*difetto di attribuzione*);
- relativo ad un oggetto che si trova nella circoscrizione territoriale di un altro organo amministrativo;

> l'**incompetenza relativa** si verifica quando l'organo che emana l'atto appartiene allo stesso settore di amministrazione dell'organo che sarebbe competente secondo le regole generali. Si può distinguere un'incompetenza per materia (nel caso in cui l'atto emanato sia riservato per materia ad altro organo dello stesso settore amministrativo) o per territorio (nel caso in cui l'atto è emanato da un organo che, sebbene competente per materia, non lo è per territorio).

Si parla, invece, di **acompetenza** quando l'atto viene posto in essere da un soggetto privo della qualifica di organo amministrativo, o perché manca la relativa investitura o perché quest'ultima risulta viziata. L'ipotesi tipica che va ricondotta a questa categoria è quella del *funzionario di fatto*, che ricorre quando la titolarità dell'organo è puramente apparente.

3.2.5 Il funzionario di fatto

Il rapporto di servizio – ovvero quel rapporto che intercorre tra l'ente e tutti coloro che prestano stabilmente la loro attività nell'ambito della sua organizzazione – può anche sorgere, seppure in via eccezionale, in assenza di un formale atto di assunzione da parte della Pubblica Amministrazione, ossia in via di fatto.

In tale categoria rientra l'ipotesi del funzionario di fatto, ovvero del **funzionario la cui investitura, pur esistendo, sia invalida o sia venuta successivamente a mancare**.

Anche quando le funzioni sono esercitate in via di mero fatto, varie ragioni consigliano di applicare egualmente il meccanismo di imputazione tipico dell'organo e, cioè, di ritenere l'atto ugualmente valido ed efficace come se fosse stato adottato da un organo legittimato a porlo in essere. Ciò accade, pur in assenza di un atto di investitura, quando l'esercizio delle funzioni risulti urgente e indifferibile ovvero quando lo richieda la tutela della buona fede e dell'affidamento dei privati.

3.2.6 La prorogatio

In alcuni casi sussiste l'esigenza di assicurare la continuità nell'esercizio delle pubbliche funzioni.

Il **rapporto di servizio** tra il titolare dell'organo e l'ente può attraversare un susseguirsi di diverse vicende (*aspettative, congedi, permessi*) e può cessare per cause fisiologiche, come la scadenza del termine. In tal caso, è necessario procedere a nuova designazione del titolare del rapporto organico, ma, in virtù dell'istituto della *prorogatio*, il titolare

cessato è legittimato ad esercitarle finché non si insedi il successore e ciò per principio generale, senza necessità di un atto di conferma o di proroga.
L'art. 3 D.L. 293/1994, convertito dalla L. 444/1994, prevede, tuttavia, il **divieto di *prorogatio*** per gli organi amministrativi dello Stato e degli enti pubblici, nonché delle persone giuridiche a prevalente partecipazione pubblica. La legge stabilisce, infatti, che l'attività di tali organi possa essere prorogata (istituto che si differenzia dalla *prorogatio* perché in questo caso è una legge a determinare la prosecuzione dell'attività) per un periodo massimo di 45 giorni dalla loro scadenza, nel caso in cui non si proceda immediatamente alla sostituzione. Decorso tale termine, qualora non si sia comunque provveduto, gli organi amministrativi decadono e gli atti adottati sono nulli, non essendo applicabile l'ipotesi del funzionario di fatto.
Durante il periodo di proroga possono adottare esclusivamente gli atti di ordinaria amministrazione, nonché quelli urgenti e indifferibili; in assenza di tali presupposti gli **atti sono nulli**.
Sono parimenti **nulli gli atti adottati nel periodo di proroga** che eccedano l'ordinaria amministrazione o che manchino dei requisiti di urgenza e indifferibilità.

3.3 Il decentramento amministrativo

3.3.1 Le disposizioni costituzionali

Il decentramento amministrativo, secondo l'accezione accolta dall'art. 5 Cost., consiste nell'organizzare l'esercizio della funzione amministrativa mediante la dislocazione di attribuzioni e competenze tra più figure soggettive. Si tratta di una formula di organizzazione ordinamentale consistente nel **trasferimento dei compiti e delle funzioni proprie di una certa organizzazione** (operante all'interno dell'apparato politico-amministrativo dello Stato centrale) verso le articolazioni periferiche della medesima struttura.
L'art. 5 Cost. stabilisce che la Repubblica «*attua nei servizi che dipendono dallo Stato il più ampio decentramento amministrativo*», adeguando «*i principi e i metodi della sua legislazione alle esigenze dell'autonomia e del decentramento*». Il precetto costituzionale non va limitato allo Stato, ma concerne tutte le organizzazioni pubbliche o private di cui si compone il sistema istituzionale laddove superino certe dimensioni e/o presentino una rilevante complessità.
Il decentramento può intervenire per **ridistribuire le competenze tra il centro della struttura pubblica e la sua periferia**, operando all'interno dei confini dell'organizzazione amministrativa. Così inteso, il decentramento si rivela un mezzo importante nella distribuzione razionale delle competenze tra le singole unità divisionali dell'apparato amministrativo, mantenendo in capo agli organi centrali le funzioni direttive e di indirizzo, nonché quelle di regolazione, coordinamento e controllo, ed operando come mezzo di attuazione del principio costituzionale di buon andamento di cui all'art. 97 Cost.

3.3.2 Le possibili forme di decentramento

I modelli possibili di decentramento sono tre:
> **decentramento burocratico**, che prevede la *traslazione delle competenze dagli uffici centrali di una certa organizzazione verso gli uffici periferici* della medesima organiz-

zazione, appositamente istituiti. Ciò significa che – nel caso dello Stato – le funzioni amministrative, incluse quelle decisionali, non sono attribuite a enti separati dallo Stato ma sono mantenute in capo all'apparato statale, realizzando una modalità organizzativa interna all'esercizio di un medesimo potere. Il necessario presupposto è l'esistenza di una pluralità di livelli decisionali esercitabili autonomamente dall'organizzazione amministrativa centrale;

> **decentramento istituzionale**, **funzionale** o **per servizi**, che comporta una *ripartizione orizzontale delle funzioni amministrative*, al posto della tradizionale organizzazione verticale, quindi la distribuzione di vere e proprie funzioni di cura di interessi pubblici in favore di enti diversi dallo Stato (soggetti di diritto, tendenzialmente dotati di personalità giuridica autonoma);
> **decentramento autonomistico**, **autarchico** o **territoriale**, nel quale la cura degli interessi locali è affidata direttamente a enti esponenziali di collettività locali e l'indipendenza delle funzioni decentrate è garantita dall'elettività degli enti di governo. Sotto l'assetto organizzativo, tale modello di decentramento può svilupparsi mediante la costituzione di nuovi organi posti alla periferia dell'ambito territoriale di riferimento dell'ente interessato oppure attraverso la creazione di nuovi enti, dotati di propria personalità giuridica ma dipendenti dall'ente originario, pur essendo strutturati con un vertice direttamente elettivo.

3.3.3 Decentramento e autonomia: il valore della sussidiarietà

È lo stesso art. 5 Cost. ad enunciare, in affianco al criterio del decentramento, quello dell'**autonomia locale** (*La Repubblica, una e indivisibile, riconosce e promuove le autonomie locali*). In questo senso, il rapporto autonomia-decentramento esprime il pluralismo delle istituzioni di governo, nel quale si manifesta, a sua volta, il **principio democratico** di cui all'art. 1 Cost. Deriva da ciò la necessità che i poteri decisori non siano racchiusi in un unico nodo centrale né siano conferiti in modo esclusivo allo stesso livello di governo.

Nell'attuale interpretazione del principio dell'autonomia locale, ha assunto particolare e coerente rilievo la riforma costituzionale operata dalla L. cost. 3/2001 al Titolo V della Costituzione, attraverso la quale è stata rafforzata la tutela degli interessi emergenti dalle comunità locali. In particolare, l'art. 118 novellato fa conciliare il principio di decentramento con quello di **sussidiarietà**, sancendo che le funzioni amministrative vadano svolte dall'entità territoriale più vicina ai cittadini e che possono essere attribuite ed esercitate dal livello superiore di governo solo se l'ente di livello inferiore non riesce a curare gli interessi che ad esso sono stati affidati.

3.4 Gli enti pubblici

3.4.1 Profili generali

Gli enti pubblici sono **persone giuridiche che perseguono fini rilevanti per l'ordinamento dello Stato**. Essi costituiscono una categoria non unitaria ma alquanto varia e complessa, unita dal solo regime giuridico, ovvero dall'inserimento nell'apparato di potere pubblico e dal complesso di norme e principi che ne informano l'attività (Sandulli). Sotto l'aspetto organizzativo e funzionale, perciò, gli enti pubblici risentono del fatto di essere degli enti creati dallo Stato per il perseguimento di scopi che stanno particolarmente a cuore alla comunità statale. La rilevanza che tali enti assumono sul piano dei fini perseguiti è evidenziata da una serie di **indici di riconoscimento**, più o meno comuni a tutta la categoria.

Questi indici possono essere così sintetizzati: istituzione dell'ente da parte dello Stato, attribuzione di potestà pubbliche, autonomia politica, giuridica, normativa, organizzativa, finanziaria e di gestione, ingerenza dello Stato nella nomina e revoca degli amministratori o delle persone preposte a incarichi dirigenziali, partecipazione dello Stato alle spese di gestione, attribuzione di finanziamenti statali, potere di direzione e controllo da parte dello Stato, integrazione dell'ente nell'organizzazione dello Stato o di altro ente pubblico territoriale (da intendersi come dipendenza di carattere organizzativo e finanziario).

Una caratteristica propria di taluni enti pubblici è la cosiddetta **autarchia**, ovvero la potestà di emanare atti amministrativi aventi gli stessi caratteri e la stessa efficacia giuridica di quelli emanati dallo Stato. Per ottenere che tali atti siano osservati dai loro destinatari, gli enti pubblici non devono ricorrere agli organi giurisdizionali, ma possono avvalersi dei mezzi amministrativi di cui dispongono (**autotutela**): è il caso, per esempio, dell'ingiunzione di pagamento che gli uffici esattoriali fanno recapitare ai contribuenti morosi.
La categoria degli enti pubblici è molto vasta. Da decenni la tendenza del legislatore è quella di ridurne il numero. Quest'obiettivo è stato parzialmente perseguito attraverso la cosiddetta **privatizzazione**, grazie alla quale molti enti pubblici che svolgevano attività economiche in settori di pubblica utilità (es. trasporti, telecomunicazioni, fonti di energia ecc.) sono stati trasformati in società di capitali, attraverso la totale o parziale dismissione delle partecipazioni statali e la loro cessione ad azionisti privati.
Non bisogna confondere gli enti pubblici istituzionali con le **S.p.A. a partecipazione pubblica**, costituite in forma societaria direttamente dalla legge, con regole operative in parte derogatorie del normale diritto societario, con possesso della maggioranza delle azioni da parte delle istituzioni pubbliche (o in quota minoritaria ma con poteri vincolanti nella gestione, cosiddetta *golden share*) e pertanto strumentali rispetto alle finalità dell'ente che ne esercita il controllo.

3.4.2 Le principali tipologie di enti pubblici

All'interno della categoria degli enti pubblici è possibile operare una serie di classificazioni. In particolare si possono individuare le seguenti tipologie: enti pubblici territoriali, non territoriali, strumentali e indipendenti.
Gli **enti pubblici territoriali** sono quelli in cui il territorio rappresenta sia lo spazio fisico entro il quale l'ente esercita la sua sovranità sia uno degli elementi costitutivi, mancando il quale l'ente stesso non avrebbe alcuna ragione di esistere. Tali enti hanno la caratteristica di essere enti esponenziali, cioè rappresentativi degli interessi della collettività di individui stanziata sul territorio.
Gli enti pubblici territoriali hanno autonomia politica, normativa, statutaria, amministrativa e finanziaria. Rientrano in questa categoria la *Regione* e gli altri *enti locali*.
Gli **enti pubblici non territoriali** sono detti anche **enti istituzionali** e si caratterizzano per il fatto che il territorio rappresenta soltanto l'ambito spaziale entro il quale essi

esercitano la loro competenza. La proliferazione di questi enti s'è avuta quando lo Stato ha cominciato ad assumere compiti sempre più numerosi (es. in materia previdenziale ed assistenziale, economica, di ricerca scientifica ecc.). Si tratta, infatti, di enti strumentali, cioè creati per il perseguimento di fini propri dello Stato o degli enti territoriali minori (Regioni ed autonomie locali), tanto che si parla di *parastato* o comunque di *enti pararegionali, paraprovinciali e paracomunali*, proprio per indicare che tali enti costituiscono nel loro insieme un'Amministrazione parallela a quella centrale o locale dello Stato. Sono enti pubblici non territoriali: l'Istituto Nazionale della Previdenza Sociale (INPS), l'Istituto Nazionale per l'Assicurazione contro gli Infortuni sul Lavoro (INAIL), il Consiglio Nazionale delle Ricerche (CNR), le Camere di commercio, gli Ordini e i Collegi professionali.

Gli **enti pubblici strumentali** sono quelli che *operano sotto il controllo di un ente maggiore* per lo svolgimento di funzioni ausiliarie. La relazione di strumentalità comporta che l'ente maggiore ha un potere di direttiva e di ingerenza nella nomina del consiglio di amministrazione e dei funzionari dell'ente sottoposto, il quale gode comunque di autonomia decisionale e organizzativa, tanto che dispone di un proprio bilancio.

Gli enti strumentali sono riconducibili a due principali categorie:

> *enti pubblici economici*, che svolgono un'attività imprenditoriale nel pubblico interesse dell'economia di mercato, operando secondo regole di diritto privato;
> *enti pubblici di erogazione*, che forniscono servizi alla comunità (es. INPS, INAIL).

Gli enti pubblici economici hanno rappresentato, nella maggior parte dei Paesi ad economia liberista o mista, il principale strumento di gestione pubblica dell'economia, in affianco ai tradizionali strumenti di politica economica e finanziaria. A seguito, però, del fallimento di buona parte delle imprese pubbliche, quasi tutti gli Stati occidentali hanno significativamente ridimensionato la loro ingerenza nella gestione dell'economia e hanno attuato vere e proprie forme di *privatizzazione*, con il trasferimento di interi pacchetti azionari pubblici a soggetti privati.

Gli **enti pubblici indipendenti** sono quelli che hanno un'autonomia politica, sì da potersi dare, sul piano politico ed amministrativo, un indirizzo diverso da quello del governo centrale. Rientrano in questa categoria le Regioni e gli enti locali minori.

3.4.3 Gli enti privati di interesse pubblico

Gli enti privati di interesse pubblico sono enti privati, tali fin dalla loro istituzione o per trasformazione di enti pubblici, soggetti alla vigilanza dello Stato e che possono beneficiare di sovvenzioni o esenzioni tributarie.

Gli aiuti finanziari sono, nella generalità dei casi, attribuiti a fronte dell'esercizio di funzioni di "compartecipazione" nella prestazione di servizi assistenziali o di rilevante finalità sociale (si pensi alle *istituzioni di assistenza e beneficenza pubblica*, IPAB, ai *patronati*, alle varie *istituzioni culturali*, alle *federazioni sportive*, agli *enti ecclesiastici* ecc.) oppure perché "collaborano" nel *perseguimento di interessi pubblici* mediante la tutela di interessi diffusi o collettivi (associazioni di tutela dei consumatori, di protezione ambientale ecc.).

3.4.4 I rapporti tra gli enti

Tra gli enti si possono instaurare particolari **relazioni o rapporti giuridici** aventi carattere di stabilità e preordinati ad un più efficace ed efficiente esercizio dell'attività

amministrativa. L'intensità di tali rapporti varia in relazione al grado di autonomia di ciascun ente.
Particolarmente significativo è il **potere di annullamento degli atti amministrativi** che l'*ente titolare del potere di vigilanza* può esercitare sull'*ente vigilato*. Degno di nota, nell'ambito del sistema dei controlli, è il **potere governativo di annullamento straordinario**, in virtù del quale il Governo ha facoltà, in qualunque tempo, di *annullare*, su denuncia o d'ufficio (ossia di propria iniziativa), sentito il parere del Consiglio di Stato, gli atti degli enti locali viziati da illegittimità, per motivi eccezionali volti a salvaguardare l'unità dell'ordinamento.
È possibile distinguere le seguenti relazioni tra soggetti pubblici:

- **strumentalità**: implica l'esistenza di poteri di *ingerenza, direttiva, indirizzo, vigilanza, approvazione* di atti fondamentali e *verifica* nei confronti dell'ente subordinato;
- **vigilanza**: implica poteri di *ingerenza*, di *informazione*, di *indirizzo* e *controlli di legittimità* dell'ente vigilante sugli atti dell'ente vigilato;
- **tutela**: consente *controlli di merito* sull'attività dell'ente che v'è sottoposto;
- **direzione**: postula un *rapporto di sovraordinazione* di un ente all'altro, ma pur sempre nel rispetto di una sfera di autonomia dell'ente subordinato. Si esplica attraverso *direttive, atti di indirizzo* che additano degli obiettivi, lasciando all'ente la scelta dei mezzi con cui realizzarli;
- **avvalimento**: si configura quando un ente si serve degli uffici di un altro ente, che di norma svolgeranno compiti preparatori ed esecutivi senza che ciò comporti un trasferimento di funzioni dall'uno all'altro (era previsto dall'art. 118 Cost. prima della riforma del Titolo V);
- **sostituzione**: è una figura generale che si realizza quando un ente esercita diritti o attribuzioni spettanti ad altro soggetto, ma in nome proprio e sotto la propria responsabilità. Gli effetti si producono direttamente nella sfera del sostituito. Il relativo potere è previsto in genere quando sia necessario sopperire all'inerzia del titolare, previa diffida;
- **delega di funzioni**: da distinguere dalla delega nei rapporti interorganici. È una delle principali manifestazioni del principio di sussidiarietà e opera tra Stato e Regioni e tra Regioni ed enti locali. Le Regioni di norma esercitano le proprie funzioni amministrative delegandole agli altri enti locali;
- le **federazioni**: sono forme associative con funzioni di coordinamento e indirizzo dell'attività degli enti federati e di rappresentanza degli stessi (es. l'ACI è una federazione degli Automobil Club Provinciali);
- i **consorzi**: sono strutture stabili che svolgono attività diretta alla realizzazione di obiettivi comuni a più enti. Gli enti locali possono istituirne di due tipi: per la gestione dei servizi pubblici locali e per l'esercizio di funzioni. È rilevante, in tale ambito, la distinzione tra consorzi facoltativi e obbligatori. Questi ultimi ricorrono quando sono coinvolti rilevanti interessi pubblici che ne impongono la costituzione.

3.5 L'organismo di diritto pubblico e l'impresa pubblica

L'approvazione di una normativa unica europea sulla disciplina dei contratti pubblici e degli appalti imponeva a tutti i soggetti facenti parte dello Stato l'obbligo di avviare una specifica procedura aperta, invitando tutti i soggetti interessati, per l'affidamento di lavori e per l'acquisizione di beni e servizi. Da subito, però, si pose il problema di individuare i soggetti ai quali tale normativa si applicava, stante le differenze terminologiche adottate nei vari Stati e vista la possibilità di eludere tale obbligo attraverso la costituzione di enti che, pur risultando formalmente privati, di fatto erano controllati dallo Stato o da altri soggetti pubblici e perseguivano interessi propri di tutta la collettività. Per questo motivo nell'ambito della normativa europea fu elaborata la nozione di organismo di diritto pubblico, vale a dire un organismo, anche in forma societaria, istituito per soddisfare **esigenze di interesse generale**, avente carattere non industriale o commerciale, dotato di **personalità giuridica** e la cui attività sia **finanziata in modo maggioritario** dallo Stato, dagli enti pubblici territoriali o da altri organismi di diritto pubblico oppure la cui gestione sia **soggetta al controllo** di questi ultimi oppure il cui organo d'amministrazione, di direzione o di vigilanza sia costituito da membri dei quali più della metà è designata dallo Stato, dagli enti pubblici territoriali o da altri organismi di diritto pubblico. Tale definizione è ora riportata all'art. 3, co. 1, lett. *d*, D.Lgs. 18-4-2016, n. 50 (Codice dei contratti pubblici).

La nozione di organismo di diritto pubblico che si ricava dall'articolo richiamato è, dunque, la combinazione di tre profili:

> la **personalità giuridica** dell'organismo, che deve essere intesa in senso non tecnico come riferentesi alla soggettività giuridica e, cioè, alla capacità di essere centro d'imputazione d'attività amministrativa;
> lo svolgimento di **attività di interesse generale** ed a carattere non industriale e commerciale. Si tratta dell'elemento che consente di distinguere tra organismi di diritto pubblico e imprese pubbliche;
> la ricorrenza di un'**influenza pubblica**, esercitata dallo Stato, da enti pubblici territoriali o da altri organismi di diritto pubblico, secondo indici presuntivi alternativamente sufficienti ad integrare il requisito in esame; è, infatti, sufficiente, che anche uno solo dei criteri si verifichi per individuare l'organismo di diritto pubblico.

Con questa **nozione unitaria è stata superata quella di ente pubblico**, utilizzando criteri sostanziali e non formali che consentono di includere soggetti sia pubblici che privati e tutte le attività gestite con una significativa partecipazione finanziaria pubblica, o comunque di amministrazioni di derivazione pubblica. I soggetti così individuati sono tenuti ad adottare le procedure di gara aperta (evidenza pubblica), strumento che maggiormente tutela la concorrenza, fine ultimo della normativa europea.

Sempre il Codice dei contratti pubblici riporta all'art. 3, co. 1, lett. *t*, una sintetica definizione di **impresa pubblica**, intesa come quella tipologia di impresa su cui «le *amministrazioni aggiudicatrici* [ovvero gli organismi pubblici che devono affidare appalti di lavori o richiedere forniture pubbliche] *possono esercitare, direttamente o indirettamente, un'**influenza dominante** o perché ne sono proprietarie, o perché vi hanno una partecipazione finanziaria, o in virtù delle norme che disciplinano dette imprese* [ad es. le ipotesi di *golden share*]». L'influenza dominante è presunta quando le amministrazioni aggiudicatrici, direttamente o indirettamente, riguardo all'impresa, alternativamente o cumulativamente detengono la maggioranza del capitale sottoscritto, controllano la maggioranza dei voti cui danno diritto le azioni emesse dall'impresa e possono designare più della metà dei membri del consiglio di amministrazione, di direzione o di vigilanza dell'impresa.

Alla nozione di impresa pubblica dettata dal D.Lgs. 50/2016 devono essere ora ricondotte le aziende autonome, gli enti pubblici economici e "le società di capitali a prevalente capitale pubblico, sottoposte *ex* art. 2359 c.c. a controllo degli enti pubblici territoriali" (Raiola). Detti enti devono rispettare le procedure di evidenza pubblica iscritte nel Codice dei contratti pubblici poiché riconducibili a vere e proprie "partizioni" della Pubblica Amministrazione, seppur sotto la veste formale di enti privati.

3.6 L'articolazione burocratica dello Stato

3.6.1 Il Governo e i Ministri

Il Governo è il vertice dell'apparato amministrativo pubblico, che gestisce e orienta mediante il suo potere di **determinazione dell'indirizzo politico dello Stato**. Inoltre, il Governo esercita **poteri normativi**, nonché **poteri di nomina** rispetto a quei soggetti che rivestono incarichi di massimo rilievo nell'Amministrazione dello Stato e negli enti pubblici (es. la nomina dei Segretari generali dei Ministeri, o dei Capi dei Dipartimenti, disposta con decreto del Presidente della Repubblica previa deliberazione del Consiglio dei Ministri).
Il Governo è un *organo complesso*, composto da altri organi dotati di autonomia e di specifiche funzioni, che ne rappresentano gli elementi essenziali e indispensabili: i **Ministri**, emanazione governativa, finalizzata alla distribuzione del potere politico e dei corrispondenti compiti amministrativi pubblici, per materie di competenza.
La scelta del numero dei Ministri e delle materie loro affidate risente delle scelte di politica interna di ogni ordinamento e dell'evoluzione democratica della cultura di ogni popolo.
Nell'ordinamento delineato dalla Costituzione italiana, il potere di nominare il Presidente del Consiglio e i Ministri (ossia la compagine governativa) da questi proposti spetta al Presidente della Repubblica.

3.6.2 La funzione del Presidente del Consiglio dei Ministri

Al Presidente del Consiglio, in quanto capo dell'esecutivo, la Carta costituzionale conferisce un'autonoma rilevanza, facendone il centro propulsore dell'intera attività del Governo: egli, infatti, ne dirige la politica generale e ne è il responsabile, mantiene l'unità di indirizzo politico e amministrativo, promuove e coordina l'attività dei Ministri.
Una manifestazione tipica dei poteri di indirizzo e coordinamento si rinviene nelle direttive che il Presidente può sottoporre all'attenzione del Consiglio dei Ministri per indirizzare l'attività amministrativa verso obiettivi coerenti con l'azione di Governo. In questi casi le Amministrazioni destinatarie risultano vincolate non tanto nei singoli adempimenti, bensì nello scopo prefigurato in tali atti.
Il Presidente del Consiglio è, dunque, titolare di un **potere di direzione** dell'intera compagine governativa, e ciò lo abilita a svolgere ogni iniziativa volta a mantenere omogeneità nell'azione comune della coalizione, finalizzandola alla realizzazione del programma esposto in Parlamento al momento del voto di fiducia. Tali funzioni, però, non si spingono sino a determinare unilateralmente la politica generale del Governo, compito questo assolto collegialmente dal Consiglio dei Ministri.

Il Presidente del Consiglio può proporre al Consiglio stesso, il Ministro o i Ministri cui attribuire la **Vicepresidenza del Consiglio**. Ricorrendo questa ipotesi, in caso di assenza o impedimento temporaneo del Presidente, la supplenza spetta al Vicepresidente o, qualora siano nominati più Vicepresidenti, al Vicepresidente più anziano secondo l'età (art. 8 L. 400/1988).

3.6.3 I Ministri, i Ministeri e la loro struttura organizzativa

Ai sensi dell'art. 2 D.Lgs. 300/1999, i **Ministeri** (o Dicasteri) svolgono le **funzioni di spettanza statale nelle materie e secondo le aree funzionali indicate per ciascuna Amministrazione** dal medesimo decreto, avvalendosi della propria struttura organizzativa, nonché di particolari strutture amministrative denominate Agenzie.
Un Ministero è *costituito dai seguenti organi e uffici*: Ministro, Sottosegretario, Gabinetto del Ministro e altri uffici di diretta collaborazione, Segretario generale (eventuale), Dipartimento, Direzione generale, Divisione (o Servizio).
A capo del Ministero è posto il **Ministro**, componente del corpo politico al quale è affidata la responsabilità di un ramo dell'amministrazione (materia o insieme omogeneo di materie, come per esempio la Giustizia, la Difesa, l'Istruzione ecc.), e che dirige l'azione amministrativa, adotta le decisioni di maggiore importanza e propone al Consiglio dei Ministri la nomina dei dirigenti con funzioni generali.
Vi sono anche Ministri che, pur facendo parte del Governo, sono detti *senza portafoglio*, perché, avendo funzioni di minima complessità operativa, non sono a capo di un Ministero (es. il Ministro per i Rapporti con il Parlamento). I **Ministri senza portafoglio** esercitano le funzioni loro delegate dal Presidente del Consiglio dei Ministri.
Nella sua azione il Ministro è coadiuvato da diverse figure, tra cui spicca il **Sottosegretario**, organo ausiliario, mai vicario: supporta il Ministro, ma non ha il potere di agire in sua vece. I Sottosegretari possono essere anche più di uno per ciascun Ministero, in quanto a ciascuno viene affidato un sottoinsieme di materie omogenee, nell'ambito di quelle di competenza del Dicastero. Ai Sottosegretari non spettano competenze proprie, ma solo quelle che vengono loro delegate dal Ministro. Se ad essi sono conferite deleghe relative all'intera area di competenza di una o più strutture dipartimentali, può essergli attribuito il titolo di **Viceministro** (al massimo possono essere nominati 10 Viceministri).
In alcuni Ministeri (quelli *non articolati in Dipartimenti*, ad esempio il Ministero degli Affari esteri) esiste una figura con compiti di coordinamento delle strutture ministeriali apicali, il **Segretario generale**.
Il **Gabinetto del Ministro**, con funzioni di ausilio del Ministro e di coordinamento, è composto dal *Capo di Gabinetto*, dall'*Ufficio legislativo*, dall'*Ufficio stampa*, dalla *Segreteria particolare*. Al variare dei Governi variano anche i componenti del Gabinetto.
Nei Ministeri può essere presente un *Consiglio di amministrazione* che è presieduto dal Ministro e composto dai Direttori generali e dai rappresentanti eletti dal personale.
Dal punto di vista organizzativo, i Ministeri sono tipiche organizzazioni burocratiche, che possono avere una **macrostruttura di tipo polifunzionale** (come i Ministeri aventi un'articolazione di primo livello basata sulla Direzione generale) o di **tipo multidivisionale** (come i Ministeri con articolazione di primo livello fondata sul Dipartimento).
Spesso, oltre agli *uffici centrali*, i Ministeri hanno *uffici periferici*, distribuiti sul territorio e competenti per una parte soltanto dello stesso (*circoscrizione*); tali uffici possono

avere compiti esclusivamente preparatori ed esecutivi rispetto all'attività degli uffici centrali (secondo il modello della *deconcentrazione*), oppure funzioni proprie che esercitano sotto la direzione e il controllo degli uffici centrali (secondo il modello del *decentramento burocratico*).
L'art. 3 D.Lgs. 300/1999 afferma che costituiscono, *alternativamente*, strutture di primo livello dei Ministeri i Dipartimenti e le Direzioni generali. Il **Dipartimento** è la *struttura di primo livello* costituita per l'esercizio organico e integrato delle funzioni del Ministero, dalla quale dipende la **Direzione generale**; in alcuni Ministeri, tuttavia, non ci sono Dipartimenti, sicché la ripartizione di primo livello diventa la Direzione generale.
Le **Divisioni**, invece, sono la struttura di base, ma possono essere divise a loro volta in **Sezioni**.

3.6.4 Le Agenzie

Le Agenzie sono **strutture pubbliche con compiti di carattere tecnico-operativo** di rilievo nazionale che operano in generale al servizio delle Amministrazioni Pubbliche e possono essere dotate di autonomia organizzativa e contabile.
I rapporti con le Agenzie, alle quali è preposto un Direttore generale, e l'Amministrazione Pubblica di riferimento (es. un Ministero) sono disciplinati per mezzo di una convenzione.
Il Ministro competente (o l'organo politico territoriale) di riferimento esercita poteri di indirizzo e di vigilanza sulle Agenzie.

Tra le più note Agenzie si ricordano le *Agenzie fiscali* (entrate, dogane, demanio), l'*Agenzia Industrie Difesa* (AID), l'*Agenzia spaziale italiana* (ASI), l'*Agenzia nazionale per la sicurezza del volo* (ANSV), l'*Agenzia nazionale per i servizi sanitari regionali* (AGENAS), l'*Agenzia per la rappresentanza negoziale delle pubbliche amministrazioni* (ARAN), l'*Agenzia per la promozione all'estero e l'internazionalizzazione delle imprese italiane* (ICE), l'*Agenzia nazionale per il turismo all'estero* (ENIT), l'*Agenzia nazionale per le politiche attive del lavoro* (ANPAL), l'*Agenzia per l'Italia digitale* (AgID) e l'*Agenzia per la coesione territoriale* (ACT).
A livello regionale sono presenti *Agenzie regionali per la protezione ambientale* (ARPA) e *Agenzie regionali per l'impiego*.

3.7 L'Amministrazione statale periferica e le Amministrazioni statali non territoriali

I principi costituzionali dell'autonomia e del decentramento (art. 5 Cost.), prima ancora che il principio di sussidiarietà, postulano che l'organizzazione amministrativa dello Stato sia distribuita sul territorio così da soddisfare in modo congruo esigenze di funzionalità e di prossimità ai cittadini.
Per quanto concerne l'Amministrazione statale, non tutti i Ministeri sono muniti di uffici periferici. Una storica articolazione del **Ministero dell'Interno**, con rilevanza in ambito provinciale, è costituita dal **Prefetto**, preposto all'**Ufficio Territoriale del Governo (UTG)** che, istituito con D.P.R. 287/2001, ha sostituito la Prefettura. Il Prefetto rappresenta il Ministro e svolge funzioni di raccordo tra centro e periferia.
L'Ufficio Territoriale del Governo assicura, nel rispetto dell'autonomia funzionale e operativa degli altri uffici periferici delle Amministrazioni statali, le funzioni di rappresen-

tanza unitaria dello Stato sul territorio. Le funzioni di rappresentanza unitaria sono assicurate, tra l'altro, mediante costituzione presso ogni Ufficio Territoriale del Governo di un ufficio unico di garanzia dei rapporti tra i cittadini e lo Stato.
Molti dei compiti di controllo sugli enti locali di cui tale organo era investito sono venuti meno. Tuttavia, residuano in capo al Prefetto alcune importanti funzioni. In particolare:

> ha compiti rilevanti in materia di ordine pubblico e sicurezza pubblica in ambito provinciale;
> partecipa al procedimento di espropriazione;
> svolge funzioni in relazione alle elezioni politiche e amministrative;
> sovrintende al riconoscimento delle persone giuridiche private;
> presiede la conferenza permanente dei responsabili degli uffici statali che operano nella Provincia.

3.8 Gli enti locali

L'ente locale è un soggetto pubblico dotato di personalità giuridica di diritto pubblico che esercita **funzioni** e ha **competenze territorialmente e funzionalmente limitate**. La competenza degli organi locali è, dunque, ricondotta nei margini dei limiti territoriali dell'ente, in quanto persegue gli interessi pubblici concernenti tale circoscrizione.
Nell'ambito degli enti locali si segnalano poi gli **enti locali territoriali**, caratterizzati dal fatto che il territorio della circoscrizione non solo rappresenta un limite per la competenza degli organi, ma è un elemento costitutivo dell'ente stesso, i cui organi di governo sono rappresentativi della popolazione residente.
In quanto enti pubblici, gli enti locali possono essere dotati di potestà amministrative (**autarchia**) e normative (**autonomia**). L'attribuzione di funzioni agli enti locali realizza il cosiddetto **decentramento autarchico**, che si contrappone al **decentramento burocratico** nel quale, invece, le funzioni sono attribuite ad organi periferici di dicasteri statali (o di un ente locale più ampio).
Secondo l'art. 114 Cost., i Comuni, le Province, le Città metropolitane e le Regioni sono **enti autonomi con propri statuti**, poteri e funzioni secondo i principi fissati dalla Costituzione. Con ciò la Costituzione delinea l'assetto del decentramento italiano e l'ordine di elencazione evidenzia anche l'orientamento del **principio di sussidiarietà**, come delineato a seguito della riforma costituzionale varata con L.Cost. 3/2001, secondo il quale le funzioni amministrative vanno svolte principalmente dall'ente più vicino al territorio, per poi salire per gradi a livelli di sempre maggiori dimensioni.
L'elenco contenuto nell'art. 114 Cost. non esaurisce tutti gli enti previsti dall'ordinamento. A quelli citati, infatti, vanno aggiunti gli enti locali previsti solo a livello legislativo, quali gli ulteriori enti territoriali elencati nell'art. 1 D.Lgs. 267/2000 e disciplinati dallo stesso decreto legislativo (le **Comunità montane**, le **Comunità isolane**, le **Unioni di Comuni** e i **Consorzi tra Comuni**), nonché gli enti locali, ma non territoriali, previsti da altre leggi statali (tra essi si possono annoverare le Camere di commercio, industria, artigianato e agricoltura, le Aziende sanitarie locali, gli ordini professionali), oltre agli enti locali previsti da leggi regionali.

Capitolo 4
L'attività della Pubblica Amministrazione

4.1 I principi generali dell'attività amministrativa

L'azione amministrativa si fonda su una serie di principi che la Pubblica Amministrazione non può disattendere e che sono desumibili dalle norme costituzionali e dalla legislazione ordinaria, oltre che dall'ordinamento europeo.

4.1.1 Il principio di legalità

Il principio di legalità, in diritto amministrativo, comporta che **qualunque azione della P.A. abbia il suo imprescindibile presupposto nella legge**, per cui essa non può esercitare alcun potere al di fuori di quelli che la legge le attribuisce.

Tale principio ha una doppia funzione: da un lato, definisce l'indirizzo dell'azione amministrativa (**principio di legalità-indirizzo**), in quanto è la legge che individua sempre i fini ed i risultati cui la P.A. deve tendere (l'azione amministrativa non è mai libera nei fini); dall'altro l'Amministrazione è soggetta alla legge perché esercita poteri autoritativi, che, imponendosi ai destinatari, devono necessariamente rinvenire il presupposto legittimante nella volontà popolare espressa attraverso le leggi e, in tal senso, costituisce una garanzia per il cittadino (**principio di legalità-garanzia**).

Si discute su quale sia il fondamento normativo del principio di legalità, ma tendenzialmente si ritiene che il principio in parola, con riferimento all'agire della P.A., ritrovi il suo fondamento nell'art. 97 Cost., secondo cui «*i pubblici uffici sono organizzati secondo disposizioni di legge, in modo che siano assicurati il buon andamento e l'imparzialità dell'amministrazione*», e negli artt. 24 e 113 Cost., norme che sottopongono l'incedere dell'attività amministrativa al sindacato giurisdizionale.

4.1.2 I principi di buon andamento e imparzialità

L'art. 97, co. 2, Cost. afferma che l'azione amministrativa deve essere improntata ai principi di buon andamento e imparzialità.

Per **buon andamento** si intende l'*efficienza* dell'azione amministrativa, ovvero la sua rispondenza all'interesse pubblico affidato alle cure dell'Amministrazione stessa. L'espressione abbraccia la **relazione fra risorse impiegate** (umane e materiali) **e risultati ottenuti** (*efficienza in senso stretto*), come il **rapporto tra risultati ottenuti e obiettivi prestabiliti** (*efficacia*).

Il **principio di imparzialità** – inserito dalla L. 69/2009 tra quelli che la P.A. deve rispettare nello svolgimento del procedimento amministrativo – è riconducibile, dal canto suo, al principio di eguaglianza (art. 3 Cost.) e indica che l'**Amministrazione, nella cura degli interessi che le sono affidati, deve essere equidistante dagli interessi in competizione**.

Il concetto postula un comportamento diretto alla realizzazione di un assetto di interessi non parziale, in modo che tutti gli interessi siano adeguatamente rappresentati e considerati (es. un'applicazione del principio di imparzialità è la selezione del personale delle Amministrazioni tramite concorsi pubblici).

4.1.3 Il principio di ragionevolezza

Si tratta di un principio fondamentale in cui confluiscono il **principio di imparzialità**, **di eguaglianza** e **di buon andamento**. Significa che l'attività della P.A. deve essere immune da censure sul piano logico, deve essere aderente ai dati di fatto e agli interessi emersi nel corso dell'istruttoria, coerente con le premesse e i criteri fissati dalla stessa Amministrazione.
Il rispetto del principio di ragionevolezza presuppone una concordanza tra le fonti (che per definizione sono generali e astratte) e la realtà.
La violazione di questo principio si concreta in un **eccesso di potere**. Il provvedimento che scaturisce dall'attività amministrativa può risultare illegittimo perché presenta una motivazione contradditoria (appunto, non ragionevole) oppure potrebbe essere viziato per ingiustificata disparità di trattamento.

4.1.4 Il principio di sussidiarietà

Il principio di sussidiarietà è stato recepito nell'ordinamento italiano con l'art. 118 Cost. (come riformulato dalla L. cost. 3/2001) e stabilisce che l'**intervento degli organi dello Stato debba essere inteso esclusivamente come sostitutivo nel caso in cui l'autorità più prossima ai cittadini sia impossibilitata ad agire** per conto proprio.
Tale principio implica che:

- le diverse istituzioni, nazionali e sovranazionali, debbano tendere a creare le condizioni che permettono alla persona e alle aggregazioni sociali (i cosiddetti *corpi intermedi*: famiglia, associazioni, partiti) di agire liberamente senza sostituirsi a loro nello svolgimento delle loro attività;
- l'entità di livello superiore non deve agire in situazioni nelle quali l'entità di livello inferiore (e, da ultimo, il cittadino) è in grado di agire per proprio conto;
- l'intervento dell'entità di livello superiore debba essere temporaneo e teso a restituire l'autonomia d'azione all'entità di livello inferiore;
- l'intervento pubblico sia attuato quanto più vicino possibile al cittadino;
- prossimità del livello decisionale a quello di attuazione.

L'art. 118, co. 1, Cost. dispone che le funzioni amministrative sono attribuite ai Comuni salvo che, per assicurarne l'esercizio unitario, siano conferite a Province, Città metropolitane, Regioni e Stato, sulla base dei principi di sussidiarietà, differenziazione e adeguatezza. Ciò significa che le attività amministrative devono essere svolte dall'entità territoriale amministrativa più vicina ai cittadini, ossia dai Comuni, mentre i livelli amministrativi territoriali superiori intervengono solo se possono rendere il servizio in maniera più efficace ed efficiente.
La sussidiarietà, in definitiva, può essere vista sotto un duplice aspetto:

- **in senso verticale**: la ripartizione gerarchica delle competenze deve essere spostata verso gli enti più vicini ai bisogni del territorio;
- **in senso orizzontale**: il cittadino, sia come singolo che attraverso i corpi intermedi, deve avere la possibilità di cooperare con le istituzioni nel definire gli interventi che incidano sulle realtà sociali a lui più prossime.

Sostanzialmente, la sussidiarietà è un **criterio regolatore di competenze**, finalizzato ad assicurare l'efficacia e l'efficienza dell'organizzazione dei pubblici poteri e, in definitiva, il buon andamento della funzione amministrativa (art. 97 Cost.).

4.1.5 Il principio di proporzionalità

Il principio di proporzionalità trae origine dal diritto tedesco in base al quale **le limitazioni alle libertà individuali non devono superare la misura di quanto assolutamente necessario al raggiungimento dell'obiettivo di interesse pubblico** perseguito.
Il principio, dunque, può essere sezionato in 3 elementi:
- *idoneità*: il mezzo è idoneo quando tramite esso si può sensibilmente favorire il risultato desiderato;
- *necessarietà*: il mezzo è necessario se, posto che non è disponibile altro mezzo ugualmente efficace, incide in modo il meno negativo possibile nella sfera del singolo (rappresenta, quindi, il mezzo più mite, tra più mezzi ugualmente efficaci);
- *proporzionalità in senso stretto*: mezzo e fine non devono essere sproporzionati l'uno rispetto all'altro.

Si può dire, quindi, che tale principio impone alla Pubblica Amministrazione, nel perseguimento dell'interesse pubblico, di impiegare **mezzi commisurati** e **tempi idonei** allo scopo da perseguire, in maniera efficace **proporzionatamente**.
La proporzionalità consiste nell'*esercitare la giusta misura del potere* in modo da assicurare un'azione idonea ed adeguata alle circostanze di fatto, che non alteri il giusto equilibrio fra i valori, gli interessi e le situazioni giuridiche.
Questo principio prevede che gli organi amministrativi tengano in debita considerazione le esigenze dei soggetti titolari di interessi compresenti nell'azione amministrativa al fine di ricercare la soluzione che comporti il **minor sacrificio possibile** per gli stessi interessi rispetto al fine pubblico da perseguire.

4.1.6 Il principio di pubblicità e trasparenza

L'art. 1, co. 1, L. 241/1990 ha introdotto espressamente il principio di trasparenza quale regola di condotta della Pubblica Amministrazione.
Tale principio impone all'Amministrazione il dovere di rendere **visibile**, **controllabile** e **accessibile** dall'esterno il proprio operato. Esso si concretizza nell'attribuzione ai cittadini del potere di esercitare un controllo democratico sullo svolgimento dell'attività amministrativa e sulla conformità della stessa agli interessi sociali e ai principi costituzionali.
Nella stessa ottica, la L. 15/2005 ha ridisegnato l'istituto dell'accesso agli atti del procedimento amministrativo, che è considerato il *minimum* indefettibile per assicurare a tutti il godimento del diritto alla trasparenza dell'azione amministrativa.
Precetti volti all'attuazione di questo principio sono l'**obbligatoria motivazione** del provvedimento amministrativo e la **necessaria partecipazione dei privati** al procedimento.
La L. 190/2012 per il contrasto alla corruzione nelle Pubbliche Amministrazioni, sulla base della cui delega è stato emanato il D.Lgs. 33/2013, ha notevolmente esteso la nozione di trasparenza amministrativa. Secondo l'art. 1, co. 15, L. 190/2012, la trasparenza

dell'attività amministrativa è assicurata anche mediante la **pubblicazione, nei siti web istituzionali delle Pubbliche Amministrazioni, di tutte le informazioni relative ai procedimenti amministrativi**, con criteri di facile accessibilità, completezza e semplicità di consultazione (sia pure nel rispetto delle disposizioni in materia di segreto di Stato, di segreto d'ufficio e di protezione dei dati personali).

4.1.7 Il principio della collaborazione e della buona fede

I rapporti tra cittadini e Pubblica Amministrazione devono essere improntati al principio della collaborazione e della buona fede, come esplicitamente indicato dall'art. 1, co. 2-*bis*, L. 241/1990 (aggiunto dal D.L. 76/2020, convertito dalla L. 120/2020). Ciò implica che, in virtù del **principio di buona fede**, nel corso del procedimento le parti devono comportarsi lealmente *evitando di ingenerare falsi affidamenti* e di tradirne le ragionevoli aspettative. In forza del **principio di collaborazione**, invece, i soggetti coinvolti devono agire affinché si instaurino *momenti di reciproco coinvolgimento e necessario coordinamento*, finalizzati soprattutto ad evitare l'insorgere di possibili controversie.

4.1.8 Il principio di azionabilità delle situazioni giuridiche dei cittadini contro la Pubblica Amministrazione

Al riguardo rilevano due norme contenute nella Carta costituzionale e, segnatamente, gli artt. 24 (*Tutti possono agire in giudizio per la tutela dei propri diritti e interessi legittimi*) e 113 (*Contro gli atti della Pubblica Amministrazione è sempre ammessa la tutela giurisdizionale dei diritti e degli interessi legittimi dinanzi agli organi di giurisdizione ordinaria o amministrativa. Tale tutela non può essere esclusa o limitata a particolari mezzi di impugnazione o per particolari categorie di atti. La legge determina quali organi di giurisdizione possono annullare gli atti della P.A. nei casi e con gli effetti previsti dalla legge stessa*).
Consacrando il diritto alla tutela giurisdizionale tra i fondamenti dell'ordinamento costituzionale, l'art. 24, in connessione con il principio democratico, afferma il principio di azionabilità delle situazioni giuridiche soggettive (diritti e interessi) dei cittadini nei confronti della Pubblica Amministrazione. Il comma 1 trova applicazione nell'art. 113 Cost., definito **clausola generale di impugnabilità degli atti amministrativi** a garanzia della *giurisdizione amministrativa generale di legittimità* a tutela di interessi legittimi, parallela a quella della magistratura ordinaria a tutela dei diritti soggettivi.
È così delineato il quadro costituzionale della giustizia amministrativa: lo speciale regime che garantisce i cittadini nella varia tipologia di rapporti che li vede contrapposti alla P.A.

4.1.9 Il principio del servizio esclusivo della Nazione

L'art. 98 Cost. rappresenta il logico completamento dell'art. 97 Cost. Il **servizio reso alla Nazione** dai pubblici dipendenti deve intendersi come servizio reso alla collettività nel suo complesso.
Connesso e pertinente è il **dovere di fedeltà alla Repubblica**, che concerne, però, tutti i cittadini e non i soli pubblici impiegati, di cui all'art. 54 Cost.

4.1.10 Il principio di responsabilità

Ai sensi dell'art. 28 Cost., i **funzionari** e i **dipendenti dello Stato** e **degli enti pubblici** sono direttamente **responsabili, secondo le leggi penali, civili e amministrative, degli atti compiuti in violazione di diritti**. In tali casi la responsabilità civile si estende allo Stato e agli enti pubblici.
La responsabilità diretta dei funzionari e dei dipendenti è affiancata dalla responsabilità dell'ente: ne risulta un rafforzamento del dovere di diligenza e della garanzia dei cittadini. In tal senso la disposizione citata realizza l'obiettivo culturale di infrangere l'immunità dello Stato e di superare il principio per cui la Pubblica Amministrazione non può commettere illecito, del quale sono eventualmente responsabili i soli dipendenti, a titolo personale e privato.
Le problematiche connesse all'art. 28 si legano essenzialmente al rapporto esistente tra i due tipi di responsabilità, del funzionario/dipendente e dell'ente.
Gli indirizzi dottrinali riguardo alla responsabilità dell'ente sono stati essenzialmente tre:

- la **responsabilità dell'ente è indiretta**, essendo quella del dipendente diretta e non potendo perciò coesistere due responsabilità dirette;
- la **responsabilità dell'ente è diretta** quando consegue ad un provvedimento oppure all'inadempimento di un obbligo specifico (contrattuale o *ex lege*); **indiretta** nel caso sia prodotta da un comportamento materiale collegato all'esercizio di funzioni e mansioni pubbliche;
- nulla si frappone alla configurazione di **due responsabilità dirette**, dell'ente e del dipendente, una volta che, per finzione normativa, uno stesso fatto sia addebitabile a due soggetti distinti.

4.2 Discrezionalità amministrativa, discrezionalità tecnica e merito

4.2.1 La discrezionalità amministrativa

L'attività della Pubblica Amministrazione si estrinseca tradizionalmente nella cura concreta degli interessi pubblici indicati dalla legge (cosiddetti **interessi primari**). Il soggetto preposto al perseguimento di un interesse pubblico deve agire osservando i contenuti e i limiti stabiliti dalla legge e operare nel modo ritenuto il migliore possibile in base ai principi di **imparzialità** e **buon andamento**.
La discrezionalità amministrativa, dunque, è l'**ambito decisionale entro il quale la Pubblica Amministrazione può operare nei limiti tracciati dalla legge**. Un uso eccessivo o distorto del potere discrezionale conduce alla possibile illegittimità delle decisioni assunte dagli organi amministrativi.
L'attività amministrativa è discrezionale allor quando il potere di scelta in capo all'organo agente è esercitabile sulla scorta di due o più soluzioni tutte astrattamente applicabili e idonee a realizzare l'obiettivo d'imparzialità enunciato nella Costituzione. Gli atti discrezionali, perciò, sono espressione del potere che l'Amministrazione ha di compiere valutazioni di convenienza e opportunità, in vista del raggiungimento dell'interesse pubblico, e quindi di decidere se è il caso o meno di adottare determinati provvedimenti.

Quello dell'esercizio del potere discrezionale costituisce un momento essenziale dell'azione amministrativa, in quanto la legge attribuisce alla P.A. un margine di apprezzamento più o meno ampio a seconda delle circostanze. L'esercizio del potere discrezionale, dunque, permette alla P.A. di decidere al meglio in merito all'opportunità di agire e al contenuto dell'attività; discrezionalità significa esprimere una valutazione comparativa dei vari interessi in gioco, pubblici e privati.

4.2.2 La discrezionalità tecnica

Dalla discrezionalità amministrativa va distinta la discrezionalità tecnica, espressione che qualifica quelle **scelte che si compiono attraverso un complesso giudizio valutativo classificatorio e mediante il ricorso a conoscenze tecnico-specialistiche**.
L'espressione «*discrezionalità tecnica*» indica il margine di apprezzamento che caratterizza alcune scelte della Pubblica Amministrazione contenenti giudizi complessi, adottate sulla base dei canoni specialistici del settore di riferimento (Lazzara). La discrezionalità tecnica, perciò, consiste nella valutazione dei fatti supportata dalle regole tecniche tratte dalle scienze oggetto del tipo di valutazione che si deve adottare.
Ne costituiscono espressione: i giudizi delle commissioni negli esami e nei concorsi pubblici; l'apprezzamento del valore storico-artistico di un bene ai fini dell'imposizione del relativo vincolo; la valutazione medica sulla dipendenza di una malattia da causa di servizio; l'accertamento complesso dei requisiti psico-fisici per l'arruolamento nelle forze armate; il giudizio di merito per l'avanzamento in carriere degli ufficiali.
A ben vedere, in tutti gli esempi riportati, il margine di apprezzamento di cui gode la Pubblica Amministrazione coincide con l'opinabilità tecnico-scientifica del giudizio da compiere: in presenza di un determinato esito valutativo gli effetti da produrre sono già stabiliti dalla legge.

4.2.3 Il merito dell'azione amministrativa

La sussistenza di una certa libertà valutativa riservata alla Pubblica Amministrazione viene talvolta sintetizzata con la nozione di merito amministrativo, concetto quest'ultimo che può essere inteso secondo due accezioni:

- lo si fa coincidere con l'**opportunità** (intesa quale *obbligo* di rendere il provvedimento il più conforme possibile alle regole di *equità*, *imparzialità* e *buona amministrazione*);
- lo si riconduce al **contenuto sostanziale** del provvedimento, il quale comprende l'*opportunità*, le *valutazioni tecniche* e le *qualificazioni giuridiche* applicate.

Nella seconda accezione, il merito non comprende soltanto la ponderazione comparativa degli interessi nel momento che precede la decisione amministrativa, ma l'intero percorso dalla proposizione dell'istanza all'emanazione del provvedimento, che è l'espressione della cura concreta dell'interesse pubblico dato in attribuzione.
In dottrina, il merito è variamente definito. Alcuni autori lo riconducono ai profili discrezionali dell'atto amministrativo: sarebbe, cioè, il risultato di una valutazione discrezionale. Secondo altra opinione, invece, il merito è il momento più interno della fase ponderativa degli interessi e coincide con quella parte dell'atto o dell'attività, che non è disciplinata in modo diretto ed espresso dalle norme.

4.2.4 Il sindacato giurisdizionale delle scelte discrezionali della Pubblica Amministrazione

La **distinzione** tra **discrezionalità** e **merito** rileva ai fini del *riparto della giurisdizione*, ai fini del *procedimento amministrativo*, ai fini della *motivazione* del provvedimento amministrativo e ai fini del conformarsi dell'*eccesso di potere*.

Per quanto riguarda quest'ultimo profilo, va rilevato che l'inadeguata opportunità del provvedimento significa **cattivo esercizio della discrezionalità amministrativa**, in quanto l'opportunità comprende anche la valutazione comparativa degli interessi. Un provvedimento non è opportuno quando non è il più conveniente rispetto al luogo, al tempo e alla circostanza.

Allorquando il provvedimento amministrativo persegue una finalità diversa da quella tipica, si configura l'ipotesi dell'**eccesso di potere**, sindacabile dal giudice amministrativo.
Attraverso la constatazione di questo vizio, il giudice amministrativo controlla il modo (legittimo o meno) con cui l'Amministrazione ha esercitato la discrezionalità, ovvero il modo con cui sono stati ponderati gli interessi coinvolti nell'azione amministrativa.
Ciò non significa valutare la bontà del risultato conseguito, in quanto significherebbe entrare nel merito del fatto, il che è consentito solo nei casi espressamente previsti dalla legge. **Vizio di merito** significa, infatti, violazione delle regole di opportunità, convenienza e buona amministrazione; il merito rappresenta la sfera libera dell'azione amministrativa discrezionale, ovvero l'ambito in cui essa, rispettati i limiti stabiliti dalle norme, può svolgersi senza essere soggetta ad un sindacato giurisdizionale.

4.3 L'attività vincolata

Una fondamentale distinzione dell'azione amministrativa è quella che concerne l'attività discrezionale da quella vincolata; quest'ultima trova **tutti gli elementi da acquisire e valutare, ai fini di una decisione amministrativa, già prefigurati rigidamente dalla legge**, di modo che l'autorità amministrativa è chiamata a svolgere solo una verifica tra quanto disposto dalla legge e quanto presente nella realtà, sicché il *modus procedendi* è quasi meccanico e ha un esito certo.
Molto spesso gli atti vincolati implicano l'applicazione di conoscenze tecniche e in questi casi la norma attributiva del potere fa discendere automaticamente da un **accertamento tecnico** una predeterminata conseguenza giuridica.
Dunque, quando adotta un provvedimento vincolato, la P.A. *non ha alcun margine di apprezzamento discrezionale*; è vincolata e l'azione amministrativa condotta sulla base di uno specifico parametro giuridico di riferimento in modo da escludere qualsiasi margine di valutazione e di scelta.
In tal caso, l'ente pubblico ha l'obbligo di intervenire con un atto dovuto, senza che possa essere effettuata alcuna comparazione tra interessi pubblici e interessi privati.
Diversamente, quando la legge lascia all'autorità amministrativa un certo margine di apprezzamento in ordine a taluni aspetti della decisione da assumere (se prenderla, su cosa, con quale modalità e in che momento), si parla di **discrezionalità amministrativa**; in pratica, in tali casi, la legge non riesce a regolare ogni particolare ipotesi, ma si limita a prefigurare gli aspetti essenziali della fattispecie e dell'esercizio della potestà pubblica, rimettendo poi all'autorità amministrativa le ulteriori valutazioni correlate ai profili o agli interessi particolari del caso.

La discrezionalità, quindi, presuppone l'attribuzione di uno **spazio decisionale libero** all'autorità amministrativa che deve rispettare i confini fissati dalle disposizioni di legge e ispirandosi ai criteri di **buona amministrazione**.

4.4 L'informatizzazione e la digitalizzazione dell'attività amministrativa

4.4.1 Il quadro normativo di riferimento

Le disposizioni in materia di attività digitale delle pubbliche amministrazioni, emanate a più riprese dal legislatore, sono state raccolte e riordinate in un unico contesto normativo, il **Codice dell'amministrazione digitale (CAD), adottato con il D.Lgs. 7-3-2005, n. 82**. La normativa affronta in modo organico il tema dell'utilizzo delle tecnologie dell'informazione e della comunicazione nell'attività amministrativa, nei suoi aspetti organizzativi e procedimentali e con riguardo ai rapporti con i cittadini e le imprese. Si segnalano:

- le norme volte a rendere più cogenti le previsioni in tema di **trasmissione di documenti per via telematica** tra pubbliche amministrazioni e tra queste e i privati, prevedendo, in caso di violazioni, l'insorgere di una responsabilità dirigenziale e disciplinare;
- l'introduzione del cosiddetto **domicilio digitale**, un indirizzo elettronico valido ai fini delle comunicazioni elettroniche aventi valore legale che il cittadino può indicare per tutte le comunicazioni da parte delle amministrazioni pubbliche e i gestori di pubblici servizi;
- l'istituzione dell'**Indice nazionale di domicili digitali** (**INI-PEC**) delle imprese e dei professionisti al fine di favorire la presentazione di istanze, dichiarazioni e dati, nonché lo scambio di informazioni e documenti con le amministrazioni pubbliche. Specularmente è stato creato l'**Indice dei domicili digitali della Pubblica Amministrazione e dei gestori di servizi pubblici (IPA)**, un elenco a disposizione di tutti e che riporta gli indirizzi elettronici dei soggetti esercenti attività pubblica. Un terzo elenco raccoglie i **domicili digitali delle persone fisiche e degli altri enti di diritto privato (INAD)** non tenuti all'iscrizione in albi professionali o nel registro delle imprese. La consultazione è consentita a chiunque tramite sito web e senza necessità di autenticazione. I domicili digitali inattivi sono cancellati d'ufficio;
- la previsione di un **utilizzo esclusivo dei canali e dei servizi telematici** per l'invio di determinate tipologie di atti da parte delle amministrazioni e delle società partecipate da enti pubblici.

Con gli articoli 19 ss. D.L. 83/2012 si è inoltre provveduto a razionalizzare il complesso delle funzioni in materia di innovazione tecnologica e di digitalizzazione della Pubblica Amministrazione, creando un organismo unico, denominato **Agenzia per l'Italia digitale (AgID)**, al posto della pluralità di amministrazioni e di enti precedentemente competenti in materia. Tale riorganizzazione è funzionale a garantire l'attuazione della cosiddetta **Agenda digitale italiana**, progetto di derivazione europea volto ad incrementare l'uso dei *servizi di e-government* da parte dei cittadini e delle imprese dell'Unione europea.

4.4.2 La Carta della cittadinanza digitale

Il Codice delinea una nuova impostazione dei rapporti tra la Pubblica Amministrazione e i cittadini e riconosce in favore di quest'ultimi una serie di diritti di seguito indicati:

> **diritto all'uso delle tecnologie** (art. 3). I cittadini e le imprese hanno diritto di usare, in modo accessibile ed efficace, le tecnologie dell'informazione e della comunicazione (*ICT* nella sigla inglese: *Information and Communication Technology*) per tutti i rapporti con le amministrazioni e con i gestori dei pubblici servizi. In particolare, la partecipazione al procedimento amministrativo e il diritto di accesso ai documenti amministrativi sono esercitabili mediante l'uso delle tecnologie dell'informazione e della comunicazione. A tal fine, la tutela giurisdizionale spetta al giudice amministrativo (art. 133 D.Lgs. 104/2010);

> **diritto all'identità e al domicilio digitale del cittadino** (art. 3-*bis*). Chiunque ha il diritto di accedere ai servizi on-line offerti dalle amministrazioni pubbliche, dai gestori esercenti di pubblici servizi e da società a controllo pubblico, tramite la propria identità digitale e anche attraverso ulteriori punti di accesso telematico. In particolare, il D.L. 76/2020 (conv. dalla L. 120/2020) ha *esteso il raggio d'azione del diritto di accesso digitale*, disponendo che ai servizi della Pubblica Amministrazione si debba poter entrare anche tramite l'*applicazione IO*, che consente di consultare anche da smartphone le comunicazioni delle Pubbliche Amministrazioni ed effettuare pagamenti con tale modalità. Ogni altra forma di comunicazione non può produrre effetti pregiudizievoli per il destinatario;

> **diritto di effettuare pagamenti con modalità informatiche** (art. 5). Nei rapporti con l'utenza le amministrazioni e gli altri soggetti individuati nel Codice sono tenuti ad accettare i pagamenti ad essi spettanti, a qualsiasi titolo dovuti, anche con strumenti elettronici. La piattaforma tecnologica per i pagamenti ha assunto la denominazione di PagoPA;

> **diritto a servizi on-line semplici e integrati** (art. 7). Le pubbliche amministrazioni sono tenute ad organizzare i servizi resi tramite ICT sulla base delle reali esigenze degli utenti determinate mediante analisi preventive e strumenti per il controllo periodico della soddisfazione dell'utenza;

> **diritto alla partecipazione democratica elettronica** (art. 9). I cittadini, anche residenti all'estero, hanno diritto a partecipare al processo democratico e ad esercitare i propri diritti civili e politici mediante l'uso delle tecnologie ICT. A tal fine le amministrazioni possono anche prevedere forme di consultazione preventiva per via telematica sugli schemi di atto da adottare.

Quelli appena menzionati rappresentano diritti che nel loro complesso delineano una vera e propria **Carta della cittadinanza digitale**.

Strumento essenziale per garantire, *in chiave digitale, l'accesso a dati, documenti e servizi della Pubblica Amministrazione e la semplificazione dei servizi*, riducendo l'accesso fisico agli uffici, è la diffusione del **sistema pubblico d'identità digitale (SPID)**. Si tratta di un *sistema di login* che permette a cittadini e imprese di accedere con un'unica identità digitale, da molteplici dispositivi, a tutti i servizi online di pubbliche amministrazioni e imprese aderenti, eliminando le tante password, chiavi e codici attualmente necessari.

L'interconnessione tra le diverse amministrazioni interessate, invece, spetta al **Sistema pubblico di connettività (SPC)**, un insieme di infrastrutture tecnologiche e di regole tecniche che ha il compito di far dialogare le varie amministrazioni e incentivare la cooperazione, favorendo l'adesione anche da parte dei privati e garantendo la sicurezza e la resistenza (ossia la capacità di adattamento e di resistenza all'usura) dei sistemi informatici.

4.4.3 La firma digitale

La firma digitale consiste in un processo di calcolo detto "validazione" che **associa una serie di dati a quelli del documento, attestandone l'integrità, garantendone l'identificazione di chi firma e la sua volontà sottoscrittoria**. La firma digitale svolge funzioni analoghe a quella della tradizionale sottoscrizione dei documenti cartacei, ha lo stesso valore legale della firma autografa, integra e sostituisce l'apposizione di sigilli, identifica il mittente o autore del documento elettronico e garantisce l'autenticità e l'integrità dei dati in esso contenuti.
Il Codice prevede che le sottoscrizioni informatiche siano effettuate tramite **firma digitale**. Si tratta di una particolare forma di firma qualificata fondata *sull'utilizzo di due chiavi elettroniche correlate tra loro, che consentono di verificare in modo sicuro la provenienza ed integrità di un documento o un insieme di documenti informatici e la validità legale*, che non può essere ripudiata dal sottoscrittore. La sua apposizione integra e sostituisce i tradizionali strumenti di autenticazione conosciuti, come sigilli, punzoni, timbri, contrassegni e marchi di qualsiasi tipo previsti dalla normativa vigente. Il sistema utilizza una coppia di chiavi elettroniche (una pivata e una pubblica) che funzionano solo quando l'una è collegata con l'altra (art. 1, lett. *s*, D.Lgs. 82/2005).

Una chiave è detta privata in quanto può essere usata soltanto dal suo titolare; l'altra è detta pubblica perché può essere usata da chiunque. Con l'uso della crittografia, qualsiasi documento informatico (testo, immagini, musica, ecc.) creato da una delle due chiavi è reso incomprensibile e può essere decifrato solo con il possesso dell'altra. Le due chiavi sono indipendenti, per cui non è possibile identificare l'una partendo dall'altra.

La firma digitale, quando è autenticata da un notaio o da un altro pubblico ufficiale autorizzato, è riconosciuta a termini dell'articolo 2703 c.c. (sottoscrizione autenticata). La sua autenticazione, al pari della sottoscrizione tradizionale, consiste nell'attestazione, da parte del pubblico ufficiale, che essa è stata apposta in sua presenza dal titolare, previo accertamento della sua identità e della validità del certificato elettronico utilizzato.
La firma digitale è collegata ad un certificato qualificato che, al momento della sottoscrizione, non deve risultare scaduto, sospeso o revocato e che sia conforme alle regole tecniche stabilite dal Codice.

4.4.4 Il documento informatico

Il CAD e il D.P.R. 445/2000 definiscono il documento informatico come la **rappresentazione informatica di atti, fatti o dati giuridicamente rilevanti**.
Ai fini del soddisfacimento del requisito della forma scritta e per l'attribuzione dell'efficacia prevista dall'art. 2702 c.c., l'art. 20 CAD distingue tra:

- documento informatico al quale è apposta una firma digitale, altro tipo di firma elettronica qualificata o una firma elettronica avanzata o, comunque, è formato previa identificazione informatica del suo autore: in questo caso **soddisfa pienamente il requisito della forma scritta e ha un valore probatorio equivalente a quello del documento cartaceo**;

> documento informatico che non rispetta i suddetti criteri: in questo caso l'idoneità a soddisfare il requisito della forma scritta e il suo valore probatorio sono **liberamente valutabili in giudizio**, in relazione alle caratteristiche di sicurezza, integrità e immodificabilità.

La data e l'ora di formazione del documento informatico sono opponibili ai terzi se apposte in conformità alle Linee guida emanate dell'AgID.

Gli atti, i dati ed i documenti delle pubbliche amministrazioni formati con documenti informatici costituiscono a tutti gli effetti documenti originali e come tali possono essere utilizzati su diversi tipi di supporto per riproduzioni e copie nel rispetto degli usi consentiti dalle norme vigenti.

Le **copie su supporto informatico** di qualsiasi tipologia di documenti analogici originali, formati in origine su carta o altro supporto non informatico, sostituiscono ad ogni effetto di legge gli originali da cui sono tratti, se la loro conformità all'originale è assicurata da chi lo detiene mediante l'uso della propria firma digitale e nel rispetto delle regole tecniche previste dall'art. 71 CAD.

Le **riproduzioni informatiche**, al pari di ogni altra rappresentazione meccanica di fatti o cose, hanno valore probatorio se colui contro il quale sono prodotte non ne disconosce la loro conformità (art. 2712 c.c.). I duplicati, le copie e gli estratti di documenti informatici, anche se riprodotti su diversi tipi di supporto – se conformi alle regole tecniche disciplinate da apposito decreto – sono valide a tutti gli effetti di legge.

I documenti informatici spediti o rilasciati da depositari pubblici autorizzati e da pubblici ufficiali, contenenti copia o riproduzione di atti pubblici, scritture private, documenti in genere, e atti o documenti amministrativi, di ogni tipo, ai quali è stata apposta o associata la firma digitale o elettronica qualificata di colui che li spedisce o li rilascia, hanno la stessa efficacia giuridica degli originali dai quali sono state tratte (artt. 2174 e 2175 c.c.). La spedizione o il rilascio di copie dei documenti ora descritti esonera dalla produzione o esibizione degli originali, quando richiesti per legge.

Il **valore probatorio**, sostitutivo a tutti gli effetti di legge degli originali, è riconosciuto anche:

- alle copie su supporto informatico di documenti non unici formati in origine su carta e altro, a condizione che la loro conformità all'originale sia assicurata dal responsabile che lo conserva tramite la propria firma digitale;
- alle copie su supporto informatico di documenti originali unici, formati in origine su supporti cartacei o comunque non informatici.

Capitolo 5
Atti e provvedimenti amministrativi

5.1 I concetti di atto e di provvedimento amministrativo

L'attività amministrativa può essere svolta tanto da operatori pubblici (*persone giuridiche pubbliche*) quanto da operatori privati (*persone fisiche e giuridiche*). Quando, però, si parla di attività amministrativa si sottintende un riferimento alle persone giuridiche pubbliche, a cominciare dallo Stato e dagli enti pubblici autonomi (territoriali).
L'**atto amministrativo** consiste in qualunque *manifestazione di volontà, di conoscenza o di giudizio (o di natura mista), posta in essere dalla P.A. nell'esercizio delle sue funzioni.*
Una particolare categoria di atto amministrativo è il **provvedimento amministrativo**, quale *atto conclusivo di un procedimento amministrativo* e dotato di *autoritarietà*, che consiste nell'imporre unilateralmente modificazioni nella sfera giuridica del destinatario.
Il provvedimento amministrativo contiene una determinazione unilaterale che può consistere in una *costituzione* o *modificazione* o *estinzione* di rapporti giuridici, indipendentemente dal consenso dei destinatari, o nella **reiezione** di una istanza presentata da un privato (cosiddetto **provvedimento di diniego**).
In quanto atto per natura destinato a produrre effetti all'esterno, il provvedimento amministrativo è *efficace* ed *esecutorio*, ossia può essere in grado di essere condotto *coattivamente ad esecuzione* (solo nei casi e con le modalità previste dalla legge).
L'**atto costitutivo di obblighi** deve indicare *termine* e *modalità* di esecuzione da parte del privato obbligato. Qualora quest'ultimo non ottemperi, le Pubbliche Amministrazioni, previa diffida, possono provvedere all'esecuzione coattiva nelle ipotesi e secondo le modalità previste dalla legge (art. 21-*ter* L. 241/1990, inserito dalla L. 15/2005).

5.2 Atti di amministrazione attiva, consultiva e di controllo

Con riguardo al tipo di attività esercitata, si distinguono atti di amministrazione attiva, consultiva e di controllo.
L'**amministrazione attiva** è quel tipo di attività con cui la Pubblica Amministrazione, a mezzo dei suoi organi, incide nella sfera giuridica dei terzi, ovvero porta ad esecuzione quanto già statuito, sempre in vista della realizzazione dei fini istituzionali verso cui è diretta l'azione amministrativa. In questa categoria rientrano i provvedimenti.
Gli atti di **amministrazione consultiva** sono finalizzati a fornire una serie di valutazioni ed elementi di giudizio necessari per la formazione della volontà dell'Amministrazione procedente. Questo tipo di attività, per la sua natura, si esplica generalmente attraverso atti preventivi rispetto alla perfezione del *provvedimento amministrativo*. Rientrano in tale tipologia di attività i **pareri**.
Attraverso gli atti di **amministrazione di controllo** organi dotati di apposite competenze verificano se un determinato atto, un'attività o un semplice comportamento sono confor-

mi alle regole giuridiche (**controllo di legittimità**) o di opportunità (**controllo di merito**). Si tratta, in sostanza, di un'attività strumentale all'azione amministrativa, rivolta a esaminare la corrispondenza dell'attività principale a determinati parametri che possono essere non solo di tipo giuridico.

5.3 Il provvedimento amministrativo

5.3.1 Le caratteristiche

Il provvedimento amministrativo presenta le seguenti caratteristiche:

> è un **atto tipico**, in quanto deve essere espressamente previsto dall'ordinamento;
> è un **atto nominativo**, nel senso che per ogni interesse pubblico alla cui cura la P.A. è preposta deve essere previsto il corrispondente provvedimento amministrativo;
> è un **atto autoritativo**, in quanto è posto in essere anche contro la volontà del destinatario o dei destinatari;
> è un **atto unilaterale**, perché si basa sulla sola volontà della Pubblica Amministrazione;
> è un **atto esecutorio**, nel senso che le autorità pubbliche ne possono dare immediata e diretta esecuzione, senza che sia necessaria una preventiva pronuncia giurisdizionale;
> è un **atto inoppugnabile** quando scadono i termini di proposizione del ricorso.

Si distinguono:

> provvedimenti che producono **effetti ampliativi** nella sfera giuridica dei destinatari, in quanto conferiscono ad essi nuove posizioni giuridiche attive o di vantaggio (es. *concessioni, autorizzazioni*);
> provvedimenti **restrittivi**, rivolti invece a estinguere delle posizioni di vantaggio ovvero a creare situazioni di obbligo (quindi posizioni passive) in capo al destinatario; in questa categoria di atti si annoverano *ordini*, *sanzioni* e i cosiddetti *atti ablatori* quali la *requisizione* e l'*espropriazione*.

5.3.2 Gli elementi essenziali

Gli elementi essenziali del provvedimento amministrativo sono:

> il **soggetto**. È indispensabile che l'atto provenga da un'autorità amministrativa e che costituisca esercizio di una potestà amministrativa: questo vale ad escludere atti che, pur provenendo da un'amministrazione, non costituiscono esercizio di una potestà amministrativa (ad es. il contratto stipulato da un ente pubblico). Il soggetto è il centro di imputazione giuridica che pone in essere l'atto. In via ordinaria, è un organo dell'amministrazione competente all'emanazione dell'atto e investito della relativa funzione, mentre, in casi eccezionali, può essere anche un soggetto almeno formalmente privato;
> la **volontà**. Per la teoria negoziale anche la volontà è elemento essenziale dell'atto amministrativo. Si ritiene tale non la mera volontà psicologica della persona fisica centro di imputazione giuridica dell'atto, bensì la volontà "oggettivata" risultante dal procedimento amministrativo nel suo complesso: essa si traduce nel potere di scelta ed eventualmente di determinazione del contenuto dell'atto;

- l'**oggetto**. Si intende il bene, la situazione giuridica o l'attività destinati a subire gli effetti giuridici prodotti dal provvedimento. Al pari di quanto richiesto in materia di contratti dall'art. 1346 c.c., l'oggetto deve necessariamente essere *lecito, possibile, determinato* o quanto meno *determinabile*;
- la **causa**, da intendersi come lo scopo dell'atto. Il potere amministrativo, infatti, viene attribuito in vista di un interesse pubblico specifico. C'è un orientamento allo scopo indicato dalla legge che segna l'aspetto finalistico dell'atto e che di conseguenza rende irrilevante il profilo della meritevolezza dell'interesse perseguito: questo risulta, infatti, individuato dalla legge in relazione al potere di cui il provvedimento è esercizio;
- la **forma e la struttura formale**. L'art. 2 L. 241/1990 prescrive che il procedimento debba concludersi con un provvedimento espresso, ponendo in tal modo la regola generale della forma scritta e consentendo l'effettuazione di controlli successivi sul rispetto delle diverse regole, da quelle procedurali a quelle contabili. Alla forma scritta si affianca anche quella elettronica, dal momento che l'informatizzazione dell'attività amministrativa consente anche di sottoscrivere l'atto con la firma digitale. In ogni caso, per quanto la forma scritta rappresenti la regola generale, vi sono casi di atti a forma legale non scritta, quale, ad esempio, l'ordine di scioglimento di assembramenti vietati e, più in generale, alcuni ordini di polizia per i quali è prevista l'esternazione orale. Essi non vanno, però, considerati a forma libera; non va, infatti, confusa la libertà della forma con la non necessità dell'esternazione.

5.3.3 Gli elementi accidentali

Si definiscono accidentali quegli elementi del provvedimento che **non devono necessariamente sussistere affinché l'atto possa considerarsi giuridicamente esistente** ma che, se inseriti, diventano parte integrante del suo contenuto. Fra gli elementi accidentali, che possono essere apposti all'atto amministrativo, senza alterarne il contenuto tipico, bisogna annoverare:

- il **termine**, che indica il momento dal quale inizia ad avere efficacia l'atto (*termine iniziale*) oppure il momento a partire dal quale cessa l'efficacia (*termine finale*);
- la **condizione**, diretta a subordinare l'inizio (*condizione sospensiva*) o la cessazione (*condizione risolutiva*) dell'efficacia dell'atto al verificarsi di un atto futuro e incerto;
- l'**onere**, che può essere apposto in presenza di atti che determinano un ampliamento giuridico della sfera dei destinatari, imponendo un *facere* agli stessi;
- le **riserve**, atti con i quali l'amministrazione si riserva di adottare in futuro altri provvedimenti relativi all'oggetto dello stesso atto emanato.

In caso di *invalidità di una clausola accessoria*, l'opinione prevalente mira a circoscrivere per quanto possibile gli effetti alla sola clausola e a non coinvolgere l'intero provvedimento, richiamando sia l'art. 1419 c.c., sia il **principio di conservazione degli atti amministrativi**. Infatti, se la clausola invalida incidesse su tutti gli effetti del provvedimento, ciò comporterebbe l'invalidità dell'intero atto e la clausola in questione risulterebbe essenziale e non accessoria.

5.3.4 I requisiti

I requisiti sono quei componenti che incidono sull'efficacia e sulla validità dell'atto. Essi si distinguono in *requisiti di legittimità* che, se mancano, determinano l'annullabilità dell'atto e in *requisiti di efficacia*, necessari affinché l'atto sia efficace. Questi ultimi, poi, a loro volta, si differenziano in requisiti di esecutività e requisiti di obbligatorietà.

In particolare, i **requisiti di legittimità** sono quei requisiti richiesti dalla legge al fine di rendere l'atto, oltre che esistente, anche valido (cioè legittimo). Essi sono stati classificati, da autorevole dottrina, nel modo che segue (Sandulli):

- *requisiti inerenti all'agente*: la legittimazione, e cioè l'esistenza di una investitura effettuata nei modi di legge (ad eccezione dei casi di funzioni di fatto) e la competenza per territorio, grado e materia a provvedere all'emanazione dell'atto;
- *requisiti inerenti all'oggetto*: ossia l'esistenza in concreto del potere di provvedere sull'oggetto dell'atto;
- *inerenti al destinatario*: tali possono essere, ad esempio, requisiti attinenti ad idoneità fisica o a titolo di studio;
- *inerenti alla forma*: oltre al modo di estrinsecazione dell'atto, sono requisiti di legittimità anche le condizioni di tempo, di luogo e le modalità prescritte per il suo compimento. Si ricordi che mentre la mancanza o la erronea indicazione dell'intestazione, della data o del luogo producono solo irregolarità, la mancanza del preambolo produce illegittimità;
- *inerenti al contenuto*: sono tali la conformità dell'atto ai precetti legislativi previsti per il suo tipo e il rispetto delle norme sulla sua emanazione.

I **requisiti di efficacia**, invece, sono condizioni richieste affinché l'atto, già perfetto, diventi anche efficace. Essi a loro volta si distinguono in:

- *requisiti di esecutività*: per cui l'atto, già perfetto, può essere portato ad esecuzione. Tali requisiti che operano *ex tunc*, sono ravvisabili nell'esito positivo del controllo ovvero nel verificarsi di eventuali condizioni sospensive;
- *requisiti di obbligatorietà*: per cui l'atto, già perfetto ed esecutivo, diviene obbligatorio nei confronti dei destinatari. Tali sono gli atti di comunicazione, e cioè la notificazione, la trasmissione e la pubblicazione.

5.3.5 Struttura, contenuto e fine

Nel provvedimento amministrativo, normalmente si rinviene una struttura formale articolata in una serie di elementi:

- un'**intestazione**, che indica l'autorità emanante;
- un **preambolo**, in cui si enunciano le circostanze di fatto e di diritto nel cui contesto l'atto è emanato;
- la **motivazione**, la quale indica le ragioni giuridiche e i presupposti di fatto del provvedere;
- il **dispositivo**, che è la *parte precettiva dell'atto*, ove è contenuta la concreta statuizione posta in essere dall'amministrazione.

Infine l'atto deve essere **datato** e **sottoscritto** con indicazione del **luogo dell'emanazione**.

Il **contenuto** è la **parte propriamente precettiva del provvedimento**, con cui si dispone degli interessi pubblici e privati coinvolti nel procedimento, avendo cura di perseguire in maniera ottimale l'interesse pubblico primario.

È dato distinguere:

- un **contenuto naturale** dell'atto ove si compendiano le disposizioni che identificano il tipo di provvedimento;
- un **contenuto implicito** attinente alle disposizioni operanti di per se stesse in forza di legge, anche se non enunciate nel provvedimento;
- un **contenuto eventuale** che si riscontra nelle ipotesi ove sono contemplati elementi accidentali (disposizioni aggiuntive richieste dalle caratteristiche peculiari della vicenda).

Il **fine** è lo **scopo concreto** perseguito attraverso l'adozione del provvedimento, sempre preordinato alla cura dell'interesse pubblico. L'orientamento alla finalità, che rende irrilevante l'elemento della *causa* inteso come *meritevolezza dell'interesse perseguito*, lo si ritrova in tutti gli istituti che concorrono a definire il regime giuridico del potere amministrativo e dell'atto amministrativo, dalla discrezionalità all'eccesso di potere.

5.3.6 La motivazione

Particolarmente rilevante è la motivazione del provvedimento (art. 3 L. 241/1990), strumento che consente alla Pubblica Amministrazione di **esternare i presupposti di fatto e le ragioni giuridiche** poste a fondamento dell'adozione di un determinato provvedimento.

Al riguardo merita precisare che:

- i **presupposti di fatto** non sono altro che gli elementi e i dati di fatto che sono stati acquisiti in sede istruttoria e hanno costituito oggetto di valutazione ai fini dell'adozione dell'atto terminale;
- le **ragioni giuridiche** sono le argomentazioni sul piano del diritto poste a base del provvedimento, cioè a dire le norme e i principi ritenuti applicabili nel caso di specie.

Ai sensi dell'art. 3, co. 2, L. 241/1990 la motivazione non è richiesta per gli *atti normativi* e per quelli *a contenuto generale*. L'obbligo di motivare ogni provvedimento amministrativo rappresenta un logico e immediato corollario del principio di trasparenza dell'azione amministrativa e di democraticità della stessa: infatti, solo l'evidenza dell'iter logico seguito dall'autorità decidente permette di accertare la *correttezza dell'operato della Pubblica Amministrazione.*

La motivazione di un atto, comunque, può anche essere desunta dal contenuto di altri atti, che devono essere espressamente richiamati nello stesso per consentire la comprensione delle ragioni e dei presupposti della sua emanazione (cosiddetta **motivazione per *relationem***).

Alla luce quindi della previsione normativa, **gli atti privi di motivazione devono considerarsi affetti dal vizio di violazione di legge**. Più in specie, possono assumersi come illegittimi, in quanto affetti dall'anzidetta patologia:

- gli atti carenti di motivazione;
- gli atti che non indichino, o indichino in modo incompleto, i presupposti di fatto e le ragioni giuridiche che hanno determinato la decisione;
- gli atti motivati *per relationem* che non rendano conoscibili gli atti da cui risultano le ragioni della decisione.

Per altro verso, **devono considerarsi viziati da eccesso di potere** gli atti che presentano **carenze** o **incongruità** diverse da quelle innanzi individuate, come nei casi di **illogicità** o **contraddittorietà** della motivazione.

5.3.7 L'efficacia

L'efficacia consiste nell'**attitudine dell'atto a produrre effetti nei confronti dei suoi destinatari**, siano essi determinati puntualmente o in modo generico (es. rivolti a Tizio, ovvero ai cittadini del Comune).

In base alla loro efficacia, gli atti amministrativi si distinguono in:

> **atti costitutivi**, che creano, modificano o estinguono un rapporto giuridico preesistente;
> **atti dichiarativi**, che si limitano ad accertare una data situazione senza influire su di essa.

Nella generalità dei casi i provvedimenti amministrativi hanno efficacia e, quindi, producono conseguenze di tipo giuridico, dal momento in cui sono posti in essere, ovvero emanati (firmati dall'organo competente), previo eventuale controllo di regolarità che sospende l'efficacia e la fa retroagire dalla data di adozione una volta verificata la correttezza dell'atto.

Secondo disposizione di legge o della stessa Amministrazione gli atti amministrativi possono però avere **efficacia differita**, cioè hanno efficacia a partire da un periodo futuro.

V'è una categoria di provvedimenti, cosiddetti **ricettizi**, la cui efficacia è subordinata alla loro *comunicazione*. Sono tali i provvedimenti limitativi aventi un effetto restrittivo della sfera giuridica dei destinatari. Ai sensi dell'art. 21-*bis* L. 241/1990, il **provvedimento limitativo** della sfera giuridica dei privati acquista efficacia nei confronti di ciascun destinatario con la comunicazione effettuata anche nelle forme stabilite per la notifica agli irreperibili nei casi previsti dal codice di procedura civile; qualora, per il numero dei destinatari, la comunicazione non sia possibile o risulti particolarmente gravosa, la P.A. può provvedere mediante forme di pubblicità idonee, di volta in volta stabilite dall'Amministrazione medesima.

Il provvedimento limitativo della sfera giuridica dei destinatari **non avente carattere sanzionatorio** può contenere una clausola motivata di immediata efficacia.

I provvedimenti limitativi della sfera giuridica dei privati **aventi carattere cautelare e urgente** sono immediatamente efficaci.

I provvedimenti efficaci sono eseguiti immediatamente, sempre che non sia diversamente stabilito. L'**esecuzione** può essere sospesa per gravi ragioni e per il tempo necessario dall'organo che lo ha emesso o da altro organo individuato dalla legge. Il **termine della sospensione** (esplicitamente indicato nell'atto che la dispone) può essere prorogato o differito una sola volta nonché ridotto per sopravvenute esigenze (art. 21-*quater* L. 241/1990, introdotto dalla L. 15/2005).

5.4 Le autorizzazioni

5.4.1 L'autorizzazione e le figure affini

L'autorizzazione è il provvedimento con cui la P.A., nell'esercizio di un'attività discrezionale, in funzione preventiva o di controllo e programmazione, provvede alla **rimozione di un limite legale che vincolava parte della sfera giuridica soggettiva del destinatario**.

Con tale atto, cioè, si consente ai destinatari di compiere attività che, per motivi di interesse pubblico, è necessario contingentare o, comunque, limitare e che, quindi, non possono essere svolte da chiunque. Si pensi, per esempio, all'esercizio di un'attività commerciale che, se svolta senza alcuna limitazione, potrebbe provocare dei problemi di tipo economico o sociale (es. vendita ambulante) o che condurrebbe a problematiche di tipo igienico-sanitario (es. allevamento di animali).
Tra le *figure affini* all'autorizzazione si annoverano:
> l'**abilitazione**, che si differenzia dall'autorizzazione in relazione alla discrezionalità che ne è alla base, di tipo tecnico e non amministrativo (es. patente di guida);
> l'**approvazione**, un atto di controllo che a differenza dell'autorizzazione non condiziona in via preventiva la legittimità di un atto, ma ne condiziona solo l'operatività in un momento successivo;
> la **registrazione**, che è un'*autorizzazione vincolata*, in quanto la rimozione del limite legale avviene se sussistono le condizioni previste dalla legge;
> la **dispensa**, che è un provvedimento mediante il quale la Pubblica Amministrazione, sulla base di una valutazione discrezionale, consente ad un soggetto di esercitare una data attività o compiere un determinato atto in deroga ad un divieto di legge, ovvero esonera il soggetto dall'adempimento di un obbligo di legge;
> il **nulla osta**: è un atto con cui la Pubblica Amministrazione dichiara di non avere osservazioni da fare in ordine all'adozione di un provvedimento da parte di un'altra autorità.

5.4.2 La segnalazione certificata di inizio attività (SCIA)

La SCIA ordinaria

Le ipotesi in cui è richiesto il rilascio di uno specifico atto autorizzatorio sono state notevolmente ridotte negli ultimi anni con l'introduzione dell'istituto della segnalazione certificata di inizio attività (SCIA). Si tratta di un'informativa con la quale **un soggetto comunica all'autorità competente la volontà di intraprendere una specifica attività** e che ha l'**effetto di consentire l'immediato avvio della stessa** senza dover attendere i tempi e l'esecuzione di verifiche e controlli preliminari. È stata introdotta nel nostro ordinamento dall'art. 49, co. 4-*bis*, L. 122/2010 (di conversione del D.L. 78/2010), che ha integralmente riformulato l'art. 19 L. 241/1990.
La SCIA ha la funzione di **sostituire** ogni atto di autorizzazione, licenza, concessione non costitutiva, permesso o nulla osta, incluse le domande per iscrizioni in Albi o Ruoli richieste per l'esercizio di attività imprenditoriale, commerciale o artigianale il cui rilascio dipenda esclusivamente dall'accertamento di requisiti e presupposti richiesti dalla legge o di atti amministrativi a contenuto generale, nei casi in cui non sia previsto alcun limite o contingente complessivo.
L'attività può essere iniziata immediatamente dalla data di presentazione della segnalazione all'Amministrazione competente, mentre tutti i controlli amministrativi atti ad accertare la sussistenza dei requisiti necessari allo svolgimento dell'attività sono svolti successivamente alla presentazione della SCIA.
La segnalazione deve essere corredata dalle **dichiarazioni sostitutive** di certificazioni e dell'atto di notorietà (ai sensi degli artt. 46 e 47 D.P.R. 445/2000), nonché dalle attestazioni di tecnici abilitati o dalle dichiarazioni di conformità rese dalle agenzie per le imprese (istituite dall'art. 38, co. 4, D.L. 112/2008, convertito in L. 133/2008), relative alla sussistenza dei requisiti e dei presupposti per l'avvio dell'attività. Tale documenta-

zione sostituisce anche eventuali pareri di organi o enti appositi, ovvero l'esecuzione di verifiche preventive eventualmente richieste dalla legge.

La SCIA unica

Con l'art. 3 D.Lgs. 30-6-2016, n. 126 (cosiddetta decreto SCIA 1), sono state approvate disposizioni per la **concentrazione dei regimi amministrativi** introducendo la cosiddetta **SCIA unica**. Il citato articolo, infatti, stabilisce che nelle ipotesi in cui per lo svolgimento di un'attività soggetta a segnalazione certificata di inizio attività siano necessarie altre SCIA, comunicazioni, attestazioni, asseverazioni e notifiche, l'interessato possa presentare un'unica SCIA. **L'efficacia della segnalazione è immediata**, in quanto, come nel regime ordinario, l'attività può essere iniziata dalla data di presentazione della segnalazione; tale disposizione, però, **riguarda esclusivamente le attività "liberalizzate"**, vale a dire quelle per le quali all'amministrazione spetta solo verificare la sussistenza di requisiti o presupposti fissati dalle norme (cosiddetta *SCIA pura*). Sono escluse le ipotesi in cui siano necessarie anche autorizzazioni, comunque denominate, espresse o perfezionate con il silenzio assenso.
L'amministrazione che riceve la SCIA la trasmette alle altre amministrazioni interessate al fine di consentire il controllo sulla sussistenza dei requisiti e dei presupposti; anche in questo caso si applicano le disposizioni riguardanti i controlli da effettuare.
Per le **attività che richiedono più autorizzazioni**, invece, l'amministrazione a cui ci si rivolge convocherà la conferenza di servizi e, in questo caso, l'inizio dell'attività sarà subordinato all'esito della riunione.
La ricevuta rilasciata a seguito della presentazione di istanze, segnalazioni o comunicazioni costituisce comunicazione di avvio del procedimento e deve indicare i termini entro i quali l'amministrazione è tenuta a rispondere o entro i quali il silenzio dell'amministrazione equivale ad accoglimento dell'istanza.

Il D.Lgs. 25-11-2016, n. 222 (decreto SCIA 2), in attuazione della legge delega 124/2015, ha dettato norme sulla semplificazione delle attività private in materia di commercio, ambiente ed edilizia.
Il decreto riporta in allegato una tabella (tabella A) ove si fa una ricognizione delle **diverse tipologie degli interventi edilizi e dei relativi regimi amministrativi**, ossia fornisce le indicazioni sul titolo abilitativo in funzione dell'intervento, indicando l'*attività*, ossia l'intervento da realizzare, il *regime amministrativo*, ossia il corretto titolo edilizio richiesto per ciascun intervento, le *concentrazioni di regimi amministrativi* e i *riferimenti normativi*.

5.5 La concessione

Analogamente all'autorizzazione la concessione è considerata **atto ampliativo** in quanto per il suo tramite la Pubblica Amministrazione conferisce *ex novo* posizioni giuridiche attive al destinatario, ampliandone così la sfera giuridica.
Pur presentando elementi di affinità con l'autorizzazione – entrambi sono **provvedimenti ampliativi della sfera soggettiva** – la concessione se ne differenzia profondamente in quanto non si limita a rimuovere un limite ad una posizione soggettiva preesistente, ma *attribuisce o trasferisce posizioni o facoltà nuove al privato*.
Si distinguono:

> le **concessioni traslative**, con cui viene trasferito al destinatario del provvedimento un diritto soggettivo o un potere di cui la Pubblica Amministrazione è titolare, ma

che la stessa non intende esercitare direttamente, pur conservandone la titolarità (es. concessione su beni demaniali o patrimoniali indisponibili, concessioni di servizi pubblici, concessioni di pubbliche potestà, ad esempio esattoria e tesoreria, concessioni di attività edilizia);
- le **concessioni costitutive**, con cui vengono conferiti al privato diritti o facoltà che non trovano corrispondenza in precedenti diritti o facoltà dell'Amministrazione (concessione di cittadinanza, di onorificenze ecc.).

Subentrata alla **licenza edilizia**, la concessione era il provvedimento che consentiva al proprietario di costruire: ciò fino a quando si ritenne che il diritto di proprietà contenesse già il **diritto a costruire**, fatta salva la possibilità di esercitare tale diritto nei limiti di quanto previsto dalla pianificazione urbanistica. Con il D.P.R. 380/2001 (*Testo unico in materia edilizia*) fu quindi istituito il **permesso di costruire**. Tale permesso è l'unico titolo autorizzativo "espresso", ovvero per il quale occorre attendere il rilascio da parte del Comune e va richiesto per interventi edilizi rilevanti (come nuove costruzioni, ampliamenti e sopraelevazioni, ristrutturazione urbanistica, varianti essenziali a titoli autorizzativi già rilasciati).
Sono *figure affini* alla concessione:
- le **sovvenzioni**, con le quali si eroga un tipo particolare di bene, il danaro pubblico, a soggetti pubblici o privati, per il perseguimento di interessi pubblici connessi allo sviluppo economico, culturale o sociale;
- le **assegnazioni**, con le quali vengono trasferiti ai destinatari nuovi poteri, ma non in base ad una valutazione discrezionale, quanto piuttosto a seguito della verificazione della sussistenza di determinati presupposti richiesti dalla legge;
- le **deleghe**, con cui la Pubblica Amministrazione attribuisce ad altri soggetti potestà o facoltà inerenti a diritti suoi propri;
- le **ammissioni**, che consistono in un accertamento da parte della Pubblica Amministrazione e nel conseguente permesso al destinatario di fruire di determinate utilità o prestazioni.

5.6 I provvedimenti ablatori

Si definisce ablatorio ogni provvedimento con il quale la Pubblica Amministrazione incide sfavorevolmente nella sfera giuridica di un privato, al quale impone un sacrificio per la realizzazione di uno scopo generale.
La classificazione più usata distingue fra:
- provvedimenti ablatori **personali**, che sacrificano un diritto di natura personale comprimendone talune facoltà (es. divieto di accesso ad una strada pubblica);
- provvedimenti ablatori **obbligatori**, che impongono prestazioni di natura personale o patrimoniale (es. imposizione tributaria, servizio militare);
- provvedimenti ablatori **reali**, che impongono appunto il sacrificio di un diritto reale (es. espropriazione per pubblica utilità).

Gli atti inquadrabili nelle tre categorie considerate hanno in comune il fatto di produrre in ogni caso un **effetto privativo**: indipendentemente dal tipo di sacrificio imposto, cioè, tali atti tolgono sempre qualcosa, producendo conseguenze sfavorevoli. In certi casi, all'effetto privativo si ricollega un **effetto acquisitivo**: la facoltà o il diritto sacrificato è contestualmente acquisito da un altro soggetto, come avviene nel caso dell'espropriazione per pubblica utilità.

Capitolo 6
Il procedimento amministrativo

6.1 Il procedimento amministrativo

Il provvedimento amministrativo rappresenta il punto d'arrivo di una **sequenza coordinata di tappe o fasi che vedono la partecipazione di più soggetti** e che culminano nell'emanazione di un atto. L'insieme di queste fasi costituisce il procedimento amministrativo.

La **L. 7-8-1990, n. 241** ha dettato una disciplina organica valevole per tutti i procedimenti, ispirandosi ai principi di **ragionevolezza** e **trasparenza** dell'azione amministrativa, coniugati con il principio dell'**efficienza**. Prima di questa legge la Pubblica Amministrazione assumeva le decisioni in *via unilaterale*, e senza possibilità alcuna di replica da parte dei destinatari, mentre nel modello procedimentale introdotto nel 1990 ai privati è riconosciuto il più ampio **diritto di partecipare all'attività amministrativa**.

6.2 I principi del procedimento

La disciplina generale del procedimento amministrativo, dettata dalla L. 241/1990 (e successive modifiche), è ispirata ai seguenti principi:

> il **principio del giusto procedimento** che, garantendo il diritto di partecipazione degli interessati, consacra la dialettica fra interessi pubblici e privati, tendendo alla composizione di concreti rapporti. In questo contesto assumono particolare rilevanza gli artt. 7 e 10-*bis* della legge, che disciplinano, rispettivamente, la *comunicazione di avvio del procedimento* e il *preavviso di rigetto*, ovvero la comunicazione (anticipata rispetto all'emissione del provvedimento finale) dei motivi ostativi all'accoglimento dell'istanza presentata;

> il **principio della trasparenza**, che rende obbligatorio per la P.A. motivare il provvedimento amministrativo, identificare preventivamente l'ufficio e il responsabile del procedimento, e consentire al cittadino l'accesso alla documentazione amministrativa;

> il **principio di semplificazione**, che ispira alcuni istituti mirati, in conformità all'art. 97 Cost., a snellire e rendere più celere l'azione amministrativa. In questa prospettiva, vanno visti gli istituti del *silenzio assenso*, della SCIA e della *conferenza di servizi*;

> il **principio di correttezza e buona fede**, in forza del quale la Pubblica Amministrazione, nel corso del procedimento, deve comportarsi lealmente evitando di ingenerare falsi affidamenti in capo ai privati e di tradirne le ragionevoli aspettative;

> il **principio di informatizzazione amministrativa**, che impone alle Pubbliche Amministrazioni di agire mediante strumenti informatici e telematici sia nei rapporti interni fra le stesse Amministrazioni sia fra queste e i privati;

> il **principio dell'economicità**, riguardante il rapporto fra i risultati e le risorse e, segnatamente, l'obbligo per le Pubbliche Amministrazioni di realizzare il miglior risultato possibile in rapporto alla quantità di risorse a disposizione;

- il **principio dell'efficacia**, che impone una congruenza fra i risultati programmati e quelli raggiunti, all'insegna di criteri *efficientistici*, *aziendalistici* e *manageriali*, tipici delle imprese private.

A tali criteri l'art. 7, co. 1, lett. *a*), L. 69/2009 ha aggiunto quello dell'**imparzialità**, così ribadendo anche a livello di legislazione primaria il principio sancito all'art. 97 Cost. Tale modifica è di particolare importanza, perché delinea una nuova ipotesi di *invalidità dell'atto amministrativo*, configurandosi in tal caso una ulteriore ipotesi di *violazione di legge*.

6.3 Le fasi del procedimento

Il procedimento si articola nelle seguenti fasi (l'ultima è solo eventuale):

- la **fase dell'iniziativa**, che può essere innescata da un'apposita istanza (ossia una domanda) presentata da chi sia interessato ad ottenere un provvedimento ampliativo della propria sfera di diritti e facoltà (es. un permesso di costruire), oppure da un atto d'impulso della stessa Amministrazione (cosiddetta apertura d'ufficio), che decida di provvedere in merito alla soddisfazione di un determinato interesse pubblico;
- la **fase dell'istruttoria**, nella quale, una volta aperta la sequenza procedimentale, si acquisiscono attraverso sopralluoghi, ispezioni, perizie, pareri, documenti, informazioni, tutti gli elementi necessari a valutare gli interessi pubblici e privati coinvolti nel procedimento per stabilire se si deve provvedere e in che modo;
- la **fase decisoria** (o **costitutiva**), nella quale si determina il contenuto del provvedimento vero e proprio, che viene formato ed emanato;
- la **fase d'integrazione dell'efficacia**, nella quale si compiono tutte gli adempimenti (es. il controllo di legittimità) e le formalità (es. comunicazioni, notificazioni) che sono necessari affinché il provvedimento, già perfetto (ossia completo in tutti i suoi elementi), inizi a produrre i suoi effetti. Si tratta di una fase eventuale che in alcuni procedimenti può anche non essere prevista.

La gestione di queste fasi è affidata al **responsabile del procedimento** (*vedi* più avanti): in particolare la L. 241/1990 ha previsto l'obbligo per tutte le Amministrazioni di determinare un'unità organizzativa responsabile dell'istruttoria o di ogni altro adempimento relativo a ciascun procedimento. Il nominativo del responsabile e il luogo in cui è ubicata l'unità operativa devono essere comunicati a tutti gli interessati. Nella comunicazione vanno precisati anche i compiti del responsabile.

6.4 Il responsabile del procedimento

6.4.1 Il ruolo del responsabile

Agli artt. 4 e 5 la L. 241/1990 ha consacrato a livello generale la figura, in precedenza prevista solo da talune normative di settore, del responsabile del procedimento, cui è assegnato il **ruolo di autorità guida del procedimento stesso**. L'introduzione di tale istituto risponde alla primaria esigenza di *personalizzare* e *responsabilizzare* l'attività amministrativa, nonché di dare concreta attuazione dei principi di **trasparenza** ed **efficienza**.

All'interno dell'Amministrazione competente, d'altro canto, il responsabile funge da collettore dell'azione amministrativa, assicurando la connessione fra i soggetti che intervengono nelle fasi del procedimento ed evitando fenomeni di inerzia e possibili ritardi.
In particolare, la L. 241/1990 prevede l'individuazione dell'unità organizzativa responsabile dell'istruttoria e dell'adozione del provvedimento finale, nonché l'assegnazione, da parte del dirigente di ciascuna unità organizzativa, a sé o ad altro addetto all'unità, della responsabilità dell'istruttoria e dell'adozione del provvedimento finale.
La mancata nomina del responsabile comporta l'automatica attribuzione delle competenze di cui all'art. 6 L. 241/1990 al funzionario (dirigente) preposto all'unità organizzativa competente del procedimento.

6.4.2 I compiti del responsabile

Al responsabile del procedimento sono assegnati compiti di **impulso**, **direzione** e **coordinamento** dell'*istruttoria procedimentale* e, in via eventuale, di *decisione finale*. I suoi compiti sono dettagliatamente indicati nell'art. 6 L. 241/1990.
In primo luogo, il responsabile deve valutare, ai fini istruttori, le *condizioni di ammissibilità*, i *requisiti di legittimazione* e i *presupposti* che siano rilevanti per l'emanazione del provvedimento.
Il responsabile, inoltre, accerta di ufficio i fatti, disponendo il compimento degli atti a tale scopo necessari, e adotta ogni misura per l'adeguato e sollecito svolgimento dell'istruttoria. In particolare, può chiedere il rilascio di dichiarazioni e la rettifica di dichiarazioni o istanze erronee o incomplete e può esperire *accertamenti tecnici* e *ispezioni* e ordinare *esibizioni documentali*; propone l'indizione o, avendone la competenza, indice le conferenze di servizi di cui all'art. 14 della medesima L. 241/1990. Infine, egli cura le *comunicazioni*, le *pubblicazioni* e le *notificazioni* previste dalle leggi e dai regolamenti. Adotta, ove ne abbia la competenza, il **provvedimento finale**, ovvero trasmette gli atti all'organo competente per l'adozione.
L'organo competente per l'adozione del provvedimento finale, ove diverso dal responsabile del procedimento, non può discostarsi dalle risultanze dell'istruttoria condotta se non indicandone la motivazione nel provvedimento finale.
Un immotivato dissenso da parte dell'organo competente all'adozione del provvedimento dà luogo ad illegittimità dell'atto.

6.5 La comunicazione di avvio del procedimento

La comunicazione consente al soggetto coinvolto dall'azione amministrativa di avere conoscenza dell'avvio di un procedimento destinato a sfociare in un atto che produrrà effetti nei suoi confronti. Scopo della comunicazione è consentirgli di partecipare ed esercitare i diritti che la legge gli attribuisce.
Secondo il combinato disposto dell'art. 5, co. 3, e dell'art. 8 L. 241/1990, la **comunicazione deve indicare**:
- l'amministrazione competente e l'oggetto del procedimento promosso;
- l'ufficio, il domicilio digitale dell'amministrazione, la persona responsabile del procedimento e il soggetto titolare del potere sostitutivo;

> la data entro la quale, secondo i termini previsti dalla stessa legge, deve concludersi il procedimento;
> i rimedi esperibili in caso di inerzia dell'amministrazione, tra i quali deve essere fatta espressa menzione del diritto all'indennizzo, delle modalità e dei termini per conseguirlo e il termine entro cui il titolare del potere sostitutivo debba emanare il provvedimento;
> nei procedimenti ad iniziativa di parte, la data di presentazione della relativa istanza;
> le modalità con le quali, attraverso il punto di accesso telematico (l'applicazione IO) o con altre modalità telematiche, è possibile prendere visione degli atti, accedere al fascicolo informatico ed esercitare in via telematica i diritti previsti dalla legge sul procedimento;
> l'ufficio dove è possibile prendere visione degli atti che non sono disponibili o accessibili in via telematica.

Se la comunicazione personale agli interessati dovesse risultare particolarmente gravosa, l'Amministrazione può provvedere mediante forme di pubblicità idonee, stabilite di volta in volta dalla stessa Amministrazione.
I **destinatari della comunicazione** sono individuati dall'art. 7 L. 241/1990. Secondo il tenore letterale delle disposizioni di legge, le categorie di destinatari sono:
> i soggetti nei cui confronti il provvedimento finale è destinato a produrre effetti diretti;
> i soggetti che per legge devono intervenire nel procedimento ovvero gli enti pubblici portatori di interessi differenti rispetto a quelli dell'Amministrazione procedente;
> i soggetti, individuati o facilmente individuabili, che possono subire un pregiudizio dal provvedimento finale (es. un soggetto potenzialmente escluso da una graduatoria di concorso a seguito di un'istanza dell'interessato).

A norma dell'art. 21-*octies* L. 241/1990, introdotto dalla L. 15/2005, la **violazione di norme procedimentali** o l'**omissione della comunicazione di avvio** non inficia il provvedimento finale *se, per la natura vincolata dell'atto, l'esito del procedimento sarebbe stato identico anche nel caso di rispetto della prescrizione procedurale.*
La L. 241/1990 individua due ipotesi in cui la comunicazione non è necessaria:
> i **procedimenti cautelari**, secondo quanto previsto dall'art. 7, co. 2, che fa salva la facoltà dell'Amministrazione di adottare provvedimenti cautelari anche prima dell'effettuazione delle comunicazioni;
> i procedimenti per i quali sussistono **ragioni di impedimento derivanti da particolari esigenze di celerità.**

6.6 Il preavviso di rigetto

Disciplinato dall'art. 10-*bis* L. 241/1990 (introdotto dalla L. 15/2005 e modificato dal D.L. 76/2020) l'istituto del preavviso di rigetto prevede che nei procedimenti ad istanza di parte il responsabile del procedimento o l'autorità competente, **prima della formale adozione di un provvedimento negativo**, sia tenuto a **comunicare tempestivamente agli istanti i motivi che impediscono l'accoglimento della domanda**. Il preavviso di rigetto si colloca *tra l'istruttoria e la fase decisoria*: per comunicare al soggetto che ha presentato l'istanza le ragioni che ne impediscono l'accoglimento, l'amministrazione deve aver prima esaminato e valutato gli elementi di fatto e le ragioni giuridiche, acquisiti d'ufficio o rappresentati dagli stessi soggetti interessati.

I richiedenti hanno 10 giorni di tempo, dal ricevimento della comunicazione, per presentare per iscritto le loro osservazioni, eventualmente corredate da documenti.
La comunicazione del preavviso di rigetto **sospende (ma non interrompe) i termini** di conclusione dei procedimenti, che ricominciano a decorrere 10 giorni dopo la presentazione delle osservazioni o della scadenza del termine per presentarle. Del mancato accoglimento delle osservazioni, il responsabile del procedimento o l'autorità competente sono tenuti a dare ragione nella motivazione del provvedimento finale di diniego indicando, se ve ne sono, i soli motivi ostativi ulteriori che sono conseguenza delle osservazioni. In caso di annullamento in giudizio del provvedimento così adottato, nell'esercitare nuovamente il suo potere l'amministrazione non può addurre per la prima volta motivi ostativi già emergenti dall'istruttoria del provvedimento annullato.
Non possono essere addotti, tra i motivi che ostano all'accoglimento della domanda, inadempienze o ritardi attribuibili all'amministrazione.
Le disposizioni in materia di preavviso di rigetto non si applicano alle procedure concorsuali e ai procedimenti in materia previdenziale e assistenziale sorti a seguito di istanza di parte e gestiti dagli enti previdenziali.
Si è visto sopra che non è contemplata l'annullabilità dell'atto per la violazione di norme procedimentali o per l'omissione della comunicazione di avvio (*se, per la natura vincolata dell'atto, l'esito del procedimento sarebbe stato identico anche nel caso di rispetto della prescrizione procedurale*); tale misura conservativa è, invece, esplicitamente esclusa per l'omessa comunicazione del preavviso di rigetto (art. 21-*octies*, co. 2, L. 241/1990, nel testo modificato dal D.L. 76/2020).

6.7 La conclusione del procedimento

6.7.1 La disciplina dei termini

In base al quadro normativo disegnato dagli artt. 2 e 2-*bis* L. 241/1990 le Pubbliche Amministrazioni hanno il dovere di **concludere un procedimento avviato d'ufficio o a istanza di parte con l'adozione di un provvedimento finale espresso**.
La legge non individua esplicitamente il termine per la conclusione dei procedimenti amministrativi, compito demandato alle singole amministrazioni o agli enti pubblici nazionali, che vi provvedono attraverso l'adozione di uno specifico atto (un decreto del Presidente del Consiglio dei Ministri, nel caso delle amministrazioni statali).
Essa, tuttavia, fissa dei precisi paletti in materia, stabilendo, all'art. 2, tre diversi possibili termini:

- **90 giorni, nel caso in cui l'amministrazione o l'ente adottino l'atto di loro competenza.** Nell'ambito della loro autonomia, ed entro il tetto massimo fissato dalla legge, sono liberi di individuare il termine applicabile a ciascun procedimento, che *può anche essere inferiore ai 90 giorni*;
- **180 giorni, laddove vi siano particolari interessi pubblici o si tratti di un procedimento particolarmente complesso.** Il legislatore riconosce la possibilità di derogare al termine massimo di 90 giorni qualora ciò sia indispensabile, tenuto conto della sostenibilità dei tempi per l'organizzazione amministrativa, della natura degli interessi pubblici tutelati e della complessità del procedimento. Tali termini *non possono in ogni caso superare i 180 giorni*, limite non applicabile ai procedimenti di acquisto della cittadinanza italiana e a quelli riguardanti l'immigrazione;

> **30 giorni, se non vi sono indicazioni di legge oppure se le amministrazioni e gli enti non hanno provveduto ad approvare gli atti di loro competenza.** Si tratta di una disposizione residuale applicabile in tutti quei casi in cui non vi siano indicazioni da parte della legge, dell'amministrazione o dell'ente che fissano un termine diverso; in questa ipotesi i procedimenti devono *concludersi entro 30 giorni*.

I termini decorrono dall'inizio del procedimento d'ufficio o dal ricevimento della domanda, se il procedimento è ad iniziativa di parte.

Fatto salvo il caso in cui siano necessarie valutazioni tecniche, i termini possono essere sospesi, per una sola volta e per un periodo non superiore a 30 giorni, per l'acquisizione di informazioni o di certificazioni relative a fatti, stati o qualità non attestati in documenti già in possesso dell'Amministrazione procedente o non direttamente acquisibili presso altre Amministrazioni.

La **mancata o tardiva emanazione del provvedimento** costituisce elemento di valutazione della *performance* individuale, nonché di responsabilità disciplinare e amministrativo-contabile del dirigente e del funzionario inadempiente (art. 2, co. 9, L. 241/1990).

L'art. 2, co. 4-*bis*, L. 241/1990 (aggiunto dal D.L. 76/2020) obbliga le Pubbliche Amministrazioni a misurare e rendere pubblici i tempi effettivi di conclusione dei procedimenti amministrativi di maggiore impatto per i cittadini e per le imprese, comparandoli con i termini previsti dalla normativa vigente.

6.7.2 L'inosservanza del termine e il potere sostitutivo

Con riferimento all'obbligo della P.A. di garantire la certezza dei tempi del procedimento, l'art. 2, co. 9-*bis*, L. 241/1990 (nel testo modificato dal D.L. 77/2021, conv. dalla L. 108/2021) stabilisce che l'**organo di governo è tenuto a individuare un soggetto nell'ambito delle figure apicali dell'amministrazione o una unità organizzativa cui attribuire il potere sostitutivo** in caso di inerzia. Nell'ipotesi di **omessa individuazione** il potere sostitutivo si considera attribuito al dirigente generale o, in mancanza, al dirigente preposto all'ufficio o in mancanza al funzionario di più elevato livello presente nell'amministrazione. Il soggetto o l'unità organizzativa deve essere indicato sul sito Internet istituzionale in formato tabellare e con collegamento ben visibile nella homepage. Decorso il termine stabilito per la conclusione del procedimento, il responsabile o l'unità organizzativa, d'ufficio o su richiesta dell'interessato, può esercitare il suo potere sostitutivo, **concludendo il procedimento entro un termine pari alla metà di quello originario**, avvalendosi delle strutture competenti o nominando un commissario (art. 2, co. 9-*ter*, L. 241/1990). Il responsabile del potere sostitutivo, entro il 30 gennaio di ogni anno, comunica all'organo di governo i procedimenti, suddivisi per tipologia e strutture amministrative competenti, nei quali non è stato rispettato il termine di conclusione previsto dalla legge o dai regolamenti.

Nei provvedimenti rilasciati in ritardo su istanza di parte sono espressamente indicati il termine previsto dalla legge o dai regolamenti e quello effettivamente impiegato (art. 2, co. 9-*quater* e 9-*quinquies*, L. 241/1990). L'amministrazione responsabile del mancato rispetto dei termini è tenuta a corrispondere un **indennizzo da ritardo** (art. 2-*bis* L. 241/1990 e art. 28 L. 69/2013) al verificarsi di tutte le seguenti condizioni:

> che il procedimento amministrativo, iniziato ad istanza di parte, *riguardi l'avvio o l'esercizio dell'attività di impresa* (almeno fino all'adozione del regolamento che dovrà confermare, rimodulare, estendere o eliminare la disposizione in esame);

- che *detto procedimento non si concluda nei termini previsti dalla legge o da un regolamento* appositamente emanato dall'amministrazione di riferimento;
- che sia stato *azionato preventivamente il potere sostitutivo* e sia perdurata l'*inerzia dell'amministrazione*, senza che quest'ultima abbia emanato il provvedimento richiesto entro il termine (anch'esso perentorio) pari alla metà di quello originariamente previsto per il procedimento iniziale.

La somma da corrispondere a titolo di indennizzo è stabilita dall'art. 28 D.L. 69/2013 in maniera forfettaria: essa è pari a 30 euro per ogni giorno di ritardo, fino ad un massimo di 2.000 euro. L'indennizzo è dovuto a partire dal giorno successivo alla scadenza del termine di conclusione del procedimento iniziale, fino alla data di adozione dell'atto con cui si dispone la liquidazione della somma. *L'indennizzo risulta dovuto anche nell'ipotesi in cui il titolare del potere sostitutivo, o l'amministrazione, emani il provvedimento successivamente al decorso del termine di esercizio del potere sostitutivo.*

Il **danno da ritardo** presuppone la prova dell'esistenza di un danno derivante dal comportamento colposo o doloso dell'amministrazione che non ha adottato, o ha adottato tardivamente, il provvedimento amministrativo, nonché della dimostrazione dell'esistenza di un nesso di causalità fra il danno lamentato e la condotta posta in essere dalla Pubblica Amministrazione. La fattispecie è prevista dall'art. 2-*bis* L. 241/1990 (come modificato dall'art. 7, co. 1, lett. *c*, L. 69/2009) che ha fatto proprie le conclusioni cui era giunta la giurisprudenza in materia (fra le tante si veda Adunanza Plenaria n. 7/2005), ritenendo che la violazione del termine di conclusione del procedimento fosse astrattamente idonea a cagionare, con la tardiva attribuzione di un "bene della vita" richiesto dal privato, la lesione di un interesse legittimo pretensivo.

A differenza dell'indennizzo da ritardo, dunque, il danno da ritardo presuppone la prova dell'effettivo danno causalmente connesso alla mancata e tempestiva adozione del provvedimento amministrativo. Quanto, poi, alla misura ed alla tipologia di danni risarcibili, non vi sono somme prefissate ma essi vanno ricondotti alla perdita subita e al mancato guadagno percepito, in relazione al bene della vita tardivamente conseguito. Le somme eventualmente percepite a titolo di indennizzo vanno detratte dal risarcimento.

6.8 Il silenzio della Pubblica Amministrazione

6.8.1 Concetti generali

Si intende per silenzio amministrativo il **comportamento inerte dell'Amministrazione nell'ambito di un procedimento attivato su istanza del privato**.

La L. 241/1990 ha sancito, in via generale, l'obbligo della Pubblica Amministrazione di concludere il procedimento amministrativo con un **provvedimento espresso**, con la conseguenza che l'eventuale inerzia dell'Amministrazione non può che ritenersi illegittima e l'interessato può ottenere dal giudice amministrativo una sentenza che, senza entrare nel merito della richiesta inevasa, accerti l'obbligo della pubblica autorità di provvedere e rinvii ad essa perché adotti un atto esplicito di accoglimento o rigetto.

In altri casi, l'inerzia non è illegittima ma può avere, in base a precise norme di legge, il significato di accoglimento (**silenzio assenso**) o diniego dell'istanza (**silenzio rigetto**). Si parla in queste ipotesi di **silenzio significativo**, dal momento che, per espressa previsione di legge, il mancato pronunciamento dell'Amministrazione produce comunque un effetto di accoglimento o di rigetto dell'istanza, decorso un determinato periodo di tempo.

6.8.2 Il silenzio assenso

Il silenzio assenso nei rapporti con i privati

Le Pubbliche Amministrazioni determinano per ciascun tipo di procedimento (salvo che non sia direttamente stabilito per legge o per regolamento) il termine entro cui deve concludersi. Nei procedimenti d'ufficio il termine decorre dall'avvio dell'attività mentre per quelli su iniziativa di parte si fa riferimento al ricevimento della domanda. In quest'ultimo caso l'art. 20 L. 241/1990 dispone che il silenzio dell'Amministrazione competente equivale a **provvedimento di accoglimento della domanda**, senza necessità di ulteriori istanze o diffide (*formazione del silenzio-assenso*). Ciò avviene se, entro il termine fissato per la conclusione del procedimento, l'Amministrazione non comunica all'interessato un **provvedimento di diniego** o non indice (entro 30 giorni dalla presentazione dell'istanza) una conferenza di servizi, anche tenendo conto delle situazioni giuridiche soggettive dei controinteressati.

In questi casi l'accoglimento dell'istanza avviene per "fatti concludenti" (il *silenzio dell'Amministrazione*), senza un provvedimento espresso. Per superare i profili di "incertezza" che caratterizzano tale situazione, l'art. 20, co. 2-*bis*, L. 241/1990 (aggiunto dall'art. 62 D.L. 77/2021, conv. dalla L. 108/2021) ha previsto l'obbligo per l'Amministrazione di rilasciare in via telematica, su richiesta del privato ed entro 10 giorni, un'**attestazione circa il decorso dei termini del procedimento e pertanto dell'intervenuto accoglimento della domanda**. Decorso inutilmente il termine, l'attestazione può essere sostituita da una dichiarazione del privato sostitutiva dell'atto di notorietà.

Il silenzio assenso nei rapporti tra amministrazioni

L'art. 17-*bis* L. 241/1990 (aggiunto dall'art. 3 L. 124/2015, cosiddetta riforma Madia) disciplina una diversa ipotesi di silenzio assenso che, rispetto a quella prima descritta, presenta i seguenti elementi di differenziazione:

- opera esclusivamente nei **rapporti tra diverse amministrazioni pubbliche e tra amministrazioni pubbliche e gestori di beni o servizi** pubblici (e non nei rapporti tra amministrazione e privati);
- il silenzio corrisponde ad un **atto endoprocedimentale, interno al procedimento** (invece che a un provvedimento definitivo).

Il citato articolo, infatti, trova applicazione nelle ipotesi in cui per l'adozione di provvedimenti normativi (generalmente regolamenti o statuti) o amministrativi di competenza di amministrazioni pubbliche sia prevista l'acquisizione di assensi, concerti o nulla osta di altre amministrazioni pubbliche o di gestori di beni e servizi pubblici. In tali casi, questi **sono tenuti a comunicare le rispettive decisioni all'amministrazione proponente entro il termine di 30 giorni dal ricevimento** dello schema di provvedimento, che deve essere corredato dalla relativa documentazione. Quando per l'adozione di provvedimenti normativi e amministrativi è prevista la proposta (non già un assenso, un concerto o un nulla osta come nella precedente ipotesi) di una o più amministrazioni pubbliche diverse da quella competente ad adottare l'atto, la proposta stessa è trasmessa entro 30 giorni dal ricevimento della richiesta da parte di quest'ultima amministrazione (art. 17-*bis*, co. 1).

Il termine può essere interrotto qualora l'amministrazione che deve rendere il proprio assenso, concerto o nulla osta faccia presenti esigenze istruttorie oppure presenti richieste di modifica motivate e formulate in modo puntuale entro il termine stesso. In tal

caso, l'assenso, il concerto o il nulla osta è reso nei successivi 30 giorni dalla ricezione degli elementi istruttori o dello schema di provvedimento; lo stesso termine si applica qualora le esigenze istruttorie siano rappresentate dall'amministrazione proponente nei casi in cui debba essere resa una proposta per l'adozione di un provvedimento normativo o amministrativo. Non sono ammesse ulteriori interruzioni di termini.
La formazione del silenzio-assenso è prevista nel successivo comma 2 dell'art. 17-*bis*, ai sensi del quale, decorsi inutilmente i termini stabiliti, l'assenso, il concerto o il nulla osta s'intende acquisito. Anche nelle ipotesi in cui è necessaria una proposta per l'adozione di un provvedimento normativo o amministrativo, decorsi i 30 giorni senza che essa sia formulata, l'amministrazione competente può comunque procedere.
Il D.L. 76/2020 ha operato una serie di modifiche sull'art. 17-*bis*, ampliando il suo ambito di applicazione. La novella ha previsto che, nei casi in cui, per l'adozione di provvedimenti normativi e amministrativi, sia richiesta la proposta di una o più amministrazioni diverse da quella competente ad adottare l'atto, questa deve essere trasmessa entro 30 giorni dal ricevimento della richiesta. Tale disposizione non si applica nei casi in cui la proposta riguardi amministrazioni preposte alla tutela di interessi sensibili. Di conseguenza, in tali casi, qualora l'amministrazione proponente rappresenti motivate esigenze istruttorie, si applica lo stesso termine dell'art. 17, co. 1, quarto periodo (30 giorni). Infine, la normativa ha stabilito che, qualora la proposta non sia trasmessa nei termini, l'amministrazione competente ha facoltà di procedere. In tal caso, l'inerzia dell'amministrazione proponente comporta che lo schema di provvedimento, corredato della relativa documentazione, sia trasmesso alla stessa al fine di acquisirne l'assenso, al quale si applica la disciplina di cui al medesimo art. 17-*bis*.

L'inefficacia di provvedimenti adottati fuori termini
L'art. 2, co. 8-*bis*, L. 241/1990 (aggiunto dal D.L. 76/2020) ha stabilito l'inefficacia di alcuni provvedimenti adottati fuori termine, al fine di **incentivare il rispetto dei termini procedimentali ed evitare l'adozione di atti tardivi, rendendo effettivo il meccanismo del silenzio-assenso**.
La *sanzione dell'inefficacia* è prevista per le determinazioni relative "ai provvedimenti, alle autorizzazioni, ai pareri, ai nulla osta e agli atti di assenso comunque denominati", adottate dopo la scadenza dei termini relativi alle *determinazioni delle amministrazioni coinvolte in sede di conferenza di servizi semplificata* (art. 14-*bis*, co. 2, lett. *c*, L. 241/1990), all'*acquisizione di assensi, concerti o nulla osta* comunque denominati, di competenza di altre amministrazioni pubbliche ovvero di gestori di beni o servizi pubblici per l'adozione di provvedimenti normativi e amministrativi da parte di una Pubblica Amministrazione (art. 17-*bis*, co. 1 e 3, L. 241/1990), al rilascio di provvedimenti amministrativi nei *procedimenti a istanza di parte* (art. 20, co. 1, L. 241/1990) e alle determinazioni adottate *successivamente all'ultima riunione della conferenza di servizi simultanea* (art. 14-ter, co. 7, L. 241/1990).
È prevista anche l'inefficacia dei *provvedimenti di divieto di prosecuzione dell'attività* (art. 19, co. 3, L. 241/1990) e di *rimozione degli eventuali effetti dannosi* (art. 19, co. 6-*bis*, L. 241/1990) adottati dopo la scadenza dei termini previsti nell'ambito della procedura SCIA.

6.8.3 Il silenzio procedimentale

Si tratta di una categoria di creazione dottrinale, riferita alle ipotesi di:
- cosiddetto **silenzio-devolutivo** (art. 17 L. 241/1990) che si configura ove, per disposizione espressa di legge o di regolamento, sia previsto che per l'adozione di un provvedimento *debbano essere preventivamente acquisite le valutazioni tecniche di organi o enti appositi*. Se tali organi ed enti non provvedono né rappresentano esigenze istruttorie (di competenza dell'Amministrazione procedente), nei termini prefissati dalla disposizione stessa o, in mancanza, entro 90 giorni dal ricevimento della richiesta, il responsabile del procedimento deve chiedere le suddette valutazioni tecniche ad altri organi della Pubblica Amministrazione o ad enti pubblici che siano dotati di qualificazione e capacità tecnica equipollenti, ovvero ad istituti universitari;
- cosiddetto **silenzio facoltativo** (art. 16 L. 241/1990), che si configura quando, nel corso del procedimento amministrativo, *debba essere obbligatoriamente sentito un organo consultivo*: il parere deve essere reso entro 20 giorni dal ricevimento della richiesta. Se il termine decorre senza che sia stato comunicato il parere, o senza che l'organo adito abbia rappresentato esigenze istruttorie, è in facoltà dell'Amministrazione richiedente di procedere indipendentemente dall'espressione del parere (D.L. 76/2020).

6.8.4 Il silenzio rigetto o diniego

In questo caso l'**inerzia equivale a provvedimento di rigetto dell'istanza o comunque ad una conclusione negativa del procedimento**. La legge, decorso un certo tempo dalla presentazione della domanda del privato, qualifica automaticamente come reiezione della domanda stessa il comportamento omissivo tenuto dalla pubblica amministrazione obbligata a provvedere. L'automatica qualificazione legislativa del silenzio esonera il privato dal compiere atti appositi finalizzati ad ottenere analogo risultato, come avviene quando il legislatore abbia omesso la qualificazione medesima.
A differenza del silenzio rifiuto, qui è la stessa legge che equipara ad un diniego il decorso di un certo termine dalla domanda: vi è la qualificazione legislativa dell'inerzia come rifiuto espresso di un'istanza presentata alla pubblica amministrazione.

6.8.5 Il silenzio inadempimento (o rifiuto)

L'esigenza di tutela avverso il comportamento inerte della Pubblica Amministrazione si fa più pregnante se le istanze dei privati sono rivolte a ottenere un provvedimento favorevole (a fronte del cui rilascio sussistono situazioni di interesse legittimo pretensivo). Per sopperire a tale esigenza la giurisprudenza ha elaborato nel corso degli anni la categoria del **silenzio inadempimento** (in passato definito univocamente **silenzio rifiuto**): in tal modo è stato possibile aprire la porta della tutela giurisdizionale ai soggetti titolari di posizioni di **interesse legittimo pretensivo** di fronte alla **mera inerzia dell'Amministrazione**.
Ai sensi dell'art. 2, co. 1, L. 241/1990, «*ove il procedimento consegua obbligatoriamente ad un'istanza, ovvero debba essere iniziato d'ufficio, le Pubbliche Amministrazioni hanno il dovere di concluderlo mediante l'adozione di un provvedimento espresso*». Si concretizza così un obbligo, da parte delle Pubbliche Amministrazioni, di fornire un riscontro formale all'istanza di un soggetto terzo.

Per evitare che l'inerzia degli organi amministrativi possa incidere negativamente sulle aspettative (legittime, ovvero legislativamente tutelate) degli istanti, il legislatore ha introdotto un **termine ordinario di 30 giorni** entro il quale, se non diversamente previsto da disposizioni di legge o regolamentari, le Pubbliche Amministrazioni devono concludere il procedimento ed emanare un provvedimento amministrativo.
Come si è detto, le Pubbliche Amministrazioni e i soggetti privati preposti all'esercizio di attività amministrative sono tenuti al **risarcimento del danno ingiusto** cagionato in conseguenza dell'inosservanza dolosa o colposa del termine di conclusione del procedimento (art. 2-*bis*, co. 1, L. 241/1990). Inoltre, la mancata o tardiva emanazione del provvedimento costituisce elemento di valutazione della *performance individuale*, nonché di *responsabilità disciplinare e amministrativo-contabile* del dirigente e del funzionario inadempiente (art. 2, co. 9, L. 241/1990).

6.8.6 I rimedi avverso il silenzio amministrativo

Ad oggi, la tutela giurisdizionale avverso il silenzio della Pubblica Amministrazione è regolata dagli artt. 31 e 117 D.Lgs. 104/2010 (*Codice del processo amministrativo*).
Il ricorso avverso il silenzio è proposto, anche senza previa diffida, con atto notificato all'Amministrazione e ad almeno un controinteressato, decorsi i termini per la conclusione del procedimento amministrativo e negli altri casi previsti dalla legge.
Chi vi ha interesse può chiedere l'accertamento dell'obbligo dell'Amministrazione di provvedere. L'azione può essere proposta fino a quando perdura l'inadempimento e, comunque, non oltre un anno dalla scadenza del termine di conclusione del procedimento.
Il ricorso è deciso con sentenza in forma semplificata. In caso di accoglimento (totale o parziale), il giudice ordina all'Amministrazione di provvedere entro un termine non superiore, di norma, a 30 giorni.

6.9 La conferenza di servizi

6.9.1 Le tipologie di conferenze di servizi

Si ricorre alla conferenza di servizi quando è opportuno effettuare un **esame contestuale di vari interessi pubblici coinvolti in un procedimento**, consentendo così all'Amministrazione procedente di ridurre i tempi lunghi che sarebbero richiesti dalla necessità di contattare individualmente i singoli soggetti interessati.
L'istituto ha una doppia valenza: da un lato, si presenta come *modulo procedimentale di semplificazione e accelerazione dell'azione amministrativa*, potenzialmente idoneo a superare lungaggini e appesantimenti burocratici; dall'altro, e contemporaneamente, si pone quale *luogo di coordinamento e mediazione degli interessi in gioco* al fine di individuare, mediante il confronto dei soggetti che li rappresentano, l'interesse pubblico primario o prevalente.
Nell'ambito della fattispecie generale prevista dall'art. 14 L. 241/1990 sono contemplate quattro tipologie di conferenze:

> la **conferenza di servizi istruttoria**, che può essere indetta dalla P.A. procedente quando lo ritenga opportuno per effettuare un *esame contestuale degli interessi pub-*

blici che emergono da un procedimento amministrativo, ovvero in più procedimenti connessi;

- la **conferenza di servizi decisoria**, che conduce all'*adozione di un unico provvedimento finale sostitutivo* delle decisioni assunte dalle diverse Amministrazioni partecipanti; il risultato è una decisione "pluristrutturata", che riassume le competenze decisionali attribuite a più Amministrazioni;
- la **conferenza di servizi preliminare** (o *pre-decisoria* o *preventiva*) che *può essere indetta* (è da sottolineare la facoltatività) dall'Amministrazione competente per *progetti di particolare complessità* e per *insediamenti produttivi di beni e servizi*;
- la **conferenza di servizi su progetto sottoposto a valutazione di impatto ambientale (VIA)**, che può essere attivata qualora un progetto sia sottoposto a *valutazione di impatto ambientale di competenza regionale*.

L'art. 13 D.L. 76/2020 ha previsto una procedura di **conferenza di servizi straordinaria**, cui le amministrazioni possono ricorrere fino al 30 giugno 2023. In tutti i casi in cui debba essere indetta una conferenza di servizi decisoria (art. 14, co. 2, L. 241/1990), le amministrazioni procedenti possono adottare lo strumento della conferenza semplificata di cui all'art. 14-*bis*, con alcune modifiche. La prima impone a tutte le amministrazioni coinvolte di rilasciare le determinazioni di competenza entro il termine perentorio di 60 giorni. La seconda, e al di fuori dei casi previsti dall'art. 14-*bis*, co. 5, prevede che l'amministrazione procedente svolga, entro 30 giorni decorrenti dalla scadenza del termine per il rilascio delle determinazioni di competenza delle singole amministrazioni, una riunione telematica di tutte le amministrazioni coinvolte nella quale prende atto delle rispettive posizioni e procede alla stesura della determinazione motivata conclusiva della conferenza di servizi; verso tale atto può essere proposta opposizione dalle amministrazioni (art. 14-*quinquies*). Si considera comunque acquisito senza condizioni l'assenso delle amministrazioni che non abbiano partecipato alla riunione o, pur partecipandovi, non abbiano espresso la propria posizione, o abbiano espresso un dissenso non motivato o riferito a questioni che non costituiscono oggetto della conferenza.

6.9.2 Le modalità di svolgimento della conferenza di servizi

La L. 241/1990, nel testo modificato dal D.Lgs. 127/2016, prevede diverse modalità di svolgimento della conferenza di servizi.

L'art. 14-*bis* disciplina la **conferenza in forma semplificata e in modalità asincrona**, da utilizzare, di regola, per la conferenza istruttoria e in modo obbligatorio per quella decisoria (con le eccezioni previste dall'art. 14-*bis*, commi 6 e 7).

Non è, quindi, necessaria la contestuale partecipazione di tutti i rappresentanti (*forma semplificata*) e la decisione o la valutazione può essere assunta in tempi differiti (*modalità asincrona*). Di regola le comunicazioni avvengono in modalità telematica.

La conferenza è *indetta dall'Amministrazione procedente*, entro 5 giorni dall'inizio del procedimento d'ufficio o dal ricevimento della domanda, se il procedimento è ad iniziativa di parte. La P.A. procedente deve comunicare alle altre Amministrazioni interessate il termine perentorio, comunque non superiore a 45 giorni, entro il quale devono rendere le proprie determinazioni relative alla decisione oggetto della conferenza. Se vi sono PP.AA. preposte alla tutela ambientale, paesaggistico-territoriale, dei beni culturali e della salute dei cittadini il termine è fissato in 90 giorni, se altre disposizioni non prevedano un termine diverso.

Le determinazioni delle Amministrazioni coinvolte devono essere motivate e formulate in termini di assenso o dissenso: in quest'ultimo caso, devono indicare le modifiche necessarie ai fini dell'ottenimento dell'assenso. La mancata comunicazione entro il termine o la comunicazione di una determinazione priva dei requisiti indicati equivalgono ad assenso senza condizioni.
Scaduto il termine l'Amministrazione procedente:

- adotta la determinazione motivata di **conclusione positiva della conferenza** entro 5 giorni. Ciò nel caso in cui abbia acquisito esclusivamente atti di assenso non condizionato, anche implicito, oppure ritenga che le condizioni e prescrizioni eventualmente indicate possano essere accolte senza necessità di apportare modifiche sostanziali alla decisione oggetto della conferenza;
- adotta la determinazione di **conclusione negativa della conferenza**, che produce l'effetto del rigetto della domanda, sempre entro il termine di 5 giorni. Ciò nel caso in cui abbia acquisito uno o più atti di dissenso che non ritenga superabili.

L'art. 14-*ter* L. 241/1990 disciplina lo svolgimento della **conferenza in forma simultanea e modalità sincrona**. In questi casi è prevista la contestuale partecipazione di tutti i rappresentanti, che possono essere presenti fisicamente o in via telematica (*forma simultanea*), e la decisione è assunta in tempo reale (*modalità sincrona*).
La riunione si svolge nella data indicata dall'Amministrazione procedente e i lavori devono concludersi non oltre 45 giorni decorrenti dalla data di convocazione.
All'esito dell'ultima riunione la P.A. procedente adotta la determinazione motivata di conclusione della conferenza sulla base delle *posizioni prevalenti* espresse dai rappresentanti delle Amministrazioni. Si considera acquisito senza condizioni l'assenso delle Amministrazioni il cui rappresentante non abbia partecipato alla riunione, ovvero, pur partecipando alla riunione, non abbia espresso la propria posizione o abbia espresso un dissenso non motivato.
L'art. 14-*quater* disciplina gli **effetti della determinazione motivata di conclusione della conferenza di servizi**, affermando che essa sostituisce tutti gli atti di assenso, comunque denominati, di competenza delle Amministrazioni e dei gestori di beni o servizi pubblici interessati. In caso di approvazione unanime è immediatamente efficace mentre nell'ipotesi di approvazione sulla base delle posizioni prevalenti, l'efficacia è sospesa ove siano stati espressi dissensi qualificati e per il periodo utile all'esperimento dei rimedi ivi previsti, questi ultimi contemplati dal successivo art. 14-*quinquies*.

6.10 Gli accordi procedimentali (o integrativi) e gli accordi sostitutivi

Si tratta di una modalità operativa che **assicura preventivamente il consenso degli interessati sull'esercizio dell'azione amministrativa**, manifestandosi come uno strumento di organizzazione e di contemperamento dei potenziali conflitti che possono insorgere fra i soggetti coinvolti nei singoli procedimenti, con conseguente vantaggio in termini di efficacia ed economicità dell'azione medesima. Non trascurabile è altresì la funzione deflattiva del contenzioso di tali strumenti, posto che l'acquisizione necessaria del consenso dei destinatari riduce notevolmente le ipotesi di controversie.

La possibilità di un esercizio consensuale della potestà amministrativa è riconosciuta dall'art. 11 L. 241/1990 limitatamente agli accordi procedimentali e sostitutivi. Più nel dettaglio:

> gli **accordi procedimentali o integrativi**, anche detti preliminari, preparatori o endoprocedimentali, sono strettamente e funzionalmente collegati al procedimento; con gli stessi *il privato e la Pubblica Amministrazione concordano il contenuto del provvedimento* che, quindi, rimane l'unica fonte dell'effetto giuridico;

> gli **accordi sostitutivi** hanno invece una vera e propria autonomia funzionale intervenendo a definire e produrre gli effetti della fattispecie procedimentale, *sostituendo integralmente il provvedimento*.

La disciplina dettata dalla L. 241/1990, pur dopo le modifiche apportate dalla L. 15/2005, è pressoché comune ad ambedue le figure. L'art. 11, infatti, prevede che:

> sia gli accordi sostitutivi che quelli procedimentali devono essere stipulati per **atto scritto a pena di nullità**, salvo che la legge non preveda altrimenti, e devono essere motivati (co. 2);

> gli stessi vengano conclusi nel **perseguimento del pubblico interesse** e senza pregiudizio dei diritti dei terzi (co. 1);

> al fine di favorire la conclusione degli accordi di cui al comma 1, il responsabile del procedimento può predisporre un calendario di incontri cui invita, separatamente o contestualmente, il destinatario del provvedimento ed eventuali controinteressati (co. 1-*bis*);

> per entrambe le tipologie di accordi devono applicarsi, ove non diversamente disposto, **i principi del codice civile** in materia di obbligazioni e contratti in quanto compatibili (co. 2);

> per **sopravvenuti motivi di pubblico interesse**, la P.A. può recedere unilateralmente dall'accordo, salvo l'obbligo di indennizzo dei pregiudizi subiti dal privato (co. 4);

> la stipulazione dell'accordo, per entrambe le tipologie (integrativo o sostitutivo), è preceduta da una **determinazione dell'organo competente** per l'adozione del provvedimento (co. 4-*bis*).

6.11 Gli accordi fra Pubbliche Amministrazioni

Anche al di fuori delle conferenze di servizi le Amministrazioni pubbliche possono sempre concludere fra loro accordi per **disciplinare lo svolgimento in collaborazione di attività di interesse comune**.

Sul versante della disciplina applicabile, l'art. 15 L. 241/1990 rinvia, nei limiti della compatibilità, a quella dettata dai commi 2 e 3 dell'art. 11 della stessa legge in tema di accordi integrativi o sostitutivi. Pertanto, è prevista la *forma scritta ad substantiam* (co. 2), sono soggetti ai *medesimi controlli* previsti per lo strumento provvedimentale (co. 3).

6.12 Gli accordi di programma

Si tratta di un importante strumento di auto coordinamento e consiste nel **raggiungimento di un consenso unanime delle Amministrazioni o enti interessati circa un'opera, progetto o intervento da realizzare**.

Norma di riferimento è l'art. 34 D.Lgs. 267/2000 (TUEL) che ne detta una puntuale disciplina attribuendo l'iniziativa a promuovere tale accordo al Presidente della Regione, a quello della Provincia o al Sindaco, in relazione alla competenza primaria o prevalente. Scopo dell'accordo è quello di assicurare il coordinamento delle azioni e determinarne i tempi, le modalità, il finanziamento ed ogni altro connesso adempimento.
Il consenso si forma progressivamente attraverso fasi successive che, a partire da quella della "promozione" dell'accordo, sono normalmente scandite da atti o deliberazioni degli organi degli enti e delle Amministrazioni interessati. Si perfeziona quindi con la conclusione (ossia con la sottoscrizione) dell'accordo di programma che può dirsi così completo e perfetto.
L'art. 34 TUEL è considerato norma speciale rispetto all'art. 15 L. 241/1990, a differenza del quale detta una specifica regolamentazione della procedura da seguire.

Capitolo 7
L'accesso ai documenti amministrativi

7.1 Il diritto di accesso e il suo oggetto

Il fondamento giuridico del diritto di accesso (conoscitivo) risiede nel *principio di trasparenza dell'attività amministrativa* e segnatamente negli artt. 97 e 98 Cost. ove si enuncia il *principio di buon andamento dei pubblici uffici*.
La disciplina normativa specifica, invece, è riportata nella **legge sul procedimento amministrativo** (L. 7-8-1990, n. 241) che vi dedica gli **articoli 22 e seguenti**.
L'art. 22, co. 1, lett. *a*), L. 241/1990 definisce il diritto di accesso come il **diritto degli interessati di prendere visione e di estrarre copia dei documenti amministrativi**.
L'oggetto del diritto di accesso è costituito dai *documenti amministrativi* definiti (art. 22, co. 1, lett. *d*), L. 241/1990) come *ogni rappresentazione grafica, fotocinematografica, elettromagnetica o di qualunque altra specie del contenuto di atti, anche interni o non relativi ad uno specifico procedimento, detenuti da una Pubblica Amministrazione e concernenti attività di pubblico interesse, indipendentemente dalla natura pubblicistica o privatistica della loro disciplina sostanziale*.
La norma ha risolto espressamente e in maniera positiva il dubbio riguardo la possibilità che anche gli atti interni, cioè quegli **atti endoprocedimentali** che non hanno effetto immediato verso il privato ma costituiscono gli antecedenti del provvedimento finale (es. pareri tecnici e nulla osta), possano essere oggetto del diritto di accesso.
La norma dispone che il diritto di accesso possa riguardare gli **atti di diritto privato** sottoscritti dalla Pubblica Amministrazione.
La tesi dominante è orientata nel senso che la pretesa all'accesso, conformemente alla qualificazione normativa, abbia la consistenza di un **diritto soggettivo perfetto**, affidato alla giurisdizione esclusiva del giudice amministrativo, chiamato a dirimere una controversia avente ad oggetto diritti in conflitto e non l'esercizio di un potere dell'Amministrazione.
La qualificazione dell'accesso come diritto soggettivo comporta che:
- il decorso del termine per proporre ricorso contro il diniego dell'accesso non impedisce all'interessato di far valere il diritto di accesso nell'**ordinario termine di prescrizione**;
- nel corso del giudizio dinanzi al giudice amministrativo deve ammettersi la possibilità dell'Amministrazione di addurre nuove ragioni che giustificano il diniego dell'accesso;
- la mancata notificazione del ricorso ad almeno uno dei controinteressati non rende inammissibile il ricorso stesso, ma obbliga il giudice a **integrare il contraddittorio** a norma dell'art. 102 c.p.c.

7.2 I titolari del diritto di accesso

L'art. 22 L. 241/1990, come novellato dalla L. 15/2005, dopo aver puntualizzato che il diritto di accesso è il **diritto degli interessati di prendere visione ed estrarre copia dei documenti amministrativi**, nell'individuare l'area dei possibili titolari di tale diritto, afferma che essi vanno individuati nei *soggetti privati*, compresi quelli *portatori di interessi pubblici o diffusi*, che abbiano un interesse:

- **attuale**, non con riferimento all'interesse ad agire in giudizio per la tutela della posizione sostanziale vantata, bensì alla richiesta di accesso ai documenti;
- **diretto**, ovvero personale, e dunque appartenere alla sfera dell'interessato (e non ad altri soggetti, come per esempio le associazioni sindacali che spesso pretendono di agire facendo valere diritti dei singoli);
- **concreto**, con riferimento alla necessità di un collegamento tra il soggetto ed un bene della vita coinvolto dall'atto o documento; non basta, ad esempio, il generico interesse alla trasparenza amministrativa, occorrendo un elemento ulteriore, consistente nel collegamento tra il soggetto ed un concreto bene della vita;
- **corrispondente ad una situazione giuridicamente tutelata**, collegata al documento al quale è chiesto l'accesso.

Inoltre, secondo la dottrina prevalente, l'interesse deve essere **serio**, ossia meritevole e non emulativo (cioè fatto valere allo scopo di recare molestia o nocumento), e **adeguatamente motivato**, con riferimento alle ragioni che vanno esposte nella domanda di accesso.
L'art. 22, co. 1, lett. *b*), L. 241/1990 estende la qualifica di **interessati** (potenziali titolari del diritto di accesso) ai soggetti privati **portatori di interessi diffusi** come i comitati o le associazioni di categoria.
Il D.Lgs. 39/1997, attuativo della direttiva 90/313/CEE, concernente la libertà di accesso alle informazioni in materia di ambiente, prima, e il D.Lgs.195/2005, che attua la direttiva 2003/4/CE, poi, hanno previsto un ampliamento sia del novero dei soggetti legittimati all'accesso sia dei **documenti ostensibili in materia ambientale**. Per quanto riguarda i soggetti, legittimato alla richiesta è *chiunque, senza che occorra dimostrare il proprio interesse*; per quanto riguarda l'oggetto, viene adottata una nozione allargata rispetto all'originario dettato della L. 241/1990, perché ricomprende *qualsiasi informazione in materia ambientale.*

7.3 I soggetti obbligati a consentire l'accesso

Ai sensi dell'art. 23 L. 241/1990, il diritto di accesso è esercitabile nei confronti:

- di **tutte le Pubbliche Amministrazioni** (da intendersi sia statali che locali);
- delle **aziende autonome e speciali** (in tal modo ricomprendendo espressamente le aziende ora previste dall'art. 114 D.Lgs. 267/2000 - Testo unico degli enti locali);
- degli **enti pubblici**, nonché gli organismi di diritto pubblico e **gestori di pubblici servizi**;
- delle Autorità di garanzia e di vigilanza (**autorità indipendenti**).

Il problema più importante si è posto per i **privati gestori di pubblici servizi**. Fondamentali sul punto sono due decisioni dell'adunanza plenaria del Consiglio di Stato (nn. 4 e 5 del 1999), la quale ha rilevato che ciò che conta ai fini dell'operatività del diritto di accesso non è la natura pubblica o privata dell'attività posta in essere, bensì il fatto

che l'attività, ancorché di diritto privato, miri alla tutela di un pubblico interesse e sia soggetta al canone di imparzialità.
Al riguardo il Consiglio di Stato ha distinto tra **attività privatistica della Pubblica Amministrazione** e **attività dei privati concessionari di pubblici servizi**.
Se con riguardo all'*attività privatistica*, il diritto di accesso opera in ogni caso, con riguardo all'*attività dei concessionari* occorre distinguere:
> l'accesso è garantito nei procedimenti per la formazione delle determinazioni contrattuali (es. la scelta del contraente) e, analogamente, per quanto concerne le scelte organizzative adottate in sede di gestione del servizio (scelte dirette ad offrire un servizio avente certi *standard* qualitativi), in cui opera il dovere di imparzialità;
> per le *attività residuali del concessionario*, ovvero le attività diverse dalla gestione del servizio, la giurisprudenza afferma che occorre operare un giudizio di bilanciamento degli interessi, per cui il diritto di accesso deve operare se l'interesse pubblico prevale su quello puramente imprenditoriale (in tal caso la valutazione comparativa deve tener conto, soprattutto, dell'adozione da parte del gestore di regole dirette a garantire il rispetto dei principi di imparzialità, trasparenza, buona fede e correttezza).

All'opposto, deve trovare **applicazione integralmente il diritto privato** quando il soggetto, pur avendo natura pubblica, formalmente o sostanzialmente (proprietà pubblica di una società), non gestisce servizi pubblici e svolge un'attività comunque estranea alla sfera della rilevanza collettiva degli interessi.
In tal caso il privato dovrà avvalersi degli ordinari strumenti previsti dal codice di procedura civile (art. 210, ordine di esibizione di atti alla parte o al terzo).

7.4 I limiti al diritto di accesso

L'art. 24 L. 241/1990 prevede vari livelli di limitazioni al diritto di accesso.
In primo luogo l'**accesso è escluso** (art. 24, comma 1):
> per tutti i *documenti coperti dal segreto di Stato*, ai sensi delle vigenti disposizioni di legge e nei casi di segreto o di divieto di divulgazione espressamente previsti dalla legge o dal regolamento governativo di attuazione;
> nei *procedimenti tributari*, per i quali restano ferme le particolari norme che li regolano;
> nei confronti delle attività della Pubblica Amministrazione dirette all'emanazione di *atti normativi, atti amministrativi generali, di programmazione e pianificazione*;
> nei *procedimenti selettivi*, quando vengono in rilievo documenti contenenti informazioni di natura psico-attitudinale relativi a terzi.

Spetta alle singole Amministrazioni individuare, con uno o più regolamenti, le categorie di documenti sottratti all'accesso per le esigenze di salvaguardia degli interessi sopra indicati.
Il comma 4 dell'art. 54-*bis* D.Lgs. 165/2001 esplicitamente sottrae all'accesso anche la *denuncia fatta dal dipendente pubblico di condotte illecite di cui sia venuto a conoscenza in ragione del rapporto di lavoro*, il cosiddetto **whistleblower** (la disposizione è stata introdotta dalla L. 190/2012 e integralmente sostituita dalla L. 179/2017).

Al di fuori di queste ipotesi, il comma 6 dell'art. 24 enuncia la regola di principio secondo cui il diritto di **accesso può essere escluso** per l'esigenza di salvaguardare:
> la *sicurezza*, la *difesa nazionale* e le *relazioni internazionali*;
> la *politica monetaria* e *valutaria*;

> l'*ordine pubblico* e la *prevenzione* e *repressione della criminalità*;
> la *vita privata* o la *riservatezza di persone fisiche, giuridiche, gruppi, imprese* e *associazioni* con particolare riferimento agli interessi di natura epistolare, sanitaria, finanziaria, industriale e commerciale;
> l'*attività in corso di contrattazione collettiva nazionale di lavoro* e gli atti interni connessi all'espletamento del relativo mandato.

La legge attribuisce alla P.A. anche uno specifico potere discrezionale, che le fonti secondarie possono disciplinare più dettagliatamente: il **potere di differire l'accesso ai documenti richiesti**, ossia di negare l'accesso solo per un periodo di tempo determinato.

7.5 La richiesta di accesso: modalità e tipologie

Il procedimento per l'accesso si attiva a istanza dell'interessato. In questa sede la dizione «procedimento» deve intendersi in maniera atecnica poiché, ad esito delle diverse fasi in cui si articola la procedura di accesso ai documenti, non viene emanato un provvedimento amministrativo, ma rileva un comportamento dell'Amministrazione competente che, se del caso, consente la cosiddetta **ostensione** (presa visione o copia) dei documenti richiesti.
L'interessato, per esaminare o estrarre copia di documenti, deve formulare una **richiesta, formale o informale**, ma sempre motivata, sicché sarebbe legittimo negare l'accesso nel caso di istanze generiche, defatigatorie, del tutto estranee alla sfera giuridica del richiedente.
Si distingue tra:

> **accesso informale**: si esercita personalmente tramite richiesta, anche verbale, se non sussistono dubbi sulla legittimazione del richiedente e sul suo interesse alla conoscenza dei documenti richiesti o sull'accessibilità dei documenti stessi. In caso di accoglimento della richiesta l'ufficio provvede immediatamente e senza altre formalità all'esibizione del documento e all'eventuale rilascio di copie, salvo il rimborso dei costi;
> **accesso formale**: il richiedente è invitato a presentare una richiesta scritta nella quale occorre indicare gli estremi del documento o delle informazioni oggetto dell'istanza, ovvero gli elementi che ne consentano l'individuazione, specificare e comprovare l'interesse personale e concreto, far constatare la propria identità e/o la sussistenza dei propri poteri rappresentativi.

In ogni caso il funzionario che riceve la richiesta di accesso deve procedere alla *verifica dell'identità del richiedente* (attraverso la richiesta di esibire la carta di identità o altro documento equipollente). Nel caso in cui la richiesta sia inviata per posta, fax, non occorre l'autentica della firma del richiedente se l'istanza è accompagnata dalla fotocopia di un documento di identità.
La richiesta deve essere presentata all'ufficio dell'Amministrazione, centrale o periferico, statale o dell'Amministrazione locale, competente a formare l'atto conclusivo del procedimento o a detenere stabilmente il relativo documento, ma **non rileva l'eventuale errore nella presentazione**, essendovi l'obbligo dell'ufficio ricevente di trasmettere la richiesta a quello competente, come pure il richiedente deve essere invitato a riparare all'irregolarità o incompletezza della richiesta, che non può, quindi, essere respinta senz'altro per questa ragione.

Il regolamento attuativo del diritto di accesso ai documenti amministrativi (D.P.R. 12-4-2006, n. 184) ha previsto che il soggetto pubblico cui è indirizzata la richiesta di accesso, se individua **soggetti controinteressati**, è tenuto a dar loro comunicazione, con raccomandata A/R, dell'avvenuta istanza di accesso.
Entro i successivi 10 giorni dalla comunicazione i controinteressati possono poi presentare, anche per via telematica, una motivata opposizione all'accoglimento dell'accesso. Decorso tale termine, sulla base degli elementi a disposizione, la Pubblica Amministrazione deciderà sulla richiesta di accesso.
Il regolamento, oltre a ribadire la distinzione tra accesso informale e accesso formale, disciplina i contenuti e i tempi dell'atto di assenso all'accesso, le spese per i costi di riproduzione, il rifiuto o il differimento dell'accesso. Entro 30 giorni dalla richiesta, la Pubblica Amministrazione deve esprimere le sue determinazioni:

- se **accoglie la richiesta**, indica le modalità e fissa il termine (non inferiore a 15 giorni) per prendere visione dei documenti o ottenerne copia (l'accoglimento si estende di regola anche agli altri documenti richiamati e appartenenti allo stesso procedimento);
- se **rifiuta l'accesso**, totalmente o parzialmente, o lo differisce, il responsabile del procedimento deve motivare il provvedimento con riferimento specifico alla normativa vigente, alle categorie di atti per i quali è stato escluso l'accesso dai regolamenti delle singole Amministrazioni e alle circostanze di fatto che rendono non accoglibile la richiesta così come proposta (art. 25, co. 3).
  La possibilità di posticipare nel tempo l'accesso agli atti deve essere una soluzione prioritaria per l'amministrazione rispetto al semplice rifiuto (art. 24, co. 3. L. 241/1990).

Il diritto all'accesso può anche essere soddisfatto mediante la **pubblicazione degli atti nella Gazzetta Ufficiale** o secondo le modalità previste dai singoli ordinamenti, comprese le forme di pubblicità attuabili mediante strumenti informatici, elettronici e telematici. In tal caso si parla di pubblicità dell'azione amministrativa e non di diritto di accesso, poiché soggetti a tale diritto non sono quegli atti la cui conoscibilità è desumibile dagli ordinari mezzi di pubblicità.
Trascorsi 30 giorni dalla richiesta senza che l'Amministrazione si sia pronunciata, «*questa si intende respinta*» (**ipotesi di silenzio rigetto**), con la conseguenza che l'interessato può attivare uno dei rimedi previsti (TAR, Commissione per l'accesso, Difensore civico).

7.6 La tutela del diritto di accesso

7.6.1 Le forme alternative: giurisdizionale e giudiziale

L'art. 25 L. 241/1990 disciplina la tutela del cittadino in tutti i casi in cui il diritto di accesso agli atti non venga adeguatamente soddisfatto dalla Pubblica Amministrazione, ossia nei casi di diniego o di differimento dell'accesso. Sono, in particolare, disciplinati:

- i ricorsi innanzi al Tribunale Amministrativo Regionale (TAR);
- o, in alternativa, della **Commissione per l'accesso ai documenti amministrativi**, nel caso di atti delle Amministrazioni dello Stato;
- oppure del **Difensore civico competente per territorio**, nel caso di atti delle Amministrazioni locali.

7.6.2 Il ricorso al Tribunale Amministrativo Regionale

Le controversie relative all'accesso ai documenti sono attribuite alla giurisdizione esclusiva del giudice amministrativo. Decorsi inutilmente 30 giorni dalla richiesta di accesso, questa si intende respinta (silenzio rigetto). In caso di diniego dell'accesso, espresso o tacito, o nei casi di differimento dello stesso, il richiedente potrà presentare **ricorso** al Tribunale amministrativo regionale, senza bisogno di alcun atto di diffida o messa in mora dell'amministrazione, ai sensi dell'art. 116 del Codice del processo amministrativo (D.Lgs. 104/2010). Si applica una procedura abbreviata con fissazione dell'udienza in camera di consiglio; per il resto, tale giudizio è sottoposto alla generale disciplina del processo amministrativo e il ricorso dovrà essere notificato sia all'amministrazione che ai soggetti controinteressati, da individuarsi tra i soggetti cui fanno riferimento i documenti richiesti e che potrebbero vedere lesa la loro posizione giuridica corrispondente alla tutela della propria riservatezza.
Le parti possono stare in giudizio senza l'assistenza di un difensore (art. 23 del Codice); l'Amministrazione può essere rappresentata e difesa da un proprio dipendente a ciò autorizzato (art. 116 del Codice). Il giudice amministrativo, uditi i difensori delle parti che ne facciano richiesta o le parti personalmente, decide in camera di consiglio entro 30 giorni dal deposito del ricorso.
In caso di **accoglimento totale o parziale del ricorso**, il giudice amministrativo ordina l'esibizione dei documenti richiesti e, ove richiesto, anche la pubblicazione.
Per l'appello, proponibile entro 30 giorni dalla notifica della decisione del TAR, al Consiglio di Stato si osservano le stesse regole (art. 116, co. 5, del Codice).

7.6.3 Tutela giudiziale: il Difensore civico e la Commissione per l'accesso ai documenti

Il **Difensore civico** è un organo chiamato a svolgere il *ruolo di garante dell'imparzialità e del buon andamento dell'Amministrazione*, segnalando, anche di propria iniziativa, gli abusi, le disfunzioni, le carenze e i ritardi dell'Amministrazione nei confronti dei cittadini, e non solo in materia di accesso ai documenti amministrativi.
Il Difensore civico interviene *di ufficio* o *su istanza di parte*. Può avvalersi della collaborazione dell'Amministrazione interessata al suo intervento e deve essergli garantito un agevole accesso alla documentazione connessa all'oggetto del suo intervento.
Il Difensore civico è privo di poteri decisori definitivi, ma può solo stimolare l'Amministrazione a rivedere il proprio operato.
La **Commissione per l'accesso ai documenti amministrativi** (CADA), istituita presso la Presidenza del Consiglio dei Ministri, è l'organismo preposto alla *vigilanza sull'attuazione del principio della piena conoscibilità e trasparenza* dell'attività della Pubblica Amministrazione, al quale possono rivolgersi privati cittadini e pubbliche amministrazioni. Ha, in particolare la funzione di:

- vigilare sulla piena attuazione del principio di piena conoscibilità degli atti amministrativi, intervenendo nel caso di diniego o di ingiustificato differimento dell'accesso:
- redigere una relazione annuale sulla trasparenza nell'attività della Pubblica Amministrazione;
- proporre al Governo modifiche delle leggi e dei regolamenti onde realizzare la più piena tutela del diritto di accesso.

7.6.4 Il riesame della richiesta di accesso

In alternativa al ricorso avanti al giudice amministrativo, in caso di diniego dell'accesso, espresso o tacito, il richiedente può chiedere, nello stesso termine (30 giorni), al Difensore civico o alla Commissione per l'accesso, a seconda che l'ente destinatario dell'istanza sia una amministrazione comunale, provinciale o regionale, oppure sia una amministrazione centrale o periferica dello Stato, il **riesame della richiesta di accesso**.

La tutela giustiziale può essere invocata al Difensore civico competente per ambito territoriale, ove costituito. Qualora tale organo non sia stato istituito, la competenza è attribuita al Difensore civico competente per l'ambito territoriale immediatamente superiore.

Il procedimento si svolge in tempi particolarmente rapidi e garantisce il rispetto del contraddittorio; le parti possono infatti essere udite anche personalmente senza necessità dell'assistenza del difensore.
Sulla richiesta di riesame, il Difensore civico o la Commissione per l'accesso devono pronunciarsi entro 30 giorni dalla presentazione dell'istanza; tuttavia anche in questo caso opera l'istituto del silenzio-diniego e, pertanto, scaduto infruttuosamente tale termine, il ricorso si intende respinto (il **silenzio equivale a respingimento del ricorso**) e, entro 30 giorni, si può ricorrere al TAR.

Qualora il richiedente l'accesso abbia invocato la tutela giustiziale, rivolgendosi Difensore civico o alla Commissione, il termine per il ricorso avanti il TAR decorre dalla data di ricevimento, da parte del richiedente, dell'esito della sua istanza di riesame.

In caso contrario, ove il Difensore civico o la Commissione per l'accesso ritengano illegittimo il diniego dell'amministrazione, informano l'istante e l'autorità disponente. La Commissione può, in tale ipotesi, anche ordinare all'Amministrazione l'esibizione del documento richiesto, fissando, ove necessario, un termine perentorio.
A questo punto l'Amministrazione, entro 30 giorni, può:
> confermare il precedente diniego, motivando la conferma e la partita si chiude qui;
> non confermare il diniego e consentire espressamente l'accesso;
> non dare riscontro alla pronuncia favorevole del Difensore civico o della Commissione nei confronti dell'istante: in tale ipotesi dopo 30 giorni l'accesso s'intende consentito (cd. silenzio assenso legittimante).

Qualora vengano in rilievo motivi inerenti ad dati personali relativi a soggetti terzi, e l'accesso è negato per tali motivi, la Commissione per l'accesso provvede sentendo previamente il parere del **Garante per la protezione dei dati personali**, che deve pronunciarsi entro 10 giorni: in queste ipotesi opera l'istituto del **silenzio facoltativo**, il quale non obbliga la CADA ad attendere tale parere.

7.7 L'accesso civico

7.7.1 Profili generali, limiti e differenze con il diritto di accesso

L'accesso civico è un istituto introdotto dall'art. 5 D.Lgs. 33/2013 e riguarda la **richiesta di consultazione, da parte di chiunque**:
> di documenti, informazioni o dati per i quali *vi era un obbligo di pubblicazione e sia stato omesso* da parte dell'amministrazione competente (accesso civico);

- di dati e documenti detenuti dalle pubbliche amministrazioni, *diversi da quelli che devono essere obbligatoriamente pubblicati* (accesso civico generalizzato).

L'istituto è finalizzato a favorire forme diffuse di controllo sul perseguimento delle funzioni istituzionali e sull'utilizzo delle risorse pubbliche e di promuovere la partecipazione al dibattito pubblico da parte dei cittadini. Tuttavia se nel primo caso non sono previste specifiche limitazioni, trattandosi di atti che l'*Amministrazione avrebbe comunque dovuto pubblicare*, nel secondo devono essere rispettati i limiti relativi alla tutela di interessi giuridicamente rilevanti, specificamente individuati nel successivo art. 5-*bis* D.Lgs. 33/2013 e, in particolare, avvertire eventuali controinteressati.

L'istituto trova origine in una specifica disposizione della legge **anticorruzione** (L. 190/2012) che, all'art. 1, co. 35, delegava il Governo a rafforzare lo strumento della trasparenza quale misura fondamentale per la lotta alla corruzione, e riordinare in un unico provvedimento le norme all'epoca vigenti in materia di obblighi di pubblicità e **trasparenza** a carico delle Pubbliche Amministrazioni. Tra le varie misure per contrastare i fenomeni corruttivi, quindi, particolare rilevanza assumeva la trasparenza e l'accessibilità dei dati in possesso delle Amministrazioni Pubbliche. Sotto il primo profilo si inseriva nel decreto attuativo (art. 9 D.Lgs. 33/2013) un obbligo a carico delle amministrazioni a predisporre sul proprio sito web una sezione "Amministrazione trasparente" nella quale pubblicare i dati e le informazioni dettagliatamente indicati nei successivi articoli del provvedimento.
Nel disegno normativo di promozione della trasparenza i cittadini sono gli attori fondamentali e con la facoltà di **accesso civico** era loro fornito lo strumento per *vigilare non solo sul corretto adempimento formale degli obblighi di pubblicazione ma soprattutto sulle finalità e le modalità di utilizzo delle risorse pubbliche* da parte delle Pubbliche Amministrazioni e degli altri destinatari delle norme.
Nella versione originaria del D.Lgs. 33/2013 era possibile richiedere soltanto l'accesso agli atti che l'amministrazione era tenuta a pubblicare e che non aveva effettivamente reso disponibile sul sito. Successivamente, con la riforma Madia (L. 124/2015), il perimetro dell'istituto è stato notevolmente ampliato *includendovi anche gli atti e i documenti non soggetti ad obbligo di pubblicazione*. Ispirandosi alle norme contenute nel **Freedom of information act (FOIA)** dell'ordinamento statunitense, con il D.Lgs. 97/2016, attuativo della riforma Madia, l'accesso civico è stato posto al centro di un progetto che mira a rafforzare ulteriormente la trasparenza.

L'**accesso civico può essere rifiutato** se il diniego è necessario per evitare un pregiudizio concreto alla tutela di:

- **interessi pubblici:** sicurezza pubblica e ordine pubblico, sicurezza nazionale, difesa e questioni militari, relazioni internazionali, politica e stabilità finanziaria ed economica dello Stato, conduzione di indagini sui reati e loro perseguimento e regolare svolgimento di attività ispettive;
- **interessi privati**: protezione dei dati personali, libertà e segretezza della corrispondenza, interessi economici e commerciali di una persona fisica o giuridica, ivi compresi la proprietà intellettuale, diritto d'autore e segreti commerciali (cfr. Cons. St., 13-8-2019, n. 5702).

Si applicano altresì tutti gli altri limiti al diritto di accesso previsti dalla L. 241/1990.
Se i limiti riguardano soltanto alcuni dati o alcune parti del documento richiesto, deve essere consentito l'accesso agli altri dati o alle altre parti. Inoltre essi si applicano unicamente per il periodo nel quale la protezione è giustificata in relazione alla natura del dato, con la conseguenza che l'accesso non può essere negato laddove sia sufficiente fare ricorso al potere di differimento.

Va, a questo punto, chiarita la **distinzione fra accesso civico generalizzato e accesso civico**. L'accesso generalizzato non sostituisce l'accesso civico semplice (previsto dall'art. 5, co. 1, D.Lgs.

33/2013) disciplinato già prima delle modifiche ad opera del D.Lgs. 97/2016. L'accesso civico rimane circoscritto ai soli atti, documenti e informazioni oggetto di obblighi di pubblicazione e costituisce un rimedio alla mancata osservanza degli obblighi di pubblicazione imposti dalla legge, sovrapponendo al dovere di pubblicazione, il diritto di "chiunque" di accedere ai documenti, dati e informazioni interessati dall'inadempienza. L'accesso generalizzato, invece, è autonomo ed indipendente da presupposti obblighi di pubblicazione ed è espressione di una libertà che incontra, quali unici limiti, da una parte, il rispetto della tutela degli interessi pubblici e/o privati indicati all'art. 5-*bis*, commi 1 e 2, e dall'altra, il rispetto delle norme che prevedono specifiche esclusioni (art. 5-*bis*, comma 3).
La L. 160/2019 (Legge di bilancio 2020) ha precisato che il differimento e la limitazione dell'accesso civico, al di fuori delle ipotesi previste dall'art. 5-*bis*, costituiscono elemento di valutazione negativa della responsabilità dirigenziale.
Rileva, poi, anche la **distinzione tra accesso generalizzato e accesso ai documenti amministrativi** ai sensi degli artt. 22 ss. L. 241/1990: la finalità di quest'ultimo è quella di porre i soggetti interessati in grado di esercitare le facoltà, partecipative e/o oppositive e difensive, che l'ordinamento attribuisce loro a tutela delle posizioni giuridiche qualificate di cui sono titolari. Più precisamente, dal punto di vista soggettivo, ai fini dell'istanza di accesso documentale il richiedente deve dimostrare di essere titolare di un "interesse diretto, concreto e attuale, corrispondente ad una situazione giuridicamente tutelata e collegata al documento al quale è chiesto l'accesso". Mentre la L. 241/1990 esclude espressamente l'utilizzo del diritto di accesso ivi disciplinato al fine di sottoporre l'amministrazione ad un controllo generalizzato, il diritto di accesso generalizzato è riconosciuto proprio "allo scopo di favorire forme diffuse di controllo sul perseguimento delle funzioni istituzionali e sull'utilizzo delle risorse pubbliche e di promuovere la partecipazione al dibattito pubblico".
Dunque, i due istituti operano sulla base di norme e presupposti diversi.

7.7.2 Modalità di esercizio dell'accesso civico

L'istanza di accesso civico deve identificare i dati, le informazioni o i documenti che si intendono visionare. Può essere trasmessa per via telematica ed è **presentata**, alternativamente:
> all'ufficio che detiene i dati, le informazioni o i documenti;
> all'Ufficio relazioni con il pubblico;
> ad altro ufficio indicato dall'amministrazione nella sezione "Amministrazione trasparente" del sito istituzionale;
> al Responsabile della prevenzione della corruzione e della trasparenza, ove l'istanza abbia a oggetto dati, informazioni o documenti oggetto di pubblicazione obbligatoria.

Il rilascio di dati o documenti in formato elettronico o cartaceo è gratuito, salvo il rimborso del costo effettivamente sostenuto e documentato dall'amministrazione per la riproduzione su supporti materiali.
Il procedimento deve concludersi con provvedimento espresso e motivato nel termine di 30 giorni dalla presentazione dell'istanza con una comunicazione al richiedente e agli eventuali controinteressati. In caso di **accoglimento**, l'amministrazione provvede a trasmettere i dati o i documenti richiesti, oppure a comunicare al richiedente l'avvenuta pubblicazione sul sito, indicandogli il relativo collegamento ipertestuale.
Nei casi di **diniego totale o parziale** dell'accesso o di mancata risposta, il richiedente può presentare richiesta di riesame al Responsabile della prevenzione della corruzione e della trasparenza. Se anche in questo caso vi è diniego è possibile proporre ricorso al TAR. Per gli atti delle amministrazioni delle Regioni o degli enti locali, è possibile presentare ricorso al difensore civico competente per ambito territoriale, ove costituito, o competente per l'ambito territoriale immediatamente superiore laddove non sia stato costituito. Il ricorso va anche notificato all'amministrazione interessata.

Capitolo 8
La patologia dell'atto amministrativo

8.1 Gli stati patologici e l'invalidità dell'atto

8.1.1 Gli stati patologici dell'atto

Gli stati patologici dell'atto amministrativo possono ricondursi alle seguenti figure:

> **imperfezione**: si configura nel caso di mancata conclusione della procedura di formazione dell'atto (es. è imperfetto il decreto del Presidente della Repubblica non controfirmato dal Ministro competente);

> **irregolarità**: s'intende con questa locuzione lo stato patologico di provvedimento caratterizzato dal difetto di elementi formali marginali, tali da non comportarne l'annullabilità. La presenza di tale difformità, pur determinando una reazione da parte dell'ordinamento, non incide sulla validità e sulla piena efficacia dell'atto;

> **inefficacia**: un atto è inefficace quando non può produrre i suoi effetti, cioè quando non è ancora stato sottoposto ai controlli previsti dalla legge o quando è sottoposto a condizione o a termine iniziale;

> **invalidità**: ritenuta la *categoria estrema della patologia*, può assumere la configurazione della **nullità**, se la difformità dell'atto rispetto al modello legale è radicale, ovvero dell'**annullabilità**, che si determina quando l'atto è inficiato da uno dei tre vizi di legittimità (violazione di legge, incompetenza ed eccesso di potere).

Diverso è il concetto di **inopportunità** del provvedimento amministrativo: l'inopportunità, infatti, è la mancata rispondenza dell'assetto degli interessi consacrato nell'atto ai principi di buona amministrazione. Dalla presenza di tale vizio, che investe il **merito** dell'azione amministrativa, discende la possibilità per la Pubblica Amministrazione di revocare in autotutela il provvedimento ovvero – nei casi di giurisdizione estesa al merito – la possibilità per l'interessato di ottenerne l'annullamento ad opera del giudice.
Va detto infine che, mentre l'**invalidità** concerne la *difformità dell'atto dallo schema legale*, l'**illiceità** *è un effetto del comportamento lesivo di una situazione giuridica soggettiva protetta dall'ordinamento*. Possono tuttavia darsi ipotesi in cui l'atto, pur se pienamente valido, dà luogo ad un illecito, ove malamente eseguito; al contrario si possono verificare casi in cui l'atto, pure invalido, non dà luogo ad illecito, mancando gli altri elementi costitutivi dello stesso.

8.1.2 La disciplina dell'invalidità

Un provvedimento amministrativo invalido può essere *nullo* o *annullabile*. La **nullità** fa sì che il provvedimento debba considerarsi come mai adottato e, dunque, non produttivo di effetti giuridici. Se, invece, un provvedimento è **annullabile**, vuol dire che esso è affetto da un difetto giuridico che – se posto all'attenzione di un giudice o del compente organo deputato alla ricezione dei *ricorsi amministrativi ordinari* o *straordinari* (cd. *ri-*

medi giustiziali) – può comportare la rimozione del provvedimento che, fino al verificarsi di tale eventualità, dispiega i suoi effetti giuridici.

8.2 La nullità dell'atto

8.2.1 Il regime giuridico della nullità

Il provvedimento amministrativo, ai sensi dell'art. 21-*septies* L. 241/1990, è nullo se *manca degli elementi essenziali*; è viziato da *difetto assoluto di attribuzione*; è stato *adottato in violazione o elusione del giudicato*; negli *altri casi* espressamente previsti dalla legge.

In tali situazioni il privato ha l'interesse a eliminare dall'ordinamento giuridico (mediante un'azione di accertamento finalizzata a ottenere la mera *declaratoria di inidoneità di un atto a produrre i suoi effetti*) un provvedimento che, **pur improduttivo di effetti giuridici, è in grado di produrre effetti materiali**.

Il provvedimento nullo, infatti, può essere eseguito e può determinare l'emanazione di provvedimenti consequenziali all'atto stesso; infine esso può ingenerare affidamento nei terzi in ordine alla sua validità.

Gli altri aspetti salienti del regime giuridico della nullità sono la sua rilevabilità d'ufficio da parte del giudice in ogni stato e grado del giudizio, la sua insanabilità, non essendo possibile per l'Amministrazione convalidare l'atto nullo con effetto retroattivo, ma al limite procedere al suo rinnovo con effetti *ex nunc*.

Per gli **effetti della nullità** dell'atto amministrativo:

- il terzo che era obbligato dall'atto nullo può legittimamente rifiutarsi di adempiere alle previsioni dell'atto;
- la nullità dell'atto può essere fatta valere da chiunque, non solo da chi sia leso in un suo diritto soggettivo o in un suo interesse legittimo. La domanda volta all'accertamento della nullità si propone entro il termine di decadenza di 180 giorni. La nullità può essere opposta dalla parte resistente o essere rilevata d'ufficio dal giudice (art. 31, co. 4, D.Lgs. 104/2010);
- se in relazione all'atto amministrativo nullo siano state modificate delle situazioni giuridiche, sorge l'obbligo per chi le ha poste in essere di ripristinare la situazione esistente antecedente all'atto amministrativo nullo.

L'atto nullo può essere **convertito in un atto diverso** con i requisiti di sostanza e di forma richiesti dalla legge, sempre che sia raggiunto lo stesso interesse pubblico.

8.2.2 La carenza di potere

La figura della carenza di potere ricorre nei casi in cui **difetta la potestà dell'Amministrazione** (difetto di attribuzione) e più in specie quando:

- l'atto è emanato da un'Amministrazione totalmente priva del potere di adottarlo;
- il potere di provvedere appartiene ad un'Amministrazione radicalmente diversa;
- oppure, nei casi in cui viene in rilievo un potere precluso ad ogni Amministrazione e riservato ad un altro potere dello Stato.

Al riguardo si parla di **carenza in astratto** per distinguere tale ipotesi da quella della **carenza in concreto**, che ricorre quando il potere amministrativo, pur essendo in

astratto attribuito alla Pubblica Amministrazione, non può in concreto essere esercitato a causa di una specifica preclusione legislativa.
La figura della carenza di potere è invocata dalla giurisprudenza in contrapposizione a quella del **cattivo uso del potere** per delimitare i rapporti tra la giurisdizione del giudice amministrativo e quella del giudice ordinario.
Più in specie, si fanno valere **diritti soggettivi**, con contestuale radicamento della giurisdizione ordinaria, ogni qualvolta il privato contesti la stessa esistenza del potere della Pubblica Amministrazione. Al contrario, si fanno valere **interessi legittimi**, con attribuzione della relativa competenza in capo al giudice amministrativo, quando si lamenta il cattivo uso del potere dell'Amministrazione.

8.2.3 Nullità e inesistenza

L'atto inesistente è tradizionalmente considerato come un'entità giuridicamente irrilevante in quanto privo degli elementi minimi che consentano di poterlo ricondurre ad una fattispecie astratta.
Ad esempio posso ricondursi alla categoria dell'*inesistenza giuridica* le ipotesi di mancata sottoscrizione dell'atto, di cui non sia in altro modo individuabile l'autorità emanante, ovvero i casi di usurpazione del potere, laddove un soggetto privato adotti un atto amministrativo arrogandosi un pubblico potere, pur non essendo riconosciuto come legittimato da parte dei destinatari dell'atto stesso.

8.3 L'annullabilità dell'atto

8.3.1 I vizi di legittimità

L'atto amministrativo illegittimo è un atto esistente ed efficace che si presenta, tuttavia, **difforme dalla normativa che disciplina i requisiti richiesti per la sua validità**, senza che però ricorrano le più gravi patologie comportanti la *nullità* ai sensi dell'art. 21-*septies* L. 241/1990.
L'atto illegittimo produce gli stessi effetti dell'atto legittimo: si tratta tuttavia di effetti *precari* posto che la legge prevede strumenti giuridici per eliminarli contestualmente all'atto che li pone in essere.
Tra i concetti di illegittimità e annullamento ricorre pertanto un rapporto di **conseguenzialità necessaria**: un provvedimento amministrativo, emesso in violazione delle norme che lo disciplinano, è illegittimo e conseguenzialmente soggetto ad annullamento.

Un provvedimento *illegittimo* non può essere come tale qualificato come *illecito*, in quanto l'illiceità non si concretizza nella violazione di norme giuridiche che disciplinano atti, ma nel porre in essere comportamenti lesivi di diritti soggettivi altrui.

Ai sensi dell'art. 21-*octies* L. 241/1990 è annullabile il provvedimento amministrativo adottato in *violazione di legge* o *viziato da eccesso di potere* o da *incompetenza relativa*.
L'illegittimità può essere:

- **totale** o **parziale**, a seconda che investa l'intero provvedimento o si limiti ad una parte soltanto di esso senza comunicarsi alle altre;
- **originaria**, quando la legittimità del provvedimento va valutata con riferimento alla situazione di fatto e di diritto esistente al momento della sua emanazione, senza che

possano essere invocati – per sostenerne l'illegittimità – i successivi mutamenti della normativa. L'illegittimità è, poi, **sopravvenuta** quando l'atto, originariamente non viziato, viene colto da un vizio che però non si risolve in un ostacolo o in un impedimento alla sua efficacia;
- **derivata**, quando risulta invalido un altro atto che ne costituisce il presupposto.

L'azione di annullamento per violazione di legge, incompetenza ed eccesso di potere si propone nel **termine di decadenza di 60 giorni** (art. 29 D.Lgs. 104/2010).
L'atto amministrativo annullabile è giuridicamente esistente, efficace e sanabile.
L'annullabilità non opera di diritto, ma solo se fatta valere da chi ne abbia interesse.
L'atto amministrativo annullabile può anche essere *sanato* o soggetto a *consolidazione*.

8.3.2 L'incompetenza relativa

Si ha incompetenza relativa quando l'**organo che emana l'atto appartiene allo stesso settore di amministrazione dell'organo che sarebbe competente** secondo le regole generali. Si può distinguere un'incompetenza per materia (l'atto emanato è riservato per materia ad altro organo dello stesso settore amministrativo) o per territorio (l'atto è emanato da un organo che, sebbene competente per materia, non lo è per territorio).
In questi casi l'atto è **annullabile** o, eventualmente, sanabile.
Nell'ipotesi in cui l'atto venga adottato da autorità appartenente ad altro ordine di poteri o ad altro settore della Pubblica Amministrazione si verifica la fattispecie dell'**incompetenza assoluta**, che comporta la **nullità dell'atto**. Per il legislatore, inoltre, costituisce motivo di nullità il *difetto assoluto di attribuzione*, vale a dire l'eventualità in cui il potere amministrativo non è assegnato ad alcuna autorità, per cui non esiste giuridicamente il provvedimento che ne costituisce esercizio (art. 21-*septies* L. 241/1990).

8.3.3 L'eccesso di potere

L'eccesso di potere è un vizio che investe la **causa dell'atto amministrativo**, cioè la sua funzione, che deve essere quella predeterminata dalla legge: mentre l'eccesso di potere attiene alla causa dell'atto, l'incompetenza, relativa od assoluta, attiene all'autorità da cui promana l'atto. Tale vizio viene anche classificato come *vizio della discrezionalità*.
Affinché si possa parlare di eccesso di potere occorre che:
- l'**atto sia discrezionale** (dato che gli atti vincolati hanno un contenuto predeterminato non possono essere invalidati per eccesso di potere);
- l'**atto realizzi un fine diverso da quello previsto dalla legge**;
- l'**eccesso di potere sia provato.**

La prova dell'eccesso di potere viene individuata nello **sviamento dal fine indicato dalla norma**. Ma è proprio l'individuazione del fine medesimo che è apparsa un'operazione tutt'altro che agevole. Per superare tali difficoltà probatorie, si è ritenuto che anche nell'ipotesi in cui lo sviamento non venga dimostrato, ma si ravvisi la violazione dei principi di logicità, ragionevolezza, coerenza e completezza dell'*iter* logico seguito dall'Amministrazione, siffatta violazione può essere assunta a «spia» di tale sviamento.

La giurisprudenza ha elaborato specifiche **figure sintomatiche dell'eccesso di potere** che si atteggiano quali segnali (o indici) di un esercizio non corretto del potere discrezionale. Possono elencarsi alcune di esse:

- **travisamento ed erronea valutazione dei fatti**: si configura quando viene assunta a presupposto del provvedimento una situazione di fatto difforme da quella reale, ricorrendo quindi una rappresentazione dei fatti non corrispondente alla realtà;
- **contraddittorietà tra più parti dello stesso atto o tra più atti**: la prima ipotesi sussiste quando non v'è coerenza tra quanto dispone il provvedimento e le sue premesse, la seconda quando non v'è coerenza tra più atti di cui l'uno è il presupposto dell'altro;
- **inosservanza di circolari e norme interne**: tale inosservanza concreta un eccesso di potere e non una violazione di legge perché la circolare non ha valore normativo. Attraverso la circolare la Pubblica Amministrazione indica la condotta da tenere; se nel singolo caso se ne discosta, questo è un sintomo di discrezionalità scorretta;
- **disparità di trattamento**: la Pubblica Amministrazione adotta statuizioni tra loro diverse nell'esercizio del potere in relazione a fattispecie identiche;
- **ingiustizia manifesta**: si pone al confine tra eccesso di potere e merito; si evidenzia una palese violazione del principio di ragionevolezza;
- **incompletezza e difetto di istruttoria**: la P.A. deve accertare in modo completo la situazione di fatto in relazione alla quale la scelta discrezionale è richiesta e parimenti acquisire al procedimento tutti gli interessi rilevanti. Se questa istruttoria non è completa, e se non si sono verificati puntualmente tutti gli elementi della fattispecie concreta alla quale deve provvedere, ricorre eccesso di potere;
- **difetto o contraddittorietà della motivazione**: è una delle figure sintomatiche più importanti, perché tramite esso si consente un'indagine assai penetrante sulla ponderazione degli interessi effettuata dalla Pubblica Amministrazione (art. 3 L. 241/1990).

8.3.4 La violazione di legge e la mera irregolarità

Per violazione di legge non s'intende la sola difformità dell'atto amministrativo rispetto alle norme di legge bensì la **violazione di qualunque norma vigente** e quindi tutti gli atti normativi, inclusi i regolamenti, e tutti gli atti di autonomia normativa delle amministrazioni. Essa assume *valenza residuale rispetto alle altre due categorie che determinano l'annullabilità dell'atto*.

L'art. 21-*octies* L. 241/1990, al comma 2, introduce due importanti eccezioni rispetto alla violazione di legge, stabilendo che **non è annullabile** «*il provvedimento adottato in violazione di norme sul procedimento o sulla forma degli atti qualora, per la natura vincolata del provvedimento, sia palese che il suo contenuto dispositivo non avrebbe potuto essere diverso da quello in concreto adottato*». Il provvedimento amministrativo non è comunque annullabile per mancata comunicazione dell'avvio del procedimento «*qualora l'Amministrazione dimostri in giudizio che il contenuto del provvedimento non avrebbe potuto essere diverso da quello in concreto adottato*».

È comunque sempre annullabile il provvedimento amministrativo adottato in violazione dell'art. 10-*bis* sul preavviso di diniego (come specificato dal D.L. 76/2020).

Con il primo inciso si indicano quelle violazioni di legge che, seppur presenti, non comportano l'annullabilità dell'atto; il legislatore ha in tal modo introdotto la categoria dei **vizi meramente formali** (quando, per la natura vincolata del provvedimento, sia palese che il suo contenuto dispositivo non avrebbe potuto essere diverso da quello in concreto adottato), peraltro già prevista da parte della dottrina. Per questo tipo di vizi il legislatore ha ritenuto che prevalga la sostanza rispetto agli aspetti formali richiesti dalle leggi e ne ha escluso l'annullabilità.

Si parla, quindi, di **irregolarità non invalidante** per la presenza di difformità rispetto alle norme di legge di riferimento che si traducono in vizi meramente formali e di scarso valore sostanziale (**mera irregolarità**), tali da non avere una ragionevole incidenza causale sul contenuto del provvedimento finale e da non imporne l'annullamento.
Per il secondo inciso, la Pubblica Amministrazione può provare in giudizio che la mancata comunicazione dell'avvio del procedimento non rappresenta di per sé stessa causa di annullabilità, dimostrando che i destinatari sono comunque venuti a conoscenza dell'atto amministrativo o che, anche se ne fossero venuti a conoscenza, questo non avrebbe potuto essere diverso da quello posto in essere dall'Amministrazione.
In analogia con quelle relative all'eccesso di potere, sono state elaborate delle analoghe **figure sintomatiche della violazione di legge**: vizio di forma; difetto o insufficienza della motivazione; invalida costituzione del collegio deliberativo; contenuto illegittimo; difetto di presupposti legali; disparità di trattamento; ingiustizia manifesta; violazione dei criteri di economicità, efficacia, pubblicità o trasparenza; violazione del giusto procedimento.

8.3.5 La riemissione di provvedimenti annullati per vizi di atti endoprocedimentali

L'art. 21-*decies* L. 241/1990 prevede un procedimento semplificato per la riemissione di provvedimenti finali che sono stati annullati dal giudice per vizi inerenti a uno o più atti emessi nel corso del procedimento di *autorizzazione* o di *valutazione di impatto ambientale* (VIA). La norma è stata aggiunta dall'art. 12, co. 1, lett. i-*bis*), D.L. 76/2020, come modificato dalla L. 120/2020 di conversione.
Nella specifica ipotesi disciplinata dal citato articolo, il proponente può richiedere all'amministrazione procedente (e, in caso di progetto sottoposto a VIA, all'autorità competente ai sensi del D.Lgs. 152/2006, *T.U. ambiente*) l'attivazione di un **procedimento semplificato, ai fini della riadozione degli atti annullati, in particolare laddove non sono necessarie modifiche al progetto**. In tal caso, fermi restando tutti gli atti e i provvedimenti delle altre amministrazioni, l'amministrazione o l'ente che abbia adottato l'atto ritenuto viziato si esprime provvedendo alle integrazioni necessarie per superare i rilievi indicati dalla sentenza di annullamento.

8.4 L'istituto dell'autotutela

L'autotutela amministrativa può essere definita come quel complesso di **attività con cui ogni Pubblica Amministrazione risolve i conflitti, potenziali o attuali, relativi ai suoi provvedimenti o alle sue pretese**.
In questi casi la Pubblica Amministrazione interviene unilateralmente, con i mezzi amministrativi a sua disposizione (salvo ovviamente ogni sindacato giurisdizionale), tutelando autonomamente la propria sfera d'azione.
Il fondamento dell'autotutela amministrativa si rinviene nella potestà generale che l'ordinamento riconosce a ogni Pubblica Amministrazione di intervenire unilateralmente su ogni questione di propria competenza; tale fondamento ha trovato poi il suo riscontro positivo nella L. 15/2005 di modifica della L. 241/1990.

Con la riforma predetta s'è inteso dare un fondamento positivo (ovvero codificato in norme di legge) agli istituti della **revoca**, dell'**annullamento d'ufficio** e della **convalida**, fugando dunque ogni dubbio sulla compatibilità del potere di riesame con il principio di legalità.
Volendo schematizzare, è possibile operare una primaria distinzione tra le manifestazioni di autotutela amministrativa.
A tal fine si distingue:

- autotutela quale **forma di eliminazione** dell'atto invalido o inopportuno, che si concreta negli istituti dell'*annullamento di ufficio* e della *revoca*;
- autotutela quale **forma di conservazione** dell'atto invalido o inopportuno, che si concreta negli istituti della *convalida, sanatoria, conversione, riforma* e *conferma*.

Si distinguono le seguenti tipologie di autotutela:

- **autotutela esecutiva**, che consiste nel complesso di attività attuative di una decisione amministrativa (es. operazioni materiali di sgombero a seguito di un ordine della Pubblica Amministrazione di sgomberare un edificio abusivo). Per tale fattispecie serve una norma specifica che attribuisca alla Pubblica Amministrazione il potere di agire in via diretta e immediata per l'attuazione dei propri interessi;
- **autotutela decisoria**, nel cui ambito rileva poi la suddivisione in autotutela *diretta* (o non contenziosa) e autotutela *indiretta* (o contenziosa).

Con l'**autotutela diretta**, l'Amministrazione esercita i suoi poteri spontaneamente, attraverso l'annullamento d'ufficio, cioè posto in essere in esecuzione di un dovere stabilito dalla legge. Rientrano in essa: gli **atti di ritiro** (annullamento d'ufficio, revoca, abrogazione, decadenza, ritiro) e la **convalescenza dell'atto** (convalida, ratifica, sanatoria).
L'**autotutela indiretta** si fonda sull'azione, o ricorso, dell'interessato. Assume, quindi, una connotazione fortemente giurisdizionale anche sul piano formale, proprio a causa della presenza di una controversia, la quale si conclude con un atto che tende a soddisfare, accanto a quello del privato ricorrente, altresì l'interesse pubblico dell'Amministrazione, questo è il motivo per cui si parla di autotutela indiretta.

8.5 L'autotutela decisoria

8.5.1 Gli atti di ritiro

I principali atti di ritiro sono l'annullamento d'ufficio e la revoca.
L'**annullamento d'ufficio** è disciplinato dall'art. 21-*nonies* L. 241/1990 e costituisce un *provvedimento amministrativo di secondo grado*, con cui viene ritirato dall'ordinamento, con **efficacia retroattiva**, un atto amministrativo illegittimo, per la presenza di vizi di legittimità originari.
L'annullamento è un provvedimento discrezionale e, come tale, non è mai un atto dovuto (salvo il caso di annullamento doveroso). Viene adottato dallo stesso organo che l'ha emanato, ovvero da altro organo previsto dalla legge.
Alla luce di quanto statuito dall'art. 21-*nonies*, l'esercizio di tale forma di autotutela è assoggettato a regole rigorose:

- l'*obbligo della motivazione*;
- la presenza di *concrete ragioni di pubblico interesse*, non riducibili alla mera esigenza di ripristino della legalità;

- il *termine ragionevole* non superiore a 12 mesi dall'adozione di provvedimenti di attribuzione di vantaggi economici;
- la *valutazione dell'affidamento delle parti private* destinatarie del provvedimento oggetto di riesame;
- il rispetto delle *regole del contraddittorio procedimentale*;
- l'*adeguata istruttoria*.

I provvedimenti amministrativi conseguiti sulla base di false rappresentazioni dei fatti o di dichiarazioni sostitutive di certificazione e dell'atto di notorietà false o mendaci per effetto di condotte costituenti reato, accertate con sentenza passata in giudicato, possono essere annullati dall'amministrazione anche dopo la scadenza del predetto termine di 12 mesi, fatta salva l'applicazione delle sanzioni penali nonché delle sanzioni previste dal D.P.R. 445/2000 (T.U. documentazione amministrativa).

La **revoca**, disciplinata dall'art. 21-*quinquies* L. 241/1990, diversamente dall'annullamento d'ufficio, opera con riferimento ad *atti inopportuni* e, dunque, prescinde da valutazioni di merito dell'azione amministrativa. È dunque un *provvedimento amministrativo di secondo grado*, con cui la Pubblica Amministrazione ritira con **efficacia non retroattiva** un atto inficiato da vizi di merito in base ad una nuova valutazione degli interessi.
In linea generale, l'atto di revoca è emanato dalla stessa autorità amministrativa che ha emesso l'atto da revocare (e con un procedimento analogo), a meno che non sia intervenuta, nel frattempo, un mutamento normativo che abbia determinato il venir meno della sua competenza sulla materia su cui verte l'atto.
La revoca può essere adottata, di regola, anche da un organo della Pubblica Amministrazione che si trovi in posizione di superiorità gerarchica rispetto a quello che ha posto in essere l'atto da revocare, a meno che quest'ultimo non abbia competenza esclusiva sulla materia specifica.
Non avendo la revoca efficacia retroattiva, gli effetti dell'atto revocato sono mantenuti e hanno validità fino al momento in cui è intervenuta la revoca.
L'istituto è stato codificato dalla L. 15/2005, che ha innestato nel corpo della L. 241/1990 l'art. 21-*quinquies*.
Tale norma è stata ulteriormente modificata dall'art. 25, co. 1, lett. b-*ter*), D.L. 133/2014, convertito dalla L. 164/2014. In tal senso, ora, per *sopravvenuti motivi di pubblico interesse* ovvero nel caso di *mutamento della situazione di fatto* non prevedibile al momento dell'adozione del provvedimento o (salvo che si tratti di provvedimenti di autorizzazione o di attribuzione di vantaggi economici) di *rinnovata valutazione dell'interesse pubblico originario*, il **provvedimento amministrativo a efficacia durevole** può essere revocato da parte dell'organo che lo ha emanato ovvero da altro organo previsto dalla legge.
La revoca determina l'inidoneità del provvedimento revocato a produrre ulteriori effetti. Se comporta pregiudizi in danno dei soggetti direttamente interessati, l'Amministrazione ha l'obbligo di provvedere al loro indennizzo.

8.5.2 Gli atti di convalescenza

L'autotutela costituisce anche il fondamento degli atti di convalescenza con cui la Pubblica Amministrazione opera una *sanatoria dei vizi contenuti nell'atto*.

I principali atti di convalescenza sono:

- la **convalida**: si tratta di un provvedimento *nuovo, autonomo, costitutivo*, che elimina i vizi di legittimità di un atto invalidato precedentemente emanato dalla stessa autorità (es. integrazione della motivazione insufficiente, eliminazione delle clausole invalidanti);
- la **ratifica**: anch'esso è un provvedimento nuovo, autonomo, costitutivo, con cui viene eliminato il vizio di incompetenza relativa da parte dell'autorità astrattamente competente, la quale si appropria di un atto adottato da autorità incompetente dello stesso ramo;
- la **sanatoria**: opera quando un atto o un presupposto di legittimità del procedimento, mancante al momento dell'emanazione dell'atto amministrativo, viene emesso successivamente in modo da perfezionare *ex post* l'atto illegittimo.

8.5.3 Gli atti di conservazione

Con gli atti di conservazione si cerca di perseguire il raggiungimento dello scopo di un atto ove l'atto, pur viziato, sia egualmente in grado di soddisfare l'interesse pubblico.
I principali sono:

- **consolidazione-inoppugnabilità**: è una causa di conservazione oggettiva dell'atto amministrativo, che dipende dal decorso del termine perentorio entro il quale l'interessato avrebbe dovuto proporre ricorso contro l'atto invalido. Si tratta in sostanza di una figura processualistica assimilabile al passaggio in giudicato della sentenza;
- **acquiescenza**: è una causa di conservazione soggettiva dell'atto amministrativo, che dipende da un comportamento con cui il soggetto privato dimostra espressamente o per fatti concludenti di essere d'accordo con l'operato della Pubblica Amministrazione, precludendosi la possibilità di impugnare nuovamente l'atto;
- **conversione**: è un atto in virtù del quale un provvedimento invalido (annullabile o nullo) viene considerato come appartenente ad altra tipologia di cui presenta gli stessi requisiti di forma e sostanza;
- **rinnovazione**: consiste nell'emanazione di un nuovo atto con effetti ex nunc, in luogo di quello annullato, con la ripetizione della procedura a partire dall'atto endoprocedimentale viziato. La rinnovazione è possibile sempre che l'atto precedente non sia stato annullato per ragioni di ordine sostanziale (ad es. perché manca un presupposto);
- **conferma:** è una manifestazione di volontà non innovativa con cui l'autorità ribadisce una sua precedente determinazione, eventualmente ripetendone il contenuto. Tuttavia si parla di *conferma propria* quando l'amministrazione non si limita a constatare l'esistenza di un precedente provvedimento, ma effettua un vero e proprio procedimento di riesame, entra nel merito della nuova istanza del richiedente, e, dopo aver esaminato nuovamente la situazione di fatto e di diritto, si esprime in senso negativo, "confermando" la propria determinazione; si parla, invece, di *conferma impropria* quando l'amministrazione, di fronte ad un'istanza di riesame, si limita a dichiarare l'esistenza di un suo precedente provvedimento, senza compiere alcuna nuova istruttoria e senza una nuova motivazione; per queste sue caratteristiche, l'atto, meramente confermativo, non riapre i termini per impugnare.

Capitolo 9
I beni pubblici e l'espropriazione per pubblica utilità

9.1 Definizione

I beni pubblici costituiscono la **dotazione di carattere materiale** di cui le Pubbliche Amministrazioni si servono per svolgere i loro compiti, così come le persone titolari del rapporto di servizio costituiscono le **risorse umane**.
Vengono individuati in base ad un semplice criterio formale – sono, infatti, beni pubblici quelli che il codice civile definisce come tali – e, in quanto pubblici, rientrano nella categoria giuridica della proprietà pubblica menzionata dall'art. 42 Cost. e presentano una disciplina molto peculiare rispetto ai beni privati sotto il profilo dell'uso, della circolazione e della tutela.
I beni pubblici, secondo la classificazione operata dal codice civile, si distinguono in tre gruppi: *beni demaniali, beni patrimoniali indisponibili, beni patrimoniali disponibili.*
Il regime giuridico di questi beni è ben diverso dal regime applicabile ai beni privati. Infatti, i **beni demaniali**, che fanno parte del **demanio pubblico** in quanto destinati alla collettività, sono inalienabili, non possono cioè essere venduti o altrimenti trasferiti, e non possono essere espropriati né usucapiti. È possibile, però, che determinate facoltà di utilizzazione di tali beni siano date in concessione a soggetti privati: per esempio si può consentire ad un privato di aprire uno stabilimento balneare o un ristorante su una spiaggia.
I **beni patrimoniali indisponibili**, invece, possono in linea di massima essere alienati a condizione che non siano sottratti alla loro destinazione. Tali beni, infatti, sono permanentemente destinati a servizi o finalità di interesse pubblico e non possono essere sottratti a tale destinazione se non con particolari procedure. Vi rientrano, per esempio, gli edifici destinati a ospitare le sedi degli uffici pubblici. I beni indisponibili possono essere usucapiti, ma non sono suscettibili di espropriazione forzata.
I **beni patrimoniali disponibili**, infine, pur appartenendo allo Stato o agli altri enti pubblici territoriali, non sono inderogabilmente destinati a soddisfare un interesse pubblico, perché servono soltanto a produrre un reddito. Rientrano in quest'ultima categoria tutti i beni che non fanno parte del demanio e del patrimonio indisponibile. Può trattarsi di beni immobili o mobili, di crediti, di titoli o di denaro. Tali beni costituiscono una proprietà privata dell'ente pubblico e coerentemente con la loro funzione tali beni sono alienabili e seguono, con qualche limitata eccezione, le regole del diritto privato.

9.2 I beni demaniali

I beni demaniali sono individuati dall'art. 822 c.c. in un'elencazione tassativa, che comprende beni immobili e universalità di mobili. Appartengono allo Stato e fanno parte del demanio pubblico: il *lido del mare*, la *spiaggia*, le *rade* e i *porti*; i *fiumi*, i *torrenti*, i *laghi* e le altre acque definite pubbliche dalle leggi in materia; le *opere destinate alla difesa nazionale*.

Fanno parimenti parte del demanio pubblico, se appartengono allo Stato, le *strade*, le *autostrade* e le *strade ferrate*; gli *aerodromi*, gli *acquedotti*; gli *immobili riconosciuti d'interesse storico, archeologico e artistico* a norma delle leggi in materia, le raccolte dei *musei*, delle *pinacoteche*, degli *archivi*, delle *biblioteche*; e infine gli altri beni che sono dalla legge assoggettati al regime proprio del demanio pubblico.

I beni demaniali sono ripartiti in: **demanio necessario**, che a sua volta si distingue in *demanio marittimo, idrico* e *militare*, e **demanio accidentale**, in cui si distingue tra **beni demaniali naturali** e **beni demaniali artificiali**.

Ciò che caratterizza i beni del *demanio accidentale* è la loro titolarità: possono appartenere anche a soggetti non pubblici ma, se appartengono ad un ente pubblico territoriale, il relativo regime è quello del demanio accidentale.

Il *demanio necessario* è solo statale o regionale. Il *demanio accidentale* può essere anche provinciale o comunale.

Un'ulteriore differenza dei beni del demanio accidentale rispetto a quelli del demanio necessario deriva dal fatto che essi non sono costituiti esclusivamente da beni immobili, potendo consistere anche in **universalità di mobili** (raccolte dei musei e pinacoteche).

L'art. 117 comma 3 Cost. rimette alla potestà legislativa concorrente tra Stato e Regioni la disciplina di molti dei beni demaniali in questione tra cui i porti e le grandi reti di trasporto.

I beni che fanno parte del demanio pubblico sono assoggettati al seguente regime:

- **sono inalienabili**: non possono essere trasferiti ad altri soggetti e gli eventuali atti di disposizione compiuti in spregio a tale divieto sono nulli;
- **non possono essere costituiti, sui beni demaniali, diritti a favore di terzi** (es. una servitù di passaggio) se non nei modi e nei limiti stabiliti tassativamente dalla legge. Restano precluse l'usucapione quale modo d'acquisto di diritti reali e in generale l'applicazione della disciplina privatistica della proprietà;
- **non possono essere espropriati**: siccome i beni demaniali non possono formare oggetto di diritti a favore di terzi se non nei modi e nei limiti stabiliti dalle leggi che li riguardano (art. 823 c.c.), la giurisprudenza ne esclude l'espropriabilità.

  In caso di opere di minore entità, l'autorità espropriante può delegare, in tutto o in parte, al soggetto promotore l'esercizio dei propri poteri espropriativi, determinando l'ambito della delega nell'atto di affidamento. A questo scopo i soggetti cui sono delegati i poteri espropriativi possono avvalersi di **società controllate** nonché di **società di servizi** ai fini delle attività preparatorie;

- **sono trasferibili ad altro ente territoriale**: i beni demaniali possono essere trasferiti ad altro ente pubblico territoriale sempre che non siano indissolubilmente legati al territorio dell'ente cui appartengono (come nel caso di una piazza sita al centro di un comune) e purché permanga la loro destinazione pubblica.

La tutela dei beni del demanio pubblico spetta all'autorità amministrativa, che può valersi di rimedi di carattere amministrativo (in via di autotutela, irrogando sanzioni o esercitando poteri di polizia demaniale, come accertamento di contravvenzioni, adozioni di ordini di sgombero ed esecuzioni in via amministrativa) oppure degli ordinari mezzi giurisdizionali a tutela della proprietà e del possesso (es. l'azione di spoglio per il recupero dei beni di cui i privati non possono acquistare la proprietà).

9.3 I beni patrimoniali indisponibili

Ai sensi dell'art. 826 c.c., fanno parte del **patrimonio indisponibile dello Stato** le *foreste*, le *miniere*, le *cave* e le *torbiere* quando la disponibilità ne è sottratta al proprietario del fondo, le *cose d'interesse storico, archeologico, paletnologico* e *artistico*, da chiunque e in qualunque modo ritrovate nel sottosuolo, i beni costituenti la *dotazione della Presidenza della Repubblica*, le *caserme*, gli *armamenti*, gli *aeromobili militari* e le *navi da guerra*.

Fanno parte del patrimonio indisponibile dello Stato o delle autonomie territoriali gli *edifici destinati a sede di uffici pubblici*, con i loro arredi, e gli *altri beni destinati a un pubblico servizio*.

I beni patrimoniali indisponibili sono vincolati ad una *destinazione di pubblica utilità*, alla quale non possono essere sottratti se non nei modi stabiliti dalle leggi che li riguardano (art. 828 c.c.). Ne costituisce conferma l'art. 514 c.p.c., che dispone l'**impignorabilità** degli oggetti che il debitore ha l'obbligo di conservare nell'adempimento di un pubblico servizio.

I beni del patrimonio indisponibile:

> **sono incommerciabili** (art. 828 c.c.): alcuni lo sono in senso assoluto in quanto riservati (es. le miniere), altri solo in quanto perduri la destinazione pubblica; altri beni ancora possono essere alienati solo previo permesso amministrativo (es. beni forestali);

> **possono formare oggetto di diritti parziari a favore di terzi** (es. diritti di servitù), purché compatibili con la destinazione e le prescrizioni di legge;

> **sono suscettibili di espropriazione** per il perseguimento di un interesse superiore rispetto a quello soddisfatto con l'originaria destinazione.

Alcuni beni assumono il carattere della indisponibilità soltanto in conseguenza di una destinazione pubblica, individuata o dalla legge o da un provvedimento: emblematico è l'esempio dei beni immobili destinati ad un pubblico servizio (sedi e arredi degli uffici).

9.4 I beni patrimoniali disponibili

Fanno parte del patrimonio disponibile dello Stato e degli enti pubblici tutti i beni ad essi appartenenti ma diversi da quelli demaniali e patrimoniali indisponibili.

I beni appartenenti alla categoria del **patrimonio disponibile della Pubblica Amministrazione** in nulla si differenziano dalla dotazione di beni di cui dispone un soggetto privato, onde il loro regime giuridico è integralmente disciplinato dal diritto comune.

Pertanto essi sono *pignorabili* e *usucapibili*, sono assoggettabili a *espropriazione per causa di pubblica utilità* e possono formare oggetto di *diritti dei terzi*.

Tali beni, inoltre, in quanto **commerciabili**, possono essere alienati. Nei beni patrimoniali disponibili è da ricondurre anche il *denaro*.

9.5 L'uso dei beni pubblici da parte dei privati

L'utilizzazione di beni demaniali, da parte della collettività o di singoli soggetti privati, può avvenire in forme diverse: uso diretto, uso promiscuo, uso generale e uso particolare.

L'**uso diretto** è l'impiego che l'ente pubblico proprietario fa del bene nell'assolvimento dei propri compiti istituzionali. Tale utilizzo è talvolta garantito da norme che addirittura sanzionano penalmente l'impiego del bene da parte di altri (si pensi, per esempio, al demanio militare e al patrimonio indisponibile di interesse militare, attraverso il cui uso lo Stato provvede alla difesa nazionale).
L'**uso promiscuo** si configura quando il bene è in grado di soddisfare contemporaneamente le esigenze che giustificano la sua appartenenza pubblica e altre esigenze. Si pensi, per esempio, alle strade militari che, accanto all'interesse della difesa, sono in grado di soddisfare l'interesse generale della pubblica circolazione.
L'**uso generale** (o utilizzazione libera) è l'esatto opposto dell'uso diretto. L'uso del bene è permesso alla collettività nel suo complesso senza che il titolare del diritto di proprietà possa escluderne alcuno. In alcuni casi l'uso è consentito previo pagamento di una somma (es. pedaggio autostradale); altre volte, invece, occorre un'autorizzazione dell'ente pubblico (si pensi allo scarico nelle acque pubbliche).
Nell'**uso particolare**, infine, il bene è goduto da singoli soggetti che ne possono usufruire in via esclusiva in virtù di uno specifico atto di attribuzione del diritto (una legge, ecc.).

9.6 I beni privati e la potestà ablatoria dell'amministrazione pubblica

Secondo quanto previsto dall'art. 42, co. 3, Cost., la proprietà privata può essere, nei casi previsti dalla legge, e salvo indennizzo, espropriata per motivi di interesse generale; norma analoga è contenuta anche nell'art. 834 c.c., ai sensi del quale nessuno può essere privato in tutto o in parte dei beni di sua proprietà se non per causa di pubblico interesse, legalmente dichiarata, e contro il pagamento di una *giusta indennità*.
È prevista, dunque, la possibilità che la **pubblica autorità possa acquisire coattivamente beni di proprietà privata** attraverso la procedura dell'**espropriazione per pubblica utilità**. Affinché tale misura possa essere adottata è necessario che ricorrano i tre elementi indicati nel testo costituzionale: un'*espressa previsione legislativa*, un *motivo di interesse generale* e la *corresponsione di un indennizzo*.
L'espropriazione è espressione della **potestà ablatoria della Pubblica Amministrazione**, nell'esercizio della quale la stessa incide su una situazione giuridica del destinatario, comprimendola e limitandola unilateralmente.
Quello espropriativo, tuttavia, non esaurisce tale tipologia di provvedimenti. Occorre al riguardo considerare: l'**occupazione preliminare del bene**, preordinata al successivo esproprio, l'**occupazione temporanea**, non preordinata alla successiva acquisizione del bene, e la **requisizione**, che si connota per la mancanza della finalità ablatoria.

9.7 L'espropriazione per pubblica utilità

9.7.1 Ambito applicativo

L'espropriazione è un provvedimento ablatorio reale, avente ad oggetto beni immobili appartenenti a privati, il cui fondamento viene generalmente desunto in dottrina dalla cd. **prevalenza dell'interesse pubblico su quello privato** con conseguente degradazione del diritto di proprietà a interesse legittimo.

L'espropriazione è preordinata alla realizzazione di opere, edifici o strutture di interesse pubblico e costituisce l'esito di un procedimento amministrativo nel quale assume rilievo centrale la **dichiarazione di pubblica utilità** da parte dell'autorità espropriante, seguita dall'emanazione del **decreto di espropriazione**, con cui si sancisce definitivamente l'effetto traslativo del bene privato in favore dell'autorità espropriante.
Il provvedimento espropriativo genera comunque, in favore del proprietario, il diritto a percepire un **indennizzo**. Dunque, il trasferimento coattivo comporta la conversione del diritto reale dell'espropriato in un credito ad una somma di denaro a titolo, appunto, di indennità.
L'istituto dell'espropriazione per pubblica utilità è oggi disciplinato dal **D.P.R. 8-6-2001, n. 327**, che costituisce il Testo unico della materia, con il quale si è cercato finalmente di porre una disciplina organica del procedimento espropriativo.

9.7.2 I beni oggetto di esproprio

Non tutti i beni immobili possono essere oggetto del procedimento espropriativo.
Ai fini dell'espropriazione i beni si possono classificare in:

- **beni non espropriabili**: ai sensi dell'art. 4, co. 1 e 1-*bis*, D.P.R. 327/2001, i beni appartenenti al demanio pubblico non possono essere espropriati fino a quando non ne viene pronunciata la sdemanializzazione mentre i beni gravati da uso civico non possono essere espropriati o asserviti coattivamente se non viene pronunciato il mutamento di destinazione d'uso, fatte salve le ipotesi in cui l'opera pubblica o di pubblica utilità sia compatibile con l'esercizio dell'uso civico;
- **beni espropriabili solo a determinate condizioni**: ai sensi dell'art. 4, co. 2 ss., D.P.R. 327/2001, i beni appartenenti al patrimonio indisponibile dello Stato e degli altri enti pubblici possono essere espropriati per seguire un interesse pubblico di rilievo superiore a quello soddisfatto con la precedente destinazione.

9.7.3 I soggetti

I soggetti che, a diverso titolo, intervengono nella procedura espropriativa sono:

- l'**espropriato**, vale a dire il soggetto titolare della proprietà o del diritto oggetto di espropriazione. La procedura espropriativa è condotta nei confronti di chi risulti proprietario dai registri catastali per esigenze di celerità e semplificazione;
- l'**autorità espropriante**, da identificarsi nell'autorità amministrativa titolare del potere di espropriare e che cura il relativo procedimento, oppure nel soggetto privato al quale una disposizione di legge attribuisca il potere di espropriare.

  In caso di opere di minore entità, l'autorità espropriante può delegare, in tutto o in parte, al soggetto promotore l'esercizio dei propri poteri espropriativi, determinando l'ambito della delega nell'atto di affidamento. A questo scopo i soggetti cui sono delegati i poteri espropriativi possono avvalersi di **società controllate** nonché di **società di servizi** ai fini delle attività preparatorie;
- il **beneficiario dell'espropriazione**, rappresentato dal soggetto, pubblico o privato, a favore del quale è emesso il decreto di espropriazione e sul quale generalmente grava l'obbligo di pagare l'indennità di espropriazione;
- il **promotore dell'espropriazione**, ovvero il soggetto, pubblico o privato, che richiede l'espropriazione.

9.7.4 La dichiarazione di pubblica utilità

Costituisce una distinta fase all'interno del procedimento espropriativo la **dichiarazione di pubblica utilità implicita.** Infatti, gli atti che comportano la dichiarazione di pubblica utilità sono l'**approvazione del progetto definitivo** dell'opera pubblica, ovvero qualunque strumento urbanistico o altro provvedimento ai quali la normativa vigente riconosca tale effetto.
La dichiarazione di pubblica utilità si configura come **atto presupposto** rispetto al successivo **decreto**. Per esigenze di semplificazione è previsto che essa contenga il solo **termine finale** per l'emanazione del decreto; in mancanza, il termine è fissato dall'art. 13, co. 4, D.P.R. 327/2001, in 5 anni decorrenti dalla data in cui diventa efficace l'atto che dichiara la pubblica utilità dell'opera. La dichiarazione di pubblica utilità costituisce un provvedimento autonomo rispetto al successivo decreto d'esproprio, idonea, in quanto tale, a determinare immediatamente effetti lesivi nella sfera giuridica dei terzi.

9.7.5 L'indennità di espropriazione

Con il D.P.R. 327/2001, il legislatore ha suddiviso i beni espropriabili in quattro categorie, prevedendo per ciascuna differenti criteri di computo dell'indennità dovuta.
In particolare, alle tradizionali categorie costituite dalle **aree edificabili** e **non edificabili**, si sono aggiunte quelle delle **aree edificate legittimamente** e delle **aree destinate a trasformarsi in opere private di pubblica utilità**.
Quanto alle *aree edificabili*, l'art. 37 D.P.R. 327/2001, nel testo riformulato dalla L. 244/2007 dopo la sentenza della Corte costituzionale n. 348/2007, afferma che l'indennità di espropriazione va commisurata al *valore venale del bene*, salvi i correttivi volta per volta previsti.
Per le *aree non edificabili* si distingue tra *aree coltivate* e *aree non coltivate*. Le prime sono valutate secondo il loro valore agricolo mentre per le seconde l'indennità è commisurata al valore reale effettivo dell'area (*valore venale*).

9.7.6 La retrocessione del bene

Si tratta di un istituto che **consente all'espropriato di ottenere la restituzione del bene** nel caso in cui la P.A. non abbia realizzato, in tutto o in parte, l'opera pubblica o di pubblica utilità per la quale si era proceduto all'emanazione del decreto di esproprio.
Con la retrocessione l'espropriato riacquista la proprietà del bene: non si tratta di una risoluzione dell'originario acquisto della proprietà in capo alla Pubblica Amministrazione, ma di un nuovo trasferimento con efficacia *ex nunc* (cioè da quando si dispone la retrocessione).
Due sono le forme di retrocessione: quella totale e quella parziale.
Alla **retrocessione totale** è dedicato l'art. 46, D.P.R. 327/2001, ai sensi del quale se l'opera pubblica o di pubblica utilità non è stata realizzata o cominciata entro il termine di 10 anni, decorrente dalla data in cui è stato eseguito il decreto di esproprio, ovvero se risulta anche in epoca anteriore l'impossibilità della sua esecuzione, l'espropriato può chiedere che sia accertata la decadenza della dichiarazione di pubblica utilità e che siano disposti la restituzione del bene espropriato e il pagamento di una somma a titolo di indennità.

La **retrocessione parziale**, invece, ricorre (art. 47, co. 1, D.P.R. 327/2001) laddove l'opera pubblica o di pubblica utilità sia stata realizzata solo su una parte della proprietà espropriata: in tal caso si può chiedere la restituzione della parte del bene non utilizzata. Il beneficiario dell'espropriazione, è tenuto ad indicare i beni che non servono all'esecuzione dell'opera pubblica o di pubblica utilità e che possono essere ritrasferiti, nonché il relativo corrispettivo. Tale indicazione è fatta con valutazione discrezionale.

9.8 La cessione volontaria

La procedura espropriativa può concludersi con l'emanazione del decreto di espropriazione o, in alternativa, con la cessione volontaria. Dal momento in cui è intervenuta la dichiarazione di pubblica utilità dell'opera e fino a quando non sia eseguito il decreto di esproprio, il proprietario espropriando può concludere con l'espropriante l'accordo di cessione volontaria del bene destinato a sostituire il provvedimento unilaterale.
La norma interessata è l'art. 45 D.P.R. 327/2001, in base al quale «fin da quando è dichiarata la pubblica utilità dell'opera e fino alla data in cui è eseguito il decreto di esproprio, il proprietario ha il diritto di **stipulare col soggetto beneficiario dell'espropriazione l'atto di cessione del bene o della sua quota di proprietà**».
La norma individua il periodo di tempo entro il quale può intervenire l'atto di cessione.
La cessione volontaria è qualificata come un contratto di diritto pubblico, perché l'accordo è stipulato nell'esercizio di potestà pubblicistiche.
Il ricorso all'istituto della cessione volontaria è incentivato dal legislatore con il riconoscimento di una maggiorazione del 10% dell'indennità di espropriazione.

9.9 L'occupazione legittima e l'occupazione senza titolo

9.9.1 L'occupazione legittima

Il provvedimento di occupazione permette alla P.A. di occupare il bene in maniera continuativa, compiendo le attività tassativamente indicate dalla legge e limitando i diritti di proprietà; esso serve a utilizzare il bene secondo le finalità pubbliche sotto condizione che venga effettuato un procedimento espropriativo.
È possibile distinguere tra occupazione preliminare e occupazione strumentale.
L'**occupazione preliminare** è disciplinata dall'art. 22-*bis* D.P.R. 327/2001, il quale afferma che qualora l'avvio dei lavori rivesta carattere di particolare urgenza può essere emanato decreto motivato che determina in via provvisoria l'indennità di espropriazione e che dispone anche l'occupazione anticipata dei beni immobili necessari.
Il decreto contiene l'elenco dei beni da espropriare e dei relativi proprietari, indica i beni da occupare e determina l'indennità da offrire in via provvisoria. È notificato al proprietario con l'avvertenza che, nei 30 giorni successivi alla immissione in possesso, nel caso non condivida l'indennità offerta, può presentare osservazioni scritte e depositare documenti.
L'**occupazione strumentale** rinviene, invece, il proprio fondamento normativo nell'art. 49 D.P.R. 327/2001, ai sensi del quale l'autorità espropriante può disporre l'occupazione temporanea di aree non soggette al procedimento espropriativo se ciò risulti necessario per la corretta esecuzione dei lavori previsti.

9.9.2 L'occupazione senza titolo

L'**occupazione acquisitiva** (nota anche come **accessione invertita**) è un *istituto, all'origine di creazione giurisprudenziale* (cfr. Corte di Cassazione, sent. 26-2-1983, n. 1464), in forza del quale la P.A. che occupa un suolo del privato in modo illegittimo, per *decorso dei termini di efficacia del provvedimento autorizzativo*, ne acquista a titolo originario la proprietà per effetto della trasformazione irreversibile arrecata al suolo stesso. L'originaria occupazione deve essere finalizzata alla realizzazione di un'opera di pubblica utilità.

L'art. 42-*bis* D.P.R. 327/2001 (introdotto dal D.L. 98/2011) detta la disciplina della materia. Gli *elementi costitutivi* della fattispecie sono la *dichiarazione di pubblica utilità* dell'opera da realizzare e la *conseguente occupazione* del suolo da parte della Pubblica Amministrazione o di un suo concessionario.

Se nei termini previsti dalla dichiarazione di pubblica utilità *non interviene il decreto di espropriazione*, ma il bene subisce una definitiva e irreversibile trasformazione, si verifica contestualmente l'estinzione del diritto di proprietà in capo al privato e l'acquisizione a titolo originario della proprietà da parte dell'amministrazione occupante. L'eventuale decreto espropriativo emesso dopo l'acquisizione è inefficace. La perdita del diritto di proprietà in capo al privato configura un illecito ai sensi dell'art. 2043 c.c. da risarcire nel termine prescrizionale di cinque anni, che inizia a decorrere dall'irreversibile trasformazione del bene.

Anche l'**occupazione usurpativa** è un istituto di creazione giurisprudenziale. La fattispecie si verifica quando la Pubblica Amministrazione procede all'occupazione di un fondo per la realizzazione di un'opera pubblica in *assenza di un valido provvedimento autorizzativo*. Ciò può verificarsi perché non esiste una dichiarazione di pubblica utilità, la stessa è stata successivamente annullata in sede giurisdizionale o non riporta i termini per il completamento dei lavori. In tali casi, assente il necessario collegamento funzionale tra la dichiarazione di pubblica utilità e la realizzazione dell'opera pubblica, l'autorità amministrativa pone in essere un'attività materiale integrante un illecito extracontrattuale permanente.

Nella fattispecie di occupazione usurpativa si è al cospetto di un'attività totalmente illegale della Pubblica Amministrazione, non producendosi alcun effetto traslativo. Il privato quindi può scegliere tra i normali rimedi a difesa della proprietà e del possesso e la richiesta di rimedio del risarcimento (che reca, tuttavia, l'implicita rinuncia al diritto di proprietà).

A differenza dell'occupazione appropriativa, nel caso di quella usurpativa l'effetto acquisitivo è subordinato all'opzione di rinuncia da parte del privato.

Per quanto riguarda il **danno da occupazioni** occorre distinguere tra **occupazione acquisitiva** e **occupazione usurpativa**. Nel *primo caso* sussiste la cognizione del *giudice amministrativo*: la controversia è pur sempre riconducibile all'esplicazione del pubblico potere, dal momento che l'irreversibile trasformazione del bene è ricollegabile all'approvazione di una dichiarazione di pubblica utilità e al provvedimento di occupazione. Nel *caso di occupazione usurpativa* si radica, invece, la *giurisdizione del giudice ordinario*, atteso che la trasformazione irreversibile del fondo deriva da una situazione in cui una dichiarazione di pubblica utilità non esiste affatto.

9.9.3 L'acquisizione sanante e il procedimento espropriativo semplificato

L'art. 43 T.U. espropriazione aveva disciplinato la cosiddetta **acquisizione sanante**, istituto con il quale si consentiva all'autorità che avesse utilizzato un bene per scopi di interesse pubblico, ma *in assenza di un valido ed efficace provvedimento di esproprio o dichiarativo della pubblica utilità*, di disporne l'acquisizione al suo patrimonio indisponibile, con l'obbligo di risarcire i danni al proprietario. Tale norma è stata dichiarata illegittima dalla sentenza della Corte costituzionale n. 293 del 2010, ragion per cui il legislatore ha provveduto a riformularla inserendo l'art. 42-*bis* nel D.P.R. 327/2001; la modifica è stata operata con l'art. 34 D.L. 98/2011 (conv. in L. 111/2011).
Con la riformulazione del testo legislativo si è introdotta una sorta di **procedimento espropriativo semplificato** che può essere *adottato, in presenza di determinati presupposti, quando un'amministrazione utilizzi un bene per scopi di interesse pubblico senza averne alcun titolo*; in questi casi la situazione può essere sanata mediante un atto nel quale si riunisce sia la dichiarazione di pubblica utilità sia il decreto di esproprio, e si provvede ad indennizzare il soggetto espropriato con modalità diverse rispetto all'indennizzo spettante in presenza di procedura ordinaria di espropriazione.

9.10 Le requisizioni

Le requisizioni sono anch'esse espressione del potere ablatorio della Pubblica Amministrazione, per loro natura provvedimenti eccezionali, contemplati dall'ordinamento per cercare di contrastare eventi critici imprevisti; permettono all'amministrazione di operare efficacemente imponendo un **sacrificio definitivo o temporaneo del diritto di proprietà di un soggetto privato, per il soddisfacimento immediato di un pressante interesse pubblico.**
Per l'ordinamento italiano, la requisizione è legittima solo quando ricorrano gravi e urgenti necessità pubbliche, militari o civili, contro una giusta indennità e sulla base di norme determinate da leggi speciali (art. 835 c.c.).

Capitolo 10
Controlli e responsabilità nella Pubblica Amministrazione

10.1 I controlli pubblici

Il controllo consiste **nella verifica della regolarità di un atto o dell'operato di un determinato soggetto**. Il controllo amministrativo consiste, quindi, in una funzione finalizzata ad assicurare che un atto o un'attività siano conformi a determinati parametri (es. controllo di regolarità amministrativo-contabile).
Generalmente la gerarchia attribuisce all'organo funzionalmente sovraordinato il potere di controllare l'attività dell'organo subordinato. Il suo esito è una manifestazione di giudizio su cui si basa l'adozione di determinate misure (es. il controllo preventivo di legittimità della Corte dei conti che, rifiutando il visto ad un atto, ne può provocare il ritiro da parte dell'Amministrazione competente).
Secondo l'oggetto dell'attività di controllo, si distinguono controlli sull'*attività*, sugli *atti* e sugli *organi*.
I **controlli sull'attività** possono essere:
> *interni*: in tal caso sono esercitati da organi interni allo stesso ente che v'è soggetto;
> *esterni*: li effettua un ente diverso da quello controllato;
> *di vigilanza*: è il controllo di conformità a norme o di legittimità;
> *di tutela*: concerne il merito, cioè l'opportunità dell'operato;
> *di efficienza*: presuppone una comparazione tra mezzi adoperati e fini da conseguire;
> *di efficacia*: guarda alla realizzazione dei fini divisati.
I **controlli sugli atti** sono essenzialmente:
> *preventivi*: un eventuale esito negativo preclude la produzione dei relativi effetti;
> *successivi*: intervengono quando gli effetti si sono già prodotti;
> *mediante riesame*: l'autorità che ha già deliberato è chiamata ad una nuova deliberazione condizionante l'efficacia dell'atto.
Per quanto concerne i **controlli sugli organi**, in relazione a quelli ai quali sono sottoposti gli enti territoriali, va ricordato che alla luce della riforma costituzionale realizzata con L. cost. n. 3/2001, la materia non è più riservata allo Stato: perciò, i controlli esterni statali sembrerebbero compatibili con il nuovo assetto costituzionale solo se limitati alle Amministrazioni statali decentrate e non anche se indirizzati agli enti territoriali.
Di particolare importanza sono i **controlli di ragioneria** e il **controllo della Corte dei conti**. Il controllo di ragioneria è un *controllo contabile*, cioè diretto a verificare che l'atto soggetto a controllo abbia una copertura di spesa e di legittimità, ovvero della relativa conformità ai parametri normativi.
Al termine del controllo si possono avere vari **esiti in relazione all'atto o all'attività controllata**. In particolare potrà risultare:
> *annullamento dell'atto*: misura repressiva che consiste nell'esercizio di un potere vincolato;

- *misure impeditive*: precludono l'acquisto dell'efficacia dell'atto (dinieghi di visti o di approvazioni);
- *azioni sostitutive*: al controllato è inibito di agire e in sua vece interviene il controllante o un soggetto da lui designato (spesso un organo straordinario);
- *scioglimento dell'organo*;
- *sanzioni*, ovviamente irrogate ai componenti l'organo.

10.2 La responsabilità per lesione di interessi legittimi

La giurisprudenza tradizionale tendeva a escludere con assolutezza la **risarcibilità del danno per violazione di un interesse legittimo**. Da questa impostazione teorico-sistematica conseguiva con evidenza che quando la Pubblica Amministrazione, nell'esplicazione dei propri poteri autoritativi, cagionava un **danno ingiusto** al soggetto titolare di una posizione giuridica di interesse legittimo, non era chiamata a rispondere di tali danni.

Per giustificare questa esclusione si faceva leva essenzialmente su due ordini di argomenti:

- l'art. 2043 c.c., norma civilistica che detta la regola fondamentale in tema di responsabilità extracontrattuale (altrimenti detta *aquiliana*: «*Qualunque fatto doloso o colposo, che cagiona ad altri un danno ingiusto, obbliga colui che ha commesso il fatto a risarcire il danno*»), veniva costantemente interpretato nel senso che costituiva danno ingiusto solo ed esclusivamente la lesione di un **diritto soggettivo**;
- si negava sul piano formale, in riferimento al tradizionale riparto di giurisdizione basato sulla dicotomia diritto soggettivo-interesse legittimo, che il giudice amministrativo, chiamato ad annullare gli atti illegittimi della Pubblica Amministrazione, potesse anche conoscere questioni relative ad un eventuale risarcimento del danno, riservate invece al giudice ordinario, quale giudice naturale dei diritti soggettivi.

Siffatta presa di posizione suscitava notevoli e persistenti critiche, in quanto riduceva fortemente lo spettro di tutela del soggetto titolare di una posizione giuridica soggettiva di interesse legittimo, che poteva chiedere soltanto l'**annullamento dell'atto**, e si poneva in evidente contrasto con i *principi fondamentali del diritto europeo*, ove viene principalmente richiesto di garantire l'effettività della tutela giurisdizionale ai titolari di posizioni giuridiche differenziate, meritevoli di tutela.

L'inversione di rotta s'è avuta con la **storica sentenza 22 luglio 1999, n. 500**, emessa dalle **Sezioni Unite della Cassazione**, con cui il supremo giudice di legittimità ha operato un'epocale ravvedimento, superando l'argomento diretto a ravvisare nell'art. 2043 c.c. il principale referente normativo a sostegno dell'irrisarcibilità dei danni da lesione di interessi legittimi.

L'art. 2043 c.c. – a dire delle Sezioni Unite – non costituisce una norma secondaria ma racchiude una clausola generale primaria che attribuisce il **diritto al risarcimento del danno ogni volta che è cagionato un danno ingiusto**, sicché non è fondato l'assunto che limita alle sole posizioni di diritto soggettivo il funzionamento del meccanismo risarcitorio. È, invece, risarcibile il danno che presenta le caratteristiche dell'ingiustizia intesa come lesione di qualsiasi interesse al quale l'ordinamento attribuisce rilevanza.

Ciò peraltro non equivale ad affermare l'indiscriminata risarcibilità degli interessi legittimi come categoria generale, in quanto la lesione dell'interesse legittimo è condizione necessaria ma non sufficiente per accedere alla tutela risarcitoria *ex* art. 2043: è necessario in particolare che risultino integrati tutti i requisiti oggettivi e soggettivi dell'illecito.
Tutto questo è stato recepito dal legislatore e la materia è ora disciplinata dal *Codice del processo amministrativo* (art. 30 D.Lgs. 104/2010).

10.3 Gli elementi costitutivi dell'illecito della Pubblica Amministrazione

La responsabilità della Pubblica Amministrazione si basa sugli stessi principi di diritto privato (art. 2043 c.c.). Pertanto ne sono elementi: una *condotta attiva od omissiva*; l'*antigiuridicità di tale condotta*; la *colpevolezza dell'agente*; l'*evento dannoso*; il *nesso di causalità tra condotta ed evento*.
La riferibilità della condotta alla Pubblica Amministrazione ricorre quando l'attività del dipendente si possa considerare come **esplicazione dell'attività dell'ente** e sia rivolta al conseguimento dei fini istituzionali dell'ente medesimo nell'ambito delle attribuzioni dell'ufficio o del servizio al quale il dipendente è addetto.
In particolare:

- la **condotta antigiuridica (fatto illecito)** è un elemento fondamentale per la configurazione di responsabilità e si concretizza in una condotta antigiuridica produttiva di un danno ingiusto, che potrà esternarsi in azioni omissive o azioni commissive. Più specificamente, la *condotta omissiva* può consistere sia nel mancato compimento di un comportamento doveroso, sia nell'omissione di un atto dovuto; viceversa, la *condotta commissiva o attiva* può consistere tanto in un comportamento materiale del dipendente quanto nel compimento di un atto amministrativo illegittimo;
- la **colpevolezza dell'agente (dolo o colpa della P.A.)** è un elemento soggettivo, ossia l'atteggiamento psicologico del dipendente o del funzionario che pone in essere attività materiali dannose per il privato. Infatti, il fatto illecito può essere stato compiuto con l'intenzione di cagionare l'evento dannoso e dunque con la consapevolezza della sua ingiustizia (dolo), oppure in violazione dei doveri di diligenza, cautela o perizia nei confronti dei terzi;
- l'**evento dannoso (danno ingiusto)** è il fatto illecito; in assenza di danno non dà luogo a responsabilità civile. Il danno, per essere *ingiusto*, deve essere prodotto in assenza di cause giustificative del fatto dannoso e deve incidere negativamente su una posizione attiva tutelata;
- il **nesso di causalità tra la condotta antigiuridica e l'evento dannoso** è un elemento imprescindibile per l'affermazione della responsabilità dell'amministrazione è il collegamento tra la condotta e il danno ingiusto subìto dal privato. Va precisato che, al fine di imputare l'obbligazione risarcitoria all'amministrazione alla quale appartiene l'agente che in concreto ha posto in essere l'attività materiale dannosa, sarà necessario appurare che la condotta antigiuridica sia stata realizzata nell'ambito delle attività che l'agente svolge per l'ente di appartenenza.

10.4 La responsabilità della Pubblica Amministrazione per lesione di diritti soggettivi

È pacifico da tempo il riconoscimento della responsabilità della Pubblica Amministrazione in caso di lesione di diritti soggettivi, sia nella forma della *responsabilità aquiliana* (ai sensi dell'art. 2043 c.c.), sia nella forma della *responsabilità contrattuale* (art. 1218 c.c.), sia nella forma della *responsabilità precontrattuale* (artt. 1337 e 1338 c.c.).

10.4.1 Responsabilità cd. aquiliana o extracontrattuale

Nessuna questione problematica si pone in caso di violazione del **precetto generale di non arrecar danno ad alcuno** (*neminem laedere*): in tal caso, infatti, è applicabile la disciplina generale di cui all'art. 2043 c.c., ai sensi del quale spetta solo al danneggiato l'onere di provare gli elementi costitutivi della fattispecie di responsabilità: fatto illecito, danno ingiusto, nesso di causalità tra fatto e danno, dolo o colpa della Pubblica Amministrazione.

10.4.2 Responsabilità contrattuale

La responsabilità della Pubblica Amministrazione per lesione di diritti soggettivi può anche essere di *natura contrattuale*: com'è noto, infatti, l'Amministrazione, per perseguire i propri fini, può avvalersi, oltre che dei tradizionali strumenti propri del diritto pubblico, anche delle forme proprie del diritto privato e, in particolare, dei negozi giuridici di diritto comune.
Sebbene la fase antecedente la stipula del contratto sia regolata dalle regole di evidenza pubblica, la fase successiva è assoggettata alla disciplina propria del diritto privato, con conseguente applicabilità – in caso di inadempimento della Pubblica Amministrazione – della disciplina di cui all'art. 1218 c.c., ai sensi del quale il debitore «*che non esegue esattamente la prestazione dovuta è tenuto al risarcimento del danno, se non prova che l'inadempimento o il ritardo è stato determinato da impossibilità della prestazione derivante da causa a lui non imputabile*».

10.4.3 Responsabilità precontrattuale

Tale tipologia di responsabilità è configurabile in tutti i casi in cui l'ente pubblico, nelle trattative contrattuali e nelle relazioni con i terzi, abbia tenuto un **comportamento contrastante con i principi di correttezza e buona fede**. In tali ipotesi il giudice (di regola, salve le ipotesi di giurisdizione esclusiva, quello ordinario) dovrà accertare se il comportamento dell'Amministrazione abbia ingenerato nei terzi un **ragionevole affidamento**, poi andato deluso in ordine alla conclusione del contratto.
Si tratterà dunque di accertare se l'ente pubblico abbia tenuto – alla stregua dei parametri civilistici (artt. 1337 e 1338 c.c.) – il contegno esigibile dal corretto contraente, e non già di verificare l'osservanza dei doveri del corretto amministratore.
I casi paradigmatici in cui si è ravvisata una responsabilità precontrattuale della Pubblica Amministrazione sono quelli dell'**ingiustificata rottura delle trattative** nonché delle ipotesi di **mancata comunicazione delle cause di invalidità del contratto**.

10.5 Ulteriori ipotesi di responsabilità della Pubblica Amministrazione

10.5.1 La responsabilità derivante da atto lecito

Vi sono alcuni casi in cui la Pubblica Amministrazione, pur avendo agito attraverso atti legittimi nell'interesse della collettività, provochi un danno (cosiddetto **danno non antigiuridico**) o comunque un "disagio" ai privati cittadini (si pensi alla requisizione di un bene immobile): in tali ipotesi, proprio al fine di compensare il disagio subito dal privato, a fronte di un beneficio concreto della collettività, è prevista la possibilità di corrispondergli un indennizzo.

Il ristoro del danno non antigiuridico si realizza, perciò, a titolo indennitario, e non risarcitorio, in modo da evitare che gli effetti dannosi gravino sul titolare del diritto leso anziché su chi tragga vantaggio dall'attività legittimamente espletata.

Diversa è, dunque, la **funzione del risarcimento da quella dell'indennizzo**. Infatti, mentre il risarcimento consiste nella sanzione della specifica obbligazione di reintegrare il patrimonio nelle condizioni in cui si trovava prima di subire il danno (*status quo ante*), l'indennizzo (o indennità), derivando da una lesione senza colpa, si concretizza nell'obbligo di versare al soggetto danneggiato un compenso uguagliato al valore del bene colpito e, in ogni caso, diverso o inferiore al risarcimento.

10.5.2 Il danno da ritardo

Si tratta del danno che un soggetto subisce per effetto del **ritardo con cui la Pubblica Amministrazione esercita l'attività ad essa funzionale**. La ragione del risarcimento di tale tipo di danno va individuata nel fatto che il privato è titolare di un interesse differenziato e qualificato a che l'amministrazione provveda e non rimanga silente, di fronte ad una sua istanza. Pertanto se la Pubblica Amministrazione ingiustificatamente non si pronuncia sull'istanza del privato, facendo in tal modo trascorrere invano del tempo, essa è inadempiente rispetto all'obbligo di provvedere. Inoltre da tale inerzia possono derivare danni che, essendo causati dalla violazione di regole disciplinanti l'azione amministrativa, sono ingiusti.

Il danno da ritardo è contemplato dall'art. 2-*bis* L. 241/1990, introdotto dalla L. 69/2009, il quale prevede l'obbligo di risarcimento, a carico delle Pubbliche Amministrazioni e dei soggetti privati preposti all'esercizio di attività amministrative, del danno ingiusto cagionato in conseguenza dell'**inosservanza dolosa o colposa del termine di conclusione del procedimento**.

Dal danno da ritardo differisce l'**indennizzo da ritardo**, conseguente al vano decorso del tempo previsto dalla legge senza che la Pubblica Amministrazione si sia pronunciata, indipendentemente dal verificarsi o meno di un vero e proprio danno.

10.5.3 Il danno da disturbo

Consiste nell'**illegittima compromissione, da parte della Pubblica Amministrazione, dell'esercizio da parte del privato delle facoltà inerenti l'esercizio di diritti di cui è titolare**. Esso differisce dal danno da ritardo, in quanto mentre quest'ultimo è normalmente individuato nella lesione di un interesse legittimo pretensivo, cagionata dal

ritardo con cui l'amministrazione ha emesso il provvedimento finale inteso ad ampliare la sfera giuridica del privato, il danno da disturbo è **caratterizzato dalla lesione di un interesse legittimo di tipo oppositivo** e consiste nel ristoro del pregiudizio asseritamene subìto in conseguenza dell'illegittima compressione delle facoltà di cui il privato cittadino era già titolare.
In ogni caso perché il risarcimento possa essere riconosciuto è necessario che la Pubblica Amministrazione abbia agito in violazione di norme e principi dell'ordinamento, nonché con dolo o colpa e che vi sia un nesso di causalità tra la condotta della Pubblica Amministrazione e il danno prodotto.

10.6 Le tecniche risarcitorie

Nel caso di **lesione di un diritto soggettivo**, il danneggiato può ottenere un **risarcimento per equivalente**, cioè una somma di denaro corrispondente al valore del bene della vita perduto o leso; oppure un risarcimento in forma specifica, grazie al quale viene rimesso nella medesima situazione in cui si trovava prima della commissione dell'illecito. Nel secondo caso, cioè, il danneggiato riacquista l'utilità in precedenza perduta (es. riottiene il bene del quale era stato illegittimamente espropriato).
Laddove, invece, il privato sia titolare di una **posizione di interesse legittimo**, e in specie di un **interesse legittimo di tipo pretensivo**, la quantificazione della lesione pone non pochi problemi. Una volta intervenuta la caducazione del provvedimento illegittimo e prima che l'Amministrazione rieserciti i propri poteri, non può dirsi con certezza se al privato spetti o meno il bene della vita che all'esito del procedimento egli sperava di ottenere.
A titolo di esempio, si pensi all'illegittimo annullamento di una prova selettiva in corso di svolgimento: per quanto il concorso possa essere nuovamente bandito, i concorrenti non avranno mai la certezza di vincerlo, e intanto hanno perduto la *chance* rappresentata dalla prova precedentemente bandita e poi annullata mentre si stava svolgendo.
Ecco allora che, a partire dalla sentenza n. 500/1999, l'attenzione si è concentrata sull'individuazione dei criteri che consentono di meglio adeguare il ristoro patrimoniale all'effettivo pregiudizio subìto. Al riguardo si è fatto ricorso, tra gli altri, proprio al criterio della perdita di *chance*.
Per quanto riguarda il **risarcimento in forma specifica** – consistente nella riproduzione di una situazione materiale corrispondente a quella che sarebbe sussistita se non fosse intervenuto il fatto lesivo – la tutela è condizionata quanto ad ammissibilità, ai presupposti della possibilità e della non eccessiva onerosità per il debitore.
Proprio il limite della possibilità assume rilevanza nel caso in cui il danno di cui si chiede il ristoro sia stato provocato da un'attività amministrativa di tipo autoritativo.
Giova al riguardo distinguere a seconda che si tratti di danno da lesione di interesse legittimo oppositivo ovvero pretensivo:

- l'**interesse legittimo oppositivo** è di regola tutelato attraverso l'annullamento del provvedimento amministrativo illegittimo;
- l'**interesse legittimo pretensivo**, invece, riceve dall'annullamento del provvedimento una tutela solo parziale, posto che la demolizione di quest'ultimo non consente al privato di ottenere il bene della vita al quale aspira.

Capitolo 11
Il sistema delle tutele

11.1 La tutela dei diritti e degli interessi

Il sistema delle tutele che l'ordinamento offre ai cittadini *contro gli atti e i comportamenti delle Pubbliche Amministrazioni e dei soggetti privati che la legge ad esse equipara* è garantito dall'impianto normativo e giurisprudenziale della *giustizia amministrativa* (Scoca).

Il sistema di giustizia amministrativa adottato in Italia prevede due ordini di **giurisdizione**, quella **ordinaria** e quella **amministrativa**.

Entrambi sono garantiti dal comma 1 dell'art. 113 Cost., ai sensi del quale contro gli atti della Pubblica Amministrazione *è sempre ammessa la tutela giurisdizionale dei diritti e degli interessi legittimi dinanzi agli organi di giurisdizione ordinaria o amministrativa*.

Accanto ai **rimedi giurisdizionali** il nostro ordinamento prevede una *terza via*, di tipo non giurisdizionale: la cosiddetta **tutela in via amministrativa**.

Quest'ultima è caratterizzata dal fatto che essa «*viene attuata dalla stessa Amministrazione su ricorso degli interessati, attraverso un procedimento amministrativo e al di fuori di ogni intervento del giudice ordinario o amministrativo, onde la relativa materia rientra nel quadro dei procedimenti amministrativi di riesame*» (Virga).

11.2 I ricorsi amministrativi

I ricorsi amministrativi sono istanze che i soggetti interessati possono presentare ad un'autorità amministrativa perché risolva una controversia insorta nell'ambito del sistema della Pubblica Amministrazione, ovvero sono istanze rivolte alla Pubblica Amministrazione per ottenere la tutela di una situazione giuridica soggettiva che si assume essere lesa da un provvedimento o da un comportamento amministrativo.

Tali ricorsi si differenziano da quelli giurisdizionali perché sono rivolti ad autorità appartenenti all'Amministrazione, le quali si pronunciano con un provvedimento (*decisione amministrativa*) al termine di un procedimento amministrativo di *secondo grado*.

La funzione svolta dall'Amministrazione non è dunque di tipo giurisdizionale ma è **attività amministrativa giustiziale**, considerata funzione amministrativa di *secondo grado* in quanto *chiamata a decidere, in contraddittorio con le parti interessate, una controversia concreta e attuale, occasionata da un proprio antecedente atto amministrativo*.

Il **procedimento si caratterizza per i seguenti elementi**:

- può essere attivato solo a istanza di parte;
- l'identificazione dei contenuti è rimessa a chi propone l'istanza;
- al ricorrente è riservata la potestà di introdurre nel procedimento gli interessi da valutare (individuazione e piena disponibilità dell'oggetto del ricorso);
- l'autorità cui ci si rivolge ha una discrezionalità limitata ai motivi indicati dal ricorrente, ossia dedotti avverso l'atto impugnato (cosiddetto *principio dispositivo*).

Il ricorso amministrativo va tenuto distinto dai **reclami** e dalle **denunce**, che possono essere presentate alla Pubblica Amministrazione da chiunque e per qualunque motivo.
I reclami e le denunce sono privi di tutela giuridica (spesso non trovano riscontro in alcuna norma) e non comportano l'obbligo di provvedere da parte dell'Amministrazione presso la quale è inoltrato. I ricorsi amministrativi, invece, hanno valore di rimedio giuridico e obbligano l'Amministrazione adìta a pronunciarsi sull'istanza, in quanto si pone in essere un procedimento amministrativo disciplinato dalla legge.

11.2.1 Tipologie

Contro gli atti amministrativi è ammesso ricorso in unica istanza all'organo sovraordinato, per motivi di legittimità e di merito, da parte di chi vi abbia interesse.
Nel D.P.R. 1199/1971 sono contemplate tre tipologie di ricorsi amministrativi:

- il **ricorso gerarchico**, a sua volta distinto in *ricorso gerarchico proprio* (rimedio a carattere generale, proponibile contro atti non definitivi indipendentemente da un'esplicita previsione di legge, indirizzato all'autorità gerarchicamente superiore a quella che ha adottato l'atto ritenuto lesivo dal suo destinatario) e in *ricorso gerarchico improprio* (rimedio di carattere eccezionale, esperibile cioè nei soli casi espressamente previsti dalla legge, che si caratterizza per la mancanza di un rapporto gerarchico tra l'autorità che ha adottato l'atto impugnato e quella decidente);
- il **ricorso in opposizione**, basato su motivi di legittimità e di merito ed esperibile nei soli casi previsti dalla legge con presentazione allo stesso organo che ha emanato l'atto, solo contro atti non definitivi;
- il **ricorso straordinario al Capo dello Stato**, un rimedio di carattere generale, esperibile cioè in tutti i casi in cui non sia escluso dalla legge ovvero incompatibile con il sistema, proponibile contro atti nei cui confronti, in ragione del loro carattere definitivo, non sono esperibili rimedi amministrativi, e caratterizzato dall'alternatività rispetto al ricorso al giudice amministrativo.

A livello classificatorio, il ricorso amministrativo si definisce *ordinario* quando ha per oggetto *provvedimenti non definitivi* della Pubblica Amministrazione. Il **ricorso straordinario al Presidente della Repubblica**, invece, realizza una tutela del tutto differente, e ha per oggetto *atti amministrativi definitivi*.
I ricorsi si suddividono in **impugnatori** o **non impugnatori** a seconda che abbiano ad oggetto atti amministrativi ritenuti lesivi (*ricorso amministrativo impugnatorio*) ovvero meri comportamenti o rapporti giuridici (*ricorso amministrativo non impugnatorio*).

11.2.2 La definitività dell'atto

Ai fini dell'individuazione dell'idonea forma di tutela esperibile, è necessario verificare se il provvedimento lesivo sia **definitivo**. Gli atti amministrativi diventano definitivi a seguito del rigetto del ricorso gerarchico o a seguito dell'inutile decorso del termine di 90 giorni dalla proposizione del medesimo.
Sono, invece, **automaticamente definitivi** gli atti adottati dagli organi di vertice della Pubblica Amministrazione o dagli organi collegiali o quelli che, per legge, sono dichiarati definitivi (es. i provvedimenti prefettizi in materia di requisizione, occupazione d'urgenza, decreti espropriativi e dichiarazioni di pubblica utilità).

Avverso gli **atti non definitivi**, è esperibile il *ricorso gerarchico* o, contemplato, il *ricorso in opposizione*, nonché il *ricorso giurisdizionale* al Tribunale Amministrativo Regionale. Avverso gli **atti definitivi**, invece, è esperibile il ricorso giurisdizionale o quello straordinario al Capo dello Stato.

11.2.3 Profili procedurali

Legittimati a proporre il ricorso amministrativo sono le **persone fisiche** (cittadini italiani e stranieri nei casi espressamente previsti) e le **persone giuridiche** (a seguito di deliberazione sul ricorso) che abbiano interesse.
L'interesse a ricorrere può essere costituito da un *diritto soggettivo*, da un *interesse legittimo* o da un *interesse diffuso* e deve essere *personale*, *diretto* e *attuale*.
Sotto il profilo dei termini, il **ricorso amministrativo gerarchico e in opposizione** deve essere proposto **entro 30 giorni** dalla notificazione del provvedimento o dalla data della pubblicazione del provvedimento (ove prevista) o, infine, dalla data della piena conoscenza dell'atto.
Il **ricorso straordinario al Presidente della Repubblica** deve, invece, essere proposto **entro il termine di 120 giorni**.
Il diritto a proporre il ricorso amministrativo si estingue per il decorso dei termini (*decadenza*) oppure in caso di *acquiescenza*, allorché l'interessato compia atti positivi o negativi incompatibili con la volontà di proporre il ricorso medesimo.
La decisione deve essere comunicata sia al ricorrente che ai controinteressati e all'autorità che ha emanato l'atto impugnato. Per quest'ultima, l'eventuale accoglimento preclude la possibilità di adottare un atto identico a quello annullato ma non la possibilità di regolare in altro modo la medesima situazione.
Il procedimento introdotto con il ricorso amministrativo può poi estinguersi per:

> *rinuncia* al ricorso;
> *cessazione della materia del contendere* (allorché viene meno l'atto impugnato);
> *sopravvenuta carenza di interesse* (quando, nel corso del procedimento, sia venuto meno l'interesse al ricorso amministrativo).

11.3 La tutela in sede giurisdizionale amministrativa

11.3.1 Il sistema di giurisdizione amministrativa

Il sistema di giustizia amministrativa si caratterizza per essere bipartito, potendo il privato ricorrere a tutela delle posizioni soggettive vantate nei confronti della Pubblica Amministrazione innanzi al **giudice amministrativo** o al **giudice ordinario** (non alternativamente, ma a seconda della disciplina sulla giurisdizione dettata dalle norme). Ciò lo si ricava da quanto dispone in merito la Costituzione agli artt. 24, 103 e 113.
Al riguardo, l'art. 24 Cost. prevede l'azionabilità delle situazioni giuridiche soggettive dei privati nei confronti della Pubblica Amministrazione, senza alcuna eccezione (*Tutti possono agire in giudizio per la tutela dei propri diritti e interessi legittimi*).
L'art. 103 Cost. conferma l'avvenuta costituzionalizzazione del sistema della doppia giurisdizione cui si è fatto cenno, assegnando al giudice amministrativo la generale **giurisdizione di legittimità**, involgente posizioni di interesse legittimo, e rimetten-

do al legislatore ordinario il compito di estendere per particolari materie anche ai diritti soggettivi la giurisdizione amministrativa (*Il Consiglio di Stato e gli altri organi di giustizia amministrativa hanno giurisdizione per la tutela nei confronti della Pubblica Amministrazione degli interessi legittimi e, in particolari materie indicate dalla legge, anche dei diritti soggettivi*).
Infine, l'art. 113 Cost. consacra la generale ammissibilità della **tutela giurisdizionale** dei diritti e degli interessi legittimi (*Contro gli atti della Pubblica Amministrazione è sempre ammessa la tutela giurisdizionale dei diritti e degli interessi legittimi dinanzi agli organi di giurisdizione ordinaria o amministrativa*).

11.3.2 Il Codice del processo amministrativo e gli organi di giustizia amministrativa

Con **D.Lgs. 2-7-2010, n. 104**, in attuazione dell'art. 44 L. 69/2009, è stato approvato il **Codice del processo amministrativo (CPA)**: tale provvedimento ha operato un riordino della disciplina vigente, con taluni aggiustamenti in adesione al diritto vivente risultante dalla copiosa giurisprudenza costituzionale e delle giurisdizioni superiori, nonché il coordinamento con le norme del codice di procedura civile, in quanto espressione di principi generali.
Il Capo II del Codice del processo amministrativo (artt. 4-6) individua gli organi della giurisdizione amministrativa e cioè i **Tribunali amministrativi regionali (TAR)** ed il **Consiglio di Stato**, precisando che i primi sono organi di giurisdizione amministrativa di primo grado, come pure il Tribunale di giustizia amministrativa per la regione autonoma del Trentino Alto Adige (TRGA), che resta disciplinato dal proprio statuto speciale e dalle relative norme di attuazione.
A detti organi sono devolute le controversie (artt. 7, 133, 134 CPA), nelle quali si faccia questione di **interessi legittimi** e, nelle particolari materie indicate dalla legge, di **diritti soggettivi**, concernenti l'esercizio o il mancato esercizio del potere amministrativo, riguardanti provvedimenti, atti, accordi o comportamenti riconducibili, anche mediatamente, all'esercizio di tale potere, posti in essere da Pubbliche Amministrazioni. Infine la loro giurisdizione si estende, nei casi previsti dalla legge e dal Codice del processo amministrativo, anche al merito delle controversie.

11.3.3 La giurisdizione del giudice amministrativo

In capo al giudice amministrativo possono, ai sensi dell'art. 7 D.Lgs. 104/2010 (Codice del processo amministrativo), radicarsi **tre diverse tipologie di giurisdizione**:

- la **giurisdizione generale di legittimità**, che comprende le controversie relative ad atti, provvedimenti o omissioni delle Pubbliche Amministrazioni, incluse quelle relative al risarcimento del danno per lesione di interessi legittimi e agli altri diritti patrimoniali consequenziali, pure se introdotte in via autonoma;
- la **giurisdizione esclusiva**: è assegnata al giudice amministrativo nelle particolari materie di legge ed è consentito, a questo stesso giudice, di conoscere in tale sede anche di diritti soggettivi, ai sensi dell'art. 103 Cost.;
- la **giurisdizione di merito**: anch'essa si radica nei soli casi di legge ed è di carattere eccezionale, sostanziandosi nel peculiare sindacato sul corretto e congruo esercizio

del potere amministrativo discrezionale, che si traduce nell'attribuzione al giudice di un potere istruttorio e decisorio che va oltre il limite del mero riscontro della legittimità dell'atto e ne consente un pieno sindacato di merito.

Tra le materie rientranti nella giurisdizione di merito l'ipotesi più importante, è quella del cosiddetto **giudizio di ottemperanza** (promosso con ricorso), volto a ottenere che l'Autorità amministrativa si conformi al giudicato dei tribunali (ordinari o amministrativi) che abbiano riconosciuto la lesione di un interesse giuridicamente protetto.

Il giudizio amministrativo è un **giudizio di parte** e ha inizio con la **proposizione di un ricorso** avverso atti amministrativi, vale a dire con l'impugnativa rivolta al riconoscimento della nullità, all'annullamento, alla revoca o alla riforma dell'atto.

Attraverso le **azioni costitutive** si chiede l'**annullamento di un atto amministrativo ritenuto illegittimo**. Ciò avviene in tutti i casi di giurisdizione di legittimità, di giurisdizione di merito e nelle ipotesi di giurisdizione esclusiva. Normalmente l'azione è proposta a tutela di interessi legittimi, ma può essere chiesta eccezionalmente (nei casi di giurisdizione esclusiva) anche a tutela di diritti soggettivi.

Per mezzo delle **azioni di accertamento** si tende ad **accertare un rapporto giuridico tra il ricorrente e la Pubblica Amministrazione**: ciò avviene soprattutto in sede di giurisdizione esclusiva. Attualmente, però, è consolidata l'affermazione secondo cui è consentito per l'interessato agire innanzi al giudice amministrativo al fine di ottenere una sentenza di accertamento, anche al di fuori delle ipotesi di giurisdizione esclusiva. Ne deriva pertanto che risulterebbe ammessa anche nella giurisdizione su interessi, e non solo in quella esclusiva su diritti, una generale tutela di accertamento innanzi al giudice amministrativo.

Le **azioni di condanna** nei confronti della Pubblica Amministrazione si distinguono in:

> *azioni risarcitorie*, mediante le quali il ricorrente mira a ottenere una decisione del giudice che ordini all'amministrazione di pagare una somma di denaro. In passato ammesse solo nella giurisdizione esclusiva, ora estese anche alla giurisdizione di legittimità (D.Lgs. 104/2010);
> *azioni reintegratorie*, previste sia per la giurisdizione esclusiva sia per la giurisdizione di legittimità (D.Lgs. 104/2010).

L'azione di condanna al rilascio di un provvedimento richiesto (cosiddetta azione di adempimento) può essere proposta contestualmente all'azione di annullamento o all'azione avverso il silenzio, specificando che in ogni caso l'accertamento della fondatezza della pretesa potrà essere effettuato solo nei limiti rigorosi stabiliti dall'art. 31, co. 3 D.Lgs. 104/2010, a proposito dell'azione avverso il silenzio, tesi a garantire il principio della separazione dei poteri.

11.3.4 Profili formali

Le domande s'introducono con ricorso al Tribunale Amministrativo Regionale competente. Il **ricorso deve contenere**:

> gli elementi identificativi del ricorrente, del suo difensore e delle parti nei cui confronti il ricorso è proposto;
> l'indicazione dell'oggetto della domanda, ivi compreso l'atto o il provvedimento eventualmente impugnato, e la data della sua notificazione, comunicazione o comunque della sua conoscenza;

> l'esposizione sommaria dei fatti, i motivi specifici su cui si fonda il ricorso, l'indicazione dei mezzi di prova e dei provvedimenti chiesti al giudice;
> la sottoscrizione del ricorrente, se esso sta in giudizio personalmente, oppure del difensore, con indicazione, in questo caso, della procura speciale.

Qualora sia proposta **azione di annullamento**, il ricorso deve essere notificato, a pena di decadenza, alla Pubblica Amministrazione che ha emesso l'atto impugnato e ad almeno uno dei controinteressati entro il termine previsto dalla legge, decorrente dalla notificazione, comunicazione o piena conoscenza, ovvero – per gli atti di cui non sia richiesta la notificazione individuale – dal giorno in cui sia scaduto il termine della pubblicazione, se questa sia prevista dalla legge o in base alla legge.
Qualora sia proposta **azione di condanna**, anche in via autonoma, il ricorso è notificato altresì agli eventuali beneficiari dell'atto illegittimo, ai sensi dell'art. 102 c.p.c.
La notificazione dei ricorsi nei confronti delle Amministrazioni dello Stato è effettuata secondo le norme vigenti per la difesa in giudizio delle stesse.
Se la **notificazione** del ricorso nei modi ordinari sia particolarmente difficile per il numero delle persone da chiamare in giudizio, il presidente del Tribunale o della sezione cui è assegnato il ricorso può disporre, su richiesta di parte, che essa sia effettuata per pubblici proclami prescrivendone le modalità.
Il **termine per la notificazione** del ricorso è aumentato di 30 giorni se le parti o alcune di esse risiedono in altro Stato europeo o di 90 giorni se risiedono fuori dal territorio europeo.
Il ricorso è **nullo** (art. 44, D.Lgs. 104/2010) se manca la sottoscrizione oppure vi è incertezza assoluta sulle persone o sull'oggetto della domanda.
Nei casi di nullità della notificazione, se il destinatario non si costituisce in giudizio, il giudice fissa al ricorrente un termine perentorio per rinnovarla. La rinnovazione impedisce ogni decadenza.

11.3.5 La sentenza

La decisione definitiva sul ricorso prende il nome di sentenza. Queste, a seconda del contenuto, possono essere:

> **sentenze definitive e interlocutorie**. Le prime pongono fine al rapporto processuale perché pronunciano su tutti i punti della causa precludendo l'ulteriore esame della domanda; le seconde non sono idonee a concludere il processo e possono essere meramente istruttorie, oppure risolvere una questione di merito;
> **sentenze di rito e di merito**. Le prime decidono sulle questioni pregiudiziali statuendo, a seconda dei casi, l'inammissibilità, irricevibilità o la nullità del ricorso. Le decisioni di merito sono quelle concernenti l'oggetto della lite e si distinguono principalmente in *sentenze di rigetto* o *di accoglimento*: ricorre la prima tipologia quando il giudice definisce priva di consistenza la pretesa giuridica del ricorrente; ricorre la seconda nel caso in cui il giudice affermi la fondatezza totale o parziale del ricorso.

Le **sentenze di accoglimento** possono suddividersi in:

> **sentenze costitutive**: tipiche del giudizio di legittimità, hanno come effetto il totale o parziale annullamento dell'atto amministrativo con efficacia *ex tunc* (eliminando quindi i suoi effetti dalla emanazione);
> **sentenze di accertamento**: sono quelle che risolvono uno stato di incertezza circa la spettanza o meno di una situazione giuridica soggettiva;

- **sentenze di condanna**: comportano non solo l'accertamento del diritto, ma anche l'obbligo per l'amministrazione pubblica di ottemperare a quanto stabilito dalla pronuncia, sia che si tratti di corrispondere la somma oggetto dell'accertamento sia che si debba tenere un determinato comportamento.

11.3.6 Le impugnazioni

Da un punto di vista classificatorio, anche in ambito amministrativo può recepirsi come valida la distinzione, già del processo civile, tra **mezzi di impugnazione ordinari** e **straordinari**: i primi sono quelli che impediscono la formazione della cosa giudicata formale; i secondi possono esperirsi anche nei confronti di una sentenza passata in giudicato (revocazione straordinaria *ex* art. 396 c.p.c. e opposizione di terzo).
Nel sistema processuale amministrativo i mezzi di impugnazione tipici avverso le sentenze dei Tribunali Amministrativi Regionali sono l'*appello* al Consiglio di Stato, la *revocazione*, l'*opposizione di terzo* e il *ricorso per Cassazione* per motivi attinenti alla giurisdizione.

11.3.7 La class action nei confronti delle amministrazioni pubbliche

Il nostro ordinamento prevede varie azioni a tutela dei diritti dei consumatori e dei portatori di interessi diffusi, che si possono spingere fino alla richiesta di risarcimento danni in caso di comprovate lesioni di interessi individuali o collettivi.
Per quanto riguarda il settore pubblico, il D.Lgs. 198/2009 ha attribuito il diritto di **avviare azioni collettive (*class action*) anche nei confronti delle Pubbliche Amministrazioni e dei concessionari di servizi pubblici**; tale azione è proponibile dai titolari di interessi giuridicamente rilevanti ed omogenei per una *pluralità di utenti e consumatori*, che possono agire in giudizio se derivi una *lesione diretta, concreta ed attuale dei propri interessi*. Le attività che possono determinare tali effetti sono:

- la *violazione di termini o la mancata emanazione di atti* amministrativi generali obbligatori e non aventi contenuto normativo da approvare obbligatoriamente entro e non oltre un termine fissato da una legge o da un regolamento;
- la violazione degli *obblighi contenuti nelle Carte di servizi*;
- la *violazione di standard qualitativi ed economici* stabiliti, per i concessionari di servizi pubblici, dalle autorità preposte alla regolazione ed al controllo del settore e, per le pubbliche amministrazioni, definiti dalle stesse.

Il ricorso è devoluto alla giurisdizione esclusiva del giudice amministrativo e le questioni di competenza sono rilevabili anche d'ufficio.

11.4 La giurisdizione del giudice ordinario

Esistono due ordini di limiti all'esercizio della giurisdizione del giudice ordinario per la tutela delle situazioni soggettive vantate nei confronti della Pubblica Amministrazione. Vengono in rilievo, a tal riguardo, **limiti esterni** e **interni**.
Al giudice ordinario è riconosciuta giurisdizione per le controversie involgenti posizioni di diritto soggettivo, non affidate dal legislatore ordinario alla giurisdizione esclusiva del giudice amministrativo. L'indagine sui confini interni della giurisdizione del giudice

ordinario attiene invece all'individuazione dei poteri da lui esercitabili allorché nella controversia sia parte una Pubblica Amministrazione.
Al riguardo assumono portata dirimente gli artt. 4 e 5 L. 2248/1865, Allegato E, concernente l'abolizione del contenzioso amministrativo.
L'art. 4 si occupa, al comma 1, dei **poteri di cognizione** del giudice ordinario (stabilendo che al giudice ordinario non è consentito annullare o modificare l'atto autoritativo della Pubblica Amministrazione) e, al comma 2, dei suoi poteri di decisione.
L'art. 5, invece, si occupa del **potere di disapplicazione** (nel senso che accertata l'illegittimità dell'atto amministrativo il giudice ordinario deve definire la controversia ritenendo l'atto come non esistente, cioè deve decidere come se l'atto non fosse mai stato emanato).

11.5 Le giurisdizioni amministrative speciali

Nella giustizia amministrativa sono comprese non solo la disciplina del processo che si svolge dinanzi al TAR e al Consiglio di Stato e parte di quella relativa al giudizio dinanzi al giudice ordinario, ma anche il procedimento che si svolge dinanzi alle giurisdizioni amministrative speciali.
Tra di esse assume posto di rilievo la **Corte dei conti**, titolare della cosiddetta *giurisdizione contabile* nella quale sono ricompresi i giudizi in materia di responsabilità amministrativa e contabile dei pubblici funzionari (*contenzioso contabile*) e quelli in materia di pensioni civili, militari e di guerra (*contenzioso pensionistico*).
Ai **Tribunali delle acque pubbliche**, invece, sono devolute le controversie concernenti il demanio idrico. Si tratta di organi giurisdizionali speciali distinti in:

- *Tribunali regionali delle acque pubbliche* istituiti presso 8 Corti di Appello (Torino, Milano, Venezia, Firenze, Roma, Napoli, Palermo, Cagliari). Costituiscono *sezioni specializzate del giudice ordinario* ed hanno cognizione sulle controversie (vertenti su diritti soggettivi) in materia di utilizzabilità delle acque, di delimitazione dei corsi e dei bacini, di diritti relativi a derivazioni e utilizzazioni di acque pubbliche, di indennità per occupazioni ed espropriazioni per la realizzazione di opere idrauliche;
- *Tribunale superiore delle acque pubbliche*, che ha sede a Roma e svolge funzioni di giudice di appello nei confronti delle sentenze dei Tribunali regionali. In sede di giurisdizione amministrativa, il Tribunale Superiore, invece, opera come giudice unico con competenza generale di legittimità contro i provvedimenti definitivi presi dall'amministrazione in materia di acque pubbliche e speciale quando giudica anche nel merito. Le sentenze possono essere impugnate con i ricorsi per Cassazione, per revocazione e con l'opposizione di terzo.

La giurisdizione tributaria, infine, è esercitata dalle **Commissioni tributarie regionali**, aventi sede nel capoluogo di ogni Regione, e dalle **Commissioni tributarie provinciali**, con sede nel capoluogo di ogni Provincia.
Le commissioni tributarie sono dei giudici speciali in quanto sono chiamate a risolvere le *controversie tra fisco e contribuente*; esse sono anche legittimate a sollevare questione di legittimità costituzionale. La *competenza* è distribuita in base alla sede dell'ufficio che ha emesso l'atto che si intende contestare.

Sezione II
Il lavoro alle dipendenze delle pubbliche amministrazioni

Capitolo 1
La disciplina generale e l'instaurazione del rapporto di lavoro

1.1 Concetti introduttivi

Il **sistema delle fonti** che disciplina l'attività del personale degli enti locali *è costituito da diverse norme che si intersecano* fra loro. L'art. 88 TUEL, con una disposizione di chiusura del sistema, prevede che all'ordinamento degli uffici e del personale degli enti locali, ivi compresi i dirigenti e i Segretari si applichi il **D.Lgs. 165/2001 (Testo unico sul pubblico impiego)** e le altre disposizioni di legge in materia di organizzazione e lavoro nelle Pubbliche Amministrazioni. Il legislatore ha previsto, in tal modo, un espresso **rinvio alla disciplina generale sul pubblico impiego anche per i dipendenti degli enti locali**, che possono trovare ulteriore specificazione in singole disposizioni del TUEL in relazione alle peculiari caratteristiche delle Amministrazioni locali (in particolare nel Titolo IV, articoli da 88 a 111).

Alle prescrizioni di tipo legislativo si affiancano quelle contenute negli accordi collettivi, in particolare nel **contratto del comparto Funzioni locali**; quest'ultimo è a sua volta completato dalla disciplina riportata nei **contratti integrativi**.

1.2 Il rapporto di lavoro pubblico

1.2.1 Caratteristiche generali

Si definisce rapporto di pubblico impiego o, meglio, di lavoro alle dipendenze delle Pubbliche Amministrazioni, quello in cui il **lavoratore pone le proprie energie, in maniera stabile e continuativa, a disposizione dello Stato o di un ente pubblico non economico**.

Due, dunque, sono i soggetti interessati:

> il **dipendente**, ovvero la persona fisica impegnata volontariamente e *dietro corrispettivo* a prestare in modo continuativo la propria attività lavorativa alle dipendenze dell'ente, assumendo perciò lo *status* di dipendente pubblico, cui si collegano peculiari e reciproci diritti e doveri con l'Amministrazione datrice di lavoro;

- il **datore di lavoro pubblico**, ovvero la struttura alle cui dipendenze o sotto la cui direzione un lavoratore presta la propria attività lavorativa. Essa dispone di poteri di vigilanza e gerarchico-disciplinare, ma, per converso, ha il dovere non solo di corrispondere la retribuzione ma anche di attuare comportamenti e azioni di rispetto e tutela dei diritti dei lavoratori, previsti dallo Statuto dei lavoratori o dalla disciplina normativa e contrattuale. Nell'impiego pubblico, il datore di lavoro non è mai una persona fisica ma sempre un ente (es. il Ministero dell'Interno o il Comune di Siena), per il cui interesse operano gli organi di vertice dell'apparato burocratico.

1.2.2 La privatizzazione

In passato il rapporto di lavoro presso le Pubbliche Amministrazioni era disciplinato in modo radicalmente diverso rispetto agli altri settori. Gli elementi che maggiormente **differenziavano il pubblico impiego da quello privato** erano:

- la costituzione del rapporto con un provvedimento unilaterale dell'Amministrazione (la denominazione specifica era *decreto di nomina*) e non sulla base di un contratto individuale di lavoro;
- l'irrilevanza della fonte contrattuale collettiva. Al rapporto di lavoro pubblico si applicava una specifica riserva di legge, ragion per cui la disciplina era demandata quasi esclusivamente ad atti normativi e regolamentari e non erano previsti contratti collettivi di settore;
- la competenza giurisdizionale del giudice amministrativo (TAR e, in appello, Consiglio di Stato) in luogo del giudice del lavoro. La costituzione del rapporto attraverso un atto amministrativo e la disciplina dello stesso soprattutto attraverso atti regolamentari, determinava inevitabilmente l'attribuzione al giudice amministrativo delle controversie che fossero insorte.

Soltanto con il D.Lgs. 3-2-1993, n. 29, poi confluito nel vigente D.Lgs. 30-3-2001, n. 165 (Testo unico sul pubblico impiego), questo regime speciale è stato superato, con la cosiddetta **privatizzazione dell'impiego pubblico**. Fatte salve le eccezioni soggettive e oggettive, la **disciplina dei pubblici impiegati è ora sostanzialmente equiparata a quella dei lavoratori del settore privato**; è, infatti, prevista l'assunzione mediante un contratto individuale di lavoro, è stata introdotta una specifica contrattazione collettiva di settore e sono state attribuite alla giurisdizione del giudice ordinario le controversie fra dipendenti e Amministrazione.

Rimangono al di fuori della logica contrattuale, e quindi al di **fuori della detta privatizzazione**, alcune categorie (magistrati, avvocati dello Stato, personale militare e forze della polizia di Stato, personale della carriera diplomatica e prefettizia), per le quali il rapporto di impiego permane di stampo pubblicistico e la giurisdizione sulle controversie resta esclusiva in capo al giudice amministrativo.

Dopo l'entrata in vigore del D.Lgs. 165/2001, il rapporto di lavoro presso la Pubblica Amministrazione è caratterizzato da:

- separazione fra **indirizzo politico**, riservato agli organi di vertice politico delle Pubbliche Amministrazioni, e **attività gestionale**, interamente attribuita alla dirigenza;
- attuazione della piena disciplina del rapporto lavorativo sulla base del **contratto collettivo nazionale di lavoro** e costituzione dei singoli rapporti mediante **contratto individuale**;

- per le Amministrazioni statali, eliminazione dell'appartenenza dei dirigenti ai ruoli delle varie Amministrazioni ministeriali e costituzione del **ruolo unico della dirigenza**;
- definizione del **trattamento economico** agganciato, almeno per una parte, all'efficienza e al raggiungimento degli obiettivi prefissati;
- attribuzione delle controversie relative al rapporto di lavoro (con esclusione delle procedure concorsuali) alla giurisdizione del **giudice ordinario**.

1.3 Il sistema delle fonti

1.3.1 Le fonti pubblicistiche

L'art. 2, co. 2, D.Lgs. 165/2001 afferma che «i rapporti di lavoro dei dipendenti delle Amministrazioni pubbliche sono disciplinati dalle disposizioni del capo I, titolo II, del libro V del codice civile e dalle leggi sui rapporti di lavoro subordinato nell'impresa, fatte salve le diverse disposizioni contenute nel D.Lgs. 165/2001, che costituiscono disposizioni a carattere imperativo».
Quello che disciplina il rapporto di lavoro dei dipendenti pubblici è un sistema in cui, nonostante la spinta alla privatizzazione, convivono **fonti di natura pubblicistica** (Costituzione, legge ordinaria, regolamenti) con **norme di diritto comune** (codice civile e altre leggi) e disposizioni riconducibili alla **contrattazione collettiva**.

1.3.2 La disciplina costituzionale

A **livello costituzionale** sono da ricordare le seguenti norme:

- l'*art. 28*, in virtù del quale «i funzionari e i dipendenti dello Stato e degli enti pubblici sono direttamente responsabili, secondo le leggi penali, civili e amministrative, degli atti compiuti in violazione di diritti. In tali casi la responsabilità civile si estende allo Stato e agli enti pubblici»;
- l'*art. 51*, in base al quale tutti i cittadini dell'uno o dell'altro sesso possono accedere agli uffici pubblici;
- l'*art. 54*, che impone ai cittadini cui sono affidate funzioni pubbliche il dovere di adempierle con disciplina e onore;
- l'*art. 97*, laddove si prevede che i pubblici uffici sono organizzati secondo disposizioni di legge, in modo che siano assicurati il buon andamento e l'imparzialità dell'Amministrazione. Lo stesso articolo stabilisce che «nell'ordinamento degli uffici sono determinate le sfere di competenza, le attribuzioni e le responsabilità proprie dei funzionari» e che «agli impieghi nelle Pubbliche Amministrazioni si accede mediante concorso, salvo i casi stabiliti dalla legge».

1.3.3 La disciplina legislativa

A livello legislativo il provvedimento di maggiore rilevanza è indubbiamente il più volte citato **D.Lgs. 30-3-2001, n. 165**, meglio noto come **Testo unico sul pubblico impiego**; la denominazione ufficiale del provvedimento è «Norme generali sull'ordinamento del lavoro alle dipendenze delle Amministrazioni pubbliche».

Si tratta di un corposo documento che nei suoi 73 articoli (senza calcolare quelli aggiunti negli anni) disciplina gran parte degli aspetti del rapporto di lavoro dei dipendenti pubblici. Il provvedimento è così suddiviso:

- Titolo I - *Principi generali* (artt. 1-9);
- Titolo II - *Organizzazione* (artt. 10-39-*quater*), a sua volta ripartito nel Capo I (relazioni con il pubblico), nel Capo II (Dirigenza) e nel Capo III (Uffici, piante organiche, mobilità e accessi);
- Titolo III - *Contrattazione collettiva e rappresentatività sindacale* (artt. 40-50-*bis*);
- Titolo IV - *Rapporto di lavoro* (artt. 51-57);
- Titolo V - *Controllo della spesa* (artt. 58-62);
- Titolo VI - *Giurisdizione* (artt. 63-66);
- Titolo VII - *Disposizioni diverse e norme transitorie finali* (artt. 67-73).

La **nozione di Pubbliche Amministrazioni**, agli effetti del D.Lgs. 165/2001, è fornita dall'art. 1, co. 2, che vi fa rientrare tutte le Amministrazioni dello Stato, ivi compresi gli istituti e le scuole di ogni ordine e grado e le istituzioni educative, le aziende ed Amministrazioni dello Stato ad ordinamento autonomo, le **Regioni**, le **Province**, i **Comuni**, le **Comunità montane**, **e loro consorzi e associazioni**, le istituzioni universitarie, gli Istituti autonomi case popolari, le Camere di commercio e loro associazioni, tutti gli enti pubblici non economici nazionali, regionali e locali, le Amministrazioni, le aziende e gli enti del Servizio Sanitario Nazionale, l'Agenzia per la rappresentanza negoziale delle Pubbliche Amministrazioni (ARAN) e le altre Agenzie pubbliche (anche se si fa esplicito riferimento alle Agenzia previste dal D.Lgs. 300/1999, in realtà il Testo unico si applica anche alle Agenzie istituite con provvedimenti diversi).

Nell'elenco non sono richiamate le **Città metropolitane**; tuttavia l'art. 1, co. 48, della L. 56/2014 (legge Delrio) stabilisce che al personale delle Città metropolitane si applicano le disposizioni vigenti per il personale delle Province. Il richiamo è, invece, presente nell'accordo che definisce i comparti di contrattazione.

L'enorme sforzo di semplificazione della normativa in materia di pubblico impiego non ha evitato che negli anni lo stesso Testo unico fosse oggetto di incisive e ampie modifiche, che in alcuni casi hanno completamento stravolto l'assetto delineato dal legislatore del 2001. Ciò nonostante, questo provvedimento resta ad oggi il principale referente normativo per illustrare la disciplina del lavoro alle dipendenze delle Pubbliche Amministrazioni.
Tra le modifiche di maggiore incisività va sicuramente ricordata la cosiddetta **riforma Brunetta** (L. 4-3-2009, n. 15 e D.Lgs. 27-10-2009, n. 150 di attuazione), che si poneva l'ambizioso obiettivo di avviare una vera e propria azione di riordino del pubblico impiego e tentava di incidere sulla gestione del rapporto individuale di lavoro attraverso l'introduzione di strumenti tipici del settore privato come la *valutazione e la misurazione della performance e la predisposizione di meccanismi premiali* (*vedi Cap. 3*).
Sul solco già tracciato dalla riforma Brunetta hanno preso consistenza gli indirizzi della **riforma Madia**, di cui alla L. 124/2015, che prevedeva un completo riassetto della materia attraverso modifiche radicali dei nodi più critici. In particolare oggetto di riforma sono stati i *meccanismi di reclutamento del personale* e la *responsabilità disciplinare* (D.Lgs. 25-5-2017, n. 75) nonché il riordino del sistema di *valutazione della performance* (D.Lgs. 25-5-2017, n. 74). Non si è mai concretizzata, invece, la pur prevista revisione della dirigenza pubblica.

1.3.4 La disciplina applicabile agli enti locali

Con specifico riferimento al settore degli enti locali, fra le fonti legislative occorre tener presente quanto disposto dal **Titolo IV del TUEL (organizzazione e personale, articoli dal 88 a 111)**. Il Titolo esordisce con l'art. 88, nel quale si afferma che all'ordinamento degli uffici e del personale degli enti locali, ivi compresi i dirigenti e i Segretari comunali e provinciali, si applicano le disposizioni del D.Lgs. 165/2001 e le altre disposizioni di legge in materia di organizzazione e lavoro nelle Pubbliche Amministrazioni. L'art. 89, co. 1, aggiunge che gli enti locali disciplinano, con propri regolamenti e in conformità allo statuto, l'ordinamento generale degli uffici e dei servizi, in base a criteri di autonomia, funzionalità ed economicità di gestione e secondo principi di professionalità e responsabilità.

La **potestà regolamentare degli enti locali** si esercita, tenendo conto di quanto demandato alla contrattazione collettiva nazionale, nelle seguenti materie (art. 89, co. 2, TUEL):
- responsabilità giuridiche attinenti ai singoli operatori nell'espletamento delle procedure amministrative;
- organi, uffici, modi di conferimento della titolarità dei medesimi;
- principi fondamentali di organizzazione degli uffici;
- procedimenti di selezione per l'accesso al lavoro e di avviamento al lavoro;
- ruoli, dotazioni organiche e loro consistenza complessiva;
- garanzia della libertà di insegnamento ed autonomia professionale nello svolgimento dell'attività didattica, scientifica e di ricerca;
- disciplina della responsabilità e delle incompatibilità fra impiego nelle Pubbliche Amministrazioni ed altre attività e casi di divieto di cumulo di impieghi e incarichi pubblici.

1.3.5 I livelli di contrattazione

Nel pubblico impiego, così come in ambito privato, sono previsti diversi livelli di contrattazione. È, infatti, possibile distinguere fra contratti quadro, di comparto e integrativi.
I **contratti quadro (CCNQ)**, conclusi fra l'Agenzia per la rappresentanza negoziale delle Pubbliche Amministrazioni (ARAN) e le varie confederazioni sindacali, *regolamentano aspetti trasversali* rispetto ai singoli contratti collettivi come la rappresentanza sindacale, le procedure di conciliazione e arbitrato, la definizione dei comparti di contrattazione ecc.
I **contratti collettivi nazionali di lavoro (CCNL) dei comparti** sono accordi che disciplinano l'attività lavorativa di *raggruppamenti di pubblici dipendenti riuniti per settori omogenei ed affini*. Nel pubblico impiego, infatti, non esiste un unico contratto collettivo ma sono stipulati tanti accordi quanti sono i comparti individuati da un apposito accordo quadro. Anche in questo caso sono negoziati dall'ARAN e dai sindacati nazionali.
Fino al 2016 erano contemplati 12 comparti di contrattazione, anche se già dal 2009 era stato modificato l'art. 40 del D.Lgs. 165/2001 (dall'art. 54, D.Lgs. 150/2009), prevedendo una loro riduzione a 4. La novità è divenuta operativa solo con l'Accordo del 13 luglio 2016 (confermato da un successivo accordo del 3 agosto 2021) che ha distinto i seguenti comparti: delle **Funzioni centrali**, delle **Funzioni locali**, dell'**Istruzione e ricerca** e della **Sanità**. Il primo CCNL post-riforma (concernente le Funzioni centrali) è stato firmato il 23 dicembre 2017.

Nell'ambito dei contratti di comparto possono essere stipulati accordi finalizzati ad integrare o specificare aspetti in esso trattati o a definire materie non affrontate e risolte in seno al CCNL, perché particolarmente controverse fra le parti (cosiddette *code contrattuali*). Inoltre, per ciascun comparto, sono stipulati distinti contratti per il *personale dirigente* e per il *personale non dirigente*.
I **contratti collettivi integrativi (CCI)** sono stipulati dalle singole Amministrazioni (un ministero, una Regione, un Comune ecc.) e i sindacati di comparto (o dalle rappresentanze sindacali unitarie). Integrano le disposizioni riportate nei contratti nazionali e riportano la disciplina di dettaglio che, nel rispetto delle linee del CCNL, regola aspetti particolari quali le mansioni specifiche, le progressioni di carriera ecc.

L'art. 40, co. 3, D.Lgs. 165/2001 prevede che la contrattazione collettiva disciplini la struttura contrattuale, i rapporti fra i diversi livelli e la durata dei contratti collettivi nazionali e integrativi, e che la durata venga stabilita in modo che vi sia coincidenza fra la vigenza della disciplina giuridica e di quella economica (in ragione di **trienni**).
Il contratto collettivo, una volta sottoscritto, vincola sia le Pubbliche Amministrazioni che tutti i lavoratori interessati; esso acquista efficacia immediata, svincolata dalla pubblicazione (in *Gazzetta Ufficiale*, per i contratti nazionali, o sul *Bollettino Ufficiale* dell'ente di riferimento, per i contratti integrativi), che ha funzione di pubblicità-notizia e non incide sull'efficacia del contratto stesso.

1.3.6 Il contratto del comparto Funzioni locali

Il contratto che attualmente disciplina l'attività dei dipendenti non dirigenti degli enti locali (**comparto Funzioni locali**) è stato firmato il **21 maggio 2018**, e sostituisce una disciplina risalente al 2009; è da sottolineare, comunque, che lo stesso testo del 2018 specifica che, per quanto non previsto dal nuovo contratto, continuano a trovare applicazione, in quanto compatibili o non disapplicate, le disposizioni dei precedenti CCNL.
Il contratto ha una validità per il periodo 2016-2018 sia per la parte giuridica che per quella economica e si rinnova tacitamente di anno in anno se non viene data disdetta; anche in questo caso, però, continua ad applicarsi fino al successivo rinnovo contrattuale.

È da segnalare che una nuova ipotesi di **CCNL per il periodo 2019-2021** è stata sottoscritta il 4 agosto 2022. Gli effetti del nuovo contratto decorreranno dalla data di definitiva stipulazione, per cui attualmente sono ancora applicabili le disposizioni del CCNL del 2018.

Il **campo di applicazione** del contratto è indicato nell'art. 4 del CCNQ sui comparti di contrattazione. Il citato articolo afferma che il comparto delle Funzioni locali comprende il personale non dirigente dipendente da Regioni a statuto ordinario e dagli enti pubblici non economici dalle stesse dipendenti, Province, Città metropolitane, enti di area vasta, liberi consorzi comunali (L. 15/2015 della Regione Sicilia), Comuni, Comunità montane, ex Istituti autonomi per le case popolari comunque denominati, Consorzi e associazioni (incluse le Unioni di Comuni), Aziende pubbliche di servizi alla persona (ex IPAB) che svolgono prevalentemente funzioni assistenziali, Camere di commercio.
Il contratto del 2018 è suddiviso nelle sezioni riportate nello schema, alle quali vanno aggiunte varie tabelle e dichiarazioni congiunte.

La struttura del contratto collettivo comparto «Funzioni locali» 2018	
Titolo I Disposizioni generali	Art. 1 *Campo di applicazione* Art. 2 *Durata, decorrenza, tempi e procedure di applicazione del contratto*
Titolo II Relazioni sindacali	Art. 3 *Obiettivi e strumenti* Art. 4 *Informazione* Art. 5 *Confronto* Art. 6 *Organismo paritetico per l'innovazione* Art. 7 *Contrattazione collettiva integrativa: soggetti e materie* Art. 8 *Contrattazione collettiva integrativa: tempi e procedure* Art. 9 *Contrattazione collettiva integrativa di livello territoriale* Art. 10 *Clausole di raffreddamento*
Titolo III Ordinamento professionale	Art. 11 *Commissione paritetica sui sistemi di classificazione professionale* Art. 12 *Conferma del sistema di Classificazione* Art. 13 *Area delle posizioni organizzative* Art. 14 *Conferimento e revoca degli incarichi per le posizioni organizzative* Art. 15 *Retribuzione di posizione e retribuzione di risultato* Art. 16 *Progressione economica all'interno della categoria* Art. 17 *Disposizioni particolari sulle posizioni organizzative* Art. 18 *Compensi aggiuntivi ai titolari di posizione organizzativa* Art. 18-*bis Istituzione nuovi profili per le attività di comunicazione e informazione*
Titolo IV Rapporto di lavoro	**Capo I Costituzione del rapporto di lavoro** Art. 19 *Contratto individuale di lavoro* Art. 20 *Periodo di prova* Art. 21 *Fascicolo personale* **Capo II Istituti dell'orario di lavoro** Art. 22 *Orario di lavoro* Art. 23 *Turnazioni* Art. 24 *Reperibilità* Art. 25 *Orario multiperiodale* Art. 26 *Pausa* **Capo III Conciliazione vita-lavoro** Art. 27 *Orario di lavoro flessibile* **Capo IV Ferie e festività** Art. 28 *Ferie, recupero festività soppresse e festività del santo patrono* Art. 29 *Disciplina sperimentale delle ferie fruibili ad ore* Art. 30 *Ferie e riposi solidali*

Titolo IV Rapporto di lavoro	**Capo V Permessi, assenze e congedi** Art. 31 *Permessi retribuiti* Art. 32 *Permessi orari retribuiti per particolari motivi personali o familiari* Art. 33 *Permessi e congedi previsti da particolari disposizioni di legge* Art. 33-*bis Permessi brevi* Art. 34 *Congedi per le donne vittime di violenza* Art. 35 *Assenze per l'espletamento di visite, terapie, prestazioni specialistiche od esami diagnostici* Art. 36 *Assenze per malattia* Art. 37 *Assenze per malattia in caso di gravi patologie richiedenti terapie salvavita* Art. 38 *Infortuni sul lavoro e malattie dovute a causa di servizio* Art. 39 *Aspettativa per motivi familiari e personali* Art. 40 *Altre aspettative previste da disposizioni di legge* Art. 41 *Aspettativa per ricongiungimento con il coniuge che presti servizi all'estero* Art. 42 *Norme comuni sulle aspettative* Art. 43 *Congedi dei genitori* Art. 44 *Tutela dei dipendenti in particolari condizioni psicofisiche* Art. 45 *Diritto allo studio* Art. 46 *Congedi per la formazione* Art. 47 *Servizio militare* Art. 48 *Unioni civili* Art. 49 *Disapplicazioni* **Capo VI Formazione del personale** Art. 49-*bis Principi generali e finalità della formazione* Art. 49-*ter Destinatari e processi della formazione*
Titolo V Tipologie flessibili del rapporto di lavoro	**Capo I Lavoro a tempo determinato** Art. 50 *Contratto di lavoro a tempo determinato* Art. 51 *Trattamento economico-normativo del personale con contratto a tempo determinato* **Capo II Somministrazione di lavoro a tempo determinato** Art. 52 *Contratto di somministrazione* **Capo III Lavoro a tempo parziale** Art. 53 *Rapporto di lavoro a tempo parziale* Art. 54 *Orario di lavoro del personale con rapporto di lavoro a tempo parziale* Art. 55 *Trattamento economico-normativo del personale con rapporto di lavoro a tempo parziale* Art. 56 *Disapplicazioni*
Titolo VI Sezione per la polizia locale	Art. 56-*bis Personale destinatario delle disposizioni della presente Sezione* Art. 56-*ter Prestazioni del personale in occasione di svolgimento di attività ed iniziative di carattere privato* Art. 56-*quater Utilizzo dei proventi delle violazioni del codice della strada* Art. 56-*quinquies Indennità di servizio esterno* Art. 56-*sexies Indennità di funzione*

Titolo VII Responsabilità disciplinare	Art. 57 *Obblighi del dipendente* Art. 58 *Sanzioni disciplinari* Art. 59 *Codice disciplinare* Art. 60 *Sospensione cautelare in corso di procedimento disciplinare* Art. 61 *Sospensione cautelare in caso di procedimento penale* Art. 62 *Rapporto fra procedimento disciplinare e procedimento penale* Art. 63 *Determinazione concordata della sanzione*
Titolo VIII Trattamento economico	Art. 64 *Incrementi degli stipendi tabellari* Art. 65 *Effetti dei nuovi stipendi* Art. 66 *Elemento perequativo* Art. 67 *Fondo risorse decentrate: costituzione* Art. 68 *Fondo risorse decentrate: utilizzo* Art. 69 *Differenziazione del premio individuale* Art. 70 *Misure per disincentivare elevati tassi di assenza del personale* Art. 70-*bis Indennità condizioni di lavoro* Art. 70-*ter Compensi ISTAT* Art. 70-*quater Indennità per il personale addetto alle case da gioco* Art. 70-*quinquies Indennità per specifiche responsabilità* Art. 70-*sexies Fondo risorse decentrate presso le Unioni di Comuni* Art. 70-*septies Disposizioni per il personale delle categorie A e B* Art. 70-*octies Integrazione della disciplina della trasferta* Art. 71 *Disapplicazioni* Art. 72 *Welfare integrativo* Art. 73 *Previdenza complementare*

1.3.7 Il riparto fra i vari livelli di contrattazione

La presenza di vari livelli di contrattazione, cui si aggiunge la specifica disciplina del rapporto derivante da fonti legislative, ha reso indispensabile definire la **ripartizione degli aspetti che ogni fonte può disciplinare**. Anche se la contrattazione collettiva ha assunto un ruolo di assoluta preminenza nell'ambito del sistema delle fonti, avendo il legislatore demandato ad essa il compito di regolamentare i più rilevanti aspetti del rapporto di lavoro, restano comunque delle limitazioni esplicitamente contemplate dal Testo unico sul pubblico impiego.

Nell'art. 40, co. 1, D.Lgs. 165/2001 si afferma, infatti, che sono **escluse dalla contrattazione collettiva** le materie attinenti all'*organizzazione degli uffici*, quelle oggetto di *partecipazione sindacale*, quelle afferenti alle *prerogative dirigenziali* e concernenti il *conferimento* e la *revoca* degli *incarichi dirigenziali*.

Di converso **spetta alla contrattazione collettiva** il compito di *disciplinare il rapporto di lavoro e le relazioni sindacali*. Nelle materie relative alle *sanzioni disciplinari*, alla *valutazione delle prestazioni* ai fini della corresponsione del trattamento accessorio, della mobilità e delle progressioni economiche, la contrattazione collettiva è consentita negli esclusivi limiti previsti dalle norme di legge.

Fino alla riforma del 2017 i contratti collettivi potevano **derogare a disposizioni legislative** solo nell'ipotesi in cui ciò fosse previsto "espressamente" da una legge. Con le modifiche all'art. 2, co. 2, del D.Lgs. 165/2001, previste dal D.Lgs. 75/2017, tale vincolo è stato eliminato e si è introdotto il **principio per cui i contratti collettivi possono sempre derogare a disposizioni di legge, regolamento o statuto** (che già abbiano introdotto una disciplina del rapporto di lavoro) purché rispettino i limiti imposti dal nuovo testo legislativo. In base a quest'ultimo, la derogabilità è consentita esclusivamente nelle materie affidate alla contrattazione collettiva (delimitando in tal modo il perimetro entro il quale può operare), deve muoversi sempre nel rispetto dei principi posti dal D.Lgs. 165/2001 ed è ammessa soltanto per i contratti o accordi collettivi nazionali (escludendo quelli integrativi).

Il **contratto integrativo può disciplinare** solo ed esclusivamente le materie rimesse dal contratto nazionale e incontra dei limiti nel fatto che *non può contrastare con i vincoli di cui al contratto collettivo nazionale né comportare oneri non previsti da quest'ultimo atto*. Le clausole del contratto decentrato eventualmente stipulate in violazione di tali limiti sono nulle e non potranno essere applicate.

Materie demandate alla contrattazione integrativa (art. 7, co. 4, CCNL Funzioni Locali)	
• Criteri di ripartizione delle risorse disponibili per la contrattazione integrativa fra le diverse modalità di utilizzo • Criteri per l'attribuzione dei premi correlati alla performance • Criteri per la definizione delle procedure per le progressioni economiche • Individuazione delle misure dell'indennità correlata alle condizioni di lavoro, entro i valori minimi e massimi e nel rispetto dei criteri previsti, nonché definizione dei criteri generali per la sua attribuzione • Individuazione delle misure dell'indennità di servizio esterno, entro i valori minimi e massimi e nel rispetto dei criteri previsti, nonché definizione dei criteri generali per la sua attribuzione • Criteri generali per l'attribuzione dell'indennità per specifiche responsabilità • Criteri generali per l'attribuzione di trattamenti accessori per i quali specifiche leggi operino un rinvio alla contrattazione collettiva • Criteri generali per l'attivazione di piani di welfare integrativo • Elevazione della misura dell'indennità di reperibilità • Correlazione fra i compensi aggiuntivi e la retribuzione di risultato dei titolari di posizione organizzativa • Elevazione dei limiti per il numero dei turni di reperibilità nel mese anche attraverso modalità che consentano la determinazione di tali limiti con riferimento ad un arco temporale plurimensile • Elevazione dei limiti previsti in merito, rispettivamente, all'arco temporale preso in considerazione per l'equilibrata distribuzione dei turni, nonché ai turni notturni effettuabili nel mese	• Linee di indirizzo e i criteri generali per l'individuazione delle misure concernenti la salute e sicurezza sul lavoro • Elevazione del contingente dei rapporti di lavoro a tempo parziale • Limite individuale annuo delle ore che possono confluire nella banca delle ore • Criteri per l'individuazione di fasce temporali di flessibilità oraria in entrata e in uscita, al fine di conseguire una maggiore conciliazione fra vita lavorativa e vita familiare • Elevazione del periodo di 13 settimane di maggiore e minore concentrazione dell'orario multi periodale • Individuazione delle ragioni che permettono di elevare, fino ad ulteriori sei mesi, l'arco temporale su cui è calcolato il limite delle 48 ore settimanali medie • Elevazione del limite massimo individuale di lavoro straordinario • Riflessi sulla qualità del lavoro e sulla professionalità delle innovazioni tecnologiche inerenti l'organizzazione di servizi • Incremento delle risorse destinate alla corresponsione della retribuzione di posizione e di risultato delle posizioni organizzative • Criteri generali per la determinazione della retribuzione di risultato dei titolari di posizione organizzativa • Valore dell'indennità di funzione, nonché criteri per la sua erogazione • Integrazione delle situazioni personali e familiari in materia di turni di lavoro notturni

1.4 La gestione delle risorse umane e l'adozione del PIAO (Piano integrato di attività e di organizzazione)

1.4.1 Finalità e ambito soggettivo

Ai fini della gestione delle risorse umane nella pubblica amministrazione nel corso degli anni è stato introdotto l'obbligo di redigere e presentare diversi documenti programmatici e di pianificazione (Piano della performance, Piano del fabbisogno del personale, Piano del lavoro agile, Piano anticorruzione ecc.) che, seppur nati con finalità diverse, sono risultati talvolta per molti punti sovrapposti e sovente non coordinati tra loro.
Con l'art. 6 D.L. 80/2021 (convertito dalla L. 113/2021) il legislatore ha tentato un riordino complessivo della materia imponendo alle *amministrazioni con più di 50 dipendenti* (escluse le scuole di ogni ordine e grado e le istituzioni educative), l'obbligo di adottare il Piano integrato di attività e organizzazione (PIAO). Si tratta di un **documento unitario finalizzato ad assorbire molti degli atti di pianificazione cui sono tenute le amministrazioni, razionalizzandone la disciplina in un'ottica di massima semplificazione**.
Per le pubbliche amministrazioni con meno di 50 dipendenti è prevista la definizione di modalità semplificate di adozione del Piano.

Il quadro normativo relativo al PIAO si è completato con la pubblicazione del **D.P.R. 24-6-2022, n. 81** e con l'approvazione del **D.M. 30-6-2022**. Il primo decreto, oltre ad alcune disposizioni di coordinamento, *individua gli adempimenti relativi ai piani assorbiti* dal PIAO e, di conseguenza, soppressi per le amministrazioni tenute alla redazione dello stesso; il decreto ministeriale, invece, ne *definisce la composizione, il contenuto e fornisce uno schema di Piano-tipo* (come strumento di supporto) per le amministrazioni pubbliche.
Queste ultime devono conformare il PIAO alla **struttura e alle modalità redazionali** indicate nello schema allegato al D.M. 30-6-2022, che prevede una suddivisione in 3 Sezioni (1. Sezione Valore pubblico, Performance e Anticorruzione; 2. Sezione Organizzazione e Capitale umano; 3. Sezione Monitoraggio), ciascuna delle quali, a sua volta, ripartita in sottosezioni di programmazione, riferite a specifici ambiti di attività amministrativa e gestionali. Ogni Sezione deve avere contenuto sintetico e descrittivo delle relative azioni programmate per il periodo di applicazione del PIAO, con particolare riferimento, ove ve ne sia necessità, alla fissazione di obiettivi temporali intermedi.
L'art. 8 del decreto specifica che, in ogni caso di differimento del termine previsto per l'approvazione dei bilanci di previsione, il **termine di adozione del PIAO**, fissato al 31 gennaio di ogni anno, è differito di 30 giorni successivi a quello di approvazione dei bilanci e che, in sede di prima applicazione, il termine è differito di 120 giorni successivi a quello di approvazione del bilancio di previsione.
Per le **pubbliche amministrazioni con meno di 50 dipendenti** il decreto stabilisce delle modalità semplificate, stabilendo che esse, oltre a dover procedere alla mappatura dei processi al fine di individuare le problematicità che, in virtù della natura e delle caratteristiche dell'attività, espongono l'amministrazione a rischi corruttivi, sono tenute, altresì, alla predisposizione del PIAO limitatamente alla "Sezione Organizzazione e Capitale Umano". L'aggiornamento nel triennio di vigenza della Sezione avviene in presenza di fatti corruttivi, modifiche organizzative rilevanti o ipotesi di disfunzioni amministrative significative intercorse ovvero di aggiornamenti o modifiche degli obiettivi di performance a protezione del valore pubblico.

Il **PIAO è predisposto esclusivamente in formato digitale**, deve essere approvato dalle Amministrazioni interessate entro il 31 gennaio di ogni anno (per il 2022 il termine è stato differito al 30 giugno dal D.L. 36/2022), pubblicato sul sito istituzionale

dell'Amministrazione e inviato al Dipartimento della Funzione Pubblica della Presidenza del Consiglio dei ministri per la pubblicazione sul relativo portale.
Alla **mancata definizione del PIAO** consegue l'applicazione delle **sanzioni** di cui all'art. 10, co. 5, D.Lgs. 150/2009: subentrano cioè il *divieto di erogazione della retribuzione di risultato* ai dirigenti che risulteranno avere concorso alla mancata adozione del Piano oltre che il *divieto di assumere e affidare incarichi di consulenza o di collaborazione* comunque denominati. Si applica inoltre la *sanzione amministrativa da 1.000 a 10.000 euro* prevista dall'art. 19, co. 5, lett. *b*), D.L. 90/2014, riferita alla mancata approvazione della programmazione anticorruzione.

1.4.2 I contenuti del PIAO

In coerenza con i contenuti precisati dall'art. 6, co. 2, D.L. 80/2021, il PIAO deve definire i seguenti profili:

> gli **obiettivi programmatici e strategici della performance**, stabilendo il collegamento fra la *performance* individuale e i risultati delle *performance* organizzative. Ne deriva il relativo assorbimento del *Piano dettagliato degli obiettivi (PDO)* e del *Piano della performance*, quest'ultimo, unitamente alla Relazione sulla performance, previsto dall'art. 10 D.Lgs. 150/2009.
Il *Piano della performance* è un documento programmatico triennale definito dall'organo di indirizzo politico-amministrativo in collaborazione con i vertici dell'amministrazione e secondo gli indirizzi del DFP. Individua gli indirizzi e gli obiettivi e definisce gli indicatori per la misurazione e valutazione della performance dell'amministrazione, nonché gli obiettivi assegnati ai dirigenti e i relativi indicatori.
La *Relazione sulla performance* è, invece, un documento riassuntivo finale, da adottare entro il 30 giugno con riferimento all'anno precedente, con la quale si evidenziano i risultati organizzativi e individuali raggiunti rispetto ai singoli obiettivi programmati e alle risorse, con rilevazione degli eventuali scostamenti, e il bilancio di genere realizzato;

> la **strategia di gestione del capitale umano e di sviluppo organizzativo e gli obiettivi formativi annuali e pluriennali**. In tema di *gestione e organizzazione delle risorse umane* deve tenersi conto delle disposizioni emergenziali, adottate in occasione della pandemia da Sars-CoV-2, che hanno portato alla codificazione del lavoro agile e dell'art. 263 D.L. 34/2020 che ha istituito una sezione del Piano della performance dedicata al *Piano organizzativo del lavoro agile (POLA)*, altro documento che confluisce nel PIAO. Con il POLA le amministrazioni devono preoccuparsi di individuare le modalità attuative del lavoro agile, anche sulla base delle disposizioni riportate nelle Linee Guida adottate nel mese di dicembre 2021 (*vedi infra*). Quanto agli *obiettivi formativi* essi devono mirare alla completa alfabetizzazione digitale, allo sviluppo di competenze tecniche trasversali e manageriali, all'accrescimento dei titoli culturali e di studio correlati all'ambito d'impiego;

> gli **strumenti e gli obiettivi del reclutamento di nuove risorse e della valorizzazione delle risorse interne**. Nel PIAO confluisce anche il *Piano triennale dei fabbisogni di personale (PTFP)*, previsto dall'art. 6 D.Lgs. 165/2001 (nel testo modificato dal D.Lgs. 75/2017), con il quale vengono definiti l'organizzazione degli uffici e la composizione dei relativi organici, sempre nell'ambito del limite finanziario stabilito.

Quanto alla valorizzazione delle risorse interne e alle progressioni verticali di carriera la disciplina è posta dall'art. 52, co. 1-*bis*, D.Lgs. 165/2001.

Fino alle modifiche introdotte con il D.Lgs. 75/2017, il numero dei dipendenti pubblici era determinato dalla cosiddetta **dotazione organica**, che costituiva la previsione della consistenza numerica del personale dipendente della Pubblica Amministrazione. Ad ogni ente era attribuita una specifica dotazione organica (un certo numero di dipendenti per svolgere le attività di sua competenza) che, in pratica, si traduceva nell'assegnazione di un certo numero di dipendenti suddivisi per categoria e per profilo professionale. La dotazione poteva essere modificata in occasione dell'assegnazione di nuovi funzioni o della sottrazione di compiti.
Con la riformulazione dell'art. 6 D.Lgs. 165/2001 (ad opera del citato D.Lgs. 75/2017), si è compiuta un'inversione di tendenza dal momento che l'organizzazione e la disciplina degli uffici e dei rapporti di lavoro non sono più collegati alla dotazione organica ma ad uno specifico **Piano triennale dei fabbisogni di personale (PTFP)**, documento con il quale, tenendo conto anche delle risorse finanziarie a disposizione, si individuano le attività che l'ente deve svolgere nel successivo triennio e, sulla base di questo atto, si individuano le risorse umane di cui necessita, ossia la consistenza della dotazione organica e la sua eventuale rimodulazione in base ai fabbisogni programmati.
Il fabbisogno di personale dell'ente non è individuato una volta e per sempre sulla base della dotazione organica, ma è quest'ultima che viene determinata di volta in volta sulla base del Piano triennale, a sua volta elaborato tenendo conto delle attività da svolgere.
Il D.Lgs. 75/2017 pone il *divieto di assumere personale per le Pubbliche Amministrazioni che non adempiano alle disposizioni relative al PTFP*; tale limitazione non opera nei confronti del personale delle categorie protette;

- gli **strumenti e le fasi per giungere alla piena trasparenza dell'attività e dell'organizzazione amministrativa** nonché per raggiungere gli obiettivi in materia di anticorruzione. Tale previsione considera l'inglobamento del *Piano triennale di prevenzione della corruzione (PTPC)* la cui fonte normativa è costituita dalla L. 190/2012. Quest'ultima stabilisce che i Piani anticorruzione delle singole amministrazioni devono individuare le attività a maggior rischio corruttivo e gli interventi di formazione e controllo utili a prevenire tale fenomeno. Con le modifiche introdotte dal D.Lgs. 97/2016 essi contengono ora anche la definizione delle misure per l'attuazione effettiva degli obblighi di trasparenza, ossia le soluzioni organizzative idonee ad assicurare l'adempimento degli obblighi di pubblicazione di dati e informazioni previsti dalla normativa vigente in capo alle pubbliche amministrazioni (D.Lgs. 33/2013), in precedenza oggetto di un distinto atto di pianificazione;
- l'elenco delle **procedure da semplificare e reingegnerizzare ogni anno**, anche mediante il ricorso alla tecnologia e sulla base della consultazione degli utenti, nonché la pianificazione delle attività;
- le **modalità e le azioni finalizzate a realizzare la piena accessibilità alle amministrazioni**, fisica e digitale, da parte dei cittadini svantaggiati (in particolare ultrasessantacinquenni e soggetti con disabilità);
- le **modalità e le azioni finalizzate al pieno rispetto della parità di genere**, anche con riguardo alla composizione delle commissioni esaminatrici dei concorsi. Ai sensi dell'art. 48 D.Lgs. 198/2006 (Codice delle pari opportunità), le amministrazioni pubbliche devono predisporre il *Piano di azioni positive (PAP)*, di durata triennale, con il quale sono individuate le misure specifiche per eliminare in un determinato contesto gli ostacoli che di fatto impediscono la piena realizzazione di pari opportunità di lavoro e nel lavoro tra uomo e donna. Anche questo documento confluisce nel PIAO.

1.5 Le procedure di reclutamento e l'instaurazione del rapporto di lavoro

1.5.1 L'obbligo del concorso pubblico previsto dalla Costituzione

Secondo quanto stabilito dall'art. 97, co. 3, Cost. **agli impieghi nelle pubbliche amministrazioni si accede mediante concorso**, salvo i casi stabiliti dalla legge.

Il concorso pubblico, come sottolinea la Corte costituzionale, è la *forma generale e ordinaria di reclutamento del personale della pubblica amministrazione*, in quanto meccanismo imparziale che, offrendo le migliori garanzie di selezione tecnica e neutrale dei più capaci sulla base del merito, garantisce l'efficienza dell'azione amministrativa (*ex plurimis,* cfr. Corte cost., sent. n. 134/2014). Tuttavia, la medesima Corte riferisce che **l'indefettibilità del concorso pubblico come canale di accesso pressoché esclusivo nei ruoli delle pubbliche amministrazioni non è assoluta**. Ad essa può derogarsi in presenza di peculiari e straordinarie esigenze di interesse pubblico. Forme diverse di reclutamento e di copertura dei posti devono essere legislativamente disposte per singoli casi e secondo criteri che, pur involgendo necessariamente la discrezionalità del legislatore, devono rispondere a criteri di ragionevolezza che non contraddicano i principi di buon andamento e di imparzialità dell'amministrazione (Cons. Stato, 3-3-2022, n. 1542).

1.5.2 Le procedure alternative: stabilizzazioni, selezioni da elenchi, formazioni di elenchi di idonei e portale InPA

Nella prassi si è spesso affermato uno schema quasi alternativo al meccanismo procedurale del concorso, caratterizzato dalle seguenti fasi: selezioni semplificate per l'*assunzione a termine*, un lungo periodo di *precariato* e una procedura finale di *stabilizzazione*. In vista del raggiungimento degli impellenti obiettivi istituzionali prefissati nel Piano nazionale di ripresa e resilienza (PNRR), poi, con il D.L. 80/2021 il legislatore ha introdotto nuovi percorsi di reclutamento, abbreviati o accelerati, che, se pur pensati in funzione esclusiva dell'attuazione del PNRR, sono divenuti, in sede di conversione, canali stabili di reclutamento nel pubblico impiego.

Nella specie le modalità speciali di reclutamento del personale da impiegare per l'attuazione del Piano sono di due tipi: il **concorso abbreviato** e la **selezione da elenchi** (si vedano, rispettivamente, gli articoli 1, co. 4, e 5-9 D.L. 80/2021, convertito dalla L. 113/2021). Quest'ultima procedura, in particolare, si basa su due distinti elenchi tenuti e periodicamente aggiornati dal Dipartimento della funzione pubblica. A tali elenchi, articolati per profili, specializzazioni e ambiti territoriali, possono iscriversi professionisti, esperti e personale in possesso di un'alta specializzazione, che si candidano, alternativamente, o per la stipula di contratti di lavoro subordinato a termine o per l'affidamento di incarichi di collaborazione autonoma.

A tal fine rileva il **Portale unico del reclutamento (Portale InPA)** formalmente istituito presso il Dipartimento della funzione pubblica da una legge del 2019, ma concretamente realizzato nel 2021 e ora disciplinato dall'art. 35-*ter* D.Lgs. 165/2001 (aggiunto dall'art. 2, co. 1, D.L. 36/2002, convertito dalla L. 79/2022); esso svolge proprio la funzione di creare una piattaforma unica, una sorta di bacino stabile di candidati idonei, da cui le amministrazioni possono attingere.

In primo luogo il Portale raccoglie tutti i *bandi per il reclutamento* del personale pubblico a tempo determinato e indeterminato e garantisce l'acquisizione della documentazione relativa a tali procedure; organizza, altresì, la pubblicazione di tali documenti in modo accessibile e ricercabile secondo parametri utili ai cittadini che intendono partecipare ai concorsi.
In secondo luogo è previsto l'*obbligo di registrazione su InPA per poter partecipare ai concorsi* per l'assunzione di personale a tempo determinato e indeterminato nelle amministrazioni pubbliche centrali e nelle Autorità amministrative indipendenti (l'utilizzo del Portale sarà facoltativo dal 1° luglio 2022 e obbligatorio dal 1° novembre 2022). Lo step successivo sarà l'estensione delle funzionalità del Portale anche a Regioni ed enti locali, per le rispettive selezioni di personale, con modalità da definire con decreto del Ministro della pubblica amministrazione, adottato previa intesa in Conferenza unificata.
In terzo luogo sono riportati in un'apposita sezione del Portale gli *avvisi per la mobilità*. Il personale interessato a partecipare a tali procedure potrà inviare la propria candidatura, previa registrazione su InPA corredata dal proprio curriculum vitae esclusivamente in formato digitale.

Gli elenchi di idonei diventano un possibile canale di reclutamento ordinario per l'assunzione negli enti locali che possono organizzare e gestire in forma aggregata, anche in assenza di un fabbisogno di personale, **selezioni uniche proprio al fine di formare elenchi di idonei** all'assunzione nei ruoli dell'amministrazione, sia a tempo indeterminato sia a tempo determinato, per vari profili professionali e categorie, compresa la dirigenza.

1.5.3 L'avviamento a selezione e le assunzioni obbligatorie

Costituiscono procedure ulteriori di reclutamento l'**avviamento degli iscritti negli elenchi anagrafici** e le **assunzioni obbligatorie** di cui all'art. 1 L. 68/1999 dei soggetti appartenenti alle categorie protette (es. invalidi), previa verifica della compatibilità con le mansioni da svolgere.

Nel primo caso (il cosiddetto **avviamento a selezione**) le assunzioni sono effettuate attingendo dai nominativi presenti negli elenchi anagrafici (che hanno sostituito le precedenti *liste di collocamento*) presso i Centri per l'Impiego (CPI).
Per le **assunzioni obbligatorie**, invece, la legge prevede diverse modalità di assunzione: la *chiamata nominativa* dalle liste dei Centri per l'impiego, con la specifica indicazione da parte del datore di lavoro della persona che intende assumere, ovviamente iscritto nelle specifiche liste, la *chiamata numerica* (mediante avviamento) ai CPI, vale a dire una richiesta generica che non comporta l'individuazione di un soggetto specifico, il *concorso (con riserva di posti)*, per qualifiche diverse da quelle prima menzionate (art. 16 L. 68/1999), e la *stipula di apposite convenzioni* con i datori di lavoro (art. 11 L. 68/1999).

1.5.4 L'instaurazione del rapporto di lavoro

Come conseguenza della privatizzazione la procedura di reclutamento non si conclude più con un atto di nomina, bensì con un **contratto individuale di lavoro**.
L'art. 19 CCNL Funzioni locali afferma che nel contratto di lavoro individuale, per il quale è richiesta la **forma scritta**, sono comunque indicati: tipologia e data di inizio del rapporto di lavoro, categoria e profilo professionale di inquadramento, posizione economica iniziale, durata del periodo di prova, sede di lavoro e termine finale in caso di rapporto di lavoro a tempo determinato.

Il contratto individuale specifica che il rapporto di lavoro è regolato dai contratti collettivi nel tempo vigenti anche per le cause di **risoluzione del contratto** di lavoro e per i termini di **preavviso**. È, in ogni modo, condizione risolutiva del contratto, senza obbligo di preavviso, l'annullamento della procedura di reclutamento che ne costituisce il presupposto.
Il **periodo di prova** – a norma dell'art. 20 CCNL Funzioni locali – ha una durata di 2 mesi, per i dipendenti inquadrati nelle categorie A e B, e di 6 mesi, per il personale inquadrato nelle restanti categorie.
L'assunzione in servizio comporta, per il pubblico dipendente, diritti e doveri. Questi sono stabiliti da norme di legge e dai contratti collettivi.

1.6 Il lavoro a tempo indeterminato e l'utilizzo di forme flessibili dell'attività lavorativa

1.6.1 Il lavoro subordinato a tempo indeterminato

L'art. 36, co. 1, D.Lgs. 165/2001 stabilisce che per le esigenze connesse con il proprio fabbisogno ordinario le pubbliche amministrazioni assumono esclusivamente con **contratti di lavoro subordinato a tempo indeterminato**. L'assunzione può avvenire con **rapporto di lavoro a tempo pieno o a tempo parziale**. In quest'ultimo caso, il contratto individuale indica anche l'articolazione dell'orario di lavoro assegnato, nell'ambito delle tipologie possibili.

L'**art. 54 CCNL Funzioni locali** afferma che il rapporto di lavoro a tempo parziale può essere:
- *orizzontale*, con **orario normale giornaliero di lavoro in misura ridotta** rispetto al tempo pieno e con articolazione della prestazione di servizio ridotta in tutti i giorni lavorativi (5 o 6 giorni);
- *verticale*, con **prestazione lavorativa svolta a tempo pieno**, ma limitatamente a periodi predeterminati nel corso della settimana, del mese, dell'anno e con articolazione della prestazione su alcuni giorni della settimana, del mese, o di determinati periodi dell'anno, in misura tale da rispettare la media della durata del lavoro settimanale prevista per il tempo parziale nell'arco temporale preso in considerazione (settimana, mese o anno);
- *misto*, ossia con **combinazione delle due** modalità in precedenza indicate.

La prestazione lavorativa a tempo parziale non può essere inferiore al 30% di quella a tempo pieno.
L'art. 53 del CCNL stabilisce che gli enti possono costituire rapporti di lavoro a tempo parziale, mediante assunzione, per la copertura dei posti delle categorie e dei profili individuati nel Piano dei fabbisogni di personale e attraverso la **trasformazione di rapporti di lavoro da tempo pieno a tempo parziale**, su richiesta dei dipendenti interessati. I successivi commi dello stesso articolo stabiliscono l'ordine delle priorità nel caso in cui vi fossero più richieste rispetto alla percentuale di rapporti part-time consentiti.
Il numero dei rapporti a tempo parziale, infatti, non può superare il 25% della dotazione organica complessiva di ciascuna categoria, rilevata al 31 dicembre di ogni anno, con esclusione delle posizioni organizzative.

1.6.2 Il lavoro flessibile

Il lavoro flessibile è un sottotipo di lavoro dipendente, con **particolarità connesse al tempo o alle modalità di svolgimento dell'attività** lavorativa, di cui le Pubbliche Amministrazioni possono avvalersi per **esigenze di carattere esclusivamente temporaneo ed eccezionale**, nelle forme contrattuali di assunzione e di impiego del personale previste dal codice civile e dalle leggi sui rapporti di lavoro subordinato nell'impresa (art. 36 D.Lgs. 165/2001, più volte modificato).

Una delle ultime modifiche dell'art. 36 D.Lgs. 165/2001 è quella operata dal D.Lgs. 75/2017. Quest'ultimo specifica che le forme contrattuali flessibili a cui si può ricorrere sono il *lavoro subordinato a tempo determinato* (**contratto a termine**), la *somministrazione di lavoro a tempo determinato* (**contratto di somministrazione**) e le altre forme di lavoro previste dal codice civile e dalle altre leggi sui rapporti di lavoro nell'impresa, *nei limiti e con le modalità in cui se ne preveda l'applicazione nelle Amministrazioni pubbliche*.
Il D.Lgs. 75/2017 dispone, altresì, che il **rapporto informativo sulle tipologie di lavoro flessibile utilizzate** (redatto annualmente dalle Amministrazioni) sia portato anche a conoscenza delle organizzazioni sindacali.
Tutti i contratti di lavoro (non più solo quelli a tempo determinato) posti in essere in violazione dell'art. 36 D.Lgs. 165/2001 sono nulli.

Nell'utilizzo del lavoro flessibile, le Pubbliche Amministrazioni devono rispettare i **principi di imparzialità e trasparenza** e non possono ricorrere all'impiego del medesimo lavoratore con più tipologie contrattuali per periodi di servizio superiori al triennio nell'arco dell'ultimo quinquennio.
Nel CCNL Funzioni locali la disciplina è riportata agli artt. 50 e ss., ove sono dettagliate le ipotesi per le quali è possibile ricorrere a queste forme di flessibilità.
Il **lavoro autonomo** si sostanzia, invece, nell'attribuzione di *incarichi individuali ad alto contenuto di professionalità*, a norma dell'art. 7, co. 6, D.Lgs. 165/2001 (e, per gli enti locali, dell'art. 110, co. 6, D.Lgs. 267/2000). Tali incarichi sono conferiti dalle Amministrazioni a esperti di «provata esperienza» per esigenze cui le stesse «non possono far fronte con personale in servizio», per obiettivi determinati e con convenzioni a termine, determinando preventivamente durata, luogo, oggetto e compenso della collaborazione.

1.7 Inquadramento del personale

1.7.1 La declaratoria delle categorie

Il personale assunto è inquadrato nel **sistema di classificazione professionale** in funzione delle esigenze dell'Amministrazione, secondo quanto indicato nel bando di concorso che ha indetto la procedura selettiva.
Il sistema di classificazione professionale è stato introdotto dal **contratto collettivo *ad hoc* sottoscritto in via definitiva il 31 marzo 1999**, articolato in quattro categorie definite con lettere dell'alfabeto, all'interno delle quali si distinguono diverse posizioni economiche, individuate con numeri. Il CCNL del 1999 è ancora oggi in vigore non essendo stato sostituito dal CCNL comparto Funzioni locali 2018; quest'ultimo apporta diverse modifiche e stabilisce varie disapplicazioni, ma all'art. 12 conferma il sistema di classificazione del 1999, pur prevedendo l'istituzione di un'apposita Commissione finalizzata a proporre una revisione complessiva.
Le categorie sono individuate mediante le declaratorie riportate dal CCNL, che descrivono l'insieme dei requisiti professionali necessari per lo svolgimento delle mansioni pertinenti a ciascuna di esse, mentre i profili professionali descrivono il contenuto professionale delle attribuzioni proprie della categoria.

Gli enti, in relazione al proprio modello organizzativo, identificano i profili professionali loro occorrenti e li collocano nelle corrispondenti categorie nel rispetto delle relative declaratorie.

La declaratoria delle categorie	
Categoria A posizioni economiche da 1 a 6	Lavoratori che svolgono attività caratterizzate da: conoscenze di tipo operativo generale (la cui base teorica si sviluppa con la scuola dell'obbligo) acquisibile attraverso esperienza diretta sulla mansione; contenuti di tipo ausiliario rispetto a più ampi processi produttivi/amministrativi; problematiche lavorative di tipo semplice; relazioni organizzative di tipo prevalentemente interno basate su interazione fra pochi soggetti
Categoria B posizioni economiche da 1 a 8	Lavoratori che svolgono attività caratterizzate da: buone conoscenze specialistiche (la base teorica di conoscenze è acquisibile con la scuola dell'obbligo e generalmente accompagnata da corsi di formazione specialistici) e un grado di esperienza discreto; contenuto di tipo operativo con responsabilità di risultati parziali rispetto a più ampi processi produttivi/amministrativi; discreta complessità dei problemi da affrontare e discreta ampiezza delle soluzioni possibili; relazioni organizzative interne di tipo semplice anche fra più soggetti interagenti, relazioni esterne (con altre istituzioni) di tipo indiretto e formale. Relazioni con gli utenti di natura diretta
Categoria C posizioni economiche da 1 a 6	Lavoratori che svolgono attività caratterizzate da: approfondite conoscenze monospecialistiche (la base teorica di conoscenze è acquisibile con la scuola superiore) e un grado di esperienza pluriennale, con necessità di aggiornamento; contenuto di concetto con responsabilità di risultati relativi a specifici processi produttivi/amministrativi; media complessità dei problemi da affrontare basata su modelli esterni predefiniti e significativa ampiezza delle soluzioni possibili; relazioni organizzative interne anche di natura negoziale e anche con posizioni organizzative al di fuori delle unità organizzative di appartenenza, relazioni esterne (con altre istituzioni) anche di tipo diretto; relazioni con gli utenti di natura diretta, anche complesse, e negoziali
Categoria D posizioni economiche da 1 a 7	Lavoratori che svolgono attività caratterizzate da: elevate conoscenze plurispecialistiche (la base teorica di conoscenze è acquisibile con la laurea breve o il diploma di laurea) e un grado di esperienza pluriennale, con frequente necessità di aggiornamento; contenuto di tipo tecnico, gestionale o direttivo con responsabilità di risultati relativi ad importanti e diversi processi produttivi/amministrativi; elevata complessità dei problemi da affrontare basata su modelli teorici non immediatamente utilizzabili ed elevata ampiezza delle soluzioni possibili; relazioni organizzative interne di natura negoziale e complessa, gestite anche fra unità organizzative diverse da quella di appartenenza, relazioni esterne (con altre istituzioni) di tipo diretto anche con rappresentanza istituzionale. Relazioni con gli utenti di natura diretta, anche complesse, e negoziale

1.7.2 Le progressioni orizzontali e verticali

Il dipendente assunto con un determinato profilo professionale può maturare nel corso del tempo **modifiche retributive e funzionali** attraverso gli istituti della:

- **progressione orizzontale** (o *economica*), con la quale si opera il *passaggio da una posizione economica iniziale ad un'altra superiore*, restando il lavoratore sempre

all'interno di una stessa categoria (es. nell'ambito della categoria C un passaggio da C1 a C3).
Secondo le indicazioni dell'art. 52, co. 1-*bis*, D.Lgs. 165/2001, le progressioni orizzontali sono gestite dalla stessa Amministrazione e avvengono secondo **principi di selettività**, in funzione delle qualità culturali e professionali, dell'attività svolta e dei risultati conseguiti, attraverso l'attribuzione di fasce di merito.
Per gli enti locali la disciplina è riportata all'art. 16 del CCNL Funzioni locali.
I primi due commi affermano che all'interno di ciascuna categoria è prevista una progressione economica che si realizza mediante l'acquisizione, in sequenza, dopo il trattamento tabellare iniziale, di successivi incrementi retributivi, corrispondenti ai valori delle diverse posizioni economiche. La progressione economica è riconosciuta, in modo selettivo, ad una quota limitata di dipendenti.
Al co. 3 si specifica che le progressioni sono attribuite in relazione alle *risultanze della valutazione della performance individuale del triennio che precede l'anno in cui è adottata la decisione di attivazione dell'istituto*; si tiene conto eventualmente anche dell'esperienza maturata negli ambiti professionali di riferimento, nonché delle competenze acquisite e certificate a seguito di processi formativi. Il lavoratore deve comunque avere maturato un periodo minimo di permanenza nella posizione economica in godimento pari a 24 mesi (art. 16, co. 6, CCNL comparto Funzioni locali);

- **progressione verticale** (o *di carriera*), quando il *passaggio avviene fra categorie diverse* (es. un dipendente della categoria C che accede ad un profilo della categoria D).
Prima delle modifiche introdotte con il decreto reclutamento, la *progressione tra diverse categorie doveva avvenire mediante concorso pubblico*, nell'ambito del quale si poteva riservare una percentuale massima del 50% dei posti per il personale interno all'amministrazione. L'attuale formulazione dell'art. 52, co. 1-*bis*, D.Lgs. 165/2001 (nel testo modificato dal D.L. 80/2021), dopo aver ribadito che *almeno il 50% dei posti disponibili deve essere destinato all'accesso dall'esterno*, precisa che le progressioni tra categorie diverse dei dipendenti dell'amministrazione avvengono ora tramite **procedura comparativa**; quest'ultima è basata sulla *valutazione positiva* conseguita dal dipendente negli ultimi 3 anni di servizio, *sull'assenza di provvedimenti disciplinari*, sul possesso di *titoli* e di *competenze* professionali e di studio ulteriori rispetto a quelli previsti per l'accesso all'area, nonché sul *numero* e sulla *tipologia degli incarichi* rivestiti.

1.7.3 Le posizioni organizzative

La posizione organizzativa è un ruolo che prevede lo svolgimento dì funzioni di direzione, con elevato grado di autonomia gestionale, di unità operative caratterizzate da rilevante complessità organizzativa in ragione delle risorse umane e strumentali assegnate; si tratta di **figure intermedie fra il dirigente e la struttura di riferimento (per molti aspetti assimilabile al ruolo del vicedirigente)**, cui poter delegare funzioni dirigenziali che comprendono il potere di impegnare l'ente verso l'esterno.
Nel CCNL comparto Funzioni locali la loro disciplina è riportata negli artt. 13 ss., ove si specifica, in particolare, che è possibile istituire posizioni di lavoro che richiedono, con assunzione diretta di elevata responsabilità di prodotto e di risultato:

- lo svolgimento di funzioni di **direzione di unità organizzative di particolare complessità**, caratterizzate da elevato grado di autonomia gestionale e organizzativa;
- lo svolgimento di **attività con contenuti di alta professionalità**, comprese quelle comportanti l'iscrizione ad albi professionali, richiedenti elevata competenza specialistica acquisita attraverso titoli formali di livello universitario del sistema educativo e di istruzione oppure attraverso consolidate e rilevanti esperienze lavorative in posizioni ad elevata qualificazione professionale o di responsabilità, risultanti dal curriculum.

Si tratta di incarichi che possono essere conferiti dai dirigenti, con atto scritto, solo a **dipendenti classificati nella categoria D** e per un **periodo massimo di 3 anni** (con possibilità di rinnovo). L'ente deve comunque definire prioritariamente i criteri generali di assegnazione.
Gli incarichi **possono essere revocati** prima della scadenza con atto scritto e motivato, in relazione a intervenuti mutamenti organizzativi o in conseguenza di valutazione negativa della *performance* individuale.
Disposizioni particolari sono previste per gli enti privi di posizioni dirigenziali, per quelli privi di dipendenti di categoria D (in questi casi è possibile attribuire la posizione organizzativa a dipendenti delle categorie C e B) e per quelli che, pur prevedendo posti di categoria D, non hanno effettivamente in organico dipendenti appartenenti a quella categoria.

Capitolo 2
Lo svolgimento del rapporto di lavoro

2.1 Concetti introduttivi

L'instaurazione di un rapporto di lavoro con una Pubblica Amministrazione comporta l'attribuzione al dipendente di una serie di **diritti di natura patrimoniale e no**, cui si associano però anche specifici **doveri lavorativi e comportamentali**.
Il rispetto o meno di tali obblighi può comportare l'attribuzione di **premi** (al termine di un processo di valutazione della *performance*) oppure l'irrogazione di **sanzioni** che, nelle ipotesi di maggiore gravità, può determinare il licenziamento senza preavviso.
L'attività lavorativa, inoltre, può essere modificata nel corso del tempo con uno **spostamento temporaneo** (comando e distacco) **o definitivo** (mobilità volontaria o obbligatoria) del dipendente presso altra Amministrazione.

2.2 I diritti patrimoniali dei dipendenti

Il principale diritto di natura patrimoniale del lavoratore è la **retribuzione**, ossia il **corrispettivo riconosciuto a fronte dell'attività svolta**. Il termine ha un'accezione più ampia di quella di **stipendio**, in quanto la retribuzione è composta da un complesso di voci: il *trattamento fondamentale*, comprensivo degli emolumenti a carattere fisso e continuativo corrisposti mensilmente, e il *trattamento accessorio*, costituito da *emolumenti occasionali ed eventuali*, che possono essere corrisposti anche periodicamente. Il trattamento economico dei lavoratori è definito, fatte salve talune eccezioni, dai contratti collettivi (art. 45, co. 1, D.Lgs. 165/2001).

Il **trattamento fondamentale** si compone di *stipendio tabellare* (cui si aggiunge la *tredicesima mensilità*), *retribuzione individuale di anzianità*, comprensiva di maggiorazione per esperienza professionale (se prevista), *indennità integrativa speciale, sviluppo economico interno all'area funzionale* (eventuali posizioni *super*).
Il **trattamento accessorio** si compone di *indennità di amministrazione*, compensi eventualmente spettanti dall'utilizzo del *fondo unico di amministrazione*, compensi per lavoro straordinario, ove spettanti, e altre indennità previste da specifiche disposizioni di legge.

2.3 I diritti non patrimoniali dei dipendenti

In tema di diritti del lavoratore non emergono solo gli aspetti patrimoniali, ma anche una serie di situazioni correlate alle concrete modalità di svolgimento della prestazione lavorativa.

2.3.1 Il diritto allo svolgimento delle mansioni proprie

Il lavoratore può normalmente essere adibito solo alle **mansioni per le quali è stato assunto o considerate equivalenti** nell'ambito della classificazione professionale pre-

vista dai contratti collettivi. L'esercizio di fatto di mansioni non corrispondenti alla qualifica di appartenenza non ha effetto ai fini dell'inquadramento del lavoratore o dell'assegnazione di incarichi di direzione (art. 52 D.Lgs. 165/2001).
Il conferimento delle **mansioni superiori** avviene per obiettive esigenze di servizio nei seguenti casi:

> **vacanza di posto in organico**, per non più di 6 mesi, prorogabili fino a 12 qualora siano state avviate le procedure per la copertura del posto vacante;
> **sostituzione di altro dipendente assente** con diritto alla conservazione del posto, con esclusione dell'assenza per ferie, per la durata dell'assenza.

Il conferimento delle mansioni superiori, anche attraverso rotazione fra più dipendenti, è disposto dal dirigente o, per gli enti privi di dirigenza, dal responsabile del servizio. Il dipendente assegnato alle mansioni superiori ha *diritto alla differenza fra il trattamento economico iniziale previsto per l'assunzione nel profilo rivestito e quello iniziale corrispondente alle mansioni superiori di temporanea assegnazione*, fermo rimanendo la posizione economica di appartenenza e quanto percepito a titolo di retribuzione individuale di anzianità, e fermo restando che non si applica l'art. 2103 c.c. (che, con riferimento al settore privato, prevede l'automatico inquadramento nel profilo superiore ricoperto).
In mancanza dei presupposti citati l'assegnazione è nulla e chi l'ha disposta con *dolo* o *colpa grave* risponde del conseguente maggior onere.
La contrattazione collettiva e la legge prevedono, in certi casi, la possibilità di essere destinato a **mansioni inferiori (demansionamento)**. Ciò accade, ad esempio, per i lavoratori riconosciuti non idonei in via permanente allo svolgimento delle mansioni del proprio profilo professionale, o per coloro che, previo consenso, sono collocati in mobilità. Si applicano le procedure previste dal D.P.R. 171/2011.
L'art. 26, co. 3-*bis*, D.Lgs. 198/2006 prevede il **divieto di demansionamento**, licenziamento, trasferimento o sottoposizione ad altra struttura, con effetti negativi sulle condizioni di lavoro, per le lavoratrici e i lavoratori che agiscano in giudizio per la dichiarazione delle **discriminazioni per molestie o molestie sessuali**. È nullo il licenziamento ritorsivo o discriminatorio del soggetto denunciante, nonché il mutamento di mansioni e qualsiasi altra misura ritorsiva o discriminatoria adottata nei confronti del denunciante. Queste tutele non sono garantite nel caso in cui sia accertata (anche con sentenza di primo grado) la responsabilità penale del denunciante per *calunnia*, *diffamazione* o *infondatezza della denuncia*.
Qualora il lavoratore dimostri che la destinazione a mansioni inferiori possa causare la lesione del suo diritto fondamentale alla libera esplicazione della personalità nel luogo di lavoro, o che si tratti di una modalità di manifestazione di un atteggiamento persecutorio messo sistematicamente in atto nei suoi confronti (cosiddetto ***mobbing***), gli potrà essere riconosciuto il diritto al *risarcimento dei danni patrimoniali e morali subiti*.

Il termine ***mobbing*** (dall'inglese *to mob*, che significa "attaccare, assaltare, aggredire") individua una condotta del datore di lavoro o di altri lavoratori, *sistematica e protratta nel tempo*, tenuta nei confronti del lavoratore nell'ambiente di lavoro e consistente in **sistematici e reiterati comportamenti ostili**, che finiscono per assumere forme di **prevaricazione e persecuzione psicologica**, da cui può conseguire la mortificazione morale e l'emarginazione del dipendente, con effetto lesivo del suo equilibrio fisiopsichico e del complesso della sua personalità.
Si parla, invece, di ***straining*** nelle ipotesi in cui il danno consegue anche ad una singola azione ma con effetti duraturi nel tempo (grave demansionamento, marginalizzazione o svuotamento di

mansioni), in ciò differenziandosi dal *mobbing* che richiede comportamenti ostili "sistematici e reiterati".
Nell'ambito del *mobbing* è possibile distinguere fra ***mobbing* verticale** (anche detto *bossing*), quando il comportamento lesivo è prodotto dal datore di lavoro o da altro lavoratore gerarchicamente sovraordinato alla vittima, e ***mobbing* orizzontale**, quando il comportamento mobbizzante viene prodotto da altri lavoratori non aventi uno specifico potere gerarchico nei confronti della vittima.

2.3.2 Il diritto all'ufficio o al posto di lavoro

Solo alcune categorie di dipendenti pubblici sono **inamovibili** (es. magistrati, professori universitari); per tutte le altre il diritto all'ufficio o al posto di lavoro va inteso come interesse legittimo alla permanenza nel rapporto di lavoro, quindi la pretesa del lavoratore di non essere rimosso dall'impiego, se non nei casi e con le garanzie previste dalla legge e dalla contrattazione collettiva.

2.3.3 I diritti sindacali

A tutte le Pubbliche Amministrazioni, indipendentemente dal numero dei dipendenti, si applica lo **Statuto dei lavoratori** (L. 300/1970) e fra le sue norme anche quelle che assicurano il **rispetto della libertà** (artt. 14-18) e dell'**attività sindacale** (artt. 19-27). Sono perciò riconosciuti i diritti di assemblea, di costituire organismi di rappresentanza unitaria del personale (RSU), ai cui componenti sono riconosciute le stesse garanzie previste per le organizzazioni sindacali. L'art. 7 del CCNL comparto Funzioni locali attribuisce alle RSU la titolarità della contrattazione integrativa.
Tra le cosiddetta *prerogative sindacali*, importanti sono i **diritti di informazione**, **concertazione** e **consultazione**, anche con riferimento agli atti interni di organizzazione con riflessi sul rapporto di lavoro (mansioni, carichi di lavoro ecc.). Infine, sono consentiti **distacchi** (con conservazione della retribuzione per tutto il periodo di durata del mandato sindacale), aspettative (non retribuite) e **permessi** (retribuiti e non) **sindacali**.

2.3.4 Il diritto alla salute e sicurezza nel luogo di lavoro

Sul piano della tutela della salute e della sicurezza nel luogo di lavoro, la disciplina è la stessa per l'impiego privato e per quello pubblico, e fa parte della regolamentazione normativa del rapporto di lavoro recata da testi normativi *ad hoc* (attualmente il D.Lgs. 81/2008, il *Testo unico in materia di sicurezza sul lavoro*).
Il lavoratore che lamenti **particolari patologie**, a propria tutela può chiedere di esser sottoposto ad indagini mediche volte ad accertare la sua infermità/invalidità e di poter essere adibito a differenti mansioni. Inoltre, i lavoratori devono essere sottoposti a **visita medica periodica** di controllo in relazione allo specifico rischio al quale sono esposti (es. movimentazione di carichi, videoterminali ecc.).

2.3.5 Il diritto al riposo

Si tratta di un diritto che può essere esercitato sia individualmente che collettivamente mediante la fruizione di:

- **ferie**: in virtù dell'art. 36 Cost. e dell'art. 2109 c.c., il lavoratore ha diritto a ferie annuali retribuite irrinunciabili. In caso di distribuzione dell'orario settimanale di lavoro su 5 giorni, la durata delle ferie è di 28 giorni lavorativi; se l'orario di lavoro è distribuito su 6 giorni, la durata è di 32 giorni (art. 28 CCNL comparto Funzioni locali). Per i neo-assunti (e per i primi 3 anni di servizio) il periodo di ferie è, rispettivamente, di 26 e di 30 giorni lavorativi, a seconda che l'articolazione oraria sia su 5 o su 6 giorni. I dipendenti hanno diritto anche a 4 giornate di riposo, da fruire nell'anno solare, per le festività soppresse dalla L. 937/1977. Le ferie si riducono proporzionalmente all'orario di lavoro in caso di part-time verticale;
- **festività**: giorni festivi sono le **domeniche** (il giorno di riposo settimanale cade normalmente di domenica e non può essere inferiore a 24 ore) e gli altri giorni riconosciuti come tali dallo Stato a tutti gli effetti civili;
- **permessi giornalieri retribuiti**: concessi a richiesta del dipendente, anche cumulativamente, nell'anno solare per specifiche ipotesi;
- **permessi orari**: si tratta di permessi brevi accordati per esigenze di tipo personale, nei limiti della metà dell'orario giornaliero di lavoro e per un tetto massimo nell'arco di ciascun anno solare.

2.3.6 Il diritto allo studio

La disciplina è prevista dall'art. 10 L. 300/1970 (Statuto dei Lavoratori) laddove si stabilisce che i lavoratori dipendenti, sia privati che pubblici, possano usufruire di **permessi o di particolari agevolazioni per la realizzazione del diritto allo studio**.
Possono godere di tali permessi tutti i lavoratori studenti iscritti e frequentanti regolari corsi di studio in scuole di istruzione primaria, secondaria e di qualificazione professionale, statali, parificate, legalmente riconosciute o comunque abilitate al rilascio di titoli di studio legali. La disposizione si applica anche a coloro che frequentano **corsi di formazione professionale**. Le ore di permesso concesse possono essere utilizzate esclusivamente per "frequentare" i suddetti corsi e non per la preparazione di eventuali esami. Il datore di lavoro può richiedere idonea documentazione della partecipazione alle attività didattiche.
La determinazione dell'ammontare delle ore a disposizione è rimessa alla contrattazione collettiva, ma la prassi è quella di prevedere un limite di **150 ore annue**, tetto riportato anche nel CCNL comparto Funzioni locali (art. 45).
Gli stessi lavoratori-studenti hanno diritto ad essere inseriti in turni di lavoro che agevolino la frequenza ai corsi e la preparazione agli esami. Non sono obbligati a prestare *lavoro straordinario* o durante i riposi settimanali. Sono previsti anche **permessi giornalieri per sostenere i singoli esami** (massimo 8 giorni: art. 31 CCNL comparto Funzioni locali).

2.3.7 Il diritto alle assenze

Il dipendente ha diritto ad assentarsi dal lavoro in specifiche ipotesi:

- **assenze per malattia**: il lavoratore che si assenta per malattia ha diritto alla **conservazione del posto**, purché la malattia non superi cumulativamente i 18 mesi nell'arco degli ultimi 3 anni (cosiddetto **periodo di comporto**), ricalcolati di giorno in giorno; in casi particolarmente gravi, tale periodo si può raddoppiare, senza retribuzione, previo accertamento da parte dell'ASL competente di eventuali cause di assoluta e permanente inidoneità fisica a svolgere qualsiasi proficuo lavoro.

Al diritto del lavoratore di assentarsi corrisponde un dovere dello stesso lavoratore di **darne tempestiva comunicazione**, salvo comprovato impedimento, all'ufficio di appartenenza e comunque all'inizio dell'orario di lavoro del giorno in cui si verifica, anche nel caso di eventuale prosecuzione dell'assenza.
L'ente di appartenenza ha diritto di richiedere **visite fiscali di controllo** nelle specifiche **fasce di reperibilità** (per il settore pubblico vanno dalle ore 9.00 alle 13.00 e dalle ore 15.00 alle 18.00, tutti i giorni della settimana, festivi inclusi). Nel pubblico impiego, la visita fiscale deve essere *richiesta obbligatoriamente* se l'assenza si verifica nelle giornate precedenti o successive a quelle non lavorative; *discrezionalmente* può essere disposta anche più volte durante il periodo di prognosi.
Il D.Lgs. 75/2017 ha istituito un **polo unico in capo all'INPS per la gestione delle visite fiscali**, sia nel pubblico che nel privato, attraverso il trasferimento all'Istituto medesimo delle competenze e delle risorse sulle visite fiscali dei dipendenti pubblici in precedenza affidate anche alle ASL;

- **assenze per infortuni sul lavoro o per malattia dovuta a causa di servizio**: in tal caso, il lavoratore ha diritto all'intera retribuzione, comprensiva del trattamento accessorio, oltre che alla conservazione del posto fino alla guarigione clinica, certificata dall'ente istituzionalmente preposto;
- **assenze collegate alla maternità**: i contratti collettivi nazionali di lavoro fanno richiamo alla disciplina legislativa contenuta nel D.Lgs. 151/2001 (*Testo unico sulla maternità e sulla paternità*), per cui le lavoratrici madri (e quelle che abbiano adottato bambini od ottenuto in affidamento preadottivo) hanno diritto di astenersi dal lavoro. Spetta comunque l'intera retribuzione fissa mensile nonché tutte le voci del trattamento accessorio, fisse e ricorrenti. Il Testo unico prevede altri periodi di congedo e aspettativa che possono essere fruiti dal padre o da entrambi i genitori, con o senza diritto alla retribuzione oppure con diritto ad una retribuzione parziale;
- **assenze per assistenza ai familiari**: la legge riconosce 3 giorni di permesso mensile (continuativi o ripartiti, anche a frazioni di ore, *ex* art. 33 L. 104/1992) a chi assiste una persona (coniuge, parente o affine) con handicap in situazione di gravità, nonché un congedo non superiore a 2 anni, continuativi o frazionati, da fruire nell'arco dell'intera vita lavorativa, per gravi e documentati motivi riguardanti il lavoratore e la sua famiglia anagrafica.

Il lavoratore dipendente ha diritto di prestare assistenza al coniuge, al parente o all'affine entro il primo grado o entro il secondo grado qualora i genitori o il coniuge della persona con handicap in situazione di gravità abbiano compiuto i 65 anni di età oppure siano anch'essi affetti da patologie invalidanti o siano deceduti o mancanti.
Il diritto ai permessi mensili spetta al **convivente di fatto** e alla **parte dell'unione civile**.
Il diritto non può essere riconosciuto a più di un lavoratore dipendente per l'assistenza alla stessa persona; nell'ipotesi del figlio è attribuito ad entrambi i genitori, anche adottivi, che possono fruirne alternativamente.

2.3.8 Il diritto a fruire dell'aspettativa

L'aspettativa costituisce una **causa di sospensione del rapporto di lavoro**, che riprende regolarmente al termine del periodo di fruizione. Può essere concessa, a richiesta del dipendente con rapporto di lavoro a tempo indeterminato, per varie cause:

- comprovati **motivi personali o di famiglia**. Compatibilmente con le esigenze organizzative o di servizio, può essere attribuito un periodo massimo di aspettativa per 12 mesi nell'arco di un triennio, da fruire anche in modo frazionato. È senza retribuzione e non concorre alla formazione dell'anzianità di servizio;
- per **gravi e documentati motivi familiari**. Si tratta di un'aspettativa che ha un fondamento diverso da quella in precedenza illustrata (in questo caso la disciplina è dettata dall'art. 4, co. 2, della L. 53/2000), anche se i due periodi possono cumularsi. Può avere una durata massima non superiore a 2 anni durante il quale il dipendente conserva il posto di lavoro, non ha diritto alla retribuzione e non può svolgere alcun tipo di attività lavorativa;
- per **cariche pubbliche elettive**, per la **cooperazione con i Paesi in via di sviluppo** o per **volontariato** ipotesi che trovano una specifica disciplina nelle leggi che le prevedono.

2.3.9 Diritto all'integrazione nell'ambiente di lavoro

Il D.Lgs. 75/2017 ha introdotto apposite misure a sostegno della disabilità, attraverso l'istituzione della **Consulta nazionale per l'integrazione in ambiente di lavoro delle persone con disabilità** e l'individuazione del **responsabile dei relativi processi di inserimento**, nominato dalle Amministrazioni che hanno più di 200 dipendenti.
Essa ha funzioni di monitoraggio sul rispetto degli obblighi delle Amministrazioni Pubbliche in materia di collocamento obbligatorio; di elaborazione di piani, programmi e linee di indirizzo per ottemperare agli obblighi di cui alla L. 68/1999 sul diritto al lavoro dei disabili; di proposta di misure tese al miglioramento dei livelli occupazionali e alla valorizzazione dei lavoratori disabili; di disporre di interventi straordinari per l'adozione di accomodamenti ragionevoli (come definiti dalla Convenzione delle Nazioni Unite sui diritti delle persone con disabilità) nei luoghi di lavoro, per garantire alle persone con disabilità la piena eguaglianza con gli altri lavoratori.

2.4 I doveri dei dipendenti

2.4.1 Disciplina generale

Attualmente, il rapporto di lavoro dei dipendenti pubblici, in quanto privatizzato, è disciplinato dalle norme del codice civile dedicate al lavoro nell'impresa, che fra l'altro definiscono la **diligenza** richiesta al lavoratore nell'esecuzione della prestazione lavorativa (art. 2104 c.c.), individuano in capo al dipendente un **obbligo di fedeltà** (art. 2105 c.c.) e contemplano la **possibilità per il datore di lavoro di applicare sanzioni disciplinari** per l'inosservanza delle disposizioni contenute nei precedenti articoli (art. 2106 c.c.).
Trattandosi, inoltre, del contenuto del rapporto di lavoro, la materia dei doveri del dipendente rientra nella regolamentazione recata dalla contrattazione collettiva, le cui previsioni possono essere distinte in due tipologie:

- **doveri che si ispirano a principi di stampo pubblicistico**, quali il *principio del servizio esclusivo alla nazione* (art. 98 Cost.), i *principi di imparzialità e buon andamento della Pubblica Amministrazione* (art. 97 Cost.), il *principio di democraticità* (art. 1 Cost.);

> **doveri che si collegano a prescrizioni di stampo privatistico** riconducibili alle norme del codice civile sopra enunciate.

I **principali doveri** del lavoratore sono:

> la *fedeltà*, che implica l'obbligo di astenersi da comportamenti pregiudizievoli all'Amministrazione di appartenenza, come abusare delle proprie funzioni a fini personali o utilizzare beni e servizi pubblici al di fuori dei fini istituzionali;
> la *diligenza*, che implica l'obbligo di agire sempre con esattezza, attenzione e cura scrupolosa;
> l'*esclusività*, che implica il divieto di assumere impieghi alle dipendenze di privati e di esercitare attività incompatibili con il rapporto di pubblico impiego (es. commercio, industria);
> l'*imparzialità* e la *collaborazione* nei confronti della pubblica utenza;
> l'*adeguatezza della condotta* al decoro della funzione esercitata;
> il *segreto d'ufficio*, che implica il divieto di trasmettere a chi non ne abbia diritto informazioni riguardanti provvedimenti od operazioni amministrative, in corso o concluse, ovvero notizie di cui si abbia conoscenza a causa delle funzioni esercitate, al di fuori delle ipotesi e delle modalità previste dalle norme sul diritto di accesso;
> l'*obbedienza*, che implica l'obbligo di rispettare le direttive e gli ordini impartiti dai superiori gerarchici.

Prescrizioni di maggior dettaglio sono poi contenute nei **codici di comportamento** e in altre disposizioni normative, come in materia di sicurezza sul lavoro nonché nelle carte dei servizi.

2.4.2 Il Codice di comportamento dei dipendenti pubblici

Con D.P.R. 16-4-2013, n. 62, è stato adottato il «Codice di comportamento dei dipendenti pubblici» a norma dell'art. 54 D.Lgs. 165/2001. Il provvedimento definisce i **doveri minimi di diligenza, lealtà, imparzialità e buona condotta** che i pubblici dipendenti sono tenuti a osservare. Le sue previsioni sono integrate e specificate dai codici di comportamento adottati dalle singole Amministrazioni.
Secondo l'art. 3, il dipendente è tenuto ad osservare la Costituzione, servendo la Nazione con disciplina e onore e conformando la propria condotta ai principi di buon andamento e imparzialità dell'azione amministrativa. Egli svolge i propri compiti nel rispetto della legge, perseguendo l'interesse pubblico senza abusare della posizione o dei poteri di cui è titolare; rispetta altresì i principi di integrità, correttezza, buona fede, proporzionalità, obiettività, trasparenza, equità e ragionevolezza e agisce in posizione di indipendenza e imparzialità, astenendosi in caso di conflitto di interessi.
Si astiene, inoltre, dall'usare a fini privati le informazioni di cui dispone per ragioni di ufficio e si adopera al fine di evitare situazioni e comportamenti che possano ostacolare il corretto adempimento dei compiti o nuocere agli interessi o all'immagine della Pubblica Amministrazione. Prerogative e poteri pubblici sono esercitati unicamente per le finalità di interesse generale per le quali sono stati conferiti.

Ai sensi dell'art. 4 del Codice, il dipendente non accetta, per sé o per altri, regali o altre utilità, salvo quelli d'uso di modico valore (massimo 150 euro) effettuati occasionalmente nell'ambito delle normali relazioni di cortesia e nell'ambito delle consuetudini internazionali.

In ragione dell'art. 5 del Codice, nel rispetto della disciplina vigente del diritto di associazione, il dipendente comunica tempestivamente al responsabile dell'ufficio di appartenenza la propria adesione o appartenenza ad associazioni od organizzazioni (salvo sindacati e partiti politici), a prescindere dal loro carattere riservato o meno, i cui ambiti di interessi possano interferire con lo svolgimento dell'attività dell'ufficio.

Gli obblighi di condotta si estendono, per quanto possibile, a tutti i **collaboratori o consulenti**, con qualsiasi tipologia di contratto o incarico e a qualsiasi titolo, ai titolari di organi e di incarichi negli uffici di diretta collaborazione delle autorità politiche, nonché nei confronti dei collaboratori (a qualsiasi titolo) di imprese fornitrici di beni o servizi e che realizzano opere in favore dell'Amministrazione (art. 2).
La **violazione dei doveri contenuti nel Codice** è fonte di responsabilità disciplinare. La violazione è altresì rilevante ai fini della responsabilità civile, amministrativa e contabile ogni volta che le stesse responsabilità siano collegate alla violazione di doveri, obblighi, leggi o regolamenti. Violazioni gravi o reiterate comportano il licenziamento disciplinare.
Con l'art. 4 D.L. 36/2022, è stata attribuita al Governo una delega per l'aggiornamento del Codice, anche al fine di tener conto delle disposizioni introdotte dallo stesso decreto. Quest'ultimo, infatti, ha aggiunto un comma 1-*bis* all'art. 54 D.Lgs. 165/2001, prevedendo che il Codice di comportamento debba contenere "una sezione dedicata al **corretto utilizzo delle tecnologie informatiche e dei mezzi di informazione e social media** da parte dei dipendenti pubblici, anche al fine di tutelare l'immagine della pubblica amministrazione".

2.4.3 Gli obblighi del dipendente nel CCNL comparto Funzioni locali

L'art. 57 del CCNL comparto Funzioni locali individua nel dettaglio gli obblighi cui è assoggettato il dipendente del comparto. Egli deve conformare la sua condotta al **dovere costituzionale di servire la Repubblica con impegno e responsabilità e rispettare i principi di buon andamento e imparzialità** dell'attività amministrativa, anteponendo il rispetto della legge e l'interesse pubblico agli interessi privati propri e altrui. Deve, inoltre, **adeguare il proprio comportamento ai principi riguardanti il rapporto di lavoro**, contenuti nel Codice di comportamento nazionale e valido per tutti i dipendenti pubblici (il già citato D.P.R. 62/2013), nonché nel codice di comportamento adottato da ciascuna Amministrazione. Deve comportarsi in modo tale da favorire l'instaurazione di rapporti di fiducia e collaborazione fra l'ente e i cittadini.

In particolare, il dipendente deve:

- collaborare con diligenza, osservando le norme del CCNL, le disposizioni per l'esecuzione e la disciplina del lavoro impartite dall'ente anche in relazione alle norme vigenti in materia di sicurezza e di ambiente di lavoro;
- rispettare il segreto d'ufficio e non utilizzare a fini privati le informazioni di cui disponga per ragioni d'ufficio;
- nei rapporti con il cittadino, fornire tutte le informazioni cui abbia titolo, nel rispetto delle disposizioni in materia di trasparenza e di accesso all'attività amministrativa (L. 241/1990, regolamenti attuativi vigenti nell'Amministrazione, D.Lgs. 33/2013), nonché di autocertificazione (D.P.R. 445/2000);
- rispettare l'orario di lavoro, adempiere alle formalità previste per la rilevazione delle presenze e non assentarsi dal luogo di lavoro senza l'autorizzazione del dirigente;

- durante l'orario di lavoro, mantenere nei rapporti interpersonali e con gli utenti, una condotta adeguata ai principi di correttezza e astenersi da comportamenti lesivi della dignità della persona;
- nel periodo di malattia o infortunio non dedicarsi ad attività estranee al servizio e che ritardino il recupero psicofisico;
- eseguire le disposizioni inerenti all'espletamento delle proprie funzioni o mansioni che gli siano impartite dai superiori. Se ritiene che l'ordine sia palesemente illegittimo, il dipendente deve farne rimostranza a chi lo ha impartito, dichiarandone le ragioni; se l'ordine è rinnovato per iscritto ha il dovere di darvi esecuzione. Il dipendente non deve, comunque, eseguire l'ordine quando l'atto sia vietato dalla legge penale o costituisca illecito amministrativo;
- vigilare sul corretto espletamento dell'attività del personale sottordinato ove tale compito rientri nelle proprie responsabilità;
- avere cura di locali, mobili, oggetti, macchinari, attrezzi, strumenti e automezzi a lui affidati. Non deve avvalersi di quanto è di proprietà dell'Amministrazione per ragioni che non siano di servizio;
- astenersi dal chiedere o accettare, a qualsiasi titolo, compensi, regali o altre utilità in connessione con la prestazione lavorativa (salvo quelli di modico valore);
- osservare scrupolosamente le disposizioni che regolano l'accesso ai locali dell'Amministrazione da parte del personale e non introdurre, salvo che non siano debitamente autorizzate, persone estranee in locali non aperti al pubblico;
- comunicare all'Amministrazione la propria residenza e, ove non coincidente, la dimora temporanea, nonché ogni successivo mutamento delle stesse;
- in caso di malattia, dare tempestivo avviso all'ufficio di appartenenza, salvo comprovato impedimento;
- astenersi dal partecipare all'adozione di decisioni o ad attività che possano coinvolgere direttamente o indirettamente interessi finanziari o non finanziari propri, del coniuge, di conviventi, di parenti, di affini entro il secondo grado;
- comunicare all'Amministrazione la sussistenza di provvedimenti di rinvio a giudizio in procedimenti penali.

2.5 L'attività lavorativa in modalità agile o come lavoro da remoto

2.5.1 Lo smart working e le differenze con il telelavoro

Il lavoro agile (o *smart working*) è una modalità di esecuzione del rapporto di lavoro subordinato caratterizzato dall'**assenza di vincoli orari o spaziali e da un'organizzazione per fasi, cicli e obiettivi**, stabilita mediante accordo tra dipendente e datore di lavoro. La definizione riportata è ripresa dall'art. 18 L. 22-5-2017, n. 81 e pone l'accento sulla flessibilità organizzativa, sulla volontarietà delle parti che sottoscrivono l'accordo individuale e sull'utilizzo di strumentazioni (come, ad esempio, pc portatili, tablet e smartphone) che consentono di lavorare da remoto, forniti dal datore di lavoro, il quale ne garantisce anche il buon funzionamento. La prestazione lavorativa subordinata agile è, dunque, "svincolata" da un luogo fisico obbligatorio di svolgimento dell'attività, dal rispetto di un determinato orario di lavoro e dal controllo diretto da parte del datore di lavoro.

Spesso si tende a confondere lo *smart working* con il **telelavoro** e a sovrapporre queste due modalità di esecuzione del rapporto lavorativo; la differenza è, invece, sostanziale. Il telelavoro fa riferimento a una modalità di esecuzione del lavoro svolto a distanza, vale a dire al di fuori dell'azienda e degli altri luoghi in cui tradizionalmente viene prestata l'attività lavorativa, ma, al contempo, **funzionalmente e strutturalmente collegato** ad essa grazie all'ausilio di strumenti di comunicazione informatici e telematici. Si tratta, dunque, di una modalità di svolgimento del lavoro in cui il lavoratore pattuisce di eseguire le prestazioni da un luogo esterno all'azienda, o comunque diverso da quello di esercizio del potere direttivo e di controllo del datore di lavoro, avvalendosi di un dispositivo mobile stabilmente collegato con il sistema informatico aziendale (con indicazioni vincolanti sull'uso della postazione e sulle modalità di connessione e di autenticazione): esso, in sostanza, **costituisce solo un cambiamento di luogo di lavoro**.

Esiste una **specifica disciplina del telelavoro dettata per il pubblico impiego** dal D.P.R. 8-3-1999, n. 70, attuativo della L. 16-6-1998, n. 191 (cosiddetta *Bassanini-ter*). Il decreto definisce il telelavoro come prestazione eseguita dal dipendente di una delle amministrazioni pubbliche in qualsiasi luogo ritenuto idoneo, collocato al di fuori della sede di lavoro, dove la prestazione sia tecnicamente possibile, con il prevalente supporto di tecnologie dell'informazione e della comunicazione, che consentano il collegamento con l'amministrazione cui la prestazione stessa inerisce.
È previsto che il dipendente possa richiedere per iscritto all'amministrazione di appartenenza di essere reintegrato nella sede di lavoro originaria non prima che sia trascorso un congruo periodo di tempo fissato dal progetto di lavoro.
È da segnalare che l'art. 68 CCNL Funzioni Locali 2022 in corso di approvazione disciplina il **lavoro da remoto**, espressione che fa riferimento allo svolgimento dell'attività lavorativa sia nella forma del *telelavoro domiciliare* sia in altre forme di lavoro a distanza (come il *coworking* o il *lavoro decentrato da centri satellite*).
Il citato articolo 68 afferma che le amministrazioni possono, altresì, adottare il *lavoro da remoto con vincolo di tempo*, con il consenso del lavoratore e, di norma, in alternanza con il lavoro svolto presso la sede dell'ufficio, nel caso di attività che richiedono un presidio costante del processo.
L'amministrazione concorda con il lavoratore il luogo ove viene prestata l'attività lavorativa ed è tenuta alla verifica della sua idoneità, anche ai fini della valutazione del rischio di infortuni, nella fase di avvio e, successivamente, con frequenza almeno semestrale.

La disciplina della L. 81/2017 sullo *smart working*, applicabile anche al lavoro alle dipendenze della P.A., **non prevede, invece, alcun vincolo** se non i limiti di durata massima dell'orario di lavoro giornaliero e settimanale. Fondamentale è la consensualità, l'accordo tra le parti, azienda e dipendente, nella ridefinizione flessibile delle modalità di lavoro e delle forme di esercizio del potere direttivo; il presenzialismo e il controllo del datore di lavoro caratteristico del lavoro subordinato (e anche della modalità del telelavoro) subisce un ridimensionamento nella disciplina del lavoro agile, funzionalizzata alla responsabilizzazione del lavoratore.

2.5.2 La disciplina e le tutele

Nel lavoro agile la prestazione lavorativa può essere eseguita in parte all'interno dei locali aziendali e in parte all'esterno, senza una postazione fissa ed entro i soli limiti di durata massima dell'orario di lavoro. La L. 81/2017 rimette all'**accordo individuale tra le parti** la determinazione delle condizioni specifiche di lavoro nell'ambito dell'attività prestata in *smart working*.

In particolare l'**accordo dovrà contenere i seguenti elementi**: la *forma scritta*, la regolamentazione della prestazione lavorativa (anche con riguardo alle *forme di esercizio del potere direttivo del datore di lavoro* e dagli strumenti utilizzati dal lavoratore), l'individuazione dei tempi di riposo e delle misure tecniche e organizzative per assicurare tempi di disconnessione del lavoratore dalla strumentazione tecnologiche di lavoro, la regolamentazione dell'esercizio del *potere di controllo del datore di lavoro* sulla prestazione resa e, in relazione all'oggetto della prestazione, la possibilità di introdurre forme di *organizzazione per fasi, cicli e obiettivi aziendali.*

La legge riconosce in favore del dipendente che lavora in modalità agile alcune **tutele specifiche**. Innanzitutto, al fine di evitare discriminazioni, la legge chiarisce che il lavoratore che svolge la prestazione in *smart working* ha *diritto ad un trattamento economico e normativo non inferiore a quello complessivamente applicato nei confronti dei lavoratori che svolgono le medesime mansioni in azienda*. Il lavoratore agile ha, poi, *diritto agli incentivi di carattere fiscale e contributivo* eventualmente riconosciuti in relazione agli incrementi di produttività ed efficienza del lavoro subordinato. Si prevede, altresì, l'adozione di *adeguate norme di sicurezza e tutela prevista in caso di infortuni e malattie professionali*, anche per quelle prestazioni rese all'esterno dei locali aziendali e nel tragitto tra l'abitazione e il luogo prescelto per svolgere la propria attività.

2.5.3 Lo smart working nelle amministrazioni pubbliche

L'applicabilità del lavoro agile nella P.A. era stata considerata già prima della L. 81/2017, in quanto prevista dalla L. 124/2015 (*riforma Madia*); la necessità di affrontare l'emergenza derivante dalla pandemia COVID-19 ha indotto il legislatore a introdurre regole speciali, che hanno esteso lo *smart working* "emergenziale" su tutto il territorio, consentendo l'attivazione del *lavoro agile in forma semplificata*, in assenza, cioè, dell'accordo individuale con il dipendente.
Se durante le fasi più acute dell'emergenza pandemica tale soluzione ha garantito la continuità del lavoro in sicurezza per i dipendenti e la continuità dei servizi erogati dalle amministrazioni, la nuova fase "non emergenziale" ha richiesto una disciplina diversa, con la definizione di *Linee guida* applicabili a tutti i settori, una più puntuale disciplina affidata alla *contrattazione collettiva* e una regolamentazione di dettaglio da prevedersi nell'ambito del PIAO (nel quale confluisce il POLA, Piano organizzativo del lavoro agile).

Per quanto riguarda la **contrattazione collettiva** è da ricordare che il CCNL Funzioni Locali 2022 in corso di definizione regolamenta, agli articoli 63-70, il *lavoro a distanza*, nozione che include sia il *lavoro agile* sia il *lavoro da remoto* (che può essere svolto nella forma del *telelavoro domiciliare* o in altre forme di lavoro a distanza, come il *coworking* o il lavoro decentrato da centri satellite). Con riferimento al lavoro agile, ne disciplina le modalità di accesso, il contenuto dell'accordo individuale e l'articolazione della prestazione lavorativa.

Il 30 novembre 2021, a seguito del confronto con le organizzazioni sindacali, il Ministro per la Pubblica amministrazione ha pubblicato lo schema di **Linee guida per lo smart working nella Pubblica amministrazione**, che anticipano ciò che sarà definito nei contratti di lavoro con particolare riferimento al diritto alla disconnessione, al diritto alla formazione specifica, al diritto alla protezione dei dati personali, al regime dei permessi e delle assenze e alla compatibilità con ogni altro istituto del rapporto di lavoro e previsione contrattuale.
Le **condizioni per l'accesso alla prestazione lavorativa in forma agile** delineate dalle Linee guida sono sintetizzabili nei seguenti punti:

> **condizioni tecnologiche**: il lavoratore deve essere fornito di idonea dotazione tecnologica e per accedere alle applicazioni del proprio ente deve utilizzare esclusiva-

mente la connessione Internet fornita dal datore di lavoro. L'amministrazione deve prevedere apposite modalità per consentire la raggiungibilità delle proprie applicazioni da remoto. Se le applicazioni dell'ente sono raggiungibili da remoto, ovvero sono in *cloud*, il dipendente può accedere tranquillamente da casa ai propri principali strumenti di lavoro: alternativamente si può ricorrere all'attivazione di una VPN (*Virtual Private Network*, una rete privata virtuale che garantisce privacy, anonimato e sicurezza) verso l'ente, oppure ad accessi in desktop remoto ai server. Inoltre, l'amministrazione, dovrà prevedere sistemi gestionali e sistemi di protocollo raggiungibili da remoto per consentire la gestione in ingresso e in uscita di documenti e istanze, per la ricerca della documentazione etc.;

> **privacy e sicurezza**: per le ordinarie attività di servizio in nessun caso può essere utilizzata un'utenza personale o domestica del dipendente;
> **accesso al lavoro agile**: l'adesione ha natura consensuale e volontaria ed è consentito a tutti i lavoratori (con rapporto di lavoro a tempo pieno o parziale, con contratto a tempo indeterminato o determinato). L'amministrazione individua le attività che possono essere effettuate in lavoro agile: restano esclusi i lavori in turno e quelli che richiedono l'utilizzo costante di strumentazioni non remotizzabili.
Vanno sempre conciliate le esigenze di benessere e flessibilità dei lavoratori con gli obiettivi di miglioramento del servizio pubblico, nonché con le specifiche necessità tecniche delle attività;
> **accordo individuale**, da stipularsi per iscritto ai fini della regolarità amministrativa e della prova. L'accordo deve contenere almeno i seguenti elementi essenziali: *durata* (a termine o a tempo indeterminato), *modalità di svolgimento* della prestazione (con indicazione delle giornate di lavoro da svolgere in sede e di quelle da svolgere a distanza), *modalità di recesso* (entro un termine non inferiore a 30 giorni, salve le ipotesi previste dall'art. 19 L. 81/2017), ipotesi di *giustificato motivo di recesso* (in presenza di un giustificato motivo, ciascuno dei contraenti può recedere dall'accordo senza preavviso indipendentemente dal fatto che lo stesso sia a tempo determinato o a tempo indeterminato), *tempi di riposo del lavoratore* e *misure tecniche e organizzative necessarie per assicurare la disconnessione* dalle strumentazioni tecnologiche di lavoro, *modalità di esercizio del potere direttivo e di controllo* del datore di lavoro;
> **articolazione della prestazione e disconnessione**. La prestazione lavorativa in modalità agile è svolta senza un vincolo di orario nell'ambito delle ore massime di lavoro giornaliere e settimanali stabilite dai CCNL. In ogni caso deve essere individuata una *fascia di inoperabilità* (disconnessione), nella quale il lavoratore non può erogare alcuna prestazione lavorativa, che coincide con il periodo di 11 ore di riposo consecutivo. Il lavoratore può richiedere la fruizione dei permessi orari previsti dai contratti collettivi. Nelle giornate in cui la prestazione lavorativa viene svolta in modalità agile non è possibile effettuare lavoro straordinario, trasferte, lavoro disagiato, lavoro svolto in condizioni di rischio. In caso di cattivo funzionamento dei sistemi informatici, qualora lo svolgimento dell'attività lavorativa a distanza sia impedito o sensibilmente rallentato, il dipendente deve darne tempestiva notizia al proprio dirigente. Questi, se le suddette problematiche dovessero rendere temporaneamente impossibile o non sicura la prestazione lavorativa, può richiamare il dipendente a lavorare in presenza. In quest'ultimo caso il lavoratore è tenuto a completare la prestazione lavorativa fino al termine del proprio orario ordinario di lavoro. Per sopravvenute esigenze di servizio il dipendente in lavoro agile può essere richiamato in sede, con comunicazione che

deve pervenire almeno il giorno prima. Il rientro in servizio non comporta il diritto al recupero delle giornate di lavoro agile non fruite;
> **formazione**: il personale deve essere addestrato all'utilizzo delle piattaforme di comunicazione e degli altri strumenti previsti per operare in modalità agile nonché di diffondere moduli organizzativi che rafforzino il lavoro in autonomia, la collaborazione e la condivisione delle informazioni.

2.6 Mutamenti nel rapporto di lavoro

2.6.1 Nozione di mobilità

Il rapporto di lavoro del dipendente pubblico può subire delle modifiche che determinano il passaggio ad un'Amministrazione diversa da quella di iniziale appartenenza. Si parla in questi casi di **mobilità (esterna)**, da intendersi come **trasferimento del lavoratore da un'Amministrazione all'altra, ciò che comporta un cambiamento del datore di lavoro di riferimento** (sempre nell'ambito della Pubblica Amministrazione). Non rappresenta, invece, una vera e propria procedura di mobilità il *trasferimento del dipendente nell'ambito della stessa Amministrazione*; solo impropriamente, in questi, casi, si parla di **mobilità interna** dal momento che non v'è mutamento del datore di lavoro di riferimento ma solo uno spostamento della sede di lavoro. Si utilizza, poi, l'espressione **mobilità intercompartimentale** quando il trasferimento avviene fra Amministrazioni appartenenti allo stesso comparto, mentre la **mobilità extracompartimentale** si ha quando le Amministrazioni appartengono a due comparti differenti.
Di maggiore rilevanza è la distinzione fra **mobilità temporanea e permanente**. Nella prima ipotesi il dipendente è assegnato *provvisoriamente* ad altra Amministrazione, ma il suo rapporto di lavoro continua con l'istituzione di provenienza. Si tratta generalmente di una modifica di breve periodo e viene effettuata utilizzando gli istituti del comando, del distacco o del collocamento fuori ruolo. La seconda ipotesi, invece, prevede il trasferimento *permanente* del lavoratore nei ruoli di una diversa Amministrazione. In questo ambito è possibile operare la fondamentale distinzione fra:

> **mobilità volontaria** (**o individuale**), indicata anche come passaggio diretto di personale fra Amministrazioni diverse. La disciplina è riportata nell'art. 30 D.Lgs. 165/2001 e si caratterizza per la presenza di una specifica richiesta del dipendente che, di sua spontanea volontà, chiede di essere trasferito presso un'altra Amministrazione. Il trasferimento può anche realizzarsi sotto forma di *mobilità compensativa o di interscambio* quando due dipendenti di Amministrazioni diverse chiedono contestualmente di scambiarsi il proprio posto di lavoro;
> **mobilità obbligatoria**, che può essere *collettiva* (o per *ricollocazione*) oppure *individuale*. Sono accomunate dal fatto di prevedere il trasferimento del dipendente attraverso un atto unilaterale dell'Amministrazione, nel primo caso in seguito ad una procedura che individua lavoratori in soprannumero o in eccedenza (art. 33, D.Lgs. 165/2001).

2.6.2 La mobilità volontaria (o individuale)

La procedura di mobilità volontaria è disciplinata dall'art. 30 D.Lgs. 165/2001 ai sensi del quale le Amministrazioni possono ricoprire posti vacanti in organico mediante **passaggio diretto di dipendenti da altre Amministrazioni**, purché appartenenti ad

una qualifica corrispondente e pienamente in servizio. Requisito essenziale affinché si realizzi tale passaggio è che il dipendente presenti **domanda di trasferimento**.
Prima del D.L. 80/2021 un ulteriore requisito per completare la procedura era l'**assenso dell'Amministrazione di appartenenza**. Con le modifiche introdotte dal citato decreto l'assenso è obbligatorio solo in specifiche ipotesi, ovvero nel caso in cui si tratti di **posizioni dichiarate motivatamente infungibili dall'amministrazione** cedente o di personale assunto da meno di 3 anni o qualora la mobilità determini una carenza di organico superiore al 20% nella qualifica corrispondente a quella del richiedente. È fatta salva la possibilità di differire, per motivate esigenze organizzative, il passaggio diretto del dipendente fino ad un massimo di 60 giorni dalla ricezione dell'istanza di passaggio diretto ad altra amministrazione. Tali previsioni non si applicano al personale delle aziende e degli enti del servizio sanitario nazionale e **degli enti locali con un numero di dipendenti a tempo indeterminato non superiore a 100**, per i quali è comunque richiesto il previo assenso dell'amministrazione di appartenenza.

Per il **trasferimento fra le sedi centrali di differenti Ministeri, Agenzie ed enti pubblici non economici nazionali** non è richiesto l'assenso dell'Amministrazione di appartenenza, la quale dispone il trasferimento entro 2 mesi dalla richiesta dell'Amministrazione di destinazione, fatti salvi i termini per il preavviso e a condizione che l'Amministrazione di destinazione abbia una percentuale di posti vacanti superiore all'Amministrazione di appartenenza.

Le Amministrazioni che intendono assumere il personale devono fissare preventivamente i requisiti e le competenze professionali richieste. Successivamente devono pubblicare sul proprio sito istituzionale, per un periodo pari almeno a 30 giorni, un bando in cui sono indicati i posti che intendono ricoprire attraverso passaggio diretto di personale di altre Amministrazioni.
L'art. 30, co. 1-*quater*, D.Lgs. 165/2001, aggiunto dal D.L. 36/2022, impone la pubblicazione dei bandi di mobilità anche in un'apposita sezione del Portale InPA. Il personale interessato a partecipare a tali procedure può inviare la propria candidatura, per qualsiasi posizione disponibile, previa registrazione nel Portale corredata dal curriculum vitae redatto in formato digitale.
Accanto alla procedura del passaggio diretto, un'altra modalità di trasferimento volontario è quella della **mobilità di compensazione o di interscambio**. L'art. 7 D.P.C.M. 5-8-1988, n. 325, afferma che *è consentita in ogni momento ... la mobilità dei singoli dipendenti presso la stessa od altre Amministrazioni, anche di diverso comparto, nei casi di domanda congiunta di compensazione con altri dipendenti di corrispondente profilo professionale, previo nulla osta dell'Amministrazione di provenienza e di quella di destinazione.*
Per poter avviare la procedura è il singolo dipendente che deve attivarsi per trovare un collega disposto a "scambiare" il posto di lavoro. Superata questa prima fase entrambi dovranno presentare domanda alla propria Amministrazione e a quella del collega al fine di ricevere i rispettivi nulla osta, ottenuti i quali si può procedere al trasferimento dei lavoratori interessati.

2.6.3 La mobilità obbligatoria (individuale o collettiva)

L'art. 30, co. 2, D.Lgs. 165/2001 disciplina la **mobilità obbligatoria individuale**. Il provvedimento afferma che i dipendenti possono essere trasferiti all'interno della stessa Amministrazione o, previo accordo fra le Amministrazioni interessate, in altra Amministrazione, in sedi collocate nel territorio dello stesso Comune ovvero a distanza non superiore a 50 chilometri dalla sede cui sono adibiti. Il trasferimento può essere operato *indipendentemente dalla volontà del lavoratore interessato* e a prescindere dall'esistenza o meno di dichiarazioni di eccedenza di personale.

A rafforzare l'*unilateralità della decisione* concorre il secondo periodo dell'art. 30, co. 2, ove si afferma che "non si applica il terzo periodo del primo comma dell'articolo 2103 del codice civile", vale a dire che non sono necessarie "comprovate ragioni tecniche, organizzative e produttive" per poter trasferire un lavoratore (si fa riferimento al testo codicistico vigente prima delle modifiche del D.Lgs. 81/2015; attualmente la disposizione è riportata al comma 8 dell'art. 2103 c.c.).

Una limitazione è, invece, prevista dall'ultimo periodo del comma laddove stabilisce che le disposizioni in materia di mobilità obbligatoria possano applicarsi solo con il consenso dei dipendenti nel caso in cui questi ultimi abbiano figli di età inferiore a 3 anni, che hanno diritto al congedo parentale o a giorni di permesso mensile per assistere familiari disabili in situazione di gravità.

La preventiva dichiarazione di eccedenza di personale è, invece, una condizione essenziale per avviare procedure di **mobilità collettiva (o per ricollocazione)**, disciplinate dagli artt. 33 e 34.

Il primo passaggio è quello di effettuare annualmente una ricognizione del personale a disposizione e individuare eventuali situazioni di soprannumero o di eccedenze. Dopo aver informato le rappresentanze del personale e le organizzazioni sindacali, il dirigente può porre in essere tutte le attività volte a ridurre il numero di dipendenti in esubero (accordi di prepensionamento, ricorso a forme flessibili di lavoro o contratti di solidarietà, ricollocazione presso la stessa o altre Amministrazioni). Trascorsi 90 giorni dalla comunicazione ai sindacati, e dopo aver espletato le attività volte alla ricollocazione, i dipendenti possono essere collocati "in disponibilità"; ciò implica la sospensione di tutte le obbligazioni inerenti al rapporto di lavoro con il diritto del lavoratore a percepire un'**indennità pari all'80% dello stipendio per la durata massima di 24 mesi** (48 mesi laddove il personale collocato in disponibilità maturi entro il predetto arco temporale i requisiti per il trattamento pensionistico: art. 2, co. 12, D.L. 95/2012).

Il personale in disponibilità confluisce in appositi elenchi dai quali le Amministrazioni che devono procedere ad assunzioni possono (e in alcuni casi devono) attingere.

2.6.4 L'equiparazione dei livelli di inquadramento

Le maggiori difficoltà che si riscontrano nell'attivazione delle procedure di mobilità, in particolare in quella extracompartimentale, è il diverso livello di inquadramento del personale, che rende difficilmente comparabili le varie posizioni lavorative. Per superare tale ostacolo l'art. 29-*bis* D.Lgs. 165/2001 prevede che sia approvato uno specifico decreto del Presidente del Consiglio dei Ministri riportante una tabella di equiparazione fra i livelli di inquadramento previsti dai contratti collettivi relativi ai diversi comparti di contrattazione. Il provvedimento attuativo di tale disposizione è il D.P.C.M. 26 giugno 2015.

2.6.5 Il comando, il distacco e il collocamento fuori ruolo

Di carattere temporaneo, invece, sono le modificazioni che intervengono in seguito a comando o distacco. Si configura, infatti, l'ipotesi di **distacco** di personale quando un datore di lavoro, *per soddisfare* (anche o soltanto) *un proprio interesse*, pone temporaneamente uno o più lavoratori a disposizione di un altro soggetto per l'esecuzione di una determinata attività lavorativa. Qualora, invece, il lavoratore sia assegnato ad altro ente o Amministrazione sulla base di un *interesse proprio del soggetto ricevente*, si deve parlare di **comando**. In entrambi i casi, però, si tratta di un uno spostamento non definitivo. L'art. 30, co. 1-*quinquies*, D.Lgs. 165/2001 (aggiunto dal D.L. 36/2022) afferma *che i comandi o distacchi sono consentiti esclusivamente nel limite del 25% dei posti non coperti all'esito delle procedure di mobilità*.

Tale vincolo non si applica ai comandi o distacchi obbligatori, previsti da disposizioni di legge, ivi inclusi quelli relativi agli uffici di diretta collaborazione, nonché a quelli relativi alla partecipazione ad organi istituiti da disposizioni legislative o regolamentari che prevedono la partecipazione di personale di amministrazioni diverse, nonché ai comandi presso le sedi territoriali dei ministeri, o presso le Unioni di comuni per i Comuni che ne fanno parte.

Il **collocamento fuori ruolo** comporta la destinazione del dipendente pubblico a un'Amministrazione o a un ente diverso da quello di appartenenza, presso il quale egli è chiamato a svolgere temporaneamente la sua prestazione.

Capitolo 3
Il sistema di gestione delle *performance*

3.1 Il Sistema di misurazione e di valutazione

Nel *management* pubblico, il concetto di *performance* è assimilato a quello di *risultato*, anche se la *performance* include non solo l'esito finale dell'azione (il *risultato*, per l'appunto), ma anche le condizioni e le modalità con le quali si è realizzato tale esito (e, dunque, ponendo attenzione all'*efficacia* e all'*efficienza*).
La tematica della *performance* e degli strumenti attraverso i quali misurarla, gestirla e valutarla ha assunto una posizione di centralità nell'ambito dei processi culturali di riforma della Pubblica Amministrazione già a partire dagli anni Novanta dello scorso secolo ma, sul piano positivo, l'introduzione di una disciplina dedicata è avvenuta solamente con il D.Lgs. 150/2009 (il **decreto Brunetta**), un provvedimento che avvicina cultura giuridica e cultura economico-aziendale al fine di ottimizzare la produttività del lavoro pubblico (svolto da tutti i dipendenti, personale dirigenziale e non).
Nel decreto citato sono previste le seguenti *strategie di base*:

- il perseguimento dell'**interesse del destinatario dei servizi e degli interventi**;
- la **qualità dell'organizzazione**, che deve sviluppare metodi e strumenti idonei a misurare, valutare e premiare la *performance* individuale e quella organizzativa, secondo criteri strettamente connessi al soddisfacimento di detto interesse;
- il **miglioramento continuo**, secondo il ciclo della gestione della *performance*.

Il Sistema di misurazione, introdotto dal D.Lgs. 150/2009, è concepito quale sistema di valutazione della prestazione, indirizzato al miglioramento della qualità dei servizi offerti dalle Pubbliche Amministrazioni, da raggiungere attraverso la crescita delle competenze professionali, la valorizzazione del merito e l'erogazione dei premi per i risultati perseguiti dai singoli e dalle unità organizzative (il tutto nella massima trasparenza delle informazioni). A tale fine le Amministrazioni, ogni anno, devono adottare e aggiornare, previo parere vincolante dell'Organismo indipendente di valutazione (OIV), il *Sistema di misurazione e valutazione della performance* (art. 7 D.Lgs. 150/2009).
Il Sistema ha il compito di **individuare le fasi, i tempi, le modalità, i soggetti e le responsabilità del processo di misurazione e valutazione**, e costituisce la base per le procedure di conciliazione, le modalità di raccordo e di integrazione con i sistemi di controllo esistenti e i documenti di programmazione finanziaria e di bilancio.
Il rispetto delle disposizioni relative alla misurazione, valutazione e trasparenza della *performance* costituiscono condizione necessaria (ai sensi dell'art. 3, co. 5, D.Lgs. 150/2009) ai fini dell'erogazione di premi e componenti del trattamento retributivo legati alla *performance* e rileva ai fini del riconoscimento delle progressioni economiche, dell'attribuzione di incarichi di responsabilità al personale, nonché del conferimento degli incarichi dirigenziali.

La valutazione negativa rileva ai fini dell'accertamento della responsabilità dirigenziale e per l'irrogazione del licenziamento disciplinare ai sensi dell'art. 55-*quater* D.Lgs. 165/2001.

3.2 Le strutture e i soggetti coinvolti

3.2.1 Quadro d'insieme

Nel processo di misurazione e valutazione della *performance*, i soggetti che provvedono alle varie fasi del ciclo di gestione sono individuati dall'art. 12 D.Lgs. 150/2009:

- gli **Organismi indipendenti di valutazione della *performance*** (di seguito **OIV**), cui spetta la misurazione e valutazione della *performance* organizzativa e la proposta annuale di valutazione dei dirigenti di vertice. Gli OIV, di cui ogni Amministrazione, singolarmente o in forma associata, si deve dotare, hanno *sostituito i servizi di controllo interno*, istituiti sulla base della precedente normativa, e sono disciplinati dall'art. 14 D.Lgs. 150/2009;
- un **organismo centrale** (attualmente il **Dipartimento per la funzione pubblica - DFP**) che ha il compito di indirizzare, coordinare e sovrintendere l'esercizio delle funzioni degli OIV, di garantire la trasparenza dei sistemi di valutazione e di assicurare la comparabilità degli indici di andamento gestionale (art. 13 D.Lgs. 150/2009).

  L'organismo centrale era stato inizialmente individuato nella CiVIT (Commissione per la valutazione, la trasparenza e l'integrità delle amministrazioni pubbliche), successivamente trasformata in Autorità Nazionale Anticorruzione e per la valutazione e la trasparenza nelle amministrazioni pubbliche (L. 190/2012). Quest'ultima, nel 2014, fu fatta confluire nella nuova Autorità Nazionale Anticorruzione (ANAC), struttura che assorbiva anche le competenze dell'Autorità per la vigilanza sui contratti pubblici. In quella sede fu deciso di "sgravare" l'ANAC dei compiti in materia di misurazione e valutazione della *performance* che aveva ereditato dalla CiVIT e trasferire tali funzioni al Dipartimento per la funzione pubblica, la quale ha assunto tutte le funzioni di promozione e coordinamento delle attività di valutazione e misurazione della *performance*;
- l'**organo di indirizzo politico-amministrativo** di ciascuna Amministrazione, che emana le direttive generali contenenti gli indirizzi strategici e ne verifica il conseguimento effettivo;
- i **dirigenti di ciascuna Amministrazione**, che effettuano la valutazione del personale assegnato ai loro uffici, ai fini del riconoscimento dei benefici previsti dalla contrattazione collettiva (artt. 16 e 17, co. 1, lett. e-*bis*), D.Lgs. 165/2001).

Ai sensi dell'art. 19-*bis* D.Lgs. 150/009 è previsto che i **cittadini**, anche in forma associata, partecipino al processo di misurazione delle *performance* organizzative, con la possibilità di comunicare direttamente all'OIV il proprio grado di soddisfazione per le attività e i servizi erogati, secondo le modalità stabilite dallo stesso organismo. A tale fine, è necessario che le Amministrazioni adottino sistemi di rilevazione del grado di soddisfazione degli utenti e dei cittadini, favorendo forme di partecipazione.

Anche gli **utenti interni** alle Amministrazioni (dunque, in primo luogo, i dipendenti) partecipano al processo di misurazione delle *performance* organizzative in relazione ai servizi strumentali e di supporto, secondo le modalità individuate dall'OIV. Va assicurata la pubblicazione dei risultati della rilevazione del grado di soddisfazione dei soggetti, con cadenza annuale, sul sito dell'Amministrazione e l'OIV deve tenere conto di tali rilievi ai fini della validazione della Relazione sulla *performance*.

3.2.2 Gli organismi indipendenti di valutazione (OIV)

La valutazione indipendente della *performance* è assicurata, in ogni Amministrazione, dall'OIV, previsto dall'art. 14 D.Lgs. 150/2009.
Ai sensi di questa norma, l'OIV:

- monitora il funzionamento del sistema della valutazione, della trasparenza e dell'integrità dei controlli interni ed elabora una relazione annuale sullo stato dello stesso, anche formulando proposte e raccomandazioni ai vertici amministrativi;
- comunica tempestivamente le criticità riscontrate ai competenti organi interni di governo ed amministrazione, nonché alla Corte dei conti e al DFP;
- valida la Relazione sulla *performance*, a condizione che sia redatta in forma sintetica, chiara e di immediata comprensione ai cittadini e agli altri utenti e ne assicura la visibilità attraverso la pubblicazione sul sito istituzionale dell'Amministrazione;
- garantisce la correttezza dei processi di misurazione e valutazione nonché dell'utilizzo dei premi nel rispetto del principio di valorizzazione del merito e della professionalità;
- propone all'organo di indirizzo politico-amministrativo, la valutazione annuale dei dirigenti di vertice e la loro premiazione;
- è responsabile della corretta applicazione delle linee guida, delle metodologie e degli strumenti predisposti dal DFP;
- promuove e attesta l'assolvimento degli obblighi relativi alla trasparenza e all'integrità;
- verifica i risultati e le buone pratiche di promozione delle pari opportunità.

Nell'esercizio delle funzioni suddette, l'OIV ha **accesso a tutti gli atti e documenti** in possesso dell'Amministrazione, utili all'espletamento dei propri compiti, nel rispetto della disciplina in materia di protezione dei dati personali. Tale accesso è garantito senza ritardo. L'OIV ha altresì **accesso diretto a tutti i sistemi informativi** dell'Amministrazione, ivi incluso il sistema di controllo di gestione, e può accedere a tutti i luoghi all'interno dell'Amministrazione, al fine di svolgere le verifiche necessarie all'espletamento delle proprie funzioni, potendo agire anche in collaborazione con gli organismi di controllo di regolarità amministrativa e contabile dell'Amministrazione. Nel caso di riscontro di **gravi irregolarità**, l'Organismo effettua ogni opportuna segnalazione agli organi competenti. L'OIV verifica, inoltre, che sia stata realizzata la sostanziale integrazione fra programmazione economico-finanziaria e pianificazione strategico-funzionale (art. 6 D.P.R. 105/2006).
Il DFP assicura la **corretta istituzione e composizione** degli OIV, i cui componenti non possono essere nominati fra i dipendenti dell'Amministrazione interessata o tra soggetti che rivestano incarichi pubblici elettivi o cariche in partiti politici o in organizzazioni sindacali ovvero che abbiano rapporti continuativi di collaborazione o di consulenza con le predette organizzazioni, ovvero che abbiano rivestito simili incarichi o cariche o che abbiano avuto simili rapporti nei 3 anni precedenti la designazione.

3.3 Il ciclo della *performance*

Secondo l'art. 4 D.Lgs. 150/2009 le Pubbliche Amministrazioni devono sviluppare un ciclo di gestione della *performance* articolato nelle seguenti fasi:

- definizione e assegnazione degli **obiettivi** che si intendono raggiungere, dei valori attesi di risultato e dei rispettivi indicatori, tenendo conto anche dei risultati conseguiti nell'anno precedente;
- collegamento tra gli obiettivi e l'**allocazione delle risorse**;

- **monitoraggio** in corso di esercizio e attivazione di eventuali interventi correttivi;
- **misurazione e valutazione** della *performance*, organizzativa e individuale;
- utilizzo dei **sistemi premianti**, secondo criteri di valorizzazione del merito;
- **rendicontazione** dei risultati agli organi di indirizzo politico-amministrativo, ai vertici delle Amministrazioni, nonché ai competenti organi di controllo interni ed esterni, ai cittadini, ai soggetti interessati, agli utenti e ai destinatari dei servizi.

3.4 Gli obiettivi di *performance*

Gli obiettivi di *performance* sono individuati dal legislatore in due categorie (art. 5, co. 1, D.Lgs. 150/2009):

- **obiettivi generali**, che identificano le priorità strategiche delle Pubbliche Amministrazioni. Sono determinati con apposite linee guida, adottate su base triennale con decreto del Presidente del Consiglio dei Ministri. La previsione di tale categoria intende rafforzare l'attività di indirizzo a livello nazionale nella definizione degli obiettivi strategici e operativi delle Amministrazioni, che saranno tenute, dunque, a formulare parte dei loro obiettivi specifici in armonia con quelli generali;
- **obiettivi specifici** di ogni Amministrazione, individuati nel Piano della *performance*, in coerenza con la direttiva annuale adottata ai sensi dell'art. 8 D.Lgs. 286/1999.

Gli obiettivi individuati dovranno essere:

- rilevanti e pertinenti rispetto ai bisogni della collettività, alla missione istituzionale, alle priorità politiche ed alle strategie dell'Amministrazione;
- specifici e misurabili in termini concreti e chiari;
- tali da determinare un significativo miglioramento della qualità dei servizi erogati e degli interventi;
- riferibili ad un arco temporale determinato, di norma corrispondente ad un anno;
- commisurati ai valori di riferimento derivanti da standard definiti a livello nazionale e internazionale, nonché da comparazioni con Amministrazioni omologhe;
- confrontabili con le tendenze della produttività dell'Amministrazione con riferimento, ove possibile, almeno al triennio precedente;
- correlati alla quantità e alla qualità delle risorse disponibili.

3.5 Il Piano della *performance*, la Relazione annuale e il PIAO

Al fine di assicurare la qualità, comprensibilità e attendibilità dei documenti di rappresentazione della *performance*, le Amministrazioni pubbliche:

- redigono annualmente un documento programmatico denominato **Piano triennale della performance (PTP)**, che individua gli indirizzi e gli obiettivi strategici ed operativi e definisce gli indicatori per la misurazione e la valutazione della *performance* dell'Amministrazione, nonché gli obiettivi individuali assegnati al *personale dirigenziale e non* ed i relativi indicatori;
- elaborano un documento denominato **Relazione sulla *performance***, che evidenzia, a consuntivo, con riferimento all'anno precedente, i risultati organizzativi e individuali raggiunti rispetto ai singoli obiettivi programmati ed alle risorse, con rilevazione degli eventuali scostamenti, e il bilancio di genere realizzato. La relazione deve

essere validata dall'OIV ed è condizione necessaria per l'utilizzo degli strumenti posti a premiare il merito.

Come si è già avuto modo di esaminare, **sia il Piano della performance sia la relativa Relazione sono confluiti nel Piano integrato di attività e organizzazione (PIAO)**.

3.6 Il trattamento accessorio collegato alla *performance*

Il D.Lgs. 150/2009 ha provveduto ad articolare anche gli strumenti con i quali premiare il merito e la professionalità, attraverso il riconoscimento:

- del ***bonus* annuale delle eccellenze**, assegnato al personale, dirigenziale e non, cui è attribuita una valutazione di eccellenza (art. 21);
- del **premio annuale per l'innovazione**, attribuito dall'OIV della *performance* al miglior progetto realizzato nell'anno che produca un significativo cambiamento dei servizi offerti e dei processi interni di lavoro (art. 22);
- delle **progressioni economiche**, conferite selettivamente dalle Amministrazioni sulla base della contrattazione collettiva (nazionale e integrativa) e nei limiti delle risorse disponibili, ad una quota limitata di dipendenti in relazione allo sviluppo delle competenze professionali ed ai risultati individuali e collettivi rilevati dal sistema di valutazione (art. 23);
- delle **progressioni di carriera**, per cui i posti nella dotazione organica vengono coperti attraverso concorsi pubblici con riserva non superiore al 50% a favore del personale interno, finalizzata al riconoscimento e alla valorizzazione delle competenze professionali sviluppate (art. 24);
- dell'**attribuzione di incarichi e responsabilità**, attuata attraverso il sistema di misurazione e valutazione (art. 25);
- di un accesso privilegiato a **percorsi di alta formazione e di crescita professionale** e a periodi di lavoro presso istituzioni nazionali e internazionali (art. 26).

È, inoltre, previsto il **premio di efficienza**, per cui una quota fino al 30% dei risparmi sui costi di funzionamento derivanti da processi di ristrutturazione, riorganizzazione e innovazione viene destinata, fino a due terzi e secondo criteri definiti dalla contrattazione collettiva integrativa, al personale coinvolto, mentre la parte residua serve a incrementare le somme disponibili per la contrattazione stessa (art. 27). Tali risorse possono essere utilizzate se i risparmi sono documentati nella Relazione sulla *performance*.

Capitolo 4
La responsabilità del dipendente, il sistema sanzionatorio e la cessazione del rapporto di lavoro

4.1 La responsabilità del dipendente

4.1.1 Il fondamento costituzionale e normativo

Il fondamento normativo della responsabilità dei dipendenti pubblici risiede nella Costituzione, in particolare nell'art. 28, secondo il quale i funzionari e i dipendenti dello Stato e degli enti pubblici **sono direttamente responsabili**, secondo le *leggi penali, civili e amministrative, degli atti compiuti in violazione di diritti* (e ormai anche interessi legittimi). In tali casi **la responsabilità civile si estende allo Stato e agli enti pubblici**.
Il dettato costituzionale è stato recepito dallo Statuto degli impiegati civili dello Stato; a norma dell'art. 22, co. 1, D.P.R. 3/1957, infatti, l'impiegato *che, nell'esercizio delle attribuzioni ad esso conferite dalle leggi o dai regolamenti, cagioni ad altri un danno ingiusto .... è personalmente obbligato a risarcirlo*. L'azione di risarcimento nei suoi confronti *può essere esercitata congiuntamente con l'azione diretta nei confronti dell'Amministrazione qualora, in base alle norme e ai principi vigenti dell'ordinamento giuridico, sussista anche la responsabilità dello Stato*. Pertanto, l'impiegato pubblico che cagioni ad altri un danno ingiusto è personalmente obbligato a risarcirlo. L'azione di risarcimento nei suoi confronti può essere esercitata congiuntamente con l'azione diretta nei confronti dell'Amministrazione.
Il D.P.R. 3/1957 definisce anche il concetto di **danno ingiusto** e, in quanto tale, risarcibile. A norma dell'art. 23, infatti, il pregiudizio *contra ius* è quello derivante da **ogni violazione dei diritti dei terzi** che l'impiegato abbia commesso per dolo o per colpa grave, restando salve le responsabilità più gravi previste dalle leggi vigenti.
La responsabilità personale dell'impiegato sussiste tanto se la violazione del diritto del terzo sia cagionata dal compimento di atti od operazioni, quanto se la detta violazione consista nell'omissione o nel ritardo ingiustificato di atti od operazioni al cui compimento l'impiegato sia obbligato per legge o per regolamento.

4.1.2 Le diverse tipologie di responsabilità del dipendente pubblico

Il pubblico dipendente, nell'esercizio delle proprie funzioni, può incorrere nelle seguenti tipologie di responsabilità:

- **civile**, che si configura quando per colpa o dolo, derivi un danno per l'ente e/o per il cittadino utente, e la sanzione prevista consiste nell'obbligo di risarcire il danno;
- **amministrativa e contabile**, che coinvolge i soggetti che abbiano causato un danno all'apparato statale nell'esercizio di specifiche funzioni amministrative, direttamente o indirettamente (in quest'ultimo caso il pregiudizio non è causato all'ente direttamente

dal dipendente, ma deriva dal risarcimento ottenuto da un terzo danneggiato da attività imputabili alla stessa amministrazione). In tale ambito si colloca anche la responsabilità contabile per le violazioni delle norme sui procedimenti di spesa e sulla custodia del denaro pubblico da parte di chi ne è abituato ovvero tenuto al maneggio;
> **penale**, che insorge nel caso in cui la trasgressione dei doveri di ufficio assume il carattere della violazione dell'ordine giuridico generale e si concreta nella figura del reato;
> **disciplinare**, una forma di responsabilità, aggiuntiva rispetto a quella penale, civile e amministrativo-contabile, in cui incorre il dipendente che non osserva obblighi contrattualmente assunti, fissati nei contratti collettivi e recepiti nel contratto individuale.

Le **responsabilità amministrativa e quella disciplinare** riguardano il rapporto fra il lavoratore e il proprio datore di lavoro pubblico. Le altre forme di responsabilità, invece, presentano connotazioni diverse. In particolare, la **responsabilità civile** può configurarsi come responsabilità da atto lecito o da atto illecito, cui consegue l'obbligo del risarcimento del danno a beneficio del soggetto danneggiato.
Le diverse tipologie di responsabilità non sono tra loro alternative o incompatibili, ma possono concorrere, poiché la **medesima condotta può dar luogo alla violazione di più norme** e, quindi, essere fonte di distinte e concomitanti responsabilità; il suo autore potrà essere assoggettato a sanzioni di natura diversa (penale o disciplinare) o chiamato a rispondere del danno sotto diverso titolo (civile o erariale).

A titolo esemplificativo si pensi ad un incidente occorso durante l'orario d'ufficio che veda il coinvolgimento di un pubblico dipendente risultato positivo ad un alcoltest e che utilizza un'auto di servizio. In questi casi potrebbe configurarsi una responsabilità civile per i danni provocati a terzi, una responsabilità penale laddove dovessero risultare lesioni personali, una responsabilità amministrativa per danno erariale nonché una responsabilità di tipo disciplinare.

4.1.3 La responsabilità civile verso terzi

È chiamata a rispondere a norma dell'art. 2043 c.c. l'autorità amministrativa che **nell'esplicazione dei propri compiti istituzionali causi danni a soggetti terzi**, violando il generico dovere del *neminem laedere*. Al riguardo, tuttavia, occorre ricordare che la Pubblica Amministrazione opera attraverso i propri dipendenti, per cui in virtù del *rapporto di immedesimazione organica* il lavoratore che arrechi un danno a terzi ne risponderà *in via diretta*, anche se dal punto di vista procedurale l'Amministrazione è legata al proprio dipendente da un vincolo di *solidarietà passiva*.
Il fatto illecito si concretizza in una **condotta antigiuridica** che può esternarsi nel compimento di un atto amministrativo illegittimo, nel mancato compimento di un comportamento doveroso, nell'omissione di un atto dovuto o, ancora, in un comportamento materiale lesivo di diritti. Esso può essere compiuto dal pubblico dipendente con l'intenzione di cagionare l'evento dannoso e, dunque, con la consapevolezza della sua ingiustizia (**dolo**), oppure in violazione dei doveri di diligenza, cautela o perizia nei confronti dei terzi (**colpa**). Il fatto illecito, inoltre, deve essere prodotto in *assenza di cause giustificative* e incidere negativamente su una posizione attiva tutelata, producendo un **danno risarcibile**.
Elemento imprescindibile per l'affermazione della responsabilità dell'Amministrazione è il **collegamento fra la condotta del pubblico dipendente e il danno ingiusto subìto dal privato**. La condotta antigiuridica deve essere realizzata nell'ambito delle attività che l'agente svolge per l'ente di appartenenza. La giurisprudenza ha elaborato

un ulteriore criterio di riferibilità basato su di un *nesso di occasionalità necessaria*, secondo cui l'attività materiale che ha arrecato danno può essere addebitata all'Amministrazione tutte le volte in cui il comportamento dell'agente, pur non essendo inquadrabile nelle attività funzionali dell'ente pubblico, sia risultato ad ogni modo collegato alle incombenze assegnate per ragioni di servizio.

4.1.4 La responsabilità amministrativa e contabile

La **responsabilità amministrativa** si configura in conseguenza di qualsiasi condotta posta in essere da un dipendente pubblico, gravemente colposa e foriera di danno erariale all'amministrazione di appartenenza o altro ente pubblico. Mentre nell'ipotesi di responsabilità civile il dipendente pubblico *arreca un danno ad un terzo* ed è tenuto in solido con l'Amministrazione di appartenenza a risarcirlo (art. 28 Cost.), in ipotesi di responsabilità amministrativa *il danno è arrecato all'Amministrazione di appartenenza*, nell'ambito del rapporto d'ufficio ed è la stessa P.A. danneggiata a dover essere risarcita del danno patrimoniale subìto.
Il pregiudizio prodotto all'ente di appartenenza viene qualificato come **danno erariale** e si configura quale lesione ingiustificata al patrimonio dello Stato, posta in essere dai dipendenti pubblici nell'esercizio delle proprie funzioni: esso presuppone, dunque, un pregiudizio alle finanze pubbliche.
La **responsabilità contabile**, invece, può definirsi come quella particolare responsabilità patrimoniale in cui possono incorrere solo alcuni pubblici dipendenti, ovvero gli agenti contabili, qualifica spettante ai soggetti che hanno il maneggio di denaro o di altri valori dello Stato o la materiale disponibilità di beni. Il giudice competente in materia è la Corte dei conti.

In materia l'art. 52 D.Lgs. 174/2016 (*Codice di giustizia contabile*) prevede che, i responsabili delle strutture burocratiche di vertice delle amministrazioni, comunque denominate, ovvero i dirigenti o responsabili di servizi, in relazione al settore cui sono preposti, che nell'esercizio delle loro funzioni vengono a conoscenza, direttamente o a seguito di segnalazione di soggetti dipendenti, di fatti che possono dare luogo a responsabilità erariali, **devono presentarne tempestiva denuncia alla procura della Corte dei conti territorialmente competente.** Le generalità del pubblico dipendente denunziante sono tenute riservate. La denuncia di danno deve contenere *una precisa e documentata esposizione dei fatti e delle violazioni commesse*, l'indicazione ed eventualmente la quantificazione del danno, nonché, ove possibile, l'individuazione dei presunti responsabili, l'indicazione delle loro generalità e del loro domicilio.

4.1.5 La responsabilità penale

Si ha responsabilità penale quando la trasgressione dei doveri di ufficio, da parte dell'impiegato, assume il carattere di **violazione dell'ordine giuridico generale e si concreta nella figura del reato** (es. abuso e omissione di atti d'ufficio, concussione, corruzione etc.).
I reati che possono essere compiuti dai pubblici impiegati si distinguono in propri e comuni.
I **reati propri** sono quelli in cui la qualità di impiegato o funzionario è necessaria per l'esistenza del reato. Così, ad esempio, l'accettare denaro o altra cosa per il compimento di atto relativo all'esercizio delle proprie attribuzioni sarebbe penalmente irrilevante se

commesso da un privato; configura, invece, il reato di corruzione (artt. 318-319 c.p.) se è compiuto da un pubblico funzionario. I *reati comuni*, invece, sono quelli che potrebbero essere commessi da un qualsiasi soggetto, anche se talora la qualità di pubblico funzionario può comportare un aumento di pena o un mutamento della figura del reato.
Il codice penale (articoli da 314 a 335-*bis*) disciplina i **delitti dei pubblici ufficiali contro la Pubblica Amministrazione**, ovvero le varie tipologie di comportamenti criminosi di cui possono essere autori gli appartenenti all'Amministrazione e che si qualificano come reati cosiddetti propri (perché i loro autori sono in possesso di uno specifico *status*).
Si tratta di reati per lo più dolosi e il danno da essi provocato si dirige sia nei confronti dell'utenza di volta in volta interessata sia nei riguardi dell'Amministrazione, dal punto di vista del servizio e anche sotto l'aspetto dell'immagine (compromessa) dell'ente.

4.1.6 La responsabilità disciplinare

Con l'assunzione della prestazione lavorativa, i pubblici dipendenti assumono l'obbligo di prestare la propria attività a favore di una specifica Amministrazione, posizione che comporta, come già esaminato, l'attribuzione di specifici diritti ma anche di correlati doveri. Se il dipendente non osserva gli impegni contrattualmente assunti, cioè commette **infrazioni degli obblighi connessi al rapporto di lavoro con l'Amministrazione di appartenenza**, incorre nella *responsabilità disciplinare*, con la conseguente applicazione di *sanzioni conservative* (richiamo, multa, sospensione dal servizio e dalla retribuzione) o *espulsive* (licenziamento con o senza preavviso).
Tra le disposizioni normative che dettano in modo più puntuale gli obblighi cui è tenuto il pubblico dipendente spicca il D.P.R. 62/2013 (il Codice di comportamento dei dipendenti pubblici), documento che ciascuna amministrazione integra con l'adozione di un proprio Codice in base alle proprie specificità (art. 54, co. 5, D.Lgs. 165/2001), e il contratto collettivo nazionale di riferimento.

In materia di responsabilità disciplinare la dottrina ha evidenziato i seguenti **principi guida**: la *tipicità* (i fatti costituenti illecito disciplinare devono essere previsti in modo tassativo dalla legge), la *tassatività delle sanzioni irrogabili* (rimprovero verbale, censura, multa, sospensione del lavoro e della retribuzione, licenziamento con preavviso e licenziamento senza preavviso) e la *pubblicità e la trasparenza oltre che la proporzionalità delle sanzioni*.

4.2 Le sanzioni disciplinari senza licenziamento

4.2.1 I criteri di determinazione delle sanzioni

Le sanzioni vanno applicate nel **rispetto del principio di gradualità e di proporzionalità**, in relazione alla gravità dell'infrazione, al tipo e all'entità e tenendo conto dei seguenti criteri generali:

- *intenzionalità* del comportamento, *grado di negligenza, imprudenza o imperizia dimostrate*, tenuto conto anche della prevedibilità dell'evento;
- *rilevanza degli obblighi violati*;
- *responsabilità connesse alla posizione di lavoro* occupata dal dipendente;
- *grado di danno o di pericolo* causato all'Amministrazione, agli utenti o a terzi ovvero al disservizio determinatosi;

- sussistenza di *circostanze aggravanti o attenuanti*, con particolare riguardo al comportamento del lavoratore, ai precedenti disciplinari nell'ambito del biennio previsto dalla legge, al comportamento verso gli utenti;
- *concorso nella violazione di più lavoratori* in accordo fra di loro.

4.2.2 Le sanzioni applicabili

Le sanzioni disciplinari previste dal CCNL comparto Funzioni locali (ma che riprendono analoghe disposizioni previste per tutti i comparti del pubblico impiego) sono indicate all'art. 58. Secondo il citato articolo, le violazioni degli obblighi a carico dei dipendenti danno luogo, secondo la gravità dell'infrazione, all'applicazione delle seguenti sanzioni disciplinari (previo procedimento disciplinare):

- **rimprovero verbale**. È una sanzione irrogata dal responsabile della struttura presso cui presta servizio il dipendente, previa audizione dello stesso a difesa sui fatti addebitati, e deve risultare nel fascicolo personale;
- **rimprovero scritto (censura)**;
- **multa** di importo variabile fino ad un **massimo di 4 ore di retribuzione**.

Queste sanzioni si applicano per le seguenti condotte:

- inosservanza delle disposizioni di servizio, anche in tema di assenze per malattia, nonché dell'orario di lavoro, ove non ricorrano le fattispecie della certificazione medica falsa o che attesta falsamente uno stato di malattia;
- condotta non conforme a principi di correttezza verso superiori o altri dipendenti o nei confronti degli utenti o terzi;
- negligenza nell'esecuzione dei compiti assegnati, nella cura dei locali e dei beni mobili o strumenti affidati al dipendente o sui quali, in relazione alle sue responsabilità, debba espletare attività di custodia o vigilanza;
- inosservanza degli obblighi in materia di prevenzione degli infortuni e di sicurezza sul lavoro ove non ne sia derivato danno o pregiudizio al servizio o agli interessi dell'Amministrazione o di terzi;
- rifiuto di assoggettarsi a visite personali disposte a tutela del patrimonio dell'Amministrazione;
- insufficiente rendimento nell'assolvimento dei compiti assegnati, ove non ricorrano le fattispecie più gravi previste dell'art. 55-*quater* D.Lgs. 165/2001;
- violazione dell'obbligo di identificarsi al pubblico (art. 55-*novies* D.Lgs. 165/2001);
- violazione di doveri ed obblighi di comportamento, non ricompresi nei punti precedenti, da cui sia derivato disservizio ovvero danno o pericolo all'Amministrazione, agli utenti o ai terzi.

L'importo delle ritenute per multa è introitato dal bilancio dell'Amministrazione ed è destinato ad attività sociali a favore dei dipendenti;

- **sospensione** dal servizio con **privazione della retribuzione fino a 10 giorni**.

Questa sanzione si applica per le seguenti condotte:

- recidiva o particolare gravità delle mancanze per le quali si applicano le sanzioni prima indicate;
- assenza ingiustificata dal servizio o arbitrario abbandono dello stesso. L'entità della sanzione è determinata in relazione alla durata dell'assenza o dell'abbandono del servizio, al disservizio determinatosi, alla gravità della violazione dei doveri del dipendente, agli eventuali danni causati all'Amministrazione, agli utenti o ai terzi. Se l'assenza è prolungata e non giustificata può comportare il licenziamento del dipendente (art. 55-*quater*, co. 1, lett. *b*, D.Lgs. 165/2001);
- ingiustificato ritardo, non superiore a 5 giorni, a trasferirsi nella sede assegnata dai superiori;

- svolgimento di attività che ritardino il recupero psico-fisico durante lo stato di malattia o di infortunio;
- manifestazioni ingiuriose nei confronti dell'ente, salvo che siano espressione della libertà di pensiero;
- atti, comportamenti o molestie, lesivi della dignità della persona. Nel caso di gravità e di reiterazione può applicarsi anche la sanzione del licenziamento;
- atti o comportamenti aggressivi ostili e denigratori che assumano forme di violenza morale nei confronti di un altro dipendente, comportamenti minacciosi, ingiuriosi, calunniosi o diffamatori nei confronti di altri dipendenti o degli utenti o di terzi. Anche in questo caso la reiterazione e la gravità possono prevedere l'applicazione della sanzione del licenziamento;
- violazione di doveri ed obblighi di comportamento, non ricompresi nei punti precedenti, da cui sia comunque derivato grave danno all'ente e agli utenti o ai terzi;

> **sospensione** dal servizio con **privazione della retribuzione da 11 giorni fino ad un massimo di 6 mesi.**

Questa sanzione si applica per le seguenti condotte:

- recidiva nel biennio delle mancanze previste nel precedente punto (quelle sanzionate con la *privazione della retribuzione fino a 10 giorni*);
- occultamento, da parte del responsabile della custodia, del controllo o della vigilanza, di fatti e circostanze relativi ad illecito uso, manomissione, distrazione o sottrazione di somme o beni di pertinenza dell'ente o ad esso affidati;
- atti, comportamenti o molestie a carattere sessuale ove non sussista la gravità e la reiterazione;
- alterchi con vie di fatto negli ambienti di lavoro, anche con gli utenti;
- violazione di doveri ed obblighi di comportamento, non ricompresi nei punti precedenti, da cui sia, comunque, derivato grave danno all'ente agli utenti o a terzi;
- fino a due assenze ingiustificate dal servizio in continuità con le giornate festive e di riposo settimanale;
- ingiustificate assenze collettive nei periodi in cui è necessario assicurare continuità nell'erogazione di servizi all'utenza;

> **licenziamento, con preavviso e senza preavviso**. Queste ipotesi saranno esaminate nel dettaglio nei prossimi paragrafi.

Il D.Lgs. 165/2001, poi, prevede specifiche sanzioni nelle seguenti ipotesi:

> **sospensione dal servizio con privazione della retribuzione fino ad un massimo di 15 giorni** nel caso di mancata collaborazione (rifiuto di fornire informazioni rilevanti o resa di dichiarazioni false o reticenti), senza un giustificato motivo, nell'ambito di un procedimento disciplinare da parte di dirigenti o dipendenti appartenenti alla stessa o a una diversa Amministrazione dell'incolpato (art. 55-*bis*, co. 7, D.Lgs. 165/2001);

> **sospensione dal servizio con privazione della retribuzione da un minimo di 3 giorni fino ad un massimo di 3 mesi** per violazione di obblighi concernenti la prestazione lavorativa, che abbia determinato la condanna dell'Amministrazione al risarcimento del danno (art. 55-*sexies*, co. 1, D.Lgs. 165/2001);

> **sospensione dal servizio con privazione della retribuzione fino ad un massimo di 3 mesi**, per il mancato esercizio o la decadenza dall'azione disciplinare, dovuti all'omissione o al ritardo, senza giustificato motivo, degli atti del procedimento disciplinare, ovvero a valutazioni manifestamente irragionevoli di insussistenza dell'illecito in relazione a condotte aventi oggettiva e palese rilevanza disciplinare (art. 55-*sexies*, co. 3, D.Lgs. 165/2001).

Al dipendente responsabile di più mancanze compiute con unica azione od omissione o con più azioni od omissioni fra loro collegate ed accertate con un unico procedimento, è applicabile la sanzione prevista per la mancanza più grave, se le infrazioni sono punite con sanzioni di diversa gravità.

4.2.3 Determinazione concordata della sanzione

L'art. 63 CCNL Funzioni locali disciplina una **procedura di tipo conciliativo** (*non obbligatoria*) fra l'autorità disciplinare competente e il dipendente volta a **concordare la sanzione disciplinare da applicare**. Contempla diverse limitazioni:

> non è applicabile nelle ipotesi in cui la legge o il contratto collettivo prevedano il licenziamento, con o senza preavviso;
> può riguardare solo l'entità ma non può decidere di sostituire una tipologia di sanzione con una diversa da quella prevista dalla legge o dal contratto collettivo (ad esempio una multa in luogo della privazione della retribuzione);
> l'accordo raggiunto non può essere impugnato.

Il **procedimento conciliativo** si articola nei seguenti passaggi:

- la proposta può essere avanzata da entrambe le parti (autorità disciplinare e dipendente) entro 5 giorni dall'audizione del dipendente per il contraddittorio a sua difesa; deve contenere una sommaria prospettazione dei fatti, delle risultanze del contraddittorio e l'indicazione della misura della sanzione ritenuta applicabile. La mancata formulazione della proposta entro il termine indicato comporta la decadenza delle parti dalla facoltà di attivare ulteriormente la procedura conciliativa;
- la controparte deve comunicare la propria disponibilità entro 5 giorni dal ricevimento della proposta. La mancata accettazione impedisce la successiva possibilità di attivare ulteriormente la procedura conciliativa;
- se la proposta è accettata le parti si incontrano entro i successivi 3 giorni. Al termine dell'incontro è redatto un verbale nel quale è indicata la sanzione concordata (in caso di esito positivo) oppure è indicato il mancato accordo (in caso di esito negativo).

La procedura conciliativa deve concludersi entro 30 giorni dalla contestazione e comunque prima dell'irrogazione della sanzione. La scadenza di tale termine comporta l'estinzione della procedura conciliativa eventualmente già avviata e ancora in corso di svolgimento e la decadenza delle parti dalla facoltà di avvalersi ulteriormente della stessa.

4.3 La cessazione del rapporto di lavoro e il licenziamento

4.3.1 Cause generali di cessazione del rapporto di lavoro

Per potersi parlare di cessazione del rapporto di lavoro del dipendente di un'Amministrazione si deve verificare **uno dei seguenti eventi**:

> raggiungimento del *limite massimo di età* lavorativa o contributiva;
> *dimissioni*, nel rispetto dei termini di preavviso prescritti;
> *decesso*;
> *impossibilità di rinnovo* dell'incarico dirigenziale per mancato raggiungimento degli obiettivi o per inosservanza imputabile delle direttive impartite;

- *perdita della cittadinanza* italiana o europea, secondo quanto previsto dalla disciplina nazionale e dell'Unione europea, laddove tale requisito sia essenziale per svolgere l'attività prevista;
- *superamento del periodo di comporto* previsto per le *assenze per malattia*, eventualmente anche dovute a causa di servizio;
- *licenziamento disciplinare*, con o senza preavviso (fondato su presupposti che assorbono gran parte delle cause di licenziamento previste dalla disciplina pubblicistica o civilistica);
- *annullamento della procedura di reclutamento*;
- *dispensa dal servizio* per inidoneità fisica e psichica;
- decadenza dall'impiego per mancata cessazione della situazione di *incompatibilità fra obblighi di servizio e attività svolte dal dipendente*, nonostante la diffida effettuata dall'ente datore di lavoro;
- decadenza dall'impiego per *superamento del periodo di 24 mesi di collocamento in disponibilità* senza che sia stato possibile ricollocare altrimenti il lavoratore;
- decadenza dall'impiego per avvenuta *accettazione di una missione o altro incarico da un'autorità straniera* senza autorizzazione del Ministro competente.

4.3.2 Il licenziamento con preavviso

Ferma la disciplina in tema di licenziamento per giusta causa o giustificato motivo, si applica la sanzione del **licenziamento con preavviso** per le seguenti ipotesi:

- **assenza priva di valida giustificazione** per un numero di giorni, anche non continuativi, superiore a 3 nell'arco di un biennio o comunque per più di 7 giorni nel corso degli ultimi 10 anni ovvero mancata ripresa del servizio, in caso di assenza ingiustificata, entro il termine fissato dall'Amministrazione (art. 55-*quater*, co. 1, lett. *b*, D.Lgs. 165/2001);
- ingiustificato **rifiuto del trasferimento** disposto dall'Amministrazione per motivate esigenze di servizio (art. 55-*quater*, co. 1, lett. *c*, D.Lgs. 165/ 2001);
- gravi o reiterate **violazioni dei codici di comportamento** (art. 55-*quater*, co. 1, lett. f-*bis*, D.Lgs. 165/2001);
- **commissione dolosa, o gravemente colposa, dell'infrazione di cui all'art. 55-*sexies*, co. 3**, ossia il mancato esercizio o la decadenza dall'azione disciplinare, dovuti all'omissione o al ritardo, senza giustificato motivo, degli atti del procedimento disciplinare (art. 55-*quater*, co. 1, lett. f-*ter*, D.Lgs. 165/2001);
- reiterata **violazione di obblighi concernenti la prestazione lavorativa**, che abbia determinato l'applicazione, in sede disciplinare, della sospensione dal servizio per un periodo complessivo superiore a un anno nell'arco di un biennio (art. 55-*quater*, co. 1, lett. f-*quater*, D.Lgs. 165/2001);
- **insufficiente rendimento**, dovuto alla reiterata violazione degli obblighi concernenti la prestazione lavorativa, stabiliti da norme legislative o regolamentari, dal contratto collettivo o individuale, da atti e provvedimenti dell'Amministrazione di appartenenza, e rilevato dalla costante reiterata valutazione negativa della *performance* del dipendente per ciascun anno nell'arco dell'ultimo triennio, resa a tali specifici fini (art. 55-*quater*, co. 1, lett. f-*quinquies*, D.Lgs. 165/2001);

- **omessa attivazione del procedimento disciplinare** e **omessa adozione del provvedimento di sospensione cautelare**, senza giustificato motivo, per i dirigenti e, negli enti privi di qualifica dirigenziale, per i responsabili di servizio competenti, che abbiano acquisito conoscenza di una falsa attestazione della presenza in servizio (art. 55-*quater*, co. 3-*quinquies*, D.Lgs. 165/2001);
- **recidiva nel biennio** nelle violazioni per le quali in prima istanza non si applica la sanzione del licenziamento (art. 59, co. 5, 6, 7 e 8, CCNL Funzioni locali);
- **recidiva plurima**, in una delle mancanze sanzionabili senza il licenziamento, anche se di diversa natura, o recidiva, nel biennio, in una mancanza che abbia già comportato l'applicazione della sanzione di sospensione dal servizio e dalla retribuzione;
- recidiva nel biennio di **atti, comportamenti o molestie a carattere sessuale** o quando l'atto, il comportamento o la molestia rivestano carattere di particolare gravità;
- **condanna passata in giudicato**, per un delitto che, commesso fuori del servizio e non attinente in via diretta al rapporto di lavoro, non ne consenta la prosecuzione per la sua specifica gravità;
- violazione degli obblighi di comportamento in tema di **accettazione di regali o altre utilità** e compimento dei doveri d'ufficio (art. 16, co. 2, secondo e terzo periodo, D.P.R. 62/2013);
- violazione dei doveri e degli obblighi di comportamento non ricompresi nei punti precedenti ma di gravità tale da non consentire la prosecuzione del rapporto di lavoro;
- **mancata ripresa del servizio**, salvo casi di comprovato impedimento, dopo periodi di interruzione dell'attività previsti dalle disposizioni legislative e contrattuali vigenti, alla conclusione del periodo di sospensione o alla scadenza del termine fissato dall'Amministrazione.

4.3.3 Il licenziamento senza preavviso

Si applica la massima sanzione del licenziamento **senza preavviso** per:

- la **falsa attestazione della presenza in servizio** (mediante l'alterazione dei sistemi di rilevamento della presenza o con altre modalità fraudolente) ovvero giustificazione dell'assenza dal servizio mediante una certificazione medica falsa o che attesta falsamente uno stato di malattia (art. 55-*quater*, co. 1, lett. *a*, D.Lgs. 165/2001).

  In merito alle false attestazioni o certificazioni, il D.Lgs. 75/2017, modificando l'art. 55-*quinquies*, co. 3-*bis*, del D.Lgs. 165/2001, dispone che i **contratti collettivi nazionali** individuino le condotte e fissino le corrispondenti sanzioni disciplinari con riferimento alle ipotesi di *ripetute e ingiustificate assenze dal servizio in continuità con le giornate festive e di riposo settimanale*, nonché con riferimento ai casi di ingiustificate *assenze collettive in determinati periodi* nei quali è necessario assicurare continuità dell'erogazione dei servizi all'utenza;

- le **falsità documentali o dichiarative** commesse ai fini o in occasione dell'instaurazione del rapporto di lavoro ovvero di progressioni di carriera (art. 55-*quater*, co. 1, lett. *d*, D.Lgs. 165/2001);
- la reiterazione nell'ambiente di lavoro di **gravi condotte aggressive o moleste o minacciose o ingiuriose** o comunque lesive dell'onore e della dignità personale altrui (art. 55-*quater*, co. 1, lett. *e*, D.Lgs. 165/2001);

- la **condanna penale definitiva**, in relazione alla quale è prevista l'interdizione perpetua dai pubblici uffici ovvero l'estinzione, comunque denominata, del rapporto di lavoro (art. 55-*quater*, co. 1, lett. *f*), D.Lgs. 165/2001).

Si aggiungono a queste ipotesi, richiamate anche nel CCNL Funzioni locali, quelle oggetto di specifica previsione nello stesso contratto collettivo, cioè a dire:

- la commissione di **gravi fatti illeciti di rilevanza penale**, ivi compresi quelli che possono dare luogo alla sospensione cautelare;
- la condanna passata in giudicato per un **delitto commesso in servizio o fuori servizio** che, pur non attenendo in via diretta al rapporto di lavoro, non ne consenta neanche provvisoriamente la prosecuzione per la sua specifica gravità;
- la **commissione in genere (anche nei confronti di terzi) di fatti o atti dolosi**, che, pur non costituendo illeciti di rilevanza penale, sono di gravità tale da non consentire la prosecuzione neppure provvisoria del rapporto di lavoro;
- la condanna, anche non passata in giudicato, per i delitti indicati dall'art. 7, co. 1, e 8, co. 1, D.Lgs. 235/2012 (*Testo unico sull'incandidabilità*), quando alla condanna consegua comunque l'**interdizione perpetua dai pubblici uffici**, per i delitti previsti dall'art. 3, co. 1, L. 97/2001 e per gravi delitti commessi in servizio;
- le **violazioni intenzionali degli obblighi**, non ricompresi specificatamente nei punti precedenti, anche nei confronti di terzi, di gravità tale da non consentire la prosecuzione neppure provvisoria del rapporto di lavoro.

4.4 Il procedimento disciplinare

4.4.1 Titolarità del potere disciplinare

La contestazione dell'addebito al dipendente e lo sviluppo della procedura disciplinare sono regolamentati nel D.Lgs. 165/2001 e nei contratti collettivi di lavoro di comparto. Per quanto riguarda i **soggetti titolari del potere disciplinare:**

- per le *infrazioni di minore gravità* (quelle per le quali è prevista la sanzione del rimprovero verbale) la competenza spetta al **responsabile della struttura** presso cui il dipendente presta servizio e secondo le procedure stabilite dal contratto collettivo. Per il CCNL Funzioni locali si fa riferimento all'art. 58, co. 4, il quale prevede che il responsabile, previa audizione del dipendente a difesa sui fatti addebitati, procede all'irrogazione della sanzione;
- per le *restanti infrazioni* (quelle punite con sanzioni diverse dal mero rimprovero verbale) la competenza spetta all'**Ufficio per i procedimenti disciplinari (UPD)**, che ciascuna Amministrazione deve individuare secondo il proprio ordinamento. Resta ferma la possibilità, previa convenzione, di provvedere alla gestione unificata delle funzioni dell'ufficio da parte di più Amministrazioni.

Alla ripartizione sopra riportata fa eccezione il *personale docente, educativo e amministrativo, tecnico e ausiliario* (ATA), presso le istituzioni scolastiche ed educative statali. In questo caso è attribuito al dirigente della struttura (in sostanza il Dirigente scolastico) il potere di irrogare sanzioni fino alla sospensione dal servizio con privazione della retribuzione per 10 giorni (art. 55-*bis*, co. 9-*quater*, D.Lgs. 165/2001).

È da sottolineare che, secondo le indicazioni dell'art. 55 D.Lgs. 165/2001, le norme in materia di responsabilità disciplinare e quelle che ne disciplinano il procedimento sono di carattere imperativo e la loro violazione, *dolosa o colposa*, costituisce a sua volta illecito disciplinare in capo ai dipendenti preposti alla loro applicazione.

4.4.2 Fasi del procedimento disciplinare dinanzi all'UPD

Il procedimento disciplinare dinanzi all'UPD è regolamentato dall'art. 55-*bis*, commi 4 e seguenti, D.Lgs. 165/2001. L'iter può essere suddiviso in quattro fasi:

> **fase preistruttoria** nella quale si ha conoscenza del fatto e si provvede alla *segnalazione*. Al di fuori dei casi di licenziamento senza preavviso, il responsabile della struttura presso cui presta servizio il dipendente, segnala "immediatamente", e comunque entro 10 giorni, all'UPD i fatti ritenuti di rilevanza disciplinare.

Sanzioni particolarmente severe sono contemplate per il *mancato esercizio o la decadenza dell'azione disciplinare*, dovuti all'omissione o al ritardo, senza giustificato motivo, degli atti del procedimento disciplinare o a valutazioni sull'insussistenza dell'illecito disciplinare irragionevoli o manifestamente infondate, in relazione a condotte aventi oggettiva e palese rilevanza disciplinare. Per i soggetti responsabili di tali azioni (quindi anche non dirigenti) si applica la sanzione della sospensione dal servizio fino a un massimo di 3 mesi, salva la maggiore sanzione del licenziamento nel caso in cui questa sia prevista (art. 55-*sexies*, co. 3, D.Lgs. 165/2001);

> **fase contestatoria**, nella quale si provvede a contestare formalmente e a comunicare al dipendente l'addebito che gli viene mosso. L'UPD provvede con immediatezza, e comunque non oltre 30 giorni (decorrenti dalla segnalazione del responsabile della struttura o dal momento in cui ha comunque avuto conoscenza dei fatti di rilevanza disciplinare), alla **contestazione scritta dell'addebito**, secondo le modalità indicate nell'art. 55-*bis*, co. 5, D.Lgs. 165/2001. Con un preavviso di almeno 20 giorni, si procede, poi, alla convocazione dell'interessato per l'audizione in contraddittorio a sua difesa.

La comunicazione di contestazione dell'addebito al dipendente, nell'ambito del procedimento disciplinare, è effettuata a mezzo *posta elettronica certificata*, qualora il dipendente disponga di idonea casella di posta, ovvero a mezzo *consegna a mano*.
In alternativa, le comunicazioni sono effettuate a mezzo *raccomandata postale con ricevuta di ritorno*. Per le comunicazioni successive alla contestazione dell'addebito è consentita la comunicazione fra l'Amministrazione e i propri dipendenti a mezzo posta elettronica o altri strumenti informatici di comunicazione, ovvero anche al numero di fax o altro indirizzo di posta elettronica, previamente comunicati dal dipendente o dal suo procuratore.

Nel corso dell'**istruttoria**, l'UPD può acquisire da altre Amministrazioni pubbliche informazioni o documenti rilevanti per la definizione del procedimento, attività che non determina la sospensione del procedimento, né il differimento dei relativi termini.

Una disposizione specifica riguarda i *dipendenti* o i *dirigenti*, appartenenti alla stessa o a una diversa Amministrazione dell'incolpato, che, essendo a conoscenza per ragioni di ufficio o di servizio di informazioni rilevanti per un procedimento disciplinare in corso, rifiutano, senza giustificato motivo, la collaborazione richiesta dall'UPD procedente ovvero rendono dichiarazioni false o reticenti. A tali soggetti è applicabile la sanzione disciplinare della sospensione dal servizio con privazione della retribuzione, commisurata alla gravità dell'illecito contestato, fino ad un massimo di 15 giorni (art. 55-*bis*, co. 7, D.Lgs. 165/2001);

- **fase difensiva**, nella quale si consente al dipendente di *opporre le proprie ragioni* alle contestazioni ricevute. Il dipendente può farsi assistere da un procuratore ovvero da un rappresentante dell'associazione sindacale cui aderisce o conferisce mandato. In caso di grave e oggettivo impedimento, ferma la possibilità di depositare memorie scritte, può richiedere che l'audizione a sua difesa sia differita, per una sola volta, con proroga del termine per la conclusione del procedimento in misura corrispondente. Il dipendente ha diritto di accesso agli atti istruttori del procedimento, fatta eccezione per la speciale tutela accordata alla segnalazione effettuata dal *whistleblower* (art. 54, co. 4, D.Lgs. 165/2001);
- **fase decisoria**, nella quale si conclude il procedimento con l'archiviazione o con l'applicazione della sanzione. L'UPD deve concludere il procedimento, con l'atto di *archiviazione* o di *irrogazione della sanzione*, **entro 120 giorni dalla contestazione dell'addebito**. Gli atti di avvio e conclusione del procedimento, nonché l'eventuale provvedimento di sospensione cautelare, sono comunicati all'Ispettorato per la funzione pubblica, entro 20 giorni dalla loro adozione. Al fine di tutelare la riservatezza del dipendente, il nominativo dello stesso è sostituito da un codice identificativo.

La sanzione è **impugnabile in sede giurisdizionale o arbitrale**, secondo le norme contenute nel codice di procedura civile. Con il consenso del dipendente la sanzione applicabile può anche essere ridotta, ma in tal caso non è più impugnabile.
I **vizi del procedimento disciplinare** (ossia la violazione dei *termini* e delle *disposizioni* che lo disciplinano), ferma l'eventuale responsabilità del dipendente cui essi siano imputabili, **non determinano la decadenza dell'azione disciplinare né l'invalidità degli atti e della sanzione irrogata**, purché non risulti *irrimediabilmente compromesso il diritto di difesa del dipendente* e le modalità di esercizio dell'azione disciplinare, anche in ragione della natura degli accertamenti svolti nel caso concreto, siano comunque compatibili con il *principio di tempestività* (art. 55-*bis*, co. 9-*ter*, D.Lgs. 165/2001).

4.4.3 Il procedimento disciplinare accelerato

In tutti i casi in cui le **condotte punibili con il licenziamento siano accertate in flagranza** non trova applicazione la procedura prima indicata bensì quella prevista dall'art. 55-*quater*, co. 3-*bis* e ss., D.Lgs. 165/2001, **caratterizzata da termini più brevi** per le varie fasi e perciò definita "accelerata".
Introdotta inizialmente dal D.Lgs. 116/2016 per reprimere più efficacemente il fenomeno delle false attestazioni della presenza in servizio (i cosiddetti *furbetti del cartellino*), è stata successivamente estesa (con il D.Lgs. 75/2017) a tutte le ipotesi in cui sia previsto il licenziamento e le condotte siano accertate in flagranza.
La procedura prevede che:

- si debba procedere all'**immediata sospensione cautelare** del dipendente, senza stipendio (fatto salvo il diritto all'assegno alimentare nella misura stabilita dalle disposizioni normative e contrattuali vigenti) e senza obbligo di preventiva audizione;
- la sospensione sia disposta dal responsabile della struttura in cui il dipendente lavora o dal competente UPD, con provvedimento motivato, in via immediata e comunque **entro 48 ore** dal momento in cui ne sono venuti a conoscenza. La violazione di tale termine non determina la decadenza dall'azione disciplinare né l'inefficacia della sospensione cautelare, fatta salva l'eventuale responsabilità del dipendente cui essa sia imputabile;

> laddove sia accertata l'effettiva violazione, con il provvedimento di sospensione cautelare si procede anche alla **contestuale contestazione per iscritto dell'addebito** e alla convocazione del dipendente dinanzi all'UPD;
> il **dipendente sia convocato**, per il contraddittorio a sua difesa, con un preavviso di almeno 15 giorni (20 giorni nella procedura ordinaria). Fino alla data dell'audizione, può inviare una memoria scritta o, in caso di grave, oggettivo e assoluto impedimento, chiedere un rinvio per un periodo non superiore a 5 giorni e che comunque può essere disposto una sola volta;
> l'UPD **concluda il procedimento entro 30 giorni** (120 nella procedura ordinaria) dalla ricezione, da parte del dipendente, della contestazione dell'addebito.

Come già visto per il procedimento ordinario, anche in questo caso la **violazione dei termini**, fatta salva l'eventuale responsabilità del dipendente cui essa sia imputabile, non determina la decadenza dall'azione disciplinare né l'invalidità della sanzione irrogata. Ciò a patto che non risulti irrimediabilmente compromesso il diritto di difesa del dipendente e non sia superato il termine per la conclusione del procedimento ordinario (120 giorni: art. 55-*bis*, co. 4, D.Lgs. 165/2001).

4.4.4 Il rapporto fra procedimento disciplinare e procedimento penale

Sotto il profilo procedurale va sottolineata la piena **autonomia del procedimento disciplinare rispetto al processo penale**. Il procedimento disciplinare che abbia a oggetto in tutto o in parte fatti in relazione ai quali procede l'autorità giudiziaria è proseguito e concluso anche in pendenza del procedimento penale e non si sospende. Per le infrazioni per le quali è applicabile una sanzione superiore alla sospensione dal servizio con privazione della retribuzione fino a 10 giorni, l'UPD – nei casi di particolare complessità dell'accertamento del fatto addebitato al dipendente e quando all'esito dell'istruttoria non dispone di elementi sufficienti a motivare l'irrogazione della sanzione – **può sospendere il procedimento disciplinare fino al termine di quello penale**.
Il procedimento disciplinare è **ripreso** o **riaperto** (se si conclude con l'archiviazione e il processo penale con una sentenza irrevocabile di condanna, o se emergono elementi per una sanzione più grave) entro 60 giorni dalla comunicazione della sentenza all'Amministrazione di appartenenza del lavoratore, ovvero dalla presentazione dell'istanza di riapertura. Il procedimento ripreso o riaperto si svolge secondo quanto previsto nell'art. 55-*bis* con integrale nuova decorrenza dei termini ivi previsti per la sua conclusione.
Il procedimento disciplinare sospeso può essere **riattivato** qualora l'Amministrazione giunga in possesso di elementi sufficienti per concluderlo, anche sulla base di un provvedimento giurisdizionale non definitivo; inoltre, per quanto riguarda i tempi del procedimento ripreso o riaperto successivamente alla sentenza del giudice penale, trovano applicazione i termini generali, che decorrono nuovamente e integralmente.

L'art. 62 CCNL Funzioni locali, dopo aver richiamato la disciplina sopra illustrata riportata negli artt. 55-*ter* e 55-*quater* D.Lgs. 165/2001, definisce gli effetti sul procedimento disciplinare della sentenza penale. Le ipotesi contemplate sono:

- **procedimento disciplinare sospeso e successiva sentenza penale irrevocabile di assoluzione** nella quale si riconosca che il "fatto non sussiste" o che "l'imputato non lo ha commesso" oppure "non costituisce illecito penale" o altra formulazione analoga. In questo caso, l'autorità disciplinare procedente riprende il procedimento disciplinare e adotta le determinazioni conclusive. Se nel procedimento disciplinare sospeso, oltre ai fatti oggetto del giudizio penale per i quali vi sia stata assoluzione, erano state contestate altre violazioni, oppure i fatti contestati, pur prescritti o non costituenti illecito penale, rivestano comunque rilevanza disciplinare, il procedimento riprende e prosegue per dette infrazioni;

- **procedimento disciplinare non sospeso e concluso con il licenziamento e successiva sentenza penale irrevocabile di assoluzione**, nella quale si riconosca che il "fatto non sussiste" o che "l'imputato non lo ha commesso" oppure "non costituisce illecito penale" o altra formulazione analoga. In questo caso, il procedimento è riaperto e si conclude con un atto di archiviazione; il dipendente ha diritto, dalla data della sentenza di assoluzione, alla riammissione in servizio presso l'ente, anche in soprannumero nella medesima sede o in altra, nella medesima qualifica e con decorrenza dell'anzianità posseduta all'atto del licenziamento. Analoga disciplina trova applicazione nel caso in cui l'assoluzione del dipendente consegua a **sentenza pronunciata a seguito di processo di revisione**. Qualora, oltre ai fatti che hanno determinato il licenziamento, siano state contestate al dipendente altre violazioni, ovvero nel caso in cui le violazioni siano rilevanti sotto profili diversi da quelli che hanno portato al licenziamento, il procedimento disciplinare viene riaperto.

4.5 La sospensione cautelare del dipendente

Qualora il dipendente sia sottoposto a procedimento disciplinare o penale, l'ordinamento appresta una misura cautelare (non una sanzione) che può essere applicata onde evitare che il soggetto accusato di un illecito di particolare gravità continui a prestare servizio, pregiudicando la regolarità del funzionamento degli uffici e il prestigio dell'Amministrazione: la **sospensione cautelare**. La misura è disciplinata diversamente secondo che *intervenga nel corso di un procedimento disciplinare* oppure sia adottata in attesa dello *svolgimento di un procedimento penale*.

La **sospensione cautelare in corso di procedimento disciplinare** *può* essere disposta (ed è, dunque, *facoltativa*) in quelle ipotesi in cui l'ente riscontri la necessità di espletare accertamenti su fatti punibili con sanzione non inferiore alla sospensione dal servizio e dalla retribuzione. Deve *necessariamente essere disposta* (e, dunque, *non è facoltativa*) nelle ipotesi in cui si applichi il procedimento disciplinare accelerato (art. 55-*quater*, co. 3-*bis*, D.Lgs. 165/2001).
Non può avere una durata superiore a 30 giorni, con conservazione della retribuzione. Se il procedimento si conclude con una sanzione che prevede la sospensione dal servizio con privazione della retribuzione, il periodo di sospensione è computato nella sanzione, recuperando la parte relativa alla decurtazione della retribuzione.
Invece la **sospensione cautelare in seguito a procedimento penale**:

- è *obbligatoria* quando il dipendente è sottoposto a misura restrittiva della libertà personale. La sospensione è disposta d'ufficio con privazione della retribuzione per la durata dello stato di detenzione o, comunque, dello stato restrittivo della libertà;
- anche se non v'è restrizione della libertà personale, la sospensione è *obbligatoria* e si estende fino al termine del procedimento penale nelle specifiche ipotesi previste dalla legge e dal contratto collettivo; vi rientrano, in particolare, tutti i reati che impediscono la candidabilità di un soggetto (art. 7, co. 1, e 8, co. 1, D.Lgs. 235/2012) e in tutti gli altri casi legislativamente previsti;
- è *facoltativa* quando non vi è restrizione della libertà personale o questa sia cessata (con l'esclusione delle ipotesi prima citate).

Estensioni WEB

Test di verifica online

Libro II

Diritto del lavoro e legislazione sociale

SOMMARIO

Sezione I
Diritto del lavoro

Capitolo 1
Nozione e fonti del diritto del lavoro

1.1 Il diritto del lavoro

A partire dall'800 ha incominciato a svilupparsi un'autonoma branca del diritto privato che prende il nome di **diritto del lavoro**, tradizionalmente suddivisa nei seguenti settori:

- il **diritto del lavoro in senso stretto**, che detta le norme fondamentali in materia di rapporto di lavoro, disciplinando la sua costituzione, individuando gli obblighi delle parti e stabilendo in quali casi e secondo quali modalità esso si scioglie;
- il **diritto sindacale**, che disciplina l'attività dei sindacati dei lavoratori, con riguardo particolare allo sciopero e alla contrattazione (i cosiddetti *contratti collettivi*);
- la **legislazione sociale**, che individua e disciplina le forme di tutela pubblica dei lavoratori (vi rientrano, ad esempio, le norme in tema di infortuni e malattie professionali).

1.2 Le fonti di diritto internazionale e quelle dell'Unione europea

I più importanti atti di diritto internazionale che incidono sul diritto del lavoro sono approvati nell'ambito dell'**Organizzazione Internazionale del Lavoro** (OIL o ILO nella sigla inglese), istituita nel 1917 e successivamente divenuta un'agenzia specializzata delle Nazioni Unite, che si occupa di promuovere la giustizia sociale e i diritti umani riconosciuti a livello internazionale, con particolare riferimento a quelli riguardanti il lavoro.
I **trattati internazionali** sono anch'essi fonti di diritto e, parimenti agli atti dell'OIL, vanno considerati come fonte indiretta di produzione legislativa. Ciò implica che devono essere ratificati con un atto normativo statale (la legge di ratifica) al fine di potere entrare a fare parte delle norme dell'ordinamento giuridico con efficacia vincolante.
Diversa è, invece, l'efficacia nel diritto interno delle **fonti di diritto dell'Unione europea**. In questo ambito è da ricordare che l'Italia ha aderito alla Comunità economica europea (CEE) sin dalla sua istituzione, avvenuta il 25 marzo 1957 con la firma a Roma del trattato fondativo e ora è membro dell'Unione europea (UE), organizzazione che dal 1° dicembre 2009 (in seguito all'entrata in vigore del Trattato di Lisbona) ha sostituito la Comunità europea. Questa organizzazione è attualmente disciplinata da due accordi internazionali:

- il **Trattato sull'Unione europea o TUE**, noto anche come Trattato di Maastricht, firmato il 17 febbraio 1992. Negli anni successivi è stato radicalmente modificato, soprattutto con il Trattato di Lisbona, e può essere considerato la Carta costituzionale

dell'organizzazione in quanto individua i principi sui quali essa è fondata e l'assetto istituzionale della stessa. È formato da 55 articoli;
- il **Trattato sul funzionamento dell'Unione europea o TFUE**, denominazione attribuita al Trattato istitutivo della Comunità europea (TCE) del 1957 in seguito alle modifiche introdotte con il Trattato di Lisbona. Nei suoi 358 articoli confluiscono le norme di tipo operativo e quelle attuative delle disposizioni di principio riportate nel TUE.

I due trattati affidano alle istituzioni europee (in particolare al Parlamento europeo, al Consiglio dell'Unione e alla Commissione) la facoltà di emanare atti giuridici che incidono notevolmente sulla disciplina nazionale del diritto del lavoro. Si tratta:
- dei **regolamenti**, atti che hanno una *portata generale*, per cui non si rivolgono a destinatari espressamente indicati o individuabili *a priori*, sono *obbligatori in tutti loro elementi* e *direttamente applicabili* negli Stati membri (art. 288, par. 2, TFUE);
- delle **direttive**, che vincolano lo Stato membro cui sono rivolte per quanto riguarda il risultato da raggiungere, salva restando la competenza degli organi nazionali in merito alla forma e ai mezzi (art. 288, par. 3, TFUE). L'elemento qualificante di tali atti è la *non diretta applicabilità* dal momento che, per poter produrre effetti giuridici negli ordinamenti nazionali, le direttive devono necessariamente essere oggetto di provvedimenti di recepimento; solo in seguito all'adozione di questi ultimi potranno derivare obblighi e diritti per i soggetti degli ordinamenti interni;
- delle **decisioni**, obbligatorie in tutti i loro elementi; se designano i destinatari sono obbligatorie soltanto nei confronti di questi (art. 288, par. 4, TFUE).

1.3 La Costituzione italiana

Nella Costituzione il concetto di lavoro quale valore fondamentale e la tutela dei diritti ad esso associati hanno una posizione predominante, tanto che già all'**art. 1** si afferma che l'Italia è una **Repubblica democratica fondata sul lavoro**.

In base all'art. 4 della Costituzione "la Repubblica riconosce a tutti i cittadini il **diritto al lavoro** e promuove le condizioni che rendano effettivo questo diritto". La Carta costituzionale, dunque, non si limita a tutelare i lavoratori, cioè coloro che sono già occupati, ma si preoccupa anche di coloro che ancora non lo sono, i quali possono manifestare la pretesa a che siano create occasioni di lavoro.

Oltre alle disposizioni sopra citate, collocate nell'ambito dei "principi fondamentali", altre norme aventi rilevanza ai fini del diritto del lavoro si trovano nella regolazione dei rapporti economici (titolo III) e dei rapporti politici (titolo IV).

Particolarmente importanti sono gli **artt. da 35 a 40** della Costituzione, sia perché esplicitano delle direttive politiche in capo al legislatore sia perché trattasi di precetti immediatamente applicabili nei rapporti tra privati.

L'**art. 35**, che apre il titolo III, specifica che compito della Repubblica è quello di **tutelare il lavoro** *in tutte le sue forme ed applicazioni*, mentre l'**art. 36** afferma il diritto del lavoratore ad avere una **retribuzione proporzionata** alla quantità e qualità del suo lavoro, e in ogni caso **sufficiente** ad assicurare a sé e alla sua famiglia un'esistenza libera e dignitosa. Allo stesso modo si afferma il diritto alle ferie annuali retribuite e al riposo settimanale, specificando che tali diritti non possono essere rinunciati. È sempre questa norma a stabilire una riserva di legge in materia di orario di lavoro.

L'**art. 37** Cost. ha a specifico riferimento il **lavoro delle donne** e quello **dei minori**, statuendo un principio generale di parità di trattamento in termini retributivi. Una par-

ticolare specificazione porta ad affermare che le condizioni di lavoro devono essere tali da garantire alla donna la protezione adeguata all'assolvimento della sua funzione familiare di modo che siano garantiti anche i diritti del bambino.
L'**art. 38** Cost. riguarda il diritto al **lavoro dei diversamente abili**, nonché la tutela sociale (in termini anche di assistenza) che a essi va riservata.
Gli **artt. 39 e 40** Cost., invece, riguardano l'**attività sindacale**, la libera formazione delle relative organizzazioni in termini associativi ed il riconoscimento del diritto di sciopero.

1.4 La legge ordinaria e quella regionale

Il più comune luogo di mediazione degli interessi tra le diverse parti del rapporto di lavoro si ritrova, indubbiamente, nella **legge ordinaria** e negli **atti normativi ad essa equiparati** (i decreti legislativi ed i decreti legge).
Il codice civile del 1942 contiene sia disposizioni generali aventi ad oggetto il lavoro (art. 2060 c.c.) sia disposizioni particolari rivolte alla definizione del lavoratore subordinato (art. 2094 c.c.) e del contratto d'opera (art. 2222 c.c.) sia, infine, la disciplina generale del lavoro subordinato (artt. 2096 ss. c.c.).
Alcune delle più significative norme che regolano il contratto di lavoro, dalla sua instaurazione alla sua risoluzione, sono contenute in leggi ordinarie (si pensi alla L. 15-7-1966, n. 604 sui licenziamenti individuali, alla L. 20-5-1970, n. 300, cosiddetto *Statuto dei lavoratori,* al D.Lgs. 10-9-2003, n. 276, in materia di disciplina del mercato del lavoro, alla L. 10-12-2014, n. 183, il *Jobs Act*, e ai successivi decreti attuativi).
Le Regioni hanno potestà legislativa analoga a quella del Parlamento, salvo per quanto concerne l'efficacia territoriale e le materie entro le quali è possibile il loro intervento.
Pur a seguito della modifica dell'art. 117 Cost. (operata dalla L. cost. 3/2001) in ordine alla ripartizione delle competenze legislative tra Stato e Regioni, le materie del diritto del lavoro, e specificamente quelle relative alla regolamentazione del rapporto di lavoro ed agli istituti ad esso immediatamente connessi, restano di competenza esclusiva dello Stato.
In tema di diritto e mercato del lavoro l'attuale formulazione dell'art. 117 Cost. concede alle Regioni, *in via concorrente* con la competenza statale, le seguenti materie: tutela e sicurezza del lavoro (da interpretarsi restrittivamente, ovvero con riferimento all'organizzazione del mercato del lavoro), collocamento e servizi per l'impiego, politiche attive del lavoro, previdenza complementare e previdenza integrativa e tutela della salute.

1.5 La contrattazione collettiva e il contratto individuale di lavoro

Specifica fonte di diritti e di doveri per le parti del contratto di lavoro è la contrattazione collettiva, ovvero l'**accordo tra sindacati dei lavoratori e associazioni datoriali (o singoli datori), rivolto a regolare specifici aspetti del rapporto di lavoro**. Pertanto, a differenza del singolo lavoratore, il datore di lavoro, anche singolo, è soggetto sindacale, ovvero controparte di un soggetto rappresentativo di una pluralità di persone, in una contrattazione di tipo aziendale.
Il contratto collettivo ha la **funzione di specificare ed integrare alcune delle condizioni legislativamente previste** e relative a quasi tutti gli aspetti del rapporto, ad esclusione, ovviamente, di diritti indisponibili.

Il contratto collettivo può definirsi – sulla base dell'art. 39 Cost. – come un atto di autonomia privata che, sebbene sia normalmente sottordinato alla legge e limitato dal punto di vista soggettivo (non vale, in via generale, il principio della validità *erga omnes* del contratto collettivo non essendo stata data applicazione all'art. 39 Cost.), ha la potenzialità di fare derivare diritti ed obblighi in capo alle parti.
A causa dell'evidente disparità di rapporti di forza tra il singolo lavoratore ed il datore di lavoro (proprietario dei mezzi di produzione, delle informazioni più rilevanti sul mercato di sua competenza, del potere direttivo e di controllo sui lavoratori etc.), il legislatore ha tradizionalmente guardato con disfavore il libero dispiegarsi dell'autonomia individuale nell'ambito della regolamentazione degli interessi tra le contrapposte parti del contratto di lavoro. Ciò al fine di evitare che, a causa della situazione di inferiorità e debolezza in cui si trova il lavoratore, questi fosse spinto ad accettare condizioni di lavoro di qualsiasi sorta pur di percepire il benché minimo salario.
Questo è il motivo per il quale **le disposizioni di legge e quelle di derivazione negoziale collettiva sono normalmente inderogabili dalle singole parti** e, dunque, dall'autonomia individuale.
A questa regola generale si abdica, per le ragioni su esposte, nel caso in cui la disciplina voluta direttamente dalle parti sia maggiormente favorevole al lavoratore. In quest'ottica vanno letti, ad esempio, gli articoli 2077, co. 2, e 2113, co. 1, c.c.

1.6 Gli usi

Gli **usi normativi** sono una fonte-fatto produttiva di norme giuridiche che consta di due elementi: la *ripetizione generale, uniforme, costante, frequente e pubblica di un determinato comportamento* e la *consapevolezza della giuridica doverosità della condotta tenuta.* Essi si applicano, ai sensi dell'art. 2078 c.c., in mancanza di disposizioni di legge e di contratto collettivo. Gli usi, tuttavia, se più favorevoli al lavoratore, prevalgono sulle norme dispositive di legge, mentre non possono prevalere sui contratti individuali di lavoro.
Gli **usi aziendali**, invece, rappresentano un *reiterato comportamento del datore di lavoro il quale riconosce spontaneamente e in via continuativa* a tutti i dipendenti, ovvero a ristrette e omogenee categorie di lavoratori, *un trattamento non previsto né dalla contrattazione collettiva né dai contratti individuali* di lavoro.

La *natura giuridica degli usi aziendali* non è stata pacifica in giurisprudenza. Lo storico e consolidato orientamento della giurisprudenza di legittimità che ha qualificato gli usi aziendali alla stregua di clausole d'uso da ritenersi inseriti nel contratto individuale di lavoro, in assenza di una esplicita manifestazione di volontà contraria, ai sensi dell'art. 1340 c.c. (cfr. Cass. sez. lav. 19-4-1980, n. 2583; 19-4-1980, n. 2585; 19-4-1980, n. 2586), è stato soppiantato dall'orientamento da ultimo dominante che ritiene l'*uso aziendale operante quale fonte eteronoma del contratto individuale di lavoro, al pari dei contratti collettivi*. Ciò in conseguenza della ricostruzione degli usi aziendali, proprio in quanto costituiti, di per sé, dalla reiterazione costante e generalizzata di un comportamento favorevole del datore nei confronti dei propri dipendenti, quali fonti sociali del rapporto individuale di lavoro, unitamente ai contratti collettivi e al regolamento d'azienda (Cass. sez. Unite, 13-12-2007, n. 26107, Tribunale di Udine, sent. 22-3-2017, n. 102).
La fondamentale conseguenza di ciò è che, posta la parificazione fra uso aziendale e contratto collettivo, in caso di conflitto tra tali fonti collettive, la prevalenza della fonte cronologicamente sopravvenuta comporterà la possibilità, per l'uso aziendale, di derogare, anche *in peius*, al contratto collettivo. Viceversa, un contratto collettivo, anche aziendale, successivo, potrà derogare *in peius* ad un uso aziendale (Miscione).

Capitolo 2
Lavoro subordinato, autonomo e parasubordinazione

2.1 Il rapporto di lavoro subordinato

2.1.1 Riferimenti normativi

In base a quanto stabilito dall'art. 1 D.Lgs. 81/2015 **il contratto di lavoro subordinato a tempo indeterminato costituisce la forma comune di rapporto di lavoro.**
Ai sensi dell'art. 2094 c.c. è prestatore di lavoro subordinato chi si obbliga mediante la retribuzione a collaborare nell'impresa, prestando il proprio lavoro intellettuale o manuale alle dipendenze e sotto la direzione dell'imprenditore.
Emerge dunque nel rapporto di lavoro subordinato una **relazione intersoggettiva** tra **prestatore di lavoro**, che mette a disposizione le proprie energie, manuali o intellettuali, e **datore di lavoro,** che le utilizza. Il nucleo centrale di tale relazione è costituito dalle obbligazioni corrispettive delle parti.
Gli obblighi che derivano dal rapporto sono disciplinati nel titolo II, capo I, del libro V del codice civile, intitolato «Del Lavoro» e dedicato, fondamentalmente, alla disciplina dell'impresa. Nello stesso libro V sono collocate, accanto alle norme del titolo II relative al lavoro nell'impresa, anche quelle concernenti i rapporti che si svolgono al di fuori dell'impresa (titolo IV, art. 2239) quali il lavoro autonomo (titolo III, artt. 2222 ss.) o il lavoro domestico (titolo IV, artt. 2240 ss.). Il lavoro organizzato nell'impresa viene considerato come il più rilevante socialmente e come il modello legale tipico di rapporto di lavoro subordinato (Ghera).

2.1.2 Gli elementi della subordinazione

Gli elementi caratterizzanti il **rapporto di lavoro subordinato** possono essere così individuati:

- l'**eterodirezione**, cioè l'assoggettamento del lavoratore al potere direttivo e disciplinare del datore di lavoro, con limitazione della sua autonomia;
- la **collaborazione**, ossia il coinvolgimento e l'inserimento del lavoratore nell'organizzazione imprenditoriale;
- la **continuità della prestazione**, per cui devono ritenersi incompatibili con il lavoro subordinato prestazioni assolutamente occasionali o di brevissima durata.

Gli elementi caratterizzanti la subordinazione ricavati dall'art. 2094 c.c. non sempre sono sufficienti a stabilire se un rapporto possa essere o meno definito come lavoro subordinato. La **giurisprudenza**, pertanto, ha elaborato degli indici che contribuiscono alla qualificazione della fattispecie e, conseguentemente, all'individuazione della disciplina applicabile. Fra questi si ricordano il **coordinamento dell'attività lavorativa**, l'**esecuzione della prestazione lavorativa all'interno dell'azienda**, con utilizzo di attrezzature e beni dell'azienda stessa, la corresponsione a cadenze periodiche fisse di una **retribuzione prestabilita**, l'osservanza di un **vincolo di**

orario, l'**assenza di rischio economico** in capo al lavoratore. Detti indici, tuttavia, hanno carattere sussidiario, mentre l'unico elemento davvero decisivo e discriminante è l'*assoggettamento al potere direttivo del datore di lavoro*.

Alcuni rapporti contrattuali, pur prevedendo l'instaurazione di un vincolo di subordinazione, presentano delle caratteristiche peculiari rispetto alla classica attività di lavoro subordinato, dove *il datore di lavoro che stipula il contratto è anche il beneficiario della prestazione* del lavoratore. Questa coincidenza non sussiste nel contratto di somministrazione e in quello di appalto che prevedono l'instaurazione di un **vincolo di subordinazione tra soggetti diversi da quello che sarà l'effettivo beneficiario della prestazione** lavorativa. Nel primo caso (*somministrazione*) il contratto di lavoro è stipulato dal dipendente con un'Agenzia per il lavoro, mentre nel secondo (*appalto*) il vincolo lavorativo si crea con l'appaltatore.

2.2 Il lavoro autonomo

2.2.1 Il contratto d'opera

In base all'art. 2222 c.c., quando una persona si obbliga a compiere verso un corrispettivo un'opera o un servizio, con **lavoro prevalentemente proprio e senza vincolo di subordinazione nei confronti del committente**, si applicano le norme del capo I del titolo III (relativo al lavoro autonomo), salvo che il rapporto abbia una disciplina particolare nel libro IV ("Delle obbligazioni").
Ai sensi dell'art. 2222 c.c. gli **elementi caratterizzanti** del contratto d'opera sono individuati:

> nell'obbligazione avente per oggetto il compimento di un'opera o un servizio;
> nella previsione di un corrispettivo;
> nell'utilizzazione di lavoro prevalentemente o esclusivamente proprio quale fattore della prestazione;
> nell'assenza di un vincolo di subordinazione;
> in una certa episodicità ed estemporaneità del rapporto, che si sostanzia nell'esecuzione del singolo incarico che soddisfa l'interesse del committente.

Secondo l'insegnamento tradizionale della dottrina, il contratto d'opera è innanzitutto caratterizzato dall'***intuitus personae***, costituendo una prestazione infungibile nella quale il lavoratore non può farsi sostituire da altri se non col consenso del committente. In effetti l'art. 2222 c.c., parlando espressamente di **lavoro personale** ("proprio") del prestatore, implica una naturale **coincidenza tra il soggetto che promette la prestazione e colui che deve eseguirla**.

2.2.2 Il lavoro autonomo nella disciplina della L. 81/2017

La L. 22-5-2017, n. 81, al Capo I, ha introdotto una disciplina di tutela del lavoro autonomo. Le norme contenute nella legge si applicano ai rapporti di lavoro autonomo di cui al titolo III del libro V del codice civile; sono inclusi i rapporti di lavoro autonomo che hanno una disciplina particolare ai sensi dell'art. 2222 c.c. (art. 1, co. 1). Sono esplicitamente esclusi dall'ambito di applicazione della legge gli imprenditori, ivi compresi i piccoli imprenditori (art. 1, co. 2).

Gli interventi più rilevanti della legge sono riportati di seguito.
L'art. 3, co. 1, L. 81/2017 sancisce che sono **abusive e prive di effetto le clausole:**

- che attribuiscano al committente la facoltà di modificare unilateralmente le condizioni del contratto o, nel caso di contratto avente a oggetto una prestazione continuativa, di recedere dal contratto senza congruo preavviso;
- mediante le quali le parti concordino termini di pagamento superiori a sessanta giorni dalla data del ricevimento, da parte del committente, della fattura o della richiesta di pagamento.

Il comma 2 dell'art. 3 afferma che è **abusivo** il rifiuto del committente di stipulare il contratto in forma scritta.
Nelle ipotesi di violazioni delle norme prima citate, il lavoratore autonomo ha diritto al **risarcimento del danno** (art. 3, co. 3). L'art. 4 prevede che i diritti di utilizzazione economica relativi ad **apporti originali e** a **invenzioni realizzati nell'esecuzione del contratto** spettino al lavoratore autonomo, fatta salva l'ipotesi in cui l'attività inventiva sia prevista come oggetto del contratto e a tale scopo compensata.

Sempre nell'intento di contrastare forme elusive nell'utilizzo di tale tipologia contrattuale, il legislatore ha subordinato l'avvio dell'attività dei lavoratori autonomi occasionali (senza obbligo di apertura di posizione IVA) alla **preventiva comunicazione all'Ispettorato nazionale del lavoro (INL) competente per territorio** da parte del committente, mediante *modalità informatiche* (art. 12-*sexies* D.L. 21/2022, convertito dalla L. 51/2022). Sono escluse dall'obbligo di comunicazione preventiva le **attività autonome occasionali intermediate da piattaforme digitali** di cui al all'art. 27, co. 2-*decies*, D.L 152/2021 (convertito dalla L. 233/2021). Per quest'ultime la comunicazione deve essere inviata **entro il ventesimo giorno del mese successivo all'instaurazione del rapporto di lavoro** con il modello "UNI-piattaforme" come specificato nel D.M. 23-2-2022, n. 31. Con le predette modalità devono essere comunicati altresì i rapporti di lavoro stipulati contestualmente con due o più lavoratori. Nel D.M. 31/2022 viene inoltre chiarito che per lavoro intermediato da piattaforma digitale deve intendersi *la prestazione di lavoro, compresa quella di natura intellettuale, intermediata da una piattaforma digitale che ne condiziona le modalità di esecuzione, indipendentemente dalla qualificazione contrattuale del rapporto di lavoro e dal luogo di svolgimento della prestazione.*

2.3 La parasubordinazione

2.3.1 Il riconoscimento normativo

Accanto al contratto di lavoro autonomo di cui all'art. 2222 c.c., che si caratterizza per l'assenza di subordinazione, le esigenze determinate da nuovi modi di produrre e di organizzare il lavoro hanno determinato, nel tempo, il ricorso a **forme di prestazione dell'attività lavorativa le cui modalità di svolgimento sono tali da porre chi le svolge in condizioni di debolezza ed inferiorità del tutto analoghe a quelle in cui versano i lavoratori subordinati**, senza tuttavia che si stabilisca uno specifico vincolo contrattuale in tal senso.
Dottrina e giurisprudenza hanno definito tali rapporti come **parasubordinati**, intendendo in questo modo identificare, all'interno della tipologia lavoro autonomo, quei rapporti che, data la *prevalente personalità dell'opera prestata in modo continuativo e coordinato*, si presume siano caratterizzati da una situazione di debolezza socio-economica del prestatore autonomo affine a quella del lavoratore dipendente e tale, quindi, da

giustificare un'estensione di alcune tutele, processuali e sostanziali, proprie del lavoro subordinato (Perulli).
La fattispecie di lavoro parasubordinato ha trovato un primo riconoscimento normativo con la L. 11-8-1973, n. 533 che, modificando l'art. 409 c.p.c., ha esteso le disposizioni sul processo del lavoro ai rapporti di agenzia e di rappresentanza commerciale e a tutti gli "altri rapporti di collaborazione che si concretino in una *prestazione d'opera continuativa* e *coordinata, prevalentemente personale,* anche se non a carattere subordinato", da allora in poi identificati come rapporti parasubordinati e, successivamente, anche come collaborazioni coordinate e continuative.
La disciplina contenuta nel codice di procedura civile è stata arricchita di un ulteriore tassello dall'art. 15 L. 81/2017 (*Jobs Act del lavoro autonomo*), che ha inserito al punto n. 3 dell'art. 409 una nozione di **rapporti di collaborazione coordinata e continuativa**, ai fini dell'inclusione dei medesimi nell'ambito del rito speciale per le controversie in materia di lavoro. Secondo tale definizione, la collaborazione si intende *coordinata* quando, nel rispetto delle modalità di coordinamento stabilite di comune accordo dalle parti, il collaboratore **organizza autonomamente** la propria attività lavorativa. In pratica, l'istituto si carica di un requisito costitutivo, l'autonomia organizzativa, che prima della L. 81/2017 era desumibile soltanto dalla previsione di assenza del vincolo di subordinazione contemplata nel codice.

2.3.2 La revisione operata dal D.Lgs. 81/2015 e le modifiche del D.L. 101/2019

I rapporti di lavoro parasubordinato seppure già previsti dall'art. 409 c.p.c. erano rimasti, tuttavia, privi di una specifica disciplina fino alla Riforma Biagi attuata con il D.Lgs. 276/2003, che ha introdotto una serie di criteri guida e di tutela per la fattispecie del contratto "a progetto", unica ipotesi consentita – al di fuori delle eccezioni tassativamente indicate dalla legge e delle prestazioni autonome occasionali – di rapporto di lavoro parasubordinato. Il contratto di lavoro a progetto divenne, dunque, la forma tipica di lavoro parasubordinato, rimanendo le altre forme di collaborazione coordinata e continuativa meramente residuali. La disciplina sul contratto a progetto è stata, poi, abrogata dal D.Lgs. 15-6-2015, n. 81 che ha "liberalizzato" i contratti di collaborazione coordinata e continuativa, salva l'applicazione della disciplina del rapporto di lavoro subordinato ai rapporti di lavoro parasubordinato organizzati dal committente.
Nello specifico si prevede ora all'art. 2 D.Lgs. 81/2015 (nel testo modificato dal D.L. 101/2019, conv. dalla L. 128/2019), che dal 1° gennaio 2016 *si applica la disciplina del rapporto di lavoro subordinato anche ai rapporti di collaborazione che si concretano in prestazioni di lavoro prevalentemente personali, continuative e le cui modalità di esecuzione sono organizzate dal committente.*

A seguito delle modifiche apportate dal D.Lgs. 81/2015, l'elemento discretivo tra le collaborazioni da ricondurre nell'alveo del lavoro subordinato e quelle da ascrivere al lavoro parasubordinato deve dunque essere rinvenuto nel diverso soggetto che organizza l'attività lavorativa: nel primo caso, l'organizzazione spetta al committente, mentre nel secondo tale compito spetta al collaboratore, pur in presenza di un preventivo e indefettibile accordo circa le modalità di coordinamento della prestazione del lavoratore con l'attività complessiva del committente.

Pertanto, alla luce della disciplina attualmente vigente (art. 2 D.Lgs. 81/2015, nel testo modificato dal D.L. 101/2019, convertito dalla L. 128/2019), gli elementi che devono ricorrere perché possa rendersi applicabile la disciplina del rapporto di lavoro subordinato sono:

> la **prestazione prevalentemente personale**: con il D.L. 101/2019 il legislatore, con riferimento ai rapporti di collaborazione, ha sostituito l'espressione "esclusivamente personali" con "prevalentemente personali", cosi richiamandosi al rapporto di collaborazione indicato dall'art. 409 c.p.c. (per l'appunto definito come prestazione di opera continuativa e coordinata e "prevalentemente personale"). Ciò comporta che rientrano nell'ambito di applicazione dell'art. 2, co. 1, D.Lgs. 81/2015 sia le prestazioni svolte anche con l'ausilio di altri soggetti, sia quelle prestazioni che vengono rese anche mediante l'utilizzo di strumentazioni o mezzi nella disponibilità del collaboratore;

> la **continuità**: come già precisato nella circolare ML n. 3/2016, una prestazione si connota per la sua continuità quando, per essere di utilità per il committente, deve ripetersi in un determinato ed apprezzabile arco temporale. Tale caratteristica può evincersi anche dal perdurare dell'interesse del committente al ripetersi della prestazione lavorativa (senza la predeterminazione di un arco temporale) da parte del collaboratore, in modo tale da escluderne l'episodicità;

> l'**etero-organizzazione**: il D.L. 101/2019 ha abrogato il riferimento alla necessaria predeterminazione da parte del committente dei tempi e del luogo di lavoro, che pertanto non risultano più i parametri esclusivi per la definizione del modello etero-organizzato rimanendo, tuttavia, elementi di raffronto di assoluto rilievo per l'individuazione della fattispecie. Al riguardo la giurisprudenza di legittimità (Cass. sent. 24-1-2020, n. 1663) ha individuato tale requisito nell'imposizione, da parte del committente, delle modalità esecutive della prestazione lavorativa, così determinando una sorta di inserimento del collaboratore nell'organizzazione aziendale.

Sussiste etero-organizzazione quando l'attività del collaboratore è pienamente integrata nell'attività produttiva e/o commerciale del committente e ciò risulti indispensabile per rendere la prestazione lavorativa.

La sussistenza di una etero-organizzazione non determina una riqualificazione del rapporto di lavoro autonomo o parasubordinato in lavoro subordinato, fatte salve ovviamente le **ipotesi in cui l'etero-organizzazione sconfini in una vera e propria etero-direzione**. In altri termini, l'applicazione della disciplina del lavoro subordinato costituisce un "rimedio" dell'ordinamento alla particolare posizione di soggezione del collaboratore, che tuttavia non interferisce sul tipo contrattuale scelto dalle parti.

Alle collaborazioni con le indicate caratteristiche si applica, pertanto, la disciplina del rapporto di lavoro subordinato, salvo nei casi espressamente contemplati all'art. 2, co. 2, D.Lgs. 81/2015.

2.3.3 Il regime delle tutele applicabili

Il sistema di tutele disegnato dal legislatore prevede le seguenti garanzie per i lavoratori parasubordinati:

> **adempimento degli obblighi informativi e divieto della clausola di esclusiva**. Il diritto all'informazione sugli elementi essenziali del rapporto di lavoro e sulle condizioni di lavoro e la relativa tutela è riconosciuto anche ai rapporti di collaborazione

con prestazione prevalentemente personale e continuativa organizzata dal committente nonché ai rapporti di collaborazione coordinata e continuativa (art. 1 D.Lgs. 104/2022). Inoltre l'art. 8 D.Lgs. 104/2022 prevede l'impossibilità per il committente di impedire al lavoratore di svolgere altre attività lavorative (*divieto della clausola di esclusiva*), fatti salvi i casi in cui si possa verificare un pregiudizio per la salute e la sicurezza del dipendente, vi sia un conflitto d'interessi con l'attività principale oppure vi sia la necessità di garantire l'integrità di un servizio pubblico;

> **prevedibilità minima del lavoro.** Qualora con riferimento alla tipologia del rapporto di lavoro l'organizzazione del lavoro sia interamente o in gran parte imprevedibile, il datore di lavoro (o committente) non può imporre al lavoratore di svolgere l'attività lavorativa, salvo che ricorrano entrambe le seguenti condizioni: il lavoro si svolga entro ore e giorni di riferimento predeterminati; il lavoratore venga informato con un congruo preavviso sull'incarico o la prestazione da eseguire. Il lavoratore, in carenza di una o entrambe le condizioni, ha il diritto di rifiutare di assumere un incarico di lavoro o di rendere la prestazione, senza subire alcun pregiudizio anche di natura disciplinare. Qualora il datore di lavoro revochi un incarico o una prestazione di lavoro precedentemente programmati, senza un ragionevole periodo di preavviso, è tenuto a riconoscere al lavoratore la retribuzione inizialmente prevista per la prestazione pattuita dal contratto collettivo, ove applicabile o, in mancanza, una somma a titolo di compensazione per la mancata esecuzione dell'attività lavorativa, la cui misura non può essere in ogni caso inferiore al 50% del compenso inizialmente pattuito per la prestazione annullata (art. 9 D.Lgs. 104/2022);

> **diritto alla stabilità.** Il lavoratore parasubordinato che abbia maturato un'anzianità di lavoro di almeno 6 mesi presso lo stesso datore di lavoro o committente e che abbia completato l'eventuale periodo di prova, può chiedere (per iscritto) che gli venga riconosciuta una forma di lavoro con condizioni più prevedibili, sicure e stabili, se disponibile. Qualora abbia ricevuto risposta negativa può presentare una nuova richiesta dopo che siano trascorsi almeno 6 mesi dalla precedente. Entro un mese dalla richiesta del lavoratore il datore di lavoro o il committente forniscono risposta scritta motivata. In caso di richiesta reiterata da parte del lavoratore di analogo contenuto, le persone fisiche in qualità di datori di lavoro o le imprese che occupano fino a 50 dipendenti possono rispondere in forma orale qualora la motivazione della risposta rimanga invariata rispetto alla precedente (art. 10 D.Lgs. 104/2022);

> **salute e sicurezza.** Il D.Lgs. 81/2008 trova applicazione "a tutti i lavoratori e lavoratrici, subordinati e autonomi, nonché ai soggetti ad essi equiparati (art. 3, co. 4)". In questo caso, dunque, la qualificazione giuridica del rapporto non è sempre dirimente per l'applicazione delle tutele prevenzionistiche che seguono. Occorre, invece, rifarsi a criteri diversi, primo fra tutti quello della presenza del collaboratore in uno specifico contesto lavorativo.

Nel senso indicato, è necessario distinguere tra prestazioni che si svolgono all'interno dei locali del committente e quelle svolte al di fuori di essi. Nelle prime troverà applicazione la disciplina sui videoterminalisti, sull'utilizzo delle attrezzature del committente, sugli obblighi di quest'ultimo in merito ai rischi connessi all'interferenza della prestazione del collaboratore con quella dei dipendenti, con conseguente predisposizione del documento di valutazione dei rischi, anche interferenziale. Maggiori criticità potrebbero invece essere riscontrate nelle ipotesi di collaborazioni rese al di fuori dei locali del committente (es. i *rider*). In tali casi, l'accertamento della natura etero-organizzata della collaborazione comporterà l'estensione della disciplina in materia di salute e sicurezza del rapporto di lavoro subordinato con particolare riguardo ad alcuni profili, quali la formazione e l'informazione dei collaboratori, il controllo del committente sulle attrezzature di lavoro, la denuncia di infortunio, la sorveglianza sanitaria e la completezza del documento di valutazione dei rischi, oltre all'obbligo a carico del datore di lavoro di fornitura e manutenzione dei dispositivi di protezione individuale;

> **tutela retributiva.** L'applicazione della disciplina della subordinazione comporta l'adozione del contratto collettivo di riferimento. Pertanto, il compenso del collaboratore non potrà essere inferiore alla retribuzione minima prevista dal CCNL di settore, riferita al livello e alla qualifica individuata in ragione delle mansioni svolte e riparametrata in base all'estensione temporale della prestazione;
> **regime contributivo.** Nella circolare 7/2020 l'Ispettorato richiama la pronuncia della Corte di Cassazione n. 1663/2020 secondo cui "il lavoratore etero-organizzato resta tecnicamente *autonomo*, ma per ogni altro aspetto, e in particolare per sicurezza e igiene, retribuzione diretta e differita (e quindi inquadramento professionale), limiti di orario, ferie e previdenza, il rapporto è regolato nello stesso modo". Ne consegue che la base imponibile va calcolata secondo il criterio generale dei minimi contrattuali previsti dai contratti collettivi leader (art. 1, co. 1, D.L. 338/1989), applicando le aliquote previste per i lavoratori subordinati;
> **tutela assicurativa.** La retribuzione imponibile da considerare come base di calcolo dei contributi assistenziali INAIL è individuata nel compenso effettivamente erogato nel rispetto del minimale e massimale di rendita di cui al D.P.R. 1124/1965. Il corrispettivo percepito dal collaboratore per la sua prestazione è assimilato fiscalmente ad un reddito da lavoro dipendente. L'applicazione della disciplina della subordinazione impone tuttavia, per i collaboratori etero-organizzati, il richiamo al principio di carattere generale in materia di assicurazione contro gli infortuni sul lavoro di cui all'art. 27, co. 1, D.P.R. 1124/1965, secondo il quale "la spesa dell'assicurazione è a esclusivo carico del datore di lavoro". Per tali lavoratori non trova dunque applicazione il principio, di carattere eccezionale, sancito dall'art. 5, co. 3, D.Lgs. 38/2000 secondo il quale "il premio assicurativo è ripartito nella misura di un terzo a carico del lavoratore e di due terzi a carico del committente.

Ai lavoratori etero-organizzati vanno inoltre applicate le **tutele connesse alla cessazione del rapporto di lavoro** (ad es. la NASpI), l'indennità di malattia, l'indennità di maternità e gli assegni al nucleo familiare nella misura riconosciuta ai lavoratori subordinati. Inoltre, ai lavoratori verrà estesa la tutela dell'automaticità delle prestazioni propria del FPLD.
Infine, è stato chiarito che l'estensione della disciplina del lavoro subordinato al collaboratore etero-organizzato, configurandosi come un meccanismo di tutela del singolo lavoratore, **non può incidere sulla determinazione dell'organico aziendale** e, di conseguenza, sugli istituti normativi o contrattuali connessi alle soglie dimensionali dell'azienda (ad es. obblighi sul collocamento mirato di cui alla L. 68/1999).

2.3.4 La certificazione

L'art. 2, co. 3, D.Lgs. 81/2015 prevede la possibilità di chiedere alle apposite Commissioni la certificazione dell'assenza dei requisiti della etero-organizzazione. Il lavoratore, ove lo ritenga opportuno, può farsi assistere da un rappresentante sindacale, da un avvocato o da un consulente del lavoro. La certificazione non garantisce, di per sé, la genuina natura autonoma del rapporto di collaborazione, potendo essere impugnata davanti all'autorità giudiziaria. Fino all'eventuale annullamento, tuttavia, la certificazione conserva piena efficacia ed è opponibile anche nei confronti degli enti previdenziali, ponendo il datore di lavoro al riparo dalla comminazione diretta di sanzioni amministrative. Ne deriva che in caso di ispezione, l'ente previdenziale non potrà contestare l'esistenza di eventuali violazioni in via amministrativa, notificando un verbale di accertamento con eventuale prescrizione di porre rimedio alle irregolarità riscontrate dagli ispettori, ma dovrà impugnare la certificazione davanti all'autorità giudiziaria.

2.3.5 Esclusioni

Il regime giuridico introdotto dal D.Lgs. 81/2015 non trova applicazione nei casi di seguito indicati (art. 2, co. 2 e 3):

> collaborazioni per le quali gli accordi collettivi nazionali stipulati da associazioni sindacali comparativamente più rappresentative sul piano nazionale prevedono **discipline specifiche** riguardanti il trattamento economico e normativo, in ragione delle particolari esigenze produttive e organizzative del relativo settore (requisito finalistico);
> collaborazioni prestate nell'**esercizio di professioni intellettuali** per le quali è necessaria l'iscrizione in appositi albi professionali. Il requisito soggettivo del collaboratore è che lo stesso sia iscritto all'albo professionale previsto dalla legge e che svolga attività rientrante nell'ambito della professione medesima. In quest'ottica si ritiene che non rientrino nella fattispecie eventuali iscrizioni del collaboratore ad elenchi tenuti dalle Camere di commercio locali;
> attività prestate nell'esercizio della loro funzione dai **componenti degli organi di amministrazione e controllo delle società** e dai partecipanti a collegi e commissioni;
> collaborazioni rese a fini istituzionali in favore delle **associazioni e società sportive dilettantistiche** affiliate alle federazioni sportive nazionali, alle discipline sportive associate e agli enti di promozione sportiva riconosciuti dal CONI, come individuati e disciplinati dall'art. 90 L. 289/2002;
> collaborazioni degli operatori che prestano le attività svolte dal **Corpo nazionale soccorso alpino e speleologico** (L. 74/2001);
> collaborazioni prestate nell'ambito della produzione e della realizzazione di spettacoli da parte delle **fondazioni lirico-sinfoniche** (di cui al D.Lgs. 367/1996);
> collaborazioni rese nei confronti delle **pubbliche amministrazioni**.

2.4 Il lavoro accessorio

2.4.1 Nozione e disciplina applicabile fino al D.L. 25/2017

Il lavoro accessorio è una fattispecie di rapporto di lavoro residuale nella quale vanno inquadrate **tutte quelle prestazioni lavorative non riconducibili alle tipologie contrattuali tipiche del lavoro subordinato o del lavoro autonomo**.

Fino all'approvazione del D.L. 17-3-2017, n. 25 tali attività erano remunerate attraverso i cosiddetti **buoni orario**, meglio conosciuti come **voucher**.

La disciplina del lavoro accessorio, tuttavia, era stata oggetto di una richiesta di referendum abrogativo; per evitare tale consultazione il Governo ha deciso, con l'approvazione del D.L. 25/2017, di **abrogare completamente le norme di riferimento** (artt. da 48 a 50 D.Lgs. 81/2015).

2.4.2 Il Libretto Famiglia e il contratto di prestazione occasionale

Con l'art. 54-*bis* D.L. 24-4-2017, n. 50 si è cercato di dare soluzione al vuoto legislativo creatosi sul lavoro occasionale introducendo una nuova disciplina.
A seconda dei **soggetti che possono fare ricorso a tali prestazioni**, la norma opera una distinzione di base tra:

- le **persone fisiche**, non nell'esercizio dell'attività professionale o d'impresa, per il ricorso a prestazioni occasionali mediante un libretto nominativo prefinanziato (cosiddetto **Libretto Famiglia**);
- gli **altri utilizzatori**, per l'acquisizione di prestazioni di lavoro mediante il **contratto di prestazione occasionale (PrestO)**;
- le **società sportive** (L. 91/1981) per lo svolgimento delle attività di cui al D.M. 8-8-2007, e nella specie, per l'*organizzazione delle competizioni sportive* nei complessi e negli impianti sportivi, con capienza superiore a 7.500 posti, nei quali si svolgono partite ufficiali delle squadre di calcio professionistiche.

In base all'art. 54-*bis*, co. 1, D.L. 50/2017 le attività lavorative occasionali sono costituite da quelle che danno luogo (in un anno civile) a **compensi** complessivamente non superiori a:

- 5.000 euro, per ciascun prestatore con riferimento alla totalità degli utilizzatori;
- 5.000 euro, per ciascun utilizzatore, con riferimento alla totalità dei prestatori;
- 2.500 euro, per prestazioni rese complessivamente da ogni prestatore in favore dello stesso utilizzatore;
- 5.000 euro, per ciascun prestatore, per le attività di *steward* in impianti sportivi (D.M. 8-8-2007) svolte nei confronti di ciascuna società sportiva.

In caso di superamento del limite di 2.500 euro o in caso di durata della prestazione superiore a 280 ore nell'arco dello stesso anno civile, il rapporto di lavoro (ad esclusione delle ipotesi in cui il committente sia una pubblica amministrazione) si trasforma a tempo pieno e indeterminato.

Una distinzione concerne i casi in cui il **prestatore di lavori occasionali** rientri in una delle seguenti **categorie** (co. 8): *titolari di pensione di vecchiaia o di invalidità, giovani con meno di 25 anni di età*, se regolarmente iscritti a un ciclo di studi presso un istituto scolastico di qualsiasi ordine e grado ovvero a un ciclo di studi presso l'università, *persone disoccupate* (art. 19 D.Lgs. 150/2015) e *percettori di prestazioni integrative del salario o di altre prestazioni di sostegno del reddito*.
Per tali categorie si applicano **limiti quantitativi più ampi** per il ricorso a tali prestazioni. Ai fini del computo del summenzionato limite dei compensi per ciascun utilizzatore con riferimento alla totalità dei prestatori, i compensi di tali categorie di prestatori sono considerati nella misura del 75% del loro importo. L'INPS provvede a sottrarre dalla contribuzione figurativa, relativa alle prestazioni integrative del salario o di sostegno al reddito, gli accrediti contributivi derivanti dalle prestazioni occasionali.

Il prestatore di lavoro occasionale ha diritto alla **copertura previdenziale, assicurativa e infortunistica** e ha l'obbligo di iscrizione alla Gestione separata INPS. Trovano applicazione nei confronti del prestatore le disposizioni vigenti in materia di riposo

giornaliero, riposo settimanale e pause (*ex* artt. 7-9 D.Lgs. 66/2003) e quelle in materia di sicurezza sul lavoro (secondo i limiti di cui all'art. 3, co. 8, D.Lgs. 81/2008).
Non possono essere acquisite prestazioni di lavoro occasionali da soggetti con i quali l'utilizzatore abbia in corso o abbia cessato da meno di 6 mesi un rapporto di lavoro subordinato o di collaborazione coordinata e continuativa.
Per gli utilizzatori e i prestatori, ai fini dell'accesso all'istituto delle prestazioni occasionali, è previsto l'obbligo di registrazione (con relativi adempimenti) in un'apposita piattaforma informatica gestita dall'INPS, che supporta le operazioni di erogazione e di accreditamento dei compensi e di valorizzazione della posizione contributiva dei prestatori attraverso un sistema di pagamento elettronico.
Per le **persone fisiche**, al di fuori dell'esercizio dell'attività professionale o d'impresa, è possibile il ricorso a prestazioni occasionali utilizzando il **Libretto Famiglia** per il pagamento delle prestazioni rese nell'ambito di piccoli lavori domestici, assistenza domiciliare ai bambini e alle persone anziane, ammalate o con disabilità, insegnamento privato supplementare. Il Libretto Famiglia contiene titoli di pagamento, ciascuno dei quali ha un valore nominale di 10 euro ed è utilizzabile per compensare una prestazione di durata non superiore a un'ora. Per ogni titolo di pagamento si applica una contribuzione, pari a 1,65 euro e a 0,25 euro, interamente a carico dell'utilizzatore, rispettivamente per la contribuzione alla Gestione separata INPS e per l'assicurazione contro gli infortuni sul lavoro e le malattie professionali.
Per i casi di ricorso a prestazioni occasionali diversi da quelli consentiti tramite il Libretto Famiglia, si richiede la stipulazione di uno specifico **contratto di prestazione occasionale**.
Quest'ultimo **non è ammesso** (comma 14):

- da parte degli **utilizzatori che hanno alle proprie dipendenze più di 5 lavoratori** subordinati a tempo indeterminato. Un'eccezione è stata introdotta dall'art. 2-*bis* D.L. 87/2018 per le *aziende alberghiere e le strutture ricettive che operano nel settore del turismo* che abbiano alle proprie dipendenze fino a 8 lavoratori a tempo indeterminato; la deroga, tuttavia, si applica solo per le prestazioni rese dai pensionati, giovani con meno di 25 anni, disoccupati e percettori di prestazioni a sostegno del reddito (art. 54-*bis*, co. 8, D.L. 50/2017);
- da parte delle **imprese del settore agricolo**. Anche in questo caso è prevista un'eccezione per le prestazioni rese dalle categorie prima citate con riferimento al settore turistico, e a condizione che i soggetti impiegati non siano stati iscritti nell'anno precedente negli elenchi anagrafici dei lavoratori agricoli;
- da parte di **altre imprese** quali, le imprese dell'edilizia e di settori affini, le imprese esercenti l'attività di escavazione o lavorazione di materiale lapideo, le imprese del settore delle miniere, cave e torbiere;
- nell'ambito dell'**esecuzione di appalti di opere o servizi**.

Per le **pubbliche amministrazioni**, il ricorso al contratto in esame è consentito, sempre che sussistano esigenze temporanee o eccezionali:

- nell'ambito di progetti speciali rivolti a specifiche categorie di soggetti in stato di povertà, di disabilità, di detenzione, di tossicodipendenza o che fruiscono di ammortizzatori sociali;
- per lo svolgimento di lavori di emergenza correlati a calamità o eventi naturali improvvisi;
- per attività di solidarietà, in collaborazione con altri enti pubblici o associazioni di volontariato;
- per l'organizzazione di manifestazioni sociali, sportive, culturali o caritative.

Alle amministrazioni pubbliche non si applica il divieto di utilizzo del contratto di prestazione occasionale previsto per i datori di lavoro con più di 5 dipendenti, né si applicano le limitazioni soggettive per i prestatori previste per le aziende che operano nei settori dell'agricoltura e del turismo.

Per l'**attivazione del contratto in oggetto**, ciascun utilizzatore deve versare (attraverso la piattaforma informatica INPS) le somme dovute, secondo specifiche modalità.
La misura minima del compenso orario è di 9 euro; per il settore agricolo è, invece, pari all'importo della retribuzione oraria delle prestazioni di natura subordinata individuata dal contratto collettivo.
Sono interamente a carico dell'utilizzatore la contribuzione alla Gestione separata INPS (pari al 33% del compenso) e il premio per l'assicurazione contro gli infortuni sul lavoro e le malattie professionali (pari al 3,5% del compenso).
L'1% degli importi versati è destinato al finanziamento degli oneri gestionali.

Misure specifiche riguardano la **tracciabilità della prestazione**. Almeno un'ora prima dell'inizio della prestazione, attraverso la piattaforma informatica INPS ovvero avvalendosi dei servizi di *contact center* messi a disposizione dall'INPS, deve essere trasmessa a cura dell'utilizzatore una dichiarazione contenente le seguenti informazioni essenziali: i dati anagrafici e identificativi del prestatore; il luogo di svolgimento della prestazione; l'oggetto della prestazione; la data e l'ora di inizio e di termine della prestazione ovvero, se si tratta di imprenditore agricolo, di azienda alberghiera o struttura ricettiva che opera nel settore del turismo o di ente locale, la data di inizio e il monte orario complessivo presunto con riferimento a un arco temporale non superiore a 10 giorni; il compenso pattuito per la prestazione, in misura non inferiore a 36 euro, per prestazioni di durata non superiore a 4 ore continuative nell'arco della giornata, fatto salvo quanto stabilito per il settore agricolo. La copia della dichiarazione, contenente le predette informazioni, deve essere trasmessa, in formato elettronico, oppure consegnata in forma cartacea prima dell'inizio della prestazione. In caso di inadempimento di quest'ultimo obbligo si applica la sanzione contenuta nell'art. 19, co. 2, primo periodo, D.Lgs. 276/2003, come riformulato dall'art. 5 D.Lgs. 104/2022 (da 250 a 1.500 euro per ogni lavoratore interessato, soggetta a diffida ex art. 13 D.Lgs. 124/2004).

Per le prestazioni rese sia nell'ambito del Libretto Famiglia sia nell'ambito del contratto di prestazione occasionale, l'INPS provvede al **pagamento del compenso** entro il giorno 15 del mese successivo (nei limiti delle somme previamente ricevute a tale scopo). Provvede altresì ad accreditare i relativi contributi previdenziali e a trasferire all'INAIL sia i premi per l'assicurazione contro gli infortuni sul lavoro e le malattie professionali sia i dati inerenti alle prestazioni di lavoro occasionale.

Capitolo 3
Il contratto individuale di lavoro

3.1 Nozione e natura giuridica

Il contratto individuale di lavoro è il contratto mediante il quale **il prestatore si obbliga a mettere a disposizione del datore di lavoro la sua attività di lavoro intellettuale o manuale e questi si obbliga a corrispondergli una retribuzione** (onerosità) a fronte dell'attività ricevuta. Trattasi dunque di un contratto:
> *sinallagmatico*, trattandosi di un contratto a prestazioni corrispettive;
> *consensuale,* costituito attraverso il consenso, ovvero l'accordo delle parti;
> *eterodeterminato*, in quanto il contenuto del contratto di lavoro è predeterminato nei tempi e nei modi dal datore di lavoro in vista dei fini che l'organizzazione aziendale si pone.

3.2 Requisiti soggettivi

3.2.1 La capacità del datore di lavoro

I soggetti (detti anche parti contraenti) del contratto di lavoro devono presentare determinati **requisiti**, alcuni derivanti da norme di carattere generale, altri peculiari della disciplina del rapporto di lavoro.
In particolare, al datore di lavoro si applicano le norme dettate per la generalità dei soggetti in tema di:
> **capacità giuridica**, ovvero l'attitudine giuridicamente riconosciuta ad essere titolare di diritti ed obblighi; si acquista dalla nascita per le persone fisiche e dal riconoscimento della personalità giuridica per le persone giuridiche;
> **capacità di agire**, ovvero l'attitudine a compiere manifestazioni di volontà idonee a modificare la propria situazione giuridica.

Una disciplina sotto alcuni aspetti specifica vige, però, se **il datore è un imprenditore**, posto che in tal caso incombono su di lui alcuni obblighi e vincoli determinati dall'esigenza di tutelare il lavoratore subordinato alle dipendenze dell'impresa. Particolarmente rilevanti sono i momenti della formazione, dell'instaurazione e della conclusione del rapporto e della successione del contratto.
In ossequio al principio della continuità dell'impresa, si applica al lavoro subordinato l'art. 1330 c.c., ai sensi del quale la proposta o l'accettazione provenienti da un imprenditore restano ferme anche in caso di morte o di sopravvenuta incapacità prima della conclusione del contratto. L'art. 2112 c.c. dispone, invece, che in caso di trasferimento d'azienda, il rapporto di lavoro continua con il cessionario e il lavoratore conserva tutti i diritti che ne derivano.

3.2.2 La capacità del lavoratore

Al lavoratore si applicano tutte le **regole generalmente dettate per la capacità giuridica e di agire delle persone fisiche**. In dottrina si afferma l'esistenza, in materia di lavoro, di una **capacità giuridica speciale**, stante la vigenza di una disciplina particolare che – salve le disposizioni di legge che stabiliscono età minime inferiori o superiori – fissa l'**età minima di ammissione al lavoro** a 15 anni, salvo l'assolvimento dell'obbligo scolastico e dell'obbligo formativo (art. 3 L. 977/1967). Sul punto va ricordato che l'istruzione obbligatoria ha una durata di 10 anni (dai 6 ai 16 anni), ragione per cui l'età per l'accesso al lavoro è stata elevata a 16 anni (art. 1, co. 622, L. 296/2006).
Con riguardo alla **capacità di agire**, l'art. 2 c.c., dopo aver previsto, al comma, 1, che con il compimento della maggiore età (18 anni) si acquista la capacità di porre in essere tutti gli atti per i quali non sia stabilita un'età diversa, fa salve, al comma 2, le leggi speciali che stabiliscono un'età inferiore in materia di capacità a prestare il proprio lavoro, statuendo che in tal caso il minore è abilitato all'esercizio dei diritti e delle azioni che dipendono dal contratto di lavoro.

3.2.3 Il lavoro dei minori

La disciplina del lavoro minorile è riportata nella L. 17-10-1967, n. 977 (radicalmente modificata dal D.Lgs. 345/1999). Tale legge distingue tra **bambini**, vale a dire coloro che non abbiano ancora compiuto i 15 anni di età o che siano ancora soggetti all'obbligo scolastico, e **adolescenti**, che hanno un'età compresa tra i 15 e i 18 anni e non sono più soggetti agli obblighi scolastici.
Per i primi è disposto il divieto assoluto di svolgere attività lavorativa, fatta salva l'ipotesi di specifica autorizzazione per le attività di carattere culturale, artistico, sportivo o pubblicitario e del settore dello spettacolo.
Per i secondi si è già detto che l'età minima di ammissione al lavoro è ora da considerarsi il raggiungimento del sedicesimo anno di età. In deroga a tale disposizione, però, l'art. 43 D.Lgs. 81/2015 prevede la possibilità di assumere giovani che abbiano compiuto 15 anni di età con il contratto di apprendistato per la qualifica e il diploma professionale, il diploma di istruzione secondaria superiore e il certificato di specializzazione tecnica superiore (*apprendistato del primo tipo*), in tutti i settori di attività. Ciò in quanto tale contratto è finalizzato, in un sistema di apprendimento basato sull'alternanza scuola-lavoro, a far completare al giovane tra i 15 e i 18 anni il percorso obbligatorio di istruzione anche attraverso una *formazione on the job*.

Altri vincoli allo svolgimento di attività lavorative da parte dei minori riportati nella L. 977/1967 riguardano:

- l'**orario di lavoro** (artt. 18 e 19), la cui durata massima, per gli adolescenti, non può essere superiore alle 8 ore giornaliere ed alle 40 settimanali, fatte salve le condizioni di miglior favore dettate dalla contrattazione collettiva. Non possono essere adibiti in attività effettuate in "turni a scacchi" (salvo esplicita autorizzazione dell'Ispettorato territoriale del lavoro) e non possono essere adibiti al trasporto di pesi per più di 4 ore al giorno, compresi i ritorni a vuoto;
- il **lavoro notturno** (artt. 15, 16 e 17), generalmente vietato per i minori con una sola possibile eccezione, ovvero quando per una causa di forza maggiore, tale da impedire il regolare funzionamento dell'azienda, si renda necessaria la presenza del minore che comunque deve aver compiuto almeno 16 anni. I minori impiegati in attività lavorative di carattere culturale,

artistico, sportivo o pubblicitario e nel settore dello spettacolo non possono svolgere la loro attività oltre la mezzanotte;
- i **riposi intermedi** (artt. 20 e 21). La prestazione lavorativa del minore non può superare, senza alcuna interruzione, la soglia delle 4 ore e mezza, trascorse le quali sussiste il diritto ad un'interruzione di 1 ora. La durata massima può essere ridotta dall'Ispettorato territoriale del lavoro fino a 3 ore in presenza di lavori particolarmente gravosi;
- i **riposi settimanali** (art. 22), che devono essere di almeno 2 giorni, possibilmente consecutivi, e comprendenti la domenica. Per comprovate ragioni tecnico-organizzative e produttive è possibile ridurre il riposo a 36 ore che, in ogni caso, debbono essere consecutive, fatto salvo il caso di attività caratterizzate da periodi frazionati o di tempo parziale.

3.3 Gli elementi essenziali del contratto di lavoro

Il contratto di lavoro non si discosta dalla normativa relativa al contratto in generale per quanto concerne i requisiti di cui all'art. 1325 c.c. che, pertanto, si identificano nei seguenti:

> la **causa**, da individuarsi nella reciprocità dello scambio tra lavoro e retribuzione. Dalla causa vanno tenuti distinti i *motivi*, vale a dire i particolari interessi o bisogni che rappresentano lo scopo concreto che, tramite gli effetti del negozio, le parti intendono raggiungere. Essi sono, di regola, giuridicamente irrilevanti, a meno che le parti si siano determinate a concludere il contratto esclusivamente per un motivo illecito comune ad entrambe, nel qual caso il contratto è illecito (art. 1345 c.c.);

> l'**oggetto**, vale a dire il contenuto delle prestazioni del lavoratore e del datore di lavoro fino a ricomprendere tutte le attività che possono essere ricondotte nel vincolo della subordinazione. I requisiti che l'oggetto deve possedere sono gli stessi richiesti dall'art. 1346 c.c. per il contratto in generale, ossia:
> - la *liceità*, dal momento che non deve essere contrario a norme imperative, all'ordine pubblico e al buon costume;
> - la *possibilità*, dovendosi in questo caso distinguere tra *impossibilità di fatto* e *impossibilità giuridica*. Numerose norme mitigano, mediante la previsione della sospensione del rapporto, gli effetti di una sopravvenuta impossibilità temporanea del datore di lavoro a ricevere la prestazione o del lavoratore ad eseguirla;
> - la *determinatezza* o la *determinabilità*, alla quale concorrono i contratti collettivi e gli usi;

> l'**accordo delle parti**, dal momento che quello di lavoro è un contratto consensuale che si perfeziona con l'incontro delle volontà espresse dalle parti. In prima approssimazione si può affermare che la disciplina generale del contratto dettata dal codice civile si applica anche a quello di lavoro; esistono, però, alcuni rilevanti caratteri di specialità dovuti ai numerosi limiti imposti dalla legge e dalla contrattazione collettiva, che restringono in misura notevole il margine dell'autonomia privata. L'efficacia di tali limiti è particolarmente penetrante e si attua per mezzo del meccanismo dell'inserzione automatica di clausole (art. 1339 c.c.), e della sostituzione di diritto delle clausole difformi eventualmente presenti nel contratto individuale (art. 1419 c.c.);

> la **forma**. Quello di lavoro è un contratto a forma libera, anche se a questo principio si deroga in tutte le ipotesi in cui particolari patti, ovvero gli elementi accidentali del contratto, costituiscano clausole negoziali sfavorevoli al prestatore. A titolo esemplificativo, devono risultare da atto scritto, a pena di nullità: il *patto di non concorrenza*,

per il periodo successivo alla cessazione del rapporto, con il quale il lavoratore si obbliga a non svolgere attività professionali in concorrenza con il precedente datore; l'*apposizione del termine*, che deve essere altresì giustificata dalla specialità del rapporto; la determinazione del *periodo di prova*.

Al principio della libertà della forma si deroga anche per determinati tipi di contratti di lavoro, quali, ad esempio, quello di arruolamento marittimo (richiede l'atto pubblico) o il contratto a tempo parziale.

Ipotesi a sé stante è, poi, quella rappresentata dal contratto di lavoro a tempo determinato del personale di volo, per il quale è richiesta, sì, la forma scritta, ma non *ad substantiam*, bensì *ad probationem*, cioè ai soli fini probatori.

3.4 Gli elementi accidentali del contratto di lavoro

3.4.1 La condizione e il patto di prova

Si tratta di quegli **elementi che le parti sono libere di apporre o meno**, ma che una volta apposti incidono sull'efficacia del contratto stesso. Possono essere inseriti anche nel contratto di lavoro. Tra questi figurano la condizione e il termine.

La condizione è un **avvenimento futuro ed incerto dal quale le parti fanno dipendere la produzione degli effetti del contratto oppure l'eliminazione degli effetti già prodotti** dal contratto stesso. Può essere, pertanto:

> **sospensiva**, se da essa dipende la produzione degli effetti del contratto di lavoro (ad esempio, patto di prova, al superamento del quale s'instaura a tempo indeterminato il rapporto di lavoro);

> **risolutiva**, se da essa dipende l'eliminazione degli effetti già prodotti. Qualora, però, abbia lo scopo di eludere norme limitative del licenziamento è da ritenersi illecita.

Si osservano i principi civilistici con una particolarità: la retroattività della condizione sospensiva non può risalire oltre l'effettivo inizio della prestazione di lavoro mentre la retroattività della condizione risolutiva è sicuramente esclusa per l'impossibilità di restituzione delle prestazioni di lavoro già eseguite.

Una parte della dottrina (Ghera, Mazziotti) configura, quale particolare forma di condizione sospensiva, il **patto di prova**, cioè la clausola scritta inserita nel contratto di lavoro, con la quale le parti subordinano la definitiva assunzione all'esperimento positivo di un periodo di prova (art. 2096 c.c.).

Il patto deve risultare da atto scritto con l'indicazione della durata della prova; diversamente l'assunzione del lavoratore si considera definitiva sin dal suo inizio. La *ratio* è quella di verificare, nel reciproco interesse, l'utilità della prosecuzione del rapporto di lavoro: da un lato, il datore può ponderare la capacità professionale del lavoratore e la sua complessiva idoneità alle mansioni affidate e al contesto aziendale; dall'altro il lavoratore valuta la sua convenienza allo svolgimento dell'attività lavorativa.

L'art. 7 D.Lgs. 104/2022 prevede che il periodo di prova non possa durare oltre 6 mesi (limite, peraltro, già fissato dall'articolo 2096 c.c.), fatte salve le ipotesi di durata inferiore previste dai contratti collettivi. Nei rapporti di lavoro a tempo determinato la durata del periodo di prova deve essere **proporzionata alla durata del contratto** stesso e al tipo di mansioni per le quali è avvenuta l'assunzione e, in caso di rinnovo del contratto, tale periodo deve essere escluso.

Nel caso di eventi imprevisti come infortunio, malattia, congedi obbligatori, il periodo di prova è prolungato proporzionalmente al periodo di assenza del lavoratore.
L'art. 2096, co. 3, c.c. regola il **recesso dal periodo di prova**, laddove stabilisce che in tale periodo ciascuna delle parti può recedere dal contratto, senza obbligo di preavviso o d'indennità. Se però la prova è stabilita per un tempo minimo necessario, la facoltà di recesso non può esercitarsi prima della scadenza del termine.

3.4.2 Il termine

Normalmente nel contratto non deve essere indicato un termine, dal momento che, secondo quanto indicato nell'art. 1 D.Lgs. 81/2015, "il contratto di lavoro subordinato *a tempo indeterminato* costituisce la forma comune di rapporto di lavoro". Il legislatore esplicitamente indica che nella generalità dei casi **il rapporto di lavoro subordinato non deve prevedere un termine di conclusione delle rispettive prestazioni** del lavoratore e del datore di lavoro, che dovranno essere assolte finché non interviene un evento che ne determina la cessazione (dimissioni, licenziamento, raggiungimento dei limiti di età per il pensionamento del lavoratore, cessazione dell'attività aziendale etc.).
Nello stesso decreto, tuttavia, il legislatore disciplina (articoli 19-29) il contratto di lavoro a termine, che prevede l'apposizione di una data specifica per la cessazione del rapporto di lavoro e delle rispettive prestazioni; ciò per consentire alle aziende di poter affrontare esigenze produttive temporanee che richiedono l'assunzione di dipendenti per un limitato periodo di tempo.

3.5 Gli obblighi informativi nei rapporti di lavoro

Ai sensi del D.Lgs. 26-5-1997, n. 152, il **datore di lavoro ha l'obbligo di informare il lavoratore circa le condizioni applicabili al contratto o rapporto di lavoro**; tale provvedimento ha subito incisive modifiche con l'approvazione del D.Lgs. 104/2022, di attuazione della direttiva (UE) 2019/1152.
Il novellato art. 1 D.Lgs. 152/1997 prevede che il datore di lavoro pubblico e privato debba comunicare a ciascun lavoratore uno specifico elenco di informazioni essenziali relative al rapporto di lavoro, in modo chiaro e trasparente, in formato cartaceo oppure in modalità elettronica o telematica (e-mail personale comunicata dal lavoratore, e-mail aziendale messa a disposizione dal datore di lavoratore, messa a disposizione sulla rete intranet aziendale dei relativi documenti tramite consegna di password personale al lavoratore, secondo quanto chiarito con circ. INL 4/2022).
Le **informazioni da fornire** comprendono quanto segue:

- l'identità delle parti, ivi inclusa quella del co-datore se esistente. Nel caso di lavoratori dipendenti da agenzia di somministrazione di lavoro, l'identità delle imprese utilizzatrici, quando e non appena è nota;
- il luogo di lavoro. In mancanza di un luogo di lavoro fisso o predominante, il datore di lavoro comunica che il lavoratore è occupato in luoghi diversi, o è libero di determinare il proprio luogo di lavoro;
- la sede o domicilio del datore;
- l'inquadramento, il livello e la qualifica attribuiti al lavoratore o, in alternativa, le caratteristiche o la descrizione sommaria del lavoro;

- la data di inizio del rapporto di lavoro (nonché la data finale, se è a termine);
- la tipologia del rapporto di lavoro, precisando in caso di rapporti a termine la durata prevista dello stesso;
- l'importo iniziale della retribuzione o comunque il compenso e i relativi elementi costitutivi, con l'indicazione del periodo e delle modalità di pagamento;
- la durata del periodo di prova, se previsto;
- il diritto a ricevere la formazione erogata dal datore di lavoro, se prevista;
- la durata del congedo per ferie, nonché degli altri congedi retribuiti cui ha diritto il lavoratore o, se ciò non può essere indicato all'atto dell'informazione, le modalità di determinazione e di fruizione degli stessi;
- la programmazione dell'orario normale di lavoro e le eventuali condizioni relative al lavoro straordinario e alla sua retribuzione, nonché le eventuali condizioni per i cambiamenti di turno, se il contratto di lavoro prevede un'organizzazione dell'orario di lavoro in tutto o in gran parte prevedibile;
- se il rapporto di lavoro, caratterizzato da modalità organizzative in gran parte o interamente imprevedibili, non prevede un orario normale di lavoro programmato, il datore di lavoro deve informare il lavoratore circa: la variabilità della programmazione del lavoro, l'ammontare minimo delle ore retribuite garantite e la retribuzione per il lavoro prestato in aggiunta alle ore garantite; le ore e i giorni di riferimento in cui il lavoratore è tenuto a svolgere le prestazioni lavorative; il periodo minimo di preavviso a cui il lavoratore ha diritto prima dell'inizio della prestazione lavorativa e, ove ciò sia consentito dalla tipologia contrattuale in uso e sia stato pattuito, il termine entro cui il datore di lavoro può annullare l'incarico;
- il contratto collettivo, anche aziendale, applicato al rapporto di lavoro, con l'indicazione delle parti che lo hanno sottoscritto;
- la procedura, la forma e i termini del preavviso in caso di recesso del datore di lavoro o del lavoratore;
- l'indicazione degli istituti previdenziali e assicurativi che ricevono i contributi versati.

L'**ambito di applicazione** degli obblighi informativi suddetti è esteso a tutti i rapporti di lavoro, inclusi quelli di lavoro domestico, le collaborazioni coordinate e continuative, i rapporti con la pubblica amministrazione, con la sola esclusione delle tipologie contrattuali previste all'art. 1, co. 4, D.Lgs. 104/2022.

Gli obblighi informativi non si applicano in particolare alle seguenti categorie di lavoratori:

- lavoratori con rapporto di lavoro autonomo occasionale, d'opera o professionale (Titolo III, Libro V, c.c. artt. 2222 ss.);
- lavoratori sportivi con rapporto di lavoro autonomo non in forma di collaborazione coordinata e continuativa (artt. 25 ss. D.Lgs. 36/2021);
- lavoratori subordinati con lavoro minimo: titolari di rapporti di lavoro con tempo di lavoro predeterminato ed effettivo di durata pari o inferiore a una media di 3 ore a settimana in un periodo di riferimento di 4 settimane consecutive (ai fini della esclusione, i requisiti della predeterminatezza ed effettività devono entrambi concorrere, come chiarito da circ. INL 4/2022);
- lavoratori autonomi con rapporto di agenzia o di rappresentanza commerciale;
- familiari lavoratori che collaborano nell'impresa del familiare titolare della stessa.

L'art. 1-*bis* D.Lgs. 152/1997 (aggiunto dal D.Lgs. 104/2022) sancisce poi l'ulteriore obbligo a carico del datore di lavoro (o committente) pubblico e privato di informare il

lavoratore in merito all'**utilizzo di strumenti decisionali o di monitoraggio automatizzati per la gestione dei lavoratori** rilevanti per i diversi momenti del rapporto di lavoro (assunzione, gestione, cessazione) e che incidano sulla sorveglianza e sulla valutazione delle prestazioni.
Al fine di verificare che gli strumenti utilizzati per lo svolgimento della prestazione lavorativa siano conformi alle disposizioni previste dal regolamento (UE) 2016/679, il datore di lavoro deve effettuare un'analisi dei rischi e una valutazione d'impatto degli stessi trattamenti, procedendo a **consultazione preventiva del Garante per la protezione dei dati personali.**

A tal fine dovranno essere fornite al lavoratore, unitamente alle informazioni di cui sopra, *prima dell'inizio dell'attività lavorativa*, le seguenti **ulteriori informazioni:**
- gli aspetti del rapporto di lavoro sui quali incide l'utilizzo dei sistemi automatizzati;
- gli scopi, le finalità, la logica ed il funzionamento dei sistemi automatizzati;
- le categorie di dati e i parametri principali utilizzati per programmare o addestrare i sistemi predetti, inclusi i meccanismi di valutazione delle prestazioni;
- le misure di controllo adottate per le decisioni automatizzate, gli eventuali processi di correzione e il responsabile del sistema di gestione della qualità;
- il livello di accuratezza, robustezza e cybersicurezza dei sistemi e le metriche utilizzate per misurare tali parametri, nonché gli impatti potenzialmente discriminatori delle metriche stesse.

I lavoratori, almeno 24 ore prima, devono essere informati per iscritto di ogni modifica incidente sulle informazioni fornite che comportino variazioni delle condizioni di svolgimento del lavoro. Le informazioni devono essere comunicate dal datore di lavoro ai lavoratori in modo trasparente, in formato strutturato, di uso comune e leggibile da dispositivo automatico. La comunicazione medesima deve essere effettuata anche alle rappresentanze sindacali aziendali ovvero alla rappresentanza sindacale unitaria e, in assenza delle predette rappresentanze, alle sedi territoriali delle associazioni sindacali comparativamente più rappresentative sul piano nazionale. Il Ministero del lavoro e delle politiche sociali e l'Ispettorato nazionale del lavoro possono richiedere la comunicazione delle informazioni e dati in oggetto e l'accesso agli stessi. È infine espressamente esclusa l'applicazione di tale disciplina per le informazioni relative ai segreti commerciali di cui all'art. 98 D.Lgs. 30/2005.

Gli obblighi di informazione possono essere assolti mediante la consegna al lavoratore, all'atto dell'instaurazione del rapporto di lavoro e prima dell'inizio dell'attività lavorativa, in via alternativa (art. 1, co. 2, D.Lgs. 152/1997, nel testo modificato dal D.Lgs. 104/2022):
> del contratto individuale di lavoro redatto per iscritto, della lettera di assunzione o della dichiarazione di assunzione;
> della copia della comunicazione preventiva obbligatoria telematica di instaurazione del rapporto di lavoro (art. 9-*bis*, D.L. 510/1996, convertito dalla L. 608/1996).

Specifiche disposizioni sono previste con riferimento alle **prestazioni di lavoro svolte all'estero** (art. 2 D.Lgs. 152/1997).

3.6 Nullità e annullabilità del contratto di lavoro

Le vicende patologiche del contratto di lavoro sono regolate dai principi comuni di diritto privato. Perciò tale contratto può essere:
> **nullo**, per contrarietà a norme imperative, per la mancanza di un requisito essenziale, per illiceità della causa o del motivo, per impossibilità, illiceità o indeterminabilità dell'oggetto. La nullità può essere fatta valere da chiunque vi abbia interesse ed è imprescrittibile;

> **annullabile**, per incapacità legale o naturale di agire, per i vizi del consenso (ad esempio, violenza e dolo) di una delle parti e per stipulazione del contratto in violazione delle norme sul collocamento. L'annullabilità può essere fatta valere solo dalla parte interessata e la relativa azione è soggetta a prescrizione quinquennale, salva l'applicabilità dell'eccezione di annullamento di cui all'art. 1442, co. 4, c.c.

In deroga alla disciplina di diritto comune, secondo la quale il contratto nullo è inefficace fin dall'origine e quello annullabile conserva la sua efficacia sino al momento della pronuncia di annullamento, in materia di lavoro *entrambi i vizi fanno salvi gli effetti giuridici prodotti dal contratto invalido* al fine di evitare che il prestatore di lavoro subisca le conseguenze sfavorevoli della dichiarazione di nullità o dell'annullamento del contratto stesso. Stabilisce, infatti, l'art. 2126 c.c., che la nullità o l'annullamento del contratto di lavoro non produce effetto per il periodo in cui il rapporto ha avuto esecuzione, salvo che la nullità derivi dall'illiceità dell'oggetto o della causa.

Quanto al **controllo giudiziale sul contratto di lavoro**, il legislatore ha disposto (art. 30, co. 1, L. 183/2010 e art. 1, co. 43, L. 92/2012) che esso sia limitato al solo accertamento dei presupposti di legittimità e non può estendersi al sindacato di merito sulle valutazioni tecniche, organizzative e produttive, che sono di esclusiva competenza del datore di lavoro.

3.7 La certificazione del contratto di lavoro

3.7.1 Le finalità dell'istituto e i soggetti certificatori

Al fine di deflazionare l'entità del contenzioso, il D.Lgs. 276/2003 ha introdotto un istituto giuridico di natura volontaria, la certificazione dei contratti di lavoro, facente fede fra le parti e i terzi in ordine alla natura del rapporto di lavoro e dei suoi effetti. Con la certificazione le parti richiedono a soggetti specificamente autorizzati un **accertamento sulla qualificazione del contratto e circa la reale volontà delle parti nell'inserire singole clausole** all'interno di contratti in cui "sia dedotta una prestazione di lavoro".

La procedura di certificazione può essere utilizzata per tutti i contratti per i quali sia interessata una prestazione di lavoro ed è **esercitata da apposite Commissioni di certificazione** che possono essere costituite ad iniziativa:

- degli enti bilaterali, nazionali o territoriali, costituiti in maniera paritetica da rappresentanti sindacali e dalle associazioni di datori di lavoro;
- dalle sedi territoriali dell'Ispettorato nazionale del lavoro (ex Direzioni territoriali del lavoro);
- delle università pubbliche e private e delle Fondazioni universitarie, le quali devono preventivamente essere iscritte in un albo presso il Ministero del lavoro e delle politiche sociali;
- dai Consigli provinciali degli Ordini dei consulenti del lavoro;
- dal Ministero del lavoro e delle politiche sociali.

3.7.2 La procedura di certificazione

L'avvio della procedura di certificazione avviene con apposita **istanza presentata alla competente Commissione, redatta per iscritto e sottoscritta da entrambe le parti** del contratto di lavoro. L'istanza deve espressamente indicare, a pena di improcedibilità, gli effetti civili, amministrativi, fiscali e previdenziali, in relazione ai quali le parti chiedono la certificazione. L'inizio del procedimento, che deve concludersi entro 30 giorni, deve essere comunicato alla sede territoriale dell'Ispettorato che provvede a inoltrare la comunicazione alle autorità pubbliche nei confronti delle quali l'atto di certificazione è destinato a produrre effetti. L'atto di certificazione deve essere motivato e contenere il termine e l'autorità cui è possibile ricorrere.

I contratti di lavoro certificati e la relativa documentazione devono essere conservati presso le sedi della struttura che ha effettuato la certificazione per un periodo di almeno 5 anni a far data dalla loro scadenza (art. 78 D.Lgs. 276/2003).

Tale procedura è **utilizzata in particolare per la stipula dei seguenti atti**:

- avallo di *rinunce e transazioni* di cui all'art. 2113 c.c., al fine di controllare l'effettività della volontà abdicativa;
- deposito dei *regolamenti interni delle cooperative di lavoro*, con riferimento alla tipologia dei rapporti di lavoro attuati o che si intendono attuare con i soci;
- stipulazione di un *contratto di appalto ex* art. 1655 c.c. e di attuazione del relativo programma negoziale (anche al fine di distinguerlo dall'istituto della somministrazione);
- apposizione di una *clausola compromissoria* di cui all'art. 10, co. 31, L. 183/2010. La clausola compromissoria va certificata a pena di nullità da una Commissione di certificazione, la quale deve accertare l'effettiva volontà di ciascuna parte di devolvere ad arbitri le eventuali controversie nascenti dal rapporto di lavoro;
- *patto di demansionamento*, cioè l'accordo che consente di modificare le mansioni, la categoria, il livello di inquadramento e la retribuzione del lavoratore; tale atto è stipulato nell'interesse del lavoratore ed è finalizzato alla conservazione dell'occupazione, all'acquisizione di una diversa professionalità o al miglioramento delle condizioni di vita. L'accordo deve, però, essere stipulato presso le Commissioni di certificazione. Nel corso del procedimento di certificazione il lavoratore può farsi assistere da un consulente del lavoro (art. 3 D.Lgs. 81/2015);
- *part time*. L'art. 6 D.Lgs. 81/2015 prevede che, se il contratto collettivo non disciplina le clausole elastiche (modifica da parte del datore dell'orario stabilito nell'accordo individuale part time), queste possono essere pattuite per iscritto presso le Commissione di certificazione. Anche in tale sede è prevista la facoltà del lavoratore di farsi assistere da un consulente del lavoro;
- *offerta di conciliazione*. L'art. 6 D.Lgs. 23/2015 ha introdotto l'offerta di conciliazione per i licenziamenti dei lavoratori assunti dal 7 marzo 2015, la quale deve intervenire in una delle sedi protette individuate dalla legge, tra cui compaiono le Commissioni di conciliazione. Per evitare di andare in giudizio, si potrà fare ricorso a questa forma di conciliazione facoltativa incentivata.

Capitolo 4
Luogo e tempo della prestazione

4.1 I criteri indicati dal codice civile

Il lavoratore è tenuto a **prestare l'attività lavorativa nel luogo stabilito dalle parti nel contratto o, in mancanza, nel luogo dove l'attività deve essere esplicata**.
Al riguardo, l'art. 1182 c.c. indica i parametri ai quali occorre attenersi al fine di individuare il luogo di adempimento della prestazione di lavoro. Tra i criteri elencati dalla disposizione una posizione di assoluta preminenza è attribuita alla **volontà delle parti**, ovvero al contratto: soltanto in assenza di uno specifico accordo di queste ultime, infatti, la prestazione dovrà essere eseguita nel luogo risultante dagli usi o dalla natura della prestazione stessa.
Nel corso dello svolgimento dell'attività lavorativa il luogo in cui la prestazione è effettivamente svolta può subire delle modifiche per **trasferimento** (il lavoratore è stabilmente destinato ad un'unità produttiva dell'impresa diversa da quella originaria) o per **trasferte** e **distacco** (spostamento temporaneo, presso un'altra sede dello stesso datore di lavoro nel primo caso, presso un soggetto terzo nel secondo caso).

4.2 Il trasferimento

La determinazione del luogo di lavoro rientra tra i poteri datoriali. Tuttavia, a norma dell'art. 2103 c.c., **il lavoratore non può essere trasferito in modo permanente** dal datore di lavoro, da un'unità produttiva ad un'altra, **se non per comprovate ragioni tecniche, organizzative e produttive**. Il limite legale posto dall'art. 2103 all'esercizio del potere di trasferimento è rappresentato, dunque, dalla sussistenza di motivazioni tali da giustificare l'atto in parola.

L'**unità produttiva** si identifica con la sede legale, gli stabilimenti, le filiali e i laboratori distaccati dalla sede, che abbiano un'organizzazione autonoma. Costituiscono indice dell'organizzazione autonoma lo svolgimento nelle sedi, stabilimenti, filiali e laboratori distaccati, di un'attività idonea a realizzare l'intero ciclo produttivo o una sua fase completa, unitamente alla presenza di lavoratori in forza in via continuativa. Quindi l'unità produttiva deve essere funzionalmente autonoma, caratterizzata per la sua sostanziale indipendenza tecnica: in essa deve essere svolto e concluso il ciclo relativo ad una frazione o ad un momento essenziale dell'attività produttiva aziendale.

Le esigenze, idonee a giustificare il trasferimento del lavoratore, in conformità ad un consolidato orientamento giurisprudenziale, sussistono:

- quando il mutamento della sede sia determinato dalla **soppressione del posto di lavoro e delle relative mansioni** (anche a seguito di una ristrutturazione) e dalla ricostituzione degli stessi presso la sede di destinazione;
- nel caso di **incompatibilità ambientale**. Può infatti ritenersi idonea a legittimare il trasferimento del lavoratore anche la sussistenza di una situazione di incompatibilità

fra questo ed i suoi colleghi e collaboratori diretti, quando tale incompatibilità, determinando conseguenze (quali tensione nei rapporti personali o contrasti nell'ambiente di lavoro) che costituiscono esse stesse cause di disorganizzazione e disfunzione nell'unità produttiva, realizzi un'obiettiva esigenza aziendale di modifica del luogo di lavoro;

> nel caso in cui il datore di lavoro presso il quale venga avviato un invalido per l'assunzione ai sensi della L. 68/1999, nel ricercare all'interno dell'azienda mansioni compatibili con le condizioni sanitarie del lavoratore, proceda a **ridistribuire gli incarichi** tra i lavoratori già in servizio.

Sull'imprenditore ricade l'onere di provare l'esistenza delle ragioni che hanno determinato il trasferimento, nonché di portarle a conoscenza del lavoratore. Va precisato che il **controllo giurisdizionale delle comprovate ragioni tecniche, organizzative e produttive legittimanti il trasferimento** del lavoratore deve essere diretto ad accertare che vi sia soltanto corrispondenza tra il provvedimento datoriale e le finalità tipiche dell'impresa e non può essere ampliato al merito della scelta operata dall'imprenditore. Quest'ultima, infatti, non deve presentare necessariamente i caratteri dell'inevitabilità, essendo sufficiente che il trasferimento concreti una delle ragionevoli scelte adottabili sul piano tecnico, organizzativo e produttivo.

In tema di trasferimento del dipendente le **disposizioni dei contratti collettivi** possono integrare la disciplina dell'art. 2103 c.c. (avente riguardo soltanto alle ragioni tecniche, organizzative e produttive), attribuendo rilievo anche alle esigenze di ordine personale e familiare del lavoratore.

4.3 La trasferta e il distacco

Il trasferimento del lavoratore presenta connotazioni diverse sia dalla trasferta che dal distacco.

La **trasferta**, infatti, si caratterizza per la *temporaneità dello spostamento del lavoratore ad una diversa struttura appartenente allo stesso datore di lavoro* (i contratti collettivi quasi sempre disciplinano tale fattispecie, soprattutto con riferimento alle indennità supplementari dovute al lavoratore per gli oneri da sostenere per l'attività svolta in un luogo diverso da quello di residenza, quali vitto, alloggio etc.).

Il **distacco (o comando)**, invece, pur non comportando una novazione soggettiva si configura quando un datore di lavoro (distaccante), per soddisfare un proprio interesse, pone *temporaneamente* uno o più lavoratori *a disposizione di altro soggetto* (distaccatario) per l'esecuzione di una determinata attività lavorativa" (art. 30, co. 1, D.Lgs. 276/2003). La titolarità del rapporto e dell'obbligo retributivo e contributivo permane in capo al distaccante, anche se il lavoratore viene assoggettato al potere direttivo, di controllo ed eventualmente disciplinare del distaccatario.

I **requisiti del distacco** sono quindi:

> l'*interesse del datore di lavoro distaccante*. Al riguardo, la circ. del Ministero del lavoro 15-1-2004, n. 3 consente un'interpretazione del dato normativo piuttosto ampia e tale da estendersi a qualsiasi interesse produttivo del distaccante che non coincida con la mera somministrazione di lavoro altrui. In tale ottica è stato ritenuto lecito anche il distacco all'interno di gruppi di imprese finalizzato ad una gestione delle risorse volta a razionalizzare ed equilibrare lo sviluppo delle varie aziende;

- la *temporaneità del distacco*. Si osserva come il medesimo implichi non che il distacco abbia una durata predeterminata oppure un termine più o meno breve, ma solo che la durata del comando coincida con quella dell'interesse del datore di lavoro a che il proprio dipendente presti la sua opera a favore di un terzo.

L'art. 30, co. 3, D.Lgs. 276/2003 pone due **limiti al potere di distacco**:

- nelle ipotesi in cui comporti un *mutamento di mansioni* è necessario il consenso del lavoratore interessato. Normalmente, infatti, il distacco rientra nell'ambito del potere organizzativo del datore di lavoro e, quindi, può essere disposto senza richiedere alcun consenso al lavoratore interessato;
- nelle ipotesi in cui comporti un *trasferimento ad un'unità produttiva sita a più di 50 km* da quella in cui il lavoratore è adibito può avvenire soltanto per comprovate ragioni tecniche, organizzative, produttive o sostitutive (cosiddetto *potere specificativo* del datore di lavoro).

4.4 L'orario di lavoro

4.4.1 Riferimenti normativi

Le principali fonti normative in materia di orario di lavoro sono:

- l'art. 36 Cost., che contempla una riserva di legge nella determinazione massima della durata della giornata lavorativa e sancisce l'irrinunciabilità alle ferie e al riposo settimanale;
- gli artt. 2107-2109 c.c., che disciplinano le pause dal lavoro e che sono integrati dalle leggi speciali e dai contratti collettivi;
- il D.Lgs. 8-4-2003, n. 66 che ha completamente riformato la disciplina recependo le direttive 93/104/CE e 2000/34/CE.

In particolare, all'art. 1 del D.Lgs. 66/2003 si definisce orario di lavoro qualsiasi **periodo in cui il lavoratore sia al lavoro, a disposizione del datore di lavoro e nell'esercizio della sua attività e delle sue funzioni**. L'orario di lavoro deve essere specificato nel regolamento aziendale e deve essere comunicato al lavoratore mediante il contratto di lavoro o la lettera di assunzione.

In argomento è da ricordare quanto previsto dall'art. 9 D.Lgs. 104/2022 in materia di **prevedibilità minima del lavoro** e, nello specifico, stabilisce che, nel caso in cui l'orario di lavoro non sia predeterminato o non sia predeterminata la sua collocazione temporale, il datore di lavoro non può imporre al lavoratore di svolgere l'attività lavorativa salvo che non ricorrano entrambe le seguenti condizioni: il lavoro si svolga entro ore e giorni di riferimento predeterminati e il lavoratore venga informato con un congruo preavviso sull'incarico o la prestazione da eseguire. In assenza di una delle due condizioni sopra richiamate il lavoratore può rifiutarsi di assumere l'incarico o di svolgere la prestazione senza subire alcun pregiudizio, né conseguenze disciplinari. L'art. 10 D.Lgs. 104/2022, invece, prevede che i lavoratori in possesso di un'anzianità lavorativa di almeno 6 mesi presso lo stesso datore di lavoro o committente possono richiedere per iscritto, al datore di lavoro, che vengano loro riconosciute **condizioni di lavoro più prevedibili**, sicure e stabili, se disponibili. Il datore di lavoro deve fornire una risposta motivata al lavoratore entro un mese. In caso di risposta negativa una nuova domanda potrà essere presentata decorsi almeno 6 mesi da quella precedente. In caso di richiesta reiterata da parte del lavoratore di analogo contenuto, le persone fisiche in qualità di datori di lavoro o le imprese che occupano fino a cinquanta dipendenti possono rispondere in forma orale qualora la motivazione della risposta rimanga invariata rispetto alla precedente. Le previsioni dell'art. 10 citato non si applicano ai lavoratori alle dipendenze delle pubbliche amministrazioni, ai lavoratori marittimi e del settore della pesca e ai lavoratori domestici.

4.4.2 Articolazione dell'orario

L'orario *normale* di lavoro è **fissato di regola su base settimanale e ha, come limite massimo, quello delle 40 ore**. I contratti collettivi possono, tuttavia, stabilire una durata inferiore e riferire l'orario normale alla durata media delle prestazioni lavorative in un periodo non superiore all'anno (art. 3 D.Lgs. 66/2003).

Ai fini del **lavoro minorile** per i bambini, liberi da obblighi scolastici, l'orario di lavoro non può superare le 7 ore giornaliere e le 35 settimanali. Per gli adolescenti l'orario di lavoro non può superare le 8 ore giornaliere e le 40 settimanali (art. 18 L. 977/1967).

La durata massima concerne il solo **lavoro effettivo**, ossia quello che richiede un'applicazione continua e senza soste. Non possono, quindi, prendersi in considerazione i riposi intermedi (per la consumazione dei pasti), il tempo occorrente per recarsi al lavoro, quello necessario per indossare gli abiti di lavoro o per fornirsi degli attrezzi e le soste di lavoro non inferiori a 10 minuti dovute a forza maggiore oppure a necessità tecniche.
Le ore di lavoro settimanali sono **normalmente distribuite su 6 giorni**. Il contratto collettivo e il datore di lavoro possono ripartirle su 5 giorni. In tal caso il sabato (anche se non si lavora) non è considerato riposo settimanale.
Non si applica il limite delle 40 ore settimanali ai cosiddetti **lavoratori discontinui** (custodi, guardiani, portinai, fattorini etc.), ossia a coloro che, svolgendo un'attività di semplice attesa o custodia, non hanno un impegno continuativo e durante l'orario di lavoro hanno pause e lunghi riposi. Anche la durata dell'orario di lavoro di queste figure professionali è fissata dal contratto collettivo nazionale e deve sempre tener conto dell'integrità e della salute fisica e psichica del lavoratore.

4.4.3 Pause e riposi

Se l'orario di lavoro supera le 6 ore giornaliere, il lavoratore ha diritto a una **pausa di riposo che per legge non può essere inferiore ai dieci minuti** (art. 8 D.Lgs. 66/2003). Generalmente la durata e le modalità della pausa sono indicate sia nel contratto collettivo nazionale sia in quello aziendale.
L'orario di lavoro giornaliero deve essere tale da **consentire al lavoratore 11 ore di riposo consecutive ogni 24 ore**. In alcuni specifici casi il contratto nazionale contempla una deroga alla legge e prevede la possibilità che al lavoratore siano accordati periodi di riposo più brevi, i quali comunque sono ammessi solo a condizione di periodi equipollenti di riposo compensativo.
L'orario di lavoro settimanale deve tener conto del diritto del personale a un **periodo di riposo di almeno 24 ore consecutive**, di regola in coincidenza con la domenica. Fanno eccezione alcune situazioni caratterizzate dalla necessità dell'organizzazione del lavoro a turni, da particolari attività per le quali sia necessario frazionare i periodi di lavoro nell'arco della giornata e da regimi di reperibilità. Il lavoro svolto durante i giorni di riposo settimanale è compensato da una maggiorazione retributiva. Il riposo settimanale è un principio stabilito dalla Costituzione (art. 36) e la sua concessione non può essere rifiutata dal datore di lavoro, né può essere legalmente negata in un contratto individuale.

4.4.4 Le festività infrasettimanali

Accanto al riposo settimanale si pongono le festività infrasettimanali, nazionali e religiose, disciplinate dalla L. 27-5-1949, n. 260, dalla L. 5-3-1977, n. 54 e dal D.P.R. 28-12-1985, n. 792. Quelle che comportano l'astensione dall'attività lavorativa sono:

- tutte le domeniche;
- il capodanno (1° gennaio);
- l'Epifania (6 gennaio);
- l'anniversario della Liberazione (25 aprile);
- il lunedì in Albis;
- la festa del lavoro (1° maggio);
- la festa della Repubblica (2 giugno);
- il giorno dell'Assunzione (15 agosto);
- il giorno di Ognissanti (1° novembre);
- l'Immacolata Concezione (8 dicembre);
- il giorno di Natale (25 dicembre);
- il giorno di Santo Stefano (26 dicembre).

È festivo anche il giorno del Santo Patrono, che ovviamente varia in base all'ubicazione dell'unità produttiva. La festività civile del 4 novembre (Giornata dell'unità nazionale e delle forze armate), invece, è ora celebrata la prima domenica successiva a tale data e ai fini retributivi è remunerata con una giornata aggiuntiva in busta paga. Lo stesso criterio si applica normalmente per le festività che dovessero cadere di domenica, anche se le disposizioni in materia sono dettate dai singoli contratti collettivi. Durante tali festività, i datori di lavoro devono **corrispondere ai propri dipendenti, compresi quelli retribuiti ad ore, la normale retribuzione giornaliera**. Nel caso in cui, in tali giorni, i dipendenti lavorino, è loro dovuta, oltre la normale retribuzione globale di fatto giornaliera, comprensiva di ogni elemento accessorio, anche la retribuzione per l'attività svolta con la **maggiorazione per il lavoro festivo**.

4.4.5 Le ferie

L'art. 36, co. 3, Cost. sancisce che "il lavoratore ha diritto a ferie annuali retribuite e non può rinunziarvi" mentre l'art. 2109 c.c. precisa che ha diritto "ad un periodo annuale di ferie retribuito, possibilmente continuativo, nel tempo che l'imprenditore stabilisce, tenuto conto delle esigenze dell'impresa e degli interessi del prestatore di lavoro". Per la durata del periodo feriale il codice rinvia alla legislazione ordinaria. Attualmente l'art. 10 D.Lgs. 66/2003 stabilisce che il prestatore di lavoro ha **diritto ad un periodo annuale di ferie retribuite non inferiore a quattro settimane**, consentendo tuttavia alla contrattazione collettiva la facoltà di derogare in senso più favorevole. Stante la funzione dell'istituto, la legge dispone che il periodo minimo di quattro settimane non possa essere sostituito dalla relativa indennità per ferie non godute, salvo il caso di risoluzione del rapporto di lavoro. Tale periodo va goduto per almeno 2 settimane, consecutive in caso di richiesta del lavoratore, nel corso dell'anno di maturazione e, per le restanti 2 settimane, nei 18 mesi successivi al termine dell'anno di maturazione.

Durante il periodo feriale, il prestatore ha **diritto alla retribuzione globale di fatto corrispondente a quella che percepisce normalmente** (comprensiva anche delle voci più strettamente connesse alla prestazione lavorativa); in caso di retribuzione in natura ha diritto all'equivalente in danaro.

La Corte costituzionale, con la sentenza 30-12-1987, n. 6161, ha dichiarato costituzionalmente illegittimo l'art. 2109 c.c. nella parte in cui non prevede che la malattia insorta durante il periodo feriale ne sospende il decorso.

Assimilati alle ferie sono alcuni **periodi di sosta nello svolgimento della prestazione**, previsti dalla legge e volti a permettere al lavoratore di assolvere ad impegni di carattere civile e personale. Essi possono essere retribuiti ovvero non retribuiti. Si citano qui, a titolo di esempio: il congedo per le elezioni politiche ed amministrative e per i referendum, previsto a favore dei componenti il seggio elettorale e dei rappresentanti di lista; il congedo matrimoniale; i permessi (non retribuiti) spettanti ai dirigenti delle rappresentanze sindacali aziendali per la partecipazione a convegni, congressi ed iniziative sindacali in genere.

Secondo quanto stabilito dall'art. 24 D.Lgs. 151/2015, i **lavoratori possono cedere a titolo gratuito i riposi e le ferie da loro maturati** ai lavoratori dipendenti dallo stesso datore di lavoro, al fine di consentire a questi ultimi di assistere i figli minori che per le particolari condizioni di salute necessitano di cure costanti, nella misura, alle condizioni e secondo le modalità stabilite dai contratti collettivi (**ferie solidali**). Stante la previsione dell'art. 36 Cost., in virtù del quale le ferie sono irrinunciabili, si ritiene che la cessione possa essere consentita ma con esclusione del periodo annuale di ferie retribuite non inferiore a 4 settimane e dei giorni minimi di riposo stabiliti dalla normativa vigente. Ne consegue che la cessione potrà avere ad oggetto soltanto i *giorni disponibili, ovvero quelli previsti dal CCNL in aggiunta al periodo minimo legale di ferie di 4 settimane*, ovvero quelli riconosciuti in aggiunta al periodo minimo direttamente dal contratto individuale con il lavoratore, come condizione di miglior favore.

4.4.6 Lavoro straordinario e lavoro supplementare

Il lavoro straordinario è quello **svolto oltre l'orario normale di lavoro, ossia le 40 ore settimanali previste dalla legge**, e la relativa regolamentazione è demandata alla contrattazione collettiva. Qualora il contratto applicato preveda un orario inferiore alle 40 ore, la prestazione che eccede l'orario contrattuale e fino al limite legale delle 40 ore è denominata **lavoro supplementare**.
La legge di riforma ammette il ricorso al lavoro straordinario per i seguenti motivi (art. 5 D.Lgs. 66/2003):
- eccezionali esigenze tecnico-produttive e impossibilità di fronteggiarle attraverso l'assunzione di altri lavoratori;
- casi di forza maggiore, per ovviare a pericoli o danni alle persone o alla produzione;
- eventi particolari legati all'attività produttiva.

La legge ha fissato il tetto massimo di straordinario annuale in 250 ore (art. 5 D.Lgs. 66/2003); spesso la contrattazione collettiva ha stabilito limiti inferiori.
I contratti nazionali di categoria stabiliscono le modalità con le quali si esegue il lavoro straordinario e i limiti massimi (giornalieri e settimanali). Essi fissano anche le maggiorazioni retributive dovute ai lavoratori per risarcirli dell'allungamento dell'orario di lavoro e spesso consentono di usufruire di riposi compensativi in aggiunta o in alternativa alle maggiorazioni.

Se mancano disposizioni collettive si applicano i limiti legali stabiliti dal D.Lgs. 66/2003, vale a dire consensualità nei termini di un preventivo accordo tra datore di lavoro e lavoratore e limite di 250 ore annuali.

4.4.7 Il lavoro notturno

Il lavoro notturno è soggetto ad una serie di divieti e di limitazioni, in quanto, alterando i ritmi biologici di vita del prestatore, risulta più dannoso e faticoso non solo del lavoro diurno, ma anche del lavoro straordinario. Generalmente i contratti di categoria specificano l'ora da cui decorre il lavoro notturno e dalla quale scattano le maggiorazioni e i benefici contrattuali.
L'art. 1 D.Lgs. 66/2003 stabilisce che per **periodo notturno** s'intende il *periodo di almeno 7 ore consecutive comprendenti l'intervallo tra la mezzanotte e le cinque del mattino* (quindi il lavoro notturno è quello svolto tra le 24 e le 7, ovvero tra le 23 e le 6, ovvero tra le 22 e le 5). Il **lavoratore notturno**, invece, è colui che *svolge almeno 3 ore del suo normale lavoro giornaliero durante il periodo notturno*, secondo le norme definite dai contratti; in assenza di disciplina contrattuale è considerato tale qualsiasi lavoratore che svolga per almeno 3 ore lavoro notturno per un minimo di 80 giorni lavorativi all'anno (il limite va riproporzionato in caso di lavoro a tempo parziale).

Ai fini della disciplina del **lavoro minorile**, con l'espressione "lavoro notturno", s'intende un periodo di almeno 12 ore consecutive comprendente l'intervallo tra le 22 e le 6 o tra le 23 e le 7 (art. 15, co. 2, L. 977/1967, come modificato dal D.Lgs. 345/1999). Sono previste specifiche eccezioni.

Il lavoro notturno **non deve superare 8 ore nell'arco delle 24**, a meno che il contratto collettivo (nazionale o aziendale) non individui un periodo di riferimento più ampio su cui calcolare tale limite.
Per compensare la fatica del lavorare durante la notte, tutti i contratti di categoria indicano **maggiorazioni retributive** e nella gran parte dei casi anche delle specifiche **riduzioni dell'orario di lavoro**.
L'**inidoneità al lavoro notturno** può essere accertata attraverso le competenti strutture sanitarie pubbliche.
Nel caso di sopravvenuta inidoneità alla prestazione di lavoro notturno, accertata dal medico competente o dalle strutture sanitarie pubbliche, il lavoratore verrà assegnato al lavoro diurno, in altre mansioni equivalenti, se esistenti e disponibili.
I contratti collettivi stabiliscono i requisiti dei **lavoratori che possono essere esclusi dall'obbligo di effettuare lavoro notturno**. È in ogni caso vietato adibire le donne al lavoro, dalle ore 24 alle ore 6, dall'accertamento dello stato di gravidanza fino al compimento di un anno di età del bambino. **Non sono obbligati** a prestare lavoro notturno, secondo quanto disposto dall'art. 11 D.Lgs. 66/2003:
- la lavoratrice madre di un figlio di età minore a 3 anni o, in alternativa, il lavoratore padre convivente con la stessa;
- la lavoratrice o il lavoratore che sia l'unico genitore affidatario di un figlio convivente di età inferiore a 12 anni;
- la lavoratrice madre adottiva o affidataria di un minore, nei primi 3 anni dall'ingresso del minore in famiglia, e comunque non oltre il 12° anno di età o, in alternativa ed alle stesse condizioni, il lavoratore padre adottivo o affidatario convivente con la stessa;
- la lavoratrice o il lavoratore che abbia a proprio carico un soggetto disabile.

Capitolo 5
Mansioni, qualifiche e categorie

5.1 Le mansioni

5.1.1 Nozione di mansione

Il termine mansione indica l'**insieme dei compiti e delle concrete operazioni che il lavoratore è chiamato ad eseguire e che possono essere pretesi dal datore di lavoro**: indica, in sostanza, l'oggetto specifico dell'obbligazione lavorativa, le attività concretamente espletate, e vale a fornire il criterio di determinazione qualitativa della prestazione dovuta.
Le mansioni del lavoratore sono individuate nel contratto di lavoro. È questo il principio di contrattualità delle mansioni e della qualifica desumibile dall'art. 2103 c.c. e dell'art. 96 disp. att. c.c. che prevede l'obbligo a carico del datore di lavoro di far conoscere al prestatore di lavoro, al momento dell'assunzione, la categoria e la qualifica che gli sono state assegnate in relazione alle mansioni per cui è stato assunto. Ai sensi dell'art. 2103 c.c., nel testo novellato dal D.Lgs. 81/2015 (attuativo del Jobs Act) che, oltre a rimodulare l'intera disciplina dei contratti di lavoro, ha riformulato anche il contenuto di detta norma, *il lavoratore deve essere adibito alle mansioni per le quali è stato assunto o a quelle corrispondenti all'inquadramento superiore che abbia successivamente acquisito ovvero a mansioni riconducibili allo stesso livello e categoria legale di inquadramento delle ultime effettivamente svolte.*

5.1.2 Il demansionamento

Stante la dizione dell'art. 2103 c.c. antecedente all'emanazione del D.Lgs. 81/2015, era riconosciuto al datore di lavoro il **potere di modificare le mansioni del lavoratore** durante lo svolgimento del rapporto di lavoro rispetto a quanto concordato al momento dell'assunzione. Tale potere, noto come ***ius variandi***, era circoscritto ai casi in cui il lavoratore dovesse essere adibito a mansioni diverse dalle precedenti ma ad esse superiori o equivalenti. *Era vietato adibire il lavoratore a mansioni inferiori* (demansionamento) e la modifica *in peius* era sanzionata con la nullità della decisione e il risarcimento del danno sofferto. Ora, a seguito della novella dell'art. 2103 c.c., è previsto che nei casi di modifica degli assetti organizzativi o per ulteriori ipotesi previste da contratti collettivi, anche aziendali, **il datore di lavoro può assegnare il lavoratore a mansioni appartenenti al livello di inquadramento inferiore**, senza, tuttavia, incidere sul trattamento economico (salvo trattamenti accessori legati alla modalità di svolgimento del lavoro).
Sono fatti salvi i **diritti acquisiti dei lavoratori in materia di retribuzione**: nella busta paga non subiscono riduzione la paga base o altri elementi contrattuali. Inoltre, il livello contrattuale (livello di inquadramento secondo CCNL) non può cambiare per effetto del mutamento delle mansioni.
Ulteriore ipotesi di demansionamento è ammessa nel caso di previsione da parte di un accordo individuale di modifica delle mansioni stipulato nelle cosiddette sedi protette,

che risponda all'interesse del lavoratore alla conservazione dell'occupazione, all'acquisizione di una diversa professionalità o al miglioramento delle proprie condizioni di vita (art. 2103, co. 6, c.c.). In tal caso è prevista la possibilità di una modifica in senso peggiorativo anche della retribuzione connessa alle nuove mansioni.

5.1.3 L'attribuzione di mansioni superiori e le variazioni contrattuali

Per quanto riguarda, invece, l'**assegnazione di mansioni superiori**, il lavoratore ha diritto al trattamento corrispondente all'attività svolta. Se non ha avuto luogo per ragioni sostitutive di altro lavoratore in servizio, l'assegnazione diviene definitiva, *salva diversa volontà del lavoratore*, dopo il periodo fissato dai contratti collettivi (anche aziendali) o, in mancanza, dopo 6 mesi continuativi.
Il legislatore ha previsto il dovere di accompagnare il mutamento di mansioni con un'apposita formazione, anche se il mancato rispetto di quest'ultima prescrizione non incide sulla validità dell'atto di assegnazione delle nuove mansioni.
L'art. 2103 c.c. prevede che in specifiche ipotesi possano essere concordate **variazioni al contratto individuale di lavoro con un accordo di modifica delle mansioni**, della categoria legale, del livello di inquadramento e della relativa retribuzione. La stipula deve avvenire in sede protetta, cioè in presenza di una rappresentanza sindacale ed è ammissibile solo nell'*interesse del lavoratore alla conservazione dell'occupazione*, all'*acquisizione di una diversa professionalità* o al *miglioramento delle condizioni di vita.*

5.2 Nozione di qualifica

La qualifica designa lo *status* professionale del lavoratore, legalmente e contrattualmente identificato secondo il contenuto delle mansioni. In particolare essa **esprime il tipo e il livello di una figura professionale** e concorre con le mansioni a determinare la posizione del lavoratore nella struttura organizzativa dell'impresa, da cui derivano una serie di diritti e doveri inerenti al rapporto di lavoro. Può dirsi che la qualifica assume particolare rilevanza giuridica in quanto:

- limita il potere discrezionale del datore di lavoro di adibire il lavoratore a mansioni diverse da quelle previste dalla qualifica stessa;
- determina il trattamento normativo, economico e previdenziale del lavoratore.

5.3 Le categorie

5.3.1 Nozione

Esse costituiscono delle entità classificatorie che raggruppano i vari profili professionali. Si tratta di un sistema di classificazione professionale che, al pari delle qualifiche, **delinea il particolare regime giuridico cui il lavoratore è sottoposto ai fini del trattamento economico e delle mansioni da svolgere**.
L'individuazione delle categorie si desume dall'art. 2095 c.c. nonché dalla contrattazione collettiva. È possibile, in tal modo, distinguere le **categorie legali** da quelle **contrattuali**.
La classificazione è fondata sulle mansioni svolte, ossia sull'insieme di compiti e funzioni cui concretamente è tenuto il prestatore di lavoro subordinato in base al potere di confor-

mazione della prestazione lavorativa (potere direttivo) del datore di lavoro in seno all'organizzazione aziendale. Tale classificazione è utile anche al fine di determinare la retribuzione e il regime della responsabilità a seconda del grado di professionalità richiesto per lo svolgimento dell'attività lavorativa. I criteri da utilizzare per stabilire l'appartenenza a ciascuna di queste categorie sono previsti dalla legge e dai contratti collettivi.

5.3.2 Categorie legali

L'art. 2095, co. 1, c.c. contempla quattro categorie di prestatori di lavoro destinatarie di determinate regolamentazioni previste dalla legge: dirigenti, quadri, impiegati e operai. Lo stesso articolo, al comma 2, rinvia alle leggi speciali e alla contrattazione collettiva per la determinazione dei requisiti di appartenenza alle categorie legali di cui al comma 1, sia per quanto attiene alla collocazione nelle singole imprese sia per ciò che concerne la collocazione nei vari settori.

I dirigenti

L'art. 1 del contratto collettivo nazionale di lavoro dei dirigenti industriali definisce i dirigenti come quei lavoratori che **ricoprono nell'azienda un ruolo caratterizzato da un elevato grado di professionalità, autonomia e potere decisionale** ed esplicano le loro funzioni al fine di promuovere, coordinare e gestire la realizzazione degli obiettivi dell'impresa. La peculiarità degli interessi dei dirigenti rispetto a quelli degli altri lavoratori comporta uno speciale inquadramento sindacale in associazioni separate, una contrattazione collettiva separata e un trattamento previdenziale diverso da quello riservato agli altri prestatori di lavoro.
Ancora, ai dirigenti non si applicano alcune leggi di tutela, ossia quelle sull'orario di lavoro, sul contratto a termine e (in parte) sul licenziamento.

I quadri

L'art. 2 L. 190/1985 definisce i quadri come i prestatori di lavoro subordinato che, **pur non appartenendo alla categoria dei dirigenti, svolgano funzioni con carattere continuativo di rilevante importanza ai fini dello sviluppo e dell'attuazione degli obiettivi dell'impresa**. Lo stesso articolo rimanda alla contrattazione collettiva nazionale o aziendale per la determinazione dei requisiti di appartenenza alla categoria "in relazione a ciascun ramo di produzione e alla particolare struttura organizzativa dell'impresa".
Come per la definizione dei dirigenti, anche per quella dei quadri il legislatore fa riferimento alle funzioni e non alle mansioni svolte dal prestatore. Tuttavia, sul piano della disciplina, la differenziazione tra le due categorie è netta. Per i quadri è prevista, infatti, l'**applicabilità delle norme che regolano il rapporto individuale di lavoro degli impiegati**, salvo diversa disposizione dei contratti collettivi; si esclude, inoltre, che possano essere ricompresi nella categoria dei quadri i lavoratori già classificati come dirigenti.

Gli impiegati

L'art. 1 R.D. 13-11-1924, n. 1825 definisce l'impiegato come **colui che professionalmente presta la propria attività alle dipendenze di un imprenditore privato, con la funzione di collaborazione, tanto di concetto che di ordine**, eccettuata ogni prestazione che sia semplicemente di mano d'opera.

La prestazione di lavoro dell'impiegato si caratterizza, dunque, per:

- la collaborazione all'impresa, che consiste in compiti di organizzazione, propulsione, direzione e vigilanza;
- la professionalità, intesa come abitualità della prestazione.

Con riferimento al primo elemento, l'art. 1 R.D. 1825/1924 distingue la collaborazione di concetto da quella d'ordine, senza però definirle. Per la Cassazione, il criterio discretivo consiste non tanto nel carattere intellettivo della prestazione, quanto nella parziale autonomia dell'impiegato di concetto rispetto ai superiori, autonomia da valutare non in ragione dell'incarico conferito, ma del lavoro effettivamente svolto.

Gli operai

L'art. 1 R.D. 1825/1924 fornisce una definizione in negativo dell'operaio, essendo tale, per questa disposizione, il lavoratore che non può essere inquadrato in nessuna delle altre categorie. Con riguardo alla distinzione tra impiegato ed operaio, la dottrina e la giurisprudenza prevalente ritengono, dopo molte incertezze, che sia determinante non il carattere intellettuale o manuale del lavoro prestato, bensì il grado della collaborazione fornita dal lavoratore al datore di lavoro. Così, mentre la prestazione dell'impiegato, anche d'ordine, si caratterizza per l'attività di *collaborazione all'impresa,* quella dell'operaio si caratterizza per la *collaborazione nell'impresa*, consistente in un **generico apporto al processo produttivo, realizzato mediante la mera attuazione delle direttive ricevute**.

L'inquadramento unico

Occorre, tuttavia, precisare che la distinzione tra impiegati ed operai è oggi parzialmente superata dall'introduzione, ad opera della contrattazione collettiva, di un nuovo sistema di inquadramento professionale, il cosiddetto *sistema di inquadramento unico.* Esso si fonda su una classificazione unica dei **lavoratori, che vengono ordinati in una pluralità di livelli professionali, e non più, come avveniva in passato, per gruppi di qualifiche all'interno delle varie categorie**. In sostanza mentre il sistema tradizionale classificava i lavoratori distribuendoli per gruppi di qualifiche all'interno delle varie categorie (ad esempio, impiegati d'ordine e di concetto, di prima, seconda, terza o quarta categoria impiegatizia), nel sistema dell'inquadramento unico si ha una singola classificazione dei lavoratori, ordinata in 7 o 8 livelli professionali che raggruppano sia le categorie impiegatizie che quelle operaie e anche, talvolta, quelle dei quadri. L'appartenenza a tali categorie è determinata sulla base di **declaratorie**, cioè definizioni generali delle caratteristiche dell'attività prestata, ed **esemplificazioni**, cioè di un'elencazione delle mansioni pertinenti ai diversi profili professionali.

5.3.3 Categorie contrattuali

Si tratta di categorie di origine contrattuale, introdotte cioè dalla contrattazione collettiva in aggiunta a quelle legali. Le figure professionali che si individuano in tale ambito sono:

- i **funzionari**, personale con funzioni direttive inizialmente previsto dalla contrattazione collettiva nei settori del credito e delle assicurazioni;
- gli **intermedi**, collocabili nel grado superiore della categoria operaia. Figura tipica è il capo operaio, preposto alla guida e al controllo di un gruppo di operai.

Capitolo 6
Obblighi e diritti delle parti

6.1 La prestazione di lavoro e gli obblighi annessi

6.1.1 Elementi della prestazione

La prestazione di lavoro costituisce il **contenuto principale dell'obbligazione del lavoratore**. Essa deve essere: lecita, possibile, determinata e determinabile, personale e, infine, patrimoniale (l'attività lavorativa deve cioè essere suscettibile di valutazione economica).

Gli elementi che concorrono a determinare la prestazione sono in particolare:

- il tipo di attività. Nel rapporto di lavoro esso viene di volta in volta individuato dalle mansioni che il lavoratore è chiamato a svolgere in concreto;
- la durata dell'attività. Essa è misurata attraverso l'orario di lavoro;
- il luogo della prestazione.

I precetti dettati dagli artt. 2104 e 2105 c.c., rispettivamente relativi all'osservanza degli obblighi di diligenza e di fedeltà, concorrono a individuare con maggior dettaglio gli esatti contorni del contenuto dell'obbligazione della prestazione gravante sul lavoratore.

6.1.2 L'obbligo di diligenza

L'art. 2104, co. 1, c.c. afferma che **il prestatore di lavoro deve usare la diligenza richiesta dalla natura della prestazione dovuta, dall'interesse dell'impresa e da quello superiore della produzione nazionale**. Deve, inoltre, osservare le disposizioni per l'esecuzione e per la disciplina del lavoro impartite dall'imprenditore e dai collaboratori di questo dai quali gerarchicamente dipende.

Tale articolo costituisce la specificazione del dovere di diligenza del debitore nell'adempimento delle obbligazioni sancito dall'art. 1176 c.c. Questa disposizione parametra la diligenza dovuta ad un criterio di medietà sociale espresso, nelle obbligazioni generiche, con il riferimento al *buon padre di famiglia* e, nelle obbligazioni inerenti all'esercizio di un'attività professionale, con riferimento alla *natura dell'attività esercitata*.

Al catalogo dei criteri di valutazione della diligenza nell'adempimento indicati dall'art. 1176 c.c., il legislatore ha aggiunto, con specifico riferimento al rapporto di lavoro, i tre parametri indicati all'art. 2104 c.c.: la *natura della prestazione dovuta*, l'*interesse dell'impresa* e l'*interesse superiore della produzione nazionale*.

Quest'ultimo è da considerarsi implicitamente abrogato con la caduta del sistema corporativo e non sostituibile con il criterio dell'utilità sociale di cui all'art. 41, co. 2, Cost., che costituisce un limite alla libera iniziativa economica privata, ma non anche un parametro di valutazione dell'adempimento dell'obbligazione lavorativa.

Il criterio della **natura della prestazione dovuta**, ripreso in termini pressoché identici dal disposto dell'art. 1176, co. 2, c.c., impone al giudice di valutare la condotta del lavoratore alla stregua sia dell'abilità tecnica richiesta per l'espletamento delle mansioni che sono state al medesimo assegnate (*diligenza in senso tecnico*) sia dei comportamenti accessori che si rendano necessari in relazione all'interesse del datore di lavoro ad un'utile prestazione, restando peraltro escluso che tali comportamenti accessori siano dovuti dal lavoratore, in aggiunta alla sua prestazione lavorativa, allorché formino oggetto delle specifiche mansioni di altri lavoratori.
Secondo un consolidato insegnamento giurisprudenziale, invece, il riferimento all'**interesse dell'impresa** implica il dovere del lavoratore di tenere in debita considerazione le particolari esigenze dell'organizzazione imprenditoriale in cui la prestazione dovuta si inserisce, soprattutto quando tali esigenze siano state tradotte in specifici orientamenti o indicazioni da parte degli organi o dei soggetti a ciò preposti.
L'inosservanza del dovere di diligenza comporta per il prestatore l'obbligo di risarcire, a titolo di responsabilità contrattuale, il danno che dalla sua condotta negligente o imprudente sia derivato al datore e l'eventuale sottoposizione a sanzioni disciplinari.

6.1.3 L'obbligo di obbedienza

L'art. 2104, co. 2, c.c. pone a carico del prestatore l'obbligo di obbedienza, sancendo che egli deve **osservare le disposizioni per l'esecuzione e la disciplina del lavoro che gli vengono impartite dall'imprenditore e dai collaboratori di questo dai quali gerarchicamente dipende**.
Come la giurisprudenza ha ripetutamente precisato, la soggezione del prestatore al datore ed ai suoi collaboratori non può superare i limiti imposti dalle norme di legge – in particolare da quelle dello Statuto dei lavoratori – e dalle norme contrattuali, potendo, in caso contrario, il lavoratore, esercitare il cosiddetto *ius resistentiae*, cioè rifiutarsi di osservare le disposizioni impartite. L'inosservanza dell'obbligo di obbedienza può costituire, nei casi più gravi, giustificato motivo (soggettivo) di licenziamento.

6.1.4 L'obbligo di fedeltà

Secondo le indicazioni dell'art. 2105 c.c. il prestatore di lavoro **non deve trattare affari, per conto proprio o di terzi, in concorrenza con l'imprenditore, né divulgare notizie attinenti all'organizzazione e ai metodi di produzione dell'impresa, o farne uso** in modo da poter recare ad essa pregiudizio.
In concreto tale obbligo si sostanzia nei seguenti divieti:

- di **trattare affari, per conto proprio o di terzi, in concorrenza con l'imprenditore**. Si tratta di una preclusione che va tenuta distinta dal divieto di concorrenza sleale, di cui all'art. 2598 c.c., che rappresenta una forma di illecito extracontrattuale e si verifica solo nei casi espressamente previsti dalla norma. Il divieto di concorrenza, sancito dall'art. 2105 c.c., avendo natura contrattuale, si estingue al momento della cessazione del rapporto di lavoro.
  Sul piano civilistico, la violazione dell'art. 2105 c.c. dà luogo sia alla responsabilità disciplinare sia al risarcimento del danno eventualmente causato al datore.

Tuttavia, l'art. 2125 c.c. consente alle parti di limitare lo svolgimento dell'attività del prestatore anche successivamente alla cessazione del contratto, con la stipulazione del **patto di non concorrenza**. Tale accordo è circondato da particolari garanzie, essendo richiesti la *forma scritta*, a pena di nullità, la *previsione di un corrispettivo* a favore del lavoratore e il *contenimento del vincolo* entro determinati limiti di oggetto, luogo e tempo.
La violazione del patto di non concorrenza può dar luogo ad una condanna al risarcimento del danno, ma non ad un ordine di cessazione dell'attività svolta;

> di **divulgare notizie attinenti all'organizzazione e ai metodi di produzione dell'impresa** (cosiddetti segreti aziendali), con riferimento al quale va chiarito, da un lato, che si ha "divulgazione" quando le notizie di cui si tratta non abbiano ancora raggiunto un alto grado di diffusione e, dall'altro, che è vietata se ed in quanto finalizzata ad arrecare pregiudizio all'impresa;
> di **usare i cosiddetti segreti aziendali**: tale divieto, al pari di quello di divulgazione, è penalmente sanzionato (si vedano, in proposito, gli artt. 621, 622 e 623 c.p.).

La necessità di rispettare l'obbligo di fedeltà non implica, tuttavia, la facoltà del datore di lavoro di vietare il *cumulo di impieghi*. L'art. 8 D.Lgs. 104/2022, infatti, prevede espressamente l'**impossibilità per il datore di lavoro di impedire al lavoratore di svolgere altre attività** lavorative, salvi i casi in cui si possa verificare un pregiudizio per la salute e la sicurezza del dipendente, un conflitto d'interessi con l'attività principale o la necessità di garantire l'integrità di un servizio pubblico.

6.1.5 Gli obblighi in materia di sicurezza

L'art. 20 D.Lgs. 81/2008 (T.U. sulla sicurezza sul lavoro) individua gli obblighi a carico dei lavoratori con riferimento alla tutela della salute e sicurezza nei luoghi di lavoro.
Il primo comma, infatti, afferma che ogni "lavoratore deve prendersi cura della propria salute e sicurezza e di quella delle altre persone presenti sul luogo di lavoro, su cui ricadono gli effetti delle sue azioni o omissioni, conformemente alla sua formazione, alle istruzioni e ai mezzi forniti dal datore di lavoro".
L'articolo in esame prosegue specificando dettagliatamente gli **obblighi cui sono tenuti i lavoratori**, i quali:

> devono contribuire, con il datore di lavoro, i dirigenti e i preposti, all'adempimento degli obblighi a tutela della salute e sicurezza sui luoghi di lavoro e osservare tutte le disposizioni e le istruzioni impartite;
> devono utilizzare correttamente le attrezzature di lavoro, le sostanze e le miscele pericolose, i mezzi di trasporto, nonché i dispositivi di sicurezza;
> non possono rimuovere o modificare, senza autorizzazione, i dispositivi di sicurezza o di segnalazione o di controllo né compiere di propria iniziativa operazioni o manovre che non sono di loro competenza ovvero che possono compromettere la sicurezza propria o di altri lavoratori.

Altri obblighi stabiliti a carico dei lavoratori sono la partecipazione ai programmi di formazione e di addestramento organizzati dal datore di lavoro e la sottoposizione ai controlli sanitari previsti dal D.Lgs. 81/2008 o disposti dal medico competente.

6.2 I diritti e le tutele del lavoratore e delle lavoratrici

I diritti del lavoratore costituiscono le situazioni giuridiche attive, riferibili alla prestazione lavorativa, e possono essere classificati in **diritti patrimoniali** (il diritto alla retribuzione, il diritto al TFR e alle indennità speciali) e **diritti personali**.

6.2.1 La retribuzione

La determinazione

L'ammontare della retribuzione, secondo l'art. 36 Cost., deve essere commisurato alla quantità e qualità del lavoro svolto. Per quanto concerne la concreta determinazione della misura della retribuzione, ai sensi dell'art. 2099 c.c., essa è stabilita:

> dalla **contrattazione collettiva**, dovendosi intendere così il rinvio che la norma fa alle norme corporative. Tale rinvio primario alla contrattazione collettiva consente di riconoscere ad essa la fondamentale funzione tariffaria, e cioè di determinazione della retribuzione minima, inderogabile *in peius*, ma suscettibile di modifiche migliorative ad opera della contrattazione individuale;

> dall'**accordo delle parti**. Nella previsione dell'art. 2099 c.c., il riferimento all'accordo individuale delle parti ha riguardo alle ipotesi residuali in cui manchino determinazioni dei contratti collettivi;

> dal **giudice**. In mancanza di determinazione collettiva o negoziale la misura della retribuzione è stabilita dall'autorità giudiziaria.

Modalità, termini e circostanze del pagamento sono determinati dagli usi del luogo dove viene svolto il lavoro, che coincide con quello in cui viene pagata la retribuzione. Le singole annotazioni sulla busta paga devono corrispondere a quanto riportato sul libro unico del lavoro (LUL).

È consolidato in giurisprudenza l'orientamento secondo cui **ogni attività di lavoro oggettivamente configurabile come prestazione di lavoro subordinato si presume (salva prova contraria) effettuata a titolo oneroso**. Poche sono le eccezioni previste.
Una di queste è il **volontariato** che l'art. 17 D.Lgs. 117/2017 (riprendendo una definizione già presente nell'abrogata L. 266/1991) definisce come quell'*attività prestata in modo personale, spontaneo e gratuito, senza fini di lucro* anche indiretto ed esclusivamente per fini di solidarietà.
La disposizione citata sancisce il **principio dell'incompatibilità della qualità di volontario con qualsiasi forma di rapporto di lavoro subordinato** e con ogni altro rapporto di lavoro retribuito con l'ente di cui il volontario è socio o associato o tramite il quale svolge la propria attività volontaria (MLPS, 10-3-2022, n. 34/4011).
Viene, poi, precisato che tale attività non può essere retribuita in alcun modo, nemmeno dal beneficiario, mentre possono essere rimborsate solo le spese sostenute per l'attività prestata, peraltro entro limiti preventivamente stabiliti dalle organizzazioni stesse. Non si applica la disciplina del lavoro subordinato, eccetto l'obbligo di assicurazione dei volontari contro infortuni e malattie connessi all'attività prestata e per la responsabilità civile verso terzi.
Un'altra eccezione è rappresentata dalle prestazioni svolte nell'ambito dell'**impresa familiare**, per le quali è prevista una disciplina particolare.

Gli elementi

La retribuzione in particolare si compone di vari elementi, quali:

> la **paga base**, il cui ammontare è fissato dai contratti collettivi per l'orario normale di lavoro, in riferimento alle varie categorie e qualifiche. Ad essa si aggiungono i co-

siddetti **scatti di anzianità**, aumenti della retribuzione previsti dalla contrattazione collettiva con frequenza generalmente biennale;
> le **attribuzioni patrimoniali accessorie**, disciplinate dai contratti collettivi e individuali e consistenti, nella maggior parte dei casi, in attribuzioni corrisposte in aggiunta alla paga base, in maniera saltuaria o, più spesso, continuativa. Rientrano nella categoria:
  - i superminimi, incrementi collettivi o individuali che corrispondono a quella parte di retribuzione che supera i minimali stabiliti dalla contrattazione di settore;
  - le maggiorazioni per il lavoro straordinario, notturno e festivo;
  - le **gratifiche** (si pensi, ad esempio, alla tredicesima mensilità o gratifica natalizia, istituita nel periodo corporativo e poi ridisciplinata, alla fine di quest'ultimo, con un accordo interconfederale);
  - i premi di produzione o di rendimento.

Tipologie
Alla stregua dell'art. 2099 c.c, la retribuzione può essere a tempo o a cottimo.
Si parla di **retribuzione a tempo** se è commisurata alla frazione di tempo di lavoro svolto (ora, giorno, mese). In tale sistema retributivo assume importanza la distinzione tra:
> *retribuzione oraria, o salario*, tipica del lavoro operaio e rapportata al numero di ore effettivamente lavorate, con la conseguenza che qualsiasi sospensione del lavoro comporta l'automatica perdita della retribuzione;
> *retribuzione mensile, o stipendio*, propria del lavoro impiegatizio e stabilita in misura fissa mensile, comprensiva anche dei giorni di riposo settimanale o infrasettimanale.

Si parla di **retribuzione a cottimo** se è commisurata alle unità di prodotto fornite dal lavoratore, cioè al risultato produttivo. Nell'ambito di tale forma retributiva occorre distinguere:
> il *cottimo pieno*, che si ha quando la retribuzione è determinata in base alla quantità di lavoro prestato;
> il *cottimo misto*, in cui la retribuzione è calcolata in parte a tempo ed in parte in base al sistema del cottimo;
> il *cottimo collettivo*, legato al rendimento non del singolo lavoratore ma di un gruppo organizzato di lavoratori;
> il *concottimo*, che designa un particolare trattamento retributivo riservato a lavoratori non cottimisti, il cui lavoro può aumentare con l'intensificarsi del ritmo di lavoro di prestatori cottimisti.

Il cottimo può poi essere *obbligatorio*, quando, in ragione dell'organizzazione del lavoro il prestatore deve osservare un determinato ritmo produttivo e quando la valutazione della sua prestazione è fatta in base al risultato delle misurazioni dei tempi di lavorazione (art. 2100 c.c.).
A tutela dei prestatori, l'art. 2101 c.c. dispone che "l'imprenditore deve comunicare ai prestatori di lavoro i dati riguardanti gli elementi costitutivi della tariffa di cottimo, le lavorazioni da eseguirsi e il relativo compenso unitario".
Ancora, sempre a termini dell'art. 2099 c.c., la retribuzione può essere:
> a **provvigione**, se è commisurata al numero degli affari conclusi;
> con **partecipazione agli utili o ai prodotti**, quando il lavoratore è retribuito, in tutto o in parte, con una percentuale sugli utili conseguiti dall'imprenditore nell'esercizio della sua attività;

- **in natura**, ipotesi residuale, che si riscontra in alcune forme di lavoro domestico, agricolo e nel settore della pesca. Si tratta, di solito, di forme integrative e non sostitutive della retribuzione corrisposta in denaro.

Modalità di pagamento
L'art. 1, co. 910-914, L. 205/2017 ha previsto che, dal 1° luglio 2018, i datori di lavoro o committenti corrispondono ai lavoratori la retribuzione, nonché ogni anticipo di essa, attraverso una banca o un ufficio postale con uno dei seguenti mezzi:
- **bonifico** sul conto identificato dal codice IBAN indicato dal lavoratore;
- **strumenti di pagamento elettronico**;
- **pagamento in contanti** presso lo sportello bancario o postale dove il datore di lavoro abbia aperto un conto corrente di tesoreria con mandato di pagamento;
- **emissione di un assegno** consegnato direttamente al lavoratore o, in caso di suo comprovato impedimento, a un suo delegato. L'impedimento s'intende comprovato quando il delegato a ricevere il pagamento è il coniuge, il convivente o un familiare, in linea retta o collaterale, del lavoratore, purché di età non inferiore a 16 anni.

I datori di lavoro o committenti **non possono corrispondere la retribuzione per mezzo di denaro contante direttamente al lavoratore**, qualunque sia la tipologia del rapporto di lavoro instaurato.
Per rapporto di lavoro si intende ogni rapporto di lavoro subordinato di cui all'art. 2094 c.c., a prescindere dalle modalità di svolgimento della prestazione e dalla durata del rapporto, nonché ogni rapporto di lavoro originato da contratti di collaborazione coordinata e continuativa e dai contratti di lavoro instaurati in qualsiasi forma dalle cooperative con i propri soci ai sensi della L. 142/2001. La firma apposta dal lavoratore sulla busta paga non costituisce prova dell'avvenuto pagamento della retribuzione.
Tali obblighi **non si applicano** ai rapporti di lavoro instaurati con le **pubbliche amministrazioni**, a quelli di **lavoro domestico** o comunque rientranti nell'ambito di applicazione dei contratti collettivi nazionali per gli **addetti a servizi familiari e domestici**.

6.2.2 I diritti personali

Sono i **diritti, costituzionalmente garantiti, inerenti alla persona del lavoratore**. Con riferimento al rapporto di lavoro assumono peculiare rilievo:
- il **diritto all'integrità fisica ed alla salute** nei luoghi di lavoro. Sul punto, l'art. 2087 c.c. impone al datore di lavoro l'adozione di tutte le misure necessarie secondo *la particolarità del lavoro, l'esperienza e la tecnica*;
- la **libertà e la dignità del lavoratore**: l'art. 2087 c.c. pone a carico del datore l'obbligo di adottare misure idonee a tutelare, oltre all'integrità fisica, anche la personalità morale dei lavoratori, ossia la sfera di libertà e riservatezza, che il contratto di lavoro può limitare solo se richiesto, in senso stretto, dalle esigenze tecnico-produttive. Anche in quest'ultimo caso è necessario, comunque, il rispetto delle norme dello Statuto dei lavoratori e, in particolare, dell'art. 1, che tutela la libertà di opinione dei prestatori, e dell'art. 8, che vieta al datore di effettuare indagini sulle opinioni politiche, religiose o sindacali del lavoratore (degli artt. 3, 4 e 6 dello Statuto si parlerà in materia di vigilanza e controllo dell'attività lavorativa).

In questa prospettiva assume specifico rilievo la questione del ***mobbing***, termine con il quale si individua una condotta del datore di lavoro (mobbing verticale) o di altri lavoratori (mobbing orizzontale), sistematica e protratta nel tempo, tenuta nei confronti del lavoratore nell'ambiente di lavoro, che si risolve in sistematici e reiterati comportamenti ostili che finiscono per assumere forme di prevaricazione e di persecuzione psicologica, da cui può conseguire la mortificazione morale e l'emarginazione del dipendente, con effetto lesivo del suo equilibrio fisiopsichico e del complesso della sua personalità.
È onere della vittima a fini della tutela risarcitoria provare tanto il danno subito, tanto i fatti a fondamento di tale danno, tanto il nesso causale tra l'uno e gli altri (Cass. SS.UU. 24-03-2006, n. 6572);

> la **tutela dell'interesse dei lavoratori ad adempiere funzioni pubbliche**, che dà diritto alla conservazione del posto di lavoro, al computo del periodo di sospensione della prestazione lavorativa ai fini pensionistici e all'assistenza sanitaria;
> il **diritto allo studio** per i lavoratori studenti;
> la **tutela delle attività culturali, ricreative e assistenziali**.

6.2.3 I diritti sindacali

Sono diritti che costituiscono espressioni tipiche dell'attività sindacale, riconosciuta ai singoli prestatori di lavoro.
La dottrina più accreditata distingue tra:

> **diritti sindacali generali**, espressione della libertà di organizzazione ed attività sindacale e del diritto di sciopero, costituzionalmente garantiti dagli artt. 39 e 40 Cost. e materialmente protetti nei luoghi di lavoro dagli articoli 14-17 dello Statuto dei lavoratori;
> **diritti sindacali speciali**, concernenti alcune forme di attuazione della libertà sindacale (si pensi, ad esempio, al diritto allo svolgimento di referendum, al diritto ai premessi retribuiti e non retribuiti etc.).

L'art. 39 Cost., in particolare, è dedicato alla libertà sindacale, sancita in via generale dall'art. 18 Cost., e riconosciuta sia ai lavoratori autonomi che a quelli subordinati. Tale libertà implica:

> il diritto di ogni lavoratore di dar vita, insieme ad altri, ad associazioni sindacali;
> il diritto di creare più organizzazioni sindacali nell'ambito della stessa categoria;
> il diritto di non far parte di alcuna organizzazione sindacale.

Ai sensi dell'art. 19 dello Statuto dei lavoratori, costituisce **rappresentanza sindacale aziendale (RSA)** qualunque tipo di organizzazione attraverso cui il sindacato è presente nell'azienda, sia che si tratti di una struttura organizzativa costituita nell'ambito di associazioni sindacali firmatarie dei contratti collettivi di lavoro (nazionale, provinciale o aziendale) applicati all'unità produttiva, sia – per effetto della sentenza n. 231/2003 della Corte costituzionale – che si tratti di una struttura organizzativa costituita nell'ambito di associazioni sindacali che, pur non firmatarie dei contratti collettivi applicati nell'unità produttiva, abbiano comunque partecipato alla negoziazione relativa agli stessi contratti quali rappresentanti dei lavoratori dell'azienda. Si deve peraltro sottolineare come, nell'attuale sistema delle relazioni sindacali, **alle RSA vadano sempre più sostituendosi le rappresentanze sindacali unitarie (RSU)** previste, disciplinate e legittimate, a livello rappresentativo, dagli accordi interconfederali (1° marzo 1991, 1° dicembre e 27 luglio 1993), che hanno trasferito alle nuove strutture i diritti sindacali precedentemente goduti dalle RSA, riconoscendone la legittimazione a negoziare sulle materie rinviate alla contrattazione di livello aziendale, secondo quanto disposto dai contratti collettivi nazionali.

In riferimento al **diritto di sciopero** (art. 40 Cost.), strumento di autotutela esercitato dagli stessi lavoratori, si evidenzia che al legislatore ordinario è attribuito il compito di stabilire i limiti entro i quali ne possa essere consentito l'esercizio.
L'art. 28 dello Statuto dei lavoratori ha previsto la repressione della **condotta antisindacale** (definita come **comportamenti diretti ad impedire o limitare l'esercizio della libertà e dell'attività sindacale nonché del diritto di sciopero**) posta in essere dai datori di lavoro e ha riconosciuto alle organizzazioni sindacali la possibilità di ricorrere al giudice (il Tribunale in funzione di giudice del lavoro) per ottenere la cessazione del comportamento illegittimo e la rimozione dei suoi effetti.

6.2.4 Il lavoro della donna

L'art. 37 Cost. stabilisce che la **donna lavoratrice** ha gli stessi diritti e, a parità di lavoro, le stesse retribuzioni che spettano al lavoratore. Tale articolo sancisce il **principio di parità di trattamento tra uomo e donna in materia di lavoro**, che trova una compiuta disciplina nel D.Lgs. 11-4-2006, n. 198 (*Codice delle pari opportunità tra uomo e donna*). Norme specifiche sono previste anche nell'ambito delle disposizioni a tutela della genitorialità.
Recependo principi già affermati dalla normativa precedente, l'art. 27 del Codice:

- **vieta qualsiasi discriminazione** in materia di lavoro tra uomini e donne per quanto riguarda l'accesso al lavoro, in forma subordinata, autonoma o in qualsiasi altra forma, indipendentemente dalle modalità di assunzione e qualunque sia il settore o il ramo di attività, a tutti i livelli della gerarchia professionale;
- ammette **eventuali deroghe** soltanto per mansioni di lavoro particolarmente pesanti individuate attraverso la contrattazione collettiva;
- dispone che nei **concorsi pubblici** e nelle forme di selezione attuate, anche a mezzo di terzi, da datori di lavoro privati e pubbliche amministrazioni la prestazione richiesta deve essere accompagnata dalle parole "dell'uno o dell'altro sesso", fatta eccezione per i casi in cui il riferimento al sesso costituisca requisito essenziale per la natura del lavoro o della prestazione;
- esclude che costituisca discriminazione condizionare all'appartenenza ad un determinato sesso l'assunzione in attività della **moda**, dell'**arte** e dello **spettacolo**, quando ciò sia essenziale alla natura del lavoro o della prestazione.

L'art. 25 del Codice (nel testo modificato dalla L. 162/2021) contempla tre tipi di discriminazione:

- la **discriminazione diretta**, ossia "qualsiasi disposizione, criterio, prassi, atto, patto o comportamento, nonché l'ordine di porre in essere un atto o un comportamento, che produca un effetto pregiudizievole discriminando le candidate e i candidati, in fase di selezione del personale, le lavoratrici o i lavoratori in ragione del loro sesso e, comunque, il trattamento meno favorevole rispetto a quello di un'altra lavoratrice o di un altro lavoratore in situazione analoga";
- la **discriminazione indiretta**, ossia "quando una disposizione, un criterio, una prassi, un atto, un patto o un comportamento apparentemente neutri mettono o possono mettere i lavoratori di un determinato sesso in una posizione di particolare svantaggio rispetto a lavoratori dell'altro sesso, salvo che riguardino requisiti essenziali allo svolgimento dell'attività lavorativa, purché l'obiettivo sia legittimo e i mezzi impiegati per il suo conseguimento siano appropriati e necessari".

> la **discriminazione derivante da ogni trattamento o modifica dell'organizzazione delle condizioni e dei tempi di lavoro** che, in ragione del sesso, dell'età anagrafica, delle esigenze di cura personale o familiare, dello stato di gravidanza nonché di maternità o paternità, anche adottivi, ovvero in ragione della titolarità e dell'esercizio dei relativi diritti, pone o può porre il lavoratore in una situazione particolare. Tale situazione può essere individuata in una *posizione di svantaggio rispetto alla generalità degli altri lavoratori*, in una *limitazione delle opportunità di partecipazione alla vita o alle scelte aziendali* oppure in una *limitazione dell'accesso ai meccanismi di avanzamento e di progressione nella carriera*.

Ai sensi dell'art. 26, sono considerate discriminazioni anche le **molestie** (comportamenti indesiderati, posti in essere per ragioni connesse al sesso, aventi lo scopo o l'effetto di violare la dignità di una lavoratrice o di un lavoratore e di creare un clima intimidatorio, ostile, degradante, umiliante o offensivo), comprese le **molestie sessuali**, ovvero quei comportamenti indesiderati a connotazione sessuale, espressi in forma fisica, verbale o non verbale, aventi lo scopo o l'effetto di violare la dignità di una lavoratrice o di un lavoratore e di creare un clima intimidatorio, ostile, degradante, umiliante o offensivo.
Sono considerati, altresì, discriminazioni quei trattamenti sfavorevoli da parte del datore di lavoro che costituiscono una reazione ad un reclamo o ad una azione volta ad ottenere il rispetto del principio di parità di trattamento tra uomini e donne (art. 26, co. 3).

Per quanto riguarda lo svolgimento dell'attività lavorativa, il D.Lgs. 198/2006 vieta qualsiasi discriminazione diretta o indiretta:

> su qualunque aspetto o condizione delle **retribuzioni** per quanto riguarda uno stesso lavoro o un lavoro a cui è attribuito un valore uguale (art. 28);
> per quanto riguarda l'**attribuzione delle qualifiche, delle mansioni e la progressione nella carriera** (art. 29);
> nell'**accesso alle prestazioni previdenziali** (art. 30);
> nell'**accesso agli impieghi pubblici**: la donna può accedere a tutte le cariche, professioni e impieghi pubblici, nei vari ruoli, carriere e categorie, senza limitazione di mansioni e di svolgimento della carriera, salvi i requisiti stabiliti dalla legge (art. 31).

Accanto ai divieti, il D.Lgs. 198/2006 disciplina anche le misure (denominate **azioni positive**) per rimuovere gli ostacoli che di fatto impediscono la realizzazione di pari opportunità tra uomo e donna, favorire l'occupazione femminile e realizzare l'uguaglianza sostanziale tra uomini e donne nel lavoro.

Le azioni positive possono avere, tra l'altro, lo scopo: di eliminare le disparità nella formazione scolastica e professionale, nell'accesso al lavoro, nella progressione di carriera, nella vita lavorativa e nei periodi di mobilità; di favorire la diversificazione delle scelte professionali delle donne in particolare attraverso l'orientamento scolastico e professionale e gli strumenti della formazione; di favorire l'accesso al lavoro autonomo e alla formazione imprenditoriale e la qualificazione professionale delle lavoratrici autonome e delle imprenditrici.

Infine va menzionata la **certificazione della parità di genere** di cui all'art. 46-*bis* D.Lgs. 198/2006 (nel testo introdotto dalla L. 162/2021 a decorrere dal 1° gennaio 2022).
La certificazione ha il compito di attestare le politiche e le misure concrete adottate dalle aziende per ridurre il divario di genere in relazione all'opportunità di crescita in azienda, alla parità salariale a parità di mansioni, alle politiche di gestione delle differenze di genere, e alla tutela della maternità.

6.2.5 Le invenzioni del prestatore di lavoro

Le invenzioni industriali possono definirsi come le idee creative nel campo della tecnica o, più precisamente, come i nuovi ritrovati e le nuove soluzioni di problemi tecnici che hanno un'attitudine a essere applicati nell'industria e a dare un immediato risultato produttivo; queste invenzioni sono tutelate attraverso l'attribuzione del brevetto.

Può accadere che l'**invenzione** sia stata **fatta da un lavoratore subordinato** nell'ambito dell'impresa in cui lavora. In questo caso egli ha certamente il diritto di essere riconosciuto autore dell'invenzione (art. 2590 c.c.).

Più complessa è la situazione relativa ai **diritti patrimoniali** in quanto devono distinguersi tre ipotesi (art. 64 D.Lgs. 30/2005):

- l'**invenzione di servizio**: è il caso dell'invenzione degli addetti agli uffici di ricerca e progettazione della grande industria. L'attività inventiva è in questo caso propria del rapporto di lavoro e per essa si riceve una specifica retribuzione. I diritti patrimoniali sorgono a titolo originario in capo al datore di lavoro;
- l'**invenzione aziendale**: l'attività inventiva è svolta all'interno di un rapporto di lavoro il quale non prevede una retribuzione specifica. In questo caso il datore di lavoro acquista i diritti patrimoniali ma deve al lavoratore un equo premio proporzionato all'importanza dell'invenzione;
- l'**invenzione occasionale**: il lavoratore ha utilizzato gli strumenti dell'impresa, ma l'invenzione non rientra nell'adempimento di alcun obbligo contrattuale e non è legata all'attività per la quale è avvenuta l'assunzione: solo in questa ipotesi i diritti patrimoniali spettano al lavoratore, ma il datore di lavoro ha un diritto di prelazione per l'uso dell'invenzione o per l'acquisto del brevetto nel caso in cui il lavoratore intenda cedere i propri diritti.

Può accadere che l'**invenzione** sia **fatta da un lavoratore autonomo**. In tale caso, l'art. 4 D.Lgs. 81/2017 prevede che, salvo il caso in cui l'attività inventiva sia prevista come oggetto del contratto di lavoro e a tale scopo compensata, i diritti di utilizzazione economica relativi ad *apporti originali* e a *invenzioni* realizzati nell'esecuzione del contratto stesso spettano al lavoratore autonomo (dunque, non al committente).

6.3 Obblighi e poteri datoriali

6.3.1 I principali obblighi del datore di lavoro

Il principale obbligo del datore di lavoro è quello di **corrispondere il trattamento economico nei modi e nei termini stabiliti nel contratto di lavoro**; in tale obbligo rientra anche quello di corrispondere il trattamento di fine rapporto (TFR). Sul datore di lavoro grava, inoltre:

- l'**obbligo di provvedere alla tutela assicurativa o previdenziale** attraverso il sistema delle assicurazioni obbligatorie previste dalla legge;
- l'**obbligo di procedere ad accertamenti sanitari** nei casi in cui ciò sia previsto dalla legge, prima dell'assunzione e in costanza di rapporto di lavoro;
- l'**obbligo di informazione**. Il datore di lavoro deve consegnare al lavoratore, all'atto dell'assunzione, prima che inizi la prestazione lavorativa, copia della comunicazione anticipata di assunzione di lavoro trasmessa telematicamente al servizio competente. Inoltre, all'atto dell'instaurazione del rapporto di lavoro, prima dell'inizio dell'at-

tività lavorativa, i datori di lavoro pubblici e privati sono tenuti a fornire al lavoratore le informazioni essenziali sul rapporto di lavoro, secondo le modalità e i tempi di cui agli articoli 1 e 1-*bis* D.Lgs. 152/1997 (come modificati dal D.Lgs. 104/2022). Tale obbligo non sussiste per il personale in regime di diritto pubblico di cui all'art. 3 D.Lgs. 165/2001.

Si ricorda, ai sensi dell'art. 14, co. 3, D.Lgs. 150/2015, che il datore di lavoro deve comunicare all'ANPAL l'assunzione del lavoratore entro il giorno antecedente l'instaurazione del rapporto di lavoro (anche se festivo). Tale obbligo deve essere effettuato anche per le tipologie di lavoro che si realizzano in una collaborazione coordinata e continuativa, in una forma di lavoro autonomo occasionale nonché per ulteriori rapporti di lavoro stipulati con i soci lavoratori di cooperativa, nei tirocini di formazione e orientamento e di rapporti nell'ambito di associazione in partecipazione caratterizzati da rapporto lavorativo, anche non esclusivo, da parte dell'associato (cfr. MLPS n. 1-3-2022, n. 393; INL 28-3-2022, n. 573). Per le attività autonome occasionali **intermediate dalle piattaforme digitali,** la comunicazione deve essere inviata entro il ventesimo giorno del mese successivo all'instaurazione del rapporto di lavoro (D.M. 31/2022);

- l'**obbligo di istituire e tenere il libro unico del lavoro (LUL)**, che assolve alla funzione di *documentare ogni singolo lavoratore sullo stato effettivo del proprio rapporto di lavoro e fornire agli organi di vigilanza lo stato occupazionale dell'impresa.*
Se non è obbligatorio il libretto di lavoro, come nel caso del lavoro domestico, all'atto della cessazione del contratto, qualunque ne sia la causa, l'imprenditore **deve rilasciare il certificato di lavoro,** un attestato sostitutivo con l'indicazione del tempo durante il quale il prestatore di lavoro è stato occupato alle sue dipendenze e delle mansioni esercitate (cfr. artt. 2124 e 2146 c.c.).

Il LUL è stato istituito dal D.L. 112/2008 (artt. 39 e 40) e attuato con il D.M. 9-7-2008 al fine di rendere più semplici gli adempimenti a carico delle aziende.
Rientrano fra i soggetti obbligati all'istituzione e alla tenuta del LUL i **datori di lavoro** privati di qualsiasi settore, compresi i datori di lavoro agricoli, quelli dello spettacolo, quelli dell'autotrasporto e quelli marittimi, con la sola eccezione dei datori di lavoro domestico.
Nel LUL devono essere riportate le seguenti **informazioni sui lavoratori**: cognome e nome, codice fiscale, qualifica e livello, retribuzione base, anzianità di servizio, posizioni assicurative, somme corrisposte a titolo di rimborso spese, eventuale retribuzione in natura, trattenute, detrazioni, assegni nucleo familiare, prestazioni ricevute da enti e istituiti previdenziali.
Il LUL deve contenere anche il **calendario delle presenze** del lavoratore in cui, per i lavoratori dipendenti, siano registrati: il numero delle ore di lavoro, il numero delle ore di straordinario, eventuali assenze (anche se non retribuite), ferie e permessi;

- l'**obbligo di adeguata e responsabile gestione aziendale,** attivandosi tempestivamente per l'adozione delle *misure di allerta*, ovvero gli strumenti previsti dall'ordinamento per il superamento della crisi (stato d'insolvenza) e il recupero della continuità aziendale;
- l'**obbligo di protezione dei dati personali**, che, alla luce della normativa dettata dal D.Lgs. 196/2003 e dal reg. (UE) 2016/679, è particolarmente rilevante nella gestione del rapporto di lavoro, dal momento che il datore viene in possesso di numerose informazioni che riguardano la sfera personale del lavoratore;
- l'**obbligo di formazione**. L'art. 11 D.Lgs. 104/2022 prevede che, qualora i datori di lavoro siano tenuti, in base alle previsioni di legge, del contratto individuale di lavoro o della contrattazione collettiva, a erogare ai lavoratori una formazione per lo svol-

gimento dell'attività per la quale sono impiegati, la formazione va considerata come orario di lavoro e, ove possibile, deve svolgersi durante l'orario di lavoro e deve essere garantita gratuitamente a tutti i lavoratori interessati. Tale obbligo non riguarda la formazione necessaria a conservare o rinnovare una qualifica professionale, salvo che il datore non sia obbligato per legge o secondo i contratti collettivi;

> l'**obbligo di adottare gli accomodamenti ragionevoli** nei luoghi di lavoro, per garantire alle persone con disabilità la piena eguaglianza con gli altri lavoratori (art. 3 D.Lgs. 216/2003);

> l'obbligo di **redigere un rapporto sulla situazione del personale maschile e femminile** in relazione allo stato di assunzioni, della formazione, della promozione professionale, dei livelli, dei passaggi di categoria o di qualifica, di altri fenomeni di mobilità, dell'intervento della cassa integrazione, dei licenziamenti, dei prepensionamenti e pensionamenti, della retribuzione effettivamente corrisposta (art. 46 D.Lgs. 198/2006, nel testo modificato dalla L. 162/2021). Il rapporto deve essere compilato in modalità esclusivamente telematica e con cadenza biennale.
Tale onere è *obbligatorio per le aziende pubbliche e private che occupano oltre 50 dipendenti* (a fronte del precedente limite fissato alle aziende che occupavano oltre 100 dipendenti), mentre è previsto su *base volontaria* per quelle che non superano tale soglia.

Nel suddetto **rapporto devono essere indicati**:

- il numero dei lavoratori occupati di sesso femminile e di sesso maschile (incluso il numero delle lavoratrici in stato di gravidanza e dei lavoratori di sesso femminile e maschile assunti nel corso dell'anno);
- l'importo e le differenze tra le retribuzioni fisse e variabili dei lavoratori di ciascun sesso e il relativo inquadramento contrattuale;
- la funzione svolta da ciascun lavoratore occupato, anche con riferimento alla distribuzione fra i lavoratori dei contratti a tempo pieno e a tempo parziale, informazioni e dati sui processi di selezione in fase di assunzione, sulle procedure di accesso alla qualificazione professionale e alla formazione manageriale, sulle misure di conciliazione dei tempi di vita e lavoro nonché sulle modalità di accesso al rapporto da parte dei dipendenti e delle rappresentanze sindacali dell'azienda in modo di essere in condizione di usufruire della tutela giudiziaria prevista dal D.Lgs. 198/2006.

L'inottemperanza all'obbligo di trametterre il rapporto protratta oltre 12 mesi è sanzionata con la **sospensione per un anno dei benefici contributivi** eventualmente goduti dall'azienda.
All'INL è affidato il compito di verificare la veridicità dei rapporti, venendo sanzionate la mendacia o l'incompletezza con una sanzione amministrativa pecuniaria da 1.000 a 5.000 euro.

6.3.2 Il potere direttivo e di controllo

Il dovere di obbedienza a carico del lavoratore è correlato al **potere direttivo del datore di lavoro** e dei suoi collaboratori. Tale potere del datore di lavoro deve **estrinsecarsi nell'emanazione di ordini specifici, oltre che nell'esercizio di un'assidua attività di vigilanza e controllo nell'esecuzione delle prestazioni lavorative**, con riferimento alla specificità dell'incarico conferito e alle modalità della sua attuazione.
È stato chiarito che il datore di lavoro ha il potere e non l'obbligo di controllare in modo continuo e assiduo i propri dipendenti contestando loro immediatamente qualsiasi infrazione al fine di evitarne un possibile aggravamento: un obbligo siffatto, non previsto

da alcuna norma di legge né desumibile dai principi di correttezza e buona fede contrattuale, negherebbe in radice il carattere fiduciario del rapporto di lavoro subordinato, che implica che il datore normalmente conti sulla correttezza del proprio dipendente, che rispetti cioè i propri doveri anche in assenza di assidui controlli (Cass., sez. lav., sent. 17-5-2016, n. 10069).

6.3.3 Il controllo a distanza del lavoratore

Un aspetto particolare connesso al potere direttivo è quello del controllo a distanza, in precedenza vietato dallo Statuto dei lavoratori (art. 4 L. 300/1970). Dopo le modifiche introdotte dall'art. 23 D.Lgs. 151/2015 (e successivamente dal D.Lgs. 185/2016), infatti, all'imprenditore è **consentita l'installazione di strumenti di controllo, anche se esclusivamente per esigenze organizzative e produttive, per la sicurezza del lavoro e per la tutela del patrimonio aziendale**, previo accordo sindacale. In mancanza di accordo, gli impianti e gli strumenti di controllo a distanza possono essere installati previa autorizzazione delle sede territoriale dell'Ispettorato nazionale del lavoro o, in alternativa, nel caso di imprese con unità produttive dislocate negli ambiti di competenza di più sedi territoriali, della sede centrale dell'Ispettorato nazionale del lavoro.

Non sono considerati strumenti di controllo a distanza quelli che vengono assegnati al lavoratore per rendere la prestazione lavorativa, come personal computer, tablet, cellulari e rilevatori di presenza. Per tale motivo, la consegna di questi strumenti non necessita di previo accordo sindacale.

Se si tratta di imprese con unità produttive situate in Province diverse della stessa Regione ovvero in più Regioni distinte, l'accordo potrà essere stipulato con le RSA e RSU oppure con le rappresentanze delle organizzazioni sindacali comparativamente più rappresentative sul piano nazionale.
L'art. 4, co. 3, prevede espressamente la possibilità di utilizzare le informazioni acquisite con il controllo, a tutti i fini connessi al rapporto di lavoro (ad esempio per irrogare sanzioni disciplinari, per valutare il rendimento del lavoro), a condizione che sia data al lavoratore adeguata informazione delle modalità d'uso degli strumenti e di effettuazione dei controlli, nel rispetto della normativa in materia di privacy (D.Lgs. 196/2003) e dei principi che governano il trattamento dei "dati personali" (ossia la liceità, la correttezza, la necessità, la determinatezza della finalità perseguita, la pertinenza, la completezza e la non eccedenza).
La violazione dell'art. 4 L. 300/1970 si struttura come ipotesi di reato punita, in combinato disposto con l'art. 38 dello stesso Statuto dei lavoratori, con la pena alternativa da euro 154 a euro 1.549 o arresto da 15 giorni ad un anno, salvo che il fatto non costituisca più grave reato (cfr. art. 171 D.Lgs. 196/2003, come modificato dal D.Lgs. 101/2018).

6.3.4 Gli obblighi del datore di lavoro in materia di sicurezza

Per quanto riguarda gli obblighi del datore di lavoro e dei dirigenti, secondo quanto stabilito dall'art. 18 D.Lgs. 81/2008 (nel testo modificato dal D.L. 146/2021), i soggetti indicati devono:

- ricevere un'**adeguata e specifica formazione** e un aggiornamento periodico in relazione ai propri compiti in materia di salute e sicurezza sul lavoro;

- adottare le misure necessarie ai fini della **prevenzione incendi** e dell'evacuazione dei luoghi di lavoro, nonché per il caso di pericolo grave e immediato, secondo le disposizioni di cui all'art. 43. Tali misure devono essere adeguate alla natura dell'attività, alle dimensioni dell'azienda o dell'unità produttiva e al numero delle persone presenti;
- **individuare il preposto** per le attività di vigilanza.

  A sua volta il **preposto deve**, in particolare:
  - sovrintendere e vigilare sull'osservanza da parte dei singoli lavoratori dei loro obblighi di legge, nonché delle disposizioni aziendali in materia di salute e sicurezza sul lavoro e di uso dei mezzi di protezione collettivi e dei dispositivi di protezione individuale messi a loro disposizione;
  - in caso di appurata non conformità comportamentali in ordine alle disposizioni e istruzioni impartite dal datore di lavoro ai fini della protezione collettiva e individuale, intervenire per modificare il comportamento non conforme fornendo le necessarie indicazioni di sicurezza;
  - in caso di mancata attuazione delle disposizioni impartite o di persistenza della inosservanza, interrompere l'attività del lavoratore e informare i superiori diretti;
  - in caso di rilevazione di deficienze dei mezzi e delle attrezzature di lavoro e di ogni condizione di pericolo rilevata durante la vigilanza, se necessario, interrompere temporaneamente l'attività e, comunque, segnalare tempestivamente al datore di lavoro e al dirigente le non conformità rilevate;
- **nominare il medico competente per l'effettuazione della sorveglianza sanitaria;**
- **inviare i lavoratori alla visita medica** entro le scadenze previste dal programma di sorveglianza sanitaria e richiedere al medico competente l'osservanza degli obblighi previsti a suo carico. Nei casi di sorveglianza sanitaria, comunicare tempestivamente al medico la cessazione del rapporto di lavoro;
- **designare preventivamente i lavoratori incaricati dell'attuazione delle misure di prevenzione** incendi e lotta antincendio, di evacuazione dei luoghi di lavoro in caso di pericolo grave e immediato, di salvataggio, di primo soccorso e, comunque, di gestione dell'emergenza;
- fornire ai lavoratori i necessari e **idonei dispositivi di protezione individuale**, sentito il responsabile del servizio di prevenzione e protezione e il medico competente, ove presente, nonché adempiere a tutti gli obblighi di informazione, formazione e addestramento. Al rappresentante dei lavoratori deve essere consentito di verificare l'applicazione delle misure di sicurezza e di protezione della salute;
- prendere le misure appropriate affinché **soltanto i lavoratori che hanno ricevuto adeguate istruzioni** e specifico addestramento accedano alle zone che li espongono ad un rischio grave e specifico e richiedere l'osservanza da parte dei singoli lavoratori delle norme vigenti e delle disposizioni aziendali in materia di sicurezza e di igiene del lavoro;
- adottare le misure per il controllo delle situazioni di rischio in caso di emergenza e dare istruzioni affinché i lavoratori, in caso di pericolo grave, immediato ed inevitabile, **abbandonino il posto di lavoro o la zona pericolosa**;
- **informare** il più presto possibile i lavoratori esposti al rischio di un pericolo grave e immediato circa il rischio stesso e le disposizioni prese o da prendere in materia di protezione;
- **astenersi dal richiedere ai lavoratori di riprendere la loro attività** in una situazione di lavoro in cui persiste un pericolo grave e immediato;

- elaborare il **documento di valutazione dei rischi**, anche su supporto informatico, e consegnarne copia ai rappresentanti dei lavoratori per la sicurezza. Il documento è consultato esclusivamente in azienda;
- **prendere appropriati provvedimenti** per evitare che le misure tecniche adottate possano causare rischi per la salute della popolazione o deteriorare l'ambiente esterno verificando periodicamente la perdurante assenza di rischio.

Le misure di prevenzione devono essere aggiornate in relazione ai mutamenti organizzativi e produttivi rilevanti ai fini della salute e sicurezza del lavoro o in relazione al grado di evoluzione della tecnica della prevenzione e della protezione.
Le relative attività formative devono essere svolte interamente con modalità *in presenza* e devono essere ripetute **con cadenza almeno biennale** e comunque ogni qualvolta sia reso necessario in ragione dell'evoluzione dei rischi o all'insorgenza di nuovi rischi.

Con la circolare INL 9 -12-2021 sono state declinate le fattispecie che costituiscono le gravi violazioni, in relazione agli obblighi di sicurezza, ai fini dell'adozione del **provvedimento di sospensione dell''attività imprenditoriale** (art. 14 D.Lgs. 81/2000, nella versione novellata dal D.L. 146/2021):
- la mancata predisposizione del *Documento di valutazione rischi* (DVR), del *Piano di emergenza e di evacuazione* e del *Piano operativo di sicurezza* (POS);
- la mancata *formazione e addestramento* del personale;
- la mancata costituzione del *Servizio di prevenzione e protezione* (SPP) e della nomina del relativo responsabile;
- la mancata *fornitura dei dispositivi di protezione* individuale (DPI) contro le cadute dall'alto, l'assenza di *protezioni verso il vuoto* e la mancata applicazione delle *armature di sostegno*;
- l'effettuazione di *lavori in prossimità di linee elettriche* in assenza di disposizioni organizzative e procedurali idonee a proteggere i lavoratori dai conseguenti rischi;
- la presenza di *conduttori nudi in tensione* in assenza di disposizioni organizzative e procedurali idonee a proteggere i lavoratori dai conseguenti rischi;
- la mancanza di protezione contro i *contatti diretti e indiretti*;
- l'omessa vigilanza in ordine alla *rimozione o modifica dei dispositivi* di sicurezza o di segnalazione o di controllo.

Parimenti viene comminata la sospensione dell'attività nell'ipotesi in cui l'INL riscontri che almeno il 10% dei lavoratori presenti sul luogo di lavoro risulti occupato, al momento dell'accesso ispettivo, **senza preventiva comunicazione di instaurazione del rapporto di lavoro ovvero inquadrato come lavoratori autonomi occasionali** in assenza delle condizioni richieste dalla normativa.

6.3.5 Il potere disciplinare

Correlato agli articoli 2104 (*Diligenza del prestatore di lavoro*) e 2105 (*Obbligo di fedeltà*) c.c. è il potere disciplinare del datore di lavoro. L'inosservanza delle disposizioni contenute nei due articoli citati può dar luogo all'**applicazione di sanzioni disciplinari, secondo la gravità dell'infrazione**. La normativa del codice civile va integrata con quanto stabilito dall'art. 7 dello Statuto dei lavoratori che introduce notevoli limiti al potere disciplinare.

In particolare:

- il suo esercizio **è subordinato all'emanazione del codice disciplinare**, da portare a conoscenza dei lavoratori con affissione in un luogo accessibile, contenente sia le sanzioni sia le relative infrazioni;
- nessun provvedimento disciplinare può essere adottato se **al lavoratore non viene previamente contestato l'addebito** e se non sia stato sentito a sua difesa, anche con l'assistenza di rappresentanti sindacali;
- le **sanzioni disciplinari non possono comportare mutamenti definitivi del rapporto**, ad eccezione del licenziamento (art. 7, co. 4, Statuto dei lavoratori). Ciò significa che non sono ammissibili, ad esempio, la retrocessione o il trasferimento, anche se la Cassazione ha ammesso, in talune sentenze, il trasferimento per motivi disciplinari;
- la **multa non può oltrepassare l'importo di 4 ore della retribuzione** base e la sospensione dal lavoro e dalla retribuzione non può eccedere i 10 giorni (art. 7, co. 4, Statuto dei lavoratori). Va aggiunto che, normalmente, i contratti collettivi stabiliscono una durata inferiore, come la sospensione non inferiore a 5 giorni;
- ad eccezione del rimprovero verbale, tutti i **provvedimenti disciplinari possono essere applicati** solo dopo che sia decorso il termine di **5 giorni dalla contestazione** per iscritto del fatto.

La sanzione disciplinare contestata al lavoratore può essere da questi impugnata, con l'effetto di sospenderne l'efficacia, nei 20 giorni successivi davanti ad un collegio di conciliazione e arbitrato, previsto dai contratti collettivi o costituito presso la sede territoriale dell'Ispettorato nazionale di lavoro. In alternativa è ammesso il ricorso all'autorità giudiziaria, ma il ricorso non sospende obbligatoriamente la sanzione emessa.

Capitolo 7
Sospensione del rapporto di lavoro e tutela della genitorialità

7.1 La previsione dell'art. 2110 del codice civile

Il legislatore nazionale ricollega all'impossibilità temporanea della prestazione di lavoro non la risoluzione, bensì la *sospensione totale o parziale dell'obbligazione di lavoro e degli obblighi indispensabili per il suo adempimento*. Al riguardo viene in rilievo l'art. 2110 c.c. che, recependo il principio della traslazione del rischio dell'inattività del prestatore nei casi di sopravvenuta impossibilità per cause fortuite o di forza maggiore inerenti alla sua persona, introduce, per l'appunto, la regola della **sospensione del rapporto nelle ipotesi ivi contemplate (malattia, infortunio, gravidanza e puerperio)** e ne disciplina gli effetti.

Trattasi di una deroga alla normativa generale che trova la sua ragion d'essere nella tutela di interessi costituzionalmente protetti (nella specie quelli contemplati dagli artt. 32 e 38 Cost.).

Principali riflessi giuridici della sospensione sono il diritto alla conservazione del posto di lavoro, il diritto a percepire la retribuzione o un'indennità e la decorrenza dell'anzianità di servizio.

7.2 La sospensione per malattia e il periodo di comporto

L'incidenza delle assenze per malattia sul rapporto di lavoro subordinato è regolata dall'art. 2110 c.c. e dalle norme del contratto collettivo applicabile, nel senso che la disciplina legale si limita a riconoscere il diritto del datore di lavoro di recedere dal rapporto allorquando il lavoratore superi il cosiddetto **periodo di comporto** (e cioè la durata massima consentita di assenze per malattia), mentre la determinazione concreta della durata del comporto stesso è rimessa alla disciplina legislativa o contrattuale.

L'art. 6, co. 4, R.D.L. 1825/1924 prevede la **conservazione del posto di lavoro degli impiegati per un periodo di 3 mesi**, se il dipendente ha un'anzianità di servizio non superiore ai 10 anni, **e 6 mesi**, se l'anzianità supera tale soglia. Nella generalità dei casi, tuttavia, **sono i contratti collettivi che disciplinano la materia e stabiliscono quasi sempre periodi superiori a quelli individuati dalla legge**. La contrattazione collettiva può prevedere anche periodi di comporto più lunghi per alcune malattie, con necessità di cure post-operatorie, terapie salvavita e una conseguente gestione flessibile dei tempi di lavoro.

La possibilità di considerare il periodo di comporto come riferito ad una malattia unica e continuativa o viceversa frazionabile, entro un certo arco di tempo, in riferimento a più assenze per la stessa malattia o diverse malattie, è demandata alle norme dei contratti collettivi o, in mancanza, al magistrato nell'ambito dei suoi poteri equitativi. La contrattazione collettiva, in particolare, può prevedere:

- un periodo di comporto unitario (**comporto secco**) vale a dire un periodo continuativo di assenza per malattia (ad esempio 6 mesi) al superamento del quale è in facoltà del datore di lavoro recedere dal contratto;
- un periodo di comporto frazionato (**comporto per sommatoria**), in caso di malattia reiterata, fissando un tetto al periodo di astensione dal lavoro con riferimento ad un preciso arco temporale (ad esempio 6 mesi in 5 anni). Ove la contrattazione non preveda il comporto per sommatoria, questo va determinato dal giudice con impiego della cosiddetta *equità integrativa* ed è immune da rilievi l'operato del giudice che collochi il termine iniziale del periodo di riferimento, procedendo a ritroso dalla data del licenziamento, anche in epoca anteriore all'inizio della vigenza del contratto collettivo.

7.3 L'infortunio sul lavoro

Ipotesi differenti da quella della malattia sono l'infortunio e la malattia professionale, anch'esse variamente ricollegate ad eventi morbosi incidenti sulla capacità lavorativa del prestatore di lavoro dipendente, ma che se ne discostano in considerazione del fatto di essere **eventi connessi allo svolgimento dell'attività lavorativa**.

L'infortunio si definisce come l'**evento occorso al lavoratore, per causa violenta in occasione di lavoro**, da cui sia derivata la morte o l'inabilità permanente al lavoro, assoluta o parziale, ovvero un'inabilità temporanea assoluta che comporti l'astensione dal lavoro per più di tre giorni (art. 2 D.P.R. 30-5-1965, n. 1124).

L'assicurato è obbligato a dare immediata notizia al proprio datore di lavoro di qualsiasi infortunio gli accada, anche se di lieve entità. Qualora il lavoratore assicurato abbia trascurato di ottemperare all'obbligo di comunicazione dell'infortunio ed il datore di lavoro, non essendo venuto altrimenti a conoscenza dello stesso, non abbia fatto la denuncia ai competenti organi nei termini di legge, al lavoratore non sarà corrisposta alcuna indennità per i giorni antecedenti a quello in cui il datore di lavoro ha avuto notizia dell'infortunio.

L'infortunio, così come la malattia professionale, comporta le medesime conseguenze sul rapporto di lavoro della malattia comune in termini di sospensione dello stesso. Conseguentemente, il recesso del datore di lavoro sarà ammissibile solo dopo trascorso il periodo di comporto stabilito dalla legge o, più verosimilmente, dai contratti collettivi.

All'infortunato è corrisposta, da parte dell'INAIL ed a decorrere dal quarto giorno di infortunio (il primo, quello dell'infortunio, non si calcola) e fino alla guarigione clinica, un'indennità economica giornaliera sostitutiva della retribuzione. I primi tre giorni di infortunio non sono indennizzati dall'INAIL (cosiddetto periodo di carenza). Il datore di lavoro ha l'obbligo di pagare al lavoratore infortunato l'intera retribuzione per la giornata nella quale è avvenuto l'infortunio e il 60% della retribuzione stessa, salvo migliori condizioni previste da contratti collettivi o individuali di lavoro, per i successivi 3 giorni.

I presupposti che consentono l'indennizzabilità dell'infortunio sono la **lesione**, che l'infortunio sia occorso **in occasione di lavoro**, la sussistenza della **causa violenta** e la sussistenza del **nesso di causalità** tra le condizioni del luogo di lavoro e l'evento dannoso.

7.4 La malattia professionale

È malattia professionale quella che viene **contratta nell'esercizio delle funzioni lavorative ed a causa della lavorazione cui è addetto il lavoratore** subordinato.
A differenza della malattia generica, dunque, quella professionale è caratterizzata dallo stretto **rapporto causale che deve esistere tra l'evento morboso ed il lavoro** del dipendente. Conseguenza di quanto sopra è l'importanza che la prova del nesso di causalità ha nel riconoscimento della malattia professionale.
Il D.P.R. 1124/1965 elenca le possibili malattie che possono derivare da specifiche lavorazioni che la legge prevede in determinate tabelle e che sono ritenute pericolose (cosiddette **malattie tabellate**). Ne consegue che se la malattia viene contratta nel lasso di tempo legalmente previsto e se la stessa è ricollegata alla lavorazione effettuata dal prestatore, il legislatore pone una **presunzione legale** di riferibilità del male al lavoro e, quindi, del nesso causale tra l'uno e l'altro.
È da sottolineare, tuttavia, che la giurisprudenza ha ammesso la possibilità di includere tra le malattie professionali anche quelle non espressamente elencate, ma di precisa origine professionale. Si parla in tale caso di **malattia non tabellata**, anche se in questi casi è onere del lavoratore provare il nesso causale tra la lavorazione e la malattia professionale.
Anche per la malattia professionale l'INAIL provvede a erogare al lavoratore le prestazioni assistenziali stabilite dalla legge.

7.5 La tutela della genitorialità

7.5.1 Normativa di riferimento

Con il D.Lgs. 26-3-2001, n. 151 è stato emanato il **Testo unico delle disposizioni legislative in materia di tutela e sostegno della maternità e della paternità** che ha abrogato le precedenti disposizioni legislative in materia e ha riorganizzato la tutela delle lavoratrici madri riprendendo gran parte delle vecchie norme. Elemento particolarmente innovativo della legge è quello di aver **esteso una serie di diritti anche al padre lavoratore**, che può fruirne in via autonoma oppure, in taluni casi, in alternativa alla madre lavoratrice; per questo motivo attualmente è più corretto parlare di "tutela della genitorialità" piuttosto che riferirsi esclusivamente alla lavoratrice madre.
Le disposizioni del citato Testo unico sono state modificate e integrate dal D.Lgs. 105/2022, applicabile al settore privato e pubblico. Con questo provvedimento, il legislatore delegato, nel recepire la direttiva (UE) n. 2019/1158, ha implementato il miglioramento della **conciliazione tra i tempi della vita lavorativa e quelli dedicati alla vita familiare** per tutti i lavoratori che abbiano compiti di cura in qualità di genitori e/o di prestatori di assistenza, i cosiddetti *caregiver*, al fine di conseguire una più equa condivisione delle responsabilità tra uomini e donne e di promuovere un'effettiva parità di genere in ambito lavorativo.

7.5.2 Il congedo di maternità

Nozione
Sotto il profilo della tutela delle lavoratrici, in primo luogo il D.Lgs. 151/2001 (articoli 16 e seguenti) riconosce loro, durante la gravidanza e subito dopo il parto, un **perio-**

do di astensione dal lavoro obbligatorio e retribuito, il congedo di maternità. Tale congedo spetta, alle medesime condizioni, al lavoratore, nel caso in cui non sia stato richiesto, per specifici motivi, dalla lavoratrice (art. 31 D.Lgs. 151/2001).

L'astensione obbligatoria prima e dopo il parto

L'art. 16 D.Lgs. 151/2001 vieta di adibire al lavoro le donne:

- durante i **2 mesi** precedenti la **data presunta del parto** e i **3 mesi** successivi alla **data effettiva del parto** (5 mesi in totale). L'art. 20 D.Lgs. 151/2001 (*flessibilità del congedo di maternità*) consente alle lavoratrici di posticipare l'astensione dal lavoro a partire da 1 mese prima della data presunta e spostare il rientro al lavoro al 4° mese successivo al parto; ciò a condizione che il medico specialista del SSN o con esso convenzionato e il medico competente ai fini della prevenzione e tutela della salute nei luoghi di lavoro attestino che tale opzione non arrechi pregiudizio alla salute della gestante e del nascituro;
- qualora il **parto avvenga oltre la data presunta**, per il periodo intercorrente tra quest'ultima e la data effettiva del parto;
- qualora il **parto avvenga in data anticipata rispetto a quella presunta**, durante i giorni non goduti prima del parto. Tali giorni si aggiungono al periodo di congedo di maternità dopo il parto, anche se la somma dei due periodi supera il limite complessivo dei 5 mesi.

In alternativa a quanto sinora previsto, è riconosciuta alle lavoratrici la facoltà di scegliere di **fruire integralmente dei 5 mesi di astensione obbligatoria di maternità a decorrere dal giorno successivo al parto**. Ciò a condizione che il medico specialista del SSN o con esso convenzionato e il medico competente ai fini della prevenzione e tutela della salute nei luoghi di lavoro attestino che tale opzione non arrechi pregiudizio alla salute della gestante e del nascituro (art. 1, co. 485, L. 145/2018, *legge di bilancio 2019*).

Il congedo in caso di adozione e affidamento di minore

Il congedo di maternità spetta, per un periodo massimo di 5 mesi, anche alle **lavoratrici che abbiano adottato un minore** (art. 26 D.Lgs. 151/2001). In caso di **adozione nazionale** il congedo deve essere fruito durante i primi 5 mesi successivi all'effettivo ingresso del minore nella famiglia della lavoratrice. In caso di **adozione internazionale** può essere utilizzato prima dell'ingresso del minore in Italia, durante il periodo di permanenza all'estero richiesto per l'incontro con il minore e gli adempimenti relativi alla procedura adottiva. Ferma restando la durata complessiva del congedo, questo può essere fruito entro i 5 mesi successivi all'ingresso del minore in Italia (art. 26, co. 2 e 3, D.Lgs. 151/2001). Nel caso in cui la lavoratrice, per il periodo di permanenza all'estero, non richieda o richieda solo in parte il congedo di maternità, può fruire di un congedo non retribuito, senza diritto all'indennità (art. 26, co. 4, D.Lgs. 151/2001).

In caso di **affidamento di minore** il congedo può essere utilizzato entro 5 mesi dall'affidamento, per un periodo massimo di 3 mesi (art. 26, co. 6, D.Lgs. 151/2001).

Il congedo per le lavoratrici autonome

Prima dell'entrata in vigore della L. 81/2017 (*legge sul lavoro autonomo*) era esteso ai committenti il divieto di adibire al lavoro le **lavoratrici autonome** iscritte alla Gestione separata INPS per i periodi di cui all'art. 16 D.Lgs. 151/2001. La suddetta legge ha,

invece, stabilito che la tutela della maternità delle lavoratrici iscritte alla Gestione separata spetta sempre nelle forme e con le modalità previste per il lavoro dipendente, ma l'indennità di maternità dovuta per i 2 mesi antecedenti la data del parto e per i 3 mesi successivi spetta *a prescindere dall'effettiva astensione dall'attività lavorativa* (art. 64, co. 2, D.Lgs. 151/2001, nel testo modificato dall'art. 13 L. 81/2017). In pratica l'**indennità è comunque erogata, indipendentemente dalla data in cui inizia o termina l'astensione e a prescindere dall'effettività della stessa**.
L'art. 1, co. 239, L. 234/2021(*legge di bilancio 2022*) ha riconosciuto l'**indennità di maternità per ulteriori 3 mesi** a seguire dalla fine del periodo di maternità alle lavoratrici autonome che abbiano dichiarato, nell'anno precedente l'inizio del periodo di maternità, un reddito inferiore a 8.145 euro.
L'art. 68, co. 2-*ter*, D.Lgs. 151/2001 (comma introdotto dal D.Lgs. 105/2022) sancisce il riconoscimento, nei confronti delle lavoratrici autonome e delle libere professioniste, di un'indennità di maternità giornaliera pari all'80% del salario minimo giornaliero previsto dalla legge anche per gli eventuali periodi di astensione anticipata dal lavoro in caso di **gravidanza a rischio**.
Il D.Lgs. 105/2022 ha riconosciuto il diritto al congedo parentale anche ai padri lavoratori autonomi: con la nuova formulazione dell'art. 69, co. 1, D.Lgs. 151/2001 è infatti in vigore il diritto a 3 mesi di congedo parentale per ciascuno dei genitori, da fruire entro l'anno di vita (o dall'ingresso in famiglia in caso di adozione o affidamento) del minore.

Documentazione e trattamento economico, normativo e previdenziale
Al fine di usufruire dei suddetti congedi la donna lavoratrice ha l'onere di **consegnare** al datore di lavoro ed ai competenti istituti previdenziali (per il settore privato, innanzitutto, all'INPS), prima dell'inizio del periodo di astensione obbligatoria, idonea **documentazione medica indicante la data presunta del parto**, la quale, anche in caso di errore di previsione, farà pieno stato di quanto dichiarato.
La lavoratrice madre, poi, ha l'onere di presentare, entro 30 giorni dalla nascita del bambino, il certificato di nascita del figlio, ovvero una dichiarazione sostitutiva (art. 46 D.P.R. 445/2000).
Le lavoratrici hanno diritto a un'**indennità giornaliera** pari all'**80% della retribuzione** per tutto il periodo del congedo di maternità; la contrattazione collettiva può prevedere un'**integrazione (a carico dell'azienda)** tale da raggiungere il 100% della retribuzione che la lavoratrice avrebbe percepito in caso di esecuzione della normale prestazione lavorativa. L'indennità è anticipata dal datore di lavoro per conto dell'INPS.
I periodi di congedo sono **computati nell'anzianità di servizio** anche ai fini del calcolo della tredicesima mensilità, delle ferie e dei permessi ed è espressamente previsto che quegli stessi periodi siano considerati, ai fini della progressione nella carriera, come attività lavorativa, quando i contratti collettivi non richiedano a tale scopo particolari requisiti (art. 22 D.Lgs. 151/2001).
Per quanto riguarda il **trattamento previdenziale**, va ricordato che nel suddetto periodo alla lavoratrice **vengono accreditati contributi figurativi** in misura indipendente dall'anzianità di servizio della stessa.

Riposi giornalieri
Fino ad 1 anno di vita del bambino (3 anni se il figlio presenta un handicap in condizioni di gravità: *vedi infra*) la madre ha diritto a **2 riposi giornalieri** (in passato denominati

anche *di allattamento*) **che hanno la durata di 1 ora ciascuno** e che possono essere collocati in vario modo nell'arco della giornata lavorativa, anche consecutivamente in un unico periodo di 2 ore. Se la giornata lavorativa dura meno di 6 ore, il riposo giornaliero è di 1 ora soltanto.

Quando la lavoratrice utilizzi l'asilo nido (o altra struttura idonea) istituito dal datore di lavoro nell'unità produttiva, i periodi di riposo si riducono ulteriormente a mezz'ora ciascuno. Le ore di allattamento sono considerate ore lavorative, ai fini della durata e della retribuzione.

Anche in questo caso il diritto si estende ai soggetti che hanno avuto un bambino in **adozione** o **affidamento** e spettano nel primo anno dall'ingresso nella famiglia adottiva o affidataria.

Normalmente i riposi spettano alla lavoratrice madre anche se in alcune limitate ipotesi **ne può fruire il padre**. Ci si può avvalere di tale facoltà se *i figli sono affidati solo al padre*, in alternativa alla *madre lavoratrice dipendente che non se ne avvale*, qualora la *madre non sia lavoratrice dipendente* (ma autonoma, ad esempio) oppure se la *madre sia morta o gravemente malata*.

Per il **parto plurimo** i periodi di riposo sono raddoppiati e possono arrivare, fino ad un massimo di 4 ore al giorno, da fruire consecutivamente o frazionatamene nell'arco della singola giornata. Le 2 ore aggiuntive possono essere fruite dal padre, purché non ne faccia uso la madre.

I citati periodi sono considerati lavorativi a tutti gli effetti e, quindi, **integralmente retribuiti** e coperti da contribuzione figurativa.

7.5.3 Il congedo di paternità obbligatorio e alternativo

Introdotto in via sperimentale dalla legge Fornero (L. 92/2012), poi stabilizzato dalla L. 234/2021 (*legge di bilancio per il 2022*), il **congedo obbligatorio di paternità** è stato reso misura strutturale e definitiva con il D.Lgs. 105/2022 mediante l'introduzione dell'art. 27-*bis* nel D.Lgs. 151/2001. Da quest'ultima disposizione viene così regolato:

> il padre lavoratore, dai 2 mesi precedenti la data presunta del parto ed entro i 5 mesi successivi, si astiene dal lavoro per un *periodo di 10 giorni lavorativi*, non frazionabili ad ore, da utilizzare anche in via non continuativa. Il congedo è fruibile, entro lo stesso arco temporale, anche in caso di morte perinatale del figlio.

Per "periodo di morte perinatale" generalmente si considera il periodo compreso tra l'inizio della 28ª settimana di gravidanza e i primi 7 giorni di vita del minore. Tuttavia, acquisito il parere del Ministero del Lavoro e delle politiche sociali, l'INPS (circ. n. 42/2021) ritiene che, coerentemente con la durata del beneficio, la tutela debba essere garantita in caso di morte perinatale avvenuta nei primi 10 giorni di vita del minore. Di conseguenza il congedo può essere fruito, sempre entro i 5 mesi successivi alla nascita del figlio, anche nel caso di:

- figlio nato morto dal primo giorno della 28ª settimana di gestazione (il periodo di 5 mesi entro cui fruire dei giorni di congedo decorre dalla nascita del figlio che in queste situazioni coincide anche con la data di decesso);
- decesso del figlio nei 10 giorni di vita dello stesso (compreso il giorno della nascita). Il periodo di 5 mesi entro cui fruire dei giorni di congedo decorre comunque dalla nascita del figlio e non dalla data di decesso.

Dalla tutela restano pertanto esclusi i padri i cui figli (nati, adottati o affidati) siano deceduti successivamente al decimo giorno di vita (il giorno della nascita è compreso nel computo);

- in caso di *parto plurimo*, la durata del congedo è aumentata a 20 giorni lavorativi;
- il congedo è *fruibile dal padre anche durante il congedo di maternità* della madre lavoratrice;
- il congedo si applica anche al *padre adottivo o affidatario*.

Per l'esercizio del diritto, spettante ora anche ai lavoratori del pubblico impiego, il padre comunica in forma scritta al datore di lavoro i giorni in cui intende fruire del congedo, con un anticipo non minore di 5 giorni, ove possibile in relazione all'evento nascita, sulla base della data presunta del parto, fatte salve le condizioni di miglior favore previste dalla contrattazione collettiva. La forma scritta della comunicazione può essere sostituita dall'utilizzo, ove presente, del sistema informativo aziendale per la richiesta e la gestione delle assenze.
Per quanto concerne il trattamento economico si prevede il riconoscimento per tutto il periodo di un'indennità giornaliera pari al 100% della retribuzione. Il trattamento economico e normativo è determinato ai sensi dell'art. 22, commi da 2 a 7, e dell'art. 23 del predetto T.U. secondo quanto previsto per il congedo di maternità.
Il congedo è riconosciuto anche al padre che fruisce del **congedo di paternità alternativo** ai sensi dell'art. 28, che si basa sul diritto di astenersi dal lavoro per tutta la durata del congedo di maternità o per la parte residua che sarebbe spettata alla lavoratrice, in caso di morte o di grave infermità della madre ovvero di abbandono, nonché in caso di affidamento esclusivo del bambino al padre.
Con riferimento al congedo obbligatorio (e alternativo), viene precisato che in caso di fruizione il **divieto di licenziamento si applica anche al padre lavoratore per la durata del congedo** stesso e si estende fino al compimento di un anno di età del bambino. Trovano applicazione le disposizioni dell'art. 54 D.Lgs. 151/2001, commi 3 (casi in cui si esclude il divieto di licenziamento), 4 (divieto di sospensione dal lavoro nelle more in cui è interdetto il licenziamento) e 5 (nullità del licenziamento intimato in violazione dei commi che precedono).
È inoltre prevista l'applicazione di pesanti **sanzioni** nei confronti dei datori di lavoro che impediscano ai lavoratori di fruire del congedo di cui all'art. 27-*bis* citato. Nel dettaglio, in una simile ipotesi, potrà essere applicata una sanzione amministrativa compresa tra i 516 e 2.582 euro e, ove tale condotta dovesse essere posta in essere nei 2 anni antecedenti alla richiesta della certificazione della parità di genere, ciò comporterà il mancato rilascio della certificazione stessa (art. 31-*bis* D.Lgs. 151/2001).

7.5.4 Congedo parentale e monoparentale

Si tratta di misure che si traducono nell'astensione facoltativa dal lavoro sia della lavoratrice che del lavoratore. Nella specie in base a quanto si prevede all'art. 32, co. 1, D.Lgs. 151/2001 per ogni bambino, **nei primi suoi 12 anni di vita**, ciascun genitore ha diritto di astenersi dal lavoro secondo le modalità ivi stabilite. I relativi congedi parentali dei genitori non possono complessivamente eccedere il limite di **10 mesi**, fatto salvo il disposto dell'art. 32, co. 2 (e, dunque, qualora il padre lavoratore eserciti il diritto di astenersi dal lavoro per un periodo continuativo o frazionato non inferiore a 3 mesi, il limite complessivo dei congedi parentali dei genitori è elevato a 11 mesi).
Nell'ambito del predetto limite, il diritto di astenersi dal lavoro spetta:

- alla madre lavoratrice, trascorso il periodo di congedo di maternità, per un periodo continuativo o frazionato non superiore a 6 mesi;

- al padre lavoratore, dalla nascita del figlio, per un periodo continuativo o frazionato non superiore a 6 mesi, elevabile a sette nel caso di cui al comma 2 precitato;
- per un periodo continuativo o frazionato non superiore a 11 mesi, qualora vi sia un solo genitore ovvero un genitore nei confronti del quale sia stato disposto l'affidamento esclusivo del figlio. In quest'ultimo caso, l'altro genitore perde il diritto al congedo non ancora utilizzato (*congedo monoparentale*). A tal fine copia del provvedimento di affidamento è trasmessa, a cura del Pubblico Ministero, all'INPS.

Per quanto concerne il trattamento economico e normativo si dispone che per i periodi di congedo parentale, fino al dodicesimo anno di vita del figlio, a ciascun genitore lavoratore spetta **per 3 mesi**, non trasferibili, un'indennità pari al 30% della retribuzione. I genitori hanno altresì diritto, in alternativa tra loro, ad un **ulteriore periodo di congedo** della durata complessiva di 3 mesi, per i quali spetta un'indennità pari al 30% della retribuzione. Nel caso vi sia **un solo genitore**, allo stesso spetta un'indennità pari al 30% della retribuzione per un periodo massimo di 9 mesi (art. 34). Qualora sia stato disposto l'affidamento esclusivo del figlio a un solo genitore, a quest'ultimo spetta in via esclusiva anche la fruizione del congedo indennizzato riconosciuto complessivamente alla coppia genitoriale. L'indennità è calcolata secondo quanto previsto all'art. 23 D.Lgs. 151/2001.
Per i periodi di congedo parentale ulteriori rispetto ai mesi indicati nell'art. 32 è dovuta, fino al dodicesimo anno di vita del bambino, un'indennità pari al 30%, a condizione che il reddito individuale dell'interessato sia inferiore a 2,5 volte l'importo del trattamento minimo di pensione a carico dell'assicurazione generale obbligatoria (in precedenza il riferimento era fissato a 8 anni).
I periodi di congedo parentale sono computati nell'anzianità di servizio e non comportano riduzione di ferie, riposi, tredicesima mensilità o gratifica natalizia, ad eccezione degli emolumenti accessori connessi all'effettiva presenza in servizio, salvo quanto diversamente previsto dalla contrattazione collettiva; prima, invece, si disponeva che i periodi di congedo parentale fossero computati nell'anzianità di servizio, esclusi gli effetti relativi alle ferie e alla tredicesima mensilità o alla gratifica natalizia.
In caso di adozione e affidamento l'indennità di congedo parentale è dovuta, per il periodo massimo complessivo ivi previsto, **entro i 12 anni** dall'ingresso del minore in famiglia.
Quanto all'ipotesi di **prolungamento del congedo parentale** (art. 33 D.Lgs. 151/2001), si prevede che per tutto il periodo è dovuta alle lavoratrici e ai lavoratori **un'indennità pari al 30%** della retribuzione. La lavoratrice madre o, in alternativa, il lavoratore padre, anche adottivi, di minore con disabilità in situazione di gravità accertata (art. 4, co. 1, L. 104/1992) possono inoltre chiedere ai rispettivi datori di lavoro di usufruire, in alternativa al prolungamento fino a 3 anni del congedo parentale, di 2 ore di permesso giornaliero retribuito fino al compimento del terzo anno di vita del bambino (art. 33, co. 2, L. 104/1992).
Per gli **iscritti in via esclusiva alla Gestione separata** INPS, non titolari di pensione e non iscritti ad altre forme previdenziali obbligatorie e tenuti al versamento della contribuzione maggiorata, si stabilisce che il diritto al trattamento economico per congedo parentale sia riconosciuto per un periodo pari a 3 mesi ciascuno entro i primi 12 anni di vita del bambino (art. 8 L. 81/2017). È previsto inoltre il diritto entro lo stesso termine dei genitori, in alternativa tra loro, ad ulteriori 3 mesi di congedi. I trattamenti economici per congedo parentale, ancorché fruiti in altra gestione o cassa di previdenza, non possono complessivamente superare tra entrambi i genitori il limite complessivo di 9 mesi.

7.5.5 Congedi per malattia del figlio e in presenza di figli disabili

L'art. 47 del Testo Unico disciplina i **congedi per la malattia del figlio** e stabilisce che entrambi i genitori, alternativamente, hanno diritto di astenersi dal lavoro per periodi corrispondenti alle malattie di ciascun figlio *di età non superiore a 3 anni*.
Ciascun genitore, alternativamente, ha inoltre diritto di astenersi dal lavoro, nel limite di *5 giorni lavorativi all'anno*, per le malattie di ogni figlio di età compresa fra i 3 e gli 8 anni.
I periodi di congedo per la malattia del figlio non sono retribuiti, ma sono computati nell'anzianità di servizio, esclusi gli effetti relativi alle ferie e alla tredicesima mensilità o alla gratifica natalizia.
L'art. 33 D.Lgs. 151/2001 disciplina i **congedi in presenza di un minore con handicap** in situazione di gravità accertata.

In questi casi la lavoratrice madre o, in alternativa, il lavoratore padre:

- hanno diritto, entro il compimento del dodicesimo anno di vita del bambino, al *prolungamento del congedo parentale*, fruibile in misura continuativa o frazionata, per un periodo massimo, comprensivo dei periodi di congedo parentale ordinario (art. 32 D.Lgs. 151/2001), non superiore a *3 anni*, a condizione che il bambino non sia ricoverato a tempo pieno presso istituti specializzati, salvo che, in tal caso, sia richiesta dai sanitari la presenza del genitore. In alternativa al prolungamento del congedo, fino al compimento del terzo anno di vita del bambino, possono essere fruiti i riposi giornalieri retribuiti di 2 ore (art. 42, co. 1, D.Lgs. 151/2001);
- in alternativa al prolungamento del periodo di congedo parentale, possono *chiedere al datore di lavoro di usufruire di 2 ore di permesso giornaliero* retribuito fino al compimento del terzo anno di vita del bambino (art. 42, co. 1, D.Lgs. 151/2001 e art. 33, co. 2, L. 104/1992);
- oltre il terzo anno di vita del bambino hanno diritto a *3 giorni di permesso mensile*, fruibili continuativamente o in forma frazionata, sempreché il portatore di handicap non sia ricoverato a tempo pieno presso strutture specializzate (art. 42, co. 2, D.Lgs. 151/2001). Fino ai 3 anni di vita del bambino la misura è alternativa alle ore di permesso giornaliero.

7.5.6 Il divieto di licenziamento della lavoratrice madre

In base a quanto disposto dall'art. 54 D.Lgs. 151/2001, **le lavoratrici non possono essere licenziate dall'inizio del periodo di gravidanza fino al compimento di un anno di età del bambino**. Il divieto non si applica nel caso di colpa grave da parte della lavoratrice, di cessazione dell'attività dell'azienda cui essa è addetta, di ultimazione della prestazione per la quale la lavoratrice è stata assunta o di risoluzione del rapporto di lavoro per la scadenza del termine, di esito negativo della prova.
Il successivo art. 55 prevede che in caso di **dimissioni volontarie** presentate durante il periodo per cui è previsto il divieto di licenziamento, la lavoratrice abbia diritto alle indennità previste da disposizioni di legge e contrattuali per il caso di licenziamento.
Tale previsione riguarda anche il padre lavoratore che ha fruito del congedo di paternità e si applica anche nel caso di adozione e di affidamento, entro 1 anno dall'ingresso del minore nel nucleo familiare. La lavoratrice e il lavoratore che si dimettono nel predetto periodo non sono tenuti a dare un preavviso.

Il co. 4 dello stesso art. 55 (modificato dall'art. 4, co. 16, L. 92/2012) prevede, inoltre, che la richiesta di dimissioni presentata dalla lavoratrice, durante il periodo di gravidanza, e dalla lavoratrice o dal lavoratore durante i primi 3 anni di vita del bambino (o nei primi 3 anni di accoglienza del minore adottato o in affidamento, o, in caso di adozione internazionale, nei primi 3 anni decorrenti dalla comunicazione della proposta di incontro con il minore adottando o dell'invito a recarsi all'estero per ricevere la proposta di abbinamento) devono essere **convalidate dal Servizio ispettivo** competente per territorio. Tale obbligo di convalida, che costituisce condizione sospensiva per l'efficacia della cessazione del rapporto di lavoro, opera anche nel caso di risoluzione consensuale.

7.6 Permessi per il lavoratore con disabilità e per l'assistenza a familiari disabili

Le disposizioni in materia di permessi connessi a soggetti portatori di handicap sono rinvenibili soprattutto nella L. 5-2-1992, n. 104, anche se vanno integrate con norme di altri provvedimenti, in particolare il D.Lgs. 151/2001. Quest'ultimo disciplina, come già esaminato, soprattutto i periodi di congedo che spettano ai *genitori con un figlio portatore di handicap*, mentre la L. 104/1992 si applica alla generalità dei lavoratori dipendenti, prevedendo sia misure *a favore dei lavoratori portatori di handicap* sia per i *lavoratori familiari che li assistono*.

Il **lavoratore portatore di handicap** che versi in situazione di gravità ha diritto, a norma dell'art. 33, co. 6, L. 104/1992, ad usufruire, *alternativamente*, dei permessi retribuiti previsti dai commi 2 e 3 del citato articolo. Può, pertanto, richiedere 2 ore di permesso giornaliero oppure 3 giorni di permesso mensile, fruibile anche in maniera continuativa.

I **lavoratori che hanno familiari con disabilità** riconosciuta e certificata dalle competenti strutture sanitarie, invece, possono fruire dei seguenti permessi e congedi:

> **permessi mensili**: oltre il terzo anno di vita del bambino con grave handicap, i genitori hanno diritto a 3 giorni di permesso mensile, fruibili continuativamente o in forma frazionata, sempreché il portatore di handicap non sia ricoverato a tempo pieno presso strutture specializzate (art. 42, co. 2, D.Lgs. 151/2001). Lo stesso diritto spetta anche al lavoratore dipendente, pubblico o privato, che assiste persona con handicap in situazione di gravità, coniuge, parente o affine entro il secondo grado. In caso di mancanza o decesso dei genitori o del coniuge o della parte di un'unione civile o del convivente di fatto, ovvero qualora gli stessi siano affetti da patologie invalidanti o abbiano compiuto i 65 anni di età, il diritto è riconosciuto a parenti o affini entro il terzo grado della persona con disabilità in situazione di gravità. Fermo restando il limite complessivo di tre giorni, per l'assistenza allo stesso individuo con disabilità in situazione di gravità, il diritto può essere riconosciuto, su richiesta, a più soggetti tra quelli sopra elencati, che possono fruirne in via alternativa tra loro. Il lavoratore ha diritto di prestare assistenza nei confronti di più persone con disabilità in situazione di gravità, a condizione che si tratti del coniuge o della parte di un'unione civile, o del convivente di fatto o di un parente o affine entro il primo grado o entro il secondo grado qualora i genitori o il coniuge della persona con disabilità in situazione di gravità abbiano compiuto i 65 anni di età oppure siano anch'essi affetti da patologie invalidanti o siano deceduti o mancanti;

> **congedo straordinario**. Il coniuge convivente di soggetto con disabilità grave accertata ha diritto a fruire del congedo straordinario (per la durata massima di 2 anni nell'arco della vita lavorativa) *ex* art. 4 L. 53/2000, entro 30 giorni dalla richiesta. Al coniuge convivente sono equiparati la parte di un'unione civile e il convivente di fatto. In caso di mancanza, decesso o in presenza di patologie invalidanti del coniuge

convivente o della parte di un'unione civile o del convivente di fatto, hanno diritto a fruire del congedo il padre o la madre anche adottivi; in caso di decesso, mancanza o in presenza di patologie invalidanti del padre e della madre, anche adottivi, ha diritto a fruire del congedo uno dei figli conviventi; in caso di mancanza, decesso o in presenza di patologie invalidanti dei figli conviventi, ha diritto a fruire del congedo uno dei fratelli o delle sorelle conviventi; in caso di mancanza, decesso o in presenza di patologie invalidanti di uno dei fratelli o delle sorelle conviventi, ha diritto a fruire del congedo il parente o l'affine entro il terzo grado convivente. Il diritto al congedo spetta anche nel caso in cui la convivenza sia stata instaurata successivamente alla richiesta di congedo (art. 42, co. 5, D.Lgs. 151/2001).

L'art. 2-*bis* L. 104/1992 (introdotto dal D.Lgs. 105/2022) si occupa della **tutela antidiscriminatoria,** prevedendo espressamente il divieto di discriminare o riservare un trattamento meno favorevole ai lavoratori che chiedono o usufruiscono dei benefici di cui ai citati art. 33 L. 104/1992 e 33 e 42 D.Lgs. 151/2001, all'art. 18, co. 3-*bis*, L. 81/2017 (*richiesta di esecuzione del rapporto di lavoro in modalità agile)* e all'art. 8 D.Lgs. 81/2015 (*richiesta di trasformazione del rapporto di lavoro a tempo pieno in rapporto a tempo parziale*) nonché di ogni altro beneficio in relazione alla condizione di disabilità propria o di coloro ai quali viene prestata assistenza e cura. I giudizi civili avverso atti e comportamenti ritenuti discriminatori sono regolati dall'articolo 28 D.Lgs. 150/2011.

7.7 Altre tipologie di permessi e congedi

Diverse altre ipotesi di sospensione dell'attività lavorativa sono *previste da disposizioni legislative o dalla contrattazione collettiva*, talvolta indicati come permessi e in altri casi denominati congedi. Nel primo caso (**permessi**) sostanzialmente si fa riferimento a brevi periodi di assenza, quantificabili in ore o al massimo in pochi giorni; nel secondo (**congedi**) si tratta di lunghi periodi di inattività che possono anche durare anni.
Un'altra differenza che può ricorrere è tra periodi di assenza **retribuiti e non retribuiti**, pur conservandosi in ogni caso il diritto al mantenimento del posto di lavoro; nel primo caso, poi, l'**onere economico** può gravare direttamente sul datore di lavoro oppure essere posto a carico di un soggetto terzo (per le attività di protezione civile, ad esempio, il datore di lavoro che anticipa la retribuzione può richiedere il rimborso delle somme versate). Diversa è anche la **disciplina previdenziale**, con possibilità di accredito della normale contribuzione, di contributi figurativi o con il versamento volontario da parte del lavoratore.
Le ipotesi di maggiore rilevanza di sospensione dell'attività lavorativa sono connessi alla fruizione di:

> **permessi e congedi per lutto o grave infermità**: i lavoratori dipendenti, pubblici o privati, hanno diritto a 3 giorni complessivi di *permesso retribuito* all'anno in caso di *decesso* o di documentata *grave infermità del coniuge*, anche legalmente separato, dell'unito civilmente, o di un parente entro il secondo grado, anche non convivente, o di un soggetto componente la famiglia anagrafica dipendente. I giorni di permesso devono essere utilizzati entro 7 giorni dal decesso o dall'accertamento dell'insorgenza della grave infermità. Nei giorni di permesso non sono considerati i giorni festivi e quelli non lavorativi (art. 4, co. 1, L. 53/2000 e D.M. 278/2000);

> **congedo per gravi e documentati motivi familiari** (art. 4, co. 2, L. 53/2000), della durata non superiore a 2 anni, che può essere fruito in modo continuativo o frazio-

nato. Durante tale periodo il dipendente conserva il posto di lavoro, non ha diritto alla retribuzione e non può svolgere alcun tipo di attività lavorativa. Il congedo non è computato nell'anzianità di servizio né ai fini previdenziali; il lavoratore può procedere al riscatto, ovvero al versamento dei relativi contributi, calcolati secondo i criteri della prosecuzione volontaria (art. 4, co. 2, L. 53/2000). I gravi motivi indicati dalla legge sono stati meglio specificati dal D.M. 278/2000 che individua anche le patologie per le quali è consentito richiedere tale periodo di congedo e la documentazione che deve comprovare la situazione;

- **permessi per donazione di sangue e di midollo osseo**: il lavoratore dipendente che *cede gratuitamente il sangue* ha diritto ad astenersi dal lavoro, conservando la normale retribuzione, per l'intera giornata in cui effettua la donazione (art. 8 L. 219/2005 e D.M. 8-4-1968);
- **congedi per la formazione e per la formazione continua**: il primo è finalizzato al completamento della scuola dell'obbligo, al conseguimento del titolo di studio di secondo grado, del diploma universitario o di laurea, alla partecipazione ad attività formative diverse da quelle poste in essere o finanziate dal datore di lavoro (art. 5 L. 53/2000); il secondo è finalizzato a consentire al lavoratore di proseguire i percorsi di formazione per tutto l'arco della vita, per accrescere conoscenze e competenze professionali (art. 6 L. 53/2000);
- **permessi studio**: sono disciplinati dall'art. 10 L. 300/1970 (Statuto dei Lavoratori) laddove si prevede che i lavoratori dipendenti, sia privati che pubblici, possano usufruire di *permessi o di particolari agevolazioni per la realizzazione del diritto allo studio*. La determinazione dell'ammontare delle ore a disposizione è rimessa alla contrattazione collettiva, anche se la prassi è quella di prevedere un limite di *150 ore annue*;
- **permessi per cariche pubbliche elettive**: i lavoratori dipendenti, pubblici e privati, hanno diritto di assentarsi dal lavoro per prendere parte alle sedute dei Consigli ai quali sono stati eletti. Il *permesso retribuito* è concesso per il tempo strettamente necessario per la partecipazione a ciascuna seduta e per il raggiungimento del luogo di suo svolgimento. Nel caso le riunioni si svolgano in orario serale, i lavoratori hanno diritto di non riprendere il lavoro prima delle ore 8 del giorno successivo; laddove si protraggano oltre la mezzanotte, hanno diritto di assentarsi dal servizio per l'intera giornata successiva (art. 79 D.Lgs. 267/2000);
- **congedo matrimoniale**: è un periodo di astensione dal lavoro che spetta al dipendente che ha contratto matrimonio ed ha *normalmente una durata di 15 giorni*, non necessariamente decorrenti dalla data delle nozze, ma da fruire in genere entro un mese da tale evento. Può essere fruito una sola volta, anche se la cerimonia civile e quella religiosa non coincidono in ordine temporale;
- **permessi per concorsi ed esami**. Non sono disciplinati da una fonte legislativa ma frequentemente inseriti nelle disposizioni dei contratti collettivi nazionali che generalmente riconoscono ai lavoratori *8 giorni di permesso retribuito* all'anno per sostenere concorsi o esami;
- **permessi per lo svolgimento di funzioni elettorali**: sono previsti dall'art. 119 D.P.R. 361/1957 (Testo unico per l'elezione della Camera dei deputati) il quale afferma che in occasione di tutte le consultazioni elettorali disciplinate da leggi della Repubblica o delle Regioni, coloro che adempiono funzioni presso gli uffici elettorali

hanno *diritto ad assentarsi dal lavoro per tutto il periodo corrispondente alla durata delle relative operazioni*;

- **permessi per visite mediche**: non è prevista una disciplina unitaria della materia, rimandandosi spesso alla *contrattazione collettiva per la previsione di specifici permessi*;
- **permessi sindacali**: sono previsti dagli articoli 23 e 24 L. 300/1970 (Statuto dei Lavoratori), che attribuisce ai dirigenti delle rappresentanze sindacali il diritto di fruire, per lo svolgimento della loro attività, di *permessi retribuiti* (art. 23) che devono rientrare in un monte ore annuo, determinato sulla base della dimensione dell'azienda (comunque non inferiore a 8 ore mensili), e *permessi non retribuiti* (art. 24) da utilizzare per la partecipazione a trattative sindacali, convegni o congressi. Permessi aggiuntivi sono contemplati per i dirigenti sindacali che siano anche componenti di organi direttivi, provinciali e nazionali (art. 30 L. 300/1970);
- **permessi per motivi personali, ROL e Banca delle ore.** Quelli per *motivi personali* sono permessi per i quali non vi è una specifica disciplina legislativa, essendo la relativa previsione ricorrente nei contratti collettivi di categoria. Tali permessi non vanno confusi con il *ROL (Recupero Ore Lavorate)* che costituisce un monte ore di cui può fruire il lavoratore e che matura per effetto dell'accantonamento delle ore aggiuntive lavorate rispetto all'orario stabilito dalla contrattazione collettiva. Istituto simile è quello della *Banca delle ore*, disciplinato da diversi contratti collettivi. Quest'ultimo consiste nell'accantonamento, su di un conto individuale, di un numero di ore prestate in più oltre l'orario normale, la cui entità è definita dalla contrattazione collettiva, e che non vengono pagate ma accantonate in questo speciale "conto". Nel corso dell'anno il singolo lavoratore potrà attingervi per godere di riposi compensativi oppure decidere di monetizzarle;
- **congedo per le donne vittime di violenza di genere**. L'art. 24 D.Lgs. 80/2015 riconosce il diritto ad un congedo per un periodo massimo di 3 mesi alla lavoratrice "inserita nei percorsi di protezione relativi alla violenza di genere (...) per motivi connessi al suddetto percorso di protezione". Per poter maturare il diritto alla sospensione del rapporto di lavoro devono essere soddisfatti due *requisiti*: deve trattarsi di *donna lavoratrice che sia vittima di violenza di genere* inserita in un percorso di protezione; la *sospensione dell'attività lavorativa deve essere funzionale allo svolgimento del percorso di protezione*, cioè quando sia motivata dalla situazione concreta nella quale si trova la vittima.

Capitolo 8
Particolari tipologie di rapporto di lavoro

8.1 Introduzione

Nei precedenti capitoli sono state esaminate le caratteristiche del lavoro subordinato, che lo stesso legislatore definisce come "la forma comune di rapporto di lavoro". Nella realtà le modalità di effettivo svolgimento dell'attività lavorativa spesso differiscono da tale modello ideale sotto diversi profili, pur restando formalmente inquadrabili come rapporti di lavoro subordinato. Le peculiarità possono riguardare:

- la **durata della prestazione**. Talvolta può essere previsto un termine finale della prestazione già all'atto della sottoscrizione del contratto (*tempo determinato*), oppure essa può svolgersi per un orario di lavoro ridotto rispetto alla generalità dei lavoratori (*tempo parziale o part-time*) oppure l'attività lavorativa può essere discontinua (*lavoro intermittente*);
- la **finalità formativa** del rapporto di lavoro. In questo caso la causa non è solo lo scambio tra retribuzione e prestazione dell'attività lavorativa, ma il datore di lavoro è tenuto ad offrire anche un'attività di formazione unitamente alla retribuzione. Sono rapporti generalmente volti a favorire l'inserimento nel mondo di lavoro di persone giovani. Vi rientrano l'*apprendistato* e i *tirocini formativi e di orientamento*;
- l'instaurazione di un **vincolo di subordinazione tra il lavoratore ed un soggetto diverso da quello che sarà l'effettivo beneficiario** della prestazione. È questo il caso del contratto di somministrazione e di quello di appalto nei quali il vincolo di subordinazione si instaura con un soggetto estraneo rispetto a quello che, invece, materialmente riceve la prestazione (*utilizzatore*). Queste due modalità di svolgimento dell'attività lavorativa sono state spesso circondate da vincoli piuttosto stringenti perché non di rado "nascondono" un vero e proprio rapporto di lavoro subordinato con l'utilizzatore;
- la **particolare natura del vincolo** che lega il datore e il prestatore di **lavoro**, generalmente di tipo **familiare**.

Altri contratti che saranno sommariamente esaminati, e che presentano ulteriori peculiarità, sono il **lavoro domestico**, il **contratto di portierato**, il **contratto di lavoro a domicilio** e il **telelavoro**.

8.2 Il contratto di lavoro a tempo determinato

8.2.1 Il D.Lgs. 81/2015 e il D.L. 87/2018 (decreto dignità)

Attualmente, i riferimenti normativi della disciplina del contratto a tempo determinato vanno rinvenuti negli articoli da 19 a 29 D.Lgs. 81/2015 che ha disposto l'abrogazione del D.Lgs. 368/2001, apportando significative modifiche al regime contenuto in detto provvedimento. In particolare, è stato **eliminato l'obbligo di indicare la cosiddetta causale**, vale a dire la necessità di indicare "le ragioni di carattere tecnico, produt-

tivo, organizzativo o sostitutivo", che induceva a utilizzare la forma contrattuale a tempo determinato.
Su tale disciplina è però intervenuto il D.L. 87/2018 (*decreto dignità*), concepito dal legislatore per il **contrasto all'abuso del contratto a termine**. Il provvedimento, infatti, contempla l'introduzione di specifiche *restrizioni in caso di rinnovo del rapporto*, con conseguente innalzamento in percentuale del relativo contributo addizionale, e la *riduzione del numero delle proroghe* riferite allo stesso, nonché la *reintroduzione della causale*, in caso di superamento del tetto dei 12 mesi o, in caso di rinnovo del contratto per mansioni riferibili allo stesso livello della categoria legale di inquadramento, anche al di sotto di tale soglia.

8.2.2 L'apposizione del termine e il ripristino delle causali

Al contratto di lavoro subordinato può essere apposto un **termine di durata non superiore a 12 mesi** (art. 19 D.Lgs. 81/2015). Il contratto può avere una durata superiore, ma comunque **non eccedente i 24 mesi** solo in presenza di almeno una delle seguenti condizioni:
> **esigenze temporanee e oggettive**, estranee all'ordinaria attività, ovvero esigenze di sostituzione di altri lavoratori;
> **esigenze connesse a incrementi temporanei**, significativi e non programmabili, dell'attività ordinaria;
> specifiche **esigenze previste dai contratti collettivi** nazionali, territoriali o aziendali. Quest'ultima ipotesi (introdotta dall'art. 41-*bis*, co. 1, lett. *a*), D.L. 73/2021, conv. dalla L. 106/2021) è applicabile solo fino al 30 settembre 2022.

In caso di stipulazione di un contratto di durata superiore a 12 mesi, in assenza delle condizioni di cui sopra, il contratto si trasforma in contratto a tempo indeterminato dalla data di superamento del termine di 12 mesi (art. 19, co. 1-*bis*, D.Lgs. 81/2015, aggiunto dal D.L. 87/2018).
Più nello specifico è ora stabilito, che i contratti a tempo determinato, riferiti a mansioni dello stesso livello della categoria legale di inquadramento (operaio, impiegato, quadro), non possono superare, in sommatoria, tra contratti a termine, rinnovi, proroghe e rapporti in somministrazione a tempo determinato, la soglia massima dei 24 mesi. Nella sommatoria dei rapporti a termine vanno ricompresi **tutti i rapporti, anche prorogati** (con il D.L. 87/2018 e la successiva legge di conversione, le proroghe sono scese da 5 a 4), ed **i contratti di somministrazione a tempo determinato** nel quale il lavoratore è stato utilizzato. Se il lavoratore ha svolto più contratti a termine, anche in somministrazione, con lo stesso datore ma con diversi inquadramenti sia di livello che di categoria legale non si ha alcuna sommatoria tra gli stessi.
Con l'eccezione dei rapporti di lavoro di durata non superiore a 12 giorni, l'apposizione del termine al contratto è priva di effetto se non risulta da atto scritto, una copia del quale deve essere consegnata dal datore di lavoro al lavoratore **entro 5 giorni lavorativi** dall'inizio della prestazione.
Infine, per espressa previsione del legislatore, l'**apposizione di un termine alla durata di un contratto di lavoro subordinato non è ammessa** (art. 20 D.Lgs. 81/2015):
> per la *sostituzione di lavoratori che esercitano il diritto di sciopero*;
> presso *unità produttive nelle quali si è proceduto*, entro i 6 mesi precedenti, *a licenziamenti collettivi* di lavoratori adibiti alle stesse mansioni cui si riferisce il contratto di

lavoro a tempo determinato, salvo che il contratto sia concluso per provvedere alla sostituzione di lavoratori assenti, per assumere lavoratori iscritti nelle liste di mobilità, o abbia una durata iniziale non superiore a 3 mesi;
- presso unità produttive nelle quali sono operanti una sospensione del lavoro o una riduzione dell'orario in regime di *cassa integrazione guadagni*, che interessano lavoratori adibiti alle mansioni cui si riferisce il contratto a tempo determinato;
- da parte di datori di lavoro che *non hanno effettuato la valutazione dei rischi* in applicazione della normativa di tutela della salute e della sicurezza dei lavoratori (art. 20, co. 1, D.Lgs. 81/2008).

Il rapporto illegittimamente instaurato in violazione di tali divieti si trasforma in contratto a tempo indeterminato.

8.2.3 Le eccezioni al limite dei 24 mesi

Il novellato articolo 19 D.Lgs. 81/2015, al co. 2, presenta due eccezioni al limite massimo dei 24 mesi.
Con la prima si fanno salve le **diverse disposizioni dei contratti collettivi**. Pertanto i contratti collettivi nazionali, territoriali o aziendali stipulati dalle associazioni sindacali comparativamente più rappresentative sul piano nazionale (secondo la definizione degli stessi contenuta all'art. 51 D.Lgs. 81/2015) potranno continuare a prevedere una durata diversa, anche superiore, rispetto al nuovo limite massimo dei 24 mesi.
Resta fermo che le previsioni contenute nei contratti collettivi stipulati prima del 14 luglio 2018, che, stante il previgente quadro normativo, abbiano previsto una durata massima dei contratti a termine pari o superiore ai 36 mesi, mantengono la loro validità fino alla naturale scadenza dell'accordo collettivo.
La seconda eccezione concerne i contratti a termine stipulati per l'esecuzione di **attività stagionali** ad oggi individuate, in attesa dell'apposito decreto del Ministro del Lavoro, dal D.P.R. 1525/1963 e dalla contrattazione collettiva.
Occorre poi altresì considerare, nell'alveo dei casi di superamento del limite massimo, quell'ulteriore **contratto definito in deroga assistita**, già presente nel D.Lgs. 368/2001, confermato nel D.Lgs. 81/2015 (art. 19, co. 3) e non modificato dal D.L. 87/2018. La norma stabilisce che un ulteriore contratto a termine della durata massima di 12 mesi può essere stipulato alla scadenza dei 24 mesi, subordinandolo però ad una procedura specifica. Occorre, infatti, che la firma avvenga presso la sede territorialmente competente del Ministero del lavoro e con la presenza di un rappresentante delle organizzazioni sindacali maggiormente rappresentative; il mancato rispetto della procedura, nonché il superamento del termine stabilito nel contratto, comportano la qualificazione dello stesso come rapporto a tempo indeterminato a partire dalla data della stipula.
L'art. 1, co. 3, D.L. 87/2018 (nel testo modificato dall'art. 1, co. 403, L. 145/2018, *legge di bilancio 2019*) prevede **ulteriori esclusioni dalla disciplina recata dal decreto dignità**. Il provvedimento stabilisce che continuano ad applicarsi le disposizioni vigenti anteriormente alla data di entrata in vigore del D.L. 87/2018 ai contratti stipulati dalle Pubbliche Amministrazioni, dalle università private, incluse le filiazioni di università straniere, istituti pubblici di ricerca, società pubbliche che promuovono la ricerca e l'innovazione ovvero enti privati di ricerca e lavoratori chiamati a svolgere attività di insegnamento, di ricerca scientifica o tecnologica, di trasferimento di *know-how*, di supporto all'innovazione, di assistenza tecnica alla stessa o di coordinamento e direzione

della stessa. Per i soggetti indicati non trovano applicazione le norme in tema di durata massima, di proroghe e di obbligo della causale.

8.2.4 Il regime delle proroghe e dei rinnovi

È prevista la possibilità di prorogare liberamente un contratto a tempo determinato entro i 12 mesi, mentre per il rinnovo è sempre richiesta l'**indicazione della causale** (art. 21, co. 01, D.Lgs. 81/2015).
In proposito si ricorda che la **proroga** presuppone che restino invariate le ragioni che avevano giustificato inizialmente l'assunzione a termine, fatta eccezione per la necessità di posticipare il termine di scadenza. Pertanto, non è possibile prorogare un contratto a tempo determinato modificandone la motivazione, in quanto ciò darebbe luogo ad un nuovo contratto a termine ricadente nella disciplina del **rinnovo**, anche se ciò avviene senza soluzione di continuità con il precedente rapporto. Si ricade altresì nell'ipotesi del rinnovo qualora un nuovo contratto a termine decorra dopo la scadenza del precedente contratto.
Per effetto delle modifiche apportate in sede di conversione del decreto dignità (D.L. 87/2018), il **numero massimo di proroghe non può essere superiore a 4**, entro i limiti di durata massima del contratto (24 mesi) e a prescindere dal numero dei contratti.
Per quanto attiene ai rinnovi, il datore di lavoro sarà sempre tenuto al rispetto del periodo introdotto dal D.L. 76/2013, tra la fine del primo contratto e l'inizio del secondo (**stop and go**), pari a **10 giorni**, per contratti *inferiori a 6 mesi*, e a **20 giorni**, per contratti *superiori a 6 mesi*. Laddove tali vincoli non siano rispettati, *il secondo contratto si trasforma in contratto a tempo indeterminato*.
Ciò premesso, il contratto può essere rinnovato solo ed esclusivamente a fronte di esigenze temporanee e oggettive, estranee all'ordinaria attività, ovvero esigenze sostitutive di altri lavoratori oppure esigenze connesse a incrementi temporanei, significativi e non programmabili, dell'attività ordinaria.
L'atto scritto dovrà contenere, in caso di rinnovo, la specificazione delle esigenze e delle motivazioni in base alle quali è stipulato.
Per i contratti a tempo determinato per **attività stagionali** non è necessaria l'indicazione di alcuna causale sia in caso di rinnovo che di proroga (art. 21, co. 01, D.Lgs. 81/2015).

8.2.5 Limiti assunzionali

Sempre nel rispetto della disciplina in esame, e salvo diversa previsione dei contratti collettivi, l'art. 23 D.Lgs. 81/2015 stabilisce che i datori di lavoro possono assumere dipendenti con contratto a tempo determinato solo entro il **limite del 20% dei lavoratori a tempo indeterminato**. Il superamento di tale percentuale dà luogo esclusivamente a sanzioni amministrative. Il limite, in ogni caso, non opera per i datori di lavoro che occupano fino a 5 dipendenti.
Il comma 2 dell'art. 23 citato dispone che sono esenti dal limite del 20% dei lavoratori a tempo indeterminato, nonché da eventuali limitazioni quantitative previste da contratti collettivi, i contratti a tempo determinato conclusi:
- nella fase di avvio di nuove attività, per i periodi definiti dai contratti collettivi;
- da imprese *start-up innovative* di cui all'art. 25, co. 2 e 3, D.L. 179/2012;

- per lo svolgimento di particolari attività stagionali;
- per specifici spettacoli ovvero specifici programmi radiofonici o televisivi per la produzione di specifiche opere audiovisive;
- per sostituzione di lavoratori assenti;
- con lavoratori di età superiore a 50 anni.

8.2.6 Impugnazione del contratto

Il termine per impugnare il contratto a tempo determinato è stato **portato da 120 a 180 giorni** dalla sua cessazione, per effetto della modifica diretta dell'art. 28 D.Lgs. 81/2015.
Per gli aspetti procedurali il citato articolo rinvia all'art. 6 L. 604/1966, norma che disciplina l'impugnazione del licenziamento. Quest'ultima afferma che l'impugnazione è inefficace se non è seguita, entro il successivo termine di 180 giorni, dal deposito del ricorso nella cancelleria del tribunale o dalla comunicazione alla controparte della richiesta di tentativo di conciliazione o arbitrato. Qualora questi ultimi siano rifiutati o non sia raggiunto l'accordo necessario al relativo espletamento, il ricorso al giudice va depositato, a pena di decadenza, entro 60 giorni dal rifiuto o dal mancato accordo.

8.3 Il contratto di lavoro part-time

8.3.1 Forma e diritto di precedenza

Rientrano nella categoria del lavoro a tempo parziale tutti i rapporti di lavoro che prevedono un **orario di lavoro giornaliero o settimanale inferiore rispetto a quello stabilito dalla legge o dal contratto collettivo.**
La disciplina del lavoro a tempo parziale è stata, nel tempo, più volte modificata dal legislatore; l'ultima modifica risale al D.Lgs. 81/2015 (artt. 4-12), che ha abrogato e sostituito la previgente disciplina contenuta nel D.Lgs. 61/2000 con l'intento di semplificarla. Nel provvedimento di riforma, però, manca un'esplicita definizione di "tempo parziale", a differenza di quanto avveniva nella precedente disciplina. Bisogna allora fare riferimento alla definizione fornita dal legislatore europeo che, alla clausola 3 dell'Accordo quadro sul lavoro a tempo parziale del 1997, definisce il lavoratore a tempo parziale come il **lavoratore il cui orario normale, calcolato su base settimanale o in media su un periodo di impiego che può andare fino ad 1 anno, è inferiore a quello di un lavoratore a tempo pieno comparabile.**
L'art. 4 D.Lgs. 81/2015, invece, si limita ad affermare che nell'ambito del rapporto di lavoro subordinato, anche a tempo determinato, l'assunzione può avvenire *a tempo pieno* o a *tempo parziale.*

È da ricordare che con il D.Lgs. 81/2015 sono state eliminate le precedenti 3 tipologie di lavoro a tempo parziale (orizzontale, verticale e misto) ed è stato esteso a tutti i lavoratori in *part-time* la possibilità di svolgere lavoro supplementare e straordinario nonché è possibile aumentare e variare la collocazione temporale della prestazione lavorativa.

Il contratto di lavoro a tempo parziale è **stipulato in forma scritta** ai fini della prova e deve riportare puntuale indicazione della durata della prestazione lavorativa e della collocazione temporale dell'orario con riferimento al giorno, alla settimana, al mese e all'anno. Se l'organizzazione del lavoro è articolata in turni, l'indicazione di cui sopra può avvenire anche mediante rinvio a turni programmati di lavoro articolati su fasce orarie prestabilite

Nel caso in cui il contratto di lavoro a tempo parziale non sia stipulato in forma scritta, ai sensi dell'art. 10, co. 1, D.Lgs. 81/2015, il lavoratore ha la facoltà di richiedere la sussistenza di un rapporto di lavoro a tempo pieno con il diritto alle retribuzioni dovute per le prestazioni effettivamente rese per il periodo antecedente.

Il **lavoratore a tempo parziale ha i medesimi diritti di un lavoratore a tempo pieno** comparabile ed il suo trattamento economico e normativo è riproporzionato in ragione della ridotta entità della prestazione lavorativa. I contratti collettivi possono modulare la durata del periodo di prova, del periodo di preavviso in caso di licenziamento o dimissioni e quella del periodo di conservazione del posto di lavoro in caso di malattia ed infortunio in relazione all'articolazione dell'orario di lavoro.

In caso di **assunzione di lavoratori full-time** il lavoratore il cui rapporto di lavoro sia stato trasformato da tempo pieno a parziale ha diritto di precedenza nelle assunzioni a tempo pieno per le mansioni di pari livello e categoria.

In caso di **assunzione di lavoratori a tempo parziale**, il datore di lavoro **deve tempestivamente informare** il personale già dipendente con rapporto a tempo pieno e deve prendere in considerazione le eventuali domande di trasformazione a tempo parziale degli stessi.

8.3.2 Clausole elastiche, lavoro straordinario e supplementare

Nel rispetto di quanto previsto dai contratti collettivi, le parti del contratto di lavoro a tempo parziale possono pattuire, per iscritto, **clausole elastiche** relative alla **variazione della collocazione temporale della prestazione lavorativa ovvero relative alla variazione in aumento della sua durata.**

In tali casi, il prestatore di lavoro ha diritto a un preavviso di 2 giorni lavorativi, fatte salve le diverse intese tra le parti, nonché a specifiche compensazioni, nella misura ovvero nelle forme determinate dai contratti collettivi.

Nel caso in cui il contratto collettivo non disciplini le clausole elastiche, queste possono essere pattuite per iscritto dalle parti avanti alle **Commissioni di certificazione**, con facoltà del lavoratore di farsi assistere da un rappresentante dell'associazione sindacale cui aderisce o conferisce mandato o da un avvocato o da un consulente del lavoro (art. 6, co. 6, D.Lgs. 81/2015).

Le **clausole elastiche pattuite dalle parti devono prevedere**, *a pena di nullità*:

- le condizioni e le modalità con le quali il datore di lavoro, con preavviso di 2 giorni lavorativi, può modificare la collocazione temporale della prestazione e variarne in aumento la durata;
- la misura massima dell'aumento, che non può eccedere il limite del 25% della normale prestazione annua a tempo parziale;
- il riconoscimento al lavoratore di una maggiorazione della retribuzione oraria pari al 15% della retribuzione oraria globale di fatto, comprensiva dell'incidenza della retribuzione sugli istituti retributivi diretti e indiretti.

Nel rapporto di lavoro a tempo parziale è consentito lo svolgimento di prestazioni di **lavoro straordinario**, così come definito dall'art. 1, co. 2, lett. *c*), D.Lgs. 66/2003.

Ancora è consentito lo svolgimento di **prestazioni supplementari**, intendendosi per tali quelle svolte oltre l'orario concordato fra le parti, ma entro i limiti dell'orario a tempo pieno. Il regime del **lavoro supplementare** che il datore di lavoro può richiedere al lavoratore viene consentito anche in caso di mancata regolamentazione della contrattazione collettiva. Infatti, se da un lato è confermato che i contratti collettivi di qualsiasi livello potranno regolamentare il numero massimo delle ore di lavoro che possono essere svolte oltre l'orario concordato con il contratto a tempo parziale, nel limite dell'orario normale di lavoro per il tempo pieno, nonché la relativa maggiorazione spettante, dall'altro è previsto che in caso di assenza di regolamentazione contrattuale il datore di lavoro possa comunque richiederle in misura non superiore al 25% delle ore di lavoro settimanali concordate. In tale ipotesi, il lavoratore può rifiutare lo svolgimento del lavoro supplementare solo ove giustificato da comprovate esigenze lavorative, di salute, familiari o di formazione professionale. Il lavoro supplementare è retribuito con una maggiorazione del 15% della retribuzione oraria globale di fatto, comprensiva dell'incidenza della retribuzione delle ore supplementari sugli istituti retributivi indiretti e differiti.

8.3.3 Diritto e priorità nella trasformazione del rapporto di lavoro

Il D.Lgs. 81/2015 ha riconosciuto il **diritto di ottenere la trasformazione** del rapporto di lavoro a tempo pieno in lavoro a tempo parziale ai lavoratori affetti da patologie oncologiche con ridotta capacità lavorativa (già contemplati dalla precedente normativa) e a quelli affetti da gravi patologie cronico-degenerative ingravescenti (art. 8, co. 2).
La legge individua inoltre una serie di ipotesi al ricorrere delle quali è riconosciuta la **priorità** (e non il diritto) **nella trasformazione del contratto da tempo pieno a tempo parziale**. Si tratta, in particolare, dei casi di patologie oncologiche che riguardino familiari, assistenza a familiare portatore di handicap grave e assistenza a figlio convivente di età non superiore a 13 anni o portatore di handicap.
L'art. 8, co. 7, D.Lgs. 81/2015 riconosce al lavoratore la facoltà di richiedere, per una sola volta, in luogo del congedo parentale ovvero entro i limiti del congedo ancora spettante, ai sensi del capo V del D.Lgs. 151/2001, la trasformazione del rapporto di lavoro a tempo pieno in rapporto a tempo parziale (**part-time parentale**). Il legislatore stabilisce che la riduzione dell'orario di lavoro non potrà eccedere il 50% e che il datore è tenuto a dar corso alla trasformazione entro 15 giorni dalla richiesta.
L'art. 24, co. 6, D.Lgs. 80/2015 prevede che la **lavoratrice inserita nei percorsi di protezione relativi alla violenza di genere** ha diritto alla trasformazione del rapporto di lavoro a tempo pieno in lavoro a tempo parziale (verticale od orizzontale), ove disponibili in organico. Il rapporto di lavoro a tempo parziale deve essere nuovamente trasformato, a richiesta della lavoratrice, in rapporto di lavoro a tempo pieno.
Il **rifiuto del lavoratore** alla trasformazione e ritrasformazione del rapporto di lavoro "non costituisce giustificato motivo di licenziamento" (art. 8, co. 1, D.Lgs. 81/2015); per l'atto che sancisce la trasformazione del rapporto da tempo pieno a tempo parziale è previsto l'obbligo della **forma scritta**, mentre non sono necessari obblighi formali per la trasformazione da tempo parziale a tempo pieno (art. 8, co. 2, D.Lgs. 81/2015).
Al di là delle ipotesi in precedenza citate, resta ferma la libertà delle parti di trasformare il rapporto di lavoro in qualunque momento, purché sia rispettato l'obbligo della forma scritta.

Con sentenza 24-6-2022, n. 24388 la quarta sezione penale della Corte di Cassazione ha affermato che la trasformazione del rapporto da tempo pieno a tempo parziale accompagnata dall'obbligo, comunque, di lavorare a tempo pieno, senza ferie né permessi previsti dalla contrattazione, integra gli estremi del **reato di caporalato** (delitto istantaneo con effetti permanenti), atteso che il datore di lavoro mette in essere azioni di sfruttamento approfittando dello stato di bisogno del personale.

8.4 Il lavoro intermittente

Ai sensi dell'art. 13 D.Lgs. 81/2015, il contratto di lavoro intermittente si definisce come il contratto, anche a tempo determinato, mediante il quale un **lavoratore si pone a disposizione di un datore di lavoro che ne può utilizzare la prestazione lavorativa in modo discontinuo o intermittente.**

Nei periodi in cui non ne viene utilizzata la prestazione il lavoratore intermittente non matura alcun trattamento economico e normativo, salvo che abbia garantito al datore di lavoro la propria disponibilità a rispondere alle chiamate, nel qual caso gli spetta una specifica **indennità di disponibilità** (art. 16 D.Lgs. 81/2015).

Il contratto di lavoro intermittente (o "a chiamata") può essere concluso con **lavoratori di età superiore a 55 anni e di età inferiore a 24 anni, purché le prestazioni lavorative siano svolte entro il 25° anno** (art. 13, co. 2). Si prevede, ancora, che il datore di lavoro possa utilizzare la prestazione lavorativa secondo le esigenze individuate dai contratti collettivi di qualsiasi livello, anche con riferimento alla possibilità di svolgere le prestazioni in periodi predeterminati nell'arco della settimana, del mese o dell'anno. Si consente, quindi, ai contratti di individuare sia le esigenze sia i periodi in cui poter ricorrere alle prestazioni di lavoro intermittente, riproponendo così il ruolo essenziale della contrattazione collettiva circa la regolamentazione del ricorso al lavoro a chiamata e, solo in sua assenza, in via sussidiaria e cedevole, si prevede l'intervento di un decreto ministeriale che ne individui i casi di utilizzo.

L'art. 14 D.Lgs. 81/2015 **vieta** il ricorso al lavoro intermittente:

- per la sostituzione di lavoratori in sciopero;
- presso unità produttive in cui si è proceduto, entro i 6 mesi precedenti, a licenziamenti collettivi, a norma degli articoli 4 e 24 L. 223/1991, che hanno riguardato lavoratori adibiti alle stesse mansioni cui si riferisce il contratto di lavoro intermittente, ovvero presso unità produttive in cui sono operanti una sospensione del lavoro o una riduzione dell'orario in regime di cassa integrazione guadagni, che interessano lavoratori adibiti alle mansioni cui si riferisce il contratto di lavoro intermittente;
- ai datori di lavoro che non hanno effettuato la valutazione dei rischi in applicazione della normativa di tutela della salute e della sicurezza dei lavoratori.

In caso di **rifiuto ingiustificato** di rispondere alla chiamata sono previste come eventuali conseguenze il *licenziamento* e la *perdita dell'indennità di disponibilità* relativa al periodo successivo all'ingiustificato rifiuto.

Con l'eccezione dei settori del turismo, dei pubblici esercizi e dello spettacolo, il contratto di lavoro intermittente è ammesso, per ciascun lavoratore con il medesimo datore di lavoro, per un **periodo complessivamente non superiore a 400 giornate di effettivo lavoro nell'arco di 3 anni solari**. In caso di superamento del predetto periodo, il relativo rapporto si trasforma in un rapporto di lavoro a tempo pieno e indeterminato.

Il contratto deve essere stipulato in **forma scritta** ai fini della prova e, oltre alle informazioni essenziali di cui all'art. 1, co. 1, D.Lgs. 152/1997, deve contenere i seguenti elementi:
- la natura variabile della programmazione del lavoro, durata e ipotesi, oggettive o soggettive, che consentono la stipulazione del contratto;
- il luogo e le modalità della disponibilità eventualmente garantita dal lavoratore;
- il trattamento economico e normativo spettante al lavoratore per la prestazione eseguita, con l'indicazione dell'ammontare delle eventuali ore retribuite garantite al lavoratore e della retribuzione dovuta per il lavoro prestato in aggiunta alle ore garantite nonché la relativa indennità di disponibilità, ove prevista;
- le forme e le modalità con cui il datore di lavoro è legittimato a richiedere l'esecuzione della prestazione di lavoro e del relativo preavviso di chiamata del lavoratore, nonché le modalità di rilevazione della prestazione;
- i tempi e le modalità di pagamento della retribuzione e dell'indennità di disponibilità;
- le misure di sicurezza necessarie in relazione al tipo di attività dedotta in contratto;
- le eventuali fasce orarie e i giorni predeterminati in cui il lavoratore è tenuto a svolgere le prestazioni lavorative.

Inoltre, prima dell'inizio della prestazione lavorativa o di un ciclo integrato di prestazioni di durata non superiore a 30 giorni il datore di lavoro è tenuto a darne **comunicazione** all'Ispettorato del lavoro competente per territorio, mediante posta elettronica, accedendo al portale clic lavoro o (solo per prestazione da rendersi non oltre le 12 ore dalla comunicazione) inviando un sms.
La disciplina del lavoro intermittente non trova applicazione ai rapporti di lavoro alle dipendenze delle pubbliche amministrazioni.

Secondo quanto chiarito da ANPAL nella circ. 1/2019, il lavoratore con contratto di lavoro intermittente conserva lo stato di disoccupazione per tutto il periodo del contratto solo nel caso in cui la retribuzione annua prevista sia inferiore al limite esente da imposizione fiscale (8.174 euro annui). In caso contrario, ai fini della sospensione dello stato di disoccupazione, occorre distinguere a seconda che il contratto preveda o meno l'obbligo di risposta da parte del lavoratore, e di conseguenza la corresponsione o meno di un'indennità di disponibilità per i periodi di non lavoro di cui all'art. 16 D.Lgs. 81/2015. Nel caso in cui non sia previsto un obbligo di risposta (e quindi un'indennità di disponibilità), lo stato di disoccupazione sarà sospeso nei periodi di effettivo svolgimento dell'attività lavorativa, mentre il lavoratore resterà disoccupato nei periodi di non lavoro. Ai fini della sospensione e dell'eventuale decadenza dallo stato di disoccupazione, saranno pertanto computati unicamente i periodi di lavoro effettivo, come comunicati ai sensi dell'art. 15, co. 3, D.Lgs. 81/2015. Qualora il lavoratore intermittente svolga più di 180 giorni continuativi di lavoro effettivo presso il medesimo datore di lavoro decade dallo stato di disoccupazione se la retribuzione annua prospettica è superiore a 8.174 euro.

8.5 L'apprendistato

8.5.1 Nozione e distinzioni

L'apprendistato è un **contratto di lavoro a tempo indeterminato finalizzato alla formazione e all'occupazione** e si articola nelle seguenti tipologie (art. 41 D.Lgs. 81/2015):
- **apprendistato per la qualifica e il diploma professionale, il diploma di istruzione secondaria superiore e il certificato di specializzazione tecnica superiore**. È strutturato in modo da *coniugare la formazione effettuata in azienda con l'istruzione e*

la formazione professionale svolta dalle istituzioni formative che operano nell'ambito dei sistemi regionali di istruzione e formazione (art. 43).
Con questa fattispecie di apprendistato possono essere assunti, in tutti i settori di attività, i giovani che abbiano compiuto i 15 anni di età e fino al compimento dei 25. La durata del contratto è determinata in considerazione della qualifica o del diploma da conseguire e non può in ogni caso essere superiore a 3 anni o a 4 nel caso di diploma professionale quadriennale.

La regolamentazione dell'apprendistato per la qualifica e il diploma professionale e il certificato di specializzazione tecnica superiore è rimessa alle Regioni. In assenza di regolamentazione regionale l'attivazione è rimessa al Ministero del lavoro e delle politiche sociali, che ne disciplina l'esercizio con propri decreti.
Con la circolare 6-6-2022 n. 12 il Ministero del lavoro e delle politiche sociali ha approfondito l'istituto dell'apprendistato di primo livello.
Nel documento si chiarisce innanzitutto che **elemento essenziale del contratto di apprendistato di primo livello è la formazione,** quale strumento prioritario per sviluppare l'acquisizione di competenze dei soggetti coinvolti, al fine di favorire il loro inserimento nel mercato del lavoro. Documento propedeutico alla sottoscrizione del contratto di lavoro, è il **Protocollo formativo** che contiene compiti e responsabilità dell'istituzione formativa e dell'impresa, relativamente all'esecuzione del piano formativo dell'apprendista. Il percorso formativo che l'apprendista svolge nell'ambito del contratto di apprendistato di primo livello viene descritto all'interno del Piano Formativo Individuale (PFI), un documento che è parte integrante del contratto di lavoro e che può essere modificato nel corso del rapporto di lavoro, rispetto al raggiungimento degli obiettivi formativi. È **consentito ai familiari che svolgono attività non occasionale in favore del coniuge, parente o affine, la possibilità di instaurare rapporti di lavoro subordinato con contratto di apprendistato di primo livello**, senza incorrere in sanzioni o provvedimenti di disconoscimento del rapporto A fronte del principio di presunzione della gratuità dei rapporti di lavoro tra familiari, sussiste l'onere della prova della subordinazione in capo al datore di lavoro, anche nella fattispecie dell'impresa familiare (art. 230-*bis* c.c.);

> **apprendistato professionalizzante**. È finalizzato al *conseguimento di una qualificazione professionale* determinata dai contraenti sulla base dei profili o delle qualificazioni professionali previsti per il settore di riferimento; i sistemi d'inquadramento del personale sono stabiliti in sede di contrattazione collettiva (art. 44).
Con questa tipologia possono essere assunti, in tutti i settori di attività, pubblici o privati, i soggetti di età compresa tra i 18 e i 29 anni. Per i soggetti in possesso di una qualifica professionale, il contratto di apprendistato professionalizzante può essere stipulato a partire dal 17° anno di età. Solo per questa tipologia di apprendistato, e limitatamente alle imprese con più di 50 dipendenti, è previsto l'obbligo di proseguire a tempo indeterminato il rapporto di lavoro con almeno il 20% degli apprendisti presenti in azienda, altrimenti non è possibile assumerne altri. Il datore di lavoro, nel rispetto dei limiti previsti dalla legge, può comunque assumere un ulteriore apprendista, anche se non ha confermato a tempo indeterminato il 20% dei contratti nell'ultimo triennio.

La formazione di tipo professionalizzante, svolta sotto la responsabilità del datore di lavoro, è integrata, nei limiti delle risorse annualmente disponibili, dalla offerta formativa pubblica, interna o esterna alla azienda, finalizzata all'acquisizione di competenze di base e trasversali per un monte complessivo non superiore a centoventi ore per la durata del triennio e disciplinata dalle Regioni, sentite le parti sociali e tenuto conto del titolo di studio e delle competenze dell'apprendista;

- **apprendistato di alta formazione e ricerca**. È finalizzato al *conseguimento di titoli di studio universitari e dell'alta formazione*, compresi i dottorati di ricerca, i diplomi relativi ai percorsi degli istituti tecnici superiori, per attività di ricerca, nonché per il praticantato per l'accesso alle professioni ordinistiche.
  Consente l'assunzione, in tutti i settori di attività, pubblici o privati, di soggetti di età compresa tra i 18 e i 29 anni in possesso di diploma di istruzione secondaria superiore o di un diploma professionale conseguito nei percorsi di istruzione e formazione professionale (integrato da un certificato di specializzazione tecnica superiore) o del diploma di maturità professionale all'esito del corso annuale integrativo.

  La regolamentazione e la durata del periodo di apprendistato per attività di ricerca o per percorsi di alta formazione è rimessa alle Regioni per i soli profili che attengono alla formazione, sentite le associazioni territoriali dei datori di lavoro e dei lavoratori comparativamente più rappresentative sul piano nazionale, le università, gli istituti tecnici superiori e le altre istituzioni formative o di ricerca comprese quelle in possesso di riconoscimento istituzionale di rilevanza nazionale o regionale e aventi come oggetto la promozione delle attività imprenditoriali, del lavoro, della formazione, dell'innovazione e del trasferimento tecnologico (art. 45 D.Lgs. 81/2015 nel testo modificato dal D.Lgs. 185/2016).
  In assenza di regolamentazioni regionali, l'attivazione è disciplinata dal D.M. 12-10-2015 (previsto dal successivo art. 46 D.Lgs. 81/2015) che ha definito gli standard formativi e i criteri generali per la realizzazione dei percorsi di apprendistato.

8.5.2 Durata, numero massimo di assunzioni e standard formativi

Il contratto di apprendistato ha una **durata minima di 6 mesi**, salva la possibilità di durata inferiore per le attività stagionali, ed è il canale privilegiato e prevalente d'ingresso dei giovani nel mondo del lavoro.

Per quanto riguarda il **numero massimo di apprendisti** che si possono assumere, occorre operare una distinzione tra aziende piccole e medio/grandi. Quelle che occupano almeno 10 dipendenti possono assumere 3 apprendisti ogni 2 lavoratori specializzati, mentre per quelle che hanno meno di 10 dipendenti il rapporto è di 1 a 1. Diverso è il discorso per le ditte individuali o aziende senza dipendenti: in tal caso il datore di lavoro, pur non avendo maestranze qualificate in azienda, potrà assumere fino ad un massimo di 3 apprendisti.

Per ogni apprendista va redatto in forma scritta il **Piano Formativo Individuale** (**PFI**) che può essere predisposto anche in forma sintetica e in base a moduli o formulari stabiliti dalla contrattazione collettiva o dagli enti bilaterali.

Le competenze acquisite devono essere registrate nel libretto formativo a cura:

- del **datore di lavoro**, nel contratto di apprendistato professionalizzante, per quanto riguarda la formazione effettuata per il conseguimento della qualificazione professionale ai fini contrattuali;
- dell'**istituzione formativa o ente di ricerca di appartenenza dello studente**, nelle altre due tipologie di apprendistato.

Gli standard formativi dell'apprendistato, che costituiscono livelli essenziali delle prestazioni, sono definiti con decreto del Ministro del lavoro e delle politiche sociali.

8.6 Tirocini formativi e di orientamento

Il tirocinio è un **percorso formativo di alternanza tra studio e lavoro**, finalizzato all'orientamento e alla formazione professionale, anche per migliorare l'incontro tra domanda e offerta di lavoro (art. 1, co. 720, L. 234/2021).

Si tratta di **temporanee esperienze lavorative svolte da un soggetto (tirocinante) sulla base di un apposito progetto formativo e in forza di una convenzione** stipulata tra il datore di lavoro pubblico o privato (*soggetto ospitante*) e uno degli enti indicati dalla legge (*soggetto promotore*). Gli obiettivi principali che si propongono sono l'orientamento alle scelte professionali (neodiplomati, neolaureati etc.) oppure l'inserimento o il reinserimento lavorativo (adulti inoccupati o disoccupati).

Nell'ambito della generica categoria dei tirocini formativi e di orientamento è possibile distinguere tra:

> **tirocini curriculari (stage)**, funzionali al conseguimento di un titolo di studio formalmente riconosciuto;
> **tirocini non curriculari**, che si prefiggono l'obiettivo di agevolare le scelte professionali dei giovani nella transizione dalla scuola o dall'università al lavoro, mediante una formazione in ambiente produttivo e una conoscenza diretta del mondo del lavoro;
> **tirocini di inserimento/reinserimento lavorativo**, volti alla collocazione o ricollocazione di soggetti in età da lavoro che si trovano nella condizione di inoccupati, disoccupati e in regime di cassa integrazione;
> **tirocini in favore di persone svantaggiate**, rivolti a portatori di handicap, ma anche a soggetti in trattamento psichiatrico, tossicodipendenti, alcolisti, condannati ammessi a misure alternative, immigrati, richiedenti asilo;
> **tirocini atipici**. Si tratta di una categoria residuale nella quale vanno inclusi i *tirocini transnazionali* (previsti nell'ambito di programmi per la formazione e l'istruzione nei Paesi dell'Unione europea), i *tirocini per soggetti extracomunitari* (previsti all'interno di apposite quote di ingresso), i *tirocini estivi*, i *periodi di pratica professionale* e i *tirocini per l'accesso alle professioni*.

La disciplina dell'istituto è ancora oggi riconducibile all'art. 18 L. 196/1997 e al successivo decreto attuativo del 25-3-1998, n. 142. Tuttavia, essendo la regolamentazione devoluta principalmente alla normativa regionale, le citate disposizioni vanno lette attraverso il filtro della legislazione delle singole Regioni, passando per le regole dettate con le Linee-guida approvate dalla Conferenza Stato-Regioni il 24 gennaio 2013 (aggiornate con le Linee-guida approvate il 25-5-2017).

I **principi generali** in materia di tirocini stabiliti con l'art. 18 L. 196/1997 sono i seguenti:

> i **promotori** dei tirocini possono essere soggetti pubblici o a partecipazione pubblica oppure soggetti privati non aventi scopo di lucro (agenzie per l'impiego, università, scuole pubbliche e private, cooperative sociali, direzioni scolastiche regionali etc.);
> l'**attuazione** dei tirocini deve avvenire nell'ambito di progetti di orientamento e di formazione, mentre il loro svolgimento si fonda sulla stipula di apposite convenzioni tra i soggetti promotori e i datori di lavoro pubblici e privati ospitanti;
> la **durata** dei tirocini non deve essere superiore a 12 mesi, ovvero a 24 mesi in caso di soggetti portatori di handicap;

- con lo svolgimento di tale attività non si instaura un rapporto di lavoro subordinato per cui **non vi è alcun obbligo di retribuzione** da parte del soggetto ospitante. È da tener presente, tuttavia, la prevista indennità di partecipazione introdotta con le Linee-guida Stato-Regioni di cui si dirà tra poco;
- vi è l'**obbligo di assicurare i tirocinanti** contro gli infortuni sul lavoro (INAIL) e per la responsabilità civile e deve essere garantita la presenza di un *tutor* come responsabile didattico-organizzativo delle attività;
- è prevista l'attribuzione del valore di **crediti formativi** alle attività svolte nel corso dei tirocini da utilizzare, ove debitamente certificati, per l'accensione di un rapporto di lavoro.

8.7 La somministrazione di lavoro

8.7.1 Nozione e caratteristiche

L'art. 30 D.Lgs. 81/2015 definisce la somministrazione di lavoro come il **contratto sottoscritto tra un'Agenzia per il lavoro (somministratore) e un utilizzatore con il quale la prima mette a disposizione del secondo uno o più lavoratori suoi dipendenti**; questi ultimi, per tutta la durata della missione, svolgono la propria attività nell'interesse e sotto la direzione e il controllo dell'utilizzatore. Il contratto può essere a *tempo determinato* o *indeterminato* (detto anche *staff leasing*). In mancanza di forma scritta il contratto è nullo e i lavoratori sono considerati a tutti gli effetti alle dipendenze dell'utilizzatore.

L'elemento caratterizzante questo rapporto di lavoro è l'assenza di un vincolo di subordinazione tra chi presta la propria attività lavorativa e l'utilizzatore, dal momento che il lavoratore è (e resta) un dipendente dell'Agenzia.

La disciplina del contratto di somministrazione era originariamente contenuta negli articoli da 20 a 28 D.Lgs. 276/2003, ora abrogati dal D.Lgs. 81/2015.

Nelle pubbliche amministrazioni la somministrazione di lavoro è praticabile solo nella forma a tempo determinato.

Per effetto dell'entrata in vigore delle disposizioni sulla trasparenza (D.Lgs. 104/2022), le informazioni che per obbligo di legge devono essere riportate nel contratto di somministrazione (il numero dei lavoratori da somministrare, la data di inizio e la durata prevedibile della missione), nonché le informazioni essenziali di cui all'art. 1, co. 1, D.Lgs. 152/1997 (*obblighi informativi*) devono essere comunicate per iscritto al lavoratore dall'Agenzia di somministrazione secondo le modalità e i termini di cui all'art. 1, co. 2, D.Lgs. 152/1997, ovvero prima dell'invio in missione presso l'utilizzatore.

8.7.2 Limiti all'utilizzo di lavoratori somministrati

In riferimento alla disciplina dei limiti assunzionali dei lavoratori somministrati, il D.Lgs. 81/2015, per effetto delle modifiche operate dal D.L. 87/2018, opera una distinzione a seconda che siano utilizzati a *tempo indeterminato* o a *tempo determinato*.

L'art. 31 prevede, infatti, salvo diversa previsione dei contratti collettivi applicati dall'utilizzatore, che il **numero dei lavoratori somministrati con contratto a tempo indeterminato non possa eccedere il 20% del numero dei lavoratori a tempo indeterminato in forza presso l'utilizzatore** al 1° gennaio dell'anno di stipula del predetto

contratto(nel caso di inizio dell'attività nel corso dell'anno, il limite percentuale si computa sul numero dei lavoratori a tempo indeterminato in forza al momento della stipula del contratto di somministrazione). La medesima norma fa salva la possibilità per la contrattazione collettiva di fissare limiti quantitativi diversi e precisa altresì che possono essere somministrati a tempo indeterminato esclusivamente i lavoratori assunti dal somministratore a tempo indeterminato.
Nel caso in cui il contratto di somministrazione tra l'agenzia di somministrazione e l'utilizzatore sia a tempo determinato la norma, sul punto modificata in seguito all'emergenza pandemica da Covid-19, prevede che l'utilizzatore possa impiegare in missione, per periodi superiori a 24 mesi, anche non continuativi, il medesimo lavoratore somministrato, per il quale l'agenzia di somministrazione abbia comunicato all'utilizzatore l'assunzione a tempo indeterminato, senza che ciò determini in capo all'utilizzatore stesso la costituzione di un rapporto di lavoro a tempo indeterminato con il lavoratore somministrato. L'efficacia di tale disposizione, dettata dalla necessità di applicare misure straordinarie per tutelare lavoratori a termine e aziende, è stata da ultimo (D.L. 21/2022, convertito dalla L. 51/2022) estesa fino al **30 giugno 2024**.
Sul fronte dei **somministrati a tempo determinato** il legislatore fissa un *limite che tiene conto anche dei lavoratori a termine assunti direttamente dall'utilizzatore*.
Ai sensi dell'art. 23, co. 1, D.Lgs. 81/2015, infatti, il numero massimo di lavoratori a tempo determinato non può essere superiore al 20% dei lavoratori assunti a tempo indeterminato in forza al 1° gennaio dell'anno di assunzione. Ulteriore limite è stato previsto dall'art. 31, co. 2, D.Lgs. 81/2015, nel testo modificato dal D.L. 87/2018. Il novellato comma 2 stabilisce in particolare che, ferma restando la percentuale massima del 20% di contratti a termine prevista dall'art. 23, possono essere presenti nell'impresa utilizzatrice lavoratori assunti a tempo determinato e lavoratori inviati in missione per somministrazione a termine, entro la percentuale massima complessiva del 30% del numero dei lavoratori a tempo indeterminato in forza presso l'utilizzatore.
Anche in questo caso resta ferma la facoltà per la contrattazione collettiva di individuare percentuali diverse, per tenere conto delle esigenze dei diversi settori produttivi.
Continuano a rimanere **esclusi dall'applicazione dei predetti limiti quantitativi** i lavoratori somministrati a tempo determinato che rientrino nelle categorie richiamate all'articolo 31, co. 2, D.Lgs. 81/2015 (i disoccupati che fruiscono da almeno 6 mesi di trattamenti di disoccupazione non agricola o di ammortizzatori sociali, i soggetti svantaggiati o molto svantaggiati).

8.7.3 Il vincolo della solidarietà

Il D.Lgs. 81/2015 sancisce la piena **solidarietà** tra utilizzatore e somministratore nella **corresponsione ai lavoratori dei trattamenti retributivi e nel versamento dei contributi previdenziali**, riducendo altresì gli elementi che devono essere necessariamente indicati per iscritto nel contratto di somministrazione.
L'art. 35, co. 2, D.Lgs. 81/2015 sancisce che *"l'utilizzatore è obbligato in solido con il somministratore a corrispondere ai lavoratori i trattamenti retributivi e a versare i relativi contributi previdenziali, salvo il diritto di rivalsa verso il somministratore"*. In ragione di tale previsione il lavoratore potrà rivolgersi indifferentemente al somministratore oppure all'utilizzatore, senza alcun beneficio di preventiva escussione a favore del secondo.

8.7.4 Disciplina del rapporto di lavoro

Normativa applicabile

L'art. 34 D.Lgs. 81/2015 prevede, per quanto attiene alle **assunzioni a tempo indeterminato**, che **il rapporto di lavoro tra somministratore e lavoratore è soggetto alla disciplina prevista per il rapporto di lavoro a tempo indeterminato.**

Per quanto attiene alla disciplina della somministrazione di lavoro a termine, l'articolo 34, co. 2, D.Lgs. 81/2015, così come novellato dal D.L. 87/2018, **estende al rapporto tra l'agenzia di somministrazione e il lavoratore la disciplina del contratto a tempo determinato**, con la sola **eccezione** delle previsioni contenute agli articoli 21, co. 2 (pause tra un contratto e il successivo, il cosiddetto *stop and go*), 23 (*limiti quantitativi al numero dei contratti a tempo determinato che può stipulare ogni datore di lavoro*) 24 (*diritto di precedenza*).

Pertanto, in caso di durata della somministrazione a termine per un periodo superiore a 12 mesi presso lo stesso utilizzatore, o di rinnovo della missione (anche in tal caso presso lo stesso utilizzatore), nel contratto di lavoro stipulato dal somministratore con il lavoratore **deve essere indicata una motivazione riferita alle esigenze dell'utilizzatore** medesimo (cfr. art. 2, co. 1-*ter*, D.L. 87/2018). A questo proposito è utile precisare che non sono cumulabili, a tale fine, i periodi svolti presso diversi utilizzatori, fermo restando il limite massimo di durata di 24 mesi del rapporto (o la diversa soglia individuata dalla contrattazione collettiva).

L'obbligo di specificare le motivazioni del ricorso alla somministrazione di lavoratori a termine sorge non solo quando i periodi siano riferiti al medesimo utilizzatore nello svolgimento di una missione di durata superiore a 12 mesi, ma anche qualora lo stesso utilizzatore aveva instaurato un precedente contratto di lavoro a termine con il medesimo lavoratore per lo svolgimento di mansioni di pari livello e categoria (cosiddetta successione di contratti).

Pertanto, in caso di:

- **precedente rapporto di lavoro a termine di durata inferiore a 12 mesi**, un eventuale periodo successivo di missione presso lo stesso soggetto richiede sempre l'indicazione delle motivazioni in quanto tale fattispecie è assimilabile ad un rinnovo;
- **precedente rapporto di lavoro a termine di durata pari a 12 mesi**, è possibile svolgere per il restante periodo e tra i medesimi soggetti una missione in somministrazione a termine, specificando una delle condizioni indicate all'articolo 19, co. 1, D.Lgs. 81/2015;
- **periodo di missione in somministrazione a termine fino a 12 mesi**, è possibile per l'utilizzatore assumere il medesimo lavoratore direttamente con un contratto a tempo determinato per una durata massima di 12 mesi indicando la relativa motivazione.

Regime delle proroghe e dei rinnovi

L'estensione delle disposizioni previste per il contratto a termine anche ai rapporti di lavoro instaurati tra somministratore e lavoratore vede l'applicabilità dell'art. 19, co. 2, D.Lgs. 81/2015, relativo al regime delle *proroghe* e dei *rinnovi* nel contratto a tempo determinato, anche alla somministrazione di lavoro a tempo determinato.

Per quanto riguarda le **proroghe**, in linea di massima, il contratto di somministrazione a tempo determinato può essere prorogato solo con il consenso del lavoratore, per un

massimo di quattro volte, entro il limite di 24 mesi. Inoltre, la proroga può essere pattuita liberamente solo durante i primi 12 mesi, mentre successivamente devono essere obbligatoriamente indicate le causali giustificative di cui si è detto.
Se viene prorogato più di quattro volte, il contratto si considera a tempo indeterminato a partire dalla quinta; analoga sanzione si applica nel caso in cui, decorsi dodici mesi, il contratto venga prorogato senza indicare la causale giustificativa.
Il limite temporale di 24 mesi opera tanto in caso di ricorso a contratti a tempo determinato quanto nell'ipotesi di utilizzo dello stesso lavoratore mediante contratti di somministrazione a termine. Raggiunto tale limite, il datore di lavoro non potrà più ricorrere alla somministrazione di lavoro a tempo determinato con lo stesso lavoratore per svolgere mansioni di pari livello e della medesima categoria legale.
Resta ferma, peraltro, la possibilità riconosciuta alla contrattazione collettiva di disciplinare diversamente il regime delle proroghe e della loro durata (art. 34, co. 2, D.Lgs. 81/2015), nei limiti della disciplina legale.
Per quanto attiene alla regolamentazione dei **rinnovi**, il legislatore, coerentemente con l'impianto della nuova disciplina, richiede che, dopo i primi 12 mesi, vengano stipulati solo in presenza delle medesime causali giustificative di cui si è detto. In questo caso, l'assenza dell'indicazione è sanzionata con la trasformazione del contratto in un contratto a tempo indeterminato.

Quota di riserva
L'art. 34, co. 3, secondo periodo, D.Lgs. 81/2015 prevede che *in caso di somministrazione di lavoratori disabili per missioni di durata non inferiore a 12 mesi, il lavoratore somministrato è computato nella quota di riserva di cui all'art. 3 L. 68/1999.*
In buona sostanza, si consente alle aziende di adempiere all'obbligo di riserva previsto dalla normativa a tutela dei lavoratori diversamente abili mediante l'utilizzo dei medesimi con contratto di somministrazione di lavoro, sempre che le missioni abbiano durata non inferiore ad un anno.

Mansioni superiori
Nel caso in cui l'utilizzatore adibisca il lavoratore a mansioni di livello superiore o inferiore a quelle dedotte in contratto, deve darne immediata comunicazione scritta al somministratore, consegnandone copia al lavoratore medesimo (art. 35, co. 5, D.Lgs. 81/2015). Ove non abbia adempiuto all'obbligo di informazione, l'utilizzatore risponderà in via esclusiva per le differenze retributive spettanti al lavoratore occupato in mansioni superiori e per l'eventuale risarcimento del danno derivante dall'assegnazione a mansioni inferiori.

Potere disciplinare
Il potere disciplinare è riservato esclusivamente al somministratore, formale datore di lavoro del dipendente. Tuttavia è evidente come l'utilizzatore concorra nell'esercizio concreto del potere disciplinare essendo, di fatto, il principale soggetto in grado di rilevare la eventuale mancanza commessa dal lavoratore. Per tale ragione si prevede che l'utilizzatore comunica al somministratore tutti gli elementi che possono formare oggetto di una contestazione ai sensi dell'art. 7 L. 300/1970, relativo alle sanzioni.

8.7.5 Somministrazione irregolare e fraudolenta

L'art. 38, co. 1, D.Lgs. 81/2015 ribadisce la **nullità del contratto di somministrazione in caso di mancanza di forma scritta**, dalla cui omissione discende la costituzione del rapporto di lavoro in capo all'utilizzatore.
Secondo quanto stabilito dall'art. 39, co. 2, D.Lgs. 81/2015 nel caso di sentenza costitutiva del rapporto di lavoro in capo all'utilizzatore per violazione delle norme che disciplinano la legittima costituzione della somministrazione, il giudice condanna altresì il datore di lavoro al **risarcimento del danno in favore del lavoratore stabilendo un'indennità onnicomprensiva** nella misura compresa tra un minimo di 2,5 e un massimo di 12 mensilità dell'ultima retribuzione globale di fatto, avuto riguardo ai criteri indicati nell'art. 8 L. 604/1966. L'ultimo capoverso in esame chiarisce, a scanso di equivoci, che la predetta indennità "ristora per intero il pregiudizio subito dal lavoratore, comprese le conseguenze retributive e contributive, relativo al periodo compreso tra la data in cui il lavoratore ha cessato di svolgere la propria attività presso l'utilizzatore e la pronuncia con la quale il giudice ha ordinato la costituzione del rapporto di lavoro". Ogni altra pretesa economica è perciò da escludersi.
Con il D.L. 87/2018 è stato introdotto nel corpo del D.Lgs. 81/2015 (nuovo art. 38-*bis*) il reato di **somministrazione fraudolenta**, già previsto dall'art. 28 del decreto Biagi (D.Lgs. 276/2003) e successivamente abrogato proprio dal Codice dei contratti (D.Lgs. 81/2015). Si rende responsabile di tale condotta il soggetto che pone in essere una somministrazione di lavoro con la specifica finalità di eludere norme inderogabili di legge o di contratto collettivo applicate al lavoratore. In questa ipotesi il somministratore e l'utilizzatore sono puniti con la pena dell'ammenda di 20 euro per ciascun lavoratore coinvolto e per ciascun giorno di somministrazione.

8.7.6 Sanzioni

L'apparato sanzionatorio predisposto dall'art. 40 D.Lgs. 81/2015 opera un esplicito e più puntuale rinvio alle norme che impongono, nell'ambito del contratto di somministrazione, limiti, divieti, contenuti specifici del contratto, oneri di comunicazione e di garanzia di parità di trattamento tra lavoratori somministrati e dipendenti dell'utilizzatore, la cui violazione comporta l'irrogazione di una sanzione amministrativa pecuniaria, da un minimo di 250 fino a un massimo di 1.250 euro.

8.8 L'appalto

8.8.1 Appalto genuino e intermediazione illecita

Nel contratto regolare di appalto (cosiddetto **appalto genuino**), ai sensi dell'art. 1655 c.c., richiamato dal legislatore nell'art. 29 D.Lgs. 276/2003, l'**appaltatore** s'impegna, nei confronti del committente, contro un corrispettivo pattuito, a realizzare con rischio a proprio carico un risultato predefinito, facendo affidamento e **utilizzando la propria organizzazione imprenditoriale e, nell'ambito di questa, i propri dipendenti in piena e totale autonomia**. Al contrario si ha un fittizio contratto di appalto (cosiddetto **appalto di manodopera**), che maschera un'interposizione illecita di manodopera, quando lo pseudo-appaltatore si limita a mettere a disposizione dello pseudo-committente le **mere prestazioni lavorative** dei propri dipendenti, che finiscono per essere alle dipendenze effettive di quest'ultimo, il quale detta loro le direttive sul lavoro ed esercita su di essi i tipici poteri datoriali.

I due requisiti fondamentali previsti dalla disciplina del codice civile per l'individuazione del contratto d'appalto genuino sono dunque l'*organizzazione dei mezzi necessari per l'esecuzione dell'appalto da parte dell'appaltatore* e l'*assunzione del rischio d'impresa* da parte di quest'ultimo.

La giurisprudenza ha individuato una serie di **indici rivelatori** dell'instaurazione di un rapporto di lavoro fittiziamente celato da un contratto di appalto. Tali indici sono:

- l'assenza, in capo all'appaltatore, della qualifica di imprenditore, o meglio di un'organizzazione (tecnica ed economica) di tipo imprenditoriale;
- la mancanza dell'effettivo esercizio del potere direttivo da parte dell'appaltatore;
- l'impiego di capitali, macchine e attrezzature fornite dall'appaltante;
- la natura delle prestazioni svolte, che esula da quelle dell'appalto e afferisce piuttosto a mansioni tipiche dei dipendenti del committente;
- la fissazione di un corrispettivo in base alle ore effettive di lavoro e non riguardo all'opera compiuta o al servizio eseguito, ovvero la corresponsione della retribuzione direttamente da parte del committente.

In materia si segnala il fenomeno del cosiddetto **caporalato**, termine adoperato per descrivere l'**intermediazione illegale e lo sfruttamento lavorativo, prevalentemente in agricoltura**. Per contrastarlo in maniera più radicale il legislatore, con la L. 29-10-2016, n. 199, ha riformulato la disciplina del reato di intermediazione illecita e sfruttamento del lavoro di cui all'art. 603-*bis* c.p.

8.8.2 Le clausole sociali

L'acquisizione del personale già impiegato nell'appalto a seguito di subentro di un nuovo appaltatore, in forza di legge, di contratto collettivo nazionale di lavoro o di clausola del contratto d'appalto, non costituisce trasferimento d'azienda o di parte d'azienda.

Il fenomeno dei cambi di appalto frequentemente comporta consistenti squilibri negli assetti organizzativi delle imprese, con possibili ricadute occupazionali sul personale dipendente, in ragione degli esuberi che possono determinarsi. Al riguardo, la successione negli appalti tra imprese trova la sua disciplina soprattutto nell'ambito della contrattazione collettiva, la quale talvolta giunge a prevedere in materia delle vere e proprie "clausole di protezione" (definite anche "clausole sociali" o di "riassunzione") a favore dei lavoratori. La previsione di **clausole sociali** in sede di contrattazione collettiva **determina il sorgere di un obbligo di assunzione in capo all'impresa subentrante**: quest'ultima sarà infatti chiamata a *rilevare il personale precedentemente occupato dall'appaltatore uscente secondo le modalità espressamente individuate all'interno del contratto collettivo*, almeno che non dimostri (in apposita sede) di essere nell'oggettiva impossibilità di poter procedere all'assunzione. La finalità delle clausole sociali è, dunque, quella di garantire la salvaguardia occupazionale dei lavoratori interessati nell'appalto.

8.8.3 Il vincolo della solidarietà

L'art. 29, co. 3, D.Lgs. 276/2003 prevede un vincolo di solidarietà tra il committente e l'appaltatore, nonché con ciascuno degli eventuali subappaltatori. Secondo il citato articolo, infatti, entro il limite di 2 anni dalla cessazione dell'appalto, il **committente è tenuto a**

corrispondere ai lavoratori i trattamenti retributivi (comprese le quote di TFR) e i contributi previdenziali e i premi assicurativi dovuti in relazione al periodo di esecuzione del contratto di appalto; è escluso qualsiasi obbligo per le sanzioni civili di cui risponde solo il responsabile dell'inadempimento (appaltatore e subappaltatori).
Ovviamente il committente può esercitare l'azione di regresso nei confronti del coobbligato secondo le regole generali al fine di recuperare gli importi pagati.

8.9 Il lavoro familiare

L'impresa familiare è stata introdotta nell'ordinamento italiano dall'art. 8 L. 19-5-1975, n. 151, contenente la riforma del diritto di famiglia, quale approdo di una lunga evoluzione dottrinaria e giurisprudenziale della comunione tacita familiare, di origine agricola, disciplinata dal previgente art. 2140 c.c. Essa rappresenta un istituto rivolto ad approntare una tutela minima a quei rapporti di lavoro comune che si svolgono negli aggregati familiari, in passato ricondotti, in via presuntiva, ad una *causa affectionis vel benevolentiae* o comunque ad un contratto innominato di lavoro gratuito e come tali inidonei a generare pretese od obblighi, giuridicamente azionabili, rispetto al familiare imprenditore, beneficiario delle prestazioni.
In materia rileva l'art. 230-*bis* c.c. il quale, una volta precisato che si intende come "familiare" il coniuge, i parenti entro il terzo grado, gli affini entro il secondo, mentre per "impresa familiare" quella cui collaborano il coniuge, i parenti entro il terzo grado, gli affini entro il secondo, contempla per tale fattispecie il riconoscimento di determinati diritti: al mantenimento e di partecipazione agli utili dell'impresa familiare ed ai beni acquistati con essi, di prelazione sull'azienda, di liquidazione all'atto della cessazione. Viene superata, così, almeno in parte, la tradizionale presunzione di gratuità del lavoro familiare.
L'art. 230-*bis* c.c., oltre a riconoscere al collaboratore familiare una serie di diritti di natura strumentale (come la partecipazione alle scelte gestionali dell'impresa), scandisce una serie di situazioni giuridiche attive di natura patrimoniale e in particolare:

- il **diritto al mantenimento** secondo le condizioni patrimoniali della famiglia. Tale situazione giuridica si concretizza nella somministrazione di quanto necessita per sopperire alle esigenze di vita di chi non ha redditi propri o redditi inadeguati. Questo diritto, tuttavia, non potrà essere cumulato con il mantenimento ricevuto dal familiare a titolo diverso (si pensi al diritto della moglie, ai sensi dell'art. 143 c.c., o quello del figlio, ai sensi dell'art. 147 c.c.). Inoltre, il diritto in parola può essere liquidato anche per equivalente al familiare non convivente; in tale caso, va precisato, che la quantificazione della somma di danaro sfugge alla logica sottesa all'art. 36 Cost., in quanto non qualificabile come retribuzione in senso tecnico;
- il **diritto agli utili dell'impresa**, sui beni acquistati con essi e sugli incrementi aziendali, in proporzione alla quantità e alla qualità del lavoro prestato.

8.10 Altri rapporti di lavoro speciali

8.10.1 Il lavoro a domicilio

È uno specifico contratto di lavoro la cui principale particolarità è insita nel fatto che il luogo di esecuzione della prestazione di lavoro è individuato nel domicilio del lavoratore ovvero in locali di cui questo abbia la disponibilità.

La relativa disciplina è contenuta nella L. 18-12-1973, n. 877, come modificata dalla L. 16-12-1980, n. 858. L'art. 1 di tale legge definisce il lavoratore a domicilio come chiunque, con vincolo di subordinazione, **esegue nel proprio domicilio o in locale di cui abbia disponibilità**, anche con l'aiuto accessorio di membri della sua famiglia conviventi e a carico, ma con esclusione di manodopera salariata e di apprendisti, **lavoro retribuito per conto di uno o più imprenditori**, utilizzando materie prime o accessorie e attrezzature proprie o dello stesso imprenditore, anche se fornite per il tramite di terzi.
Caratteri peculiari del lavoro a domicilio sono:

> il **luogo di esecuzione della prestazione**. Anche se il lavoratore a domicilio non esegue l'attività lavorativa in locali aziendali, la sua prestazione si inserisce in ogni caso nel ciclo produttivo aziendale, divenendo elemento integrativo dell'attività imprenditoriale, e il datore di lavoro deve poter fare affidamento sulla sua prestazione;
> il **vincolo attenuato della subordinazione**, che ha caratteristiche più lievi del tipico rapporto di lavoro subordinato di cui all'art. 2094 c.c.;
> la **possibilità di aiuto accessorio da parte di altri soggetti** estranei al rapporto. La legge prevede che essi siano membri della famiglia del lavoratore conviventi e a carico di quest'ultimo; in ogni caso per tali altri soggetti non deve essere prevista alcuna forma di retribuzione salariale, pena l'esclusione della subordinazione e la possibile ipotizzazione di fenomeni di somministrazione di manodopera irregolare;
> l'**esclusione** *ex lege* dell'applicazione di alcuni **istituti tipici del lavoro subordinato**.

Anche tale categoria di lavoratori, relativamente ai periodi di sospensione o di riduzione dell'attività lavorativa decorrenti dal 1° gennaio 2022, è riconosciuta quale **destinataria dei trattamenti di integrazione salariale**. A tal fine è richiesta un'anzianità minima di lavoro effettivo pari a 30 giorni (art. 1, co. 191, lett. *a* e *b*, L. 234/2021).

8.10.2 Il lavoro domestico

Sono definiti lavoratori domestici coloro che **prestano la loro opera, in modo continuativo, esclusivamente per le necessità ed il funzionamento della vita familiare del datore di lavoro**, sia con qualifica specifica, anche di elevata competenza professionale (ad esempio, puericultrice, infermiere generico, chef, autista personale, giardiniere, custode etc.), sia con mansioni generiche.
Il codice civile detta una specifica disciplina del lavoro domestico prevedendo, nell'ambito del titolo IV del libro V (*Del lavoro subordinato in particolari rapporti*), norme *ad hoc* (capo II, articoli da 2240 a 2246) che dettano alcune scarne previsioni in tema di periodo di prova, diritto al vitto e alloggio, periodo di riposo, recesso e indennità di anzianità. Altre fonti di cui tener conto sono la L. 2-4-1958, n. 339 (applicabile ai soli rapporti in cui siano coinvolti addetti ai servizi domestici che prestano la loro opera, continuativa e prevalente, di almeno 4 ore giornaliere presso lo stesso datore di lavoro) e la contrattazione collettiva.
Rispetto all'ordinaria disciplina del lavoro subordinato, il lavoro domestico presenta le seguenti peculiarità:

> la **natura del datore di lavoro**, che non rivesta la qualifica di imprenditore. L'attività di lavoro domestico, infatti, non è prestata a favore di un'impresa avente, nella prevalenza dei casi, un sistema di lavoro organizzato in forma plurima e differenziata, con possibilità di ricambio o di sostituzione di soggetti, ma a favore di un nucleo familiare ristretto ed omogeneo;

- la possibilità di prevedere una **retribuzione parzialmente in natura**. Il prestatore di lavoro domestico, con mansioni di cura di una persona, infatti, può essere retribuito in parte a mezzo corresponsione di somme di denaro e, in parte, a mezzo di vitto ed alloggio nella casa in cui deve svolgere la prestazione lavorativa;
- il **periodo di prova** non deve essere necessariamente messo per iscritto dal momento che è lo stesso codice civile (art. 2241) che lo "presume" per i primi 8 giorni. La contrattazione, tuttavia, prevede periodi più elevati (30 giorni) per qualifiche superiori (maggiordomo, governante ecc.);
- la **procedura di licenziamento** prevista dalla L. 604/1966 non si applica ai lavoratori domestici, come esplicitamente stabilito dall'art. 4 L. 108/1990. Ciò implica la non obbligatorietà della forma scritta e della motivazione, applicandosi unicamente la previsione dell'art. 2118 c.c. che impone un termine di preavviso.

8.10.3 Il telelavoro

È quella modalità di organizzazione del lavoro che permette al dipendente di **svolgere parte o tutta la propria attività di lavoro in luogo diverso dalla sede dell'impresa**, **collegandosi** con i superiori gerarchici, gli altri dipendenti, gli utenti etc. **mediante l'utilizzo di appositi strumenti informatici e telematici**. La possibilità di usufruire di tale modalità organizzativa non inficia la natura e la qualificazione del rapporto di lavoro che seguirà le comuni regole di individuazione.

Non esiste una modalità di svolgimento della prestazione telelavorativa, dato che suo presupposto è la connettività con il sistema imprenditoriale, che può avvenire dal proprio domicilio così come da qualsiasi altro luogo. È, quindi, **irrilevante il luogo di esecuzione della prestazione**, salvo che non risulti differentemente dal contratto di lavoro o che la modifica del luogo di lavoro comporti delle sensibili e rilevabili conseguenze sul piano dell'accordo contrattuale.

Non esiste una legislazione apposita per il telelavoro nel settore privato, anche se va ricordato che il D.Lgs. 66/2003 sull'**orario di lavoro** (art. 17, co. 5) sancisce espressamente che ai telelavoratori non si applicano le norme relative alla durata normale e massima dell'orario di lavoro (articoli 3 e 4), al lavoro straordinario (art. 7), alle pause (art. 8), alle modalità di organizzazione e alla durata del lavoro notturno (artt. 12 e 13).

A livello sindacale, con l'**Accordo interconfederale** del 9-7-2004 di recepimento dell'Accordo quadro europeo del 16-7-2002, si è tentato di dare una disciplina di alcuni aspetti del telelavoro, di modo che la successiva contrattazione di categoria potesse stabilire regole comuni ai vari telelavoratori, fermo restando che il telelavoro non costituisce un particolare tipo contrattuale, quanto una differente modalità di organizzazione del lavoro (art. 2 Accordo interconfederale).

Principio basilare dell'Accordo è, in ogni caso, la **volontarietà della scelta** di adottare tale forma di lavoro a distanza, volontarietà che deve risultare dall'accordo contestuale o successivo alla conclusione del contratto tra le parti.

Altro principio basilare riguarda la **reversibilità della scelta** adottata e, quindi, la possibilità di ritornare nell'alveo della comune modalità di esecuzione del contratto.

Percorrendo una strada già intrapresa da altri Paesi europei, il legislatore ha poi agevolato l'ingresso in Italia dei cosiddetti **nomadi digitali**, così definendo i **cittadini di un Paese terzo che svolgono attività lavorativa altamente qualificata attraverso l'utilizzo di strumenti tecno-**

logici che consentono di lavorare da remoto, in via autonoma ovvero per un'impresa anche non residente nel territorio dello Stato italiano. Per tali soggetti, nel caso in cui svolgano l'attività in Italia, **non è richiesto il nulla osta al lavoro** e il permesso di soggiorno, previa acquisizione del visto d'ingresso, è rilasciato per un periodo non superiore a un anno, a condizione che il titolare abbia la disponibilità di un'assicurazione sanitaria, a copertura di tutti i rischi nel territorio nazionale, e che siano rispettate le disposizioni di carattere fiscale e contributivo vigenti nell'ordinamento nazionale(art. 6-*quinquies* D.L. 4/2022, convertito dalla L. 25/2022).

8.10.4 Il lavoro agile o *smart working*

Disciplina generale

La L. 22-5-2017, n. 81 ha introdotto, al capo II, una disciplina del **lavoro agile**, "allo scopo di incrementare la competitività e agevolare la conciliazione dei tempi di vita e di lavoro" (art. 18, co. 1).

In particolare il comma 1 dell'art. 18 definisce il lavoro agile come una "modalità di esecuzione del rapporto di lavoro subordinato", stabilita mediante accordo tra le parti, anche utilizzando forme di organizzazione per *fasi*, *cicli* e *obiettivi* e **senza precisi vincoli di orario o di luogo di lavoro**, con il possibile utilizzo di strumenti tecnologici per lo svolgimento dell'attività lavorativa. La **prestazione** lavorativa è eseguita, in parte all'interno di locali aziendali e in parte all'esterno, **senza una postazione fissa**, rispettando i soli limiti di durata massima dell'orario di lavoro (giornaliero e settimanale), che derivano dalla legge e dalla contrattazione collettiva.

La disciplina del lavoro agile dettata dalla L. 81/2017 è applicabile anche con riferimento al pubblico impiego, in quanto le norme siano compatibili (art. 18, co. 3).

A tale modalità di lavoro sono applicabili gli incentivi fiscali e contributivi eventualmente riconosciuti in relazione agli incrementi di produttività ed efficienza del lavoro subordinato (art. 18, co. 4).

L'**accordo** relativo alla modalità di lavoro agile è stipulato **per iscritto** ai fini della regolarità amministrativa e della prova (art. 19, co. 1).

Tale accordo:

- disciplina l'**esecuzione della prestazione lavorativa** svolta all'esterno dei locali aziendali, anche con riguardo alle forme di esercizio del potere direttivo del datore di lavoro e agli strumenti utilizzati dal lavoratore (art. 19, co. 1);
- individua i **tempi di riposo** del lavoratore e le **misure tecniche e organizzative** necessarie per assicurare la disconnessione del lavoratore dalle strumentazioni tecnologiche di lavoro (art. 19, co. 1);
- disciplina l'**esercizio del potere di controllo del datore di lavoro** sulla prestazione resa dal lavoratore all'esterno dei locali aziendali (art. 21, co. 1).

L'accordo per svolgere l'attività lavorativa in questa forma può essere *a termine* o *a tempo indeterminato* (art. 19, co. 2).

In caso di accordo a tempo indeterminato, il **recesso** può avvenire con un preavviso non inferiore a 30 giorni. Nel caso di lavoratori disabili ai sensi dell'art. 1 L. 68/1999, il termine di preavviso del recesso da parte del datore di lavoro non può essere inferiore a 90 giorni. In presenza di un giustificato motivo, ciascuno dei contraenti può recedere prima della scadenza del termine nel caso di accordo a tempo determinato, o senza preavviso nel caso di accordo a tempo indeterminato (art. 19, co. 2).

La legge tutela il prestatore di lavoro agile in termini di **trattamento economico e normativo**, stabilendo che tale trattamento deve essere non inferiore a quello applicato nei confronti dei lavoratori che svolgono le medesime mansioni esclusivamente all'interno dell'azienda (art. 20).

Con le modifiche introdotte dal D.Lgs. 105/2022, il legislatore ha esteso il **diritto alla priorità per le richieste di esecuzione del lavoro in modalità agile** (diritto contemplato dall'art. 18, co. 3-*bis*, L. 81/2017), imponendo ai datori di lavoro pubblici e privati l'obbligo, *in ogni caso,* di riconoscere priorità alle richieste formulate dalle lavoratrici e dai lavoratori con figli fino a 12 anni di età o senza alcun limite di età nel caso di figli in condizioni di disabilità (art. 3, co. 3, L. 104/1992). La stessa priorità deve essere riconosciuta alle richieste dei lavoratori con disabilità in situazione di gravità accertata (art. 4, co. 1, L. 104/1992) o che siano *caregiver* (ai sensi dell'art. 1, co. 255, L. 205/2017). La lavoratrice o il lavoratore che richiede di fruire del lavoro agile non può essere sanzionato, demansionato, licenziato, trasferito o sottoposto ad altra misura organizzativa avente effetti negativi, diretti o indiretti, sulle condizioni di lavoro. Qualunque misura adottata in violazione del divieto predetto è da considerarsi ritorsiva o discriminatoria e, pertanto, nulla.
Il rifiuto, l'opposizione o l'ostacolo alla fruizione del lavoro agile, ove rilevati nei 2 anni antecedenti alla richiesta della certificazione della parità di genere, impediscono al datore di lavoro il conseguimento delle stesse certificazioni.
Si ricorda, infine, che i lavoratori agili non possono essere esclusi dal computo per la determinazione della quota di riserva prevista dalla legge sul collocamento obbligatorio (MLPS, Int. n. 3/2021).

Gli obblighi di comunicazione e l'assicurazione contro gli infortuni
L'art. 22, co. 1, L. 81/2017 prevede che il datore di lavoro consegni al lavoratore che svolge la prestazione in modalità di lavoro agile e al RLS, con cadenza almeno annuale, un'**informativa scritta nella quale sono individuati i rischi generali e i rischi specifici** connessi alla particolare modalità di esecuzione della prestazione lavorativa.
Il datore di lavoro deve fornire al lavoratore un'adeguata informativa circa il corretto utilizzo delle attrezzature/apparecchiature eventualmente messe a disposizione nello svolgimento della prestazione in modalità di lavoro agile, assicurandosi che detti strumenti siano conformi al titolo III D.Lgs. 81/2008, nonché alle specifiche disposizioni legislative e regolamentari di recepimento delle direttive europee di prodotto, facendosi carico di garantire nel tempo la permanenza dei requisiti di sicurezza con un'adeguata manutenzione.
Il lavoratore che svolge la propria prestazione in modalità di lavoro agile è comunque tenuto a cooperare all'attuazione delle misure di prevenzione predisposte dal datore di lavoro, al fine di fronteggiare i rischi connessi all'esecuzione della prestazione all'esterno dei locali aziendali (art. 22, co. 2, L. 81/2017).

A seguito delle modifiche introdotte dalla L. 122/2022 (di conversione del D.L. 73/2022, *decreto semplificazioni*), con decorrenza 1° settembre 2022 il datore di lavoro che sottoscrive un accordo di *smart working* deve comunicare, in via telematica, al Ministero del lavoro i seguenti dati: i *nominativi dei lavoratori,* la *data di inizio* e quella di *cessazione delle prestazioni di lavoro in modalità agile,* conformemente alle modalità individuate dal D.M. 22-8-2022, n. 149 (art. 23, co. 1, L. 81/2017)
I dati vengono poi resi disponibili all'INAIL con le modalità previste dal Codice dell'Amministrazione digitale.
In caso di mancata comunicazione è prevista una sanzione amministrativa pecuniaria da 100 a 500 euro per ogni lavoratore interessato (art. 19, co. 3, D.Lgs. 276/2003). Alla luce di questa

modifica, pertanto, il datore di lavoro **non** è tenuto **più ad allegare alla comunicazione l'accordo individuale** di *smart-working*; permane, invece, l'obbligo della relativa conservazione per un *periodo di 5 anni dalla sottoscrizione* (art. 19, co. 1, L. 81/2017).
Al successivo comma 2 del citato art. 23 si specifica che il lavoratore ha diritto alla tutela contro gli infortuni sul lavoro e le malattie professionali dipendenti da rischi connessi alla prestazione lavorativa eseguita all'esterno dei locali aziendali. Il comma 3 detta criteri per l'estensione della tutela contro gli infortuni sul lavoro occorsi durante il normale percorso di andata e ritorno dal luogo di abitazione a quello prescelto per lo svolgimento della prestazione lavorativa all'esterno dei locali aziendali.

Il Protocollo nazionale sul lavoro in modalità agile

Con il Protocollo sottoscritto tra le parti sociali il 7 dicembre 2021 si è ritenuto opportuno fornire delle **linee di indirizzo che possano rappresentare un efficace quadro di riferimento per la futura contrattazione** collettiva, nazionale e aziendale e/o territoriale, fermi restando gli accordi in essere anche individuali.
In particolare nel documento è stabilito che l'adesione al lavoro agile avviene su **base volontaria** ed è subordinata alla sottoscrizione di un accordo individuale, fermo restando il diritto di recesso ivi previsto. L'eventuale rifiuto del lavoratore di aderire o svolgere la propria prestazione lavorativa in modalità agile non integra gli estremi del licenziamento per giusta causa o giustificato motivo, né rileva sul piano disciplinare.
L'istituto del lavoro agile differisce dal telelavoro, cui continua ad applicarsi la vigente disciplina normativa e contrattuale, ove prevista. Il lavoratore è libero di individuare il luogo ove svolgere la prestazione in modalità agile purché lo stesso abbia caratteristiche tali da consentire la regolare esecuzione della prestazione, in condizioni di sicurezza e riservatezza, anche con specifico riferimento al trattamento dei dati e delle informazioni aziendali nonché alle esigenze di connessione con i sistemi aziendali. La contrattazione collettiva può, tuttavia, individuare i luoghi inidonei allo svolgimento del lavoro in modalità agile per motivi di sicurezza personale o protezione, segretezza e riservatezza dei dati.
La giornata lavorativa svolta in modalità agile si caratterizza per l'**assenza di un preciso orario di lavoro** e per l'autonomia nello svolgimento della prestazione nell'ambito degli obiettivi prefissati, nonché nel rispetto dell'organizzazione delle attività assegnate dal datore di lavoro.
La prestazione di lavoro in modalità agile **può essere articolata in fasce orarie**, individuando, in ogni caso, in attuazione di quanto previsto dalle disposizioni normative vigenti, la **fascia di disconnessione** nella quale il lavoratore non eroga la prestazione lavorativa. Questi potrà richiedere, ove ne ricorrano i relativi presupposti, la fruizione dei permessi orari previsti dai contratti collettivi o dalle norme di legge quali, a titolo esemplificativo, i permessi di cui all'art. 33 L. 104/1992. Nei casi di assenze cosiddette legittime (es. malattia, infortuni, permessi retribuiti, ferie, ecc.) il lavoratore può disattivare i propri dispositivi di connessione e, in caso di ricezione di comunicazioni aziendali, non è comunque obbligato a prenderle in carico prima della prevista ripresa dell'attività lavorativa.
Durante il lavoro svolto in modalità agile, il lavoratore ha diritto alla tutela contro gli infortuni sul lavoro e le malattie professionali, anche derivanti dall'uso dei videoterminali e per infortuni *in itinere*.

Capitolo 9
La cessazione del rapporto di lavoro

9.1 Le cause della cessazione del rapporto di lavoro

La cessazione del rapporto di lavoro può avvenire per:

- la **morte del lavoratore**. Diversamente, la **morte del datore di lavoro** non comporta la cessazione del rapporto, che prosegue con i successivi titolari dell'impresa; tuttavia, il rapporto si estingue quando è *strettamente e infungibilmente legato alla persona del datore di lavoro*, come può verificarsi per le prestazioni di lavoro in studi professionali o, talvolta, nei casi di lavoro domestico;
- la **risoluzione consensuale** (art. 1372, co. 1, c.c.) del rapporto lavorativo attraverso un accordo tra le parti. In tal caso non si applica la disciplina vincolistica dei licenziamenti, anche se opera senz'altro la disciplina della nullità prevista dalla L. 7/1963, nel caso in cui simuli le dimissioni rese da una lavoratrice in occasione del matrimonio;
- l'**impossibilità sopravvenuta** e la **forza maggiore**;
- la **scadenza del termine**, quando il rapporto di lavoro contempla *ab initio* un termine finale per la sua cessazione. In questi casi, alla scadenza del termine, il rapporto si conclude automaticamente, senza necessità di preavviso, né di una formale comunicazione. Alla scadenza è, tuttavia, possibile prorogare il termine, trasformarlo in contratto a tempo indeterminato, proseguirlo di fatto o stipulare un altro contratto a termine.

9.2 Il recesso delle parti

Ulteriore causa di cessazione è quella del **recesso anticipato di una delle parti dal rapporto di lavoro**. In merito il codice civile distingue agli articoli 2118 ss. due fattispecie:

- **recesso dal contratto a tempo indeterminato** (art. 2118 c.c.). Ciascuno dei contraenti può recedere dal contratto di lavoro a tempo indeterminato, dando il *preavviso* nel termine e nei modi stabiliti dagli usi o secondo equità. In mancanza di preavviso, il recedente è tenuto nei confronti dall'altra parte al versamento di un'indennità equivalente all'importo della retribuzione che sarebbe spettata per il periodo di preavviso. La stessa indennità è dovuta dal datore di lavoro nel caso di cessazione del rapporto per morte del prestatore di lavoro. L'indennità di preavviso è calcolata in un numero di giorni o mensilità stabiliti dalla contrattazione e in essa sono ricompresi tutti i compensi di carattere continuativo, con esclusione di quanto corrisposto a titolo di rimborso spese;
- **recesso per giusta causa** (art. 2119 c.c.). Ciascuno dei contraenti può recedere dal contratto prima della scadenza del termine, se il contratto è a tempo determinato, o senza preavviso, se il contratto è a tempo indeterminato, qualora si verifichi una causa che non consenta la prosecuzione, anche provvisoria, del rapporto.

9.3 Le dimissioni del lavoratore

9.3.1 Le modalità di presentazione delle dimissioni

L'art. 26 D.Lgs. 151/2015 ha previsto che le dimissioni e la risoluzione consensuale del rapporto di lavoro siano **comunicate dal lavoratore**, a pena di inefficacia, **esclusivamente con modalità telematiche**, utilizzando appositi moduli di cui al D.M. 15-12-2015.
La disciplina, che *si applica alle dimissioni comunicate a partire dal 12 marzo 2016* e riguarda tutti i rapporti di lavoro subordinato (ad eccezione delle ipotesi esplicitamente escluse), intende, da un lato, evitare il fenomeno delle cosiddette *lettere di dimissioni in bianco* e, dall'altro, rendere inefficaci le dimissioni presentate con modalità diverse. Resta fermo per il lavoratore l'obbligo di rispettare il **termine di preavviso**, salvo il caso in cui sussista una giusta causa di dimissioni e fermo restando che, in caso di mancato rispetto del termine di preavviso, le dimissioni, pur se immediatamente efficaci, obbligano il lavoratore al risarcimento dell'eventuale danno.

Il regime delle dimissioni con modalità telematiche **non si applica**:
- ai rapporti di lavoro domestico e nei casi in cui il recesso interviene nelle sedi cosiddette "protette";
- al recesso durante il periodo di prova di cui all'art. 2096 c.c.;
- nei casi di dimissioni o risoluzioni consensuali del rapporto di lavoro presentate dalla lavoratrice nel periodo di gravidanza o dalla lavoratrice/lavoratore durante i primi 3 anni di vita del bambino, che dovranno ancora essere convalidate dal servizio ispettivo del Ministero del lavoro territorialmente competente (ai sensi dell'art. 55, co. 4, D.Lgs. 151/2001);
- ai rapporti di lavoro marittimo, in quanto il contratto di arruolamento dei lavoratori marittimi è regolato da legge speciale del codice della navigazione;
- al personale delle pubbliche amministrazioni.

La comunicazione può essere effettuata personalmente dal lavoratore o avvalendosi delle organizzazioni sindacali, dei patronati, delle Commissioni di certificazione, degli enti bilaterali, dei consulenti del lavoro e degli Ispettorati territoriali del lavoro.

9.3.2 Le dimissioni per giusta causa

L'art. 2119 c.c. sancisce l'ipotesi di dimissioni per giusta causa allorquando si presenti, come per il licenziamento, una **causa che non consente la prosecuzione anche provvisoria del rapporto di lavoro**.
La ricorrenza di una giusta causa di dimissioni non può essere ravvisata in base ad una valutazione meramente soggettiva del lavoratore, ma solo in un **grave inadempimento contrattuale**, ovvero nella **lesione di principi costituzionali di libertà e dignità del lavoro**.
Configura un grave inadempimento degli obblighi contrattuali da parte del datore di lavoro, costituendo giusta causa di recesso del lavoratore ai sensi dell'art. 2119 c.c., il **mancato pagamento della retribuzione**, che costituisce il corrispettivo fondamentale della prestazione di lavoro subordinato, con la conseguenza che il datore di lavoro è tenuto, in tal caso, alla corresponsione dell'indennità sostitutiva del preavviso. Sul punto, tuttavia, differenti pronunce precisano che la giusta causa sussiste in caso di *reiterato mancato pagamento*, non già nel caso di inadempimento accidentale e di breve durata.

Oltre al mancato pagamento della retribuzione (ipotesi generalmente prevista dalla contrattazione collettiva) la giurisprudenza ha enucleato una serie di **eventi al verificarsi dei quali si configura una giusta causa di dimissioni** e in particolare:

- l'omesso versamento dei contributi (purché non sia stato a lungo tollerato dal lavoratore);
- il comportamento ingiurioso del superiore gerarchico verso il dipendente;
- la pretesa del datore di lavoro di prestazioni illecite da parte del lavoratore;
- i comportamenti che possono configurare un *mobbing* ai danni del lavoratore;
- l'aver subito molestie sessuali nei luoghi di lavoro;
- le modificazioni peggiorative delle mansioni lavorative;
- lo spostamento del lavoratore da una sede all'altra senza che vi siano "comprovate ragioni tecniche, organizzative e produttive" come richiesto dall'art. 2103 c.c.

È da ricordare, infine, quanto disposto dall'art. 2112 c.c. che esplicitamente attribuisce al lavoratore le cui condizioni di lavoro subiscono una sostanziale modifica nei 3 mesi successivi al **trasferimento d'azienda**, la facoltà di rassegnare le proprie dimissioni per giusta causa.

La **distinzione tra dimissioni ordinarie e dimissioni per giusta causa** è rilevante per l'applicabilità di diversi istituti; solo nel secondo caso, ad esempio, il lavoratore ha diritto a percepire l'indennità di mancato preavviso o a fruire delle relative indennità connesse allo stato di disoccupazione (NASpI).

9.4 Il licenziamento individuale

9.4.1 La procedura applicabile: l'obbligo della forma scritta e le ipotesi di nullità

Il licenziamento è l'atto con cui il datore di lavoro risolve il rapporto di lavoro.

L'art. 2 L. 604/1966 prevede la **forma scritta della comunicazione del licenziamento al prestatore di lavoro (ivi incluso il dirigente), con contestuale specificazione dei motivi** che lo hanno determinato.

La legge, tuttavia, prescrive la forma scritta, senza specificarne le modalità, sollevando perplessità sulla legittimità di intimazioni comunicate con forme non convenzionali. Al riguardo la giurisprudenza di legittimità, richiamando un orientamento consolidato, ha spiegato che nel caso di licenziamenti individuali il requisito della comunicazione per iscritto del licenziamento deve ritenersi assolto, in assenza della previsione di modalità specifiche, "con qualunque modalità che comporti la trasmissione al destinatario del documento scritto nella sua materialità. Pertanto, viene ritenuto idoneo all'assolvimento dell'onere della forma scritta il licenziamento intimato anche mediante invio di una *e-mail*, *sms* o a mezzo *whatsapp*, ogniqualvolta emerga in maniera inequivoca la volontà datoriale di licenziare, non ci siano dubbi sulla provenienza della comunicazione da parte del datore e il relativo contenuto sia pervenuto a conoscenza del lavoratore, circostanze in genere dimostrate, ad esempio, dal fatto che il dipendente proceda tempestivamente all'impugnazione stragiudiziale (cfr. Corte Cass. 29753/2017).

La sanzione prescritta dall'ordinamento in caso di mancanza della forma scritta e di mancata indicazione dei motivi è quella dell'**inefficacia**. Tale forma di inefficacia è da ricondurre nell'alveo della giuridica nullità, mancando un requisito essenziale del negozio giuridico unilaterale (il licenziamento, appunto) previsto dal n. 4 dell'art. 1325 c.c.

(la forma), tant'è che l'art. 18, co. 1, L. 300/1970 prevede espressamente la condanna del datore di lavoro alla reintegrazione del lavoratore nel suo posto di lavoro (salvo quanto si vedrà in merito all'applicabilità del contratto a tutele crescenti).
Altre ipotesi di **nullità del licenziamento** esplicitamente previste dalla legge sono:

> il **licenziamento discriminatorio o dettato da motivi di ritorsione**: è nullo per espressa previsione degli artt. 4 L. 604/1966 e 3 L. 108/1990, indipendentemente dal numero di dipendenti complessivamente occupati dall'imprenditore o datore di lavoro, anche laddove il lavoratore sia un dirigente.
Il motivo discriminatorio deriva dall'avere preso in considerazione, indipendentemente dalla formale motivazione addotta per il licenziamento, il credo politico o la fede religiosa, l'appartenenza ad un sindacato e la partecipazione ad attività sindacali da parte del lavoratore.
Lo Statuto dei lavoratori, all'art. 15, estende la nullità al licenziamento per motivi razziali, di lingua o di sesso, di handicap, di età , di nazionalità o comunque basato sull'orientamento sessuale o sulle convinzioni personali;

> il **licenziamento della lavoratrice madre**. Il D.Lgs. 151/2001 sancisce il divieto di licenziamento dal momento dell'inizio della gravidanza fino al raggiungimento di 1 anno di età del bambino. La norma specifica che il divieto si applica al ricorrere oggettivo dello stato di gravidanza, a nulla contando la conoscenza dello stesso da parte del datore di lavoro.

Il divieto di licenziamento non si applica nei seguenti casi: colpa grave da parte della lavoratrice, cioè colpa costituente giusta causa per la risoluzione del rapporto di lavoro; cessazione dell'attività dell'azienda cui essa è addetta; ultimazione della prestazione per la quale la lavoratrice è stata assunta o risoluzione del rapporto di lavoro per la scadenza del termine; esito negativo della prova;

> il **licenziamento causato dalla domanda o dalla fruizione del congedo parentale e per la malattia del bambino** da parte della lavoratrice o del lavoratore. In caso di fruizione del congedo di paternità, di cui all'art. 28 D.Lgs. 151/2001, il divieto di licenziamento si applica anche al padre lavoratore per la durata del congedo stesso e si estende fino al compimento di 1 anno di età del bambino;

> il **licenziamento per causa di matrimonio**. L'ipotesi è contemplata dal D.Lgs. 198/2006 e il divieto è stabilito per il periodo intercorrente dal giorno della richiesta delle pubblicazioni di matrimonio fino ad 1 anno dopo la celebrazione dello stesso.

9.4.2 La disciplina dell'impugnazione

Il licenziamento deve essere **impugnato, a pena di decadenza, entro 60 giorni** dalla sua comunicazione in forma scritta, ovvero dalla comunicazione dei motivi qualora non contestuale. Il termine decorre dalla comunicazione del licenziamento, ovvero, trattandosi di atto recettizio, dalla data in cui il lavoratore ha ricevuto la lettera di licenziamento, e non dalla data, se successiva (ad esempio, in caso di effettuazione in servizio del periodo contrattuale di preavviso), di effettiva cessazione del rapporto.
La mancata impugnazione del licenziamento nel termine di legge preclude al lavoratore la possibilità di agire in giudizio. Si ritiene, comunque, che il lavoratore possa comunque esperire una normale azione civile per ottenere – ricorrendone i presupposti – il risarcimento dei danni in base ai principi generali.

Il lavoratore può liberamente disporre del diritto di impugnare il recesso facendone oggetto di rinunce e transazioni, sottratte alla disciplina dell'art. 2113 c.c.
L'impugnazione può essere proposta con qualsiasi **atto scritto**, **giudiziale e stragiudiziale** ed effettuata sia direttamente da parte del lavoratore che da parte dell'associazione sindacale cui aderisce (in forza del potere di rappresentanza previsto dall'art. 6 L. 604/1966) o da un rappresentante del lavoratore.
Nel caso in cui l'impugnativa sia proposta **mediante atto stragiudiziale** proveniente da un rappresentante del lavoratore licenziato, è necessario che lo stesso sia munito di una specifica procura scritta *ex* art. 1392, c.c., avente data certa anteriore alla scadenza del termine di 60 giorni.
L'impugnazione è inefficace se non è seguita, **entro il successivo termine di 180 giorni**, dal **deposito del ricorso** innanzi al Tribunale in funzione di giudice del lavoro o dalla comunicazione alla controparte della richiesta di **tentativo di conciliazione e arbitrato**. In quest'ultimo caso, se la parte cui l'invito è rivolto non aderisce o, in caso di adesione, all'esito del tentativo non si raggiunge un accordo tra le parti, il ricorso innanzi al Tribunale in funzione giudice del lavoro deve essere depositato entro i successivi **60 giorni**.

9.4.3 Gli effetti del licenziamento e la disciplina applicabile dopo la legge Fornero

Al di là dei casi di nullità prima ricordati, nell'ambito dei licenziamenti individuali si distinguono ipotesi in cui il recesso del datore di lavoro è collegato a **fatti attinenti al comportamento del lavoratore** (*giusta causa* e *giustificato motivo soggettivo*) ed ipotesi in cui il recesso trova giustificazione in **fatti collegati esclusivamente all'attività economica svolta dall'imprenditore** (*giustificato motivo oggettivo*).
Questi vincoli sono confermati dall'art. 1 L. 604/1966 il quale stabilisce che nel rapporto di lavoro a tempo indeterminato il licenziamento del prestatore di lavoro non può avvenire che per giusta causa o per giustificato motivo.
La **giusta causa**, si è detto, è da intendersi come motivo che non consente la prosecuzione neanche provvisoria del rapporto mentre la nozione di giustificato motivo si desume dall'art. 3 della legge citata, che distingue tra **giustificato motivo soggettivo** (notevole inadempimento degli obblighi contrattuali del prestatore di lavoro) e **oggettivo** (ragioni inerenti all'attività produttiva, all'organizzazione del lavoro e al regolare funzionamento di essa), i quali, entrambi, comportano l'obbligo del preavviso.
Fino all'entrata in vigore della L. 92/2012 (cosiddetta riforma del lavoro Fornero) i licenziamenti intimati in assenza di una giusta causa o di un giustificato motivo erano invalidi; gli effetti di tale invalidità, però, erano nettamente diversi a seconda delle dimensioni dell'impresa. In particolare, al di sopra dei limiti dimensionali fissati dall'art. 18 L. 300/1970 (15 dipendenti) si applicava sempre una tutela in forma specifica (**tutela reale**, in pratica l'obbligo del datore di lavoro di reintegrare il lavoratore), mentre al di sotto di tali limiti, salvo il caso del licenziamento discriminatorio, si applicava la sola **tutela risarcitoria** (obbligatoria), in pratica l'obbligo di pagare un indennizzo ma non di reintegrare il lavoratore. Nessuna tutela era invece prevista in caso di giustificato motivo oggettivo (GMO) ovvero per ragioni inerenti all'attività produttiva, all'organizzazione del lavoro e al regolare funzionamento di essa (ad esempio la cessazione dell'azienda).

Con la L. 92/2012 (riforma Fornero) la tutela risarcitoria è stata estesa a tutte le ipotesi di licenziamento per GMO; nella versione iniziale della norma, infatti, si stabiliva che anche nelle ipotesi in cui il **giudice avesse accertato la manifesta insussistenza delle motivazioni addotte, poteva condannare il datore di lavoro al pagamento della sola indennità risarcitoria** onnicomprensiva in luogo della reintegra nel posto di lavoro. L'entità dell'indennità era stabilita fra un minimo di 12 e un massimo di 24 mensilità dell'ultima retribuzione globale di fatto. Tuttavia la Corte costituzionale, con la sent. 59/2021, ha censurato tale disposizione *sottolineando come vi fosse una violazione del principio di eguaglianza* derivante dal fatto che mentre la reintegrazione era obbligatoria nei licenziamenti per giusta causa e giustificato motivo soggettivo, per i licenziamenti economici era prevista solo come facoltativa, anche quando il fatto-presupposto fosse manifestamente insussistente.

Ancora, la Corte costituzionale è intervenuta nuovamente in materia di licenziamenti, stabilendo, con la sentenza 19-5-2022, n. 125, che, in materia di disciplina dei licenziamenti, ai fini della tutela dell'art. 18 L. 300/1970 (nel testo modificato dalla riforma Fornero), il giudice non è tenuto ad accertare che l'insussistenza del fatto posto a base del licenziamento economico sia "manifesta" (co. 7 secondo periodo).
L'incostituzionalità ha colpito la sola parola "manifesta", che precede l'espressione "insussistenza del fatto" posta a base del licenziamento per ragioni economiche, produttive e organizzative.
Al fatto si deve "ricondurre ciò che attiene all'effettività e alla genuinità della scelta imprenditoriale": su questi aspetti il giudice è chiamato a svolgere una valutazione di mera legittimità che non può "sconfinare in un sindacato di congruità e di opportunità" (cfr. anche sent. n. 59/2021).
La Consulta ha affermato che il requisito della manifesta insussistenza è, anzitutto, indeterminato e si presta, proprio per questo, a incertezze applicative, con conseguenti disparità di trattamento. Inoltre, la sussistenza di un fatto è nozione difficile da graduare, perché evoca "un'alternativa netta, che l'accertamento del giudice è chiamato a sciogliere in termini positivi o negativi". Nelle controversie in materia di licenziamenti per giustificato motivo oggettivo si è in presenza di un quadro probatorio articolato: oltre ad accertare la sussistenza o insussistenza di un fatto, che è già di per sé un'operazione complessa, le parti, e con esse il giudice, si devono impegnare "nell'ulteriore verifica della più o meno marcata graduazione dell'eventuale insussistenza". Vi è dunque un "aggravio irragionevole e sproporzionato" sull'andamento del processo: all'indeterminatezza del requisito si affianca un'irragionevole complicazione sul fronte processuale.

9.4.4 La disciplina del licenziamento nel contratto a tutele crescenti (D.Lgs. 23/2015)

La soppressione dell'obbligo di reintegrazione

Molte delle disposizioni in tema di tutela in caso di licenziamento illegittimo sono da considerarsi superate in seguito all'approvazione del D.Lgs. 4-3-2015, n. 23 che ha introdotto, per le nuove assunzioni a tempo indeterminato, un regime di tutele diverse in relazione all'anzianità di servizio (cosiddetto *contratto a tutele crescenti*). Il provvedimento è applicabile anche ai datori di lavoro non imprenditori che svolgano senza fine di lucro attività di natura politica, sindacale, culturale, di istruzione ovvero di religione o di culto. Con il D.Lgs. 23/2015 si **esclude la possibilità della reintegrazione nel posto di lavoro per il licenziamento per giustificato motivo** (oggettivo o soggettivo) **o giusta causa, prevedendo a favore del lavoratore licenziato solo un'indennità** non assoggettata a contribuzione previdenziale.

L'importo di tale indennità è pari a 2 mensilità dell'ultima retribuzione di riferimento per il calcolo del trattamento di fine rapporto per ogni anno di servizio, in misura comunque non inferiore a 6 e non superiore a 36 mensilità (le modalità di calcolo dell'indennità, parametrata all'anzianità di servizio maturata dal dipendente al momento del licenziamento è il motivo che giustifica l'utilizzo dell'espressione "tutele crescenti").
Prima delle modifiche introdotte dal D.L. 87/2018 i parametri erano, rispettivamente, 4 e 24 mensilità (art. 3, co. 1, D.Lgs. 23/2015).
Per le **imprese con meno di 16 dipendenti** le mensilità spettanti al lavoratore sono dimezzate e si stabilisce un tetto minimo (3 mensilità) e massimo (6 mensilità). Prima delle modifiche del D.L. 87/2018 l'importo minimo era di 2 mensilità (art. 9 D.Lgs. 23/2015).

E da ricordare, tuttavia, che con la sentenza 8-11-2018, n. 194 la Corte costituzionale (sent. 194/2018) ha dichiarato l'illegittimità costituzionale dell'art. 3, co. 1, D.Lgs. 23/2015, sia nel testo originario sia in quello modificato dal D.L. 87/2018 (cosiddetto *decreto dignità*), nella parte in cui prevede un meccanismo che vale a *connotare l'indennità come rigida, non graduabile in relazione a parametri diversi dall'anzianità di servizio, rendendola così uniforme,* in dispregio del principio di uguaglianza sostanziale, *per tutti i lavoratori con la stessa anzianità.* L'indennità verrebbe pertanto ad assumere i connotati di una liquidazione legale forfetizzata e standardizzata, essendo invece evidente che il pregiudizio prodotto, nei vari casi, dal licenziamento ingiustificato dipende da una pluralità di fattori, di cui l'anzianità nel lavoro, certamente rilevante, è solo uno dei tanti.

Applicabilità della disciplina
La disciplina del contratto a tutele crescenti si applica:
- ai **lavoratori** che rivestono la qualifica di operai, impiegati o quadri, **assunti a decorrere dal 7 marzo 2015** (data di entrata in vigore del decreto) **con contratto di lavoro subordinato a tempo indeterminato** e a prescindere dalla dimensione dell'impresa datrice di lavoro;
- ai dipendenti occupati prima dell'entrata in vigore del decreto, nel caso in cui l'**azienda** datrice di lavoro, in conseguenza di assunzioni successive al decreto stesso, **superi la soglia dimensionale dei 15 dipendenti** (stabilita dall'art. 18, co. 8 e 9, Statuto dei lavoratori);
- ai lavoratori assunti con **contratto di lavoro a tempo determinato o di apprendistato convertito in contratto a tempo indeterminato** successivamente all'entrata in vigore del decreto.

Ipotesi di esclusione e revoca del licenziamento
In seguito al D.Lgs. 23/2015, il **diritto alla reintegrazione resta circoscritto ai licenziamenti nulli e discriminatori**, nonché a specifiche fattispecie di **licenziamento disciplinare ingiustificato**. Per tali ipotesi l'art. 2 D.Lgs. 23/2015 stabilisce che il giudice:
- ordini al datore di lavoro la reintegrazione del lavoratore nel posto di lavoro;
- condanni il datore di lavoro al risarcimento del danno subìto dal lavoratore, stabilendo a tal fine un'indennità commisurata all'ultima retribuzione di riferimento per il calcolo del trattamento di fine rapporto (corrispondente al periodo compreso fra il giorno del licenziamento e quello dell'effettiva reintegrazione, dedotto quanto percepito, nel periodo di estromissione, per lo svolgimento di altre attività lavorative) e che, in ogni caso, non può essere inferiore a 5 mensilità dell'ultima retribuzione di riferimento per il calcolo del trattamento di fine rapporto;
- condanni il datore di lavoro al versamento dei contributi previdenziali e assistenziali.

Per quanto riguarda i **licenziamenti disciplinari** (giustificato motivo soggettivo e giusta causa) la reintegrazione è ammessa per i soli casi d'insussistenza materiale del fatto contestato, direttamente accertata in giudizio. Il lavoratore, in tali casi, ha diritto di ricevere un'indennità risarcitoria (relativa al periodo antecedente alla pronuncia di reintegrazione) non superiore a 12 mensilità dell'ultima retribuzione di riferimento per il calcolo del trattamento di fine rapporto. Il datore di lavoro è condannato, altresì, al versamento dei contributi previdenziali e assistenziali dal giorno del licenziamento fino a quello dell'effettiva reintegrazione, senza applicazione di sanzioni per omissione contributiva. A seguito dell'ordine di reintegrazione, il rapporto di lavoro s'intende cessato se il lavoratore non riprende servizio entro 30 giorni dall'invito del datore di lavoro, salvo il caso in cui abbia richiesto l'indennità. *Il lavoratore ha facoltà di chiedere, in luogo della reintegrazione, un'indennità* (non assoggettata a contribuzione previdenziale) pari a 15 mensilità dell'ultima retribuzione di riferimento per il calcolo del trattamento di fine rapporto. La richiesta dell'indennità determina la risoluzione del rapporto di lavoro (art. 2 D.Lgs. 23/2015).

L'art. 4 D.Lgs. 23/2015 affermava, inoltre, che nell'ipotesi in cui il **licenziamento fosse stato intimato con vizi formali o procedurali** (*violazione del requisito di motivazione ex* art. 7, co. 2, L. 604/1966 o della *procedura di cui all'art. 7 L. 300/1970*), il giudice doveva dichiarare estinto il rapporto di lavoro alla data del licenziamento e condannare il datore di lavoro al pagamento di un'*indennità di importo pari a una mensilità dell'ultima retribuzione di riferimento* per il calcolo del trattamento di fine rapporto per ogni anno di servizio, in misura comunque *non inferiore a 2 e non superiore a 12 mensilità*. Ciò a meno che il giudice, sulla base della domanda del lavoratore, avesse accertato la sussistenza dei presupposti per l'applicazione delle tutele previste dagli articoli 2 (*licenziamento discriminatorio, nullo e intimato in forma orale*) e 3 (*insussistenza del giustificato motivo soggettivo o della giusta causa*) dello stesso D.Lgs. 23/2015, nel qual caso procedeva con la reintegra.

Con una sentenza per molti aspetti simile a quella che aveva dichiarato incostituzionale la rigida quantificazione dell'indennizzo (*art. 3 D.Lgs. 23/2015*) dovuto per il licenziamento per giustificato motivo o per giusta causa (sent. 194/2018), la Corte è intervenuta (sent. 150/2020) anche sull'indennità dovuta in caso di licenziamento intimato con vizi formali o procedurali (*art. 4 D.Lgs. 23/2015*).

Con la **sent. 150/2020, infatti, la Consulta** ha dichiarato incostituzionale l'articolo limitatamente alle parole "di importo pari a una mensilità dell'ultima retribuzione di riferimento per il calcolo del trattamento di fine rapporto per ogni anno di servizio"; con tale pronuncia si è di fatto affrancato il giudice da rigidi paletti nella determinazione dell'importo dovuto, pur restando in vigore i limiti minimi (2 mensilità) e massimi (12 mensilità).

Nell'ipotesi di **revoca del licenziamento**, purché effettuata entro 15 giorni dalla comunicazione dell'atto di impugnazione al datore, il rapporto di lavoro si intende ripristinato senza soluzione di continuità, con diritto del lavoratore alla retribuzione maturata nel periodo precedente alla revoca, senza che trovino applicazione i regimi sanzionatori.

La conciliazione facoltativa

Tutti i licenziamenti soggetti alla disciplina del D.Lgs. 23/2015 **non devono essere preceduti dal tentativo obbligatorio di conciliazione e in giudizio seguono il rito ordinario** per le controversie di lavoro (non quello introdotto dalla legge Fornero). Per

i dipendenti a tempo indeterminato già in organico prima dell'entrata in vigore delle nuove disposizioni, invece, continua ad applicarsi la procedura presso l'Ispettorato territoriale del lavoro.
Sia nei licenziamenti economici, sia in quelli disciplinari, il datore può proporre al lavoratore, per evitare il giudizio, una **conciliazione (facoltativa)**, offrendogli, entro il termine di impugnazione stragiudiziale del licenziamento, una mensilità per anno di anzianità fino a 27 mensilità, con un minimo di 3 (nelle piccole imprese l'indennità è dimezzata). L'accettazione dell'assegno in tale sede da parte del lavoratore comporta l'estinzione del rapporto alla data del licenziamento e la rinuncia all'impugnazione del licenziamento anche qualora il lavoratore l'abbia già proposta.

9.5 Il licenziamento collettivo

Il licenziamento collettivo o per riduzione di personale si verifica allorquando imprese con più di 15 dipendenti intendano effettuare almeno **5 licenziamenti, nell'arco di 120 giorni**, in ciascuna unità produttiva, o in più unità produttive nell'ambito del territorio di una stessa Provincia. A queste ipotesi si accompagna quella del licenziamento collettivo derivante dalla cessazione dell'attività aziendale.
La procedura è disciplinata dall'art. 4 L. 223/1991 e prevede i seguenti passaggi:

> il datore lavoro deve **obbligatoriamente comunicare l'intenzione di avviare un licenziamento collettivo** alle rappresentanze sindacali aziendali ed ai rispettivi sindacati di categoria, ovvero (in mancanza di tali soggetti) ai sindacati di categoria facenti parte delle confederazioni sindacali maggiormente rappresentative sul piano nazionale. L'obbligo di comunicazione sussiste anche in caso di licenziamento collettivo *per cessazione dell'attività* (*Cass. ord. 4 gennaio 2019, n. 89*), cioè quando il datore di lavoro non ritiene possibile alcuna ripresa dell'attività economica. Il mancato rispetto determina la corresponsione di una indennità risarcitoria ai singoli lavoratori. Si tratta di un obbligo di *comunicazione preventiva* che deve avvenire con *forma scritta* e che ha lo scopo di consentire al sindacato di chiedere la propria consultazione per lo svolgimento della procedura. Copia deve essere inviata, contestualmente, anche all'Ispettorato territoriale del lavoro, che potrebbe intervenire a fini mediatori tra le parti.
>
> In merito al **contenuto della comunicazione**, essa deve contenere l'indicazione:
> - dei motivi che hanno determinato la situazione di eccedenza;
> - dei motivi tecnici, organizzativi o produttivi per i quali si ritiene di non poter adottare misure idonee a porre rimedio alla predetta situazione;
> - del numero, della collocazione aziendale e dei profili professionali del personale eccedente nonché del personale abitualmente impiegato;
> - dei tempi di attuazione del programma e delle eventuali misure programmate per fronteggiare le conseguenze sul piano sociale della sua attuazione;
> - del metodo di calcolo di tutte le attribuzioni patrimoniali diverse da quelle già previste dalla legge e dalla contrattazione collettiva;

> entro i 7 giorni successivi alla data del ricevimento della comunicazione, le rappresentanze sindacali aziendali e le rispettive associazioni possono fare richiesta di procedere ad un **esame congiunto tra le parti**, allo scopo di analizzare le cause dell'eccedenza di personale, nonché la possibilità di una diversa utilizzazione dei dipendenti eccedenti (o di parte di essi), pur sempre nell'ambito della stessa impresa. Qualora non sia possibile

evitare la riduzione di personale, è presa in considerazione la possibilità di ricorrere a misure sociali di accompagnamento intese, in particolare, a facilitare la riqualificazione e la riconversione dei lavoratori licenziati (comma 5);

> la richiesta di esame congiunto può **terminare (comunque entro 45 giorni) con un accordo sindacale ovvero senza di esso**. In entrambi i casi l'impresa ha facoltà di licenziare i lavoratori eccedenti, comunicando per iscritto, a pena di inefficacia, a ciascuno di essi il recesso, nel rispetto dei termini di preavviso. Entro 7 giorni l'elenco dei lavoratori licenziati deve essere comunicato per iscritto all'Ispettorato territoriale del lavoro competente per territorio, alla Commissione regionale per l'impiego e ai sindacati coinvolti nella procedura. La Cassazione (*ord. 89/2019*) ha chiarito che l'obbligo sussiste anche nell'ipotesi in cui si proceda al licenziamento di tutti i lavoratori per cessazione dell'attività aziendale (comma 6).

Il legislatore ha prestato particolare attenzione ai **criteri di scelta dei lavoratori eccedentari** o, in ogni caso, alle modalità attraverso le quali il datore di lavoro deve individuarli.
La determinazione è, in primo luogo, demandata ad un accordo con le organizzazioni sindacali e solo laddove non sia stato raggiunto o, pur essendo sottoscritto dalle parti, non preveda dei criteri di scelta dei lavoratori da licenziare, operano i criteri legali individuati dall'art. 5, co. 1, L. 223/1991: carichi di famiglia, anzianità ed esigenze tecnico-produttive ed organizzative.
Altri limiti alla scelta imprenditoriale derivano pur sempre dalla legge.
Con sentenza n. 17694/2022, la Corte di Cassazione ha affermato che la comunicazione prevista dall'art. 5, co. 9, L. 223/1991 non va effettuata in maniera parcellizzata, ma deve essere unica, così da consentire una valutazione relativa all'assetto definitivo dell'impresa e ai criteri di scelta. Inoltre con ordinanza n. 36451/2021, la Corte di Cassazione è intervenuta in merito ai criteri di scelta dei lavoratori da licenziare in una procedura di licenziamento collettivo, affermando nell'ambito di un licenziamento collettivo **è legittima l'adozione concordata tra le parti sociali di criteri di scelta dei lavoratori da licenziare anche difformi da quelli legali**, purché rispondenti a requisiti di obiettività e razionalità. Inoltre è del pari legittima la scelta di escludere dalla comparazione i lavoratori di equivalente professionalità che siano però addetti ad unità produttive non soppresse dislocate sul territorio nazionale in quanto la circostanza, da accertarsi in concreto e nello specifico verificata, che il mantenimento in servizio dei dipendenti appartenenti all'unità soppressa esigerebbe il loro trasferimento in altra sede, con aggravio di costi per l'azienda e interferenza sull'assetto organizzativo.

All'**impugnazione del licenziamento collettivo** si applica l'art. 6 L. 604/1966 e, quindi, l'obbligo di impugnativa entro 60 giorni dalla comunicazione del licenziamento e di deposito del ricorso giudiziale entro ulteriori 180 giorni.
L'art. 10 D.Lgs. 23/2015 ha stabilito che tutte le **violazioni formali della procedura** sopra descritta, compreso il mancato rispetto dei criteri di scelta, non sono sanzionate con l'obbligo di reintegra del lavoratore ma solo con il pagamento della stessa indennità prevista per il contratto a tutele crescenti. Fa eccezione il **licenziamento collettivo intimato senza forma scritta** al quale si applica la normativa vigente per il recesso orale: il lavoratore ha diritto, quindi, alla reintegrazione nel posto di lavoro e al risarcimento del danno.

Capitolo 10
Il sistema di garanzie a tutela del lavoratore

10.1 Il privilegio

Si tratta di una **causa di prelazione accordata dalla legge al creditore in forza della particolare natura del credito**, cosicché, al momento dell'esecuzione sul patrimonio del debitore, il titolare del credito ha un titolo di preferenza.
Ai sensi dell'art. 2751-*bis* c.c. **hanno privilegio generale, esteso cioè a tutti i beni mobili del debitore**, i crediti riguardanti:

- le retribuzioni dovute, sotto qualsiasi forma, ai prestatori di lavoro subordinato e tutte le indennità dovute per effetto della cessazione del rapporto di lavoro, nonché il credito del lavoratore per i danni conseguenti alla mancata corresponsione, da parte del datore di lavoro, dei contributi previdenziali ed assicurativi obbligatori ed il credito per il risarcimento del danno subìto per effetto di un licenziamento inefficace, nullo o annullabile;
- le retribuzioni dei professionisti e di ogni altro prestatore d'opera intellettuale dovute per gli ultimi 2 anni di prestazione;
- le provvigioni derivanti dal rapporto di agenzia dovute per l'ultimo anno di prestazione e le indennità dovute per la cessazione del rapporto medesimo;
- i crediti del coltivatore diretto, sia proprietario che affittuario, mezzadro, colono, soccidario o comunque compartecipante, per i corrispettivi della vendita dei prodotti, nonché i crediti del mezzadro o del colono indicati *ex* art. 2765 c.c.
- i crediti dell'impresa artigiana, definita ai sensi delle disposizioni legislative vigenti, nonché delle società ed enti cooperativi di produzione e lavoro per i corrispettivi dei servizi prestati e della vendita dei manufatti;
- i crediti delle società cooperative agricole e dei loro consorzi per i corrispettivi della vendita dei prodotti;
- i crediti delle imprese fornitrici di lavoro in regime di somministrazione per gli oneri retributivi e previdenziali addebitati alle imprese utilizzatrici.

Si cita altresì l'art. 2777 c.c., riguardante l'ordine dei privilegi, che colloca i crediti da lavoro immediatamente dopo le spese di giustizia preferendoli a tutti gli altri crediti, anche pignoratizi o ipotecari; essi prevalgono sugli stessi privilegi speciali sui mobili.

10.2 Transazioni, rinunce e quietanze a saldo

I diritti derivanti da disposizioni inderogabili della legge e dei contratti o accordi collettivi possono formare oggetto di atti di disposizione del lavoratore che ne è titolare e, in particolare, possono essere oggetto di **rinuncia** o **transazione**. La legge, infatti, pur sancendo l'invalidità (annullabilità) di tali atti di disposizione, impone al lavoratore l'onere di *impugnarli, a pena di decadenza, entro 6 mesi* dalla data di cessazione del rapporto o, se successiva, dalla data in cui la rinuncia o la transazione è avvenuta (art. 2113 c.c.). In mancanza di impugnazione tempestiva, tali atti restano validi.

In ogni caso, l'art. 2113 c.c. **non si applica alle conciliazioni in sede giudiziale, sindacale o dinanzi alle apposite Commissioni** istituite presso le strutture periferiche del Ministero del lavoro o dinanzi gli organi abilitati alla certificazione dei contratti.
L'art. 1965 c.c. stabilisce che la transazione è il **negozio con il quale le parti, facendosi reciproche concessioni, pongono fine ad una lite iniziata o che potrebbe insorgere**. Quindi, affinché sia valida una transazione, anche se stipulata in sede sindacale, occorre che vi sia una lite (la *res dubia*) e che, a seguito della transazione, le parti si siano fatte reciproche concessioni.
La **transazione in sede sindacale** ha quale scopo primario quello di garantire che la parte debole del rapporto di lavoro (il lavoratore), qualora intenda rinunciare o disporre di diritti maturati, sia messo nelle condizioni di scegliere nella piena consapevolezza della propria iniziativa. La *ratio* di tale strumento, quindi, risiede nelle particolari garanzie di assistenza ed affidabilità che gli organi sindacali possono fornire al lavoratore. L'esigenza, infatti, è quella di evitare che il lavoratore ponga in essere atti abdicativi o dispositivi di diritti perché moralmente o economicamente costretto, ovvero senza conoscere pienamente la portata dei propri diritti e delle conseguenze derivanti dalla loro dismissione.
Il ruolo svolto dal conciliatore sindacale, pertanto, assume particolare importanza in quanto egli deve attivamente integrare la volontà del lavoratore, garantendo l'effettività della scelta da questo compiuta, nonché la piena corrispondenza tra la reale portata della norma e la consapevolezza dei diritti in questione (cfr. Cass., sez. lav., sent. n. 24024/2013).
La **rinunzia**, invece, si sostanzia in un **atto abdicativo unilaterale**, mediante il quale il titolare di un diritto compie il riconoscimento puro e semplice dell'altrui rivendicazione o contestazione.
Dalle rinunce e transazioni vanno distinte le **quietanze a saldo** o **liberatorie** con cui il lavoratore dichiara di aver ricevuto una somma di denaro attestando di essere soddisfatto e di non avere più nulla a pretendere.

10.3 Il regime di prescrizione per i diritti derivanti dal rapporto di lavoro

Con riferimento agli aspetti direttamente connessi alla disciplina lavoristica, sono previsti i seguenti termini di **prescrizione estintiva**:

- **5 anni** per i diritti aventi ad oggetto compensi da pagarsi periodicamente ad anno o a scadenze più brevi, nonché per le indennità spettanti per la cessazione del rapporto di lavoro (art. 2948, nn. 4 e 5, c.c.). A titolo esemplificativo si possono citare la gratifica natalizia, l'indennità di mancato preavviso ed il trattamento di fine rapporto;
- **10 anni** per gli altri diritti (art. 2946 c.c.), vale a dire quelli che il datore di lavoro è tenuto a corrispondere per cause autonome e distinte dal rapporto di lavoro (ad esempio, risarcimento danni o rimborso spese).

Un diverso termine prescrizionale **(1 anno)** è previsto per i crediti di lavoro, diversi da quelli spettanti a titolo di trattamento di fine rapporto, inerenti gli ultimi 3 mesi del rapporto di lavoro dovuti dal Fondo di garanzia in caso di insolvenza del datore di lavoro (art. 2, co. 5, D.Lgs. 80/1992).

Oltre alla prescrizione estintiva, nel diritto del lavoro particolare rilevanza assumono le **prescrizioni presuntive** che hanno natura, fondamento e disciplina diversa. Esse si sostanziano in presunzioni di pagamento perché **fanno ritenere che, decorso un determinato periodo, il credito si sia estinto**.

Tale presunzione può essere superata solo con l'ammissione della mancata estinzione del debito, resa dal debitore, in sede di confessione giudiziale (art. 2959 c.c.) ovvero ad esito del giuramento decisorio che gli sia stato deferito dal creditore (art. 2960 c.c.).

Nel diritto del lavoro la *prescrizione presuntiva* è di:

> **1 anno** per il diritto alle retribuzioni corrisposte a periodi non superiori a 1 mese (art. 2955, n. 2, c.c.);
> **3 anni** per quelle corrisposte a periodi superiori al mese (art. 2956, n. 1, c.c.), come, ad esempio, la tredicesima mensilità.

Secondo la regola generale dettata dall'art. 2935 c.c., la *prescrizione comincia a decorrere dal giorno in cui il diritto può essere fatto valere*; nell'ambito del diritto del lavoro ciò significa che essa decorre in una fase in cui è in atto un rapporto di lavoro, situazione che potrebbe porre il lavoratore in una posizione di sudditanza tale da indurlo a non esercitare il proprio diritto per lo stesso motivo per cui molte volte è portato a rinunciarvi, cioè per timore del licenziamento. Per questo motivo la norma codicistica deve essere interpretata, per quanto riguarda i *crediti retributivi*, alla luce di quanto affermato dalla Corte costituzionale nella sent. 10-6-1966, n. 63, per cui:

> se il **rapporto di lavoro risulta essere stabile**, la prescrizione dei crediti retributivi comincia a decorrere *in corso del rapporto di lavoro stesso*. Il rapporto si considera stabile se ad esso sono applicabili le garanzie previste dall'art. 18 L. 300/1970 (*licenziamento solo per giusta causa o giustificato motivo*) oppure se la stabilità è garantita da altre norme di legge oppure di contratto;
> nella ipotesi in cui, invece, il **rapporto di lavoro non sia garantito da alcuna stabilità**, sia per legge che per contratto, la prescrizione dei crediti retributivi *rimane sospesa nel corso del rapporto*, cominciando a decorrere solamente alla cessazione del rapporto stesso.

I termini di prescrizione dei **crediti non retributivi** decorrono, invece, secondo il regime normale del diritto civile.

10.4 La decadenza

La decadenza, così come la prescrizione, è un istituto collegato al decorso del tempo e si sostanzia nella **perdita della possibilità di esercitare un diritto a causa del mancato compimento di un'attività o del decorso del tempo** (art. 2964 c.c.). La decadenza può essere:

> **legale**, quando il termine perentorio è stabilito dalla legge (ad esempio, il termine di 6 mesi previsto dall'art. 2113 c.c. per impugnare rinunce e transazioni);
> **convenzionale**, quando il termine è fissato dalle parti in un contratto. In materia di lavoro può essere stabilita da un contratto collettivo e solo per i diritti attribuiti o regolati dal contratto stesso, purché il termine fissato non renda eccessivamente oneroso l'esercizio dei diritti (art. 2965 c.c.).

Per i *diritti indisponibili* le parti non possono né modificare la disciplina prevista dalla legge, né rinunciare alla decadenza e il giudice può rilevarla d'ufficio; per i termini di decadenza a tutela di *diritti disponibili*, invece, le parti possono modificare il regime stabilito dalla legge e possono anche rinunciarvi.

10.5 Il trasferimento d'azienda

Ai fini e per gli effetti di cui all'art. 2112 c.c., si intende per trasferimento d'azienda qualsiasi operazione che, in seguito a cessione contrattuale o fusione, comporti il mutamento nella titolarità di un'attività economica organizzata, con o senza scopo di lucro, preesistente al trasferimento e che conserva nel trasferimento la propria identità a prescindere dalla tipologia negoziale o dal provvedimento sulla base del quale il trasferimento è attuato, ivi compresi l'usufrutto o l'affitto di azienda. Il trasferimento può riguardare l'**intera azienda** o parte di essa (in questo caso si parla di **trasferimento di ramo d'azienda**).

Per **ramo d'azienda**, ai sensi dell'articolo 2112 c.c., deve intendersi ogni entità economica organizzata in maniera stabile, la quale, in occasione del trasferimento, conservi la propria identità, il che presuppone, comunque, una **preesistente entità produttiva funzionalmente autonoma** (potendo conservarsi solo qualcosa che già esiste) e non anche una struttura produttiva creata *ad hoc* in occasione del trasferimento o come tale meramente identificata dalle parti del negozio traslativo.

In caso di trasferimento d'azienda il rapporto di lavoro continua con il cessionario ed il lavoratore conserva tutti i diritti che ne derivano. L'art. 2112 c.c., infatti, disciplina gli effetti del trasferimento in capo ai lavoratori statuendo due importanti principi: la **conservazione del posto di lavoro** e il **mantenimento dei diritti in capo ai lavoratori.**

In merito alla **conservazione del posto di lavoro (o continuazione del rapporto)** è da dire che la garanzia fornita ai lavoratori dall'art. 2112 c.c. è tale da evitare che il fatto del trasferimento costituisca motivo in grado di risolvere, *ex se*, il contratto. Questo, dunque, continuerà con il cessionario d'azienda senza soluzione di continuità.
Ben potrebbero verificarsi ipotesi di risoluzione del contratto di lavoro per volontà datoriale (licenziamento) successivamente ad un trasferimento d'azienda, ma rimane fondamentale la circostanza che lo stesso non può essere motivo unico ed esclusivo della risoluzione stessa. Il licenziamento, infatti, deve essere sempre motivato, oggettivamente o soggettivamente, indipendentemente dal trasferimento d'azienda.

Quanto, in particolare, alla **conservazione nei confronti del cessionario dei diritti che il lavoratore ha maturato**, l'art. 2112 c.c. stabilisce una forma di responsabilità solidale del cedente e del cessionario per tutti i crediti che il lavoratore aveva al tempo del trasferimento (co. 2). Questa costituisce *una prima forma di garanzia del diritto di credito del lavoratore* predisposta dall'ordinamento giuridico. Peraltro, attraverso le procedure di conciliazione di cui agli artt. 410 e 411 c.p.c., il lavoratore può consentire la liberazione del cedente dalle obbligazioni derivanti dal rapporto di lavoro.
L'art. 32 L. 183/2010 ha introdotto un **termine di decadenza** in capo al lavoratore anche al fine di impugnare il trasferimento d'azienda: le disposizioni dettate in tema di impugnativa del licenziamento dall'art. 6 L. 604/1966, come nel tempo modificato, si applicano anche all'ipotesi di trasferimento d'azienda di cui all'art. 2112 c.c. Sarà, pertanto, onere del lavoratore **impugnare il trasferimento d'azienda entro 60 giorni** e con termine decorrente **dalla data del trasferimento** e, successivamente, **procedere al ricorso** innanzi al tribunale in funzione di giudice del lavoro *entro i successivi 270 giorni* per i trasferimenti precedenti al 18 luglio 2012 (entrata in vigore della riforma del lavoro Fornero) ed *entro i successivi 180 giorni* per i trasferimenti verificatisi dopo tale data (salva la richiesta di tentativo di conciliazione e con gli effetti descritti per l'impugnativa di licenziamento).

Capitolo 11

Le controversie di lavoro: istituti processuali e conciliativi

11.1 Le controversie oggetto del processo del lavoro

La controversia o vertenza in materia di lavoro è il **contrasto che nasce tra un lavoratore e un datore di lavoro riguardo ad alcuni aspetti del loro rapporto, di natura economica o normativa**, laddove si presumano lesi diritti o aspettative previsti dalla legge e/o dalla contrattazione collettiva.

La controversia si definisce **collettiva** quando nasce da situazioni di contrapposizione tra il datore di lavoro e le organizzazioni sindacali. È **individuale** quando il contrasto nasce tra un datore di lavoro ed il singolo lavoratore ed è limitato allo specifico contratto di lavoro.

A norma dell'**art. 409 c.p.c., il processo del lavoro ha ad oggetto le controversie** relative a:

- rapporti di lavoro subordinato privato;
- rapporti di mezzadria, di colonia parziaria, di compartecipazione agraria, di affitto a coltivatore diretto e altri rapporti derivanti da contratti agrari;
- rapporti di agenzia, di rappresentanza commerciale e altri rapporti di collaborazione che consistono in una prestazione d'opera continuativa e coordinata, prevalentemente personale, anche se non a carattere subordinato. La collaborazione si intende coordinata quando, nel rispetto delle modalità di coordinamento stabilite di comune accordo dalle parti, il collaboratore organizza autonomamente l'attività lavorativa;
- rapporti dei dipendenti di enti pubblici che svolgono prevalentemente attività economica e anche altri rapporti di lavoro pubblico.

Il rito del lavoro presenta caratteristiche peculiari rispetto a quello ordinario. La L. 533/1973, di riforma del processo del lavoro, infatti, ha concepito un procedimento ispirato a criteri di snellezza, semplicità e di concentrazione degli atti processuali.

Con riferimento alle **controversie in tema di estinzione del rapporto di lavoro**, mentre quelle relative ai licenziamenti soggetti al regime sanzionatorio introdotto dal D.Lgs. 23/2015 sono assoggettate al rito ordinario del lavoro, quelle relative ai licenziamenti sottoposti al regime sanzionatorio dell'art. 18 L. 300/1970 ne sono escluse, dovendosi applicare il rito speciale introdotto dalla L. 92/2012, cosiddetta legge Fornero.

11.2 La competenza giurisdizionale

Per le controversie di lavoro è competente in **primo grado il Tribunale in composizione monocratica** in funzione di giudice del lavoro; in **appello è competente la Corte d'appello**.

Ai fini dell'individuazione del **giudice competente per territorio**, rileva l'art. 413 c.p.c. che prevede tre fori speciali esclusivi, alternativamente concorrenti tra loro:

- quello in cui *è sorto il rapporto*, ossia dove si è perfezionato il contratto o è iniziata la prestazione lavorativa;
- quello dove *si trova l'azienda*, ovvero dove si accentrano i poteri direttivi e amministrativi dell'impresa;
- quello della *dipendenza dove il lavoratore è addetto*, ossia l'unità organizzativa decentrata direttamente e strutturalmente collegata con l'azienda stessa.

Per le controversie relative ai rapporti di parasubordinazione è competente il giudice nella cui circoscrizione si trova il domicilio dell'agente, del rappresentante di commercio o del titolare degli altri rapporti di collaborazione.
Per le controversie in materia di pubblico impiego è competente il giudice nella cui circoscrizione ha sede l'ufficio presso il quale il dipendente pubblico opera.

11.3 Mutamento del rito

L'art. 426 c.p.c. disciplina il caso in cui una **causa** riguardante uno dei rapporti di cui all'art. 409 c.p.c. venga **promossa dinanzi al Tribunale nelle forme del rito ordinario, anziché in quelle del rito del lavoro**. Per converso, nell'ipotesi in cui la causa sia promossa avanti al Tribunale con il rito speciale, ma debba essere trattata secondo il rito ordinario, la questione viene risolta sulla base di quanto disposto dal successivo art. 427 c.p.c.
Nella prima ipotesi il giudice dispone il mutamento del rito, fissando con ordinanza l'udienza di discussione e assegnando alle parti un termine perentorio per l'eventuale integrazione degli atti introduttivi con il deposito di memorie e documenti in cancelleria (art. 426 c.p.c.).
Nell'ipotesi opposta, vale a dire quando il giudice rileva che la causa riguarda un rapporto diverso da quelli previsti *ex* 409 c.p.c., se la causa stessa rientra nella sua competenza dispone che gli atti siano messi in regola con le disposizioni tributarie, altrimenti la rimette con ordinanza al giudice competente, fissando un termine perentorio non superiore a 30 giorni per la riassunzione con il rito ordinario.
In tal caso le prove acquisite durante lo stato di rito speciale avranno l'efficacia consentita dalle norme ordinarie (art. 427 c.p.c.).

11.4 Caratteristiche e fasi del rito del lavoro

Il rito del lavoro è caratterizzato dall'**ampliamento dei poteri istruttori del giudice**.

Ex art. 421 c.p.c. il giudice può indicare alle parti l'irregolarità degli atti e dei documenti che possono essere sanate, può disporre d'ufficio l'ammissione di ogni mezzo di prova, può disporre su istanza di parte, l'accesso sul luogo di lavoro, se necessario per l'accertamento dei fatti, può ordinare la comparizione anche di persone incapaci di testimoniare e può disporre, su istanza di parte, il pagamento delle somme non contestate. Inoltre, se la controversia lo richiede, il giudice può nominare d'ufficio o su istanza di parte uno o più consulenti tecnici dopo aver sentito le parti; nominato il consulente, fissa un'altra udienza assegnando alle parti un termine per la nomina dei propri consulenti di fiducia.

Tuttavia **tale prerogativa è limitata** in alcune ipotesi:

- nel caso di *licenziamento per giustificato motivo soggettivo o giusta causa*, soggetto alla tutela reale in base al **regime sanzionatorio** previsto dall'art. 3, co. 2, **D.Lgs. 23/2015**, in cui è precluso al giudice di valutare la *sproporzione del licenziamento*;

- nella **qualificazione del contratto di lavoro** e nell'interpretazione delle relative clausole, dove si prevede che il giudice *non possa discostarsi dalle valutazioni che le parti contraenti hanno espresso* in sede di certificazione, salvi i casi di erronea qualificazione del contratto, vizi del consenso o difformità tra il programma negoziale certificato e successivo svolgimento (art. 30, co. 2, L. 183/2010);
- nella valutazione delle **motivazioni del licenziamento**, in cui *il giudice deve tener conto delle tipizzazioni di giusta causa e di giustificato motivo presenti nei contratti collettivi di lavoro (stipulati dai sindacati comparativamente più rappresentativi) o nei contratti individuali di lavoro certificati* (art. 30, co. 3, L. 183/2010).

La domanda giudiziale si propone con **ricorso** (art. 414 c.p.c.) al quale vanno allegati tutti i documenti che si intendono produrre.

Soltanto gli atti introduttivi devono essere redatti per iscritto (cosiddetta *oralità del rito del lavoro*). Depositato il ricorso, il giudice, *entro 5 giorni*, fissa l'**udienza di discussione** (che deve cadere entro 60 giorni dalla data di deposito del ricorso) con decreto da notificarsi, a cura dell'attore, al convenuto (cosiddetta *immediatezza del rito del lavoro*). Detta notificazione deve avvenire *entro 10 giorni* dall'emissione del decreto e comunque a *non meno di 30 giorni prima dell'udienza.*

Il convenuto ha l'onere di *costituirsi, a pena di decadenza dalle eccezioni processuali e di merito,* almeno **10 giorni** prima dell'udienza, mediante deposito di una **memoria difensiva**.

Qualora proponga, nello stesso atto, *domanda riconvenzionale,* deve chiedere la fissazione di una *nuova udienza.*

Una volta che sia stata esaurita la discussione orale e siano state udite le conclusioni delle parti, il giudice **pronuncia in udienza la sentenza** che definisce il giudizio dando **lettura del dispositivo** ed esponendo le *ragioni di fatto e di diritto* della decisione.

Successivamente è depositata la sentenza completa di motivazione, e in caso di particolare *complessità della controversia,* il giudice fissa nel *dispositivo* un termine, *non superiore a 60 giorni,* per il deposito.

L'art. 431, co. 2, c.p.c. consente al **solo lavoratore** di valersi del **dispositivo come titolo esecutivo**.

Le sentenze che pronunciano condanna a favore del lavoratore per crediti derivanti dai rapporti di cui all'art. 409 c.p.c. sono provvisoriamente esecutive, in quanto l'esecuzione può essere iniziata dal lavoratore sulla base della *sola copia del dispositivo, nell'attesa che venga depositata la sentenza, ma può essere sospesa* dal giudice di appello qualora ne possa derivare un gravissimo danno al datore di lavoro.

Tale requisito è stato ritenuto sussistente nel caso in cui dall'espropriazione possa derivare una seria compromissione dell'attività del datore di lavoro, uno squilibrio o sbilanciamento determinato dall'entità dell'esecuzione.

11.5 Gli strumenti deflattivi del contenzioso

11.5.1 La conciliazione facoltativa

L'art. 410 c.p.c., modificato dalla L. 183/2010, ha reso facoltativo il tentativo di conciliazione in materia di lavoro (obbligatorio nel precedente regime), stabilendo che chi propone in giudizio una domanda relativa ai rapporti di lavoro previsti dall'art. 409

c.p.c. può promuovere, anche tramite l'associazione sindacale alla quale aderisce o conferisce mandato, un tentativo di conciliazione dinanzi alla Commissione di conciliazione istituita presso l'Ispettorato territoriale del lavoro.
La **procedura è ammessa per la risoluzione di tutte le controversie individuali di lavoro**, vale a dire aventi ad oggetto il singolo rapporto di lavoro, ed ha come fine ultimo la tutela di un interesse prettamente individuale, tanto che la pronuncia ha effetto limitatamente ai titolari del rapporto dedotto in giudizio. Qualora una delle parti – nella maggior parte dei casi il lavoratore – abbia a pretendere l'applicazione di norme di legge o di contratto (collettivo o individuale), può aderire a questo istituto al fine di risolvere rapidamente e definitivamente la vertenza.

In via esemplificativa, possono rientrare nella procedura le vertenze aventi ad oggetto: pretese di natura retributiva; impugnazione dei licenziamenti; costituzione del rapporto di lavoro; violazione del patto di non concorrenza; violazione degli obblighi in materia di sicurezza ed igiene sul lavoro; violazione del dovere di fedeltà; illegittime modalità di attuazione del diritto di sciopero; risarcimento danni.

11.5.2 Conciliazione preventiva in caso di licenziamenti per giustificato motivo oggettivo

La riforma di cui alla L. 92/2012 (nella specie: art. 1, co. 40 e 41) ha modificato l'art. 7 L. 604/1966 introducendo un previo tentativo di conciliazione in caso di licenziamento per giustificato motivo oggettivo. È previsto che i **datori di lavoro**, con i requisiti dimensionali previsti di cui all'art 18, co. 8 e 9, L.300/1970, in caso di licenziamento per giustificato motivo oggettivo, ovvero di licenziamento per motivi economici, **devono previamente espletare, quale condizione di procedibilità, una procedura di conciliazione obbligatoria** dinanzi alla Commissione di conciliazione presso l'Ispettorato territoriale del lavoro di competenza. In caso di violazione della procedura in questione, il licenziamento è inefficace.

Si ricorda che le caratteristiche dimensionali previste dall'art. 18 fanno riferimento ad una sede, stabilimento, filiale, ufficio o reparto autonomo con più di 15 dipendenti o più di 5 per il caso di imprenditore agricolo, nonché quando il datore di lavoro, nell'ambito dello stesso Comune, occupi più di 15 dipendenti ovvero, trattandosi di impresa agricola, occupi nello stesso territorio più di 15 dipendenti, anche se nella singola unità produttiva non raggiunge tali dimensioni.

La **procedura potrà concludersi** con:
> un *accordo*. In tal caso esso integra una condivisione del recesso comminato dal datore di lavoro che può manifestarsi anche in una risoluzione consensuale;
> con un *mancato accordo o con una mancata comparizione* di una o di entrambe le parti. In tali ipotesi il datore valuterà la definizione del licenziamento disposto, comunicandolo al Centro per l'impiego. Viceversa, il lavoratore, qualora ritenga illegittimo il provvedimento espulsivo, valuterà l'opportunità di proseguire la vertenza in ambito giudiziario (giudice del lavoro).

11.5.3 Conciliazione facoltativa a "tutele crescenti"

L'ambito di applicazione di questa procedura deflattiva, introdotta dal D.Lgs. 23/2015, è **circoscritto esclusivamente ai rapporti di lavoro a tempo indeterminato stipulati**

in virtù delle tutele crescenti stabilite con il precitato decreto legislativo. Ne sono destinatari esclusivamente:

> i lavoratori dipendenti, diversi dai dirigenti, assunti a tempo indeterminato dopo il 7 marzo 2015;
> i lavoratori il cui rapporto (a tempo determinato o di apprendistato) sia stato convertito in rapporto a tempo indeterminato dopo tale data;
> i soggetti assunti anche prima alle dipendenze di imprese che, dopo il 7 marzo 2015, abbiamo superato i requisiti dimensionali stabiliti dall'art. 18, co. 8 e 9, dello Statuto dei lavoratori.

Qualora il datore proceda ad un licenziamento (qualunque esso sia: per giusta causa, per giustificato motivo oggettivo o soggettivo) nei confronti di un lavoratore assunto a tutele crescenti, al solo fine di evitare l'alea del giudizio, può **offrire al lavoratore**, in una delle sedi previste dal legislatore ed entro i termini di impugnazione stragiudiziale del licenziamento (60 giorni), **un importo pari a 1 mensilità di retribuzione per ogni anno di anzianità, con un minimo di 3 e un massimo di 27 mensilità** (limiti minimi e massimi così modificati dall'art. 3, co. 1-*bis*, D.L. 87/2018, nel testo aggiunto dalla L. 96/2018 di conversione; in precedenza erano 2 e 18 mensilità).

Le sedi indicate sono (art. 2113 c.c.): Commissioni di conciliazione presso gli Ispettorati territoriali del lavoro, Commissioni di conciliazione individuate dai contratti collettivi, apposito Collegio costituito ad iniziativa delle parti ai sensi dell'art. 412-*quater* c.p.c., Commissioni di certificazione indicate dall'art. 76 D.Lgs. 276/2003.

L'importo offerto non costituisce reddito ed è, quindi, esente da qualsiasi imposta e non è soggetto a contribuzione previdenziale. Ai fini della determinazione dell'importo della mensilità di retribuzione, si deve tenere conto di quella utile ai fini del computo del TFR.
Se il **lavoratore accetta l'offerta conciliativa** si determinano i seguenti effetti:

> l'estinzione del rapporto (alla data del licenziamento);
> la rinuncia all'impugnazione del licenziamento, anche qualora il lavoratore l'abbia già proposta;
> il diritto all'indennità di disoccupazione (NASpI) qualora vi siano tutti gli elementi prescritti.

L'importo, qualora si raggiunga un accordo, dovrà essere erogato tramite assegno circolare.

11.5.4 Risoluzione arbitrale della controversia

Ai sensi dell'art. 412 c.p.c., in qualunque fase del tentativo di conciliazione o al termine di esso, le parti possono indicare la soluzione, anche parziale, sulla quale concordano, riconoscendo, quando è possibile, il credito che spetta al lavoratore, e possono accordarsi per la risoluzione della lite, **affidando alla Commissione di conciliazione il mandato a risolvere in via arbitrale la controversia.**
Nel conferire mandato per la risoluzione arbitrale della controversia, le parti devono indicare il termine per l'emanazione del lodo, che non può superare i 60 giorni dal conferimento del mandato, le prove invocate dalle parti a sostegno delle loro pretese e l'eventuale richiesta di decidere secondo equità.

Il lodo emanato a conclusione dell'arbitrato, sottoscritto dagli arbitri e autenticato, produce fra le parti gli effetti di un contratto di cui all'art. 1372 c.c. ed è impugnabile *ex* art. 808-*ter* c.p.c.

Il **lodo contrattuale è annullabile dal giudice** competente:

> se la convenzione dell'arbitrato è invalida, o gli arbitri hanno pronunciato su conclusioni che esorbitano dai loro limiti e la relativa eccezione è stata sollevata nel procedimento arbitrale;
> se gli arbitri non sono stati nominati con le forme e nei modi stabiliti dalla convenzione arbitrale;
> se il lodo è stato pronunciato da chi non poteva essere nominato arbitro a norma dell'art. 812 c.p.c.;
> se gli arbitri non si sono attenuti alle regole imposte dalle parti come condizione di validità del lodo;
> se non è stato osservato nel procedimento arbitrale il principio del contraddittorio.

Sulle controversie aventi ad oggetto la validità del lodo arbitrale irrituale decide, in unico grado, il Tribunale, in funzione di giudice del lavoro, nella cui circoscrizione è la sede dell'arbitrato.

L'impugnazione del lodo è proposta mediante ricorso da depositarsi entro il termine di 30 giorni dalla notificazione del lodo stesso. Decorso tale termine, o se le parti hanno comunque dichiarato per iscritto di accettare la decisione arbitrale, ovvero se il ricorso è stato respinto dal Tribunale, il lodo è depositato nella cancelleria del Tribunale: in tal caso, il giudice, su istanza della parte interessata, accerta la regolarità formale del lodo arbitrale e lo dichiara esecutivo con decreto.

Oltre alla possibilità di istituire un arbitrato innanzi alla medesima Commissione di conciliazione, permangono valide le altre modalità di conciliazione e arbitrato, ovvero la possibilità che esse siano svolte in sede sindacale, con le modalità previste dalla contrattazione collettiva (412-*ter* c.p.c.)

Ancora in base quanto prevede l'art. 412-*quater* c.p.c., sussiste nell'ordinamento la possibilità che le controversie *ex* art. 409 c.p.c. siano proposte innanzi ad un **Collegio di conciliazione e arbitrato irrituale**. Tale Collegio è composto da tre soggetti: un rappresentante di ciascuna delle parti e un terzo membro, con funzioni di Presidente, scelto di comune accordo dagli arbitri di parte.

11.5.5 Le clausole compromissorie

L'art. 31, co. 10, L. 183/2010 ha introdotto disposizioni in merito alla pattuizione delle clausole compromissorie, prescrizioni contrattuali che **dispongono a priori l'obbligo di devolvere a soggetti terzi la risoluzione di eventuali future controversie** che dovessero insorgere.

La citata norma stabilisce che, in relazione alle materie di cui all'art. 409 c.p.c., le parti contrattuali possano pattuire clausole compromissorie che rinviano alle modalità di espletamento dell'arbitrato di cui agli artt. 412 e 412-*quater* c.p.c.; tale facoltà, tuttavia, è esercitabile solo ove sia prevista da accordi interconfederali o contratti collettivi di lavoro stipulati dalle organizzazioni dei datori di lavoro e dei lavoratori comparativamente più rappresentative sul piano nazionale. Si prevede altresì, a pena di nullità, una complessa procedura di certificazione della clausola compromissoria, da esperirsi innanzi ad apposite Commissioni di certificazione.

La clausola compromissoria non può essere pattuita e sottoscritta prima della conclusione del periodo di prova, ove previsto, ovvero se non siano trascorsi almeno 30 giorni dalla data di stipulazione del contratto di lavoro, in tutti gli altri casi. Non può riguardare controversie relative alla risoluzione del contratto di lavoro.

11.5.6 Le Commissioni di certificazione

L'art. 75 D.Lgs. 276/2003, per ridurre il contenzioso in materia di qualificazione dei contratti di lavoro, prevede che le parti possono chiedere la relativa certificazione alle Commissioni di certificazione di cui al seguente art. 76.
Le parti e i terzi nella cui sfera giuridica l'atto di certificazione produce effetti, possono proporre ricorso presso l'autorità giudiziaria per erronea qualificazione del contratto oppure difformità tra il programma negoziale certificato e la sua successiva attuazione; le parti del contratto certificato possono impugnare l'atto di certificazione anche per vizi del consenso. In caso di impugnazione, il ricorrente deve previamente rivolgersi obbligatoriamente alla Commissione di certificazione che ha adottato l'atto di certificazione, per espletare un tentativo di conciliazione.

11.6 Il rito Fornero per le controversie in tema di licenziamenti

Il legislatore, con la L. 28-6-2012, n. 92 (legge Fornero), ha introdotto nel nostro ordinamento un procedimento speciale (art. 1, co. 47-69) per le controversie aventi ad oggetto l'impugnativa dei licenziamenti nelle ipotesi regolate dall'art. 18 L. 300/1970.
L'intento è quello di **pervenire, nel più breve tempo possibile, ad un accertamento sulla legittimità o meno del licenziamento**, idoneo, in mancanza di attivazione del rimedio oppositorio, ad acquistare caratteri di stabilità e definitività.
Il procedimento si articola nelle seguenti fasi:
- una prima **fase a cognizione sommaria** caratterizzata da termini più ristretti rispetto a quelli stabiliti per le controversie di lavoro dal codice di rito, da una trattazione deformalizzata e da un'istruttoria limitata ai mezzi indispensabili che conduce ad un primo pronunciamento giudiziale in ordine alla legittimità o meno del licenziamento, reso nella forma dell'ordinanza (immediatamente esecutiva);
- una successiva **fase** (eventuale) di opposizione (sempre in primo grado, davanti allo stesso Tribunale che ha emesso l'ordinanza) **a cognizione piena**;
- un secondo grado di giudizio introdotto con **reclamo davanti alla Corte d'appello** entro 30 giorni dalla comunicazione della sentenza;
- un **ricorso per cassazione**, entro il termine di 60 giorni dalla comunicazione della sentenza.

Le **controversie interessate dal rito Fornero**, anche quando devono essere risolte questioni relative alla qualificazione del rapporto di lavoro, sono quelle inerenti alle fattispecie di licenziamento:
- discriminatorio;
- per assenza di giustificato motivo oggettivo;
- senza giusta causa;

> per violazione dell'art. 2, co. 2, L. 604/1966 e art. 7 L. 300/1970 (difetto di forma o procedura);
> per motivo oggettivo consistente nell'idoneità fisica o psichica del lavoratore o intimato in violazione dell'art. 2110, co. 2, c.c.;
> collettivo intimato senza osservanza della forma scritta o in caso di violazione dei criteri di scelta.

11.7 Le controversie in tema di discriminazioni

I giudizi civili avverso atti e comportamenti discriminatori per tutti i fattori protetti dall'ordinamento sono regolati dall'art. 28 D.Lgs. 150/2011 e, in caso di accertamento di atti o comportamenti discriminatori, dall'art. 44, co. 11, D.Lgs. 286/1998: "*Quando il comportamento di un privato o della pubblica amministrazione produce una discriminazione per motivi razziali, etnici, linguistici, nazionali, di provenienza geografica o religiosi, è possibile ricorrere all'autorità giudiziaria ordinaria per domandare la cessazione del comportamento pregiudizievole e la rimozione degli effetti della discriminazione*".
La ragione di questa scelta non risiede solo nell'obiettivo di omologazione delle tutele a cui le vittime di discriminazione devono poter accedere, bensì anche nel voler garantire una tutela giudiziale certa a coloro che, a fronte di una discriminazione multipla, avrebbero potuto azionare più di un procedimento, senza avere però certezza di quale fosse quello più adeguato alla loro situazione individuale.
Prima dell'inizio della trattazione della causa, è possibile, ma non obbligatorio, esperire il tentativo di conciliazione ai sensi dell'articolo 410 c.p.c.

La materia del contendere in oggetto ha assunto una significativa rilevanza all'indomani della codificazione *ex* art. 3 D.Lgs. 216/2003 del riconoscimento della **tutela giurisdizionale del principio di parità di trattamento** (senza distinzione di religione, di convinzioni personali, di handicap, di età, di nazionalità e di orientamento sessuale) a tutte le persone sia nel settore pubblico che privato, con specifico riferimento alle seguenti aree:
- accesso all'occupazione e al lavoro, sia autonomo che dipendente, compresi i criteri di selezione e le condizioni di assunzione;
- occupazione e condizioni di lavoro, compresi gli avanzamenti di carriera, la retribuzione e le condizioni del licenziamento, la salute e la sicurezza, il reintegro professionale o il ricollocamento;
- accesso a tutti i tipi e livelli di orientamento e formazione professionale, perfezionamento e riqualificazione professionale, inclusi i tirocini professionali;
- affiliazione e attività nell'ambito di organizzazioni di lavoratori, di datori di lavoro o di altre organizzazioni professionali e prestazioni erogate dalle medesime organizzazioni;
- accesso all'alloggio;
- accesso a vantaggi sociali e fiscali;
- assistenza fornita dagli uffici di collocamento;
- iscrizione alle organizzazioni sindacali ed eleggibilità negli organi di rappresentanza dei lavoratori.

La **legittimazione ad agire** compete anche ai soggetti collettivi deputati a rappresentare le categorie tutelate dall'ordinamento, ovvero le organizzazioni sindacali, le associazioni e le organizzazioni rappresentative del diritto o dell'interesse leso. Queste possono agire, su delega, in nome e per conto o a sostegno del soggetto passivo della discriminazione, contro la persona fisica o giuridica cui è riferibile il comportamento

o l'atto discriminatorio. Questi soggetti sono, altresì, legittimati ad agire *iure proprio* nei casi di discriminazione collettiva qualora non siano individuabili in modo diretto e immediato le persone lese dalla discriminazione.
La **tutela giurisdizionale è improntata al principio di effettività e dissuasività**. Il provvedimento del giudice che accerta la discriminazione contiene, infatti, l'ordine di cessazione del comportamento illegittimo nonché la rimozione degli effetti che ha causato. A tal fine può essere prevista l'adozione di un piano di rimozione degli effetti discriminatori. Nei casi di comportamento discriminatorio di carattere collettivo, il piano è adottato sentito l'ente collettivo ricorrente.

Capitolo 12
Il diritto sindacale, la contrattazione collettiva e lo sciopero

12.1 Nozione di diritto sindacale e disciplina costituzionale dei sindacati

Il diritto sindacale è l'**insieme delle norme volte a disciplinare le associazioni di carattere economico professionale istituite a tutela degli interessi collettivi dei prestatori e dei datori di lavoro** (Pergolesi) e a regolare i conflitti nascenti.
Le norme di diritto sindacale possono essere di due tipi: *esterne* (o statuali) se varate direttamente dallo Stato, o *interne* (o spontanee), poste in essere di comune accordo dalle organizzazioni sindacali dei lavoratori e dalle associazioni dei datori di lavoro.
Il **sindacato** è un'associazione libera e spontanea di lavoratori subordinati costituita al fine di **tutelare gli interessi comuni di categoria**. Generalmente non assumono il nome di sindacati, invece, le associazioni di datori di lavoro, pur svolgendo un ruolo determinante nella regolamentazione dei propri e generali interessi.
Affinché a un'associazione possa riconoscersi natura sindacale (in senso ampio), occorre che la sua attività di assistenza e di tutela sia svolta non soltanto a vantaggio degli associati ma anche a vantaggio di tutti gli appartenenti alla categoria, anche se rimangono al di fuori dell'organizzazione.
La **Costituzione** sancisce, all'art. 39, il *principio di libertà sindacale*, in forza del quale chiunque è libero di costituire un'organizzazione sindacale e di aderire ad un'organizzazione sindacale esistente, senza che ciò determini conseguenze negative sul rapporto di lavoro, e qualunque organizzazione sindacale può agire al fine di tutelare, nei modi individuati dalla legge, i lavoratori che la hanno costituita.
Da un punto di vista strettamente giuridico, i sindacati **sono associazioni non riconosciute** (art. 36 c.c.) di lavoratori, enti di fatto che hanno lo scopo di difendere e tutelare i diritti dei lavoratori stessi.

In realtà, l'art. 39 Cost. prevede la possibilità per i sindacati di acquistare la personalità giuridica a seguito della loro registrazione. Più precisamente, stabilisce:
- che ad essi non può essere imposto altro obbligo se non quello della registrazione;
- che è condizione necessaria per ottenere la registrazione un ordinamento interno a base democratica;
- che i sindacati registrati possono stipulare contratti collettivi di lavoro con efficacia obbligatoria per tutti gli appartenenti alle categorie alle quali il contratto si riferisce.

Tale disposizione, però, non è stata mai attuata e, pertanto, i sindacati operano come semplici enti di fatto.

Poiché i sindacati operano quali semplici enti di fatto, i contratti collettivi da essi stipulati sono efficaci solo per coloro che risultano iscritti al sindacato contraente.
I sindacati italiani sono organizzati secondo una struttura tanto verticale quanto orizzontale. L'**asse verticale** (o **categoriale**) svolge un'azione di tutela e di coordinamento

degli interessi di una categoria o di un gruppo occupazionale (ad esempio chimici) ed è costituito dall'insieme di sindacati e Federazioni di categoria del settore produttivo che compongono le Confederazioni. L'**asse orizzontale** (o **territoriale**) prende in considerazione le istanze territoriali (a livello locale e/o nazionale) e gli interessi rappresentati riguardano l'insieme di categorie di un determinato territorio.
È costituito dalle strutture intersettoriali o confederali, in cui confluiscono tutte le strutture associative del sindacato (organismi di ricerca, di formazione, servizi di assistenza fiscale etc.).

12.2 La libertà sindacale e lo Statuto dei lavoratori

Il diritto di organizzarsi liberamente sancito dall'art. 39 Cost. opera anche **nei rapporti intersoggettivi privati** tra lavoratori e datore di lavoro.
Proprio per questo la L. 300/1970 (Statuto dei lavoratori), in attuazione dei principi costituzionali, è intervenuta al fine di rafforzare la libertà e la dignità del lavoratore sul posto di lavoro e la libertà sindacale all'interno dei luoghi di lavoro.
In particolare, il titolo I dello Statuto (articoli 1-13) detta una serie di norme in tema di **libertà e dignità del lavoratore**. Vediamole nel dettaglio:

- l'art. 1 garantisce la *libertà di opinione* dei lavoratori i quali, senza distinzione di opinioni politiche, sindacali e di fede religiosa, hanno diritto di manifestare liberamente il proprio pensiero nei luoghi dove prestano la loro opera;
- l'art. 2 tutela la *dignità* e la *riservatezza dei lavoratori*, impedendo al datore di lavoro di avvalersi di guardie giurate per effettuare controlli nei confronti dei lavoratori;
- l'art. 4, co. 1, vieta al datore di lavoro di utilizzare *impianti audiovisivi* e altre apparecchiature per finalità di controllo a distanza dell'attività dei lavoratori, i quali devono essere impiegati per esigenze organizzative e produttive, per la sicurezza del lavoro e per la tutela del patrimonio aziendale;
- l'art. 5 vieta al datore di lavoro di effettuare direttamente, per mezzo di propri medici di fiducia, *controlli sui lavoratori* per accertarne l'idoneità al lavoro o l'infermità per malattia o infortunio. A tal fine, il datore di lavoro deve avvalersi di enti pubblici e istituti specializzati pubblici;
- l'art. 7 impone al datore di lavoro di portare a conoscenza dei lavoratori, mediante affissione in un luogo accessibile a tutti, le *norme disciplinari* relative alle sanzioni, alle infrazioni in relazione alle quali le sanzioni possono essere applicate ed alle procedure di contestazione delle stesse. Inoltre, il datore di lavoro non può adottare alcun provvedimento disciplinare nei confronti del lavoratore senza avergli preventivamente contestato l'addebito e senza averlo sentito a sua difesa;
- l'art. 8 vieta al datore di lavoro, al momento dell'assunzione e nel corso del rapporto, di *effettuare indagini*, personalmente o avvalendosi di altri soggetti, relative alle opinioni politiche, religiose o sindacali del lavoratore e, più in generale, su fatti non rilevanti ai fini della valutazione dell'attitudine professionale del lavoratore;
- l'art. 9 prevede il diritto dei lavoratori, a mezzo di rappresentanze sindacali, di controllare e promuovere l'applicazione delle *norme per la prevenzione degli infortuni e delle malattie professionali.*

Il titolo II (artt. 14-18) è dedicato, più specificamente, alla **libertà sindacale a livello individuale**. Con le norme di questo titolo il legislatore è intervenuto per vietare all'imprenditore di interferire, avvalendosi dei propri poteri, nella sfera della libertà sindacale, mentre con le norme del titolo successivo ha predisposto misure di sostegno all'attività sindacale nei luoghi di lavoro.

L'art. 14, in particolare, riconosce ai lavoratori il *diritto di costituire associazioni sindacali, di aderirvi* e *di svolgere attività sindacale all'interno dei luoghi di lavoro*.

L'art. 15 vieta gli accordi, gli atti o i comportamenti materiali del datore di lavoro di tipo *discriminatorio*, ossia che determinano, a carico dei lavoratori, un trattamento peggiore rispetto a quello dei loro colleghi, derivante da motivi sindacali, politici, religiosi, razziali, di lingua e di sesso.

L'art. 16, che costituisce specificazione della norma precedente, vieta la concessione di *trattamenti economici* di maggior favore *aventi carattere discriminatorio*, ossia l'erogazione di somme di denaro o di altri vantaggi o utilità suscettibili di valutazione economica a favore di alcuni lavoratori soltanto, determinata da motivi sindacali, politici, religiosi, razziali, di lingua e di sesso.

L'art. 17 fa divieto ai datori di lavoro e alle associazioni dei datori di lavoro di costituire o sostenere associazioni sindacali di lavoratori (cosiddetti *sindacati di comodo*), per evitare che i sindacati si pongano a fianco del datore di lavoro contro i lavoratori stessi, tradendo la loro vocazione naturale.

Il titolo III dello Statuto (artt. 19-27), infine, concerne l'**attività sindacale**:

> l'art. 19 sancisce la possibilità di costituire *rappresentanze sindacali aziendali* per i sindacati firmatari di contratti collettivi di lavoro applicati nell'unità produttiva;
> l'art. 20 sancisce e regola il *diritto di assemblea*, affermando che i lavoratori hanno diritto di riunirsi, nell'unità produttiva in cui prestano la loro opera, fuori dell'orario di lavoro, nonché durante l'orario di lavoro, nei limiti di 10 ore annue, per le quali verrà corrisposta la normale retribuzione. Migliori condizioni possono essere stabilite dalla contrattazione collettiva;
> l'art. 21 sancisce e regola il *diritto di referendum*;
> l'art. 22 prevede che il *trasferimento dall'unità produttiva* dei dirigenti delle rappresentanze sindacali aziendali, dei candidati e dei membri di commissione interna può essere disposto solo previo nulla osta delle associazioni sindacali di appartenenza;
> l'art. 23 e l'art. 24 prevedono il diritto dei dirigenti delle rappresentanze sindacali aziendali a *permessi* retribuiti o non retribuiti per lo svolgimento della loro attività;
> l'art. 25 sancisce il *diritto di affissione*, all'interno dell'unità produttiva, di pubblicazioni, testi e comunicati inerenti a materie di interesse sindacale e del lavoro;
> l'art. 26 regola il diritto dei lavoratori di raccogliere *contributi* e di svolgere *opera di proselitismo* per le loro organizzazioni sindacali all'interno dei luoghi di lavoro;
> l'art. 27 prevede che il datore di lavoro, nelle unità produttive con almeno 200 dipendenti, deve porre permanentemente a disposizione delle rappresentanze sindacali aziendali, per l'esercizio delle loro funzioni, un idoneo *locale comune* all'interno dell'unità produttiva o nelle immediate vicinanze di essa.

12.3 La repressione della condotta antisindacale

L'art. 28 dello Statuto dei lavoratori stabilisce che, a fronte di un comportamento del datore di lavoro *diretto a impedire o limitare l'esercizio della libertà e dell'attività sindacale, nonché del diritto di sciopero* (cosiddetta **condotta antisindacale**), gli organismi

locali delle associazioni sindacali nazionali che vi abbiano interesse possono proporre **ricorso** al Tribunale del luogo ove è posto in essere il comportamento, per chiedere che quest'ultimo cessi e che i suoi effetti vengano rimossi.
Il giudice del lavoro, entro i 2 giorni successivi, convocate le parti ed assunte sommarie informazioni, qualora ritenga che il comportamento denunciato sia effettivamente antisindacale, con decreto motivato ed immediatamente esecutivo, ordina al datore di lavoro di cessare dal comportamento illegittimo e di rimuoverne gli effetti.

12.4 La contrattazione collettiva

La principale attività svolta dai sindacati è la stipula dei contratti collettivi, vale a dire quegli accordi sottoscritti dalle associazioni sindacali dei lavoratori e dalle corrispondenti associazioni dei datori di lavoro o anche da un singolo datore di lavoro con la quale **si disciplinano gli aspetti giuridici ed economici del rapporto di lavoro non riservati alla regolamentazione legislativa** (spesso è proprio la fonte legislativa a demandare alla contrattazione collettiva il compito di dettare una disciplina di dettaglio o derogatoria).
È prevista la possibilità di stipulare:

- **contratti collettivi interconfederali**, il cui compito è la definizione di regole generali che interessano l'insieme dei lavoratori indipendentemente dal settore produttivo di appartenenza;
- **contratti collettivi nazionali di categoria (CCNL)** o di primo livello;
- **contratti di secondo livello** che possono essere **aziendali** o, in alternativa, **territoriali** e sono sottoscritti nell'ambito di specifici settori.

Particolarmente importanti sono i CCNL. Tali contratti si compongono, di regola, di una **parte obbligatoria**, nella quale sono enunciati i diritti e gli obblighi reciproci delle organizzazioni che concludono l'accordo, e di una **parte normativa**, nella quale vengono fissate le regole alle quali si dovranno uniformare i *contratti individuali di lavoro* che verranno stipulati tra il singolo datore di lavoro e il singolo lavoratore.
Questa seconda parte contiene anche le regole attinenti alla retribuzione e alle sue integrazioni o maggiorazioni (mensilità aggiuntive, premi, indennità etc.).
I contratti collettivi sono efficaci per legge solo nei confronti di coloro che sono iscritti ai sindacati dei lavoratori che li hanno stipulati. Tuttavia, sono di fatto estesi, almeno per alcuni aspetti, e in particolare per quelli attinenti ai minimi retributivi, anche nei confronti dei lavoratori non iscritti ai sindacati.
In assenza di minimi salariali garantiti al lavoratore per legge, infatti, e in applicazione del dettato dell'art. 36 Cost., la giurisprudenza ha considerato le condizioni previste nei contratti collettivi di lavoro come *minimi retributivi* che non possono mai essere derogati in peggio dal singolo contratto di lavoro.

12.5 Il diritto di sciopero

12.5.1 Nozione e titolarità del diritto

Lo sciopero è il principale strumento a disposizione dei lavoratori per la difesa dei propri diritti e per la tutela dei propri interessi. Esso consiste nell'**astensione volontaria, collettiva e organizzata dal lavoro da parte dei lavoratori subordinati** *diretta al raggiungimento di determinati fini di ordine economico, politico o sindacale.*

Il diritto di sciopero rappresenta, quindi, una forma di **autotutela degli interessi dei lavoratori**, ed è stato riconosciuto dall'art. 40 della Costituzione repubblicana del 1948 (tale norma dispone che *il diritto di sciopero si esercita nell'ambito delle leggi che lo regolano*), mentre fino a quel momento era considerato reato. La dittatura fascista, infatti, vietò ogni attività sindacale.
Tradizionalmente si afferma che il diritto di sciopero è un **diritto individuale quanto alla titolarità** (spetta a ciascun lavoratore subordinato) e **collettivo quanto al suo esercizio**. Lo sciopero, infatti, è uno strumento di lotta attuato necessariamente in forma collettiva, per la difesa di interessi comuni: l'astensione dal lavoro di un singolo lavoratore non può considerarsi, perciò, esercizio del diritto di sciopero (Cass. n. 3419/1982).
L'**iniziativa** dello sciopero non deve necessariamente provenire dalle associazioni sindacali, poiché l'esercizio del diritto è attribuito direttamente ai lavoratori, i quali, anche se non costituiti in un gruppo sindacale, possono attuare uno sciopero astenendosi collettivamente dal lavoro (Cass. n. 2480/1976) e la relativa deliberazione può essere presa da un comitato di lavoratori, da un'assemblea spontanea etc.

12.5.2 Tipologie di sciopero

Lo sciopero, a seconda dei **motivi per i quali è indetto**, può essere *economico* (o sindacale) o *politico*.
Lo *sciopero economico* è finalizzato ad ottenere miglioramenti retributivi o normativi delle condizioni di lavoro (ad esempio, un aumento della retribuzione, una diminuzione dell'orario di lavoro, il miglioramento delle condizioni igieniche o della sicurezza dei luoghi di lavoro). Quello *politico*, invece, è diretto a influire sulle scelte politiche del Governo su questioni di carattere generale (ad esempio, sulle scelte relative alla riforma delle pensioni). Sono ritenuti legittimi anche:

> lo *sciopero di solidarietà*, proclamato per sostenere le rivendicazioni di un'altra categoria di lavoratori che hanno già intrapreso uno sciopero;
> lo *sciopero di protesta*, che viene proclamato contro un provvedimento assunto da uno o più datori di lavoro contro uno o più lavoratori ovvero al fine di protestare contro determinati atteggiamenti vessatori del datore di lavoro.

Per quanto concerne la **durata dello sciopero**, si distingue tradizionalmente tra *sciopero ad oltranza*, tendenzialmente proseguito fino al successo o al fallimento finale delle rivendicazioni dei lavoratori, e *sciopero a tempo*, attuato per un certo periodo di tempo (giornate, mezze giornate o ore).
Si parla anche di *sciopero dimostrativo*, attuato per un tempo brevissimo (pari a pochi minuti) in segno di protesta o di solidarietà, e di *sciopero breve*, per indicare lo sciopero attuato per un tempo inferiore all'orario di lavoro giornaliero.
Per quanto riguarda l'**estensione dello sciopero** si distingue tra:

> *sciopero generale*, che riguarda, almeno potenzialmente, l'intera categoria dei lavoratori subordinati di un Paese, di un grande settore produttivo o di un vasto territorio quale la Regione;
> *sciopero di categoria*, qualora riguardi solo una certa categoria industriale (ad esempio metalmeccanici) o professionale;
> *sciopero aziendale*, se riguarda una determinata struttura aziendale.

Per quanto riguarda, infine, più specificamente le **modalità attuative dello sciopero**, sempre più spesso si assiste a forme di sciopero definito *articolato*, in quanto lo stesso si realizza secondo *particolari combinazioni di spazio e/o di tempo* (la legittimità di queste forme di sciopero è stata a lungo negata). È il caso, in particolare:

- dello *sciopero parziale*, attuato in settori o durante fasi di lavoro la cui interruzione determina un ritardo notevole nella ripresa dell'attività;
- dello *sciopero a singhiozzo*, che consiste in una breve interruzione del lavoro a intervalli fissi finalizzata a rallentare la produzione.

  In caso di sciopero a singhiozzo, il rifiuto del datore di lavoro di ricevere le prestazioni lavorative offerte negli intervalli lavorativi dai dipendenti in sciopero è legittimo solo se dimostri l'assoluta impossibilità di utilizzare quelle prestazioni con proficuità ed economicità, indipendentemente dalla legittimità, o meno, dello sciopero stesso (Cass. n. 3303/1987);
- dello *sciopero a scacchiera*, dove si succedono le astensioni dal lavoro di gruppi di lavoratori appartenenti a diversi reparti o categorie professionali.

12.5.3 Effetti dello sciopero

Poiché lo sciopero è un diritto del lavoratore, il suo esercizio **non provoca conseguenze negative sul rapporto di lavoro** e, in particolare, *non determina un inadempimento degli obblighi assunti* con la stipulazione del contratto di lavoro.
L'esercizio del diritto di sciopero non può quindi essere considerato una giusta causa di licenziamento del lavoratore e il datore di lavoro non può applicare sanzioni disciplinari ai lavoratori che hanno partecipato allo sciopero. Quest'ultimo determina unicamente una *sospensione momentanea del rapporto di lavoro* e, pertanto, la perdita del diritto alla retribuzione per il tempo di durata di tale sospensione.
Il datore di lavoro, in caso di sciopero, può legittimamente effettuare una **trattenuta** sulla retribuzione spettante al lavoratore. Tale trattenuta deve corrispondere al tempo non lavorato (ad esempio, ai giorni di sciopero).

12.6 Lo sciopero nei servizi pubblici essenziali

In base all'art. 40 Cost., il diritto di sciopero deve essere esercitato nell'ambito delle leggi che lo regolano. In realtà, per lungo tempo è mancata una legge ordinaria che si occupasse di disciplinare le modalità e i limiti dello sciopero e solo nel 1990 è stata emanata una **normativa relativa, però, ai soli servizi pubblici essenziali**: si tratta della L. 12-6-1990, n. 146, successivamente modificata e integrata dalla L. 11-4-2000, n. 83.
Questa legge, sostanzialmente, si è posta il problema di **contemperare il diritto di sciopero che spetta a tutti i lavoratori con il godimento da parte dei cittadini di alcuni diritti della persona** anch'essi tutelati dalla Costituzione.
Ai sensi dell'art. 1 della legge, sono considerati *servizi pubblici essenziali*, anche se svolti da privati in regime di concessione o mediante convenzione, quelli volti a garantire il godimento dei diritti della persona, costituzionalmente tutelati, alla vita, alla salute, alla libertà e alla sicurezza, alla libertà di circolazione, all'assistenza e previdenza sociale, all'istruzione e alla libertà di comunicazione.

L'art. 1 L. 146/1990, appena citato, qualifica espressamente come servizi essenziali la sanità, l'igiene pubblica, la protezione civile, la raccolta e lo smaltimento dei rifiuti, le dogane, l'approvvigionamento di energie, risorse naturali e beni di prima necessità, l'amministrazione della giustizia, i servizi di protezione ambientale e di vigilanza sui beni culturali, i servizi di erogazione di stipendi e pensioni, i trasporti pubblici, le poste e le telecomunicazioni, l'istruzione pubblica.

Secondo la legge citata, dunque:

- il diritto di sciopero deve essere esercitato nel rispetto di misure dirette a consentire l'erogazione delle prestazioni indispensabili, con un **preavviso** minimo non inferiore a 10 giorni (art. 2, co. 1);
- i soggetti che proclamano lo sciopero hanno l'obbligo di comunicare per iscritto, nel termine di preavviso, **durata, modalità di attuazione e motivazioni**. Le disposizioni in tema di preavviso minimo e di indicazione della durata non si applicano nei casi di sciopero in difesa dell'ordine costituzionale, o di protesta per gravi eventi lesivi dell'incolumità e della sicurezza dei lavoratori. La comunicazione deve essere inviata alle amministrazioni o imprese che erogano il servizio, all'autorità che può imporre la precettazione (Presidente del Consiglio o Ministro delegato e Prefetto) e alla Commissione di garanzia per l'attuazione della legge. Quest'ultima è stata istituita per valutare l'idoneità delle misure volte ad assicurare il contemperamento dell'esercizio del diritto di sciopero con il godimento dei diritti della persona, costituzionalmente tutelati;
- speculare all'obbligo di preavviso è quello, posto a carico delle amministrazioni o delle imprese erogatrici dei servizi, di dare **comunicazione agli utenti**, nelle forme adeguate, almeno 5 giorni prima dell'inizio dello sciopero, dei modi e dei tempi di erogazione dei servizi nel corso dello sciopero e delle misure per la riattivazione degli stessi. Debbono inoltre garantire e rendere nota la pronta **riattivazione del servizio**, quando l'astensione dal lavoro sia terminata (art. 2, co. 6).

L'art. 2, co. 2, L. 146/1990 dispone che le amministrazioni e le imprese erogatrici dei servizi concordano, in sede di contrattazione collettiva, le **prestazioni indispensabili** che sono tenute ad assicurare, le modalità e le procedure di erogazione.

Se vi è il pericolo che lo sciopero in uno dei servizi pubblici sopra elencati rechi grave ostacolo al diritto dei cittadini di fruire di tali servizi, il Presidente del Consiglio o un Ministro da lui delegato (se lo sciopero ha rilevanza nazionale o ultraregionale) o il Prefetto (negli altri casi) possono **precettare** (cioè, ordinare) la sospensione dello sciopero e la ripresa del lavoro.

Con l'ordinanza di precettazione si può anche disporre il *differimento* dello sciopero ad altra data, anche *unificando astensioni collettive già proclamate*, la *riduzione della sua durata* ovvero prescrivere l'*osservanza di misure idonee* ad assicurare livelli di funzionamento del servizio pubblico compatibili con la salvaguardia dei diritti della persona costituzionalmente tutelati.

12.7 La serrata

La serrata è la **chiusura, da parte del datore di lavoro, dei normali luoghi di lavoro**, così da rendere impossibili le prestazioni lavorative.

Con la serrata, il datore di lavoro mira, normalmente ad impedire eventuali azioni illegittime da parte dei lavoratori (cosiddetta *serrata preventiva*) e ad indurre gli stessi a recedere da un determinato comportamento. Tipico esempio è la cosiddetta *serrata ritorsiva* che il datore di lavoro attua per "punire" uno sciopero.

L'art. 502 c.p. puniva penalmente la serrata, ma lo stesso è stato dichiarato costituzionalmente illegittimo con sentenza della Corte costituzionale n. 29/1960.

Sezione II
Legislazione sociale

Capitolo 1
Il sistema giuridico della previdenza sociale

1.1 Il rapporto giuridico previdenziale

Il sistema giuridico della previdenza sociale integra un sistema complesso e articolato in quanto caratterizzato dalla **presenza interconnessa di seguenti rapporti**:

- il rapporto fra lo Stato e l'istituto previdenziale;
- il rapporto fra lo Stato e il beneficiario delle prestazioni previdenziali;
- il rapporto fra l'istituto previdenziale e l'obbligato al pagamento dei contributi previdenziali.

Il rapporto che costituisce il vero fulcro del sistema è quello intercorrente fra l'**istituto e l'avente diritto alla prestazione**. È da sottolineare come da anni sia in atto una volontà di ampliare le basi del sistema delle tutele previdenziali promuovendo un **modello fondato su tre pilastri**, vale a dire affiancando alla previdenza pubblica obbligatoria, la previdenza complementare e quella privata.

La possibilità di accedere a tutti e tre pilastri è correlata, ovviamente, alle disponibilità di reddito del singolo cittadino, tant'è che, ad oggi, la stragrande maggioranza dei cittadini risulta essere ancora coperta dalla sola previdenza pubblica.

1.2 I soggetti del rapporto

L'erogazione delle prestazioni previdenziali è affidata a enti che reperiscono i mezzi necessari per la realizzazione del loro fine istituzionale dalla contribuzione obbligatoria posta a carico dei soggetti protetti o di soggetti terzi obbligati.

I soggetti che intervengono nella realizzazione della tutela previdenziale sono:

- lo **Stato**;
- gli **enti previdenziali** (INPS, INAIL e Casse professionali per i liberi professionisti);
- i **soggetti tenuti al versamento dei contributi** (datore di lavoro e lavoratore dipendente);
- i **soggetti protetti**, aventi diritto come tali alle prestazioni previdenziali.

Sono da annoverare fra i soggetti che svolgono un ruolo attivo nel sistema giuridico previdenziale:

- le **organizzazioni sindacali** dei lavoratori e dei datori di lavoro sia a livello nazionale che aziendale. Esse svolgono una funzione di detonatore per la formazione delle leggi in materia ed una funzione di vigilanza. Sul punto si cita l'art. 9 dello Statuto dei lavo-

ratori (L. 300/1970) laddove attribuisce ai lavoratori, direttamente o tramite le loro rappresentanze, "il diritto di controllare l'applicazione delle norme per la prevenzione degli infortuni e le malattie professionali e di promuovere la ricerca, l'elaborazione e l'attuazione di tute le misure idonee a tutelare la loro salute e la loro integrità fisica";
> gli **istituti di patronato e di assistenza sociale**. Ad essi sono demandate oltre alle funzioni tradizionali di assistenza e tutela in materia pensionistica, quelle di informazione, assistenza e tutela in materia di conseguimento di prestazioni erogate dal Servizio sanitario nazionale, di prestazioni di carattere socio-assistenziale, di prestazioni erogate dai fondi di previdenza complementare, di tutela e sicurezza nei luoghi di lavoro (L. 152/2001).

1.3 Natura giuridica del rapporto

Una volta venuta meno la configurazione del rapporto previdenziale in termini di rapporto assicurativo si è consolidata quella posizione dottrinale secondo cui **l'attività degli enti previdenziali ben può essere qualificata come servizio pubblico**.
Invero, il principio dal quale le prestazioni previdenziali sono informate è quello della **solidarietà di tutta la collettività organizzata nello Stato** che si realizza attraverso il contributo di coloro che sono in grado di lavorare a favore di quelli cui – per specifiche ragioni – vengono a mancare dei mezzi di sostentamento e si trovano in condizioni di bisogno.
La solidarietà viene conservata e garantita dallo Stato che non si comporta come uno spettatore inerte ma interviene assumendo un ruolo giuridicamente qualificato.
Gli **eventi al verificarsi dei quali è prevista l'erogazione di prestazioni** sono, per la natura delle cose o per il modo in cui la società è organizzata, normalmente inevitabili e determinano per chi vive del proprio lavoro una situazione di bisogno. Se si volesse fornire una qualificazione di questi eventi si dovrebbe più propriamente adoperare la locuzione di **rischi sociali**.

1.4 Costituzione del rapporto giuridico previdenziale

La concretizzazione della tutela previdenziale avviene con la costituzione del rapporto giuridico previdenziale, ovvero del rapporto, intercorrente tra gli enti previdenziali e soggetti protetti ed avente come contenuto il diritto di questi ultimi alle prestazioni previdenziali.
Due sono gli **elementi che concorrono ad integrare il diritto alle prestazioni previdenziali**: il soggetto deve vivere del proprio lavoro e devono verificarsi gli eventi che la legge reputa generatori di bisogno.
Quando non trova piena applicazione il principio dell'automaticità delle prestazioni, la fattispecie si completa solo in presenza di ulteriori elementi, in particolare il versamento di un determinato numero di contributi previdenziali entro un certo periodo di tempo.
Soltanto al completamento della fattispecie sorge una posizione giuridica attiva del soggetto protetto, avente ad oggetto le prestazioni previdenziali nei confronti dell'ente previdenziale.

1.5 Oggetto del rapporto previdenziale

L'oggetto del rapporto giuridico previdenziale è costituito dallo **stato di bisogno provocato dai rischi**, cioè da quegli eventi, futuri ed incerti, al verificarsi dei quali sorge il diritto del soggetto protetto alla prestazione previdenziale, in quanto ne è menomata, se non soppressa del tutto, la capacità lavorativa e/o di guadagno. L'art. 38 Cost. ne fa menzione, anche se in maniera non tassativa.

Sotto il profilo del danno, i rischi possono incidere sulla capacità lavorativa del soggetto protetto (come gli infortuni, la malattia – generica e professionale – l'invalidità), sulla sua capacità di guadagno (come nell'ipotesi di disoccupazione) o, ancora, aumentare i suoi bisogni (come i carichi di famiglia).

La distinzione più tradizionale suddivide i rischi in *professionali* e *non professionali*.

Sono **rischi professionali** quelli **connessi all'attività lavorativa del soggetto protetto**. Tali eventi possono colpire la persona fisica del lavoratore o incidere negativamente sulla sua attività lavorativa. Essi sono:

- gli *infortuni sul lavoro*. Si tratta di infortuni "avvenuti per causa violenta in occasione del lavoro, da cui sia derivata la morte o una inabilità permanente al lavoro, assoluta o parziale, o una inabilità temporanea assoluta che comporti l'astensione dal lavoro per più di tre giorni";
- le *malattie professionali*. Sono malattie tassativamente indicate dalla legge, contratte "nell'esercizio e a causa di specifiche lavorazioni"; accanto ad esse vanno aggiunte le cd. "malattie non tabellate", di diretta derivazione dell'attività lavorativa;
- la *disoccupazione involontaria*. È quella derivante dalla cessazione di una precedente attività lavorativa, non dipendente dalla volontà del lavoratore;
- la *riduzione o sospensione dell'attività lavorativa*. È dovuta ad una contrazione temporanea del lavoro non dipendente dal comportamento del lavoratore.

Sono **rischi non professionali** quelli relativi ad **eventi che possono colpire una qualsiasi persona, indipendentemente dalla sua attività lavorativa** e che hanno come effetto quello di rendere impossibile e difficile lo svolgimento di una attività lavorativa.

1.6 Rapporti preliminari al sorgere del rapporto previdenziale

1.6.1 L'atto di ammissione al godimento delle prestazioni previdenziali

La posizione giuridica in cui si trova il soggetto protetto nel momento in cui si verifica l'evento previsto dalla legge consiste nel **diritto all'ammissione al godimento delle prestazioni previdenziali**.

L'atto di ammissione consiste nell'accertamento di tutte le condizioni richieste dall'ordinamento giuridico e nella conseguente ammissione dell'istante al godimento delle prestazioni previdenziali.

Il provvedimento di ammissione ha, dunque, natura costitutiva. L'ammissione può essere dedotta anche da fatti concludenti, quali la materiale erogazione della prestazione previdenziale.

In caso di diniego, il richiedente, esperiti i procedimenti amministrativi, ove previsti, può rivolgersi al giudice ordinario il quale, accertata l'esistenza di tutte le condizioni di legge, condannerà l'ente previdenziale all'erogazione della prestazione previdenziale con una sentenza che avrà gli stessi effetti del provvedimento di ammissione non adottato.

Il Casellario delle posizioni previdenziali

In capo all'ente previdenziale possono sorgere, inoltre, a seconda dei casi, ulteriori obbligazioni preliminari, quali, ad esempio, inviare a ciascun lavoratore un estratto conto contenente l'indicazione della retribuzione denunciata dal datore di lavoro.

A tal fine, la L. 23-8-2004, n. 243 ha previsto la costituzione presso l'INPS del **Casellario centrale delle posizioni previdenziali attive**, per la raccolta, la conservazione e la gestione dei dati e di altre informazioni relativi ai lavoratori ai vari regimi pensionistici.

Il Casellario gestisce l'anagrafe generale delle posizioni assicurative di tutte le categorie di lavoratori (settore pubblico, settore privato e autonomi). La banca dati informatica del Casellario risiede su un'infrastruttura tecnologica messa a disposizione dall'INPS ed è alimentata da tutti gli istituti previdenziali.

1.6.2 Obblighi del datore di lavoro

Al diritto del lavoratore al corretto porsi degli elementi che consentiranno il sorgere del suo diritto alle prestazioni previdenziali corrisponde, quale presupposto per il suo esercizio, l'obbligo, imposto dalla legge ai datori di lavoro e sanzionato in via amministrativa, della **denuncia nominativa presentata all'INPS, contenente l'indicazione delle retribuzioni individuali corrisposte**. A seguito della denuncia di inizio di attività, l'ente previdenziale provvede all'inquadramento del datore a fini previdenziali ed all'assegnazione della matricola aziendale.

Il datore di lavoro è responsabile per la violazione del diritto del lavoratore alla periodica regolarizzazione della sua posizione contributiva, e come responsabile sussidiario nei suoi confronti deve anche essere considerato l'ente previdenziale.

Tale obbligo si estende all'**obbligazione contributiva**, avente ad oggetto il versamento dei contributi, compresa la quota a carico del lavoratore dipendente.

Nei confronti dei propri **dipendenti** sussiste l'**obbligo di consegnare una copia della denuncia nominativa presentata all'ente previdenziale**, contenente l'indicazione delle retribuzioni individuali corrisposte, nonché di tutti gli altri dati necessari per verificare la corretta applicazione della normativa in materia previdenziale (art. 4, co. 4, D.L. 352/1978, conv. in L. 467/1978). Tali obblighi nascono nel momento in cui il datore di lavoro assume il lavoratore. Ciò conferma l'obbligatorietà *ope legis* dell'assicurazione sociale, con la conseguenza che il rapporto assicurativo sorge indipendentemente dall'adempimento degli stessi.

La materia è stata semplificata dalla L. 40/2007 che ha previsto una **comunicazione unica per la nascita dell'impresa** (sostitutiva delle precedenti denunce di iscrizione all'INPS ed all'INAIL), inoltrata al competente ufficio del registro delle imprese presso la Camera di commercio (che provvederà a darne notizia alle amministrazioni interessate, in particolare all'INPS e all'INAIL), valida a fini previdenziali, assistenziali e fiscali, nonché per l'ottenimento del codice fiscale e della partita IVA.

I datori di lavoro devono denunciare, entro 30 giorni, le modifiche oggettive e soggettive che possono comportare una variazione di classificazione.

Ulteriore obbligazione in capo al datore di lavoro è la tenuta della documentazione obbligatoria aziendale, oggi costituita dal **libro unico del lavoro – LUL** (artt. 39 e 40 D.L. 112/2008, conv. in L. 133/2008).

1.7 Specie e funzione delle prestazioni previdenziali

Le prestazioni previdenziali sono determinate dalla legge, in relazione ad ogni singolo evento protetto. Possono essere:

> **sanitarie**, quando hanno ad oggetto l'assistenza medico-chirurgica, le prestazioni ambulatoriali, i ricoveri in case di cura e la somministrazione di medicinali. La funzione di questo tipo di prestazioni è quella di soddisfare il bisogno di cure e di reintegrare le perdute o menomate energie di lavoro dei soggetti protetti, realizzando così l'interesse privato più interesse pubblico generale. Le prestazioni sanitarie costituiscono non solo un diritto, ma anche un dovere o un onere. L'infortunato sul lavoro che, senza giustificato motivo, rifiuti di sottoporsi alle cure mediche ritenute necessarie dall'istituto erogatore ai fini del recupero dell'attitudine al lavoro, o non le esegua, perde il diritto a ricevere le indennità pecuniarie;

> **economiche**, che consistono nell'erogazione di denaro e soddisfano l'interesse pubblico generale all'eliminazione di determinate situazioni di bisogno. Non possono essere cedute e sono limitatamente impignorabili, insequestrabili e indisponibili, appunto perché sulla loro destinazione al perseguimento di un interesse pubblico non possono prevalere interessi individuali e nemmeno l'interesse del soggetto diretto.

Capitolo 2
Il rapporto giuridico contributivo

2.1 I contributi previdenziali e i soggetti tenuti al loro pagamento

I contributi previdenziali costituiscono l'**oggetto dell'obbligazione nascente dal rapporto contributivo intercorrente tra ente previdenziale e datore di lavoro**. Essi rappresentano i mezzi necessari perché gli enti previdenziali possano perseguire i propri fini istituzionali, ossia erogare le prestazioni previdenziali.
In origine, la tutela previdenziale era rivolta essenzialmente ai lavoratori subordinati ed il reperimento delle risorse necessarie a garantire determinate prestazioni a seguito del verificarsi di specifici eventi avveniva esclusivamente tra le categorie degli interessati. Erano, cioè, soltanto i lavoratori ed i datori di lavoro che sopportavano gli oneri economici della tutela previdenziale ed il fondamento dell'obbligazione contributiva in capo a questi ultimi era individuato nel cd. **rischio professionale**.
Anche oggi **il reperimento dei mezzi necessari alla realizzazione della tutela previdenziale avviene, nell'ambito del rapporto di lavoro subordinato** attraverso l'imposizione dell'obbligo del pagamento di contributi a carico delle categorie dei soggetti interessati: datori di lavoro e lavoratori.
Il responsabile dell'adempimento dell'obbligo contributivo risulta essere, anche per la parte posta a carico del lavoratore, il datore di lavoro, il quale, nella qualità di sostituto d'imposta, esercita una trattenuta sulla retribuzione del lavoratore.
Con la riforma Dini (L. 335/1995), però, è stata istituita presso l'INPS un'apposita gestione previdenziale autonoma, cd. **Gestione separata**, a cui sono obbligatoriamente iscritti i lavoratori autonomi privi di una tutela previdenziale e i lavoratori "indipendenti" soggetti alla ritenuta d'acconto. Con l'estensione della tutela previdenziale si è esteso anche l'obbligo contributivo ai lavoratori parasubordinati, ai lavoratori autonomi e dei liberi professionisti e ad altre categorie di lavoratori.
Il sistema di finanziamento della previdenza sociale è stato, poi, in parte modificato da una serie di interventi legislativi che hanno determinato una compartecipazione sempre maggiore dello Stato nel finanziamento delle gestioni previdenziali. Negli ultimi anni, infatti, pur costituendo i contributi la principale forma di finanziamento del sistema previdenziale, si è assistito ad una progressiva fiscalizzazione degli oneri sociali, in attuazione del principio di solidarietà sociale.

2.2 Il principio dell'automaticità delle prestazioni

La legge ha stabilito che il **requisito di contribuzione** stabilito per il conseguimento del diritto a pensione (di vecchiaia, invalidità, superstiti) si intende **verificato anche quando i contributi non siano stati effettivamente versati, ma risultino ancora dovuti, nei limiti della prescrizione decennale**. Tali periodi contributivi sono considerati utili anche ai fini della determinazione del *quantum* della prestazione pensionistica.

Questo principio, detto dell'*automaticità delle prestazioni,* è contemplato dall'art. 27 R.D.L. 636/1939.
Limite all'applicazione del principio è la prescrizione dei contributi previdenziali. Soltanto con riferimento ai contributi non prescritti sussiste il diritto dell'assicurato alla prestazione ed il diritto-dovere dell'ente previdenziale di esigerne il versamento da parte del datore di lavoro.
Condizioni per l'applicazione del principio dell'automaticità delle prestazioni sono, quindi, che la contribuzione non sia colpita da prescrizione e che il rapporto di lavoro risulti da documenti o prove certe.
La **prova dell'esistenza di un rapporto di lavoro** è data, in primo luogo, da apposita dichiarazione che il datore di lavoro è tenuto a rilasciare a richiesta del lavoratore o dell'ente previdenziale; in mancanza di detta dichiarazione, possono essere utilizzati altri documenti, quali lettere di assunzione e di licenziamento, attestati di occupazione, buste paga, scheda anagrafico-professionale.
L'ente previdenziale ha la possibilità di effettuare adeguati controlli qualora sorgano perplessità sulla veridicità delle dichiarazioni e dei documenti rilasciati dal datore di lavoro, o qualora il lavoratore abbia denunciato l'omissione contributiva. In quest'ultimo caso, l'ente previdenziale che non impedisca la prescrizione del contributo, ne risponderà nei confronti del soggetto protetto.

2.3 Inquadramento dei datori di lavoro ai fini della contribuzione

Tutti i datori di lavoro soggetti a contribuzione INPS vengono inquadrati in determinate categorie a seconda della tipologia dell'attività esercitata. In particolare, le attività lavorative sono raggruppate in macro settori: industria, artigianato, agricoltura e terziario e credito, assicurazione e tributi. Per ragioni di uniformità statistica l'INPS ha adottato la stessa classificazione ATECO (ATtività ECOnomiche) utilizzata dall'ISTAT.

L'art. 49 della L. 88/1989 prevede che la classificazione dei datori di lavoro disposta dall'INPS ha effetto a tutti i fini previdenziali ed assistenziali ed è stabilita sulla base dei seguenti criteri:

- *settore industria*, per le attività: manifatturiere, estrattive, impiantistiche; di produzione e distribuzione dell'energia, gas ed acqua; dell'edilizia; dei trasporti e comunicazioni; delle lavanderie industriali; della pesca; dello spettacolo; nonché per le relative attività ausiliarie;
- *settore artigianato*, per le attività di cui alla L. 443/1985;
- *settore agricoltura*, per le attività di cui all'art. 2135 c.c. ed all'art. 1 della L. 778/1986;
- *settore terziario*, per le attività: commerciali, ivi comprese quelle turistiche; di produzione, intermediazione e prestazione dei servizi anche finanziari; per le attività professionali ed artistiche; nonché per le relative attività ausiliarie;
- *credito, assicurazione e tributi*, per le attività: bancarie e di credito; assicurative; esattoriale, relativamente ai servizi tributari appaltati.

I datori di lavoro che svolgono attività non rientranti nei settori di cui sopra sono inquadrati nel settore "attività varie".
Con decreto del Ministro del lavoro e della previdenza sociale viene stabilito a quale dei settori indicati si debbano aggregare, agli effetti previdenziali ed assistenziali, i datori di lavoro che svolgono attività plurime rientranti in settori diversi.
Al termine delle procedure di inquadramento, le direzioni INPS notificano al datore di lavoro il provvedimento di attribuzione dell'inquadramento aziendale. A tale inquadramento deve uniformarsi anche quello stabilito dall'INAIL per la determinazione del contributo per la tutela infortunistica.

I datori di lavoro devono comunicare, entro 30 giorni, all'INPS ed all'INAIL le modifiche oggettive e soggettive che possono comportare una variazione della classificazione iniziale.

2.4 I vari tipi di contributi

I contributi utili per la determinazione del diritto e della misura delle prestazioni previdenziali sono di quattro specie: obbligatori, da riscatto, figurativi e volontari.

2.4.1 I contributi obbligatori

Sono quelli **dovuti dal datore di lavoro per coloro che svolgono un'attività retribuita alle sue dipendenze.**
Tali contributi sono presi in considerazione ai fini della determinazione sia del *diritto* (*an*) sia della *misura (quantum)* delle prestazioni, ancorché non siano stati effettivamente versati (principio dell'automaticità delle prestazioni previdenziali), purché l'obbligazione contributiva non sia prescritta e il rapporto di lavoro risulti da documenti o prove certe (quali lettere di assunzione, buste paga ecc.).

2.4.2 I contributi da riscatto

Consentono al lavoratore, con oneri a proprio carico o a carico del datore di lavoro o con trasferimento di fondi da altri enti di previdenza, di **regolarizzare, dal punto di vista assicurativo, periodi, lavorativi e non, che non siano stati coperti da contribuzione**.
Tali contributi sono equiparati ai contributi obbligatori e vengono presi in considerazione ai fini della determinazione sia del diritto (*an*) sia della misura (*quantum*) delle prestazioni.
L'ordinamento giuridico disciplina in modo tassativo i periodi che possono formare oggetto di riscatto. Nell'assicurazione generale obbligatoria e nei fondi ad essa sostitutivi ed esclusivi i periodi riscattabili riguardano i periodi di studio universitario (laurea, dottorato e periodi equivalenti), il lavoro svolto all'estero, il versamento dei contributi omessi e prescritti.

L'art. 13 L. 1338/1962 ha introdotto, infatti, la facoltà di riscatto di questi periodi di omesso versamento in misura pari alla pensione o alla quota di pensione adeguata che spetterebbe al lavoratore dipendente in relazione ai contributi omessi. Tale procedura, denominata tecnicamente **costituzione della rendita vitalizia**, consente, in sostanza, di non perdere ai fini pensionistici i periodi per i quali il datore di lavoro non ha adempiuto ai suoi obblighi contributivi. Si noti che la procedura in questione riguarda solo la contribuzione **omessa e prescritta**, cioè quella superiore, di regola, a **5 anni** a ritroso dall'insorgenza dell'obbligo contributivo per il datore. Nell'ambito, infatti, del termine di prescrizione di **5 anni**, i contributi non versati dal datore di lavoro vengono garantiti dal principio di automaticità delle prestazioni grazie al quale l'accredito della posizione previdenziale dell'assicurato avviene automaticamente a carico dell'INPS la quale potrà rivalersi sul datore di lavoro che ha effettuato l'omissione contributiva.

Con l'entrata in vigore del D.Lgs. 184/1997 e del D.Lgs. 564/1996, il **riscatto è stato esteso, in alternativa alla prosecuzione volontaria dell'assicurazione**, purché i periodi oggetto dell'operazione siano successivi al 31 dicembre 1996:

> ai periodi di formazione professionale, studio, ricerca e inserimento nel mercato del lavoro;
> ai periodi di interruzione o sospensione del rapporto di lavoro determinati da previsioni di legge o di contratto come, ad esempio, i periodi di sciopero, i congedi per la formazione professionale e le aspettative per motivi personali o familiari come previste dalla L. 53/2000;
> ai periodi intercorrenti tra un rapporto di lavoro e l'altro nel caso di lavori discontinui, stagionali e temporanei;
> per integrare ai fini pensionistici il lavoro svolto a tempo parziale.

L'ordinamento, inoltre, consente il riscatto del servizio civile prestato successivamente al 31 dicembre 2008, dei lavori socialmente utili prestati dopo il 1° agosto 1995 per il solo calcolo della misura della pensione, i periodi di lavoro irregolare in base alla L. 383/2001, gli anni di praticantato svolti dai promotori finanziari, del congedo parentale collocato al di fuori del rapporto di lavoro, e, ad integrazione della misura della pensione ove la contribuzione figurativa sia stata riconosciuta in misura convenzionale e non intera, nel congedo parentale, nonché nei permessi per malattia, educazione e assistenza dei figli o ai periodi di assistenza ai disabili.

In riferimento alla determinazione dell'onere del riscatto occorre tener presente che:

- i periodi da riscattare nel sistema retributivo (cioè tutti i periodi ante 1996, oppure sino al 2011 se l'assicurato possiede almeno 18 anni di contributi al 31 dicembre 1995) devono essere determinati applicando il **sistema della riserva matematica** (dato dall'importo della pensione corrispondente agli anni riscattati per determinati coefficienti contenuti in apposite tariffe approvate con decreto ministeriale);
- i periodi da riscattare nel sistema contributivo (cioè i periodi successivi al 2011 o successivi al 1995 se l'assicurato possiede meno di 18 anni di contributi al 31 dicembre 1995) devono essere determinati attraverso il **sistema dell'aliquota percentuale**.

Nel sistema contributivo si applica l'aliquota contributiva in vigore alla data di presentazione della domanda di riscatto, nella misura prevista per il versamento della contribuzione obbligatoria dovuta alla gestione pensionistica dove opera il riscatto stesso. La retribuzione cui va applicata la predetta aliquota contributiva è quella inerente ai 12 mesi meno remoti (cfr. art. 2 D.Lgs. 184/1997).

2.4.3 I contributi figurativi

Sono contributi versati agli enti previdenziali, senza onere finanziario a carico del lavoratore, per **periodi nei quali l'assicurato non ha svolto attività lavorativa per cause indipendenti dalla sua volontà**. La *ratio* alla base di questa forma di contribuzione è quella di salvaguardare, ai fini previdenziali, periodi non coperti da contribuzione obbligatoria, ma ritenuti meritevoli di tutela assicurativa.

Anche i contributi figurativi vengono presi in considerazione ai fini della determinazione sia del *diritto* (*an*) sia della *misura (quantum)* delle prestazioni.

Tali contributi si distinguono in due categorie, quelli accreditati d'ufficio e quelli accreditati a domanda dell'interessato.

Sono **riconosciuti d'ufficio** i periodi in cui l'assicurato ha beneficiato di:

> pensione ordinaria di inabilità, successivamente revocata a seguito del recupero della capacità lavorativa;

- assegno ordinario di invalidità, senza prestare contemporaneamente attività lavorativa;
- indennità di disoccupazione;
- assistenza antitubercolare;
- integrazioni salariali.

Sono, invece, **riconosciuti a domanda dell'interessato** i periodi di:

- servizio militare o servizio sostitutivo civile;
- malattia o infortunio sul lavoro di durata non inferiore a 7 giorni, nonché periodi di ricovero e di convalescenza post-ospedaliera;
- astensione obbligatoria dal lavoro per maternità (5 mesi) e permessi per allattamento;
- astensione facoltativa dal lavoro (congedi parentali) e assenza per malattia del figlio;
- permessi per il genitore di minore con gravi handicap;
- aspettativa non retribuita per ricoprire cariche pubbliche elettive, nonché cariche sindacali a livello nazionale, regionale o provinciale;
- servizio prestato dai non vedenti quali centralinisti telefonici, nonché da sordi ed invalidi per qualsiasi causa con grado di invalidità superiore al 74%.

Il legislatore non prevede limiti massimi per i periodi accreditabili a titolo di contribuzione figurativa. Tuttavia, in base a quanto può desumersi dall'art. 15 D.Lgs. 503/1992, per i lavoratori a favore dei quali non risulta accreditata alcuna contribuzione alla data del 31 dicembre 1992, ai soli fini del diritto alla pensione anticipata, **i periodi figurativi computabili non possono superare complessivamente 5 anni**.

2.4.4 I contributi volontari

Sono quei contributi **versati direttamente dall'assicurato**, il quale, avendo cessato l'attività lavorativa, abbia chiesto e ottenuto dall'ente previdenziale l'autorizzazione a proseguire l'assicurazione con onere interamente a proprio carico per conservare i diritti derivanti dall'assicurazione stessa o per raggiungere i requisiti per il diritto alla pensione.

La contribuzione volontaria ha la stessa efficacia di quella obbligatoria quanto al *diritto* (*an*) ed alla *misura (quantum)* della pensione.

Tale forma di contribuzione può essere consentita anche per i 6 mesi precedenti alla data della domanda, purché tale periodo non risulti già coperto da contribuzione obbligatoria o figurativa.

2.5 Costituzione, quantificazione ed estinzione del rapporto contributivo

2.5.1 Il rapporto di lavoro come presupposto dell'obbligo contributivo

L'**obbligo contributivo è previsto dalla legge** (art. 23 Cost.), la quale, oltre a determinarne l'ammontare, indicandone il tasso (o aliquota), ovvero la percentuale da applicare, individua anche i soggetti obbligati e i rischi protetti. Il più delle volte, però, la misura del contributo è, in concreto, fissata dall'ente previdenziale e approvata con decreto ministeriale, nel rispetto dei criteri e presupposti individuati dalla legge.

Il parametro di riferimento per la **quantificazione dell'obbligo contributivo** è costituito dalla retribuzione (per i lavoratori dipendenti) o dal reddito professionale (per i la-

voratori autonomi) che costituiscono la base imponibile ai fini previdenziali. Viceversa, il contributo non è commisurato (salvo che per l'assicurazione contro gli infortuni sul lavoro e le malattie professionali) all'entità o alla natura del rischio.
Determinante, dunque, è l'individuazione della retribuzione, vale a dire i compensi erogati al lavoratore. Essi rappresentano la base per l'applicazione delle aliquote percentuali previste dalla legge per determinare il contributo, cioè l'importo dovuto all'ente previdenziale a titolo di contribuzione.
Il legislatore ha stabilito che la retribuzione da assumere come **base per il calcolo dei contributi** di previdenza e di assistenza sociale non può essere inferiore all'importo delle retribuzioni stabilito da leggi, regolamenti, contratti collettivi, stipulati dalle organizzazioni sindacali più rappresentative su base nazionale, ovvero da accordi collettivi o contratti individuali, qualora ne derivi una retribuzione di importo superiore a quello previsto dal contratto collettivo (art. 1 D.L. 338/1989, convertito dalla L. 389/1989).
Con l'art. 1, co. 18, L. 335/1995, il legislatore ha previsto anche un massimale annuo della base contributiva e pensionabile per i lavoratori, privi di anzianità contributiva, che si iscrivono a far data dal 1° gennaio 1996 a forme pensionistiche obbligatorie e per coloro che esercitano l'opzione per il sistema contributivo. Detto massimale è annualmente rivalutato sulla base dell'indice dei prezzi al consumo per le famiglie di operai e impiegati, così come calcolato dall'ISTAT. È compito del Governo emanare norme relative al trattamento fiscale e contributivo della parte di reddito eccedente l'importo del tetto in vigore, ove destinata al finanziamento dei Fondi pensione di cui all'art. 2, co. 18, D.Lgs. 124/1993.

2.5.2 Estinzione del rapporto contributivo

Presupposto dell'obbligazione contributiva è l'**esistenza di un rapporto di lavoro**, sia esso subordinato, autonomo, parasubordinato, familiare (in alcuni casi, tuttavia, la contribuzione è indipendente dallo svolgimento di un'attività lavorativa, come avviene, ad esempio, per la contribuzione figurativa e da riscatto). Conseguentemente, l'obbligazione contributiva si estingue con il venir meno delle condizioni che avevano determinato il sorgere della stessa.
L'obbligazione contributiva può **estinguersi anche per prescrizione**. La prescrizione, decennale per i contributi dovuti per la tutela dell'invalidità, vecchiaia e superstiti (art. 41 L. 153/1969), è divenuta **quinquennale** dal 1° gennaio 1996, salvi i casi di denuncia del lavoratore o dei suoi superstiti (art. 3, co. 9, L. 335/1995).
La L. 335/1995 ha ridotto a 5 anni la prescrizione per tutte le contribuzioni di previdenza ed assistenza sociale obbligatoria e, dunque, anche la previgente prescrizione decennale prevista per la contribuzione dovuta per la tutela contro gli infortuni e le malattie professionali. Ha, inoltre, stabilito il divieto di versare i contributi prescritti, prevedendo, altresì, l'obbligo dell'ente previdenziale di interrompere la prescrizione, almeno tutte le volte che il lavoratore interessato abbia denunciato l'omissione contributiva.

2.6 Omessa o irregolare contribuzione: profili sanzionatori

L'onere contributivo può gravare, in parte, anche sugli stessi beneficiari delle prestazioni, cioè sui lavoratori. In tali casi, il datore di lavoro – esercitando, nella qualità di sostituto d'imposta, una trattenuta sulla retribuzione del lavoratore – risponderà anche del corretto versamento della quota contributiva a carico del lavoratore.

Il D.Lgs. 8/2016, novellando l'art. 2, co. 1-*bis*, D.L. 463/1983 (convertito dalla L. 638/1983) ha previsto la **depenalizzazione parziale del reato per mancato versamento di ritenute previdenziali ed assistenziali.**

La norma, in vigore dal 6 febbraio 2016, prevede le seguenti tipologie sanzionatorie:

- in caso di omissione al versamento di ritenute previdenziali ed assistenziali, per un importo massimo di 10.000 euro, si pagherà una sanzione amministrativa da 10.000 a 50.000 euro. Per evitare la sanzione, il datore di lavoro dovrà versare, entro 3 mesi dalla contestazione o dalla notifica dell'accertamento della violazione, i contributi omessi;
- in caso di omissione al versamento di ritenute previdenziali ed assistenziali, per un importo superiore a 10.000 euro, resta l'illecito penale che prevede la reclusione fino a 3 anni e una multa fino a 1.032 euro. Per evitare l'illecito penale l'azienda dovrà versare, entro 3 mesi dalla contestazione o dalla notifica dell'accertamento della violazione, i contributi omessi.

Si ricorda, infine che, per effetto di quanto previsto dall'art. 18 L. 300/1970 in tema di licenziamenti illegittimi, il datore di lavoro è condannato, altresì, al **versamento dei contributi previdenziali e assistenziali dal giorno del licenziamento fino a quello della effettiva reintegrazione**, maggiorati degli interessi nella misura legale senza applicazione di sanzioni per omessa o ritardata contribuzione, per un importo pari al differenziale contributivo esistente tra la contribuzione che sarebbe stata maturata nel rapporto di lavoro risolto dall'illegittimo licenziamento e quella accreditata al lavoratore in conseguenza dello svolgimento di altre attività lavorative. In quest'ultimo caso, qualora i contributi afferiscano ad altra gestione previdenziale, essi sono imputati d'ufficio alla gestione corrispondente all'attività lavorativa svolta dal dipendente licenziato, con addebito dei relativi costi al datore di lavoro.

2.7 Il DURC (Documento unico di regolarità contributiva)

Il documento unico di regolarità contributiva è un **certificato che attesta la regolarità di un'impresa relativamente al versamento dei contributi previdenziali ed assistenziali** nei confronti dell'INPS, dell'INAIL e delle Casse Edili.

Il D.L. 203/2005, conv. in L. 248/2005, ha esteso l'obbligo di presentazione del DURC (originariamente richiesto solo in caso di appalti pubblici e di lavori privati in edilizia soggetti a rilascio di concessione edilizia o a DIA) alle imprese di tutti i settori, al fine di accedere ai benefici contributivi ed alle sovvenzioni previste dall'ordinamento giuridico europeo.

Quanto al contenuto, il DURC deve attestare la regolarità contributiva, il rispetto dei contratti collettivi nazionali, regionali, territoriali o aziendali e il rispetto della normativa in materia di lavoro.

Capitolo 3
La tutela per l'invalidità, la vecchiaia e i superstiti (IVS)

3.1 Origine ed evoluzione della tutela per l'invalidità, la vecchiaia e i superstiti

Il rapporto che si costituisce attraverso l'Assicurazione Generale Obbligatoria per l'invalidità, la vecchiaia e i superstiti (AGO) ha ad oggetto i **tre eventi generatori di bisogno ai quali la stessa è intitolata: l'invalidità, la vecchiaia e la morte dell'assicurato o del pensionato**, allo scopo, in tale ultimo caso, di attribuire la pensione ai superstiti (art. 2 R.D.L. 636/1939). Detta Assicurazione è gestita dall'INPS.
Il primo intervento pubblico diretto a realizzare su scala nazionale una tutela previdenziale contro i "rischi" dell'invalidità e della vecchiaia risale al 1898, quando venne istituita la **Cassa nazionale di previdenza per l'invalidità e la vecchiaia degli operai**. Si trattava di un'assicurazione su basi puramente volontarie alla quale potevano iscriversi tutti i cittadini italiani che svolgessero lavori manuali, finanziata prevalentemente dagli iscritti, i quali versavano contributi senza vincoli di importo e di tempo, e integrata da un contributo di incoraggiamento da parte dello Stato nonché dal contributo, anch'esso libero, dei datori di lavoro o di terzi. Detta assicurazione, essendo facoltativa, riscosse un consenso molto limitato, per cui gli enti governativi ne introdussero l'obbligatorietà, inizialmente solo per alcune categorie di lavoratori. L'obbligatorietà fu poi estesa a tutte le categorie lavorative nel 1919, quando nacque la Cassa Nazionale per le Assicurazioni Sociali (CNAS), che assunse in seguito (R.D.L. 371/1933) la denominazione di **Istituto Nazionale della Previdenza Sociale (INPS)**, che tuttora conserva.
Nel 1935 l'intera normativa concernente le assicurazioni obbligatorie venne unificata in un unico testo legislativo e, successivamente, il R.D.L. 636/1939 provvide ad una generale rivisitazione delle assicurazioni con una disciplina che, nonostante le più recenti riforme legislative, costituisce ancora oggi un punto cardine nell'assetto della materia.

3.2 Organizzazione della tutela previdenziale per l'invalidità, la vecchiaia e i superstiti

3.2.1 Disciplina generale

La tutela per l'invalidità, la vecchiaia e i superstiti (**IVS**) si è sempre caratterizzata per non far capo ad un unico ente previdenziale, ma per essere attribuita a più enti o gestioni.
Attualmente, però, in considerazione del processo di accentramento in capo all'INPS di numerose funzioni e gestioni, detto ente rappresenta il gestore quasi unico e generale della previdenza pubblica nel nostro Paese. In particolare, la soppressione dell'INPDAP

(ente di previdenza dei lavoratori pubblici) e dell'ENPALS (ente di previdenza dei lavoratori dello spettacolo e degli sportivi professionisti), avvenuta alla fine del 2011, ha prodotto un mutamento non solo quantitativo ma dello stesso ruolo fino ad allora svolto dall'INPS, che ha arricchito il proprio *asset* di numerose altre attribuzioni istituzionali.
Il nostro ordinamento contempla **quattro forme previdenziali obbligatorie**:

- **Assicurazione Generale Obbligatoria (AGO)**, gestita dall'INPS e che, a sua volta, comprende le seguenti gestioni:
  - il FPLD (Fondo Pensioni Lavoratori Dipendenti);
  - le gestioni speciali per i lavoratori autonomi: artigiani e commercianti; coltivatori diretti, coloni e mezzadri;
  - la Gestione Separata per i parasubordinati e altri lavoratori autonomi (lavoratori a progetto; co.co.co.; autonomi occasionali; associati in partecipazione; venditori a domicilio; liberi professionisti senza Cassa previdenziale);
  - le gestioni speciali per categorie particolari di lavoratori (ex fondo spedizionieri; ex miniere, cave e torbiere ecc.);
- **Forme sostitutive dell'AGO**, gestite da fondi o Casse pensioni specifici;
- **Forme esclusive dell'AGO**, riferite essenzialmente al trattamento di quiescenza dei pubblici dipendenti;
- **Previdenza per i liberi professionisti**, gestita dai fondi o Casse pensioni istituite nell'ambito di ciascuna professione o per professioni similari.

3.2.2 L'Assicurazione Generale Obbligatoria (AGO) per i lavoratori dipendenti: il Fondo Pensioni Lavoratori Dipendenti (FPLD)

Il **Fondo Pensioni Lavoratori Dipendenti (FPLD)** è la gestione di previdenza pubblica, interna all'AGO e gestita dall'INPS, cui sono iscritti i lavoratori dipendenti del settore privato, ossia gli impiegati ed operai che prestino la propria opera alle dipendenze altrui. L'obbligo di iscrizione è previsto per tutti i soggetti, a prescindere dal sesso e dalla nazionalità, che abbiano compiuto i 14 anni di età e che prestino attività retribuita nell'ambito del territorio italiano.
Sono esclusi dall'iscrizione al FPLD coloro che sono inquadrati nelle forme esclusive o sostitutive dell'Assicurazione Generale Obbligatoria, i lavoratori autonomi ed i liberi professionisti.
Al FPLD sono invece iscritti anche i lavoratori marittimi, i lavoratori dipendenti da imprese agricole, i lavoratori domestici e gli apprendisti.
Per le forme sostitutive ed esclusive dell'AGO e per le gestioni speciali si rinvia ai capp. 7 e 8.

3.3 Le riforme del sistema pensionistico

3.3.1 Il controllo della spesa pubblica e le riforme del sistema previdenziale

Nel corso degli ultimi trent'anni il sistema previdenziale italiano è stato interessato da riforme strutturali finalizzate essenzialmente al progressivo controllo della spesa pubblica per le pensioni.

Nel nostro Paese, il sistema pensionistico pubblico è strutturato secondo il **criterio della ripartizione**. Ciò significa che **i contributi che i lavoratori e le aziende versano agli enti di previdenza vengono utilizzati per pagare le pensioni di coloro che hanno lasciato l'attività lavorativa**. È evidente che, in un sistema così organizzato, il flusso delle entrate (rappresentato dai contributi) deve essere in equilibrio con l'ammontare delle uscite (le pensioni pagate).
In Italia, da un lato, il progressivo aumento della vita media della popolazione ha fatto sì che si debbano pagare le pensioni per un tempo più lungo, dall'altro, il rallentamento della crescita economica ha frenato le entrate contributive. Per far fronte a questa situazione, sono state attuate una serie di riforme tutte orientate a riportare sotto controllo la spesa pensionistica, le più importanti delle quali (quelle che ancora oggi rappresentano i provvedimenti chiave dell'intero sistema) sono la riforma Dini del 1995 e la riforma Fornero del 2011.

3.3.2 La riforma Dini (1995)

Con la L. 8-8-1995, n. 335 (cosiddetta riforma Dini) sono stati modificati i criteri di calcolo dei trattamenti pensionistici attraverso la commisurazione di detti trattamenti alla "contribuzione". La principale novità introdotta ha, infatti, riguardato il sistema di calcolo della pensione, prevedendo il passaggio dal sistema **retributivo** a quello **contributivo**:
- nel **sistema retributivo** la pensione è **commisurata alle retribuzioni percepite** nell'ultimo periodo della vita lavorativa, che tendenzialmente sono le più favorevoli. Esso si basa su tre elementi: l'anzianità contributiva, la retribuzione/reddito pensionabile e l'aliquota di rendimento;
- nel **sistema contributivo**, invece, l'importo della pensione dipende dall'**ammontare dei contributi versati** dal lavoratore nell'arco della vita lavorativa.

Il sistema contributivo rappresenta una forma più equa di determinazione della prestazione pensionistica, in quanto pone in diretta correlazione quanto versato con quanto il soggetto verrà a percepire; i **contributi accantonati (cosiddetto montante)** vengono, infatti, convertiti in rendita attraverso coefficienti di trasformazione calcolati in ragione dell'età di pensionamento e della conseguente attesa di vita.

Il montante individuale è la somma di tutti i contributi versati dal lavoratore, che si ottiene applicando alla retribuzione o al reddito (per i lavoratori autonomi) imponibile annuo l'aliquota di computo, diversa a seconda che si tratti di lavoratore dipendente, autonomo o iscritto alla gestione separata. Al 31 dicembre di ciascun anno si provvede, poi, alla rivalutazione delle quote accantonate mediante il tasso di capitalizzazione; si tratta di un coefficiente che ha la funzione di attualizzare il montante contributivo all'andamento della ricchezza nazionale.

L'ulteriore elemento necessario a determinare l'importo della pensione contributiva è il cosiddetto **coefficiente di trasformazione**, ovvero la **percentuale per la quale si moltiplicano i contributi accumulati** in tutta la vita lavorativa al fine di determinare l'assegno pensionistico.
Il **passaggio dall'uno all'altro sistema di calcolo è avvenuto in modo graduale**, distinguendo i lavoratori in base all'anzianità contributiva. Si sono così create tre diverse situazioni: i lavoratori con almeno 18 anni di anzianità contributiva a fine 1995 hanno mantenuto il sistema retributivo; ai lavoratori con un'anzianità contributiva inferiore ai 18 anni, alla stessa data, è stato attribuito il **sistema misto** (il cosiddetto *pro-rata*), cioè

retributivo fino al 1995 e contributivo per gli anni successivi; ai neoassunti dopo il 1995 è applicato il sistema di calcolo contributivo.
La riforma Dini ha determinato, inoltre, una svolta nella storia della previdenza italiana attuando un nuovo sistema basato su **due pilastri**:
- il primo pilastro è rappresentato dalla **previdenza obbligatoria** (INPS, Casse professionali ecc.), che assicura la pensione di base;
- il secondo pilastro è rappresentato dalla **previdenza complementare**, che, attraverso l'adesione volontaria e collettiva alle forme pensionistiche complementari, offre la possibilità di costituirsi una pensione aggiuntiva. Ne possono beneficiare gruppi e categorie di lavoratori mediante l'adesione ai fondi pensione (aperti e negoziali) o a forme previdenziali individuali accessibili a tutti i cittadini.

La riforma ha previsto, ancora, un **aumento progressivo dei requisiti di anzianità contributiva e di età anagrafica per accedere al pensionamento di anzianità**.
Sono state inoltre introdotte 4 distinte **finestre di uscita**, le quali indicano il momento a partire dal quale, una volta conseguiti i requisiti, può essere erogata la pensione di anzianità.
Un altro aspetto importante della riforma del 1995 è stata l'istituzione della cosiddetta Gestione separata, un fondo pensionistico volto ad assicurare la tutela previdenziale a categorie di lavoratori fino a quel momento escluse (autonomi, titolari di rapporti di collaborazione e altre indicate dalla legge).

3.3.3 La riforma Monti-Fornero (2011)

Il progressivo acuirsi della crisi economica e finanziaria che ha investito la "zona euro", nonché l'esigenza di dare sostenibilità finanziaria al sistema previdenziale italiano rispettando gli impegni assunti in Europa hanno portato all'emanazione del D.L. 6-12-2011, n. 201, convertito dalla L. 22-12-2011, n. 214 (cosiddetto **decreto Monti-Fornero**, ovvero **decreto "Salva Italia"**), che ha introdotto importanti novità e rilevanti modifiche in materia previdenziale.
Fino alla riforma previdenziale varata con il D.L. 201/2011 i trattamenti erogati dal sistema previdenziale obbligatorio erano costituiti, oltre che dagli assegni di invalidità e dai trattamenti ai superstiti, essenzialmente da tre prestazioni: pensione di vecchiaia, pensione di anzianità e pensione di anzianità con 40 anni di contribuzione versata indipendentemente dall'età anagrafica. Dal 1° gennaio 2012, le prestazioni erogate dall'INPS sono state razionalizzate con la soppressione dei trattamenti di anzianità con le cosiddette **quote** (somma tra anzianità contributiva ed età anagrafica). I principali canali di accesso al trattamento previdenziale risultano, pertanto, due: la pensione di vecchiaia e la pensione anticipata con un'anzianità contributiva particolarmente elevata.
Vediamo nel dettaglio le novità apportate dalla riforma:
- viene **generalizzato, secondo il meccanismo *pro-rata*, il metodo contributivo** del calcolo delle pensioni. A partire dal 1° gennaio 2012 il sistema di calcolo contributivo è esteso alla generalità dei lavoratori. L'innovazione è consistita nell'aver riportato nel sistema contributivo anche quei lavoratori che, all'epoca della riforma Dini (L. 335/1995), avevano conservato il sistema di calcolo retributivo in quanto in possesso, alla data del 31-12-1995, di almeno 18 anni di contributi.

Pertanto, alla luce della riforma, per i lavoratori con almeno 18 anni di contributi al 31-12-1995 il passaggio dal sistema retributivo a quello contributivo avviene con il metodo cd. *pro-rata*, per cui la pensione per la quota relativa alle anzianità contributive maturate fino al 2011 viene calcolata in base al metodo retributivo (ovvero in base alle ultime retribuzioni), mentre la quota relativa alle anzianità contributive maturate a partire dal 2012 viene calcolata con il metodo contributivo (ovvero in base ai contributi versati/accreditati dall'1-1-2012) fino alla decorrenza della pensione. Nulla cambia, invece, per chi è entrato nel mondo del lavoro dopo il 31-12-1995, perché per tali soggetti già trovava piena applicazione il sistema contributivo puro. Con l'approvazione della riforma Fornero è stato, dunque, di fatto, abolito il metodo di calcolo interamente retributivo, prevedendosi esclusivamente due modalità per calcolare l'importo della pensione: il metodo misto e quello interamente contributivo;

- viene previsto un generale **innalzamento dei requisiti anagrafici e contributivi per** il diritto alla pensione;
- sono **abolite le pensioni di anzianità conseguibili attraverso le quote**. I trattamenti previdenziali vengono ricondotti sostanzialmente a due tipologie: la pensione ordinaria di vecchiaia e la pensione anticipata. Per quanto riguarda la pensione di vecchiaia, oltre alle modifiche inerenti all'elevazione dell'età pensionabile, si interviene parificando il requisito minimo di contribuzione (pari a 20 anni) fino a quel momento diversificato tra soggetti del sistema retributivo/misto e soggetti del sistema contributivo;
- sono **abolite le finestre di uscita**, in quanto inglobate nei nuovi requisiti di accesso. Il trattamento previdenziale è, pertanto, erogato a partire dal momento della maturazione dei requisiti, senza ulteriori dilazioni;
- viene introdotta una **fascia di flessibilità**, differenziata per donne e uomini che consente ai lavoratori che abbiano raggiunto i requisiti minimi per accedere alla pensione di vecchiaia di prolungare la propria vita lavorativa fino ad un massimo di 70 anni di età anagrafica, ciò grazie all'applicazione di particolari coefficienti di rendimento del capitale accumulato;
- viene confermato il sistema di **adeguamento alla speranza di vita**, introdotto dall'art. 12, co. 12-bis, D.L. 78/2010. Si tratta di un meccanismo che aggancia l'età per il pensionamento all'andamento della probabilità di vita della popolazione nazionale, verificato dall'ISTAT; quando questa probabilità aumenta, quando cioè aumentano gli anni attesi di vita della popolazione, anche l'età per il pensionamento subisce un innalzamento;
- il requisito minimo dell'**anzianità contributiva** resta fissato in **20 anni**;
- viene disposta la **soppressione** dell'Istituto Nazionale di Previdenza per i Dipendenti dell'Amministrazione Pubblica (**INPDAP**) e dell'Ente Nazionale di Previdenza ed Assistenza per i Lavoratori dello Spettacolo e dello Sport professionistico (**ENPALS**), entrambi confluiti nell'INPS.

Capitolo 4
Le prestazioni previdenziali dell'Assicurazione Generale Obbligatoria (AGO)

4.1 Le prestazioni previdenziali erogate dall'Assicurazione Generale Obbligatoria (AGO): nozioni introduttive

La principale funzione dell'INPS, che gestisce l'Assicurazione Generale Obbligatoria (AGO), è indubbiamente quella previdenziale, consistente nell'erogazione di pensioni e di altre prestazioni previdenziali e assistenziali. Con il termine previdenza sociale si intendono generalmente le "diverse **forme di tutela dei lavoratori predisposte a fronte di situazioni di bisogno in cui i lavoratori stessi o i loro familiari possono venire a trovarsi** in seguito al verificarsi di determinati eventi, che si realizzano mediante l'erogazione di somme di denaro o di altre utilità".

L'art. 38 della Costituzione include espressamente tra gli eventi tutelati, costitutivi per l'insorgenza del diritto alla prestazione pensionistica, la vecchiaia, l'invalidità e l'inabilità. Pertanto, in favore dei soggetti inseriti nel mondo del lavoro, iscritti a forme di assicurazione obbligatoria per l'invalidità, la vecchiaia ed i superstiti, quando maturino l'età pensionabile o nell'ipotesi in cui nel corso della vita lavorativa siano divenuti invalidi o inabili al lavoro, l'ordinamento previdenziale eroga prestazioni economiche (pensione di vecchiaia, assegno di invalidità, pensione di inabilità) con la finalità di rimuovere lo stato di bisogno e il disagio economico di chi non è più in età da lavoro ovvero del lavoratore che non sia più in grado di esplicare o di esplicare solo parzialmente la propria attività.

Per l'erogazione delle prestazioni non solo deve verificarsi l'**evento protetto** (invalidità, inabilità, vecchiaia, anzianità e morte), ma devono sussistere anche i **requisiti** di assicurazione e di contribuzione. La funzione selettiva svolta dai requisiti contributivi trova fondamento sia nell'esigenza oggettiva di garantire un minimo di economicità alla gestione, sia nella limitazione soggettiva della tutela ai lavoratori che abbiano svolto attività lavorativa di una certa consistenza e durata (Persiani). I requisiti d'accesso non sono uniformi per tutte le prestazioni pensionistiche, ma per ognuna di esse è stabilito dalla legge un requisito specifico.

Ulteriore forma di complessità del sistema è quella inerente alle modalità di calcolo della pensione, che, come accennato, ha visto storicamente un'alternanza tra il sistema retributivo e quello contributivo.

4.2 I criteri di calcolo delle prestazioni previdenziali

Per il calcolo dell'importo dei trattamenti previdenziali sono stati nel tempo presi in considerazione tre diversi sistemi:

- **retributivo**, per il lavoratore con almeno 18 anni di contributi alla data del 31-12-1995;

- **misto** (ovvero una quota calcolata con il sistema retribuito e una quota con il sistema contributivo), per il lavoratore con meno di 18 anni di contributi alla data del 31-12-1995;
- **contributivo**, per il lavoratore che avesse iniziato la propria attività dopo il 31-12-1995.

Il sistema *pro-rata* (o misto) è stato inizialmente previsto dalla riforma Dini per quei soli assicurati che alla data del 31-12-1995 avessero versato contributi per un periodo inferiore ai 18 anni. Per essi, pertanto, la pensione si compone di una quota calcolata secondo il sistema retributivo (quella relativa ai contributi maturati fino al 31-12-1995) e di una quota (quella relativa ai contributi versati a partire dal 1995) calcolata secondo il sistema contributivo. Per chi, invece, alla stessa data del 31-12-1995 poteva contare su almeno 18 anni di contributi, si continuava ad applicare esclusivamente il metodo retributivo.

Il metodo "contributivo puro", che si fonda sui contributi versati durante la vita lavorativa, rimaneva appannaggio esclusivo di quei lavoratori che hanno versato i primi contributi a partire dal 1° gennaio 1996.

Con l'approvazione della riforma contenuta nel D.L. 201/2011 (conv. in L. 214/2011) è stato introdotto il sistema di calcolo contributivo per tutti gli associati a partire dal 1° gennaio 2012, per cui anche per i lavoratori con un'anzianità contributiva pari o superiore a 18 anni al 31-12-1995, che ricadevano interamente nel sistema retributivo, la pensione viene calcolata sempre con il sistema retributivo per i contributi maturati sino al 31-12-2011, ma con il sistema contributivo per la *pro-quota* delle anzianità contributive maturate a partire dal 1° gennaio 2012.

In pratica, per chi ha iniziato a lavorare **dopo il 31 dicembre 1995** il metodo di calcolo della pensione è quello contributivo per l'anzianità maturata in tutta la vita lavorativa.

Per chi, invece, ha iniziato a lavorare **prima del 31 dicembre 1995** operano due sistemi misti:

- con meno di 18 anni di anzianità contributiva al 31-12-1995, il sistema di calcolo è retributivo fino a quella data e poi contributivo per tutti i restanti anni di lavoro;
- con almeno 18 anni di anzianità al 31-12-1995, il sistema di calcolo è retributivo fino al 31-12-2011 e poi contributivo per l'anzianità maturata dal 2012.

Ai destinatari del sistema misto (ovvero i soggetti già assicurati alla data del 31-12-1995) è data la possibilità di esercitare l'opzione per la liquidazione del trattamento pensionistico esclusivamente secondo le regole del sistema contributivo, a condizione che abbiano maturato al 31-12-1995 un'anzianità contributiva di almeno 15 anni di cui 5 nel sistema contributivo medesimo (art. 1, co. 23, L. 335/1995).

È inoltre prevista la possibilità per le lavoratrici del pubblico e del privato, a determinate condizioni, di andare in pensione anticipatamente rispetto al regime ordinario, optando per il calcolo del trattamento previdenziale con il solo criterio contributivo (cosiddetta **opzione donna**, *vedi infra*).

4.3 L'invalidità lavorativa

4.3.1 Nozione di invalidità

Si considera "invalido", secondo l'art. 1, co. 1, L. 222/1984, per il conseguimento del diritto all'assegno nell'Assicurazione Generale Obbligatoria dei lavoratori dipendenti e nelle gestioni speciali dei lavoratori autonomi, l'**assicurato la cui capacità di lavoro, in occupazioni confacenti alle sue attitudini, sia ridotta in modo permanente, a causa di infermità o difetto fisico o mentale, a meno di un terzo**.

4.3.2 L'assegno ordinario di invalidità (AOI)

L'assegno ordinario di invalidità è una **prestazione economica, erogata a domanda, in favore di coloro la cui capacità lavorativa sia ridotta a meno di un terzo a causa di infermità fisica o mentale**. Per "infermità" s'intende un processo morboso in evoluzione. Le infermità dalle quali deriva l'invalidità devono essere attuali; peraltro, nella nozione di invalidità è insito il requisito della "permanenza", che va inteso non come insanabilità assoluta della malattia, ma come obiettiva incertezza in ordine alla sua durata ed alla sua possibilità di guarigione o di miglioramento. Deve dunque ritenersi "permanente" uno stato morboso non circoscrivibile nel tempo.

Hanno diritto all'assegno di invalidità, erogato dall'INPS, i **lavoratori**:

- dipendenti;
- autonomi (artigiani, commercianti, coltivatori diretti, coloni e mezzadri);
- iscritti ad alcuni fondi pensioni sostitutivi ed integrativi dell'Assicurazione Generale Obbligatoria.

Per ottenere l'assegno sono richiesti i seguenti **requisiti**, la cui sussistenza è accertata dall'INPS:

- **requisito sanitario**: riduzione della capacità di lavoro (in occupazioni confacenti alle attitudini dell'assicurato, in modo permanente, a causa di infermità o di difetto fisico o mentale), a meno di un terzo (67% di invalidità);
- **requisiti assicurativi e contributivi**: possesso di almeno 5 anni di anzianità assicurativa (è necessario, cioè, che siano trascorsi non meno di 5 anni dalla data di inizio dell'assicurazione) e di almeno 5 anni di contributi, di cui almeno 3 nel quinquennio precedente la data di presentazione della domanda.

In caso di sussistenza sia del requisito sanitario che di quello contributivo, la prestazione avrà decorrenza dal primo giorno successivo alla data di presentazione della domanda amministrativa.

Ai fini del riconoscimento dell'assegno **non è richiesta la cessazione dell'attività lavorativa**. La soglia di invalidità per il riconoscimento dell'assegno è, infatti, costituita dai due terzi della capacità lavorativa. Pertanto il beneficiario può continuare a svolgere un'attività di lavoro produttiva di reddito e percepire, contemporaneamente, la prestazione previdenziale. Tuttavia, qualora il reddito conseguito sia superiore a 4 volte il trattamento minimo INPS vigente nel FPLD il trattamento dell'assegno viene ridotto del 25% della prestazione base; se invece è superiore a cinque volte l'importo dell'assegno si riduce al 50%.

Poiché il grado di invalidità è connesso alla capacità di lavoro e questa può variare con il trascorrere del tempo, l'assegno ordinario di invalidità presenta le seguenti **caratteristiche**:

- ha **validità triennale**, alla scadenza della quale può eventualmente essere riconfermato previa sottoposizione a nuova visita medica e su domanda dell'interessato entro la data di scadenza. Dopo il terzo riconoscimento consecutivo, la prestazione viene confermata definitivamente, ferma restando la facoltà di revisione dello stato di invalidità da parte dell'INPS (art. 9 L. 222/1984);
- in caso di morte del beneficiario, la prestazione **non è reversibile** ai superstiti;
- l'assegno **non è cumulabile** con una eventuale rendita vitalizia erogata dall'INAIL in caso di infortunio sul lavoro o malattia professionale;

- in presenza dei requisiti di assicurazione e contribuzione, al compimento dell'età stabilita per il diritto alla pensione di vecchiaia, l'assegno di invalidità viene **trasformato d'ufficio in pensione di vecchiaia**;
- il titolare dell'assegno, qualora risulti modificato in peggio il suo stato invalidante fino alla totale esclusione della capacità lavorativa, può ottenere la pensione di inabilità.

L'assegno ordinario di invalidità segue il criterio di calcolo vigente nell'Assicurazione Generale Obbligatoria. Pertanto si applicherà la formula contributiva ovvero il *pro-rata*, a seconda che il soggetto sia stato assicurato per la prima volta dal 1° gennaio 1996, ovvero possa far valere alla predetta data un'anzianità, rispettivamente, superiore o inferiore ai 18 anni.

Qualora l'importo dell'assegno risulti inferiore al trattamento minimo delle singole gestioni, lo stesso potrà essere **integrato al trattamento minimo** della gestione stessa. In pratica, si somma all'assegno un importo pari a quello della pensione sociale (dal 1° gennaio 1996 assegno sociale) fino a concorrenza dell'importo del trattamento minimo (art. 1, co. 3, L. 222/1984). Questa particolare forma d'integrazione non spetta se il soggetto possiede redditi che, sommati a quello dell'assegno, risultino superiori a due volte l'importo dell'assegno sociale. Se il soggetto è coniugato l'integrazione non spetta qualora il reddito, cumulato con quello del coniuge, sia superiore a tre volte l'importo dell'assegno sociale. Dal computo di tali redditi va escluso quello derivante dalla casa di abitazione.

In ogni caso l'integrazione al trattamento minimo non è applicabile agli assegni liquidati esclusivamente con le regole del sistema contributivo.

4.4 L'inabilità lavorativa

4.4.1 Nozione di inabilità

La L. 222/1984 ha previsto due eventi diversi che danno luogo, al loro verificarsi, a due prestazioni diverse: l'assegno di invalidità e la pensione di inabilità. Il primo in favore del soggetto che presenti una riduzione della capacità di lavoro; il secondo in favore del soggetto che manifesti una totale perdita della capacità di lavoro.

L'art. 2 della citata legge ha, infatti, introdotto il distinto concetto di "inabilità", per cui si considera "inabile" l'**assicurato il quale, a causa di infermità, difetto fisico o mentale, si trovi nell'assoluta e permanente impossibilità di svolgere qualsiasi attività lavorativa**. Il grado di inabilità deve provocare una compromissione tale da escludere la possibilità di svolgere qualsiasi attività lavorativa produttiva retribuita, neppure a carattere temporaneo.

4.4.2 La pensione ordinaria di inabilità

La pensione ordinaria di inabilità spetta, come nel caso dell'assegno di invalidità, ai lavoratori:

- dipendenti;
- autonomi (artigiani, commercianti, coltivatori diretti, coloni e mezzadri);
- iscritti ai fondi pensioni sostitutivi ed integrativi dell'AGO.

L'*iter* da seguire comporta, previa richiesta dell'interessato avallata da certificazione medica, la sottoposizione a visita medica a cura dell'INPS che accerti l'**assoluta e per-**

manente impossibilità a svolgere qualsiasi lavoro a causa dell'infermità fisica o mentale riscontrata.
Sono altresì richiesti i medesimi requisiti contributivi già analizzati per l'assegno di invalidità, per cui sono necessari almeno 5 anni di assicurazione e contribuzione, di cui almeno 3 anni nel quinquennio precedente la data di presentazione della domanda di pensione di inabilità.
È inoltre necessaria:

- la cessazione di qualsiasi tipo di attività lavorativa, non essendo compatibile con l'accertata inabilità al lavoro;
- la cancellazione dagli elenchi di categoria dei lavoratori autonomi;
- la cancellazione dagli Albi professionali;
- la rinuncia ai trattamenti a carico dell'assicurazione obbligatoria contro la disoccupazione ed a ogni altro trattamento sostitutivo o integrativo della retribuzione.

La pensione di inabilità, al contrario dell'assegno ordinario di invalidità, è **reversibile** ai superstiti in caso di morte del beneficiario, mentre è incompatibile con i compensi per attività di lavoro autonomo o subordinato svolto in Italia o all'estero successivamente alla concessione della pensione (art. 2, co. 5, L. 222/1984). Ancora a differenza dell'assegno ordinario di invalidità, la pensione di inabilità non si trasforma automaticamente in pensione di vecchiaia al perfezionamento dell'età per il collocamento a riposo.
Perché ciò avvenga è necessario che il pensionato possa far valere i requisiti di età e contributivi previsti per tale prestazione e presenti apposita domanda all'ente.
Occorre sottolineare come la pensione di inabilità **non** sia **cumulabile con la rendita INAIL** se i due trattamenti dipendono dallo stesso evento invalidante. In pratica, se un lavoratore ha diritto a una rendita infortunistica a causa di un incidente sul lavoro e lo stesso evento comporta il diritto alla pensione d'inabilità, le due prestazioni non sono cumulabili. Sono invece cumulabili se la causa che ha determinato l'inabilità è diversa da quella che ha determinato l'infermità derivante dall'infortunio.
La pensione di inabilità viene calcolata non solo sulla base dei contributi già versati, ma anche tenendo conto di quelli relativi agli anni che mancano al raggiungimento dell'età pensionabile.
In particolare, la pensione di inabilità è costituita dall'importo dell'assegno di invalidità, calcolato secondo le norme generali in vigore nell'Assicurazione Generale Obbligatoria (sistema misto se c'era contribuzione antecedente il 1996 e sistema interamente contributivo per gli iscritti successivi al 1996) e da una **maggiorazione dell'anzianità contributiva** maturata, la quale viene incrementata **virtualmente**, nel limite massimo di 40 anni di contributi, di un periodo pari a quello compreso tra la data di decorrenza della pensione di inabilità e il compimento dell'età pensionabile. La maggiorazione che vale ad integrare l'importo della pensione (quasi a compensare la incompatibilità tra l'inabilità e la prosecuzione di qualsivoglia attività lavorativa) corrisponde, in sostanza, alla distanza contributiva che separa il pensionato dai 60 anni di età. In ogni caso, però, non può essere computata un'anzianità contributiva superiore ai 40 anni.
La pensione di inabilità è **integrabile al trattamento minimo** secondo le norme comuni agli altri trattamenti pensionistici, salvo quelle liquidate esclusivamente con il sistema contributivo.
È in ogni tempo consentito all'INPS di procedere alla **revisione** della prestazione di inabilità (art. 9 L. 222/1984). In tale circostanza la prestazione può essere confermata, trasformata in assegno ordinario di invalidità (qualora si accerti una invalidità inferiore

al 100% ma superiore ai due terzi) oppure revocata qualora il titolare dimostri il recupero della capacità lavorativa a più di un terzo.

4.4.3 L'indennità di accompagnamento

L'art. 5 L. 222/1984 ha previsto in determinati casi la corresponsione ai pensionati di inabilità anche di un **assegno mensile erogato ai fini di una assistenza personale e continuativa** (cd. **indennità di accompagnamento)**.
Questo assegno accessorio spetta ai soli pensionati di inabilità che si trovino nell'impossibilità di "deambulare" senza l'aiuto permanente di una accompagnatore, o che non siano in grado di compiere gli atti quotidiani della vita senza un'assistenza continua.
L'assegno erogato a norma del citato art. 5 è un assegno mensile non reversibile dovuto nella stessa misura prevista nell'assicurazione obbligatoria contro gli infortuni sul lavoro e le malattie professionali.
Detto assegno:

- è incompatibile con l'analogo assegno dovuto dall'INAIL a titolo di assistenza personale continuativa a norma delle disposizioni del T.U. sugli infortuni (artt. 76 e 218 T.U. 1124/1965);
- non è dovuto in caso di ricovero in istituti di cura o di assistenza a carico della pubblica amministrazione;
- è ridotto, per coloro che fruiscono di analoga prestazione erogata da altre forme di previdenza obbligatoria e di assistenza sociale, in misura corrispondente all'importo della prestazione stessa.

Ai fini della concessione dell'assegno mensile, gli interessati sono tenuti a presentare all'INPS apposita domanda corredata da documentazione idonea a provare il possesso dei requisiti per il riconoscimento del relativo diritto. L'assegno può essere revocato nel caso vengano meno le condizioni medico-legali che hanno dato titolo alla sua corresponsione.

4.5 Assegno privilegiato di invalidità e pensione privilegiata di inabilità per cause di servizio

Nella condizione di invalidità o di inabilità del soggetto possono trovare causa ulteriori prestazioni pensionistiche. Viene in rilievo, in particolare, l'**assegno privilegiato di invalidità e la pensione privilegiata di inabilità per causa di servizio**.
Tali prestazioni spettano all'assicurato, anche in difetto delle condizioni di contribuzione previste per le omologhe prestazioni ordinarie, a condizione che:

- l'invalidità o l'inabilità risultino in **rapporto causale diretto con le finalità di servizio**;
- dall'evento **non derivi il diritto ad una rendita a carico dell'INAIL**;
- dall'evento non origini il diritto ad un **trattamento previdenziale o assistenziale continuativo** a carico dello Stato o di altri enti pubblici.

Così come per le omologhe prestazioni previdenziali ordinarie, le **condizioni legittimanti** l'erogazione dell'assegno privilegiato di invalidità o della pensione privilegiata di inabilità sono:

- la condizione di invalidità, ossia la riduzione permanente della capacità lavorativa a meno di 1/3, dove la riduzione della capacità lavorativa va valutata in relazione ad attività lavorative in occupazioni confacenti alle attitudini del lavoratore;
- la condizione di inabilità, ossia l'impossibilità di svolgere qualsiasi attività di lavoro.

L'elemento distintivo è, invece, rappresentato, per un verso, dalla necessità che lo stato inabilitante o invalidante sia in rapporto di causalità con l'attività di lavoro svolta e, per altro verso, dal fatto che non sono richiesti, ai fini del riconoscimento dei trattamenti, i requisiti assicurativi e contributivi che condizionano l'erogazione dei correlativi trattamenti ordinari.
Anche se la malattia preesiste all'inizio dell'attività lavorativa, si configura la causa di servizio qualora l'aggravamento che determina la condizione invalidante o inabilitante si ponga in rapporto di causalità con l'attività di lavoro.
Per quel che riguarda il calcolo dell'importo dell'assegno privilegiato di invalidità e della pensione privilegiata di inabilità, esso segue le regole ordinarie.
Tale tipologia di prestazione pensionistica, a decorrere dal 6 dicembre 2011, non spetta più a tutto il personale civile statale, stante l'abrogazione operata dal D.L. 201/2011 (convertito dalla L. 214/2011), ovvero la cosiddetta *riforma Monti-Fornero*. In particolare, la riforma ha abrogato, tra l'altro, l'istituto della pensione privilegiata per tutti i dipendenti pubblici, ad eccezione del personale appartenente al comparto sicurezza, difesa, vigili del fuoco e soccorso pubblico.

4.6 La pensione di vecchiaia e la pensione anticipata: nozioni introduttive

La *pensione di vecchiaia* è la principale forma di previdenza pubblica e consiste in una *prestazione economica costituita dal versamento mensile di una somma di denaro* da parte dell'INPS in favore dei lavoratori dipendenti e autonomi, iscritti all'Assicurazione Generale Obbligatoria (AGO) ed alle forme esclusive, sostitutive ed integrative della medesima, nonché alla Gestione separata, che hanno raggiunto l'età stabilita dalla legge e perfezionato l'anzianità contributiva e assicurativa richiesta.
L'**età minima** per ottenere la pensione di vecchiaia è stata più volte innalzata negli anni e, da ultimo, il requisito è stato ritoccato dalla riforma del sistema pensionistico realizzata nel 2011, che ha inasprito in generale i requisiti di accesso, prevedendone un innalzamento graduale con l'obiettivo di parificare l'età pensionabile **tra uomini e donne a partire** dal 1° gennaio 2018.
Detta riforma ha rimodulato completamente le vecchie pensioni di vecchiaia e di anzianità, prevedendo, a partire dal 1° gennaio 2012, la possibilità, per coloro che abbiano maturato i requisiti pensionistici, di accedere alla pensione di vecchiaia e alla pensione anticipata calcolate esclusivamente (salve talune deroghe ed eccezioni) con il sistema contributivo o con il metodo *pro-rata*.
In sintesi, **tali requisiti si applicano**:

- a tutti i lavoratori assunti per la prima volta dall'1-1-1996, per i quali vige il sistema contributivo puro;
- ai lavoratori passati dal sistema retributivo a quello contributivo in *pro-rata* (ovvero sia quelli che al 31-12-1995 avevano maturato una contribuzione inferiore ai 18 anni, sia quelli che a quella data potevano vantare una contribuzione pari ad almeno 18 anni, questi ultimi passati al sistema contributivo in *pro-rata* a partire dall'1-1-2012).

Viceversa, restano fuori dall'applicazione dei nuovi requisiti quei lavoratori che alla data del 31-12-2011 abbiano già maturato i requisiti di età e di anzianità contributiva richiesti dalla previgente normativa, i quali conseguono la pensione secondo i criteri antecedenti a quelli introdotti dal cd. **decreto Salva Italia**. Per tali lavoratori vige, inoltre, ai fini della decorrenza del trattamento pensionistico, il meccanismo delle **finestre di accesso**.
Ai fini del conseguimento dei nuovi trattamenti pensionistici è in ogni caso sempre richiesta la cessazione dell'attività lavorativa dipendente.
I requisiti di accesso alla pensione di vecchiaia e anticipata sono stati poi adeguati, a partire dal 2013, all'incremento della speranza di vita accertato dall'Istat. Il primo adeguamento si è avuto al 1° gennaio 2013; a partire **dal 2019 i suddetti adeguamenti sono stati previsti con cadenza biennale**.
Per quanto concerne l'accesso al **pensionamento anticipato**, l'art. 15 D.L. 4/2019 ha disposto che il requisito contributivo per conseguire il diritto alla pensione anticipata, nel periodo compreso tra il 1° gennaio 2019 ed il 31 dicembre 2026, non è adeguato all'incremento della speranza di vita, confermando così, fino a quella data, il trattamento pensionistico già operante nel periodo 2016-2018.

4.7 La pensione di vecchiaia

4.7.1 Requisiti per il conseguimento

La "vecchiaia" quale rischio assicurato corrisponde al conseguimento della cd. "età pensionabile", quando il legislatore presume che il lavoratore venga a trovarsi nell'incapacità di proseguire l'attività lavorativa.
Si è detto come nel tempo, al fine soprattutto di contenere il costo della spesa pubblica per le pensioni, l'età pensionabile abbia subìto un graduale innalzamento ad opera di successivi interventi legislativi, fino all'ultima importante riforma del 2011, la cd. riforma Fornero.
Per quanto riguarda le pensioni di vecchiaia, il D.L. 201/2011 (conv. in L. 214/2011), oltre alle modifiche inerenti all'elevazione dell'età pensionabile, ha provveduto altresì a parificare il requisito minimo di contribuzione (portandolo a 20 anni), requisito in passato diversificato per i soggetti del sistema retributivo e misto e i soggetti del sistema contributivo. Pertanto, tutti i lavoratori dipendenti e autonomi (uomini e donne) che maturino i requisiti dal 1° gennaio 2012 possono accedere alla pensione di vecchiaia se in **possesso di un'anzianità contributiva minima di 20 anni** (è valutabile la contribuzione a qualsiasi titolo versata o accreditata) secondo le modalità indicate dalla legge (cfr. art. 24 D.L. 201/2011, conv. in L. 214/2011).
I requisiti di accesso alla pensione di vecchiaia, come abbiamo visto, dal 1° gennaio 2013, hanno costituito oggetto dell'adeguamento alla stima di vita ISTAT e, a partire dal 2019, tali adeguamenti sono stati previsti con cadenza biennale.

Il primo aumento è stato di 3 mesi, il secondo aumento di 4 mesi con effetto dal 1° gennaio 2016, il terzo aumento di 5 mesi con effetto dal 1° gennaio 2019. Il quarto adeguamento, previsto dal 1° gennaio 2021, è stato annullato per effetto del D.M. 5-11-2019, per cui i requisiti anagrafici restano invariati sino al 31 dicembre 2022.

Tuttavia, con decreto 27-10-2021, il Ministero dell'Economia e Finanze ha comunicato che, anche per l'anno 2023 come per il 2022, non è previsto alcun incremento dei requisiti di accesso ai trattamenti pensionistici, sulla base della speranza di vita.

Lavoratrici dipendenti assicurate al FPLD dell'AGO e forme sostitutive
Per tale categoria di soggetti l'età pensionabile è stata fissata dal 1° gennaio 2012 a 62 anni; dal 1° gennaio 2013 si applica il primo aumento per effetto dell'adeguamento alla speranza di vita (62 anni e **3 mesi**). A decorrere dal 1° gennaio 2014 il requisito anagrafico è poi aumentato a 63 anni e 6 mesi + **3 mesi** (adeguamento), mentre dal 1° gennaio 2016 l'età pensionabile è di 65 anni e 3 mesi, cui va aggiunto il 2° adeguamento alla speranza di vita pari a 4 mesi (65 anni e 7 mesi).
Dal 2018 il requisito anagrafico è innalzato a 66 anni e 7 mesi (per effetto degli adeguamenti del 2013 e del 2016).
Per il biennio 2019-2020, il requisito anagrafico è ulteriormente innalzato a **67 anni**. Tale requisito anagrafico rimane inalterato anche nel biennio 2021-2022.

Lavoratrici autonome AGO e Gestione separata
A partire dal 2012 l'età pensionabile è stata fissata a 63 anni e 6 mesi, per aumentare a 64 anni e 6 mesi dal 1° gennaio 2014, a 65 anni e 6 mesi dal 1° gennaio 2016, fino ad arrivare a 66 anni dal 2018. Dal 2013 si aggiunge anche l'incremento per l'effetto dell'adeguamento alla speranza di vita pari a 3 mesi, e quello ulteriore a partire dal 2016 pari a 4 mesi (in definitiva, l'età pensionabile dal 2016 è pari a 66 anni e 1 mese, salvo a crescere dal 2018 a 66 anni e 3 mesi più l'adeguamento alla speranza di vita).
Per il biennio 2019-2020, il requisito anagrafico è ulteriormente innalzato a **67 anni** (inalterato nel biennio 2021-2022).

Lavoratori dipendenti AGO e forme esclusive e sostitutive e lavoratrici dipendenti dalle forme esclusive
Per tali soggetti l'età pensionabile è stata portata, a partire dal 1° gennaio 2012, a 66 anni, fermi restando gli aumenti dettati dall'adeguamento alla speranza di vita pari a 3 mesi dal 2013 e a 4 mesi dal 2016 (quindi dal 2016 l'età pensionabile è pari a 66 anni e 7 mesi).
Successivamente, il requisito anagrafico è stato ulteriormente innalzato a **67 anni**.

Lavoratori autonomi AGO e Gestione separata
Anche per tali soggetti il requisito anagrafico per accedere alla pensione di vecchiaia è stato innalzato a 66 anni dal 1° gennaio 2012, cui vanno aggiunti 3 mesi a decorrere dal 2013 ed ulteriori 4 mesi a decorrere dal 2016, per effetto dell'adeguamento alla speranza di vita (quindi dal 2016 l'età pensionabile è pari a 66 anni e 7 mesi).
Per tutti i lavoratori e le lavoratrici iscritti all'AGO, alle forme esclusive e sostitutive, nonché alla Gestione separata, i quali maturino il diritto alla prima decorrenza utile dall'anno 2021, i requisiti anagrafici richiesti per l'accesso alla pensione di vecchiaia devono essere tali da garantire un'età minima di accesso non inferiore ai **67 anni**.

4.7.2 La pensione di vecchiaia nel sistema contributivo puro (primo accredito contributivo decorrente dal 1° gennaio 1996)

Per gli assicurati a partire dal 1° gennaio 1996, destinatari del sistema contributivo puro, al fine di conseguire il diritto alla pensione di vecchiaia, oltre alla presenza del requisito contributivo di 20 anni e del requisito anagrafico, è richiesta anche la condizione che l'importo della prestazione pensionistica non sia inferiore ad un **importo minimo**, pari a 1,5 volte l'importo dell'assegno sociale di cui alla L. 335/1995 (art. 3, co. 6).
In caso contrario detti soggetti possono accedere al trattamento di vecchiaia al compimento dei **70 anni di età** e con **5 anni di contribuzione "effettiva"** (cioè obbligatoria, volontaria e da riscatto), con esclusione della contribuzione accreditata figurativamente a qualsiasi titolo, a prescindere dall'importo della pensione. Il requisito anagrafico di 70 anni è soggetto agli adeguamenti in materia di stima di vita (dal 2013 sono, quindi, necessari 70 anni e 3 mesi di età, dal 2016, invece, 70 anni e 7 mesi di età, infine dal 2019 sono necessari **71 anni**).

4.7.3 Deroghe ed eccezioni in materia di pensione di vecchiaia

I requisiti di accesso alla pensione di vecchiaia possono subire, ai sensi del D.Lgs. 503/1992, deroghe ed eccezioni, non intaccate dalla L. 214/2011 e, pertanto, ancora operanti (come precisato dalla circolare INPS 16/2012).
Ai suddetti trattamenti pensionistici vanno inoltre applicate le disposizioni in materia di decorrenza, introdotte dalla stessa L. 214/2011, con esclusione dei soggetti non vedenti ed invalidi all'80%, per i quali continuano ad applicarsi le decorrenze mobili, introdotte dalla L. 122/2010.
Si tratta delle seguenti situazioni:

> deroga riguardante i **soggetti con grado di invalidità non inferiore all'80%**. Questi soggetti, con almeno 20 anni di contributi, possono accedere alla pensione di vecchiaia al compimento dei 60 anni per gli uomini e 55 anni per le donne. Dal 2013, i requisiti anagrafici si adeguano alla stima di vita e pertanto, nel biennio 2019-2020, e ancora per il biennio 2021-2022, potranno accedere alla pensione di vecchiaia al compimento dei **61 anni** per gli uomini e **56 anni** per le donne. Questi lavoratori devono, inoltre, attendere l'apertura di una finestra mobile di **12 mesi** per ottenere il primo rateo pensionistico a differenza di quanto accade attualmente nella normativa generale che ha soppresso le finestre annuali. La deroga è prevista esclusivamente per i lavoratori dipendenti del settore privato;

> deroga riguardante i **lavoratori non vedenti**. I non vedenti dalla nascita e i soggetti divenuti non vedenti prima dell'inizio del rapporto assicurativo o anche dopo l'inizio del rapporto assicurativo, con almeno 10 anni di contributi dopo l'insorgenza della cecità, nel biennio 2019-2020, e ancora per il biennio 2021-2022, possono accedere alla pensione di vecchiaia al compimento di **56 anni** per gli uomini e **51 anni** per le donne (61 anni per gli uomini e 56 per le donne, se lavoratori autonomi). Questi lavoratori devono, inoltre, attendere l'apertura di una finestra mobile di **12 mesi** se dipendenti del settore privato oppure di **18 mesi** se autonomi, per ottenere il primo rateo pensionistico. I lavoratori ciechi che non rispondono ai requisiti sopra esposti possono andare in pensione con 15 anni di contributi all'età di 61 anni per gli uomini e 56 anni per le donne (66 anni per gli uomini e 61 anni per le donne in caso di lavoratori au-

tonomi) e con decorrenza del trattamento dal 13° mese successivo al raggiungimento dei requisiti ovvero dal 19° mese (per i lavoratori autonomi);

> deroghe che consentono l'accesso alla pensione di vecchiaia a **soggetti con un'anzianità contributiva ridotta (ma pari ad almeno 15 anni) rispetto a quella ordinariamente prevista**. L'art. 2, co. 3, del D.Lgs. 503/1992 ha individuato particolari categorie di lavoratori dipendenti e autonomi in grado di accedere alla pensione di vecchiaia in presenza di un'anzianità contributiva minima di 15 anni. L'INPS ha, tuttavia, chiarito che l'accesso alla pensione in deroga sarà consentito soltanto al compimento dei nuovi requisiti anagrafici introdotti dalla riforma del 2011, adeguati a partire dal 2013 all'incremento relativo alla speranza di vita. Ai suddetti trattamenti pensionistici si applicheranno, inoltre, le disposizioni in materia di decorrenza, introdotte dalla L. 214/2011 (disapplicazione della cd. finestra mobile).

4.8 La pensione anticipata

4.8.1 La disciplina generale

La pensione anticipata è il **trattamento previdenziale che può essere conseguito a prescindere dall'età anagrafica, al perfezionamento del solo requisito contributivo, dai lavoratori iscritti alla previdenza pubblica**. A partire **dal 2012 sostituisce la pensione di anzianità**.

Gli iscritti all'Assicurazione generale obbligatoria, alle forme esclusive e sostitutive, nonché alla gestione separata, in possesso di anzianità contributiva al 31 dicembre 1995 (cioè lavoratori che a quella data rientravano nel sistema retributivo o misto), a decorrere dal 1° gennaio 2012 possono conseguire, ai sensi dell'art. 24, co. 10, del D.L. 201/2011, la pensione anticipata qualora abbiano maturato (nel periodo 2016-2018) un'anzianità contributiva pari a 42 anni e 10 mesi per gli uomini e a 41 anni e 10 mesi per le donne.

Dal 1° gennaio 2019 il requisito contributivo così fissato avrebbe dovuto formare oggetto di adeguamento alla speranza di vita in misura pari a cinque mesi. Il predetto adeguamento è stato, tuttavia, sospeso dall'art. 15 D.L. 4/2019 sino alla data del 31 dicembre 2026.

Pertanto, il requisito contributivo per conseguire il diritto alla pensione anticipata, nel periodo compreso tra il 1° gennaio 2019 e il 31 dicembre 2026, rimane fissato a **42 anni e 10 mesi** per gli uomini e **41 anni e 10 mesi** per le donne.

Lo stesso D.L. 4/2019 ha introdotto (per chi matura i requisiti dal 1° gennaio 2019) una finestra mobile che comporta lo slittamento nella percezione del primo rateo di pensione in misura pari a tre mesi dalla maturazione dei requisiti.

La finestra da considerare, per la pensione anticipata nel 2022, è confermata di tre mesi: essa vale per tutti e per i lavoratori privati iscritti a tutte le gestioni e, calcolando la finestra di tre mesi dal raggiungimento dei requisiti richiesti per l'uscita, la pensione decorre dal primo giorno del mese successivo alla finestra, mentre per lavoratori pubblici iscritti a gestioni esclusive la pensione decorre dal primo giorno successivo alla finestra.

Con riferimento ai soggetti il cui primo **accredito contributivo** decorre **dal 1° gennaio 1996** (e che, quindi, hanno diritto alla liquidazione del trattamento pensionistico interamente con il sistema contributivo), oltre alla possibilità di conseguire il trattamento anticipato ordinario, e dunque, a prescindere dall'età anagrafica, al perfezionamento delle medesime anzianità contributive previste per i lavoratori nel sistema retributivo o misto, si aggiunge un'ulteriore opzione che prevede una combinazione tra contribuzione ed età anagrafica, senza alcuna distinzione in base al sesso. I soggetti indicati, infatti, possono ottenere la pensione anticipata, qualora più favorevole, al compimento di **64 anni di età** (fino al 31 dicembre 2022), a condizione che risultino versati e accreditati almeno **20 anni di contribuzione** "effettiva" e che l'ammontare della prima rata di pensione risulti non inferiore ad un importo soglia mensile pari a **2,8 volte** l'importo mensile dell'assegno sociale.

Ai fini del computo del requisito contributivo è utile solo la contribuzione effettivamente versata (obbligatoria, volontaria, da riscatto), con esclusione di quella accreditata figurativamente a qualsiasi titolo, ed è necessario che tutti i contributi siano stati versati nel sistema contributivo puro.
Il requisito anagrafico non ha formato oggetto di sospensione agli adeguamenti alla speranza di vita ad opera del D.L. 4/2019. Pertanto nel biennio 2019-2020 il requisito anagrafico aumentato a **64 anni** nel biennio 2019-2020 resta confermato anche per il biennio 2021-2022 ai sensi di quanto stabilito dal D.M. 5-11-2019.
A tale prestazione, peraltro, continua a non applicarsi alcuna finestra di slittamento nell'erogazione del rateo pensionistico.

4.8.2 La pensione anticipata: da Quota 100 a Quota 102

In aggiunta ai canali di pensionamento tradizionali previsti dalla riforma Fornero (pensione di vecchiaia e pensione anticipata), l'art. 14 D.L. 4/2019 ha introdotto, in via sperimentale, per il triennio 2019-2021, il diritto a conseguire la pensione anticipata in presenza di un requisito anagrafico pari a **62 anni** e di un'anzianità contributiva minima di **38 anni** (cd. **Quota 100**).
La norma dispone espressamente che il diritto acquisito **entro il 31 dicembre 2021 possa essere esercitato anche successivamente** alla predetta data (principio della **cristallizzazione del diritto a pensione**). Ciò significa che il lavoratore che abbia raggiunto i requisiti anagrafici e contributivi **entro il 31 dicembre 2021** può scegliere di andare in pensione anche in un momento successivo senza perdere questa possibilità.
Limitatamente al solo anno 2022, l'art. 1, co. 87 ss., L. 234/2021 (*legge di bilancio 2022*) ha introdotto **Quota 102**, forma di pensionamento anticipato mutuata dalla precedente Quota 100: la norma interviene direttamente sul testo dell'art. 14 D.L. 4/2019 (conv. dalla L. 26/2019) e, pertanto, per le parti non interessate dalla modifica legislativa, rimangono operative le precisazioni e le indicazioni già emanate in riferimento al pensionamento in Quota 100.
La prestazione è destinata ai lavoratori autonomi e subordinati del settore pubblico e privato che, nel corso del 2022, compiano 64 anni di età e maturino almeno 38 anni di anzianità contributiva. L'accesso alla pensione è consentito anche successivamente al 31 dicembre 2022, purché la maturazione dei requisiti avvenga nel corso dell'anno.

La Quota 102, dunque, si rivolge ai nati entro il 1958 che raggiungono tra il 1° gennaio e il 31 dicembre 2022 i 38 anni di contributi, mentre la Quota 100 si rivolge ai nati entro il 1960 che raggiungono i 38 anni di contributi entro il 31 dicembre 2021.

Ai fini della **maturazione del requisito contributivo** è possibile far ricorso al cumulo dei periodi assicurativi non coincidenti temporalmente maturati presso l'assicurazione

generale obbligatoria e le gestioni esclusive e sostitutive alla stessa gestite dall'INPS: vige, invece, il divieto di cumulo dei periodi di contribuzione versati presso Casse libero professionali, che potranno essere valorizzati solo previa ricongiunzione onerosa all'assicurazione generale obbligatoria ai sensi della L. 45/1990.
Per il conseguimento del requisito contributivo valgono anche i periodi di contribuzione versati all'estero non temporalmente coincidenti, purché relativi a Paesi a cui si applichino i regolamenti dell'Unione Europea di sicurezza sociale ovvero a Paesi extracomunitari legati all'Italia da convenzioni bilaterali di sicurezza sociale.

Per i lavoratori iscritti all'assicurazione generale obbligatoria (settore privato) *ex* art. 22 L. 153/1969 (si tratta degli iscritti alle assicurazioni obbligatorie per la invalidità, la vecchiaia ed i superstiti dei lavoratori dipendenti, dei lavoratori delle miniere, cave e torbiere, dei coltivatori diretti, mezzadri e coloni, degli artigiani e degli esercenti attività commerciali), almeno 35 di contributi devono essere raggiunti **al netto di eventuali periodi di contribuzione figurativa** accreditati per periodi di malattia, di disoccupazione o equiparati.

Anche per la Quota 102 è previsto un meccanismo di **differimento nell'erogazione** del primo rateo pensionistico rispetto alla maturazione del requisito (finestra): tale differimento per i *lavoratori autonomi e subordinati del settore privato* è di tre mesi dalla maturazione dei requisiti, mentre per i dipendenti delle pubbliche amministrazioni *ex* art. 1, co. 2, D.Lgs. 165/2001 la finestra è di sei mesi.
La pensione in Quota 102 **non è cumulabile con altri redditi** da lavoro autonomo o subordinato, anche se prodotti all'estero, relativi ad attività svolte successivamente alla decorrenza del trattamento e sino al compimento dell'età per il pensionamento di vecchiaia (67 anni). Il cumulo reddituale è consentito unicamente con redditi da lavoro autonomo occasionale, percepiti entro la soglia dei 5.000 euro lordi annui.
Nell'anno di percezione di redditi da lavoro autonomo o subordinato o di superamento del limite di cumulabilità di 5.000 euro con redditi da lavoro occasionale è sospeso il pagamento della pensione in Quota 102 e i ratei di pensione eventualmente già posti in pagamento sono recuperati dall'ente previdenziale.

In tali ipotesi, i titolari di pensione dovranno presentare all'INPS una dichiarazione circa lo svolgimento di qualsiasi attività lavorativa dipendente o autonoma da cui derivino redditi incumulabili.

La prestazione, inoltre, **non è compatibile** con la titolarità di altri trattamenti temporanei di sostegno al reddito al di fuori del rapporto di lavoro (ad esempio assegno emergenziale erogato da fondi di solidarietà o indennizzo per la cessazione definitiva dell'attività commerciale).
Il conseguimento della pensione in Quota 102 resta condizionato alla cessazione di ogni rapporto di lavoro subordinato, mentre, ferma l'incumulabilità del trattamento, non è richiesta la cessazione di attività di lavoro autonomo.

4.8.3 La pensione Quota 41 per i lavoratori precoci e per gli addetti ai lavori usuranti

La L. 232/2016 (*legge di bilancio 2017*) ha istituito alcuni benefici previdenziali a favore dei lavoratori precoci, ossia di quei lavoratori che hanno almeno 12 mesi di contribuzione effettiva (anche in modo non continuativo) **prima di aver compiuto il diciannovesimo anno di età**. Dunque, chi ha iniziato a lavorare prima di essere maggiorenne e

si trova in determinate condizioni, può accedere alla pensione anticipata per lavoratori precoci, con **41 anni di contributi indipendentemente dall'età anagrafica (cosiddetta Quota 41)**.
La pensione per lavoratori precoci può essere chiesta da tutti i lavoratori iscritti all'Assicurazione Generale Obbligatoria, alle forme sostitutive o esclusive della medesima, che hanno iniziato a lavorare, e quindi a maturare contributi, già prima di compiere 19 anni e che appartengono al sistema previdenziale **misto** (ossia in possesso di anzianità contributiva prima del 1995). Questa forma di pensionamento anticipato interessa sia gli autonomi che i dipendenti (del settore privato nonché del pubblico impiego).
La pensione per lavoratori precoci può essere, dunque, richiesta e ottenuta dimostrando il rispetto di una serie di **requisiti fissati dalla legge**:

- **41 anni di contribuzione effettiva** (di cui almeno 12 mesi già prima di aver compiuto 19 anni): è il requisito primario e tale resterà, per effetto del D.L. 4/2019, almeno fino al 2026 (salvo ulteriori interventi normativi). I 41 anni possono essere raggiunti, su domanda dell'interessato, anche cumulando i contributi ottenuti in gestioni pensionistiche diverse;
- l'appartenenza a una delle seguenti **condizioni, particolarmente meritevoli di tutela**:
  - **stato di disoccupazione** a seguito di cessazione del rapporto di lavoro per licenziamento, anche collettivo, dimissioni per giusta causa o risoluzione consensuale nell'ambito della procedura di cui all'art. 7 L. 604/1966, e conclusione integrale della prestazione per la disoccupazione da almeno tre mesi;
  - **invalidità** superiore o uguale al 74% accertata dalle competenti commissioni mediche per il riconoscimento dell'invalidità civile;
  - **caregiver**, ossia coloro che assistono, al momento della richiesta e da almeno sei mesi, il coniuge o un parente di primo grado convivente con handicap in situazione di gravità ai sensi dell'articolo 3, co. 3, L. 104/1992, ovvero un parente o un affine di secondo grado convivente qualora i genitori o il coniuge della persona con handicap in situazione di gravità abbiano compiuto 70 anni oppure siano affetti da patologie invalidanti o siano deceduti o mancanti;
  - svolgimento di una **mansione gravosa o particolarmente faticosa e pesante (usurante)**. In merito a questo punto, va precisato che possono beneficiare del pensionamento anticipato per lavoratori precoci i dipendenti che hanno svolto, per almeno *sette anni negli ultimi dieci anni di attività* lavorativa, ovvero, per almeno la metà della vita lavorativa complessiva una delle attività lavorative, individuate dal D.Lgs. 67/2011.

  Il D.Lgs. 67/2011 disciplina le **attività particolarmente faticose** e **pesanti**, dette anche **usuranti**. È possibile usufruire della pensione per lavoratori precoci se *il lavoratore ha svolto una delle seguenti mansioni usuranti*: lavori in galleria, cava o miniera, lavori in cassoni ad aria compressa, lavori ad alte temperature, lavorazione del vetro cavo, lavori in spazi ristretti, lavori di asportazione dell'amianto, lavori in catena di montaggio, guida di veicoli con capienza non inferiore a 9 posti compreso il conducente, adibiti a servizi pubblici di trasporto, lavori notturni a turni e quelli svolti per almeno 3 ore nell'intervallo tra la mezzanotte e le cinque del mattino, per periodi pari all'intero anno lavorativo.

Restano **esclusi dall'agevolazione della cosiddetta Quota 41** le seguenti due categorie di lavoratori precoci: quelli *iscritti presso le gestioni previdenziali private* (casse professionali, ad esempio notai, avvocati) e quelli che hanno *iniziato a maturare contributi esclusivamente dopo il 31-12-1995* e che, quindi, si trovano nel regime contributivo puro. Per accedere al beneficio di Quota 41 è necessario presentare una **domanda all'INPS per il riconoscimento come precoci entro il 1° marzo**: eventuali domande di riconoscimento presentate successivamente a tale data, comunque non oltre il 30 novembre, sono prese in considerazione soltanto in caso residuino le risorse finanziarie. Contestualmente o dopo l'accettazione di tale domanda, sarà possibile presentare la domanda di pensione anticipata. Una volta maturato il diritto al trattamento pensionistico, è necessario attendere una finestra mobile trimestrale che comporta lo slittamento nella percezione del primo rateo di pensione.

4.8.4 Il contratto di espansione

L'art. 26-*quater* D.L. 34/2019 (conv. dalla L. 58/2019) ha introdotto, per gli anni 2019 e 2020, la possibilità di accedere al **pensionamento, anticipato o di vecchiaia**, 5 anni prima del raggiungimento dei requisiti richiesti per i lavoratori dipendenti da imprese con più di 1000 dipendenti che avessero stipulato un **contratto di espansione**, per i quali non intercorressero più di 60 mesi dal conseguimento del diritto a tali forme di pensione.
Tale possibilità è stata prorogata per il solo 2021 dalla L. 178/2020 (legge di bilancio 2021), che ha rivisitato la disciplina del contratto di espansione con l'obiettivo di estendere il perimetro delle aziende interessate a questo strumento, il quale consente di incentivare il ricambio generazionale attraverso l'accompagnamento alla pensione dei dipendenti più anziani e la riqualificazione del personale.
A seguito delle modifiche di cui alla citata legge, per l'anno 2021 il contratto di espansione può essere siglato dai datori di lavoro che impieghino (in luogo delle ordinarie 1000 unità) **almeno 250 lavoratori** nel caso di accompagnamento alla pensione anticipata o di vecchiaia (500 lavoratori per l'accesso alla CIGS).
L'art. 39 D.L. 73/2021 (*decreto sostegni-bis*) ha poi previsto che dal 26 maggio 2021 (e sino al 31 dicembre 2021) il requisito dimensionale venga abbassato ad una soglia ancora più accessibile, pari ad **almeno 100 unità lavorative**. Tale limite può essere raggiunto anche come somma dell'organico di più realtà aziendali nelle ipotesi di aggregazione di imprese stabile con un'unica finalità produttiva o di servizi.
La L. 234/2021 (*legge di bilancio 2022*), oltre a prorogarne la sperimentazione fino al 2023, ha ampliato ulteriormente la platea delle aziende potenzialmente interessate abbassando ulteriormente, a partire dal 1° gennaio 2022, la soglia occupazionale di accesso a **50 dipendenti**.
Ove il contratto di espansione sia finalizzato al prepensionamento, occorre la sottoscrizione di un **accordo tra il datore di lavoro e le organizzazioni sindacali aziendali** e la **successiva adesione da parte del lavoratore** (l'operazione si configura come una risoluzione consensuale del rapporto). A fronte della risoluzione del rapporto di lavoro il datore di lavoro riconosce per tutto il periodo (non superiore a 60 mesi) e fino al raggiungimento della prima decorrenza utile del trattamento pensionistico (pensione di vecchiaia o anticipata a carico dell'Assicurazione generale obbligatoria o delle forme sostitutive o esclusive della stessa, gestite dall'INPS) un'indennità mensile, commisurata al trattamento pensionistico lordo maturato dal lavoratore al momento della cessazione del rapporto di lavoro, così come determinato dall'INPS.

Qualora la prima decorrenza utile della pensione sia quella prevista per la pensione di vecchiaia il datore di lavoro corrisponde al lavoratore, per il tramite dell'INPS, **solo l'indennità mensile** in misura pari alla pensione maturata al momento della risoluzione del rapporto di lavoro senza versare alcun contributo figurativo e il costo del prepensionamento è sgravato di un bonus corrispondente alla NASpl a cui teoricamente avrebbe avuto diritto il lavoratore.
Qualora, invece, il primo diritto a pensione sia quello previsto per la pensione anticipata, il datore di lavoro esodante versa anche i contributi previdenziali utili al conseguimento del diritto (cosiddetta contribuzione correlata), con esclusione del periodo già coperto dalla contribuzione figurativa a seguito della risoluzione del rapporto di lavoro.

4.8.5 L'isopensione

Tra i possibili canali di accesso al pensionamento anticipato la legge Monti-Fornero (L. 24/2012) ha introdotto anche la cosiddetta isopensione (nota anche come esodo dei lavoratori anziani), **scivolo pensionistico pagato interamente dall'azienda** in attesa della maturazione del diritto alla pensione.
Si tratta di uno strumento che si rivolge ai soli **dipendenti del settore privato**, e che può essere utilizzato, in caso di eccedenza del personale o comunque nei casi in cui si renda necessario agevolare il ricambio della forza generazionale, da **imprese che occupano mediamente più di 15 lavoratori subordinati**, in presenza di un apposito **accordo** siglato con le organizzazioni sindacali più rappresentative all'interno dell'azienda, accordo successivamente validato dall'INPS, cui spetta il compito di verificare il rispetto di tutte le condizioni previste, compresa la consistenza organica dell'azienda.
Introdotto per la prima volta dalla riforma Fornero, l'istituto è stato poi ripreso dalla legge di bilancio 2018 (L. 205/2017) e dalla legge di bilancio 2021 (L. 178/2020), che ne ha prorogato gli effetti fino al **31 dicembre 2023.**
L'isopensione consente un **anticipo dell'età pensionabile fino a 7 anni** per il triennio 2021-2023 (erano invece 4 gli anni previsti prima dell'estensione, già introdotta per il triennio 2018-2020 dalla legge di bilancio per il 2018), a patto che l'impresa si impegni nel frattempo, e con oneri completamente a suo carico, a corrispondere per l'intero periodo che intercorre tra l'esodo e la maturazione dei requisiti per il pensionamento un assegno di importo corrispondente a quello del trattamento di pensione maturato in base alle regole vigenti, sia essa di vecchiaia oppure anticipata.
L'azienda dovrà versare, oltre all'assegno, anche la relativa **copertura contributiva** (cioè la contribuzione correlata), utile a garantire ai lavoratori la copertura pensionistica fino al raggiungimento del diritto all'assegno di quiescenza definitivo. Tali contributi non incidono però sulla consistenza dell'isopensione ma sono considerati solo ai fini della misura del trattamento pensionistico vero e proprio. Solo al maturare dei requisiti per il pensionamento, l'assegno viene quindi ricalcolato in ragione dell'ulteriore contribuzione versata dall'azienda nel corso dell'isopensione, di modo che il lavoratore ottenga un assegno pensionistico **pari a quanto avrebbe percepito continuando a lavorare** per l'intero periodo di isopensione. La procedura di anticipo pensionistico non determina, pertanto, alcuna penalità sulla pensione per il lavoratore.
Per accedere alla prestazione è innanzitutto necessario un **accordo** sottoscritto tra l'impresa e le organizzazioni sindacali più rappresentative al suo interno; una volta sot-

toscritto l'accordo i lavoratori sono liberi o meno di aderire allo scivolo pensionistico (spesso, però, l'adesione è *incentivata* dall'azienda). Resta inteso, comunque, che potranno rientrarvi soltanto i lavoratori cui manchino, al massimo, 7 anni per l'accesso alla pensione, sia di vecchiaia anticipata.
Nel dettaglio, l'accordo deve indicare sempre il numero di lavoratori in esubero e il termine entro cui il programma di esodo deve concludersi.
Una volta sottoscritto, l'accordo deve essere poi presentato dal datore di lavoro all'INPS che dovrà valutarlo sia in rapporto ai requisiti pensionistici dei lavoratori che hanno aderito al pensionamento anticipato, sia in relazione alla consistenza organica dell'azienda che, come detto, deve risultare superiore in media a 15 dipendenti.
Se tutte le condizioni risultano soddisfatte, l'accordo viene convalidato dall'INPS in modo da acquistare piena efficacia, i lavoratori aderenti potranno lasciare il lavoro secondo i tempi e le modalità definite dall'accordo stesso e l'istituto metterà in pagamento, dal primo giorno del mese successivo alla risoluzione del rapporto, l'**assegno di esodo** (l'*isopensione*).
Durante l'esodo è possibile cumulare l'isopensione con qualsiasi reddito di lavoro dipendente o autonomo.

4.9 La pensione di anzianità

La pensione di anzianità era una **prestazione che permetteva al lavoratore, in presenza di determinati requisiti contributivi, di anticipare il momento del pensionamento** rispetto all'età prevista per la pensione di vecchiaia. Nell'originaria formulazione dell'istituto, era conseguibile al perfezionamento di un requisito contributivo, pari almeno a 35 anni, indipendentemente dall'età del soggetto assicurato.
La pensione di anzianità è andata in soffitta a partire dal 2012 quando la riforma Fornero ha abrogato l'istituto e lo ha sostituito con la **pensione anticipata**, conseguibile in virtù di una contribuzione particolarmente elevata, soggetta ad ulteriori aumenti in virtù dell'adeguamento all'incremento della speranza di vita.
Nei confronti, tuttavia, dei lavoratori che mantengono l'ultrattività delle vecchie regole di pensionamento, i cd. lavoratori salvaguardati, la disciplina continua a trovare applicazione in deroga alla normativa Fornero.

4.10 Decorrenza dei trattamenti pensionistici di vecchiaia e anticipati

La disciplina previgente alla data di entrata in vigore della riforma Fornero (D.L. 201/2011) consentiva il conseguimento della pensione di vecchiaia e della pensione di anzianità con l'applicazione, in entrambi i casi, di una **finestra mobile** standard pari a 12 mesi per i lavoratori dipendenti e 18 mesi per gli autonomi, a partire dai quali il soggetto, maturati i requisiti per l'accesso alla pensione, poteva concretamente ottenere il relativo trattamento. In sostanza, il vecchio sistema disegnato dalla L. 122/2010 (di conversione del D.L. 78/2010) comportava l'attesa di un anno o di un anno e mezzo tra la maturazione dei requisiti e l'effettivo pensionamento. Con il decreto Salva Italia, a partire dal 1° gennaio 2012, il sistema delle decorrenze è stato soppresso, salve alcune eccezioni.

Per effetto della disapplicazione delle finestre mobili operato dalla Riforma del 2011 la **pensione di vecchiaia** decorre dal primo giorno del mese successivo a quello nel quale l'assicurato ha maturato i requisiti.
Sino al 31 dicembre 2018 la **pensione anticipata ordinaria** aveva decorrenza immediatamente dopo il perfezionamento del requisito contributivo, senza cioè più dover attendere alcun periodo di slittamento (finestra mobile). A partire dal 1° gennaio 2019, il D.L. 4/2019 ha reintrodotto un **meccanismo di differimento della decorrenza del primo rateo pari a 3 mesi dalla maturazione dei requisiti pensionistici** (sia per il settore privato che per i lavoratori del settore pubblico).
Anche per il pensionamento anticipato con **Quota 100**, per coloro che abbiano maturato i requisiti dal 1° gennaio 2019 e, per l'anno 2022, per il pensionamento anticipato con **Quota 102** (requisiti raggiunti tra il 1° gennaio ed il 31 dicembre 2022), è prevista una finestra mobile di **3 mesi per i lavoratori del settore privato** e di **6 mesi per il settore pubblico**.
Le **finestre mobili continuano ad applicarsi** per coloro che vanno in pensione con la vecchia disciplina:

- soggetti che hanno maturato il diritto alla pensione entro il 31 dicembre 2011 (soggetti cd. "salvaguardati");
- lavoratrici che accedono alla pensione di anzianità secondo il cosiddetto "regime sperimentale donne" con il calcolo interamente contributivo (*vedi infra*);
- soggetti cd. "derogati" che continuano ad applicare i requisiti di età e/o contribuzione previsti dalla previgente disciplina, se rientranti nel limite massimo numerico sulla base delle risorse finanziarie annualmente stanziate (*vedi infra*);
- soggetti addetti a lavorazioni particolarmente faticose e pesanti (cd. attività usuranti);
- soggetti che accedono al trattamento pensionistico in regime di totalizzazione (*vedi infra*).

4.11 Salvaguardia dei requisiti e deroghe alle regole di pensionamento di vecchiaia e anticipata

Alcune categorie di lavoratori possono ancora oggi avvalersi, in via derogatoria, delle regole di pensionamento *ante*-Fornero.

Lavoratori in possesso dei requisiti di età e/o contribuzione per il diritto alla pensione entro il 31 dicembre 2011

La manovra del 2011 ha previsto espressamente una norma di salvaguardia per tutti **i lavoratori che possono far valere entro la data del 31 dicembre 2011 i requisiti di età e/o contribuzione previsti dalla vecchia disciplina per il diritto alla pensione di vecchiaia/anzianità**, richiedendo all'ente di appartenenza la relativa certificazione.
Ai fini dell'applicazione della norma di salvaguardia – che consente l'accesso alla pensione secondo la vecchia disciplina sia per il diritto sia per le finestre – occorre avere esclusivamente riguardo alla maturazione entro il 31-12-2011 dei requisiti di età e/o contribuzione richiesti per il diritto alla pensione ai sensi della previgente normativa, **indipendentemente dal fatto che la decorrenza della pensione sia stabilita**, proprio per effetto delle finestre, **in data successiva al 31 dicembre 2011**.

Lavoratrici in regime sperimentale, cd. "opzione donna" (art. 1, co. 9, L. 243/2004)
Tra le situazioni di deroga alle regole dettate dalla riforma Fornero rientra quella relativa alle **lavoratrici che optino per la liquidazione del trattamento pensionistico di anzianità con il calcolo interamente contributivo**, maggiormente penalizzante. L'art. 1, co. 9, L. 243/2004 (*riforma Maroni*) ha, per la prima volta, introdotto una **misura sperimentale** (cosiddetta **opzione donna**) che prevedeva la possibilità per le lavoratrici che avessero maturato *35 anni di contributi e 57 anni di età per le lavoratrici dipendenti o 58 anni per le lavoratrici autonome* (requisito anagrafico da adeguarsi periodicamente all'aumento della speranza di vita), di **accedere al trattamento pensionistico anticipatamente rispetto al regime ordinario**, a condizione che optassero per il sistema di calcolo interamente contributivo.
Tale opzione, per anni poco utilizzata, è stata esercitata invece in maniera più consistente dopo la riforma pensionistica realizzata dal D.L. 201/2011 (*riforma Fornero*), che ha notevolmente incrementato i requisiti anagrafici e contributivi per l'accesso al trattamento pensionistico, consentendo alle lavoratrici di anticipare di parecchi anni l'uscita dal lavoro, sia pure con una riduzione dell'importo della pensione. La riforma Fornero ha, infatti, confermato la possibilità di accedere al pensionamento anticipato avvalendosi dell'opzione donna, a condizione che le lavoratrici maturassero i requisiti richiesti **entro il 31 dicembre 2015**. Per tale tipologia di prestazione è ancora prevista una finestra mobile (circolare INPS n. 53/2011), per cui l'erogazione avviene dopo 12 mesi dalla maturazione dei requisiti per le dipendenti e dopo 18 mesi per le autonome.

Tale opzione è stata oggetto di successivi interventi interpretativi: dapprima la **L. 208/2015** (**legge di bilancio 2016**) ha ammesso l'accesso all'istituto anche qualora la decorrenza del trattamento fosse successiva al 31 dicembre 2015 a causa delle finestre mobili, essendo sufficiente la maturazione dei requisiti entro tale data; poi la **L. 232/2016** (**legge di bilancio 2017**) ha ulteriormente esteso l'ambito applicativo della opzione donna anche alle lavoratrici che non avessero maturato entro il 31 dicembre 2015 i requisiti richiesti a causa degli incrementi determinati dall'adeguamento dei medesimi all'aumento della speranza di vita, ferma restando la necessità del raggiungimento dell'anzianità contributiva pari ad almeno 35 anni. Più specificamente, si estendeva, a decorrere dal 2017, l'applicabilità dell'istituto alle lavoratrici che, al 31 dicembre 2015, non avessero raggiunto la frazione di 3 mesi (nell'età anagrafica).

L'art. 16 D.L. 4/2019 ha esteso il diritto al trattamento pensionistico anticipato secondo le regole di calcolo del sistema interamente contributivo anche nei confronti delle lavoratrici che avessero maturato, entro il 31 dicembre 2018 (in luogo del 31 dicembre 2015), un'anzianità contributiva pari o superiore a 35 anni e un'**età anagrafica** pari o superiore a **58 anni** (per le lavoratrici dipendenti) e a **59 anni** (per le lavoratrici autonome), disponendo al contempo l'applicazione a tale trattamento delle decorrenze (finestre) pari, rispettivamente, a 12 mesi per le lavoratrici dipendenti e a 18 mesi per le lavoratrici autonome, ed escludendo, invece, l'adeguamento dei requisiti anagrafici agli incrementi alla speranza di vita.
Il regime di pensione anticipata riservato alle donne è stato soggetto ad una serie di proroghe avvenute con L. 160/2019 (*legge di bilancio 2020*), che ha fissato la scadenza ultima per la maturazione dei requisiti richiesti al 31 dicembre 2019, con L. 178/2020 (*legge di bilancio 2021*) che ha esteso ulteriormente la proroga al 31 dicembre 2020 e, in ultimo, con L. 234/2021 (*legge di bilancio 2022*), che ha prorogato di un altro anno la misura, ribadendo, tra l'altro, per la decorrenza effettiva degli assegni, finestre di attesa di 12 e 18 mesi dalla domanda.

4.12 L'Anticipo Pensionistico (APE)

4.12.1 Tipologie

Il termine "APE", acronimo che sta per "Anticipo Pensionistico", indica la facoltà, prevista e disciplinata dalla legge di bilancio 2017 (L. 232/2016), di **chiedere in anticipo il collocamento a riposo godendo del trattamento pensionistico anticipato** purché siano stati raggiunti almeno i **63 anni** di età.

Le tipologie di APE inizialmente previste dalla legge e offerte a tutti i lavoratori, pubblici e privati, erano:

- l'**APE volontario**, che si configurava come un *prestito bancario erogato su base mensile per 12 mensilità*, assistito da assicurazione per evento premorienza e da uno specifico Fondo di garanzia, da ripagarsi nell'arco di 20 anni mediante trattenuta sulle future rate pensionistiche a decorrere dal compimento dei requisiti per il pensionamento di vecchiaia (art. 1, co. 166-178, L. 232/2016). Era uno strumento utilizzabile dai lavoratori iscritti presso forme di previdenza pubbliche obbligatorie (dunque sia i lavoratori dipendenti del settore privato, sia gli autonomi, gli iscritti alla gestione separata nonché i lavoratori del pubblico impiego) in possesso di 63 anni di età, 20 anni di contributi e a non più di 3 anni e 7 mesi dalla pensione di vecchiaia nel regime obbligatorio. Erano esclusi i liberi professionisti iscritti alle Casse professionali;
- l'**APE aziendale**, richiedibile all'interno di imprese interessate da piani di ristrutturazione aziendale e configurato anch'esso come prestito bancario erogato su 12 mensilità. Il meccanismo era lo stesso dell'APE volontario con la differenza che nell'anticipo pensionistico aziendale i *costi erano completamente a carico dell'azienda*, che aveva l'obbligo di versare in un'unica soluzione all'INPS un contributo più elevato in modo da coprire gli oneri relativi alla concessione dell'anticipo;
- l'**APE sociale**, che è, invece, una **misura assistenziale**, costituita da un trasferimento pubblico a favore di lavoratori bisognosi di sostegno (art. 1, co. 179-186, L. 232/2016).

Queste misure, nate in via sperimentale, dovevano durare fino al 2018, per poi essere sottoposte a verifica ed eventuale "stabilizzazione" per gli anni a venire. Sono state tutte prorogate per il 2019, mentre per il 2020 è rimasto operativo (fino al 31 dicembre) solo l'APE sociale, confermato per l'anno 2021 dalla L. 178/2020 (*legge di bilancio 2021*) e per il 2022 dalla L. 234/2022 (*legge di bilancio 2022*).

4.12.2 L'APE sociale

L'APE sociale consiste in un'**indennità di natura assistenziale a carico dello Stato e corrisposta direttamente dall'INPS fino al conseguimento dei requisiti pensionistici**, a favore di soggetti che si trovino in particolari condizioni di disagio i quali abbiano compiuto almeno 63 anni di età, unitamente a 36 anni di contribuzione (30 se disoccupati, disabili o caregiver).

La misura riguarda i lavoratori dipendenti (sia del settore pubblico che privato), gli autonomi e i parasubordinati, con la sola esclusione dei liberi professionisti iscritti presso le relative casse professionali.

Si tratta di una misura intesa ad agevolare la transizione verso il pensionamento per soggetti svantaggiati o in condizioni di disagio ed è soggetta a **limiti annuali di spesa**.
L'intervento, di natura selettiva, coinvolge **quattro platee di soggetti**:

- i soggetti che si trovano in **stato di disoccupazione** a seguito di cessazione del rapporto di lavoro per *licenziamento*, anche collettivo, *dimissioni per giusta causa* o *risoluzione consensuale* nell'ambito della procedura di cui all'art. 7 L. 604/1966, o ancora per *scadenza del termine del rapporto di lavoro a tempo determinato* (a condizione che abbiano avuto, nei 36 mesi precedenti la cessazione del rapporto, periodi di lavoro dipendente per almeno 18 mesi), che siano in possesso di un'anzianità contributiva di almeno 30 anni. La L. 234/2021 (*legge di bilancio 2022*) ha abolito, tra i requisiti di accesso, l'attesa di 3 mesi dal termine della NASpI. In tal modo, dunque, i disoccupati potranno accedere al pensionamento dal mese successivo a quello in cui hanno percepito l'ultima mensilità dell'indennità di disoccupazione;
- i soggetti (cd. **caregivers**) che assistono da almeno 6 mesi il coniuge, la persona in unione civile o un parente di primo grado convivente con handicap grave ovvero un parente o un affine di secondo grado convivente qualora i genitori o il coniuge della persona con handicap in situazione di gravità abbiano compiuto i 70 anni di età oppure siano anch'essi affetti da patologie invalidanti o siano deceduti o mancanti; requisito ulteriore è il possesso di un anzianità contributiva di almeno 30 anni;
- i soggetti che hanno una riduzione della capacità lavorativa (**invalidi civili**) uguale o superiore al 74%, e sono in possesso di un anzianità contributiva di almeno 30 anni;
- i lavoratori dipendenti che svolgono specifiche **attività lavorative "gravose"** da almeno 7 anni negli ultimi 10 ovvero da almeno 6 negli ultimi 7 e siano in possesso di un'anzianità contributiva di almeno 36 anni. La L. 234/2021 (*legge di bilancio 2022*) ha reso più corposo l'elenco delle professioni considerate pesanti e usuranti, così ampliando la platea dei lavoratori ammessi a tale forma di anticipo pensionistico.

  Per i dipendenti delle imprese edili ed affini, per ceramisti e per i conduttori di impianti per la formatura di articoli in ceramica e terracotta, l'APE sociale si consegue (sempre a 63 anni) ma con un'anzianità contributiva di 32 anni (anziché 36 anni).

Possono dunque accedere al trattamento in parola i soggetti che, oltre rientrare in una delle indicate categorie, abbiano compiuto **almeno 63 anni di età** e presentino un requisito contributivo di almeno **30 anni di anzianità**, con l'unica eccezione per i lavoratori che svolgono attività difficoltose o rischiose per i quali è richiesta un'anzianità contributiva di **36 anni**. Per le lavoratrici madri è prevista una riduzione dei requisiti contributivi richiesti per l'accesso all'APE sociale, pari a 12 mesi per ciascun figlio, nel limite massimo di 2 anni (cosiddetta **APE sociale donna**).
La concessione dell'APE sociale richiede, inoltre, la **cessazione dell'eventuale attività lavorativa** svolta e non spetta a coloro che siano già titolari di una pensione diretta.
Detta indennità, inoltre, non è compatibile con i trattamenti di sostegno al reddito connessi allo stato di disoccupazione involontaria, nonché con l'indennizzo per la cessazione dell'attività commerciale. È compatibile, invece, con lo svolgimento di attività lavorativa dipendente o parasubordinata soltanto nel caso in cui i relativi redditi non superino gli 8.000 euro annui e con lo svolgimento di attività di lavoro autonomo nel limite di reddito di 4.800 euro annui.
L'APE sociale è erogato mensilmente su 12 mensilità nell'anno ed è pari all'importo della rata della pensione calcolata al momento dell'accesso alla prestazione; non può in ogni

caso superare l'importo massimo mensile di 1.500 euro, non soggetto a rivalutazione. Detta indennità è corrisposta fino all'età prevista per il conseguimento della pensione di vecchiaia o comunque fino al raggiungimento dei requisiti per la pensione anticipata. Per accedere al beneficio è necessario presentare domanda all'INPS. Ulteriori istruzioni di dettaglio (procedura per l'accertamento delle condizioni per accedere all'indennità, documentazione da presentare ecc.) sono state stabilite con il D.P.C.M. 23-5-2017, n. 88.

4.13 La Rendita Integrativa Temporanea Anticipata (cd. RITA)

Introdotto in via sperimentale dalla L. 232/2016, (fino al 31 dicembre 2018), con decorrenza a partire dal 1° maggio 2017, e reso strutturale dalla legge di bilancio 2018, che ne ha modificato la disciplina, l'istituto della Rendita Integrativa Temporanea Anticipata (**cd. RITA**) altro non è che la possibilità di **erogazione anticipata delle prestazioni della previdenza complementare** (con esclusione di quelle in regime di prestazione definita) in relazione al montante accumulato richiesto e fino al conseguimento dei requisiti pensionistici del regime obbligatorio.

In sostanza, si introduce la possibilità, in favore dei lavoratori in possesso dei requisiti di età, contributivi e di maturazione del diritto a pensione di vecchiaia e a seguito della cessazione del rapporto di lavoro, di ottenere, su richiesta, in tutto o in parte, l'erogazione anticipata delle prestazioni della previdenza complementare.

La prestazione consiste nell'erogazione frazionata, in forma di rendita temporanea fino alla maturazione dei requisiti pensionistici, del montante accumulato richiesto.

Possono fare richiesta della RITA i lavoratori, pubblici e privati, dipendenti, autonomi e parasubordinati in presenza dei seguenti requisiti, come ridefiniti dalla legge di bilancio per il 2018 (L. 205/2017):

- cessazione dell'attività lavorativa;
- maturazione dell'età anagrafica per la pensione di vecchiaia nel regime obbligatorio di appartenenza entro i 5 anni successivi;
- maturazione, alla data di presentazione della domanda, di un requisito contributivo complessivo di almeno 20 anni nei regimi obbligatori di appartenenza;
- possesso di almeno 5 anni di contributi per la pensione privata integrativa.

La RITA è altresì riconosciuta ai lavoratori che:

- risultino inoccupati per un periodo di tempo superiore a 24 mesi dopo la cessazione dell'attività lavorativa;
- maturino l'età anagrafica per la pensione di vecchiaia nel regime obbligatorio di appartenenza entro i 10 anni successivi al termine di inoccupazione;
- siano in possesso di almeno 5 anni di contribuzione per la pensione privata integrativa.

La Rendita Integrativa Anticipata dura sino al raggiungimento dell'età anagrafica di vecchiaia (nel regime pubblico obbligatorio l'età è attualmente fissata a 67 anni) ed è cumulabile con le altre prestazioni pensionistiche dirette di anzianità tra cui, ad esempio, Quota 102, pensione anticipata, opzione donna, APE sociale. Quindi può essere utilizzata anche come strumento per integrare il reddito di tali prestazioni.

La misura della RITA si applica anche ai dipendenti pubblici che abbiano aderito alle forme pensionistiche complementari loro destinate. In tal caso quei lavoratori che, per effetto della RITA, cessano l'attività lavorativa non otterranno subito la liquidazione del trattamento di fine rapporto (TFR) o di fine servizio (TFS), ma dovranno attendere il compimento dell'età prevista per la pensione di vecchiaia.

4.14 La pensione ai superstiti

4.14.1 Nozione

La pensione ai superstiti è il **trattamento pensionistico riconosciuto ai familiari del lavoratore deceduto già pensionato o, a determinate condizioni, dell'assicurato deceduto**. Si tratta della prestazione a tutela del *rischio più grave* che incombe sulle famiglie dei lavoratori, ovvero la *morte del lavoratore*.
Per quanto attiene al fondamento della prestazione, esso è individuato nel bisogno dei soggetti superstiti ed esclude, pertanto, una concezione della pensione di reversibilità fondata su un rapporto patrimoniale di tipo successorio. Il diritto alla pensione di reversibilità è, infatti, per i superstiti un diritto proprio e non rappresenta la continuazione del diritto del defunto.

4.14.2 Tipologie e misure dei trattamenti previdenziali ai superstiti

Con la nozione di pensione ai superstiti si fa riferimento alle seguenti tipologie di trattamenti:

> **pensione indiretta**: trattamento erogato in caso di morte di un assicurato che non ha ancora percepito la pensione, qualora al momento del decesso sussistano i requisiti per la pensione di vecchiaia ovvero l'assicurato abbia maturato almeno 15 anni di contributi oppure risultino versati 5 anni di contributi, di cui almeno 3 nell'ultimo quinquennio. Peraltro, ai fini del conseguimento dei requisiti di contribuzione, si considerano utili i periodi di godimento dell'assegno di invalidità durante i quali non sia stata prestata attività lavorativa;

> **pensione di reversibilità**: trattamento erogato in caso di morte di un soggetto già titolare di una pensione (es. pensione di vecchiaia, pensione anticipata, pensione di inabilità, pensione di anzianità, con la sola eccezione dell'assegno ordinario di invalidità, il quale non è reversibile). La reversibilità non è subordinata ad alcun requisito contributivo;

> **pensione privilegiata indiretta per inabilità**, spettante ai familiari del lavoratore non pensionato quando la morte dell'iscritto risulti in rapporto causale diretto con la finalità di servizio, purché dal decesso dell'iscritto non derivi ai superstiti il diritto ad una rendita a carico dell'assicurazione contro gli infortuni sul lavoro e le malattie professionali ovvero la corresponsione di trattamenti a carattere continuativo di natura previdenziale o assistenziale a carico dello Stato o di altri Enti pubblici. Per il conseguimento della prestazione non è prevista alcuna anzianità assicurativa e contributiva.

4.14.3 Soggetti beneficiari

Il trattamento in favore dei superstiti è riconosciuto al coniuge, ai figli, ai genitori, ai fratelli e alle sorelle del deceduto. Le prime due categorie di superstiti, coniuge e figli, possono concorrere tra loro. I genitori accedono alla pensione solo in mancanza di coniuge e figli; i fratelli e le sorelle solo se mancano o, comunque, non hanno diritto alla pensione, coniuge, figli e genitori.

Più in particolare, hanno **diritto al trattamento**, nell'ordine:

> il **coniuge superstite, anche se separato** (a prescindere dall'addebito della separazione, come ritenuto dall'orientamento prevalente in giurisprudenza per il quale non sussiste alcuna differenza di trattamento per il coniuge superstite separato in ragione del titolo della separazione). Il **coniuge divorziato** può ottenere la pensione a condizione che sia *titolare dell'assegno periodico divorzile*, che *non sia passato a nuove nozze* e che *la data di inizio del rapporto assicurativo del defunto sia anteriore alla data della sentenza che pronuncia lo scioglimento o la cessazione degli effetti civili del matrimonio*.
Qualora il deceduto, dopo il divorzio, abbia contratto nuovo matrimonio, mancando qualsiasi previsione normativa circa le aliquote di pensione spettanti ad entrambi i coniugi superstiti, la Cassazione ha precisato che il compito di ripartire il trattamento pensionistico tra il coniuge superstite e l'ex coniuge divorziato, spetta al Tribunale competente, che stabilirà le quote a ciascuno spettanti, in proporzione alla durata dei singoli matrimoni e in considerazione di ulteriori elementi, correlati alla finalità solidaristica che presiede al trattamento di reversibilità, come l'entità dell'assegno di mantenimento riconosciuto all'ex coniuge, le condizioni economiche dei due e la durata delle rispettive convivenze prematrimoniali.
Nell'ipotesi in cui il coniuge superstite passi a nuove nozze viene meno il diritto alla pensione, ma in suo favore è riconosciuto un assegno *una tantum* pari a due annualità del trattamento in godimento alla data del nuovo matrimonio;

> i **figli** ed equiparati che alla data del decesso dell'assicurato o del pensionato siano:
- **minori di anni 18**, anche se non sono a carico del genitore deceduto. Con sent. Corte cost. 180/1999, ai figli minorenni sono stati equiparati i **nipoti** in linea retta minorenni viventi a carico del defunto;
- **studenti di scuola media o professionale tra i 18 e i 21 anni**, a carico del genitore deceduto e sempre che non prestino lavoro retribuito;
- **studenti universitari** per tutta la durata del corso legale di laurea e comunque non oltre i 26 anni, a carico del genitore deceduto e che non svolgano attività lavorativa retribuita;
- **inabili**, di qualunque età e a carico del genitore deceduto;

> in mancanza del coniuge, dei figli e dei nipoti la pensione può essere erogata ai **genitori d'età non inferiore a 65 anni**, non titolari di pensione, che alla data di morte del lavoratore e/o pensionato siano a carico del medesimo;

> in mancanza del coniuge, dei figli, dei nipoti e dei genitori la pensione può essere erogata ai **fratelli celibi inabili e sorelle nubili inabili**, non titolari di pensione, che alla data di morte del lavoratore e/o pensionato siano a carico del medesimo.

Prima dell'entrata in vigore della legge cd. **Cirinnà** (L. 20 maggio 2016, n. 76) dall'assegno ai superstiti rimanevano esclusi tutti i conviventi di fatto, cui era ancora preclusa l'unione civile, nonostante avessero convissuto, anche per un lungo periodo, insieme al defunto.

Il citato provvedimento (articolo unico da 69 commi) ha introdotto nell'ordinamento italiano la **regolamentazione delle unioni civili**, intese come formazioni sociali costituite da persone maggiorenni dello stesso sesso, nonché la **disciplina delle convivenze**, riguardando questa in generale tutte le coppie di fatto a prescindere dal genere, ovvero sia omosessuali sia eterosessuali.

A decorrere dal 5 giugno 2016 (data di entrata in vigore della L. 76/2016), ai fini del riconoscimento del diritto alle prestazioni pensionistiche e previdenziali e dell'applicazione delle disposizioni che le disciplinano, il componente dell'unione civile, in virtù della clausola di equivalenza, di cui al comma 20 dell'articolo unico, è equiparato al coniuge.
L'INPS, con il messaggio n. 5171/2016, ha ufficializzato l'**avvenuta equiparazione ai fini previdenziali tra coniugi e persone dello stesso sesso unite civilmente**.
Ciò implica, in particolare con riguardo alla pensione di reversibilità, che, ad oggi, anche in favore del componente dell'unione civile rimasto in vita, **sarà erogato il 60% del trattamento maturato o goduto dal compagno scomparso**. Restano applicabili, anche in questo caso, i limiti di reddito e le disposizioni sulla incumulabilità con redditi personali del beneficiario (*vedi infra*).

La pensione ai superstiti viene liquidata in misura percentuale del rateo corrisposto o che si sarebbe dovuto corrispondere al lavoratore o al pensionato defunto secondo le quote esposte nel seguente schema, le quali variano in relazione al nucleo dei superstiti:

Superstiti	Quota percentuale
Coniuge solo	60%
Coniuge + 1 orfano (60% al coniuge, 20% al figlio)	80%
Coniuge + 2 o più orfani (60% al coniuge, 40% ai figli)	100%
Orfano solo	70%
2 orfani (40% + 40%)	80%
3 o + orfani (33,33 % ciascuno)	100%
1 genitore	15%
2 genitori (15% ciascuno)	30%
1 fratello o sorella	15%
2 fratelli o sorelle (15% ciascuno)	30%
3 fratelli o sorelle (15% ciascuno)	45%

Se si tratta di pensione di reversibilità la percentuale si applica all'importo della pensione liquidata al deceduto. Per la pensione indiretta si calcola l'importo di quella che sarebbe spettata all'assicurato al momento del decesso tenendo conto dell'entità dei contributi accreditati a quella data e si applica la percentuale spettante.
Le pensioni ai superstiti sono liquidate a domanda ed hanno **decorrenza dal 1° giorno del mese successivo a quello del decesso** del lavoratore ovvero del pensionato, indipendentemente dalla data di presentazione della domanda.

4.14.4 Indennità una *tantum* e indennità di morte

Può accadere che il lavoratore defunto non abbia raggiunto i requisiti per ottenere una pensione, nel qual caso familiari possono solo ottenere una indennità.
L'art. 1, co. 20, L. 335/1995 prevede che, nel caso di pensioni da liquidare esclusivamente con la formula contributiva (e quindi in caso di lavoratore deceduto **assicurato INPS a partire dal 31-12-1995**), in mancanza dei requisiti assicurativi e contributivi per la pensione indiretta, compete ai superstiti che non abbiano diritto a rendite per infortuni o malattie professionali in conseguenza della morte dell'assicurato e che abbiano i

requisiti reddituali previsti per l'attribuzione dell'assegno sociale, una **indennità una *tantum***, pari all'ammontare dell'assegno sociale moltiplicato per il numero degli anni di contribuzione accreditati in favore del defunto, da ripartire fra gli stessi in base ai criteri operanti per la pensione ai superstiti.
L'**indennità di morte** è quella spettante ai supersiti del lavoratore che risulti **assicurato INPS alla data del 31-12-1995** (rientrante pertanto nel sistema retributivo o misto), che al momento del decesso non abbia raggiunto i requisiti per la pensione e non fosse titolare di pensione diretta, sempre che nessuno dei superstiti abbia i requisiti per ottenere a sua volta la pensione indiretta e nei 5 anni precedenti alla morte il defunto abbia versato almeno 1 anno di contributi. L'indennità è pari a 45 volte i contributi versati e, in assenza del coniuge, spetta ai figli che non possono usufruire di pensione (art. 13 L. 218/1952).
La domanda per ottenere l'indennità in parola deve essere presentata, a pena di decadenza, entro 1 anno dalla data del decesso del lavoratore assicurato.

4.15 Procedimento di erogazione delle prestazioni pensionistiche

Le prestazioni pensionistiche sono erogate su domanda degli interessati e secondo una procedura diretta ad **accertare l'esistenza dei requisiti di legge**, amministrativi (età, anzianità contributiva, anzianità assicurativa ecc.) e sanitari (stato invalidante, inabilità ecc.), necessari per il sorgere del diritto a pensione.
Le pensioni dirette di vecchiaia, invalidità ed inabilità hanno **decorrenza**, di norma, *dal primo giorno del mese successivo a quello di presentazione della domanda.*
Il **pagamento** delle prestazioni pensionistiche, a seguito della L. 448/1998, che ha previsto l'unificazione del pagamento delle pensioni presso l'INPS, viene effettuato da detto ente previdenziale, ferme restando le competenze circa l'accertamento del diritto ed il *quantum* della pensione da parte di ciascun ente interessato.
Il pagamento ha una cadenza mensile ed è effettuato tramite gli uffici postali o mediante accredito sul conto corrente bancario.

4.16 Il regime di prescrizione delle prestazioni pensionistiche

Ogni diritto si estingue per prescrizione quando il titolare non lo esercita per il tempo determinato dalla legge. In via generale, secondo l'art. 2946 c.c. i diritti si estinguono per prescrizione con il decorso di 10 anni, salvo i casi in cui la legge dispone diversamente.
Quanto all'ambito oggetto di studio, il **diritto alla pensione è imprescrittibile** in quanto riferito ad una situazione giuridica che permane nel tempo, ad uno *status* collegato alla persona del titolare e dunque non soggetto a prescrizione. Pertanto, **la prescrizione non riguarda lo *status* di pensionato ma le sole rate di pensione**.
Il regime della prescrizione dei ratei delle prestazioni previdenziali non presenta marcate differenze rispetto alla disciplina del codice civile.
Il termine di prescrizione comincia a decorrere dal giorno in cui il diritto può essere fatto valere, e la prescrizione è interrotta dalla notificazione di qualunque atto che valga a costituire in mora il debitore. In particolare la proposizione del ricorso amministrativo volto alla riliquidazione della pensione e/o la domanda di corresponsione dei ratei di

pensione arretrati e/o del loro supplemento dovuto in esito alla riliquidazione sono atti idonei alla costituzione in mora del debitore.
La legislazione previdenziale contiene, però, una norma speciale (art. 129, co. 1, R.D.L. 1827/1935) che prevede un **termine di prescrizione quinquennale** per le **rate di pensione già liquidate e messe in pagamento**.
Da tale previsione legislativa, in combinato disposto con l'art. 2946 c.c. scaturisce un **doppio regime prescrizionale**, quinquennale nel caso in cui l'ente previdenziale abbia riconosciuto e liquidato la prestazione, e decennale negli altri casi.
Il D.L. 98/2011 (conv. in L. 111/2011, cd. Manovra d'estate) ha posto fine, a partire da giugno 2011, a questo doppio regime, allineando a 5 anni i termini di prescrizione dei ratei pensionistici arretrati, ancorché non liquidati e dovuti a seguito di pronuncia giudiziale dichiarativa del relativo diritto, nonché delle differenze dovute a seguito di riliquidazioni. Così ha disposto l'art. 47-*bis* D.P.R. 639/1970, introdotto dall'art. 38, co. 1, lett. *d*), D.L. 98/2011.
Il diritto dell'assicurato di ottenere il riconoscimento e la liquidazione della pensione, ovvero la riliquidazione, è soggetto all'ordinaria prescrizione decennale, con decorso dalla data di presentazione della domanda amministrativa.
Il termine di 10 anni trova applicazione anche nei casi di richiesta di pagamento delle rate maturate e non riscosse presentata dagli aventi causa del pensionato a distanza di oltre dieci anni dalla data di scadenza delle rate stesse (se non poste in pagamento).
L'assegno che spetta al coniuge superstite, decaduto dal diritto alla pensione per sopravvenuto matrimonio, si prescrive con il decorso di 10 anni dall'evento.
L'indennità *una tantum*, da liquidare ai superstiti del lavoratore che non ha trasmesso il diritto a pensione indiretta, si prescrive nel termine di 10 anni dalla data dell'evento.
Il verificarsi di un valido atto interruttivo comporta, in generale, che il termine di prescrizione inizia nuovamente il suo corso dalla data dell'atto interruttivo.

4.17 Il cumulo dei trattamenti pensionistici e tra pensione e redditi

4.17.1 Cumulo tra più pensioni

La materia è disciplinata dalla L. 335/1995 che, al riguardo, aveva previsto (art. 1, co. 43), che le **pensioni di inabilità, di reversibilità o l'assegno ordinario di invalidità** a carico dell'AGO per l'invalidità, la vecchiaia ed i superstiti, liquidati in conseguenza di infortunio sul lavoro o malattia professionale, **non fossero cumulabili con la rendita vitalizia liquidata dall'INAIL per lo stesso evento invalidante**, a norma del testo unico delle disposizioni per l'assicurazione contro gli infortuni sul lavoro e le malattie professionali, fino a concorrenza della rendita stessa.
Tale divieto è stato successivamente mitigato dalla L. 388/2000 che, all'art. 73, ha previsto che, a decorrere dal 1° luglio 2001, il **divieto di cumulo** di cui all'art. 1, co. 43, L. 335/1995, **non opera tra il trattamento di reversibilità a carico dell'AGO** per l'invalidità, la vecchiaia ed i superstiti, nonché delle forme esclusive, esonerative e sostitutive della medesima, e la **rendita ai superstiti erogata dall'INAIL** spettante in caso di decesso del lavoratore conseguente ad infortunio sul lavoro o malattia professionale.

4.17.2 Cumulo della pensione con altri redditi

Con le riforme degli ultimi anni è stato notevolmente attenuato il divieto di cumulo della pensione con i redditi da lavoro autonomo o dipendente.
Il tema della cumulabilità è stato affrontato in via definitiva dal D.L. 112/2008 (conv. dalla L. 133/2008) che, nel tentativo di razionalizzare ed omogeneizzare l'intera disciplina, ha sancito, a partire dal 1° gennaio 2009, la **totale cumulabilità di qualsiasi trattamento pensionistico con qualsivoglia reddito da lavoro**.
Pertanto, con l'entrata in vigore del D.L. 112/2008 non c'è più alcun limite al cumulo dei redditi (da lavoro dipendente o autonomo) con la pensione di vecchiaia, la pensione di anzianità o la pensione anticipata. Vincoli permangono, ma solo parzialmente, per le pensioni e gli assegni di invalidità entro determinati limiti reddituali.
In particolare, dal 1° gennaio 2009 i redditi da lavoro, autonomo o dipendente, sono interamente cumulabili con la pensione di vecchiaia, con la pensione anticipata e con la (ex pensione di anzianità) erogate con il **sistema misto o retributivo**, cioè per gli assicurati in possesso di contribuzione al 31 dicembre 1995.
Per quanto riguarda le prestazioni maturate in base al sistema contributivo, cioè per coloro che sono entrati nel mondo del lavoro successivamente al 31 dicembre 1995, il cumulo della pensione con i redditi da lavoro è possibile a condizione che risulti soddisfatta almeno una delle seguenti condizioni: siano stati *compiuti almeno 60 anni di età se donna o 65 anni se uomo*, ci siano *almeno 40 anni di contribuzione* o ci siano *almeno 35 anni di contributi e 61 anni di età* (corrispondente all'età minima anagrafica prevista dalla L. 247/2007). Invero, detti requisiti comportano che la maggior parte delle prestazioni previdenziali liquidate con il sistema contributivo siano del **tutto cumulabili con i redditi da lavoro** al pari di quelle liquidate con il sistema misto.
Nessun dubbio sembra sussistere poi in ordine alla cumulabilità della pensione con i redditi da lavoro nel caso di esercizio dell'**opzione donna**, nonostante il legislatore abbia mancato di prevedere espressamente cosa accada in tale ipotesi. Qui, infatti, l'opzione per il contributivo è limitata alle sole regole di calcolo, per cui il trattamento pensionistico appare pienamente compatibile con i redditi da lavoro qualora la lavoratrice riesca a trovare una nuova occupazione per rimpinguare l'assegno. In pratica questa prestazione, ancorché liquidata con il sistema contributivo, resta ancorata alle regole del sistema retributivo che consentono la piena cumulabilità del trattamento.
L'art. 14, co. 3, D.L. 4/2019, nell'introdurre la pensione con Quota 100, ha stabilito, in deroga alla normativa richiamata, l'incumulabilità di tale prestazione con i redditi da lavoro dipendente o autonomo, ad eccezione di quelli derivanti da lavoro autonomo occasionale nel limite di 5.000 euro lordi annui. In tal caso i titolari di pensione sono tenuti a produrre apposita dichiarazione all'INPS circa l'assenza di redditi che comportino la sospensione della prestazione previdenziale. La incumulabilità si applica per il periodo intercorrente tra la data di decorrenza della pensione e la data di maturazione del requisito anagrafico per la pensione di vecchiaia (nel 2021: 67 anni), dal quale momento in poi troveranno applicazione le regole normalmente previste in favore della totale cumulabilità dei redditi da lavoro con la pensione.
Tale regime di incumulabilità, con le predette eccezioni, è stato confermato, dalla L. 234/2021 (*legge di bilancio 2022*) anche per la Quota 102, che ha sostituito a partire dal 1° gennaio 2022 la Quota 100.

Anche la pensione agevolata erogata in favore dei lavoratori precoci (art. 1, co. 299, L. 232/2016) **non è cumulabile** con redditi da lavoro, subordinato o autonomo, per un periodo di tempo corrispondente alla differenza tra l'anzianità contributiva di cui all'art. 24, co. 10 e 12, L. 214/2011 e l'anzianità contributiva al momento del pensionamento (ad esempio, chi andrà in pensione con 41 anni di contributi non potrà lavorare per un periodo successivo alla pensione pari ad 1 anno e 10 mesi se uomo o a 10 mesi se donna).
Infine, i contribuenti che beneficiano dell'**APE sociale** possono riprendere a lavorare alle seguenti condizioni: nel caso di *lavoro dipendente o parasubordinato* non deve essere superato un reddito annuo di 8.000 euro, mentre nel caso di *lavoro autonomo* non deve essere superato un reddito annuo di 4.800 euro.

4.17.3 Pensione di inabilità e assegno ordinario di invalidità e cumulo con altri redditi

La **pensione di inabilità** è **incumulabile** con alcuna forma di reddito (art. 2 L. 222/1984). Per chi, infatti, è titolare di una pensione di inabilità, lo svolgimento di un'attività lavorativa dipendente o autonoma **non è ammissibile**. Poiché la prestazione è caratterizzata dall'assoluta impossibilità di prestare attività lavorativa, la percezione della stessa non è compatibile con la prestazione di lavoro subordinato o con attività di lavoro autonomo o professionale. La concessione della pensione comporta, quindi, l'obbligo della cancellazione da elenchi, albi o ordini relativi a mestieri arti o professioni.
Se si verifica il presupposto dell'incompatibilità, il pensionato è tenuto a darne immediata comunicazione all'INPS che revoca la pensione di inabilità e liquida, se ricorrono le condizioni, l'assegno ordinario di invalidità con decorrenza dal primo giorno del mese successivo al verificarsi dell'incompatibilità stessa.
Limiti alla cumulabilità con i redditi da lavoro permangono per i titolari dell'**assegno ordinario di invalidità**, qualora il reddito superi determinate soglie.
A partire da settembre 1995, i titolari di **assegno di invalidità** sono soggetti a un regime di cumulo che si traduce in un **doppio prelievo se svolgono un'attività di lavoro dipendente, autonomo o di impresa** sopra un determinato limite di reddito (art. 1, co. 42, L. 335/1995).
La prima **trattenuta** decurta l'assegno **del 25%** o **del 50%** a seconda che i redditi di lavoro superino rispettivamente di **4 volte** o di **5 volte** il trattamento minimo annuo dell'INPS.
Se la parte restante di reddito resta comunque superiore al trattamento minimo dell'INPS scatta un **secondo taglio** qualora l'anzianità contributiva sulla base della quale è stato calcolato l'assegno sia inferiore a 40 anni di contributi.
L'ulteriore decurtazione varia a seconda che il reddito provenga da **lavoro dipendente** o **autonomo**. Nel primo caso è pari al 50% della quota eccedente il trattamento minimo INPS, fermo restando che la decurtazione non può superare il reddito stesso; per l'attività di lavoro autonomo la riduzione è invece pari al 30% della quota eccedente il trattamento minimo e comunque non può essere superiore al 30% del reddito prodotto.
La **trattenuta**, nei casi previsti, **è effettuata sulla retribuzione a cura del datore di lavoro** al quale il lavoratore deve dichiarare la propria qualità di pensionato. Il datore di lavoro deve provvedere al versamento di quanto trattenuto all'ente previdenziale che eroga la pensione.

Viene, invece, effettuata dall'ente previdenziale sulla pensione nei casi di:
- tardiva liquidazione della pensione, operando sugli arretrati;
- attività lavorativa dipendente svolta dal pensionato all'estero. In tal caso egli è tenuto a comunicare all'ente la data di inizio dell'attività, il numero delle giornate di lavoro e l'importo mensile della retribuzione;
- possesso, da parte del pensionato, di redditi da lavoro autonomo, previa comunicazione all'ente dei redditi annui percepiti.

Nel caso di successiva trasformazione dell'assegno di invalidità in pensione di vecchiaia la pensione diventa interamente cumulabile con i redditi da lavoro.

4.17.4 Pensione ai superstiti e cumulo con altri redditi

Le pensioni ai superstiti sono cumulabili con altri redditi del beneficiario nei limiti stabiliti dalla L. 335/1995. In base a detta legge le pensioni ai superstiti sono **erogate nelle aliquote previste unicamente quando il beneficiario abbia un reddito inferiore a 3 volte la pensione minima INPS**.
Negli altri casi l'importo della pensione subisce una **decurtazione** che può andare dal 25% al 50% del trattamento, a seconda delle situazioni.
Pertanto, il titolare di pensione di reversibilità che svolga attività lavorativa, nel caso in cui il reddito annuo ricavato da questa attività, sommato con eventuali altri redditi del pensionato, è superiore a 3 volte il trattamento minimo annuo del Fondo pensioni lavoratori dipendenti (FPLD), si vedrà ridotta la pensione di un importo pari al 25%. Se poi il reddito del superstite supera di 4 volte il trattamento minimo la riduzione è pari al 40% del trattamento di reversibilità. Infine, quando il reddito supera di 5 volte il trattamento minimo INPS la pensione di reversibilità subisce una decurtazione del 50%.
Ai fini del calcolo del reddito annuo imputabile al titolare del trattamento di reversibilità contano tutti i redditi soggetti ad IRPEF, con esclusione:
- dei trattamenti di fine rapporto e delle relative anticipazioni;
- del reddito della casa di abitazione;
- delle competenze arretrate sottoposte a tassazione separata e dell'importo della pensione ai superstiti sulla quale dovrebbe essere eventualmente applicata la riduzione.

I suddetti limiti di cumulabilità trovano applicazione nei casi di pensione ai superstiti spettante al solo coniuge o ai genitori ovvero ai fratelli e sorelle; non trovano invece applicazione nei casi in cui siano beneficiari della pensione figli minori, studenti o inabili, da soli o in concorso col coniuge.
In tal caso l'ordinamento garantisce la possibilità di cumulare interamente la pensione del defunto con i redditi da lavoro. Va da sé che, in caso di contitolarità della pensione di reversibilità all'interno dello stesso nucleo familiare, nel momento in cui il figlio perde il diritto a pensione dopo il completamento degli studi, il genitore è soggetto alla riduzione se il suo reddito supera i tetti di legge.

Capitolo 5
Meccanismi di integrazione della pensione

5.1 La ricostituzione della pensione

La ricostituzione della pensione consiste in una **variazione dell'importo del rateo della prestazione** conseguente al riconoscimento o all'accreditamento di ***contribuzione*** *versata o dovuta per periodi antecedenti alla decorrenza originaria dello stesso trattamento di quiescenza.*

L'ente previdenziale procede alla ricostituzione della pensione già liquidata quando sopraggiungono delle vicende che vanno a modificare gli elementi di calcolo della pensione stessa. Tali vicende riguardano **aspetti di tipo contributivo**, **aspetti reddituali** che incidono sulla determinazione della pensione e **aspetti sanitari**.

Le modifiche sul *piano contributivo* riguardano soprattutto il computo di contributi non presi in considerazione in fase di calcolo della pensione, derivanti da periodi non ricongiunti, da periodi dei quali non è stato chiesto l'accredito figurativo oppure di contributi volontari non presi in considerazione. Si tratta cioè dell'accreditamento o dell'esclusione di contribuzione non valutata in prima liquidazione, oppure della modifica del valore contributivo già considerato in prima liquidazione.

Gli aspetti *reddituali* e quelli *sanitari* riguardano eventuali riduzioni o incrementi dell'importo dell'assegno derivanti dalla variazione dei redditi del beneficiario (es. per l'integrazione al trattamento minimo, per la maggiorazione sociale, per la somma aggiunta) o dalla variazione della percentuale di invalidità riconosciuta al beneficiario.

La ricostituzione può avvenire o **su domanda** dell'assicurato oppure **d'ufficio** da parte dell'ente previdenziale, quando la contribuzione viene accreditata d'ufficio, senza intervento del pensionato. La domanda di ricostituzione non è sottoposta ad alcun limite di decadenza per il riconoscimento del diritto.

La pensione medesima è **riliquidata con effetto dalla data di decorrenza originaria, secondo le norme in base alle quali essa è stata calcolata**. Dunque, il ricalcolo va effettuato come se la contribuzione originariamente non considerata fosse stata esistente al momento del pensionamento. Da questo momento spettano gli arretrati nei limiti della prescrizione.

Non è irrilevante in questa sede richiamare la disciplina dettata dall'art. 38 D.L. 98/2011 (conv. dalla L. 111/2011), che ha ridotto, in particolare, **per i ratei maturati dal 6 luglio 2011** la prescrizione al **termine di 5 anni** (dai dieci della disciplina previgente) dei ratei dei trattamenti pensionistici e delle differenze dovute a seguito di riliquidazioni.

Ai ratei arretrati maturati invece prima della data del 6 luglio 2011 si applica il termine, in vigore precedentemente, di prescrizione decennale, ma ridotto – limitatamente al periodo di prescrizione residuo al 6 luglio 2011 – a 5 anni se superiore a tale durata (es. il rateo maturato il 6 luglio 2008, con periodo di prescrizione residuo al 6 luglio 2011 di sette anni, ha una prescrizione ridotta al limite di 5 anni residui e si prescrive il 6 aprile 2016).

La normativa di riferimento in tema di ricostituzione della pensione è l'art. 5 D.P.R. 488/1968, che ha lo scopo di permettere al pensionato di avere liquidato il proprio trattamento di quiescenza in base a tutta la contribuzione versata o accreditabile a suo favore.

5.2 Supplemento di pensione e pensione supplementare

5.2.1 Il supplemento di pensione

Dalla ricostituzione della pensione si distingue il supplemento di pensione, che si riferisce piuttosto ad una **contribuzione versata o accreditata all'AGO successivamente alla decorrenza della pensione**.
Il supplemento di pensione può essere, infatti, erogato a quei lavoratori che abbiano prestato attività lavorativa *dopo la liquidazione del trattamento di quiescenza*; il supplemento riguarda, quindi, la contribuzione versata sulle retribuzioni maturate *successivamente al pensionamento*, come è possibile in considerazione della piena cumulabilità dei redditi da lavoro con la prima pensione. Naturalmente, la misura del supplemento dipende dai contributi versati dal pensionato che ha continuato a lavorare.
L'art. 7 L. 155/1981 riconosce il supplemento nei confronti degli iscritti all'Assicurazione Generale Obbligatoria dei lavoratori dipendenti e dei lavoratori iscritti alle gestioni speciali dei lavoratori autonomi (AGO) che proseguono l'attività lavorativa nella suddetta assicurazione trascorsi almeno 5 anni dalla decorrenza della pensione o dal precedente supplemento. Il supplemento di pensione si somma alla pensione già in essere e diviene parte integrante di essa, a tutti gli effetti, dalla data di decorrenza del supplemento stesso.
In deroga al termine indicato, è data facoltà all'interessato di richiedere, per una sola volta, la liquidazione del supplemento dopo che siano trascorsi solo **2 anni** dalla decorrenza della pensione o del precedente supplemento, a condizione che sia stata compiuta l'**età prevista per il pensionamento di vecchiaia** nella gestione in cui si chiede il supplemento. Il termine breve può essere utilizzato una sola volta.
Il supplemento consiste dunque in un incremento della pensione liquidato, a domanda, in base all'accredito di periodi contributivi successivi alla data di decorrenza della pensione medesima.
I supplementi decorrono dal 1° giorno del mese successivo a quello nel quale è stata presentata la relativa domanda.

5.2.2 La pensione supplementare

Con il supplemento di pensione non va confusa la pensione supplementare, che ha **natura accessoria rispetto ad un altro trattamento di quiescenza già liquidato o in corso di liquidazione** in favore del lavoratore assicurato in base a differenti ed autonomi contributi.
Accade spesso, infatti, che un lavoratore abbia svolto nel corso della sua vita differenti attività lavorative che abbiano dato luogo a posizioni assicurative presso fondi pensione diversi. In tale ipotesi, oltre alla possibilità di esercitare la ricongiunzione, la totalizzazione o il cumulo contributivo (*vedi infra*), ai lavoratori titolari di un conto assicurativo

presso l'AGO cui sia stata liquidata già una prestazione previdenziale principale viene concessa la facoltà di chiedere la liquidazione della **pensione supplementare**. Tale prestazione ulteriore viene concessa in base ai contributi versati o accreditati nell'AGO a condizione che **tali contributi** non siano sufficienti per il riconoscimento di un autonomo diritto al trattamento pensionistico. L'INPS, pertanto, liquida una seconda pensione che va ad aggiungersi (da qui il termine "supplementare") a quella principale già percepita.
Si tratta tuttavia di una facoltà riconosciuta solo nei confronti dei pensionati titolari di una pensione a carico delle gestioni esclusive, sostitutive ed esonerative dell'AGO. La prestazione, quindi, non può essere ottenuta se il lavoratore ha in pagamento una pensione dalla gestione separata o delle Casse dei liberi professionisti.

Tuttavia, anche la **gestione separata** dell'INPS eroga una prestazione supplementare qualora l'iscritto abbia già ottenuto una pensione principale. E, peraltro, in misura più estensiva rispetto all'AGO, in quanto vengono qui ammessi anche i titolari di una pensione a carico delle Casse professionali.
L'art. 1, co. 2, D.M. 282/1996 prevede, infatti, che, qualora "gli iscritti alla gestione non raggiungono i requisiti per il diritto ad una pensione autonoma, ma conseguono la titolarità di un trattamento pensionistico a carico dell'assicurazione generale obbligatoria per l'invalidità, la vecchiaia ed i superstiti dei lavoratori dipendenti, delle forme esclusive e sostitutive della medesima, delle gestioni speciali dei lavoratori autonomi, di cui alla legge n. 233 del 1990, nonché delle gestioni previdenziali obbligatorie dei liberi professionisti hanno diritto alla liquidazione della pensione supplementare".
Per il conseguimento del diritto alla pensione supplementare bisogna raggiungere l'età della vecchiaia prevista nella gestione separata (67 anni sia per gli uomini che per le donne).

La pensione supplementare è liquidata, a domanda, a condizione che l'interessato abbia raggiunto l'età richiesta per il pensionamento di vecchiaia nel fondo a carico del quale è richiesta la pensione supplementare, ferma restando la cessazione di attività di lavoro dipendente.
La misura del trattamento supplementare è determinata secondo le normali regole di calcolo della pensione.
In caso di morte del pensionato o del lavoratore, ai familiari superstiti che ne abbiano diritto può essere liquidata una **pensione supplementare ai superstiti** (indiretta o di reversibilità). In particolare, spetta la pensione supplementare **indiretta** quando il deceduto abbia, nel corso della sua vita lavorativa, contribuito presso più gestioni previdenziali senza raggiungere in una di esse i requisiti per conferire ai superstiti il diritto autonomo ad una ad una pensione indiretta e i superstiti godano già di una pensione indiretta a carico di una forma di previdenza obbligatoria alla quale il lavoratore deceduto era iscritto.
Spetta, invece, la pensione supplementare **di reversibilità** quando i superstiti siano già titolari di pensione di reversibilità e presso una delle gestioni previdenziali risultino accreditati contributi a favore del defunto insufficienti a garantire il diritto ad un'autonoma pensione.
In caso di **pensione supplementare di invalidità** è necessario essere in possesso del requisito sanitario previsto per ottenere l'assegno ordinario di invalidità (capacità lavorativa ridotta a meno di un terzo a causa di infermità fisica o mentale).

5.3 Trattamento minimo ed integrazione della pensione

La *pensione integrata al trattamento minimo*, o *pensione minima*, o *integrazione al minimo*, è riconosciuta al pensionato il cui *reddito da pensione*, sulla base del calcolo dei contributi versati, risulti inferiore ad un livello fissato ogni anno dalla legge.

Il trattamento minimo (introdotto dall'art. 6 L. 638/1983) è un'**integrazione che lo Stato, tramite l'INPS, corrisponde al pensionato quando la pensione, derivante dal calcolo dei contributi versati, è di importo molto basso**, al di sotto di quello che è definito come "minimo vitale". In tal caso l'importo della pensione spettante viene aumentato ("integrato") fino a raggiungere la cifra stabilita di anno in anno dalla legge.

Il trattamento minimo per l'**anno 2022** è fissato in **523,83 euro**, per cui le prestazioni a carattere previdenziale al di sotto di tale soglia possono essere oggetto di un'integrazione al minimo.

Per ottenerla il soggetto deve soddisfare **determinati requisiti di reddito** (D.Lgs. 503/1992), non solo individuale ma anche coniugale in quanto non tutte le prestazioni al di sotto della soglia limite possono essere integrate:

- **limiti di reddito individuali**: se il soggetto non è coniugato, ovvero coniugato con persona legalmente ed effettivamente separata, il limite di reddito definito in via previsionale per il 2022 per il diritto alla **totale integrazione** è pari a **6.809,79 euro**; mentre l'**integrazione parziale** può essere concessa oltre la predetta cifra e sino a **13.619,58 euro**. Oltre tale cifra è esclusa l'integrazione;
- **limiti di reddito coniugali**: se il soggetto è coniugato con persona non legalmente ed effettivamente separata, la questione diviene più articolata. Se la pensione ha avuto decorrenza prima del 1994 i redditi coniugali sono irrilevanti. Se la pensione ha decorrenza nell'anno 1994 o dopo tale data l'integrazione è concessa a condizione che risultino soddisfatti entrambi i seguenti requisiti: 1) il beneficiario non superi i 13.619,58 euro di reddito individuale; 2) i redditi coniugali non superino **4 volte** il trattamento minimo nell'anno di riferimento (**5 volte** il trattamento minimo nell'anno di riferimento, se la pensione ha avuto decorrenza nel 1994).

Il limite di reddito personale e quello di coppia devono essere entrambi rispettati. Basta che uno dei due venga superato per escludere il pensionato dall'integrazione al minimo.

Il reddito preso in considerazione ai fini del diritto all'integrazione è quello assoggettabile ad IRPEF. Dal computo sono esclusi: il reddito della casa di abitazione, i trattamenti di fine rapporto (la liquidazione), le competenze arretrate soggette a tassazione separata, l'importo della pensione da integrare al trattamento minimo e i redditi esenti dall'IRPEF (pensioni di guerra, rendite INAIL, pensioni agli invalidi civili).

L'**integrazione spetta in misura ridotta e proporzionale** (parziale integrazione) se il pensionato possiede redditi, personali o cumulati con il coniuge, compresi tra il limite minimo (totale integrazione) e il limite massimo (oltre il quale l'integrazione è esclusa).

In linea generale, sono integrabili al minimo tutte le prestazioni previdenziali dirette erogate dall'AGO e dai fondi esclusivi e sostitutivi della medesima ad eccezione della pensione supplementare. Particolari condizioni interessano l'integrazione al minimo dell'**assegno ordinario di invalidità** nonché i casi in cui il pensionato sia titolare di più trattamenti pensionistici.

La disciplina dell'integrazione al minimo **non è applicabile** alle pensioni liquidate esclusivamente con le regole del **sistema contributivo**, cioè per chi ha iniziato a lavorare dal 1° gennaio 1996 (art. 1, co. 16, L. 335/1995).

5.4 Le maggiorazioni sulle pensioni

La legge prevede, a determinate condizioni, che ai pensionati che non possiedano redditi oltre determinate soglie siano corrisposte delle prestazioni economiche (le cosiddette **maggiorazioni sulle pensioni**) che vanno a incrementare il trattamento pensionistico di base.

5.4.1 La maggiorazione sociale

Una prima maggiorazione è stata introdotta dalla L. 544/1988: si tratta della cd. **maggiorazione sociale della pensione** (MSP), una prestazione di carattere assistenziale, aggiuntiva della pensione, in favore di soggetti economicamente svantaggiati che abbiano compiuto un'età pari ad **almeno 60 anni**. Prevista inizialmente per i soli titolari di pensioni integrate al trattamento minimo, dalla L. 140/1985, la maggiorazione sociale è stata estesa a tutti i titolari di pensione, diretta (vecchiaia, vecchiaia anticipata, assegno ordinario di invalidità o pensione di inabilità) o ai superstiti, **anche superiore al trattamento minimo**, a condizione che non siano superati determinati limiti di reddito, in modo da garantire al pensionato un reddito minimo annuo.
Nel dettaglio, tale maggiorazione, in virtù anche delle previsioni di cui alla successiva L. 388/2000 (art. 69, co. 4), spetta ai titolari di pensione a carico:
- dell'AGO per l'invalidità, la vecchiaia ed i superstiti dei lavoratori dipendenti;
- delle gestioni speciali dei lavoratori autonomi (commercianti, artigiani, coltivatori diretti, mezzadri e coloni);
- della gestione speciale per i lavoratori delle miniere, cave e torbiere;
- dei fondi sostitutivi ed esclusivi, a partire dal 1/1/2001 (Fondo volo, Fondo dazio, Fondo elettrici e telefonici, Fondo speciale dipendenti FF.SS.).

Pertanto, la maggiorazione spetta sia ai lavoratori dipendenti (anche del settore pubblico) che ai **lavoratori autonomi** titolari di una prestazione previdenziale a carico delle predette gestioni, con esclusione degli iscritti alla gestione separata e alle Casse dei professionisti, i quali ultimi possono avere diritto ad agevolazioni differenti, secondo il regolamento del proprio ente previdenziale.
Appare utile sottolineare come le maggiorazioni sociali interessino non solo i trattamenti previdenziali ma anche i trattamenti assistenziali come in particolare l'assegno sociale e le **provvidenze economiche** corrisposte agli invalidi civili, i ciechi e i sordomuti.
La richiesta di maggiorazione deve essere fatta contestualmente alla domanda di pensione o successivamente, e deve essere corredata da una dichiarazione reddituale attestante i redditi percepiti nell'anno, anche se presuntivi.
La maggiorazione sociale è corrisposta mensilmente per un importo che varia a seconda dell'età del pensionato. L'importo base della maggiorazione fissato nel 2018 è pari a 25,83 euro al mese per coloro che hanno dai **60 ai 64 anni** e di **82,64 euro** per chi ha un'età che si colloca tra i **65 e i 69 anni**, di 136,44 euro per gli **ultra 70enni**, se il pensionato non riceve la quattordicesima, e di **124,44 euro** per i titolari di quattordicesima

mensilità (cosiddetto incremento al milione). I 70 anni richiesti si possono ridurre fino a 65, in ragione di un anno per ogni cinque di contributi versati.
Per il conseguimento del diritto alla maggiorazione sociale valgono i seguenti **limiti di reddito**:

- per il **pensionato non coniugato**: il reddito annuo non deve risultare superiore alla somma dell'ammontare annuo del trattamento minimo e dell'ammontare annuo della maggiorazione sociale prevista in relazione all'età del pensionato;
- per il **pensionato coniugato**: non deve possedere redditi propri per un importo pari o superiore a quello di cui al punto precedente, né redditi, cumulati con quelli del coniuge, per un importo pari o superiore al limite costituito dalla somma dell'ammontare annuo della pensione al minimo, della maggiorazione sociale e dell'ammontare annuo dell'assegno sociale.
  Non si procede al cumulo dei redditi con quelli del coniuge legalmente ed effettivamente separato.

I **limiti di reddito per il 2022** sono i seguenti: da **60 a 64 anni** (personale 7.152,34 euro, coniugale 13.237,77 euro), da **65 a 69 anni** (personale 7.890,87 euro, coniugale 13.976,30 euro), da **70 anni in poi** (personale 8.590,27 euro, coniugale 14.675,70 euro).

Tutte le maggiorazioni vengono concesse in misura tale da non comportare il superamento dei limiti di reddito previsti per la concessione del beneficio. Pertanto, se i redditi di cui il soggetto è titolare sono tali che, ove applicato per l'intero l'aumento dovuto, si superano i limiti di reddito previsti per avere diritto all'aumento stesso, l'importo della maggiorazione è corrisposto in **misura parziale**, fino a concorrenza del limite stabilito. In caso di coppia di coniugi, la maggiorazione verrà corrisposta nella minor misura necessaria ad integrare il limite personale o il limite coniugale. Nel reddito personale e in quello coniugale va considerato anche l'importo della pensione su cui deve essere attribuita la maggiorazione.
L'art. 38 L. 28-12-2001, n. 448 (legge finanziaria per il 2002), nell'innovare, per i soggetti che si trovino in determinate condizioni di età e di reddito, la previgente disciplina, ha stabilito che, a decorrere dal 1º gennaio 2002, la misura della maggiorazione sociale dei trattamenti pensionistici di cui all'art. 1 della L. 544/1988, e successive modificazioni, è incrementata, a favore dei soggetti di **età pari o superiore a 70 anni**, fino a garantire un reddito proprio pari a 516,46 euro (1 milione di lire) al mese per tredici mensilità (cd. **incremento al milione**). L'aumento in questione viene riconosciuto ai titolari di trattamenti previdenziali a qualsiasi titolo erogati dall'AGO e dai fondi ad essa sostitutivi od esclusivi (comprese le pensioni ai superstiti), ai titolari di prestazioni assistenziali quali l'assegno sociale, e la pensione sociale, nonché agli invalidi civili totali, sordomuti e ciechi civili assoluti.
L'intenzione del legislatore è stata dunque quella di incrementare l'importo della pensione fino ad arrivare ad un milione di vecchie lire; tale importo è rimasto invariato nel corso degli anni e, attualmente, è fissato, sulla base del coefficiente di rivalutazione monetario in relazione all'aumento del costo della vita, ad un valore di **660,79 euro** mensili.
La misura massima di questa maggiorazione non è pertanto fissa, ma è determinata come differenza tra il reddito minimo garantito e l'assegno mensile spettante. In ogni caso, poi, per i trattamenti di tipo previdenziale, l'incremento al milione non può superare l'importo mensile determinato dalla differenza tra 660,79 euro e il trattamento

minimo (per il 2022 fissato in 524,35 euro), per cui per il 2022 questo non può essere superiore a **136,44 euro**.
L'incremento, al pari delle altre maggiorazioni, è corrisposto per 13 mensilità.
Per ottenere il beneficio occorre rispettare **due condizioni**, una legata all'età anagrafica, l'altra al reddito.
L'**età anagrafica** richiesta ai pensionati per la concessione della maggiorazione è pari o superiore a **70 anni**. Tuttavia, la normativa prevede che il limite dei 70 anni si riduca, fino ad un massimo di 65 anni, di un anno ogni 5 anni di contribuzione versata, o frazione pari o superiore a due anni e mezzo. A tal fine è utile tutta la contribuzione (obbligatoria, figurativa, volontaria e da riscatto) fatta valere dall'interessato relativamente alla pensione su cui spetta il beneficio. Possono pertanto aver diritto al beneficio, in presenza delle condizioni reddituali richieste, anche i pensionati di età compresa tra i 65 ed i 70 anni.

Per gli invalidi civili totali, per i sordomuti o ciechi civili assoluti titolari del relativo trattamento pensionistico ovvero per i titolari di pensione di inabilità la legge richiedeva uno specifico requisito anagrafico (età pari o superiore a 60 anni), dichiarato incostituzionale, con riferimento agli invalidi civili, dalla **sent. 152/2020 della Corte costituzionale**. In seguito a tale pronuncia il legislatore (art. 15 D.L. 104/2020, conv. dalla L. 126/2020) ha provveduto a rimuovere il vincolo anagrafico sia per gli invalidi che per i sordomuti e ciechi, attribuendo il diritto all'integrazione a tutti i soggetti, **purché maggiorenni**, a condizione di rientrare comunque all'interno dei limiti reddituali in precedenza già fissati per l'incremento a 60 anni.

Il diritto e la misura del beneficio sono correlati, inoltre, al non superamento di determinati **limiti di reddito annuo personale** e **cumulato con quello del coniuge**. In particolare, per ottenere la maggiorazione il reddito annuo del richiedente deve risultare inferiore a **8.590,27 euro**; per i beneficiari coniugati e non effettivamente e legalmente separati bisogna rispettare, oltre al predetto limite di reddito personale, anche un reddito annuo coniugale non superiore a **14.675,70 euro**.
Si ribadisce che l'importo dell'aumento deve essere determinato in misura tale da non comportare il superamento dei limiti di reddito previsti della concessione del beneficio. Pertanto, se i redditi di cui soggetti titolari sono tali che, se applicato per intero l'aumento dovuto, si superano i limiti di reddito previsti per avere diritto all'aumento medesimo, l'importo della maggiorazione sarà determinato dalla differenza tra l'ammontare del limite di reddito ed il reddito percepito dal richiedente diviso 13 mensilità.
Un incremento pieno spetterà dunque solamente a coloro che, oltre alla prestazione sulla quale questo viene riconosciuto, non possono vantare altri redditi.

5.4.2 La maggiorazione per gli ex combattenti

La L. 336/1970 ha attribuito particolari benefici pensionistici e retributivi agli **ex combattenti**, cioè a quelle persone che hanno partecipato in modo diretto e immediato allo svolgimento di operazioni di guerra e categorie loro assimilate come i partigiani, mutilati ed invalidi di guerra, vittime civili di guerra, orfani, vedove di guerra o per causa di guerra, profughi per l'applicazione del trattato di pace e **categorie equiparate** (es. ex deportati, ex perseguitati politici o razziali).
I benefici previdenziali contemplati dalla legge del 1970 sono rivolti, però, ai soli dipendenti dello Stato. Per colmare questa lacuna che ha lasciato fuori la generalità dei

lavoratori dipendenti ed autonomi del settore privato, il legislatore è intervenuto successivamente con l'art. 6 L. 140/1985 riconoscendo una maggiorazione **simbolica** della pensione anche nei confronti della generalità dei lavoratori dipendenti, autonomi con qualifica di combattente ed assimilati come sopra descritti che non hanno goduto dei benefici di cui alla L. 336/1970.
Il beneficio previsto consiste in una maggiorazione della misura della pensione uguale per tutti e pari all' epoca a 30.000 lire (15,49 euro mensili), disposta in favore anche delle pensioni anteriori all'entrata in vigore della legge del 1985, purchè aventi decorrenza non anteriore all'8 marzo 1968 (data di presentazione in Parlamento del disegno di legge poi divenuto L. 336/1970). Coloro che, invece, sono andati in pensione prima di questa data hanno avuta riconosciuta la maggiorazione solo dal 1° gennaio 1989, con l'art. 6 L. 544/1988.
La maggiorazione è reversibile; è soggetta alla disciplina della perequazione automatica; è da considerare parte integrante del trattamento di pensione a tutti gli effetti, viene aggiunta all'importo complessivo, non viene assorbita dall'integrazione al minimo né trasforma la pensione in superiore al minimo.

5.4.3 La somma aggiuntiva (cosiddetta quattordicesima mensilità)

La somma aggiuntiva è una **prestazione che viene corrisposta dall'INPS una volta l'anno, in aggiunta alla rata di pensione di luglio**, di qui il nome di "quattordicesima" mensilità di pensione, in favore dei titolari di uno o più trattamenti pensionistici a carico dell'AGO e delle forme sostitutive, esclusive ed esonerative della medesima, in presenza di determinate condizioni reddituali e con un'età pari o superiore a 64 anni.
È stata istituita con il D.L. 81/2007, conv. dalla L. 127/2007.
Sono esclusi dal beneficio *gli assegni e le pensioni sociali* e le *prestazioni di natura assistenziale* (invalidità civili, gli assegni sociali, rendite INAIL).
A partire dal 2017, per effetto delle modifiche apportate dalla legge di bilancio 2017, la somma aggiuntiva viene erogata in misura diversa a seconda che il titolare della prestazione abbia un reddito complessivo personale ricompreso entro 1,5 volte il trattamento minimo vigente nell'AGO (524,35 euro al mese), oppure compreso tra 1,5 volte e 2 volte il predetto trattamento minimo. Nessun beneficio spetta ai pensionati titolari di una pensione o redditi superiori a tale soglia.
L'importo della quattordicesima varia così in relazione al reddito annuo del percettore (non rileva quello del coniuge) e alla contribuzione sulla base della quale è stata liquidata la pensione, sempre che l'**età del contribuente sia pari o superiore a 64 anni**.
Nel caso di compimento dei 64 anni nel corso dell'anno la cosiddetta "quattordicesima" viene rapportata ai soli mesi successivi al compimento del 64° anno di età.
Ai fini della corresponsione di detto beneficio vanno considerati i redditi di qualsiasi natura, compresi i redditi esenti da imposte e quelli soggetti a ritenuta alla fonte o ad imposta sostitutiva.
Sono invece, per espressa previsione normativa, esclusi: i trattamenti di famiglia comunque denominati; le indennità di accompagnamento; il reddito della casa di abitazione; i trattamenti di fine rapporto comunque denominati; le competenze arretrate sottoposte a tassazione separata.
Una volta stabilita la fascia contributiva, la somma spetta per intero fino a che il reddito personale dell'interessato si mantiene entro il limite stabilito per l'anno; nel caso in cui

il reddito complessivo individuale annuo risulti superiore ad 1,5 volte, ovvero, a 2 volte il trattamento minimo ed inferiore a tale limite incrementato della somma aggiuntiva spettante, l'importo in parola viene corrisposto fino a concorrenza del predetto limite maggiorato (**clausola di salvaguardia**).
In generale il pensionato non deve fare alcuna domanda per ottenere questo beneficio che, di norma, viene erogato automaticamente in base alle dichiarazioni reddituali già acquisite.

5.4.4 La Pensione di cittadinanza (Pdc)

Rientra tra le maggiorazioni pensionistiche anche l'istituto della Pensione di cittadinanza (Pdc) introdotto con il D.L. 4/2019 istitutivo del Reddito di cittadinanza (Rdc).
Si tratta di un'integrazione del trattamento pensionistico per i nuclei familiari composti esclusivamente da uno o più componenti di **età pari o superiore a 67 anni** (età adeguata all'incremento della speranza di vita ai fini dell'accesso al sistema pensionistico) quale misura di contrasto alla povertà delle persone anziane.
Tuttavia la pensione di cittadinanza è riconosciuta ai nuclei familiari composti esclusivamente da persone di età pari o superiore a 67 anni che non siano necessariamente titolari di pensione, trattandosi, in via generale, di una misura di contrasto alla povertà. Se il titolare del sussidio è anche titolare di una prestazione pensionistica a carico dell'INPS, dal 2021 può anche averlo erogato assieme alla pensione (non più solo mediante accredito su carta ricaricabile).
Alla pensione di cittadinanza, con la conversione in legge del D.L. 4/2019, possono accedervi anche i nuclei familiari composti esclusivamente da almeno una persona di età pari o superiore a 67 anni e da **disabili gravi**.
Per beneficiare della pensione di cittadinanza, oltre al requisito anagrafico, è necessario essere in possesso anche di determinati **requisiti ISEE** e di **residenza**.
È considerato al di sotto della soglia di povertà ai fini della pensione di cittadinanza chi possiede un reddito inferiore ai 780 euro mensili, in caso di nucleo familiare con un solo componente, con affitto o mutuo a carico; per i nuclei con più componenti, il reddito è maggiorato.
Per la pensione di cittadinanza è prevista l'erogazione di 12 ratei mensili, senza tredicesima.
La pensione di cittadinanza è una prestazione di assistenza e non previdenziale: come tale, non è reversibile ai superstiti; il diritto è intrasmissibile, in quanto collegato strettamente alla vita del titolare. Tuttavia, la pensione di cittadinanza non è un sussidio che spetta al singolo in quanto tale, ma spetta all'intero nucleo familiare. Pertanto, la morte di un familiare facente parte di un nucleo beneficiario della pensione di cittadinanza, nella generalità dei casi, non determinala perdita della prestazione economica. Si deve però presentare una nuova dichiarazione ISEE.

5.5 La perequazione automatica delle pensioni

Perequazione è il termine che identifica la rivalutazione dell'importo pensionistico legato all'inflazione. Si tratta, cioè, di un **meccanismo attraverso il quale l'importo delle prestazioni previdenziali viene adeguato all'aumento del costo della vita come indicato dall'ISTAT**. Il fine che la legge intende perseguire è quello di protegge-

re il potere d'acquisto del trattamento previdenziale pensionistico. La perequazione è determinata, per le prestazioni previdenziali ed assistenziali erogate da tutti i regimi, sulla base esclusivamente del costo della vita rilevato dall'ISTAT con cadenza annuale (art. 11 D.Lgs. 503/1992), per cui le prestazioni saranno rivalutate, in ragione di detto criterio, in misura differenziata a seconda dell'importo della pensione e in applicazione dei principi di solidarietà ed eguaglianza sostanziale.
L'indice ISTAT dei prezzi al consumo per le famiglie di operai ed impiegati stabilisce il valore di riferimento per la stima dell'aumento da applicare alle pensioni, calcolato dapprima nella forma di indice provvisorio e, a seguire, in via definitiva come indice da conguagliare a inizio anno, in modo da livellare le differenze tra la stima iniziale e il valore poi riscontrato dall'indice definitivo.

Capitolo 6
Gli strumenti per la ricostruzione della posizione assicurativa e contributiva

6.1 Finalità degli strumenti predisposti dal legislatore

In tempi di "lavoro mobile" cambiare attività è assai frequente. Può capitare, dunque, che un lavoratore sia stato iscritto in diversi regimi previdenziali, di modo che gli "spezzoni" contributivi maturati presso ciascuno di essi non gli consentano di conseguire il diritto alla pensione.

Fino al 1979, salvo qualche eccezione riservata dalla L. 322/1958 ai dipendenti pubblici (questa legge non esiste più perché è stata abrogata dal giugno del 2010), le "frontiere" tra i diversi enti e fondi di previdenza erano invalicabili e comportavano danni previdenziali irrimediabili per tanti lavoratori. A partire dal 1979 (L. 29/1979), invece, questa barriera può essere abbattuta, in quanto a coloro che hanno versato contributi in diverse gestioni previdenziali l'attuale normativa offre la possibilità di ricorrere a tre istituti per valorizzarli al fine di perfezionare il diritto alla pensione: la **ricongiunzione**, la **totalizzazione** e il **cumulo dei contributi**. Essi consentono che, ai fini del calcolo della pensione, venga presa come riferimento la carriera lavorativa nella sua interezza.

6.2 La ricongiunzione dei periodi assicurativi

6.2.1 Nozione

Nel vocabolario previdenziale, con il termine "ricongiunzione" si indica l'**unificazione delle posizioni assicurative esistenti presso i diversi fondi previdenziali obbligatori per ottenere, utilizzando più "spezzoni" contributivi, una sola pensione**.

In questo modo, il lavoratore trasferisce i contributi versati nelle diverse gestioni pensionistiche presso un unico Fondo, creando una sola posizione assicurativa: sarà la gestione nella quale sono stati ricongiunti i contributi a liquidare la pensione, calcolata sulla base di tutta la contribuzione confluita in tale posizione e in relazione ai requisiti richiesti dal fondo di destinazione medesimo.

Tale sistema consente, pertanto, di tener conto di tutti i contributi versati in differenti gestioni come se fossero stati erogati, fin dall'inizio, alla gestione di destinazione, quindi al fondo in cui vengono fatti confluire i vari flussi.

È indispensabile che i periodi di contribuzione oggetto di ricongiunzione non abbiano dato luogo alla liquidazione di una pensione diretta.

La disciplina della ricongiunzione è riportata *in primis* nella L. 29/1979, che regola il trasferimento di contributi tra INPS, ex INPDAP, ex ENPALS, INPGI, Gestioni speciali INPS per i lavoratori autonomi e i fondi aziendali sostitutivi dell'AGO.

La citata legge del 1979 disciplina sia la **ricongiunzione verso l'INPS** (art. 1) sia la **ricongiunzione dall'INPS alle forme di previdenza alternative** (art. 2).

Nel 1990 un'altra legge, la n. 45, ha disciplinato una simile facoltà di unificazione di tutti i contributi a favore dei **liberi professionisti** iscritti alle casse private e privatizzate.

6.2.2 La ricongiunzione verso il Fondo Pensioni Lavoratori Dipendenti (art. 1 L. 29/1979)

L'art. 1 L. 29/1979 riconosce la possibilità di ricongiungere presso il Fondo Pensioni Lavoratori Dipendenti (FPLD), gestito dall'INPS, tutti i periodi di contribuzione (obbligatoria, volontaria e figurativa) esistenti nelle altre gestioni sostitutive, esclusive o esonerative dell'AGO o nelle Gestioni speciali dei lavoratori autonomi (artigiani, commercianti e coltivatori diretti).
Per effettuare la ricongiunzione nel FPLD ai sensi dell'art. 1 L. 29/1979 non è richiesta l'iscrizione del lavoratore presso il FPLD al momento della presentazione della relativa domanda, né è previsto un requisito contributivo minimo ma è comunque condizione necessaria che il lavoratore sia titolare di contribuzione in almeno due gestioni pensionistiche diverse.
Qualora l'operazione di ricongiunzione debba comprendere anche periodi di lavoro autonomo è ulteriormente richiesto che nel periodo intercorrente fra la domanda di ricongiunzione e l'ultima contribuzione da lavoro autonomo siano stati maturati almeno 5 anni di contribuzione in una o più gestioni dei lavoratori dipendenti.
Anteriormente al 1° luglio 2010 la ricongiunzione nel FPLD dei periodi contributivi maturati in ordinamenti pensionistici "alternativi" dell'AGO avveniva senza oneri per il richiedente. A decorrere da quella data, invece, per effetto delle modifiche apportate dalla L. 122/2010, la ricongiunzione nel FPLD è sempre **a titolo oneroso**, qualunque sia la gestione di provenienza dei periodi interessati e a prescindere dalla natura dell'attività (subordinata o autonoma) alla quale si riferiscono i relativi contributi. L'onere, in ogni, caso può essere rateizzato dall'interessato.
La ricongiunzione avviene a domanda del diretto interessato o dei suoi superstiti e deve comprendere tutti i periodi di contribuzione (obbligatoria, volontaria, figurativa, riscattata) che il lavoratore ha maturato in almeno due diverse forme previdenziali fino al momento della richiesta e che non siano già stati utilizzati per liquidare una pensione.

6.2.3 La ricongiunzione in Fondi diversi dal FPLD (art. 2 L. 29/1979)

L'art. 2 L. 29/1979 disciplina, invece, il caso inverso, ovvero quello in cui i contributi versati nel regime generale INPS transitano, per ricongiunzione, in un **fondo alternativo**.
Tale facoltà è concessa al lavoratore che può far valere periodi di iscrizione:

- nell'AGO per l'invalidità, la vecchiaia ed i superstiti dei lavoratori dipendenti;
- nelle forme obbligatorie di previdenza sostitutive, esclusive od esonerative della predetta AGO;
- nelle gestioni speciali per i lavoratori autonomi gestite dall'INPS.

In questi casi, il lavoratore può chiedere in qualsiasi momento, ai fini del diritto e della misura di un'unica pensione, la ricongiunzione, presso la **gestione in cui risulti iscritto** all'atto della domanda **ovvero** nella gestione, **diversa** da quella di iscrizione, **nella**

quale possa far valere almeno 8 anni di contribuzione versata in costanza di effettiva attività lavorativa, di tutti i periodi di contribuzione dei quali sia titolare.
Tale tipo di ricongiunzione è onerosa per l'interessato.
I **lavoratori autonomi** che intendano ricongiungere la contribuzione, o parte di essa, presso un fondo diverso da quello in cui risultano iscritti al momento della domanda devono poter far valere nel fondo ricevente un periodo di contribuzione di almeno 5 anni immediatamente antecedente al momento della domanda, ovvero devono possedere lo stesso requisito in due o più gestioni previdenziali diverse dalla gestione accentrante (art. 2, co. 1, L. 29/1979, che rinvia all'art. 1, co. 4, della stessa legge).

6.2.4 La ricongiunzione per i liberi professionisti

La L. 45/1990 ha introdotto la possibilità anche per i liberi professionisti di ricongiungere le posizioni assicurative esistenti nell'INPS, o in forme di previdenza alternative, con quelle costituite presso le varie Casse di previdenza o viceversa.
L'art. 1, co. 1, della suddetta legge attribuisce al **lavoratore dipendente pubblico o privato**, o al **lavoratore autonomo**, che sia stato iscritto a forme obbligatorie di previdenza per i **liberi professionisti**, la facoltà, ai fini del diritto e della misura di un'unica pensione, di ricongiungere tutti i periodi di contribuzione versati presso le varie Casse di previdenza per i liberi professionisti nella gestione in cui risulta iscritto, in qualità di lavoratore dipendente o autonomo, all'atto della domanda.
Allo stesso modo, l'art. 1, co. 2 attribuisce, al libero professionista che sia stato iscritto a forme obbligatorie di previdenza per i lavoratori dipendenti o per i lavoratori autonomi, la facoltà di ricongiungere tutti i periodi di contribuzione versati presso dette forme nella gestione in cui risulta iscritto in qualità di libero professionista.
Sono parimenti ricongiungibili i periodi di contribuzione presso **diverse gestioni previdenziali per liberi professionisti**.
Se prima del compimento dell'età pensionabile per i liberi professionisti la facoltà è esercitabile solo nella gestione presso cui si risulta iscritti al momento della domanda, dopo il compimento dell'età pensionabile la ricongiunzione, ai fini del diritto e della misura di un'unica pensione, può essere richiesta, in alternativa, presso una gestione nella quale si possano far valere almeno 10 anni di contribuzione continuativa in regime obbligatorio in relazione ad attività effettivamente esercitata.
La facoltà di ricongiunzione riconosciuta ai liberi professionisti è da sempre onerosa, essendo questi tenuti a sostenere il 100% del costo dell'operazione.

6.3 La totalizzazione dei periodi assicurativi

6.3.1 Nozione e caratteristiche dell'istituto

I lavoratori con carriere discontinue hanno spesso accreditati contributi in gestioni previdenziali differenti, conseguenza della frammentazione dei periodi lavorativi.
La totalizzazione, prevista dal D.Lgs. 42/2006, consente la possibilità di **sommare gratuitamente, ai fini del raggiungimento dei requisiti per il diritto a pensione, i periodi contributivi esistenti presso due o più enti di previdenza**, in modo da poter

conseguire quote di pensione, proporzionali ai contributi stessi, a carico delle gestioni presso cui si trovano i contributi, senza dover effettuare la loro ricongiunzione.
L'obiettivo è quello di consentire la sommatoria di periodi assicurativi maturati presso diverse gestioni pensionistiche nell'ipotesi in cui tali periodi, **non coincidenti tra loro**, non consentano, separatamente considerati, il raggiungimento, in ciascuna delle gestioni considerate, dei requisiti prescritti per la maturazione del diritto alla pensione.
Con la totalizzazione **non c'è, in pratica, un trasferimento di contributi da un ente all'altro, come avviene con la ricongiunzione**, ma si realizza una sommatoria virtuale di tronconi contributivi non coincidenti per il conseguimento del requisito minimo occorrente per il diritto a pensione.
La totalizzazione può essere utilizzata da tutti i lavoratori, dipendenti, autonomi, collaboratori coordinati e continuativi, lavoratori a progetto e liberi professionisti, ed è completamente gratuita a differenza della ricongiunzione. Essa consente, inoltre, di sommare i contributi della gestione separata INPS, che altrimenti non potrebbe essere ricongiunta.
Per fruire della totalizzazione l'interessato **non deve essere già titolare di pensione** autonoma in una delle gestioni coinvolte nella totalizzazione e non deve aver richiesto e accettato la ricongiunzione dei periodi assicurativi ai sensi della L. 29/1979 e della L. 45/1990 in data successiva all'entrata in vigore del D.Lgs. 42/2006. Inoltre la totalizzazione **deve riguardare tutti e per intero i periodi assicurativi** presenti nelle gestioni coinvolte, non solo parte di essi. In questo senso non può darsi luogo ad **una totalizzazione parziale**.
Con il D.L. 201/2011 (conv. in L. 214/2011) è poi stato soppresso il vincolo che non consentiva di valorizzare spezzoni contributivi inferiori a 3 anni; pertanto, attualmente, è **possibile totalizzare qualsiasi periodo contributivo** presente nelle gestioni interessate.
La pensione in regime di totalizzazione è determinata di regola con il **metodo interamente contributivo** se al momento del pensionamento il lavoratore non ha maturato un diritto autonomo a pensione in nessuna delle gestioni interessate. In tale ultimo caso il lavoratore mantiene il sistema di calcolo della prestazione vigente nel fondo interessato (es. retributivo). Ciascuna gestione provvede a determinare il trattamento *pro quota* in rapporto ai rispettivi periodi di iscrizione maturati.
L'importo erogato in regime di totalizzazione **non è integrabile al trattamento minimo**.

6.3.2 Trattamenti pensionistici

Attraverso la totalizzazione è possibile conseguire la *pensione di vecchiaia*, la *pensione di anzianità*, la *pensione di inabilità* e la *pensione indiretta ai superstiti*.
La **pensione di vecchiaia** è erogata al raggiungimento (senza distinzioni tra uomini e donne) dei **67 anni** (requisito valido a partire dal 1° gennaio 2019) e al versamento di almeno **20 anni di contributi**. La **pensione di anzianità**, invece, è indipendente dall'età anagrafica e viene erogata con **41 anni di contributi** (dal 1° gennaio 2019). Per il conseguimento del rateo è necessario tuttavia attendere l'apertura di una finestra mobile di **18 mesi**, nel caso della prestazione di vecchiaia, o di **21 mesi**, nel caso di pensione di anzianità, dal perfezionamento dei suddetti requisiti anagrafici e/o contributivi.

Ai fini del perfezionamento del requisito dell'anzianità contributiva richiesto per l'accesso alla pensione di anzianità da totalizzazione deve essere considerata la contribuzione utile al diritto, con esclusione dei periodi di contribuzione figurativa per malattia o disoccupazione. Tali periodi saranno, al contrario, utili per la misura della pensione e, quindi, dovranno essere considerati nel calcolo del *pro quota* a carico delle singole gestioni.

Con la totalizzazione è possibile anche ottenere la **pensione di inabilità** qualora sussistano i requisiti sanitari individuati dalla L. 222/1984 e siano maturati in totalizzazione i requisiti di assicurazione e di contribuzione richiesti nel fondo pensionistico in cui è iscritto il lavoratore al momento in cui si verifica lo stato di inabilità.
È esclusa, invece, la possibilità di totalizzare i contributi per il raggiungimento dei presupposti contributivi necessari per conseguire l'assegno ordinario di invalidità.
La facoltà di totalizzazione, infine, può essere esercitata dai superstiti del lavoratore defunto per la liquidazione di una **pensione indiretta** in relazione ai contributi versati dall'assicurato, anche se deceduto prima di aver acquisito il diritto a pensione, se abbia maturato in totalizzazione i requisiti di assicurazione e di contribuzione richiesti nella forma pensionistica a cui era iscritto al momento del decesso.
L'onere dei trattamenti è a carico delle singole gestioni, ciascuna in relazione alla propria quota.

6.4 Il cumulo pensionistico

La L. 228/2012 (Legge di stabilità 2013) ha previsto, a partire dal 1° gennaio 2013, un'ulteriore possibilità di mettere insieme la contribuzione "frammentata", ovvero quella versata in più gestioni assicurative, utilizzando il "cumulo contributivo". Il cumulo è un meccanismo particolare, in aggiunta alla ricongiunzione e alla totalizzazione, per valorizzare la contribuzione mista, ovvero quella contribuzione accreditata in più casse della previdenza obbligatoria, frutto di carriere lavorative discontinue.
L'istituto consente ai lavoratori iscritti presso due o più forme di Assicurazione obbligatoria per invalidità, vecchiaia e superstiti dei lavoratori dipendenti, autonomi, e degli iscritti alla gestione separata e alle forme sostitutive ed esclusive della medesima, di **cumulare gratuitamente tutti i periodi non coincidenti ai fini del conseguimento di un'unica pensione**. L'art. 1, co. 195, L. 232/2016 (*legge di bilancio 2017*) ha rivisto in senso estensivo a partire dal 1° gennaio 2017 il perimetro di applicazione del cumulo dei periodi assicurativi già introdotto dalla legge del 2012, consentendo l'accesso alla facoltà del cumulo a tutti i lavoratori, dipendenti ed autonomi, compresi gli iscritti alle Casse professionali privatizzate, in precedenza escluse.
La suddetta facoltà consente al lavoratore la possibilità di cumulare i periodi assicurativi accreditati presso differenti gestioni, **senza oneri a suo carico**, per il riconoscimento di un'unica pensione da liquidarsi secondo le regole di calcolo previste da ciascun fondo e sulla base delle rispettive retribuzioni di riferimento. Dunque, a differenza della ricongiunzione, il cumulo non opera alcun trasferimento della contribuzione da una gestione previdenziale all'altra e, a differenza di quanto accade normalmente con la totalizzazione, il cumulo non prevede il passaggio al sistema contributivo.
Al pari della totalizzazione nazionale, il cumulo deve interessare tutti e per intero i periodi contributivi non coincidenti accreditati presso le diverse gestioni assicurative menzionate (non è possibile, in altri termini, un cumulo parziale e cioè diretto a valo-

rizzare solo la contribuzione in alcune gestioni); inoltre è necessario che gli assicurati non risultino già titolari di un trattamento pensionistico diretto in una delle gestioni interessate dal cumulo stesso (comprese le casse professionali). Dal 1° gennaio 2017, per effetto delle modifiche apportate dalla legge di bilancio 2017 il cumulo è ammesso anche qualora gli interessati abbiano perfezionato i requisiti per il diritto a un trattamento pensionistico autonomo in una delle gestioni coinvolte nel cumulo.
La **pensione liquidata con cumulo è unica, quale somma di tanti spezzoni di pensioni, ciascuno determinato secondo i criteri delle diverse gestioni previdenziali coinvolte** nel cumulo (calcolo cd. *pro quota*) in rapporto ai rispettivi periodi di iscrizione maturati e in base alle rispettive regole di calcolo (retributivo/contributivo).

Il che vuol dire concretamente che quanti ne hanno diritto possono, secondo le modalità previste dalla legge, vedersi parte della propria pensione calcolata anche con il sistema retributivo (fermo restando che, secondo la legislazione vigente, la quota di pensione relativa ai periodi assicurativi maturati dal 1° gennaio 2012 viene comunque calcolata con il sistema di calcolo contributivo). Regola che non vale però nel caso in cui il cumulo coinvolga sia Casse di Previdenza sia gestioni INPS: in questo caso, infatti, la contribuzione versata nella Cassa non può essere utilizzata per determinare i 18 anni di anzianità contributiva presente al 31 dicembre 1995 e, di conseguenza, per ottenere il calcolo retributivo sino al 2011 sul *pro quota* INPS.

Attraverso il cumulo dei periodi assicurativi è possibile conseguire sia la **pensione di vecchiaia** che la **pensione anticipata** al perfezionamento dei requisiti previsti dalla legge Fornero. Nel caso in cui le gestioni coinvolte dal cumulo prevedano requisiti diversi per accedere alla pensione, per la pensione di vecchiaia, si farà riferimento al perfezionamento dei requisiti anagrafici più elevati tra quelli previsti dalle singole gestioni coinvolte. Per quando riguarda invece la pensione anticipata, si farà invece esclusivo riferimento al perfezionamento dei 42 anni e 10 mesi per gli uomini e dei 41 anni e 10 mesi per le donne.

L'art. 1, co. 87 e 88, L. 234/2021 (*legge di bilancio 2022*) introduce in via sperimentale, per il 2022, la possibilità di conseguire la pensione anticipata con **Quota 102**, in presenza di un requisito anagrafico pari a 64 anni (non soggetto all'adeguamento all'incremento della speranza di vita) e di un'anzianità contributiva minima di 38 anni in favore dei lavoratori dipendenti, pubblici e privati (con esclusione di quelli iscritti alle Casse professionali), nonché in favore degli altri lavoratori iscritti alla gestione separata.
Rimane fermo che il diritto conseguito entro il 31 dicembre 2022 possa essere esercitato anche successivamente a tale data.

Il cumulo consente, inoltre, la liquidazione della **pensione di inabilità** e di una **pensione indiretta**, mentre non prevede la possibilità di conseguire l'assegno ordinario di invalidità.
È indubbio che le novità introdotte dalla legge di bilancio per il 2017 abbiano fatto del cumulo gratuito la soluzione per eccellenza per gli assicurati alle prese con casi di contribuzione mista. Perché gratuito, perché in linea di massima applicabile alla quasi totalità dei lavoratori e perché, salvo casi particolari, preserva il sistema di calcolo della pensione di ciascuna delle gestioni coinvolte.

Capitolo 7
Fondi e regimi speciali di previdenza

7.1 Generalità

Il sistema italiano di *welfare* prevede che tutti i lavoratori che svolgano la propria attività nel territorio siano soggetti a copertura assicurativa previdenziale e sia gli impiegati che i lavoratori autonomi debbano obbligatoriamente essere iscritti all'AGO (Assicurazione Generale Obbligatoria).

L'INPS gestisce anche una serie di **fondi speciali di previdenza che sostituiscono od integrano l'AGO e i fondi confluiti da altri enti**.

In particolare, nell'ambito dei regimi speciali di previdenza, si suole distinguere tradizionalmente tra:

> **regimi speciali sostitutivi**, operanti in alternativa all'AGO e, quindi, comportanti l'esclusione di ogni contribuzione al generale regime di previdenza obbligatoria. Si tratta di Fondi costituiti in Ente autonomo (es. INPGI) ovvero in gestioni speciali presso l'INPS (es. Fondo di previdenza per il personale di volo);

> **regimi speciali integrativi**, costituiti presso singoli enti o imprese, destinati ad effettuare prestazioni aggiuntive rispetto a quelle della previdenza obbligatoria.

Con la riforma del sistema pensionistico operata a partire dagli anni '90, le regole peculiari vigenti nel contesto dei fondi integrativi e speciali della gestione previdenziale sono state in linea di massima ridimensionate ed allineate a quelle operanti per la generalità dei lavoratori dipendenti, in funzione del perseguimento dell'obiettivo dell'armonizzazione tra i vari regimi pensionistici.

Le successive riforme hanno ulteriormente sottolineato la **necessità di armonizzazione delle diverse gestioni, nonché di adeguamento dei requisiti di accesso al trattamento pensionistico per tutti i lavoratori** iscritti all'AGO e alle forme sostitutive ed esclusive della medesima.

Attualmente è l'INPS a gestire sia i fondi speciali di previdenza che sostituiscono od integrano l'AGO sia i fondi confluiti da altri enti (ad eccezione dell'INPGI). Peraltro, dal 2012, l'INPS gestisce anche prestazioni erogate a dipendenti pubblici (già iscritti all'ex INPDAP).

I professionisti (avvocati, medici, ingegneri, commercialisti, architetti ecc.) sono, invece, obbligati ad iscriversi al Fondo specifico gestito dal loro ordine professionale (ad esempio Cassa Forense per gli avvocati e Inarcassa per gli ingegneri e gli architetti).

Tutti i professionisti privi di un fondo pensione specifico sono obbligati ad iscriversi alla gestione separata gestita dall'INPS.

7.2 Fondi sostitutivi dell'AGO

Alle forme sostitutive dell'AGO sono iscritti particolari tipologie di lavoratori dipendenti del settore privato nei confronti dei quali il legislatore ha ritenuto nel passato di dover **garantire un trattamento differenziato (più favorevole) rispetto a quello fornito**

dall'AGO, sia con riguardo alla determinazione della misura della pensione sia relativamente all'età di pensionamento. La giustificazione di tale scostamento trovava fondamento sia nelle particolari caratteristiche del rapporto di lavoro sia in relazione alla maggiore forza contrattuale che i lavoratori potevano far valere comparativamente alle altre categorie. Tale regime di favore è venuto progressivamente meno nel corso degli anni '90 quando le regole complessive sono state allineate a quelle vigenti per l'assicurazione comune.
I **fondi sostitutivi dell'AGO erano tradizionalmente nove**: trasporti, dazieri, elettrici, telefonici e il Fondo Volo, il Fondo per i dirigenti di aziende industriali (INPDAI), il Fondo per i lavoratori dello spettacolo e per gli sportivi professionisti (ENPALS) e il Fondo pensione dei giornalisti (INPGI).
Per rispondere ad una sempre più diffusa esigenza di risparmio, dalla seconda metà degli anni '90 il legislatore ha **soppresso** il Fondo Elettrici, il Fondo Trasporti, il Fondo Telefonici e l'INPDAI. Pertanto, tutti i lavoratori assunti dopo le suddette riforme sono stati iscritti presso il FPLD in seno all'AGO.
Per effetto della riforma operata dal D.L. 201/2011 (conv. in L. 214/2011), anche l'ENPALS è stato soppresso e la tutela previdenziale ad esso facente capo è stata trasferita all'INPS, che ha assunto altresì le competenze funzionali e gestionali dell'ente soppresso.
Attualmente, pertanto, **rimangono ancora operativi** il Fondo Volo (Fondo del personale di volo, quali piloti, assistenti di volo e tecnici di volo), il Fondo Dazio (Fondo del personale addetto alle cessate imposte di consumo), il Fondo Lavoratori dello Spettacolo (FPLS), il Fondo Sportivi Professionisti (FPSP) e il Fondo per i giornalisti professionisti. Ad eccezione di quest'ultima forma previdenziale, gestita dall'INPGI, in quanto privatizzata, tutti i Fondi sono attualmente gestiti dall'INPS. Il Fondo Dazio è comunque una gestione previdenziale ad esaurimento, cioè non più alimentata da nuove iscrizioni e destinata nel tempo a scomparire.

7.3 Forme esclusive dell'AGO

Alle forme esclusive dell'AGO sono iscritti la generalità dei lavoratori dipendenti di amministrazioni statali, degli enti locali e della sanità (anche queste prestazioni sono attualmente gestite dall'INPS, dopo la soppressione dell'INPDAP), i lavoratori dipendenti delle poste (si tratta dei lavoratori iscritti al Fondo Quiescenza Poste ora amministrato dall'INPS dopo la soppressione dell'Ipost) nonché il personale delle Ferrovie iscritto al fondo Speciale delle Ferrovie dello Stato (anch'esso amministrato dall'INPS dopo la riforma del 2000). Come le forme sostitutive dell'AGO anche le forme esclusive **prevedevano un trattamento più favorevole rispetto all'assicurazione comune**. Tale regime di favore è venuto progressivamente meno nel corso degli anni '90 quando le regole sono state allineate a quelle vigenti in altri settori.

7.4 Fondi integrativi dell'AGO

Appartengono ai fondi integrativi dell'AGO quelle categorie di lavoratori dipendenti alle quali la **quota di pensione calcolata secondo le norme del fondo si aggiunge alla misura calcolata con le norme in vigore nell'AGO o la integra**. In pratica, i "regimi integrativi" di previdenza, costituiti presso singoli enti o imprese, hanno, nel tempo, prelevato contributi ed effettuato prestazioni aggiuntive rispetto a quelle della previdenza

obbligatoria, consentendo così un trattamento pensionistico più favorevole rispetto a quello generale.
Tali fondi, gestiti dall'INPS, possono così individuarsi:

- **Fondo Gas** (Fondo integrativo dell'AGO per l'invalidità, la vecchiaia e i superstiti a favore del personale dipendente dalle aziende del gas private), che è stato istituito allo scopo di provvedere al trattamento di pensione in favore degli impiegati e degli operai dipendenti dalle aziende private del gas. La liquidazione delle prestazioni integrative è subordinata al perfezionamento del requisito anagrafico e contributivo richiesto sia dalle norme del fondo che dalle norme dell'AGO e alla cessazione dal servizio.

  Con effetto dal 1° dicembre 2015 il Fondo Gas è stato soppresso, e a decorrere da tale data è cessata ogni contribuzione (sia obbligatoria, sia volontaria) al Fondo e non è stata più liquidata nessuna nuova prestazione. Dalla medesima data è stata istituita presso l'INPS la Gestione ad esaurimento del Fondo Gas che è subentrata nei rapporti attivi e passivi in capo al soppresso Fondo.
  A carico della predetta gestione sono stati posti gli oneri riguardanti i trattamenti pensionistici integrativi esistenti alla data del 30 novembre 2015 nonché le pensioni ai superstiti derivanti dai predetti trattamenti integrativi. A decorrere dal 1° dicembre 2015, dunque, non può più essere liquidata nessuna nuova prestazione;

- **Fondo Esattoriali** (Fondo per impiegati dipendenti dai Concessionari del Servizio di riscossione dei tributi e delle altre entrate dello Stato e degli Enti Pubblici). Dal 1998 le prestazioni a carico del fondo si conseguono in presenza dei requisiti (anagrafici e contributivi) e con la decorrenza previsti dalla disciplina del FPLD dell'AGO;
- **Fondo di previdenza per il personale del Consorzio autonomo del Porto di Genova e dell'Ente autonomo del Porto di Trieste**. L'art. 13 del D.L. 876/1986 (conv. in L. 26/1987) ha costituito presso l'INPS tale Fondo con il compito di provvedere all'erogazione, a decorrere dal 1° gennaio 1987, dei trattamenti previdenziali integrativi.
  L'art. 59, co. 3, L. 449/1997 ha disposto che, a decorrere dal 1° gennaio 1998, per tutti i soggetti nei cui confronti trovassero applicazione le forme pensionistiche idonee a garantire prestazioni in aggiunta o ad integrazione del trattamento pensionistico obbligatorio, il trattamento dovesse conseguirsi esclusivamente in presenza dei requisiti e con la decorrenza previsti dalla disciplina dell'AGO di appartenenza;
- **Fondo Speciale Minatori (MIN)**: per i minatori esiste la cosiddetta Gestione Speciale di Previdenza, integrativa dell'AGO. Vi sono iscritti tutti i dipendenti di imprese esercitanti miniere, cave e torbiere con lavorazione in sotterraneo.
  La Gestione ha lo scopo di concedere ai propri iscritti le pensioni di vecchiaia e di anzianità con anticipo, in considerazione della pericolosità dell'attività svolta. Eroga, altresì, la pensione ai superstiti, spettante, in base alle norme dell'AGO, ai familiari di lavoratori deceduti dopo aver conseguito il diritto alla pensione anticipata.

7.5 Fondi esonerativi dall'AGO

Le forme esonerative dall'AGO comprendevano **trattamenti previdenziali gestiti direttamente da aziende del settore del credito** (esempio Banco di Napoli, Banco di Sicilia ecc.). Tali fondi sono stati sostanzialmente soppressi con la riforma del settore creditizio degli anni '90 e si sono spalmati all'interno dell'AGO quali gestioni speciali (con evidenza contabile separata).

7.6 L'Istituto Nazionale di Previdenza dei Giornalisti "Giovanni Amendola" (INPGI): il trasferimento delle funzioni all'INPS

L'art. 1, co. 103, L. 234/2021 (*legge di bilancio 2022*), ha trasferito all'INPS, con effetto dal 1° luglio 2022, la funzione previdenziale svolta dall'Istituto Nazionale di Previdenza dei Giornalisti Italiani «Giovanni Amendola» (INPGI).

Fino a tale data, infatti, i **giornalisti professionisti e pubblicisti** iscritti negli appositi elenchi di categoria ed i praticanti giornalisti iscritti nell'apposito registro che esercitano attività autonoma di libera professione senza vincolo di subordinazione, anche sotto forma di collaborazione coordinata e continuativa, ancorché svolgano contemporaneamente attività di lavoro subordinato, **sono obbligatoriamente iscritti alla gestione previdenziale separata di tale ente**, nato in epoca fascista e dedicato nel dopoguerra a Giovanni Amendola, politico di spicco e giornalista avverso al regime mussoliniano.

L'iscrizione all'INPGI garantisce che, al termine dell'attività lavorativa, il giornalista professionista possa godere della pensione, che in termini di legge spetta anche ai familiari dell'iscritto per reversibilità in caso di decesso.

L'INPGI, già riconosciuto con R.D. 25-3-1926 n. 838, è una fondazione dotata di personalità giuridica di diritto privato incaricata di pubbliche funzioni, con autonomia gestionale, organizzativa e contabile, ai sensi dell'art. 1 D.Lgs. 509/1994. L'INPGI gestisce unitariamente, in regime sostitutivo e con regolamentazione autonoma, tutte le forme assicurative obbligatorie di previdenza e assistenza a favore dei giornalisti e dei familiari aventi diritto.

All'interno della fondazione sono presenti due gestioni, a ciascuna delle quali fanno capo giornalisti in ragione della natura contrattuale che li lega alla loro professione. Si distinguono, infatti, l'INPGI-Gestione sostitutiva dell'AGO e l'INPGI-Gestione Separata.

Il trasferimento della funzione previdenziale all'INPS, limitatamente alla gestione sostitutiva, è finalizzato a garantire la tutela delle prestazioni in favore dei giornalisti. L'INPS succede nei relativi rapporti attivi e passivi facenti capo alla precedente gestione.

Con effetto dalla medesima data del 1° luglio 2022, pertanto, sono iscritti all'AGO per l'invalidità, la vecchiaia e i superstiti dei lavoratori dipendenti i *giornalisti professionisti*, i *pubblicisti e i praticanti titolari di un rapporto di lavoro* subordinato di natura giornalistica e i *titolari di posizioni assicurative*.

Sono altresì iscritti, con evidenza contabile separata, i titolari di trattamenti pensionistici diretti e ai superstiti già iscritti presso la medesima forma.

Il trasferimento andrà, tuttavia, pienamente a regime dal 1° gennaio 2024, coinvolgendo le prestazioni non previdenziali, come i trattamenti di disoccupazione e di cassa integrazione guadagni che saranno, nel frattempo, erogati dall'INPS ma secondo le regole INPGI. L'importo della pensione viene, dunque, determinato dalla somma:

- delle quote di pensione corrispondenti alle anzianità contributive acquisite fino al 30 giugno 2022, calcolate applicando le disposizioni vigenti presso l'INPGI;
- della quota di pensione corrispondente alle anzianità contributive acquisite a partire dal 1° luglio 2022, applicando le disposizioni vigenti nel Fondo pensioni lavoratori dipendenti.

7.7 Le Casse di previdenza dei liberi professionisti

Gli **esercenti libere professioni** sono obbligatoriamente assicurati presso le **Casse previdenziali di categoria** (avvocati, medici, ingegneri e architetti, geometri, notai ecc.).

Sono questi i **professionisti con albo e cassa**, ossia soggetti per i quali è istituita una Cassa nazionale di previdenza ed assistenza, alla quale gli iscritti versano i contributi e che eroga le prestazioni previdenziali al raggiungimento dei requisiti prescritti. In particolare:
Le Casse di previdenza hanno come principale attività quella di riscuotere e gestire i contributi previdenziali e assistenziali dei propri iscritti. In particolare:

- dal punto di vista **previdenziale**, provvedono a riscuotere i contributi e a corrispondere le pensioni ai professionisti iscritti;
- dal lato **assistenziale**, si occupano del pagamento delle prestazioni aggiuntive finalizzate a sostenere il reddito dei loro iscritti (come gli assegni familiari, gli assegni di disoccupazione, gli assegni comunali per la maternità e così via) e delle prestazioni di natura prettamente assistenziale (come la copertura sanitaria degli iscritti e dei loro familiari).

Il D.Lgs. 509/1994 ha segnato una svolta nel panorama della previdenza dei liberi professionisti, trasformando le Casse di previdenza da enti di diritto pubblico in enti di diritto privato. La privatizzazione, di fatto, si è tradotta in autonomia gestionale, organizzativa e contabile, obbligando le Casse a dotarsi di regolamenti e statuti interni.
Le Casse di previdenza sono enti gestori di forme obbligatorie di previdenza di diritto privato regolati da una disciplina *ad hoc*. Pur essendo autonome e finanziate *in toto* dai propri iscritti, esse sono sottoposte alla vigilanza del Ministero del Lavoro e delle Politiche Sociali, del Ministero dell'Economia e delle Finanze (del Ministero della Giustizia limitatamente a Cassa Forense e Cassa Nazionale del Notariato), della Corte dei Conti, che esercita il controllo sulla gestione finanziaria, e della COVIP (Commissione di Vigilanza sui Fondi Pensione), che esercita il controllo sugli investimenti delle risorse finanziarie e sul patrimonio.
I **professionisti privi di cassa**, ossia i soggetti che, benché iscritti ad un albo, non sono dotati di Cassa previdenziale di categoria, ovvero i soggetti privi sia di albo che di cassa, sono, invece, **iscritti alla Gestione separata dell'INPS**.

Capitolo 8
La previdenza dei lavoratori autonomi

8.1 Le Gestioni dei lavoratori autonomi amministrate dall'INPS: Gestione speciale e Gestione separata

La previdenza dei lavoratori autonomi è gestita da due "Casse" costituite presso l'INPS: la prima (ripartita in tre Gestioni) è dedicata agli **agricoltori, agli artigiani e ai commercianti**; la seconda, denominata *Gestione separata* o *quarta gestione*, è stata istituita dalla L. 335/1995 (riforma Dini) ed è dedicata a **tutti gli altri lavoratori autonomi** che, diversamente, non avrebbero avuto una specifica collocazione previdenziale (art. 2, co. 26, L. 335/1995).

8.2 La Gestione speciale per agricoltori, artigiani e commercianti

Nella definizione di lavoratore autonomo rientrano, oltre ai liberi professionisti, anche piccoli imprenditori, artigiani e commercianti. Per costoro è prevista l'iscrizione ad una delle **tre gestione speciali dell'INPS**, relative a:

> coltivatori diretti, coloni e mezzadri e imprenditori agricoli professionali;
> artigiani;
> esercenti attività commerciale.

Tali gestioni erogano tutte le seguenti forme previdenziali: pensione di vecchiaia, di inabilità, invalidità e quella ai superstiti.

Quanto ai **lavoratori agricoli**, per i trattamenti di invalidità, vecchiaia e superstiti, la contribuzione è basata sulle quattro fasce di reddito agrario di cui alla tabella C della L. 233/1990. A ciascuna fascia di reddito convenzionale, aggiornata annualmente, corrisponde un numero di giornate lavorative (cfr. tabella D della L. 233/1990).

In particolare, il **contributo** per invalidità, vecchiaia e superstiti per coltivatori diretti, coloni, mezzadri imprenditori agricoli professionali da destinare alla gestione pensionistica, si differenza in base a tre fattori:

> **ubicazione geografica** dell'impresa, per cui se si trova in zone montane o svantaggiate è prevista una riduzione del contributo;
> **fascia di reddito** dell'azienda: nella prima fascia rientrano quelle con reddito agrario fino a 232,40 euro, nella seconda fascia quelle tra 232,41 e 1.032,91 euro, nella terza fascia quelle tra 1.032,92 e 2.324,05 e nella quarta fascia tutte le aziende con redditi superiori;
> **età del contribuente**, se maggiore o minore di 21 anni.

Per calcolare il contributo si moltiplica il reddito medio convenzionale, fissato annualmente con specifico decreto ministeriale (in base alla retribuzione media giornaliera degli operai agricoli) per il numero di giornate in corrispondenza della fascia di reddito convenzionale in cui è inserita l'azienda ed, infine, si applicano al risultato le aliquote percentuali previste.

La **contribuzione di artigiani e commercianti** è, invece, **ragguagliata ai redditi di impresa annualmente dichiarati ai fini IRPEF**. Ciò comporta, evidentemente, che i

contributi da versare nell'anno di riferimento IRPEF saranno versati mediante un acconto. Nell'anno successivo, alla luce dei redditi dichiarati, si procederà, a seconda dei casi, ad un versamento a conguaglio ovvero a saldo.
La contribuzione effettiva è generalmente calcolata entro la forbice di un minimale ed un massimale (su un reddito non inferiore e non superiore) stabiliti dalla legge e variati annualmente. Ciò comporta una certa stabilità della contribuzione, a prescindere dalla variabilità dei redditi dichiarati.
Le aliquote contributive per i commercianti e gli artigiani per l'anno **2022** sono state fissate dall'INPS con la circolare 22/2022.

In particolare, le aliquote da applicare per calcolare l'importo minimo dei contributi da versare all'INPS in base alla soglia del reddito di impresa sono:

- artigiani, commercianti titolari (di qualunque età) e coadiuvanti con più di 21 anni: 24,00% (artigiani) e 24,48% (commercianti);
- artigiani e commercianti coadiuvanti con meno di 21 anni: 22,80% (artigiani) e 23,28% (commercianti).

Le aliquote riportate si applicano fino ad un massimale di reddito di 48.279 euro. Oltre tale importo (e fino ad uno specifico tetto) è previsto l'aumento di un punto percentuale.
Continuano ad applicarsi, anche per l'anno 2022, le disposizioni di cui all'art. 59, co. 15, L. 449/1997, relative alla riduzione del 50% dei contributi dovuti dagli artigiani e dagli esercenti attività commerciali con più di 65 anni di età, già pensionati presso le gestioni dell'Istituto.

8.3 La Gestione separata dei lavoratori autonomi

8.3.1 Finalità e soggetti tenuti all'iscrizione

A decorrere dal 1° gennaio 1996 sono tenuti all'iscrizione presso un'apposita Gestione separata (denominata anche *quarta gestione*), presso l'INPS e **finalizzata all'estensione dell'assicurazione generale obbligatoria per l'invalidità, l'inabilità, la vecchiaia ed i superstiti**, i soggetti che esercitano, per professione abituale, ancorché non esclusiva, **attività di lavoro autonomo** e che non siano tenuti al pagamento dei contributi presso la Cassa previdenziale corrispondente in base alle norme dei rispettivi statuti (es. ingegnere che esercita attività lavorative al di fuori di quelle soggette a contribuzione presso la Cassa Ingegneri).
Per i **lavoratori occasionali**, cioè per coloro che svolgono attività lavorativa solo episodicamente, gli obblighi di iscrizione sorgono solo nel caso in cui il reddito annuo superi la soglia di **5.000 euro lordi**.
In virtù di disposizioni normative successive, rientrano fra i **soggetti che devono essere iscritti** alla Gestione separata: gli incaricati alla vendita a domicilio; gli spedizionieri doganali; gli studenti e dottorandi titolari di borse di studio e assegni di ricerca o altri compensi erogati dalle Università e/o da scuole di specializzazione (come i medici in formazione specialistica); i volontari del servizio civile nazionale; gli amministratori locali.

8.3.2 Le aliquote contributive

Le aliquote contributive per l'anno **2022** sono state definite dall'INPS con la circolare 11 febbraio 2022, n. 25, la quale indica i nuovi coefficienti da applicare per l'anno 2022.

L'aliquota ISCRO (Indennita Straordinaria di Continuita Reddituale e Operativa), introdotta in via sperimentale per il triennio 2021-2023 dalla legge di bilancio 2021 (L. 178/2020), è fissata nella misura dello 0,51% per il **2022** e per il **2023**, (per l'anno 2021 era fissata allo 0,26%). Nella circolare si distingue tra:

- **liberi professionisti titolari di posizione fiscale ai fini IVA (partite IVA)** che *non risultano iscritti ad altre gestioni di previdenza obbligatoria né pensionati*: l'aliquota è del 26,23%, risultato che si ottiene sommando all'aliquota ordinaria (IVS) del 25% quella aggiuntiva dello 0,72% per il finanziamento dell'onere derivante dall'estensione agli stessi della tutela relativa alla maternità, agli assegni al nucleo familiare e alla malattia in caso di degenza ospedaliera, oltre l'aliquota contributiva aggiuntiva per ISCRO nell'importo sopra indicato. Per i liberi professionisti l'onere contributivo è a loro carico e devono effettuare direttamente il versamento;
- **collaboratori (e figure assimilate)** che *non siano assicurati presso altre forme pensionistiche*: per i soggetti per i quali è prevista la contribuzione aggiuntiva DIS-COLL l'aliquota è fissata al 35,03%, che include l'aliquota contributiva per l'invalidità, la vecchiaia e i superstiti (IVS) pari al 33%, la componente addizionale dello 0,72% e dello 1,31% (a copertura della DIS-COLL); se, invece, non è prevista la contribuzione aggiuntiva DIS-COLL, l'aliquota è fissata al 33,72% (33,00 + 0,72%). Per questi rapporti l'onere contributivo è ripartito per un terzo a carico del collaboratore e due terzi a carico del committente; l'obbligo di versamento dei contributi è a carico di quest'ultimo;
- **liberi professionisti e collaboratori (e figure assimilate)** che siano *titolari di pensione* o *provvisti di altra tutela pensionistica obbligatoria*: l'aliquota è pari al 24%.

In riferimento al **minimale** predisposto agli effetti dell'accredito contributivo (art. 1, co. 3, L. 233/1990), il reddito minimo per il 2022 non deve essere inferiore a 16.243 euro. Nel caso in cui il reddito annuo fosse inferiore, l'estratto contributivo illustrerà un accredito soltanto parziale e proporzionato al versamento soggettivo.
È anche previsto un **massimale** di reddito che per il 2022 è pari a 105.014 euro: chi supera tale soglia non deve pagare contributi sulle somme eccedenti.

8.4 Le prestazioni pensionistiche degli autonomi iscritti nelle Gestioni speciali

La tutela pensionistica per i lavoratori autonomi non si distingue, nella sostanza, da quella erogata in favore dei lavoratori dipendenti.
I fondi pensione per i commercianti, per gli artigiani e per gli agricoltori erogano le prestazioni IVS (quindi vecchiaia, invalidità e trattamenti ai superstiti) previste dall'Assicurazione Generale Obbligatoria agli iscritti.
Considerando che dal 1° gennaio 2012 il calcolo della pensione dei lavoratori autonomi è eseguito applicando il sistema contributivo per tutti gli assicurati, occorre fare una distinzione a seconda dell'anzianità contributiva maturata dal lavoratore al 31 dicembre 1995.
Si distingue tra:

- **sistema contributivo**, che si applica ai lavoratori privi di anzianità contributiva al 1° gennaio 1996 e ai lavoratori che, in base a istituti attualmente vigenti, conseguono la liquidazione della pensione con il calcolo contributivo;

- **sistema misto**, che si applica ai lavoratori con meno di 18 anni di contributi al 31 dicembre 1995 e, a decorrere dal 1° gennaio 2012, anche ai lavoratori con un'anzianità contributiva pari o superiore a 18 anni al 31 dicembre 1995.

Oltre al requisito d'età, per l'accesso alla pensione di vecchiaia è necessario possedere almeno **20 anni di contributi**.
Chi decide di optare per il sistema contributivo e chi è privo di anzianità contributiva prima del 1996, può ottenere la pensione di vecchiaia, oltre che con i requisiti esposti per la vecchia retributiva, anche a 70 anni e 7 mesi (dal 2016), con 5 anni di contributi.
Anche i lavoratori assicurati presso le suddette gestioni sono potenzialmente destinatari degli anticipi pensionistici esaminati in precedenza.

8.5 Prestazioni pensionistiche degli iscritti nella Gestione separata dell'INPS

8.5.1 Disciplina generale

In base al D.M. 282/1996 (di attuazione della L. 335/1995), gli iscritti alla gestione pensionistica dei lavoratori autonomi hanno diritto alla pensione di vecchiaia, alla pensione di inabilità, all'assegno di invalidità e alla pensione ai superstiti. I requisiti per il conseguimento di queste prestazioni sono i medesimi di quelli previsti per i lavoratori autonomi, con la particolarità che, essendo la gestione decollata dopo il 1995, **sia il sistema di calcolo delle prestazioni che quello dei requisiti d'accesso sono quelli vigenti** per i lavoratori iscritti successivamente al 31 dicembre 1995, cioè **per i cd. contributivi puri** (art. 2, co. 31, L. 335/1995), circostanza che preclude la possibilità di conseguire l'integrazione al trattamento minimo sull'assegno.
Dal 2019, la **pensione di vecchiaia** può essere ottenuta dal lavoratore e dalle lavoratrici con 67 anni di età unitamente a 20 anni di contributi.

Il requisito contributivo può scendere da 20 a 15 anni ove l'interessato possa far valere una delle deroghe contenute nell'articolo 2, co. 3, D.Lgs. 503/1992 (riforma Amato). Si ricorda che la riforma Fornero ha previsto, nei confronti dei **contributivi puri**, l'ulteriore possibilità di uscire a 70 anni con soli 5 anni di contribuzione effettiva; oppure a 63 anni unitamente a 20 anni di contributi effettivi a condizione però che l'assegno non sia inferiore a 2,8 volte l'importo dell'assegno sociale.

In tutti i casi la pensione decorrerà il primo giorno del mese successivo al perfezionamento dei requisiti, considerato che il D.L. 201/2011 va disapplicato a tutti coloro che accedono alla pensione con i nuovi requisiti le finestre mobili.
Per quanto riguarda la **pensione anticipata** le lavoratrici devono perfezionare i 41 anni e 10 mesi di contributi mentre i lavoratori devono raggiungere i 42 anni e 10 mesi di contributi.
Anche la Gestione separata eroga una **prestazione supplementare** qualora l'iscritto abbia già ottenuto una pensione principale. Sono ammessi anche i titolari di una pensione a carico delle Casse professionali. L'art. 1, co. 2, D.M. 282/1996 prevede, infatti, qualora "gli iscritti alla gestione non raggiungono i requisiti per il diritto ad una pensione autonoma, ma conseguono la titolarità di un trattamento pensionistico a carico dell'assicurazione generale obbligatoria per l'invalidità, la vecchiaia ed i superstiti dei lavoratori dipendenti, delle forme esclusive e sostitutive della medesima, delle gestioni speciali dei lavoratori

autonomi, di cui alla legge n. 233 del 1990, nonché delle gestioni previdenziali obbligatorie dei liberi professionisti hanno diritto alla liquidazione della pensione supplementare". Anche in tal caso bisogna raggiungere l'età della vecchiaia prevista nella Gestione separata. La prestazione può essere liquidata anche se il relativo importo risulta inferiore all'importo minimo richiesto per le prestazioni contributive.

I soggetti che abbiano contributi (relativi a periodi non coincidenti) in diverse forme pensionistiche obbligatorie di base (inerenti ai lavoratori dipendenti o ai lavoratori autonomi e parasubordinati iscritti in regimi INPS) possono cumulare gratuitamente i medesimi, in alternativa agli istituti della ricongiunzione (eventualmente onerosa) o della totalizzazione (*vedi infra*); si ricorda che nella totalizzazione (anch'essa gratuita) i periodi contributivi danno luogo a quote di trattamento pensionistico calcolate secondo il sistema contributivo, mentre nell'istituto del cumulo ogni quota di trattamento è determinata mediante i criteri di calcolo inerenti (secondo la rispettiva disciplina) alla corrispondente quota di anzianità contributiva.

8.5.2 La facoltà di computo

L'art. 3 D.M. 282/1986 consente agli iscritti alla Gestione separata che possiedono periodi di contribuzione nell'assicurazione obbligatoria, nei fondi esclusivi e sostitutivi o nelle gestioni speciali dei lavoratori autonomi di chiedere il computo dei predetti contributi nell'ambito della Gestione separata, ai fini del diritto e della misura dei trattamenti pensionistici. Si tratta di un strumento normativo che consente di **riunire gratuitamente tutti i contributi versati in altre gestioni della previdenza pubblica obbligatoria al fine di conseguire un'unica prestazione pensionistica.**
Per avvalersi di questa facoltà è necessario avere:

- almeno 15 anni di contribuzione nelle gestioni coinvolte nel computo, di cui 5 dopo il 31-12-1995;
- un'anzianità contributiva inferiore a 18 anni al 31-12-1995.

Attraverso il computo si consegue il diritto alle prestazioni pensionistiche in base ai requisiti anagrafici e contributivi, previsti per i soggetti iscritti dal 1° gennaio 1996 alla Gestione separata. I lavoratori, pertanto, possono ottenere la pensione di vecchiaia o la pensione anticipata secondo le regole vigenti per gli iscritti dal 1° gennaio 1996 (cfr. INPS mess. 219/2013). Le quote di pensione relative a periodi posseduti negli altri fondi saranno determinate con il sistema di calcolo contributivo.

8.5.3 La totalizzazione

I **contributi nella Gestione separata non possono formare oggetto di ricongiunzione**, e, quindi, non possono essere trasferiti pur volendo il lavoratore sopportare un onere. Al fine di ovviare alla restrizione, è stato previsto che tali **contributi possono essere utilizzati ricorrendo alla totalizzazione nazionale** che consente di valorizzare tutti i contributi accreditati nelle diverse gestioni previdenziali come se fossero riuniti sotto un'unica cassa, anche nell'ipotesi in cui l'interessato dovesse aver raggiunto un diritto autonomo al trattamento pensionistico.
Possono essere totalizzati i contributi accreditati in favore dei lavoratori dipendenti e autonomi (artigiani, commercianti, coltivatori diretti, coloni e mezzadri), dagli iscritti alla Gestione separata, da sacerdoti secolari e ministri del culto delle confessioni diverse dalla religione cattolica, dai liberi professionisti iscritti a una delle Casse privatizzate e private,

nonché dagli iscritti alle forme assicurative sostitutive ed esclusive dell'Assicurazione generale obbligatoria.

8.5.4 La prosecuzione volontaria

La prosecuzione volontaria è consentita, oltre che ai lavoratori dipendenti, anche ai lavoratori autonomi che vogliano continuare a versare i contributi per raggiungere il requisito contributivo ed ottenere la pensione, oppure per incrementare l'importo della stessa (art. 5 D.Lgs. 184/1997).
Per ottenere l'**autorizzazione alla prosecuzione volontaria** il richiedente deve far valere almeno *1 anno di contribuzione* negli ultimi 5 anni oppure, in alternativa, *almeno 5 anni complessivi di contribuzione* (cfr. INPS circ. 96/2003), requisiti che devono essere perfezionati sulla base della sola contribuzione versata nella Gestione stessa. Dunque non si possono valorizzare eventuali altri periodi lavorativi accreditati presso altre gestioni obbligatorie (es. lavoro dipendente).
È possibile, inoltre, versare i contributi volontari per il semestre antecedente la data di decorrenza dell'autorizzazione se non risulta versata contribuzione obbligatoria ovvero accreditata contribuzione figurativa; e l'autorizzazione ai versamenti volontari, se concessa, non è soggetta a decadenza ed è valida fino al momento del pensionamento.
Il lavoratore che voglia proseguire volontariamente la contribuzione non deve svolgere più né attività di lavoro autonomo, né di lavoro subordinato e non deve essere già pensionato.
Si tratta, inoltre, di un istituto oneroso giacché, al pari di tutti gli iscritti alla Gestione separata, in caso di prosecuzione volontaria, i lavoratori autonomi devono versare, unitamente al committente (nella proporzione un terzo e due terzi), un contributo derivante dall'applicazione dell'aliquota prevista, sull'importo medio dei compensi percepiti nell'anno di contribuzione precedente la data di presentazione della domanda.

8.5.5 Il riscatto

I lavoratori iscritti alla Gestione separata dell'INPS hanno la possibilità di riscattare, a proprie spese, dei **periodi di lavoro svolti per collaborazione coordinata e coordinativa quando non esisteva ancora la Gestione separata e che risultano sprovvisti di copertura assicurativa**. L'art. 51, co. 2, L. 488/1999 consente, infatti, il riscatto, fino ad un massimo di 5 annualità, dei periodi di lavoro prestato attraverso rapporti di collaborazione coordinata e continuativa in epoche antecedenti l'istituzione dell'obbligo contributivo alla Gestione separata.
La facoltà di riscatto è concessa a condizione che **per detti periodi non risulti alcuna forma di copertura contributiva**, presso altre forme di assicurazione obbligatoria. Può essere esercitata, dal diretto interessato ovvero dai suoi superstiti, in qualsiasi momento, purché i **periodi lavorativi siano provati attraverso documenti aventi data certa**, cioè dichiarazioni, attestazioni e comunque tutti quei documenti redatti all'epoca dello svolgimento della prestazione lavorativa dai quali possano evincersi l'effettiva esistenza del rapporto di collaborazione, la relativa durata ed i compensi percepiti dal richiedente (contratto, dichiarazione dei redditi, ricevuta degli emolumenti erogati).

Capitolo 9
La tutela per gli infortuni sul lavoro e le malattie professionali

9.1 Origine e fondamento della tutela per gli infortuni sul lavoro e le malattie professionali

Inizialmente, in campo previdenziale, gli infortuni del lavoratore trovavano tutela nella stipula, da parte dei datori di lavoro, di contratti di assicurazione dal rischio infortuni a favore dei propri dipendenti, fenomeno che, per la sua diffusione, portò all'istituzione di una **Cassa nazionale** che, su base volontaria, gestiva l'assicurazione contro gli infortuni sul lavoro.

Le principali tappe di sviluppo normativo della materia possono essere così sintetizzate:

- con la **L. 8-7-1883, n. 1473** fu istituita la *Cassa nazionale di assicurazione per gli infortuni degli operai sul lavoro*;
- con la **L. 17-3-1898, n. 80** fu reso obbligatorio ai datori di lavoro dell'industria l'assicurazione per la responsabilità civile dei danni patiti dai loro operai conseguentemente ad infortuni sul lavoro. Attraverso questa prima forma di assicurazione civile venivano garantiti i lavoratori soprattutto nell'ipotesi di insolvenza del datore di lavoro, responsabile dell'infortunio. Essa, poi, si estendeva anche agli infortuni derivanti da caso fortuito, forza maggiore o colpa non grave del lavoratore, cioè ad infortuni per i quali il datore di lavoro, secondo gli schemi privatistici, non sarebbe stato responsabile;
- con il **D.Lgs.Lgt. 23-8-1917, n. 1450** la tutela per gli infortuni sul lavoro venne estesa ai lavoratori agricoli;
- con la **L. 29-6-1933, n. 860**, la Cassa infortuni venne ribattezzata come *Istituto Nazionale per l'Assicurazione contro gli Infortuni sul Lavoro e le malattie professionali* (**INAIL**), e si assistette ad un graduale ampliamento delle tutele aggiungendosi all'assistenza economica quella di tipo medico/sanitario;
- con il **R.D. 5-10-1934, n. 1565** (attuativo del R.D. 13-5-1929, n. 928), l'assicurazione, fino ad allora relativa ai soli **infortuni** cioè ad eventi di tipo traumatico, fu estesa alle **malattie professionali** del settore industria (inizialmente vennero riconosciute solo 6 malattie professionali);
- con il **R.D. 17-8-1935, n. 1765** (Testo Unico) fu introdotto il principio dell'automaticità della prestazione e fu dato maggior risalto alle prestazioni sanitarie volte al recupero della capacità lavorativa dell'infortunato. In particolare, in virtù del principio dell'automaticità delle prestazioni, i lavoratori infortunatisi sul lavoro o affetti da malattia professionale conseguivano il diritto alla prestazione previdenziale anche qualora il datore di lavoro non avesse versato i contributi dovuti;
- con la **Costituzione** (artt. 2, 3, co. 2, 32 e 38) fu garantito a tutti i cittadini il diritto alla salute sul luogo di lavoro ed il diritto a mezzi adeguati alle esigenze di vita nel caso di infortunio sul lavoro o di malattia professionale (cd. **principio della soli-**

darietà collettiva). In particolare, l'art. 38 della Costituzione, non diversamente da quanto avviene per l'invalidità, la vecchiaia o la disoccupazione, riconosceva ai lavoratori il diritto a che fossero preveduti ed assicurati mezzi adeguati alle loro esigenze di vita in caso di infortunio sul lavoro o malattia professionale, considerati eventi generatori di un bisogno socialmente rilevante, la cui rimozione è compito dello Stato garantire mediante organi o istituti dallo stesso predisposti o integrati;

> con il **D.P.R. 30-6-1965, n. 1124** venne emanato il **Testo Unico delle disposizioni per l'assicurazione obbligatoria contro gli infortuni sul lavoro e le malattie professionali** (provvedimento ancora oggi di fondamentale importanza nella disciplina della materia), che si fonda sul principio secondo cui l'onere assicurativo è tassativamente a carico del datore di lavoro;

> con il **D.Lgs. 19-9-1994, n. 626**, volto alla ricerca dei rischi lavorativi, alla loro eliminazione e prevenzione, venne imposto, a tutte le aziende sia pubbliche che private, qualunque fosse il numero dei dipendenti e qualunque fosse il rapporto di lavoro, l'obbligo d'individuazione e di valutazione dei rischi negli ambienti di lavoro per garantire il massimo grado di sicurezza.
Il decreto è stato successivamente abrogato e incorporato nel **D.Lgs. 9-4-2008, n. 81** (**Testo Unico sulla salute e sicurezza sul lavoro**) che ha ulteriormente specificato e perfezionato la normativa del settore, rendendola sempre più legata all'esigenza di tutela della salute dei lavoratori;

> con il **D.Lgs. 23-2-2000, n. 38** sono state apportate rilevanti modifiche al sistema dell'assicurazione obbligatoria sugli infortuni sul lavoro. In particolare, tale provvedimento ha esteso le diverse forme di tutela ai lavoratori parasubordinati, ai dirigenti e agli sportivi professionisti; ha disciplinato, per la prima volta, l'infortunio *in itinere* e l'indennizzo del danno biologico; ha previsto un nuovo sistema di classificazione tariffaria, ha riordinato l'assicurazione infortuni in agricoltura, nonché i compiti e la gestione del Casellario centrale degli infortuni, riconoscendogli maggiore autonomia gestionale e di spesa.

Per completezza, va citato anche l'**art. 2087** c.c., ai sensi del quale "*l'imprenditore è tenuto ad adottare nell'esercizio dell'impresa le misure che, secondo la particolarità del lavoro, l'esperienza e la tecnica, sono necessarie a tutelare la integrità fisica e la personalità morale dei prestatori di lavoro*".

Si tratta di una norma che, pur se ha valore integrativo rispetto alla legislazione specifica, scongiura, grazie alla sua costante vigenza, la possibilità che con l'emergere di nuove situazioni di rischio possa determinarsi una mancanza di tutela per il lavoratore. Essa, infatti, **impone un preciso onere a carico del datore di lavoro di adoperarsi affinché siano sempre garantiti elevati livelli di tutela** con azioni come l'obbligo di tenersi aggiornato, di acquisire le esperienze di aziende simili, di individuare, caso per caso e secondo le particolarità del lavoro, l'esperienza e la tecnica, le misure da adottare in concreto ecc.

9.2 L'assicurazione obbligatoria contro gli infortuni sul lavoro: presupposti e soggetti del rapporto

Attualmente la disciplina in materia, sia essa afferente al settore agricolo che a quello industriale, è contenuta nel **Testo unico approvato con D.P.R. 1124/1965**, sebbene

tale provvedimento sia stato fortemente modificato dal D.Lgs. 38/2000, che ha compiuto una vera e propria riforma dell'assicurazione.
Il **rapporto assicurativo**, per costituirsi, non necessita della volontà delle parti in quanto **obbligatorio per legge**, indipendentemente dalla durata del rapporto di lavoro. In particolare, il datore di lavoro è obbligato dalla legge ad assicurare i lavoratori contro gli infortuni sul lavoro e le malattie professionali, al verificarsi dei presupposti oggettivi e soggettivi stabiliti dalla legge (artt. 1 e 4 T.U.). Sussistono, tuttavia, alcuni adempimenti che il datore di lavoro deve effettuare nei confronti dell'INAIL, istituto assicuratore, che attengono, però, alla gestione del rapporto assicurativo e non alla sua costituzione.
La legge stabilisce i soggetti del rapporto assicurativo:

- l'INAIL è l'istituto **assicuratore**, tenuto all'erogazione delle prestazioni sanitarie, economiche ed assistenziali;
- i soggetti **assicurati** sono i lavoratori (dipendenti, artigiani e, a partire dal 16 marzo 2000, i lavoratori parasubordinati);
- l'**assicurante** è il datore di lavoro, obbligato al pagamento dei premi.

Il **presupposto oggettivo** affinché la tutela assicurativa obbligatoria diventi operativa è lo svolgimento, da parte del lavoratore, di una delle attività lavorative espressamente elencate dalla legge: ciò in virtù del principio dell'automaticità delle prestazioni, ai sensi del quale, in ipotesi di infortunio, il lavoratore infortunato ha diritto a percepire le prestazioni economiche a carico dell'INAIL anche se il datore di lavoro, pur essendone obbligato, non ha provveduto al pagamento dei premi assicurativi o non li ha pagati in modo corretto.
In conclusione, il D.P.R. 1124/1965 impone l'assicurazione infortunistica obbligatoria presso l'INAIL quando ricorrono precise condizioni, riguardanti sia la natura dell'attività lavorativa sia le qualità proprie delle parti coinvolte.

9.3 L'INAIL: l'istituto assicuratore

L'Istituto Nazionale per l'Assicurazione contro gli Infortuni sul Lavoro (INAIL) è un ente pubblico non economico che eroga servizi, dotato di personalità giuridica e con gestione autonoma. Svolge un compito istituzionale con competenza esclusiva in regime di monopolio.
Gli **obiettivi** dell'INAIL sono essenzialmente:

- ridurre il fenomeno infortunistico;
- assicurare i lavoratori che svolgono attività a rischio;
- garantire il reinserimento nella vita lavorativa degli infortunati sul lavoro;
- realizzare attività di ricerca e sviluppare metodologie di controllo e di verifica in materia di prevenzione e sicurezza.

Allo scopo di contribuire a **ridurre il fenomeno infortunistico**, l'INAIL promuove anche iniziative di monitoraggio continuo dell'andamento dell'occupazione e degli infortuni, di indirizzo, formazione e consulenza in materia di prevenzione alle piccole e medie imprese e agli organi di controllo, di finanziamento alle imprese che investono in sicurezza ed, infine, di ricerca finalizzata alla prevenzione e sicurezza sui luoghi di lavoro.
La **tutela nei confronti dei lavoratori** ha assunto sempre più le caratteristiche di sistema integrato di tutela, che va dallo studio delle situazioni di rischio, agli interventi

di prevenzione nei luoghi di lavoro, alle prestazioni sanitarie ed economiche, alla cura, riabilitazione e reinserimento nella vita sociale e lavorativa nei confronti di coloro che hanno subìto danni fisici a seguito di infortunio o malattia professionale.

9.4 I lavoratori: i soggetti assicurati

La tutela contro gli infortuni non si applica a tutti i lavoratori, ma solo a quelli la cui attività comporti una più intensa esposizione al pericolo. L'art. 4 D.P.R. 1124/1965 (Testo Unico) definisce i soggetti assicurati, specificando che "sono compresi nell'assicurazione coloro che in modo permanente o avventizio prestano alle dipendenze e sotto la direzione altrui opera manuale retribuita, qualunque sia la forma di retribuzione". Dunque i **requisiti che la legge richiede sono quelli della subordinazione e della manualità della prestazione**. In particolare, questo secondo requisito sembrerebbe escludere dalla tutela la categoria degli impiegati, anche se la giurisprudenza ha chiarito che, in mancanza di un distinguo dell'art. 4 tra operai e impiegati, occorre far riferimento a tutti coloro che, indipendentemente dalla qualifica rivestita, sono esposti per ragioni professionali al rischio proprio di determinate lavorazioni.

Successivamente al testo unico, il legislatore, con l'emanazione di leggi speciali, e la Corte costituzionale hanno esteso l'ambito soggettivo della tutela alle nuove forme di lavoro introdotte negli anni più recenti, superando la disparità di trattamento tra lavoratori. A titolo esemplificativo, al di fuori del D.P.R. 1124/1965, la tutela contro gli infortuni sul lavoro e le malattie professionali è riconosciuta anche: ai lavoratori addetti a servizi domestici e familiari (L. 493/1999), a prescindere dall'esistenza di un lavoro subordinato; ai ballerini, agli sportivi professionisti dipendenti ed agli sportivi dilettanti, ai lavoratori italiani all'estero, alla categoria dei medici e veterinari liberi professionisti e medici dipendenti (L. 93/1958), ai tecnici di radiologia, dipendenti o autonomi.
In ipotesi di tutela **contro gli infortuni domestici**, l'assicurazione tutela il lavoro svolto in via non occasionale, gratuitamente e senza vincolo di subordinazione, finalizzato alle cure della propria famiglia e dell'ambiente in cui si dimora. Tale attività è equiparata, per il suo valore sociale ed economico, alle altre forme di lavoro.
La tutela contro gli infortuni sul lavoro e le malattie professionali è stata estesa anche ai lavoratori impiegati nelle attività di consegna di beni per conto altrui, in ambito urbano e con l'ausilio di velocipedi o veicoli a motore, i cd. **rider**, dal D.L. 101/2019, che ha inserito nel D.Lgs. 81/2015 l'art. 47-*ter*.

Nell'ambito del **settore agricolo** il legislatore individua i seguenti soggetti assicurati (art. 205 D.P.R. 1124/1965):
a) i lavoratori fissi o avventizi, addetti ad aziende agricole o forestali;
b) i proprietari, mezzadri, affittuari, loro coniuge e figli, anche naturali e adottivi, che prestano opera manuale abituale nelle rispettive aziende;
c) i sovrastanti ai lavori di aziende agricole e forestali, che prestino opera retribuita. Sono considerati come sovrastanti tutti coloro che, per incarico od interesse dell'azienda, esercitano funzioni di direzione o di sorveglianza di lavori, anche se a questi materialmente non partecipino;
d) i soci di società cooperative conduttrici di aziende agricole o forestali e i partecipanti ad affittanze collettive quando siano occupati nei lavori previsti negli artt. 206, 207 e 208 del T.U. ai termini della precedente lettera *b*);

e) gli operai assunti a tempo determinato o indeterminato da pubbliche amministrazioni o imprese per lavori di forestazione, irrigazione, miglioramenti fondiari, sistemazione fondiaria e rimboschimento (L. 92/1979);
f) i dirigenti e gli impiegati, tecnici e amministrativi, dipendenti da aziende agricole e forestali (che godono di una specifica tutela presso l'ENPAIA).

A tali soggetti la tutela è riconosciuta per gli infortuni sul lavoro dall'età di 12 ai 70 anni compiuti.

9.5 Il datore di lavoro: il soggetto obbligato all'assicurazione

9.5.1 Criteri di individuazione del soggetto obbligato

L'art. 9 D.P.R. 1124/1965 individua nei **datori di lavoro** i soggetti obbligati all'assicurazione contro gli infortuni sul lavoro e le malattie professionali, ossia "le persone e gli enti privati o pubblici, compresi lo Stato e gli Enti locali, che nell'esercizio delle attività previste dall'art. 1 occupano persone tra quelle indicate nell'art. 4".

Accanto a questa previsione di carattere generale, il legislatore ha individuato anche **ulteriori categorie di soggetti assicuranti** corrispondenti a specifiche categorie di soggetti assicurati:

1. le società cooperative e ogni altro tipo di società, anche di fatto, comunque denominata, costituite totalmente o in parte da prestatori d'opera, nei confronti dei propri soci addetti ai lavori nei modi previsti nel n. 7) dell'art. 4;
2. le compagnie portuali nei confronti dei propri iscritti, adibiti alle operazioni di imbarco, sbarco, trasbordo, deposito e movimento in genere di merci o di materiali; le carovane di facchini e altri simili aggregati di lavoratori, nei confronti dei propri componenti;
3. gli armatori delle navi o coloro che sono ritenuti tali dalla legge, nei confronti degli addetti alla navigazione e alla pesca marittima;
4. le società concessionarie dei servizi radiotelegrafici di bordo, nei confronti dei radiotelegrafisti di bordo, non assunti direttamente dagli armatori;
5. le scuole o gli istituti di istruzione di qualsiasi ordine e grado, anche privati, gli enti gestori dei corsi di qualificazione o riqualificazione professionale o di addestramento professionale anche aziendali o di cantieri scuola, nei confronti delle persone nei limiti di cui all'art. 4 n. 5);
6. le case di cura, gli ospizi, gli ospedali, gli istituti di assistenza e beneficenza, nei confronti delle persone e nei limiti di cui all'art. 4, n. 8);
7. gli istituti e gli stabilimenti di prevenzione e di pena, nei confronti delle persone e nei limiti di cui all'art. 4, n. 9);
8. gli appaltatori e i concessionari di lavori, opere e servizi, anche se effettuati per conto dello Stato, di Regioni, di Province, di Comuni o di altri Enti pubblici;
9. coloro che esercitano le macchine, gli apparecchi o gli impianti o che li facciano esercire da loro incaricati, nei confronti delle persone addette all'impiego delle macchine, apparecchi o impianti;
10. coloro i quali direttamente e per proprio conto svolgono lavorazioni assicurabili, adibendo ad esse soggetti aventi i requisiti per la tutela obbligatoria.

Nel **settore agricolo** sono tenuti all'assicurazione il *proprietario*, l'*enfiteuta*, l'*usufruttuario* del terreno, siano o meno datori di lavoro nei confronti dell'assicurato; possono poi rivalersi nei confronti dell'effettivo datore di lavoro quando i terreni siano stati concessi in affitto, mezzadria o colonia parziaria.
Quanto ai **lavoratori autonomi**, sia dell'industria che dell'agricoltura, per essi la posizione di assicurante si riconduce allo stesso soggetto assicurato.
Gli assicuranti sono collocati in due distinte Gestioni:

> **agricoltura**, il cui contributo, per i lavoratori dipendenti, è uguale per tutti ed è costituito da una percentuale sulla retribuzione imponibile; quanto ai lavoratori autonomi, essi versano un contributo fissato in quota capitaria per il coltivatore e per ciascun componente della sua famiglia;
> **industria**, a sua volta suddivisa, a fini tariffari, in quattro settori (cd. *classificazione aziendale* o *inquadramento tariffario*), secondo i criteri di classificazione dettati, a fini previdenziali e assistenziali, dall'art. 49 L. 88/1989:
  - *settore industria*, per le attività manifatturiere, estrattive, impiantistiche, di produzione e distribuzione dell'energia, gas ed acqua, dell'edilizia, dei trasporti e delle comunicazioni, delle lavanderie industriali, della pesca, dello spettacolo nonché per le relative attività ausiliarie;
  - *settore artigianato*, per le attività di cui alla L. 443/1985;
  - *settore terziario*, per le attività commerciali, ivi comprese quelle turistiche, di produzione, intermediazione e prestazione dei servizi anche finanziari, per le attività professionali ed artistiche nonché per le relative attività ausiliarie;
  - *altre attività* non rientranti tra le precedenti per le attività bancarie e di credito, assicurative ed esattoriale, relativamente ai servizi tributari appaltati.

Nei settori *industria*, *terziario* e *altre attività*, l'onere è a totale carico dell'assicurante ed è commisurato alla rischiosità aziendale con un meccanismo che rapporta il premio al rischio della singola azienda. Per gli artigiani, invece, l'onere del premio è a loro carico. Per i lavoratori parasubordinati dei quattro settori, l'onere è ripartito tra committente e lavoratore (un terzo a carico del lavoratore e di due terzi a carico del committente).
Per i datori di lavoro non ricadenti in nessuna delle quattro Gestioni, la classificazione è disposta dall'INAIL.
Generalmente, ciascun datore di lavoro è inquadrato in una sola gestione, salvo il caso di svolgimento di attività plurime, con conseguente inquadramento plurimo.
Ai sensi dell'art. 10 del T.U. 1124/1965, il **datore di lavoro** che, in quanto obbligato dalla legge si assicura presso l'INAIL, **è esonerato dalla responsabilità civile** per il danno subìto dal dipendente infortunato o affetto da malattia professionale. La conseguenza diretta è che, in termini generali, il datore di lavoro non è tenuto al risarcimento del danno subìto dal lavoratore.

Se, però, tra le cause dell'infortunio si può individuare una responsabilità del datore di lavoro che configuri un reato perseguibile d'ufficio, la suddetta tutela cade, aprendo la strada ad una possibile richiesta di risarcimento del danno subìto da parte del lavoratore (con un'azione giudiziaria di risarcimento del danno). In tal caso, l'INAIL ha il diritto di recuperare le spese sostenute e le indennità erogate richiedendole al datore di lavoro con un'azione giudiziaria detta "di regresso".

9.5.2 Gli adempimenti del datore di lavoro ai fini contributivi

Dal 1° aprile 2010 l'iscrizione all'assicurazione avviene mediante la **Comunicazione unica per la nascita dell'impresa (ComUnica)**, da presentare all'ufficio del Registro delle imprese, quale unico atto amministrativo necessario ai fini dell'avvio dell'attività, che ha effetto anche ai fini previdenziali, assistenziali e fiscali. Con tale Comunicazione, che sostituisce la precedente denuncia d'esercizio, il datore di lavoro fornisce all'INAIL, per ogni singola sede di lavoro, tutti gli elementi necessari per la valutazione del rischio e la conseguente determinazione del premio. Il datore di lavoro deve poi trasmettere all'INAIL anche le successive modifiche e la cessazione dell'attività d'impresa.
Ulteriori adempimenti che le aziende soggette all'applicazione delle norme per la prevenzione degli infortuni sul lavoro devono compiere, connessi al rapporto assicurativo, sono:

- la **comunicazione unica per l'instaurazione, la trasformazione e la cessazione del rapporto di lavoro**: con essa vengono comunicati all'INAIL i dati dei lavoratori assicurati, ossia generalità, codice fiscale e qualifica, il cui rapporto abbia avuto inizio o sia cessato nell'anno precedente. Tale comunicazione sostituisce la denuncia nominativa assicurati (DNA) e deve essere presentata all'Ufficio del Registro delle imprese, il quale rilascia contestualmente la ricevuta che costituisce titolo per l'immediato avvio dell'attività imprenditoriale e notifica alle amministrazioni competenti l'avvenuta presentazione. L'INAIL, ricevuta dall'Ufficio del Registro delle Imprese notifica della comunicazione effettuata dal datore di lavoro, istituisce una **posizione assicurativa territoriale** (PAT) per ogni singola sede di lavoro e trasmette al datore di lavoro il certificato di assicurazione, comunicandogli il codice ditta (o codice cliente) assegnatogli, unico per tutte le posizioni assicurative riconducibili al medesimo datore di lavoro e valido per tutta la durata del rapporto assicurativo;
- l'istituzione e la tenuta del **libro unico del lavoro**, nel quale viene accertata la regolarità di gestione dei rapporti, con riguardo ai profili retributivi, assicurativi, previdenziali e fiscali. In precedenza tale funzione veniva assolta dal libro di matricola e dal libro di paga;
- la tenuta di **registri delle visite mediche** e cartella clinica di ciascun lavoratore: tale adempimento è posto a carico solo delle aziende che esercitano particolari lavorazioni pericolose previste da specifiche disposizioni di legge.

9.5.3 L'abolizione del Registro infortuni e il Cruscotto infortuni

In una logica di semplificazione degli adempimenti complessivi a carico del datore di lavoro, l'art. 21, co. 4, D.Lgs. 151/2015 (**Decreto Semplificazioni**, attuativo del *Jobs Act*) ha **abolito l'obbligo di tenuta** del **Registro infortuni** nonché l'applicazione delle relative disposizioni sanzionatorie.
Invero, già il D.Lgs. 81/2008, in relazione alla "documentazione tecnico-amministrativa e statistiche degli infortuni e delle malattie professionali", aveva previsto (art. 53, co. 6) l'abrogazione delle disposizioni relative al Registro infortuni, ma solo a seguito dell'emanazione del decreto istitutivo del **Sistema informativo nazionale per la prevenzione nei luoghi di lavoro (SINP)**. Si tratta di un importante strumento volto a fornire informazioni utili a orientare, programmare, pianificare e valutare l'efficacia delle atti-

vità di prevenzione infortuni e malattie professionali dei lavoratori iscritti e non iscritti a enti assicurativi pubblici, e per indirizzare le attività di vigilanza, integrando le informazioni contenute in altri sistemi informativi vigenti.
I dati destinati a confluire nel SINP sono relativi ai seguenti ambiti: Produttivo e Occupazionale, Rischi, Salute e Sicurezza dei lavoratori, Azioni di prevenzione, Interventi di vigilanza e Infortuni sotto la soglia indennizzabili dall'INAIL, cioè gli infortuni con prognosi sino a tre giorni.
Con la semplificazione introdotta dal decreto semplificazioni è stata, pertanto, anticipata la soppressione dell'obbligo di tenuta del Registro infortuni rispetto all'effettiva attivazione del canale informativo costituito dal SINP. Per sopperire al vuoto venutosi a creare con riferimento alla **consultazione e all'analisi degli infortuni accorsi in azienda**, l'INAIL ha istituito il più agevole servizio telematico denominato **Cruscotto Infortuni**, volto a facilitare sia le attività ispettive da parte degli organi di vigilanza, sia la consultazione dei dati relativi agli infortuni del personale denunciati all'INAIL dalle aziende. Nella fase sperimentale, la visualizzazione del cruscotto è stata consentita solamente ai funzionari degli organi di vigilanza; successivamente, la possibilità di accesso al servizio è stata estesa anche ai datori di lavoro, loro delegati o intermediari.

9.6 Il presupposto oggettivo alla tutela infortunistica: le lavorazioni pericolose

L'art. 1, commi 1 e 2, del T.U. contiene le **caratteristiche generali che l'attività lavorativa deve possedere affinché per il datore di lavoro ricorra l'obbligo di assicurare** presso l'INAIL i lavoratori contro gli infortuni e le malattie professionali.
In particolare, l'art. 1 del T.U. dispone che, per il **settore industriale**, sono compresi tutti coloro che:

- siano addetti a macchine mosse non direttamente dalla persona che le usa;
- siano addetti ad apparecchi a pressione, ad apparecchi e impianti elettrici o termici;
- siano occupati in opifici, laboratori o in ambienti organizzati per lavori, opere o servizi, i quali comportino l'impiego di tali macchine, apparecchi o impianti (cd. *rischio ambientale*).

L'articolo prosegue identificando, al comma 3, ventotto specifiche lavorazioni (che si riportano nella sottostante tabella) che obbligano comunque all'assicurazione infortuni, anche se nello svolgimento dell'attività lavorativa non ricorrono le condizioni espresse nella regola generale del succitato primo comma.
In merito alle attività considerate pericolose ai fini assicurativi, va poi precisato che quando la lavorazione principale è assicurata, lo sono anche le lavorazioni complementari, sussidiarie ed accessorie.
Con riferimento, poi, al **settore agricolo**, in mancanza di una legge che determini quali attività siano pericolose, la dottrina ritiene che lo siano tutte le attività del settore.

Le lavorazioni pericolose ex art. 1, comma 3, T.U. 1124/1965
Devono essere obbligatoriamente assicurate le persone addette ai lavori: 1) di costruzione, manutenzione, riparazione, demolizione di opere edili, comprese le stradali, le idrauliche e le opere pubbliche in genere; di rifinitura, pulitura, ornamento, riassetto delle opere stesse, di formazione di elementi prefabbricati per la realizzazione di opere edili, nonché ai lavori, sulle strade, di innaffiatura, spalatura della neve, potatura degli alberi e diserbo; 2) di messa in opera, manutenzione, riparazione, modificazione, rimozione degli impianti all'interno o all'esterno di edifici, di smontaggio, montaggio, manutenzione, riparazione, collaudo delle macchine, degli apparecchi, degli impianti di cui al primo comma; 3) di esecuzione, manutenzione o esercizio di opere o impianti per la bonifica o il miglioramento fondiario, per la sistemazione delle frane e dei bacini montani, per la regolazione e la derivazione di sorgenti, corsi e deflussi d'acqua, compresi, nei lavori di manutenzione, il diserbo dei canali e il drenaggio in galleria; 4) di scavo a cielo aperto o in sotterraneo; a lavori di qualsiasi genere eseguiti con uso di mine; 5) di costruzione, manutenzione, riparazioni di ferrovie, tramvie, filovie, teleferiche e funivie o al loro esercizio; 6) di produzione o estrazione, di trasformazione, di approvvigionamento, di distribuzione del gas, dell'acqua, dell'energia elettrica, compresi quelli relativi alle aziende telegrafiche e radiotelegrafiche, telefoniche e radiotelefoniche e di televisione; di costruzione, riparazione, manutenzione e rimozione di linee e condotte; di collocamento, riparazione e rimozione di parafulmini; 7) di trasporto per via terrestre, quando si faccia uso di mezzi meccanici o animali; 8) per l'esercizio di magazzini di deposito di merci o materiali; 9) per l'esercizio di rimesse per la custodia di veicoli terrestri, nautici o aerei, nonché di posteggio anche all'aperto di mezzi meccanici; 10) di carico o scarico; 11) della navigazione marittima, lagunare, lacuale, fluviale ed aerea, eccettuato il personale di cui all'art. 34 del R.D.L. 20-8-1923, n. 2207, concernente norme per la navigazione aerea, convertito nella L. 31-1-1926, n. 753 12) della pesca esercitata con navi o con galleggianti, compresa la pesca comunque esercitata delle spugne, dei coralli, delle perle e del tonno; della vallicoltura, della mitilicoltura, della ostricoltura; 13) di produzione, trattamento, impiego o trasporto di sostanze o di prodotti esplosivi, esplodenti, infiammabili, tossici, corrosivi, caustici, radioattivi, nonché ai lavori relativi all'esercizio di aziende destinate a deposito e vendita di dette sostanze o prodotti; sono considerate materie infiammabili quelle sostanze che hanno un punto di infiammabilità inferiore a 125 °C e, in ogni caso, i petroli greggi, gli olii minerali bianchi e gli olii minerali lubrificanti; 14) di taglio, riduzione di piante, di trasporto o getto di esse; 15) degli stabilimenti metallurgici e meccanici, comprese le fonderie; 16) delle concerie; 17) delle vetrerie e delle fabbriche di ceramiche; 18) delle miniere, cave e torbiere e saline, compresi il trattamento e la lavorazione delle materie estratte, anche se effettuati in luogo di deposito; 19) di produzione del cemento, della calce, del gesso e dei laterizi; 20) di costruzione, demolizione, riparazione di navi o natanti, nonché ad operazioni di recupero di essi o del loro carico; 21) dei pubblici macelli o delle macellerie;

(*segue*)

Le lavorazioni pericolose ex art. 1, comma 3, T.U. 1124/1965
22) per l'estinzione di incendi, eccettuato il personale dei Corpo nazionale dei vigili del fuoco; 23) per il servizio di salvataggio;
24) per il servizio di vigilanza privata, comprese le guardie giurate addette alla sorveglianza delle riserve di caccia e pesca;
25) per il servizio di nettezza urbana;
26) per l'allevamento, riproduzione e custodia degli animali, compresi i lavori nei giardini zoologici negli acquari;
27) per l'allestimento, la prova o l'esecuzione di pubblici spettacoli, per l'allestimento o l'esercizio dei parchi di divertimento, escluse le persone addette ai servizi di sala dei locali cinematografici o teatrali;
28) per lo svolgimento di esperienze ed esercitazioni pratiche nei casi di cui al n. 5 dell'art. 4. (insegnanti e alunni delle scuole o istituti di istruzione di qualsiasi ordine e grado, anche privati, che attendono ad esperienze tecnico-scientifiche od esercitazioni pratiche, o che svolgano esercitazioni di lavoro; istruttori e allievi dei corsi di qualificazione o riqualificazione professionale o di addestramento professionale anche aziendali, o dei cantieri scuola, comunque istituiti o gestiti, nonché preparatori, inservienti e addetti alle esperienze ed esercitazioni tecnico-pratiche o di lavoro).

9.7 La contribuzione

9.7.1 Settore industria

L'art. 27 del D.P.R. 1124/1965 dispone che la **spesa dell'assicurazione è ad esclusivo carico del datore di lavoro**. La contribuzione versata all'INAIL è denominata **premio** e il relativo meccanismo di calcolo è proporzionale al rischio delle lavorazioni, nel senso che quanto più una lavorazione è ritenuta pericolosa, tanto più alto è il premio da corrispondere all'INAIL.

Quanto al settore dell'**industria**, il premio è determinato in percentuale delle retribuzioni percepite dai lavoratori, cioè applicando alla somma delle retribuzioni imponibili corrisposte agli stessi uno specifico tasso: il *tasso di premio* corrisponde alla *voce di tariffa* che riflette il rischio presentato dalle diverse lavorazioni, secondo la classificazione operata dall'istituto assicuratore.

Il Testo Unico ha individuato tre tipologie di retribuzione quale base imponibile su cui calcolare il premio assicurativo:

- la *retribuzione effettiva*, costituita da tutte le somme ed i valori in genere, a qualunque titolo maturati dal lavoratore nel periodo di riferimento anche sotto forma di erogazioni liberali, in relazione al rapporto di lavoro e al lordo di qualsiasi contributo e trattenuta (nozione di retribuzione valida anche a fini previdenziali);
- la *retribuzione media o convenzionale o legale*, stabilita con decreti ministeriali per alcune categorie di lavoratori;
- la *retribuzione di ragguaglio*, che corrisponde alla retribuzione valida ai fini della determinazione del minimale di legge per la liquidazione delle rendite (art. 116, co. 3, D.P.R. 1124/1965) e si applica ai lavoratori che non percepiscono una retribuzione fissa o per i quali non sono stati stabiliti salari medi o convenzionali.

La legge stabilisce che i tassi di premio devono essere determinati in relazione *al rischio medio nazionale per ogni singola lavorazione pericolosa*.

È il decreto ministeriale 27-2-2019 a stabilire le **tariffe dei premi** per l'assicurazione contro gli infortuni sul lavoro e le malattie professionali, distinte per gestioni e relative modalità di applicazione. Le tariffe dei premi sono distinte per ciascuna delle seguenti gestioni: industria, artigianato, terziario, altre attività. Ciascuna gestione è, a sua volta, suddivisa in 10 grandi gruppi e le lavorazioni sono raccolte in comparti produttivi omogenei. Le tariffe attribuiscono ai vari tipi di lavorazione tassi differenti in funzione dello specifico rischio lavorativo assicurato. Il tasso così individuato può poi essere personalizzato attraverso un meccanismo di *bonus/malus*; è prevista, infatti, la possibilità di variazione dell'ammontare dei contributi a seconda dell'andamento infortunistico aziendale (cd. *rischio ponderato*).
Ai sensi del D.M. 27-2-2019 (art. 23), che riprende tendenzialmente il precedente D.M. 12-12-1990, il **sistema delle oscillazioni** tariffarie prevede delle possibili riduzioni legate sia al comportamento del datore di lavoro, in ordine all'adozione di misure volte alla prevenzione, sia all'andamento degli infortuni dei propri dipendenti. Più precisamente si parla di:

> cd. **riduzione nel primo biennio di attività**, quando è possibile applicare la riduzione (o l'aumento) del tasso medio di tariffa in misura fissa dell'8% in relazione alla situazione dell'azienda che effettua interventi migliorativi in materia di salute e sicurezza;
> cd. **oscillazione del tasso per andamento infortunistico**, applicabile successivamente ai primi due anni di inizio attività, quando il tasso medio di tariffa può essere ridotto (o aumentato) secondo l'andamento degli infortuni e delle malattie professionali dell'azienda tenuto conto del tasso specifico aziendale e del numero dei lavoratori; l'oscillazione per andamento infortunistico, a seguito del D.M. 27-2-2019, si basa sulla gravità delle conseguenze degli eventi lesivi. Le conseguenze di ogni evento lesivo vengono espresse in Giornate lavorative equivalenti perse (Gle) e non più solo sugli oneri economici sostenuti dall'Istituto. Il nuovo criterio di calcolo considera anche gli infortuni mortali senza superstiti e gli eventi lesivi per i quali sia accertata la responsabilità del datore di lavoro;
> cd. **oscillazione del tasso per prevenzione**, sempre applicabile successivamente ai primi due anni di inizio attività, quando l'INAIL, in virtù degli interventi effettuati dal datore di lavoro per il miglioramento delle condizioni di sicurezza, applica una riduzione del tasso medio di tariffa.

L'INAIL offre la possibilità di ridurre il premio annuale alle imprese virtuose che hanno effettuato interventi volti a migliorare la sicurezza sul lavoro, mediante lo sconto denominato "**oscillazione per prevenzione OT24**".
In particolare, possono usufruire della riduzione del premio INAIL tutte le aziende:

> in possesso dei requisiti per il rilascio della regolarità contributiva ed assicurativa;
> in regola con le disposizioni obbligatorie in materia di prevenzione infortuni e di igiene del lavoro (pre-requisiti);
> che hanno effettuato interventi di miglioramento nel campo della prevenzione degli infortuni e igiene del lavoro, nell'anno precedente a quello in cui chiede la riduzione.

L'oscillazione per prevenzione riduce il tasso di premio applicabile all'azienda, determinando un risparmio sul premio dovuto all'INAIL. La riduzione di tasso è riconosciuta in misura fissa, in relazione al numero dei lavoratori-anno del periodo, nel modo che segue: 28% fino a 10 lavoratori/anno; 18% da 11 a 50 lavoratori/anno; 10% da 51 a 100 lavoratori/anno; 5% oltre i 200 lavoratori/anno.

9.7.2 Settore agricoltura

In agricoltura il **premio è a carico dei datori di lavoro e dei concedenti dei terreni** a compartecipazione e a piccola colonia.
Nel settore agricolo spetta all'INPS accertare e riscuotere i contributi, sia per i lavoratori dipendenti sia per i lavoratori autonomi, riversando all'INAIL la quota parte contributiva relativa all'assicurazione contro gli infortuni e le malattie professionali. Pertanto i datori di lavoro agricoli non sono tenuti a costituire posizioni assicurative presso l'INAIL. Hanno, però, l'obbligo della denuncia di infortunio e malattia professionale ed hanno tutti gli obblighi connessi alla gestione del LUL, ove siano tenuti ad adottarlo. I contributi per l'assicurazione INAIL sono versati in forma unificata con quelli di altra natura previdenziale.
A differenza che nel settore industria, in quello agricoltura la contribuzione non è collegata al rischio.
Anche per il settore agricolo la legge prevede la possibilità di **riduzioni dell'onere assicurativo**, se sono stati osservati tutti gli obblighi in materia di sicurezza ed igiene del lavoro, se sono state adottate misure per eliminare fonti di rischio e se non sono stati rilevati infortuni nel biennio precedente la data di richiesta della riduzione.
È da ricordare che i dirigenti e gli impiegati, tecnici e amministrativi, dipendenti da aziende agricole e forestali godono di una specifica tutela presso l'**ENPAIA** (Ente Nazionale di Previdenza e di Assistenza per gli Impiegati dell'Agricoltura).

9.8 Oggetto dell'assicurazione: infortunio sul lavoro e malattia professionale

9.8.1 Nozione ed elementi essenziali

L'**oggetto dell'assicurazione** obbligatoria contro gli infortuni sul lavoro è enunciato chiaramente nell'art. 2 del Testo Unico (D.P.R. 1124/1965): "*l'assicurazione comprende tutti i casi di infortunio avvenuti per causa violenta in occasione di lavoro, da cui sia derivata la morte o un'inabilità permanente al lavoro, assoluta o parziale, ovvero un'inabilità temporanea assoluta che importi l'astensione dal lavoro per più di tre giorni (...)*".
Gli **elementi indispensabili** che caratterizzano per legge l'infortunio sul lavoro, pertanto, sono l'evento lesivo, la causa violenta e l'occasione di lavoro.

9.8.2 L'evento lesivo

Con riguardo all'evento lesivo, si definisce *lesione* l'**alterazione, interna od esterna, anatomica o funzionale, fisica o psichica, subita dal lavoratore, che determini l'inabilità al lavoro, ossia l'impedimento ad attendere al lavoro**.
In conseguenza alla lesione, può verificarsi:
- un'inabilità temporanea: per essere indennizzata deve essere anche "assoluta", ovvero *impedire totalmente lo svolgimento dell'attività lavorativa*, e durare più di 3 giorni, escludendo dal computo il giorno in cui avviene l'infortunio;
- un'inabilità permanente, parziale o assoluta;
- la morte.

È il D.P.R. 1124/1965 che, all'art. 74, definisce il concetto di inabilità: "Agli effetti del presente titolo deve ritenersi inabilità permanente assoluta la conseguenza di un infortunio o di una malattia professionale, la quale tolga completamente e per tutta la vita l'attitudine al lavoro. Deve ritenersi inabilità permanente parziale la conseguenza di un infortunio o di una malattia professionale la quale diminuisca in parte, ma essenzialmente e per tutta la vita, l'attitudine al lavoro".

9.8.3 La causa violenta

La causa violenta è un fattore che opera dall'esterno nell'ambiente di lavoro, con azione intensa e concentrata nel tempo, e presenta le seguenti caratteristiche: efficienza, rapidità ed esteriorità. Può essere provocata da sostanze tossiche, sforzi muscolari, microrganismi, virus o parassiti e da condizioni climatiche e microclimatiche. In sintesi, una causa violenta è **ogni aggressione che dall'esterno danneggia l'integrità psicofisica del lavoratore.**
Va precisato che l'importanza di identificarla in un evento dannoso deriva dalla necessità di distinguere l'infortunio sul lavoro dalla *malattia professionale*: mentre nel primo caso un evento traumatico determina in un breve lasso di tempo un danno alla salute, nel secondo il *danno alla persona insorge lentamente e progressivamente a seguito del protrarsi dell'esposizione ad agenti o ad azioni dannose durante il lavoro.*

Nel corso degli anni la giurisprudenza ha ritenuto che il medesimo agente dannoso (come ad esempio sostanze chimiche o l'energia nucleare) possa essere alternativamente causa di infortunio (se agisce in maniera massiva e concentrata nel tempo, come un avvelenamento) o di malattia professionale (se agisce in modo diluito e in tempi lenti, come nello sviluppo di un'allergia o di una malattia cronica).
La Corte di Cassazione ha sottolineato come nella **distinzione tra infortunio e malattia professionale** assuma rilievo essenziale il requisito del tempo, essendo essa sostanzialmente imperniata sulla *rapidità e concentrazione della causa violenta*. Per la Corte sussistono rapidità e concentrazione sia quando la causa genera un effetto dannoso istantaneo, che consente di individuare il momento esatto in cui ha luogo la lesione (ad esempio un urto od una ferita), sia quando la causa manifesta l'effetto dannoso entro un breve lasso di tempo, come ad esempio nel caso in cui la mansione assegnata al lavoratore comporta un'operazione ripetitiva atta a determinare una lesione (ad esempio una tendinite) proprio in quanto ripetuta più volte durante il turno di lavoro.

L'INAIL tutela anche le affezioni morbose, inquadrandole per l'aspetto assicurativo, nella categoria degli infortuni sul lavoro. In questi casi, la **causa virulenta è equiparata a quella violenta**: anche il contagio da COVID-19 è, pertanto, considerato infortunio sul lavoro. In particolare, per i lavoratori esposti ad alto rischio l'Istituto previdenziale applica la presunzione semplice in assenza di prova contraria. L'INAIL, con la raccomandazione n. 8/2021, richiama i criteri a cui riferirsi nella fase di valutazione del rischio per individuare elementi di prova concordanti che portino alla presunzione di contagio. Questi sono sommariamente riassunti in:

- *qualificazione del livello di rischio*: tiene conto di dettagli del luogo e tempi di lavoro, analisi di compiti e mansioni, risultanze di eventuali indagini sull'adozione di misure di contenimento;
- *coincidenza tra il dato epidemiologico territoriale e picco epidemico* (tempi di incubazione). Analogamente rileva il criterio epidemiologico aziendale relativo alla presenza di altri lavoratori contagiati;

> *esistenza di prove contrarie* (lavoro effettivamente svolto in presenza nell'ambiente a rischio esposizione; presenza di contagi familiari con valutazione del criterio cronologico e del periodo di latenza; modalità di raggiungimento del luogo di lavoro che potrebbe non giustificare il contagio professionale).

In merito, poi, all'**inquadramento giuridico dell'infortunio COVID-19**, la normativa in tema di **infortunio sul lavoro** e **malattie professionali** ha subìto l'intervento della legislazione d'urgenza. In particolare gli articoli 42 e 34 D.L. 18/2020 hanno stabilito, tra l'altro che:

- nei casi di infezione accertata da coronavirus, contratta in ambienti di lavoro o in itinere, la prestazione a tutela dell'infortunato è competenza dell'INAIL (gestione assicurativa) e comprende anche i periodi di quarantena o permanenza domiciliare fiduciaria;
- all'avvio della pratica di infortunio è tenuto il medico di prime cure attraverso la redazione e la contestuale trasmissione telematica del certificato alla sede territoriale competente dell'Istituto.

A seguito della proroga dello stato di emergenza nazionale al 31 marzo 2022, disposta dal D.L. 221/2021, i datori di lavoro pubblici e privati dovranno assicurare la **sorveglianza sanitaria eccezionale** dei lavoratori maggiormente esposti al rischio, in ragione dell'età, della condizione da immunodepressione e di una pregressa infezione da COVID-19 ovvero da altre patologie che determinano particolari situazioni di fragilità del lavoratore.
Per i datori di lavoro che non sono tenuti, ai sensi dell'art. 18, co. 1, lett. a), D.Lgs. 81/2008, alla nomina di un medico competente, fermo restando la possibilità di nominarne uno per la durata dello stato di emergenza, la sorveglianza eccezionale può essere richiesta ai servizi territoriali dell'INAIL che vi provvedono con i propri medici del lavoro.

9.8.4 L'occasione di lavoro e la classificazione dei rischi

L'assicurazione comprende tutti i casi di infortunio avvenuti per causa violenta in occasione di lavoro (art. 2, co. 1, D.P.R. 1124/1965).
Dunque, anche in questo caso è la legge che identifica nell'*occasione di lavoro* un requisito necessario affinché l'evento dannoso sia indennizzabile dall'INAIL.
Si tratta di tutte le situazioni, comprese quelle ambientali, nelle quali si svolge l'attività lavorativa e nelle quali è imminente il rischio per il lavoratore. A provocare l'eventuale danno possono essere:

> elementi dell'apparato produttivo;
> situazioni e fattori propri del lavoratore;
> situazioni ricollegabili all'attività lavorativa.

Non è sufficiente, quindi, che l'evento avvenga durante il lavoro ma che si verifichi per il lavoro: deve esistere, in sostanza, un **rapporto, anche indiretto di causa-effetto tra l'attività lavorativa svolta dall'infortunato e l'incidente che causa l'infortunio**.
Pertanto, i giudici, di fronte ad un infortunio occorso ad un lavoratore, dovranno constatare la **congruità dell'infortunio stesso con il rischio insito nelle mansioni lavorative svolte** dal lavoratore infortunato.
I generi di rischio insiti in ciascuna attività lavorativa, che possono determinare l'*occasione di lavoro* e di conseguenza essere inclusi nella tutela assicurativa dell'INAIL, sono stati classificati dalla giurisprudenza, nel modo che segue:

> il **rischio generico**: è quello non ricollegabile ad ambienti, persone od attività protette dall'assicurazione INAIL, che incombe sulla generalità delle persone e, pertanto, non è assicurato dall'INAIL;

- il **rischio generico aggravato**: pur incombendo sulla generalità delle persone, aumenta a causa dell'attività svolta dal lavoratore (tipico è il caso del rischio di folgorazione da fulmine, che potrebbe colpire chiunque, ma in particolare modo chi, per svolgere la propria attività lavorativa, trovandosi ad esempio su impalcature o su campanili, è maggiormente esposto a tale rischio);
- il **rischio elettivo**: consiste in un'azione pericolosa, deliberatamente messa in atto dal lavoratore senza alcuna necessità o nesso con l'attività lavorativa, e che in quanto tale esclude gli infortuni da ogni possibilità di indennizzo;
- il **rischio ambientale**: non è connesso alla mansione effettivamente svolta, ma deriva dalla presenza di lavorazioni assicurate nell'ambiente che il lavoratore frequenta, per mera occasione o per necessità di lavoro;
- il **rischio specifico proprio**: è insito nell'esecuzione delle mansioni tipiche del lavoro svolto;
- il **rischio specifico improprio**: è quello cui si sottopone il lavoratore nell'esecuzione di tutte quelle attività prodromiche, accessorie, connesse o strumentali alle mansioni lavorative da svolgere.

9.8.5 I danni conseguenti all'infortunio: in particolare il danno biologico

Il danno conseguente all'infortunio si compone di danno patrimoniale, danno morale e danno biologico.

Il **danno patrimoniale** è sempre stato oggetto di indennizzo da parte dell'INAIL, il quale indennizza le conseguenze economiche dell'evento lesivo conseguenti alla perdita o diminuzione dell'attitudine al lavoro dovuta alla menomazione psico-fisica. L'inabilità temporanea al lavoro comporta, per il periodo di convalescenza l'impossibilità di produrre reddito utilizzando la propria capacità lavorativa, per cui l'INAIL supplisce erogando *l'indennità di infortunio*; se, dopo l'infortunio, residua un'inabilità permanente e ciò causa una stabile riduzione della capacità di produrre reddito attraverso l'attività lavorativa, l'INAIL interviene con la rendita vitalizia o con una somma *una tantum*.

Il **danno morale**, ossia il perturbamento psichico che consegue all'evento dannoso, non è mai stato preso in considerazione nell'assicurazione obbligatoria contro gli infortuni ed è stato, tutt'al più, monetizzato nelle cause civili per danni: esso è risarcibile nei casi previsti dalla legge e quando nel fatto dannoso è ravvisabile un reato.

Il **danno biologico** INAIL è l'indennizzo riconosciuto e pagato al lavoratore che a seguito di un infortunio sul lavoro o malattia professionale, ha subìto una lesione tale da determinare un'invalidità temporanea o una menomazione permanente della capacità fisica. Con l'entrata in vigore dell'articolo 13 D.Lgs. 38/2000 le menomazioni riferite al danno biologico inteso come "lesione all'integrità psicofisica della persona suscettibile di accertamento medico legale" vengono risarcite con un indennizzo che sostituisce la rendita diretta contemplata dal Testo Unico (tale modifica decorre per tutti gli eventi che si sono verificati a partire dal 25 luglio 2000).

L'INAIL riconosce il danno biologico al lavoratore in presenza di determinati requisiti e condizioni, ossia *quando l'infortunio sul lavoro e la malattia professionale causano una menomazione fisica al lavoratore in percentuale, assegnatagli a seguito di visita medica ed esami diagnostici, che va da un minimo del 6% ad un massimo del 100%.*

In particolare, poi, si configura:

- *un danno biologico da infortunio sul lavoro*, allorquando la lesione derivi da un incidente occorso al lavoratore durante l'orario di lavoro o sul posto di lavoro oppure a seguito di incidenti avvenuti mentre il lavoratore si recava a lavoro (incidente *in itinere*). In questi casi l'INAIL copre il danno avvenuto per "causa violenta in occasione di lavoro" dal quale derivi un'inabilità permanente, assoluta temporanea per più di 3 giorni o il decesso del lavoratore. Sono esclusi dall'indennizzo del danno biologico, gli infortuni dovuti ad un comportamento estraneo al lavoro mentre sono risarciti gli infortuni per colpa del lavoratore, quindi per imperizia, negligenza o imprudenza;
- *un danno biologico da malattia professionale o causa di servizio*: quando il lavoratore si ammala progressivamente e lentamente a causa dello svolgimento di attività lavorative ad alto rischio che hanno causato l'insorgere di patologie, la cui causa è strettamente connessa e conseguenza del lavoro svolto. Vi deve essere un rapporto causale tra rischio professionale e malattia. La quantificazione del danno, in questo caso, si basa sulla distinzione delle diverse menomazioni derivate dalle malattie professionali, le quali vengono a loro volta distinte, come meglio in seguito si vedrà, in *malattie professionali tabellate*, perché rientranti in una delle due tabelle (una per l'agricoltura e una per l'industria) per le quali il lavoratore non deve dimostrare la causa della malattia in quanto già evidenziata e riconosciuta dall'INAIL, e *malattie professionali non tabellate* per le quali, invece, il lavoratore ha l'obbligo e l'onere di dimostrare che la malattia è strettamente connessa e conseguenza dello svolgimento dell'attività lavorativa (cfr. Cass. 5-9-2017, n. 20769).

In merito al **calcolo del risarcimento del danno biologico INAIL**, esso si basa innanzitutto sul tipo e sulla percentuale di menomazione psicofisica che ha subìto il lavoratore a seguito di infortunio o malattia professionale, menomazioni che vengono calcolate sulla base di due tabelle (*Tabella delle menomazioni* e *Tabella indennizzo danno biologico*). Nel caso poi, la menomazione superi il 16%, per legge è possibile riconoscere al lavoratore anche un danno patrimoniale che viene indennizzato e quantificato sulla base della *Tabella dei coefficienti.*

Le percentuali di menomazione sono:

- menomazione minore del 6%: nessun indennizzo per danno biologico (in franchigia), nessun indennizzo per conseguenze patrimoniali;
- menomazione uguale o maggiore del 6% e minore del 16%: indennizzo del danno biologico in capitale e indennizzo per conseguenze patrimoniali;
- menomazione uguale o maggiore del 16%: indennizzo del danno biologico in rendita e indennizzo con ulteriore quota di rendita per conseguenze patrimoniali (tabella coefficienti). Ciò è dovuto al fatto che la menomazione è talmente grave da compromettere l'attività lavorativa futura e quindi la sua sopravvivenza. Pertanto, il risarcimento del danno viene quantificato sulla tabella dei coefficienti.

La tabella indennizzo del danno biologico INAIL, in particolare, è utilizzata per calcolare e quantificare l'indennizzo che il lavoratore deve ricevere se la percentuale riconosciuta di menomazione riportata a seguito di infortunio sul lavoro o di malattia professionale, è tra il 6% ed il 100%. Tale tabella si basa su criteri indipendenti dal reddito del lavoratore, crescenti in funzione della gravità della menomazione per cui più è grave la lesione e maggiore è il danno biologico, variabile in funzione dell'età e cioè più il lavoratore è anziano e minore è l'indennizzo.

Alla luce di quanto detto, i criteri sulla menomazione e quantificazione del danno biologico possono così essere sintetizzati:

- danno biologico fino al 6%: si applica solo la franchigia;
- danno biologico tra il 6 e 15%: il danno si differenzia in base al sesso, all'età e al grado di menomazione;
- danno biologico tra il 16 e il 100%: al lavoratore viene riconosciuto indennizzo di rendita in relazione al grado di menomazione.

9.9 L'infortunio *in itinere*

9.9.1 Definizione

L'infortunio *in itinere* può essere definito come quell'**evento che si colloca tra il rischio generico della strada (sinistro non tutelato) ed il rischio della strada professionale (infortunio sul lavoro)**.

L'infortunio *in itinere* scaturisce, dunque, dal rischio generico della strada, cui è potenzialmente esposta qualsiasi persona: essendo, perciò, secondo la succitata classificazione operata dalla giurisprudenza, un rischio generico, non dovrebbe essere assicurato (e, quindi, indennizzato) dall'INAIL. Tuttavia, tale rischio generico, in presenza di determinate circostanze legate alle peculiari modalità di svolgimento e di organizzazione delle mansioni del lavoratore, può essere convertito in un rischio diverso e più grave, che non incombe più sulla generalità degli utenti della strada, bensì unicamente su coloro che effettuano quel preciso percorso.

La definizione legale, contenuta nell'art. 12 D.Lgs. 38/2000, recita testualmente: *(...) Salvo il caso di interruzione o deviazione del tutto indipendenti dal lavoro o, comunque, non necessitate, l'assicurazione comprende gli infortuni occorsi alle persone assicurate durante il normale percorso di andata e ritorno dal luogo di abitazione a quello di lavoro, durante il normale percorso che collega due luoghi di lavoro se il lavoratore ha più rapporti di lavoro e, qualora non sia presente un servizio di mensa aziendale, durante il normale percorso di andata e ritorno dal luogo di lavoro a quello di consumazione abituale dei pasti. L'interruzione e la deviazione si intendono necessitate quando sono dovute a cause di forza maggiore, ad esigenze essenziali ed improrogabili o all'adempimento di obblighi penalmente rilevanti. L'assicurazione opera anche nel caso di utilizzo del mezzo di trasporto privato, purché necessitato. Restano, in questo caso, esclusi gli infortuni direttamente cagionati dall'abuso di alcolici e di psicofarmaci o dall'uso non terapeutico di stupefacenti ed allucinogeni; l'assicurazione, inoltre, non opera nei confronti del conducente sprovvisto della prescritta abilitazione di guida".*

9.9.2 Campo di applicazione oggettivo

Per individuare correttamente quali sono gli infortuni *in itinere*, e quindi il campo di applicazione della copertura INAIL, è necessario tenere presente che si tratta soltanto degli incidenti stradali che accadono al lavoratore assicurato durante il percorso che va:

- dalla *dimora abituale al luogo di lavoro e viceversa* prima di iniziare il lavoro, utilizzando il percorso più breve e diretto, senza effettuare interruzioni o deviazioni non "necessitate", vale a dire non causate da forza maggiore (ad esempio strada interrotta ecc.), da esigenze essenziali e improrogabili (ad esempio un improvviso malore che costringe a ricorrere al pronto soccorso dell'ospedale ecc.);

- dal *luogo di lavoro ai luoghi di ristoro per il pranzo, e viceversa*, utilizzando il percorso più breve e diretto, senza effettuare interruzioni o deviazioni non "necessitate", ma soltanto nel caso in cui non esista un servizio di mensa aziendale interna, e non ci siano nemmeno locali convenzionati nelle immediate vicinanze. Il percorso di andata e ritorno deve comunque essere compatibile con la durata della pausa mensa;
- da *un luogo di lavoro ad un altro* se il lavoratore è impiegato in più luoghi di lavoro, oppure se è occupato presso più di un datore di lavoro, utilizzando il percorso più breve e diretto, senza effettuare interruzioni o deviazioni non "necessitate".

La legge pone, per la configurabilità dell'infortunio *in itinere*, la **necessaria sussistenza di talune condizioni**, ossia che sia stato seguito il **percorso normale**, cioè generalmente quello più breve, logico e diretto (quindi non rientrano nel percorso normale tutte quelle deviazioni non necessarie) e che sia **presente la ragione di lavoro e la ricollegabilità dell'orario** in cui si è verificato l'infortunio, a tale ragione.
Le eventuali interruzioni e deviazioni del normale percorso non rientrano nella copertura assicurativa ad eccezione di alcuni casi particolari, ossia se vi siano condizioni di necessità o se siano state concordate con il datore di lavoro.
Esistono, tuttavia, alcune eccezioni, quali:

- interruzioni/deviazioni effettuate in attuazione di una direttiva del datore di lavoro;
- interruzioni/deviazioni "necessitate" ossia dovute a causa di forza maggiore (ad esempio un guasto meccanico) o per esigenze essenziali e improrogabili (ad esempio il soddisfacimento di esigenze fisiologiche) o nell'adempimento di obblighi penalmente rilevanti (ad esempio prestare soccorso a vittime di incidente stradale);
- interruzioni/deviazioni "necessarie" per l'accompagnamento dei figli a scuola;
- brevi soste che non alterino le condizioni di rischio.

La L. 81/2017 (*Jobs Act del lavoro autonomo*) prevede per i **lavoratori autonomi** che la tutela contro gli infortuni sul lavoro occorsi durante il normale percorso di andata e ritorno dal luogo di abitazione a quello prescelto per lo svolgimento della prestazione lavorativa all'esterno dei locali aziendali sia operante se ricorrono le seguenti condizioni: tale luogo è stato scelto in base a esigenze connesse alla prestazione stessa o alla necessità del lavoratore di conciliare le esigenze di vita con quelle lavorative e la scelta risponde a criteri di ragionevolezza (art. 23, comma 3).

9.9.3 Indennizzabilità dell'infortunio *in itinere*

In merito alle regole da adottare per l'indennizzo da parte dell'assicurazione sociale dell'infortunio *in itinere*, in dottrina si sono formati due diversi orientamenti: il primo, più tradizionale, che sostiene il rischio generico aggravato, ed un secondo che, al contrario, estende il campo di applicazione della tutela.
Secondo la **tesi tradizionale restrittiva** sono infortuni *in itinere* risarcibili esclusivamente gli incidenti stradali che accadono quando il rischio generico della circolazione stradale viene aggravato da particolari circostanze, più o meno strettamente legate all'attività lavorativa svolta, che lo trasformano in "rischio generico aggravato". I casi in cui il rischio generico della strada è da considerare certamente aggravato da circostanze collegabili all'attività lavorativa (ma da valutare caso per caso secondo un criterio di ragionevolezza), si hanno ogni volta che esiste:

- la necessità di utilizzare il mezzo di trasporto messo a disposizione dei lavoratori direttamente dal datore di lavoro;

- la necessità di percorrere una strada che conduce esclusivamente al posto di lavoro e presenta rischi maggiori e diversi da quelli delle ordinarie vie di comunicazione;
- la necessità di utilizzare il mezzo privato, perché mancano i mezzi di trasporto pubblico oppure, anche se esistono, hanno orari non compatibili con l'orario di lavoro osservato;
- la necessità di trasportare, a piedi o su mezzo privato, strumenti o attrezzi di lavoro che intralciano i normali movimenti;
- l'esigenza di avvalersi del mezzo privato, anche se esistono mezzi pubblici compatibili con gli orari di lavoro, quando si considerano le esigenze di vita, familiari, umane ed economico-sociali del lavoratore, al quale un congruo risparmio sui tempi di viaggio consente di salvaguardare alcuni suoi diritti costituzionalmente garantititi come quello alla salute, alla dignità sociale, alla vita di relazione ecc.;
- un nesso causale tra percorso e infortunio: non devono esserci cioè sull'itinerario normale più breve e diretto, interruzioni o deviazioni non necessitate (non sono considerate necessitate le interruzioni o deviazioni del percorso effettuate per motivi squisitamente personali, quali ad esempio l'esigenza di fermarsi a fare delle compere, quella di andare a visitare un congiunto, un amico ecc.).

La **tesi estensiva del campo d'applicazione della tutela**, anche alla luce di consolidate pronunce giurisprudenziali, semplifica le condizioni richieste per l'indennizzabilità, ampliando il campo di applicazione della tutela assicurativa degli eventi. Dunque, perché un infortunio *in itinere* sia infortunio sul lavoro risarcibile, è sufficiente che vengano accertate le *finalità lavorative dei comportamenti dell'infortunato e la normalità del percorso*, che deve comunque essere compiuto in orari compatibili con l'orario di lavoro osservato. Una volta accertata l'esistenza di queste condizioni, per il lavoratore, il rischio generico della strada è da considerarsi sempre aggravato dal semplice fatto di seguire quel percorso per andare o tornare dal lavoro, non avendo egli altre alternative, né per quanto concerne il tragitto, né per quanto riguarda l'orario in cui percorrerlo. Indirizzo, quest'ultimo, recepito dall'art. 12 D.Lgs. 38/2000.

Non sono indennizzabili dall'INAIL, quegli infortuni che, avvenuti non in orario di lavoro, lungo i percorsi più sopra indicati (casa lavoro ecc.) presentano le seguenti circostanze:

- tragitto lungo vie aperte al pubblico transito, percorso a piedi senza l'impaccio di strumenti di lavoro capaci di ostacolare l'equilibrio;
- viaggio compiuto su pubblici servizi di trasporto (non sono considerati tali i taxi);
- viaggio percorso su mezzo privato, pur esistendo adeguati servizi pubblici o pur essendo agevole percorrere il tragitto a piedi perché breve (dunque, in presenza di trasporti pubblici ragionevolmente utilizzabili, se il lavoratore preferisce il proprio mezzo per recarsi al lavoro, si configura una sorta di assunzione di rischio elettivo che, come detto, non è coperto dall'assicurazione INAIL).

Sono sempre esclusi dall'indennizzo gli infortuni direttamente causati dall'abuso di sostanze alcoliche e di psicofarmaci, dall'uso non terapeutico di stupefacenti e allucinogeni, nonché dalla mancanza della patente di guida da parte del conducente.

È importante sottolineare che gli infortuni *in itinere* non influiscono sull'oscillazione del tasso di premio assicurativo applicato all'azienda, vale a dire che non aumentano il premio INAIL: il legislatore, infatti, considerato che gli infortuni *in itinere*, in quanto incidenti stradali, sfuggono in pratica e di fatto a ogni possibilità di controllo, e quindi a qualsiasi possibile azione di prevenzione da parte del datore di lavoro, ha ritenuto di doverlo sollevare in questi casi da colpe specifiche, esonerandolo anche dall'onere del pagamento di un maggior premio.

9.10 La malattia professionale

9.10.1 Origine e nozione generale

È considerata malattia professionale (detta anche *tecnopatia*), e come tale indennizzabile, qualsiasi **patologia che il lavoratore contrae in occasione dello svolgimento dell'attività lavorativa a causa della presenza di fattori presenti nell'ambiente nel quale presta servizio.**

Le liste delle malattie tutelabili, riferite ai due settori (agricolo e industriale), prevedono per ciascuna patologia le lavorazioni per le quali ognuna di esse è indennizzabile ed il periodo massimo, a decorrere dalla sospensione della lavorazione stessa, entro il quale può essere inoltrata richiesta per il riconoscimento della malattia professionale.

Sono tutelati solo coloro che risultano protetti da tale assicurazione e qualora abbiano contratto le tecnopatie nell'esercizio e a causa delle lavorazioni per le quali sorge l'obbligo assicurativo.

Al fine di individuare in modo esatto la malattia legata da un rapporto di causalità alla prestazione lavorativa, le disposizioni di legge introdussero il **sistema della lista rigida o tabellare**, che riteneva professionali solo quelle malattie *tassativamente* elencate, la cui manifestazione avveniva entro un determinato intervallo temporale a decorrere dall'abbandono della lavorazione causante la patologia.

Ma l'applicazione del solo sistema tabellare se da un lato, per il principio della presunzione legale, esonerava il lavoratore di fornire la prova, dall'altro limitava la tutela alle sole malattie indicate in tabella. Si è cercato, dunque, di sopperire a tale inconveniente ampliando la lista delle malattie indicate dalla legge ed introducendo un **sistema misto** (ciò grazie alla sentenza n. 179/1988 della Corte costituzionale), che, oltre alla tutela delle malattie tabellate, ha previsto anche quella delle malattie professionali differenti da quelle comprese nelle tabelle sia per malattie diverse da quelle causate da una lavorazione specificata o da un agente patogeno indicato nelle tabelle stesse.

Conseguentemente a tale sentenza, l'istituto assicurativo ha disposto che, ai fini del riconoscimento del diritto all'indennità del prestatore, devono considerarsi malattie professionali non solo quelle elencate nelle tabelle e contratte a seguito di specifiche lavorazioni indicate nelle stesse, ma qualsiasi malattia per la quale sia possibile provare che le patologie verificatesi siano causate da prestazioni lavorative.

Attualmente, pertanto, la normativa prevede:

- le **malattie tabellate** (D.M. 10-6-2014), provocate da lavorazioni previste nelle tabelle e denunciate entro i termini massimi di indennizzabilità, per le quali vige il principio della presunzione legale di origine, e quelle tabellate ma denunciate oltre i termini massimi di indennizzabilità, per le quali detto principio vige solo qualora il lavoratore dimostri che la malattia si sia manifestata entro i predetti termini (contrariamente in mancanza della prova il lavoratore dovrà dimostrare la natura professionale della malattia);
- le **malattie non tabellate**, laddove il lavoratore dovrà sempre dimostrare l'origine professionale della malattia.

Con la delibera n. 1 del 24 gennaio 2017, l'INAIL ha pubblicato le linee di indirizzo che permetteranno di rivedere e riorganizzare l'attività connessa alla valutazione delle richieste di prestazioni a favore dei tecnopatici, con particolare attenzione al carattere di prevenzione sanitario e all'omogeneità di valutazione.

9.10.2 Decorrenza e presupposti della malattia professionale

Ai fini dell'indennizzo, **la malattia professionale decorre dal 1° giorno di astensione dal lavoro**.

Nel caso in cui, invece, non determina inabilità temporanea assoluta al lavoro, o si manifesta dopo che l'assicurato abbia cessato di prestare la sua opera nella lavorazione che ha determinato la malattia, la sua manifestazione si considera verificata nel giorno in cui viene prestata la denuncia all'istituto assicuratore, a cui andrà allegata la certificazione medica o a far data dal momento in cui sia provata la manifestazione della malattia, attraverso specifica certificazione sanitaria o altri documenti comprovanti l'esistenza della patologia.

In merito ai presupposti, va subito precisato che **ciò che differenzia la malattia dall'infortunio** è la **causa**, che nella prima non manifesta il carattere della violenza, poiché è determinata da un insieme di fattori che agiscono nell'organismo in modo lento e graduale.

Ai fini dell'indennizzabilità della malattia professionale occorre, quindi, la sussistenza delle seguenti condizioni:

> la **causa lenta**, essendo la malattia conseguente ad una lenta e progressiva azione lesiva sull'organismo del lavoratore;
> il **nesso eziologico** tra la prestazione lavorativa e la malattia.

Se per l'infortunio è possibile identificare con certezza il momento in cui esso si è verificato, per la malattia esistono non poche difficoltà circa la sua precisa collocazione temporale.

Per la relativa manifestazione, pertanto, dovrà intendersi un evento o un insieme di essi, che diano certezza sia dell'esistenza della malattia, sia dell'obiettiva conoscibilità della stessa da parte dell'assicurato, il che avviene con denuncia corredata da idonea diagnosi medica accertante non solo l'eziologia professionale della malattia ma anche il raggiungimento della misura minima indennizzabile.

9.10.3 Obblighi e diritti del lavoratore

Il lavoratore è **tenuto a denunciare al proprio datore di lavoro la malattia professionale** entro 15 giorni dalla sua manifestazione. La sua violazione comporta la perdita del diritto all'indennizzo per l'intero periodo che precede la denuncia, mentre per gli altri obblighi valgono le medesime disposizioni previste per gli infortuni sul lavoro.

Riguardo il settore agricolo la denuncia, invece, va presentata entro 15 giorni dal giorno dell'astensione dal lavoro a causa della stessa malattia.

Va precisato che, nel caso di **patologie non comprese nella tabella** il lavoratore, ai fini del riconoscimento della malattia professionale, dovrà produrre idonea documentazione comprovante:

> l'esposizione al rischio con riferimento alle mansioni svolte, alle condizioni di lavoro ed alla durata e all'intensità dell'esposizione;
> l'esistenza della malattia, attestata da certificazione sanitaria;
> la presunta origine professionale della malattia, attestata nel primo certificato medico.

Tale documentazione dovrà essere confermata dalla denuncia al datore di lavoro, qualora la malattia si sia manifestata in costanza di rapporto di lavoro.
Il lavoratore ha **diritto alla conservazione del posto ed al relativo trattamento economico** e si applicano gli stessi principi già descritti a proposito dell'infortunio sul lavoro.

9.10.4 Obblighi del datore di lavoro

Il datore di lavoro ha l'obbligo di **trasmettere la denuncia di infortunio all'INAIL entro 2 giorni e la denuncia di malattia professionale entro 5 giorni**, avvalendosi delle apposite procedure telematiche.
Tuttavia, in seguito alle modifiche introdotte dal D.Lgs. 151/2015, dal 22 marzo 2016 la trasmissione dell'**attestazione medica che certifica l'evento morboso o l'infortunio** non è più una prerogativa del datore di lavoro: essa, infatti, non dovrà essere trasmessa dal datore di lavoro bensì, in via telematica, dal medico certificatore o dalla struttura sanitaria che effettua la prima assistenza al lavoratore in caso di infortunio o malattia. Una copia dovrà essere rilasciata al lavoratore. La compilazione del certificato e il relativo invio online devono avvenire **entro le 24 ore successive** all'intervento di prima assistenza.
A tal fine, l'INAIL ha predisposto una nuova procedura *ad hoc*, per facilitare l'invio telematico dei certificati da parte dei medici e delle strutture sanitarie che devono, a tal fine, essere abilitati ai servizi online dell'istituto mediante apposita domanda alla sede INAIL competente per territorio.
Le istruzioni, che l'INAIL ha fornito con **circolare 10/2016**, sono state emesse proprio in applicazione delle semplificazioni per i datori di lavoro previste dal D.Lgs. 151/2015 attuativo del Jobs Act.
Il datore di lavoro è, quindi, esonerato dall'obbligo di trasmettere online il certificato ma è obbligato ad indicarne i riferimenti sulla denuncia infortunio sul lavoro o malattia professionale che deve essere trasmessa online all'INAIL entro 2 giorni, in caso di infortunio, o 5, in caso di malattia professionale, da quello in cui ne ha avuto notizia.
Il D.Lgs. 151/2015, inoltre, pone a carico dell'INAIL l'obbligo di trasmissione all'autorità di pubblica sicurezza delle informazioni relative alle denunce di infortunio, esonerando, pertanto, il datore di lavoro da tale ulteriore adempimento. Tale obbligo è, tuttavia, relativo agli infortuni mortali o con prognosi superiore a 30 giorni.
Per il settore agricoltura, in merito all'infortunio, il datore di lavoro di lavoratori agricoli a tempo indeterminato ha gli stessi obblighi e sanzioni del settore industria; per i lavoratori agricoli a tempo determinato, la denuncia infortunio deve essere effettuata obbligatoriamente dal datore di lavoro mentre per i lavoratori agricoli autonomi, è obbligato il titolare del nucleo familiare di appartenenza dell'infortunato.
Sempre per il settore agricoltura, ma con esclusivo riferimento alla malattia professionale, per i datori di lavoro di lavoratori agricoli a tempo indeterminato si applicano le stesse regole del settore industria, per i lavoratori agricoli autonomi e a tempo determinato, la denuncia della malattia professionale, invece, deve essere effettuata e trasmessa dal medico o struttura sanitaria che ha prestato la prima assistenza mediante un apposito modulo (cd. certificato-denuncia malattia professionale) entro 10 giorni dalla prima visita.

9.11 Le prestazioni previdenziali

L'INAIL, al verificarsi dell'infortunio o al momento dell'insorgenza della malattia professionale, indennizza i danni provocati prevedendo **prestazioni di carattere economico, sanitario e riabilitativo**: sorge, dunque, il diritto dell'assicurato alla prestazione, indipendentemente dall'adempimento degli obblighi contributivi da parte del datore di lavoro (artt. 67 e 212 D.P.R. 1124/1965).

A seconda delle conseguenze invalidanti, le prestazioni si distinguono in:

> **sanitarie**, cioè le cure mediche e chirurgiche, necessarie per il recupero dell'integrità psico-fisica o della capacità di lavoro: pronto soccorso, prestazioni terapeutiche e rieducative ambulatoriali, cure termali, protesi ed assistenza protesica e riabilitativa volte al reinserimento sociale e professionale. Le prestazioni sanitarie sono a carico del Servizio sanitario nazionale, mentre l'INAIL gestisce centri sanitari ambulatoriali per l'erogazione di cure temporanee;

> **economiche**, individuate nell'art. 66 D.P.R. 1124/1965: indennità giornaliera per l'inabilità temporanea, rendita per l'inabilità permanente, assegno per l'assistenza personale continuativa, rendita ai superstiti e assegno una tantum in caso di morte (cd. assegno funerario), cure mediche e chirurgiche, compresi gli accertamenti clinici e fornitura degli apparecchi di protesi.

A tali prestazioni devono aggiungersi, poi, l'indennizzo in capitale per danno biologico e la rendita per danno biologico e patrimoniale, la rendita di passaggi per silicosi e le prestazioni di tipo assistenziale.

Le predette **prestazione economiche non sono cumulabili con pensioni, assegni o indennità di guerra**, avendo il soggetto solo facoltà di optare tra queste e quelle. Inoltre, non sono cumulabili con le pensioni di invalidità e di reversibilità e con l'assegno ordinario di invalidità, se erogati dall'INPS in conseguenza dello stesso evento invalidante che ha dato luogo alla prestazione a carico dell'INAIL. Il cumulo è escluso anche con l'**equo indennizzo.**

Sono, viceversa, cumulabili con altre prestazioni previdenziali, quali la pensione di inabilità o vecchiaia.

9.12 Le prestazioni economiche

9.12.1 Onere delle prestazioni economiche

Le prestazioni economiche, in caso di infortunio e/o di malattia professionale, sono poste in parte a carico del datore di lavoro ed in parte a carico dell'INAIL.

In particolare, il **datore di lavoro è obbligato** a corrispondere al lavoratore infortunato:

> l'intera retribuzione per la giornata nella quale è avvenuto l'infortunio;

> il **60% della retribuzione media giornaliera**, per i 3 giorni successivi (periodo di carenza), anche se la guarigione avviene in tale periodo. Si precisa che la decorrenza della carenza opera anche quando l'infortunato abbandona il lavoro in data successiva a quella dell'evento;

> il **100% della retribuzione media giornaliera per ogni festività nazionale o infrasettimanale** ricadente nel periodo di assenza laddove se la festività coincide con il periodo di carenza il trattamento è interamente a carico del datore di lavoro, mentre se ricade nel periodo indennizzato dall'INAIL sarà a carico del datore di lavoro la

differenza fra quanto corrisposto dall'Istituto e l'intero ammontare (40% della retribuzione per i primi 90 giorni e 25% per il periodo successivo).

L'integrazione a carico dell'INAIL è pari al 60% della retribuzione media giornaliera dal 4° al 90° giorno, anche non continuativi, e del 75% della retribuzione media giornaliera dal 91° giorno e fino alla guarigione. Si precisa che i giorni per i quali viene corrisposta l'indennità sono giorni di calendario e non lavorativi.

Sono, invece, **interamente poste a carico dell'INAIL** le seguenti prestazioni:

- l'indennità giornaliera per inabilità temporanea;
- la rendita in caso di inabilità permanente;
- l'assegno per l'assistenza personale continuativa;
- la rendita ai superstiti ed un assegno una tantum in caso di morte;
- le cure mediche e chirurgiche e gli accertamenti clinici;
- la fornitura di apparecchi di protesi.

L'azione per conseguire le prestazioni previdenziali a seguito di infortunio sul lavoro o malattia professionale si prescrive, ai sensi dell'art. 112 T.U. 1124/1965, nel termine di 3 anni dal giorno dell'infortunio o da quello della manifestazione della malattia professionale.

9.12.2 L'indennità giornaliera per inabilità temporanea

Tale indennità è corrisposta dal 4° giorno successivo a quello in cui si è verificato l'infortunio o si è manifestata la malattia professionale ed è pari al 60% della retribuzione per i primi 90 giorni di assenza ed al 75% della retribuzione giornaliera per quelli successivi. In caso di ricovero dell'assicurato in un istituto di cura, l'INAIL può ridurre di un terzo l'importo dell'indennità al lavoratore senza familiari a carico.

Per quanto riguarda la modalità di pagamento dell'indennità, esso avviene, posticipatamente, entro un periodo che dovrà superare i 7 giorni e sarà corrisposto per tutto il periodo in cui dura l'inabilità, comprendendo anche le giornate festive. Esso potrà anche essere anticipato dal datore di lavoro, che non potrà rifiutarne la corresponsione qualora sia l'INAIL a richiederlo, provvedendo, l'Istituto stesso, a rimborsare l'importo alla fine di ogni mese.

Nel momento in cui l'INAIL riceve il certificato medico da cui si evince l'esito definitivo della lesione, esso provvederà a comunicare all'infortunato la data della cessazione dell'indennità per inabilità temporanea e l'eventuale indennizzabilità di conseguenze di carattere permanente.

Nel caso in cui l'inabilità sia conseguente a ricaduta, essa dovrà essere commisurata alla retribuzione più favorevole al lavoratore tra quella percepita dal lavoratore nei 15 giorni antecedenti l'infortunio e quella di cui fruisce al momento della ricaduta.

Per il computo dell'indennità, l'Istituto farà riferimento alla **retribuzione media giornaliera**, risultante dalla denuncia di infortunio.

Alla retribuzione media giornaliera, inoltre, dovrà essere aggiunta la quota giornaliera per lavoro straordinario ottenuta rapportando l'ammontare del guadagno, riferito ai 15 giorni immediatamente precedenti l'infortunio, al numero delle ore potenzialmente lavorative della stessa quindicina e ciò che risulta andrà moltiplicato per l'orario normale settimanale e diviso per 6.

9.12.3 La rendita diretta per inabilità permanente

La rendita di inabilità permanente ricorre quando **a seguito dell'infortunio o della tecnopatia siano residuati al lavoratore assicurato postumi di carattere permanente**. Con l'entrata in vigore dell'art. 13 D.Lgs. 38/2000 residua soltanto per gli infortuni che si sono verificati e per le malattie professionali che sono state denunciate prima del 25 luglio 2000. Infatti, per gli infortuni avvenuti dopo la predetta data è previsto il risarcimento, da parte dell'INAIL, del danno biologico subìto dal lavoratore a seguito di infortunio sul lavoro.

La rendita non ha carattere retributivo: si tratta di prestazione economica che spetta al lavoratore infortunato o affetto da tecnopatia, con lo scopo di ristorare il lavoratore per il danno subito dall'attività lavorativa. Più nel dettaglio è una prestazione economica con **funzione indennitaria** del danno subìto dal lavoratore a causa dell'evento, un danno che ristora la perdita da parte del lavoratore della generica capacità lavorativa.

Il presupposto alla base della prestazione è non solo la causa lavorativa dell'infortunio o della malattia ma anche il grado di inabilità permanente compreso tra l'11 ed il 100% calcolato sulla base delle tabelle allegate al Testo Unico (D.P.R. 1124/1965) e riconosciuto a guarigione clinica avvenuta prima del 25 luglio 2000.

L'onere della prova dei fatti posti a fondamento della domanda di rendita grava sul lavoratore che agisce per ottenere la prestazione.

L'art. 74 T.U. 1124/1965 distingue fra **inabilità permanente assoluta**, che ricorre allorché l'attitudine al lavoro del soggetto è permanente e completamente annullata, e **inabilità permanente parziale**, la quale presuppone una riduzione, purché essenziale, della predetta attitudine lavorativa (in misura superiore al 10%) per l'erogazione della rendita di inabilita permanente.

9.12.4 La rendita ai superstiti e l'assegno *una tantum* in caso di morte

La **condizione** per avere diritto a tale prestazione è la morte del lavoratore causata dall'infortunio o dalla malattia professionale.

In caso di infortunio mortale provvede direttamente l'INAIL su denuncia del datore di lavoro.

Se il datore di lavoro non presenta la denuncia, l'INAIL provvede su richiesta dei superstiti del lavoratore deceduto, in base alla documentazione sanitaria presentata da cui è possibile rilevare la causa della morte.

L'INAIL è comunque tenuto a comunicare ai superstiti la possibilità di presentare la richiesta di rendita. Dalla data di ricevimento della comunicazione dell'INAIL, i superstiti hanno 90 giorni di tempo per poter presentare la richiesta stessa.

Gli **aventi diritto** sono il coniuge e i figli naturali o riconosciuti o riconoscibili, adottivi.

In mancanza di coniuge e figli, hanno diritto alla prestazione i genitori naturali o adottivi e i fratelli e sorelle.

La rendita, che decorre dal giorno successivo alla morte del lavoratore, viene erogata agli aventi diritto nel modo che segue:

> al coniuge: fino alla morte o a nuovo matrimonio (al ricorrere del quale, la rendita prima spettantegli viene cessata e l'Istituto provvede, a estinzione di ogni diritto, al versamento di una somma pari a tre annualità di rendita);
> ai figli, secondo lo schema che segue:

- fino al 18° anno di età, senza necessità di ulteriori requisiti;
- fino al 21° anno di età, se studenti di scuola media superiore o professionale, viventi a carico e senza un lavoro retribuito, per tutta la durata normale del corso di studio;
- non oltre il 26° anno di età, se studenti universitari, viventi a carico e senza un lavoro retribuito, per tutta la durata normale del corso di laurea;
- maggiorenni inabili al lavoro, finché dura l'inabilità.

In mancanza di coniuge e figli, per i genitori naturali o adottivi fino alla morte, mentre per i fratelli e sorelle negli stessi termini validi per i figli.

Circa il **calcolo della rendita**, in rapporto alla retribuzione annua del lavoratore deceduto, si applicano i seguenti parametri: 50% coniuge/unito civilmente, 20% a ciascun figlio, 40% a ciascun figlio orfano di entrambi i genitori.

In mancanza di coniuge e figli, il 20% a ciascun genitore naturale o adottivo, 20% a ciascun dei fratelli e delle sorelle.

L'assegno è rivalutato annualmente, a decorrere dal 1° luglio di ciascun anno, con apposito decreto del Ministero del lavoro e delle politiche sociali, di concerto con quelli dell'economia e delle finanze e della salute, sulla base della variazione effettiva dei prezzi al consumo.

Oltre alla rendita, ai superstiti di assicurati deceduti per infortuni sul lavoro o malattia professionale, è altresì corrisposto un **assegno una tantum** (o *assegno funerario)*, soggetto a rivalutazione monetaria, al coniuge superstite o in mancanza, ai figli o, in mancanza di questi, agli ascendenti o, in mancanza di quest'ultimi, ai fratelli e sorelle.

Qualora non esistano i predetti superstiti, l'assegno è corrisposto a chiunque dimostri di aver sostenuto spese in occasione della morte del lavoratore nella misura corrispondente alla spesa sostenuta, entro il limite massimo dell'importo previsto per i superstiti aventi diritto a rendita (art. 85, co. 3, T.U.).

9.12.5 L'assegno di incollocabilità

L'assegno di incollocabilità è una **prestazione economica di tipo assistenziale**, erogata mensilmente dall'INAIL ai **soggetti invalidi del lavoro che non possono avvalersi dell'assunzione obbligatoria**.

L'assegno è erogato dal mese successivo a quello in cui avviene la richiesta, fino al compimento dei 65 anni del richiedente, a meno che non si verifichino delle variazioni nella condizione di incollocabilità.

L'importo dell'assegno è rivalutato di anno in anno, con decorrenza 1° luglio, attraverso apposito decreto del Ministero del lavoro e delle politiche sociali.

Con riferimento ai requisiti, l'assegno di incollocabilità INAIL spetta ai lavoratori:

- di età inferiore ai 65 anni;
- con un grado di inabilità non inferiore al 34% (secondo la tabella allegata all'art. 18 D.P.R. 1124/1965), causata da infortuni sul lavoro o malattia professionale per eventi accaduti fino al 31 dicembre 2006;
- con un grado di menomazione dell'integrità psicofisica o danno biologico pari o superiore al 20% (sulla base delle tabelle allegate all'art. 13 del D.Lgs. 38/2000) per eventi accaduti a partire dal 1° gennaio 2007.

L'INAIL, prima di stabilire se riconoscere o meno l'assegno, provvede ad accertare la sussistenza dei requisiti amministrativi del richiedente e a verificare, attraverso il pro-

prio centro medico legale, se risultano soddisfatti i requisiti sanitari. Se dalla visita dovesse emergere in maniera inequivocabile che il soggetto non può fruire del collocamento obbligatorio, non avendo alcuna capacità lavorativa, provvederà ad attivare la procedura necessaria per la concreta erogazione dell'assegno di incollocabilità.
Qualora, invece, la domanda non dovesse essere accolta, l'INAIL provvederà a fornire al richiedente le relative motivazioni.

9.12.6 Pagamento, rivalutazione e revisione della rendita

A decorrere dal 1° ottobre 2000, a seguito di convenzione tra INPS e INAIL, al pagamento delle rendite infortunistiche erogate dall'INAIL provvede direttamente l'INPS, unificandolo in caso di titolarità da parte dello stesso soggetto di rendita INAIL e di pensione INPS.
Sempre con decorrenza anno 2000, la retribuzione di riferimento per la liquidazione delle rendite corrisposte dall'INAIL è rivalutata annualmente (e non più ogni due anni), il 1° luglio di ogni anno, sulla base della variazione effettiva dei prezzi al consumo per le famiglie di impiegati ed operai intervenuta rispetto all'anno precedente (art. 11 D.Lgs. 38/2000).
Per quanto riguarda, infine, la revisione della rendita essa può avvenire su domanda del titolare (revisione passiva) o su iniziativa dell'INAIL (revisione attiva), nelle ipotesi in cui si verificano mutamenti nella misura di incapacità lavorativa: la rendita può anche essere soppressa quando viene recuperata totalmente l'attitudine al lavoro.
La rendita può essere revisionata più volte: fino a sei volte in caso di infortunio, nell'arco di un decennio, ogni anno per 15 anni nel caso di malattia professionale e, infine, ogni anno, senza limite di tempo, in caso di asbestosi o silicosi.

9.13 Le prestazioni di tipo assistenziale

Gli artt. 178 e ss. D.P.R. 1124/1965 prevedono l'erogazione di prestazioni di tipo assistenziale per i grandi invalidi, nonché per invalidi minori a carico di una speciale gestione istituita presso l'INAIL; quest'ultima ha lo scopo di provvedere al ricovero, alla cura, alla rieducazione, qualificazione, riqualificazione, addestramento e perfezionamento professionale e, in generale, all'assistenza materiale e morale dei grandi invalidi del lavoro, nonché, a determinate condizioni, di invalidi minori.
Sono ammessi alle **prestazioni della speciale gestione** coloro che abbiano subìto o subiscano un'inabilità permanente che riduca l'attitudine al lavoro di almeno 4/5 e, per gli infortuni sul lavoro verificatisi nonché le malattie professionali denunciate a decorrere dal 1° gennaio 2007, abbiano subìto o subiscano una menomazione dell'integrità psicofisica di grado pari o superiore al 60%.

9.14 La rettifica della prestazione per errore

L'INAIL, in caso di errore commesso in sede di attribuzione, erogazione o riliquidazione delle prestazioni economiche, può procedere alla rettifica.
Va, tuttavia, precisato che la **revisione per errore** non va confusa con l'**attività revisionale** dell'INAIL, che ha lo scopo di adeguare il danno (in senso migliorativo o peggiora-

tivo) alla modifica intervenuta nella capacità lavorativa del redditüario; la revisione per errore, invece, ha per scopo la rettifica di un provvedimento errato e dunque ha per presupposto un errore iniziale di valutazione con esigenza che il beneficio corrisponda ai presupposti di legge.
Mentre in precedenza tale facoltà era consentita senza limiti di tempo, attualmente essa va esercitata entro 10 anni dalla comunicazione dell'originario provvedimento di attribuzione della rendita, salvo ipotesi di dolo o colpa grave dell'interessato. Dunque, trascorsi 10 anni, il diritto del beneficiario al mantenimento delle prestazioni in godimento, si consolida, pur in difetto dei presupposti di legge.
Per conservare, tuttavia, intatta la prestazione in godimento, oltre che di un reddito di natura pensionistica o da rendita di lavoro, si deve essere titolare anche di un reddito proprio inferiore ad un certo limite rivalutato annualmente; nel caso in cui il reddito posseduto sia superiore a detto limite, le prestazioni sono ridotte in misura proporzionale.

9.15 Il Fondo di sostegno per le famiglie delle vittime di gravi infortuni sul lavoro

Il Fondo di sostegno per le famiglie delle vittime di gravi infortuni sul lavoro, istituito presso il Ministero del lavoro, riguarda gli **infortuni avvenuti a partire dal 1° gennaio 2007 che abbiano determinato il decesso del lavoratore**.
Il Fondo, con lo scopo di fornire un tempestivo supporto, eroga prestazioni ai familiari delle vittime, anche nei casi in cui queste ultime risultino prive della copertura assicurativa obbligatoria contro infortuni sul lavoro e malattie professionali. Il Fondo eroga una prestazione *una tantum* al nucleo dei familiari superstiti dei lavoratori deceduti a causa dell'infortunio sul lavoro.
L'importo di tale prestazione, che non è soggetto a rivalsa, è annualmente determinato, in considerazione delle risorse disponibili.

Capitolo 10
Il trattamento di fine rapporto (TFR)

10.1 Dall'indennità di anzianità al trattamento di fine rapporto

Introdotto dalla L. 29-5-1982, n. 297, il trattamento di fine rapporto (TFR) costituisce una **forma di retribuzione generalmente erogata al personale dipendente quando cessa il rapporto di lavoro**, per dimissioni, licenziamento, pensionamento o decesso del lavoratore (Cerbioni-Cinquini-Sòstero), e che matura economicamente, in ciascun esercizio, durante l'arco di tempo in cui un soggetto presta la propria attività lavorativa alle dipendenze di un datore di lavoro pubblico o privato.

Applicabile a ogni tipologia di lavoro subordinato, il TFR ha preso il posto dell'**indennità di anzianità** – altrimenti denominata "indennità di servizio" o, ancora, "liquidazione" – che, ai sensi dell'art. 2120 c.c., maturava al momento della cessazione del rapporto di lavoro e corrispondeva al prodotto dell'importo dell'ultima retribuzione per il numero di anni di servizio prestato. Attualmente, il TFR sostituisce tutte le indennità di fine rapporto comunque denominate e da qualunque fonte disciplinate, a eccezione di quelle aventi natura e funzione diverse.

Con la riforma del 1982, che riformulò la normativa codicistica, cambiarono sia i **presupposti che le modalità di calcolo del trattamento**. Se infatti la vecchia indennità veniva calcolata in base alla retribuzione percepita dal lavoratore al momento della cessazione del servizio e agli anni lavorati, in coerenza con la funzione che aveva di premiare la fedeltà del prestatore di lavoro al momento dell'estinzione del rapporto lavorativo, il TFR corrisponde all'**accantonamento annuale** di una quota pari e comunque non superiore all'importo della retribuzione dovuta per l'anno stesso divisa per 13,5.

L'**aliquota di computo** è pari al 7,41% della retribuzione utile, al netto dello 0,50% destinato al fondo pensioni dei lavoratori dipendenti presso l'INPS.

Il totale delle quote accantonate, eccetto quella maturata nell'anno, viene rivalutato, su base composta, alla data del 31 dicembre di ciascun anno, con l'applicazione di un tasso costituito dall'1,5% in misura fissa e dal 75% dell'aumento dell'indice dei prezzi al consumo per le famiglie di operai e impiegati, accertato dall'ISTAT, rispetto al mese di dicembre dell'anno precedente.

Dottrina e giurisprudenza concordano nel riconoscere al TFR **natura non soltanto retributiva, ma anche previdenziale** in quanto rappresenta quella parte di retribuzione che spetta al lavoratore subordinato in caso di cessazione del rapporto, per consentirgli di superare le eventuali difficoltà economiche connesse alla cessazione dell'attività lavorativa.

Che la norma abbia una funzione di garanzia risulta proprio dalla circostanza che il trattamento è normalmente percepito dal lavoratore alla cessazione del rapporto di lavoro e che il legislatore ne permette l'anticipazione solo in presenza di specifici presupposti. La funzione previdenziale del TFR, peraltro, trova conferma e ulteriore accentuazione nel sistema di previdenza complementare.

10.2 La retribuzione come base di calcolo del TFR

L'art. 2120 c.c. prevede anche come calcolare il TFR, stabilendo che sia **accantonata per ciascun anno di servizio una quota della retribuzione** lorda.
Quanto alla determinazione della quota, lo 0,5% della quale è destinata all'INPS come contributo per le prestazioni pensionistiche, la modalità prevista dal legislatore prende a base l'**importo retributivo annuo** e lo divide per 13,5, divisore che indica il punto di equilibrio fra le 13 e le 14 mensilità di regola corrisposte al lavoratore. Al netto della parte contributiva, in termini percentuali la cifra così accantonata è pari al 6,91% della retribuzione utile. Per le frazioni di anno, la quota è proporzionalmente ridotta, computandosi come mese intero le frazioni di mese uguali o superiori a 15 giorni.
Ai fini del calcolo, la retribuzione annua utile comprende, salva diversa previsione dei contratti collettivi, ogni somma computabile che abbia causa nel **sinallagma genetico** del contratto di lavoro – ogni somma, cioè, corrisposta a titolo non occasionale in dipendenza del rapporto –, compreso l'equivalente delle prestazioni in natura, a esclusione di quanto sia stato pagato a titolo di rimborso spese. Sicché rientrano nel calcolo anche le somme che il datore di lavoro non abbia corrisposto per errore, inadempimento o ritardo e, in generale, ogni altro compenso erogato a fronte di esigenze stabili dell'azienda, seppure non previsto dal titolo.
D'altro canto, il carattere di "non occasionalità" della corresponsione porta a escludere, secondo la giurisprudenza, le erogazioni di natura risarcitoria, geneticamente occasionali, o quelle dirette a compensare prestazioni che esulano dalla sfera dell'ordinarietà o della normalità, perché non direttamente ricollegabili alle mansioni espletate dal lavoratore in seno all'azienda.
Per i periodi di **sospensione del rapporto di lavoro**, il legislatore prevede una retribuzione *figurativa*. Stabilisce, infatti, l'art. 2120 c.c., al comma 3, che in caso di *infortunio*, *malattia*, *gravidanza* o *puerperio*, nonché di sospensione (totale o parziale) per la quale sia prevista l'*integrazione salariale*, deve essere computato nella retribuzione l'equivalente a cui il lavoratore avrebbe avuto diritto in caso di normale svolgimento del rapporto di lavoro.

10.3 La rivalutazione degli accantonamenti

Si è detto che il totale delle quote accantonate, eccetto la quota maturata nell'anno corrente, viene rivalutato alla data del 31 dicembre di ciascun anno. L'art. 2120 c.c. prevede – ai commi 4 e 5 – un'**indicizzazione su base composta**: l'incremento degli accantonamenti risulta dall'applicazione di un tasso costituito dall'1,5% in misura fissa e dal 75% dell'aumento dell'indice dei prezzi al consumo per le famiglie di operai e impiegati, accertato dall'ISTAT, rispetto al mese di dicembre dell'anno precedente.
Scopo della norma è evidente: il legislatore ha voluto evitare che il valore reale del credito in corso di maturazione, e perciò non ancora nella disponibilità del lavoratore, abbia a soffrire pregiudizio in conseguenza della perdita del potere di acquisto del denaro.
Il tasso d'inflazione programmata è ufficializzato con decreto del Presidente del Consiglio dei ministri nel mese di ottobre.
Ai fini dell'applicazione del tasso di rivalutazione per frazioni di anno, l'incremento dell'indice ISTAT è quello risultante nel mese di cessazione del rapporto di lavoro ri-

spetto a quello di dicembre dell'anno precedente. Le frazioni di mese uguali o superiori a 15 giorni si computano come mese intero.

10.4 Il fondo per l'erogazione del TFR

Per le **imprese con più di 50 dipendenti**, l'art. 1, co. 755, L. 27-12-2006, n. 296 (Legge finanziaria per l'anno 2007) prevede che dal 1° gennaio 2007 l'importo dell'accantonamento annuale del TFR, non destinato a forme pensionistiche complementari, sia fatto confluire all'interno di un **fondo di tesoreria**, le cui modalità di finanziamento rispondono al principio della ripartizione, istituito per l'erogazione del TFR ai lavoratori dipendenti del settore privato.

L'importo di competenza del fondo, erogato dal datore di lavoro, non può eccedere, in ogni caso, l'ammontare dei contributi dovuti al fondo e agli enti previdenziali con la denuncia mensile contributiva.

Il fondo è gestito dall'INPS, per conto dello Stato, su apposito conto corrente aperto presso la tesoreria dello Stato e garantisce ai lavoratori dipendenti del settore privato l'erogazione del TFR di cui all'art. 2120 c.c., per la quota corrispondente ai versamenti operati dai datori di lavoro e secondo quanto previsto dal codice civile.

Per le **imprese con personale fino a 50 dipendenti**, le quote di TFR continuano a venire accantonate in azienda per essere gestite ed erogate dal datore di lavoro secondo i criteri di legge.

10.5 Le anticipazioni

L'art. 2120 c.c. stabilisce che il prestatore di lavoro, con almeno otto anni di servizio presso lo stesso datore di lavoro, può chiedere, in costanza di rapporto, un'anticipazione TFR.

L'anticipo, tuttavia, **non può essere superiore al 70% della somma complessiva cui il lavoratore avrebbe diritto** nel caso di cessazione del rapporto alla data della richiesta stessa.

Le domande dei lavoratori devono essere soddisfatte annualmente dal datore di lavoro entro i limiti del 10% degli aventi titolo e comunque del 4% del numero totale dei dipendenti.

La *ratio* di tale limitazione risiede nell'ulteriore funzione degli accantonamenti, che è quella di garantire al datore di lavoro una certa liquidità monetaria. Gli accantonamenti del TFR, infatti, sono in parte utilizzati dall'impresa a fini di investimento. Conseguentemente, le richieste di anticipazioni, se eccessive, finirebbero per ridurre le disponibilità finanziarie del datore di lavoro.

Qualora siano superate le limitazioni di cui sopra, il datore di lavoro deve attribuire priorità alle richieste secondo la disciplina specifica prevista nel contratto collettivo nazionale di categoria o, in ogni caso, secondo le regole generali di correttezza e buona fede nell'esecuzione del contratto di lavoro.

La richiesta, in ogni caso, deve essere supportata dalle seguenti causali:

- **spese sanitarie** per terapie e interventi straordinari riconosciuti dalle competenti strutture pubbliche (art. 2120, co. 8, c.c.);
- **acquisto (o costruzione) della prima casa di abitazione per sé o per i figli**, debitamente documentato da atto notarile o comunque da mezzi atti a dimostrare l'av-

viamento della compravendita (*acquisto in itinere*), come la stipula di un contratto preliminare o la partecipazione ad una cooperativa edilizia (art. 2120, co. 8, c.c. e Corte cost. 5-4-1991, n. 142). Successive pronunce giurisprudenziali hanno esteso la possibilità di chiedere l'anticipo anche per l'acquisto della prima casa per il coniuge e per attività di ristrutturazione;

> **spese da sostenere durante i periodi di fruizione dei congedi parentali** spettanti per i primi otto anni di vita del bambino e per i **periodi di fruizione dei congedi per la formazione** (art. 7 L. 53/2000).

Stabilisce l'art. 2120 c.c. che l'anticipazione del TFR può essere ottenuta una sola volta nel corso del rapporto di lavoro, viene detratta dal trattamento finale a tutti gli effetti e, in caso di decesso del lavoratore, è opponibile ai superstiti.

Rispetto a quelle stabilite a livello codicistico, i contratti collettivi o i patti individuali possono introdurre **condizioni di miglior favore** e stabilire **criteri di priorità per l'accoglimento delle richieste** di anticipazione (art. 2120, co. 11). Alcuni contratti, ad esempio, prevedono la possibilità di effettuare una seconda richiesta in caso di sopraggiunta necessità di ulteriori spese sanitarie oppure di acquisto della prima casa di abitazione per i figli, anche se è già stato fruito per la propria abitazione. Ovviamente l'importo richiesto è a valere sulle quote di TFR ancora disponibili.

10.6 La devoluzione ai superstiti e i diritti del coniuge divorziato

Ai sensi dell'art. 2122 c.c., in caso di **morte del prestatore di lavoro, il TFR deve corrispondersi al coniuge, ai figli e, se vivevano a carico del prestatore di lavoro, ai parenti entro il terzo grado e agli affini entro il secondo grado.** L'art. 1, co. 17, L. 76/2016 ha esteso anche alla parte superstite dell'**unione civile** il diritto ad ottenere il TFR. Se mancano queste persone, trovano applicazione le norme della successione legittima.

Si deduce dal dettato codicistico che:

> qualora il lavoratore muoia prima che il rapporto di lavoro sia giunto a conclusione per una delle altre cause estintive previste dalla legge, il TFR è devoluto ai superstiti;

> qualora sia stata concessa anticipazione al lavoratore in costanza di rapporto, il TFR residuo costituisce, al pari di quello anticipato, credito maturato prima della cessazione del rapporto ed esigibile alla cessazione del rapporto.

Il TFR devoluto ai superstiti è acquistato *iure successionis*.

Anche il **coniuge divorziato** ha diritto a una quota del TFR dovuto all'ex coniuge che abbia cessato di lavorare. Secondo le disposizioni contenute nella L. 898/1970 (art. 12-*bis*), questa quota corrisponde al 40% dell'indennità totale "riferibile agli anni in cui il rapporto di lavoro è coinciso con il matrimonio" – detto altrimenti, la percentuale va rapportata all'arco di durata del matrimonio coincidente con il periodo di lavoro – e il diritto a percepirla sorge in presenza di due presupposti:

> che il coniuge divorziato sia già percettore di assegno divorzile e che quest'assegno sia versato con cadenza periodica dall'ex coniuge che abbia cessato di lavorare (ne deriva che il diritto alla quota di TFR non sorge se il coniuge non ha diritto all'assegno o lo ha ricevuto in un'unica soluzione);

> che il coniuge interessato alla quota di TFR dell'ex lavoratore non sia passato a nuove nozze.

La **titolarità dell'assegno divorzile** e il **mancato passaggio a nuove nozze** sono dunque elementi costitutivi del diritto a percepire la quota percentuale di TFR e, in quanto tali, devono sussistere al momento della cessazione del rapporto di lavoro.
Si è chiarito in giurisprudenza come questo diritto non rappresenti una prerogativa autonoma del coniuge divorziato, azionabile direttamente contro il datore di lavoro, ma costituisca piuttosto un diritto da far valere contro l'altro coniuge. Sicché, individuata la somma a cui ha diritto, il coniuge divorziato non può richiederla al datore di lavoro, e ciò in quanto il suo diritto sorge successivamente alla percezione materiale della somma da parte dell'ex coniuge. Ne consegue che è esclusivamente quest'ultimo a dover corrispondere la somma all'altro, il quale non ha alcuna azione diretta contro il titolare dell'azienda.

10.7 La tutela del lavoratore in caso di insolvenza del datore e il Fondo di garanzia

Al fine di garantire al prestatore di lavoro la corresponsione del TFR, nei casi d'insolvenza del datore di lavoro, la L. 297/1982 ha previsto l'istituzione di un **Fondo di garanzia** finanziato da tutti i datori assoggettati a obbligo di contribuzione (con la legge finanziaria 2007, però, le imprese sono state esonerate dal versamento nella stessa percentuale di TFR maturando conferito alle forme pensionistiche complementari e al fondo per l'erogazione del TFR ai lavoratori dipendenti del settore privato). La gestione del Fondo è stata affidata all'INPS. Successivamente la garanzia è stata estesa dal D.Lgs. 80/1992 anche alle ultime tre retribuzioni.
I requisiti per accedere alle prestazioni erogate dal Fondo di garanzia differiscono a seconda che l'insolvenza del datore di lavoro sia accertata o meno nell'ambito di procedure concorsuali.
Se, infatti, l'impresa è assoggettata a **procedura concorsuale**, il lavoratore ha l'onere di provare che:

- era dipendente dell'impresa e che il suo rapporto di lavoro con l'impresa è cessato;
- la procedura concorsuale ha avuto inizio;
- è titolare di un credito rimasto insoluto relativamente al TFR.

Se, invece, il datore di lavoro inadempiente non è – per legge – assoggettabile a procedura concorsuale, il lavoratore deve fornire non solo la prova del proprio diritto di credito, ma anche la dimostrazione di aver diligentemente e adeguatamente esperito **procedura esecutiva individuale** e che questa si è conclusa con esito negativo per l'insufficienza delle garanzie patrimoniali fornite dal datore di lavoro.
Se tutti i requisiti sopra descritti sono soddisfatti, il Fondo di garanzia si sostituisce al datore di lavoro insolvente nel pagamento del TFR e degli eventuali emolumenti dovuti ad altro titolo.
Il diritto alla prestazione erogata a titolo di TFR si prescrive, ai sensi dell'art. 2948, n. 5, c.c., in 5 anni, decorrenti dalla maturazione di tutti i requisiti richiesti dalla legge per accedere alle prestazioni erogate dal Fondo. Il diritto, invece, alle prestazioni erogate per emolumenti diversi dal TFR si prescrive in un anno, ai sensi dell'art. 2, co. 5, D.Lgs. 80/1992.
Gli interessi e la svalutazione monetaria sono dovuti dalla data di presentazione della domanda.

10.8 Il TFR nel pubblico impiego

Sono due i tipi di indennità previsti per i dipendenti pubblici statali, il **trattamento di fine rapporto** (TFR) e il **trattamento di fine servizio** (TFS), riconosciuti ed erogati alla fine dell'attività lavorativa, a prescindere dal motivo che ne ha determinato la cessazione (licenziamento, dimissioni o pensionamento).

Al regime di TFR sono assoggettati i dipendenti pubblici assunti con contratto a tempo determinato in servizio al 30 maggio 2000, quelli assunti in data successiva a questa con contratto della durata minima di 15 giorni continuativi nel mese e il personale a tempo indeterminato assunto con decorrenza dal 1° gennaio 2001.

I dipendenti il cui rapporto di lavoro abbia avuto inizio in epoca precedente restano assoggettati al vecchio regime di trattamento di fine servizio (si ricomprendono sotto questa comune denominazione l'**indennità di buonuscita** e l'**indennità premio di servizio**, liquidate d'ufficio, all'atto della cessazione del rapporto di lavoro), eccetto che aderiscano alla previdenza complementare, nel qual caso possono optare per la **trasformazione del TFS in TFR**, secondo le disposizioni della L. 335/1995 e l'art. 59, co. 56, L. 449/1997 (Legge finanziaria 1998).

Il termine per l'esercizio di questa facoltà, inizialmente fissato alla data del 31 dicembre 2001 dall'Accordo quadro fra ARAN e Confederazioni sindacali del 29 luglio 1999, in materia di trattamento di fine rapporto e previdenza complementare per i dipendenti pubblici, è stato prorogato con successivi accordi e, da ultimo, alla data del 31 dicembre 2025.

L'art. 23 D.L. 4/2019 (convertito dalla L. 26/2019) ha stabilito che i dipendenti pubblici che accedono al pensionamento anticipato con il meccanismo di Quota 100 (e Quota 102 per l'anno 2022) non conseguono immediatamente il riconoscimento del TFS, che maturerà solo nel momento in cui sarebbe maturato il diritto al trattamento pensionistico in base alla disciplina della pensione di vecchiaia o alle forme di pensione anticipata di cui all'art. 24 D.L. 201/2011 (riforma Monti-Fornero).

Lo stesso articolo ha previsto la possibilità, per i soggetti che accedono al pensionamento con i requisiti della Quota 100, o che accedono al trattamento pensionistico di vecchiaia o anticipato secondo le altre norme, di richiedere una somma pari all'indennità di fine servizio maturata, mediante **finanziamento bancario agevolato**, entro un determinato importo massimo. Il finanziamento e i relativi interessi sono restituiti integralmente a valere sull'indennità di fine servizio liquidata al pensionato, secondo la tempistica di liquidazione definita a normativa vigente (art. 12 D.L. 78/2010).

Il TFR dei dipendenti pubblici corrisponde all'accantonamento annuale di una quota pari al 6,91% della retribuzione utile e delle relative rivalutazioni, per ogni anno di servizio o frazione di anno. Per le frazioni di anno, la quota viene ridotta proporzionalmente e si computa come mese intero la frazione di mese uguale o superiore a 15 giorni.

Il totale delle quote accantonate, fatta eccezione per quella maturata in corso d'anno, viene rivalutato, su base composta, alla data del 31 dicembre di ciascun anno, secondo la disciplina dettata dall'art. 2120 c.c.

Estensioni WEB

Test di verifica online

Libro III

Legislazione in materia di politiche del lavoro e servizi per l'impiego. Il Reddito di cittadinanza (Rdc)

SOMMARIO

Sezione I
Politiche del lavoro

Capitolo 1
Le politiche per l'occupazione e il mercato del lavoro

1.1 Definizione e caratteristiche delle politiche del lavoro

1.1.1 Nozione e finalità

Con l'espressione "politiche del lavoro" ci si riferisce a quel **complesso di interventi pubblici rivolti alla tutela dell'interesse collettivo e all'occupazione**, che agiscono per favorire gruppi con particolari difficoltà, quali i disoccupati, ovvero gli occupati a rischio di perdita involontaria del proprio lavoro o persone inattive che intendono entrare nel mercato del lavoro e sono in qualche misura svantaggiate.
Le politiche del lavoro si configurano come un sottoinsieme delle politiche sociali aventi come scopo specifico quello di definire le norme, gli *standard* e le regole in vista di una più equa distribuzione sociale di risorse e opportunità, nel perseguimento di obiettivi a carattere sociale aventi a che fare con il **benessere** (*welfare*) dei cittadini. Si evince, dunque, come queste siano da considerare particolarmente rilevanti e meritevoli di essere garantite dallo Stato.
Oltre alla nozione di benessere, due altre nozioni hanno un ruolo importante per la caratterizzazione delle politiche sociali: la nozione di **bisogno** e quella di **rischio**. Il "bisogno" connota una carenza, la mancanza di qualcosa di importante per la complessiva realizzazione sociale dell'individuo; il "rischio" vale invece a connotare l'esposizione a determinate situazioni che possono in concreto verificarsi (ad esempio la malattia) e che, quando si verificano, producono effetti negativi e generano dunque dei bisogni.
Le politiche sociali forniscono **protezione sociale** ai cittadini rispetto a panieri codificati di rischi e bisogni che riflettono le caratteristiche di una data società.

1.1.2 Funzioni sociali

I principali compiti svolti dalle politiche del lavoro sono riconducibili a tre importanti **funzioni sociali**:

> la **regolamentazione del mercato del lavoro**, attraverso: la disciplina dei rapporti di lavoro, ovvero dei diritti e dei doveri dei lavoratori e dei datori di lavoro; le norme sulla sicurezza e sulla salute sul posto di lavoro o sulla non discriminazione sindacale, politica, religiosa, etnica e di genere; la regolazione delle modalità di incontro tra domanda e offerta di lavoro, nonché delle condizioni d'ingresso e di uscita dal

mondo del lavoro; la definizione di un quadro istituzionale di controllo delle dinamiche retributive, di concertazione delle politiche economiche e sociali e di definizione dell'assetto della contrattazione collettiva;

- la **promozione dell'occupazione**, attraverso misure che favoriscono la capacità di inserimento professionale delle persone in cerca di occupazione e che si trovino in una condizione (anagrafica e psico-fisica) compatibile con il lavoro o che servano da stimolo alla domanda di lavoro;
- il **mantenimento o la garanzia del reddito** contro il rischio di disoccupazione e di sospensione temporanea dell'attività lavorativa.

1.2 Le politiche attive e passive

1.2.1 Distinzioni

Le **politiche attive** si identificano con quegli interventi che **mirano a incidere sulle opportunità occupazionali dei singoli individui**, in particolare aumentando la probabilità di trovare un lavoro (o di non perderlo) dei soggetti più a rischio. Si tratta di interventi diretti sulla struttura complessiva del mercato del lavoro, tendenti a favorire l'attivazione di nuovi posti di lavoro, il reinserimento dei disoccupati nel mondo del lavoro, nonché la formazione dei lavoratori per lo sviluppo delle carriere.
Tali interventi assumono forme e modalità molto varie: dagli incentivi all'occupazione alla creazione diretta e temporanea di posti di lavoro, all'istruzione (che prevede la formazione di capitale umano adeguato alle nuove sfide del lavoro) e alla formazione professionale (adattando o riadattando il capitale umano esistente allineandolo alle esigenze del mercato del lavoro), al sostegno finanziario e ai servizi per la nuova imprenditorialità, ai servizi per l'orientamento e il collocamento lavorativo.
Le **politiche passive** mirano a *lenire il disagio sociale creato dalla mancanza di reddito individuale* connessa alla disoccupazione. In concreto, esse si identificano nelle **prestazioni a favore di lavoratori che hanno perso l'occupazione** e trovano realizzazione nei diversi schemi di sussidi di disoccupazione, quelli definiti come **ammortizzatori sociali**, perché appunto tendenti ad "ammortizzare" le ripercussioni sociali della disoccupazione, e negli schemi di **prepensionamento**.
In sostanza, mentre le politiche attive agiscono per influenzare il mercato del lavoro, quelle passive concernono le prestazioni a favore dei disoccupati.
Il nuovo modello di politiche del lavoro (attive + passive) si basa su un approccio preventivo al problema dell'occupazione: occorre intervenire sulle cause della disoccupazione (*politiche attive*) e non solo fronteggiare i problemi legati all'assenza del lavoro (*politiche passive*). A differenza che nel passato, attualmente è stabilita una più stretta correlazione tra politiche attive e politiche passive e, in base al cosiddetto **principio di condizionalità**, non è più possibile fruire di una politica passiva (es. l'indennità di sostegno al reddito erogata dall'INPS) senza che al contempo venga attivata una politica attiva (es. la ricerca attiva di un'occupazione e/o reinserimento nel tessuto produttivo, un percorso di formazione ecc.).
Le politiche del lavoro sono realizzate attraverso l'erogazione di **servizi al lavoro** strutturati secondo standard (i cosiddetti **LEP**, **Livelli Essenziali delle Prestazioni**) che devono essere garantiti a tutti i cittadini su tutto il territorio nazionale.

1.2.2 Le politiche attive

Per politiche attive (PAML) si intende, come sopra accennato, un **insieme ampio di misure e strumenti molto diversi tra loro, in ogni caso idonei a rendere più efficiente il funzionamento del mercato del lavoro** adeguando le caratteristiche dell'offerta alle richieste della domanda, facilitandone l'incontro e migliorando le possibilità di accesso all'occupazione per le categorie più svantaggiate, così ottimizzando l'allocazione delle risorse e del capitale umano.

Nell'ambito delle politiche attive sono incluse anche quelle **azioni positive** volte alla rimozione degli ostacoli che contrastano la realizzazione delle pari opportunità.

In altre parole, la definizione contempla al suo interno un insieme di interventi che, oltre a promuovere la piena occupabilità, tendono a migliorare le condizioni di accesso al mercato del lavoro, a stabilizzare le condizioni lavorative nonché a favorire lo sviluppo di una cultura imprenditoriale.

Le politiche attive del lavoro si articolano lungo **quattro direttrici** indicate nella Strategia Europea per l'Occupazione (SEO), ovvero:

1. **occupabilità**, intesa quale miglioramento delle capacità di un individuo di inserirsi nel mercato del lavoro;
2. **adattabilità**, implicante l'aggiornamento delle conoscenze individuali per renderle compatibili con le esigenze del mercato;
3. **imprenditorialità**, mirante a sviluppare qualità e spirito imprenditoriali per avviare un'azienda e contribuire all'autoimpiego;
4. **pari opportunità**, intesa quale attività diretta a favorire politiche di uguaglianza e parità per aumentare i tassi di occupazione giovanile e femminile.

L'OCSE (Organizzazione per la Cooperazione e lo Sviluppo Economico) ha poi tradotto operativamente queste direttrici in cinque **gruppi di intervento**:

1. sussidi all'occupazione;
2. creazione diretta e temporanea di posti di lavoro;
3. formazione professionale;
4. sostegno finanziario e servizi per la nuova imprenditorialità;
5. servizi per l'orientamento ed il collocamento lavorativo.

I primi due punti attengono all'elargizione di trattamenti monetari sotto forma di incentivi e l'attivazione diretta di posti di lavoro per favorire l'inserimento di categorie a rischio di emarginazione sociale.

Gli interventi di formazione professionale pongono l'accento sul valore del capitale umano e sulla necessità di adattare le caratteristiche dell'offerta formativa alle esigenze espresse dalla domanda di lavoro. Per agevolare l'avvio di nuove attività imprenditoriali possono essere anche previsti servizi alle imprese, agevolazioni e prestiti finanziari. Infine, rientrano nelle politiche attive del lavoro tutte quelle funzioni indirizzate ad assistere la persona in cerca di occupazione, al fine di facilitarne le *chance* di inserimento professionale.

Le politiche attive del lavoro si attuano tramite i **servizi per il lavoro** che:

- si occupano dell'*informazione*, dell'*orientamento* e della *presa in carico* del cittadino disoccupato e/o lavoratore interessato a politiche del lavoro;
- offrono al lavoratore tutta una serie di misure volte a potenziare la sua *occupabilità* e favorire il suo *inserimento nel mercato del lavoro*, in particolare per le fasce deboli;
- favoriscono e sostengono l'*incontro tra domanda e offerta di lavoro*.

La principale finalità perseguita dalle politiche attive è quella di accrescere le opportunità di occupazione per coloro che sono in cerca di lavoro e nel migliorare l'incontro tra l'offerta (di posti vacanti) e la domanda dei lavoratori (cioè di chi è disoccupato). Tramite l'attuazione di misure di riqualificazione e perfezionamento professionale, le PAML possono anche servire per indirizzare la forza lavoro verso i settori in cui scarseggiano lavoratori qualificati. In questo modo si consente di affrontare al meglio le trasformazioni strutturali e di migliorare la resilienza dell'economia in tempi di cambiamento. È in questa logica che emerge una visione delle politiche attive più come strumenti di supporto al cambiamento che come leve di attivazione dei disoccupati per il reinserimento nel mercato del lavoro. Si parla in tal senso di un passaggio *dal welfare al workfare.*

Con l'espressione **welfare** ci si riferisce al complesso di politiche pubbliche dirette a migliorare le condizioni di vita dei cittadini, fornendo loro protezione contro rischi e bisogni prestabiliti, sotto forma di assistenza, assicurazione o sicurezza sociale, e introducendo, fra l'altro, specifici diritti sociali nonché specifici doveri di contribuzione finanziaria.
Con l'espressione **workfare** (abbreviazione dell'espressione *work for your welfare*) si intende, piuttosto, uno stato sociale che tende ad aiutare il soggetto a rimanere attivo e competitivo nel mondo del lavoro, traendo benefici dalle assicurazioni legate alla propria condizione professionale invece che dipendere dall'assistenza.
Conseguenza diretta del passaggio dal *welfare* al *workfare* è il cambio di paradigma nell'individuazione degli "strumenti di politica del lavoro" volti ad incrementare i livelli occupazionali, dovendosi intervenire sui fattori di esclusione dal mondo del lavoro, con l'obiettivo finale di agevolare l'occupazione rispetto alla disoccupazione.

1.2.3 Le politiche passive

Mentre le politiche attive hanno come obiettivo principale quello di promuovere l'occupazione e l'inserimento lavorativo, le politiche passive **mirano a ridurre il disagio provocato dalla disoccupazione attraverso misure di supporto come il sostegno al reddito**. Queste ultime, in sostanza, si propongono di alleviare la perdita di benessere connessa allo stato di disoccupazione o di uscita prematura dal mercato del lavoro attraverso un sistema di **ammortizzatori sociali** (*vedi infra par. 1.4*), ossia di strumenti di tutela del reddito dei disoccupati.
Tradizionalmente, le politiche passive si articolano su **tre livelli** o **pilastri**:

- un **pilastro assicurativo**, nel quale le prestazioni sono erogate sotto forma di *indennità di disoccupazione* (risarcimento) ed hanno una durata definita, a fronte del versamento di una determinata quota di contributi;
- un **pilastro assistenziale "dedicato"**, che prevede l'elargizione di *sussidi di disoccupazione* sulla base di requisiti di reddito, nel caso di impossibilità di accesso al primo pilastro oppure di esaurimento delle spettanze e persistenza dell'evento assicurato. Questi sussidi sottostanno alla prova dei mezzi;
- un **pilastro assistenziale "generale"**, quindi non specificamente rivolto ai lavoratori, dove le prestazioni forniscono, in base a stringenti requisiti di reddito e patrimonio, un "reddito minimo garantito" a chi si trovi in condizioni di indigenza.

Va ribadito, in ogni caso, come la dicotomia tra politiche attive e passive sia attualmente in parte superata. D'altra parte, il definitivo superamento dell'indennità di mobilità, le rinnovate regole in materia di età pensionabile, nonché i più recenti interventi legislativi di riforma della cassa integrazione guadagni hanno sensibilmente ridotto lo spazio di azione delle politiche passive del lavoro, imponendo un nuovo e diverso approccio alla gestione delle crisi occupazionali e delle ristrutturazioni aziendali. Nel ridisegnato equilibrio delle politiche per il lavoro, delineato nei vari decreti attuativi del *Jobs act*, la riduzione degli strumenti applicativi delle politiche passive ha mirato proprio ad essere bilanciata da un nuovo sistema di politiche attive coordinato dall'ANPAL (D.Lgs. 150/2015).

Le politiche del lavoro, a differenza del passato, stabiliscono quindi una più stretta correlazione tra politiche attive e politiche passive e, in base al **principio di condizionalità**, non è più possibile fruire di una politica passiva (es. l'indennità a sostegno del reddito erogata dall'INPS) senza che al contempo venga attivata una politica attiva (es. la ricerca attiva di un'occupazione e/o reinserimento nel tessuto produttivo, un percorso di formazione ecc.).

1.3 Cenni sull'evoluzione del mercato del lavoro in Italia

1.3.1 I primi provvedimenti di superamento del monopolio pubblico

Una panoramica sullo stato delle politiche attive in Italia presuppone una sia pur breve digressione di carattere generale sulle trasformazioni, nel tempo, del mercato del lavoro a seguito degli interventi legislativi che si sono succeduti.

Negli ultimi anni si è assistito ad un **progressivo superamento della dimensione esclusivamente istituzionale nella gestione delle politiche attive del lavoro**, soprattutto con la diffusione di forme di flessibilità nell'impiego della forza lavoro, di pari passo con la crescente introduzione delle nuove tecnologie e lo sviluppo del settore terziario.

Il legislatore ha introdotto con la L. 24-6-1997, n. 196 (conosciuta anche come **Pacchetto Treu**) il **lavoro interinale**, massima forma di flessibilità, visto che permette alle imprese di impiegare, in relazione ad esigenze produttive di natura temporanea, e dunque per periodi di tempo limitato, lavoratori che siano in possesso delle necessarie competenze professionali, senza assumerli direttamente.

È con tale legge che si è avviata una prima liberalizzazione dei Servizi per l'Impiego, ovvero del complesso sistema designato a promuovere e favorire l'incontro tra domanda ed offerta di lavoro, autorizzando alcuni soggetti privati, per l'appunto le **Agenzie di lavoro interinale**, alla somministrazione di manodopera.

Nel corso degli anni '80 era già iniziata, tuttavia, una lenta erosione del rigido sistema di garanzie che ingessavano l'istituto dell'avviamento al lavoro, attraverso la concessione di una serie di deroghe. La L. 56/1987 aveva rivisto parzialmente l'assetto pubblico di intervento sul mercato del lavoro, ritagliando un ruolo importante alle Regioni. Di seguito, all'inizio degli anni '90, con la L. 223/1991 il principio della "richiesta numerica" posto alla base del sistema pubblico di collocamento venne definitivamente abolito. Ma il punto di svolta fondamentale in materia di riforma dei Servizi per l'Impiego è comunque da ricondurre al D.Lgs. 469/1997, di attuazione della L. 59/1997 (cosiddetta Legge Bassanini 1), con il quale fu attuata una **ripartizione delle competenze nella gestione delle politiche del lavoro tra Stato, Regioni e Province**.

1.3.2 La legge Biagi e il decreto attuativo

Successivamente si è giunti all'approvazione della L. 30/2003, meglio nota come **legge Biagi**, che ha delegato al Governo il compito di attuare, in materia di occupazione e mercato del lavoro, una riforma di ampio raggio, atta a ridefinire l'ordinamento del lavoro in Italia, dalla disciplina delle nuove figure contrattuali al tema dei servizi pubblici e privati per l'impiego e a quello della vigilanza sul lavoro. Alla delega è stata data attuazione con il **D.Lgs. 276/2003** che è intervenuto sulla disciplina del mercato del lavoro e delle tipologie contrattuali speciali, introducendone peraltro di nuove.
Tale normativa ha segnato importanti passi avanti in due direzioni:

> approfondendo e ampliando il processo di "flessibilizzazione in entrata", già avviato con il pacchetto di riforme promosse nel 1997 dal ministro Treu;
> promuovendo la liberalizzazione, il rafforzamento e l'ammodernamento dei Servizi per l'Impiego, attraverso la compartecipazione di attori pubblici e privati.

Per quanto concerne, in particolare, la riforma dei Servizi per l'Impiego, la legge Biagi ha ribadito il mantenimento delle competenze regionali e provinciali in materia di collocamento e politica del lavoro stabilite dal D.Lgs. 469/1997, e ha introdotto alcune importanti novità, tra cui:

- la presenza di *Agenzie per il lavoro*, ovvero di soggetti autorizzati dallo Stato e accreditati a livello regionale, che possono svolgere attività di somministrazione, intermediazione, ricerca e soluzione del personale, o ancora di supporto alla ricollocazione professionale;
- la costituzione di una *Borsa continua nazionale del lavoro (BCNL)*, che prevede un sistema informatico aperto, basato su una rete di nodi regionali, per la diffusione di informazioni su posti vacanti, fabbisogni occupazionali e occasioni formative, messe a disposizione da operatori pubblici e privati.

L'impianto delineato dalla riforma Biagi (L. 30/2003 e D.Lgs. 276/2003) ha disciplinato il mercato del lavoro italiano per oltre un decennio, pur non essendo mancati interventi legislativi che hanno provveduto a correggere alcune storture rilevate nell'applicazione del provvedimento: particolarmente rilevanti in tal senso sono state la L. 183/2010 (il cosiddetto **collegato lavoro**) e la L. 92/2012 (meglio nota come **riforma Fornero** del lavoro).

1.3.3 Il Jobs Act e i decreti attuativi

Una radicale riforma della legge Biagi si è avuta nel periodo 2014-2015 con il pacchetto di provvedimenti approvato dal Governo Renzi e comunemente noto come ***Jobs Act***, successivamente corretto in alcuni punti dal D.Lgs. 185/2016. Nel dichiarato intento di superare la crisi economica in atto dal 2008 e contribuire a ridurre la crescente disoccupazione registrata nel Paese (in particolare nelle fasce giovanili), dal febbraio 2014 è stata avviata una campagna di riordino, razionalizzazione e semplificazione della normativa in materia di lavoro, finalizzata a rendere più facile alle imprese l'assunzione di nuova manodopera. Il programma di riforme è sfociato dapprima nell'approvazione del D.L. 34/2014 (noto come **decreto Poletti**, convertito dalla L. 78/2014), recante misure incisive in materia di norme riguardanti l'erogazione di servizi per le politiche attive del lavoro, con particolare riguardo agli elenchi anagrafici dei lavoratori e allo stato di disoccupazione, e successivamente nella **L. 183/2014**, che ha delegato il Governo a emanare decreti legislativi in varie materie.

In attuazione della legge delega in materia di lavoro 183/2014 (cosiddetto *Jobs act*) sono stati emanati i seguenti decreti attuativi:

- il **D.Lgs. 22/2015**, relativo all'*introduzione di nuovi ammortizzatori sociali in caso di disoccupazione involontaria*: **NASpI** (*Nuova assicurazione sociale per l'impiego*), **ASDI** (*Assegno di disoccupazione*) e **DIS-COLL** (*Indennità di disoccupazione per i titolari di contratto di collaborazione coordinata e continuativa*);
- il **D.Lgs. 23/2015**, sul *contratto a tutele crescenti*, il quale ha introdotto una nuova disciplina delle conseguenze dei licenziamenti illegittimi, individuali e collettivi, per i lavoratori assunti a tempo indeterminato successivamente alla sua entrata in vigore (7 marzo 2015);
- il **D.Lgs. 80/2015**, sulla *conciliazione tra tempi di vita e di lavoro*, il quale contiene misure dirette, in particolare, alla tutela della maternità e a favorire la conciliazione dei tempi di vita e di lavoro, allo scopo di garantire adeguato sostegno alle cure parentali;
- il **D.Lgs. 81/2015**, relativo al *riordino dei contratti di lavoro e alla disciplina delle mansioni*;
- il **D.Lgs. 148/2015**, sulla *riorganizzazione della disciplina degli ammortizzatori sociali in costanza di rapporto di lavoro*, che ha realizzato una vera e propria riforma organica degli ammortizzatori sociali, mossa anche dall'obiettivo di rinforzare le risorse dedicate al finanziamento di questi strumenti per recuperare il distacco dell'Italia dai principali Paesi europei;
- il **D.Lgs. 149/2015**, relativo all'*attività ispettiva in materia di lavoro e legislazione sociale*, il quale ha istituito l'**Ispettorato Nazionale del Lavoro (INL)**, che integra i servizi ispettivi del Ministero del lavoro, dell'INPS e dell'INAIL e svolge le attività ispettive già esercitate da tali organismi. L'Ispettorato è sottoposto al controllo della Corte dei Conti ed è posto sotto la vigilanza del Ministro del lavoro e delle politiche sociali, che ne monitora periodicamente gli obiettivi e la corretta gestione delle risorse finanziarie;
- il **D.Lgs. 150/2015**, in materia di *politiche attive*, il quale ha istituito l'**ANPAL** (Agenzia nazionale per le politiche attive del lavoro), con la finalità principale di coordinare le politiche attive del lavoro (per coloro in cerca di occupazione e per la ricollocazione dei soggetti disoccupati);
- il **D.Lgs. 151/2015**, sulle *semplificazioni in materia di lavoro e pari opportunità*.

Con il *Jobs act* il Governo ha inaugurato un nuovo modello di *flexicurity* basato sull'equilibrio tra le politiche passive, di sostegno al reddito, e politiche attive, indirizzate a favorire l'effettiva ricollocazione del lavoratore, tramite percorsi personalizzati e utili all'acquisizione di nuove competenze. A tal proposito, i Servizi per l'Impiego, coordinati dall'**Agenzia Nazionale per le Politiche Attive del Lavoro (ANPAL)**, vengono potenziati per creare sinergie efficienti e migliorare l'incontro tra domanda ed offerta di lavoro, consentendo a tutti i cittadini di accedere ad attività di orientamento, ausilio, avviamento alla formazione e accompagnamento al lavoro, garantendo livelli essenziali di prestazione in tutto il territorio.

1.3.4 Le politiche attive in Italia: la necessità di un cambiamento

Il tema delle politiche attive del lavoro è sempre stato al centro del dibattito politico e sindacale, dibattito che si è acuito negli ultimi tempi, quando il clamore mediatico di alcune misure di sostegno come il Reddito di cittadinanza (Rdc) e l'Assegno di ricollocazione (AdR), nonché l'urgenza di interventi idonei ad accompagnare imprese e lavoratori nella fase di ripresa dell'economia dopo la grave crisi economica legata all'emergenza sanitaria da COVID-19 hanno imposto una nuova e urgente riflessione sul tema.

I risultati delle numerose riforme che si sono susseguite dagli anni Novanta in poi non sono mai stati all'altezza delle aspettative, lamentandosi da più parti l'**assenza di un quadro giuridico-istituzionale sufficientemente stabile e idoneo a favorire lo sviluppo di competenze avanzate**, indispensabili per gestire l'attuale complessità del mercato del lavoro. Pochi appaiono gli strumenti di supporto offerti alle imprese e del tutto insufficienti si sono rivelati, nei casi di riduzione del personale, gli strumenti di riqualificazione del personale licenziato e i percorsi di ricollocazione proposti o finanziati dal pubblico. D'altra parte, la sempre maggiore transitorietà degli *status* occupazionali impone la necessità di investire in nuove tutele transizionali, con la valorizzazione e il riconoscimento delle capacità professionali dei lavoratori, l'analisi e l'anticipazione dei fabbisogni professionali, l'accompagnamento dei percorsi di carriera e dell'orientamento professionale.

Le evidenziate criticità, in uno con le trasformazioni innescate da importanti processi di transizione digitale, ecologica e demografica, cui si sovrappongono gli effetti della crisi pandemica, che stanno determinando dirompenti cambiamenti del lavoro (sul piano dei contenuti, delle relazioni e delle modalità di esecuzione), pongono oggi l'esigenza di un serio ripensamento delle politiche del lavoro.

A fronte di un'infrastruttura giuridico-istituzionale ancora tutta da costruire in tema di politiche attive, almeno nei suoi profili strettamente operativi, e dell'assenza di una logica di sistema in grado di tenere insieme diversi attori, sistemi e strumenti indispensabili per una strategia di valorizzazione delle competenze dei lavoratori coerente con le trasformazioni in atto, la nuova impostazione delle politiche attive è stata inserita nel **Piano Nazionale per la Ripresa e la Resilienza (PNRR)** e qualificata come **riforma di sistema**. Essa è incentrata sul rafforzamento dei Centri per l'impiego, sull'attuazione del Piano Nazionale Nuove Competenza (PNC) e del Programma Nazionale per la Garanzia Occupabilità dei Lavoratori (GOL), nonché sull'estensione delle forme di collaborazione tra i sistemi pubblico e privato.

L'orizzonte temporale è quello del Next Generation EU (NGEU), con il quale si intende promuovere una robusta ripresa dell'economia europea all'insegna della transizione ecologica, della digitalizzazione, della competitività, della formazione e dell'inclusione sociale, territoriale e di genere.

1.3.5 La legge di bilancio 2022

Nella prospettiva dell'integrazione tra sostegno al reddito, interventi di riqualificazione mirata e accompagnamento al lavoro si colloca la L. 234/2021 (*legge di bilancio 2022*). Quest'ultima, infatti, comprende misure rilevanti per il lavoro e le politiche sociali che ridisegnano il quadro normativo riguardante diversi temi, così come previsto anche dal PNNR, in funzione del superamento dei notevoli ritardi di crescita del Paese e del rilancio dell'economia all'indomani della crisi pandemica.

In rilievo viene innanzitutto la **riforma degli ammortizzatoti sociali**, per i quali la manovra economica prevede un quadro di interventi volti ad eliminare le precedenti disomogeneità, muovendosi in direzione di un approccio universalistico delle tutele concesse. Si mira, in particolare, ad accrescere l'equità del sistema includendo tutti i lavoratori nel sistema di protezione sociale, sia in costanza di rapporto di lavoro, sia in stato di disoccupazione, e a migliorare le prestazioni in termini di durata e di trattamento economico, con nuove o maggiori protezioni sociali.

Vi sono poi **altri settori di intervento** che riguardano il sostegno all'occupazione femminile e alla maternità nel lavoro autonomo, le assunzioni agevolate, l'apprendistato formativo, il rafforzamento dei Fondi destinati alla formazione professionale dei lavoratori in cassa integrazione, la previsione di specifiche forme di politica attiva per i lavoratori destinatari di CIGS, per i lavoratori autonomi e per i giovani di età compresa tra i 16 e i 29 anni, non occupati né inseriti in un percorso di studio o formazione (NEET), la promozione del *workers buyout*.

Ancora: viene rifinanziato in misura consistente il Fondo sociale al fine di sostenere importanti interventi di sostegno al reddito; per il biennio 2022-2023, per le imprese dell'industria e delle costruzioni, è previsto un sostegno ulteriore per gestire i processi di riorganizzazione e le situazioni di particolare difficoltà economica; sono introdotte misure volte a promuovere la responsabilità sociale delle imprese e il dialogo sociale nella gestione di crisi industriali che prevedono la chiusura di una sede o struttura autonoma da parte di datori di lavoro rientranti in una determinata soglia dimensionale; contestualmente al rifinanziamento della misura del reddito di cittadinanza, sono introdotte modifiche sostanziali all'istituto che mirano ad una sua razionalizzazione, al fine di prevenire comportamenti scorretti e incentivare, accompagnare e sostenere più efficacemente il beneficiario nella ricerca del lavoro.

Ampio spazio è poi dedicato alle misure in materia pensionistica, con interventi finalizzati a ottenere una maggiore flessibilità in uscita dal lavoro e una maggiore gradualità, in vista di una riforma complessiva del sistema previdenziale.

Capitolo 2
Il PNRR e le politiche per il lavoro

2.1 Il Piano Nazionale di Ripresa e Resilienza (PNRR)

Al fine di accedere ai fondi del **Dispositivo di ripresa e resilienza** (**RRF**), nel quadro di Next Generation EU (**NGEU**), il nuovo strumento dell'Unione europea per la ripresa economica, ciascuno Stato membro si è impegnato a predisporre un **Piano nazionale per la ripresa e la resilienza** (PNRR - Recovery and Resilience Plan), con cui definire un pacchetto coerente di riforme e investimenti per il **periodo 2021-2026**.
Il piano deve dettagliare i progetti, le misure e le riforme previste nelle aree di intervento riconducibili a **sei pilastri fondamentali**: 1) transizione verde; 2) trasformazione digitale; 3) crescita intelligente, sostenibile e inclusiva, compresi coesione economica, occupazione, produttività, competitività, ricerca, sviluppo e innovazione e un mercato unico ben funzionante con PMI forti; 4) coesione sociale e territoriale; 5) salute e resilienza economica, sociale e istituzionale, anche al fine di aumentare la capacità di reazione e la preparazione alle crisi; 6) politiche per la prossima generazione, infanzia e gioventù, incluse istruzione e competenze.
I Piani nazionali devono inoltre essere coerenti con le sfide e le priorità specifiche per Paese individuate nel contesto del Semestre europeo e con le informazioni contenute nei Programmi nazionali di riforma, nei Piani nazionali per l'energia e il clima, nei Piani territoriali per una transizione giusta, nei Piani nazionali per l'attuazione della Garanzia Giovani e negli Accordi di partenariato.
Altri vincoli nella predisposizione dei PNRR impattano sulla **destinazione delle risorse**: almeno il 37% dell'importo disponibile deve essere destinato al *sostegno della transizione verde* (compresa la biodiversità), mentre il 20% va destinato alla *trasformazione digitale*.
I Piani devono anche riportare una dettagliata spiegazione delle modalità con le quali intendono contribuire alla parità di genere e alle pari opportunità, rafforzare il potenziale di crescita e attenuare l'impatto sociale ed economico della crisi, contribuendo all'attuazione del Pilastro europeo dei diritti sociali.
Per quanto riguarda la **pianificazione**, infine, essi devono *definire i target intermedi e finali* e un *calendario indicativo* dell'attuazione delle riforme e degli investimenti, da completare al più tardi entro la fine di agosto 2026. Devono anche indicare le modalità per il **monitoraggio** e l'attuazione, le tappe, gli obiettivi e gli indicatori inclusi. Ulteriori contenuti sono quelli relativi alle misure nazionali volte a prevenire, individuare e correggere corruzione, frodi e conflitti di interesse.

2.2 Il PNRR approvato dal Governo Draghi

Il Piano nazionale di ripresa e resilienza (PNRR) dell'Italia è stato presentato in via ufficiale dal Governo italiano **il 30 aprile 2021**, in tale data trasmesso alla Commissione europea e, subito dopo, al Parlamento.

Il **13 luglio 2021** il PNRR italiano è stato definitivamente approvato con Decisione di esecuzione del Consiglio, che ha recepito la proposta di decisione della Commissione europea. Alla Decisione di esecuzione del Consiglio è allegato un corposo documento con cui vengono definiti, in relazione a ciascun investimento e riforma, precisi obiettivi e traguardi, cadenzati temporalmente, al cui conseguimento si lega l'assegnazione delle risorse su base semestrale.

Il Piano nazionale di ripresa e resilienza italiano, al pari di quello degli altri Stati membri, prevede un **insieme integrato di investimenti e riforme** orientato a migliorare l'equità, l'efficienza e la competitività del Paese, a favorire l'attrazione degli investimenti e in generale ad accrescere la fiducia di cittadini e imprese. Le riforme previste puntano, in particolare, a ridurre gli oneri burocratici e rimuovere i vincoli che hanno fino ad oggi rallentato la realizzazione degli investimenti o ne hanno ridotto la produttività.

Il Piano si articola in tre temi strategici, sei missioni, tre priorità e quattro riforme. Più nel dettaglio, il PNRR si sviluppa lungo **16 Componenti**, funzionali a realizzare gli obiettivi economico-sociali definiti nella strategia del Governo; tali componenti sono raggruppate in 6 Missioni fondamentali, per ognuna delle quali sono indicate le riforme necessarie a una più efficace realizzazione degli interventi.

Il PNRR italiano comprende tre diverse tipologie di riforme:

- **riforme orizzontali o di contesto**, d'interesse traversale a tutte le Missioni del Piano, consistenti in innovazioni strutturali dell'ordinamento, idonee a migliorare l'equità, l'efficienza e la competitività e, con esse, il clima economico del Paese. Il Piano ne individua due: la *riforma della pubblica amministrazion*e e la *riforma del sistema giudiziario*;
- **riforme abilitanti**, ovvero gli interventi *funzionali a garantire l'attuazione del Piano* e in generale a rimuovere gli ostacoli amministrativi, regolatori e procedurali che condizionano le attività economiche e la qualità dei servizi erogati. Tra queste, si annoverano le *misure di semplificazione* e razionalizzazione della legislazione e quelle per la *promozione della concorrenza*;
- **riforme settoriali**, contenute all'interno delle singole missioni. Si tratta di innovazioni normative relative a specifici ambiti di intervento o attività economiche, destinate a introdurre regimi regolatori e procedurali più efficienti nei rispettivi ambiti settoriali (ad esempio, la riforma fiscale o il potenziamento del sistema di ammortizzatori sociali).

Per supervisionare l'attuazione del Piano il nostro Governo ha previsto un **sistema di coordinamento che fa capo al Ministero dell'Economia**, così come sono state predisposte strutture di valutazione e controllo. Inoltre, si prevedono task force locali per aiutare le amministrazioni locali a migliorare le capacità di investimento e a semplificare le procedure.

2.3 I settori di investimento del Piano

2.3.1 Temi strategici e priorità trasversali

Il Piano è stato elaborato attorno a **tre temi strategici**, quali la digitalizzazione e l'innovazione tecnologica, la transizione ecologica e l'inclusione sociale.

La **digitalizzazione e l'innovazione** di processi, prodotti e servizi rappresentano un fattore determinante della trasformazione del Paese e devono caratterizzare ogni politica di riforma. L'Italia ha accumulato un considerevole ritardo in questo campo, sia nelle competenze dei cittadini, sia nell'adozione delle tecnologie digitali nel sistema produttivo e nei servizi pubblici. Recuperare questo deficit è essenziale per migliorare la competitività italiana ed europea, migliorando l'adattabilità ai cambiamenti dei mercati.
La **transizione ecologica**, come indicato dall'Agenda 2030 dell'ONU e dai nuovi obiettivi europei per il 2030, è alla base del nuovo modello di sviluppo italiano ed europeo. Essa viene indicata come il modello di sviluppo italiano ed europeo, sia per garantire uno sviluppo ambientale in termini sostenibili, sia come leva per incoraggiare la competitività del sistema produttivo, incentivando attività imprenditoriali nuove.
Il terzo asse strategico è **l'inclusione sociale**, un concetto che racchiude la parità di genere, la promozione dei giovani, lo sviluppo di conoscenze e la risoluzione di differenze territoriali. Una particolare attenzione viene assegnata infatti al territorio del Mezzogiorno, per il quale viene stanziato il 40% delle risorse, al fine di garantire un reale sviluppo armonico del territorio nazionale.
Alcune tematiche ed aree di intervento, sebbene non costituiscano una missione o riforma specifica, vengono definite **trasversali**. Il perseguimento delle politiche per i giovani, delle politiche di genere e delle politiche che promuovono la riduzione del divario territoriale sono obiettivi cui ogni Missione e Riforma deve tendere.
Il PNRR ha l'obiettivo di promuovere una più elevata presenza dei giovani all'interno del mercato lavorativo mediante azioni che inneschino l'aumento del tasso di occupazione giovanile, ed indiretti che favoriscano miglioramenti intergenerazionali.
Per quanto concerne le politiche per le donne, il Piano rappresenta una concreta opportunità per promuovere la lotta contro le discriminazioni e per garantire il raggiungimento di una reale uguaglianza, sia attraverso interventi diretti al sostegno all'occupazione femminile, sia attraverso l'implementazione dei servizi e degli strumenti di sostegno per i bambini.
Ulteriore fondamentale priorità del Piano è la realizzazione della convergenza dello sviluppo tra il Nord e il Sud d'Italia, facendo fronte, attraverso molteplici strumenti, alla mancanza di infrastrutture, di capitale umano specializzato e di opportunità lavorative, problematiche che attanagliano da sempre le Regioni meridionali.

2.3.2 Le missioni e le componenti del Piano

Le Linee guida emanate dalla Commissione europea per l'elaborazione dei PNRR identificano le **componenti** come **gli ambiti in cui aggregare progetti di investimento**. Ciascuna componente riflette riforme e priorità di investimento in un determinato settore o area di intervento, ovvero attività finalizzate ad affrontare sfide specifiche e che rappresentano un pacchetto coerente di misure complementari.
Il PNRR italiano si articola in 16 componenti, raggruppate in **6 Missioni**, che mirano al conseguimento degli obiettivi economici e sociali che il Governo si è prefissato di raggiungere. Tali Missioni sono così organizzate:

> **Missione 1 - Digitalizzazione, innovazione, competitività, cultura e turismo**. Scopo di questa prima Missione è quello di promuovere la transizione digitale del Paese, nella modernizzazione della P.A., nelle infrastrutture di comunicazione e nel

sistema produttivo, migliorare la competitività delle filiere industriali e rilanciare i due settori che contraddistinguono l'Italia: il turismo e la cultura.
Essa si articola i **3 componenti**: *reinventare la Pubblica Amministrazione mediante un piano focalizzato sulla digitalizzazione*; *favorire la digitalizzazione del sistema produttivo*; *rilanciare i settori della cultura e del turismo* mediante un brand che rappresenti il Paese nel mondo;

> **Missione 2 - Rivoluzione verde e transizione ecologica**. Tale Missione ha come obiettivo il coinvolgimento di tutti i settori nel processo di transizione ecologica, garantendone l'accelerazione per rendere il sistema sostenibile. Essa si articola in **4 componenti**: *economia circolare e agricoltura sostenibile*; *energia rinnovabile, idrogeno, rete e mobilità sostenibile*; *efficienza energetica e riqualificazione degli edifici*; *tutela del territorio e delle risorse idriche*;

> **Missione 3 – Infrastrutture per una Mobilità Sostenibile**. L'obiettivo è quello della costruzione di un complesso di infrastrutture sostenibile, digitalizzato ed attuato entro il 2026, in linea con la "strategia per la mobilità intelligente e sostenibile" formulata dall'European Green Deal.
Tale Missione si articola in **2 componenti**: *investimenti sulla rete ferroviaria*, essendo il nostro Paese caratterizzato da una struttura ferroviaria fortemente disomogenea, che rappresenta una barriera per lo sviluppo economico e sociale; *intermodalità e logistica integrata*, costituendo la mancanza di infrastrutture adeguate un ostacolo anche per la competitività della struttura della logistica;

> **Missione 4 – Istruzione e ricerca**. Scopo della quarta Missione è il rafforzamento dell'apprendimento, dell'innovazione e della multidisciplinarità del sistema formativo, riconosciuto come precondizione dello sviluppo economico del Paese e della sua competitività. Essa si articola in **2 componenti**: *incremento dell'offerta formativa*, a partire dalle strutture per l'infanzia fino all'università; *connessione tra la ricerca e l'impresa*, quale leva fondante dello sviluppo del tessuto produttivo;

> **Missione 5 – Inclusione e coesione**. Tale Missione svolge un ruolo cruciale all'interno del PNRR, perché, assieme alla transizione digitale ed ambientale, l'inclusione sociale viene definita come uno dei temi strategici. Essa investe nelle infrastrutture sociali, rafforza le politiche attive del lavoro, sostiene il sistema duale e l'imprenditoria femminile, migliora il sistema di protezione per le situazioni di fragilità sociale ed economica, per le famiglie, per la genitorialità. Si articola in **3 componenti**: *politiche per il lavoro*; *infrastrutture sociali, famiglie, comunità e terzo settore*; *interventi speciali per la coesione territoriale*;

> **Missione 6 – Salute**. La sesta Missione si focalizza su due obiettivi, ossia il rafforzamento della prevenzione e dell'assistenza sul territorio, con l'integrazione tra servizi sanitari e sociali, e l'ammodernamento delle dotazioni tecnologiche del Servizio Sanitario Nazionale (SSN). Essa, rimarcando l'universalità del valore della salute, e la bontà del Sistema Sanitario Nazionale, si pone, pertanto, come obiettivo primario la necessità di migliorare e colmare alcune lacune strutturali che proprio la pandemia degli ultimi tempi ha evidenziato.
La Missione si articola in **2 componenti**: *reti di prossimità, strutture e telemedicina per l'assistenza sanitaria territoriale*; *innovazione, ricerca e digitalizzazione* del Servizio Sanitario Nazionale.

2.3.3 Il PNRR e le politiche per il lavoro

I PNRR devono rispondere alle conseguenze economiche e sociali della crisi pandemica attraverso strategie economiche che portino ad una ripresa rapida, solida e inclusiva e che migliorino la crescita potenziale. Devono, in questa prospettiva, promuovere un cambiamento nelle politiche del lavoro, anche al fine di facilitare e accelerare mutamenti strutturali quali le transizioni verdi e digitali.

In particolare, il PNRR è orientato in modo trasversale alla lotta alle diseguaglianze in termini di parità di genere, di protezione e valorizzazione dei giovani e di superamento dei divari territoriali, e un ruolo fondamentale nel perseguimento di questi obiettivi trasversali è svolto dalla Missione 5 del Piano (*Inclusione e coesione*). Il Piano sottolinea la centralità delle misure previste da questa Missione, in particolar modo di quelle previste dalla prima Componente "**Politiche per il lavoro**", per accompagnare la modernizzazione del sistema economico del Paese e la transizione verso un'economia sostenibile e digitale.

Al fine di porre rimedio alla scarsa attenzione dedicata in passato al tema della formazione, delle competenze e delle politiche attive del lavoro, la Componente "Politiche per il lavoro" della Missione 5 è destinata primariamente ad aumentare il tasso di occupazione, facilitando le transizioni lavorative e dotando le persone di formazione adeguata, ridurre il *mismatch* di competenze, aumentare quantità e qualità dei programmi di formazione continua degli occupati e dei disoccupati e ad accompagnare la trasformazione del mercato del lavoro con adeguati strumenti che facilitino le transizioni occupazionali.

A fronte delle molte criticità rilevate in passato, come la scarsa integrazione e il difetto di coordinamento con altre politiche correlate (es. servizi sociali, formazione professionale), lo scarso coordinamento tra il sistema centrale e quello locale, la scarsa capacità di collocamento dei Centri per l'Impiego, il gap nella partecipazione alle attività di formazione da parte dei lavoratori, obiettivo della prima misura di intervento prevista dalla componente "Politiche per il lavoro" è quello di introdurre un'**ampia e integrata riforma delle politiche attive e della formazione professionale**, supportando i percorsi di riqualificazione professionale e di reinserimento di lavoratori in transizione e disoccupati (percettori del Reddito di Cittadinanza, NASPI e CIGS), nonché definendo, in stretto coordinamento con le Regioni, livelli essenziali di attività formative per le categorie più vulnerabili.

Nello specifico, la riforma delle politiche attive si struttura in due linee di intervento: da un lato l'adozione, d'intesa con le Regioni, del "Programma Nazionale per la Garanzia Occupabilità dei Lavoratori (GOL)" e dall'altro l'adozione del "Piano Nazionale Nuove Competenze (PNC)", mediante il quale promuovere la revisione della *governance* del sistema di formazione professionale in Italia.

2.3.4 Obiettivi strategici della riforma

Le misure connesse all'ambito delle politiche per il lavoro sono volte principalmente ad incrementare il tasso di occupazione, in particolar modo quello giovanile e femminile, anche attraverso il potenziamento della formazione professionale e l'acquisizione di nuove competenze.

A tale scopo sono state previste diverse misure di investimento. Nello specifico, gli investimenti finanziati nell'ambito della Componente "Politiche per il lavoro" della Missione 5 ("Inclusione e coesione") sono i seguenti:

- **potenziamento dei Centri per l'Impiego (CPI)**: sono programmate iniziative finalizzate a rinnovare la Rete Nazionale dei Servizi per il Lavoro, migliorare l'integrazione dei sistemi informativi regionali con il sistema nazionale, aumentare la prossimità ai cittadini sfruttando le nuove tecnologie, favorire l'integrazione con il sistema di istruzione e formazione anche attraverso la rete degli operatori privati;
- **creazione di imprese femminili**: si intende in tal modo realizzare la piena emancipazione economica e sociale della donna nel mercato del lavoro, prevedendo una sistematizzazione e ristrutturazione degli strumenti di sostegno sino ad ora vigenti, con una visione più aderente ai fabbisogni delle donne, attraverso una strategia integrata di investimenti di carattere finanziario e di servizi di supporto per la promozione dell'imprenditorialità femminile.

  Ai fini indicati, è stato istituito il **Fondo Impresa Donna**, un sostegno finanziario introdotto per incentivare l'avvio e il rafforzamento dell'imprenditoria femminile, la diffusione dei valori dell'imprenditorialità e del lavoro tra la popolazione femminile e per massimizzare il contributo quantitativo e qualitativo delle donne allo sviluppo economico e sociale del Paese;
- **sistema di certificazione della parità di genere**: la L. 234/2021(*legge di bilancio 2022*) ha previsto, a partire dal 1° gennaio 2022, l'istituzione della certificazione della parità di genere, demandando ad apposito decreto del Presidente del Consiglio dei ministri la definizione, tra l'altro, dei parametri minimi per il conseguimento della stessa. In detta prospettiva è stata disposta l'adozione di un Piano strategico nazionale per la parità di genere, con l'obiettivo, proprio, di realizzare un Sistema nazionale di certificazione della parità di genere, mirante ad accompagnare e incentivare le imprese ad adottare policy adeguate a ridurre il gap di genere in tutte le aree maggiormente critiche (opportunità di crescita, parità salariale a parità di mansioni, tutela della maternità).

  Con i decreti del Dipartimento Pari opportunità del 27 gennaio 2022 e del 22 febbraio 2022 sono stati istituiti, rispettivamente, la Cabina di regia interistituzionale per la parità di genere e l'Osservatorio nazionale per l'integrazione delle politiche per la parità di genere.

  Infine, con il decreto del Dipartimento delle pari opportunità del 5 aprile 2022 è stato istituito il Tavolo di lavoro permanente sulla certificazione di genere alle imprese;
- **promozione dell'occupazione giovanile e acquisizione di nuove competenze tecniche e trasversali**: si prevede, a tali fini, il potenziamento del Sistema duale, dell'istituto dell'apprendistato e del Servizio civile universale, in un'ottica di *matching* tra istruzione e formazione e lavoro (Investimento "Sistema duale"). Il potenziamento del Servizio civile universale ha l'obiettivo di disporre di un numero più elevato di giovani che, attraverso il Servizio civile, compiano un percorso di apprendimento non formale per accrescere le proprie conoscenze e competenze e meglio orientarle verso lo sviluppo della propria vita professionale. Queste azioni sono volte a promuovere nuove competenze e favorire l'ingresso dei giovani nel mondo del lavoro e si affiancano agli incentivi per le assunzioni.

2.4 Il Piano Nazionale Nuove Competenze (PNC)

2.4.1 I programmi chiave

Il Piano Nazionale Nuove Competenze (PNC) si inserisce nell'ambito del PNRR, con l'obiettivo di **introdurre un'ampia e integrata riforma delle politiche attive e della formazione professionale**, supportando i percorsi di riqualificazione professionale e di reinserimento di lavoratori in transizione e disoccupati (percettori del Reddito di cittadinanza, NASpI e Cassa integrazione), nonché definendo, in stretto coordinamento con le Regioni, livelli essenziali di attività formative per le categorie più vulnerabili. Esso contribuisce al completamento della **Missione 5** (*Inclusione e coesione*) del Piano.
La riforma è destinata a coinvolgere un'ampia platea di soggetti, dai beneficiari di NASpI e DIS-COLL ai percettori del Reddito di cittadinanza, fino ai lavoratori che beneficiano di strumenti di integrazione salariale straordinari o in deroga, come CIGS, cassa per cessazione attività, trattamenti in deroga nelle aree di crisi complessa.
Il Piano integra anche altre iniziative, riguardanti le misure in favore dei giovani, come il rafforzamento del Sistema duale, e dei NEET (*Not in Education Employment or Training*), oltre che le azioni per il rafforzamento delle competenze degli adulti, a partire dalle persone con competenze molto basse. Interessati dal Piano sono anche i lavoratori già occupati tramite lo stanziamento di risorse volte a permettere alle aziende di rimodulare l'orario di lavoro e di favorire attività di formazione sula base di specifici accordi collettivi con le organizzazioni sindacali.
Sono **tre i programmi guida** inseriti nel PNC:

- **Programma GOL (Garanzia di occupabilità dei lavoratori)**, dedicato principalmente ai disoccupati e consistente in interventi di aggiornamento o riqualificazione;
- **Sistema duale**, che configura una modalità di apprendimento basata sull'alternarsi di momenti formativi in aula e momenti di formazione pratica in contesti lavorativi, favorendo così politiche di transizione tra il mondo della scuola e il mondo del lavoro per i giovani tra i 15 e i 25 anni;
- **Fondo Nuove Competenze (FNC)**, a valere sulle risorse dell'iniziativa React-EU, rivolto ai lavoratori occupati delle imprese che hanno stipulato intese o accordi collettivi di rimodulazione dell'orario di lavoro, in risposta alle innovazioni di processo, prodotto o di organizzazione degli occupati.

Si tratta di un importante passo in avanti verso la risoluzione delle criticità emerse nelle varie sedi europee, in particolar modo dal punto di vista della realizzazione di politiche attive composite e integrate, che siano in grado di comunicare con il sistema di istruzione e formazione professionale e di offrire percorsi formativi (anche di lunga durata) finalizzati alla transizione dalla disoccupazione (o inattività) al lavoro, anche con un cambiamento radicale di profilo e settore occupazionale.

2.4.2 Il Programma Garanzia di occupabilità dei lavoratori (GOL)

Il Programma GOL nasce nel contesto delle iniziative varate dal Governo per accompagnare la ripresa economica all'indomani della crisi indotta dalla pandemia da COVID-19 e rappresenta il perno dell'azione di riforma nell'ambito delle politiche attive del lavoro. Esso si inserisce nell'ambito della **Missione 5**, **Componente 1 del PNRR** e rientra nel più ampio progetto di riforme volte al rinnovamento, nonché al rilancio, dell'inte-

ro comparto delle politiche attive del lavoro. Ha una durata quinquennale, dal 2021 al 2025, corrispondente al medesimo orizzonte temporale del PNRR.
Il Programma GOL prevede un **sistema nazionale unico di presa in carico dei disoccupati e delle persone in transizione occupazionale** (percettori di RdC, NASpI, CIGS), **di erogazione di servizi specifici e di progettazione professionale personalizzata**. La formazione diviene una chiave di volta per il *passaggio dal non lavoro al lavoro*, per la *difesa della propria attività* e per il *miglioramento delle competenze*.
L'iniziativa è stata introdotta con l'art. 1, co. 324, L. 178/2020 (*legge di bilancio 2021*) e successivamente implementata nell'ambito della Missione M5, Componente C1, del PNNR italiano. Con l'approvazione della legge di bilancio per il 2022 (L. 234/2001) la misura è stata ulteriormente valorizzata.
Tra i tre i programmi "guida" previsti dal Piano Nazionale Nuove Competenze (PNC), il Programma di Garanzia per l'Occupabilità dei Lavoratori si preoccupa di integrare le politiche del lavoro con quelle formative mediante la personalizzazione dei servizi e misure per il lavoro, attraverso la disponibilità contestuale sia di servizi finalizzati ad accompagnare l'utente verso l'incontro con le opportunità di lavoro espresse dalle aziende, sia di quelli finalizzati a supportarne l'ingresso/reingresso nel mondo del lavoro in forma autonoma.
Obiettivo di fondo del Programma è quello di assicurare la **centralità dei livelli essenziali delle prestazioni**, superando la notevole eterogeneità, sia in termini quantitativi che qualitativi, delle prestazioni e dei servizi garantiti nei territori. Accanto all'uniformità dei servizi su tutto il territorio nazionale, essenziale appare anche la **prossimità** degli stessi, sia attraverso la diffusione capillare dei CPI sia attraverso l'implementazione dell'offerta di servizi digitali, anche sfruttando l'esperienza maturata con la pandemia.
Nell'ottica dei livelli essenziali, una volta definite in maniera condivisa le politiche nazionali del Programma, sono le Regioni e le Province Autonome che devono attuarle, favorendo così l'**integrazione con le politiche attive territoriali** e l'uniformità degli interventi nel quadro di una cornice unitaria.
E' prevista l'adozione dei Piani regionali per la piena attuazione (cosiddetti PAR - **Piani Attuativi Regionali**) del Programma GOL, previa valutazione di coerenza con il Programma nazionale da parte dell'ANPAL.
La platea cui il Programma GOL si rivolge è alquanto eterogenea quanto a vicinanza al mercato del lavoro, per cui si rende necessaria una **personalizzazione degli interventi di politica attiva**, differenziando gli stessi a seconda dell'età, del livello di competenze, della complessità del bisogno, delle esigenze di conciliazione, ma anche del contesto del mercato del lavoro di riferimento, dei fabbisogni espressi dalle imprese e delle concrete opportunità occupazionali.
I **beneficiari del Programma GOL** possono essere differenziati a seconda di diverse caratteristiche:

- *beneficiari di ammortizzatori sociali in costanza di rapporto di lavoro*;
- lavoratori *fragili o vulnerabili*: giovani NEET (meno di 30 anni), donne in condizioni di svantaggio, persone con disabilità, nonché lavoratori maturi (over 55);
- *beneficiari di ammortizzatori sociali in assenza di rapporto di lavoro* (disoccupati percettori di NASpI o DIS-COLL);
- *beneficiari del sostegno al reddito di natura assistenziale* per i quali sia prevista una condizionalità all'erogazione del beneficio (percettori del Reddito di cittadinanza);

- *disoccupati con minori opportunità* occupazionali, indipendentemente dalla presenza di un sostegno al reddito: disoccupati di lunga durata (da almeno 6 mesi), altri lavoratori (giovani e donne, anche non in condizioni fragilità), lavoratori autonomi che cessano l'attività o con redditi molto bassi;
- *lavoratori con redditi molto bassi* (i cosiddetti *working poor*), il cui reddito da lavoro dipendente o autonomo sia inferiore alla soglia dell'incapienza, secondo la disciplina fiscale.

Con **delibera del 9-5-2022, n. 5**, l'ANPAL ha ridisegnato il quadro operativo dei servizi relativi al programma GOL, sostituendo la "strumentazione" finora in uso per la profilazione dei candidati ai servizi con nuovi criteri "quantitativi" e "qualitativi", per consentire agli operatori dei Centri per l'Impiego di valutare in modo più accurato il livello di occupabilità dei beneficiari del programma GOL.

La delibera e i relativi allegati, più in particolare, intervengono sugli strumenti per l'attuazione dell'assessment, tanto sulla profilazione quantitativa che su quella qualitativa, e sulla revisione degli standard dei servizi di GOL e le relative unità di costo standard.

Relativamente alla **profilazione quantitativa**, il nuovo sistema, al fine della valutazione della occupabilità degli utenti, consente agli operatori dei Centri per l'Impiego di sfruttare al meglio gli archivi di dati amministrativi, da un lato alimentati dalla persona stessa all'atto della registrazione quale disoccupata (DID), dall'altro arricchiti dal datore di lavoro all'atto dell'attivazione o della cessazione di un rapporto di lavoro. In tal modo è stimabile, in maniera più accurata rispetto al passato, la possibilità di trovare occupazione entro una certa data, definendo più efficacemente, al fine della personalizzazione degli interventi, la distanza dal mercato dal lavoro.

I risultati della profilazione quantitativa dovranno poi essere integrati con quelli emergenti dalla **valutazione qualitativa**, che prevede un'interazione con l'utente e un'analisi approfondita dei suoi specifici bisogni. La novità principale che interessa questa seconda fase di valutazione concerne l'arricchimento dei criteri operativi finalizzati a far emergere i bisogni delle persone in termini di accompagnamento alla ricerca di lavoro oppure di aggiornamento/riqualificazione della competenze ovvero di supporto da parte della Rete dei servizi territoriali volti a fornire il sostegno necessario (es. socio-sanitari, di conciliazione).

In particolare, l'operatore dovrà svolgere una valutazione professionale relativa a dimensioni quali: coerenza tra aspettative, esperienze pregresse e competenze; disponibilità verso la formazione e la crescita professionale; disponibilità alla mobilità territoriale; attivazione ed efficacia nella ricerca di lavoro ecc. Nel caso in cui emergano criticità che vanno oltre la sfera meramente lavorativa, l'operatore dovrà effettuare un'analisi più approfondita per migliorare la presa in carico dell'utente.

Sulla base dell'assessment descritto, l'utente **stipula il patto di servizio** (ovvero l'accordo con il CPI attraverso il quale è definito l'iter da seguire per la ricerca attiva del lavoro) e viene indirizzato a uno dei **percorsi previsti dal programma GOL** che meglio si adatta alle proprie necessità, a seconda della distanza dal mercato del lavoro:

- **percorso di reinserimento lavorativo**, per profili più facilmente occupabili, attraverso servizi di orientamento e intermediazione per l'accompagnamento al lavoro;
- **percorso di aggiornamento** (*upskilling*), che contempla interventi formativi prevalentemente di breve durata e dal contenuto professionalizzante per lavoratori più lontani dal mercato, ma comunque con competenze spendibili;

> **percorso di riqualificazione** (*reskilling*), prevede una formazione professionalizzante più approfondita, articolata in percorsi ed attività formative più intense e specifiche, per lavoratori più vicini al mercato del lavoro e ai relativi fabbisogni;
> **percorso di lavoro e inclusione**: nei casi di bisogni complessi, ovvero in presenza di ostacoli e barriere che vanno oltre la dimensione lavorativa, oltre ai servizi precedenti si prevede l'attivazione della rete dei servizi territoriali (a seconda dei casi, educativi, sociali, socio-sanitari, di conciliazione).

Infine, la delibera ANPAL aggiorna gli **standard di servizio** che devono essere garantiti a tutti i beneficiari del Programma GOL sull'intero territorio nazionale, nell'ambito dei livelli essenziali delle prestazioni in materia di politiche attive del lavoro, e precisa anche le **unità di costo standard** applicabili ai suddetti servizi.

2.4.3 Il Sistema duale

Nel PNRR si sottolinea la centralità dei sistemi di istruzione e formazione duale, maggiormente in grado di produrre le competenze necessarie al mondo delle imprese e quindi più in linea con i fabbisogni del mercato del lavoro.

Quando si parla di "Sistema duale" si fa riferimento al **modello di formazione professionale alternata tra scuola e lavoro**, che vede le istituzioni formative e i datori di lavoro fianco a fianco nel processo formativo. Tale modello, mutuato dalla cultura tedesca e già diffuso in molti Paesi del Nord Europa, ha avuto notevole incidenza nel più recente dibattito politico italiano, nell'ottica di adottare le misure di medio-lungo periodo per ridurre i tassi di disoccupazione, principalmente nella fascia di età compresa fra i 15 e i 24 anni.

Nella indicata direzione, la L. 107/2015 (*Riforma del sistema nazionale di istruzione e formazione*) e il D.Lgs. 81/2015 hanno operato un rafforzamento dell'asse formazione-lavoro, finalizzato alla creazione di un sistema organicamente integrato.

Tra le cause imputabili alla precaria condizione occupazionale giovanile in Italia è senza dubbio rinvenibile il disallineamento tra il sistema educativo e formativo della scuola e il mondo del lavoro, concepiti come due contesti separati fisicamente e temporalmente. La difficoltà di integrazione e contaminazione tra apprendimento scolastico e mondo del lavoro ha contribuito a rendere ulteriormente precaria la condizione dei giovani italiani nel mercato del lavoro e ad acuire il tasso di disoccupazione.

Successivamente, il sistema duale è stato riconfermato con i bilanci di Stato degli anni a venire ed è stato previsto anche per il 2022. In particolare, assieme al Programma GOL e al Fondo Nuove Competenze, il Sistema duale va a comporre il nuovo Piano Nazionale Nuove Competenze introdotto dal Ministero del Lavoro per riformulare il mercato del lavoro in Italia. Al fine di promuovere l'occupazione dei giovani e l'acquisizione di nuove competenze tecniche e traversali, il PNNR, nell'ambito della Mission 5 "Inclusione e coesione", tra le misure dettate in materia di "Politiche per il lavoro" (M5C1), ha previsto il rafforzamento del "Sistema duale" e, insieme, dell'istituto dell'apprendistato in un'ottica di *matching* tra istruzione e formazione e mercato del lavoro (Investimento "Sistema duale"). Tale intervento si colloca nel più ampio contesto del PNC, che ha lo scopo di favorire l'introduzione di una formazione meglio rispondente alle esigenze delle imprese e dei nuovi modelli produttivi, riducendo il divario tra le competenze richieste dal mercato del lavoro e i programmi formativi del sistema di istruzione e formazione. Nello specifico, il programma di rafforzamento del sistema duale punta, anche attraverso lo strumento dell'apprendistato, a rendere i sistemi di istruzione e formazione più in linea con i fabbisogni del mercato del lavoro, favorendo l'acquisizione di nuove competenze da parte di giovani e, in via sperimentale, da parte di adulti senza titolo di istruzione secondaria. Di fatto il duale, come percorso professionalizzante con una forte componente di formazione sul lavoro, viene a collocarsi in maniera sempre più decisa come affiancamento all'offerta formativa ordinaria.

Per rafforzare il Sistema duale e rendere i sistemi di istruzione e formazione più in linea con i fabbisogni del mercato del lavoro, il PNRR, forte della sperimentazione avviata nel 2015, definisce un orizzonte quinquennale, prevedendo l'impiego di 600 milioni di euro.

Il PNRR non interviene sull'impianto normativo e istituzionale del Sistema duale, limitandosi ad accrescere le risorse a disposizione delle Regioni, istituzioni competenti in materia di istruzione e formazione professionale, per aumentarne l'offerta. La ripartenza, la ricostruzione del Paese e del suo tessuto economico e sociale non può che prendere le mosse dal lavoro e dalla capacità dei lavoratori di contribuire in maniera sempre più adeguata alle esigenze delle imprese e dei nuovi modelli produttivi. In tale prospettiva, quale strumento che intende favorire l'occupabilità giovanile, promuovendo l'incontro tra domanda e offerta di lavoro, contrastare la dispersione scolastica, nonché colmare lo skill gap, il sistema duale rappresenta una delle misure maggiormente incentivate per gli obiettivi di occupabilità e di occupazione di medio e lungo termine del Paese, valorizzando in tal modo l'infrastruttura formativa di tutte le Regioni italiane.

2.4.4 Fondo Nuove Competenze 2022

Il Fondo Nuove Competenze completa, insieme al programma GOL e al sistema duale, il Piano Nazionale Nuove Competenze nato con il PNRR (Piano Nazionale Ripresa e Resilienza) per riformare il mercato del lavoro italiano in ottica "europea".

Inserito in via sperimentale nel decreto rilancio del 2020 (art. 88 D.L. 34/2020, convertito dalla L. 77/2020), confermato dalla legge di bilancio 2021, il Fondo Nuove Competenze, quale strumento di politica attiva, è stato rinnovato anche per l'anno in corso (2022), con un decreto che ha stabilito 500 milioni di euro stanziati per i nuovi bandi durante il prossimo biennio. Sono tuttavia cambiate le modalità di erogazione del contributo, in modo da consentire alle aziende ancora in attesa (a causa della scarsa disponibilità dei fondi), di ottenere almeno un anticipo sul contributo richiesto.

Si tratta di un **contributo a fondo perduto destinato alle imprese che intendano investire sulla formazione dei propri dipendenti**, destinando ad essa parte dell'orario di lavoro. Cofinanziato dal Fondo sociale europeo, è nato per far fronte alle conseguenze negative e all'impatto critico sull'economia della pandemia, a sostegno di aziende e lavoratori.

In particolare, il Fondo consente alle imprese, di qualunque settore e dimensione, di poter rimodulare (temporaneamente) l'orario di lavoro per mutate esigenze organizzative e produttive, e decidere di utilizzare una parte di esso per far svolgere ai propri dipendenti attività di formazione e riqualificazione. L'individuazione dei fabbisogni da parte del datore di lavoro, formalizzata in appositi accordi sindacali, in termini di nuove o maggiori competenze, è legata all'introduzione di innovazioni organizzative, tecnologiche, di processo, di prodotto o servizi in risposta alle mutate esigenze produttive

dell'impresa ed è funzionale all'aggiornamento/incremento delle competenze del lavoratore, anche finalizzate a favorire percorsi di ricollocazione in altre realtà lavorative.
I contenuti formativi sono perlopiù orientati a uno *upskilling* digitale e alla transizione verso processi produttivi e di servizio remotizzati, sia nella direzione di competenze *soft* (gestione dell'autonomia lavorativa, autoresponsabilità, *work-life balance*, abilità di comunicazione, cultura del feedback ecc.) che di competenze hard (gestione degli *strumenti elettronici*, lavorazione tramite *strumenti cloud, cybersecurity*).
Individuato il fabbisogno formativo per la specifica azienda, si assicura l'aggiornamento professionale richiesto ponendo a carico del Fondo gli oneri relativi alle ore di formazione, comprensivi di contributi previdenziali e assistenziali. Restano a carico delle imprese i costi della formazione (docenti e aule), per i quali è possibile il ricorso ai Fondi interprofessionali. L'istruttoria delle istanze di contributo è gestita dall'ANPAL, mentre l'erogazione del contributo è eseguita direttamente dall'INPS, ma sempre su richiesta dell'ANPAL.

2.5 Il Piano Nazionale per la lotta al lavoro sommerso

Nell'ambito della Missione 5 – Componente 1 – del PNRR è stata inserita un'apposita sezione che prevede una riforma finalizzata alla lotta al lavoro sommerso.
La riforma mira all'adozione di un **Piano nazionale per la lotta al lavoro sommerso** che comprende una serie di azioni destinate a coinvolgere tutti i soggetti istituzionali, delle parti sociali e della società civile nella definizione delle sue misure.
La riforma prevede diversi linee d'intervento: in primo luogo, un processo di affinamento delle tecniche di raccolta e delle modalità di condivisione dei dati sul lavoro sommerso; l'aumento delle ispezioni e la revisione delle sanzioni previste per il lavoro sommerso nei vari settori, al fine di implementarne il potere deterrente; il lancio di una campagna informativa rivolta ai datori di lavoro per sensibilizzare i destinatari sul "disvalore" insito nel ricorso ad ogni forma di lavoro irregolare; la creazione di una struttura di *governance* che assicuri un'efficace implementazione delle azioni.
Quanto all'attuazione della riforma in oggetto, il D.M. 24-2-2022, n. 32 ha istituito il **Tavolo tecnico per l'elaborazione del Piano nazionale di contrasto al lavoro sommerso.** Il Tavolo tecnico avrà tempo fino al 15 ottobre 2022 per elaborare il Piano nazionale, che dovrà poi essere adottato entro la fine del 2022, con un apposito decreto ministeriale.
Il Tavolo tecnico è tenuto:

- a garantire la corretta e puntuale elaborazione del Piano nazionale per la lotta al lavoro sommerso;
- a delineare un'opportuna strategia d'indirizzo dell'attività ispettiva;
- a studiare forme e modalità concrete di denuncia da parte dei lavoratori che si trovano costretti a lavorare in condizioni di lavoro irregolare;
- a favorire il dialogo e la collaborazione con le parti sociali.

Capitolo 3
Il sistema degli ammortizzatori sociali

3.1 Finalità degli ammortizzatori e vincolo di condizionalità

Con il termine ammortizzatori sociali si fa riferimento ad un articolato **sistema di tutela e sostegno al reddito dei lavoratori interessati da sospensioni temporanee della prestazione di lavoro, ovvero che sono in procinto di perdere o hanno perso il posto di lavoro**.

Il fondamento di tale sistema di tutele può essere rinvenuto nell'art. 38 della Costituzione, il quale specifica, al comma 2, che ai lavoratori devono essere garantiti mezzi adeguati alle loro esigenze in caso di particolari eventi che possono verificarsi durante la vita lavorativa e impediscono di produrre redditi sufficienti alla propria sussistenza.

Le misure previste dal legislatore si differenziano a seconda che il lavoratore rimanga ancora in forza all'azienda (**ammortizzatori in costanza di rapporto**) oppure venga licenziato (**ammortizzatori alla cessazione del rapporto**); inoltre, in questi ultimi anni di grave crisi economica, con l'entrata in scena degli ammortizzatori sociali in deroga sono state estese tali tutele anche a una platea di beneficiari che prima ne era esclusa.

La filosofia di fondo che oggi ispira il mercato del lavoro vede gli ammortizzatori sociali **vincolati ad una condizionalità** rispetto ad un percorso attivo di ricerca di un nuovo impiego. In sostanza, si va verso un sistema nel quale l'attenzione rivolta ai disoccupati ed ai soggetti fruitori di misure di sostegno al reddito non è mirata soltanto ad assicurare loro mezzi di sostentamento ma anche a favorirne quanto prima una nuova occupazione.

Pertanto, i disoccupati e i fruitori di misure di sostegno al reddito vengono presi in carico dai Servizi per l'Impiego (pubblici e privati accreditati), profilati ed accompagnati in un percorso finalizzato alla ricerca di occupazione, che passa anche attraverso azioni di orientamento, formazione, riqualificazione e ricollocazione.

La riforma Fornero del 2012 e il *Jobs act* del 2014-2015 avevano realizzato un ridisegno del complesso e intricato sistema degli ammortizzatori sociali, cercando di eliminare le criticità del passato, oltre che prevedendo un collegamento strutturale e organico tra il lato delle politiche passive e quello delle politiche attive. L'obiettivo è stato quello, più volte sottolineato, di un adeguamento ai modelli di *welfare* più diffusi nei Paesi europei, nei quali i rischi di esclusione sociale derivanti dalla disoccupazione e dalla precarietà del lavoro vengono scongiurati ricorrendo a politiche di *welfare to work* che combinano il *sistema di sussidi*, diretti al sostegno del reddito per i casi di disoccupazione e di mobilità nel mercato del lavoro, e le *politiche attive*, realizzate mediante incentivi all'occupazione e all'imprenditorialità, servizi al lavoro, percorsi mirati di formazione e di riqualificazione professionale, nonché di stabilizzazione per i lavoratori flessibili.

Gli **obiettivi del processo di riforma** sono stati fondamentalmente quattro: 1) restituire una struttura logica ai vari istituti, ripristinando le rispettive specificità funzionali e regole di accesso; 2) porre fine agli utilizzi "in deroga" o alle applicazioni straordinarie degli ammortizzatori; 3) eliminare le varianti settoriali o categoriali, non rispondenti a principi di equità; 4) collegare in maniera organica la fruizione degli ammortizzatori con le politiche attive del lavoro.

3.2 Il riordino degli ammortizzatori sociali nella legge di bilancio 2022

La riforma configurata dalla L. 234/2021 (*legge di bilancio 2022*) ha inteso **realizzare una universalizzazione e razionalizzazione del sistema degli ammortizzatori sociali**, indispensabile per fronteggiare le trasformazioni, governare le instabilità del mercato del lavoro e supportare le transizioni occupazionali. Detta riforma mira al completamento del processo di universalizzazione delle tutele, attraverso un'adeguata protezione per tutti i lavoratori (sia in costanza di rapporto che in mancanza di occupazione), pur nel quadro di una differenziazione delle tecniche protettive che consente di cogliere la strutturale elasticità delle dinamiche dei diversi settori produttivi e mediante la piena applicazione del principio assicurativo nei meccanismi di tutela. L'ambizione è quella di costruire un **modello di welfare inclusivo**, seguendo il principio dell'universalismo differenziato, accrescendo il grado di equità generale del sistema e rafforzando il collegamento tra erogazione dei trattamenti di integrazione salariale, formazione professionale e politiche attive.
Il riordino della normativa in materia di ammortizzatori sociali realizzato dalla L. 234/2021 ha coinvolto le disposizioni relative sia agli ammortizzatori riconoscibili in caso di disoccupazione involontaria sia agli ammortizzatori sociali in costanza di rapporto di lavoro. Tra gli obiettivi vi è quello di garantire tutele adeguate non più attraverso misure meramente assistenziali ma atte a favorire maggiori garanzie del lavoro e politiche attive, attraverso la ricollocazione e la mobilità professionale verso le reali domande e richieste del mercato del lavoro.

3.3 Gli ammortizzatori sociali per disoccupazione

3.3.1 Le prestazioni di disoccupazione

Gli ammortizzatori per disoccupazione sono quelli attivabili solo nel momento in cui **l'attività lavorativa cessa anticipatamente**, non per volontà del lavoratore.
Lo scenario post-riforma *Jobs act* prevedeva i seguenti istituti:

1) la Nuova Assicurazione Sociale per l'Impiego (**NASpI**), strumento unificato per l'intera platea di lavoratori privati subordinati;
2) l'Assegno di disoccupazione (**ASDI**) a sostegno di coloro che, scaduta la NASpI, si trovavano ancora in condizioni di disoccupazione e in condizioni economiche precarie. Dal 2018 è stato inglobato nel Reddito di inclusione (REI), a sua volta sostituito dal Reddito di cittadinanza (Rdc);
3) l'**Indennità di disoccupazione agricola**, strumento unificato per la platea di lavoratori agricoli subordinati;
4) l'Indennità di disoccupazione per lavoratori parasubordinati (**DIS-COLL**), strumento destinato a coprire un ambito prima tutelato solo per via estemporanea;
5) l'Assegno di ricollocazione (**AdR**), misura che funge da collante tra lato passivo e lato attivo delle politiche per il lavoro.

3.3.2 La Nuova Assicurazione Sociale per l'Impiego (NASpI)

La NASpI rappresenta il fulcro del sistema degli ammortizzatori per disoccupazione. Si tratta di una forma di sostegno al reddito destinata ai **lavoratori subordinati che hanno perduto involontariamente la loro occupazione** a partire **dal 1° maggio 2015** (D.Lgs. 22/2015). È disciplinata dal D.Lgs. 4-3-2015, n. 22.

In linea di massima la NASpI non è riconosciuta ai lavoratori che hanno presentato dimissioni volontarie, salvo nell'ipotesi in cui si siano dimessi per giusta causa. La stessa possibilità è riconosciuta anche ai lavoratori che hanno risolto consensualmente il rapporto di lavoro nell'ambito della procedura disciplinata dall'art. 7 L. 604/1966 (ovverosia la procedura che si instaura a seguito di un licenziamento per giustificato motivo oggettivo).

La NASpI ha sostituito l'ASPI (Assicurazione Sociale per l'Impiego) e la mini-ASPI (prevista per chi non fosse tutelato dall'ASPI) avviate dalla riforma Fornero del 2012, che a loro volta avevano sostituito l'indennità di mobilità, l'indennità di disoccupazione e il trattamento di disoccupazione specifico per l'edilizia, nelle loro diverse versioni avvicendatesi nel tempo, rendendo il sistema più trasparente, razionale e alleggerito dalle distinzioni per dimensione di impresa e per settore. Rispetto all'ASPI e alla mini–ASPI sono stati ricompresi tra i beneficiari i lavoratori dimissionari per giusta causa.

Le differenze più importanti rispetto alle precedenti forme di sostegno al reddito hanno riguardato: i *requisiti di accesso*, meno stringenti nella NASpI rispetto all'ASPI; l'*importo del trattamento*, più contenuto quello della NASpI; la *durata*, più circoscritta quella della NASpI (collegata alla storia contributiva e non più all'età anagrafica, e con una soglia massima); la *riduzione nel tempo dell'importo del trattamento*, che inizia prima ed è più rapido per la NASpI; la riduzione dell'istituto a un solo strumento con l'*eliminazione della mini–ASPI* (la versione mini era di più facile accesso ma anche di durata più limitata e con clausole sospensive più stringenti).

Per gli **eventi di disoccupazione a partire dal 1° gennaio 2022**, la L. 234/2021 (*legge di bilancio 2022*) ha dettato specifiche disposizioni che incidono sull'ambito soggettivo di applicazione della NASpI, sui requisiti di accesso alla prestazione, nonché sulla misura e sulla durata della prestazione medesima.

In particolare, viene **ampliata la platea dei destinatari** della NASpI, includendo anche la categoria dei lavoratori agricoli a tempo indeterminato di cui alla L. 240/1984, in passato esclusa.

Altre modifiche hanno riguardato la semplificazione dei **requisiti di accesso** e la ridefinizione del meccanismo di riduzione della NASpI anche in ragione dell'età anagrafica del richiedente la prestazione.

Rispetto al regime precedente, per gli eventi di disoccupazione involontaria a far data dal 1° gennaio 2022, non è più richiesto il requisito lavorativo delle 30 giornate di lavoro effettivo nei 12 mesi che precedono l'inizio del periodo di disoccupazione.

La **fruizione e la durata della NASpI** sono legate principalmente alla contribuzione versata dal soggetto beneficiario, indipendentemente dall'età anagrafica o assicurativa. Si richiede, in particolare, l'aver maturato almeno 13 settimane di versamenti contributivi nei 4 anni precedenti la disoccupazione. L'importo della NASpI è pari al 75% della retribuzione mensile, calcolata secondo le indicazioni dell'art. 4 del D.Lgs. 22/2015.

La NASpI è corrisposta mensilmente, per un numero di settimane pari alla metà delle settimane di contribuzione degli ultimi quattro anni.

Per la **generalità dei beneficiari** dell'indennità NASpI, la prestazione *si riduce nella misura del 3% ogni mese a decorrere dal primo giorno del sesto mese* di fruizione (prima delle modifiche della L. 234/2021 la riduzione operava dal quarto mese). Per i **beneficiari che abbiano compiuto 55 anni** di età alla data di presentazione della domanda, la prestazione si riduce nella misura del 3% ogni mese a decorrere *dal primo giorno dell'ottavo mese* di fruizione.
La durata massima della corresponsione è di 24 mesi e la domanda va presentata all'INPS entro 68 giorni dalla cessazione del rapporto di lavoro.
Una volta avuto accesso alla NASpI, è obbligatorio partecipare regolarmente alle iniziative di attivazione lavorativa nonché ai percorsi di riqualificazione professionale proposti dai Servizi competenti.

Come incentivo all'**autoimprenditorialità**, si prevede che il lavoratore possa richiedere la **liquidazione anticipata**, in unica soluzione, dell'importo complessivo del trattamento che gli spetta e che non gli è stato ancora erogato. La cifra potrà essere utilizzata per avviare un'attività di lavoro autonomo o un'impresa individuale o, ancora, per sottoscrivere la quota di capitale sociale di una cooperativa il cui rapporto mutualistico abbia ad oggetto la prestazione di attività lavorative da parte del socio.

Il legislatore (D.Lgs. 22/2015) fissa, poi, una serie di regole per l'ipotesi che il beneficiario della prestazione svolga contemporaneamente un'altra attività di lavoro, in forma subordinata (art. 9) o in forma autonoma (art. 10).
Sono **cause di decadenza** dalla fruizione della NASpI (art. 11):
- la *perdita dello stato di disoccupazione*;
- l'inizio di un'*attività lavorativa subordinata* senza provvedere alle prescritte comunicazioni;
- l'inizio di un'*attività lavorativa in forma autonoma* o di *impresa individuale* senza provvedere alla prescritta comunicazione;
- il raggiungimento dei requisiti per il *pensionamento di vecchiaia o anticipato*;
- l'acquisizione del diritto all'*assegno ordinario di invalidità*, salvo il diritto del lavoratore di optare per la NASpI.

3.3.3 La prestazione per disoccupazione dei lavoratori parasubordinati (DIS-COLL)

La DIS-COLL (Indennità di disoccupazione per i lavoratori con rapporto di collaborazione coordinata e continuativa) è uno strumento di sostegno al reddito (art. 15 D.Lgs. 22/2015) **destinato ai collaboratori coordinati e continuativi, anche a progetto** (con esclusione degli amministratori e dei sindaci), iscritti in via esclusiva alla Gestione separata, non pensionati e privi di partita IVA, che abbiano perduto involontariamente la propria occupazione.
La DIS-COLL è stata introdotta in via sperimentale per il 2015, successivamente prorogata fino al 30 giugno 2017, per diventare, poi, definitiva con l'art. 7 L. 81/2017 (legge sul lavoro autonomo).
Sono ricompresi nella platea dei beneficiari anche i collaboratori coordinati e continuativi della Pubblica Amministrazione.

La DIS-COLL è **riconosciuta anche agli assegnisti e ai dottorandi di ricerca con borsa di studio**, in relazione agli eventi di disoccupazione verificatisi a decorrere dal 1° luglio 2017.
Dopo le modifiche apportate dal *Jobs Act*, la struttura della DIS-COLL ricalca quella della NASpI, inclusi gli aspetti relativi alla condizionalità alle politiche attive, con l'unica eccezione relativa alla contribuzione figurativa ai fini pensionistici, non prevista per la DIS-COLL.
Il ricorso allo stesso impianto della NASpI risponde a principi di razionalità e trasparenza, dal momento che entrambi gli strumenti sono disegnati per avere natura espressamente assicurativa e responsabilizzare i percettori negli sforzi di ricerca di nuova occupazione.
L'erogazione è condizionata, pertanto, oltre che alla permanenza dello stato di disoccupazione, anche alla regolare partecipazione alle **iniziative di attivazione lavorativa** e ai **percorsi di riqualificazione professionale** proposti dai Servizi competenti.
La legge disciplina in modo diverso la situazione di chi percepisce la DIS-COLL, a seconda che ottenga un nuovo contratto di lavoro subordinato o intraprenda una nuova attività lavorativa in forma autonoma o di impresa.
La L. 234/2021 (*legge di bilancio 2022*) ha modificato la disciplina della DIS-COLL prevedendo una diversa decorrenza del meccanismo di riduzione (*décalage*) della prestazione, un ampliamento della durata e una diversa modalità di calcolo della medesima, il riconoscimento della contribuzione figurativa per i periodi di fruizione della prestazione e l'obbligo del versamento, per alcune categorie di lavoratori iscritti alla Gestione separata, di un'aliquota contributiva contro la disoccupazione pari a quella dovuta per la prestazione NASpI.
In particolare, per gli **eventi di cessazione involontaria del rapporto di lavoro intervenuti a fare data dal 1° gennaio 2022**, l'indennità DIS-COLL:

- si riduce nella misura del 3% ogni mese a decorrere dal primo giorno del *sesto mese* di fruizione (invece che dal quarto mese di fruizione);
- è corrisposta mensilmente per un numero di mesi pari ai mesi accreditati nel periodo che va dal 1° gennaio dell'anno precedente la cessazione del lavoro e fino alla cessazione del rapporto, senza considerare eventuali periodi contributivi già considerati per precedenti erogazioni, con una *durata massima di 12 mesi* (in luogo dei sei mesi previsti fino al 31 dicembre 2021);
- prevede il riconoscimento d'ufficio della *contribuzione figurativa* (esclusa sulle prestazioni DIS-COLL erogate per le cessazioni involontarie intervenute fino alla data del 31 dicembre 2021), rapportata al reddito medio mensile e determinata entro 1,4 volte il massimo mensile dell'indennità. Il periodo di contribuzione figurativa è computato ai fini dell'anzianità contributiva utile al perfezionamento dei requisiti pensionistici.

3.3.4 L'Assegno di ricollocazione (AdR)

L'Assegno di Ricollocazione (AdR) si configura, più che come un vero e proprio strumento di sostegno reddituale per disoccupazione, come una "cerniera" tra politiche passive e attive del lavoro, in aggiunta ai vincoli di partecipazione e attivabilità.
Esso consiste in un **importo da utilizzare presso i soggetti che forniscono servizi di assistenza intensiva personalizzata per la ricerca di occupazione** (Centri per l'Impiego o enti accreditati ai servizi per il lavoro).

Soggetti erogatori del servizio sono i Centri per l'impiego (CPI) selezionati dalle Regioni e i soggetti accreditati a livello nazionale e regionale alle politiche per il lavoro. L'importo dell'assegno varia in relazione al profilo di occupabilità della persona disoccupata. La persona destinataria dell'assegno può scegliere liberamente l'ente da cui farsi assistere. Il CPI o l'operatore accreditato scelto assegna un/a **tutor** che affianca la persona attraverso un programma personalizzato di ricerca intensiva del lavoro per trovare nuove opportunità di impiego adatte al suo profilo.

In sintesi, il **servizio di assistenza alla ricollocazione** prevede le seguenti attività:

- l'affiancamento di un tutor al soggetto destinatario dell'assegno;
- un programma di ricerca intensiva della nuova occupazione e la relativa area, con eventuale percorso di riqualificazione professionale, mirata a sbocchi occupazionali esistenti nell'area stessa;
- l'assunzione dell'onere del destinatario dell'assegno di svolgere le attività individuate dal tutor e di accettare l'offerta di lavoro congrua rispetto alle sue capacità, aspirazioni, e possibilità effettive, in rapporto alle condizioni del mercato del lavoro nel territorio di riferimento nonché al periodo di disoccupazione.

L'assegno individuale di ricollocazione, sul piano operativo, si configura come un *voucher* che può essere speso presso i CPI e i soggetti accreditati (*ex* art. 12, co. 1, D.Lgs. 150/2015) scelti dal beneficiario al fine di ricevere un'assistenza intensiva nella ricerca di un lavoro. Solo nel caso di assunzione della persona, l'importo dell'AdR verrà riconosciuto all'ente accreditato o al CPI a cui il percettore si era rivolto.

Sono cause di **decadenza dalla fruizione dell'assegno**:

- la *mancata partecipazione* alle iniziative proposte dal soggetto accreditato;
- il *rifiuto senza giustificato motivo di una congrua offerta di lavoro* pervenuta in seguito all'attività di accompagnamento attivo al lavoro;
- la *perdita dello stato di disoccupazione.*

L'ADR è partito a marzo 2017 con una prima **fase di sperimentazione** in favore dei percettori di NASpI disoccupati da più di 4 mesi (**AdR NASpI**) che non fossero già destinatari, al momento della richiesta, di politiche attive regionali; da maggio 2018 è passato nella **fase a regime** per tutti gli aventi diritto. La platea dei potenziali destinatari è stata successivamente ampliata per includere due nuove categorie: i beneficiari del REI e i lavoratori posti in Cassa integrazione guadagni straordinaria con causale "riorganizzazione aziendale" o "crisi aziendale" e coinvolti in **accordi per la ricollocazione** (**AdR CIGS**). L'accordo di ricollocazione dei lavoratori in costanza di CIGS è stato previsto al fine di limitare il ricorso al licenziamento dopo aver esaurito la Cassa Integrazione Straordinaria concessa a seguito di una riorganizzazione o crisi aziendale (art. 24-*bis* D.Lgs. 148/2015).

L'art. 24-*bis* D.Lgs. 148/2015 (aggiunto dall'art. 1, co. 136, L. 205/2017, *legge di bilancio 2018*) prevede che la procedura di consultazione sindacale finalizzata all'attivazione dell'intervento straordinario di integrazione salariale, nei casi di riorganizzazione o di crisi aziendale in cui non sia espressamente previsto il completo recupero occupazionale, possa concludersi con un **accordo che preveda un piano di ricollocazione dei lavoratori** (**Accordo di ricollocazione**), con l'indicazione degli ambiti aziendali e dei profili professionali a rischio di esubero. Si tratta di *lavoratori non ancora disoccupati*, e quindi non percettori di NASpI, ma *fortemente a rischio*, ai quali si *anticipa*, attraverso l'Accordo di ricollocazione, la somma destinata alla ricerca di un nuovo lavoro. Tali lavoratori, pertanto, possono richiedere all'ANPAL, entro 30 giorni dalla data

di sottoscrizione dell'Accordo di ricollocazione, l'attribuzione anticipata dell'AdR, nei limiti e alle condizioni previsti dai programmi di CIGS.
Ai lavoratori ammessi anticipatamente all'AdR a seguito di accordo di ricollocazione **non si applica l'obbligo di accettazione di un'offerta di lavoro congrua**. Un'offerta di lavoro potrà pertanto essere liberamente rifiutata da tali lavoratori, senza che ciò comporti conseguenze in relazione all'integrazione salariale percepita.

Il D.L. 4/2019 ha esteso lo strumento anche ai percettori del Reddito di cittadinanza (**AdR Rdc**), sospendendo l'erogazione di nuovi assegni a favore dei titolari di NASpI disoccupati da almeno 4 mesi a partire dal 29 gennaio 2019 (gli AdR NASpI richiesti fino al 28 gennaio 2019 compreso, e in corso alla data di entrata in vigore del D.L. 4/2019, sono rimasti spendibili). L'AdR CIGS non ha subito modificazioni a seguito dell'entrata in vigore delle disposizioni sul Reddito di cittadinanza.
A differenza dell'AdR CIGS e dell'AdR NASpI, intesi come strumenti facoltativi per gli interessati, l'AdR Rdc è configurato come **obbligatorio** in quanto parte integrante delle azioni di politica attiva del lavoro, pena la decadenza dal beneficio in caso di mancata attivazione del servizio di ricollocazione.
Con la L. 178/2020 (*legge di bilancio 2021*) il campo di applicazione dell'Assegno di ricollocazione è stato nuovamente esteso ai percettori di NASpI o DIS-COLL da oltre 4 mesi.
Nell'ambito delle risorse finanziate per il 2022 in materia di politiche attive per il lavoro, un apposito stanziamento è previsto, all'interno del **Programma GOL**, per l'attuazione, tra l'altro, degli interventi a sostegno della ricollocazione dei soggetti destinatari dell'assegno di cui all'art. 23 D.Lgs. 150/2015.

3.3.5 L'indennità per la disoccupazione involontaria dei lavoratori autonomi dello spettacolo (ALAS)

Il *decreto sostegni-bis* (D.L. 73/2021) ha introdotto un'indennità di disoccupazione ALAS per gli autonomi dello spettacolo che perdono il lavoro dal 1° gennaio 2022. Questo ammortizzatore ha più o meno le stesse caratteristiche della NASpI o della DIS-COLL, ma presenta connotati e regole specifiche illustrate dall'INPS nella circolare n. 8 del 14 gennaio 2022.
La platea dei **beneficiari dell'indennità ALAS** ricomprende i lavoratori dello spettacolo iscritti al Fondo pensioni per i lavoratori dello spettacolo (FPLS) che, in particolare, svolgono:
- *a tempo determinato* attività artistica o tecnica, direttamente connessa alla realizzazione di spettacoli (art. 2, co. 1, lett. *a*, D.Lgs. 182/1997);
- *a tempo determinato* attività diverse da quelle previste nel punto precedente (art. 2, co. 1, lett. *b*);
- *attività musicali* di cui all'art. 3, co. 1, punto 23-*bis*), D.Lgs. Capo provvisorio dello Stato 16-7-1947, n. 708.

Per poter accedere all'indennità di disoccupazione, i soggetti indicati, per gli eventi successivi al 1° gennaio 2022, devono presentare, a *pena di decadenza* al momento della domanda e per tutta la durata della prestazione, determinati **requisiti** specificatamente indicati dalla normativa di riferimento.
L'indennità ALAS viene erogata per un **massimo di 6 mesi** per un importo pari, in linea di massima, al 75% del reddito percepito nell'anno precedente alla domanda.

3.4 Gli ammortizzatori sociali in costanza di rapporto di lavoro

3.4.1 Generalità

Gli istituti in vigore sul lato degli ammortizzatori sociali in costanza di rapporto di lavoro hanno la finalità di **compensare, almeno in parte, la riduzione del reddito da lavoro a seguito di una sospensione o di una riduzione dell'orario di lavoro** deciso a livello di impresa per fronteggiare circostanze contingenti avverse.

Le disposizioni di riordino della normativa recate dalla L. 234/2021 introducono, tra l'altro, novità in merito alla platea dei lavoratori beneficiari del trattamento di integrazione salariale, comprensiva degli apprendisti e dei lavoratori a domicilio, alle causali di intervento, alla misura del trattamento di integrazione salariale, ordinario e straordinario, alla misura della contribuzione addizionale, nonché con riguardo alle tutele garantite dai Fondi di solidarietà bilaterali (artt. 26, 27 e 40 del D.Lgs. 148/15) e dal Fondo di integrazione salariale (FIS).

Tra gli effetti della riforma, non marginali sono le integrazioni salariali previste per i piccoli o piccolissimi datori di lavoro e loro dipendenti (è il caso delle aziende con un organico fino a 5 unità), i quali non risulteranno più "scoperti" riguardo alle misure di sostegno al reddito, ma saranno ammessi alla creazione di Fondi bilaterali o, in alternativa, fino alla loro istituzione, all'adesione al FIS.

3.4.2 La Cassa Integrazione Guadagni (CIG) (D.Lgs. 148/2015)

La CIG è uno dei principali ammortizzatori sociali previsti dalla legge; consiste nel versamento da parte dell'INPS di una somma di denaro in favore dei lavoratori a seguito di una *riduzione* o di una *radicale sospensione* dell'attività lavorativa per motivi di crisi aziendale o di riorganizzazione interna, per evitare che il lavoratore si trovi, in tale periodo, totalmente privo di reddito. Si distingue, a seconda dei presupposti e dei soggetti che ne beneficiano, tra Cassa Integrazione Guadagni Ordinaria (CIGO) e Cassa Integrazione Guadagni Straordinaria (CIGS).

Le modifiche disposte con la legge di bilancio 2022 si riferiscono operativamente ai periodi di sospensione o di riduzione dell'attività lavorativa integrati dai trattamenti di cassa integrazione guadagni decorrenti dal **1° gennaio 2022**.

Ai sensi dell'art. 1, co. 2, D.Lgs. 148/2015, possono beneficiare della Cassa integrazione guadagni i lavoratori che abbiano maturato, al momento della richiesta all'INPS da parte del datore di lavoro, almeno 90 giorni di lavoro presso l'unità produttiva per la quale è richiesto il trattamento.

Per il riconoscimento dei trattamenti di integrazione salariale richiesti a decorrere dal 1° gennaio 2022, l'anzianità minima di effettivo lavoro che i lavoratori devono possedere alla data di presentazione della domanda è pari a 30 giorni. Tale requisito non è richiesto per l'accesso ai trattamenti di Cassa integrazione ordinaria (CIGO) riconosciuti per la causale di evento non oggettivamente evitabile nel settore industriale.

L'integrazione salariale spetta, che si tratti di intervento ordinario o straordinario, ai lavoratori assunti con contratto di lavoro subordinato, ivi compresi gli apprendisti e, per periodi di sospensione o di riduzione dell'attività lavorativa decorrenti dal 1° gennaio 2022, anche i lavoratori a domicilio (art. 1, co. 1, come modificato dalla L. 234/2021). Si dispone, pertanto, l'ampliamento della platea dei lavoratori quali possibili beneficiari

delle integrazioni salariali, ricomprendendovi, oltre ai lavoratori dipendenti assunti con contratto subordinato (ad esclusione dei lavoratori con la qualifica di dirigenti), anche i lavoratori a domicilio e i lavoratori assunti con contratto di apprendistato, a prescindere dalla tipologia dello stesso, compreso l'apprendistato professionalizzante e l'apprendistato di alta formazione e ricerca.
Il trattamento di integrazione salariale si concreta nell'erogazione, da parte dell'INPS, di un'**indennità pari all'80% della retribuzione globale** che sarebbe stata corrisposta per le ore di lavoro non prestate *fra le zero ore* e il *limite dell'orario contrattuale* (comunque non oltre le 40 ore settimanali). A tale importo si applicano dei massimali mensili di anno in anno stabiliti, secondo il disposto dell'art. 3, co. 5 D.Lgs. 148/2015.
Per i trattamenti di integrazione salariale relativi a periodi di sospensione o riduzione dell'attività lavorativa decorrenti **dal 1° gennaio 2022**, è previsto un **massimale unico**, indipendentemente dalla retribuzione mensile di riferimento, per il calcolo del trattamento, pari al tetto alto indicato nella misura di euro 1.167,91 (art. 3, co. 5, lett. *b*, D.Lgs. 148/2015). Detto importo è calcolato e rivalutato annualmente dall'INPS secondo gli indici ISTAT.
La **durata massima complessiva** dei trattamenti (cumulando quelli ordinari e quelli straordinari) non può superare i **24 mesi** (in un quinquennio mobile) per ciascuna unità produttiva; tetti specifici sono previsti per i singoli interventi.

L'introduzione del calcolo con il sistema del **quinquennio mobile** implica che per conteggiare il periodo massimo di fruizione dell'integrazione non si tiene conto di uno specifico arco temporale (ad esempio il 2010-2014 o 2015-2019), ma si fa riferimento ad un *periodo "variabile" che deve essere individuato partendo dall'ultimo giorno del mese per il quale si chiede di fruire del trattamento* e andando a ritroso nel tempo per stabilire l'intervallo applicabile. Un esempio può chiarire il procedimento da adottare.
Se si ipotizza una richiesta di Cassa integrazione straordinaria per 24 mesi (dal 1° gennaio 2021 al 31 dicembre 2022), per calcolare il quinquennio mobile occorre partire da quest'ultima data e valutare se nei precedenti 5 anni si è già fruito dell'ammortizzatore. In pratica, se dal 1° gennaio 2018 l'azienda non ha richiesto altri periodi di Cassa integrazione le saranno concessi tutti i 24 mesi. Solo a decorrere dal 1° gennaio 2026 la stessa azienda potrà richiedere un nuovo periodo di Cassa.
Per la Cassa integrazione ordinaria il criterio di calcolo è lo stesso ma si deve considerare la settimana e non il mese, essendo il primo il parametro di riferimento indicato dalla legge (art. 12 D.Lgs. 148/2015). Inoltre, come si vedrà, si fa riferimento al **biennio mobile** e non al quinquennio.
L'art. 5 D.Lgs. 148/2015 stabilisce a carico delle imprese un **contributo addizionale obbligatorio** dovuto in caso di ricorso alla cassa integrazione guadagni, sia straordinaria che ordinaria. Tale contribuzione va versata solo in caso di effettivo utilizzo della cassa integrazione con aumento del costo contributivo per quelle aziende che concretamente ricorrono a tale strumento.
La misura di tale contributo è unica per tutte le tipologie di cassa, sia ordinaria che straordinaria, ed è calcolata in percentuali diverse e crescenti a seconda della durata dei periodi di integrazione salariale fruiti. La legge di bilancio 2022 ha previsto, a far data **dal 1° gennaio 2025**, un calcolo della contribuzione addizionale ridotta secondo un meccanismo di premialità. È stata infatti disposta una riduzione delle attuali aliquote per le prestazioni di CIGO e di CIGS in favore di quelle aziende che non abbiano fruito di trattamenti di integrazione salariale per almeno 24 mesi dall'ultima richiesta.

Quanto alla **compatibilità dell'integrazione salariale con lo svolgimento di attività lavorativa**, la L. 234/2021 è intervenuta sul testo dell'art. 8 D.Lgs. 148/2015 disponendo che il lavoratore beneficiario del trattamento il quale svolga, nel periodo di sospensione o riduzione di orario di lavoro, attività di lavoro subordinato di durata superiore ai 6 mesi nonché attività di lavoro autonomo non ha diritto al trattamento di integrazione salariale per le giornate di lavoro effettuate. Qualora poi, il lavoratore svolga attività di lavoro subordinato a tempo determinato di durata pari o inferiore alle sei mensilità, il trattamento di integrazione salariale resta sospeso per la durata del rapporto di lavoro.

3.4.3 La Cassa Integrazione Guadagni Ordinaria (CIGO) (artt. 9-18 D.Lgs. 148/2015)

La CIGO è una prestazione economica effettuata dall'**INPS** per **integrare** o **sostituire** lo **stipendio** dei lavoratori del **settore industriale ed edilizio** che hanno subito una **sospensione** o una **riduzione** dell'attività lavorativa dovuta ad una situazione aziendale di difficoltà causata da *eventi transitori e non imputabili all'impresa o ai dipendenti*, comprese le intemperie stagionali, ed *evenienze temporanee di mercato* (art. 11).
È essenziale che l'evento sia transitorio, cioè che lo stesso faccia prevedere, con ragionevole fondatezza, che possa esserci la ripresa dell'attività lavorativa, con riferimento all'intera azienda e non ai lavoratori singolarmente considerati.
Il riordino della normativa in materia di ammortizzatori sociali operata dalla L. 234/2021 non coinvolge in modo significativo la disciplina della CIGO che, quindi, non subisce sostanziali modifiche, né sul fronte normativo né su quello regolamentare.
Riguardo al campo di applicazione del trattamento ordinario di integrazione salariale, è rimasta dunque invariata la previsione declinata dall'art. 10 D.Lgs. 148/2015.
Ricorrendo gli eventi indicati, è prevista la corresponsione di una **indennità** pari all'**80% dello stipendio** che il lavoratore avrebbe percepito qualora avesse potuto effettuare il normale orario di lavoro. Come anticipato, per il calcolo preciso dell'importo dovuto bisogna tener conto dei limiti dell'orario lavorativo stabilito dai contratti collettivi (in ogni caso questo non deve superare le 40 ore settimanali) e del limite massimo mensile dell'assegno stabilito di anno in anno, secondo le nuove previsioni introdotte dalla legge di bilancio 2022 per le crisi a far data dal 1° gennaio 2022 (art. 3, co. 5-*bis*).
La CIGO può essere richiesta anche dalle imprese che hanno ridotto l'orario di lavoro in seguito alla **stipula di un contratto di solidarietà**; per poter accedere alla CIGO, però, è necessario che questo provvedimento faccia riferimento a lavoratori distinti e che non abbia una durata superiore ai 3 mesi.
La **domanda** deve essere presentata alla sede INPS dove si trova l'unità produttiva interessata dalla riduzione o sospensione dell'attività lavorativa.
Con riferimento ad ogni singola unità produttiva, il **limite massimo** di ricorso alla CIGO è di **52 settimane nel biennio mobile**. La singola domanda non può comunque superare le 13 settimane continuative, prorogabile trimestralmente fino ad un massimo complessivo di 52 settimane; ogni successiva proroga, sempre per periodi non superiori a 13 settimane, è considerata come una nuova richiesta.
Se si fruisce della Cassa ordinaria ininterrottamente per 52 settimane è necessaria la ripresa dell'attività lavorativa ordinaria per almeno 52 settimane prima di poter presentare una nuova domanda di CIGO.
La CIGO è stata modificata dal *Jobs Act*. Dopo lunghi periodi di utilizzo in deroga e di accumulazione di casistiche speciali, l'obiettivo è stato quello di ricondurre lo strumento

su "binari" assicurativi, ristabilendo specificità di funzionamento e marcando le differenze rispetto agli altri istituti del sistema di *welfare*, soprattutto quelli per disoccupazione ma anche gli altri che intervengono in costanza di rapporto di lavoro (soprattutto la CIGS).

3.4.4 La Cassa integrazione guadagni straordinaria (CIGS) (artt. 19-25-*ter* D.Lgs. 148/2015)

Anche la CIGS consiste nel versamento di una indennità per il sostegno del reddito dei lavoratori la cui **attività** sia stata **ridotta** o **sospesa** da parte del datore di lavoro.
È proprio sul trattamento di integrazione salariale straordinario che si registrano le più ampie modifiche ad opera della L. 234/2021 (*legge di bilancio 2022*) in sede di riordino della normativa in materia di ammortizzatori sociali.
Ciò che la differenzia dalla CIG ordinaria è il presupposto in base al quale questo beneficio può essere concesso. Infatti, mentre la CIG ordinaria fa riferimento ad *eventi aziendali transitori o a situazioni temporanee di mercato* (es. calo della domanda), la CIGS può essere concessa in presenza di **presupposti** eccezionali quali (art. 21 D.Lgs. 148/2015):

> **riorganizzazione aziendale** (causale che sostituisce le precedenti di *ristrutturazione, riorganizzazione* e *riconversione aziendale*). Tale causale è stata ampliata dalla L. 234/2021, che ha riconosciuto nel medesimo ambito riorganizzativo programmi aziendali volti "anche a realizzare processi di transizione".

L'impresa che intenda richiedere il trattamento di integrazione salariale straordinario per un intervento di riorganizzazione finalizzato a realizzare **processi di transizione**, deve presentare un programma articolato di interventi che, oltre a fronteggiare le inefficienze della struttura gestionale o produttiva, indichi specificamente le azioni dirette alle trasformazioni e transizioni aziendali digitali, tecnologiche, ecologiche ed energetiche. Nel programma devono essere, altresì, indicate le azioni di recupero occupazionale dei lavoratori coinvolti dal programma ed interessati alle sospensioni o riduzioni di orario, realizzabili prioritariamente attraverso percorsi di formazione diretti alla riqualificazione professionale e al potenziamento delle competenze;

> **crisi aziendale**. La riforma del 2015 aveva escluso, dal 1° gennaio 2016, i casi di *cessazione dell'attività produttiva dell'azienda o di un suo ramo* (idealmente la CIG dovrebbe essere utilizzata solo in costanza di un rapporto di lavoro), anche se tra proroghe e deroghe questa causale continua ad essere utilizzata (*vedi infra*).

Le imprese che presentano istanza per i trattamenti di integrazione salariale straordinaria per la causale di "crisi aziendale" devono predisporre un programma corredato da un piano di risanamento volto a fronteggiare gli squilibri di natura produttiva finanziaria, gestionale o derivanti da condizionamenti esterni. Il piano deve indicare, altresì, gli interventi correttivi e gli obiettivi concretamente raggiungibili finalizzati alla continuazione dell'attività aziendale e alla salvaguardia occupazionale;

> **contratti di solidarietà** (di Tipo A).

La L. 234/2021 ha inteso incentivare, per superare momenti di difficoltà della vita aziendale, il ricorso a tale causale di CIGS. Pertanto, a decorrere **dal 1° gennaio 2022**, i contratti di solidarietà difensivi sono modificati nel senso che la riduzione media oraria programmata può raggiungere (invece che il 60%) l'80% dell'orario giornaliero, settimane o mensile dei lavoratori interessati e per ciascun lavoratore la percentuale di riduzione complessiva massima dell'orario di lavoro può raggiungere il 90% (invece che il 70%) dell'orario nell'arco dell'intero periodo per il quale il contratto di solidarietà è stipulato.

Dal **1° gennaio del 2022**, l'ambito di applicazione della disciplina in materia di CIGS e i relativi obblighi contributivi, per le causali declinate all'art. 21, co. 1, si applica ad una platea più ampia di imprese e datori di lavoro.
Finora, il trattamento di integrazione straordinaria ha riguardato solo le imprese con più di 15 dipendenti nel semestre precedente la presentazione della richiesta per i settori indicati dalla normativa (industria, artigianato, appalto di servizi di mensa o ristorazione o di servizi di pulizia, settori ausiliari del servizio ferroviario, imprese di vigilanza, imprese cooperative e loro consorzi che trasformano o manipolano prodotti agricoli) ovvero con più di 50 dipendenti nel settore del commercio e delle agenzie di viaggi e turismo (art. 20).
Le tutele della CIGS sono ora estese a tutte le imprese (con più 15 dipendenti) che non accedono ai fondi di solidarietà bilaterali, fondi bilaterali alternativi e al fondo territoriale intersettoriale delle Province autonome di Trento e Bolzano (rispettivamente art. 26, 27 e 40 D.Lgs. 148/2015). Si estendono, pertanto, la disciplina della CIGS e i relativi obblighi contributivi anche alle **imprese e ai datori di lavoro iscritti al FIS** (Fondo di integrazione salariale *ex* art. 29 D.Lgs. 148/2015), che soddisfino comunque il requisito dei 15 lavoratori dipendenti. In tal modo, l'integrazione salariale straordinaria viene garantita ai datori di lavoro con più di 15 dipendenti, a prescindere dal settore lavorativo. A mero titolo esemplificativo, divengono destinatarie della disciplina del D.Lgs. 148/2015 anche le aziende del commercio con un numero di dipendenti tra i 15 e i 50, per le causali di intervento declinate all'art. 21, co. 1 (crisi aziendale, riorganizzazione e solidarietà).
Nel computo dei dipendenti sono calcolati, oltre ai lavoratori dipendenti con contratto subordinato, che prestano la loro opera sia all'interno che all'esterno dell'azienda, anche i lavoratori con la qualifica di dirigente, i lavoratori a domicilio e gli apprendisti (nuovo art. 2-*bis* D.Lgs. 148/2015).
Dal 1° gennaio 2022, la disciplina in materia di CIGS si applica altresì, **a prescindere dal requisito occupazionale** e per le causali già indicate, alle imprese indicate dal neo introdotto comma 3-*ter* dell'art. 20 D.Lgs. 148/2015 (che, nella sostanza, riprende il testo del previgente comma 3 della stessa norma, facendo espresso riferimento alle imprese operanti nel settore del trasporto aereo e di gestione aeroportuale e alle società da queste derivate e alle imprese del sistema aeroportuale nonché ai partiti e movimenti politici e loro rispettive articolazioni e sezioni territoriali).
La **durata** del trattamento di CIGS varia in base al presupposto che ha condotto l'azienda a farne richiesta; a seconda dell'evento causale, infatti, questa ha una durata variabile dai 12 mesi ai 36 mesi (art. 22 D.Lgs. 148/2015).
In particolare, la durata massima del trattamento è di:
- **24 mesi, anche continuativi, in un quinquennio mobile, per ciascuna unità produttiva**, per la causale di *riorganizzazione aziendale*, venendo meno però la possibilità, precedentemente prevista, di concedere due proroghe della durata massima di 12 mesi ciascuna (cd. *proroghe complesse*);

- **12 mesi, anche continuativi**, per la causale di *crisi aziendale* (una nuova autorizzazione non può essere concessa prima che sia decorso un periodo pari a due terzi di quello relativo alla precedente autorizzazione);
- **24 mesi, anche continuativi, in un quinquennio mobile**, per la causale di *contratto di solidarietà*. Per quest'ultima causale, la durata massima **può essere estesa a 36 mesi**.

La L. 234/2021 ha previsto, poi, ulteriori 12 mesi di integrazione salariale per sostenere le transizioni occupazionali (vedi *infra*) e, limitatamente al biennio 2022-2023, di un ulteriore periodo di 52 settimane nei casi di processi di riorganizzazione aziendale o di grave difficoltà economica dell'impresa, quando si tratti di datori di lavoro rientranti nell'ambito di applicazione dell'integrazione salariale straordinaria i quali abbiano esaurito i relativi trattamenti (art. 44, co. 11-*ter*, D.Lgs. 148/2015).

3.4.5 La CIGS per cessazione di attività

L'art. 44 del D.L. 109/2018 (cosiddetto decreto urgenze, conv. dalla L. 130/2018) ha reintrodotto nel nostro ordinamento, relativamente al biennio 2019-2020, la **Cassa Integrazione Guadagni Straordinaria per cessazione di attività**. Questa era stata cancellata dal D.Lgs. 148/2015 a partire dal 1° gennaio 2016, ma la sua vigenza era già stata prorogata in considerazione di situazioni emergenziali del Paese.

Invero, già l'art. 21, co. 4, D.Lgs. 14/2015 aveva previsto (**in deroga** ai limiti di durata massima) la possibilità di autorizzare un ulteriore intervento di CIGS, nel caso in cui all'esito dello specifico programma di crisi aziendale, l'impresa avesse cessato l'attività produttiva e sussistessero concrete prospettive di rapida cessione dell'azienda e di un conseguente riassorbimento occupazionale.

L'art. 44 D.L. 109/2018, per il biennio 2019-2020, ha esteso l'intervento in questione anche alle ipotesi della presenza di un **piano di reindustrializzazione del sito produttivo** e della **attivazione di percorsi di politica attiva del lavoro**. La CIGS in deroga è stata prevista per una durata massima di 12 mesi, in modo da garantire un sussidio ai dipendenti dalla crisi aziendale, consentendo loro la possibilità, durante questo arco di tempo, di cercare un nuovo impiego, anche avvalendosi di specifici percorsi di politica attiva.

La legge di bilancio 2021 (L. 178/2020) ha ulteriormente prorogato, **per il periodo 2021-2022**, la CIGS in deroga alle medesime condizioni previste dal citato art. 44 D.L. 109/2018. In particolare, possono accedere alla CIGS le imprese che abbiano cessato o cessino l'attività produttiva qualora sussista una delle seguenti ipotesi: a) risultino concrete prospettive di cessione dell'attività, con conseguente riassorbimento occupazionale; b) sia possibile realizzare interventi di reindustrializzazione del sito produttivo; c) siano svolti specifici percorsi di politica attiva del lavoro, posti in essere dalla Regione interessata e relativi ai lavoratori dell'azienda in oggetto.

Il trattamento può avere una durata massima di 12 mesi anche in deroga ai limiti di durata massima per la cassa integrazione ordinaria e straordinaria, che prevedono, rispettivamente, in generale, una durata massima complessiva di 24 mesi in un quinquennio mobile e di 12 mesi, anche continuativi, in caso di crisi aziendale. L'accesso alla misura è subordinato alla conclusione di un accordo stipulato presso il Ministero del lavoro e delle politiche sociali in cui viene altresì verificata la sostenibilità finanziaria del trattamento straordinario e indicato il relativo onere finanziario. Tali accordi sono trasmessi al Ministero dell'economia e delle finanze e all'INPS per il monitoraggio mensile del rispetto dei limiti di spesa.

3.4.6 Accordo di transizione occupazionale (art. 22-*ter* D.Lgs. 148/2015)

In una logica di una maggiore flessibilità degli interventi straordinari, con le nuove norme di riordino dell'impianto degli ammortizzatori sociali di cui alla L. 234/2021 è stato introdotto l'**accordo di transizione occupazionale** per governare processi di transizione nel mercato del lavoro e prevenire la disoccupazione. Detto strumento contempla la possibilità, per i dipendenti di aziende con più di 15 dipendenti, di usufruire di un ulteriore periodo di integrazione salariale, pari a 12 mesi massimo, da richiedere in esito ad un intervento di CIGS di crisi aziendale e di riorganizzazione aziendale solo nell'ipotesi in cui le parti addivengano alla stipula di un accordo finalizzato a sostenere le transizioni occupazionali.
In particolare, le parti possono sottoscrivere un **apposito accordo** nel quale devono essere previsti interventi di recupero occupazionale dei lavoratori in esubero e l'utilizzo di politiche attive dirette alla rioccupazione dei lavoratori attraverso le misure del Programma GOL, o anche tramite i Fondi paritetici interprofessionali che, peraltro, vengono significativamente valorizzati. In detto accordo, posto a corredo dell'istanza di ammissione a tale ulteriore trattamento di integrazione salariale, devono essere previste e definite le azioni finalizzate proprio alla rioccupazione o all'autoimpiego dei lavoratori coinvolti, specificando le iniziative dirette alla formazione e alla riqualificazione.
I lavoratori interessati al trattamento di integrazione straordinario in oggetto accedono al programma Garanzia di occupabilità dei lavoratori (GOL) e a tal fine i loro nominativi saranno comunicati all'ANPAL che poi li metterà a disposizione delle Regioni interessate.
Quale **condizionalità** al beneficio degli ulteriori 12 mesi di integrazione salariale, è posta in capo al singolo lavoratore la responsabilità della partecipazione a tali azioni formative la cui ingiustificata assenza comporta la decadenza dalla prestazione di integrazione salariale.
La L. 234/2021 ha riconosciuto all'impresa che assume a tempo indeterminato una persona in CIGS, derivante dal nuovo strumento dell'accordo di transizione occupazionale, un **incentivo economico**. Ai datori di lavoro privati che assumono tali categorie di lavoratori è richiesto, per accedere ai benefici degli incentivi economici, che nei 6 mesi precedenti l'assunzione non abbiano effettuato, nella medesima unità produttiva, licenziamenti collettivi ai sensi della L. 223/1991 ovvero non abbiano proceduto a licenziamenti individuali per giustificato motivo oggettivo, ai sensi dell'art. 3 della L. 604/1966.

3.4.7 Condizionalità e formazione (art. 25-*ter* D.Lgs. 148/2015)

In sede di riordino della materia relativa agli ammortizzatori sociali (L. 234/2021) è stato anche ridefinito il *meccanismo della condizionalità*, con l'obiettivo di **assicurare ai lavoratori coinvolti in programmi di CIGS la possibilità di migliorare e riqualificare le proprie competenze**, pur in costanza di rapporto di lavoro con l'impresa, ed essere quindi potenzialmente impiegabili anche in altre aziende.
Al fine indicato, nel corpo del D.Lgs. 148/2015 è stato inserito l'art. 25-*ter*, il quale prevede che i lavoratori beneficiari di CIGS autorizzata per le diverse causali di cui all'art.

21, allo scopo di mantenere o di sviluppare le competenze, prima che si concludano le sospensioni o riduzioni dell'attività lavorativa, debbano partecipare ad iniziative di carattere formativo o di riqualificazione che possono essere finanziati anche con l'intervento di fondi interprofessionali.
Le iniziative relative ai percorsi formativi possono essere cofinanziate dalle Regioni nell'ambito delle rispettive misure di formazione e politica attiva del lavoro.
La mancata e ingiustificata partecipazione alle iniziative formative citate comporta l'irrogazione di sanzioni che vanno dalla decurtazione di una mensilità di trattamento di integrazione salariale fino alla decadenza dal trattamento in corso secondo le modalità e i criteri da definire con decreto del Ministero del lavoro e delle politiche sociali.

3.4.8 I Fondi di solidarietà (artt. 26-40 D.Lgs. 148/2015)

I Fondi di solidarietà sono lo strumento attraverso il quale viene realizzata l'estensione degli ammortizzatori sociali in costanza di rapporto di lavoro a tutti coloro che operano in settori privi di altri strumenti specifici di tutela ovvero per coloro ai quali era applicabile unicamente l'istituto della Cassa integrazione in deroga.
Il sistema dei fondi di solidarietà, istituiti dalla legge Fornero, è stato completamente rivisitato dal Titolo II del D.Lgs. 148/2015, che ha previsto un allargamento della platea delle imprese aderenti, un'uniformità delle prestazioni erogate e la fissazione di un termine certo per il loro avvio.
Su tale impianto ha inciso la L. 234/2021 (*legge di bilancio 2022*), che ha ulteriormente esteso il relativo ambito di applicazione.
Tra i Fondi di solidarietà rientrano:

> i **Fondi bilaterali** (art. 26), così denominati in quanto al loro sostentamento contribuiscono sia i datori di lavoro che i lavoratori. La loro istituzione è prevista al fine di assicurare ai lavoratori una tutela in costanza di rapporto di lavoro nei casi di riduzione o sospensione dell'attività lavorativa per cause previste dalla normativa in materia di integrazione salariale ordinaria o straordinaria. A tal fine, le organizzazioni sindacali e datoriali comparativamente più rappresentative a livello nazionale stipulano accordi collettivi e contratti collettivi, anche intersettoriali, aventi ad oggetto la costituzione dei fondi di solidarietà bilaterali.
L'istituzione dei fondi è in via ordinaria obbligatoria per tutti i settori non coperti dalla normativa in materia di integrazione salariale in relazione ai datori di lavoro che occupano *mediamente più di 5 dipendenti* (art. 26, co. 7).
Con la L. 234/2021, dal 1° gennaio 2022 l'istituzione dei Fondi è stata resa obbligatoria per i datori di lavori che non rientrano nel campo di applicazione della integrazione salariale ordinaria i quali occupino *anche un solo dipendente* (art. 26, co. 7-*bis*).

La nuova disposizione prevede che i fondi già costituiti alla data di entrata in vigore della L. 234/2021 si adeguino alle nuove disposizioni entro il 31 dicembre 2022. In mancanza, i datori di lavoro del relativo settore confluiscono, a decorrere dal 1° gennaio 2023, nel **Fondo di integrazione salariale** di cui all'art. 29 (FIS), al quale sono trasferiti i contributi già versati o comunque dovuti dai datori di lavoro medesimi, ai soli fini dell'erogazione dei trattamenti di integrazione salariale;

> il **Fondo di integrazione salariale (FIS)**, destinato a comprendere tutti i datori di lavoro, anche non organizzati in forma di impresa, occupanti *mediamente più di 5*

dipendenti, non rientranti nel campo di applicazione della CIG ordinaria o straordinaria e appartenenti a settori nell'ambito dei quali non sono stati stipulati accordi per l'attivazione di un fondo di solidarietà bilaterale di nuova costituzione o di un fondo di solidarietà bilaterale alternativo.

I **fondi di solidarietà bilaterali alternativi** sono fondi relativi a settori nei quali già operavano consolidati sistemi di bilateralità e rispetto ai quali le organizzazioni sindacali e imprenditoriali comparativamente più rappresentative hanno adeguato alla data di entrata in vigore del D.Lgs. 148/2015 le fonti normative e istitutive dei rispettivi fondi bilaterali alle finalità perseguite con i fondi bilaterali di nuova costituzione (art. 26 D.Lgs. 148/2015).

Con la legge di bilancio 2022 (L. 234/2021) è previsto che, a decorrere da 1° gennaio 2022, sono assoggettati alla disciplina dei Fondi di integrazione salariale (FIS) *anche i datori di lavoro che occupano almeno un dipendente*, non rientranti nell'ambito di applicazione della Cassa integrazione ordinaria e non ricompresi nei fondi di solidarietà bilaterali di cui agli artt. 26, 27 e 40 del D.Lgs. 148/2015.
Il cambiamento ha previsto dunque l'abbassamento della soglia minima di 5 dipendenti finora prevista dalla normativa. Detto cambiamento ha riguardato anche i fondi di solidarietà bilaterali alternativi dei settori artigianato e somministrazione del lavoro.

I fondi di solidarietà bilaterale assicurano ai lavoratori, in relazione alle causali previste dalla normativa in materia di integrazioni salariali ordinarie o straordinarie, una prestazione a sostegno del reddito che, per **periodi di sospensione o riduzione dell'attività lavorativa decorrenti dal 1° gennaio 2022**, consiste in un **assegno di integrazione salariale** di importo pari a quello definito secondo le nuove previsioni di cui all'art. 3, co. 5-*bis*, e stabiliscono la durata della prestazione in misura almeno pari ai trattamenti di integrazione salariale, a seconda della soglia dimensionale dell'impresa e della causale invocata, e comunque nel rispetto delle durate massime complessive previste (art. 30, co. 1-*bis*, introdotto dalla L. 234/2021).

Nel caso in cui i fondi di solidarietà già costituti prevedano una prestazione di "assegno ordinario" (secondo la precedente denominazione) che non risponde ai requisiti di importo e durata di cui alla prestazione dell'*assegno di integrazione salariale* delineata dalla legge bilancio 2022, ai fini dell'adeguamento alla legge è ammessa la possibilità di stipulare accordi e contratti collettivi, anche intersettoriali, da parte delle organizzazioni sindacali e imprenditoriali comparativamente più rappresentative a livello nazionale. In assenza di tale **adeguamento entro il 31 dicembre 2022**, tutti i datori di lavoro del relativo settore confluiranno nel Fondo di integrazione salariale a decorrere dal 1° gennaio 2023 ai soli fini dell'erogazione dei trattamenti di integrazione salariale (per i fondi bilaterali di cui all'art. 26 costituiti nel periodo compreso tra il 1° gennaio 2020 e il 31 dicembre 2021, il termine di adeguamento, è fissato al 30 giugno 2023).

I fondi bilaterali, oltre all'assegno di integrazione salariale (ex assegno ordinario), possono prevedere le seguenti **ulteriori prestazioni** (art. 32):
- *prestazioni integrative* agli ammortizzatori sociali già previsti dalla legge (sia durante il rapporto di lavoro che in caso di disoccupazione);
- *assegno straordinario* per coloro che maturino i requisiti per la pensione entro i 5 anni successivi;
- *finanziamento di programmi formativi* di riconversione o riqualificazione professionale.

Anche il FIS, per periodi di sospensione o riduzione dell'attività lavorativa decorrenti dal 1° gennaio 2022, garantisce la corresponsione di un **assegno di integrazione salariale**, con i criteri e per le durate indicate dall'art. 29, co. 3-*bis*, D.Lgs. 148/2015.

Per i trattamenti decorrenti prima della data indicata, l'art. 29 prevede, nel caso di datori di lavoro che occupano mediamente più di 15 dipendenti, la corresponsione per una durata massima di 26 settimane in un biennio mobile, di un "**assegno ordinario**" (secondo la precedente denominazione) in relazione alle causali di riduzione o sospensione dell'attività lavorativa previste dalla normativa in materia di CIGO (ad esclusione delle intemperie stagionali) e GIGS (solo riorganizzazione e crisi aziendale).
A decorrere dal 1° gennaio 2016 il Fondo di integrazione salariale garantisce, per periodi di sospensione o riduzione dell'attività lavorativa **fino al 31 dicembre 2021, anche** un **assegno di solidarietà**. Si tratta di una prestazione garantita sulla base di un accordo collettivo aziendale stipulato tra i datori di lavoro e le organizzazioni sindacali comparativamente più rappresentative il quale preveda una riduzione dell'orario di lavoro, al fine di evitare o ridurre le eccedenze di personale nel corso della procedura di licenziamento collettivo di cui all'art. 24 L. 223/1991, o al fine di evitare licenziamenti plurimi individuali per giustificato motivo oggettivo. La prestazione può essere garantita per un periodo massimo di 12 mesi in un biennio mobile (art. 31).
Dunque, se fino ad oggi il trattamento del FIS veniva erogato sotto forma di "assegno ordinario" per crisi temporanee (massimo di 26 settimane nel biennio mobile) o di "assegno di solidarietà" per le situazioni di crisi con esuberi (massimo di 12 mesi nel biennio mobile), **dal 1° gennaio 2022** assegno ordinario e assegno di solidarietà vengono sostituiti dall'**assegno di integrazione salariale**.

Alla gestione dei Fondi di Solidarietà Bilaterali e di Integrazione Salariale provvede un **Comitato amministratore**, i cui componenti devono possedere requisiti di *competenza* e di *onorabilità*, oltre a non avere eventuali conflitti d'interesse rispetto alla carica assunta.

3.4.9 I contratti di solidarietà difensivi (art. 21 D.Lgs. 148/2015)

I contratti di solidarietà sono **accordi, stipulati tra l'azienda e le rappresentanze sindacali, che prevedono la riduzione dell'orario di lavoro e del corrispondente salario** finalizzata a mantenere l'occupazione in caso di crisi aziendale ed evitare la riduzione del personale (**contratti di solidarietà interna** o **difensivi**).
Negli ultimi anni questo strumento ha consentito, nei casi di crisi di impresa, la salvaguardia di migliaia di posti di lavoro e il mantenimento di un reddito più consistente rispetto agli altri ammortizzatori sociali e nel contempo una gestione comunque flessibile per le imprese.
I contratti di solidarietà, nati come prassi solidaristica all'interno delle aziende al fine di evitare il licenziamento, hanno trovato una prima regolamentazione legislativa con il D.L. 726/1984, conv. dalla L. 863/1984, che li ha disciplinati in maniera particolare rispetto agli altri ammortizzatori.
Nelle previsioni di tale normativa (art. 1), il contratto di solidarietà si sostanziava nella concessione di una integrazione salariale a favore dei lavoratori dipendenti (esclusi dirigenti, apprendisti e lavoratori a domicilio) da parte di aziende rientranti nel campo di applicazione della CIGS, le quali avessero stipulato contratti collettivi aziendali con la previsione di una riduzione dell'orario di lavoro al fine di evitare i licenziamenti o dichiarazioni di esubero (cosiddetti **contratti di solidarietà difensivi di Tipo A**).

La stessa legge (art. 2) prevedeva la possibilità di stipulare contratti di solidarietà volti a favorire l'incremento degli organici mediante la riduzione stabile dell'orario di lavoro, con conseguente riduzione della retribuzione e contestuale assunzione a tempo indeterminato di nuovo personale, con richiesta nominativa (cosiddetti **contratti di solidarietà espansivi**).
Successivamente, con il D.L. 148/1993, conv. dalla L. 236/1993, la possibilità di stipulare contratti di solidarietà volti ad evitare o ridurre le eccedenze di personale venne estesa anche alle aziende non rientranti nel campo di applicazione della CIGS (cosiddetti **contratti di solidarietà difensivi di Tipo B**).
La riforma degli ammortizzatori attuata con il D.Lgs. 148/2015 ha investito anche la disciplina dei contratti di solidarietà, "ristrutturando" tale istituto secondo tre direttive di fondo:

- i contratti di solidarietà, da autonomo ammortizzatore sociale, sono stati ricondotti a "causale" di sospensione/riduzione dell'attività lavorativa legittimante l'accesso alla CIGS (art. 21, co. 1, lett. *c*). Questi sono stipulati dall'impresa (rientrante nell'ambito di applicazione soggettiva della CIGS) a seguito di contrattazione con i sindacati *comparativamente* più rappresentative sul piano nazionale o con le loro rappresentanze sindacali aziendali/unitarie, al fine di evitare, in tutto o in parte, la riduzione o la dichiarazione di esubero del personale;
- sono stati abrogati, a decorrere dal 1° luglio 2016, i contratti di solidarietà difensivi di Tipo B, destinati cioè alle aziende non comprese nel campo di applicazione della CIGS, di cui all'art. 5 D.L. 148/1993 (per le quali sono rese applicabili le norme sui fondi di solidarietà);
- è stata novellata la disciplina dei contratti di solidarietà espansivi.

Ulteriori modifiche alla disciplina dei **contratti di solidarietà difensivi** sono state apportate dalla L. 234/2021 (*legge di bilancio 2022*), con interventi di novazione volti ad incentivare, per superare momenti di difficoltà della vita aziendale, il ricorso a tale causale di CIGS. A decorrere **dal 1° gennaio 2022** vengono pertanto ampliati i limiti di utilizzo di questo strumento attraverso la riscrittura dell'art. 21, co. 5, D.Lgs. 148/2015. La riduzione media oraria programmata passa dal 60% all'80% dell'orario giornaliero, settimane o mensile dei lavoratori interessati e per ciascun lavoratore la percentuale di riduzione complessiva massima dell'orario di lavoro passa dal 70% al 90% nell'arco dell'intero periodo per il quale il contratto di solidarietà è stipulato.
Resta fermo che il trattamento salariale perso a seguito della riduzione oraria va calcolato non tenendo conto degli aumenti retributivi previsti dai contratti collettivi aziendali nel periodo di sei mesi antecedenti la stipula del contratto di solidarietà.
Resta altresì fermo che, in sede di stipula del contratto, l'impresa deve specificare le modalità attraverso cui, per soddisfare esigenze di maggior lavoro, può modificare in aumento, nei limiti del normale orario di lavoro, l'orario ridotto. Il maggior lavoro prestato comporta conseguentemente una riduzione delle percentuali di riduzione e una corrispondente riduzione del trattamento di integrazione salariale.
Con riferimento alla **durata**, il contratto di solidarietà può essere stipulato per un periodo non superiore a 24 mesi, prorogabile fino a un massimo di 36 mesi in un quinquennio mobile (artt. 4 e 22 D.Lgs. 148/2015). Raggiunte queste scadenze, è possibile stipulare un nuovo contratto di solidarietà con lo stesso lavoratore solo dopo un anno dal precedente.

3.4.10 I contratti di espansione (art. 41 D.Lgs. 148/2015)

I contratti di solidarietà espansivi (originariamente disciplinati dall'art. 2 L. 863/1984) sono nati con lo scopo di agevolare l'incremento dell'organico aziendale, attraverso una riduzione stabile dell'orario di lavoro dei dipendenti e correlativa riduzione della retribuzione e con la contestuale assunzione a tempo indeterminato di nuovo personale. Tale strumento, tuttavia, non ha avuto i riscontri sperati.

In un'ottica mirante al rilancio dell'istituto, il legislatore ha riscritto la tipologia contrattuale nell'art. 41 D.Lgs. 148/2015, ma senza modificarne nella sostanza la disciplina. Con il successivo D.Lgs. 185/2016 si è tentato di rilanciare ulteriormente i contratti di solidarietà espansivi prevedendo diverse misure incentivanti. Con l'art. 26-*quater* D.L. 34/2019 (cosiddetto *decreto crescita*), conv. dalla L. 58/2019, **il contratto di solidarietà espansivo è stato del tutto abolito e sostituito dal contratto di espansione**, in via sperimentale per gli anni 2019 e 2020.

Il contratto di espansione è stato **originariamente rivolto solo alle imprese con un organico superiore a 1.000 unità lavorative** che avessero avviato dei processi di reindustrializzazione e riorganizzazione implicanti, in tutto o in parte, una strutturale modifica dei processi aziendali. Quest'ultima deve essere finalizzata al progresso e allo sviluppo tecnologico dell'attività, con la conseguente esigenza di modificare le competenze professionali in organico mediante un loro più razionale impiego e deve, in ogni caso, prevedere l'assunzione di nuove professionalità.

La L. 178/2020 (*legge di bilancio 2021*) ha rivisitato la disciplina del contratto di espansione con l'obiettivo di estendere il perimetro delle aziende interessate allo strumento, disponendo a tale fine la riduzione, **per l'anno 2021**, della soglia occupazionale da 1.000 a 500 unità. Nella medesima prospettiva, il D.L. 73/2021 (*decreto sostegni-bis*) ha poi previsto che sino al 31 dicembre 2021 il requisito dimensionale fosse ulteriormente abbassato alla soglia pari ad almeno 100 unità lavorative.

Con la L. 234/2021 (*legge di bilancio 2022*) è stata disposta la prosecuzione della sperimentazione dell'istituto anche **per gli anni 2022 e 2023**, prevedendosi nuove e diverse risorse finanziarie a copertura dei diversi interventi. Il limite di organico è stato ancora una volta modificato, con l'introduzione, per il biennio indicato, del limite minimo di 50 unità, anche calcolate complessivamente nelle ipotesi di aggregazione stabile di imprese con unica finalità produttiva o di servizi.

Ricorrendo i requisiti dimensionali richiesti e nella sussistenza delle indicate esigenze di reindustrializzazione e riorganizzazione, alle imprese si prospettano le seguenti **alternative praticabili con il contratto di espansione**:

- richiedere, in deroga alla disciplina generale, l'*intervento straordinario di integrazione salariale per un periodo non superiore a 18 mesi*, anche non continuativi;
- attivare un *regime agevolato di accesso alla pensione di vecchiaia (avendo maturato il requisito minimo contributivo) o anticipata* per i lavoratori che si trovino a non più di 60 mesi dal conseguimento del diritto a tali forme di pensione e previo esplicito consenso scritto degli interessati;
- attivare, per i lavoratori che non possono beneficiare del suddetto regime agevolato di accesso alla pensione di vecchiaia, una *riduzione dell'orario di lavoro*; la riduzione media oraria non può essere superiore al 30% dell'orario giornaliero, settimanale o mensile dei lavoratori interessati al contratto di espansione. Per ciascun lavoratore, la percentuale di riduzione complessiva dell'orario di lavoro può essere concordata,

ove necessario, fino al 100% nell'arco dell'intero periodo per il quale il contratto di espansione è stipulato;

- può *cumulare i benefici del contratto di espansione con altri strumenti* previsti dal decreto sugli ammortizzatori sociali (D.Lgs. 148/2015).

3.5 Gli ammortizzatori sociali in deroga

3.5.1 Generalità

Gli ammortizzatori sociali in deroga sono **trattamenti di sostegno al reddito concessi in via temporanea e mediante specifici interventi normativi** a favore di soggetti produttivi o di soggetti che sarebbero esclusi dalla tutela ordinaria contro eventi quali l'interruzione o la sospensione del rapporto di lavoro.
Gli strumenti in esame hanno, quindi, lo scopo di fornire forme di sostegno del reddito anche in tutti quei casi in cui i lavoratori sospesi dall'attività lavorativa o licenziati non possano accedere alle forme ordinarie in quanto non appartenenti ai settori per cui le forme di assicurazione ordinarie sono previste.
Tali interventi sono stati elaborati in tempi relativamente recenti e si sono sempre posti come regimi transitori e contingenti, in vista di una riforma generale degli ammortizzatori sociali.
Il ricorso a tali strumenti di integrazione salariale ha registrato un notevole incremento in relazione alle recenti situazioni di sospensione o riduzione dell'attività lavorativa a seguito dell'emergenza epidemiologica da COVID-19. Per far fronte alle conseguenze sociali delle drastiche misure di sospensione o riduzione di molte attività produttive e servizi professionali, il Governo italiano ha messo in campo diversi interventi volti a garantire la continuità occupazionale e del reddito dei lavoratori. La finalità prioritaria di tali interventi è stata quella di garantire la continuità dei rapporti di lavoro con due strumenti: il blocco dei licenziamenti, accompagnato da ammortizzatori sociali in costanza del rapporto di lavoro, specifici per l'emergenza COVID e finanziati con la fiscalità generale.

3.5.2 Cassa Integrazione guadagni in Deroga (CIGD)

La Cassa Integrazione guadagni in Deroga (CIGD) è un intervento di integrazione salariale a sostegno di **imprese che non possono ricorrere agli strumenti ordinari** perché esclusi all'origine da questa tutela o perché hanno già esaurito il periodo di fruizione delle tutele ordinarie. Si tratta, dunque, di uno strumento di politica passiva, aggiuntivo rispetto a quelli esistenti della CIGO e della CIGS, introdotto a partire dal 2005, per garantire un sostegno economico ai lavoratori di quelle imprese che non potessero beneficiare degli ordinari interventi d'integrazione salariale.
Concepito come strumento sperimentale (non strutturale) di sostegno al reddito in costanza di rapporto, l'ammortizzatore è stato oggetto di diverse proroghe nel corso degli anni.
In particolare, è soprattutto in relazione all'esigenza ultima di far fronte alla crisi del tessuto economico-produttivo indotta dall'emergenza COVID-19 che si è fatto ampio ricorso alla Cassa integrazione in deroga. Per le imprese non incluse nell'ambito di intervento

della CIG ordinaria e dei Fondi di solidarietà, è stata infatti attivata la CIG in deroga, in uno con la introduzione della specifica causale "COVID-19" che ha consentito di potenziare l'utilizzo della Cassa integrazione ordinaria, FIS e altri Fondi di solidarietà bilaterali. Tutti strumenti che sono divenuti cruciali per affrontare l'emergenza.

L'accesso alla misura ordinaria della Cassa integrazione è stato consentito, per fronteggiare l'emergenza pandemica, secondo modalità e condizioni agevolate rispetto alla normale disciplina per poter richiedere questa misura. Per la concessione del sostegno economico, le norme straordinarie hanno infatti previsto l'accesso alla misura di sostegno al reddito attraverso una causale predeterminata ("emergenza COVID-19"), senza necessità per le aziende di dover dimostrare l'evento causativo della sospensione o riduzione dell'attività lavorativa.
Pure rispetto alle misure di sostegno erogate dai fondi di solidarietà sono state previste specificità con riferimento all'emergenza epidemiologica.

In caso di sospensione o riduzione delle attività lavorative in conseguenza dell'emergenza da COVID-19, i lavoratori subordinati che non sono destinatari del trattamento ordinario di integrazione salariale o dell'assegno ordinario sono stati ammessi al trattamento di **integrazione salariale in deroga**. Si tratta di lavoratori delle aziende che non rientrano nella CIGO e nei fondi di solidarietà (senza limiti dimensionali), nonché dei datori di lavoro del settore agricolo, della pesca e del terzo settore.
Il trattamento di integrazione salariale in deroga è equiparato al normale trattamento di integrazione salariale della Cassa integrazione guadagni.
La fruizione dei periodi di Cassa integrazione COVID-19 o FIS o in deroga introdotti dai vari decreti legge che si sono susseguiti nei mesi dell'emergenza pandemica è stata prorogata nel tempo fino al D.L. 146/2021, che ne ha fissato la scadenza al 31 dicembre 2021. Per le imprese dei settori indicati dalla normativa emergenziale è scattato il blocco dei licenziamenti collettivi e individuali per la durata della fruizione del trattamento di integrazione salariale.
La legge di bilancio 2022 (L. 234/2021), nel perseguire la finalità di estendere, secondo un criterio mutualistico-assicurativo, la cassa integrazione anche ai lavoratori occupati in aziende di piccolissime dimensioni, ha riformato l'intera disciplina degli ammortizzatori sociali includendo nella copertura obbligatoria della cassa integrazione anche le imprese del turismo, pubblici esercizi, commercio che occupano fino a 5 dipendenti, alle quali finora è stata riconosciuta la cassa integrazione "in deroga" o con causale "COVID-19".
La novità della manovra è rappresentata proprio dalla **soppressione**, o meglio la **non conferma** della cassa integrazione in deroga e della causale COVID-19.

3.5.3 Mobilità in deroga

Fino al 31 dicembre 2016 la **mobilità** era tra le forme di ammortizzatori sociali che potevano essere attivate a sostegno di determinate categorie di lavoratori che, a causa di un **licenziamento collettivo**, avessero perso il posto di lavoro, e alle quali lo Stato garantiva un'indennità sostitutiva della retribuzione per un determinato periodo di tempo e un più facile reinserimento nel mondo del lavoro.
Come previsto dalla L. 92/2012, l'istituto della mobilità è stato abrogato a partire dal 1° gennaio 2017, ed è venuta meno la possibilità di iscrizione nelle liste di mobilità nonché

l'operatività delle disposizioni che prevedevano incentivi per l'assunzione dei lavoratori iscritti nelle suddette liste.
La mobilità ordinaria INPS, quale forma di ammortizzatore sociale a sostegno del reddito dei lavoratori licenziati collettivamente a causa della crisi economica, è stata dapprima sostituita dalla L. 92/2012 con un sistema alternativo costituito dall'indennità ASPI e mini ASPI e, successivamente, per effetto del *Jobs Act*, dall'indennità NASpI, quale unico strumento universale di sostegno al reddito per i lavoratori licenziati.
Tuttavia è stata prevista la cosiddetta *mobilità in deroga*, ovvero il **riconoscimento, in alcuni casi, della proroga del trattamento di mobilità a sostegno del reddito** attraverso appositi provvedimenti.
Da ultimo, la legge di bilancio 2022 (L. 234/2021) ha incrementato la dotazione del **Fondo sociale per occupazione e formazione** (appositamente istituito presso il Ministero del lavoro e delle politiche sociali) al fine di sostenere, tra l'altro, la proroga CIGS e la mobilità in deroga nelle aree di crisi industriale complessa e la CIGS per le imprese con rilevanza economica strategica.

Estensioni WEB

Test di verifica online

Sezione II
Servizi per l'impiego

Capitolo 1
I soggetti che esercitano l'attività di mediazione tra domanda ed offerta di lavoro

1.1 Le politiche attive del lavoro e i Servizi per l'Impiego

I **Servizi per l'Impiego (SPI)** possono essere definiti come l'**insieme degli strumenti, delle pratiche, delle attività e delle procedure che hanno la comune finalità di promuovere e favorire l'incontro tra la domanda e l'offerta di lavoro**.
L'operatività dei Servizi per l'Impiego si concretizza nello svolgimento di attività come l'accoglienza, l'informazione, la preselezione, l'orientamento professionale e l'accompagnamento all'inserimento lavorativo. Vi rientrano anche i compiti relativi alla tenuta e all'aggiornamento dell'**elenco anagrafico**.

Quest'ultimo è stato istituito in sostituzione delle precedenti liste di collocamento ed è disciplinato dal D.P.R. 442/2000. Si tratta di un elenco in cui sono iscritte le persone aventi l'età stabilita dalla legge per essere ammesse al lavoro e che, essendo in cerca di lavoro perché inoccupate, disoccupate oppure occupate in cerca di altro lavoro, intendono avvalersi dei servizi competenti. Riporta i dati anagrafici (*scheda anagrafica*) completi del lavoratore, nonché i dati relativi alla residenza, all'eventuale domicilio, alla composizione del nucleo familiare, ai titoli di studio posseduti, all'eventuale appartenenza alle categorie protette e allo stato occupazionale (*scheda professionale*).
L'elenco è integrato e aggiornato sulla base delle informazioni fornite dal lavoratore e, d'ufficio, sulla base delle comunicazioni obbligatorie provenienti dai datori di lavoro, dalle società di fornitura di lavoro temporaneo e dai soggetti autorizzati all'attività di mediazione tra domanda ed offerta di lavoro.

Il 2020 è stato un anno impegnativo per il sistema dei SPI: la pandemia ha provocato gravi danni economici e sociali e gli SPI hanno avuto (e verosimilmente avranno ancora per gli anni a venire) un ruolo chiave nell'attenuare gli impatti occupazionali della crisi. La rete dei SPI si è dovuta confrontare con nuove sfide: flessibilità degli interventi, nuove forme di lavoro (piattaforme), accompagnamento alla transizione digitale (cambiamento tecnologico, nuove professioni e organizzazioni del lavoro), superamento della distinzione politiche attive/passive e politiche sociali/lavoro.
Altro aspetto relativamente nuovo è la dematerializzazione dei servizi per il lavoro, una digitalizzazione forzata che, in vari Paesi europei, costituiva già uno standard per molte attività dei Servizi per il lavoro. La crisi ha riallineato i vari Paesi europei su questo aspetto, incrementando rapidamente la dotazione online dei CPI e dei vari uffici locali preposti alle politiche per il lavoro e predisponendo importanti risorse in vista di una maggiore efficienza dei SPI e di un incremento dell'occupazione senza distinzione di genere.

1.2 Gli operatori del mercato del lavoro e l'attività di intermediazione

Nel nostro Paese l'incontro tra la domanda e l'offerta di lavoro è svolto da soggetti pubblici e privati secondo un sistema misto avviato alla fine degli anni '90 con l'estensione della platea dei soggetti titolari dell'intermediazione di lavoro.
Storicamente il nostro legislatore ha avuto un atteggiamento ostile nei confronti degli intermediari privati, tanto da riservare per lungo tempo alle sole strutture pubbliche il compito di gestire tutta la procedura di avviamento al lavoro. L'intermediazione di manodopera era caratterizzata dal monopolio dello Stato, unico soggetto titolare dell'intermediazione tra chi cercava e offriva lavoro attraverso il Ministero del lavoro e la rete territoriale degli Uffici di collocamento.
Nascono con la L. 196/1997 (cosiddetto Pacchetto Treu), per la prima volta in Italia, le **Agenzie di Lavoro Interinale** autorizzate a stipulare contratti di fornitura di lavoro temporaneo, mentre con il D.Lgs. 469/1997, oltre alla trasformazione dei vecchi uffici di collocamento in Centri per l'Impiego (CPI), viene abolito il monopolio pubblico del collocamento con l'istituzione delle **Agenzie private di mediazione**.

Pertanto, solo a partire dal D.Lgs. 469/1997 diviene chiaro che l'attività di mediazione tra domanda e offerta del lavoro non è più una "funzione pubblica", riservata a Stato o Regioni, ma è un "servizio pubblico" che, come tale, è definito dagli attori pubblici, ma può essere reso anche da soggetti privati purchè "autorizzati" o "accreditati".
La regolazione del mercato del lavoro italiano è ora riconducibile al modello della **coesistenza tra operatori pubblici e privati** per l'impiego. La *governance* del mercato del lavoro non è, tuttavia, soltanto ispirata alla compresenza di operatori pubblici e privati, ma anche all'idea del loro **coordinamento e raccordo**, al fine di un migliore funzionamento del mercato del lavoro. La coesistenza è, infatti, improntata prevalentemente alla cooperazione tra soggetti pubblici e privati, piuttosto che alla loro complementarietà o alla concorrenza.

È con il D.Lgs. 276/2003 (cosiddetta riforma Biagi) che viene istituito un apposito **Albo delle Agenzie per il Lavoro** presso il Ministero del lavoro e identificato un **unico regime di autorizzazione**, ferme restando le competenze delle Regioni in materia di regolazione e organizzazione del mercato del lavoro regionale.
L'**autorizzazione** è il provvedimento mediante il quale lo Stato abilita operatori, pubblici e privati, denominati Agenzie per il lavoro, allo svolgimento delle attività di intermediazione ed altri servizi per il mercato del lavoro a livello nazionale (somministrazione di lavoro, ricerca e selezione di personale e ricollocazione professionale).
Lo stesso concetto di "intermediazione" viene ampliato, ricomprendendo, tra le relative attività, la raccolta dei CV, la preselezione, la costituzione della banca dati, la promozione e gestione dell'incontro domanda e offerta di lavoro, l'orientamento professionale, la progettazione ed erogazione di attività formative finalizzate all'inserimento lavorativo.
L'art. 2 D.Lgs. 276/2003 definisce, infatti, l'attività di intermediazione come "*l'attività di mediazione tra domanda e offerta di lavoro, anche in relazione all'inserimento lavorativo dei disabili e dei gruppi di lavoratori svantaggiati, comprensiva tra l'altro: della raccolta dei curricula dei potenziali lavoratori; della preselezione e costituzione di relativa banca dati; della promozione e gestione dell'incontro tra domanda e offerta di lavoro; della effettuazione, su richiesta del committente, di tutte le comunicazioni conseguenti alle assunzioni avvenute a seguito della attività di intermediazione; dell'orientamento professio-*

nale; della progettazione ed erogazione di attività formative finalizzate all'inserimento lavorativo".

Gli attori pubblici che *in primis* svolgono l'attività di mediazione tra domanda e offerta di lavoro (ossia il corrispondente moderno del collocamento) sono i **Centri per l'impiego (CPI)**. Al sistema pubblico dei CPI vengono affiancate le **Agenzie per il Lavoro**, ovvero quegli operatori autorizzati, sulla base del possesso di specifici requisiti logistici, patrimoniali e professionali, ad offrire servizi relativi alla **domanda** e all'**offerta di lavoro**.

Ai CPI e alle Agenzie per il lavoro si aggiungono i soggetti di cui all'art. 6 D.Lgs. 276/2003 (**Regimi particolari di autorizzazione**) autorizzati alla sola attività di intermediazione in base al possesso di alcuni requisiti. Rientrano in questo regime: Università pubbliche e private, Istituti di scuola secondaria superiore, Comuni, Camere di Commercio, Associazioni dei datori di lavoro e Sindacati, Enti bilaterali e Patronati, Onlus che hanno come scopo la tutela del lavoro, l'assistenza e la promozione di attività imprenditoriali e la tutela della disabilità, Consulenti del lavoro, Gestori di siti Internet, Enpals.

L'**autorizzazione** allo svolgimento delle attività di intermediazione, ricerca e selezione del personale e supporto alla ricollocazione professionale **può essere concessa anche dalle Regioni**. L'autorizzazione viene rilasciata dalla Regione in cui ha sede l'Agenzia e consente di operare solo nell'ambito ristretto al territorio regionale (art. 7 D.Lgs. 276/2003).

Le Agenzie per il lavoro autorizzate a livello nazionale e regionale sono iscritte all'**Albo informatico** delle Agenzie per il Lavoro **suddiviso in cinque sezioni** in base alla tipologia del servizio offerto.

L'iscrizione certifica quali sono gli enti autorizzati a operare legittimamente nel mercato del lavoro e rappresenta la condizione essenziale per esercitare tale attività nel campo dell'incontro tra domanda e offerta di lavoro e offrire i relativi servizi.

1.3 L'evoluzione dei Servizi per l'Impiego: dal monopolio pubblico alla graduale apertura ad altri soggetti dell'attività di intermediazione

In passato in Italia vigeva un monopolio pubblico dei Servizi per l'Impiego (il cosiddetto **sistema di collocamento**), dal momento che **tutte le assunzioni dovevano necessariamente passare attraverso il vaglio di uffici pubblici** a ciò deputati.

Il collocamento pubblico nasce nel periodo post bellico: la L. 264/1949 disciplina la materia della mediazione nel mercato del lavoro con **monopolio esclusivo dello Stato e divieto, sanzionato, di intermediazione privata**.

L'assunzione dei lavoratori avveniva tramite gli **Uffici di collocamento**, uffici periferici del Ministero del lavoro, capillarmente diffusi sul territorio, ai quali dovevano necessariamente rivolgersi sia le persone in cerca di lavoro sia i datori di lavoro. Il collocamento si basava sul principio della cosiddetta **chiamata numerica** dei lavoratori da parte delle imprese. Solo in caso di elevata professionalità o per i familiari del datore non era prevista tale procedura e la richiesta poteva essere nominativa.

In via ordinaria, pertanto, il datore di lavoro doveva presentare a tali uffici una richiesta numerica di lavoratori (poteva, cioè, indicare solo il numero dei lavoratori che aveva necessità di assumere e la qualifica professionale richiesta e non, invece, il loro nominativo); gli aspiranti ad un posto di lavoro dovevano rivolgersi a tali uffici per iscriversi nelle apposite liste. Gli Uffici disponevano l'avviamento del lavoratore, individuando coloro che avevano diritto all'assunzione sulla base di apposite *graduatorie di avviamento* (cosiddette *liste*).

La riserva dell'attività di intermediazione in favore degli organi statali trovava una giustificazione oggettiva nell'esigenza di assicurare ai lavoratori una tutela certa, imparziale e rispettosa del principio di uguaglianza, essendo obiettivo precipuo della disciplina del collocamento l'equa ripartizione delle insufficienti opportunità di lavoro.
Tale sistema è gradualmente scomparso, per lasciare spazio ad un assetto in cui coesistono strutture pubbliche e soggetti privati. La modificata organizzazione del mercato del lavoro è stata conseguentemente accompagnata da nuove modalità di intervento da parte dei poteri pubblici nel mercato del lavoro, così come di gestione dei Servizi pubblici per l'Impiego.
Il processo di riforma e di modernizzazione dei SPI è stato caratterizzato da due fenomeni paralleli: da un lato, il progressivo decentramento delle competenze in materia di organizzazione dei Servizi per l'Impiego e delle politiche attive e, dall'altro, la graduale apertura del mercato del lavoro agli operatori privati.
Il trasferimento delle competenze dallo Stato, cui è stato assegnato un ruolo di coordinamento, alle Regioni è stato avviato con la **legge Bassanini (L. 59/1997),** che ha poi trovato attuazione con il D.Lgs. 469/1997, con cui ha visto la luce l'auspicata riforma del collocamento, caratterizzata da una riorganizzazione del sistema su base regionale e locale.
Il modello di Servizi per l'Impiego delineato nel decreto prevedeva la costituzione di specifiche strutture decentrate, i **Centri per l'Impiego (CPI)**, di gestione provinciale, finalizzate all'erogazione di servizi volti a prevenire la disoccupazione, attraverso strumenti di politica attiva del lavoro, come l'orientamento, l'attivazione di tirocini formativi, l'incontro domanda/offerta di lavoro, la consulenza alle imprese e il sostegno alle fasce deboli.
Con il D.Lgs. 469/1997 nasce poi la possibilità di un'apertura nei confronti dei soggetti privati (imprese, società cooperative, enti non commerciali) che, a determinate condizioni e previa autorizzazione, vengono ammessi a svolgere attività di mediazione tra domanda ed offerta di lavoro.
Con la **riforma Biagi** (L. 30/2003), il processo di graduale ingresso dei soggetti privati nel sistema dei Servizi pubblici per l'Impiego giunge a compimento, determinando la fine del regime monopolistico del collocamento. In particolare, con il decreto attuativo della L. 30/2003, il D.Lgs. 276/2003, attraverso i due istituti dell'**autorizzazione** e dell'**accreditamento**, anche gli operatori privati vengono abilitati ad operare nel mercato del lavoro e a svolgere determinate funzioni definite dalla legge.
Il riordino delle funzioni in materia di occupazione e mercato del lavoro è stato a lungo sospeso fino all'entrata in vigore della riforma del mercato del lavoro, avvenuta con la Legge delega 183/2014 del cosiddetto **Jobs Act**, che ha previsto l'adozione di diversi decreti legislativi attuativi. È con uno di questi, il D.Lgs. 150/2015, che i CPI divengono articolazioni territoriali delle Regioni (non più delle Province) con un ruolo centrale nell'informazione, accoglienza, primo orientamento, presa in carico e profilatura delle persone in cerca di lavoro.
Il complessivo disegno tracciato dal decreto del 2015 contempla, a grandi linee:

- un **equilibrio** di fondo **tra le politiche passive di sostegno al reddito e le politiche attive**, al fine di favorire la ricollocazione del lavoratore, tramite percorsi personalizzati e l'acquisizione di nuove competenze;

- l'attribuzione al **Ministero del lavoro** di un ruolo di indirizzo del sistema, di definizione dei *livelli essenziali delle prestazioni (LEP)* in materia di politiche attive del lavoro, validi per tutto il territorio nazionale, e di monitoraggio sulle politiche e sugli interventi occupazionali;
- l'accentramento delle funzioni in capo all'**Agenzia Nazionale per le Politiche Attive del Lavoro (ANPAL)** per coordinare e potenziare i Servizi per l'Impiego, per creare sinergie efficienti, per gestire i sistemi di accreditamento dei privati. I Servizi per l'Impiego comprendono, allo stato, i **Centri per l'Impiego (CPI)**, operatori pubblici coordinati dalle Regioni con compiti operativi e amministrativi, le **Agenzie per il Lavoro**, operatori privati, e gli **altri operatori autorizzati**;
- un **Patto di Servizio Personalizzato (PSP)**, con indicazione precisa delle azioni mirate per favorire l'inserimento e il reinserimento nel mondo del lavoro.

1.4 I soggetti pubblici: i Centri per l'Impiego (CPI)

1.4.1 I servizi per il lavoro e il ruolo dei CPI

Per le funzioni gestionali, la riforma operata dal D.Lgs. 150/2015 ruota attorno al Centro pubblico per l'Impiego, anche se vi è un'importante apertura rispetto al ruolo ricoperto dagli operatori privati.

L'art. 18 D.Lgs. 150/2015 prevede che, allo scopo di costituire percorsi più adeguati per l'inserimento e il reinserimento nel mercato del lavoro, le Regioni costituiscono propri uffici territoriali, denominati, appunto, **Centri per l'Impiego** (**CPI**), per svolgere in forma integrata, nei confronti dei disoccupati, lavoratori beneficiari di strumenti di sostegno al reddito in costanza di rapporto di lavoro e a rischio di disoccupazione, le seguenti **attività**:
- gestione dei servizi di collocamento e preselezione;
- promozione di iniziative e interventi di politiche attive del lavoro sul territorio;
- coordinamento territoriale per informare in modo integrato sulle attività di formazione e orientamento (professionale, avvio di nuova impresa, incontro tra domanda e offerta).

I CPI costituiscono, pertanto, il primo punto di contatto per i cittadini in cerca di occupazione e la loro missione è soprattutto quella di offrire servizi idonei a valorizzare le competenze acquisite, a delineare percorsi di aggiornamento e di riqualificazione professionale, a rafforzare le capacità di trovare lavoro in un raccordo sempre maggiore con il tessuto produttivo di riferimento e le necessità delle imprese.

Il D.Lgs. 150/2015 prevede alcune attività che possono essere erogate *in via esclusiva* dai CPI (anche se deroghe possono essere previste a livello regionale): il *profiling* del disoccupato al fine di determinare la sua distanza dal mercato del lavoro, la sua presa in carico per usufruire dei servizi di politica attiva, la sottoscrizione del Patto di Servizio Personalizzato, il rilascio dell'Assegno di Ricollocazione (AdR) e la gestione dei meccanismi di condizionalità che prevedono l'applicazione di sanzioni nel caso in cui il destinatario della misura non rispetti gli obblighi previsti nel PSP, o nel caso in cui rifiuti un'offerta di lavoro ritenuta "congrua".

Gli altri soggetti, oltre i CPI, interessati ad operare nei servizi per l'impiego e nelle politiche del lavoro devono procedere all'accreditamento presso le singole Regioni (art. 12 D.Lgs. 150/2015). Le sole Agenzie per il lavoro, invece, possono accreditarsi presso l'ANPAL per svolgere servizi per l'impiego in tutto il territorio nazionale.

Il monitoraggio costante sui Servizi dell'Impiego evidenzia una serie di criticità che investono le strutture pubbliche sotto molteplici prospettive: dal punto di vista delle dotazioni informatiche, dei servizi erogati, delle competenze degli operatori, delle carenze organizzative, soprattutto con riferimento a figure altamente specializzate. Allo stato attuale, infatti, i Centri per l'Impiego non sembrano avere gli strumenti adatti a fronteggiare le sfide di un mercato del lavoro in continua evoluzione, in cui appare necessario un innalzamento della qualità dei servizi di inserimento lavorativo.
Gli operatori privati sono, così venuti a ricoprire un ruolo sempre più rilevante all'interno del sistema dei Servizi per il lavoro. Attraverso la loro partecipazione, che varia in base al modello di organizzazione del mercato del lavoro prescelto dalle singole Regioni, i soggetti privati contribuiscono a garantire il rispetto dei Livelli Essenziali delle Prestazioni (LEP), concernenti i diritti di tutti i cittadini ad essere assistiti attraverso una serie di servizi personalizzati ed integrati per la ricerca di un lavoro.

1.4.2 Lo Sportello dedicato al lavoro autonomo

Per quanto riguarda i lavoratori autonomi l'art. 10 L. 22-5-2017, n. 81 (cosiddetto *Jobs Act del lavoro autonomo*) ha previsto che i CPI e i soggetti accreditati a svolgere funzioni e compiti in materia di politiche attive per il lavoro istituiscano, in ogni sede aperta al pubblico, uno Sportello dedicato al lavoro autonomo, volto a **favorire l'incontro tra offerta e domanda di lavoro**, mettendo a disposizione dei professionisti servizi e altre attività di supporto *ad hoc*.
In adempimento di tale prescrizione, è stato siglato il protocollo d'intesa tra ANPAL e Confprofessioni, che ha validità triennale e prevede che ogni Regione individui i fabbisogni specifici del territorio, supportando le Amministrazioni locali nella stipula di convenzioni.
Sono molteplici i compiti dello Sportello, cui spetterà raccogliere le domande e le offerte di lavoro autonomo, fornire le relative informazioni ai professionisti e alle imprese che ne facciano richiesta, fornire informazioni relative alle procedure per l'avvio di attività autonome e per l'accesso a commesse ed appalti pubblici, individuare opportunità di credito e agevolazioni pubbliche.
Lo Sportello assolve dunque alla funzione di orientare i professionisti nel mercato e di aiutarli a trovare nuove opportunità. È previsto il coinvolgimento degli ordini, delle associazioni e delle consulte di tutte le professioni, per garantire un apporto di conoscenza fondamentale per costruire un efficace sistema di servizi personalizzati disegnato sulle reali esigenze dei lavoratori autonomi.

1.4.3 Prospettive di riforma dei Centri per l'Impiego

Negli ultimi anni tutti i Paesi europei hanno introdotto significative riforme in materia di **ammodernamento dei Servizi per l'Impiego**; l'Italia, sotto questo aspetto, appare ancora molto indietro, soprattutto all'indomani del potenziamento del ruolo affidato alle strutture preordinate alla ricerca di possibilità occupazionali a fronte di un rafforzamento delle politiche attive del lavoro, accompagnato da inevitabili meccanismi di condizionalità.
Nell'evidenziata prospettiva si impone una strategia di potenziamento degli uffici territoriali costituiti dai CPI, ma anche lo sviluppo di procedure informatizzate e la definizione di strumenti integrati e coordinati di politica attiva del lavoro.

Di recente, i CPI sono tornati all'attenzione dei media e delle forze politiche e sociali, soprattutto per sottolinearne le carenze sotto molteplici profili (carenza di personale specializzato e, in generale, di personale in organico, dotazioni informatiche insufficienti, organizzazione eterogenea, con approcci, metodologie e sistemi informativi diversificati e sovente non dialoganti tra di loro), segnalando la necessità di un loro rafforzamento quale condizione per dare concretezza ed effettività alle politiche attive del lavoro e per intrecciare queste ultime con le forme di sostegno al reddito (in primo luogo NASpI e Cassa Integrazione) e con le azioni di contrasto alla povertà (si pensi al Reddito di cittadinanza).

La situazione descritta va inserita in un contesto di rilancio delle politiche attive del lavoro e di riforma dei servizi che già nel 2019 ha portato all'adozione di un **Piano straordinario di potenziamento dei CPI**, con il rinnovo delle strutture, l'incremento degli organici e la crescita professionale degli operatori.
Allo stato attuale, mentre il PNRR e il NGEU fanno del rafforzamento delle politiche attive del lavoro un asse portante della strategia nazionale di ripresa e resilienza, le Regioni tutte sono in forte ritardo sul potenziamento dei CPI.
La legge di bilancio 2022 (L. 234/2021) ha stanziato **nuove risorse per il funzionamento dei CPI**, prevedendo nuove assunzioni e l'attuazione di politiche attive del lavoro in favore dei giovani di età compresa tra i 16 e i 29 anni. I cosiddetti NEET devono essere accompagnati in un percorso di orientamento per trovare la loro collocazione nel mondo del lavoro attraverso dei percorsi di formazione dedicata. In tale direzione, la legge di bilancio ha previsto anche il potenziamento delle politiche attive attraverso il programma GOL, il Sistema duale e il Fondo nuove competenze.

Un organico progetto di riforma dei CPI, funzionale ad una maggiore efficienza degli stessi nell'ambito del rinnovato quadro delle politiche per il lavoro, deve prevedere:

> un **rafforzamento dell'organico** tramite l'aumento di personale, allo stato insufficiente a rispondere in maniera adeguata alle istanze di accompagnamento professionale e di ricollocazione nel mercato del lavoro;

> l'incremento delle **attività di formazione** per l'aggiornamento dell'attuale organico e un avvio di percorsi formativi *ad hoc* per i nuovi assunti, con l'obiettivo di avere un **personale altamente qualificato** in relazione ai servizi al cittadino. I servizi di orientamento, come quelli di consulenza e sostegno ai disoccupati, richiedono, infatti, un elevato grado di professionalità da parte degli addetti;

> un **rafforzamento delle strumentazioni** in dotazione al personale garantendo livelli di connessione a Internet e dotazione di tecnologiche (*hardware* e *software*) adeguate al dimensionamento del personale e ai bacini socio-economici dei CPI;

> la **realizzazione di un software unico** per integrare tutte le banche dati dei Centri per l'Impiego presenti sul territorio. Una delle cause maggiori dell'attuale inefficienza dei CPI è, infatti, proprio l'incapacità delle varie sedi di comunicare tra di loro.

L'obiettivo di tale progetto di riordino è quello di costruire un modello efficiente di *governance* in cui i Centri svolgano un duplice ruolo: da un lato, fornire alle persone i servizi di prima accoglienza e presa in carico per essere accompagnati nel percorso di ricollocazione, dall'altro quello di supportare le persone nella scelta del percorso di politica attiva più adatto a loro, anche ricorrendo all'attività dei soggetti privati accreditati. Questi ultimi, sfruttando la loro conoscenza delle diverse realtà produttive locali e la loro vicinanza alle esigenze di professionalità delle imprese, sono in grado di fornire un valido supporto ai Centri territorialmente competenti, svolgendo in maniera sinergica con gli stessi i servizi di informazione, accoglienza, primo orientamento, bilancio delle competenze e accompagnamento nell'inserimento lavorativo dei disoccupati.

1.5 I soggetti privati: le Agenzie per il Lavoro

1.5.1 Disciplina comune

La riforma Biagi (D.Lgs. 276/2003) ha affiancato ai soggetti pubblici (i CPI) le Agenzie per il Lavoro, strutture private (es. società di persone, di capitali, cooperative) autorizzate a svolgere diverse attività per favorire l'incontro tra la domanda e l'offerta di lavoro. Esse hanno assunto il ruolo di quelle che una volta si chiamavano Agenzie interinali, ma le attività da loro svolte e le modalità attraverso cui queste vengono condotte sono da allora molto cambiate.

Oggi un'Agenzia per il Lavoro (APL) è un **ente autorizzato dal Ministero del lavoro e delle politiche sociali ad offrire servizi relativi alla domanda e all'offerta di lavoro**. Nello specifico, l'Agenzia opera per favorire l'incontro tra le due parti con il duplice scopo di fornire alle aziende strumenti e servizi di selezione, e ai candidati un supporto per la formazione e per la ricerca di un impiego adeguato alle loro competenze e aspirazioni. Per poter operare, devono essere regolarmente iscritte in un apposito Albo istituito presso lo stesso Ministero.

Le Agenzie autorizzate possono svolgere le seguenti attività:

- somministrazione di lavoro;
- intermediazione;
- ricerca e selezione del personale;
- supporto alla ricollocazione professionale.

È inoltre previsto un processo di **accreditamento** da parte delle Regioni che consente alle Agenzie di operare a livello regionale e partecipare alla rete dei Servizi per l'Impiego.

L'**Albo Informatico** delle Agenzie per il lavoro è il registro elettronico del Ministero del lavoro e delle politiche sociali in cui sono iscritte le Agenzie per il lavoro autorizzate, che contiene tutte le informazioni utili e i contatti di ogni Agenzia accreditata. L'iscrizione è necessaria agli operatori per poter offrire i servizi relativi alla domanda e all'offerta di lavoro. Per il cittadino l'Albo costituisce una tutela, perché certifica quali sono gli enti effettivamente autorizzati a operare. Dal 2017 è gestito dall'ANPAL.

L'Albo è suddiviso in **cinque sezioni**, in base alla tipologia di servizio offerto:

1. **Agenzie di somministrazione di tipo "generalista"**, le quali svolgono attività di somministrazione di manodopera, di intermediazione, ricerca e selezione del personale, attività di supporto alla ricollocazione professionale (a loro è dedicata la prima sezione dell'Albo, ma rientrano anche nella terza, quarta e quinta sezione, proprio perché svolgono molteplici attività);
2. **Agenzie di somministrazione di tipo "specialista"**, elencate nella seconda sezione dell'Albo;
3. **Agenzie di intermediazione**, che offrono attività di mediazione tra domanda e offerta di lavoro: raccolta dei *curricula*, preselezione, promozione e gestione dell'incontro tra domanda e offerta, formazione (inserite nella terza sezione, questo tipo di Agenzie sono iscritte automaticamente anche alla quarta e alla quinta);
4. **Agenzie di ricerca e selezione del personale**, le quali svolgono attività di consulenza finalizzata all'individuazione di candidature idonee a ricoprire posizioni lavorative su specifico incarico del committente (a loro è dedicata la quarta sezione dell'Albo);
5. **Agenzie di supporto alla ricollocazione professionale**, la cui attività è effettuata su specifico incarico dell'organizzazione committente (sono iscritte alla quinta sezione).

Il Ministero del lavoro rilascia ai soggetti che presentino relativa richiesta, nel termine di 60 giorni e previa verifica della sussistenza dei **requisiti giuridici e finanziari** prescritti (art. 5 D.Lgs. 276/2003), un'**autorizzazione provvisoria** all'esercizio delle attività per le quali viene fatta richiesta di autorizzazione, provvedendo contestualmente alla iscrizione delle Agenzie nell'apposito Albo.

L'art. 5 D.Lgs. 276/2003 si preoccupa di definire i **requisiti giuridici e finanziari** necessari per l'iscrizione all'Albo informatico presso il Ministero del Lavoro. Nello specifico, si richiede:

- la costituzione dell'Agenzia nella forma di società di capitali, cooperativa o consorzio di cooperative (lett. *a*);
- sede legale o una sua dipendenza nel territorio dello Stato o di altro Stato membro dell'Unione europea (lett. *b*);
- disponibilità di uffici in locali idonei e di adeguate competenze professionali (lett. *c*);
- assenza di condanne penali in capo ad amministratori, direttori generali, dirigenti muniti di rappresentanza e soci accomandatari (lett. *d*);
- per i soggetti polifunzionali, non caratterizzati da un oggetto sociale esclusivo, la presenza di distinte divisioni operative gestite con strumenti di contabilità analitica tali da consentire di conoscere i dati economico-gestionali specifici (lett. *e*);
- interconnessione con la Borsa Continua Nazionale del Lavoro (lett. *f*);
- rispetto della *privacy* del lavoratore (lett. *g*).

Decorsi 2 anni dal rilascio del provvedimento, entro i 90 giorni successivi, i soggetti autorizzati possono richiedere l'**autorizzazione a tempo indeterminato**, in ogni caso subordinatamente al corretto adempimento dell'attività svolta.
Decorsi inutilmente i termini previsti per il rilascio dell'autorizzazione provvisoria e/o a tempo indeterminato, le domande si considerano accettate (cd. **silenzio-assenso**).
Le Agenzie autorizzate hanno l'obbligo di comunicare all'Autorità concedente, nonché alle Regioni competenti, eventuali spostamenti di sede, l'apertura di filiali o succursali, la cessazione dell'attività. Esse hanno altresì l'obbligo di fornire all'Autorità concedente ogni informazione strategica per un efficace funzionamento del mercato del lavoro, ivi comprese quelle relative ai casi in cui un percettore di sussidio o indennità pubblica rifiuti senza giustificato motivo un'offerta formativa, un progetto individuale di reinserimento nel mercato del lavoro, ovvero un'occupazione congrua ai sensi della legislazione vigente.
Il lavoro delle Agenzie si svolge su due fronti: quello delle **aziende** e quello dei **lavoratori**.
Nel primo caso, i committenti si rivolgono ad un'Agenzia per il lavoro quando hanno **necessità di personale**, chiedendo dunque una **consulenza** o un **supporto** per la **selezione** ad un partner strategico, che conosce molto bene il mercato del lavoro e che, come tale, è in grado di rispondere tempestivamente alle necessità delle aziende. Queste ultime, d'altro canto, rivolgendosi ad un'Agenzia per il Lavoro, non devono più preoccuparsi non solo della ricerca di personale, ma anche di tutte le procedure burocratiche relative all'attivazione dei contratti di lavoro.
Per quanto riguarda i **candidati**, questi hanno la possibilità di rivolgersi all'Agenzia del Lavoro senza alcun costo, ricevendo *servizi di orientamento e di formazione*, oltre ad un valido supporto nella *ricollocazione* e nell'*inserimento professionale*, il più possibile adeguato al proprio specifico profilo.

1.5.2 Le Agenzie di somministrazione

Le Agenzie di somministrazione di lavoro sono imprese **specializzate nell'attività di collocamento al lavoro**, svolgendo un ruolo delicato e importantissimo nel campo dell'incontro tra domanda ed offerta di lavoro.
Accanto ad alcuni **requisiti generali**, validi per tutte le Agenzie, sono stati fissati **requisiti particolari per ogni tipo di Agenzia**, tenendo in considerazione la specificità dell'attività da esse svolta e facendo riferimento alla sezione di appartenenza dell'Albo. Nella richiesta di requisiti specifici, maggiore severità è riservata a quelle di *somministrazione generaliste*, alle quali è rilasciato il massimo livello di autorizzazione.
Lo strumento utilizzato dalle Agenzie di lavoro in oggetto consiste nel **contratto di somministrazione**, che, a norma dell'art. 30 D.Lgs. 81/2015, "è il contratto, a tempo indeterminato o determinato, con il quale un'agenzia di somministrazione autorizzata mette a disposizione di un utilizzatore uno o più lavoratori suoi dipendenti, i quali, per tutta la durata della missione, svolgono la propria attività nell'interesse e sotto la direzione e il controllo dell'utilizzatore".

Questa forma contrattuale coinvolge tre soggetti: il lavoratore, l'Agenzia di somministrazione di lavoro ed il soggetto che, in concreto, si avvarrà della prestazione del lavoratore (questo potrà essere, indistintamente un'impresa, un professionista o un privato, nel caso ad esempio dei lavoratori domestici).
Non esiste, pertanto, **un rapporto biunivoco tra datore di lavoro e prestatore di lavoro**; il rapporto è trilaterale (somministratore – lavoratore – impresa utilizzatrice) e l'**unico rapporto di lavoro in senso stretto esiste solo tra Agenzia per il lavoro e lavoratore**. Nessun contratto intercorre tra il lavoratore e l'impresa utilizzatrice. Il prestatore di lavoro è vincolato da un rapporto di lavoro subordinato solo ed esclusivamente con l'Agenzia di somministrazione, che lo invia a svolgere la prestazione presso il soggetto che se ne gioverà in concreto (cd. **utilizzatore**). In termini pratici, l'Agenzia "presta" il lavoratore all'utilizzatore; tuttavia, solo questa è titolare dell'obbligazione retributiva e dei corrispondenti poteri disciplinari, anche se le funzioni, le mansioni ed i compiti di lavoro verranno esercitati nei confronti di un soggetto terzo. È in questa **struttura tripartita** che risiede l'elemento caratterizzante e la peculiarità del contratto di somministrazione di lavoro.
Il trattamento economico è equiparato dalla legge a quello di un dipendente subordinato di pari qualifica e che eserciti le stesse funzioni.

La legge determina le **tipologie di società di somministrazione di lavoro**, stabilendo quali siano i margini operativi di ogni singolo tipo.
A tal proposito, si distingue tra:

- **Agenzie di somministrazione generaliste**, che posseggono gli spazi di manovra più ampi, potendo somministrare lavoratori sia a *tempo determinato* che *indeterminato*. Inoltre, possono ricercare, selezionare e somministrare prestatori di lavoro in tutti gli ambiti consentiti per legge. In aggiunta, possono svolgere anche attività di formazione per il ricollocamento al lavoro (con riferimento a quelle categorie o a quei soggetti che l'abbiano perso). Proprio per il loro carattere generalista, queste Agenzie rientrano in realtà anche nella terza, quarta e quinta sezione dell'Albo informatico, anche se è la prima quella dedicata esclusivamente a loro;
- **Agenzie di somministrazione di tipo specialistico**, le quali si occupano di individuare figure professionali somministrabili solo *a tempo indeterminato*.

La disciplina introdotta dal D.L. 87/2018 (*decreto dignità*), convertito dalla L. 96/2018, ha disposto l'applicazione estensiva alla somministrazione di lavoro delle nuove norme dettate dal decreto stesso in tema di lavoro a tempo determinato. Pertanto, al rapporto di lavoro che intercorre tra società di somministrazione e prestatore si applica la disciplina del Capo III (ad eccezione degli articoli 21, co. 2, 23 e 24) del D.Lgs. 81/2015, come modificata dal decreto dignità. In particolare, trova applicazione **l'art. 19, che obbliga a convertire il rapporto di lavoro a tempo determinato in un contratto a tempo indeterminato, se questo perduri oltre i 12 mesi.** Tale termine è prorogabile a **24 mesi** solo di fronte a specifiche esigenze dettate dalla legge ed a cause specifiche, ovvero:

- esigenze estranee all'ordinaria attività ordinaria, di natura temporanea, oggettive e dimostrabili;
- esigenze di sostituzione di altri lavoratori;
- esigenze connesse ad incrementi temporanei, significativi e non programmabili dell'attività ordinaria.

I correttivi alla somministrazione di lavoro mirano a limitare il ricorso a detto contratto, ritenuto strumento eccezionale di utilizzo di risorse umane nell'ambito dell'attività produttiva dell'utilizzatore.

1.5.3 Le Agenzie di intermediazione

Si ricorda che per "intermediazione", il D.Lgs. 276/2003 (art. 2) intende l'**attività di mediazione tra domanda e offerta di lavoro, anche in relazione all'inserimento lavorativo dei disabili e dei gruppi di lavoratori svantaggiati**, comprensiva tra l'altro:

- della raccolta dei curricula dei potenziali lavoratori;
- della preselezione e costituzione di relativa banca dati;
- della promozione e gestione dell'incontro tra domanda e offerta di lavoro;
- dell'effettuazione, su richiesta del committente, di tutte le comunicazioni conseguenti alle assunzioni avvenute a seguito della attività di intermediazione;
- dell'orientamento professionale;
- della progettazione ed erogazione di attività formative finalizzate all'inserimento lavorativo.

Le Agenzie di intermediazione sono, pertanto, quelle che si occupano di fare da **mediatori tra la domanda e l'offerta di lavoro**. A questo scopo possono inserire annunci, raccogliere candidature, effettuare colloqui di preselezione e successivamente, su richiesta dell'azienda committente, possono svolgere attività di formazione finalizzata all'inserimento professionale dei candidati. Infine, possono procedere all'assunzione occupandosi della documentazione e delle comunicazioni previste per il caso specifico.
In considerazione dell'ampio raggio di attività cui sono abilitate, le Agenzie di intermediazione, inserite nella terza sezione dell'Albo informatico, sono anche comprese nella quarta e quinta sezione.
L'attività di intermediazione consiste dunque, in primo luogo, nel favorire l'incontro tra la domanda e l'offerta di lavoro e, in secondo luogo, nel fornire una serie di servizi connessi o accessori di cui la legge fa un elenco esemplificativo.
Per ottenere l'autorizzazione allo svolgimento delle attività, anche le Agenzie di intermediazione devono possedere alcuni **requisiti specifici**, ulteriori rispetto a quelli richiesti in via generale per tutte le Agenzie per il lavoro, requisiti che appaiono in parte ridimensionati rispetto a quelli prescritti per le Agenzie di somministrazione.

1.5.4 Le Agenzie di ricerca e selezione del personale

Le Agenzie di ricerca e selezione del personale hanno il ruolo di consulenti per le aziende committenti, per le quali cercano di individuare i profili più adeguati alle posizioni lavorative vacanti.
La ricerca e selezione del personale è definita, sempre dall'art. 2 D.Lgs. 276/2003, come l'**attività di consulenza di direzione finalizzata alla risoluzione di una specifica esigenza dell'organizzazione committente**, attraverso l'individuazione di candidature idonee a ricoprire una o più posizioni lavorative in seno all'organizzazione medesima, su specifico incarico della stessa. Tale attività è comprensiva di:

- analisi del contesto organizzativo dell'organizzazione committente; individuazione e definizione delle esigenze della stessa;
- definizione del profilo di competenze e di capacità della candidatura ideale;
- pianificazione e realizzazione del programma di ricerca delle candidature attraverso una pluralità di canali di reclutamento;
- valutazione delle candidature individuate attraverso appropriati strumenti selettivi; formazione della rosa di candidature maggiormente idonee;
- progettazione ed erogazione di attività formative finalizzate all'inserimento lavorativo;
- assistenza nella fase di inserimento dei candidati;
- verifica e valutazione dell'inserimento e del potenziale dei candidati.

Se l'attività di intermediazione è caratterizzata dalla raccolta di *curricula* (indipendentemente dalla risposta ad annunci di lavoro) e dalla conseguente costruzione di una banca dati dei CV dei lavoratori, nell'ambito della *ricerca e selezione del personale*, invece, l'attività dell'Agenzia è volta a compiere ricerche di personale su specifico incarico del committente, per il quale si cerca di individuare i profili più adeguati alle posizioni lavorative vacanti, attraverso anche la pubblicazione e diffusione di annunci di lavoro mirati.
In quest'ambito, la **raccolta delle candidature e dei relativi CV è possibile soltanto in risposta alle specifiche campagne** e sono da utilizzare ai fini delle stesse, mentre non sarebbe possibile raccogliere CV indipendentemente dalle ricerche di personale in atto e costituirne una banca dati, in quanto queste attività andrebbero ad integrare i profili dell'attività di intermediazione, per la quale le Agenzie in oggetto non sono autorizzate.

1.5.5 Le Agenzie di supporto alla ricollocazione professionale

Le Agenzie di supporto alla ricollocazione professionale si occupano di attività finalizzate alla **ricollocazione nel mercato del lavoro di prestatori di lavoro su incarico del committente**.
Ai sensi dell'art. 2 del D.Lgs. 276/2003, per "supporto alla ricollocazione professionale" deve intendersi l'attività effettuata su specifico incarico dell'organizzazione committente, anche in base ad accordi sindacali, finalizzata alla *ricollocazione nel mercato del lavoro di prestatori di lavoro, singolarmente o collettivamente considerati, attraverso la preparazione, la formazione finalizzata all'inserimento lavorativo, l'accompagnamento della persona e l'affiancamento della stessa nell'inserimento della nuova attività*.
In relazione a detta attività di supporto si parla, più comunemente, di **outplacement**, termine con cui è identificata l'attività di società specializzate che operano a supporto della ricollocazione di uno o più dipendenti in uscita da un'azienda nella prospettiva di

una nuova posizione professionale, svolgendo a vantaggio di queste persone uno specifico lavoro di autovalutazione e riqualificazione.
Si tratta, in particolare, di una qualificata consulenza e assistenza che viene offerta, su mandato dell'azienda coinvolta, al lavoratore di ogni livello che, dovendosi riproporre sul mercato del lavoro, potrà avvantaggiarsi dell'intervento specialistico di professionisti esperti nelle problematiche connesse alla riqualificazione professionale, alla gestione di carriera e al riorientamento nel contesto produttivo.

In genere le Aziende considerano l'opportunità di offrire il servizio di *outplacement*:
- **in forma individuale**, quando avviano singole trattative per la cessazione del rapporto di lavoro;
- **in forma collettiva**, quando si avviano trattative per raggiungere accordi sugli esuberi con la controparte sindacale, a fronte di operazioni di chiusura di siti o di impianti, di trasferimenti di sedi/uffici, di mera riduzione degli organici ecc.

L'attività di ricollocazione professionale viene gestita secondo un percorso che vede, in una prima fase, un'attenzione dedicata alle caratteristiche personali, professionali e psicologiche del lavoratore/lavoratori coinvolti nella ricerca di una nuova occupazione. Una seconda fase, invece, riguarda la ricerca operativa, supportata da una serie di canali e che contempla anche lo sviluppo di *network* personali, la consultazione di siti, riviste e guide specializzate, il contatto con associazioni di categoria, società di selezione e di *head hunters*, nonché la pubblicizzazione dei profili dei candidati presso i siti dell'organizzazione che promuove la ricollocazione.

Le società di **supporto alla ricollocazione professionale** non si occupano di ricollocare il lavoratore obbligandolo a subire delle scelte, ma il loro compito è quello di accompagnarlo nel percorso di riqualificazione delle sue competenze per potersi ricollocare in un altro ambito lavorativo.
Dette società si muovono in un'ottica di complementarietà con gli altri operatori, sia pubblici che privati, al fine di ricollocare i lavoratori seguiti. La loro attività si inserisce in un contesto più generale, che riguarda anche la responsabilità sociale d'impresa, con la definizione degli impegni e degli strumenti di cui questa deve farsi carico per salvaguardare la tutela dell'impiego e l'occupabilità dei lavoratori, in particolar modo nei periodi di crisi.
Un'attività professionale quale quella assolta dalle Agenzie di supporto alla ricollocazione professionale, che si traduce in programmi, ossia "piani di ricollocazione" che prevedano un insieme di servizi specificamente rivolti ai lavoratori in uscita, rappresenta una misura necessaria, da sfruttare in abbinamento ai tradizionali strumenti di ammortizzazione sociale, come accade in molti Paesi europei.

1.6 Altri soggetti autorizzati all'intermediazione

1.6.1 I regimi particolari di autorizzazione

Per alcuni soggetti è prevista una disciplina particolare per il riconoscimento dell'autorizzazione ministeriale allo svolgimento della sola attività di intermediazione nel mercato del lavoro. L'art. 6 D.Lgs. 276/2003 ha, infatti, regolamentato i cosiddetti regimi particolari di autorizzazione in base ai quali sono abilitati a svolgere **attività di intermediazione**:

- gli **istituti di scuola secondaria di secondo grado**, statali e paritari, a condizione che rendano pubblici e gratuitamente accessibili sui relativi siti istituzionali i *curricula* dei propri studenti all'ultimo anno di corso e fino ad almeno 12 mesi successivi alla data del conseguimento del titolo di studio;
- le **università**, pubbliche e private, e i **consorzi universitari**, a condizione che rendano pubblici e gratuitamente accessibili sui relativi siti istituzionali i *curricula* dei propri studenti dalla data di immatricolazione e fino ad almeno 12 mesi successivi alla data del conseguimento del titolo di studio;
- i **Comuni**, singoli o associati nelle forme delle Unioni di Comuni e delle Comunità montane, e le **Camere di commercio**;
- le **associazioni dei datori di lavoro e dei lavoratori** comparativamente più rappresentative sul piano nazionale, anche per il tramite delle associazioni territoriali e delle società di servizi controllate.

  Per **associazioni territoriali** si intendono i soggetti giuridici aderenti alle organizzazioni di datori di lavoro e prestatori di lavoro comparativamente più rappresentative sul piano nazionale, operanti sul territorio, con autonomia giuridica e organizzativa.
  Per **società di servizi controllate** si intendono i soggetti giuridici rispetto ai quali le organizzazioni di datori e prestatori di lavoro di cui sopra esercitano un'influenza dominante, di fatto e/o di diritto;

- i **patronati**, gli **enti bilaterali** e le **associazioni senza fini di lucro** che hanno per oggetto la tutela del lavoro, l'assistenza e la promozione delle attività imprenditoriali, la progettazione e l'erogazione di percorsi formativi e di alternanza, la tutela della disabilità;
- i **gestori di siti internet**, a condizione che svolgano la predetta attività senza finalità di lucro e che rendano pubblici sul sito medesimo i dati identificativi del legale rappresentante;
- l'**Ente nazionale di previdenza e di assistenza per i lavoratori dello spettacolo e dello sport professionistico** (ora confluito nell'INPS) con esclusivo riferimento ai lavoratori dello spettacolo, come definiti ai sensi della normativa vigente.

L'**Ordine nazionale dei consulenti del lavoro** può chiedere l'iscrizione all'Albo informatico di un'apposita fondazione o di altro soggetto giuridico dotato di personalità giuridica costituito nell'ambito del Consiglio nazionale dei consulenti del lavoro per lo svolgimento a livello nazionale di attività di intermediazione.

I soggetti autorizzati in regime particolare devono rispettare solo alcuni requisiti per poter svolgere intermediazione di lavoro. Tali soggetti sono, di fatto, già autorizzati all'intermediazione, in quanto ciascuno, nel proprio ambito di competenza, già svolge un servizio per taluni versi assimilabile a quello della intermediazione. Ad essi è pertanto richiesto solo di espletare la procedura semplificata di **comunicazione preventiva di attività**. In particolare, come specificato dal **D.M. 20-9-2011**, che definisce i dettagli operativi per l'esercizio dell'attività di intermediazione da parte dei "nuovi" soggetti, questi sono legittimati al solo esercizio dell'attività di intermediazione, a condizione che comunichino preventivamente al Ministero del lavoro l'avvio dello svolgimento dell'attività stessa, autocertificando il possesso dei requisiti richiesti dalla normativa vigente.

Per consentire l'iscrizione dei soggetti di cui sopra alla Sezione III dell'Albo informatico è stata aggiunta la **"Sub-Sezione III.1 - Regimi particolari di intermediazione"** e

detta **iscrizione** consegue alla presentazione della comunicazione di inizio dell'attività di intermediazione.
L'art. 6, co. 5-*bis,* D.Lgs. 276/2003 (aggiunto dall'art. 12 D.Lgs. 150/2015) consente l'**automatismo di iscrizione** nelle sezioni della ricerca e selezione del personale e del supporto alla ricollocazione dell'Albo delle Agenzie per il lavoro dei Comuni (Unioni di Comuni e Comunità montane), delle Camere di commercio, delle organizzazioni sindacali, dei patronati, degli enti bilaterali, delle associazioni senza fini di lucro per la tutela del lavoro, dei gestori di siti *internet* e dell'INPS (limitatamente ai lavoratori dello spettacolo), qualora i medesimi enti risultino iscritti nella sezione intermediazione dello stesso Albo.

1.6.2 Le autorizzazioni regionali

L'art. 7 D.Lgs. 276/2003 ha previsto che l'autorizzazione all'esercizio delle attività di intermediazione, di ricerca e selezione del personale, nonché di supporto alla ricollocazione professionale può essere concessa, oltre che dal Ministero del lavoro, anche dalle Regioni e dalle Province autonome, con esclusivo riferimento al proprio territorio. Si è inteso così perseguire l'obiettivo di ampliare e qualificare l'offerta di servizi per il lavoro per cittadini e imprese garantendo prestazioni che siano acquisibili nei tempi/modi previsti dalle norme vigenti e da specifici standard definiti dalla Regione in relazione alle concrete domande e ai bisogni dell'utenza.
Si parla, in proposito, di **accreditamento dei servizi per il lavoro**, dove per "accreditamento" si intende il provvedimento mediante il quale **le Regioni riconoscono a un operatore, pubblico o privato, l'idoneità a erogare i servizi al lavoro negli ambiti regionali di riferimento**, anche attraverso l'utilizzo di risorse pubbliche, nonché la partecipazione attiva alla rete dei servizi per il mercato del lavoro, con particolare riferimento ai servizi di incontro fra domanda e offerta.
Il sistema di accreditamento introdotto dal D.Lgs. 276/2003 è stato confermato e ripreso dal D.Lgs. 150/2015.

Le **Regioni** hanno attivato **sistemi di accreditamento diversificati** al fine di riconoscere ad un operatore, pubblico o privato, l'idoneità ad erogare i Servizi al lavoro limitatamente all'ambito regionale di riferimento. Tuttavia, non tutte le Regioni sono operative nel senso indicato, in quanto, accanto al riferimento normativo, è necessario che vi sia un Regolamento regionale sull'accreditamento approvato con delibera della Giunta che stabilisca requisiti e procedure e che istituisca l'Albo regionale, nonché un decreto dirigenziale di approvazione dei soggetti accreditati.
Ai fini dell'accreditamento ai servizi al lavoro, le discipline regionali prevedono che i soggetti interessati possiedano determinati requisiti: giuridici e finanziari (oggetto sociale, bilancio sottoposto a verifica, capitale sociale, sistema di contabilità separata, applicazione contratto di lavoro, assenza di condanne degli amministratori, rispetto obblighi rispetto al versamento di contributi imposte e tasse ecc.); strutturali (sede legale, disponibilità di sedi operative ubicate in più province, spazi conformi alle normative in materia di sicurezza, orario settimanale di apertura, locali distinti da quelli di altri soggetti ecc.); professionali (caratteristiche e presenza di figure professionali come il Responsabile dell'Unità organizzativa, Addetto all'accoglienza, Tutor, Operatore di servizi specialistici).
L'accreditamento e la conseguente iscrizione negli Albi regionali è condizione necessaria per poter accedere ai finanziamenti pubblici messi a bando dalle Regioni per realizzare sui territori i servizi al lavoro.

1.6.3 Il sistema di accreditamento nazionale e regionale

L'art. 12 D.Lgs. 150/2015 si è limitato ad individuare i **principi generali per la determinazione dei regimi di accreditamento regionale dei servizi per il lavoro**, rinviandone la specificazione ad un successivo decreto ministeriale sulla scorta dei seguenti principi di fondo:

- assicurare il raccordo e la coerenza con i regimi autorizzatori di cui agli artt. 4 e 6 D.Lgs. 276/2003 per lo svolgimento dell'attività di somministrazione, intermediazione, ricerca e selezione del personale, supporto alla ricollocazione del personale, e con il sistema regionale di accreditamento degli organismi di formazione;
- garantire l'affidabilità, in termini economici ed organizzativi, dei soggetti accreditati e la professionalità degli operatori, in relazione ai compiti da svolgere.

Tra le sue principali novità, il D.Lgs. 150/2015 ha introdotto l'**accreditamento nazionale** ai servizi per il lavoro e l'**Albo nazionale dei soggetti accreditati** a svolgere azioni di politica attiva del lavoro: tali innovazioni hanno puntato a **valorizzare le sinergie tra soggetti pubblici e privati e a migliorare l'incontro tra domanda e offerta di lavoro**.

Quanto al primo punto, il comma 2 dell'art. 12 del citato decreto stabilisce che, qualora ne facciano richiesta all'ANPAL, le Agenzie per il Lavoro di cui alle lettere *a*) e *c*) dell'art. 4, co. 1, D.Lgs. 276/2003 possono essere accreditate ai servizi per il lavoro su tutto il territorio nazionale.

Accanto ai sistemi regionali, è stato quindi istituito un **sistema nazionale di accreditamento ai servizi per il lavoro** per le Agenzie già autorizzate alle attività di somministrazione e intermediazione. In tal caso l'**autorizzazione** di cui all'art. 4 D.Lgs. 276/2003 costituisce **presupposto necessario** per poter richiedere l'accreditamento nazionale. Se l'Agenzia richiedente è autorizzata in via provvisoria, l'accreditamento sarà provvisorio. Quando l'autorizzazione alla somministrazione di lavoro e/o all'intermediazione diviene a tempo indeterminato anche l'accreditamento nazionale ai servizi per il lavoro diverrà contestualmente a tempo indeterminato, con aggiornamento dello stato, nell'apposita sezione dell'Albo Nazionale dei soggetti accreditati ai servizi per il lavoro. Nell'ipotesi in cui venga revocata l'autorizzazione vi sarà la decadenza automatica dall'accreditamento nazionale dei servizi per il lavoro e la conseguente cancellazione dall'Albo. Diversamente, la revoca dell'accreditamento nazionale non comporta la decadenza automatica dall'autorizzazione.

Invero, autorizzazione e accreditamento, pur condividendo il medesimo obiettivo finale, assolvono a funzioni e rispondono a regimi diversi.

L'**autorizzazione** è il provvedimento mediante il quale lo Stato abilita gli operatori pubblici e quelli privati allo svolgimento delle attività di somministrazione di lavoro, intermediazione, selezione e ricerca del personale; permette ai soggetti titolati di erogare i servizi per l'impiego su committenza dei datori di lavoro e dietro compenso da parte di questi ultimi e rimuove il divieto ad operare in questo ambito. L'autorizzazione è, dunque, il titolo abilitativo che deve essere posseduto dalle strutture che intendono erogare servizi al lavoro.

L'**accreditamento** è quel provvedimento mediante il quale si riconosce ad un operatore pubblico o privato l'idoneità ad erogare servizi al lavoro, garantendo che gli enti in questione posseggano requisiti minimi che vanno dalle dotazioni infrastrutturali alle capacità professionali. Con il termine "accreditamento" si indica dunque il procedimen-

to attraverso il quale determinati soggetti vengono "inseriti" nel sistema pubblico di erogazione dei servizi al lavoro, garantendo standard minimi di qualità attraverso il riscontro di adeguati requisiti strutturali, tecnologici ed organizzativi.
In definitiva, i sistemi di accreditamento per i servizi al lavoro consentono di individuare operatori pubblici e privati idonei ad erogare servizi al lavoro e costituire insieme ai servizi pubblici per l'impiego (Centri per l'Impiego) una rete di servizi regionali a supporto del buon funzionamento dell'incontro tra domanda e offerta di lavoro e dell'attuazione efficace delle politiche attive.

1.6.4 L'Albo nazionale dei soggetti accreditati

L'Albo nazionale dei soggetti accreditati a livello nazionale e regionale a svolgere attività di politiche attive del lavoro è stato istituito dall'ANPAL (delibera n. 7 del 2016), in attuazione dell'art. 12, co. 3, D.Lgs. 150/2015, e si compone di **tre sezioni**:

- la **prima sezione** comprende i **soggetti accreditati a livello nazionale**. In essa pertanto sono iscritte le Agenzie per il Lavoro di somministrazione di lavoro di tipo generalista e di intermediazione che, ai sensi dell'art. 12, co. 2, D.Lgs. 150/2015, facciano richiesta di accreditamento nazionale ai servizi per il lavoro.

  I soggetti legittimati a fare domanda di accreditamento nazionale sono le Agenzie per il Lavoro, autorizzate ai sensi dell'art. 4, co. 1, lett. *a*) e *c*), D.Lgs. 276/2003, ossia le società autorizzate mediante il regime ordinario allo svolgimento dell'attività di somministrazione di lavoro di tipo generalista o dell'attività di intermediazione. Tra queste va fatta rientrare anche la fondazione dei Consulenti del lavoro, di cui all'art. 6, co. 2, D.Lgs. 276/2003, la cui autorizzazione e iscrizione all'Albo informatico sono subordinate al rispetto dei requisiti di cui alle lettere *c*), *d*), *e*), *f*), *g*) dell'art. 5, co. 1, dello stesso decreto.
  Restano invece esclusi dall'ambito di applicazione dell'articolo 12, co. 2, D.Lgs. 150/2015 gli altri soggetti autorizzati all'intermediazione secondo il regime particolare di cui all'art. 6, co. 1, D.Lgs. 276/2003;

- la **seconda sezione** comprende i **soggetti accreditati ai servizi per il lavoro** dalle Regioni e Province autonome, secondo i rispettivi sistemi.

  I soggetti accreditati a livello territoriale non devono richiedere l'iscrizione all'Albo nazionale. Le Regioni e le Province autonome che hanno rilasciato loro l'accreditamento, secondo i propri sistemi regionali, procederanno d'ufficio a comunicare all'ANPAL le necessarie informazioni da inserire nella sezione seconda dell'Albo Nazionale. Tali soggetti hanno l'obbligo di inviare all'ANPAL ogni informazione ritenuta utile a garantire un efficace coordinamento della rete nazionale dei servizi per le politiche del lavoro di cui all'art. 1 D.Lgs. 150/2015.
  In un'ottica di leale collaborazione tra amministrazioni regionali e ANPAL, laddove ad un'Agenzia per il Lavoro sia stato revocato l'accreditamento regionale, la Regione provvederà a darne comunicazione all'ANPAL, entro 5 giorni dall'emissione del provvedimento, affinché quest'ultima possa aggiornare prontamente la seconda sezione dell'Albo nazionale;

- la **terza sezione** comprende le **Agenzie iscritte all'Albo delle Agenzie per il lavoro che operano in Regioni che non hanno ancora istituito un proprio regime di accreditamento**.

  I soggetti che possono richiedere l'iscrizione nella predetta terza sezione sono le Agenzie iscritte ad almeno una delle sezioni dell'Albo informatico delle Agenzie per il lavoro le quali intendono operare nel territorio di Regioni che non abbiano ancora istituito un proprio regime di accreditamento. A tal fine, nelle more dell'adozione del sistema di accreditamento da parte delle suddette Regioni, tali Agenzie, già in possesso di autorizzazione provvisoria o a tempo indeterminato ad almeno una delle sezioni dell'Albo delle Agenzie per il Lavoro, devono presentare istanza telematicamente sul portale ANPAL, con le credenziali rilasciate in sede di autorizzazione, compilando on-line il formulario.

I soggetti accreditati ai servizi per il lavoro hanno l'obbligo di interconnessione con il **Sistema informativo unitario delle politiche del lavoro** di cui all'art. 13 D.Lgs. 150/2015, pena la revoca dell'accreditamento.

1.6.5 I criteri per l'accreditamento dei servizi per il lavoro (D.M. 11-1-2018)

Il D.M. 11-1-2018 ha stabilito i criteri sulla base dei quali le Regioni e le Province autonome definiscono i propri regimi di accreditamento, in attuazione del disposto di cui all'art. 12 D.Lgs. 150/2015 e secondo le direttive e i principi ivi indicati.
La normativa mira a valorizzare la cooperazione tra servizi pubblici e privati che operano nel mercato del lavoro, anche al fine di rafforzare le capacità di incontro tra domanda ed offerta di lavoro e di garantire una maggiore trasparenza e tracciabilità dei servizi di politica attiva del lavoro.
L'ambito applicativo del decreto si estende, in primo luogo, alle Regioni e Province autonome, ma comprende altresì disposizioni speciali di diretta operatività per le Agenzie per il Lavoro che abbiano fatto richiesta per accreditamento nazionale (art. 8), per i soggetti accreditati ad operare con l'Assegno di ricollocazione (art. 15, co. 3), per gli organismi di formazione ed orientamento (art. 11).
I requisiti di base di ammissibilità per l'accreditamento, cui i sistemi regionali sono tenuti ad uniformarsi, si articolano in *requisiti generali* (art. 4), *requisiti di carattere giuridico-finanziario* (art. 5) e *requisiti strutturali* (art. 6).
I **requisiti generali** (art. 4 D.M. 11-1-2018) prevedono:
- l'adozione, da parte del richiedente l'accreditamento, di un *codice etico* che garantisca la conformità dell'attività svolta ai principi generali dell'ordinamento, di legalità, non discriminazione, buon andamento, trasparenza e imparzialità;
- il possesso, al momento della presentazione della domanda, di un proprio *sito internet o casella di posta elettronica certificata per le comunicazioni con la P.A.*

I **requisiti di carattere giuridico-finanziario** (art. 5 D.M. 11-1-2018), finalizzati, in particolare, ad assicurare l'affidabilità dell'operatore e la trasparenza della sua attività, comprendono:
- il possesso di un *capitale sociale versato minimo*, ovvero (per i soggetti diversi dalle società di capitali, dalle società cooperative e dalle amministrazioni pubbliche di cui all'art. 1 D.Lgs. 165/2001) della dichiarazione di un istituto di credito che attesti la solidità economica del soggetto richiedente;
- la *previsione nello statuto dell'attività per cui si chiede l'accreditamento* nell'ambito di quelle contemplate;
- l'*assenza*, in capo al soggetto richiedente e ai relativi amministratori, direttori e legali rappresentanti *di condanne penali* per determinati reati o sanzioni amministrative dipendenti da reato di cui al D.Lgs. 231/2001;
- la *regolarità rispetto agli adempimenti assicurativi, previdenziali e fiscali e alla normativa sul collocamento obbligatorio*;

> la presenza di almeno *una sede operativa sul territorio* in cui si richiede l'accreditamento.

I requisiti di ammissibilità strutturali (art. 6 D.M. 11-1-2018), che devono essere posseduti anche da eventuali sedi temporanee accreditate, si riferiscono all'*idoneità dei luoghi destinati all'attività* per assicurarne un elevato livello qualitativo. Quest'ultima categoria include:

> l'*adeguatezza dei locali* (ovvero la conformità di questi ultimi alla disciplina urbanistica, in materia di igiene, salute e sicurezza sul lavoro e di strutture di accesso ai disabili);
> la dotazione di *attrezzature, spazi e materiali idonei* allo svolgimento dell'attività;
> la garanzia di *20 ore settimanali minime di apertura* degli sportelli al pubblico;
> la presenza di *due operatori per ogni sede operativa e di un responsabile*, anche con funzioni di operatore, che deve essere indicato con adeguata informativa visibile all'interno del locale, insieme ad ulteriori informazioni (in particolare, gli estremi del provvedimento di accreditamento e la tipologia dei servizi per il lavoro erogabili);
> la *visibilità, all'esterno dei locali, dei seguenti elementi informativi*: orario di apertura al pubblico e targa con indicazione dell'amministrazione che ha rilasciato l'accreditamento;
> il possesso della *certificazione ISO* relativa al processo di erogazione dei servizi; In aggiunta, il decreto richiede la presenza di *spazi adeguati per l'accoglienza, per i colloqui individuali nel rispetto delle norme sulla privacy, postazioni informatiche per la consultazione*, da parte dell'utenza, di *banche dati* finalizzate alla ricerca di offerte di lavoro.

Il successivo art. 7 del decreto ammette poi che ogni sistema di accreditamento, in relazione alle proprie specificità territoriali, possa prevedere **requisiti aggiuntivi**, con particolare riguardo ai seguenti aspetti:

> la presenza di ulteriori sedi operative;
> l'esperienza nei servizi per il lavoro da uno a due anni;
> il possesso, da parte del soggetto richiedente l'accreditamento, di esperienza nei servizi per il lavoro da 1 a 2 anni;
> il possesso di requisiti professionali e di esperienza da parte degli operatori e del responsabile della sede;
> l'esibizione della documentazione attestante l'affidabilità e qualità con riferimento alla certificazione del bilancio e al rispetto della normativa di cui al D.Lgs. 231/2001.

L'art. 8 dedica una disciplina specifica alle **Agenzie di somministrazione generaliste** e alle **Agenzie autorizzate all'attività di intermediazione che abbiano fatto richiesta di accreditamento ANPAL** su tutto il territorio nazionale.

Tali soggetti, iscritti nell'apposita sezione dell'Albo, sono tenuti a predisporre *almeno una sede operativa avente i requisiti strutturali di cui all'art. 6 del decreto in ciascuna Regione in cui intendano svolgere l'attività oggetto dell'accreditamento, fermo, inoltre, il rispetto dei requisiti dei locali prescritti dal regime autorizzatorio di cui al decreto ministeriale attuativo della Legge Biagi* (D.M. 5-5-2004).

La disposizione speciale relativa alle Agenzie autorizzate muove da un'evidente esigenza di semplificazione dell'*iter* burocratico e di snellimento delle procedure, sul presupposto per cui dette Agenzie hanno già dimostrato in sede di procedura autorizzatoria il possesso dei requisiti di affidabilità e credibilità prescritti dalla normativa in materia di accreditamenti.

Per gli **operatori già accreditati** presso una Regione, che richiedano l'accreditamento presso un'altra Regione, sarà sufficiente dimostrare il possesso dei soli requisiti aggiuntivi eventualmente richiesti dalla normativa regionale specifica.
Un'ulteriore ipotesi di **procedura semplificata** è prefigurata **per gli organismi di formazione ed orientamento**, che possono presentare domanda di accreditamento se in possesso dei requisiti di cui agli artt. 4, 5 e 6 D.M. 11-1-2018. La semplificazione consiste, in questo caso, nell'autodichiarazione dei (soli) requisiti già dimostrati in sede di accreditamento per la formazione e l'orientamento, producendo la documentazione richiesta per i requisiti non precedentemente accertati.
I soggetti accreditati confermano il possesso dei requisiti con cadenza triennale all'Amministrazione che ha rilasciato l'accreditamento e il vaglio delle Regioni sarà effettuato in base ai risultati del monitoraggio svolto *in itinere* sull'attività dei soggetti accreditati. L'art. 12 prevede, infatti, che le Regioni predispongano un sistema di monitoraggio e valutazione dell'attività svolta dai soggetti accreditati, con indicatori specifici sulla *performance* e sulla *qualità dei servizi*.

L'art. 13 prefigura un preciso apparato sanzionatorio per il caso di riscontrate irregolarità. Nello specifico, si prevede la **sospensione dell'accreditamento per una durata massima di 3 anni, elevati a 6 in caso di recidiva**, nelle ipotesi di irregolarità accertata e non sanata ovvero di modifica, da parte del soggetto accreditato, di uno dei requisiti prescritti dalla normativa in assenza di preventiva comunicazione.
La **revoca** e la contestuale **cancellazione da elenchi o dall'Albo nazionale** sono ricondotti, invece, alle ipotesi di *mancato reiterato adeguamento alle prescrizioni dettate in caso di riscontrate irregolarità*, di *assenza dei requisiti di ammissibilità*, e di *gravi irregolarità* nello svolgimento delle attività oggetto di accreditamento. In caso di revoca dell'accreditamento, il soggetto può presentare una **nuova domanda** solo **decorsi 12 mesi** dal provvedimento di revoca.
Un'ulteriore ipotesi di revoca è configurata per il mancato invio alle Regioni e all'ANPAL, da parte dei soggetti accreditati, di ogni altra informazione ritenuta utile a garantire un efficace coordinamento da parte dell'ANPAL della Rete Nazionale dei servizi per le politiche del lavoro (art. 1 D.Lgs. 150/2015).

Una volta adeguati i propri regimi di accreditamento ai criteri definiti dal D.M. 11-1-2018, le Regioni devono provvedere a comunicare agli operatori già accreditati le misure adottate in sede di adeguamento. Queste sono tenute altresì ad aggiornare l'Albo Nazionale dei soggetti accreditati al fine di garantire agli utenti un uniforme accesso alle informazioni relative a questi ultimi.

Capitolo 2
I soggetti coinvolti nella gestione delle politiche attive

2.1 La Rete nazionale dei servizi per le politiche del lavoro

Il D.Lgs. 150/2015, recependo quanto previsto dalla L. 183/2014 (*Jobs act*), ha ridisegnato il sistema di gestione e attuazione delle politiche attive per il lavoro, ossia quell'insieme di iniziative che hanno lo scopo di favorire l'inserimento o il reinserimento nel mercato del lavoro di persone in cerca di occupazione.
Il riordino del sistema dei servizi per il lavoro e delle interconnessioni tra politiche attive e politiche passive del lavoro si colloca nell'ambito di un complesso percorso di riforma che ha visto anche la riorganizzazione dei ruoli dei soggetti che a vario titolo partecipano alla definizione delle politiche attive. Il D.Lgs. 150/2015, nel riordinare la normativa in materia di servizi per il lavoro e di politiche attive, ha assegnato, come già illustrato, alla responsabilità delle Regioni la funzionalità dei CPI, chiamati ad erogare nei confronti dei cittadini un complesso di rilevanti misure di politica attiva all'interno di un impianto pubblico unitario in cui sono definiti i ruoli, le funzioni e le responsabilità dei diversi attori (Ministero, ANPAL, Regioni e Province, enti accreditati) della Rete Nazionale dei servizi.
L'art. 1 D.Lgs. 150/2015 introduce la **nozione di Rete dei Servizi per il lavoro**, includendovi una lunga lista di soggetti, pubblici e privati, che partecipano all'attuazione delle politiche attive per il lavoro. In particolare, la Rete è costituita dai seguenti soggetti, con una diversa distribuzione di funzioni e competenze:

- l'Agenzia Nazionale per le Politiche Attive del Lavoro (**ANPAL**), che esercita il ruolo di coordinamento gestionale della Rete;
- le **strutture regionali** per le politiche attive del lavoro a livello regionale e delle Province autonome (vale a dire i **Centri per l'Impiego**);
- l'Istituto Nazionale della Previdenza Sociale (**INPS**), in relazione alle competenze in materia di strumenti a sostegno del reddito;
- l'Istituto Nazionale per l'Assicurazione contro gli Infortuni sul Lavoro (**INAIL**), in relazione alle competenze in materia di reinserimento e di integrazione lavorativa delle persone con disabilità da lavoro;
- le **Agenzie per il Lavoro** (art. 4 D.Lgs. 276/2003), i **soggetti autorizzati** allo svolgimento dell'attività di intermediazione (art. 6 D.Lgs. 276/2003) e i **soggetti accreditati** ai servizi per il lavoro (art. 12 D.Lgs. 150/2015);
- i **Fondi interprofessionali per la formazione continua** (art. 118 L. 388/2000);
- i **Fondi bilaterali** di cui all'art. 12, co. 4, D.Lgs. 276/2003;
- l'Istituto Nazionale per l'Analisi delle Politiche Pubbliche (**INAPP**) e **ANPAL Servizi**, strutture che hanno ereditato le attività prima svolte dall'Istituto per lo sviluppo della formazione professionale dei lavoratori (ISFOL) e da Italia Lavoro S.p.A., soggetti richiamati dal provvedimento legislativo;

- il sistema delle **Camere di commercio, industria, artigianato ed agricoltura**, le **università** e gli **istituti di scuola secondaria di secondo grado**.

La Rete Nazionale dei Servizi per le politiche del lavoro rappresenta lo strumento di *governance* per garantire la fruizione dei servizi essenziali in materia di politica attiva del lavoro su tutto il territorio nazionale e assicurare l'esercizio unitario delle relative funzioni amministrative; essa è coordinata dall'ANPAL.

Tale Rete, così come precisato dallo stesso legislatore, ha il compito di promuovere l'effettività dei diritti al lavoro, alla formazione e all'elevazione professionale. Con essa, inoltre, s'intende promuovere il diritto di ogni individuo ad accedere a servizi di collocamento gratuito, mediante interventi e servizi volti a migliorare l'efficienza del mercato del lavoro, che assicurino ai datori di lavoro il soddisfacimento dei fabbisogni di competenze e ai lavoratori il sostegno nell'inserimento o nel reinserimento al lavoro, mediante l'attività posta in essere dalle strutture pubbliche e private, accreditate o autorizzate.

2.2 Le competenze del Ministero del lavoro

Gli **indirizzi generali in materia di politiche attive del lavoro** sono emanati con decreto del Ministro del lavoro, previa intesa con le Regioni (Conferenza permanente Stato-Regioni). L'art. 2 D.Lgs. 150/2015 demanda, infatti, ad uno specifico decreto l'individuazione delle **linee di indirizzo triennali e degli obiettivi annuali** in materia di politiche attive (con particolare riguardo alla riduzione della durata media della disoccupazione, ai tempi di servizio e alla quota di intermediazione tra domanda e offerta di lavoro), nonché l'indispensabile indicazione dei **livelli essenziali delle prestazioni (LEP) da erogare su tutto il territorio nazionale.**

Con la sigla LEP si indicano i livelli essenziali delle prestazioni, i quali, in via generale, delimitano e definiscono la "sostanza" dei diritti civili e sociali che devono essere garantiti al cittadino su tutto il territorio nazionale. In tutti i settori di riferimento il livello essenziale indica gli aspetti che un "sistema di interventi e prestazioni" deve fornire per soddisfare determinati interessi e bisogni dei cittadini.

Nell'ambito specifico dei servizi per il lavoro, lo sviluppo del sistema dei LEP è contrassegnato dall'individuazione delle prestazioni esigibili da parte dei cittadini nei confronti dei servizi per il lavoro, nonché delle prestazioni connesse o derivanti da esigenze sociali e professionali riconosciute.

Nell'individuazione dei livelli essenziali si possono enucleare alcune grandi aree tematiche: *area dei diritti esigibili/bisogni*; *misure di intervento*; *direttrici per l'innovazione (intese come componenti tecnologiche)*; *condizioni strutturali, organizzative e di servizio per l'esercizio delle misure di intervento.* La composizione di queste dimensioni definisce i livelli essenziali, come rete di offerta caratterizzata da misure correlate a specifici bisogni nel rispetto di alcuni principi che assicurano la partecipazione delle persone agli interventi e la costituzione di un dialogo sociale.

I LEP da garantire sul territorio nazionale sono stati da ultimo definiti con il **decreto del Ministero del lavoro 11-1-2018, n. 4**, a seguito dell'Intesa raggiunta in sede di Conferenza Stato-Regioni, il quale ha approvato anche le linee di indirizzo triennali (2018-2020) dell'azione in materia di politiche attive del lavoro, dirette ad implementare la riforma dei servizi per il lavoro contenuta nel D.Lgs. 150/2015, definendo gli obiettivi annuali per l'anno 2018.

Il D.M. 4/2018 ha previsto una serie di servizi di politica attiva, dai servizi di base, come l'accoglienza e la prima informazione, ai servizi formativi, fino ai veri e propri servizi di inserimento lavorativo che richiedono un alto livello di specializzazione e che si rivolgono a *target* specifici. La definizione dei LEP ha dunque previsto l'integrazione delle misure di politica attiva con i servizi formativi, segno di come la formazione si configuri ormai come una vera e propria misura di politica attiva del lavoro, la cui finalità è quella di incrementare il grado di occupabilità delle persone e, al contempo, esercitare un'azione preventiva di mantenimento dei livelli occupazionali attraverso la formazione permanente e l'aggiornamento costante delle competenze.
Oltre ai servizi più specialistici (servizi formativi e politiche attive del lavoro), tra i LEP figurano anche le attività propedeutiche all'avvio delle misure, come il rilascio della DID, la profilazione dell'utente e l'aggiornamento della sua Scheda Anagrafica professionale (SAP) o la stipula del Patto di Servizio Personalizzato (PSP), che rientrano tra le "funzioni esclusive" dei Centri per l'Impiego.

Al Ministero del lavoro, oltre che quello di identificare la strategia nazionale per l'occupazione (artt. 1 e 2 D.Lgs. 150/2015), spettano anche il potere di *indirizzo e vigilanza sull'ANPAL*, le competenze in materia di *verifica e controllo del rispetto LEP*, nonché quelle in materia di *monitoraggio delle politiche occupazionali del lavoro* (art. 3, co. 1, D.Lgs. 150/2015).

Con riguardo al **potere di indirizzo e vigilanza sull'ANPAL**, sempre nel 2018 il Ministro del lavoro ha emanato un atto specifico di indirizzo in cui viene ribadito il compito dell'Agenzia di coordinare e innovare profondamente le politiche attive del lavoro, sviluppando un modello di servizi idoneo ad accompagnare le persone al lavoro e a migliorare l'incontro tra domanda e offerta.
Negli indirizzi per l'ANPAL relativi al 2019, il Ministero del Lavoro ha confermato il ruolo di regia dell'Agenzia nell'attuazione delle politiche del lavoro e il ruolo di coordinamento della Rete nazionale dei servizi per le politiche del lavoro.
Questi orientamenti sono stati ribaditi, ancora, nelle priorità politiche del Ministero del lavoro per l'anno 2020, in cui, tra gli ambiti di intervento che hanno una maggiore rilevanza per l'ANPAL sono stati indicati: la piena operatività del RDC, quale misura per la tutela e la promozione del diritto al lavoro, alla formazione e a un'esistenza dignitosa, l'attuazione del Piano straordinario di potenziamento dei CPI, la più ampia modernizzazione e riqualificazione dei servizi per il lavoro e delle politiche attive, al fine di promuovere l'occupazione e l'occupabilità delle persone, in particolare i giovani, le donne e i soggetti più vulnerabili.

Inoltre, il Ministero esprime **parere preventivo** su specifici atti posti in essere dall'ANPAL, e precisamente (art. 3, co. 2, D.Lgs. 150/2015):
- circolari e altri atti interpretativi di norme di legge o regolamento;
- modalità operative e ammontare dell'Assegno individuale di Ricollocazione (art. 23 D.Lgs. 150/2015);
- atti di programmazione e riprogrammazione in relazione ai programmi europei gestiti dall'ANPAL in qualità di autorità di gestione.

AI Ministero compete ancora, anche su proposta dell'ANPAL, l'**adozione dei seguenti atti** (art. 3, co. 3, D.Lgs. 150/2015):
- definizione del concetto di "offerta di lavoro congrua" (art. 25 D.Lgs. 150/2015), in relazione al grado di vicinanza rispetto alla specifica professionalità, alla distanza dal domicilio e ai tempi di trasporto con mezzi pubblici, tenuto conto della durata della disoccupazione;

- definizione delle linee di indirizzo per l'attuazione della normativa nazionale in materia di politiche attive del lavoro, servizi pubblici per l'impiego, l'inserimento lavorativo dei lavoratori disabili e stranieri;
- indirizzo sul sistema della formazione professionale e continua, inclusa quella finanziata dai Fondi interprofessionali e dai Fondi bilaterali per il lavoro in somministrazione.

Con intesa in Conferenza Stato-Regioni sono poi definite le linee guida per l'accreditamento degli enti di formazione (art. 3, co. 4, D.Lgs. 150/2015).

MINISTERO LAVORO – D.M. 11 gennaio 2018, n. 4
Linee di indirizzo triennali dell'azione in materia di politiche attive

Articolo 1 - Linee di indirizzo triennali dell'azione in materia di politiche attive

Per gli anni 2018, 2019, 2020 l'azione in materia di politiche attive del lavoro è volta a implementare la riforma dei servizi per il lavoro contenuta nel decreto legislativo n. 150 del 2015, nel rispetto delle competenze costituzionalmente attribuite allo Stato, alle Regioni e alle Province autonome di Trento e di Bolzano.

Con riferimento alla riduzione della durata media della disoccupazione, ai tempi e alla qualità delle politiche erogate, alla quota di intermediazione tra domanda e offerta di lavoro lo Stato, le Regioni e le Province autonome di Trento e di Bolzano perseguono l'obiettivo di garantire:

a) la piena implementazione del sistema informativo unitario delle politiche del lavoro, di cui all'articolo 13 del decreto legislativo n. 150 del 2015, con particolare riguardo alla gestione unitaria della scheda anagrafica e professionale e delle comunicazioni obbligatorie, nonché del fascicolo elettronico del lavoratore e del sistema informativo della formazione professionale di cui agli articoli 14 e 15 del decreto legislativo n. 150 del 2015;
b) il potenziamento del sistema delle politiche attive del lavoro e, in particolare, dei servizi per l'impiego, anche attraverso meccanismi di premialità e azioni di supporto a favore dei sistemi locali non adeguatamente operativi;
c) coordinamento dei programmi nazionali con quelli regionali, tramite intese preventive;
d) sviluppo della cooperazione applicativa per lo scambio di informazioni tra i sistemi informativi dell'ANPAL, del Ministero del lavoro e delle politiche sociali, del Ministero dell'istruzione, dell'università e della ricerca, dell'INPS, dell'INAIL, dell'INAPP, delle Regioni e delle Province autonome di Trento e di Bolzano;
e) potenziamento di strumenti, anche informativi, per l'erogazione dei servizi agli utenti nel rispetto dei tempi di convocazione previsti dalla normativa vigente e dal presente decreto, volti alla semplificazione delle procedure amministrative e alla riduzione degli oneri a carico degli operatori dei centri per l'impiego;
f) sviluppo della cooperazione applicativa tra i diversi sistemi informativi sull'accreditamento per i servizi per il lavoro;
g) erogazione di servizi e misure di politica attiva che contribuiscano alla riduzione della durata media della disoccupazione, con particolare riguardo alla disoccupazione di lunga durata e alla disoccupazione femminile;

h) potenziamento degli sportelli informativi e dei servizi alle imprese, con particolare riferimento alle micro, piccole e medie imprese e ai lavoratori autonomi;
i) elaborazione di standard informativi condivisi, al fine di rilevare l'aumento del numero dei posti di lavoro intermediati dai servizi per l'impiego;
l) attuazione dei meccanismi di condizionalità e del rapporto tra politiche passive e politiche attive del lavoro;
m) rafforzamento degli strumenti finalizzati all'incremento dell'occupazione giovanile, con particolare riguardo alla facilitazione delle transizioni tra sistema di istruzione e formazione e mondo del lavoro e all'attuazione della Raccomandazione del Consiglio dell'Unione Europea 22 aprile 2013 sull'istituzione di una garanzia per i giovani;
n) rafforzamento delle capacità di intervento del sistema in relazione ai processi di trasformazione dei processi produttivi, in funzione di accompagnamento delle strategie di sviluppo con interventi di riqualificazione e orientamento dei lavoratori coinvolti;
o) rafforzamento della capacità dei servizi per l'impiego di prendere in carico i beneficiari del sostegno per l'inclusione attiva (SIA) e del reddito di inclusione (REI), con un approccio multidimensionale e in collegamento con i servizi di assistenza sociale, in un'ottica di condizionalità tra prestazioni di assistenza sociale e impegno in politiche di reinserimento sociale e lavorativo;
p) rispetto dei termini di convocazione degli utenti dei centri per l'impiego, siano essi percettori o non percettori di prestazioni di sostegno del reddito;
q) coinvolgimento di tutte le Regioni e Province autonome e dei competenti uffici del Ministero del lavoro e delle politiche sociali nella messa a regime del sistema informativo della formazione professionale di cui all'articolo 15 del decreto legislativo n. 150 del 2015.

L'azione in materia di politiche attive del lavoro posta in essere dall'ANPAL, anche in ambito internazionale e comunitario, è oggetto di preventiva informazione al Ministero del lavoro e delle politiche sociali, nonché di successiva comunicazione, mediante appositi report, contenenti gli esiti della stessa.

Articolo 2 - Obiettivi annuali dell'azione in materia di politiche attive

Per l'anno 2018, gli obiettivi annuali dell'azione in materia di politiche attive del lavoro sono i seguenti:
a) erogazione dell'assegno di ricollocazione di cui all'articolo 23 del decreto legislativo n. 150 del 2015 a tutti i destinatari aventi diritto, previa verifica e chiusura entro il 2017, della fase di sperimentazione prevista dall'avviso pubblico di cui alla delibera del Consiglio di amministrazione dell'ANPAL n. 1 del 2017;
b) definizione dei termini e delle modalità attuative in relazione all'applicazione del principio di sussidiarietà;
c) definizione di unità di costo standard (UCS) e degli standard di servizio condivisi su tutto il territorio nazionale;
d) sviluppo di metodologie sui sistemi di intermediazione domanda e offerta di lavoro;
e) sviluppo della metodologia sulla profilazione qualitativa per l'individuazione di percorsi di inserimento o reinserimento nel mercato del lavoro;
f) attuazione di un sistema di rilevazione dei fabbisogni di competenze finalizzati a sostenere l'inserimento o il reinserimento al lavoro dei disoccupati;
g) attuazione dell'articolo 13, commi 3, 4 e 6, del decreto legislativo n. 150 del 2015;

h) attuazione specifica e uniforme dei meccanismi di condizionalità e del rapporto tra politiche passive e politiche attive del lavoro, in conformità con quanto disciplinato nelle lince guida adottate ai sensi dell'articolo 4, comma 5, del presente decreto;
i) avvio, con il coinvolgimento dei competenti uffici del Ministero del lavoro e delle politiche sociali, di una strategia di contrasto della disoccupazione di lunga durata, in attuazione della raccomandazione del Consiglio dell'unione europea del 15 febbraio 2016 sull'integrazione dei disoccupati di lungo periodo nel mercato del lavoro, che comporti la definizione, tra il tredicesimo e il diciottesimo mese di disoccupazione, di un accordo di inserimento lavorativo che comporti almeno un'offerta di servizio individuale volta a trovare lavoro, anche mediante l'utilizzo delle risorse dei programmi cofinanziati a valere sul Fondo sociale europeo;
l) promozione di iniziative volte a stabilire una continua e reciproca interazione con i datori di lavoro, in particolare con le micro, piccole e medie imprese, ai fini di incrementare il numero dei posti di lavoro intermediati dai servizi per l'impiego;
m) definizione dei criteri di accreditamento dei servizi per il lavoro, in attuazione dell'articolo 12 del decreto legislativo n. 150 del 2015;
n) sviluppo, in cooperazione applicativa, per il tramite del sistema informativo unitario delle politiche del lavoro, di strumenti informatizzati ad uso degli operatori dei centri per l'impiego, al fine di effettuare le comunicazioni all'INPS per l'applicazione della condizionalità, ai sensi dell'articolo 21, comma 10, del decreto legislativo n. 150 del 2015;
o) sviluppo di metodologie per il monitoraggio e la valutazione annuale da parte dell'ANPAL, in condivisione con le Regioni e con i competenti uffici del Ministero del lavoro e delle politiche sociali, delle politiche attive e dei servizi per il lavoro nazionali e regionali, nonché dei risultati conseguiti dai soggetti pubblici o privati accreditati a svolgere tali funzioni come previsto all'articolo 16 del decreto legislativo n. 150 del 2015.

Articolo 3 - Specificazione dei livelli essenziali delle prestazioni da erogare su tutto il territorio nazionale

Costituiscono livelli essenziali delle prestazioni da erogare su tutto il territorio nazionale le previsioni di cui all'articolo 28 del decreto legislativo n. 150 del 2015, meglio specificate nell'allegato B al presente decreto, che ne costituisce parte integrante.

Articolo 4 - Tempi di convocazione delle diverse categorie di utenti

Il centro per l'impiego, decorso inutilmente il termine di trenta giorni di cui all'articolo 20, comma 1, del decreto legislativo n. 150 del 2015, convoca il disoccupato entro il novantesimo giorno di disoccupazione.
Il centro per l'impiego, decorso inutilmente il termine di quindici giorni di cui all'articolo 21, comma 2, del decreto legislativo n. 150 del 2015, convoca il disoccupato beneficiario di strumenti di sostegno al reddito entro il novantesimo giorno di disoccupazione.
La domanda di NASpl, di cui all'articolo 21, comma 1, del decreto legislativo n. 150 del 2015, contiene un'informativa circa la necessità per il beneficiario di rendersi reperibile ai fini delle comunicazioni relative alla partecipazione alle iniziative di politica attiva del lavoro.
Il datore di lavoro, entro centoventi giorni dall'inizio della procedura per il ricorso ai trattamenti di integrazione salariale in caso di riduzione o sospensione dell'attività la-

vorativa ai sensi del decreto legislativo n. 148 del 2015, comunica al centro per l'impiego, per il tramite del sistema informativo unitario delle politiche del lavoro di cui all'articolo 13 del decreto legislativo n. 150 del 2015, i nominativi dei lavoratori beneficiari di strumenti di sostegno al reddito in costanza di rapporto di lavoro per cui è prevista una riduzione di orario superiore al 50 per cento dell'orario di lavoro, calcolato in un periodo di dodici mesi. Il centro per l'impiego competente provvede a convocare i lavoratori, in orario compatibile con la prestazione lavorativa, entro 30 giorni dal ricevimento della comunicazione.
Al fine di uniformare le procedure adottate dalle Regioni, con accordo in sede di Conferenza permanente per i rapporti tra Io Stato, le Regioni e le Province autonome di Treno e di Bolzano, concluso ai sensi dell'articolo 4 del decreto legislativo 28 agosto 1997, n. 281, sono stabilite le modalità di convocazione e di partecipazione alle politiche attive per le diverse categorie di utenti.
Il rispetto dei termini indicati nei commi 1, 2 e 4 può costituire elemento di valutazione da parte delle Regioni e delle Province autonome di Trento e di Bolzano nella definizione degli strumenti di incentivazione del personale.

Articolo 5 - Indicatori degli obiettivi annuali per l'anno 2018

È stabilito un insieme minimo di indicatori per la verifica del raggiungimento degli obiettivi annuali di cui all'articolo 2, riportato nell'allegato A, che costituisce parte integrante del presente decreto.

Articolo 6 – Monitoraggio

Il monitoraggio del grado di raggiungimento dei risultati attesi e dello stato di avanzamento delle attività connesse all'attuazione di quanto previsto dagli articoli 1 e 2, è effettuato sulla base dei dati e delle informazioni, concernenti l'andamento delle iniziative intraprese, gli obiettivi conseguiti e le eventuali difficoltà di realizzazione.
L'adeguata conoscenza dei dati e delle informazioni di cui al comma 1 è assicurata, con verifiche intermedie, mediante relazioni, trasmesse ogni sei mesi dal Presidente dell'ANPAL e tenuto conto delle relazioni del collegio dei revisori dei conti della stessa Agenzia.
Il presente decreto è inviato ai competenti organi di controllo e pubblicato sul sito istituzionale del Ministero del lavoro e delle politiche sociali e dell'ANPAL.

Allegato A
INDICATORI DEGLI OBIETTIVI ANNUALI PER L'ANNO 2018

Indicatore	Disaggregazione	Target al 31/12/2018
Sistema informativo unitario (siu)		
Tempestività della trasmissione della DID/SAP da parte delle Regioni/Province Autonome [numero medio di giorni tra la data di aggiornamento e data di invio della SAP]	Regioni, Province Autonome	24 h
Numero di Regioni/Province Autonome che hanno trasmesso la DID/SAP al NCN	Regioni, Province Autonome	100%
Qualità dei dati conferiti dalle Regioni[percentuale di informazioni mancanti/incoerenti nei dati conferiti dalle Regioni al NCN]	Regioni, Province Autonome	
Numero di provvedimenti sanzionatori adottati ai sensi dell'articolo 21 del D.Lgs. 150/2015 in percentuale ai soggetti beneficiari di NASpI	Regione, Provincia, CPI, tipo di sanzione, sesso, età	
Numero di provvedimenti sanzionatori adottati ai sensi dell'articolo 22 del D.Lgs. 150/2015 in percentuale ai soggetti beneficiari di NASpI e CIGS	Regione, Provincia, CPI, tipo di sanzione, sesso, età	
Disoccupati		
Numero di soggetti registrati (val. assoluto e percentuale sulla popolazione di riferimento (Flusso in ingresso nello stato di disoccupazione (RFL))	Regione, Provincia, CPI, sesso, età, indice di profilazione	
Misure di politica attiva		
Partecipanti ad interventi di politica attiva del lavoro per tipologia di intervento (flusso in entrata, stock medio, flusso in uscita, durata media)	Regione, Provincia, CPI, sesso, età, durata della disoccupazione	
Stato occupazionale dei partecipanti ad interventi di politica attiva del lavoro (per tipologia di intervento) a 3, 6, 12 mesi dalla fine della misura	Regione, Provincia, CPI, sesso, età, durata della disoccupazione	
Transizione al lavoro		
Numero di beneficiari di AdR collocati sul numero di beneficiari di AdR	Regione, Provincia, CPI, sesso, età, durata della disoccupazione	
Incremento percentuale del numero di beneficiari di NASpI da 4 mesi che hanno trovato lavoro (a t.d. > 3mesi nelle regioni meno sviluppate; > 6mesi nelle altre regioni; t.i.) rispetto all'anno precedente	Regione, Provincia, CPI, sesso, età, durata della disoccupazione, beneficiari o meno di AdR	
Numero medio di giorni in cui si è beneficiato della NASpI	Regione, Provincia, CPI, sesso, età, durata della disoccupazione	

Numero dei patti di servizio stipulati entro la tempistica dell'art. 4 sul totale dei patti di servizio da stipulare nell'anno	Regione, Provincia, CPI	
Disoccupati di lunga durata (ltu)		
Percentuale di LTU (DID>12mesi) avviati nell'anno a misure di politica attiva, entro 18 mesi dalla presentazione della DID	Regione, Provincia, CPI, sesso, età	
Percentuale di LTU registrati che hanno trovato lavoro	Regione, Provincia, CPI, sesso, età, durata della disoccupazione, tipologia di contratto, classe di durata dell'occupazione (a t.d. > 3 mesi; t.d. > 6mesi; t.i.)	
Vacancies		
Numero di vacancies inserite nel sistema informativo unitario nell'anno in percentuale al totale assunzioni (comunicazioni obbligatorie)	Regione, Provincia, CPI, tipologia di contratto, classe di durata dell'occupazione	
Numero di vacancies intermediate dai CPI nell'anno in percentuale al totale assunzioni (comunicazioni obbligatorie)	Regione, Provincia, CPI, tipologia di contratto, classe di durata dell'occupazione	
Numero di vacancies inserite dai CPI in percentuale al totale assunzioni (comunicazioni obbligatorie)	Regione, Provincia, CPI, tipologia di contratto, classe di durata dell'occupazione	
Soddisfazione utenti		
Grado di soddisfazione degli utenti dei servizi per lavoro (lato datori di lavoro)	Regione e Province Autonome	
Grado di soddisfazione degli utenti dei servizi per lavoro (lato persone in cerca di lavoro)	Regione e Province Autonome	

Allegato B
Specificazione dei livelli essenziali delle prestazioni da erogare su tutto il territorio nazionale

Prestazioni rivolte alla persona in cerca di lavoro

LEP	Riferimenti normativi	Attività	Descrizione	Output/Outcome	Codice SAP
A) Accoglienza e prima informazione	**D.Lgs. 150/2015 art. 11, co. 1**	- Informazioni sulla rete dei servizi competenti; - informazione sulle modalità di accesso e di fruizione, nell'ambito della rete territoriale del lavoro e della formazione; - informazioni sugli adempimenti amministrativi legati alla registrazione presso i servizi competenti e sulla scelta del del servizio di riferimento; - informazioni dei servizi offerti dallo sportello presso cui la persona è stata accolta; - informazioni sui programmi di politica attiva, sui servizi e sulle misure disponibili, regionali, nazionali e dedicati a target specifici; - messa a disposizione di strumenti di auto-consultazione delle offerte di lavoro.	Attività che, nel primo incontro con la persona, hanno la funzione di presentare il catalogo dei servizi e delle misure fruibili nel mercato del lavoro a livello locale, regionale e nazionale, al fine di soddisfare le prime richieste della persona di tipo informativo o richieste di tipo amministrativo. I servizi di prima informazione consistono in un iniziale approccio con la persona, finalizzato a fornirgli indicazioni sui servizi per il lavoro, sul sistema di profilazione e sul percorso di attivazione della persona e volto a far acquisire le informazioni di base sulle opportunità di formazione e lavoro, anche con riferimento all'opportunità di mobilità professionale transnazionale tramite Eures.	***Output:*** informazioni in autoconsultazione e/o in modalità assistita. **Outcome:** persona informata sui servizi e consapevolmente reindirizzata verso altri servizi o misure.	A05

LEP	Riferimenti normativi	Attività	Descrizione	Output/Outcome	Codice SAP
B) Did, Profilazione e aggiornamento della Scheda Anagrafica professionale	**D.Lgs. 150/2015 artt. 20, 21, co. 2**	- Messa a disposizione di strumenti informatici e eventuale supporto per l'accesso diretto alla Did on line; - raccolta delle informazioni sulle persone; - registrazione dei dati sul sistema informativo unitario; - predisposizione o aggiornamento della scheda anagrafica professionale.	La profilazione è lo strumento che misura la distanza della persona rispetto al mercato del lavoro. L'attività di profilazione consiste nella raccolta dei dati della persona relativamente al percorso formativo e lavorativo intrapreso fin a quel momento. Tutte le informazioni acquisite dai servizi nell'attività di orientamento e di profilazione confluiscono nella Scheda Anagrafica professionale.	***Output:*** prima analisi della storia professionale della persona; assolvimento delle pratiche amministrative, aggiornamento della scheda anagrafico-professionale, profilazione. ***Outcome:*** persona che ha rilasciato la DID ed ha effettuato la profilazione; persona consapevole della propria storia professionale e della propria Scheda anagrafico-professionale.	A01
C) Orientamento di base	**D.Lgs. 150/2015 artt. 20, 21, co. 2, 18, co. 1, lett. a)**	- Colloquio individuale; - raccolta delle informazioni sulle persone per la profilazione qualitativa.	Il Servizio di orientamento di base analizza le competenze della persona in relazione alla situazione del mercato del lavoro locale, la supporta nella comprensione del proprio bisogno (analisi della domanda) e mira ad orientare la persona sulle opportunità di formazione e lavoro che meglio si adattano al suo profilo, definendo gli atti di ricerca attiva, in un percorso individualizzato di inserimento e di disponibilità allo svolgimento di determinate attività, formalizzate poi nel "patto di servizio personalizzato". La profilazione qualitativa (a compendio di quella quantitativa effettuata sul sistema informativo unitario) per meglio calibrare la costruzione del percorso della persona. Il servizio prevede per i beneficiari NASPI anche la messa a conoscenza della persona sull'opportunità dell'Assegno di Ricollocazione.	***Output:*** analisi delle competenze in relazione alla situazione del mercato del lavoro locale e profilazione qualitativa. ***Outcome:*** persona consapevole delle opportunità del mercato del lavoro e delle sue caratteristiche professionali.	A01

LEP	Riferimenti normativi	Attività	Descrizione	Output/Outcome	Codice SAP
D) Patto di servizio perso-nalizzato	**D.Lgs. 150/2015 Artt. 20, 21, co. 2**	- Individuazione delle prestazioni di politica attiva del lavoro per la persona; - stipula del Patto di servizio; - aggiornamento dei contenuti del Patto di Servizio; - verifica periodica con le persone dello stato di avanzamento delle azioni compiute e da compiere, intervenendo con azioni correttive.	L'elaborazione del Patto di servizio personalizzato prevede un percorso individuale coerente rispetto alle caratteristiche personali, formative e professionali della persona e alla profilazione. Il patto di servizio personalizzato deve contenere almeno i seguenti elementi: a) l'individuazione di un responsabile delle attività; b) la definizione del profilo personale di occupabilità secondo le modalità tecniche predisposte dall'ANPAL; c) la definizione degli atti di ricerca attiva che devono essere compiuti e la tempistica degli stessi; d) la frequenza ordinaria di contatti con il responsabile delle attività; e) le modalità con cui la ricerca attiva di lavoro è dimostrata al responsabile delle attività. Nel patto deve essere, inoltre, riportata la disponibilità del richiedente alle seguenti attività: a) partecipazione a iniziative e laboratori per il rafforzamento delle competenze nella ricerca attiva di lavoro quali, in via esemplificativa, la stesura del curriculum vitae e la preparazione per sostenere colloqui di lavoro o altra iniziativa di orientamento; b) partecipazione a iniziative di carattere formativo o di riqualificazione o altra iniziativa di politica attiva o di attivazione; c) accettazione di congrue offerte di lavoro, come definite ai sensi dell'articolo 25 del D.Lgs. 150/2015.	***Output:*** sottoscrizione Patto di Servizio personalizzato e conferma dello stato di disoccupazione. ***Outcome:*** persona assistita nella definizione dell'obiettivo professionale, del percorso personalizzato, nell'attivazione personale alla ricerca del lavoro e rinviata a successive misure di formazione e/o accompagnamento.	A02

LEP	Riferimenti normativi	Attività	Descrizione	Output/Outcome	Codice SAP
E) Orienta-mento specia-listico	**- D.Lgs. 150/2015 - art. 18, co. 1, lett. c), d); - - D.Lgs. 13/2013; - - Accordo Stato Regioni su orienta-mento 20.12.2012 e regola-amentazioni regionali attuative; - Accordo Stato-Regioni sui Standard minimi dei servizi e delle competenze degli operatori orienta-mento 13.11.2014 e regola-mentazioni regionali attuative.**	- Bilancio delle competenze della persona per l'individuazione dei percorsi maggiormente rispondenti alle potenzialità della persona in funzione di un percorso di inserimento o reinserimento lavorativo: • ri-costruzione delle esperienze formative e professionali del lavoratore; • individuazione delle competenze maturate e spendibili nel mercato del lavoro; • individuazione dei gap di competenza da colmare; - colloquio individualizzato anche mediante piccoli gruppi; - counseling; - informazione sul sistema e sui percorsi di valutazione/ certificazione delle competenze.	Servizio per rendere la persona più consapevole nella lettura approfondita del contesto, nella ricostruzione e valorizzazione della propria storia professionale e formativa, nell'identificazione delle proprie competenze e risorse personali al fine di definire i percorsi più idonei per la collocazione o ricollocazione in relazione alla situazione del mercato del lavoro locale. In particolare, l'attività consiste in una valutazione della tipologia di esigenza espressa dalla persona e nell'individuazione delle competenze della persona per avviarlo a percorsi maggiormente rispondenti alle proprie potenzialità in funzione di un percorso di inserimento o reinserimento lavorativo, di qualificazione o riqualificazione professionale o di autoimpiego.	***Output:*** bilancio delle competenze spendibili sul mercato del lavoro; aggiornamento del Patto di servizio personalizzato e registrazione delle attività/ misure/servizi concordati anche nell'ottica della creazione del fascicolo elettronico del lavoratore. ***Outcome:*** - persona assistita nella definizione dell'obiettivo professionale, del percorso individuale e rinvio a misure di accompagnamento e/o formazione; - persona consapevole nel progettare con i servizi il percorso più idoneo; - persona attivata nella ricerca del lavoro; - persona supportata nella messa in evidenza delle competenze possedute; - persona indirizzata ad altro servizio; sulla base di quanto stabilito nel Patto di servizio personalizzato.	A03 A06

LEP	Riferimenti normativi	Attività	Descrizione	Output/Outcome	Codice SAP
F) Supporto all'inserimento o reinserimento lavorativo	**D.Lgs. 150/2015 art. 18, co. 1, let. b), f) e g)**	F1) Accompagnamento al lavoro - Supporto, anche motivazionale, allo sviluppo delle capacità e competenze finalizzato al raggiungimento dell'obiettivo professionale (Coaching); - Scouting delle opportunità occupazionali; - Supporto nella redazione del CV e delle lettere di accompagnamento; - Preparazione a un'adeguata conduzione di colloqui di lavoro; - Supporto all'autopromozione; - Tutoraggio.	Servizi che mirano a supportare la persona nella ricerca di un'opportunità di lavoro tra quelle disponibili anche attraverso laboratori di ricerca attiva. Il servizio può essere svolto in sessioni di gruppo, che riuniscano le tipologie di persone in relazione alle competenze personali o professionali. Il fine è favorire l'attivazione della persona e lo sviluppo di abilità di ricerca del lavoro, supportandola operativamente nella realizzazione del piano di ricerca attiva del lavoro e progettando le misure di inserimento lavorativo e/o formativo, garantendo il supporto nelle fasi di avvio e gestione delle esperienze di lavoro, nel rispetto della normativa in materia.	***Output:*** percorso di ricerca attiva concordato nel patto di servizio personalizzato; Incontri di verifica effettuati; Misura (tirocini, work experience, ecc.) attivata e assistita mediante tutoraggio. ***Outcome:*** persona che ricerca attivamente il lavoro ed è assistita periodicamente nella ricerca. Persona inserita in un'esperienza di lavoro.	B02 B03 B04 C06
	Accordo Stato-Regioni del 25.5.2017 sulle Linee Guida in materia di tirocini ai sensi dell'art. 1 co. 34-36 L. 28.6.2012 n. 92 e regolamentazioni regionali	F2) Attivazione del tirocinio - Scouting delle opportunità di tirocinio segnalate dalle imprese, corrispondenti alle caratteristiche del soggetto per un incremento di competenze; - preselezione ed invio della rosa di profili individuati all'impresa; - tutoraggio; - assolvimento degli adempimenti amministrativi previsti dalla normativa; - redazione Convezione, Progetto formativo individuale, Dossier individuale e attestazione delle attività svolta.	Il servizio è volto alla promozione di una esperienza formativa on the Job ai fini di un incremento delle competenze. Il servizio predispone la Convenzione, il Progetto formativo individuale e il Dossier individuale del tirocinante con il soggetto ospitante e il tirocinante. Il servizio rilascia al termine del tirocinio, sulla base del Piano formativo individuale e del Dossier individuale l'attestazione dell'attività svolta durante il periodo di tirocinio.	***Output:*** tirocinio attivato, avvio dell'esperienza formativa on the job (Convezione, Progetto formativo individuale, Dossier individuale e attestazione dell'attività svolta). ***Outcome:*** persona assistita ed inserita in un'esperienza di tirocinio.	C01 B04

LEP	Riferimenti normativi	Attività	Descrizione	Output/Outcome	Codice SAP
	D.Lgs. 150/2015 art. 18, co. 1, lett. b) lett. f) e g)	F3) Incontro Domanda Offerta - Promozione dei profili, delle competenze e della professionalità dei soggetti presso il sistema imprenditoriale; - contattare i potenziali candidati per la verifica della loro effettiva disponibilità; - raccogliere e verificare le auto-candidature; - preselezione; - registrazione dell'esito del processo di selezione nel sistema informativo unitario; - inserimento lavorativo.	Servizio volto a realizzare l'inserimento o il reinserimento della persona nel mercato del lavoro favorendo l'incontro tra la domanda di lavoro espressa dalle imprese e l'offerta.	***Output:*** incontro domanda offerta effettuato, con individuazione di uno o più profili candidabili a quella determinata vacancy. ***Outcome:*** persona preselezionata e selezionata dall'impresa, persona inserita nel mercato del lavoro.	B03 CO rap-porto di lavoro)

LEP	Riferimenti normativi	Attività	Descrizione	Output/Outcome	Codice SAP
G) Supporto all'inserimento o reinserimento lavorativo (assegno di ricollocazione)	**D.Lgs. 150/2015 art. 18, co. 1, lett. f) e art. 23**	- Rilascio dell'assegno di ricollocazione e verifica dei requisiti; - definizione di un programma personalizzato per la ricerca attiva di lavoro tarato sul profilo professionale e di occupabilità della persona e della relativa area; - individuazione dei profili professionali che il soggetto potrebbe ricoprire, anche in seguito ad un percorso di riqualificazione mirata; - trasferimento di metodi di ricerca attiva e assistenza nelle diverse fasi della ricerca (elaborazione del CV finalizzata ad una specifica vacancy, assistenza alla preselezione, ecc.); - assistenza nell'utilizzo dei principali strumenti informatici e canali di reclutamento e selezione, anche on line; - incontri periodici di verifica delle attività concordate; - scouting delle opportunità occupazionale; - promozione dei profili, delle competenze e della professionalità dei soggetti presso il sistema imprenditoriale; - preselezione; - assistenza al sistema della Domanda nell'individuazione della tipologia contrattuale più funzionale; - registrazione degli esiti della selezione sul sistema informativo unitario.	- Rilascio dell'assegno di ricollocazione; - Assistenza alla persona e tutoraggio mediante assegno di ricollocazione. Servizio che mira ad assistere in modo continuativo nella ricerca di lavoro il percettore di NASPI, la cui disoccupazione ecceda i 4 mesi, in tutte le attività necessarie alla sua ricollocazione, attraverso lo svolgimento di un primo appuntamento con assegnazione di un tutor e la definizione e condivisione di un programma personalizzato per la ricerca attiva di lavoro; - Ricerca intensiva di opportunità occupazionali mediante l'utilizzo dell'assegno di ricollocazione. Servizio finalizzato alla ricollocazione dei percettori di NASPI, la cui disoccupazione ecceda i 4 mesi, a cui sia stato rilasciato l'assegno, attraverso una specifica attività di supporto nell'avvio e ingresso nel mondo del lavoro mediante la promozione del profilo professionale del titolare dell'AdR verso i potenziali datori di lavoro, lo scouting delle imprese, la selezione delle principali vacancies, l'assistenza alla preselezione, sino alle prime fasi di inserimento in azienda).	***Output:*** programma per la ricerca attiva condiviso; tutor assegnato; offerta di lavoro congrua. ***Outcome:*** persona inserita in un programma, attivata nella ricerca del lavoro, affiancata da tutor e ricollocata.	

LEP	Riferimenti normativi	Attività	Descrizione	Output/Outcome	Codice SAP
H) Avvia-mento a forma-zione	**D.Lgs. 150/2015 Art. 18, co. 1, lett. e)**	- Presentazione delle opportunità disponibili sul catalogo dell'offerta formativa presente sul territorio; - informazione orientativa sulle iniziative formative proposte dal territorio in relazione a eventuali esigenze formative emerse e rinvio a soggetti erogatori di percorsi formativi.	Servizio che permette di fornire alla persona gli strumenti per conoscere l'offerta formativa per l'adeguamento delle competenze, la qualificazione e riqualificazione professionale, anche ai fini dell'autoimpiego.	***Output:*** contatto con i soggetti erogatori delle attività formative, ai fini della qualificazione e riqualificazione professionale, dell'autoimpiego e inserimento lavorativo. ***Outcome:*** persona indirizzata al percorso formativo identificato nel territorio e rinvio al soggetto erogatore.	C01 forma-zione ricerca attiva di lavoro c02 forma-zione di base c03 forma-zione compe-tenze tra-sversali c04 forma-zione per acquisi-zione diploma c05 forma-zione per acquisi-zione qualifica
I) Gestione di incen-tivi alla mobi-lità terri-toriale	**D.Lgs. 150/2015 Art. 18, co. 1 lett. i)**	- Presentazione delle opportunità di incentivazione per il lavoro e/o il tirocinio in altro territorio nazionale ed europeo; - informazione sulle agevolazioni per la mobilità anche a valere su risorse messe a disposizione dall'Unione Europea.	Servizio volto ad informare la persona su: - le opportunità occupazionali o di tirocinio, - gli incentivi per la mobilità in altro territorio rispetto alla Regione di domicilio; - i soggetti preposti al supporto alla mobilità territoriale.	***Output:*** informazioni in autoconsultazione e/o modalità assistita. ***Outcome:*** persona consapevole dell'opportunità di incentivazione della mobilità in altro territorio rispetto alla Regione di domicilio e sui soggetti attuatori.	Da definire

LEP	Riferimenti normativi	Attività	Descrizione	Output/Outcome	Codice SAP
J) Gestione di strumenti finalizzati alla conciliazione dei tempi di lavoro con gli obblighi di cura nei confronti di minori o di soggetti non autosufficienti	**D.Lgs. 150/2015 Art. 18, co. 1, lett. i)**	- Presentazione degli strumenti di conciliazione dei tempi di lavoro con gli obblighi di cura nei confronti di minori o di soggetti non autosufficienti; - informazione orientativa sui soggetti titolari di strumenti di conciliazione e rinvio ai soggetti titolari degli strumenti di conciliazione.	Servizio volto a informare la persona su: - gli strumenti di conciliazione dei tempi di lavoro con gli obblighi di cura nei confronti di minori o di soggetti non autosufficienti; - i soggetti titolari degli strumenti di conciliazione (INPS, Regioni, Comuni, ecc.)	***Output:*** informazioni in autoconsultazione e/o modalità assistita. ***Outcome:*** persona consapevole degli strumenti di conciliazione dei tempi di lavoro con gli obblighi di cura nei confronti di minori o di soggetti non autosufficienti e informata sui soggetti titolari degli strumenti di conciliazione.	Da definire
K) Predisposizione di graduatorie per l'avviamento a sele-zione presso la pubblica amministrazione	**- L. 56/1987 art. 16; - L. 160/1988**	- Pubblicazione di un avviso pubblico con tutte le opportune specifiche contrattuali e professionali, nonché le modalità per l'adesione dei candidati all'avviso; - raccolta delle candidature; - formulazione della graduatoria applicando i criteri stabiliti dalla Regione; - pubblicazione della graduatoria e trasmissione della stessa alla pubblica amministrazione richiedente; - gestione di eventuali istanze di riesame in merito la formulazione delle graduatorie.	L'avviso è pubblicato su istanza della pubblica amministrazione. Il servizio, verificata la presenza nell'istanza delle informazioni necessarie, procede alla pubblicazione dell'avviso. La raccolta delle candidature avviene secondo le modalità previste nell'avviso. Il servizio inserisce i dati dei candidati e applicando i criteri in uso, formula la graduatoria. Il servizio effettua i controlli amministrativi sulle dichiarazioni dei soggetti utilmente collocati in graduatoria. Il servizio approva la graduatoria e la trasmette all'ente che ha richiesto l'avviamento a selezione. Il servizio risponde alle richieste di accesso agli atti, giustifica le posizioni in graduatoria.	***Output:*** elenco di lavoratori collocati nella lista in graduatoria. ***Outcome:*** la pubblica amministrazione procede sulla base dell'elenco alla chiamata dei lavoratori utilmente collocati in graduatoria per la prova di idoneità.	B03 CO (rapporto di lavoro)

LEP	Riferimenti normativi	Attività	Descrizione	Output/Outcome	Codice SAP
L) Promozione di prestazioni di lavoro socialmente utile	**D.Lgs. 150/2015 art. 18, co. 1, lett. m) e art. 26**	- Verifica (con particolare riferimento a status-Cigs, età anagrafica, residenza, qualifica e mansioni) da parte dell'Amministrazione Pubblica a cui è stato approvato il progetto di lavori socialmente utili, anche tramite consultazione del sistema delle Comunicazioni Obbligatorio e degli elenchi INPS (Banca Dati Percettori); - raccolta candidature; - comunicazione all'Amministrazione Pubblica utilizzatrice dell'esito della verifica ai fini della convocazione da parte dello stesso; - gestione amministrativa di eventuali proroghe dei progetti di LSU.	Servizio che mira a garantire la verifica dei requisiti delle persone che possono essere avviate nei progetti approvati per lo svolgimento presso le amministrazioni pubbliche competenti di attività socialmente utili, ai sensi della normativa vigente. Attraverso il servizio si rende trasparente il processo con la pubblicazione del bando, la raccolta delle candidature dei lavoratori e la verifica dei requisiti.	***Output:*** verifica del possesso dei requisiti avvenuta; inoltro dell'esito alle amministrazioni pubbliche richiedenti; SAP implementata. ***Outcome:*** persona ammessa alla convocazione da parte dell'Amministrazione Pubblica per l'inizio delle attività socialmente utili.	C06 tirocinio formativo/lsu
M) Collocamento mirato	**- L. 68/1999 come modificata dal D.Lgs. 151/2015; - DPR 333/2000; - D.Lgs. 150/2015.**	M1) Iscrizione al collocamento mirato - Acquisizione documentazione; - verifica della sussistenza dei requisiti richiesti: età lavorativa, status occupazionale, percentuale di invalidità, residue capacità lavorative; - eventuali richieste di certificazioni/contatti INPS- INAIL.	Il servizio viene svolto dall'operatore in front office in presenza della persona al fine di iscriverla al collocamento mirato e, in un secondo momento, in back office per la verifica dei requisiti.	***Output:*** ricevuta di presentazione istanza; notifica di accoglimento; pre-avviso di rigetto ai sensi della L. 241/1990, reiezione dell'istanza. ***Outcome:*** persona che può usufruire dei servizi del collocamento mirato.	A01
		M2) Orientamento di base Si rimanda alle attività relative alla prestazione C).	Si rimanda alla descrizione relativa alla prestazione C). La prestazione può essere erogata anche con la collaborazione dei servizi socio – sanitari del territorio.	Si rimanda all'output ed all'outcome relativi alla prestazione C).	A01

LEP	Riferimenti normativi	Attività	Descrizione	Output/Outcome	Codice SAP
		M3) Patto di servizio personalizzato Si rimanda alle attività relative alla prestazione D).	Si rimanda alla descrizione relativa alla prestazione D). Per lo svolgimento dell'attività relativa al patto di servizio gli uffici raccolgono informazioni anche da pubbliche amministrazioni che hanno già preso in carico la persona con disabilità e in modo integrato si costruisce un percorso di inserimento lavorativo.	Si rimanda all'output ed all'outcome relativi alla prestazione D).	A02
		M4) Orientamento specialistico Si rimanda alle attività relative alla prestazione E).	Si rimanda alla descrizione relativa alla prestazione E).	Si rimanda all'output ed all'outcome relativi alla prestazione E).	A03 A06
		M5) Accompagnamento al lavoro Si rimanda alle attività relative alla prestazione F1).	Si rimanda alla descrizione relativa alla prestazione F1). Il servizio viene svolto con il supporto del Comitato Tecnico ex art. 8, co. 1 bis, L. 68/1999.	Si rimanda all'output ed all'outcome relativi alla prestazione F1).	B02 B03 B04 C06
		M6) Incrocio domanda/offerta Si rimanda alle attività relative alla prestazione F3).	Si rimanda alla descrizione relativa alla prestazione F3). Il servizio viene svolto con l'intervento del Comitato Tecnico ex art. 8, co. 1 bis, L. 68/1999, ai fini della valutazione delle capacità lavorative e della compatibilità della mansione.	Si rimanda all'output ed all'outcome relativi alla prestazione F3).	B03

LEP	Riferimenti normativi	Attività	Descrizione	Output/Outcome	Codice SAP
N) Presa in carico integrata per soggetti in condizione di vulnerabilità	**- L. n. 208/2015, art. 1, co. 386; - Accordo Conferenza Stato – Regioni 11.2.2016; - DM 26.5.2016. - D. Lgs. 147/2017**	- Individuazione del fabbisogno informativo/orientativo del destinatario - analisi-valutazione approfondita del profilo di fragilità delle persone - attivazione/partecipazione ai lavori dell'equipe multi-professionale; - contributo all'elaborazione, in integrazione con gli altri componenti dell'equipe multi-professionale, del programma personalizzato comprendente misure di politica attiva del lavoro (Patto di Servizio) / sociale e/o sanitario; - trattamento e registrazione dati nel sistema informativo unitario.	Il servizio effettua una rilevazione e valutazione delle caratteristiche di fragilità e viene costruito un programma personalizzato di intervento comprendente azioni finalizzate a contrastare le diverse fragilità/vulnerabilità di cui la persona è portatrice. Il programma personalizzato può inserirsi in un piano di interventi rivolti all'insieme del nucleo familiare.	***Output:*** programma personalizzato sottoscritto dalla persona comprendente misure del lavoro, sociale e/o sanitarie. ***Outcome:*** persona attivata e accompagnata nella costruzione di un programma personalizzato multi-azione finalizzato a superare le diverse condizioni di fragilità che la allontanano dal lavoro e dall'inclusione sociale.	a02 patto di attivazione

LEP	Riferimenti normativi	Attività	Descrizione	Output/Outcome	Codice SAP
O) Supporto all'auto-impiego	**- D. Lgs. 150/2015 art. 18, co. 1, lett. d), e) e h);** **- L. 81/2017.**	- Presentazione degli strumenti e dei benefici (economici e non) a supporto dello sviluppo dell'idea autoimprenditoriale o dell'iniziativa di autoimpiego; - presentazione di informazioni relative alle procedure per l'avvio di attività autonome, per eventuali trasformazioni e per l'accesso a commesse ed appalti pubblici; - informazione sui soggetti (a mero titolo esemplificativo, Invitalia, il sistema delle camere di commercio, ecc..), presenti nel territorio di riferimento, specializzati in materia di creazione di impresa; - informazione sui percorsi specialistici, presenti nel territorio di riferimento, finalizzati a supportare gli aspiranti lavoratori autonomi/ imprenditori nel costruire un progetto/piano d'impresa realizzabile e "meritevole" di essere finanziato; - raccolta delle domande e delle offerte di lavoro autonomo; - monitoraggio e registrazione degli esiti delle azioni intraprese dal lavoratore con contatti periodici sia con il destinatario sia con i soggetti specializzati ai quali si è rivolto anche successivamente all'avvio dell'impresa; - tutoraggio alla persona impegnata nell'autoimpiego/avvio d'impresa.	Servizio di carattere orientativo che mira a verificare con la persona le attitudini imprenditoriali e renderla consapevole sul processo di sviluppo dell'idea e sulle reali propensioni individuali. Alla persona viene presentata la panoramica degli enti sul territorio titolati a supportare i processi di avvio all'impresa, anche attraverso incentivi e a seguirne i primi passi con il tutoraggio. Le azioni possono essere realizzate sia in modalità one to one nei percorsi personalizzati, sia in modalità di gruppo per le attività di formazione e tutoring. Il servizio interviene dopo le prestazioni di cui alle lettere A), B), C), D) e E).	Output: Documento di valutazione dell'idea imprenditoriale; Rimando ad ente titolato a redigere il business plan. Outcome: persona orientata nell'avvio dell'impresa e/o lavoro autonomo e rinvio a servizi specialistici da parte di enti titolati	

LEP	Riferimenti normativi	Attività	Descrizione	Output/Outcome	Codice SAP
P) Accoglienza e informazione	**- D.Lgs. 150/2015;** **- L. 81/2017.**	- Erogazione di informazioni su: • servizi erogati dalla rete dei servizi per il lavoro territoriale e rinvio agli stessi per le modalità di accesso; • procedure amministrative (comunicazioni obbligatorie, collocamento mirato, ecc.); • procedure per l'avvio di attività di lavoro autonomo e per le eventuali trasformazioni; • domande e offerte di lavoro autonomo; • incentivi e agevolazioni per le assunzioni, misure di politica attiva di interesse delle imprese, forme contrattuali e di inserimento specifiche (apprendistato, tirocini, ecc.); • contrattualistica e normativa in materia di lavoro; • accesso a commesse ed appalti pubblici; • opportunità di credito ed alle agevolazioni pubbliche nazionali e locali; - trattamento e registrazione dati nel sistema informativo unitario; - promozione dei profili, delle competenze e della professionalità delle persone registrate nelle banche dati.	Le imprese, i professionisti e i soggetti abilitati a rappresentarli vengono supportati nell'acquisizione di informazioni utili a verificare la regolarità della propria posizione in relazione alla disciplina giuslavoristica, a utilizzare nel modo appropriato incentivi, agevolazioni e forme contrattuali specifiche. Vengono inoltre orientati all'accesso ai servizi erogati dalla rete territoriale per il lavoro.	***Output:*** informazioni erogate. ***Outcome:*** imprese, professionisti e soggetti abilitati a rappresentarli informati e consapevoli dell'offerta dei servizi disponibili nel territorio, in condizione di ottemperare agli adempimenti previsti e di valutare le opportunità presenti.	

LEP	Riferimenti normativi	Attività	Descrizione	Output/Outcome	Codice SAP
Q) Incontro Domanda Offerta	**- D.Lgs. 150/2015;** **- L. 81/2017.**	-Analisi del mercato e selezione delle imprese da contattare anche attraverso la lettura delle informazioni presenti sulla banca dati (es. CO); -acquisire il fabbisogno e orientare l'impresa nell'individuazione del profilo più adeguato al bisogno; -individuare le candidature maggiormente rispondenti ai requisiti della ricerca e presente sui siti dedicati; -supportare la pubblicizzazione delle posizioni vacanti, anche relative al lavoro autonomo; -contattare i potenziali candidati per la verifica della loro effettiva disponibilità; -raccogliere e verificare le auto-candidature, anche con riferimento al lavoro autonomo; -presentare all'impresa una rosa delle candidature pre-selezionate; -raccogliere gli esiti/feedback dall'impresa; -supportare l'impresa nell'individuazione di soluzioni per la copertura di eventuali gap di competenze; -registrazione dell'esito del processo di selezione nel sistema informativo unitario.	Servizio volto a soddisfare il fabbisogno di personale delle imprese favorendo l'incontro tra la domanda di lavoro espressa dalle imprese e l'offerta, anche in relazione al lavoro autonomo.	***Output:*** - Incontro domanda offerta effettuato, con individuazione di uno o più profili candidabili a quella determinata vacancy, anche relativa al lavoro autonomo; - invio del nominativo all'azienda, anche attraverso una rosa di candidati; - comunicazione esito selezione da azienda al servizio inoltrata e registrata. ***Outcome:*** fabbisogno di personale soddisfatto, attraverso la preselezione e la selezione del profilo rispondente alle esigenze dell'impresa.	B03 CO (azienda)

LEP	Riferimenti normativi	Attività	Descrizione	Output/Outcome	Codice SAP
R) Attivazione dei tirocini	**Accordo Stato-Regioni del 25.5.2017 sulle Linee Guida in materia di tirocini ai sensi dell'art. 1 co. 34-36 L. 28.6.2012 n. 92 e regolamentazioni regionali**	- Scouting dei profili corrispondenti alle opportunità di tirocinio segnalate dalle imprese; - proposta di una rosa delle candidature pre-selezionate all'impresa; - assistenza per la definizione del Piano formativo; - supporto all'espletamento delle procedure amministrative previste dalla normativa; - contatti con il tutor individuato dall'impresa all'attivazione del tirocinio, in itinere ed alla chiusura dello stesso.	Servizio volto a soddisfare la domanda di tirocinio espressa dalle imprese, supportandole nella fase di attivazione e di gestione amministrativa dello strumento. Il servizio predispone la Convenzione, il Progetto formativo individuale e il Dossier individuale del tirocinante con il soggetto ospitante e il tirocinante. Il servizio rilascia al termine del tirocinio, sulla base del Piano formativo individuale e del Dossier individuale l'attestazione dell'attività svolta durante il periodo di tirocinio.	***Output:*** tirocinio attivato, adempimenti amministrativi assolti. ***Outcome:*** domanda di tirocinio soddisfatta.	
S) Collocamento mirato	**- D.Lgs. 150/2015; - D. Lgs. 151/2015.**	- Computo/determinazione del numero di soggetti da assumere; - rilascio di certificazioni di ottemperanza e autorizzazioni (esonero, compensazioni territoriali, sospensione); - stipula delle convenzioni come da normativa vigente; - concessione ed erogazione di finanziamenti previsti per le assunzioni (art. 13 L. 68/1999 e fondo disabili se così finalizzato); - analisi posti di lavoro per verifica possibilità/esistenza condizioni per l'inserimento; - avviamenti numerici e nominativi; - trattamento e registrazione dati nel sistema informativo unitario.	Servizio volto a permettere ai datori di lavoro pubblici e privati di assolvere all'obbligo di assunzione dei disabili e delle altre categorie protette fornendo le informazioni e l'assistenza di cui necessitano.	***Output:*** Informazioni e documenti rilasciati in base alle richieste; procedure per l'inserimento lavorativo delle persone disabili e delle altre categorie protette espletate. ***Outcome:*** Imprese informate e in condizioni di ottemperare agli obblighi previsti; persone inserite secondo la previsione della norma.	

2.3 L'Agenzia Nazionale per le Politiche Attive del Lavoro (ANPAL)

2.3.1 Istituzione e ruolo dell'Agenzia

L'ANPAL costituisce la base del sistema di Servizi all'impiego. Essa si presenta come cabina di regia con compiti di coordinamento, ma anche valutativi, propositivi e istruttori, con l'onere di definire linee-guida unitarie.

L'Agenzia, prevista dalla L. 183/2014 (*Jobs Act*), è stata istituita dall'art. 4 D.Lgs. 150/2015 con il compito principale di **coordinamento delle politiche del lavoro a favore di persone in cerca di occupazione e della ricollocazione dei disoccupati**, mediante la predisposizione di strumenti e metodologie a supporto degli operatori pubblici e privati del mercato del lavoro. Tale attività è svolta avvalendosi della Rete Nazionale dei servizi per le politiche del lavoro. L'Agenzia è operativa dal 1° gennaio 2016.

L'ANPAL deve assicurare l'effettivo coordinamento, lo sviluppo e l'implementazione della Rete dei servizi e, in ossequio al principio della leale collaborazione, deve perseguire l'obiettivo di un'effettiva ed efficace semplificazione delle modalità di accesso alla stessa, facilitando le procedure, migliorando la comunicazione tra i servizi e tra servizi e cittadini, garantendo unitarietà e coerenza del percorso assistenziale.

L'Agenzia sostiene lo sviluppo e il rafforzamento dei CPI, garantendo il rispetto uniforme dei LEP, anche attraverso la predisposizione di programmi di riallineamento; essa è chiamata a svolgere anche compiti di proposta e di definizione di standard e di metodologie in relazione all'erogazione delle politiche attive, nonché di gestione integrata del Sistema Informativo Unitario delle politiche del lavoro, compresa la predisposizione di strumenti tecnologici per il supporto all'attività di intermediazione tra domanda e offerta di lavoro, l'interconnessione con i CPI e gli altri soggetti pubblici e privati coinvolti.

L'ANPAL è dotata di personalità giuridica, autonomia organizzativa, regolamentare, amministrativa, contabile e di bilancio ed è posta sotto la vigilanza del Ministero del lavoro, che ne monitora periodicamente gli obiettivi e la corretta gestione delle risorse finanziarie.

L'art. 4 D.Lgs. 150/2015 prevede che l'Agenzia, al fine di promuovere possibili sinergie logistiche, stipuli apposite **convenzioni a titolo gratuito** con:

> l'Ispettorato Nazionale del Lavoro (INL), in relazione allo svolgimento di funzioni e compiti di vigilanza e controllo;
> l'INPS, allo scopo di realizzare le necessarie sinergie con l'Istituto, in relazione allo svolgimento di funzioni e compiti di gestione coordinata dei sistemi informativi;
> l'INAIL, allo scopo di raccordare le attività in materia di collocamento e reinserimento lavorativo delle persone con disabilità da lavoro;
> l'INAPP, al fine di coordinare le attività istituzionali fra i due enti e il Ministero vigilante.

In relazione alla nascita dell'ANPAL, sono stati rivisti anche le funzioni e i compiti dell'Istituto per lo Sviluppo della Formazione professionale dei Lavoratori (ISFOL). In particolare, detto istituto, dal dicembre 2016 ha assunto la denominazione di INAPP (Istituto Nazionale per l'Analisi delle Politiche Pubbliche). Nell'ambito del riordino del sistema delle politiche del lavoro, il D.Lgs. 150/2015 ha assegnato all'allora ISFOL una nuova missione, più ampia di quella precedente, essenzialmente riassumibile nei compiti di analisi, monitoraggio e valutazione delle politiche pubbliche che hanno un impatto sul mercato del lavoro. A seguito dell'assegnazione di tale nuovo compito, è stata avviata una riorganizzazione dell'Istituto e la conseguente revisione statutaria dello stesso.

L'attività dell'ANPAL è disciplinata dal decreto istitutivo e dal relativo Statuto, adottato con D.P.R. 26-5-2016, n. 108, che ne specifica attribuzioni, funzionamento e composizione.

2.3.2 Funzioni e compiti

Sul **versante delle politiche passive**, l'ANPAL ha come principale obiettivo il sostegno al reddito dei disoccupati beneficiari di NASpI e di DIS-COLL.
Ancora, l'ANPAL si occupa di:

- gestire il Repertorio nazionale degli incentivi all'occupazione;
- determinare le modalità operative e l'ammontare dell'AdR e di altre forme di coinvolgimento dei privati accreditati (art. 12 D.Lgs. 150/2015);
- coordinare la gestione dei servizi e delle misure di politica attiva del lavoro e del collocamento dei disabili (L. 68/1999), nonché delle politiche di attivazione dei lavoratori disoccupati, con particolare riferimento ai beneficiari di prestazioni di sostegno del reddito collegate alla cessazione del rapporto di lavoro.

Sul **versante delle politiche attive** l'ANPAL ha come principale obiettivo il coordinamento delle politiche del lavoro a favore delle persone in cerca di occupazione mediante la predisposizione degli strumenti e delle metodologie a supporto degli operatori pubblici e privati del mercato del lavoro. Più in dettaglio, ANPAL si occupa di:

- definire gli standard di servizio in relazione alle misure di politica attiva del lavoro;
- definire le metodologie di "profilazione" degli utenti, allo scopo di determinarne il profilo personale di occupabilità, nonché dei costi standard applicabili ai servizi e alle misure di politica attiva del lavoro;
- sviluppare e gestire il Sistema Informativo Unitario delle politiche del lavoro per il supporto all'attività di intermediazione tra domanda e offerta di lavoro e l'interconnessione con gli altri soggetti pubblici e privati;
- gestire l'Albo Nazionale delle Agenzie per il Lavoro ai fini dello svolgimento delle attività di somministrazione, intermediazione, ricerca e selezione del personale, supporto alla ricollocazione professionale;
- vigilare sui Fondi interprofessionali per la formazione continua nonché sui Fondi bilaterali;
- definire e gestire programmi per il riallineamento delle aree per le quali non siano rispettati i LEP in materia di politiche attive del lavoro o vi sia un rischio di mancato rispetto dei medesimi livelli essenziali. Può svolgere attività di supporto alle Regioni ove i LEP non siano stati assicurati, mediante interventi di gestione diretta dei servizi per il lavoro e delle politiche attive del lavoro;
- definire metodologie di incentivazione alla mobilità territoriale;
- gestire programmi di reimpiego e ricollocazione in relazione a crisi di aziende aventi unità produttive ubicate in diverse Province della stessa Regione o in più Regioni, ovvero programmi per l'adeguamento alla globalizzazione cofinanziati con il Fondo Europeo di adeguamento alla Globalizzazione (FEG), nonché programmi sperimentali di politica attiva del lavoro.

Ancora compete all'ANPAL lo svolgimento delle attività, già in capo al Ministero del lavoro, in materia di *promozione e coordinamento dei programmi formativi destinati alle persone disoccupate*, ai fini della qualificazione e riqualificazione professionale, dell'autoimpiego e dell'inserimento.
In aggiunta a quelli elencati, possono poi essere attribuiti all'ANPAL ulteriori compiti e funzioni, mediante la stipula di apposite **convenzioni con le Regioni**, in materia di gestione diretta dei servizi per il lavoro e delle politiche attive del lavoro.
L'Agenzia svolge anche un'importante **attività di monitoraggio e valutazione sulla gestione delle politiche attive e i servizi per il lavoro** e sul raggiungimento di risultati realizzati dagli operatori pubblici e privati, avvalendosi del Sistema Informativo Unico dei servizi per l'impiego. Attraverso questo monitoraggio, con cadenza almeno annuale, fornisce rapporti sullo stato di attuazione delle singole misure. Dagli esiti del monitoraggio e della valutazione saranno desunti elementi per l'implementazione ovvero per eventuali correzioni delle misure e degli interventi introdotti, anche alla luce dell'evoluzione del quadro macroeconomico, degli andamenti produttivi, delle dinamiche del mercato del lavoro e, più in generale, di quelle sociali. L'Agenzia, inoltre, è tenuta a rendere disponibili, a fini di ricerca scientifica, a università ed enti di ricerca italiani ed esteri, in forma anonima, le banche dati in suo possesso. I risultati delle ricerche condotte mediante l'utilizzo delle banche dati saranno resi pubblici e comunicati all'ANPAL e al Ministero del lavoro e delle politiche sociali.

2.3.3 Composizione dell'ANPAL

La *governance* e l'organizzazione di ANPAL sono state modificate dal D.L. 73/2021 (*decreto sostegni-bis*), il quale ha, in primo luogo, eliminato le figure del Presidente e del Direttore generale e posto al vertice della struttura quella del Direttore, individuandone il procedimento di nomina e le relative funzioni. Sono state poi ridefinite le modalità di nomina, le funzioni e la composizione del Consiglio di amministrazione.
Pertanto, ai sensi dell'art. 6 D.Lgs. 150/2015, come novellato dal D.L. 73/2021, sono **organi dell'ANPAL** e restano in carica per 3 anni, rinnovabili per una sola volta:

- il Direttore;
- il Consiglio di amministrazione;
- il Consiglio di vigilanza;
- il Collegio dei revisori.

Il **Direttore** ha la rappresentanza legale dell'ANPAL, provvede all'attuazione degli indirizzi e delle linee guida adottate d'intesa con il consiglio di amministrazione e approvate dal Ministro del lavoro e delle politiche sociali e presenta al consiglio di amministrazione il bilancio preventivo e il conto consuntivo. Riferisce periodicamente al Ministro del lavoro e delle politiche sociali e al Consiglio di amministrazione e presenta una relazione annuale sull'attività svolta dall'ANPAL. Al direttore sono assegnati i poteri e la responsabilità della gestione dell'ANPAL, nonché la responsabilità per il conseguimento dei risultati fissati dal Ministro del lavoro e delle politiche sociali. Questi, inoltre, partecipa alle sedute del Consiglio di amministrazione.
Il **Consiglio di amministrazione** è composto da tre dirigenti delle Amministrazioni, di cui almeno uno incaricato di funzioni di livello dirigenziale generale, in possesso di provata esperienza e professionalità nelle materie di competenza dell'ANPAL. Un componente è indicato dalla Conferenza delle Regioni e delle Province autonome. Uno dei

componenti del consiglio di amministrazione svolge, su designazione del Ministro del lavoro e delle politiche sociali, le funzioni di presidente.
Il Consiglio di amministrazione, convocato dal componente che svolge le funzioni di presidente, coadiuva il direttore nell'esercizio delle attribuzioni ad esso conferite, delibera il bilancio preventivo, il conto consuntivo e i piani di spesa ed investimento.
Il **Consiglio di vigilanza** ha 10 membri scelti tra esperti di comprovata esperienza e professionalità nel campo delle politiche e delle istituzioni del mercato del lavoro, designati dalle associazioni datoriali e sindacali comparativamente più rappresentative a livello nazionale. Il suo principale compito è quello di formulare proposte sulle linee di indirizzo generale al Consiglio di amministrazione, oltre a proporre allo stesso gli obiettivi strategici. Compete al Consiglio altresì vigilare sul perseguimento degli indirizzi e degli obiettivi strategici adottati dal Consiglio di amministrazione.
Il **Collegio dei revisori** è composto da 3 membri effettivi e 3 supplenti, tutti nominati con decreto dal Ministro del lavoro. I componenti sono scelti tra dirigenti incaricati di funzioni di livello dirigenziale non generale delle Amministrazioni, iscritti al Registro dei revisori legali o tra persone in possesso di specifica professionalità.
Il Collegio dei revisori vigila sull'osservanza delle disposizioni di legge, regolamentari e statutarie e provvede agli altri compiti ad esso demandati dalla normativa vigente, compreso il monitoraggio della spesa pubblica. In particolare accerta la regolare tenuta dei libri e delle scritture contabili, esamina il bilancio preventivo e il conto consuntivo, accerta periodicamente la consistenza di cassa, redige le relazioni di propria competenza e svolge il controllo di regolarità (secondo le disposizioni dell'art. 20 D.Lgs. 123/2011).

2.3.4 ANPAL Servizi

Fino al 2016 è stata operativa la società Italia Lavoro S.p.A., istituita nel 1997 (Direttiva Presidente del Consiglio dei Ministri 13-5-1997) con il compito specifico di sviluppare progetti per la stabilizzazione dei LSU (lavoratori socialmente utili). Nel corso degli anni, specifiche disposizioni hanno definito nuovi compiti per questa società, che di fatto è diventata il braccio operativo del Ministero del lavoro e di altre amministrazioni centrali dello Stato per la promozione e per la gestione di azioni nel campo delle politiche del lavoro, dell'occupazione e dell'inclusione sociale.
Con l'istituzione dell'ANPAL ha mutato assetto societario, divenendo ente *in house* dell'Agenzia, e denominazione (da Italia Lavoro S.p.A. ad ANPAL Servizi S.p.A.). La società ha per oggetto sociale la **promozione, la progettazione, la realizzazione e la gestione di ogni attività e intervento finalizzati alla promozione dell'occupazione in Italia e all'estero**, da svolgere nell'ambito delle direttive e degli indirizzi dell'ANPAL.
A tal fine *predispone e realizza programmi di intervento* (anche mediante accesso ai fondi dell'Unione europea e a risorse statali e regionali), *stipula convenzioni* (con l'Unione europea, enti e organismi internazionali, Stati esteri, amministrazioni dello Stato, Regioni, enti locali, ogni altro soggetto pubblico e privato, enti e istituti di credito), *promuove e realizza interventi di politica attiva del lavoro* (ivi compresi quelli di carattere innovativo e sperimentale), anche in collaborazione con altri enti e soggetti pubblici o privati.
Con l'introduzione del Reddito di cittadinanza (Rdc), ANPAL Servizi è stata chiamata a svolgere un ruolo centrale nel fornire assistenza tecnica ai CPI nel processo di presa in carico dei beneficiari di Rdc, anche attraverso la creazione della figura dei "Navigator" e una stretta collaborazione con ogni Regione.

2.4 Le competenze delle Regioni

Il riordino della normativa in materia di servizi per il lavoro ha mirato al superamento della frammentazione di strutture e competenze esistente sul territorio nazionale. Tuttavia, questo orientamento non ha impedito la valorizzazione, nel rispetto della Costituzione vigente, del ruolo delle Regioni nell'erogazione dei servizi. Il non facile punto di equilibrio nel riparto di competenze tra Stato e Regioni è stato realizzato preservando in capo a queste ultime la programmazione e la gestione dei servizi e delle politiche attive a livello locale, al contempo assicurando l'interesse nazionale ai LEP, programmati a livello centrale.

L'art. 11 D.Lgs. 150/2015 definisce l'organizzazione dei Servizi per il Lavoro e delle politiche attive del lavoro a livello regionale.

In particolare, si prevede la stipula di una convenzione tra il Ministero del lavoro e ogni Regione al fine di regolare i relativi rapporti ed obblighi in relazione alla gestione dei Servizi per il Lavoro e delle politiche attive del territorio regionale, nel rispetto dei principi indicati dalla norma.

L'intento è quello di rispondere all'esigenza di **creare un raccordo tra Stato e Regioni** per una gestione più efficiente ed efficace dei servizi per il lavoro, alla luce dei seguenti principi:

> attribuzione delle funzioni e dei compiti amministrativi in materia di politiche attive del lavoro alle Regioni, che garantiscono l'esistenza e la funzionalità di uffici territoriali aperti al pubblico (i CPI);
> individuazione, da parte delle strutture regionali, di misure di attivazione dei beneficiari di ammortizzatori sociali residenti nel territorio della Regione (artt. 21 e 22 D.Lgs. 150/2015);
> disponibilità di servizi e misure di politica attiva del lavoro a tutti i residenti sul territorio italiano, a prescindere dalla Regione di residenza;
> attribuzione alle strutture amministrative regionali delle funzioni e dei compiti in materia di politica attiva del lavoro, nonché in materia di servizi per il collocamento dei disabili e avviamento a selezione negli enti pubblici e nella Pubblica Amministrazione nei casi di selezioni effettuate tra gli iscritti nelle liste di collocamento ed in quelle di mobilità, che abbiano la professionalità eventualmente richiesta e i requisiti previsti per l'accesso al pubblico impiego;
> possibilità di attribuire all'ANPAL, sulla base della convenzione, una o più delle funzioni prima indicate.

Sulla base di quanto disposto dal criterio di delega di cui all'art. 1, co. 4, lett. *u*), L. 183/2014, alle Regioni restano in ogni caso assegnate le competenze in materia di programmazione di politiche attive del lavoro, ed in particolare, l'identificazione della strategia regionale per l'occupazione, in coerenza con gli indirizzi generali definiti dall'art. 2 D.Lgs. 150/2015, nonché l'accreditamento degli enti di formazione, nell'ambito dei criteri stabiliti dal Ministero del lavoro.

Alle Regioni sono, pertanto, devolute essenzialmente le **attività volte a promuovere l'inserimento e il reinserimento nel mercato del lavoro attraverso la rete dei CPI**, cui è stato attribuito un ruolo cardine nella conduzione delle politiche del lavoro, incentrato sul rafforzamento della condizionalità, sulla stipula del patto di servizio personalizzato, sulla profilazione qualitativa dell'utenza, sui servizi e sulle misure *standard*.

Il campo di intervento dei CPI, la loro *mission* nell'area delle politiche attive del lavoro, può essere così sintetizzata:

- **servizio di accoglienza, informazione e promozione**, che ha l'obiettivo di facilitare il collegamento diretto tra persone in cerca di occupazione e mondo del lavoro;
- **incontro tra domanda e offerta**, attraverso una serie di iniziative quali raccolta e classificazione di domande ed offerte di lavoro, ricerca e *matching* tra domande ed offerte sulla base delle caratteristiche delle singole posizioni, pubblicizzazione delle offerte;
- **orientamento**, servizio rivolto a coloro i quali desiderano esplorare, al di là delle conoscenze maturate, le proprie attitudini e il proprio potenziale professionale;
- **accompagnamento, consulenza e sostegno ai disoccupati**, in modo da porre i richiedenti in grado di scegliere più consapevolmente il proprio percorso professionale. Il servizio ha come finalità non solo quella di definire percorsi di inserimento ma anche quella, non meno impegnativa, di motivare le persone perché diventino esse stesse elemento attivo del processo di ricerca.

A tali fini è necessaria un'**adeguata preparazione professionale** del personale in servizio presso i Centri per l'Impiego. Appaiono essenziali soprattutto le *capacità* degli operatori *legate alla comunicazione*, che consentono di muoversi con disinvoltura nell'effettuazione di colloqui sia con le imprese che con gli utenti per la copertura delle *vacancies*, la *conoscenza delle normative in vigore e quella del mercato del lavoro locale* (in termini soprattutto di professionalità richieste), buone *capacità di ascolto, capacità organizzativa* nell'orientare il percorso formativo degli utenti, nonché l'*idoneità a rapportarsi efficacemente con le aziende* operanti sul mercato e utilizzare al meglio le risorse disponibili.

2.5 Il percorso per accedere ai Servizi per il Lavoro

Parallelamente alla riforma degli uffici e delle competenze nel quadro di una generale riforma dei servizi per il lavoro, che vede integrata l'attività coordinata di soggetti pubblici e privati, è anche la riforma delle procedure di accesso e di fruizione dei servizi.

Attualmente, infatti, la persona disoccupata che cerca un lavoro come opportunità per un reinserimento sociale, deve intraprendere un percorso articolato che vede quali passaggi essenziali:

- la dichiarazione della propria disponibilità al lavoro (DID);
- la sua "profilazione", operata dal CPI sulla base della DID;
- la sottoscrizione di un Patto di servizio con il CPI.

Chi è privo di occupazione (*ex* art. 19 D.Lgs. 150/2015) deve innanzitutto dichiarare la propria disponibilità al lavoro con la presentazione della DID.

Sulla base dei dati e delle informazioni rese in sede di DID, all'utente viene assegnato un profilo personale di occupabilità ottenuto secondo una procedura automatizzata, che ne indica la distanza dal mercato dal lavoro (cosiddetta **profilazione quantitativa**).

Successivamente l'utente sarà interessato da un percorso di **orientamento di base**, secondo quanto descritto nella scheda di orientamento di base, la quale prende in considerazione alcune variabili di carattere qualitativo, tese ad evidenziare aspetti legati ai bisogni e alle condizioni personali. Tale orientamento contempla un percorso diretto ad analizzare (anche tramite colloqui individuali) le competenze della persona in relazione alla situazione del mercato del lavoro, fornendo indicazioni all'utente circa le opportunità di lavoro e di formazione che meglio si adattano al suo profilo. Tale attività esita nella cosiddetta **profilazione qualitativa** dell'utente.

Qualora in sede di orientamento di base emerga un profilo di fragilità, allo scopo di favorire la presa in carico da parte del CPI o di un Operatore accreditato per consentirne l'accesso alle misure di politica attiva, verrà effettuata una **profilazione qualitativa approfondita**, propedeutica alla stipula di un Patto di servizio personalizzato (PSP) secondo i principi di appropriatezza in base ai bisogni complessi della persona.

In sintesi, presso il CPI è fruibile un **percorso di attivazione così strutturato**:

- **accoglienza e prima informazione**: si tratta della fase in cui l'operatore del Centro incontra il soggetto che ha richiesto la consulenza per comprenderne i bisogni e il potenziale occupazionale. In tale fase verranno rese informazioni sui servizi per il lavoro, sul sistema di profilazione e sul percorso di attivazione della persona, sugli adempimenti amministrativi legati alla registrazione presso i servizi competenti, sui diritti e doveri legati alla stipula del Patto di servizio.

  L'attività di accoglienza e di prima informazione consiste, dunque, in un iniziale approccio con l'utente, finalizzato a fornirgli le prime indicazioni sui servizi per il lavoro e sulle misure fruibili a livello locale, regionale e nazionale, sulle opportunità di formazione e lavoro, allo scopo di soddisfare le prime richieste di tipo informativo e amministrativo;
- presentazione della **Dichiarazione di Immediata Disponibilità** (**DID**) on-line, profilazione (quantitativa) e predisposizione o aggiornamento della Scheda Anagrafica Professionale (SAP). In questa fase l'operatore verifica le informazioni anagrafiche e amministrative dell'utente, sulla base della DID on-line presentata, aggiornando eventualmente la SAP, ovvero assiste l'utente mettendo a disposizione gli strumenti informatici e supportandolo per l'accesso diretto alla DID;
- **orientamento di base**, in cui l'operatore, sulla scorta di una serie di informazioni fornite dall'utente e attraverso diverse modalità operative (colloqui, consultazioni di banche dati o altri supporti comunicativi), fornisce indicazioni in ordine al mercato del lavoro locale, ai settori trainanti, alle professioni e ai titoli di studio richiesti, alle misure e agli incentivi all'occupazione.

  Ai fini di una profilatura dell'utente utile a definire il Patto di Servizio, l'operatore ne analizza le competenze in relazione alla situazione del mercato del lavoro locale, lo supporta nella comprensione del proprio bisogno e mira ad orientarlo verso le opportunità di formazione e lavoro che meglio si adattano al suo profilo, definendo gli atti di ricerca attiva, che verranno poi formalizzati nel Patto di Servizio Personalizzato;
- **stipula del Patto di Servizio Personalizzato (PSP)**, in cui vengono individuate le misure più adeguate di politica attiva del lavoro a sostegno della occupabilità del lavoratore. Attraverso il PSP viene attivato un processo che, vincolando le parti a rispettare una serie di impegni reciproci, porta alla responsabilizzazione dell'utente.

Al centro del sistema delle politiche attive del lavoro c'è dunque la persona/cittadino/utente dei Servizi per il lavoro, che diventa protagonista attivo del percorso di ricollocazione. Ciò avviene, in primo luogo, nella creazione di strumenti attraverso i quali il disoccupato/inoccupato venga reso consapevole dei possibili percorsi personalizzati di istruzione, formazione professionale e lavoro, a lui attribuibili partendo dalle caratteristiche, attitudini e interessi personali.

2.6 I Servizi e le misure di politica attiva del lavoro

I punti focali dell'attività resa dai Centri per l'Impiego sono indicati dall'art. 18 D.Lgs. 150/2015, che individua quali destinatari di tali attività i soggetti disoccupati, i lavoratori beneficiari di strumenti di sostegno al reddito in costanza di lavoro e i soggetti a rischio disoccupazione.

In particolare, al fine di agevolare l'inserimento ed il reinserimento nel mercato del lavoro, i CPI provvedono alle seguenti attività:

> **orientamento di base, analisi delle competenze e profilazione**. L'analisi delle competenze consente lo sviluppo e la valorizzazione della persona umana (ricostruisce competenze, attitudini, storia lavorativa, potenziale professionale ecc.) e motiva il soggetto stesso ad attivarsi per il proprio inserimento;

> **ausilio (singolo o in gruppo) nella ricerca** di un'attività lavorativa;

> **orientamento specialistico ed individualizzato**, mediante bilancio delle competenze ed analisi degli eventuali fabbisogni formativi e lavorativi, con riferimento all'adeguatezza del profilo alla domanda di lavoro espressa a livello territoriale, nazionale o europeo.

Il **bilancio di competenze** rappresenta una particolare modalità di consulenza orientativa che è finalizzata a redigere, per l'utente, un progetto individuale (di inserimento professionale o formativo) in una prospettiva di cambiamento e in una logica di rafforzamento dell'immagine di sé.

Obiettivo principale del "bilancio" è far emergere e valorizzare le competenze possedute dalla persona, intendendo per "competenza" l'insieme delle risorse che il soggetto possiede o ha costruito nel corso del suo percorso di vita e di lavoro, che si connota come potenzialità disponibile all'interno di un'organizzazione o del sistema per svolgere determinati compiti lavorativi e sulla base delle quali può essere negoziato il suo inserimento o il suo sviluppo di vita e professionale.

Soprattutto ai disoccupati di lungo periodo i Servizi per l'Impiego devono garantire l'erogazione di approfonditi percorsi di orientamento e *profiling* individuali.

Il *profiling* è uno strumento utile per la personalizzazione dei servizi, basato sulla valutazione dei bisogni della persona misurati in base alla distanza dal mercato del lavoro, ossia al periodo di non occupazione. Tale attività è svolta mediante l'utilizzo degli strumenti consentiti, ad es. attraverso il bilancio di competenze, e sulla base di metodologie diverse (colloqui individuali o di gruppo, laboratori, ecc.).

L'orientamento specialistico personalizzato rappresenta, in sostanza, una fase più specializzata e dedicata, che ha l'obiettivo di illustrare al soggetto le prospettive effettive di occupabilità e gli ostacoli all'occupazione in base ad una valutazione personalizzata (bilancio), informare sulle offerte di lavoro disponibili e indirizzare la persona verso un progetto di inserimento lavorativo o formativo;

> **orientamento individualizzato, anche all'autoimpiego e alla creazione di impresa, e tutoraggio successivo all'avvio dell'impresa**. Si tratta di una modalità avanzata di supporto alla persona che intenda inserirsi nel mondo del lavoro con un proprio progetto professionale.

Per *autoimpiego* s'intende l'inserimento nel mondo del lavoro da parte di soggetti privi di occupazione, attraverso la creazione di attività imprenditoriali di piccole dimensioni.

Per *autoimprenditorialità* si intendono le misure rivolte ai giovani e alle donne per la creazione e lo sviluppo di imprese.
Questa tipologia di servizio di orientamento contempla sia il percorso di accompagnamento all'individuazione e sviluppo dell'idea imprenditoriale, sia il tutoraggio nelle fasi successive all'avvio dell'impresa stessa;

> **avviamento ad attività di formazione** ai fini della qualificazione e riqualificazione professionale, dell'autoimpiego e dell'immediato inserimento lavorativo.
Si tratta dell'avviamento alle molteplici e diversificate *offerte di formazione* che hanno l'obiettivo di potenziare le competenze già possedute, di farne acquisire di nuove e di aggiornare il profilo professionale dell'utente per migliorarne l'occupabilità, anche per rispondere ai cambiamenti produttivi e/o tecnologici.
Il rapido cambiamento tecnologico degli ultimi anni rende, infatti, sempre, più difficile colmare lo *"skill mismatch"* tra le competenze richieste dai datori di lavoro e quelle effettivamente possedute dai lavoratori. L'investimento nelle politiche di istruzione e specializzazione garantisce, pertanto, una maggiore probabilità di inserimento o reinserimento nel mercato del lavoro.
In tale prospettiva la formazione professionale assolve ad una *funzione cerniera tra sistema educativo, sistema sociale e sistema lavoro*, in quanto:
   - facilita il funzionamento del mercato del lavoro per quanto concerne sia l'ingresso dei giovani al lavoro che il reingresso delle persone che perdono il lavoro o che sono costrette a cambiarlo;
   - supporta, attraverso l'aggiornamento e lo sviluppo delle *skill* professionali dei lavoratori, la crescita professionale delle risorse umane e la competitività delle imprese;
   - contribuisce a contenere il cosiddetto fenomeno dello *"skill mismatch"*, cioè la mancata corrispondenza tra le competenze possedute dai lavoratori e quelle richieste dalle imprese e dai datori di lavoro;
   - sostiene l'integrazione socio-lavorativa delle fasce deboli, favorendo l'integrazione e la coesione sociale;

> **accompagnamento al lavoro**, anche attraverso l'Assegno individuale di ricollocazione (art. 23 D.Lgs. 150/2015);

> promozione di **esperienze lavorative**, anche mediante il ricorso al **tirocinio**. Le cosiddette *work experiences* sono le esperienze lavorative che vengono svolte ai fini di un incremento delle competenze, anche mediante lo strumento del *tirocinio*, nelle sue diverse varianti (essenzialmente tirocini *formativi e di orientamento*, finalizzati ad agevolare le scelte professionali e l'occupabilità; tirocini di *inserimento/reinserimento al lavoro*, finalizzati a percorsi di inserimento/reinserimento nel mondo del lavoro);

> gestione di **incentivi all'attività di lavoro autonomo** (anche in forma diretta) e alla **mobilità territoriale**;

> gestione di strumenti finalizzati alla **conciliazione dei tempi di lavoro e di cura di minori o soggetti non autosufficienti**;

> promozione di **prestazioni di lavoro socialmente utile** (a beneficio della comunità territoriale di appartenenza) ai sensi dell'art. 26 D.Lgs. 150/2015. Le attività di pubblica utilità devono in ogni caso essere coerenti con il profilo professionale, le competenze, gli interessi e le propensioni degli utenti.

Capitolo 3
L'attività di intermediazione nell'incontro tra domanda e offerta

3.1 Lo stato di disoccupazione e la DID (Dichiarazione di Immediata Disponibilità)

3.1.1 La nozione di stato di disoccupazione nel D.Lgs 150/2015

Il sistema per l'inserimento nel mercato del lavoro delineato dal D.Lgs. 150/2015, agli artt. 19, 20, 21 e 22, prevede che la persona priva di lavoro si attivi per cercare di reinserirsi nel mercato del lavoro prima di tutto presentando la **Dichiarazione di Immediata Disponibilità (DID)**, e poi partecipando ai percorsi di istruzione, formazione e lavoro che le verranno proposti durante lo stato di disoccupazione.
L'art. 19 D.Lgs. 150/2015, nel testo modificato dal D.Lgs. 185/2016, introduce una nuova definizione di *stato di disoccupazione*, a cui tutti i riferimenti normativi già esistenti devono ricondursi. Per **disoccupato** s'intende il **soggetto privo di impiego che abbia telematicamente dichiarato, al Sistema Informativo Unitario (SIU) delle politiche del lavoro, la propria immediata disponibilità al lavoro (DID) e alla partecipazione alle misure di politica attiva concordate con il CPI**.
Tutti gli utenti dei Servizi per l'Impiego che siano *disoccupati* e *non percettori di misure di sostegno al reddito* effettuano in modalità autonoma, o assistita presso il CPI, la registrazione telematica sul SIU, per poi accedere al percorso di attivazione presso il CPI prescelto.
Per i *disoccupati percettori di misure di sostegno al reddito* (NASpI e DIS-COLL), i quali hanno dunque già presentato domanda per tale beneficio sul portale INPS, quest'ultima equivale, ai sensi dell'art. 21, co. 1, D.Lgs. 150/2015, alla DID.
La definizione riportata dal citato art. 19 D.Lgs. 150/2015 presuppone la sussistenza di una **componente soggettiva**, consistente nell'essere privi di impiego, e in una **componente oggettiva**, implicante la necessità di dichiarare la propria immediata disponibilità allo svolgimento di attività lavorativa ed alla partecipazione alle misure di politica attiva del lavoro.

3.1.2 La nozione di stato di disoccupazione dopo il D.L. 4/2019

La nozione di stato di disoccupazione deve essere letta alla luce dell'art. 4, co. 15-*quater*, D.L. 4/2019, convertito dalla L. 26/2019: come ha chiarito la circolare n. 1/2019 dell'ANPAL, infatti, tale norma, letta in combinato disposto con l'art. 19 D.Lgs. 150/2015, comporta che siano in stato di disoccupazione, i soggetti che rilasciano la DID e che, *alternativamente,* soddisfano uno dei seguenti requisiti:

- non svolgono attività lavorativa sia di tipo subordinato che autonomo;
- sono lavoratori il cui reddito da lavoro dipendente o autonomo corrisponde a un'imposta lorda pari o inferiore alle detrazioni spettanti ai sensi dell'art. 13 D.P.R.

917/1986 (TUIR). Dunque, anche chi è occupato può accedere allo *status* di disoccupato, purché il reddito percepito non oltrepassi la soglia indicata dalla legge. Per il 2022, quanto al lavoro dipendente, il limite di reddito ai fini del mantenimento dello stato di disoccupazione è quantificabile in 8.174 euro annui, quanto al lavoro autonomo in 5.500 euro annui. Per i percettori di RdC, i nuovi limiti valgono anche i fini dell'esonero dall'obbligo di aderire ai relativi percorsi di ricollocazione (art. 4, co. 3, D.L. 4/2019).

Secondo l'art. 19 D.Lgs. 150/2015, lo **stato di disoccupazione è sospeso** in caso di rapporto di lavoro subordinato di durata fino a 6 mesi; naturalmente, la sospensione scatta solo se non vi è conservazione dello stato di disoccupazione nei termini indicati dall'art. 4, co. 15-*quater*, D.L. 4/2019.

In caso di inizio di una attività di lavoro subordinato, a tempo determinato o indeterminato (ivi incluso il contratto di apprendistato), lo stato di disoccupazione si sospende fino ad un massimo di 180 giorni; se il rapporto di lavoro termina prima che siano decorsi i 180 giorni, la persona interessata ritorna in stato di disoccupazione e l'anzianità della disoccupazione ricomincia a decorrere dal momento della fine della sospensione.

Decorsi i 180 giorni continuativi dall'inizio dell'attività lavorativa, se il contratto è ancora in vigore, **l'interessato decade dallo stato di disoccupazione** se la retribuzione prospettica annua è superiore al limite di reddito prescritto.

In nessun caso, lo svolgimento di attività di lavoro autonomo dà luogo a sospensione del periodo di disoccupazione: una volta superata la soglia prevista, lo stato di disoccupazione si perde.

La circolare n. 1/2019 ha specificato che **lo stato di disoccupazione si conserva** anche in caso di svolgimento di più attività lavorative di diversa tipologia (autonome, parasubordinate, subordinate, occasionali) da cui derivino redditi che non superino, per ciascuno, i rispettivi limiti di reddito imposti per il mantenimento dello stato medesimo e che il reddito complessivo proveniente dalla somma dalle attività svolte in vari settori sia inferiore a quello massimo consentito dalle norme vigenti per il mantenimento dello stato di disoccupazione (8.145 euro).

Anche nel caso di attività di *lavoro intermittente*, il lavoratore conserva lo stato di disoccupazione per tutto il periodo del contratto solo nel caso in cui la retribuzione annua prevista sia inferiore al limite esente da imposizione fiscale (8.145 euro annui).

Lo stesso vale per i *tirocini*: non trattandosi di un rapporto di lavoro, pur prevedendo un'indennità di partecipazione, il tirocinante, in assenza di rapporti di lavoro, può rilasciare la DID online ed essere considerato in stato di disoccupazione. Allo stesso modo, una persona in stato di disoccupazione, che cominci un'esperienza di tirocinio, mantiene lo stato di disoccupazione. Quanto detto vale anche per l'attivazione di un lavoro di pubblica utilità/lavoro socialmente utile, perché anche in tali ipotesi non si determina l'instaurazione di un rapporto di lavoro.

Anche coloro che svolgono *prestazioni occasionali* (art. 54-*bis* D.L. 50/2017, conv. dalla L. 96/2017) sono considerati in stato di disoccupazione, poiché i compensi percepiti dal prestatore non incidono sul suo stato di disoccupato per espressa previsione normativa.

3.1.3 La DID (Dichiarazione di Immediata Disponibilità)

La DID è una dichiarazione che il lavoratore disoccupato è tenuto a rendere sia *per fruire di qualsiasi trattamento di sostegno al reddito* sia *per dichiarare la propria disponibilità a partecipare al percorso di politica attiva* diretto a facilitare il suo reinserimento nel mondo del lavoro. Pertanto, chi è disoccupato, per poter beneficiare di misure di sussidio e assistenza nella ricerca di nuova occupazione, deve necessariamente dichiarare di essere immediatamente disponibile a effettuare nuove attività lavorative, in modo da ricollocarsi all'interno del mercato del lavoro.
Sotto il profilo procedurale, al fine di velocizzare la presa in carico da parte dei Servizi competenti, i lavoratori dipendenti possono effettuare la registrazione nel portale nazionale delle politiche del lavoro dal momento della ricezione della comunicazione di licenziamento, anche in pendenza del periodo di preavviso, nel quale sono considerati lavoratori *a rischio di disoccupazione*.
In sostanza, la DID può essere resa da:

- **cittadini "in stato di disoccupazione"**, percettori e non percettori di strumenti di sostegno al reddito, che con la DID dichiarano di essere privi di impiego, disponibili a lavorare e a iniziare il percorso finalizzato alla "profilazione" e alla stipula del Patto di Servizio Personalizzato;
- **lavoratori "a rischio di disoccupazione"**, ossia i soggetti ancora occupati, ma che hanno ricevuto la comunicazione di licenziamento, i quali possono in tal modo, già nel periodo di preavviso, comunicare di essere disponibili a cercare una nuova occupazione alla conclusione del rapporto di lavoro;
- **cittadini dell'Unione europea che soggiornano sul territorio italiano**. Su tale argomento è intervenuta l'ANPAL con la circolare n. 4 del 29 agosto 2018, con la quale ha fornito chiarimenti in merito al requisito della "residenza" per il rilascio della DID da parte di cittadini dell'Unione europea per l'accesso ai servizi e alle misure di politica attiva del lavoro.

Presentando la DID, la persona si dichiara disponibile non solo a lavorare, ma anche a partecipare al percorso di servizi e misure previste nel **Patto di servizio**. Pertanto, il soggetto in stato di disoccupazione che abbia presentato apposita DID si rivolge ai CPI per stipulare un **Patto di servizio personalizzato (PSP)**, che definisce il percorso delle misure di politica attiva del lavoro per l'inserimento nel mercato del lavoro. Ai sensi dell'art. 20 D.Lgs. 150/2015, i lavoratori disoccupati sono tenuti a contattare, entro 30 giorni dalla DID, i CPI (in mancanza, sono convocati direttamente dai medesimi uffici) per la **profilazione** e la stipula del PSP.
Collegata all'obbligo di partecipare attivamente al percorso personalizzato (cosiddetta condizionalità) è poi la previsione di un sistema di sanzioni graduali, nel caso in cui la persona non partecipi alle iniziative previste. L'apparato sanzionatorio è graduato a seconda della gravità dell'inadempimento in modo tale che la decadenza dal beneficio operi esclusivamente come ultima *ratio*.

3.2 Il profilo di occupabilità e la profilazione

Il PSP e le misure specifiche da proporre alla persona vengono delineate sulla base del suo **profilo di occupabilità**, che riflette la difficoltà ad inserirsi o reinserirsi nel mercato del lavoro.

Sulla base delle informazioni fornite in sede di registrazione, gli utenti dei Servizi per l'Impiego vengono assegnati ad una *classe di profilazione*, allo scopo di valutarne il livello di occupabilità, secondo una procedura automatizzata di elaborazione dei dati, in linea con i migliori standard internazionali. La classe di profilazione è aggiornata automaticamente ogni 90 giorni, tenendo conto della durata della disoccupazione e delle altre informazioni raccolte mediante le attività di servizio (*profiling* cd. dinamico).
La **profilazione** può definirsi come l'insieme delle tecniche e delle procedure utilizzate per conoscere in modo approfondito i beneficiari delle politiche per il lavoro, allo scopo di offrire loro servizi realmente personalizzati di accompagnamento e inserimento nel mercato del lavoro: le misure di politica attiva che il CPI propone alla persona disoccupata sono delineate in funzione del suo profilo personale di occupabilità, che riflette la sua distanza dal mercato del lavoro.
Le caratteristiche considerate sono sia individuali (genere, età, cittadinanza, titolo di studio, stato di disoccupazione), sia riferite al territorio in cui risiede e, quindi, alla dinamicità del mercato del lavoro locale (tasso di occupazione, incidenza delle famiglie a bassa intensità di lavoro, densità imprenditoriale). Tali caratteristiche sono ricavate dalle informazioni anagrafiche e professionali che l'utente inserisce sul portale ANPAL al momento della DID.
In via più specifica, la profilazione si articola in due fasi. La prima è costituita dalla cosiddetta **profilazione quantitativa**, elaborata automaticamente da strumenti informatizzati al momento della registrazione sul portale ANPAL, combinando le informazioni anagrafiche (età, sesso, collocazione geografica) e quelle relative all'area geografica di provenienza fornite dalla persona disoccupata.
La seconda parte è la cosiddetta **profilazione qualitativa**, che si definisce presso il CPI e si conclude con il PSP. Questo secondo momento di profilazione, pertanto, avviene a cura dal funzionario appositamente addetto al momento della stipula del PSP, in modo tale che l'inquadramento del lavoratore al fine del suo concreto reinserimento nel mercato del lavoro possa essere operato tenendo conto dello specifico caso concreto e di specifici fattori esterni non considerati dai programmi automatizzati.

Qualora l'operatore rilevi la presenza di indicatori di un potenziale profilo di fragilità e/o difficoltà di inserimento lavorativo, procederà ad una ulteriore fase di approfondimento di tipo "qualitativo" dell'utente (cosiddetta **profilazione di tipo specialistico**). Tale ulteriore incontro di approfondimento sarà finalizzato ad esplorare quelle dimensioni che potrebbero risultare cruciali per una corretta valutazione qualitativa del potenziale di risorse necessarie al miglioramento dell'occupabilità della persona con fragilità e/o difficoltà.

Le informazioni di tipo qualitativo, insieme a quelle derivanti dalla profilazione quantitativa, sono finalizzate alla definizione di una stima complessiva della condizione personale e lavorativa dell'utente. Nel complesso, entrambe queste componenti condurranno ad una valutazione esaustiva e dettagliata della distanza dal mercato del lavoro del soggetto in difficoltà e alla stesura di un PSP nel quale verranno indicate misure e servizi di politica attiva idonei a costruire reali opportunità di inclusione sociale e di inserimento lavorativo.
Una profilazione adeguata consente, pertanto, di costruire un valido percorso per il collocamento o ricollocamento dell'utente, erogando misure idonee a seconda delle diverse tipologie di utenza (giovani, donne, disabili, migranti, lavoratori over 50) e delle diverse esigenze degli stessi (conciliazione dei tempi di lavoro con gli obblighi di cura,

conoscenza della lingua, *smart working*, lavoro agile, corsi di formazione e di digitalizzazione dell'utente).
La profilazione e la sottoscrizione del PSP costituiscono livelli essenziali delle prestazioni e in quanto tali devono essere effettuate indefettibilmente da tutti i CPI presenti sul territorio nazionale (art. 28, lett. *c*, D.Lgs. 150/2015).

3.3 Il Patto di servizio personalizzato (PSP)

Successivamente alla presentazione della DID, entro 30 giorni ovvero 15 in caso di *soggetti percettori di* NASpI e DIS-COLL, il disoccupato è tenuto a recarsi presso il CPI per confermare lo stato di disoccupazione e per la stipula di un **Patto di servizio personalizzato (PSP)**. Decorso inutilmente il termine indicato, saranno i CPI ad attivarsi e a convocare il lavoratore entro 90 giorni dalla dichiarazione dello stato di disoccupazione (D.M. 4/2018).
Se il CPI non convoca il disoccupato nei termini previsti, questi può chiedere direttamente all'ANPAL le credenziali personalizzate per l'accesso alla procedura telematica di profilazione.
Il PSP assolve ad una **duplice funzione**: da un lato, quella di far accedere il lavoratore rimasto privo di occupazione alle misure di sostegno al reddito; dall'altro, quella di far partecipare il lavoratore medesimo ad attività di politiche attive (come, ad esempio, la partecipazione a corsi di formazione e di riqualificazione professionale) e favorire, così, la sua ricollocazione sul mercato del lavoro, proponendogli offerte di lavoro congrue.
Nel PSP vengono individuate le misure più adeguate di politica attiva del lavoro a sostegno dell'occupabilità del lavoratore. Esso costituisce il principale strumento di attivazione dell'utente in cerca di occupazione e diviene veicolo fondamentale per favorire il reinserimento lavorativo; si tratta di un documento dinamico, passibile di modifiche ed integrazioni al mutare delle condizioni e dei bisogni dell'utente nel suo percorso di ricerca attiva di occupazione.
Ai sensi dell'art. 20 D.Lgs. 150/2015, il PSP **deve contenere**:
> l'individuazione di un *responsabile delle attività*, che rappresenterà il referente dell'utente;
> la definizione del *profilo personale di occupabilità* secondo le modalità tecniche predisposte dall'ANPAL;
> la definizione e la tempistica degli *atti di ricerca attiva* da compiersi;
> la frequenza ordinaria di *contatti con il responsabile delle attività*. Gli appuntamenti servono a monitorare il percorso, a valutarne l'efficacia e a rimodularlo, nel caso in cui non risulti adatto;
> le modalità con cui la *ricerca attiva di lavoro* è dimostrata al responsabile delle attività.

Nel PSP deve, inoltre, essere riportata la **disponibilità del richiedente** alle seguenti attività:
> partecipazione ad *iniziative* e *laboratori utili* per il rafforzamento delle competenze finalizzate alla ricerca attiva del lavoro (es. stesura del curriculum vitae, preparazione per sostenere colloqui di lavoro o altra iniziativa di orientamento);
> partecipazione ad *iniziative di carattere formativo*, o *di riqualificazione*, o *altra iniziativa di politica attiva* o *di attivazione*;

- *accettazione di offerte di lavoro "congrue"* (art. 25), cioè rispondenti a precisi parametri che riguardano la coerenza tra l'offerta di lavoro e le esperienze e competenze maturate dalla persona, la distanza del luogo di lavoro dal domicilio e i tempi di trasferimento con mezzi di trasporto pubblico, la durata della disoccupazione.

Per i **lavoratori che fruiscono di strumenti di sostegno al reddito in costanza di rapporto di lavoro**, l'art. 26 D.Lgs. 150/2015 prevede che il PSP possa prevedere che essi siano chiamati a svolgere **attività ai fini di pubblica utilità a beneficio della comunità territoriale di appartenenza**, sotto la direzione e il coordinamento di Amministrazioni Pubbliche, sulla base di specifiche convenzioni stipulate fra Regioni e Amministrazioni operanti sul territorio, nel più ampio quadro della convenzione quadro predisposta dall'ANPAL. Lo scopo è quello di permettere il mantenimento e lo sviluppo delle competenze acquisite.
L'utilizzazione in queste attività, in ogni caso, non determina l'instaurazione di un rapporto di lavoro e deve avvenire in modo da non incidere sul corretto svolgimento del rapporto di lavoro in corso.

Il PSP costituisce un impegno vincolante per l'accesso alle misure e ai servizi di cui all'art. 18 D.Lgs. 150/2015 per tutte le persone in stato di disoccupazione. Con la violazione del PSP l'utente rischia l'applicazione di alcune specifiche sanzioni che vanno dalla riduzione dell'indennità di disoccupazione riconosciuta dall'INPS fino alla decadenza dell'ammortizzatore sociale e dello stato di disoccupazione.
Il confronto tra utente e operatore dei CPI si conclude nel momento in cui cessa lo stato di disoccupazione, perché l'utente ha ottenuto un contratto di lavoro o perché ha avviato un'attività di lavoro autonomo.

3.4 I meccanismi di condizionalità

Poiché il godimento di un trattamento di sostegno al reddito tende, di fatto, a disincentivare il beneficiario dalla ricerca o accettazione di un nuovo lavoro, si è reso necessario contrastare tale condotta di permanenza passiva nel sistema di assicurazione contro la disoccupazione. I nuovi sistemi di welfare, pertanto, hanno abbandonato i connotati più assistenzialistici per sviluppare strategie volte a collegare le politiche passive agli interventi di politica attiva, anche con l'obiettivo del contenimento della spesa pubblica.
In quest'ottica, sono stati introdotti negli ordinamenti degli Stati **meccanismi di attivazione dei beneficiari che condizionano le misure di sostegno al reddito a comportamenti virtuosi**, consistenti generalmente nella ricerca attiva di un'occupazione, nella partecipazione e adesione a determinate misure di politica attiva del lavoro (colloqui, attività formative e di riqualificazione ecc.), nonché nell'accettazione di un lavoro "congruo". In questo consiste la cosiddetta "condizionalità" delle prestazioni di sostegno al reddito a specifici comportamenti richiesti al beneficiario.
Quando si parla di **condizionalità**, infatti, si fa riferimento a *tutte quelle misure di raccordo tra le politiche attive e le politiche passive del lavoro,* ossia a tutti quegli strumenti che subordinano la fruizione di sussidi pubblici ad uno specifico comportamento attivo del percettore, che può avere diversi contenuti. Anche nel nostro ordinamento, elemento fondamentale del sistema di tutela contro la disoccupazione è divenuta la valorizzazione di meccanismi condizionali, volti a favorire l'attivazione degli individui, così da massimizzare l'effettività delle politiche attive che fanno da complemento agli strumenti di redistribuzione monetaria.

Il principio di condizionalità fu applicato inizialmente all'indennità di mobilità (art. 9 L. 223/1991; art. 8, co. 4, L. 196/1997) e in seguito venne esteso a tutte le indennità collegate allo stato di disoccupazione, senza tuttavia che vi fosse un disegno organico in tal senso. È solo nelle ultime riforme che tale meccanismo ha assunto un ruolo centrale nella disciplina delle tutele dei lavoratori.
D'altra parte, una lettura in chiave evolutiva dell'art. 38 della Costituzione non poteva in nessun caso appiattirsi sulla valorizzazione di strumenti di carattere economico idonei a fornire al lavoratore un mero sostegno economico in una situazione di difficoltà. Al contrario, è apparso necessario che l'ordinamento offrisse ai prestatori una "tutela dinamica", proiettata al futuro, volta cioè a traghettare il lavoratore in stato di difficoltà verso una nuova occupazione, in modo da consentirgli di tornare ad essere un soggetto attivo della società, esplicando appieno le proprie potenzialità.
Alla valorizzazione del ruolo delle politiche attive si accompagna anche una nuova concezione del percettore delle indennità: quest'ultimo, da soggetto passivo destinatario delle erogazioni da parte dello Stato, diviene un soggetto attivo che, al fine di reperire una nuova occupazione, è tenuto a porre in essere una serie di comportamenti ulteriori rispetto alla mera fruizione passiva del sussidio. In questo modo vi è una nuova redistribuzione di responsabilità tra i soggetti erogatori delle prestazioni e i percettori delle stesse che, non solo devono adempire alle prescrizioni legali, ma sono anche tenuti a rispettare gli obblighi di attivazione concordati con i servizi pubblici del lavoro.
Il meccanismo di condizionalità prevede che chi riceve un sostegno al reddito (cioè una *politica passiva*) si impegni e partecipi alle misure di *politica attiva* del lavoro, o accetti offerte di lavoro congrue, pena la riduzione o la perdita del sostegno economico e dello stato di disoccupazione. Nel PSP sono, pertanto, specificati i meccanismi di "condizionalità" legati alle tipologie di attività da esso individuate.
Il meccanismo descritto si fonda su un principio di gradualità delle sanzioni possibili: dalla decurtazione progressiva del sostegno al reddito, fino alla perdita della prestazione e dello stato di disoccupazione.

3.5 L'offerta di lavoro congrua

L'art. 25 D.Lgs. 150/2015 ha attribuito al Ministero del lavoro, su proposta dell'ANPAL, il compito di definire l'offerta di lavoro congrua, secondo determinati principi:

- coerenza con le esperienze e le competenze maturate;
- distanza del luogo di lavoro dal domicilio e tempi di trasferimento mediante mezzi di trasporto pubblico;
- durata dello stato di disoccupazione;
- misura della retribuzione.

Il **D.M. 10 aprile 2018** ha provveduto a definire i criteri in base ai quali un'**offerta di lavoro** effettuata ad un **soggetto disoccupato** può essere considerata **congrua.**
L'offerta di lavoro congrua viene graduata innanzitutto sulla base della **durata della disoccupazione**, la quale viene calcolata a decorrere dal giorno in cui è stata presentata la DID, esclusi i periodi di sospensione dello stato di disoccupazione, fino al giorno in cui viene proposta l'offerta di lavoro.
La **durata della disoccupazione** viene considerata in relazione ai seguenti intervalli di tempo:

- da zero fino a 6 mesi;

> da più di 6 fino a 12 mesi;
> oltre 12 mesi.

Quanto al criterio delle **esperienze e** delle **competenze maturate**, queste vengono rilevate automaticamente nell'ambito di una apposita procedura informatica guidata, all'interno del Sistema Informativo Unitario delle politiche del lavoro che sono a disposizione dei CPI (art. 13 D.Lgs. 150/2015), per cui si prevede che:

> per i soggetti in stato di disoccupazione, per un periodo **fino a 6 mesi**, l'offerta di lavoro "congrua" è corrispondente a quanto concordato nel PSP, con specifico riferimento all'area di attività o alle aree di attività, nell'ambito del processo di lavoro del settore economico professionale individuato;
> per i soggetti in stato di disoccupazione, per un periodo **superiore a 6 mesi e fino a 12 mesi**, l'offerta di lavoro è "congrua" se rientra nelle aree di attività comunque comprese nel processo di lavoro del settore economico professionale di riferimento, o in aree di attività afferenti ad altri processi del settore economico professionale in cui vi sia continuità dei contenuti professionali rispetto alle esperienze e competenze comunque maturate, come definite al momento della sottoscrizione del PSP;
> per i soggetti in stato di disoccupazione da **oltre 12 mesi**, l'offerta di lavoro è "congrua" se rientra in una delle aree di attività comunque comprese in tutti i processi di lavoro descritti nel settore economico professionale o in aree di attività afferenti ad altri settori economico-professionali in cui vi sia continuità dei contenuti professionali rispetto alle esperienze e alle competenze comunque maturate, come definite nel patto di servizio personalizzato.

Uno dei criteri più importanti per valutare la "congruità" dell'offerta riguarda la **tipologia contrattuale offerta**. In questa direzione, l'offerta di lavoro è ritenuta congrua quando ricorrono contestualmente i seguenti requisiti:

> si riferisce a un rapporto di lavoro a tempo indeterminato oppure determinato o di somministrazione di durata non inferiore a 3 mesi;
> si riferisce a un rapporto di lavoro a tempo pieno o con un orario di lavoro non inferiore all'80% di quello dell'ultimo contratto di lavoro;
> prevede una retribuzione non inferiore ai minimi salariali previsti dai contratti collettivi.

Inoltre, l'offerta di lavoro deve contenere, al momento della sua presentazione, le seguenti **informazioni minime**: la qualifica da ricoprire e le mansioni, i requisiti richiesti, il luogo e l'orario di lavoro, la tipologia contrattuale, la durata del contratto di lavoro e la retribuzione prevista (ovvero i riferimenti al contratto collettivo nazionale applicato).

In merito alla **distanza del luogo di lavoro dal domicilio e tempi di trasferimento con i mezzi di trasporto pubblico**, sono forniti alcuni criteri suddivisi in base alla durata dello stato di disoccupazione. In particolare:

> per i soggetti in stato di disoccupazione per un periodo fino a 12 mesi, l'offerta di lavoro è congrua quando il luogo di lavoro non dista più di 50 km dal domicilio del soggetto o comunque è raggiungibile mediamente in 80 minuti con i mezzi di trasporto pubblici;
> per i soggetti in stato di disoccupazione da oltre 12 mesi, l'offerta di lavoro è congrua quando il luogo di lavoro non dista più di 80 km dal domicilio del soggetto o comunque è raggiungibile mediamente in 100 minuti con i mezzi di trasporto pubblici;
> nel caso in cui il luogo di lavoro non sia raggiungibile con i mezzi di trasporto pubblici, le distanze indicate si considerano ridotte del 30%.

L'ANPAL, come anticipato, definisce anche l'**entità della retribuzione per percettori di misure di sostegno al reddito che viene ritenuta congrua** nell'offerta di lavoro. Questa, per i soggetti destinatari di misure di sostegno al reddito, indipendentemente dalla durata dello stato di disoccupazione, è congrua quando l'entità della retribuzione, al netto dei contributi a carico del lavoratore (quindi retribuzione imponibile fiscale IRPEF), sia **superiore di almeno il 20% alla indennità percepita** nell'ultimo mese precedente, da computare senza considerare l'eventuale integrazione a carico dei fondi di solidarietà. Per i percettori del **Rdc** si fa invece riferimento a un'entità della retribuzione **superiore di almeno il 10% rispetto al beneficio massimo fruibile da un solo individuo** (inclusivo della componente ad integrazione del reddito dei nuclei residenti in abitazione in locazione).
L'INPS, a tal fine, mette a disposizione dei CPI tutte le informazioni sulle indennità erogate.
La mancata accettazione di un'offerta di lavoro congrua, senza un giustificato motivo, comporta l'applicazione dei meccanismi di condizionalità e le conseguenti sanzioni.
L'**offerta di lavoro congrua può essere rifiutata** con un **giustificato motivo** solo nei seguenti casi:
> documentato stato di malattia o di infortunio;
> servizio civile e richiamo alle armi;
> stato di gravidanza, per i periodi di astensione previsti dalla legge;
> gravi motivi familiari documentati e/o certificati;
> casi di limitazione legale della mobilità personale;
> ogni comprovato impedimento oggettivo e/o causa di forza maggiore, documentati e/o certificati, cioè ogni fatto o circostanza che impedisca al soggetto di accettare l'offerta di lavoro congrua.

La giustificazione dovrà essere resa, con la relativa documentazione, entro i 2 giorni lavorativi successivi alla proposta di lavoro. In caso di ritardo non vi sarà il riconoscimento dei "giustificati motivi" e verranno applicate le relative sanzioni previste dalla legge.

3.6 Il sistema sanzionatorio

I meccanismi di condizionalità contemplano, si è detto, un sistema di sanzioni graduate per il caso della inosservanza delle prescrizioni contenute nel PSP.
In via generale, il lgislatore ha previsto, con riguardo ai beneficiari delle prestazioni a sosegno del reddito, che, per il caso di **mancata presentazione**, e **in assenza di giustificato motivo**, alle convocazioni ovvero agli appuntamenti concordati in sede di stipula del PSP l'utente, alla *prima mancata presentazione*, si vedrà ridotta di un quarto la mensilità a sostegno del reddito, alla *seconda mancata presentazione* si vedrà decurtata una intera mensilità, mentre in caso di *ulteriore mancata presentazione* seguirà la decadenza dalla prestazione e dallo stato di disoccupazione (art. 21 D.Lgs. 150/2015).
Le stesse sanzioni sono previste nel caso in cui l'utente **non partecipi alle iniziative e laboratori** per il rafforzamento delle competenze nella ricerca attiva di lavoro (art. 20, co. 3, lett. *a*, D.Lgs. 150/2015); nel caso invece in cui l'utente **non partecipi alle iniziative di carattere formativo** o **di riqualificazione** o **altra iniziativa di politica attiva o di attivazione** (art. 20, co. 3, lett. *b*, D.Lgs. 150/2015) le sanzioni sono più gravi,

e consistono nella decurtazione di una mensilità di sostegno al reddito alla prima mancata partecipazione e nella decadenza dalla prestazione e dallo stato di disoccupazione in caso di ulteriore assenza.
Infine, se l'utente, **in assenza di un giustificato motivo, non accetta un'offerta congrua** di lavoro (art. 25 D.Lgs. 150/2015) la sanzione consiste nella decadenza dalla prestazione e dallo stato di disoccupazione.
Gli interventi di riodino operati dalla L. 234/2021 (*legge di bilancio 2022*) hanno previsto l'introduzione di un nuovo art. 25-*ter* all'interno del D.Lgs. 148/2015 in materia di condizionalità e riqualificazione professionale, con contestuale abrogazione del previgente art. 22 D.Lgs. 150/2015. L'obiettivo è quello di assicurare ai lavoratori coinvolti in programmi di CIGS la possibilità di migliorare e riqualificare le proprie competenze, pur in costanza ancora di rapporto di lavoro con l'impresa, ed essere quindi potenzialmente impiegabili anche in altre aziende.
I contenuti di tale articolo possono così riassumersi:

- i lavoratori beneficiari di integrazioni salariali straordinarie, allo scopo di mantenere o sviluppare le competenze in vista della conclusione della procedura di sospensione o riduzione dell'attività lavorativa e in connessione con la domanda di lavoro espressa dal territorio, sono tenuti a **partecipare a iniziative di carattere formativo di riqualificazione, anche mediante i fondi interprofessionali**. Tali iniziative possono essere cofinanziate dalle Regioni nell'ambito delle rispettive misure di formazione e di politica attiva del lavoro;
- l'ingiustificata mancata partecipazione alle predette attività comporta la **decurtazione e, nei casi più gravi, la perdita del sostegno economico** rappresentato dalle integrazioni sanzioni, secondo modalità e criteri da definire con decreto del Ministero del lavoro e delle politiche sociali.

Anche le modalità di attuazione delle iniziative di carattere formativo o di riqualificazione sono rimesse alla determinazione con decreto del Ministero del lavoro e delle politiche sociali.
In caso di *soggetti non beneficiari di prestazioni a sostegno del reddito*, il CPI e l'utente formalizzano nel Patto di servizio la reciproca disponibilità a condividere il percorso di orientamento intrapreso e gli interventi da realizzare. In questi casi la mancata presentazione agli appuntamenti fissati e alle convocazioni disposte, la mancata partecipazione a iniziative e laboratori per il rafforzamento delle competenze nella ricerca attiva di lavoro, la mancata partecipazione ad iniziative di carattere formativo o di riqualificazione o altra iniziativa di politica attiva o di attivazione e il rifiuto di una congrua offerta di lavoro comportano la sanzione della perdita dello stato di disoccupazione.

3.7 Il Sistema Informativo Unitario delle politiche del lavoro (SIU)

L'art. 13 D.Lgs. 150/2015 ha attribuito all'ANPAL il compito di creare il Sistema Informativo Unitario delle politiche del lavoro (SIU), in cooperazione con il Ministero del lavoro, le Regioni, l'INPS e l'INAPP (ex ISFOL), valorizzando e riutilizzando le strutture informatiche già realizzate dalle predette Amministrazioni. Detto sistema ha lo scopo di mettere in connessione i nodi nazionali con quelli regionali e consente la condivisione, tra gli operatori, di tutte le informazioni utili ai fini della gestione delle politiche del lavoro.
Lo sviluppo e la gestione integrata del SIU è una delle funzioni più importanti che il D.Lgs. 150/2015 attribuisce ad ANPAL. La realizzazione di un Sistema informativo uni-

tario efficiente presuppone, in un'ottica di intensa collaborazione, un'implementazione delle infrastrutture tecnologiche che assicura l'interoperabilità e il dialogo delle banche dati in cooperazione applicativa a garanzia di una proficua erogazione dei servizi all'utenza.

In particolare, costituiscono elementi del Sistema:

- il sistema informativo dei percettori di ammortizzatori sociali, già presente presso l'INPS;
- l'archivio informatizzato delle comunicazioni obbligatorie (avvio, trasformazione ed estinzione dei rapporti di lavoro) cui sono tenuti i datori di lavoro;
- i dati relativi alla gestione dei Servizi per l'Impiego e delle politiche attive del lavoro, ivi inclusi quelli relativi alla scheda anagrafica e professionale;
- il sistema informativo della formazione professionale (affidato all'ANPAL *ex* art. 15 del D.Lgs. 150/2015 insieme alla formazione e alla gestione dell'Albo nazionale degli enti accreditati a svolgere attività di formazione professionale).

Al Sistema affluiscono ancora le comunicazioni Unilav, i dati reddituali scaturenti dai modelli 730, 770 e dalle altre documentazioni fiscali (come le certificazioni dei sostituti d'imposta), i redditi catastali e di pubblicità immobiliare ed i dati risultanti dall'anagrafe degli studenti universitari.

Secondo le previsioni della legge, le informazioni del Sistema **costituiscono il patrimonio informativo comune dei soggetti della** *Rete dei servizi per le politiche del lavoro* **per lo svolgimento dei rispettivi compiti istituzionali.**

Sulla base delle innovazioni introdotte dal D.Lgs. 150/2015, le attività di dichiarazione e gestione della registrazione sono realizzate online coinvolgendo il cittadino, l'operatore del CPI, l'INPS e le altre amministrazioni interessate.

Uno specifico utilizzo delle informazioni raccolte all'interno del Sistema è legato alla formazione del **Fascicolo Elettronico del Lavoratore (FEL)**, che contiene informazioni relative ai percorsi educativi e formativi, alle esperienze lavorative, alla fruizione di provvidenze pubbliche, ai versamenti contributivi ai fini della fruizione di ammortizzatori sociali.

Nel FEL confluiscono le informazioni già destinate al **libretto formativo del cittadino** (previsto dall'art. 2, co. 1, D.Lgs. 276/2003, abrogato dal D.Lgs. 150/2015) e, quindi, informazioni relative alle competenze acquisite durante la formazione in apprendistato, la formazione specialistica e la formazione continua nonché alle competenze acquisite in modo informale. Peraltro, a differenza del libretto, il FEL non è destinato a contenere solo indicazioni relative al percorso formativo ma anche l'eventuale impiego e la fruizione di sussidi pubblici.

Il FEL è liberamente accessibile, a titolo gratuito, mediante metodi di lettura telematica, da parte dei singoli soggetti interessati.

Nel loro complesso il Sistema Informativo Unitario delle politiche del lavoro e il FEL mirano ad una migliore gestione del mercato del lavoro e del monitoraggio delle prestazioni erogate.

All'ANPAL è stato anche attribuito il compito di realizzare il **Portale Unico per la registrazione alla Rete nazionale dei servizi per le politiche del lavoro**, parte integrante del Sistema Informativo Unitario delle politiche del lavoro.

Il Portale MyANPAL costituisce un nuovo canale che agevola l'inserimento occupazionale per aziende e cittadini. Grazie a questo servizio, le aziende possono inserire le posizioni lavorative ricercate, visualizzare e gestire le candidature ricevute, indicando l'esito dei colloqui e il codice della comunicazione obbligatoria associata a ciascuna vacancy. A tale Portale il lavoratore deve collegarsi telematicamente per dichiarare la propria immediata disponibilità allo svolgimento di attività lavorativa ed alla partecipazione alle misure di politica attiva concordate.

Nella situazione attuale ancora vige una netta separazione tra i sistemi informatici deputati alla gestione amministrativa delle attività dei Servizi per l'Impiego e i portali di intermediazione tra lavoratori e aziende, e lo stesso portale "Cliclavoro", sebbene preveda nel suo funzionamento il conferimento allo stesso delle richieste di lavoro dei CPI, costituisce un'entità separata, "altra" rispetto alla rete territoriale dei servizi per il lavoro pubblici.
Soltanto l'effettiva realizzazione di un *Sistema Informativo* unitario e integrato in tutte le sue componenti – dalla gestione amministrativa dei CPI, alla gestione dell'incontro domanda/offerta di lavoro sul web, fino alla gestione del collocamento dei disabili e all'integrazione con i servizi privati – potrà rappresentare, nell'ambito della gestione tecnologica del mercato del lavoro, una svolta davvero decisiva al fine di dare al nostro mercato del lavoro un carattere di modernità e di fluidità nelle relazioni di lavoro e nella circolazione delle informazioni.

3.8 La Borsa Continua Nazionale del Lavoro (BCNL) e il portale "Cliclavoro"

Rientra nell'ambizioso progetto di costruire un sistema integrato ed informatizzato contenente informazioni sul mercato del lavoro accessibili a lavoratori, imprenditori, operatori pubblici e privati l'istituzione della Borsa continua nazionale del lavoro (BCNL).
Con la L. 30/2003 il SIL (Sistema Informativo del Lavoro) è stato pensionato e sostituito dalla BCNL, ovvero la *Borsa Continua Nazionale del Lavoro* (quello che oggi si chiama *ClicLavoro*), un **servizio per l'incontro domanda/offerta rivolto a cittadini, imprese, intermediari pubblici e privati**. Non solo uno strumento di raccolta delle comunicazioni obbligatorie del mercato del lavoro, ma anche delle *vacancy* disponibili, così come delle iniziative offerte e realizzate dal Ministero del lavoro.
Il *network* della BCNL si basa su una rete di nodi regionali che cooperano tra loro e con il livello realizzato dal Ministero del lavoro, attraverso un canale di interscambio e cooperazione applicativa.
Si tratta di un **sistema aperto di incontro domanda-offerta di lavoro finalizzato a favorire la maggior efficienza e trasparenza del mercato del lavoro**, basato su una rete integrata di strumenti, servizi e informazioni distribuita nei sistemi informativi per il lavoro costituiti presso le Regioni. All'interno di tale sistema cittadini, lavoratori, disoccupati, persone in cerca di un lavoro, soggetti autorizzati o accreditati e datori di lavoro possono decidere di incontrarsi in maniera libera e di scegliere liberamente i servizi da utilizzare.
Questa banca dati è alimentata da tutte le informazioni utili immesse liberamente sia dagli operatori pubblici e privati, autorizzati e accreditati, sia direttamente dai lavoratori e dalle imprese. Il nodo di coordinamento nazionale, gestito dal Ministero del lavoro, è rappresentato dal portale www.cliclavoro.it.
Alla BCNL devono essere interconnessi i soggetti abilitati ad operare sul mercato del lavoro (art. 2, co. 1, lett. *g*, D.Lgs. 276/2003).
La BCNL è liberamente accessibile da parte dei lavoratori e delle imprese e deve essere consultabile da un qualsiasi punto della rete.

Capitolo 4
Il Piano di rafforzamento dei Centri per l'impiego (CPI)

4.1 Inquadramento generale

Il D.Lgs. 150/2015, nel riordinare la normativa in materia di Servizi per il lavoro e di politiche attive, ha assegnato, come già illustrato, alla responsabilità delle Regioni la funzionalità dei CPI, chiamati ad erogare nei confronti dei cittadini un complesso di rilevanti misure di politica attiva all'interno di un impianto pubblico unitario in cui sono definiti i ruoli, le funzioni e le responsabilità dei diversi attori (Ministero, ANPAL, Regioni e Province, Città Metropolitane, Enti accreditati) della Rete nazionale. A garanzia di una gestione amministrativa in grado di fornire i medesimi livelli essenziali nei diversi contesti territoriali, sono state ratificate specifiche convenzioni per la rivalutazione delle funzioni dei CPI, cui è stato attribuito un ruolo cardine nella conduzione delle politiche del lavoro incentrato sul rafforzamento della condizionalità, sulla stipula del patto di servizio personalizzato, sulla profilazione qualitativa dell'utenza, sui servizi e sulle misure standard.
Il monitoraggio costante sui Servizi dell'impiego ha evidenziato una strutturale carenza e una serie di criticità che investono le strutture pubbliche sotto molteplici prospettive: dal punto di vista delle dotazioni informatiche, dei servizi erogati, delle competenze degli operatori, delle carenze organizzative, soprattutto con riferimento a figure altamente specializzate. Allo stato attuale, infatti, i Centri per l'impiego non sembrano avere gli strumenti adatti a fronteggiare le sfide di un mercato del lavoro in continua evoluzione, in cui appare necessario un innalzamento della qualità dei servizi di inserimento lavorativo.
La moderna produzione di servizi è, inoltre, fortemente correlata dall'IT e influenzata dai nuovi software, dai nuovi strumenti per la raccolta dei dati, dal *data mining*, dallo scambio di dati e dai nuovi canali di comunicazione e collaborazione. A fronte di ciò, si registra una sistemica carenza delle infrastrutture informatiche, certamente inadeguate rispetto alle funzioni demandate ai CPI.
Alle evidenziate criticità si aggiunge il forte sottodimensionamento degli organici rispetto al bacino dell'utenza. La carenza di personale e la mancanza di professionalità pesano in maniera determinante in tutti i tipi di servizio, ma in particolar modo su quelli più specialistici. La fotografia registra, infatti, la difficile condizione dei CPI sotto il profilo della carenza di personale specializzato nelle attività volte all'erogazione dei servizi per il lavoro e al ricollocamento occupazionale.
Cambiamenti del mercato del lavoro e scarso livello di competenze aumentano la vulnerabilità e l'esposizione a lunghi periodi di disoccupazione di tutta la popolazione attiva, ma in particolar modo per quei gruppi dove si sommano ulteriori fragilità: disabili, giovani NEET, donne con carichi di cura, stranieri extra-EU, persone in condizioni di

povertà e semi-povertà. In questi casi si assiste ad un basso tasso di partecipazione al mercato del lavoro.
Al fine di costruire un sistema di servizi per l'impiego efficiente è necessario intraprendere uno sforzo straordinario per innalzare i livelli di competenza degli operatori che vi lavorano e assumere nuovo personale qualificato in linea con i servizi da erogare.
Negli ultimi anni i CPI hanno acquisito sempre maggiore centralità nel disegno delle politiche del lavoro in Italia, con innovazioni normative, da ultimo con il varo del **Reddito di cittadinanza**, che ne hanno accresciuto funzioni e compiti, nonché modificato modalità operative e gestionali.
Lo sviluppo della rete dei servizi pubblici per il lavoro, anche alla luce dell'introduzione del Reddito di cittadinanza, rappresenta, pertanto, per il Paese un obiettivo prioritario.
Nella descritta prospettiva sono state previste azioni specifiche funzionali alla riforma dei Centri per l'impiego attraverso il rafforzamento degli organici, una puntuale formazione del personale, lo sviluppo dei servizi alle imprese, il miglioramento di determinati strumenti operativi, il potenziamento e l'integrazione dei sistemi informativi in uso sul territorio nazionale.

4.2 Il rafforzamento dei Centri pubblici per l'impiego

Le continue trasformazioni in atto, in particolare nel sistema delle politiche e dei servizi per il lavoro, stimolano un processo di continuo cambiamento ed adattamento. Ciò impone non solo una capacità di progettare e pianificare gli interventi, ma impone la continua ricerca di soluzioni innovative in grado di anticipare e guidare il cambiamento. In quest'ottica va visto il programma di rilancio e di innovazione del sistema dei Centri per l'impiego che, con la istituzione del Reddito di cittadinanza, hanno visto un'occasione per avviare un importante processo di rinnovamento e potenziamento.
Il Reddito di cittadinanza, infatti, oltre a contrastare la povertà e a ridurre le diseguaglianze, costituisce strumento finalizzato a promuovere la crescita dell'occupazione e a favorire l'incontro tra domanda e offerta di lavoro. Ciò ha richiesto la predisposizione di un programma di rafforzamento dei servizi per l'impiego e delle politiche attive del lavoro, condiviso con le Regioni e le Province autonome in considerazione delle loro competenze istituzionali in materia di mercato del lavoro e di politiche attive e del fatto che i Centri per l'impiego costituiscono le loro strutture organizzative per gestire le funzioni correlate.
In attuazione della cornice normativa definita dal Jobs Act e secondo quanto già stabilito dalla manovra sugli enti locali (art. 15 D.L. 78/2015), il Governo e le Regioni, attraverso la definizione di un **Piano congiunto di rafforzamento dei servizi e delle misure di politica attiva del lavoro** (adottato con accordo sancito in Conferenza Unificata nella seduta del 21 dicembre 2017), si sono mossi nella direzione volta alla necessaria implementazione dei Centri per l'impiego all'interno di un quadro unitario e condiviso, pur nel rispetto delle specificità territoriali, prefigurando, tra l'altro, anche l'immissione di un notevole numero di unità aggiuntive di operatori qualificati. Con tale Accordo si è inteso altresì consolidare le competenze degli operatori dei Centri per l'impiego, facendo leva sulla motivazione e sulla "centralità" del soggetto pubblico quale perno dell'organizzazione territoriale dei servizi erogabili al cittadino, nonché realizzare un potenziamento e un'integrazione dei sistemi informativi in uso sul territorio nazionale.

L'attivazione del Reddito di cittadinanza ha manifestato come ancora più impellente l'esigenza di una riforma e di un rilancio dei Centri per l'impiego, mediante l'inserimento di un cospicuo numero di nuovi operatori destinati ad un rafforzamento strutturale degli stessi nella erogazione dei servizi e attraverso un rafforzamento della funzionalità dei sistemi informativi, nell'ottica del Sistema informativo unitario di cui al D.Lgs. 150/2015, essenziale per lo sviluppo della rete dei servizi e delle politiche per il lavoro e, in particolare, per il corretto funzionamento del Reddito di cittadinanza.
Nella descritta prospettiva, la normativa sul Reddito di cittadinanza (D.L. 4/2019) prevede che sia adottato un **Piano straordinario di potenziamento dei centri per l'impiego e delle politiche attive del lavoro** (di seguito Piano straordinario), di natura triennale, con decreto del Ministero del Lavoro e delle Politiche sociali, previa intesa in sede di Conferenza permanente per i rapporti tra lo Stato, le Regioni e le Province autonome di Trento e Bolzano.
Ai fini di un serio intervento di effettivo rilancio e definitivo rafforzamento dei CPI, si pone contestualmente la necessità dell'implementazione sostenibile e progressiva dei LEP dei servizi per il lavoro (come definiti nel D.M. 4/2018), per identificare e garantire in modo omogeneo sul territorio nazionale la gamma dei servizi che ogni cittadino può esigere da un Centro per l'impiego e gli standard quantitativi e qualitativi di tali servizi. Gli ambiti di intervento sono individuati proprio nel suddetto Piano e finalizzati dunque al conseguimento dei LEP, affinché ogni Centro per l'impiego possa essere dotato di personale idoneo e sia strutturalmente adeguato all'adempimento di tutte le prestazioni richieste per il raggiungimento dei livelli essenziali, ai sensi dell'articolo 18 D.Lgs. 150/2015.

4.3 Il Piano straordinario di potenziamento dei Centri per l'impiego e delle politiche attive del lavoro

4.3.1 I decreti 74/2019 e 59/2020

Con decreto del Ministro del lavoro e delle politiche sociali del **28 giugno 2019, n. 74**, previa Intesa della Conferenza Stato-Regioni nella seduta del 17 aprile 2019, è stato adottato il **Piano straordinario di potenziamento dei Centri per l'impiego e delle politiche attive del lavoro** con il quale, in attuazione delle norme in materia di Reddito di cittadinanza, è stata posta l'attenzione sulla necessità di una crescita professionale degli operatori connessa ad un incremento degli organici e a un rinnovamento delle strutture.
Il progetto segna la conclusione di un lungo negoziato tra il livello centrale e le amministrazioni regionali teso a coniugare gli aspetti attuativi del provvedimento in materia di reddito di cittadinanza, impattanti sui sistemi territoriali, con l'obiettivo prioritario ed imprescindibile di garantire una nuova *governance* dei servizi pubblici per l'impiego, maggiormente ancorati a principi di *project management*, di *case management* degli utenti e di condizionalità delle prestazioni.
Il Piano straordinario di potenziamento dei CPI e delle politiche attive del lavoro si fonda sul riconoscimento dell'importanza centrale dei servizi per l'impiego, che costituiscono l'infrastruttura primaria del mercato del lavoro e svolgono, da sempre, fondamentali compiti di rilievo istituzionale per l'integrazione attiva delle persone. Ai servizi per l'im-

piego, infatti, spetta il ruolo prioritario di accompagnamento al lavoro e di orientamento e supporto alle diverse categorie di utenti, tanto nelle delicate transizioni della vita professionale, quanto nei passaggi cruciali tra le filiere della scuola, della formazione e del lavoro. In quest' ambito, va collocato l'intervento di implementazione dei Centri per l'impiego a favore delle diverse tipologie di destinatari dei servizi, compresi i destinatari del Reddito di cittadinanza.

Per consolidare il ruolo e le funzioni dei servizi pubblici per l'impiego e consentire un potenziamento delle politiche attive del lavoro, anche al fine di rendere effettivi i LEP, sono state incrementate le risorse sia sul piano del capitale umano sia con riguardo alle dotazioni strumentali di cui si avvalgono i CPI.

Il Piano straordinario contiene gli interventi concordati tra lo Stato e le Regioni per la messa in atto di tale rafforzamento dei CPI, unitamente alle attività tese ad assicurare l'attivazione e la efficiente gestione della misura del Reddito di cittadinanza.

Il Piano, oltre alle risorse dedicate all'attuazione del Reddito di cittadinanza, disciplina il riparto e le modalità di utilizzo delle risorse destinate alle Regioni previste dalla legge di bilancio 2019 (L. 145/2019), così come modificata dal D.L. 4/2019, per il potenziamento professionale ed infrastrutturale dei CPI.

Lo stanziamento che riveste maggiore rilevanza è costituito dal rafforzamento della base professionale dei CPI, che ha lo scopo di fornire il sistema di leve professionali più consistenti dal punto di vista numerico e più qualificate professionalmente, in grado di superare le oramai croniche forme di precarietà e discontinuità nel personale dei Centri.

Completa il panorama degli interventi evocati dal Piano un focus sui sistemi informativi, la cui funzionalità è considerata requisito essenziale per lo sviluppo della rete dei servizi e delle politiche attive del lavoro e delle relative misure quali, in particolare, il Rdc.

Con **D.M. 22-5-2020, n. 59**, il Ministero del lavoro e delle politiche sociali è intervenuto a colmare alcune lacune contenute nel precedente decreto, con una disciplina integrativa di rafforzamento dell'azione dei CPI, attraverso la previsione di maggiori investimenti infrastrutturali e di capitale umano. Il decreto definisce nello specifico le attività finanziabili: oltre all'adeguamento strumentale e infrastrutturale delle sedi dei CPI e allo sviluppo del Sistema informativo unitario del lavoro, è prevista un'adeguata formazione degli operatori, la costituzione della Rete nazionale degli Osservatori del mercato del lavoro – considerati strumenti fondamentali per la programmazione della politiche – che affiancano l'Osservatorio nazionale, e l'avvio di una campagna di comunicazione coordinata. È disciplinato, inoltre, il monitoraggio da parte del Ministero del lavoro e delle politiche sociali delle modalità di impiego delle risorse assegnate alle Regioni, le quali, con cadenza trimestrale, dovranno inviare relazioni concernenti i flussi finanziari e lo stato di avanzamento delle attività e delle iniziative intraprese in attuazione di quanto previsto dal Piano.

Infine, il D.M. 59/2020 pone in capo alle Regioni l'onere dell'approvazione di un piano attuativo di potenziamento dei CPI, quale atto di programmazione regionale deputato ad individuare gli specifici rafforzamenti della rete territoriale dei CPI e ad indicare analiticamente gli interventi previsti.

Gli obiettivi programmatici ed i criteri attuativi approntati dal Piano straordinario trovano dunque validazione e declinazione operativa nei D.M. 74/2019 e 59/2020, che ne sanciscono l'adozione formale. Si tratta di obiettivi ambiziosi, che prendono le mosse dall'esigenza di assicurare lo sviluppo di una rete di servizi pubblici per il lavoro moderna e in grado di affrontare le sfide poste da un mercato occupazionale in evoluzione e sempre più digitalizzato. Un Piano che riconosce l'importanza di un approccio personalizzato e fortemente qualificato rispetto alle caratteristiche dell'utenza dei CPI e che richiama la necessità di garantire i LEP, definiti nella cornice normativa nazionale, al fianco di standard omogenei di funzionamento dei servizi.

4.3.2 Il rafforzamento del capitale infrastrutturale dei CPI

Sul piano del merito, seguendo l'ordine tematico proposto dai decreti succitati, si possono individuare tre linee principali di intervento per il potenziamento dei CPI:

- il rafforzamento del capitale infrastrutturale dei CPI;
- l'implementazione dei servizi per lo svolgimento di attività connesse all'erogazione del Rdc;
- il rafforzamento del personale dei CPI, sia sul fronte del potenziamento dell'organico che della base professionale.

Per consolidare il ruolo e le funzioni dei servizi pubblici per l'impiego e consentire un potenziamento delle politiche attive del lavoro, anche al fine di rendere effettivi i LEP, sono state incrementate le risorse sia sul piano del capitale umano sia con riguardo alle dotazioni strumentali e strutturali di cui si avvalgono i CPI.

A fronte di una storica operazione di incremento del numero di operatori nei CPI è ovvio che vi sia un adeguato accompagnamento di investimenti, anche infrastrutturali, che permettano all'offerta complessiva di servizi di crescere corrispondentemente in termini quantitativi e qualitativi. È evidente, pertanto, che, dal punto di vista degli oneri finanziari, il potenziamento dei CPI è prioritariamente un potenziamento infrastrutturale.

Rientrano nel filone di intervento dedicato al rafforzamento del capitale infrastrutturale dei CPI gli stanziamenti fissati dalla legge di bilancio 2019 (L. 145/2018), costituenti un'erogazione di risorse *una tantum*, pertanto a carattere non stabile. La destinazione di tali risorse risponde all'esigenza, più volte ribadita dalle amministrazioni regionali, di un intervento straordinario, sostenuto da risorse nazionali, per l'ammodernamento e l'adeguamento dei CPI, al fine di rendere le strutture e gli strumenti, con particolare riferimento a quelli informatici, idonei a rispondere ai fabbisogni di garanzia dei LEP.

Tale ambito di intervento straordinario, ad ogni modo, non dissolve la necessità di assicurare con canali stabili il sostegno agli oneri ordinari di funzionamento dei CPI (ad esempio, le spese per gli immobili, le sedi, le dotazioni tecniche e informatiche, le utenze), che sono a carico del sistema regionale, anche per il tramite delle Agenzie regionali per il lavoro, laddove costituite.

Sul piano del trasferimento, il decreto prevede un sistema di assegnazione delle risorse mediante un meccanismo di suddivisione per *tranche*, che vede una prima quota assegnata a titolo di anticipazione delle risorse all'atto di perfezionamento del decreto e la restante parte erogata sulla base di attestazioni di impegno e/o di spesa da parte delle Regioni.

4.3.3 L'implementazione dei servizi per lo svolgimento di attività connesse all'erogazione del Reddito di cittadinanza

L'art. 12, co. 3, D.L. 4/2019 prevede lo stanziamento di risorse specificamente preposte all'attuazione del Piano straordinario e finalizzate alla messa in essere di attività connesse all'erogazione del Reddito di cittadinanza. Il D.M. 59/2020 precisa che tali risorse possono essere destinate anche al potenziamento di tutti i servizi trasversali che sono contestualmente destinati sia all'erogazione del reddito, sia ad altre attività svolte dai CPI. Si tratta di risorse aggiuntive rispetto ai finanziamenti disposti dalla legge di bilancio 2019 destinate al personale e alle infrastrutture dei CPI e rispetto alle ulteriori risorse stanziate dal D.L. 4/2019 (art. 12, co. 3-*bis*) per nuove assunzioni di personale da realizzare a partire dal 2020.

4.3.4 Il rafforzamento del personale dei CPI, sia sul fronte del potenziamento dell'organico che della base professionale

Il terzo caposaldo del decreto ministeriale è costituito dal rafforzamento della base professionale dei CPI. Nell'ambito del provvedimento, l'ordine tematico seguito dall'estensore pone le risorse destinate alle assunzioni di nuovi operatori dei servizi per l'impiego come linea finale di erogazione finanziaria. Si tratta, in realtà, dello stanziamento che riveste maggiore rilevanza. Ciò non solo perché risponde a un'istanza delle Regioni tesa a dotare il sistema dei CPI di nuove leve professionali, numericamente più consistenti e professionalmente qualificate, ma anche perché consta di risorse stabili, volte a consentire una crescita e un consolidamento del sistema a carattere strutturale, superando persistenti forme di precarietà e discontinuità nel personale dei CPI.
In coerenza con la natura di un rafforzamento strutturale dei CPI nell'erogazione dei servizi destinati a tutti gli utenti, il riparto di tali risorse avviene proporzionalmente al numero delle unità di personale assegnate, secondo i criteri condivisi nel Piano straordinario, ponendosi in continuità con le precedenti ripartizioni di risorse destinate ai CPI, concordate in seno alla Conferenza Stato-Regioni.
Il provvedimento sul Reddito di cittadinanza, inoltre, ha apportato un'integrazione di risorse a carattere stabile destinate al personale. L'art. 12, co. 3-*bis*, D.L. 4/2019 ha previsto, infatti, l'autorizzazione per le Regioni/Agenzie ed enti regionali, Province e città metropolitane, delegate con legge regionale, ad assumere ulteriore personale da destinare ai CPI nel 2020 e nel 2021, tracciando così le coordinate di un significativo piano assunzionale.
In proposito, il D.L. 4/2019 ha disposto che, a decorrere dal 2021, con decreto interministeriale (MLPS, di concerto con il MEF) e previa intesa in Conferenza Stato – Regioni, possono essere previste, nell'ambito delle disponibilità del Fondo per il reddito di cittadinanza, risorse da destinare ai CPI a copertura degli oneri di funzionamento.

Estensioni WEB

Test di verifica online

Sezione III
Incentivi all'occupazione, collocamento mirato e Reddito di cittadinanza (Rdc)

Capitolo 1
I principi generali in materia di incentivi all'occupazione

1.1 Nozione di incentivo

La definizione di incentivo all'occupazione è fornita dall'art. 30, co. 2, D.Lgs. 150/2015 che lo individua in un **beneficio normativo o economico riconosciuto ai datori di lavoro che decidono di assumere, senza essere obbligati per legge o tenuti in base a quanto previsto dalla contrattazione collettiva, specifiche categorie di lavoratori**.
Negli ultimi anni numerosi sono stati gli interventi normativi che hanno interessato il sistema degli incentivi collegati a nuove assunzioni di personale; ciò al fine di ridare slancio al contesto produttivo nazionale e incrementare i livelli occupazionali.
Tuttavia, stante l'onerosità che contraddistingue tali misure, spesso il legislatore è costretto a reperire risorse attraverso l'abrogazione di altre agevolazioni, le quali nei fatti vengono sostituite dalle più recenti. E così è accaduto che lo scenario degli incentivi alle assunzioni di personale si è, nel corso degli anni, arricchito sempre di nuovi elementi e condizioni in maniera tale che lo stesso, oggi, può essere definito particolarmente "nebuloso, affastellato ed aggrovigliato, sì da rendere pressoché impossibile, per un normale operatore, aggirarsi tra le varie disposizioni per scegliere quella che, alla luce delle caratteristiche potenziali del soggetto da assumere e della situazione aziendale sulla quale va ad incidere, appare più idonea" (Massi).
In risposta alle esigenze di una maggiore organicità, il legislatore con il D.Lgs. 150/2015 ha dettato disposizioni per il riordino della normativa in materia, declinando i limiti generali per consentire un'applicazione omogenea, uniforme e antielusiva degli incentivi all'occupazione (*vedi infra*).
Nei capitoli che seguono verranno esaminati alcuni dei principali incentivi introdotti dal legislatore, ai quali si affiancano ulteriori misure di carattere territoriale (locale o regionale).

1.2 L'individuazione dei possibili beneficiari

Le agevolazioni per le assunzioni sono rivolte a **diverse categorie di soggetti**, generalmente lavoratori svantaggiati, disoccupati e inoccupati, che possono comprendere donne, soggetti con età superiore ai 50 anni (*over 50*), giovani e disabili. Alcuni benefici

sono previsti anche per le persone cui sia stata riconosciuta la protezione internazionale e per i percettori di ammortizzatori sociali.
Il decreto del Ministro del Lavoro del 17-10-2017 (che abroga il precedente D.M. 30-3-2013) individua le categorie di **lavoratori svantaggiati e molto svantaggiati** in linea con il regolamento (UE) 651/2014 di seguito declinate.
Rientrano nella categoria dei **lavoratori svantaggiati** coloro che si trovano in una delle seguenti condizioni:

a) "*non hanno un impiego regolarmente retribuito da almeno 6 mesi*" ovvero coloro che negli ultimi 6 mesi non hanno prestato attività lavorativa riconducibile a un rapporto di lavoro subordinato della durata di almeno 6 mesi nonché coloro che negli ultimi 6 mesi hanno svolto attività lavorativa in forma autonoma o parasubordinata dalla quale derivi un reddito che corrisponde a un'imposta lorda pari o inferiore alle detrazioni spettanti ai sensi dell'articolo 13 TUIR;
b) "*hanno un'età compresa tra i 15 e i 24 anni*";
c) "*non possiedono un diploma di scuola media superiore o professionale o aver completato la formazione a tempo pieno da non più di due anni e non avere ancora ottenuto il primo impiego regolarmente retribuito*" ovvero coloro che non hanno conseguito un diploma di istruzione secondaria superiore o una qualifica o un diploma di istruzione e formazione professionale rientranti nel terzo livello della classificazione internazionale sui livelli di istruzione, nonché coloro che hanno conseguito una delle suddette qualificazioni da non più di due anni e non hanno avuto un primo impiego regolarmente retribuito come definito alla lettera *a*);
d) "*hanno superato i 50 anni di età*";
e) "*sono adulti che vivono soli con una o più persone a carico*";
f) "*sono occupati in professioni o settori caratterizzati da un tasso di disparità uomo-donna che supera almeno del 25% la disparità media uomo-donna in tutti i settori economici se il lavoratore interessato appartiene al genere sottorappresentato*";
g) "*fanno parte di una minoranza etnica di uno Stato membro e hanno la necessità di migliorare la propria formazione linguistica e professionale o la propria esperienza lavorativa*".

Nella categoria dei **lavoratori molto svantaggiati** rientra, invece, qualunque lavoratore:

a) privo da almeno 24 mesi di impiego regolarmente retribuito, come sopra definito;
b) privo da almeno 12 mesi di impiego regolarmente retribuito (come sopra definito relativamente alla nozione di lavoratore svantaggiato) e appartenente a una delle categorie di cui alle successive lettere da *b*) a *g*).

1.3 La trasparenza nelle misure di incentivo occupazionale

Al fine di assicurare trasparenza e coordinamento nell'erogazione degli incentivi, è stato istituito dal D.Lgs. 150/2015, presso l'ANPAL, il **Repertorio nazionale degli incentivi occupazionali e del lavoro**. Nello stesso devono confluire tutti gli incentivi esistenti ed istituendi, ivi compresi quelli di iniziativa regionale.
In particolare nel Repertorio devono essere riportate le seguenti informazioni:

> categorie di lavoratori interessati;
> categorie di datori di lavoro interessati;
> modalità di corresponsione dell'incentivo;

- importo e durata dell'incentivo;
- ambito territoriale interessato;
- conformità alla normativa in materia di aiuti di stato (*vedi infra*).

Ai fini del costante aggiornamento, le Regioni e le Province autonome che intendano prevedere un incentivo all'occupazione dovranno darne comunicazione all'ANPAL.
Per quanto concerne la riduzione degli oneri amministrativi, i benefici economici connessi ad un incentivo sono riconosciuti, di regola, mediante **conguaglio sul versamento dei contributi previdenziali**; ciò ha chiaramente la finalità di assicurare la massima trasparenza.

1.4 I principi generali della normativa europea

In materia di incentivi alle assunzioni assumono particolare rilevanza due principi contenuti nella normativa dell'Unione europea: il divieto degli aiuti di Stato e la possibile deroga rappresentata dal *regime de minimis*.

1.4.1 Il divieto di aiuti di Stato

"Aiuto di Stato" è generalmente l'espressione di uso corrente per indicare il **divieto previsto dal Trattato sul funzionamento dell'Unione europea (TFUE) a carico degli Stati membri di fornire sovvenzioni alle imprese che possano generare distorsioni della concorrenza** nell'Unione europea.
L'esatta definizione è ricavabile dall'articolo 107, paragrafo 1, TFUE. Secondo questa disposizione, salvo quanto disposto nei trattati, qualsiasi aiuto concesso da uno Stato membro o da risorse statali in qualsiasi forma che distorce o minaccia di falsare la concorrenza favorendo talune imprese o la produzione di determinate merci, sarà, nella misura in cui interessa gli scambi tra Stati membri, incompatibile con il mercato interno.
Rientrano nella nozione di aiuto di Stato *tutti* quegli interventi che comportano un *trasferimento di risorse a carico del bilancio statale*, la cui forma può essere la più varia (un provvedimento di legge, un atto normativo secondario, un provvedimento amministrativo statale o di un ente locale) dovendo comunque esser sempre imputabile allo Stato o a un ente pubblico.
L'aiuto di Stato quindi:

- può consistere in una **sovvenzione**, ossia in una prestazione in danaro o in natura concessa per sostenere un'impresa, oppure in un **intervento che allevia gli oneri** gravanti su un'impresa;
- può essere concesso direttamente dallo Stato o, utilizzando risorse statali, da soggetti diversi, come enti pubblici o privati designati o istituiti dallo Stato;
- per essere rilevante ai fini del diritto dell'Unione, deve falsare o minacciare di falsare la concorrenza, indirizzandosi soltanto verso alcune imprese o produzioni a scapito di altre (**criterio della selettività dell'aiuto**) e **incidere sugli scambi** fra gli Stati in modo significativo, per cui se l'aiuto non incide sulle produzioni di altri Paesi non rientra fra quelli rilevanti ai fini dell'art. 107 TFUE.

1.4.2 Il regime *de minimis*

Il regime *de minimis* rappresenta una deroga al generale divieto degli aiuti di Stato, laddove prevede che **aiuti di piccola entità possono essere concessi alle imprese senza violare le norme sulla concorrenza**. L'importo totale massimo degli aiuti di questo tipo ottenuti da una impresa non può superare i 200.000 euro nell'arco di 3 anni. Il massimale sale a 500.000 euro per gli aiuti riconosciuti alle imprese a titolo di compensazione per la fornitura di servizi di interesse economico generale (cfr. i regolamenti CE n. 1407/2013 e n. 1408/2013, entrambi entrati in vigore dal 1° gennaio 2014).

1.5 I principi generali nella normativa nazionale

1.5.1 Le disposizioni del D.Lgs. 150/2015

I principi generali per la fruizione degli incentivi all'occupazione sono riportati nell'art. 31 D.Lgs. 150/2015, che ha abrogato il precedente art. 4, co. 12, L. 92/2012 che disciplinava la materia. Le norme del 2015 sostanzialmente riprendono quelle del 2012, con l'aggiunta del criterio generale dell'incremento occupazionale netto.
Il legislatore, con la declinazione dei suddetti principi, fornisce indicazioni sul corretto uso degli incentivi e un quadro generale di riferimento a cui uniformare le diverse tipologie di incentivo all'assunzione.

L'INPS ha precisato che i principi generali in materia di fruizione degli incentivi all'occupazione, previsti dall'art. 31 D.Lgs. 150/2015, non trovano applicazione per le assunzioni obbligatorie di personale disabile, *ex* L. 68/1999 (circ. INPS 13-6-2016, n. 99).

In base a quanto stabilito alle lettere *a*) e *b*) del citato art. 31 gli incentivi non spettano:

- se l'**assunzione costituisce attuazione di un obbligo preesistente**, stabilito da norme di legge o della contrattazione collettiva, anche nel caso in cui il lavoratore avente diritto all'assunzione viene utilizzato mediante contratto di somministrazione (art. 31, lett. *a*);
- se l'**assunzione viola il diritto di precedenza**, stabilito dalla legge o dal contratto collettivo, alla riassunzione di un altro lavoratore licenziato da un rapporto a tempo indeterminato o cessato da un rapporto a termine. Tale disposizione si applica anche nel caso in cui, prima dell'utilizzo di un lavoratore mediante contratto di somministrazione, l'utilizzatore non abbia preventivamente offerto la riassunzione al lavoratore titolare di un diritto di precedenza per essere stato precedentemente licenziato da un rapporto a tempo indeterminato o cessato da un rapporto a termine (art. 31, lett. *b*).

In particolare, fra le **ipotesi in cui si instaura un diritto di precedenza** si menzionano quelle previste dai seguenti provvedimenti normativi:

- *art. 15, co. 6, L. 264/1949* (in vigore ex D.Lgs. 179/2009). I lavoratori licenziati da un'azienda per riduzione di personale hanno la precedenza nella riassunzione presso la medesima azienda entro 6 mesi;
- *art. 24 D.Lgs. 81/2015*. Dal 25 giugno 2015 le disposizioni relative ai lavoratori assunti a termine, anche stagionali, e alle lavoratrici madri sono le seguenti:

1. salvo diversa disposizione dei contratti collettivi, il lavoratore che, nell'esecuzione di uno o più contratti a tempo determinato presso la stessa azienda, ha prestato attività lavorativa per un periodo superiore a 6 mesi ha diritto di precedenza nelle assunzioni a tempo indeterminato effettuate dal datore di lavoro entro i successivi 12 mesi con riferimento alle mansioni già espletate in esecuzione dei rapporti a termine;
2. per le lavoratrici: il congedo di maternità usufruito nell'esecuzione di un contratto a tempo determinato presso lo stesso datore di lavoro, concorre a determinare il periodo di attività lavorativa utile a conseguire il diritto di precedenza; le stesse lavoratrici, quindi, sono portatrici di un nuovo diritto di precedenza per un ulteriore contratto a tempo determinato per le mansioni già espletate che si esaurisce nell'arco temporale di 12 mesi;
3. il lavoratore assunto a tempo determinato per lo svolgimento di attività stagionali ha diritto di precedenza rispetto a nuove assunzioni a tempo determinato da parte dello stesso datore di lavoro per le medesime attività stagionali;

- *art. 47, co. 6, L. 428/1990*. Si attribuisce un diritto di precedenza nelle assunzioni (a tempo determinato e indeterminato) in favore dei lavoratori che non passano immediatamente alle dipendenze di colui al quale è trasferita, negli ultimi 12 mesi (o nel periodo più lungo previsto dall'accordo collettivo), un'azienda (o un suo ramo) in crisi;
- *art. 8, co. 4, D.Lgs. 81/2015*. In caso di patologie oncologiche o gravi patologie cronico-degenerative ingravescenti riguardanti il coniuge, i figli o i genitori del lavoratore o della lavoratrice, nonché nel caso in cui il lavoratore o la lavoratrice assista una persona convivente con totale e permanente inabilità lavorativa con connotazione di gravità ai sensi della L. 104/1992, che abbia necessità di assistenza continua in quanto non in grado di compiere gli atti quotidiani della vita, è riconosciuta la priorità nella trasformazione del contratto di lavoro da tempo pieno a tempo parziale;
- *art. 8, co. 6, D.Lgs. 81/2015*. Il lavoratore il cui rapporto sia trasformato da tempo pieno in tempo parziale ha diritto di precedenza nelle assunzioni con contratto a tempo pieno per l'espletamento delle stesse mansioni o di mansioni di pari livello e categoria legale rispetto a quelle oggetto del rapporto di lavoro a tempo parziale.

Si tenga inoltre presente che la norma introduce un preciso obbligo a carico del datore di lavoro che, all'atto dell'assunzione, deve richiamare la fonte di legge che prevede l'attribuzione al lavoratore della titolarità di un diritto di precedenza. Come si è osservato "*ciò (...) ha una diretta conseguenza: fino a quando il lavoratore non esercita, per iscritto, il proprio diritto esternandolo al datore di lavoro, non si può parlare di precedenza, con la conseguenza che, in mancanza di una precisa volontà dell'interessato, l'imprenditore non è assolutamente obbligato, proprio perché glielo ha già ricordato al momento della instaurazione del rapporto di lavoro*" (Massi).

È *parimenti escluso l'accesso alle agevolazioni* nei seguenti casi:

> se il **datore di lavoro o l'utilizzatore con contratto di somministrazione hanno in atto sospensioni dal lavoro connesse ad una crisi o riorganizzazione aziendale**, salvi i casi in cui l'assunzione, la trasformazione o la somministrazione siano finalizzate all'assunzione di lavoratori inquadrati ad un livello diverso da quello posseduto dai lavoratori sospesi o da impiegare in diverse unità produttive (art. 31, co. 1, lett. *c*). Questa ipotesi riguarda non l'impresa nel suo complesso ma le singole unità produttive. Si può affermare che la stessa ricorra in presenza di un trattamento integrativo salariale straordinario (ristrutturazione, crisi aziendale, contratto di solidarietà, cassa in deroga, interventi dei Fondi di solidarietà alternativi o del Fondo di solidarietà *ex* D.Lgs. 148/2015);

> con riferimento a quei lavoratori che sono stati licenziati nei 6 mesi precedenti da parte di un datore di lavoro che, al momento del licenziamento, presenta **assetti proprietari sostanzialmente coincidenti** con quelli del datore di lavoro che assume o

utilizza in somministrazione, ovvero risulta con quest'ultimo in rapporto di collegamento o controllo (art. 31, co. 1, lett. *d*).

Ai sensi dell'art. 2359 c.c. si considerano società **controllate** le società in cui un'altra società dispone della maggioranza dei voti esercitabili nell'assemblea ordinaria, le società in cui un'altra società dispone di voti sufficienti per esercitare un'influenza dominante nell'assemblea ordinaria e le società che sono sotto influenza dominante di un'altra società in virtù di particolari vincoli contrattuali con essa. Sono considerate **collegate** le società sulle quali un'altra società esercita un'influenza notevole. L'influenza si presume quando nell'assemblea ordinaria può essere esercitato almeno un quinto dei voti ovvero un decimo se la società ha azioni quotate in mercati regolamentati;

- con riferimento al contratto di somministrazione i **benefici economici legati all'assunzione o alla trasformazione di un contratto di lavoro sono trasferiti in capo all'utilizzatore** e, in caso di incentivo soggetto al regime *de minimis*, il beneficio viene computato in capo all'utilizzatore (art. 31, co. 1, lett. e).

1.5.2 L'incremento occupazionale netto

A livello europeo, partendo dall'abrogato reg. (CE) n. 2204/2002 sino a giungere al reg. (UE) n. 651/2014, attualmente in vigore, gli Stati membri sono stati autorizzati a prevedere incentivi per favorire l'occupazione di determinati soggetti svantaggiati, in deroga al divieto di "aiuti di Stato" disposto dall'art. 107 TFUE, purché si realizzi un "incremento occupazionale netto" di tali categorie di lavoratori; ciò significa che l'**assunzione incentivata deve comportare la creazione di almeno un posto supplementare rispetto al precedente organico** (calcolato come media su un certo periodo) dell'impresa.
Prima del 2015, a livello nazionale, tutti i benefici assunzionali previsti nel nostro ordinamento, emanati sulla scorta dei richiamati regolamenti europei, presupponevano soltanto in maniera implicita la realizzazione da parte del datore di lavoro dell'incremento occupazionale netto. Solo con l'approvazione dell'art. 31, lett. *f*), D.Lgs. 150/2015 è stato espressamente menzionato l'incremento occupazionale netto della forza lavoro tra i principi generali di fruizione degli incentivi, specificando che il calcolo deve essere effettuato mensilmente, confrontando il numero di lavoratori dipendenti equivalente a tempo pieno del mese di riferimento con quello medio dei 12 mesi precedenti, avuto riguardo alla nozione di "impresa unica" di cui all'art. 2, par. 2, reg. (UE) n. 1408/2013.

In base alla citata norma per **impresa unica** s'intende l'insieme delle imprese fra le quali esiste almeno una delle relazioni seguenti: un'impresa detiene la maggioranza dei diritti di voto degli azionisti o soci di un'altra impresa; un'impresa ha il diritto di nominare o revocare la maggioranza dei membri del consiglio di amministrazione, direzione o sorveglianza di un'altra impresa; un'impresa ha il diritto di esercitare un'influenza dominante su un'altra impresa in virtù di un contratto concluso con quest'ultima oppure in virtù di una clausola dello statuto di quest'ultima; un'impresa azionista o socia di un'altra impresa controlla da sola, in virtù di un accordo stipulato con altri azionisti o soci dell'altra impresa, la maggioranza dei diritti di voto degli azionisti o soci di quest'ultima.

Dal computo della base occupazionale media di riferimento **sono esclusi i lavoratori** che nel periodo di riferimento abbiano abbandonato il posto di lavoro a causa di *dimissioni volontarie*, di *invalidità*, di *pensionamento* per raggiunti limiti d'età, di *riduzione volontaria dell'orario di lavoro* e di *licenziamento per giusta causa*.

Gli incentivi all'occupazione, quindi, possono essere fruiti dai datori di lavoro solo ove l'assunzione per cui si chiede il beneficio faccia registrare all'interno dell'impresa richiedente un incremento dell'occupazione; in caso contrario l'incentivo non può essere riconosciuto e occorre procedere al recupero di quello indebitamente già goduto dall'impresa.

1.5.3 Il cumulo dei periodi

Ai fini della determinazione del diritto agli incentivi e della loro durata, si cumulano i periodi in cui il lavoratore ha prestato l'attività in favore dello stesso soggetto, a titolo di lavoro subordinato o somministrato, fissando così un'equivalenza tra l'utilizzo diretto e indiretto del lavoratore. Non si cumulano, invece, le prestazioni in somministrazione effettuate dallo stesso lavoratore nei confronti di diversi utilizzatori, anche se fornite dalla medesima agenzia di somministrazione di lavoro, salvo che tra gli utilizzatori ricorrano assetti proprietari sostanzialmente coincidenti ovvero intercorrano rapporti di collegamento o controllo.

1.5.4 Il tardivo invio della comunicazione obbligatoria

Il D.Lgs. 150/2015 prevede che il tardivo inoltro delle comunicazioni telematiche obbligatorie inerenti l'instaurazione e la modifica di un rapporto di lavoro o di somministrazione producono la **perdita di quella parte dell'incentivo** relativa al periodo compreso tra la decorrenza del rapporto agevolato e la data della tardiva comunicazione.
Al riguardo è stato precisato che:

- l'assunzione deve essere comunicata entro il giorno precedente a quello in cui inizia il rapporto di lavoro;
- la trasformazione e la proroga devono essere comunicate entro 5 giorni dalla data in cui decorre l'inizio della trasformazione o proroga;
- con riferimento alla somministrazione di lavoro, le agenzie autorizzate devono comunicare l'instaurazione/trasformazione/proroga entro il giorno 20 del mese successivo a quello in cui decorrono il rapporto, la trasformazione, la proroga. In caso di rettifica della comunicazione telematica vale la data del primo invio.

La compilazione del campo "agevolazione" dei moduli telematici (Unilav, Unisomm, ecc.) è facoltativa; l'omessa o erronea compilazione non incide sul diritto ai benefici e, quindi, non richiede la rettifica del modulo inviato.

1.5.5 Gli obblighi di regolarità contributiva

La fruizione dell'esonero contributivo è subordinata al rispetto, da parte del datore di lavoro che assume, delle condizioni fissate dall'art. 1, commi 1175 e 1176, L. 296/2006 di seguito elencate:

- regolarità degli obblighi di contribuzione previdenziale;
- assenza delle violazioni delle norme fondamentali a tutela delle condizioni di lavoro;
- rispetto, fermi restando gli altri obblighi di legge, degli accordi e contratti collettivi nazionali nonché di quelli regionali, territoriali o aziendali, laddove sottoscritti dalle organizzazioni sindacali dei datori di lavoro e dei lavoratori comparativamente più rappresentative sul piano nazionale.

In particolare, in base a quanto previsto dalla L. 296/2006, a decorrere dal 1° luglio 2007 i benefici normativi e contributivi previsti dalla normativa in materia di lavoro e legislazione sociale devono essere subordinati al possesso, da parte dei datori di lavoro, del **Documento unico di regolarità contributiva (DURC)**, per la cui disciplina si rimanda al D.M. 30-1-2015.

Nella circ. n. 3/2017 l'INL distingue tra il comportamento di sostanziale irregolarità aziendale, che comporta il recupero di tutte le agevolazioni per l'intero periodo per il quale perdura l'irregolarità, e quello, meno grave, connesso alla mancata applicazione di istituti contrattuali non aventi riflessi sulla posizione contributiva, per il quale eventuali benefici si perdono solo per i lavoratori per i quali è stata accertata la violazione e per il periodo di durata della stessa.

Il Ministero del lavoro, con circ. n. 5/2008, ha fornito chiarimenti in ordine alla nozione di benefici "normativi e contributivi". È stato specificato che il concetto di beneficio richiama inevitabilmente il rapporto fra regola ed eccezione in quanto, a fronte di una disciplina generale che impone oneri di carattere economico-patrimoniale a una generalità di soggetti, il **beneficio si configura come una eccezione** nei confronti di coloro che, in presenza di specifici presupposti soggettivi, sono ammessi ad un trattamento agevolato che riduce o elimina totalmente tali oneri.
Più in dettaglio i benefici contributivi sono da individuarsi in quegli sgravi collegati alla costituzione e gestione del rapporto di lavoro che rappresentano una deroga all'ordinario regime contributivo, deroga che però non configura una ipotesi agevolativa nel caso in cui lo sgravio non sia costruito come abbattimento di una aliquota più onerosa, calcolata secondo i normali parametri statistico-attuariali, ma rappresenti la regola per un determinato settore o categoria di lavoratori.

Non sono annoverabili nella nozione in esame quei regimi di sottocontribuzione che caratterizzano interi settori (agricoltura, navigazione marittima, ecc.), territori (zone montane, zone a declino industriale ecc.) ovvero specifiche tipologie contrattuali (apprendistato) con una speciale aliquota contributiva prevista dalla legge, ambiti nei quali il totale abbattimento o la riduzione dell'onere economico-patrimoniale nei confronti della platea dei destinatari costituisce l'ipotesi ordinaria, in quanto l'intervento a carico del bilancio statale, dettato da ragioni di carattere politico-economico, prescinde da specifiche ed ulteriori condizioni richieste al soggetto beneficiario.

Partendo da tale ordine di considerazioni il Ministero ha stilato un elenco, a carattere esemplificativo e non esaustivo, delle agevolazioni da ritenersi subordinate al possesso del DURC, elenco che, considerati i numerosi interventi che hanno interessato la materia negli ultimi anni, è stato aggiornato, mantenendo pur sempre un carattere esemplificativo (cfr. Ministero del lavoro, nota 28-1-2016, prot. n. 1677).
Per quanto concerne, invece, il punto del **rispetto degli accordi e contratti collettivi**, il Ministero del lavoro (circ. n. 4/2004) subordina il riconoscimento dei benefici economici e contributivi all'**integrale applicazione della sola parte economica e normativa degli accordi e contratti collettivi**, e non anche della parte obbligatoria di questi ultimi. Se intesa nel senso di imporre l'applicazione anche della parte obbligatoria del contratto collettivo, tra cui, in particolare, l'obbligo di adesione agli enti bilaterali, si appaleserebbe un contrasto con i principi costituzionali di libertà sindacale, e di libertà sindacale negativa in particolare (di cui all'art. 39 Cost.), oltre che con i principi europei di diritto della concorrenza.

1.6 La trasferibilità dell'incentivo

1.6.1 La cessione del contratto

Unitamente alle misure rivolte alla creazione di nuova occupazione, assumono particolare rilevanza quegli strumenti finalizzati a garantire la salvaguardia dei livelli occupazionali e una gestione aziendale particolarmente snella e flessibile.

Sempre più frequentemente, infatti, i datori di lavoro ricorrono a processi di esternalizzazione attraverso i quali mantenere una struttura competitiva e adeguata alle effettive esigenze di produzione.

A tal riguardo, due sono le possibili modalità a cui il datore potrebbe ricorrere nell'ipotesi in cui intenda intraprendere un processo di riorganizzazione aziendale, con effetti sui rapporti di lavoro:

- il **trasferimento d'azienda o di ramo di essa**. Il trasferimento è definito dall'art. 2112 c.c. come qualsiasi operazione che, in seguito a cessione contrattuale o fusione, comporti il mutamento nella titolarità di un'attività economica organizzata, con o senza scopo di lucro, preesistente al trasferimento e che conserva nel trasferimento la propria identità a prescindere dalla tipologia negoziale o dal provvedimento sulla base del quale il trasferimento è attuato ivi compresi l'usufrutto o l'affitto di azienda;
- la **cessione del contratto individuale di lavoro**. L'art. 1406 c.c. prevede espressamente, in chiave generale e non esclusivamente riferita ai rapporti di lavoro, la possibilità per una parte del rapporto negoziale di «*sostituire a sé un terzo nei rapporti derivanti da un contratto con prestazioni corrispettive, se queste non sono state ancora eseguite, purché l'altra parte vi consenta*». In merito al legame tra ceduto e cedente, l'art. 1408 c.c. stabilisce che quest'ultimo è liberato dalle sue obbligazioni verso il contraente ceduto dal momento in cui la sostituzione diviene efficace nei confronti di questo. Tuttavia il contraente ceduto, se ha dichiarato di non liberare il cedente, può agire contro di lui qualora il cessionario non adempia alle obbligazioni assunte.

Entrambi gli istituti sono caratterizzati dal contemporaneo coinvolgimento di tre soggetti: cedente, cessionario e ceduto.

Tuttavia, la prima fattispecie riguarda l'interezza dei dipendenti occupati dall'impresa, ovvero inseriti nel ramo ceduto (salvo contestuali procedure di licenziamenti individuali o collettivi), mentre la cessione del contratto fa riferimento al singolo lavoratore. Inoltre, altra differenza sostanziale tra gli istituti riguarda il fatto che per il trasferimento d'azienda la legge prevede uno specifico regime di tutela del lavoratore il quale, pertanto, non è chiamato a prestare consenso a tale operazione. Viceversa, nella cessione del contratto di lavoro, assume rilevanza centrale proprio l'accordo con il quale vengono regolati i vari aspetti del passaggio.

Come ricordato in apertura, negli ultimi anni sono state introdotte molteplici misure agevolative, specie di natura contributiva finalizzate alla creazione di nuovi posti di lavoro. Cosa succede se il rapporto incentivato viene assoggettato a una delle vicende circolatorie appena descritte?

Su tale punto, determinante è stato l'intervento chiarificatore dell'INPS, il quale ha espressamente sostenuto, di norma, la **trasferibilità degli incentivi da un datore all'altro**.

La circ. n. 178/2015, in materia di esonero contributivo triennale prevede infatti che «*nell'ipotesi di cessione del contratto a tempo indeterminato ex art. 1406 c.c. con passaggio del dipendente al cessionario, la fruizione del beneficio già riconosciuto al datore di lavoro cedente può essere trasferita al subentrante per il periodo residuo non goduto, in quanto in tal caso si verifica la sola modificazione soggettiva del rapporto già in atto che prosegue con il datore di lavoro cessionario*». Inoltre, «*la fruizione dell'esonero è trasferibile nei confronti del cessionario per il periodo residuo non goduto dal cedente in virtù di quanto disposto dall'art. 2112 c.c., secondo il quale, in caso di trasferimento di azienda, il rapporto di lavoro prosegue con il cessionario ed il lavoratore conserva tutti i diritti che ne derivano*».
Tale impostazione è stata confermata dalla circ. n. 40/2018, la quale fa riferimento alle agevolazioni contributive di cui alla L. 205/2017 (cfr. art. 1, co. 100-104), previste per i lavoratori assunti a decorrere dal 1° gennaio 2018, con contratto di lavoro subordinato a tempo indeterminato a tutele crescenti, di cui al D.Lgs. 23/2015. Nella circostanza in cui i medesimi lavoratori siano nuovamente assunti a tempo indeterminato da altri datori di lavoro privati, il beneficio è riconosciuto agli stessi datori per il periodo residuo utile alla piena fruizione, indipendentemente dall'età anagrafica del lavoratore alla data delle nuove assunzioni (*principio della portabilità dell'esonero)*.

1.6.2 Il lavoro in somministrazione

Con riferimento al contratto di somministrazione, l'INPS, in apposito messaggio n. 1361/2021, ha ricordato che l'art. 33, co. 2, D.Lgs. 81/2015, stabilisce che "con il contratto di somministrazione di lavoro l'utilizzatore assume l'obbligo di comunicare al somministratore il trattamento economico e normativo applicabile ai lavoratori suoi dipendenti che svolgono le medesime mansioni dei lavoratori da somministrare e a rimborsare al somministratore gli oneri retributivi e previdenziali da questo effettivamente sostenuti in favore dei lavoratori". Ciò vale a dire, chiarisce l'Istituto previdenziale, che il costo del lavoro effettivamente sostenuto dall'Agenzia di somministrazione (quindi, eventualmente comprensivo di maggiorazioni contributive ovvero oggetto di *decontribuzione)* andrà sempre trasferito in capo all'azienda utilizzatrice e i relativi **benefici economici** legati all'assunzione o alla trasformazione di un contratto di lavoro stipulato a scopo di somministrazione, come espressamente previsto all'art. 31, co. 1, lett. *e*), D.Lgs. 150/2015, **devono essere sempre imputati all'utilizzatore**.
Pertanto, con specifico riferimento al godimento delle agevolazioni, le Agenzie di somministrazione non beneficiano "direttamente" delle misure di decontribuzione, e in via generale, di qualsiasi incentivo economico/contributivo, in quanto sono tenute per legge a trasferirli alle aziende utilizzatrici.

1.6.3 L'appalto di servizi

Un ulteriore caso da esaminare attiene all'eventualità in cui un datore di lavoro subentri nella fornitura di servizi in appalto.
A tal riguardo, con riferimento all'esonero contributivo triennale introdotto per il 2015 dalla L. 190/2014, la circ. INPS n. 178/2015 stabilisce che «*l'incentivo non spetta qualora i lavoratori già titolari di un rapporto a tempo indeterminato transitino dal cedente al subentrante nei casi di cambi di appalto di servizi, nell'ipotesi in cui la contrattazione collettiva che disciplina tali rapporti, preveda, per i casi di cessazione dell'appalto cui sono*

adibiti i dipendenti, una procedura idonea a consentire l'assunzione degli stessi alle dipendenze dell'impresa subentrante, mediante la costituzione ex novo di un rapporto di lavoro con un diverso soggetto».

1.6.4 L'apprendistato

Nelle ipotesi in cui vi sia un **trasferimento d'azienda o di ramo d'azienda** presso il quale è in forza il lavoratore apprendista, il contratto è automaticamente ceduto all'acquirente ai sensi dell'art. 2112 c.c.
Il rapporto di lavoro prosegue con il nuovo datore di lavoro, il quale avrà la responsabilità di attuare il programma formativo pattuito al momento della sottoscrizione del contratto con l'imprenditore cedente.
Laddove il contratto di apprendistato sia oggetto di **cessione**, fermo restando il necessario consenso dell'apprendista al datore di lavoro, il cessionario dovrà garantire all'apprendista il completamento del periodo formativo sulla base del piano formativo già concordato.
Pertanto, in entrambe le ipotesi appena ricordate occorrerà prestare particolare attenzione a tutti quegli adempimenti amministrativi che caratterizzano la tipologia contrattuale in questione (ad esempio, individuazione di un *tutor* presso il soggetto cessionario, verifica del piano formativo individuale, ecc.).
Per quanto attiene al **regime contributivo** di favore connesso all'assunzione dell'apprendista, va ritenuta ammissibile anche in tale ultima ipotesi la trasmissibilità dell'agevolazione (compresa quella di cui all'art. 47, co. 7, D.Lgs. 81/2015, connessa alla conferma in servizio del lavoratore) che, quindi, passa dal datore cedente al cessionario senza alcuna soluzione di continuità.

1.7 La continuità dopo la crisi: il fenomeno del workers buyout

Il fenomeno del *workers buyout* descrive le **iniziative di conservazione del complesso produttivo e, indirettamente, dei livelli occupazionali, promosse dagli stessi lavoratori** dipendenti delle imprese in crisi i quali si organizzano, a tal fine, in società cooperative.
Dall'analisi del dato normativo emerge che le ultime riforme hanno introdotto, in ambito di liquidazione giudiziale, la duplice regola secondo cui, nella neutralità dell'interesse primario dei creditori, deve privilegiarsi la vendita unitaria dei complessi aziendali in luogo di quella atomistica dei beni che lo compongono (art. 105 R.D. 267/1942) e deve darsi priorità, nella scelta dell'affittuario endofallimentare, alle offerte che garantiscono i maggiori livelli occupazionali (art. 104-*bis* R.D. 267/1942).
Con l'art. 11, co. 2 e 3, D.L. 145/2013 (conv. dalla L. 9/2014) la regolamentazione si è arricchita di due distinte disposizioni recanti:

- il *diritto di prelazione* per l'affitto e per l'acquisto dell'azienda riconosciuto alle cooperative costituite dai lavoratori delle imprese ammesse ad una qualsivoglia procedura concorsuale;
- il diritto dei soci-lavoratori (che ne facciano richiesta) di ottenere, *all'atto dell'aggiudicazione dell'affitto o della vendita*, l'anticipazione in unica soluzione delle somme altrimenti destinate alla loro integrazione salariale per il caso di interruzione del rapporto di lavoro.

Ambedue i precetti, avevano già trovato un più generale riconoscimento normativo nelle disposizioni (*medio tempore*) introdotte, rispettivamente, dall'art. 3, co. 4 e dall'art. 7, co. 5, L. 223/1991. Tali norme, tuttavia, si applicano alle sole imprese ammesse a godere dei benefici della CIG e riconoscono la prelazione legale nell'acquisto dell'azienda soltanto a chi la gestisca a titolo di affitto. Esse inoltre non prevedono alcun diritto di preferenza in ordine all'affitto dell'azienda in crisi e consentono la richiesta di anticipazione delle indennità salariali ai soli lavoratori che ne hanno maturato il diritto (per effetto, in sostanza, della già intervenuta interruzione del rapporto di lavoro).

Da ultimo viene in rilievo l'attenzione posta al fenomeno dall'art. 1, co. 253-254, L. 234/2021 (*legge di bilancio 2022),* laddove prevede che alle nuove **società cooperative di lavoratori** costituitesi dal 1° gennaio 2022 (ex art. 23, co. 3-*quater*, D.L. 83/2012, conv. dalla L. 134/2012) è riconosciuto, per un periodo massimo di 24 mesi dalla data della costituzione, l'esonero dal versamento del 100% dei complessivi contributi previdenziali a carico dei datori di lavoro, con esclusione dei premi e contributi INAIL nel limite massimo di 6.000 euro su base annua, riparametrato su base mensile. L'esonero non è riconosciuto se, nell'ultimo periodo d'imposta, il datore di lavoro dell'impresa oggetto di trasferimento, affitto o cessione ai lavoratori, non abbia corrisposto ai propri dipendenti retribuzioni almeno pari al 50% dell'ammontare complessivo dei costi sostenuti, con esclusione di quelli relativi alle materie prime e sussidiarie.

Capitolo 2
Incentivi donna e over 50

2.1 Il basso tasso di occupazione femminile

La normativa inerente la parità di genere e le pari opportunità tra donne e uomini ruota principalmente intorno al **Codice per le pari opportunità** (D.Lgs. 198/2006) e al **Testo unico sulla maternità e paternità** (D.Lgs. 151/2001). Per diversi aspetti, però, si tratta di mere "leggi manifesto" in quanto fallimentari nel quotidiano perseguire l'obiettivo di trasformare il mercato del lavoro in senso paritario.
Nel nostro Paese, la questione del basso tasso di occupazione femminile costituisce, infatti, ancora lo zoccolo duro dell'emergenza occupazionale e, allo stesso tempo, il nodo delle soluzioni concepite dal legislatore per uscire dalla crisi, dato che la valorizzazione del ruolo economico delle donne è una delle leve strategiche ai fini del raggiungimento di una crescita equa e inclusiva.
Le norme dirette ad aumentare la partecipazione delle donne nel mercato del lavoro sono, invece, sostanzialmente racchiuse nel corposo art. 4 L. 92/2012 (riforma Fornero), nella forma in parte di tutele aggiuntive per i genitori (madri e padri) che lavorano e in parte di incentivi all'occupazione femminile.
Dette disposizioni, se calate nel modello europeo di *flexicurity* come declinato dalla L. 92/2012, rafforzano la leva della sicurezza in un'ottica di genere nelle sue diverse dimensioni: economica, professionale ed esistenziale. Di tali norme, dirette in modo specifico ad incentivare l'occupazione femminile, ci si occuperà nell'analisi che segue.

2.2 L'analisi degli incentivi nella riforma Fornero

2.2.1 L'operatività in luogo del contratto di inserimento

Nella riforma Fornero (L. 92/2012) la materia degli incentivi all'assunzione è riportata nell'art. 4, commi 8-11. Per effetto delle previsioni citate, a decorrere dal primo gennaio 2013 è in vigore un incentivo per l'assunzione delle seguenti categorie di lavoratori:

- uomini o donne con almeno 50 anni di età e "disoccupati da oltre 12 mesi";
- donne di qualsiasi età, residenti in aree svantaggiate e "prive di un impiego regolarmente retribuito da almeno 6 mesi";
- donne di qualsiasi età, con una professione o di un settore economico caratterizzati da un'accentuata disparità occupazionale di genere e "prive di un impiego regolarmente retribuito da almeno 6 mesi";
- donne di qualsiasi età, ovunque residenti e "prive di un impiego regolarmente retribuito da almeno 24 mesi".

Gli incentivi all'assunzione dei lavoratori anziani e delle lavoratrici introdotti dalla riforma Fornero operano in sostituzione di un altro strumento, il contratto di inserimento, che è stato contemporaneamente abrogato (art. 1, co. 14, L. 92/2012). Detta sostituzione se, per un verso, ha attributo ai lavoratori con un particolare svantaggio occupazionale una sorta di "dote" per l'assunzione con le ordinarie tipologie contrattuali di lavoro subordinato (a tempo indeterminato, a termine e in somministrazione), senza modificarne le caratteristiche e senza creare un tipo contrattuale a sé stante, per altro verso non ha riconosciuto ai lavoratori né la durata minima del contratto, né la stabilizzazione oltre l'incentivo, né impegni formativi (neppure nei termini minimali del progetto di inserimento in uno specifico contesto lavorativo).

2.2.2 Gli incentivi per le donne (e gli uomini) con almeno 50 anni

L'incentivo ritagliato dall'art. 4, co. 8, 9 e 10, L. 92/2012, a prima vista appare neutro: vale per lavoratori, uomini e donne, considerati "svantaggiati" per aver superato i 50 anni di età (in applicazione dell'art. 18, lett. *c*), reg. CE n. 800/2008). Invero, l'agevolazione risulta più interessante per le donne che abbiano compiuto i 50 anni per le quali, se espulse, la ricollocazione nel mercato del lavoro è estremamente difficile, a fronte di una necessità di permanere attive sul mercato del lavoro per diversi anni ancora visto l'innalzamento dell'età pensionabile operato della riforma Fornero (D.L. 201/2011).
La normativa, prevede, a partire dal 1° gennaio 2013, una **riduzione pari al 50% dei contributi** a carico del datore di lavoro, per 12 mesi (probabilmente frazionabili data l'assenza di una durata minima), nel caso di assunzioni con contratto a termine, anche in somministrazione, di lavoratori di età non inferiore a 50 anni e disoccupati da oltre 12 mesi. Tale beneficio è eventualmente esteso di altri 6 mesi nell'ipotesi in cui il contratto a termine sia trasformato in contratto a tempo indeterminato (cosiddetta stabilizzazione), per un totale di 18 mesi dalla prima assunzione.
Lo sgravio di 18 mesi si applica anche nel caso di assunzione sin dall'inizio effettuata con contratto a tempo indeterminato.

2.2.3 Gli incentivi per le donne prive di impiego regolarmente retribuito

Dal 1° gennaio 2013, sono diventati operativi anche gli incentivi previsti per le donne "di qualsiasi età". L'art. 4, co. 11, L. 92/2012 prevede per tale categoria l'applicazione dello stesso sgravio contributivo previsto per l'assunzione dei lavoratori ultracinquantenni, con le medesime tipologie contrattuali e le stesse durate.
In particolare il suddetto incentivo è riconosciuto in relazione alle assunzioni di donne:
- di qualsiasi età;
- *prive di un impiego regolarmente retribuito da almeno 6 mesi*. Si specifica che con tale espressione si fa riferimento a "coloro che negli ultimi 6 mesi non hanno prestato attività lavorativa riconducibile ad un rapporto di lavoro subordinato delle durata di almeno 6 mesi ovvero coloro che negli ultimi 6 mesi hanno svolto attività lavorativa in forma autonoma o parasubordinata dalla quale derivi un reddito inferiore al reddito annuale minimo personale escluso da imposizione";
- residenti in Regioni svantaggiate ammissibili ai finanziamenti nell'ambito dei fondi strutturali dell'Unione europea e nelle aree annualmente individuate;
- nonché in relazione alle assunzioni di donne di qualsiasi età prive di un impiego regolarmente retribuito da almeno 24 mesi, ovunque residenti.

Ai fini della presenza del requisito occorre considerare il periodo di 6 mesi antecedente la data di assunzione e verificare che in quel periodo il lavoratore non abbia svolto un'attività di lavoro subordinato legata ad un contratto di durata di almeno 6 mesi ovvero un'attività di collaborazione coordinata e continuativa (o altra prestazione di lavoro di cui all'articolo 50, co. 1, lett. c-*bis*, D.P.R. 917/1986) la cui remunerazione annua sia superiore a 8.174 euro o ancora un'attività di lavoro autonomo tale da produrre un reddito annuo lordo superiore a 5.500 euro.

In definitiva, l'incentivo per l'assunzione di cui all'art. 4, co. 11, L. 92/2012 è destinato sia alle donne (senza vincolo di età) disoccupate o precarie da almeno 6 mesi e residenti nelle Regioni più depresse del Paese, sia alle donne, a prescindere dalla residenza, considerate molto svantaggiate in quanto disoccupate o precarie da almeno 2 anni.

2.2.4 L'intervento della legge di bilancio 2021

Le previsioni della L. 92/2012 vanno rilette alla luce dell'art. 1, co. 16, L. 178/2020 (*legge di bilancio 2021*) laddove si è stabilito che, per le assunzioni di donne lavoratrici effettuate nel **biennio 2021-2022**, l'esonero di cui all'art. 4, co. 9-11, L. 92/2012 è esteso **nella misura del 100%,** nel limite massimo di importo pari a 6.000 euro annui.
Con il messaggio n. 3809 del 5-11-2021, l'INPS ha chiarito che il suddetto esonero può trovare applicazione anche nelle ipotesi di trasformazioni a tempo indeterminato di rapporti a termine non agevolati (ai sensi della disciplina di cui all'art. 4 L. 92/2012) e che, in tali fattispecie, l'incentivo spetta per 18 mesi a decorrere dalla data di trasformazione. L'incentivo spetta, peraltro, anche in caso di proroga del rapporto, effettuata in conformità alla disciplina del rapporto a tempo determinato, fino al limite complessivo di 12 mesi.
Si specifica, inoltre, che l'esonero in oggetto è riconosciuto a tutti i datori di lavoro privati, a prescindere dalla circostanza che assumano o meno la natura di imprenditore, ivi compresi i datori di lavoro del settore agricolo, e che la misura in trattazione non si applica invece nei confronti della pubblica Amministrazione, individuabile assumendo a riferimento la nozione e l'elencazione recate dall'art. 1, co. 2, D.Lgs. 165/2001.
L'esonero è cumulabile con altri esoneri o riduzioni delle aliquote di finanziamento previsti dalla normativa vigente, nei limiti della contribuzione previdenziale dovuta e a condizione che, per gli altri esoneri di cui si intenda fruire, non sia espressamente previsto un divieto di cumulo con altri regimi.

Ad esempio, non è cumulabile con l'incentivo strutturale all'occupazione giovanile previsto dall'art. 1, co. 100 ss., L. 205/2017, in virtù dell'espressa previsione di cui all'art. 1, co. 114 della medesima legge, secondo la quale "l'esonero di cui ai commi da 100 a 108 e da 113 a 115 non si applica ai rapporti di lavoro domestico e ai rapporti di apprendistato. Esso non è cumulabile con altri esoneri o riduzioni delle aliquote di finanziamento previsti dalla normativa vigente, limitatamente al periodo di applicazione degli stessi".
Viceversa, la suddetta cumulabilità, nei limiti della contribuzione datoriale dovuta, trova applicazione sia con riferimento ad altre *agevolazioni di tipo contributivo* (ad esempio, incentivo all'assunzione in sostituzione di lavoratrici o lavoratori in congedo prevista, per le aziende con meno di 20 dipendenti, dall'art. 4, co. 3, D.Lgs. 151/2001, pari al 50 % dei contributi datoriali dovuti) che con riferimento agli *incentivi di tipo economico* (ad esempio, incentivo all'assunzione di beneficiari di NASpI, disciplinato dall'art. 2, co. 10-*bis*, L. 92/2012).

2.2.5 I settori caratterizzati dal tasso di disparità uomo-donna maggiore del 25%

Il decreto interministeriale del 17 dicembre 2021, n. 402 ha individuato – per l'anno 2022, sulla base dei dati ISTAT relativi alla media annua dell'anno più recente disponibile – i settori e le professioni caratterizzati da un tasso di disparità uomo-donna che supera almeno del 25% il valore medio annuo, ai fini dell'applicazione degli incentivi all'assunzione previsti dall'art. 4, co. 8-11, L. 92/2012. Il tasso di disparità medio è stato rilevato, per l'anno 2020, in misura pari al 9,6%. La soglia sopra la quale una professione è caratterizzata da un tasso di disparità uomo-donna superiore di almeno il 25% del valore medio è pari a 12,1%. Le professioni che hanno registrato un tasso di disparità inferiore a tale livello non sono riportate.

2.3 Assunzioni agevolate in sostituzione di assenti per congedo di maternità

L'art. 4, co. 3 e 5, D.Lgs. 151/2001 stabilisce che nelle aziende con meno di 20 dipendenti, per i contributi a carico del datore di lavoro che assume personale con contratto a tempo determinato in sostituzione di lavoratrici e lavoratori in congedo, è concesso uno **sgravio contributivo del 50%**.
Lo sgravio riguarda le assunzioni effettuate in sostituzione di lavoratrici o lavoratori subordinati in congedo fino al compimento di un anno di età del figlio. In caso di adozione o affidamento, lo sgravio spetta entro il limite di un anno dalla data di ingresso del minore nel nucleo familiare. Il beneficio spetta anche in favore delle lavoratrici autonome (coltivatrici dirette, mezzadre, artigiane ed esercenti attività commerciali) in astensione da lavoro per maternità.
Come chiarito dall'INPS, con circolare 10-7-2001, n. 136, il beneficio trova applicazione nei confronti della generalità dei datori di lavoro, aventi o meno la qualifica di imprenditori, nel rispetto del requisito dimensionale individuato dal legislatore.
L'agevolazione è riconosciuta a prescindere dal fatto che non vi sia corrispondenza tra le qualifiche della persona assunta e di quella sostituita ed anche, allorquando, durante un percorso di affiancamento, ci sia la presenza contemporanea delle due persone.
Nel **computo dei 20 dipendenti** non sono compresi gli apprendisti mentre vi rientrano:

- tutti i lavoratori assunti a tempo pieno ed indeterminato, compresi i dirigenti ed i lavoratori a domicilio;
- i lavoratori con contratto a termine, che vanno computati secondo le regole fissate dall'art. 27 D.Lgs. 81/2015 e, in ogni caso, i sostituti non si calcolano se è stato già computato il titolare;
- i lavoratori a tempo parziale, che sono computati in proporzione secondo la previsione contenuta nell'art. 9 D.Lgs. 81/2015.

L'azienda deve autocertificare alla sede INPS di essere in possesso del requisito occupazionale, mentre nelle imprese dove prestano attività soltanto lavoratori autonomi va aperta un'apposita posizione contributiva.
Trattandosi di assunzioni in sostituzione per maternità non si paga il contributo addizionale NASpI previsto dalla L. 92/2012.

L'art. 23, co. 2, lett. *e*), D.Lgs. 81/2015 prevede, inoltre, che i contratti a termine in sostituzione di lavoratori assenti aventi diritto alla conservazione del posto non rientrano nella percentuale massima legale del 20% di contratti a tempo determinato calcolata sul numero dei dipendenti a tempo indeterminato nell'anno di riferimento, né in quella prevista dalla contrattazione collettiva.
Si segnala, infine, che l'art. 1, co. 137, L. 234/2021 ha introdotto una misura di sperimentazione, valida solo per il 2022, che prevede uno **sgravio del 50% dei contributi previdenziali a carico delle lavoratrici madri** dipendenti del settore privato per il periodo massimo di 1 anno dal rientro nel posto di lavoro dopo la fruizione del congedo obbligatorio di maternità.

2.4 Benefici contributivi per l'assunzione di persone detenute o internate

La L. 193/2000, al fine di promuovere l'attività lavorativa da parte dei detenuti, ha introdotto un'agevolazione contributiva in favore dei **datori di lavoro che impiegano persone detenute o internate**, anche ammesse al lavoro esterno, nonché ex degenti di ospedali psichiatrici giudiziari.
Più in particolare, l'articolo 1 della legge citata, modificando l'art. 4 L. 381/1991, ha incluso, tra le persone svantaggiate che possono essere assunte dalle cooperative sociali, anche gli ex degenti di istituti psichiatrici giudiziari, i detenuti e gli internati negli istituti penitenziari, nonché i condannati e gli internati ammessi alle misure alternative alla detenzione e al lavoro all'esterno. Inoltre, la L. 193/2000, introducendo all'art. 4 L. 381/1991 il comma 3-*bis*, ha previsto che l'assunzione di tali soggetti comporta una riduzione dell'aliquota contributiva dovuta nella misura stabilita ogni 2 anni con apposito decreto e che l'agevolazione si applica anche durante i sei mesi successivi alla cessazione dello stato detentivo.
Ancora, l'articolo 2 L. 193/2000 ha esteso l'agevolazione appena descritta anche alle aziende pubbliche e private che organizzino attività produttive e di servizi all'interno degli istituti penitenziari impiegando persone detenute e internate.
In attuazione della delega di cui all'articolo 4, co. 3-*bis* è stato adottato il regolamento contenuto nel decreto n. 148/2014, che ha innalzato dall'80% al 95% la misura della riduzione contributiva spettante a fronte delle retribuzioni corrisposte ai detenuti e internati, agli ex degenti degli ospedali psichiatrici giudiziari e ai condannati ed internati ammessi al lavoro all'esterno.
Il beneficio spetta per la durata del rapporto e fintantoché i lavoratori si trovano nella condizione di detenuti e internati; inoltre, in base alla previsione ex art. 1, co. 2, L. 193/2000, lo sgravio contributivo può essere applicato anche nei 6 mesi successivi alla cessazione dello stato di detenzione.
Al riguardo, si ricorda che a seguito delle modifiche apportate dal D.L. 78/2013 lo sgravio contributivo spetta anche per i 18 mesi successivi alla cessazione dello stato detentivo, a condizione che l'assunzione del detenuto e internato sia avvenuta mentre lo stesso era ammesso al regime di semilibertà o al lavoro esterno.
Nel caso di detenuti e internati che non hanno beneficiato della semilibertà o del lavoro esterno, invece, lo sgravio contributivo spetta per un periodo di 24 mesi successivo alla cessazione dello stato detentivo, sempre che l'assunzione sia avvenuta mentre il lavoratore era in regime di restrizione.

Il prolungamento della durata del beneficio trova applicazione solo in riferimento ai rapporti incentivati in cui le cessazioni dello stato detentivo siano intervenute a partire dal 20 agosto 2013 (cfr. circ. INPS 27/2019).
Lo sgravio in oggetto è subordinato al rispetto delle già esaminate condizioni stabilite dall'art. 1, co. 1175 e 1176, L. 296/2006, inerenti la regolarità contributiva, le norme a tutela delle condizioni di lavoro, le disposizioni della contrattazione collettiva e gli altri obblighi di legge.
Per quanto riguarda i principi generali in materia di incentivi all'occupazione stabiliti dall'art. 31 D.Lgs. 150/2015, in virtù della specialità della norma, delle finalità che la stessa persegue e delle particolarità legate alle fruizione del beneficio, si ritiene che gli stessi non siano applicabili allo sgravio contributivo in esame, fatta eccezione per quanto stabilito all'art. 31, co. 3, del medesimo decreto legislativo, in forza del quale "*l'inoltro tardivo delle comunicazioni telematiche obbligatorie inerenti l'instaurazione e la modifica di un rapporto di lavoro o di somministrazione producono la perdita di quella parte dell'incentivo relativa al periodo compreso tra la decorrenza del rapporto agevolato e la data della tardiva comunicazione*".

L'agevolazione contributiva per l'assunzione dei lavoratori detenuti e internati è cumulabile con gli incentivi che assumono natura economica, fra i quali quelli relativi all'assunzione di beneficiari del trattamento NASpI e l'incentivo ex art. 13 L. 68/1999 in materia di tutela della disabilità.

2.5 Premialità contributiva di parità

L'art. 46-*bis* D.Lgs. 198/2006 (aggiunto dalla L. 162/2021) introduce, a decorrere dal 1° gennaio 2022, la **certificazione della parità di genere** al fine di attestare le misure concrete adottate dai datori di lavoro per ridurre il divario di genere in relazione alle opportunità di crescita in azienda, alla parità salariale a parità di mansioni, alle politiche di gestione delle differenze di genere e alla tutela della maternità. Parallelamente viene riconosciuto per il 2022 uno sgravio contributivo parziale, ferma restando l'aliquota di computo delle prestazioni pensionistiche, alle aziende private in possesso della predetta certificazione (art. 5 L. 162/2021).
L'esonero è concesso nel rispetto del limite di spesa di 50 milioni di euro ed è determinato in misura non superiore all'1% e nel limite massimo di 50.000 euro annui per ciascuna azienda, riparametrato e applicato su base mensile, con decreto del Ministro del lavoro e delle politiche sociali (di concerto con il Ministro dell'economia e delle finanze e con il Ministro delegato per le pari opportunità) da adottare entro il 31 gennaio di ciascun anno.
Il suddetto beneficio può essere previsto anche per gli anni successivi al 2022, a condizione che sia previamente emanato apposito provvedimento legislativo che stanzi le occorrenti risorse finanziarie, anche sulla base dell'andamento del medesimo beneficio.
Alle aziende private che, alla data del 31 dicembre dell'anno precedente a quello di riferimento, siano in possesso della predetta certificazione della parità di genere, si riconosce, inoltre, un punteggio premiale per la valutazione, da parte di Autorità titolari di fondi europei nazionali e regionali, di proposte progettuali ai fini della concessione di aiuti di Stato a cofinanziamento degli investimenti sostenuti.

Nei bandi di gara le amministrazioni aggiudicatrici dovranno indicare i criteri premiali che intendono applicare nella valutazione delle offerte a favore delle aziende in possesso della certificazione.

Con la legge di bilancio per il 2022 (L. 234/2021) il legislatore ha incrementato di 50 milioni di euro, a decorrere dal 2023, la dotazione del **Fondo per il sostegno alla parità salariale di genere**. L'incremento è destinato anche alla copertura finanziaria di interventi a sostegno della partecipazione delle donne al mercato del lavoro, anche attraverso la definizione di procedure per *l'acquisizione di una certificazione della parità di genere a cui siano connessi benefici contributivi a favore del datore di lavoro*. È prevista inoltre l'adozione di un **Piano strategico nazionale per la parità di genere**, in coerenza con gli obiettivi della Strategia europea per la parità di genere 2020-2021 e la parallela istituzione di una Cabina di regia interistituzionale e di un Osservatorio nazionale per l'integrazione delle politiche per la parità di genere, attribuendo a quest'ultimo il compito di realizzare un sistema nazionale di certificazione della parità di genere (art. 1, co. 139-148, L. 234/2021).

2.6 Il PNRR e le misure incentivanti per l'occupazione femminile

L'art. 47 D.L. 31-5-2021, n. 77 (convertito dalla L. 108/2021, il cosiddetto *decreto PNRR1*), riporta alcune disposizioni funzionali all'inserimento al lavoro delle donne.
Si prevede, innanzitutto, che le aziende che occupano un numero pari o superiore a 15 dipendenti, qualora risultassero affidatarie dei **contratti di appalto relativi a opere che rientrano nel PNRR**, devono presentare alla stazione appaltante (entro 6 mesi dalla conclusione del contratto) una **relazione di genere** sulla situazione del personale maschile e femminile in ognuna delle professioni e in riferimento allo stato di assunzioni, della formazione, della promozione professionale, dei livelli, dei passaggi di categoria o di qualifica, di altri fenomeni di mobilità, dell'intervento della CIG, dei licenziamenti, dei prepensionamenti e pensionamenti, della retribuzione effettivamente corrisposta (comma 3).
Quale ulteriore misura agevolativa si prevede che le stazioni appaltanti introducano, nei bandi di gara, negli avvisi e negli inviti, **specifiche clausole dirette all'inserimento**, quali requisiti necessari e come ulteriori requisiti premiali dell'offerta, **di criteri orientati a promuovere la parità di genere e l'assunzione di donne**. È, inoltre, previsto, come requisito necessario dell'offerta, l'assunzione dell'obbligo di assicurare all'occupazione femminile, in caso di aggiudicazione del contratto, una quota pari almeno al 30% delle assunzioni necessarie per l'esecuzione del contratto o per la realizzazione di attività connesse e strumentali (comma 4).
L'art. 47, co. 2, D.L. 77/2021 introduce, infine, una nuova **causa di esclusione dalle gare**, applicabile a tutte le procedure avviate dopo l'entrata in vigore del citato decreto per gli investimenti pubblici finanziati, in tutto o in parte a valere sulle risorse del PNRR o del PNC. In particolare, gli operatori economici pubblici e privati che occupano oltre 50 dipendenti devono produrre copia dell'ultimo **rapporto sulla situazione del personale** che essi sono tenuti a redigere (art. 46 D.Lgs. 198/2006, Codice delle pari opportunità), con attestazione della sua conformità a quello eventualmente già trasmesso alle rappresentanze sindacali, aziendali e ai consiglieri regionali di parità.

Capitolo 3
Il collocamento mirato e gli incentivi a tutela della disabilità

3.1 Quadro normativo di riferimento

Diversi sono stati gli interventi normativi, settoriali, a tutela dei soggetti diversamente abili, finalizzati a garantirne in concreto l'eguaglianza e la parità di accesso all'impiego, privato e pubblico, rimuovendo, come prescritto dalla Carta costituzionale, ogni ostacolo di ordine economico e sociale che si frapponga (art. 3, co. 2), nel rispetto dei doveri inderogabili di solidarietà economica e sociale (art. 2), riconoscendone il diritto al lavoro (art. 4), anche nel settore pubblico (art. 97), all'educazione ed all'avviamento professionale (art. 38), compatibilmente con le relative patologie per fronteggiare le quali lo Stato ha il dovere di intervenire nell'ambito del più generale obbligo di tutela della salute di ogni cittadino (art. 32).
I menzionati principi, fondamentali ed inderogabili, costituiscono la genesi e, al contempo, la *ratio* dei diversi interventi del legislatore volti ad assistere il diversamente abile. Ciò ha trovato concreta attuazione in vari settori: nello svolgimento delle attività della vita quotidiana, con la L. 5-2-1992, n. 104 (*legge quadro per l'assistenza, l'integrazione sociale e i diritti delle persone handicappate*); nell'accesso alle forme di sviluppo sociale, con la L. 9-1-2004, n. 4 (*disposizioni per favorire l'accesso dei soggetti disabili agli strumenti informatici*); nell'accesso al sistema previdenziale, con la L. 12-6-1984, n. 222; nell'*inserimento nel mondo del lavoro*, tanto privato, quanto pubblico, con la L. 2-4-1968, n. 482, poi integralmente sostituita dalla L. 12-3-1999, n. 68.
Sin dall'introduzione delle misure a sostegno dell'occupazione dei diversamente abili, con il correlato obbligo di assunzione a carico dell'imprenditore e della Pubblica Amministrazione, numerose sono state le sentenze della Consulta, frequentemente chiamata a pronunciarsi in materia. La Corte costituzionale ha giudicato coerente il circuito privilegiato dell'inserimento lavorativo delle cosiddette **categorie protette** con la libertà economica e di impresa, atteso che sul datore di lavoro grava esclusivamente l'obbligo di riservare loro una minima aliquota dei posti in organico, in aderenza a quanto declamato agli artt. 38 e 41 della Costituzione (cfr. sent. 103/1957).
Tuttavia la composizione del contrasto si mostrava sbilanciata in favore dei disabili, atteso che la L. 482/1968 ne prevedeva l'avviamento numerico presso i datori di lavoro pubblici e privati (con più di 35 dipendenti) esclusivamente in base alla posizione detenuta nelle relative liste del cosiddetto collocamento obbligatorio, senza previamente verificare la rispondenza delle loro attitudini, capacità ed abilità professionali con il reale fabbisogno dell'impresa o dell'amministrazione, così da evidenziare, a lungo termine, la precarietà del rapporto, spesso risolto per incompatibili ragioni organizzative.
La necessità di venire incontro alle opposte esigenze produttive degli operatori economici ha indotto il legislatore a superare la logica meramente impositiva tramite l'orga-

nica rivisitazione della materia con la L. 68/1999 attualmente vigente, benché con le modifiche apportate dalla legislazione successiva.
Il quadro normativo è stato poi completato con il regolamento di esecuzione approvato con D.P.R. 10-10-2000, n. 333.
A distanza di 15 anni si è reso necessario un nuovo intervento organico di revisione della materia attuato con il D.Lgs. 151/2015 sulla scorta dei criteri direttivi di cui alla L. 183/2014 (*Jobs Act*), che invitava il legislatore alla *razionalizzazione e revisione delle procedure in materia di inserimento mirato delle persone con disabilità e degli altri soggetti aventi diritto al collocamento obbligatorio, avendo cura di valorizzarne le competenze e favorirne l'inclusione lavorativa*. Con la riforma del 2015, il legislatore si è così mosso nell'ottica di favorire l'incontro tra le esigenze organizzative del datore di lavoro e le abilità e le capacità della persona: al primo si è inteso offrire una più adeguata risposta ad esigenze organizzative e produttive, implicante anche forme di incentivazione che contribuiscano a far considerare la persona con disabilità come una effettiva risorsa; al lavoratore si è voluto assicurare l'opportunità di rafforzare e valorizzare le proprie competenze, utili alla definizione di un profilo personale e professionale realmente spendibile sul mercato del lavoro. In tale contesto di riforma si innesta l'innovazione apportata alle modalità di adempimento dell'obbligo di assunzione delle persone con disabilità, che ha posto la **richiesta nominativa quale regola generale per l'assunzione delle persone con disabilità da parte dei datori di lavoro privati**, superando il precedente quadro ordinamentale, nel quale la richiesta nominativa era riconosciuta solo entro determinati limiti (art. 6, co. 1, D.Lgs. 151/2015). Ciò non toglie che il datore di lavoro possa, comunque, richiedere l'avviamento numerico indicando la qualifica sulla base di quelle disponibili presso gli uffici competenti (in tal senso cfr. la Nota MPLPS 17-2 2016, n. 970). Viene, altresì, introdotta la possibilità di far precedere la richiesta nominativa dalla richiesta, da parte del datore di lavoro al servizio competente, della raccolta delle candidature sulla base delle qualifiche concordate, con il mantenimento in capo al datore di lavoro della facoltà di scelta all'interno della rosa di nomi proposti.
L'art. 1 D.Lgs. 151/2015 aveva previsto, entro 180 giorni dalla rispettiva entrata in vigore, l'adozione di apposite *Linee guida*, concepite come strumento di indirizzo e di coordinamento a livello nazionale per perseguire l'omogeneità nel comportamento dei territori, e volte:

- alla *promozione di una rete integrata* con i servizi sociali, sanitari, educativi e formativi del territorio;
- alla *promozione di accordi territoriali* con le organizzazioni sindacali dei lavoratori e dei datori di lavoro, le cooperative sociali, le associazioni delle persone con disabilità e i loro familiari, e le altre organizzazioni del Terzo Settore rilevanti;
- all'individuazione, nelle more della revisione delle procedure di accertamento della disabilità, *di modalità di valutazione bio-psico-sociale*; all'*analisi delle caratteristiche dei posti di lavoro*;
- alla promozione dell'istituzione di un *responsabile dell'inserimento lavorativo nei luoghi di lavoro*;
- all'*individuazione di buone pratiche* di inclusione lavorativa delle persone con disabilità.

La definizione delle **Linee guida in materia di collocamento mirato delle persone con disabilità è avvenuta con il D.M. 11-3-2022, n. 43.** Le *Linee guida* sono rivolte alle seguenti specifiche categorie:

- ai *giovani disabili non ancora in età da lavoro o ancora all'interno del percorso d'istruzione*;
- ai *soggetti che accedono per la prima volta alle liste del collocamento obbligatorio o vi sono iscritte da non oltre 24 mesi*;
- ai *disoccupati disabili da oltre 24 mesi*;
- a coloro che *rientrano nel mercato del lavoro dopo dimissioni, licenziamenti, periodi di malattia, infortunio sul lavoro, malattia professionale o riabilitazione.*

Entro 18 mesi dalla loro adozione, i servizi per l'impiego sono chiamati ad attuare una ricognizione sugli iscritti per verificare le anomale permanenze nelle liste del collocamento obbligatorio per le persone iscritte da oltre 24 mesi, identificando le cause prevalenti della loro perdurante condizione di disoccupazione e il numero di offerte di lavoro presentate loro nel medesimo periodo. Nelle *Linee guida*, considerata l'elevata variabilità di influenze e di cambiamenti legati sia a fattori interni alla persona sia esterni, relativi al contesto occupazionale, si raccomanda che il **profilo di occupabilità della persona con disabilità sia rivisto auspicabilmente ogni 6 mesi** o, nel caso si presentino rilevanti mutate condizioni personali, ambientali/relazionali e occupazionali, fino a un massimo di 12 mesi.

Il **PNRR riconosce il tema della disabilità** come una delle sue Priorità Trasversali, alla quale rivolgere interventi di riforma pienamente inclusivi. A tal fine prevede investimenti per un ammontare molto rilevante (500 milioni di euro entro il 2026) allo scopo di estendere su tutto il territorio nazionale i progetti *"Vita indipendente"* e *"Dopo di noi"*, volti ad assicurare idonee condizioni abitative, sociali e lavorative alle persone con disabilità. Anche nell'illustrazione del Programma GOL un'attenzione specifica è dedicata all'inserimento lavorativo delle persone con disabilità, quale programma nazionale di presa in carico, erogazione di servizi specifici e progettazione professionale personalizzata.

Nell'ottica di promuovere l'inclusione lavorativa delle persone disabili, vanno lette anche le misure previste dall'art. 47 D.L. 77/2021. La norma impone agli operatori economici che partecipino alle gare d'appalto PNRR (e che occupino un numero pari o superiore a 15 dipendenti) di consegnare, entro 6 mesi dalla conclusione del contratto e a pena di esclusione, alla stazione appaltante la **certificazione che attesti di essere in regola con le norme che disciplinano il diritto al lavoro dei disabili** (art. 17 L. 68/1999) e una relazione relativa all'assolvimento degli obblighi di cui alla medesima legge e alle eventuali sanzioni e provvedimenti disposti a loro carico nel triennio antecedente la data di scadenza di presentazione delle offerte. La relazione deve essere trasmessa alle rappresentanze sindacali aziendali. Le stazioni appaltanti devono poi introdurre, nei bandi di gara, negli avvisi e negli inviti, specifiche **clausole dirette all'inserimento, come requisiti necessari e come ulteriori requisiti premiali dell'offerta, di criteri orientati a promuovere l'inclusione lavorativa delle persone disabili**. Il contenuto delle clausole è determinato tenendo, tra l'altro, conto dei principi di libera concorrenza, proporzionalità e non discriminazione, nonché dell'oggetto del contratto, della tipologia e della natura del singolo progetto in relazione ai profili occupazionali richiesti, dei principi dell'Unione europea, degli indicatori degli obiettivi attesi in termini di tasso di occupazione delle persone disabili al 2026, anche in considerazione dei corrispondenti valori medi nonché dei corrispondenti indicatori medi settoriali europei in cui vengono svolti i progetti. È stabilito, quale requisito necessario dell'offerta, l'aver assolto, al momento della presentazione dell'offerta stessa, agli obblighi di cui alla L. 68/1999.

Fra le misure premiali è prevista l'assegnazione di un punteggio aggiuntivo all'offerente o al candidato che abbia, nell'ultimo triennio, rispettato gli obblighi di cui alla L. 68/1999.

3.2 Il collocamento mirato

3.2.1 I soggetti beneficiari

Come anticipato, l'assunzione dei disabili è disciplinata dalla L. 12-3-1999, n. 68 che, come esplicitamente affermato dall'art. 1, ha la finalità **di promuovere l'inserimento e l'integrazione lavorativa delle persone disabili nel mondo del lavoro attraverso servizi di sostegno e di collocamento mirato**; quest'ultimo è definito nel successivo art. 2 come l'insieme di "strumenti tecnici e di supporto che permettono di valutare adeguatamente le persone con disabilità nelle loro capacità lavorative e di inserirle nel posto adatto, attraverso analisi di posti di lavoro, forme di sostegno, azioni positive e soluzione dei problemi connessi con gli ambienti, gli strumenti e le relazioni interpersonali sui luoghi quotidiani di lavoro e di relazione". Lo scopo è quello di attribuire ai servizi per l'inserimento lavorativo la funzione di facilitare il raccordo tra le effettive capacità lavorative del disabile e le esigenze e necessità delle imprese.

Come chiarito nelle Linee Guida 11-3-2022, il **concetto di posto adatto** non deve essere inteso nell'accezione restrittiva di "posto disponibile" (*vacancy)*, in quanto si tratta non solo di inserire una persona con disabilità nel mondo del lavoro o di individuare un lavoratore per le imprese sottoposte all'obbligo di legge, ma di trovare altresì la **migliore corrispondenza tra il lavoratore o la lavoratrice con disabilità e le caratteristiche del posto di lavoro da ricoprire**, valorizzando il funzionamento della persona con disabilità e analizzando il posto di lavoro in ottica bio-psico-sociale.
Da una parte, dunque, l'attenzione, ai fini dell'individuazione del posto adatto, è rivolta all'intero percorso che la persona con disabilità deve seguire, accompagnata dal servizio di collocamento mirato (LEP M), in particolare con i LEP M5 (*Accompagnamento al lavoro*, che rimanda alle attività indicate nel LEP F1) e M6 (*Incrocio domanda/offerta*, che rimanda alle attività indicate nel LEP F3), dall'altra, si focalizza sui datori di lavoro e sui servizi volti a permettere loro di assolvere all'obbligo di assunzione delle persone con disabilità (LEP S).

Le principali **categorie di lavoratori disabili** coinvolti dal collocamento mirato sono (art. 1 L. 68/1999):

- **persone in età lavorativa affette da minorazioni fisiche, psichiche o sensoriali e portatori di handicap intellettivo**, che comportino una riduzione della capacità lavorativa superiore al 45%, accertata dalle competenti commissioni per il riconoscimento dell'invalidità civile;
- **persone invalide del lavoro** con un grado di invalidità superiore al 33%, accertata dall'Istituto nazionale per l'assicurazione contro gli infortuni sul lavoro e le malattie professionali (INAIL);
- **persone non vedenti o sordomute**. Sono considerati non vedenti coloro che sono colpiti da cecità assoluta o hanno un residuo visivo non superiore ad un decimo ad entrambi gli occhi, con eventuale correzione; sono, invece, considerati sordomuti coloro che sono colpiti da sordità dalla nascita o prima dell'apprendimento della lingua parlata;
- **persone invalide di guerra, invalide civili di guerra e invalide per servizio** con minorazioni ascritte dalla prima all'ottava categoria di cui alle tabelle annesse al testo unico delle norme in materia di pensioni di guerra (D.P.R. 915/1978).

Le condizioni di disabilità sono accertate attraverso apposita visita medica effettuata da **commissioni mediche** istituite presso le ASL.
I soggetti sono successivamente iscritti in **liste speciali**, elenchi pubblici formati secondo una graduatoria unica che raggruppa tutte le disabilità. L'iscrizione è uno dei presupposti per l'inserimento lavorativo.
I criteri che concorrono alla formazione della graduatoria sono l'anzianità di iscrizione negli elenchi del collocamento obbligatorio, la condizione economica, il carico familiare e le difficoltà di locomozione nel territorio. Compete alle Regioni individuare elementi aggiuntivi in base alle esigenze territoriali.

3.2.2 L'attività del Comitato tecnico e dei Centri per l'Impiego (CPI)

Le **persone con disabilità sono iscritte in relazione alle loro capacità lavorative**. Per ogni persona l'ufficio competente (e nello specifico un Comitato tecnico composto da funzionari dei servizi medesimi e da esperti del settore sociale e medico-legale, con particolare riferimento alla materia della disabilita) redige una scheda che descrive le capacità lavorative, le abilità, le competenze e le inclinazioni, nonché la natura ed il grado della minorazione, analizzando i possibili posti da assegnare al fine di favorire l'incontro tra domanda ed offerta di lavoro.
La scheda compilata dal Comitato tecnico dovrà contenere l'esito della valutazione in ottica bio-psico-sociale. La circolare MLPS 34/2015 esplicita che la scheda redatta dal comitato tecnico è uno degli elementi fondanti l'individuazione del profilo personale di occupabilità. Nell'ambito del collocamento mirato, l'azione del Comitato tecnico risulta, invero, necessaria non solamente all'atto dell'avviamento, ma anche nel supporto all'azione degli uffici del collocamento mirato in tutti quei casi in cui sussista l'esigenza di adottare delle decisioni dove il contributo di altre competenze professionali è fondamentale per il raggiungimento degli obiettivi di promozione di positivi inserimenti lavorativi. Il Comitato tecnico rappresenta, come riferiscono le succitate *Linee guida*, **un organismo di rete in cui collaborano la componente sociale, la componente sanitaria e la componente lavorativa** (INPS e, all'occorrenza, INAIL), in quanto finalizzato alla definizione di una serie di percorsi per favorire l'inserimento lavorativo delle persone con disabilità. Nello specifico, i Comitati tecnici sono configurati come regionali, territoriali e organizzati in sezioni provinciali. In particolare i Comitati tecnici regionali, alla luce del loro ruolo di indirizzo e coordinamento tra i diversi organi previsti nel collocamento mirato, esprimono in alcuni casi anche pareri sulle diverse tipologie di convenzione come, ad esempio, le *convenzioni di integrazione lavorativa e di inserimento lavorativo temporaneo*.

Un ruolo decisivo è stato riconosciuto all'integrazione del sistema informativo, con la raccolta sistematica dei dati disponibili nel collocamento mirato, nonché dei dati relativi alle buone pratiche di inclusione lavorativa delle persone con disabilità e agli ausili ed adattamenti sui luoghi di lavoro. A tal proposito, il D.Lgs. 151/2015, al fine di razionalizzare la raccolta dei dati, di semplificare gli adempimenti, nonché di monitorare gli interventi, ha previsto, all'interno della Banca dati politiche attive e passive, la creazione di una specifica sezione denominata **Banca dati del collocamento mirato**, per raccogliere le informazioni relative ai datori di lavoro pubblici e privati soggetti all'obbligo assunzionale e ai lavoratori interessati. Nella Banca dati, disciplinata con D.M. 29-12-2021, confluiscono le *informazioni trasmesse dai datori di lavoro* relative ai prospetti informativi di cui all'art. 9 L. 68/1999 e le *informazioni relative agli "accomodamenti ragionevoli"* *adottati*, le *informazioni comunicate dagli uffici competenti* relative alle sospensioni dagli obblighi occupazionali, agli esoneri parziali autorizzati, alle convenzioni (artt. 11, 12 e 12-*bis* L. 68/1999 e art. 14 D.Lgs. 276/2003), nonché le *informazioni relative ai soggetti iscritti negli elenchi del collocamento obbligatorio*, le *schede previste e gli avviamenti effettuati*. La Banca dati è alimentata anche dall'INPS, con riferimento alle informazioni relative agli *incentivi di cui il datore di lavoro beneficia* (art. 13 D.Lgs. 151/2015), e dall'INAIL, con riferimento alle *informazioni relative agli interventi in materia di reinserimento e di integrazione lavorativa delle persone con disabilità da lavoro*, nonché dalle Regioni e le Province autonome, con riferimento ai dati relativi agli incentivi e alle agevolazioni in materia di collocamento delle persone con disabilità, erogate sulla base di disposizioni regionali, anche ai sensi dell'art. 14 L. 68/1999.

Nelle Linee guida (D.M. 43/2022) viene specificato come i CPI devono organizzare la **formazione per gli operatori del collocamento mirato**, anche al fine di potenziare le competenze specifiche relative all'analisi delle caratteristiche dei posti lavoro.
Il **colloquio individuale deve essere garantito indistintamente a tutti** i partecipanti e nel corso del colloquio possono essere approfonditi alcuni aspetti relativi alla condizione personale e professionale dell'utente, così da supportarlo nella comprensione del proprio bisogno.
Sulla base della scheda e, in generale, delle informazioni contenute nel fascicolo personale, deve essere stipulato il **Patto di servizio tra il servizio del collocamento mirato e la persona con disabilità**, prevedendo in tal sede anche l'indicazione del responsabile dell'attività. Il Patto di servizio è un accordo tra le parti (servizio del collocamento mirato e persona con disabilità iscritta nelle relative liste) in base al quale ognuno deve **rispettare precisi impegni al fine di facilitare l'inserimento lavorativo**.
Il Patto prevede un percorso di attivazione che sia adeguato alle caratteristiche personali ed è redatto nel rispetto e nella considerazione delle condizioni della persona con disabilità, in particolare sulla base della valutazione dell'occupabilità, che tiene conto anche eventualmente della profilazione qualitativa approfondita a seguito della rilevazione dell'esigenza di maggiore sostegno, e delle indicazioni del comitato tecnico. Per la stipula del Patto e la definizione dei contenuti, la circolare del MLPS n. 34/2015 riporta che, rispetto all'individuazione "della definizione degli atti di ricerca attiva e delle tempistiche, della frequenza ordinaria di contatti con il responsabile, dell'accettazione di congrue offerte di lavoro, si dovrà tener conto di quanto annotato nella scheda dal Comitato tecnico in merito alle capacità lavorative, alle abilità, alle competenze e alle inclinazioni, nonché alla natura e al grado della disabilità."
Il **progetto personalizzato**, definito a seguito della valutazione multidimensionale, individua i **sostegni di cui la persona con disabilità grave necessita**, a partire dalle prestazioni sanitarie, sociali e sociosanitarie in funzione del miglioramento della qualità di vita. Il progetto personalizzato contiene il *budget di progetto*, quale insieme di tutte le risorse umane, economiche, strumentali da poter utilizzare in maniera flessibile, dinamica ed integrata. Per la definizione del progetto, viene coinvolta la persona con disabilità e si tiene conto dei suoi desideri, aspettative e preferenze. Laddove la persona con disabilità grave non sia nella condizione di esprimere pienamente la sua volontà, è sostenuta dai suoi genitori o da chi ne tutela gli interessi. Il progetto personalizzato individua una figura di riferimento (*case manager*) che ne curi la realizzazione e il monitoraggio, attraverso il coordinamento e l'attività di impulso verso i vari soggetti responsabili della realizzazione dello stesso. Lo strumento del progetto personalizzato e il ricorso alla valutazione multidimensionale sono contemplati anche nella misura del

Reddito di cittadinanza (*vedi infra*). Rispetto alla valutazione multidimensionale, riveste un ruolo rilevante l'*équipe multidisciplinare* che coinvolge in modo costante il centro per l'impiego, i servizi sociali e i servizi sanitari, e l'individuazione di un *case manager* per la realizzazione del progetto personalizzato.

3.2.3 Le quote di riserva

I datori di lavoro, pubblici e privati, hanno l'**obbligo di impiegare una certa quota di lavoratori disabili** (**quote di riserva**) così stabilita (art. 3 L. 68/1999):
- per i datori di lavoro che occupano più di 50 dipendenti, il 7% della forza lavoro deve essere costituita da disabili;
- per i datori di lavoro che occupano da 36 a 50 dipendenti, almeno 2 disabili;
- per i datori di lavoro che occupano da 15 a 35 dipendenti, almeno un disabile.

I datori di lavoro che occupano meno di 15 dipendenti sono esentati dal collocamento obbligatorio.
L'art. 4 L. 68/1999 prevede che i **lavoratori, già disabili prima della costituzione del rapporto di lavoro**, siano computati nella quota di riserva anche se non assunti tramite il collocamento obbligatorio, ma solo nel caso in cui abbiano una riduzione della capacità lavorativa pari o superiore al 60% o con disabilità intellettiva e psichica con riduzione della capacità lavorativa al 45%.

Per i *partiti politici, le organizzazioni sindacali e le organizzazioni che, senza scopo di lucro, operano nel campo della solidarietà sociale, dell'assistenza e della riabilitazione*, la quota di riserva si computa esclusivamente con riferimento al personale tecnico-esecutivo e svolgente funzioni amministrative. Per i *servizi di polizia, della protezione civile*, il collocamento dei disabili è previsto nei soli servizi amministrativi.
Disposizioni specifiche sono previste dalla L. 29-3-1985, n. 113 (come modificata dal D.L. 21/2022, convertito dalla L. 51/2022). È previsto che, anche in deroga a disposizioni che limitino le assunzioni, i datori di lavoro pubblici sono obblighi ad assumere, per ogni ufficio, sede o stabilimento dotati di **centralino telefonico**, un soggetto privo della vista iscritto nell'apposito elenco di cui di cui all'art. 6 L. 113/1985. Analogo obbligo è previsto per i datori di lavoro privati per ogni centralino telefonico con almeno 5 linee urbane.
Qualora il centralino telefonico, in funzione presso datori di lavoro pubblici o privati, abbia più di un posto di lavoro, il 51% dei posti è riservato ai centralinisti telefonici, e operatori della comunicazione con qualifiche equipollenti, minorati della vista. Con provvedimenti del Presidente del Consiglio dei Ministri vengono individuati i servizi dei datori di lavoro pubblici ai cui centralini telefonici i privi della vista non possono essere adibiti ovvero possono esserlo in misura inferiore a quella sopra indicata.
I lavoratori assunti in adempienza all'obbligo predetto sono computati nella quota di riserva di assunzioni obbligatorie.

3.2.4 Modalità di calcolo delle quote di riserva

Agli effetti della determinazione del numero di soggetti disabili da assumere **sono da considerare nella base di computo**, di norma, tutti i lavoratori assunti con contratto di lavoro subordinato (art. 4, co. 1, L. 68/1999).
Sono, invece, **esclusi dalla base di calcolo** i dipendenti occupati ai sensi della medesima legge sul collocamento obbligatorio, i lavoratori con contratto a tempo determinato di durata fino a 6 mesi, i soci di cooperative di produzione e lavoro, i dirigenti, i

soggetti assunti, per il settore del lavoro pubblico, con contratto di formazione e lavoro (per il settore privato la legge fa riferimento al contratto di inserimento, ora abrogato dalla L. 92/2012), gli occupati con contratto di somministrazione presso l'utilizzatore, gli assunti per attività da svolgersi all'estero per la durata di tale attività, i lavoratori impegnati in lavori socialmente utili, il personale che lavora a domicilio e quelli che aderiscono ad un programma di emersione. Possono essere previste ulteriori esclusioni dalle discipline di settore.

I dipendenti in regime di part-time sono computati per la quota di orario effettivamente svolto, tenendo conto che il computo delle unità lavorative fa riferimento all'orario previsto dalla contrattazione collettiva del settore (art. 4, co. 1, L. 68/1999).

I casi di esclusione contemplati dalla L. 68/1999, avendo carattere tassativo, non sono suscettibili di interpretazione analogica o estensiva. Tale tassatività è stata sancita dalla Corte di Cassazione (sent. 4-2-2016, n. 2210), la quale ha affermato che, in materia di determinazione della quota di riserva ai fini delle assunzioni obbligatorie, le disposizioni della L. 68/1999, in quanto *lex specialis* "avente ad oggetto la protezione dell'inserimento e dell'integrazione lavorativa delle persone disabili nel mondo del lavoro", prevalgono su quelle di carattere generale.

Richiamando tale orientamento il Ministero del lavoro, con interpello 3/2021, ha chiarito **che i lavoratori agili (in *smart working*) non possono essere esclusi dal computo per la determinazione della quota di riserva**; diversamente risulterebbe di fatto pregiudicata in modo significativo la logica inclusiva della normativa speciale sulle assunzioni obbligatorie.

Si evidenzia, infine, che l'inserimento "a pieno titolo" dei lavoratori agili nell'organico aziendale appare suffragato da una ricostruzione sistematica della normativa vigente sui criteri di computo dell'organico aziendale in ambiti applicativi diversi da quello delle assunzioni obbligatorie, come ad esempio in materia di integrazione salariale (cfr. art. 20 D.Lgs. 148/2015 per l'erogazione del trattamento CIGS), che non escludono espressamente tale categoria di lavoratori ai fini della determinazione dei limiti numerici.

3.2.5 Compensazioni territoriali

Disposizioni specifiche sono previste dall'art. 5, co. 8, L. 68/1999 per i **datori di lavoro privati** che occupano personale in diverse unità produttive e per le imprese che sono parte di un gruppo. Dopo aver ribadito che **gli obblighi sul collocamento obbligatorio devono essere rispettati a livello nazionale**, la norma introduce la facoltà di operare eventuali compensazioni tra unità produttive o imprese appartenenti ad un gruppo. Il datore di lavoro unico può assumere un numero di lavoratori aventi diritto al collocamento mirato superiore a quello prescritto, portando in via automatica le eccedenze a compenso del minor numero di lavoratori assunti in altre unità produttive o in altre imprese del gruppo aventi sede in Italia.

I datori di lavoro privati che si avvalgono di tale facoltà devono trasmettere in via telematica, a ciascuno dei servizi competenti cui fanno capo le unità produttive o le imprese del gruppo, il prospetto (art. 9, co. 6, L. 68/1999) dal quale risulta l'adempimento dell'obbligo a livello nazionale.

Per i **datori di lavoro pubblici**, invece, gli **obblighi devono essere rispettati su base regionale** (art. 5, co. 8-*ter*, L. 68/1999), dovendo portare le eventuali ecceden-

ze a compensazione per i lavoratori assunti in altre unità produttive della medesima Regione.
Non è possibile fare richiesta di compensazione territoriale contestualmente alla richiesta di esonero parziale.

3.2.6 Sospensioni, esclusioni ed esoneri

La **sospensione temporanea** degli obblighi in materia di collocamento obbligatorio è concessa dai servizi competenti alle **imprese che stiano attraversando un periodo di crisi aziendale ed occupazionale** ovvero stiano facendo ricorso alla CIGS, anche in deroga, o a contratti di solidarietà difensivi.
Qualora l'istanza di sospensione riguardi imprese con unità produttive ubicate in più Province, essa va inviata al servizio competente per la Provincia dove è ubicata la sede legale, che provvede ad istruire la pratica e darne comunicazione ai servizi competenti delle altre Province interessate (art. 3, co. 5, L. 68/1999).
La legge prevede anche diverse **ipotesi di esclusione e di esonero parziale** dall'obbligo di assunzione di persone disabili, dettagliatamente elencate nell'articolo 5.
I casi di **esclusione** (art. 5, co. 2, L. 68/1999), che dispensano dall'obbligo di rispettare le quote di riserva, sono applicabili:

- ai *datori di lavoro pubblici e privati che operano nel settore del trasporto aereo, marittimo e terrestre*, per quanto concerne il solo personale viaggiante e navigante;
- ai *datori di lavoro del settore edile per quanto concerne il personale di cantiere e gli addetti al trasporto* del settore, indipendentemente dall'inquadramento previdenziale dei lavoratori. La legge specifica che è considerato personale di cantiere anche quello direttamente operante nei montaggi industriali o impiantistici e nelle relative opere di manutenzione svolte in cantiere;
- ai *datori di lavoro pubblici e privati del solo settore degli impianti a fune*, in relazione al personale direttamente adibito alle aree operative di esercizio e regolarità dell'attività di trasporto;
- *ai datori di lavoro pubblici e privati che operano nel settore dell'autotrasporto*, per quanto concerne il personale viaggiante.

Rientrano, invece, tra i casi di **esonero parziale** (art. 5, co. 3 e 3-*bis*, L. 68/1999):

- i datori di lavoro privati e gli enti pubblici economici che, per le *speciali condizioni della loro attività*, non possono occupare l'intera percentuale dei disabili. Tali soggetti possono, *a domanda*, essere parzialmente esonerati dall'obbligo dell'assunzione. La richiesta può essere presentata anche qualora non sia possibile, dopo aver esperito tutte le procedure previste dalla normativa, effettuare l'avviamento al lavoro per causa non imputabile al datore di lavoro (art. 7, co. 8, D.P.R. 333/2000);
- i datori di lavoro privati e gli enti pubblici economici che occupano *addetti impegnati in lavorazioni che comportano il pagamento di un tasso di premio ai fini INAIL pari o superiore al 60 per mille*; a differenza della precedente ipotesi, in questo caso possono *autocertificare* l'esonero per quanto concerne i medesimi addetti.

In entrambi i casi i datori di lavoro sono tenuti a versare al Fondo per il diritto al lavoro dei disabili un **contributo esonerativo** pari a 39,21 (D.M. 193/2021) euro per ogni giorno lavorativo per ciascun lavoratore con disabilità non occupato.
L'esonero è indicato dalla legge come un istituto "parziale", per cui non è applicabile ai datori di lavoro obbligati all'assunzione di una sola persona disabile (quelli con un

numero di dipendenti compreso tra 15 e 35); in questo caso, infatti, l'esonero si configurerebbe come un'esenzione totale (nota del Ministero del Lavoro 23-4-2001).

Per quanto riguarda le procedure (disciplinate dal D.M. 357/2000), la domanda deve essere presentata al Servizio provinciale per l'impiego competente per territorio in cui ha sede l'impresa e deve essere adeguatamente motivata, con riferimento alle speciali condizioni di lavoro in azienda, alla particolare faticosità o pericolosità delle lavorazioni, alle particolari modalità di svolgimento dell'attività lavorativa e al numero di dipendenti per ciascuna unità produttiva per la quale si chiede l'esonero.
L'obbligo di versamento del contributo esonerativo decorre dalla data della domanda e, in attesa del provvedimento di esonero, il Servizio per l'impiego autorizza la sospensione dell'obbligo di assunzione in misura pari a quella richiesta e comunque non superiore al 60%. La percentuale può essere aumentata fino all'80% per i datori di lavoro operanti nel settore della sicurezza e della vigilanza e nel settore del trasporto privato, a seconda della rilevanza delle caratteristiche dell'attività aziendale.

3.2.7 Gli accomodamenti ragionevoli

L'art. 3, co. 3-*bis*, D.Lgs. 216/2003 (aggiunto dal D.L. 76/2013), dispone che, al fine di garantire il rispetto del principio della parità di trattamento delle persone con disabilità, i **datori di lavoro pubblici e privati sono tenuti ad adottare accomodamenti ragionevoli** nei luoghi di lavoro, per garantire alle persone con disabilità la piena eguaglianza con gli altri lavoratori. La Convenzione ONU sui diritti delle persone con disabilità, riconoscendo che la disabilità è il risultato "dell'interazione tra persone con minorazioni e barriere comportamentali e ambientali", all'art. 2 definisce l'accomodamento ragionevole come "*le modifiche e gli adattamenti necessari ed appropriati che non impongano un carico sproporzionato o eccessivo, ove ve ne sia necessità in casi particolari, per assicurare alle persone con disabilità il godimento e l'esercizio, su base di eguaglianza con gli altri, di tutti i diritti umani e libertà fondamentali*". Quella degli accomodamenti ragionevoli è una nozione a contenuto variabile. Come esemplificato dal preambolo della direttiva 2000/78/CE, gli accomodamenti includono sia la modifica dell'ambiente fisico e/o degli strumenti di lavoro sia modifiche del processo operativo, dell'orario di lavoro o dell'organizzazione lavorativa.
Gli **accomodamenti ragionevoli** possono, dunque, consistere, sulla base delle elaborazioni giurisprudenziali esaminate nelle *Linee guida 11-3-2022* (da implementarsi col tempo e destinate, successivamente, ad essere riportate nella Piattaforma sulle buone prassi):

- misure efficaci e pratiche destinate a sistemare il luogo di lavoro in funzione della disabilità (ad esempio sistemando i locali, o adattando le attrezzature, i ritmi di lavoro, la ripartizione dei compiti o fornendo mezzi di inquadramento);
- soluzioni tecniche o tecnologiche, inclusi software specifici come *screen-readers* o software di riconoscimento vocale, ma anche soluzioni *low-tech* come scrivanie rialzabili, pedane elevatrici necessarie per ridurre i movimenti della colonna vertebrale, altri mezzi che riducano l'intensità degli sforzi fisici e in generale ogni tecnologia assistiva;
- soluzioni ambientali volte a destinare al lavoratore un ufficio diverso da quello originariamente predisposto, localizzato in una specifica area della sede dell'impresa (ad esempio vicino ad una toilette accessibile, al piano terra, oppure un ufficio più grande per permettere la mobilità di una sedia a rotelle);

- strisce luminose nelle vetrate e/o di strisce antiscivolo nei gradini di marmo, l'applicazione degli aspetti ergonomici della postazione, degli strumenti, degli aspetti psichico sociali;
- modifica dell'orario di lavoro o della distribuzione delle mansioni;
- politiche formative a sostegno di una maggiore correlazione tra abilità dell'individuo e mansioni;
- soluzioni organizzative quali il lavoro a tempo parziale e altre riduzioni dell'orario lavorativo, riorganizzazione dei turni, l'applicazione del telelavoro, del lavoro agile e permessi volti ad assicurare lo svolgimento di attività riabilitative, congedi estesi o supplementari;
- assistenza sul posto di lavoro (che si può configurare quale presenza di un assistente di lavoro specializzato o *job coach* che prepara il dipendente per i loro compiti quotidiani).

3.3 Le procedure di assunzione

3.3.1 Disciplina generale

L'art. 7 L. 68/1999 definisce le modalità delle assunzioni obbligatorie per i datori di lavoro pubblici e privati, mentre l'art. 16 della stessa legge disciplina l'assunzione mediante concorso pubblico.
Le modalità di assunzione dei soggetti con disabilità da parte di datori di lavoro pubblici e privati sono:

- la **chiamata nominativa** dalle liste dei Centri per l'impiego, con la specifica indicazione da parte del datore di lavoro di un nominativo che intende assumere, ovviamente iscritto nelle specifiche liste. È una procedura utilizzabile solo dai privati e dagli enti pubblici economici, non dalla pubblica amministrazione (salvo specifiche eccezioni);
- la **chiamata numerica** (mediante avviamento) ai Centri per l'impiego. Nel settore pubblico è utilizzata per le categorie ed i profili per cui è richiesto solo il requisito della scuola dell'obbligo;
- il **concorso (con riserva di posti)**, per qualifiche diverse da quelle prima menzionate (art. 16 L. 68/1999). È una procedura utilizzata solo per il settore pubblico;
- la **stipula di apposite convenzioni e convenzioni di integrazione lavorativa** con i datori di lavoro (art. 11 L. 68/1999).

Per l'inadempienza dell'obbligo di cui all'art. 9 L. 68/1999 in materia di richiesta di avviamento al lavoro, si applica a carico dei datori di lavoro privati e degli enti pubblici economici la sanzione amministrativa del pagamento di una somma di 702,43 euro con riferimento al ritardato invio del prospetto, maggiorata di 34,02 euro per ogni giorno di ulteriore ritardo. Nel caso di ritardata o mancata assunzione della persona con disabilità trova applicazione altresì **l'istituto della diffida ad adempiere** di cui all'art. 13 D.Lgs. 124/2004, con la quale l'amministrazione intima al datore di lavoro la regolarizzazione delle inosservanze "comunque sanabili", fissando un termine perentorio entro cui adempiere alle prescrizioni impartite. Più nel dettaglio, nel caso in cui la scopertura sia ascrivibile, per ragioni imputabili al datore di lavoro, alla mancata presentazione della richiesta di assunzione o di una richiesta di convenzione entro il termine di 60 giorni previsto dall'art. 7 L. 68/1999, la diffida dovrà avere ad oggetto l'effettuazione dell'adempimento omesso, ossia la presentazione, sia pure tardiva, della richiesta di assunzione numerica, ovvero la stipula del contratto di lavoro.

3.3.2 L'assunzione mediante chiamata nominativa

Nell'intento di promuovere l'incontro tra domanda e offerta di lavoro, l'art. 7, co. 1, L. 68/1999, nel testo modificato dal D.Lgs. 151/2015, prevede che i datori di lavoro privati e gli enti pubblici economici possano **assumere lavoratori con disabilità attraverso chiamata nominativa** (ovvero l'azienda individua autonomamente la persona da inserire, ovviamente tra quelle iscritte nelle specifiche liste).
È possibile, e dunque non obbligatorio, far precedere l'assunzione dalla richiesta al servizio competente della raccolta delle candidature sulla base delle qualifiche concordate, ma con il mantenimento in capo al datore di lavoro della facoltà di scelta all'interno della rosa dei nomi proposti.
Fino all'entrata in vigore della riforma legislativa l'assunzione avveniva solo parzialmente tramite chiamata nominativa, mentre una parte degli avviamenti era affidata ai servizi competenti. Quest'ultima ipotesi è ora residuale, applicabile solo nel caso di mancata assunzione da parte del datore di lavoro entro i 60 giorni imposti dalla legge (art. 9, co. 1, L. 68/1999). In questo caso sono gli uffici competenti che avviano i lavoratori secondo l'ordine di graduatoria per la qualifica richiesta o altra specificamente concordata con il datore di lavoro sulla base delle qualifiche disponibili. Gli uffici possono procedere anche previa chiamata con avviso pubblico e con graduatoria limitata a coloro che aderiscono alla specifica occasione di lavoro.

Nelle Linee guida 11-3-2022 si precisa che molte informazioni sulle assunzioni con richiesta nominativa non transitano attraverso i servizi, pertanto, *si ritiene opportuno recuperare le informazioni dai nulla osta*. Il **nulla osta di avviamento al lavoro** è un provvedimento rilasciato dal servizio competente che ha lo scopo di riconoscere preventivamente l'assunzione che ne segue, in assolvimento della quota d'obbligo per il datore di lavoro prevista dalla L. 68/1999. Il rilascio del nulla osta rappresenta, nel caso delle assunzioni tramite richiesta nominativa, l'opportunità di verificare l'avvenuta adozione, da parte del datore di lavoro, degli interventi utili a conciliare le caratteristiche della persona con il posto di lavoro previsto in azienda. Al riguardo, diverse amministrazioni regionali hanno disciplinato tale richiesta con apposito provvedimento, altre Regioni hanno indicato la modulistica necessaria da inviare al CPI di competenza mentre alcuni servizi hanno previsto che sia compito del comitato tecnico adoperarsi con le opportune valutazioni per il rilascio dell'autorizzazione. Al fine di agevolare l'iter amministrativo, i servizi per il collocamento mirato dovranno prevedere l'adozione dell'intera procedura mediante sistemi informativi e modulistica on line, garantendo l'archiviazione delle informazioni anche a fini statistici.

3.3.3 L'assunzione mediante avviamento al lavoro

L'assunzione mediante avviamento avviene attraverso chiamata numerica degli iscritti nelle liste di collocamento, quindi **senza l'indicazione di un nominativo specifico**, previa verifica della compatibilità dell'invalidità dell'interessato con le mansioni da svolgere. Spetta all'ufficio competente (il Centro per l'impiego) indicare i nominativi dei soggetti idonei.
La richiesta di avviamento deve essere effettuata entro 60 giorni a decorrere dal giorno successivo a quello in cui insorge l'obbligo di assunzione e si intende presentata anche attraverso l'invio agli uffici competenti del prospetto informativo dal quale risultino tutte le informazioni utili a verificare l'applicazione della legge sul collocamento mirato (art. 9, co. 6, L. 68/1999). L'obbligo dell'invio del prospetto deve essere assolto entro il

31 gennaio di ogni anno. Se l'esigenza di ricoprire la quota d'obbligo sopravviene successivamente a tale data, la richiesta di avviamento va effettuata nei successivi 60 giorni.
I CPI avviano i soggetti aventi titolo all'assunzione obbligatoria alla prova tendente ad accertare l'idoneità a svolgere le mansioni, secondo l'ordine di graduatoria di ciascuna categoria, in misura pari ai posti da ricoprire.

3.3.4 L'assunzione mediante concorso con riserva

Nei bandi per le assunzioni relative alle qualifiche per cui è richiesto un titolo di studio superiore alla scuola dell'obbligo i lavoratori disabili hanno **diritto alla riserva dei posti nei limiti della quota d'obbligo e fino al 50% dei posti** messi a concorso. (art. 7, co. 2, L. 68/1999). La riserva può essere prevista solo dalle amministrazioni che non hanno coperto la quota d'obbligo e nei limiti di completamento della stessa; per poter configurare un obbligo di assunzione della persona con disabilità disoccupato, quindi, è necessario che la quota di riserva non sia già esaurita.
Non si computano nella riserva dei posti prevista nel concorso gli appartenenti alle categorie delle persone con disabilità vincitori della procedura concorsuale.

3.3.5 L'assunzione con stipula di convenzioni

Le convenzioni ordinarie
In base a quanto previsto dall'art. 7 L. 68/1999, un'ulteriore modalità di assunzione volta a realizzare l'obiettivo del collocamento obbligatorio è quella che prevede la stipula di convenzioni tra i competenti uffici e i datori di lavoro, disciplinate dagli articoli 11 e seguenti L. 68/1999.
Si tratta di accordi che prevedono una pianificazione a lungo termine delle assunzioni che un'azienda dovrà effettuare al fine di ottemperare all'obbligo previsto dalla legge sul collocamento mirato e nei quali sono stabiliti i tempi e le modalità delle assunzioni.
Rispetto alle ordinarie procedure di assunzione, il **vantaggio della convenzione è quello di poter includere degli elementi aggiuntivi** (art. 11, co. 2, L. 68/1999) come la facoltà di scelta nominativa, la previsione dello svolgimento di tirocini con finalità formative o di orientamento, la possibilità di assunzione con contratto di lavoro a termine e lo svolgimento di periodi di prova più ampi rispetto a quelli previsti dal contratto collettivo (purché l'esito negativo della prova, qualora sia riferibile alla menomazione da cui è affetto il soggetto, non costituisca motivo di risoluzione del rapporto di lavoro).
In realtà l'articolo 11 della L. 68/1999 prevede diverse tipologie di convenzioni:

- le **convenzioni ordinarie, anche dette "di programma"**, che hanno ad oggetto la determinazione di un programma mirante al conseguimento degli obiettivi occupazionali previsti dalla legge (art. 11, co. 1 e 2);
- le **convenzioni d'integrazione lavorativa** che sono destinate all'avviamento delle persone con disabilità che presentano particolari caratteristiche e difficoltà di inserimento nel ciclo lavorativo ordinario (art. 11, co. 4 e 7). Accanto agli elementi già previsti per la prima tipologia, queste convenzioni devono indicare anche le mansioni attribuite al lavoratore disabile e le modalità del loro svolgimento, devono prevedere forme di sostegno, di consulenza e di tutoraggio da parte degli appositi servizi regionali o dei centri di orientamento professionale e degli organismi previsti dall'art. 18 L. 104/1992 al fine di favorire l'adattamento al lavoro del disabile e prevedere veri-

fiche periodiche da parte degli enti pubblici incaricati delle attività di sorveglianza e controllo sull'andamento del percorso formativo;

- le **convenzioni di "inserimento mirato"** finalizzate a sostenere l'iniziativa di quei soggetti pubblici e privati che possono contribuire ad attuare l'inserimento delle persone con disabilità nel mondo del lavoro come le cooperative sociali, i consorzi di cooperative sociali, le organizzazioni di volontariato e in genere con tutte le strutture che svolgono attività idonee a favorire l'inserimento e l'integrazione lavorativa di persone disabili (art. 11, comma 5).

L'art. 11, co. 3, L. 68/1999 prevede che la convenzione possa essere stipulata anche con datori di lavoro che non sono obbligati all'assunzione di persone con disabilità. È da ricordare anche che l'art. 22, co. 5, lett. *c*), L. 183/2011 prevede che, fra le modalità di assunzioni che possono costituire oggetto delle convenzioni e delle convenzioni di integrazione lavorativa, sono incluse le assunzioni con contratto di telelavoro.

Le convenzioni di inserimento lavorativo

Disposizioni particolari sono previste dagli articoli 12 e 12-*bis* L. 68/1999 laddove sono disciplinate le **convenzioni di inserimento temporaneo del disabile**. Rispetto a quelle prima citate in queste ipotesi si instaura un *rapporto trilaterale* tra il servizio per il lavoro competente, il datore di lavoro tenuto agli obblighi di assunzione di disabili (**soggetto conferente**) e una terza entità (**soggetto ospitante**) che può essere una cooperativa sociale, un'impresa sociale, un disabile libero professionista (anche se operante come ditta individuale) oppure un datore di lavoro privato non soggetto all'obbligo di riserva.

Nella convenzione disciplinata dall'art. 12 L. 68/1999 **(convenzione di inserimento lavorativo temporaneo con finalità formative)** è prevista l'immediata assunzione del disabile da parte del datore di lavoro obbligato che, però, può inviarlo presso un soggetto ospitante a cui conferisce commesse di lavoro.

Tali convenzioni non sono ripetibili per lo stesso soggetto (salvo eccezioni), non possono riguardare più di un lavoratore disabile (se il datore di lavoro occupa meno di 50 dipendenti) ovvero più del 30% dei lavoratori disabili da assumere se il datore di lavoro occupa più di 50 dipendenti.

La convenzione è subordinata alla sussistenza dei seguenti **requisiti**:

- contestuale assunzione a tempo indeterminato del disabile da parte del datore di lavoro;
- immediata computabilità ai fini dell'adempimento dell'obbligo delle quote di riserva;
- impiego del disabile presso i soggetti ospitanti con oneri retributivi, previdenziali e assistenziali a carico di questi ultimi, per tutta la durata della convenzione, che non può eccedere i 12 mesi, prorogabili di ulteriori 12 mesi da parte degli uffici competenti;
- indicazione nella convenzione dell'ammontare delle commesse che il datore di lavoro si impegna ad affidare ai soggetti ospitanti (che non deve essere inferiore a quello che consente a questi ultimi di applicare la parte normativa e retributiva dei CCNL, ivi compresi gli oneri previdenziali e assistenziali, e di svolgere le funzioni finalizzate all'inserimento lavorativo dei disabili), i nominativi dei soggetti da inserire e la descrizione del piano personalizzato di inserimento lavorativo.

Caratteristiche simili presentano anche le convenzioni disciplinate dal successivo art. 12-*bis* L. 68/1999 (**convenzioni di inserimento lavorativo**), che si differenziano per le seguenti peculiarità:

- possono essere stipulate solo con datori di lavoro che occupano più di 50 dipendenti;
- sono ammesse esclusivamente a copertura dell'aliquota d'obbligo nei limiti del 10% della quota di riserva con arrotondamento all'unità più vicina;
- hanno come soggetti destinatari persone disabili che presentino particolari caratteristiche e difficoltà di inserimento nel ciclo lavorativo ordinario;
- l'individuazione delle persone disabili da inserire, previo loro consenso, è effettuata dagli uffici competenti, che provvedono anche alla definizione di un piano personalizzato di inserimento lavorativo;
- ad assumere immediatamente il disabile non è il datore di lavoro ma il soggetto ospitante, per un periodo massimo di 3 anni (durata massima della convenzione);
- i soggetti ospitanti che possono stipulare tali convenzioni devono possedere specifici requisiti (art. 12-*bis*, co. 4, L. 68/1999);
- l'assunzione delle persone disabili avviene contestualmente al conferimento della commessa.

Alla scadenza della convenzione, il datore di lavoro committente, previa valutazione degli uffici competenti, può rinnovare la convenzione una sola volta per un periodo non inferiore a 2 anni oppure assumere il lavoratore disabile con contratto a tempo indeterminato mediante chiamata nominativa, usufruendo delle agevolazioni previste dalla stessa L. 68/1999 (art. 13, co. 4).

Le convenzioni su base territoriale (art. 14 D.Lgs. 276/2003)

Con l'introduzione delle convenzioni quadro su base territoriale ai sensi dell'art. 14 D.Lgs. 276/2003, si è cercato di porre rimedio alla constatata inadeguatezza dell'art. 12 L. 68/1999 riducendo i vincoli imposti al datore, pur mantenendo in sostanza la procedura convenzionale con alcune modifiche strutturali. L'applicazione delle convenzioni quadro su base territoriale ha avuto negli anni alterne vicende. Nel 2007, in considerazione del suo scarso utilizzo, l'art. 14 D.Lgs. 276/2003 è stato abrogato dalla L. 247/2007 per poi essere reintrodotto l'anno successivo dalla L. 133/2008.

Si è così inteso favorire, attraverso la stipula delle convenzioni quadro in oggetto, l'**inserimento lavorativo in contesti protetti delle persone svantaggiate e disabili che presentano particolari difficoltà di integrazione** nei cicli lavorativi ordinari, consentendo alle aziende di assolvere agli obblighi previsti dalla L. 68/1999.

In particolare, questo tipo di convenzione consente all'azienda di **assolvere una parte degli obblighi previsti senza assumere direttamente presso di sé il lavoratore disabile**. Si prevede, infatti, il conferimento di commesse di lavoro alle cooperative sociali da parte delle imprese associate o aderenti alla convenzione quadro, per inserire i lavoratori disabili presso le predette cooperative ai fini della copertura della quota d'obbligo cui sono tenute le imprese conferenti.

L'art. 1-*septies* D.L. 137/2020 (convertito dalla L. 176/2020), sostituendo integralmente il testo dell'art. 14 D.Lgs. 276/2003, ha esteso anche alle imprese sociali, ovvero a quelle che svolgono in maniera stabile e prevalente, senza scopo di lucro, attività d'impresa per finalità civiche, solidaristiche e di utilità sociale, la possibilità di stipulare convenzioni quadro su base territoriale. Conseguentemente, anche le imprese sociali possono soddisfare, attraverso tali convenzioni quadro, l'obbligo di assunzione di lavoratori ap-

partenenti alle categorie protette, entro determinati limiti di percentuali massime di copertura della quota d'obbligo da realizzare con lo strumento della convenzione.
Le convenzioni sono stipulate dai servizi provinciali per l'inserimento lavorativo dei disabili con le associazioni datoriali e dei prestatori di lavoro più rappresentative a livello nazionale e con le associazioni di rappresentanza, assistenza e tutela delle cooperative sociali di tipo B (art. 1, co. 1, lett. *b*), L. 381/1991), con i consorzi di tali cooperative e con le imprese sociali di cui al D.Lgs. 112/2017. Dette convenzioni, aventi ad oggetto il conferimento di commesse di lavoro al fine di favorire l'inserimento lavorativo di lavoratori svantaggiati o disabili, una volta stipulate, devono essere validate dalle Regioni.
Le convenzioni quadro stipulate in ciascun territorio stabiliscono per legge i **criteri essenziali per l'applicazione delle convenzioni** *ex* art. 14 D.Lgs. 276/2003, determinando nello specifico:

- le *modalità di adesione* da parte delle imprese interessate;
- i *criteri di individuazione dei lavoratori svantaggiati* da inserire al lavoro in cooperativa e nell'impresa sociale, mentre l'individuazione dei disabili avverrà a cura dai servizi per il collocamento obbligatorio delle categorie protette, in relazione al possesso delle caratteristiche richieste;
- le *modalità di attestazione del valore complessivo del lavoro annualmente conferito* da ciascuna impresa e la correlazione con il numero dei lavoratori svantaggiati inseriti al lavoro in cooperativa e nell'impresa sociale;
- la *determinazione del coefficiente di calcolo del valore unitario delle commesse*, ai fini del computo del numero delle coperture delle quote di riserva per ciascuna impresa, che è dato dall'ammontare annuo delle commesse dalla stessa conferite diviso per il suddetto coefficiente. Tale coefficiente è individuato secondo criteri di congruità con i costi del lavoro derivati dai contratti collettivi di categoria applicati dalle cooperative sociali e delle imprese sociali;
- la *promozione e lo sviluppo delle commesse di lavoro* a favore delle cooperative sociali e delle imprese sociali;
- l'eventuale costituzione di una *struttura tecnico-operativa* senza scopo di lucro a supporto delle attività previste dalla convenzione;
- i *limiti di percentuali massime di copertura della quota d'obbligo* da realizzare con lo strumento della convenzione. Tali limiti percentuali non hanno effetto nei confronti delle imprese che occupano da 15 a 35 dipendenti (per le quali l'art. 3 L. 68/1999 dispone l'obbligo di assunzione di un lavoratore disabile).

Qualora l'inserimento lavorativo nelle cooperative sociali e nelle imprese sociali riguardi i lavoratori disabili che presentino particolari caratteristiche e difficoltà di inserimento nel ciclo lavorativo ordinario, è prevista la possibilità, rimessa all'esclusiva valutazione dei servizi per l'inserimento lavorativo dei disabili, di considerare tale inserimento, ricorrendone i presupposti, utile ai fini della copertura della quota di riserva in favore delle categorie protette, cui sono tenute le imprese conferenti le commesse (art. 14, co. 3).
L'inserimento lavorativo di soggetti disabili realizzato attraverso la convenzione quadro è in ogni caso **subordinato all'adempimento degli obblighi di assunzione di lavoratori disabili ai fini della copertura della restante quota d'obbligo** a carico delle imprese conferenti (art. 14, co. 4).
Nella cornice regolamentare fornita dalla convenzione quadro saranno invece le singole convenzioni territoriali a definire in concreto la tipologia della commessa e a fissare gli

impegni assunti dal datore e dalla cooperativa/impresa sociale per la sua realizzazione.
In ordine al rapporto giuridico instaurabile tra il lavoratore disabile/svantaggiato e la cooperativa/impresa sociale, l'art. 14 non prevede una specifica modalità di inserimento lavorativo, né pone alcun tipo di vincolo sulla durata del rapporto stesso, che potrebbe dunque instaurarsi sia a tempo indeterminato che a termine.
Benché gli artt. 11 e 12 L. 68/1999 rechino misure assimilabili a quelle dettate dall'art. 14 D.Lgs. 276/2003, in quanto anch'esse dirette alla stipula di convenzioni aventi ad oggetto la determinazione di un programma che miri al conseguimento degli obiettivi occupazionali posti dalla medesima legge per i lavoratori disabili, tuttavia tali misure presentano talune rilevanti differenze rispetto a quella in esame, *in primis* attinenti all'ambito di applicazione, che nella L. 68/1999 concerne i soli lavoratori disabili e non anche quelli svantaggiati.
Peraltro, la previsione dell'art. 14 D.Lgs. 276/2003, fondato anch'esso sul metodo della concertazione, consente di attribuire alle cooperative sociali (di tipo B) e ora anche alle imprese sociali un ruolo di soggetto direttamente protagonista di politiche innovative di integrazione lavorativa delle persone vulnerabili. Il mondo delle imprese *non profit* appare infatti in grado di dare una risposta puntuale anche al problema del collocamento delle persone con disabilità medio-grave, ovvero quelle che, in gran parte, non hanno trovato collocamento con la L. 68/1999.
Il legislatore ha dunque considerato il "sistema delle convenzioni" come una delle modalità per perseguire la finalità del collocamento mirato, nella gestione del quale ha rafforzato il ruolo degli "uffici competenti" e delle realtà "non profit", prevedendo la possibilità di stipulare differenti tipologie di convenzioni che rappresentano una vasta gamma di opzioni in grado di rispondere a bisogni differenti.

3.4 Disposizioni specifiche per il pubblico impiego

L'art. 3 D.Lgs. 165/2001 prevede che le amministrazioni pubbliche promuovono o propongono programmi di assunzioni destinati ai soggetti titolari del diritto al collocamento obbligatorio.
Il D.Lgs. 75/2017 è intervenuto sul Testo unico sul pubblico impiego, introducendo gli artt. da 39-*bis* a 39-*quater*, che riportano apposite misure a sostegno della disabilità, attraverso l'istituzione della *Consulta nazionale per l'integrazione in ambiente di lavoro delle persone con disabilità* e l'individuazione del *Responsabile dei relativi processi di inserimento*.
In particolare, la novella ha disposto l'istituzione presso il Dipartimento della funzione pubblica della succitata **Consulta nazionale** cui sono attribuiti:

- il monitoraggio sul rispetto degli obblighi che le Pubbliche Amministrazioni devono adempiere al fine di verificare la corretta applicazione della disciplina in materia di collocamento obbligatorio;
- l'elaborazione di piani, programmi e linee di indirizzo per ottemperare agli obblighi di cui alla L. 68/1999 sul diritto al lavoro dei disabili;
- la proposta di iniziative e misure innovative finalizzate al miglioramento dei livelli di occupazione e alla valorizzazione delle capacità e delle competenze dei lavoratori disabili nelle Pubbliche Amministrazioni;

- la previsione di interventi straordinari per l'adozione di accomodamenti ragionevoli (come definiti dalla Convenzione delle Nazioni Unite sui diritti delle persone con disabilità) nei luoghi di lavoro, a cui sono tenuti tutti i datori di lavoro al fine di garantire alle persone con disabilità la piena eguaglianza con gli altri lavoratori;
- la verifica dello stato di attuazione e della corretta applicazione delle disposizioni in materia di tutela e sostegno della disabilità da parte delle Amministrazioni, con particolare riferimento alle forme di agevolazione previste dalla legge e alla complessiva disciplina delle quote di riserva.

L'art. 39-*ter* D.Lgs. 165/2001, invece, prevede che, per garantire un'efficace integrazione nell'ambiente di lavoro delle persone con disabilità, le amministrazioni pubbliche con più di 200 dipendenti debbano nominare un **Responsabile dei processi di inserimento delle persone con disabilità**, i cui compiti sono i seguenti:

- curare i rapporti con il Centro per l'impiego territorialmente competente per l'inserimento lavorativo dei disabili, nonché con i servizi territoriali per l'inserimento mirato;
- predisporre, sentito il medico competente della propria amministrazione ed eventualmente il comitato tecnico di cui alla L. 68/1999, gli accorgimenti organizzativi e proporre, ove necessario, le soluzioni tecnologiche per facilitare l'integrazione al lavoro anche ai fini dei necessari accomodamenti ragionevoli di cui all'art. 3 D.Lgs. 216/2003;
- verificare l'attuazione del processo di inserimento, recependo e segnalando ai servizi competenti eventuali situazioni di disagio e di difficoltà di integrazione.

La funzione svolta dal Responsabile dell'inserimento lavorativo, come chiarito nelle *Linee guida 11-3-2022,* non deve limitarsi all'accompagnamento nella fase di inserimento lavorativo ma deve altresì contribuire a facilitare l'inclusione al lavoro, anche ai fini dell'introduzione dei necessari accomodamenti ragionevoli. Egli, inoltre, deve monitorare costantemente i mutamenti del contesto lavorativo in relazione alle caratteristiche dei lavoratori, segnalando ai servizi competenti eventuali necessità di intervento per situazioni di disagio, non risolvibili nell'ambito del contesto organizzativo aziendale e per le quali si renda necessaria una revisione del progetto personalizzato. Nel settore privato, in cui non è ancora regolamentata la figura del responsabile dell'inserimento lavorativo, la stessa potrebbe essere supportata, come raccomandato dalle *Linee guida,* da organismi interni all'azienda e incardinata in processi già esistenti, tali da rappresentare una sede di confronto e sostegno per le azioni da intraprendere, e con i quali operare in modo sinergico.
Infine, il **sistema del monitoraggio** di cui all'articolo 39-*quater* D.Lgs. 165/2001, utile alla verifica della corretta applicazione della normativa in materia di inserimento lavorativo delle persone con disabilità e di collocamento obbligatorio, prevede che le amministrazioni pubbliche tenute ad attuare le disposizioni sul collocamento obbligatorio inviino al Dipartimento della Funzione Pubblica, al Ministero del Lavoro e delle Politiche Sociali e al CPI territorialmente competente il **prospetto informativo** dal quale risultino il numero complessivo dei lavoratori dipendenti, il numero e i nominativi dei lavoratori computabili nella quota di riserva, nonché i posti di lavoro e le mansioni disponibili per i lavoratori con disabilità; entro i successivi 60 giorni, deve poi pervenire agli stessi una comunicazione telematica contenente tempi e modalità di copertura della quota di riserva. Le informazioni sono trasmesse dal Ministero del lavoro alla Consulta nazionale per l'integrazione in ambiente di lavoro delle persone con disabilità. È previsto, inoltre, che le informazioni relative all'art. 39-*quater* siano raccolte nella Banca dati delle politiche attive e passive del lavoro. In caso di mancata osservanza delle disposizioni o di mancato rispetto dei tempi concordati, scatta l'avviamento automatico e i servizi per il collocamento mirato inviteranno l'amministrazione a comunicare, entro i successivi 30 giorni, il profilo professionale da assumere, ai fini della copertura della quota d'obbligo.

3.5 Incentivi per l'assunzione di persone disabili

3.5.1 Natura dell'incentivo

L'articolo 10 D.Lgs. 151/2015 ha modificato l'articolo 13 L. 68/1999 prevedendo, per le assunzioni delle persone con disabilità effettuate a partire dal 1° gennaio 2016, un incentivo che varia sia in entità che per le modalità di richiesta.

Più specificamente, al fine di realizzare una concreta promozione dell'inserimento e dell'integrazione lavorativa delle persone con disabilità nel mondo del lavoro, la vigente formulazione dell'articolo 13 prevede, a favore dei datori di lavoro, un incentivo di tipo economico, **rapportato alla retribuzione lorda imponibile ai fini previdenziali**, che varia in funzione del grado e della tipologia di riduzione della capacità lavorativa del soggetto assunto.

La domanda di fruizione dell'incentivo deve essere trasmessa, mediante apposite procedure telematiche, all'INPS. L'Istituto effettua i controlli circa i requisiti di spettanza dell'incentivo, verificando, in particolare, la natura privatistica del datore di lavoro che procede alla richiesta, l'esistenza del rapporto di lavoro con il lavoratore e la disponibilità di risorse. Superati i suddetti controlli, alle istanze inviate è attribuito un esito positivo comportante l'autorizzazione alla fruizione del beneficio. A seguito dell'autorizzazione, l'incentivo può essere fruito dal datore di lavoro mediante **conguaglio nelle denunce contributive mensili**.

L'incentivo in oggetto è riconosciuto a tutti i datori di lavoro privati, soggetti o meno all'obbligo di assunzione di cui alla L. 68/1999, a prescindere dalla circostanza che abbiano o meno la natura di imprenditore. Rientrano tra i datori di lavoro ammessi a godere del beneficio anche gli enti pubblici economici (EPE), tenuto conto che, come previsto dall'art. 3, co. 6, L. 68/1999, agli stessi si applica la disciplina prevista per i datori di lavoro privati.

Il datore di lavoro è nella condizione di poter sapere anticipatamente (grazie ad un meccanismo di interrogazione telematica) se potrà effettivamente godere dei benefici o meno; essi infatti vengono riconosciuti, in base all'ordine cronologico delle domande, nei limiti delle disponibilità finanziarie. Una volta ricevuta la conferma della messa a disposizione delle risorse, il datore di lavoro che voglia effettivamente fruirne deve rispettare due termini perentori (entrambi di 7 giorni), entro i quali deve, rispettivamente, stipulare il contratto di lavoro e comunicarlo all'INPS.

Stante il testo dell'art. 13 L. 68/1999 si prevede che, nel rispetto dell'art. 33 reg. (UE) n. 651/2014, gli incentivi spettino per 36 mesi (sempre a far data dal 1° gennaio 2016) nella misura:

> del **70% della retribuzione mensile lorda** imponibile ai fini previdenziali, per ogni lavoratore disabile, assunto con rapporto di lavoro a tempo indeterminato, che abbia una riduzione della capacità lavorativa superiore al 79%, o minorazioni ascritte dalla prima alla terza categoria di cui alle tabelle annesse al testo unico delle norme in materia di pensioni di guerra (D.P.R. 915/1978);

> del **35% della retribuzione mensile lorda** imponibile ai fini previdenziali, per ogni lavoratore disabile, assunto con rapporto di lavoro a tempo indeterminato, che abbia una riduzione della capacità lavorativa compresa tra il 67 e il 79%, o minorazioni ascritte dalla quarta alla sesta categoria di cui alle tabelle del succitato D.P.R. 915/1978.

Per i disabili psichici, con invalidità superiore al 45%, l'incentivo è egualmente del 70% della retribuzione.

Sulla base di quanto espresse nelle indicazioni ministeriali i contratti a tempo determinato instaurati con soggetti disabili non concorrono a coprire la percentuale legale annua del 20% rapportata al personale in forza a tempo indeterminato o a quella individuata dalla contrattazione collettiva. Nell'ipotesi appena descritta rientra, senz'altro, il contratto a termine, per un periodo non inferiore a 12 mesi, stipulato con portatori di handicap intellettivo o psichico non inferiore superiore al 45%.

3.5.2 Lavoratori per i quali spetta l'incentivo

Ai sensi dell'articolo 10 D.Lgs. 151/2015, l'incentivo può essere legittimamente fruito per l'assunzione di:

> lavoratori disabili che abbiano una riduzione della capacità lavorativa superiore al 79% o minorazioni ascritte dalla prima alla terza categoria di cui alle tabelle annesse D.P.R. 915/1978;
> lavoratori disabili che abbiano una riduzione della capacità lavorativa compresa tra il 67 e il 79% o minorazioni ascritte dalla quarta alla sesta categoria di cui alle tabelle annesse al D.P.R. 915/1978;
> lavoratori con disabilità intellettiva e psichica che comporti una riduzione della capacità lavorativa superiore al 45%.

3.5.3 I rapporti incentivati

L'incentivo spetta per le **assunzioni a tempo indeterminato e per le trasformazioni a tempo indeterminato di un rapporto a termine, anche a tempo parziale**, decorrenti dal 1° gennaio 2016.

Per i lavoratori con disabilità intellettiva e psichica che comporti una riduzione della capacità lavorativa superiore al 45%, inoltre, l'incentivo può essere riconosciuto – per tutta la durata del contratto – anche per le assunzioni a tempo determinato, purché tali rapporti abbiano una durata non inferiore a 12 mesi.

L'incentivo spetta anche per:

> i rapporti di lavoro subordinato instaurati in attuazione del vincolo associativo stretto con una cooperativa di lavoro ai sensi della L. 142/2001;
> i rapporti di lavoro a domicilio che, ai sensi dell'art. 1 L. 877/1973, devono essere qualificati come rapporti di lavoro subordinato in cui la prestazione lavorativa viene svolta presso il domicilio del lavoratore o in un altro locale di cui abbia disponibilità;
> le assunzioni a tempo indeterminato a scopo di somministrazione, sia nell'ipotesi in cui l'invio in missione sia a tempo determinato che nelle ipotesi in cui sia a tempo indeterminato.

Con riferimento ai contratti di somministrazione, si precisa che, come espressamente previsto dall'art. 31, co. 1, lett. *e*), D.Lgs. 150/2015, i benefici economici legati all'assunzione o alla trasformazione di un contratto di lavoro sono trasferiti in capo all'utilizzatore.

L'agevolazione non spetta durante i periodi in cui il lavoratore non sia somministrato ad alcun utilizzatore. L'indennità di disponibilità, infatti, che percepisce il lavoratore non costituisce retribuzione in senso proprio, in quanto non è il corrispettivo di alcuna prestazione lavorativa e, conseguentemente, manca la base di commisurazione dell'incentivo stesso.

L'avvio di una nuova somministrazione, dopo un periodo di disponibilità, consente di godere nuovamente del beneficio fino all'originaria sua scadenza.

3.5.4 Requisiti per la fruibilità dell'incentivo

Gli incentivi sono subordinati:

- alla regolarità prevista dall'articolo 1, co. 1175 e 1176, L. 296/2006, inerente l'adempimento degli obblighi contributivi, l'osservanza delle norme poste a tutela delle condizioni di lavoro, il rispetto degli altri obblighi di legge e il rispetto degli accordi e contratti collettivi nazionali nonché di quelli regionali, territoriali o aziendali, laddove sottoscritti, stipulati dalle organizzazioni sindacali dei datori di lavoro e dei lavoratori comparativamente più rappresentative sul piano nazionale;
- alla realizzazione dell'incremento netto dell'occupazione, rispetto alla media della forza occupata nell'anno precedente l'assunzione o la trasformazione;
- alle condizioni generali di compatibilità con il mercato interno, previste dall'articolo 33 e dal capo primo del regolamento (CE) n. 651/2014.

I **principi generali in materia di fruizione degli incentivi** all'occupazione, previsti dall'articolo 31 D.Lgs. 150/2015, **non sono applicabili alle assunzioni di disabili**. Difatti, mentre gli ordinari incentivi all'assunzione intendono orientare la scelta del datore di lavoro verso l'assunzione di un lavoratore svantaggiato, sul presupposto che il datore di lavoro sia libero di scegliere se assumere e con quale lavoratore eventualmente instaurare il rapporto, la previsione legale di cui all'articolo 3 L. 68/1999 intende per lo più rendere meno gravoso l'adempimento di un obbligo di assunzione, previsto dalla medesima legge, in considerazione della speciale condizione di svantaggio costituita dalla disabilità.
La suddetta deroga deve considerarsi legittima solo nelle ipotesi di assunzioni obbligatorie; pertanto, per le assunzioni di lavoratori disabili effettuate oltre la "quota di riserva" si applicano i medesimi principi enunciati nell'art. 31 D.Lgs. 150/2015.
Si precisa, inoltre, che nelle ipotesi in cui il datore di lavoro, per adempiere agli obblighi di assunzione imposti dall'art. 3 L. 68/1999, scelga di assumere un lavoratore disabile in luogo di un altro lavoratore disabile che abbia diritto al collocamento obbligatorio ed abbia maturato un diritto di precedenza alla riassunzione, trova applicazione il disposto di cui all'art. 31, co. 1, lett. *b*), D.Lgs. 150/2015, secondo cui l'incentivo non spetta se l'assunzione è effettuata in violazione del diritto di precedenza alla riassunzione di un altro lavoratore licenziato da un rapporto a tempo indeterminato o cessato da un rapporto a termine.

3.5.5 La durata del beneficio

Anche la durata del beneficio, come il relativo *quantum*, **varia in base alle caratteristiche del lavoratore assunto e alla tipologia di rapporto di lavoro instaurato**:

- in caso di assunzione a tempo indeterminato di lavoratori disabili che abbiano una riduzione della capacità lavorativa superiore al 79% o minorazioni ascritte dalla prima alla terza categoria di cui alle tabelle annesse al testo unico delle norme in materia di pensioni di guerra, approvato con D.P.R. 915/1978 e successive modificazioni, così come per le assunzioni a tempo indeterminato di lavoratori disabili che abbiano una riduzione della capacità lavorativa compresa tra il 67% e il 79% o minorazioni ascritte dalla quarta alla sesta categoria di cui alle tabelle annesse al testo unico delle norme in materia di pensioni di guerra, approvato con il precitato D.P.R. 915/1978, l'incentivo spetta per 36 mesi;

- per l'assunzione a tempo indeterminato di lavoratori con disabilità intellettiva e psichica che comporti una riduzione della capacità lavorativa superiore al 45%, l'incentivo spetta per 60 mesi;
- per la medesima categoria di lavoratori da ultimo citata (lavoratori con disabilità intellettiva e psichica che comporti una riduzione della capacità lavorativa superiore al 45%), nelle ipotesi di assunzione a tempo determinato, l'incentivo spetta per tutta la durata del rapporto, fermo restando che, ai fini del riconoscimento dell'incentivo, questi deve avere una durata non inferiore a 12 mesi.

In caso di assunzione o trasformazione a tempo indeterminato a scopo di somministrazione, l'incentivo non può essere fruito durante i periodi in cui il lavoratore non è somministrato ad alcun utilizzatore, né è commisurabile all'indennità di disponibilità; tali eventuali periodi non determinano, però, uno slittamento della scadenza del beneficio.

3.5.6 Coordinamento con altri incentivi

In ragione della più volte richiamata finalità di realizzare una concreta promozione dell'inserimento e dell'integrazione lavorativa delle persone disabili nel mondo del lavoro, nell'eventualità in cui sussistano sia i presupposti di applicazione dell'incentivo previsto per l'assunzione di disabili, sia quelli previsti da altre disposizioni sotto forma di riduzione contributiva in senso stretto, il datore di lavoro può godere per il medesimo lavoratore di entrambi i benefici (**cumulabilità degli incentivi**) purché la misura complessiva degli incentivi non superi la misura del 100% dei costi salariali.

Il limite alla possibilità di cumulare due diversi benefici va ricercato nella normativa dell'Unione europea in materia di aiuti di Stato.

In particolare, l'articolo 33, paragrafo 5, del regolamento (CE) 651/2014 prevede che l'intensità massima di aiuto concesso ai lavoratori con disabilità non può superare il 75% dei costi ammissibili, consistenti, come previsto dal medesimo articolo, nei costi salariali relativi al periodo in cui il lavoratore con disabilità è impiegato. Inoltre, l'articolo 8, paragrafo 6, precisa che gli aiuti a favore dei lavoratori con disabilità possono essere cumulati con altri aiuti esentati in virtù del medesimo regolamento relativamente agli stessi costi ammissibili oltre la soglia massima applicabile prevista, purché tale cumulo non si traduca in un'intensità di aiuto superiore al 100% dei costi salariali in qualsiasi periodo in cui i lavoratori in questione siano stati impiegati.

Alla luce di quanto sopra esposto, la possibilità di cumulo tra il beneficio ex articolo 13 L. 68/1999 e le agevolazioni contributive trova un limite nel 100% dei costi salariali per ciascun periodo di occupazione.

Ribadendo ciò che è stato previsto, tra gli altri, dall'articolo 2, paragrafo 31, del regolamento (CE) 651/2014, si precisa che per costi salariali devono intendersi la retribuzione lorda e la contribuzione dovuta, comprendente gli oneri previdenziali e i contributi assistenziali.

Pertanto, assumendo a riferimento le forme di incentivo all'assunzione maggiormente diffuse, la predetta agevolazione è, a titolo esemplificativo, cumulabile, laddove sussistano i presupposti legittimanti – e nel limite del 100% dei costi salariali – con l'incentivo all'assunzione di lavoratori con più di 50 anni di età disoccupati da oltre 12 mesi e di donne prive di impiego regolarmente retribuito da almeno 24 mesi ovvero prive di impiego

regolarmente retribuito da almeno 6 mesi e appartenenti a particolari aree o impiegate in particolari settori produttivi o professioni (art. 4, commi 8-11, L. 92/2012).
L'incentivo per l'assunzione dei lavoratori disabili di cui all'art. 13 L. 68/1999 non è, invece, cumulabile con l'incentivo all'assunzione di beneficiari del trattamento NASpI di cui all'art. 2, co. 10-*bis*, L. 92/2012, pari al 20% dell'indennità mensile residua che sarebbe spettata al lavoratore se non fosse stato assunto.

3.5.7 Esclusioni, oneri e compensazioni

Come si è già sottolineato i datori di lavoro privati ed agli enti pubblici economici che occupano addetti impegnati in lavorazioni che comportano il pagamento di un tasso di premio ai fini INAIL pari o superiore al 60 per mille sono esonerati dall'applicazione della legge e possono autocertificare l'esonero (art. 5 L. 68/1999). In tal caso, sono tenuti a versare al Fondo per il diritto al lavoro dei disabili un contributo esonerativo pari a 39,21 euro, per ogni giorno lavorativo per ciascun lavoratore con disabilità non occupato.

3.6 Il Fondo per il diritto al lavoro dei disabili

L'art. 14 L. 68/1999 ha previsto l'istituzione da parte delle Regioni del Fondo per il diritto al lavoro dei disabili, destinato al **finanziamento dei programmi regionali di inserimento lavorativo e dei relativi servizi**.
La funzione del Fondo è duplice. Da un lato, le sue risorse sono volte a finanziare gli incentivi erogati dall'INPS ai datori di lavoro privati e agli enti pubblici economici che procedono all'assunzione di lavoratori con disabilità, secondo le modalità previste dall'art. 13, commi da 1 a 1-*ter*, L. 68/1999, siano essi tenuti o meno all'obbligo della relativa assunzione. Dall'altro lato dal Fondo vengono attinti i finanziamenti dei progetti sperimentali di inclusione lavorativa delle persone con disabilità da parte del Ministero, seppure nel limite del 5% delle risorse complessive.

Le modalità di funzionamento e gli organi amministrativi del Fondo sono determinati con legge regionale, in modo tale che sia assicurata una rappresentanza paritetica dei lavoratori, dei datori di lavoro e dei disabili. Al Fondo sono destinati gli importi derivanti dall'irrogazione delle sanzioni amministrative previste dalla L. 68/1999 e i contributi versati dai datori di lavoro ex L. 68/1999 nonché il contributo di fondazioni, enti di natura privata e soggetti comunque interessati.
Il Fondo eroga:
- contributi agli enti che svolgano attività rivolta al sostegno e all'integrazione lavorativa dei disabili;
- contributi per il rimborso forfetario parziale delle spese necessarie all'adozione di accomodamenti ragionevoli in favore dei lavoratori con riduzione della capacità lavorativa superiore al 50%, incluso l'apprestamento di tecnologie di telelavoro o la rimozione delle barriere architettoniche che limitano in qualsiasi modo l'integrazione lavorativa della persona con disabilità, nonché per istituire il responsabile dell'inserimento lavorativo nei luoghi di lavoro;
- ogni altra provvidenza in attuazione delle finalità della L. 68/1999.

A dettare norme sul funzionamento di detto Fondo è intervenuto il D.M. 13-1-2000, n. 91 il quale ha disciplinato le modalità e i criteri di ripartizione delle risorse, nonché il procedimento di concessione degli incentivi. Relativamente alle concrete modalità di rimborso delle agevolazioni contributive in favore dei datori di lavoro, l'art. 8 del decreto sopra citato prevede la possibilità che le Regioni stipulino "*convenzioni con gli enti di previdenza obbligatoria destinatari della contribuzione*".

Capitolo 4
Assunzioni agevolate di percettori di sostegno al reddito

4.1 Incentivo per assunzioni di percettori di NASpI

L'assunzione di un lavoratore che sia percettore di indennità NASpI dà la possibilità al datore di lavoro di beneficiare di un'agevolazione di carattere economico (art. 2, co. 10-*bis*, L. 92/2012; circolare INPS n. 175/2013; circolare INPS n. 81/2014 per le aziende agricole).

Introdotto dalla legge Fornero (L. 92/2012), il beneficio era riferito ai lavoratori destinatari dell'ASpI, ma continua a trovare applicazione per i lavoratori in godimento dell'indennità NASpI, stante la sostanziale continuità tra i due istituti (messaggio INPS n. 4441/2015).

L'art. 2, co. 10-*bis*, L. 92/2012 (come modificato dall'art. 24, co. 3, D.Lgs. 150/2015) dispone ora che al datore di lavoro che, senza esservi tenuto, assuma a tempo pieno e indeterminato lavoratori che fruiscono della NASpI è concesso, per ogni mensilità di retribuzione corrisposta al lavoratore, un **contributo mensile pari al 20% dell'indennità mensile residua che sarebbe stata corrisposta al lavoratore**.

Tale incentivo è escluso con riferimento a quei lavoratori che siano stati licenziati, nei 6 mesi precedenti, da parte di impresa dello stesso o diverso settore di attività che, al momento del licenziamento, presenta assetti proprietari sostanzialmente coincidenti con quelli dell'impresa che assume, ovvero risulta con quest'ultima in rapporto di collegamento o controllo.

Ai fini della fruizione del beneficio:

- è richiesto il possesso di DURC regolare e in corso di validità;
- l'assunzione non deve costituire attuazione di un obbligo derivante da normativa o contrattazione collettiva;
- l'assunzione non deve violare il diritto di precedenza alla riassunzione di un altro lavoratore licenziato da un rapporto a tempo indeterminato o cessazione di rapporto a termine;
- il datore di lavoro non deve avere in atto sospensioni dal lavoro connesse ad una crisi o riorganizzazione aziendale, salvo che le nuove acquisizioni siano relative a professionalità diverse da quelle dei lavoratori sospesi o effettuate presso una diversa unità produttiva.

4.2 Incentivo per assunzioni di percettori di CIGS

I datori di lavoro che assumono con contratto a tempo indeterminato lavoratori che percepiscono la CIGS da almeno 3 mesi, anche non continuativi, dipendenti di aziende beneficiarie di CIGS da almeno 6 mesi, possono fruire di alcuni incentivi contributivi ed economici (cfr. art. 4, co. 3, D.L. 148/1993, conv. dalla L. 236/1993; circ. INPS n. 137/2012).

In particolare si prevede:

- una **contribuzione a carico del datore di lavoro pari al 10% della retribuzione** imponibile ai fini previdenziali per 12 mesi. Dall'agevolazione è esclusa la quota a carico del lavoratore che è dovuta per intero come per la generalità dei dipendenti;
- un **contributo mensile pari al 50% dell'indennità** che sarebbe spettata al lavoratore o alla lavoratrice per un periodo pari a: 9 mesi per lavoratori fino a 50 anni; 21 mesi per lavoratori con più di 50 anni; 33 mesi per lavoratori con più di 50 anni e residenti nel Mezzogiorno e nelle aree ad alto tasso di disoccupazione.

Il beneficio non è soggetto alla regola del *de minimis* in quanto rientra tra gli aiuti per l'assunzione di lavoratori svantaggiati, ai sensi dei regolamenti europei in vigore.

4.3 L'Accordo di transizione occupazionale e gli incentivi previsti

L'art. 22-*ter* D.Lgs. 148/2015 (aggiunto dall'art. 1, co. 200, L. 234/2021, *legge di bilancio 2022*) ha introdotto per le aziende che occupano più di 15 dipendenti l'istituto dell'Accordo di transizione occupazionale. Si tratta di un ulteriore intervento di integrazione salariale straordinaria finalizzato al **recupero occupazionale dei lavoratori a rischio esubero, di durata pari a un massimo di 12 mesi complessivi non ulteriormente prorogabili**. L'intento è quello di sostenere le transizioni occupazionali all'esito dell'intervento straordinario di integrazione.

A tal fine il legislatore si è mosso in una duplice direzione: da un lato, *riconoscendo un beneficio contributivo ai datori di lavoro*, dall'altro *promuovendo azioni volte alla riqualificazione professionale*. Sono definite con accordo sindacale le azioni finalizzate alla rioccupazione o all'autoimpiego, quali formazione e riqualificazione professionale anche ricorrendo ai fondi interprofessionali. Si prevede, infatti, un'agevolazione per le aziende che assumano con Accordo di transizione occupazionale lavoratori in CIGS nella misura di un contributo pari al 50% della quota di integrazione al salario che il lavoratore avrebbe ricevuto se ancora in CIGS. Le aziende possono ricevere questo contributo per un **periodo non superiore ai 12 mesi** e **se, nei 6 mesi precedenti l'assunzione in questione, non abbiano avviato procedure di licenziamento individuali** per giustificato motivo oggettivo o di licenziamenti collettivi nella medesima unità produttiva. L'eventuale licenziamento del lavoratore assunto o il licenziamento collettivo o individuale per giustificato motivo oggettivo di un lavoratore impiegato nella medesima unità produttiva e inquadrato con lo stesso livello e categoria legale di inquadramento del lavoratore assunto, effettuato nei 6 mesi successivi alla predetta assunzione, comporta la revoca dell'esonero e il recupero del beneficio già fruito. Il beneficio invece non si perde e spetta per tutto il periodo di effettiva durata del rapporto in caso di dimissioni del lavoratore.

Il contributo mensile è riconosciuto *pro quota* anche qualora i lavoratori in CIGS costituiscano una cooperativa.

È prevista, inoltre, la possibilità di assunzione in **apprendistato professionalizzante**, **senza limiti di età**, dei lavoratori in CIGS con accordo di transizione occupazionale (art. 1, co. 248, L. 23/2021 e art. 47, co. 4, D.Lgs. 81/2015).

È specificato che il predetto beneficio contributivo è concesso ai sensi della sezione 3.1 della comunicazione della Commissione europea C (2020) 1863 *final*, del 19 marzo 2020, recante un «Quadro temporaneo per le misure di aiuto di Stato a sostegno dell'economia nell'attuale emergenza del COVID-19», e nei limiti e alle condizioni di cui alla medesima comunicazione. Il **beneficio, in quanto**

aiuto di Stato, va autorizzato dalla Commissione europea. A tal proposito si ricorda che in base alla citata C(2020) 1863, sezione 3. 1, la Commissione europea considera aiuti di Stato compatibili con il mercato interno quelli che rispettino, tra le altre, le seguenti condizioni:

- siano di importo non superiore a 1.800.000 euro (per impresa e al lordo di qualsiasi imposta o altro onere), ovvero non superiore a 270.000 euro per impresa operante nel settore della pesca e dell'acquacoltura;
- siano concessi a imprese che non fossero già in difficoltà al 31 dicembre 2019;
- in deroga al punto precedente, siano concessi a microimprese o piccole imprese che risultavano già in difficoltà al 31 dicembre 2019, purché non siano soggette a procedure concorsuali per insolvenza ai sensi del diritto nazionale e non abbiano ricevuto aiuti per il salvataggio o aiuti per la ristrutturazione;
- siano concessi entro il 30 giugno 2022.

Con apposito accordo sindacale devono poi essere individuate le azioni finalizzate alla rioccupazione o all'autoimpiego, quali formazione e riqualificazione professionale anche ricorrendo ai fondi interprofessionali. La mancata partecipazione alle predette azioni, per esclusiva responsabilità del lavoratore, comporta la **decadenza dalla prestazione di integrazione salariale**. Le azioni definite dall'accordo sindacale possono essere cofinanziate dalle Regioni nell'ambito delle rispettive misure di formazione e politica attiva del lavoro. I lavoratori interessati dal trattamento di integrazione salariale straordinaria accedono al programma Garanzia di occupabilità dei lavoratori (GOL: vedi *amplius infra*); a tal fine i nominativi dei lavoratori coinvolti sono comunicati all'ANPAL che li mette a disposizione delle Regioni interessate.

4.4 L'Accordo di ricollocazione e gli incentivi previsti

Si è già richiamato lo strumento dell'Accordo di ricollocazione (art. 24-*bis* D.Lgs. 148/2015, aggiunto dall'art. 1, co. 136, L. 205/2017) ai fini della fruizione dell'Assegno di ricollocazione (AdR) anche in costanza di rapporto di lavoro e non solo alla sua cessazione.

I lavoratori che hanno sottoscritto l'Accordo di ricollocazione possono richiedere all'ANPAL, entro 30 giorni dalla data di sottoscrizione, l'attribuzione anticipata dell'Assegno di ricollocazione (AdR CIGS), nei limiti e alle condizioni previsti dai programmi di CIGS. Il numero delle richieste non può in ogni caso eccedere i limiti di contingente previsti, per ciascun ambito o profilo, dal programma di riorganizzazione ovvero di crisi aziendale. Legittimati a presentare la domanda di attribuzione anticipata dell'AdR CIGS sono i soli lavoratori coinvolti nella riduzione o sospensione dell'attività lavorativa, appartenenti agli ambiti aziendali o profili professionali per i quali sia stato dichiarato un esubero.

Il **lavoratore** che, nel periodo in cui usufruisce del servizio di assistenza intensiva alla ricollocazione, accetta l'offerta di un contratto di lavoro con altro datore, la cui impresa non presenta assetti proprietari sostanzialmente coincidenti con quelli dell'impresa del datore in essere, usufruisce di un **duplice beneficio**:

> l'**esenzione dal reddito imponibile ai fini IRPEF delle somme percepite in dipendenza della cessazione del rapporto di lavoro**, entro il limite massimo di 9 mensilità della retribuzione di riferimento per il calcolo del trattamento di fine rapporto. Le eventuali ulteriori somme pattuite nella stessa sede sono invece soggette al regime fiscale applicabile ai sensi della disciplina vigente in relazione al titolo per il quale sono erogate;

- la **corresponsione, da parte dell'INPS, di un contributo mensile pari al 50% del trattamento straordinario di integrazione salariale** che gli sarebbe stato altrimenti corrisposto. Con riferimento a tale ultimo beneficio, l'importo spettante al lavoratore andrà calcolato applicando al periodo residuo previsto dal programma di riorganizzazione o crisi aziendale, la percentuale di ore integrate mediamente osservata nel periodo di fruizione.

Ai sensi dell'art. 24-*bis*, co. 6, D.Lgs. 148/2015, al **datore di lavoro** che assume il lavoratore nel periodo in cui usufruisce dell'AdR CIG, compete l'**esonero dal versamento del 50% dei contributi previdenziali** complessivamente dovuti, con esclusione dei premi e contributi dovuti all'INAIL, nel **limite massimo di importo pari a 4.030** euro su base annua. Tale importo è annualmente rivalutato dall'INPS sulla base della variazione dell'indice ISTAT dei prezzi al consumo per le famiglie degli operai e degli impiegati. Il beneficio compete a condizione che l'impresa non presenti assetti proprietari sostanzialmente coincidenti con quelli del datore in essere.

L'**esonero è riconosciuto per una durata non superiore** a:

- 18 mesi in caso di assunzione con contratto a tempo indeterminato;
- 12 mesi, in caso di assunzione con contratto a tempo determinato. Nel caso in cui, nel corso del suo svolgimento, il predetto contratto venga trasformato in contratto a tempo indeterminato, il beneficio contributivo spetta per ulteriori 6 mesi.

4.5 L'apprendistato professionalizzante: incentivi ordinari e per l'assunzione di lavoratori beneficiari di ammortizzatori

4.5.1 Incentivi ordinari

L'apprendistato professionalizzante è disciplinato dall'art. 44, co. 1, D.Lgs. 81/2015, che così dispone: "*Possono essere assunti in tutti i settori di attività, pubblici e privati, con contratto di apprendistato professionalizzante per il conseguimento di una qualificazione professionale ai fini contrattuali, i soggetti di età compresa tra i 18 ed i 29 anni*". La norma prevede, inoltre, che il contratto possa essere stipulato anche con giovani di 17 anni di età qualora siano in possesso di una qualifica professionale conseguita *ex* D.Lgs. 226/2005.

Per i datori di lavori che procedono alla stipula di un contratto di apprendistato professionalizzante sono previste misure agevolative di natura contributiva, differenziate sulla base del numero di dipendenti occupati.

Il **regime di decontribuzione ordinario** è specificato nella tabella che segue.

Aliquote contributive a carico datori di lavoro		Aliquota a carico apprendista
Aziende fino a 9 dipendenti	**Aziende oltre 9 dipendenti**	
1° anno di contratto (1,50%+1,61%) = 3,11%	10%+1,61% = 11,61%	5,84%
2° anno di contratto (3%+1,61%) = 4,61%		
Anni successivi (1) (10% +1,61%) 11,61% (1) Il D.Lgs. 151/2015 ha previsto un anno di proroga per lo sgravio contributivo dopo il termine del periodo di formazione		

Si prevedono inoltre i seguenti **incentivi economici e normativi**:
- la *deducibilità del costo dalla base imponibile IRAP*;
- la possibilità di *inquadrare l'apprendista ai fini retributivi fino a due livelli inferiori* rispetto a quello spettante (va fatto riferimento al contratto di categoria);
- l'*esclusione dell'apprendista dal computo dei limiti numerici del personale* previsti da leggi e contratti collettivi *per l'applicazione di particolari normative* (ad es. non sono computabili nella base di calcolo per le assunzioni obbligatorie dei disabili, ai fini dei licenziamenti, ecc.).

La L. 205/2017 ha aggiunto, alle agevolazioni già descritte, l'*esonero contributivo del 50%, con un massimo di 3000 euro annuo nei casi di prosecuzione, successiva al 31 dicembre 2017, di un contratto di apprendistato in rapporto a tempo indeterminato, per i lavoratori che non abbiano compiuto il trentesimo anno di età* alla data della prosecuzione. In tal caso, l'esonero è applicato per un periodo massimo di 12 mesi, fermo restando il limite massimo di importo pari a 3.000 euro su base annua, a decorrere dal primo mese successivo a quello di scadenza del beneficio contributivo previsto dal D.Lgs. 81/2015 (anno aggiuntivo di contribuzione agevolata alla fine del periodo di formazione di 3 anni).

Al riguardo l'INPS con circ. n. 108/2018 ha chiarito che la misura della contribuzione nell'apprendistato di primo livello ovvero valido per il conseguimento di diplomi professionali nelle aziende sotto i 9 dipendenti (per le assunzioni dopo il 24 settembre 2015) torna ad essere fissata in tre scaglioni graduali: 1,5% per i primi 12 mesi, 3% per il secondo anno e 5% a partire dal terzo anno.

Per l'anno 2022, l'art. 1, co. 645, L. 234/2021 ha previsto, per i contratti di apprendistato di primo livello, uno sgravio contributivo per i datori di lavoro che occupano alle proprie dipendenze un numero di addetti pari o inferiore a 9. Lo sgravio è riconosciuto nella misura del 100% con riferimento alla contribuzione dovuta ai sensi dell'art. 1, co. 773, L. 296/2006, per i periodi contributivi maturati nei primi 3 anni di contratto, fermo restando il livello di aliquota del 10% per i periodi contributivi maturati negli anni di contratto successivi al terzo.

4.5.2 Regime contributivo dei lavoratori beneficiari di un trattamento di disoccupazione

Il **regime contributivo** dei lavoratori beneficiari di un trattamento di disoccupazione assunti con contratto di apprendistato professionalizzante è il medesimo previsto dalla disciplina vigente per le assunzioni in apprendistato professionalizzante sulla base del **regime ordinario**, fatta eccezione per le deroghe espressamente contemplate dalla legge.

Nello specifico, detto regime contributivo è regolato come di seguito esposto:
- per effetto delle norme ordinarie in materia di apprendistato professionalizzante, trova applicazione la riduzione dell'aliquota contributiva a carico del datore di lavoro alla misura prevista per gli apprendisti per tutta la durata del periodo di formazione, che non può eccedere il limite di 3 anni, elevabile a 5 per il settore artigiano (edile e non);
- non si applicano le agevolazioni ex art. 22, co. 1, L. 183/2011, il cui scopo era quello di "promuovere l'occupazione giovanile" presso i datori di lavoro con un numero di addetti non superiore a 9 unità;
- è dovuta la contribuzione di finanziamento della NASpI;

- è esclusa la conservazione dei benefici contributivi in capo al datore di lavoro e al lavoratore per un anno dalla prosecuzione del rapporto di lavoro al termine del periodo di formazione (art. 47, co. 7, D.Lgs. 81/2015).

Pertanto, nel periodo di durata del regime agevolato (massimo 36 mesi, elevabili a 60 nel settore dell'artigianato, edile e non), l'aliquota complessiva da versare:

- per i **datori di lavoro con più di 9 dipendenti**, è pari al **17,45%** (11,61% a carico del datore di lavoro + 5,84% a carico dell'apprendista);
- per i **datori di lavoro con un numero di dipendenti non superiore a 9**, è pari
  - all'8,95% (3,11% a carico del datore di lavoro + 5,84% a carico dell'apprendista) per i primi 12 mesi;
  - al 10,45% (4,61% a carico del datore di lavoro e 5,84% a carico dell'apprendista) per i mesi dal 13° al 24°;
  - al 17,45% (11,61% a carico del datore di lavoro + 5,84% a carico dell'apprendista) dal 25° al 36° mese (60° per artigianato, edile e non).

Al termine del periodo di apprendistato, a seguito della prosecuzione del rapporto di lavoro, l'**aliquota contributiva a carico del datore di lavoro è dovuta in misura piena in relazione al settore di classificazione** e alle caratteristiche aziendali del datore di lavoro e così anche quella a carico del lavoratore (art. 47, co. 7, D.Lgs. 81/2015).

Il datore di lavoro soggetto alla disciplina dei fondi di solidarietà è altresì tenuto al versamento della relativa contribuzione di finanziamento (cfr. messaggio INPS n. 3112/2016).

Il regime contributivo sin qui descritto può trovare applicazione soltanto alle assunzioni con contratto di apprendistato professionalizzante di lavoratori che siano beneficiari di un trattamento di disoccupazione. Ciò significa che si applica solo alle assunzioni di lavoratori che abbiano già ricevuto comunicazione dell'accoglimento della domanda di indennità di disoccupazione e non siano stati assunti precedentemente alla data di decorrenza della prestazione riconosciuta al lavoratore; in caso contrario risulta mancante uno dei requisiti costitutivi della fattispecie contrattuale.

Capitolo 5
Gli incentivi all'occupazione giovanile

5.1 Le politiche di contrasto al fenomeno della disoccupazione giovanile

5.1.1 Disoccupazione giovanile, soggetti inattivi e NEET

Con la crisi internazionale degli ultimi tempi, il tema della disoccupazione giovanile ha assunto sempre più rilevanza. I giovani rappresentano da sempre una delle categorie più vulnerabili e la loro condizione nel mercato del lavoro è il primo fattore di criticità dell'intero sistema occupazionale.
In tema si ricorda che il **tasso di disoccupazione giovanile** è il rapporto percentuale fra la popolazione dai 15 ai 24 anni in cerca di occupazione e le forze di lavoro totali della stessa fascia di età. Dal calcolo del tasso di disoccupazione sono, per definizione, esclusi i **giovani inattivi**, cioè coloro che non sono occupati e non cercano lavoro, nella maggior parte dei casi perché impegnati negli studi.
Oltre al gruppo dei giovani disoccupati (ossia disponibili ad iniziare un'attività lavorativa e che ricercano attivamente un'occupazione), vi è un altro vasto gruppo di giovani che sono meno motivati a essere proattivi e che sono, pertanto, ancora più lontani dal mercato del lavoro: i **NEET** (*Neither in employment, education or training*), giovani che non hanno un lavoro, né seguono un percorso scolastico o formativo. Comprendono sia i disoccupati che gli inattivi.

5.1.2 Le misure adottate in ambito europeo

Il tema del miglioramento del capitale umano dei giovani non va visto solo in funzione della loro maggiore occupabilità, ma anche del raggiungimento di un altro importante obiettivo, fra i prioritari nelle politiche dell'Unione europea, quello della convergenza reale fra le aree più povere e quelle più ricche. Il continente europeo presenta infatti forti disparità regionali, specialmente tra le Regioni di confine del sud-ovest e dell'est, da un lato, e quelle del centro-nord, dall'altro.
A questo proposito, l'art. 174 TFUE afferma che uno degli obiettivi principali dell'Unione deve essere la coesione economica e sociale, da raggiungere riducendo le disparità tra Stati, Regioni ed individui. L'Unione europea e i singoli Stati membri hanno avviato, pertanto, una serie di iniziative volte a favorire un'inversione di tendenza e dare nuovamente impulso all'occupazione.
In tale ambito si citano:
> il ruolo svolto dal **Fondo sociale europeo plus** (FSE+). Esso si propone di rafforzare la coesione economica e sociale all'interno dell'Unione europea migliorando le opportunità di impiego e lavoro (soprattutto attraverso iniziative di formazione)

nonché favorendo un livello elevato di occupazione e la creazione di posti di lavoro migliori e in maggior quantità;

- la **Garanzia per i giovani (Youth Guarantee)**. Si tratta di un progetto che mira ad assicurare che tutti i giovani fino a 25 anni di età ricevano un'offerta qualitativamente valida di lavoro, ulteriore istruzione, apprendistato o tirocinio entro un periodo di quattro mesi dall'uscita dal ciclo d'istruzione formale o dall'inizio della disoccupazione. Ai fini del progetto, per giovani si intendono gli individui di età compresa tra i 15 ed i 25 anni o, in alcuni Stati membri, fra i 15 e i 29 anni.

Sul fronte delle misure volte ad incentivare l'occupazione giovanile stabile promosse dal legislatore nazionale ha assunto invece rilievo l'**esonero contributivo**, ovvero l'esonero dal versamento dei contributi previdenziali a carico dei datori di lavoro (*vedi infra*).

Nel corso della predisposizione del PNRR sono state accolte le istanze pervenute dalla società civile e dal mondo politico che hanno sottolineato l'importanza di affrontare la questione del divario generazionale e come sia necessario collegarlo agli obiettivi dell'Agenda 2030 per lo sviluppo sostenibile, in un'ottica multidimensionale e intersettoriale. Nell'ambito di questo dibattito si è fatto riferimento, sostanzialmente, alla riduzione dei NEET e allo sviluppo di una strategia per l'occupazione giovanile secondo quanto previsto dai target 8.6 e 8b, entrambi da raggiungere già nel 2020.
Il legislatore nazionale promuove i principi di incentivazione all'**occupazione giovanile nei bandi di gara relativi a progetti finanziati dal PNRR e dal Fondo complementare**, come indicato nell'art. 47 D.L. 77/2021, laddove si dispone che le stazioni appaltanti inseriscano nei bandi di gara, negli avvisi e negli inviti, specifiche clausole dirette all'inserimento, come requisiti necessari e come ulteriori requisiti premiali dell'offerta, di criteri orientatati a promuovere, altresì, l'assunzione di giovani con età inferiore a 36 anni e l'imprenditoria giovanile. A tale scopo nell'offerta è necessario assicurare che almeno il 30% delle assunzioni necessarie per l'esecuzione del contratto o per la realizzazione di attività ad esso connesse o strumentali, sia dedicato a giovani e donne. Le stazioni appaltanti possono escludere l'inserimento della quota del 30% o stabilirla in misura inferiore, dandone adeguata e specifica motivazione.
Apposite linee guida, emanate con D.M. 7-12-2021, specificano i criteri applicativi e forniscono modelli di clausole da inserire nei bandi di gara differenziate per settore, tipologia e natura del contratto o del progetto.

5.2 L'incentivo strutturale all'occupazione giovanile stabile

5.2.1 La previsione nella legge di bilancio 2018

Con la legge di bilancio 2018 è stata introdotta una misura che prevede una **riduzione dei contributi previdenziali, in favore dei datori di lavoro privati**, con riferimento alle assunzioni con contratto di lavoro dipendente a tempo indeterminato (a tutele crescenti), effettuate a decorrere dal 1° gennaio 2018 (art. 1, co. 100-108 e 113-115, L. 205/2017).

In relazione alla normativa dell'Unione europea, il beneficio, ancorché costituisca una misura di riduzione del costo del lavoro con l'utilizzo di risorse statali, si caratterizza come intervento non solo strutturale ma anche generalizzato, ovvero potenzialmente rivolto a tutti i datori di lavoro privati che operano in ogni settore economico del Paese, le cui *unità produttive siano localizzate in qualsiasi area del territorio nazionale*.
Per le sue caratteristiche la norma non risulta idonea a determinare un vantaggio a favore di talune imprese o settori produttivi o aree geografiche del territorio nazionale. Pertanto, la disciplina del predetto esonero non è sussumibile tra quelle disciplinate dall'articolo 107 TFUE (aiuti concessi dallo Stato ovvero mediante risorse statali).

Nell'ampia dizione di "datori di lavoro privati", la circolare INPS n. 40/2018, ha ricompreso tutti gli Enti pubblici economici ed una serie di altri Enti come i consorzi di bonifica, i consorzi industriali, gli Istituti autonomi per le case popolari (IACP) trasformati, in base alle diverse leggi regionali, in Enti pubblici economici con la ovvia esclusione, delle Amministrazioni Pubbliche, delle Autorità amministrative indipendenti (*Authorities*), dell'ARAN e di altri Enti specificatamente individuati.
Ai fini della fruizione del beneficio, oltre all'osservanza delle condizioni generali di cui all'art. 31 D.Lgs. 150/2015, vengono in rilievo i **vincoli specifici** introdotti dalla L. 205/2017 per i quali l'assunzione deve riferirsi a soggetti:

> aventi meno di 35 anni di età (per le assunzioni effettuate fino al 2020) ovvero meno di 30 anni di età per le assunzioni effettuate dal 2021 (salvo proroghe). L'innalzamento del limite d'età a 35 anni era inizialmente previsto solo per il 2018; l'art. 1-*bis* D.L. 87/2018 (*decreto dignità*) lo ha reso applicabile anche per le assunzioni effettuate nel 2019 e nel 2020;

> che non abbiano avuto (neanche con altri datori di lavoro) precedenti rapporti di lavoro a tempo indeterminato.

La **riduzione contributiva** è pari:

> al 50% dei contributi previdenziali a carico del datore di lavoro per il medesimo rapporto (con esclusione dei premi e contributi relativi all'assicurazione obbligatoria contro gli infortuni sul lavoro e le malattie professionali);

> al 100% della medesima base contributiva per le assunzioni, entro 6 mesi dall'acquisizione del titolo di studio, di studenti che hanno svolto presso il medesimo datore attività di alternanza scuola-lavoro (pari almeno al 30% delle ore di alternanza previste) o periodi di apprendistato;

Lo sgravio è applicato su base mensile, per un **periodo massimo di 36 mesi**, mentre la misura massima della riduzione è pari a 3.000 euro su base annua.
Qualora la riduzione relativa ad un determinato lavoratore sia stata applicata per un periodo inferiore a 36 mesi, un altro datore può usufruire dello sgravio per il periodo residuo, nell'ipotesi di assunzione a tempo indeterminato del medesimo soggetto, indipendentemente dall'età anagrafica di quest'ultimo al momento della nuova assunzione.
La riduzione contributiva si applica ai **casi** di:

> trasformazione di un contatto a tempo determinato in uno a tempo indeterminato;

> prosecuzione di un contratto di apprendistato in rapporto a tempo indeterminato a condizione che il lavoratore non abbia compiuto il trentesimo anno di età alla data della prosecuzione.

Non si applica, invece, ai rapporti di lavoro domestico e ai rapporti di apprendistato e non è cumulabile con altri esoneri o riduzioni delle aliquote di finanziamento previsti dalla normativa vigente.

5.2.2 La previsione nelle leggi di bilancio successive

All'art. 1, co. 10, L. 178/2020 si dispone che, per le assunzioni a tempo indeterminato e per le trasformazioni dei contratti a tempo determinato in contratti a tempo indeterminato effettuate nel **biennio 2021-2022**, l'esonero contributivo di cui all'art. 1 L. 205/2017 è riconosciuto:

> nella misura del 100%;

- per un periodo massimo di 36 mesi (o 48 mesi ai datori di lavoro privati che effettuino assunzioni in una sede o unità produttiva ubicata nelle seguenti regioni: Abruzzo, Molise, Campania, Basilicata, Sicilia, Puglia, Calabria e Sardegna);
- nel limite massimo di importo pari a 6.000 euro annui;
- con riferimento ai soggetti che alla data della prima assunzione incentivata non abbiano compiuto il 36° anno di età.

L'art. 1, co. 119, L. 234/2021 (*legge di bilancio per il 2022*) ha previsto che il medesimo esonero contributivo possa essere riconosciuto anche ai datori di lavoro privati che assumono (nel biennio 2021-2022 e con contratto di lavoro a tempo indeterminato) lavoratori subordinati, indipendentemente dalla loro età anagrafica, da imprese per le quali è attivo un tavolo di confronto per la **gestione della crisi aziendale** presso la struttura per la crisi d'impresa di cui all'articolo 1, co. 852, L. 296/2006.

Con la formulazione dell'art. 12 D.L. 21/2022 (convertito dalla L. 51/2022), il legislatore ha esteso l'esonero contributivo in vigore per l'assunzione, con contratto di lavoro a tempo indeterminato, di lavoratori subordinati provenienti da imprese per le quali è attivo un tavolo di confronto per la gestione della crisi aziendale anche ai lavoratori licenziati per riduzione di personale nei 6 mesi precedenti e a quelli impiegati in rami d'azienda oggetto di trasferimento. L'esonero è pari al 100% e viene previsto per un periodo massimo di 36 mesi (nel limite massimo di euro 6.000,00 annui). In caso di assunzione di lavoratori che godano della NASpI è comunque escluso il cumulo del beneficio di cui alla citata disposizione con quello previsto dall'art. 2, co. 10-*bis*, L. 92/2012, norma, quest'ultima, che riconosce al datore di lavoro che, senza esservi tenuto, assuma a tempo pieno e indeterminato lavoratori che fruiscono della NASpI, per ogni mensilità di retribuzione corrisposta al lavoratore, un contributo mensile pari al 20% dell'indennità mensile residua che sarebbe stata corrisposta al lavoratore.

Inoltre, in via eccezionale e con riferimento ai periodi di paga dal 1° gennaio 2022 al 31 dicembre 2022, è previsto, per i rapporti di lavoro dipendente, un **esonero sulla quota dei contributi previdenziali per l'invalidità, la vecchiaia e i superstiti a carico del lavoratore** di 0,8 punti percentuale.
La norma subordina l'applicazione dell'esonero contributivo alla condizione che la retribuzione imponibile, parametrata su base mensile per tredici mensilità, non ecceda l'importo mensile di 2.692 euro, maggiorato, per la competenza del mese di dicembre, del rateo di tredicesima (comma 121).

5.2.3 Decontribuzione SUD

Con la formulazione dell'art. 27 D.L. 104/2020 (convertito dalla L. 126/2020), il legislatore ha riconosciuto ai datori di lavoro privati, la cui sede di lavoro sia situata in regioni svantaggiate, un **esonero dal versamento dei contributi** (cosiddetta Decontribuzione Sud), pari al 30% dei complessivi contributi previdenziali dovuti dai medesimi, con esclusione dei premi e dei contributi spettanti all'INAIL, per il periodo 1° ottobre 2020 – 31 dicembre 2020.
L'art. 1, co. 161-168, L. 178/2020 (*legge di bilancio 2021*) ha **prorogato l'agevolazione fino al 31 dicembre 2029**, modulato in misura pari al 30% dei complessivi contributi previdenziali da versare fino al 31 dicembre 2025, al 20% per il 2026 e 2027 e al 10% per il 2028 e 2029.
L'agevolazione è concessa nel rispetto delle condizioni previste dalla normativa applicabile in materia di aiuti di Stato.

5.3 Il programma europeo Garanzia giovani (*Youth Guarantee*)

Una delle iniziative più significative dell'Unione europea volte a migliorare la situazione dei giovani sul mercato del lavoro è il programma Garanzia per i giovani (*Youth Guarantee*). Nel dicembre 2012, la Commissione ha presentato una proposta di raccomandazione del Consiglio sull'istituzione di una garanzia per i giovani nel suo pacchetto sull'occupazione giovanile, che promuoveva un'istruzione e una formazione migliori, una maggiore integrazione nel mercato del lavoro e una maggiore mobilità quali strumenti per contrastare la disoccupazione giovanile. Questa raccomandazione è stata adottata dal Consiglio dei ministri dell'Unione europea nell'aprile 2013 e in seguito avallata dal Consiglio europeo nel giugno 2013.

Nel quadro della Garanzia per i giovani gli Stati membri dovrebbero far sì che, entro 4 mesi dall'uscita dal sistema di istruzione formale o dall'inizio della disoccupazione, i giovani di età inferiore ai 25 anni:

- possano **trovare un lavoro qualitativamente valido** in linea con le loro conoscenze, competenze ed esperienza; oppure
- possano **acquisire le conoscenze, le competenze e l'esperienza per trovare in futuro un lavoro** attraverso un apprendistato, un tirocinio o il proseguimento degli studi.

La novità dell'iniziativa europea sta nel fatto che, oltre alle misure esistenti dirette ai giovani attivamente alla ricerca di un lavoro, *mira a raggiungere sistematicamente i giovani inattivi che non cercano lavoro né seguono un percorso scolastico o formativo*. Ha inoltre l'obiettivo di integrare stabilmente tutti i NEET nel mercato del lavoro.

Sulla base delle indicazioni del Consiglio, gli Stati membri devono non solo recepire all'interno dei propri ordinamenti la raccomandazione citata, ma anche procedere all'introduzione di una serie di iniziative a favore dei giovani finanziate sia dal progetto europeo *Youth Employment Initiative*, sia dal Fondo Sociale Europeo.

Per quanto concerne il nostro Paese, alcuni degli obiettivi della Garanzia giovani sono stati già anticipati nell'ambito del "pacchetto lavoro" di cui all'art. 5 D.L. 76/2013, il quale ha istituito una Struttura sperimentale di missione. Nel dicembre 2013 la Struttura ha predisposto un **Piano Italiano per l'attuazione della Garanzia per i Giovani** approvato dalla Commissione europea l'11 luglio 2014, che prevede un percorso per il giovane che inizia già dalla presa in carico al collocamento. Il Piano è stato avviato il 1° maggio 2014 e coinvolge l'intero territorio nazionale, ad eccezione della Provincia di Bolzano (l'unica con un tasso di disoccupazione giovanile inferiore al 25%). Si ricorda che il Governo italiano ha deciso di estendere la Garanzia ai giovani fino ai 29 anni.

Successivamente il Ministero del lavoro ha elaborato il **Programma italiano sulla Garanzia per i giovani**, che illustra in modo più ampio ed esauriente quanto previsto dal Piano, soffermandosi, in particolare, sullo stato di attuazione di molte misure ivi previste.

5.4 Incentivo per l'assunzione di giovani diplomati

L'art. 49-*bis* D.L. 30-4-2019, n. 34 (*decreto crescita*), aggiunto dalla L. 28-6-2019, n. 58 in sede di conversione, ha introdotto un incentivo volto a favorire l'assunzione di giovani diplomati attraverso un meccanismo del tutto particolare, che prevede due diversi

passaggi: il **conferimento di erogazioni liberali** ad un istituto scolastico e il successivo **recupero della somma attraverso l'esonero contributivo per l'assunzione di studenti** appartenenti alla stessa scuola.
La norma stabilisce che le erogazioni liberali devono essere per un importo non inferiore, nell'arco di un anno, a 10.000 euro e finalizzati alla realizzazione, alla riqualificazione e all'ammodernamento di laboratori professionalizzanti in favore di istituzioni scolastiche secondarie di secondo grado con percorsi di istruzione tecnica o di istruzione professionale, anche a indirizzo agrario. La somma può essere recuperata attraverso l'esonero dal versamento dei contributi previdenziali qualora si proceda all'assunzione (con contratto di lavoro a tempo indeterminato) di giovani diplomati delle stesse scuole; sono esclusi i contributi dovuti all'INAIL e l'esonero è applicabile per un periodo massimo di 12 mesi decorrenti dalla data di assunzione. L'incentivo è riconosciuto a decorrere dall'esercizio finanziario 2021 e non è cumulabile con altre agevolazioni previste per le medesime spese.

Gli interventi da finanziare con le erogazioni liberali e che danno diritto al successivo esonero contributivo sono: laboratori professionalizzanti per lo sviluppo delle competenze, laboratori e ambienti di apprendimento innovativi per l'utilizzo delle tecnologie, ambienti digitali e innovativi per la didattica integrata e attrezzature e dispositivi hardware e software per la didattica.

5.5 Il Fondo per finanziare autoimpiego e autoimprenditorialità

L'avvio di una nuova attività di lavoro autonomo o d'impresa, finalizzata all'inserimento nel mercato del lavoro, è un'iniziativa estremamente ardua da sostenere. Non è sufficiente, infatti, avere un'idea innovativa ed un buon progetto imprenditoriale, occorrono evidentemente delle risorse finanziarie per sostenere i costi necessari.
La prima fase di un'attività autonoma (*start up*) rappresenta probabilmente uno dei momenti più critici dell'intero percorso, essendo spesso caratterizzata dalla scarsità delle entrate (per effetto della minore clientela) e contemporaneamente dalla necessità di sostenere i costi per l'avvio della struttura. Queste problematiche rappresentano un deterrente per moltissimi giovani stante, soprattutto, la difficoltà di accesso al sistema creditizio tradizionale per assenza di garanzie reali da poter offrire in cambio di eventuali finanziamenti.
In questa direzione vanno molte iniziative che rappresentano azioni di politica attiva del lavoro volte a sostenere l'imprenditorialità e/o l'autoimprenditorialità come forma di impiego, talvolta alternativa all'occupazione subordinata.
Nell'ambito delle misure a sostegno dell'autoimpiego e dell'autoimprenditorialità (*self-employment*) previste dal Piano nazionale per l'attuazione della Garanzia giovani, il Ministero del lavoro, attraverso un **accordo di finanziamento stipulato con Invitalia**, ha istituito un Fondo rotativo nazionale per l'accesso al credito agevolato dei giovani NEET under 30 iscritti al programma che intendono avviare iniziative di autoimpiego e autoimprenditorialità, operativo da metà gennaio 2016 (decreti direttoriali n. 426 del 29-12-2015 e n. 7 del 18-1-2016).
Dal 22 febbraio 2021 la facoltà di accedere ai finanziamenti è stata estesa, senza limiti di età, anche a donne inattive e disoccupati di lunga durata.

Il suddetto Fondo è denominato **SELFIEmployment** ed è chiamato a erogare prestiti a tasso zero per importi da un minimo di 5.000 ad un massimo di 50.000 euro (senza garanzie e con un piano di ammortamento della durata massima di sette anni).

Invitalia (Agenzia nazionale per l'attrazione degli investimenti e lo sviluppo d'impresa S.p.A.) è una società per azioni italiana partecipata al 100% dal Ministero dell'Economia. L'Agenzia dà impulso alla crescita economica del Paese, punta sui settori strategici per lo sviluppo e l'occupazione, è impegnata nel rilancio delle aree di crisi e opera soprattutto nel Mezzogiorno. Gestisce tutti gli incentivi nazionali che favoriscono la nascita di nuove imprese e le *startup* innovative. Finanzia i progetti grandi e piccoli, rivolgendosi agli imprenditori con concreti piani di sviluppo, soprattutto nei settori innovativi e ad alto valore aggiunto.

5.6 Assunzione di giovani genitori precari con figli minori

I referenti normativi che disciplinano l'assunzione di giovani genitori sono da rinvenirsi nell'art. 1, commi 72 e 73, L. 247/2007 e nel D.M. 19-11-2010.
Destinatarie del beneficio sono le imprese private, anche cooperative, che assumono a tempo indeterminato **giovani genitori (fino a 35 anni e 364 giorni) con prole minore o in affidamento, titolari di un contratto "precario"** (tempo determinato, somministrazione, intermittente, prestazioni accessorie, collaborazione).
Le imprese non devono aver effettuato licenziamenti per giustificato motivo oggettivo o riduzione di personale nei 6 mesi antecedenti, o avere lavoratori sospesi o con orario di lavoro ridotto per intervento di una delle causali di CIGS o di contratto di solidarietà difensivo: in entrambi i casi, l'assunzione è possibile se le professionalità sono sostanzialmente diverse.
Il contributo viene riconosciuto per un massimo di 5 lavoratori per ogni impresa: i lavoratori non devono essere stati licenziati nei 6 mesi antecedenti l'assunzione, da aziende aventi assetti proprietari coincidenti o controllate o collegate con quella che assume.
L'assunzione può avvenire anche a tempo parziale o con contratto di apprendistato.
Il valore del beneficio, per la cui erogazione l'impresa deve essere in regola con le previsioni contenute nell'art. 1, co. 1175-1176, L. 296/2006 e con i presupposti individuati dall'art. 31 D.Lgs. 150/2015, è pari a **5.000 euro per ogni assunzione** (massimo 5 per azienda). Viene riconosciuto per quote mensili ed è cumulabile con altre agevolazioni (ad esempio l'esonero biennale *ex lege* 208/2015). La fruizione avviene attraverso il sistema del conguaglio.

Capitolo 6
Il Reddito di cittadinanza (Rdc): soggetti beneficiari, calcolo e richiesta

6.1 Istituzione del Reddito di cittadinanza e della Pensione di cittadinanza (art. 1)

Con l'art. 1 del D.L. 28-1-2019, n. 4 (convertito dalla L. 28-3-2019, n. 26) è stato istituito, a decorrere dal 1° aprile 2019, il **Reddito di cittadinanza (Rdc)** con l'intento di creare "una misura fondamentale di politica attiva del lavoro a garanzia del diritto al lavoro, di contrasto alla povertà, alla disuguaglianza e all'esclusione sociale, nonché diretta a favorire il diritto all'informazione, all'istruzione, alla formazione e alla cultura attraverso politiche volte al sostegno economico e all'inserimento sociale dei soggetti a rischio di emarginazione nella società e nel mondo del lavoro". Il Rdc costituisce livello essenziale delle prestazioni (LEP) nei limiti delle risorse disponibili.
Il Reddito di cittadinanza assume la denominazione di **Pensione di cittadinanza (Pdc)** per i nuclei familiari composti esclusivamente da uno o più componenti di età pari o superiore a 67 anni (età adeguata all'incremento della speranza di vita ai fini dell'accesso al sistema pensionistico) quale misura di contrasto alla povertà delle persone anziane.

Si prescinde dal vincolo dell'età minima di 67 anni per tutti i componenti solo nell'ipotesi in cui nel nucleo familiare convivano una o più persone in condizioni di disabilità grave o di non autosufficienza. In questi casi la Pensione di cittadinanza, fermo restando il possesso degli altri requisiti, può essere attribuita pur in presenza di un soggetto di età inferiore ai 67 anni.

Salvo dove diversamente specificato, la disciplina della Pdc è la medesima di quella dettata per il Rdc.
In caso di nuclei già beneficiari del Rdc, la Pensione di cittadinanza decorre dal mese successivo a quello del compimento del 67° anno di età del componente del nucleo più giovane.

6.2 Soggetti beneficiari (art. 2)

Il Rdc è riconosciuto ai nuclei familiari che possiedano, al momento della presentazione della domanda e per tutta la durata dell'erogazione del beneficio, cumulativamente diversi requisiti, con riferimento al criterio della residenza e del soggiorno, del reddito e del patrimonio, del godimento di beni durevoli e dell'assenza di misure cautelari o di pregresse condanne.

6.2.1 Requisiti di cittadinanza, residenza e soggiorno

Il componente richiedente il beneficio deve essere, *cumulativamente*:

- in possesso della cittadinanza italiana o di Paesi facenti parte dell'Unione europea o familiare (art. 2, co. 1, lett. *b*, D.Lgs. 30/2007) di un titolare del diritto di soggiorno o del diritto di soggiorno permanente o cittadino di Paesi terzi in possesso del permesso di soggiorno UE per soggiornanti di lungo periodo;
- residente in Italia per almeno 10 anni, di cui gli ultimi due, considerati al momento della presentazione della domanda e per tutta la durata dell'erogazione del beneficio, in modo continuativo.

Nella nota parere n. 10155 del 21-12-2021 il Ministero del Lavoro ha chiarito che il Rdc può essere concesso anche al richiedente che *non risulti iscritto nei registri anagrafici al momento della domanda*. È *possibile sanare l'irregolarità* (e quindi accedere all'Rdc) a condizione che la presenza effettiva in Italia per la durata richiesta dalla norma (10 anni di cui gli ultimi 2 in modo continuativo) sia stata *opportunatamente documentata e accertata* dal Comune.
Se l'esito della verifica ha riscontro positivo il richiedente può sanare il requisito della residenza richiedendo l'iscrizione nei registri anagrafici *entro 30 giorni* dalla comunicazione dell'avvenuto accertamento della mancanza della condizione da parte del responsabile dei controlli anagrafici. In mancanza di tale iscrizione il beneficio dovrà essere revocato.

6.2.2 Requisiti reddituali e patrimoniali

Il nucleo familiare deve possedere:

- un **valore dell'Indicatore della situazione economica equivalente (ISEE)**, inferiore a 9.360 euro. Ai soli fini dell'accertamento dei requisiti per il **mantenimento del Rdc**, al valore dell'ISEE è sottratto l'ammontare del Rdc percepito dal nucleo beneficiario eventualmente incluso nell'ISEE, rapportato al corrispondente parametro della scala di equivalenza. Per **l'accesso al Rdc**, sono parimenti sottratti gli ammontari eventualmente inclusi nell'ISEE relativi alla fruizione del sostegno per l'inclusionc attiva (SIΛ), del reddito di inclusione (ReI) ovvero delle misure regionali di contrasto alla povertà oggetto d'intesa tra la Regione e il Ministero del lavoro, al fine di un'erogazione integrata con le citate misure nazionali;
- un **valore del patrimonio immobiliare**, in Italia e all'estero come definito a fini ISEE, *diverso dalla casa di abitazione*, non superiore a 30.000 euro;
- un **valore del patrimonio mobiliare**, come definito a fini ISEE, non superiore a 6.000 euro. Tale importo è incrementato di 2.000 euro per ogni componente il nucleo familiare successivo al primo, fino ad un massimo di 10.000 euro, e incrementato di ulteriori 1.000 euro per ogni figlio successivo al secondo; i massimali sono inoltre ulteriormente incrementati di 5.000 euro per ogni componente con disabilità e di euro 7.500 per ogni compenente in condizioni di disabilità grave o di non autosufficienza presente nel nucleo;
- un **valore del reddito familiare** inferiore ad una soglia di 6.000 euro annui moltiplicata per il corrispondente parametro della scala di equivalenza, pari ad 1 per il primo componente del nucleo familiare, incrementato di 0,4 per ogni ulteriore componente di età maggiore di anni 18 e di 0,2 per ogni ulteriore componente minorenne, fino ad un massimo di 2,1. Il parametro può essere elevato fino ad un massimo di 2,2 nel caso in cui nel nucleo familiare siano presenti componenti in condizione di disabilità grave o di non autosufficienza.

La predetta soglia è incrementata a 7.560 euro ai fini dell'accesso alla Pensione di cittadinanza.

In ogni caso la soglia è incrementata ad euro 9.360 euro nei casi in cui il nucleo familiare risieda in abitazione in locazione, come da dichiarazione sostitutiva unica (DSU) ai fini ISEE.

Il reddito familiare è considerato al netto dei trattamenti assistenziali eventualmente inclusi nell'ISEE ed inclusivo del valore annuo dei trattamenti assistenziali in corso di godimento da parte dei componenti il nucleo familiare, fatta eccezione per le prestazioni non sottoposte alla prova dei mezzi, cioè non correlate alla condizione di reddito personale e familiare. Nel valore dei trattamenti assistenziali non rilevano le erogazioni riferite al pagamento di arretrati, le riduzioni nella compartecipazione al costo dei servizi e le esenzioni e agevolazioni per il pagamento di tributi, le erogazioni a fronte di rendicontazione di spese sostenute, le erogazioni in forma di buoni servizio o altri titoli che svolgono la funzione di sostituzione di servizi. Tra i trattamenti assistenziali non si include l'assegno di cui all'art. 1, co. 125, L. 190/2014 (cosiddetto *bonus bebè*).

Il comma 1-*bis* dell'articolo 2 D.L. 4/2019 (aggiunto dalla L. 26/2019 in sede di conversione) specifica che, con riferimento ai requisiti reddituali e patrimoniali nonché per comprovare la composizione del nucleo familiare, i cittadini di Stati non appartenenti all'Unione europea devono produrre apposita certificazione rilasciata dalla competente autorità dello Stato estero, tradotta in lingua italiana e legalizzata dall'autorità consolare italiana.

Il successivo comma 1-*ter* (anch'esso aggiunto in sede di conversione) specifica che tali disposizioni non si applicano:

- nei confronti dei cittadini di Stati non appartenenti all'Unione europea aventi lo *status* di rifugiato politico;
- qualora convenzioni internazionali dispongano diversamente;
- nei confronti di cittadini di Stati non appartenenti all'Unione europea nei quali è oggettivamente impossibile acquisire le certificazioni.

A tal fine con decreto del Ministro del lavoro, di concerto con quello degli Affari esteri, si deve definire l'elenco dei Paesi nei quali non è possibile acquisire la documentazione necessaria per la compilazione della DSU ai fini ISEE.

In realtà con un decreto interministeriale del 21 ottobre 2019, capovolgendo le indicazioni della norma, è stato approvato una decreto che individua in allegato un elenco di Stati i cui cittadini *sono tenuti a produrre la documentazione* relativa al patrimonio immobiliare posseduto. Per esclusione, quindi, i cittadini di tutti gli altri Paesi non devono produrre alcuna documentazione ulteriore rispetto all'ISEE.

Con specifico riferimento ai beni detenuti all'estero, l'INPS provvede a definire annualmente, entro il 31 marzo, un *Piano di verifiche dei requisiti patrimoniali* dichiarati nella DSU ai fini ISEE. Il Piano può prevedere anche lo scambio di dati con le competenti autorità dello Stato estero, sulla base di accordi bilaterali (art. 2, co. 1-*quater*, D.L. 4/2019, modificato dalla L. 234/2021).

6.2.3 Godimento di beni durevoli

Nessun componente il nucleo familiare deve essere intestatario a qualunque titolo o avente piena disponibilità di:

- autoveicoli immatricolati la prima volta nei sei mesi antecedenti la richiesta o autoveicoli di cilindrata superiore a 1.600 cc o motoveicoli di cilindrata superiore a 250 cc immatricolati la prima volta nei due anni antecedenti, esclusi gli autoveicoli e i

motoveicoli per cui è prevista una agevolazione fiscale in favore delle persone con disabilità ai sensi della disciplina vigente;
- navi e imbarcazioni da diporto.

Nell'ipotesi di eccedenza di risorse disponibili, è possibile, con regolamento, ampliare la platea dei soggetti beneficiari, sulla base di indicatori di disagio socio-economico che tengono conto, oltre che della situazione economica, anche delle condizioni di esclusione sociale, di disabilità, di deprivazione socio-sanitaria, educativa e abitativa.
Possono essere previste anche **misure non monetarie ad integrazione del Rdc** (misure agevolative per l'utilizzo di trasporti pubblici, di sostegno alla casa, all'istruzione e alla tutela della salute).

6.2.4 Assenza di misure cautelari e condanne pregresse

L'art. 2, co. 1, lett. *c-bis*, D.L. 4/2019, aggiunto dalla L. 26/2019 in sede di conversione, specifica che per poter fruire del Rdc è necessario che il richiedente **non sia sottoposto a misura cautelare personale**, anche adottata a seguito di convalida dell'arresto o del fermo.
Lo stesso soggetto, nei 10 anni precedenti la richiesta, **non deve essere incorso in una condanna definitiva** per uno dei reati indicati nell'art. 7, co. 3 dello stesso D.L. 4/2019 (vedi *amplius* cap. 8).

6.3 Disposizioni inerenti la composizione del nucleo familiare (art. 2, commi 3 e 5)

Ai fini del Rdc, nonché della richiesta di prestazioni agevolate diverse dal Rdc, per la definizione del nucleo familiare valgono le seguenti disposizioni:
- i coniugi permangono nel medesimo nucleo anche a seguito di separazione o divorzio, qualora continuino a risiedere nella stessa abitazione. Se la separazione o il divorzio sono avvenuti successivamente alla data del 1° settembre 2018, il cambio di residenza deve essere certificato da apposito verbale della polizia locale;
- i componenti già facenti parte di un nucleo familiare come definito ai fini dell'ISEE, o del medesimo nucleo come definito ai fini anagrafici, continuano a farne parte ai fini dell'ISEE anche a seguito di variazioni anagrafiche, qualora continuino a risiedere nella medesima abitazione;
- il figlio maggiorenne non convivente con i genitori fa parte del nucleo familiare dei genitori esclusivamente quando è di età inferiore a 26 anni, è a loro carico a fini IRPEF, non è coniugato e non ha figli.

Non ha diritto al Rdc il componente del nucleo familiare disoccupato a seguito di *dimissioni volontarie*, nei 12 mesi successivi alla data delle dimissioni, fatte salve quelle presentate per giusta causa.

6.4 Rdc, NASpI e DIS-COLL (art. 2, comma 8)

Il Rdc è compatibile con il godimento della NASpI, della DIS-COLL e di ogni altro strumento di sostegno al reddito per la disoccupazione involontaria, ove ricorrano le condizioni dell'art. 2. Ai fini del diritto al beneficio e della definizione dell'ammontare del medesimo, gli emolumenti percepiti rilevano secondo quanto previsto dalla disciplina dell'ISEE.

6.5 Composizione e calcolo (art. 3, commi 1-4)

Il Rdc, su base annua, si compone di due elementi:

> una **componente ad integrazione del reddito familiare fino alla soglia di 6.000 euro annui** (7.560 euro in caso di Pensione di cittadinanza) da riparametrare attraverso la scala di equivalenza che tiene conto della composizione dl nucleo familiare. Il parametro è pari ad 1 per il primo componente del nucleo familiare, incrementato di 0,4 per ogni ulteriore componente maggiorenne e di 0,2 per ogni ulteriore componente minorenne, fino ad un massimo di 2,1 (2,2 se nel nucleo familiare sono presenti componenti con disabilità grave o non autosufficienti). Il parametro della scala di equivalenza non tiene conto dei soggetti che si trovano in stato detentivo e di quelli ricoverati in istituti di cura di lunga degenza o altre strutture residenziali (art. 3, comma 13);

> una **componente ad integrazione del reddito dei nuclei familiari residenti in abitazione in locazione**, pari all'ammontare del canone annuo previsto nel contratto di locazione dichiarato a fini ISEE, fino ad un massimo di euro 3.360 annui (1.800 se il nucleo risiede in casa di proprietà per la quale sia stato concesso un mutuo o in caso di Pensione di cittadinanza).

A decorrere dal 1° gennaio 2022 il beneficio economico mensile è **ridotto di una somma pari a 5 euro** per ciascun mese a partire dal mese successivo a quello in cui si è eventualmente rifiutata un'offerta congrua (*cfr. cap. 8, par. 8.1.5*). La riduzione non opera per i nuclei familiari composti esclusivamente da componenti non tenuti agli obblighi connessi alla fruizione del Reddito di cittadinanza, nonché per i nuclei familiari fino a quando tra i componenti sia presente almeno un soggetto minore di 3 anni di età ovvero una persona con disabilità grave o non autosufficienza, come definiti a fini ISEE.
La riduzione si applica solo nei casi in cui il beneficio economico mensile non risulti inferiore a 300 euro, moltiplicato per il corrispondente parametro della scala di equivalenza. La riduzione è sospesa dal mese successivo a quello in cui almeno un componente del nucleo familiare abbia avviato attività da lavoro dipendente o autonomo da almeno un mese continuativo. A decorrere dal termine di sospensione, il beneficio è rideterminato nelle modalità ordinaria (art. 1, co. 76-80, L. 234/2021).
Il RdC è **esente dal pagamento IRPEF** e si configura come **sussidio di sostentamento** a persone comprese nell'elenco dei poveri ai sensi dell'art. 545 c.p.c. (*Crediti impignorabili*).

6.6 Limiti di importo (art. 3, comma 4)

Il Rdc, in ogni caso, non può essere complessivamente superiore a 9.360 euro annui, moltiplicati per il corrispondente parametro della scala di equivalenza e ridotti per il valore del reddito familiare. Non può comunque essere inferiore a 480 euro annui.

6.7 Decorrenza, durata ed erogazione (art. 3, commi 5-7)

Il Rdc **decorre dal mese successivo a quello della richiesta** e il suo valore mensile è pari ad 1/12 del valore su base annua. Esso è riconosciuto per il periodo durante il quale il beneficiario è in possesso dei requisiti stabiliti dalla norma e, comunque, **per un periodo continuativo non superiore a 18 mesi**.

Il Rdc può essere rinnovato, previa sospensione dell'erogazione per un periodo di un mese prima di ciascun rinnovo. La sospensione non opera nel caso della Pensione di cittadinanza.

Le modalità di erogazione del Rdc, suddiviso per ogni singolo componente del nucleo familiare maggiorenne, sono stabilite con decreto del Ministro del lavoro e delle politiche sociali, di concerto con il Ministro dell'economia e delle finanze.

La Pensione di cittadinanza è, invece, suddivisa in parti uguali tra i componenti il nucleo familiare.

6.8 Fruizione del beneficio (art. 3, commi 14 e 15)

Il beneficio è ordinariamente fruito **entro il mese successivo a quello di erogazione**. Con apposito decreto del Ministro del lavoro, di concerto con quello dell'economia e delle finanze (sentito il Garante per la privacy) sono definite le modalità di verifica, mediante il monitoraggio dei soli importi complessivamente spesi e prelevati sulla Carta Rdc, della fruizione del beneficio, le possibili eccezioni, nonché le altre modalità attuative.

Nel caso in cui il beneficio **non sia speso interamente** sono previste le seguenti **penalizzazioni**:

- dal mese successivo alla data di entrata in vigore del suddetto decreto ministeriale, l'ammontare del beneficio non speso o non prelevato, ad eccezione di arretrati, è sottratto, nella mensilità successiva a quella in cui il beneficio non è stato interamente speso, nei limiti del 20% del beneficio erogato;
- l'ammontare complessivo non speso o non prelevato nel semestre è decurtato dalla disponibilità della Carta Rdc, fatta eccezione per una mensilità di beneficio riconosciuto.

Nel caso di **interruzione della fruizione del beneficio**:

- se l'interruzione dipende da ragioni diverse dall'applicazione di sanzioni, il beneficio può essere richiesto nuovamente per una durata complessiva non superiore al periodo residuo non goduto;
- se l'interruzione dipende dal maggior reddito derivato da una variazione della condizione occupazionale e sia decorso almeno un anno nella nuova condizione, l'eventuale successiva richiesta del beneficio equivale a prima richiesta.

6.9 Variazione delle condizioni occupazionali, patrimoniali e del nucleo familiare (art. 3, commi 8-12)

6.9.1 Variazione delle condizioni occupazionali

La variazione della condizione occupazionale di uno o più componenti il nucleo familiare nel corso dell'erogazione del Rdc comporta una rideterminazione del relativo beneficio economico.

Nel caso di **avvio di un'attività di lavoro dipendente** da parte di uno o più componenti il nucleo familiare, il maggior reddito da lavoro concorre alla determinazione del beneficio economico nella misura dell'80%, a decorrere dal mese successivo a quello della variazione e fino a quando il maggior reddito non è ordinariamente recepito nell'ISEE per l'intera annualità.
Il reddito da lavoro dipendente è desunto dalle comunicazioni obbligatorie, di cui all'art. 9-*bis* D.L. 510/1996, convertito, con modificazioni, dalla L. 608/1996, che, conseguentemente, a decorrere dal mese di aprile 2019, devono contenere l'informazione relativa alla retribuzione o al compenso.

Il citato art. 9-*bis* D.L. 510/1996 dispone, in caso di instaurazione del rapporto di lavoro subordinato, l'obbligo per gli enti pubblici economici e per i datori di lavoro privati, compresi quelli agricoli, di darne comunicazione al Servizio competente nel cui ambito territoriale è ubicata la sede di lavoro entro il giorno antecedente a quello di instaurazione dei relativi rapporti, indicando il trattamento economico e normativo applicato.

Il lavoratore è tenuto, a pena di decadenza dal beneficio, a **comunicare all'INPS** l'avvio dell'attività lavorativa.
Nel caso di **avvio di un'attività d'impresa o di lavoro autonomo**, svolta sia in forma individuale che di partecipazione, da parte di uno o più componenti il nucleo familiare la variazione dell'attività deve essere comunicata all'INPS il giorno antecedente all'inizio della stessa a pena di decadenza dal beneficio.

Il reddito è determinato secondo il principio di cassa come differenza tra i ricavi e i compensi percepiti e le spese sostenute nell'esercizio dell'attività e va comunicato entro il 15° giorno successivo al termine di ciascun trimestre dell'anno.
Per le due mensilità successive a quella di variazione della condizione occupazionale il beneficio economico del Rdc non subisce variazioni (fermo restando il limite di durata di 18 mesi) ed è successivamente aggiornato ogni trimestre.
L'incentivo non è cumulabile con quello previsto per l'avvio di un'attività di lavoro autonomoo d'impresa.

Nel caso in cui vi siano componenti del nucleo familiare in possesso di redditi da lavoro non rilevati per l'intera annualità nell'ISEE in corso di validità utilizzato per l'accesso al beneficio, le suddette comunicazioni (di cui ai commi 8 e 9) sono effettuate all'atto della richiesta del beneficio secondo modalità definite nel provvedimento dell'INPS con cui è stato è approvato il modulo di domanda, nonché il modello di comunicazione dei redditi per la richiesta di Rdc (comma 10: *vedi infra*).

6.9.2 Variazione delle condizioni patrimoniali

Il beneficiario **deve comunicare** all'ente erogatore, nel termine di 15 giorni, **ogni variazione patrimoniale** che comporti la perdita dei requisiti reddituali richiesti per l'accesso al Rdc.
Con riferimento al patrimonio mobiliare, come definito ai fini dell'ISEE, l'eventuale variazione patrimoniale che comporti la perdita dei requisiti è comunicata entro il 31 gennaio relativamente all'anno precedente, ove non già compresa nella DSU. La perdita dei requisiti si verifica anche nel caso di acquisizione del possesso di somme o valori superiori alle soglie specificate nel decreto, a seguito di donazione, successione o vincite, e deve essere comunicata entro 15 giorni dall'acquisizione.

6.9.3 Variazione del nucleo familiare

In caso di variazione nella composizione del nucleo familiare in corso di fruizione del beneficio, fermi restando il mantenimento dei requisiti, i nuclei familiari sono tenuti a presentare una **DSU (Dichiarazione sostitutiva unica)** aggiornata entro 2 mesi dalla variazione. Se quest'ultima produce una riduzione del beneficio, la mancata presentazione della DSU comporta la decadenza dallo stesso.

La DSU è la dichiarazione con cui i contribuenti attestano i dati relativi al proprio nucleo familiare, nonché al reddito e alla situazione patrimoniale mobiliare o immobiliare al 31 dicembre dell'anno precedente a quello di presentazione.

I limiti temporali di durata del godimento del Rdc si applicano al nucleo familiare modificato, ovvero a ciascun nucleo familiare formatosi a seguito della variazione.
Ad eccezione delle variazioni conseguenti a decessi e nascite, la prestazione decade d'ufficio dal mese successivo a quello della presentazione della dichiarazione a fini ISEE aggiornata, contestualmente alla quale i nuclei possono comunque presentare una nuova domanda di Rdc.

6.10 Richiesta, verifica ed erogazione del beneficio (art. 5)

6.10.1 Richiesta del beneficio (art. 5, commi 1 e 2)

Il Rdc può essere richiesto, **dopo il 5° giorno di ciascun mese**:
> in modalità cartacea *presso gli uffici postali abilitati*, cui è affidata la gestione del servizio integrato delle Carte acquisti, e presso *i Centri di assistenza fiscale (CAF)*;
> *con modalità telematiche*, sul sito del Ministero del Lavoro e delle Politiche sociali al link www.redditodicittadinanza.gov.it tramite le credenziali SPID (Sistema pubblico di identità digitale).

Solo per la Pensione di cittadinanza le richieste possono essere presentate presso gli istituti di patronato.
La richiesta va effettuata sulla base del *modulo di domanda* e del *modello di comunicazione dei redditi* in caso di variazione, predisposti con apposito provvedimento dell'INPS (*vedi infra*).
Con riferimento alle informazioni già dichiarate dal nucleo familiare a fini ISEE, il modulo rimanda alla corrispondente DSU, a cui la domanda è successivamente associata.
Le informazioni contenute nella domanda sono comunicate all'INPS **entro 10 giorni lavorativi** dalla richiesta.

Con decreto del Ministro del lavoro (sentito il Garante per la Privacy) sono individuate modalità di presentazione della richiesta del Rdc anche contestualmente alla presentazione della DSU a fini ISEE e in forma integrata, tenuto conto delle semplificazioni conseguenti all'avvio, a decorrere dal 2020, della precompilazione della DSU stessa. Sono individuate anche le modalità di precompilazione della richiesta di Rdc, sulla base delle informazioni disponibii nei propri archivi e in quelli delle amministrazioni titolari dei dati.

L'INPS è autorizzato ad inviare comunicazioni informative mirate ai nuclei familiari che, a seguito dell'attestazione dell'ISEE, presentino valori dell'indicatore e di sue componenti compatibili con i requisiti reddituali e patrimoniali richiesti per l'accesso al beneficio economico del Rdc.

La domanda di Rdc resa dall'interessato all'INPS per sé e tutti i componenti maggiorenni del nucleo, tenuti agli obblighi connessi alla fruizione del Rdc, ai sensi del comma 2, equivale a DID (*Dichiarazione di immediata disponibilità al lavoro*) ed è trasmessa dall'INPS all'ANPAL, ai fini dell'inserimento nel sistema informativo unitario delle politiche del lavoro. Le domande di Rdc che non contengano le DID sono improcedibili (art. 4, co. 4, D.L. 4/2019, modificato dalla L. 234/2021).

6.10.2 Riconoscimento e verifica del beneficio (art. 5, commi 3-5)

Il riconoscimento del beneficio da parte dell'INPS avviene entro la fine del mese successivo alla trasmissione della domanda relativa. L'Istituto procede ad una **verifica del possesso dei requisiti richiesti** sulla base delle informazioni disponibili nei propri archivi e in quelli delle amministrazioni titolari dei dati, acquisendoli dall'Anagrafe tributaria, dal Pubblico Registro Automobilistico e dalle altre amministrazioni pubbliche detentrici. Con apposito provvedimento dell'Istituto (sentito il Garante per la Privacy), sono definite, ove non già disciplinate, la tipologia dei dati, le modalità di acquisizione e le misure a tutela degli interessati.

In ogni caso la valutazione e il riconoscimento da parte dell'INPS avvengono entro la fine del mese successivo alla trasmissione della domanda all'Istituto.

Nelle more del completamento dell'Anagrafe nazionale della popolazione residente (ANPR), la **verifica della sussistenza dei requisiti di residenza e di soggiorno richiesti spetta ai Comuni.**

Questi ultimi effettuano a campione, all'atto della presentazione dell'istanza, **verifiche sostanziali e controlli anagrafici** sulla composizione del nucleo familiare dichiarato e sull'effettivo possesso dei requisiti suddetti nonché, successivamente all'erogazione del beneficio, sulla permanenza degli stessi. A tal fine l'INPS rende disponibili ai Comuni le informazioni rilevanti per il tramite della piattaforma digitale. I criteri per la selezione del campione sono definiti in sede di Conferenza Stato città e autonomie locali con la partecipazione dell'INPS, al quale è *tempestivamente comunicato l'esito delle verifiche e dei controlli* attraverso la piattaforma di digitale.

I dati anagrafici, di residenza, di soggiorno e di cittadinanza, dichiarati in modo analitico nella domanda, sono preventivamente e tempestivamente verificati dall'INPS sulla base delle informazioni presenti nelle banche dati a disposizione dell'Istituto. L'INPS comunica tempestivamente ai Comuni responsabili dei controlli le posizioni che necessitano di ulteriori accertamenti sui requisiti anagrafici mediante la piattaforma digitale. L'esito delle verifiche è comunicato dai Comuni all'Istituto attraverso la piattaforma 120 giorni dalla comunicazione predetta da parte dell'INPS. Durante tale termine il pagamento delle somme è sospeso. Decorso tale termine, qualora l'esito delle verifiche non sia comunicato dai Comuni all'INPS, il pagamento delle somme è comunque disposto. Il responsabile del procedimento del Comune che deve fornire i dati risponde per il danno erariale causato dalla eventuale corresponsione delle somme non dovute.

I **requisiti economici** di accesso al Rdc si considerano posseduti per la durata dell'attestazione ISEE in vigore al momento di presentazione della domanda. Sono verificati nuovamente solo in caso di presentazione di nuova DSU, ferma restando la necessità di aggiornare l'ISEE alla scadenza del periodo di validità dello stesso.

Gli **altri requisiti** si considerano posseduti sino a quando non via sia una comunicazione contraria da parte delle amministrazioni competenti alla verifica degli stessi. In tal caso l'erogazione del beneficio è interrotta a decorrere dal mese successivo alla comunicazione e ne è disposta la revoca. Resta salva, in capo all'INPS, la verifica dei requisiti autocertificati in domanda.

6.10.3 Erogazione del beneficio Carta Rdc (art. 5, commi 6 e 6-*bis*)

Il Reddito di cittadinanza è erogato attraverso la **Carta Rdc**, emessa, in sede di prima applicazione e fino alla scadenza del termine contrattuale, da Poste italiane S.p.A.
Il numero di carte deve comunque essere tale da garantire l'erogazione del beneficio suddivisa per ogni singolo componente maggiorenne del nucleo. La consegna della Carta Rdc presso gli uffici del gestore del servizio integrato avviene esclusivamente dopo il 5° giorno di ciascun mese.
La Carta Rdc consente di:

- *soddisfare le esigenze previste per la Carta acquisti* di cui al D.L. 112/2008;
- *effettuare prelievi di contante entro un limite mensile non superiore 100 euro* per un individuo singolo (che va moltiplicato per il parametro della scala di equivalenza determinato in base alla composizione del nucleo familiare);
- *effettuare un bonifico mensile* in favore del locatore indicato nel contratto di locazione o dell'intermediario che ha concesso il mutuo nel caso delle integrazioni previste per i nuclei familiari residenti in abitazione in locazione o in proprietà.

Congiuntamente, e con le stesse modalità di erogazione del Rdc, l'INPS riconosce una quota supplementare di beneficio economico riferita all'assegno unico e universale (AUU), senza necessità che i percettori del Rdc presentino apposita domanda (circ. 28-4-2022, n. 53).

Il D.Lgs. 230/2021 prevede, infatti, che i nuclei familiari percettori del Rdc ricevano d'ufficio la corresponsione dell'AUU. Si ricorda che quest'ultimo è un sostegno economico alle famiglie attribuito per ogni figlio a carico fino al compimento dei 21 anni (al ricorrere di determinate condizioni) e senza limiti di età per i figli disabili. L'importo spettante varia in base alla condizione economica del nucleo familiare sulla base di ISEE valido al momento della domanda, tenuto conto dell'età e del numero dei figli nonché di eventuali situazioni di disabilità dei figli. L'AUU è definito *unico* poiché è finalizzato alla semplificazione e al contestuale potenziamento degli interventi diretti a sostenere la genitorialità e la natalità, e *universale* in quanto viene garantito in misura minima a tutte le famiglie con figli a carico, anche in assenza di ISEE o con ISEE superiore alla soglia di 40 mila euro.

Con decreto del Ministro del lavoro e delle politiche sociali, emanato di concerto con il Ministro dell'economia e delle finanze, possono essere individuate *ulteriori esigenze* da soddisfare attraverso la Carta Rdc, nonché *diversi limiti di importo per i prelievi di contante*.
Vige il divieto assoluto di utilizzare il beneficio economico per giochi che prevedono vincite in denaro o altre utilità.
Le informazioni sulle *movimentazioni sulla Carta Rdc*, prive dei dati identificativi dei beneficiari, possono essere utilizzate dal Ministero del lavoro a fini statistici e di ricerca scientifica.
La Pensione di cittadinanza può essere erogata anche con modalità diverse dalla Carta. Il provvedimento (art. 5, co. 6-*bis*, D.L. 4/2019) specifica che si possono utilizzare gli strumenti ordinariamente in uso per il pagamento delle pensioni, quindi anche in contanti allo sportello postale.

Il decreto interministeriale del 19 aprile 2019 è intervenuto per precisare le **modalità di utilizzo della Carta Rdc**. In particolare, l'art. 2 ha previsto che con la Carta possono essere soddisfatte, oltre alle esigenze previste per la Carta acquisti, tutte le altre esigenze dei beneficiari medesimi, ad eccezione di quelle legate all'acquisto dei seguenti beni e servizi: *giochi che prevedono vincite in denaro o altre utilità, acquisto, noleggio e leasing di navi e imbarcazioni da diporto, nonché servizi portuali, armi, materiale pornografico e beni e servizi per adulti, servizi finanziari e creditizi, servizi di trasferimento di denaro, servizi assicurativi, articoli di gioielleria, articoli di pellicceria, acquisti presso gallerie d'arte e affini, acquisti in club privati*.

Il decreto ha precisato che è inibito, da parte del gestore del servizio, l'uso della Carta in esercizi prevalentemente o significativamente adibiti alla vendita dei beni e servizi prima elencati nonché l'utilizzo della Carta all'estero e per gli acquisti on-line o mediante servizi di *direct-marketing*.

6.10.4 Agevolazioni tariffe gas ed elettricità (art. 5, comma 7)

Ai beneficiari del Rdc sono estese le agevolazioni relative:

- alle *tariffe elettriche* riconosciute alle famiglie economicamente svantaggiate (art. 1, co. 375, L. 266/2005);
- alla compensazione per la *fornitura di gas naturale* (art. 3, co. 9, D.L. 185/2008, conv. in L. 2/2009).

Step della procedura
1. Richiesta del Rdc, dopo il 5° giorno di ciascun mese, presso gli uffici postali abilitati, con modalità telematiche o presso i Centri di assistenza fiscale
2. Le informazioni contenute nella domanda sono comunicate all'INPS entro 10 giorni lavorativi dalla richiesta del Rdc
3. L'INPS verifica il possesso dei requisiti richiesti entro 5 giorni lavorativi dalla comunicazione delle informazioni contenute nella relativa domanda
4. I Comuni (nelle more del completamento dell'ANPR) comunicano all'INPS l'esito della verifica della sussistenza dei requisiti di residenza e di soggiorno
5. In caso di esito positivo delle verifiche e di rispetto delle altre condizioni richieste, il beneficio viene erogato attraverso la Carta Rdc emessa da Poste Italiane S.p.A. Per la Pensione di cittadinanza anche in contanti

6.10.5 La rinuncia al Reddito di cittadinanza o alla Pensione di cittadinanza

Il titolare della carta Rdc o Pdc può **rinunciare al beneficio sottoscrivendo il modulo SR183 predisposto dall'INPS**. L'istanza viene effettuata in nome e per conto del nucleo familiare, a prescindere dalla sua composizione o dalla fase di attuazione del beneficio. Quest'ultimo viene disattivato con decorrenza dal momento della rinuncia; eventuali importi residui ancora presenti nella Carta non saranno più utilizzabili ma il titolare non è tenuto alla restituzione di quanto già percepito.

Capitolo 7
Il Reddito di cittadinanza (Rdc): Patto per il lavoro e Patto per l'inclusione sociale, sanzioni e incentivi

7.1 Patto per il lavoro e Patto per l'inclusione sociale (art. 4)

7.1.1 Dichiarazione di immediata disponibilità al lavoro (DID)

La domanda di Rdc resa dall'interessato all'INPS per sé e tutti i componenti maggiorenni del nucleo tenuti agli obblighi connessi alla fruizione del Rdc equivale a Dichiarazione di immediata disponibilità al lavoro (DID) ed è trasmessa dall'INPS all'ANPAL, ai fini dell'inserimento nel sistema informativo unitario delle politiche del lavoro (art. 4, co. 4, D.L. 4/2019, modificato dalla L. 234/2021).

I soggetti interessati devono aderire ad un percorso personalizzato di accompagnamento all'inserimento lavorativo **(Patto per il lavoro)** e all'inclusione sociale **(Patto per l'inclusione)** che prevede attività al servizio della comunità, di riqualificazione professionale, di completamento degli studi, nonché altri impegni individuati dai servizi competenti finalizzati all'inserimento nel mercato del lavoro e all'inclusione sociale.

Sono **esclusi dai suddetti obblighi** i componenti del nucleo familiare:

- minorenni;
- già occupati o frequentanti un regolare corso di studi;
- titolari di un trattamento pensionistico diretto (l'esclusione non concerne, quindi, i titolari di un trattamento in favore dei superstiti) o di età pari o superiore a 65 anni;
- rientranti nelle nozioni di disabilità di cui all'art. 1 L. 68/1999, e successive modificazioni, fatta salva ogni iniziativa di collocamento mirato. I componenti con disabilità possono manifestare la loro disponibilità al lavoro ed essere destinatari di offerte di lavoro alle condizioni, con le percentuali e con le tutele previste dalla legge sul collocamento mirato.

Inoltre, **possono essere esonerati** i componenti con *carichi di cura*, valutati con riferimento alla presenza, nel nucleo familiare, di soggetti minori di tre anni di età ovvero con disabilità grave o non autosufficienza. Tali soggetti sono, in ogni caso, esonerati dall'obbligo di partecipazione ai progetti comunali di cui si dirà in seguito.

L'esonero può riguardare anche coloro che frequentano corsi di formazione e i lavoratori il cui reddito da lavoro dipendente o autonomo corrisponde a un'imposta lorda pari o inferiore alle detrazioni spettanti ai sensi del Testo unico delle imposte sui redditi (art. 13 D.P.R. 917/1986).

Si ricorda che lo *status* di disoccupato può essere mantenuto se si ricava un reddito fino a 8.174 euro in caso di lavoro dipendente o parasubordinato o 5.500 euro annui per i lavoratori autonomi. Pertanto, come chiarito nella nota ministeriale n. 5824/2022, per i percettori di Rdc, i nuovi limiti valgono anche ai fini dell'esonero dall'obbligo di aderire ai relativi percorsi di ricollocazione.

7.1.2 Convocazione da parte del Centro per l'impiego

I componenti dei nuclei familiari beneficiari tenuti all'adesione al percorso personalizzato sono individuati e resi noti ai CPI per il tramite della Piattaforma digitale prevista per la gestione del Rdc. Tali soggetti sono convocati (anche con mezzi informali, quali messaggistica telefonica o posta elettronica) dal Centro entro 30 giorni dal riconoscimento del beneficio, se in possesso di uno o più dei seguenti requisiti al momento della richiesta del Rdc:

- assenza di occupazione da non più di 2 anni;
- essere beneficiario della NASpI ovvero di altro ammortizzatore sociale per la disoccupazione involontaria o averne terminato la fruizione da non più di un anno;
- aver sottoscritto negli ultimi 2 anni un Patto di servizio attivo presso i Centri per l'impiego.
- non aver sottoscritto un progetto personalizzato previsto dalla legge istitutiva del Reddito di inclusione (art. 6 D.Lgs. 147/2017).

Sempre mediante la Piattaforma digitale, sono resi noti ai CPI anche i beneficiari del Rdc maggiorenni e di età pari o inferiore a 29 anni, indipendentemente dal possesso dei requisiti su esposti e dall'eventuale presa in carico del nucleo familiare di appartenenza, per essere convocati entro 30 giorni dal riconoscimento del beneficio. Inoltre, la Piattaforma, oltre ai soggetti precedentemente menzionati, rende noto ai CPI anche l'elenco dei beneficiari del Rdc che siano componenti dei nuclei familiari dei soggetti in possesso delle condizioni su esposte affinché siano convocati nei termini previsti dalla legislazione vigente.

Nel caso in cui l'operatore del CPI ravvisi che nel nucleo familiare dei beneficiari in possesso dei requisiti siano presenti particolari criticità, e quindi sia difficoltoso l'avvio di un percorso di inserimento al lavoro, per il tramite della Piattaforma digitale invia il richiedente ai servizi comunali competenti per il contrasto della povertà, che si coordinano a livello di ambito territoriale, per la valutazione multidimensionale. L'operatore deve motivare tale attività.

Al fine di assicurare omogeneità di trattamento, con un accordo in sede di Conferenza unificata sono definiti i princìpi e i criteri generali da adottare in sede di valutazione per l'identificazione di tali condizioni di particolare criticità.

I **nuclei familiari beneficiari che non abbiano componenti con i requisiti su esposti** sono individuati e resi noti, sempre per il tramite della Piattaforma, ai Comuni, che si coordinano a livello di ambito territoriale, affinché siano convocati, entro 30 giorni dal riconoscimento del beneficio, dai servizi competenti per il contrasto della povertà.

In sede di primo incontro presso il Centro per l'impiego sono individuati eventuali componenti del nucleo familiare esonerati dagli obblighi connessi alla fruizione del Rdc, fatta salva la valutazione di bisogni sociali o socio-sanitari connessi ai compiti di cura.

7.1.3 Valutazione preliminare

Il CPI, o i servizi comunali competenti per il contrasto della povertà (nell'ipotesi di cui all'art. 4, co. 11, D.L. 4/2019) procedono all'esame preliminare dei bisogni del nucleo familiare e dei suoi componenti. A seconda se da tale valutazione emerge che i suddetti bisogni sono prevalentemente connessi alla situazione lavorativa o sono complessi e multidimensionali, i beneficiari sottoscrivono un Patto per il lavoro o un Patto per l'inclusione sociale (art. 4, comma 12).

7.1.4 Stipula del Patto per il lavoro

I beneficiari, non esclusi o esonerati dagli obblighi connessi alla fruizione del Rdc, stipulano presso i Centri per l'impiego o presso i soggetti accreditati ai sensi dell'art. 12 D.Lgs. 150/2015, qualora previsto da provvedimenti regionali, un **Patto di servizio personalizzato** (art. 20 D.Lgs. 150/2015), che con riferimento ai soggetti che beneficiano del Rdc assume la denominazione di **Patto per il lavoro**.

Il Patto di servizio personalizzato è, infatti, già previsto per tutti i soggetti in stato di disoccupazione e deve riportare:
- la definizione del profilo personale di occupabilità;
- la definizione degli atti di ricerca attiva e la tempistica degli stessi;
- la disponibilità del richiedente alle attività di partecipazione a iniziative e laboratori per il rafforzamento delle competenze nella ricerca attiva di lavoro, a iniziative di carattere formativo o di riqualificazione e l'accettazione di congrue offerte di lavoro.

Il Patto per il lavoro introdotto dal decreto sul Rdc prevede ulteriori obblighi.

Gli **obblighi a carico dei beneficiari** del Rdc sono:
> *collaborare* alla definizione del Patto per il lavoro;
> *accettare espressamente gli obblighi e rispettare gli impegni previsti nel Patto per il lavoro*. In particolare egli deve:
1. registrarsi sull'apposita *piattaforma digitale* e consultarla quotidianamente quale supporto nella *ricerca attiva del lavoro*;
2. svolgere *ricerca attiva del lavoro*. La ricerca attiva del lavoro è verificata presso il Centro per l'impiego in presenza con frequenza almeno mensile; in caso di mancata presentazione senza comprovato giustificato motivo si applica la decadenza dal beneficio;
3. accettare di essere avviato alle attività individuate nel Patto per il lavoro;
4. sostenere i *colloqui psicoattitudinali* e le eventuali *prove di selezione* finalizzate all'assunzione, su indicazione dei servizi competenti e in attinenza alle competenze certificate;
5. accettare almeno una delle *offerte di lavoro congrue*, ai sensi dell'art. 25 D.Lgs. 150/2015 (che considera profili professionali, tipologia contrattuale e misura della retribuzione proposte), come integrato al comma 9 dell'art. 4 (distanza del luogo di lavoro). In caso di rinnovo del beneficio deve accettare, a pena di decadenza dal beneficio, la prima offerta utile di lavoro congrua;
6. partecipare periodicamente ad attività e colloqui da svolgersi in presenza.

Coerentemente con le competenze professionali del beneficiario e con quelle acquisite in ambito formale, non formale e informale, ed in base agli interessi e alle propensioni emerse nel corso del colloquio sostenuto presso il Centro per l'impiego o presso i servizi dei Comuni, il beneficiario deve (art. 4, co. 15, D.L. 4/2019) dare la propria disponibilità alla **partecipazione a progetti dei Comuni**, utili alla collettività, in ambito culturale, sociale, artistico, ambientale, formativo e di tutela dei beni comuni, da svolgere presso il medesimo Comune di residenza. A tal fine deve mettere a disposizione un numero di ore compatibile con le altre attività del beneficiario e comunque non inferiore al numero di 8 ore settimanali, aumentabili fino ad un numero massimo di 16 ore complessive settimanali. Nell'ambito dei progetti utili alla collettività, i Comuni sono tenuti ad impiegare almeno 1/3 dei percettori di Rdc residenti. Lo svolgimento di tali attività è a titolo

gratuito e non è assimilabile ad una prestazione di lavoro subordinato o parasubordinato e non comporta, comunque, l'instaurazione di un rapporto di pubblico impiego con le amministrazioni pubbliche.
La partecipazione ai progetti è facoltativa per le persone non tenute agli obblighi connessi al Rdc.

I Comuni comunicano le informazioni rilevanti ad una apposita sezione della piattaforma dedicata al programma del Rdc del Ministero del lavoro. L'esecuzione delle attività e l'assolvimento degli obblighi del beneficiario sono subordinati all'attivazione dei progetti. L'avvenuto assolvimento di tali obblighi è attestato dai Comuni, tramite l'aggiornamento della Piattaforma dedicata.

7.1.5 Congruità dell'offerta di lavoro

La congruità dell'offerta di lavoro è stabilita anche con riferimento al numero di offerte rifiutate e alla distanza della sede di lavoro (art. 4, co. 9, D.L. 4/2019, come modificato dall'art. 1, co. 74, L. 234/2021 che *ha eliminato il riferimento alla durata di fruizione del beneficio*). Alcune deroghe sono previste nelle ipotesi in cui nel nucleo familiare siano presenti componenti disabili o figli minori. In sintesi è definita congrua un'offerta che presenta le seguenti caratteristiche:

a) se si tratta di prima **offerta di lavoro a tempo indeterminato**, è congrua se il luogo di lavoro dista meno di 80 chilometri dalla residenza del beneficiario o comunque è raggiungibile nel limite temporale massimo di 100 minuti con i mezzi di trasporto pubblici. La seconda offerta, invece, è sempre congrua, ovunque collocata nel territorio italiano;
b) sia nel caso di prima che di seconda offerta, sono considerate congrue anche quelle che prevedono un'attività a **tempo parziale** (*part time almeno al 60%*) o a **tempo determinato e in somministrazione** (*durata non inferiore a 3 mesi*). In questi casi il luogo di lavoro non deve essere distante più di 80 km dalla residenza del beneficiario o comunque raggiungibile nel limite temporale massimo di 100 minuti con i mezzi di trasporto pubblici;
c) in caso di **rinnovo del beneficio** è congrua un'offerta ovunque sia collocata nel territorio italiano, anche nel caso si tratti di prima offerta.

Nelle ipotesi in cui nel nucleo familiare siano presenti componenti disabili o figli minori si applicano alcune deroghe previste dalle successive lettere *d* e *d-bis* dell'art. 4, co. 9, D.L. 4/2019.
Se nella famiglia sono presenti **componenti con disabilità** le lettere *b*) e *c*) non si applicano; le offerte della lettera *a*), successive alla prima, sono considerate congrue se la distanza della sede di lavoro non è superiore a 100 chilometri dalla residenza del beneficiario.
Se nel nucleo familiare sono presenti **figli minori** (anche qualora i genitori siano legalmente separati) non operano le previsioni della lettera *c)*; tale deroga vale esclusivamente nei primi 24 mesi dall'inizio della fruizione del beneficio, anche in caso di rinnovo dello stesso.

I servizi per il lavoro, accreditati ai sensi dell'articolo 12 D.Lgs. 150/2015 e ai quali sia stata affidata l'attivazione di interventi in favore di beneficiari del Rdc nell'ambito del programma Garanzia Occupabilità dei Lavoratori (GOL), devono comunicare tempestivamente, e comunque entro 5 giorni, al CPI e all'ANPAL la **mancata accettazione di un'offerta di lavoro congrua**, pena la decadenza dalla partecipazione da parte del medesimo servizio per il lavoro al programma GOL per 6 mesi, con riferimento all'attivazione di interventi in favore di qualsivoglia nuovo beneficiario. Sono fatti salvi gli interventi attivati al momento della mancata comunicazione. L'ANPAL realizza il monitoraggio e la valutazione comparativa dei servizi per il lavoro e segnala ai servizi interessati eventuali criticità riscontrate in sede di valutazione, anche in termini di numero di esiti positivi di ricollocazione e di offerte congrue complessivamente formulate, incluse quelle non accettate, da valutare in relazione al contesto territoriale di riferimento. Ove le criticità permangano, l'ANPAL valuta la revoca dalla partecipazione al programma. GOL del servizio per il lavoro interessato. Sono fatti salvi gli interventi attivati al momento della revoca.

L'art. 4, co. 9-*bis*, D.L. 4/2019 (aggiunto dalla L. 26/2019 in sede di conversione) specifica che è considerata congrua, per i titolari di Rdc, un'offerta di lavoro che preveda:

> una **retribuzione superiore al 10% rispetto al beneficio mensile** massimo fruibile da un solo individuo, inclusivo della componente a integrazione del reddito dei nuclei residenti in abitazione in locazione, riproporzionata in base all'orario di lavoro previsto nel contratto individuale di lavoro;
> una **retribuzione non inferiore ai minimi salariali** previsti dai contratti collettivi di cui all'art. 51 D.Lgs. 81/2015, rapporto di lavoro a tempo pieno o con un orario di lavoro non inferiore al 60% dell'orario a tempo pieno previsto nei medesimi contratti collettivi, rapporto di lavoro a tempo indeterminato oppure determinato o di somministrazione di durata non inferiore a 3 mesi.

L'art. 4, co. 9-*ter* D.L. 4/2019 (aggiunto dal D.L. 50/2022) specifica che le **offerte di lavoro congrue possono essere proposte direttamente dai datori di lavoro privati**. L'eventuale mancata accettazione dell'offerta congrua deve essere comunicata dal datore di lavoro privato al CPI competente per territorio, anche ai fini della decadenza dal beneficio. Le modalità di comunicazione e di verifica della mancata accettazione saranno definite con decreto del Ministro del Lavoro.

7.1.6 Patto per l'inclusione sociale

Il Patto per l'inclusione sociale, ove non diversamente specificato, assume le caratteristiche del Progetto personalizzato di cui all'art. 6 D.Lgs. 147/2017.
In esso sono inclusi, oltre agli **interventi per l'accompagnamento all'inserimento lavorativo**, gli **interventi e i servizi sociali di contrasto della povertà**.
Queste misure (*interventi e servizi sociali di contrasto alla povertà*) sono attivate, ove opportune e richieste, anche in favore dei beneficiari che sottoscrivono il Patto per il lavoro.
Con D.M. 27-9-2019 sono state rese note le Linee guida per la definizione del Patto per l'inclusione sociale.
Il Patto per l'inclusione sociale *prevede necessariamente la partecipazione periodica dei beneficiari ad attività e colloqui da svolgersi in presenza* e in ogni caso prevede la frequenza almeno mensile in presenza presso i servizi di contrasto alla povertà al fine della verifica dei risultati raggiunti e del rispetto degli impegni assunti nell'ambito del progetto personalizzato; in caso di mancata presentazione senza comprovato giustificato motivo *si applica la decadenza dal beneficio*.

7.2 Piattaforme digitali per l'attivazione e la gestione dei Patti (art. 6)

Il principale strumento per l'analisi, il monitoraggio, la valutazione e il controllo sul possesso dei requisiti per fruire del Rdc e sul rispetto degli obblighi assunti con i Patti per il lavoro e per l'inclusione è rappresentato dal **Sistema informativo del Reddito di cittadinanza (SIRC)**, istituito presso il Ministero del lavoro. Nella cornice comune del SIRC confluiscono i dati provenienti da due diverse piattaforme dedicate al Rdc:

- la **prima piattaforma** è istituita presso l'ANPAL per il coordinamento dei Centri per l'impiego ed è finalizzata alla gestione dei **Patti per il lavoro**. Questa banca dati entrerà a far parte Sistema informativo unitario delle politiche del lavoro (SIULP), alimentato anche da altre banche dati, che mette in connessione i nodi nazionali con quelli regionali e consente la condivisione, tra gli operatori, di tutte le informazioni utili ai fini della gestione delle politiche del lavoro;
- la **seconda piattaforma** è istituita presso il Ministero del lavoro per il coordinamento di Comuni, in forma singola o associata, ed è finalizzata alla gestione dei **Patti per l'inclusione sociale**.

Le piattaforme rappresentano strumenti per rendere disponibili le informazioni alle amministrazioni centrali e ai servizi territoriali coinvolti, nel rispetto dei *princìpi di minimizzazione, integrità e riservatezza* dei dati personali.

A tal fine è stato predisposto un piano tecnico di attivazione e interoperabilità delle piattaforme e sono state individuate misure appropriate e specifiche a tutela degli interessati, nonché modalità di accesso selettivo alle informazioni necessarie per il perseguimento delle specifiche finalità e adeguati tempi di conservazione dei dati. Tutte queste indicazioni sono ora riportate nel D.M. 2-9-2019, n. 108.

Il primo soggetto istituzionale che deve fornire i dati alle piattaforme è l'**INPS**. L'istituto, infatti, deve mettere a disposizione del sistema informativo i dati identificativi dei singoli componenti i nuclei beneficiari del Rdc, le informazioni sulla condizione economica e patrimoniale, come risultanti dalla DSU in corso di validità, le informazioni sull'ammontare del beneficio economico e sulle altre prestazioni sociali erogate dall'Istituto ai componenti il nucleo familiare e ogni altra informazione relativa ai beneficiari del Rdc necessaria all'attuazione della misura e alla profilazione occupazionale.

Mediante le piattaforme presso l'ANPAL e presso il Ministero del lavoro tali informazioni, relativamente ai beneficiari del Rdc residenti nei territori di competenza, sono rese disponibili, rispettivamente, ai Centri per l'impiego e ai Comuni che si coordinano a livello di di ambito territoriale.

I **CPI e i Comuni, insieme agli altri soggetti accreditati ai servizi per il lavoro**, devono anche fornire informazioni che vanno ad alimentare le piattaforme. Questi soggetti, infatti, devono comunicare, mediante le piattaforme del Rdc:

- le disponibilità degli uffici per la creazione di una agenda degli appuntamenti in sede di riconoscimento del beneficio, compatibile;
- l'avvenuta o la mancata sottoscrizione del Patto per il lavoro o del Patto per l'inclusione sociale, entro 5 giorni dalla medesima;
- le informazioni sui fatti suscettibili di dar luogo all'applicazione di sanzioni (*vedi successivo paragrafo*), entro 10 giorni lavorativi dall'accertamento dell'evento da sanzionare, per essere messe a disposizione dell'INPS ai fini della loro irrogazione;

- l'esito delle verifiche da parte dei Comuni sui requisiti di residenza e di soggiorno per essere messe a disposizione dell'INPS ai fini della verifica dell'eleggibilità;
- l'attivazione dei progetti per la collettività da parte dei Comuni;
- ogni altra informazione, individuata con apposito decreto, necessaria a monitorare l'attuazione dei Patti per il lavoro e dei Patti per l'inclusione sociale, incluse le informazioni rilevanti riferite ai componenti il nucleo beneficiario in esito alla valutazione multidimensionale.

Le piattaforme rappresentano anche uno strumento utile al **coordinamento dei servizi a livello territoriale** (secondo termini e modalità definiti con decreto ministeriale). In particolare, le piattaforme dialogano tra di loro al fine di svolgere le funzioni di seguito indicate:

- comunicazione da parte dei servizi competenti dei Comuni ai CPI, in esito alla valutazione preliminare, dei beneficiari per i quali i bisogni del nucleo familiare e dei suoi componenti siano risultati prevalentemente connessi alla situazione lavorativa, al fine di consentire la sottoscrizione dei Patti per il lavoro;
- comunicazione da parte dei Comuni ai CPI delle informazioni sui progetti per la collettività attivati nonché quelle sui beneficiari del Rdc coinvolti;
- coordinamento del lavoro tra gli operatori dei CPI, i servizi sociali e gli altri servizi territoriali, con riferimento ai beneficiari per i quali il bisogno sia complesso e multidimensionale, al fine di consentire la sottoscrizione dei Patti per l'inclusione sociale;
- messa a disposizione delle informazioni sui Patti già sottoscritti, ove risulti necessario nel corso della fruizione del beneficio integrare o modificare i sostegni e gli impegni in relazione ad attività di competenza del Centro per l'impiego ovvero del servizio sociale originariamente non incluso nei Patti medesimi.

Al Sistema informativo del Reddito di cittadinanza (SIRC) e al Sistema informativo unitario dei servizi sociali (SIUSS) può accedere anche la **Guardia di finanza**. Quest'ultima, infatti, può stipulare convenzioni con il Ministero del lavoro per svolgere attività di controllo nei confronti dei beneficiari del Rdc, nonché per il monitoraggio delle attività degli enti che svolgono attività di formazione a favore di soggetti che beneficiano del Rdc.

7.3 Sanzioni per violazione degli obblighi in materia di Rdc (art. 7)

7.3.1 Violazioni punite con la reclusione e con la revoca retroattiva del beneficio (art. 7, commi 1-4)

L'art. 7, co. 1 e 2, D.L. 4/2019 prevede la pena della reclusione per il soggetto che:

- **rende o utilizza dichiarazioni o documenti falsi o attestanti cose non vere od omette informazioni dovute** al fine di ottenere indebitamente il beneficio. Salvo che il fatto costituisca più grave reato, tali violazioni sono punite con la *reclusione da 2 a 6 anni*;
- **omette la comunicazione delle variazioni del reddito o del patrimonio** (anche se provenienti da attività irregolari), di altre informazioni dovute e rilevanti ai fini della revoca o della riduzione del beneficio entro i termini stabiliti dalla normativa. In tal caso è prevista la *reclusione da 1 a 3 anni*.

La condanna in via definitiva per questi reati (nonché la sentenza di applicazione della pena su richiesta delle parti per gli stessi reati, cosiddetto *patteggiamento*) comporta

di diritto l'immediata **revoca del beneficio con efficacia retroattiva** e il beneficiario è tenuto alla restituzione di quanto indebitamente percepito. La revoca è disposta dall'INPS e il beneficio non può essere nuovamente richiesto prima che siano decorsi 10 anni dalla condanna.
La revoca con efficacia retroattiva è una misura che si applica anche in caso di **condanna in via definitiva o patteggiamento per altri reati (art. 7, co. 3, D.L. 4/2019)**.

Nello specifico si tratta dei reati previsti dai seguenti articoli del codice penale: 270-*bis* (*associazioni con finalità di terrorismo anche internazionale o di eversione dell'ordine democratico*), 280 (*attentato per finalità terroristiche o di eversione*), 289-*bis* (*sequestro di persona a scopo di terrorismo o di eversione*), 416- *bis* (*associazioni di tipo mafioso anche straniere*), 416-*ter* (*scambio elettorale politico-mafioso*), 422 (*strage*), 600 (*riduzione e mantenimento in schiavitù*), 600-*bis* (*prostituzione minorile*), 601 (*tratta di persone*) 602 (*acquisto o alienazione di beni*), 624-*bis* (*furto in abitazione e furto con scasso*), 628 (*rapina*), 629 (*estorsione*), 630 (*sequestro di persona a scopo di rapina o di estorsione*), 640-*bis* (*truffa aggravata per il conseguimento di erogazioni pubbliche*), 644 (*usura*), 648 (*ricettazione*), 648-*bis* (*riciclaggio*) 648-*ter* (*autoriciclaggio*), c.p. Ad essi si aggiungono i reati di cui all'art. 3 L. 75/1958 (*in materia di prostituzione*), i delitti aggravati ai sensi dell'art. 416-*bis*.1 c.p., i reati in *materia di stupefacenti* (art. 73, co. 1, 1-*bis*, 2, 3, 4 e 5, in quest'ultima ipotesi solo in caso di recidiva, art. 74 e tutte le ipotesi aggravate di cui all'art. 80 D.P.R. 309/1990), i reati *in materia di immigrazione* (art. 12, co. 1 e 3, D.Lgs. 286/1998, nel primo caso quando ricorra l'aggravante del comma 3-*ter*).

Nel caso di condanna definitiva per i reati indicati, le decisioni sono comunicate dalla cancelleria del giudice all'INPS entro 15 giorni dalla data di pubblicazione della sentenza definitiva. Si tiene conto della dichiarazione resa all'autorità giudiziaria dall'indagato o dall'imputato relativamente alla fruizione o meno del beneficio del Rdc (art. 7-*ter*, co. 3, D.L. 4/2019).
La revoca con efficacia retroattiva (con restituzione di quanto indebitamente percepito) è prevista anche nelle ipotesi in cui sia l'INPS ad accertare la non corrispondenza al vero delle dichiarazioni e delle informazioni poste a fondamento dell'istanza ovvero l'omessa successiva comunicazione di qualsiasi intervenuta variazione del reddito, del patrimonio e della composizione del nucleo familiare dell'istante. A differenza della precedente ipotesi, in questo caso non è necessaria la sentenza di condanna o di patteggiamento.

7.3.2 Violazioni punite con la decadenza dal beneficio (art. 7, commi 5-6)

La decadenza dal Rdc (che **non ha efficacia retroattiva**) è prevista quando uno dei componenti il nucleo familiare:
> non si presenta presso il CPI entro il termine da questo fissato;
> non sottoscrive il Patto per il lavoro ovvero il Patto per l'inclusione sociale, ad eccezione dei casi di esclusione ed esonero;
> non partecipa, in assenza di giustificato motivo, alle iniziative di carattere formativo o di riqualificazione o ad altra iniziativa di politica attiva o di attivazione;
> non aderisce ai progetti predisposti dal comune, nel caso in cui il comune di residenza li abbia istituiti;
> non accetta due offerte congrue o, in caso di rinnovo del beneficio, non accetta la prima offerta congrua utile;
> non effettua le comunicazioni a cui è obbligato o effettua comunicazioni mendaci producendo un beneficio economico del Rdc maggiore;

> non presenta una DSU aggiornata in caso di variazione del nucleo familiare;
> viene trovato, nel corso delle attività ispettive svolte dalle competenti autorità, intento a svolgere attività di lavoro dipendente, di collaborazione coordinata e continuativa ovvero altre attività di lavoro autonomo o di impresa, in assenza delle comunicazioni previste dalla vigente legislazione.

La decadenza dal beneficio è inoltre disposta nel caso in cui *il nucleo familiare abbia percepito il beneficio economico del Rdc in misura maggiore rispetto a quanto gli sarebbe spettato*, per effetto:

> di dichiarazione mendace in sede di DSU o di altra dichiarazione nell'ambito della procedura di richiesta del beneficio;
> dell'omessa presentazione delle prescritte comunicazioni dovute nelle ipotesi di esercizio di attività di lavoro dipendente o autonomo.

In tali ipotesi è altresì dovuta la restituzione di quanto percepito in eccesso.
A queste ipotesi di decadenza si aggiungono anche quelle previste nel caso di violazioni degli obblighi di presentazione a convocazioni, partecipazione ad iniziative di orientamento e mancato rispetto degli impegni previsti nel Patto per l'inclusione sociale.

7.3.3 Violazioni punite con la decurtazione dal beneficio (art. 7, commi 7-9)

La decurtazione del beneficio di una o più mensilità di Rdc è prevista in diverse ipotesi. Nello specifico:

a) in caso di **mancata presentazione**, in assenza di giustificato motivo, **alle convocazioni** dei Centri per l'impiego o servizi comunali competenti per il contrasto della povertà, da parte anche di un solo componente il nucleo familiare, si applica:
   1. la decurtazione di 1 mensilità del beneficio economico in caso di prima mancata presentazione;
   2. la decurtazione di 2 mensilità alla seconda mancata presentazione;
   3. la decadenza dalla prestazione, in caso di ulteriore mancata presentazione;

b) in caso di **mancata partecipazione**, in assenza di giustificato motivo, **alle iniziative di orientamento**, da parte anche di un solo componente il nucleo familiare, si applica:
   1. la decurtazione di 2 mensilità, per la prima mancata presentazione;
   2. la decadenza dalla prestazione per l'ulteriore mancata presentazione;

c) in caso di **mancato rispetto degli impegni previsti nel Patto per l'inclusione sociale** relativi alla frequenza dei corsi di istruzione o di formazione da parte di un componente minorenne o impegni di prevenzione e cura volti alla tutela della salute, individuati da professionisti sanitari, si applica:
   1. la decurtazione di 2 mensilità dopo un primo richiamo formale al rispetto degli impegni;
   2. la decurtazione di 3 mensilità al secondo richiamo formale;
   3. la decurtazione di 6 mensilità al terzo richiamo formale;
   4. la decadenza dal beneficio in caso di ulteriore richiamo.

In questa sede è da ricordare anche la disposizione dell'art. 1, co. 76, L. 234/2021, la quale stabilisce che, a decorrere dal 1° gennaio 2022, l'importo mensile del Rdc è **ridotto di 5 euro per ciascun mese a partire dal mese successivo a quello in cui si è eventualmente rifiutata un'offerta di lavoro congrua**. Tale riduzione non opera per i nuclei familiari composti esclusivamente da componenti non tenuti agli obblighi connessi alla fruizione del Rdc, nonché per i nuclei familiari tra i cui componenti sia presente almeno un soggetto minore di 3 anni ovvero una persona con disabilità grave o non autosufficiente. La riduzione non si applica per importi inferiori a 300 euro (moltiplicati per il corrispondente parametro della scala di equivalenza), è sospesa se uno dei componenti inizia un'attività lavorativa e continua ad applicarsi anche in caso di rinnovo del Rdc.

7.3.4 Irrogazione delle sanzioni (art. 7, comma 10)

L'irrogazione delle sanzioni, diverse da quelle penali, e il recupero dell'indebito sono effettuati dall'INPS. Gli indebiti, al netto delle spese di recupero, sono riversati dall'INPS all'entrata del bilancio dello Stato per essere riassegnati al Fondo per il Reddito di cittadinanza.
Nelle ipotesi in cui sia prevista la decadenza dal beneficio, l'INPS dispone anche la disattivazione della Carta Rdc.

7.3.5 Nuova richiesta del Rdc (art. 7, comma 11)

Una nuova domanda di attribuzione del Rdc può essere presentata dal precedente richiedente o da altro componente il nucleo familiare solo decorsi 18 mesi dalla data del provvedimento di revoca o di decadenza, ridotti a 6 nel caso facciano parte del nucleo familiare componenti minorenni o con disabilità, come definita a fini ISEE.
Nei casi di **condanna definitiva per i reati di cui all'art. 7, commi 1 e 2, D.L. 4/2019** e per quello di cui all'art. 640-*bis* c.p. **(truffa aggravata per il conseguimento di erogazioni pubbliche)** la nuova richiesta può essere inoltrata solo decorsi 10 anni dalla condanna.

7.3.6 Obblighi di comunicazione a carico di Centri per l'impiego, Comuni, INPS, Agenzia delle entrate, INL (art. 7, comma 12-15)

I Centri per l'impiego e i Comuni comunicano alle piattaforme digitali le informazioni sui **fatti suscettibili di dar luogo all'irrogazione** di sanzioni entro e non oltre 10 giorni lavorativi dall'accertamento dell'evento da sanzionare. La mancata comunicazione dell'accertamento dei fatti suscettibili di dar luogo alle sanzioni di decurtazione o decadenza della prestazione determina responsabilità disciplinare e contabile del soggetto responsabile (art. 1 L. 20/1994).
L'INPS, per il tramite delle medesime piattaforme, mette a disposizione dei Centri per l'impiego e dei Comuni gli eventuali conseguenti provvedimenti di decadenza dal beneficio.
Nei casi di dichiarazioni mendaci, e di conseguente accertato illegittimo godimento del Rdc, i Centri per l'impiego, i Comuni, l'INPS, l'Agenzia delle entrate e l'INL trasmettono, entro 10 giorni dall'accertamento, all'autorità giudiziaria la documentazione completa del fascicolo oggetto della verifica.
La responsabilità delle **verifiche e dei controlli anagrafici è posta a carico dei Comuni**. Tale attività deve attuarsi attraverso l'incrocio delle informazioni dichiarate ai fini ISEE con quelle disponibili presso gli uffici anagrafici e quelle raccolte dai servizi sociali e ogni altra informazione utile per individuare omissioni nelle dichiarazioni o dichiarazioni mendaci al fine del riconoscimento del Rdc.

7.3.7 Sospensione del beneficio (art. 7-*ter*)

Nel corso dell'iter di conversione parlamentare del D.L. 4/2019 è stato aggiunto l'articolo 7-*ter* che disciplina le ipotesi di sospensione del beneficio, ovvero la **temporanea interruzione della sua erogazione, in presenza di determinati avvenimenti, che non comporta la revoca o la decadenza**.

La sospensione del Rdc è prevista nei confronti:

> del beneficiario o del richiedente cui è applicata una **misura cautelare personale**, anche adottata a seguito di convalida dell'arresto o del fermo;
> del soggetto condannato con **sentenza non definitiva** per taluno dei delitti indicati all'art. 7, co. 3, D.L. 4/2019;
> del beneficiario o del richiedente dichiarato **latitante** (art. 296 c.p.p.) o che si è sottratto volontariamente all'esecuzione della pena.

L'adozione del provvedimento di sospensione, con effetto non retroattivo, spetta al giudice che può essere quello che ha emesso la misura cautelare, quello che ha emesso la sentenza di condanna non definitiva, quello che ha dichiarato la latitanza oppure quello dell'esecuzione su richiesta del P.M. che ha emesso l'ordine di esecuzione di cui all'articolo 656 c.p.p. al quale il condannato si è volontariamente sottratto.

Nel primo atto cui è presente l'indagato o l'imputato l'autorità giudiziaria lo invita a dichiarare se gode del beneficio del Rdc.

I provvedimenti di sospensione sono **comunicati**, entro 15 giorni dall'adozione, **dall'autorità giudiziaria all'INPS** per l'inserimento nelle piattaforme che hanno in carico la posizione dell'indagato o imputato o condannato.

La **sospensione può essere revocata dall'autorità giudiziaria** che l'ha disposta, quando risultano mancare, anche per motivi sopravvenuti, le condizioni che l'hanno determinata. Ai fini del ripristino dell'erogazione degli importi dovuti, l'interessato deve presentare domanda al competente ente previdenziale allegando ad essa la copia del provvedimento giudiziario di revoca della sospensione della prestazione. Il diritto al ripristino dell'erogazione decorre dalla data di presentazione della domanda e della prescritta documentazione all'ente previdenziale e non ha effetto retroattivo sugli importi maturati durante il periodo di sospensione.

7.4 Incentivi a favore di imprese, enti di formazione accreditati e beneficiari del Rdc (art. 8)

7.4.1 Incentivi per le imprese che assumono beneficiari del Rdc (art. 8, commi 1-3, 5 e 7)

I datori di lavoro privati che **assumano a tempo indeterminato, pieno o parziale, o determinato anche mediante contratto di apprendistato**, i beneficiari di reddito di cittadinanza (anche con l'intermediazione di un soggetto accreditato), sono **esonerati dal versamento dei contributi previdenziali ed assistenziali**, sia di quelli a loro carico che di quelli per conto del lavoratore (con esclusione dei premi e contributi dovuti all'INAIL e ferma restando l'aliquota di computo delle prestazioni previdenziali).

L'esonero è riconosciuto:

- nel limite dell'importo mensile del RdC percepito dal lavoratore all'atto dell'assunzione;
- per un periodo pari alla differenza tra 18 mensilità e le mensilità già godute dal beneficiario stesso;
- a prescindere dai limiti prima richiamati, per un importo non superiore a 780 euro mensili e per un periodo non inferiore a 5 mensilità.

L'importo massimo del beneficio mensile non può comunque eccedere l'ammontare totale dei contributi previdenziali e assistenziali a carico del datore di lavoro e del lavoratore assunto per le mensilità incentivate, con esclusione dei premi e contributi dovuti all'INAIL.

In caso di rinnovo, l'esonero è concesso nella misura fissa di 5 mensilità.

Ove necessario il datore di lavoro stipula, presso il Centro per l'impiego e contestualmente all'assunzione, un *Patto di formazione* con il quale garantisce al beneficiario del Rdc un percorso formativo o di riqualificazione professionale.

Se l'**assunzione del beneficiario di RdC avviene a seguito del percorso formativo e di riqualificazione professionale**, svolto dagli Enti di formazione accreditati (che hanno stipulato, presso i Centri per l'impiego e presso i soggetti accreditati, se tale possibilità è prevista da provvedimenti regionali, un Patto di formazione) o dai Fondi paritetici professionali, ferma restando l'aliquota di computo delle prestazioni previdenziali, è riconosciuto al datore di lavoro un *esonero parziale* dal versamento dei contributi previdenziali ed assistenziali, sempre con esclusione dei premi e contributi dovuti all'INAIL.

Al datore di lavoro è, infatti, riconosciuto l'esonero:

- nel limite della *metà* dell'importo mensile del RdC percepito dal lavoratore all'atto dell'assunzione;
- per un periodo pari alla differenza tra 18 mensilità e il numero di mensalità già godute dal beneficiario stesso;
- per un importo comunque non superiore a 390 euro mensili e per un periodo non inferiore a 6 mensilità.

L'importo massimo del beneficio mensile comunque non può eccedere l'ammontare totale dei contributi previdenziali e assistenziali a carico del datore di lavoro e del lavoratore assunto per le mensilità incentivate, con esclusione dei premi e contributi dovuti all'INAIL.

In caso di rinnovo l'esonero è concesso nella misura fissa di 6 mensilità per metà dell'importo del Rdc.

In entrambi i casi (assunzione diretta o tramite Ente di formazione), il **licenziamento del beneficiario** di Rdc, effettuato nei 36 mesi successivi all'assunzione, obbliga il datore di lavoro alla restituzione dell'incentivo fruito maggiorato delle sanzioni civili di cui all'art. 116, co. 8, lett. *a)*, L. 388/2000 per i casi di mancato o ritardato pagamento di contributi o premi. È fatto salvo il caso in cui il licenziamento avvenga per giusta causa o per giustificato motivo.

Tali agevolazioni si applicano a condizione che il datore di lavoro realizzi un **incremento occupazionale netto del numero di dipendenti** nel rispetto, con riferimento esclusivamente ai lavoratori a tempo indeterminato, del criterio di fruizione degli incentivi all'occupazione. Ne consegue che il calcolo si effettua mensilmente, confrontando il numero di lavoratori dipendenti equivalente a tempo pieno del mese di riferimento con quello medio dei dodici mesi precedenti, escludendo dal computo della base occupazionale media di riferimento i lavoratori che nel periodo di riferimento abbiano abbandonato il posto di lavoro a causa di dimissioni volontarie,

invalidità, pensionamento per raggiunti limiti d'età, riduzione volontaria dell'orario di lavoro o licenziamento per giusta causa.
In ogni caso, il diritto alla predette agevolazioni è subordinato al rispetto dei già esaminati principi generali di cui all'art. 31 D.Lgs. 150/2015.

La fruizione degli incentivi per le assunzioni è subordinata al possesso, da parte dei datori di lavoro, del **DURC (Documento unico di regolarità contributiva)**, di cui all'art. 1, co. 1175, L. 296/2006. Altro requisito richiesto è l'essere in regola con gli obblighi di assunzione in materia di **collocamento mirato dei disabili** (art. 3 L. 68/1999), fatta salva l'ipotesi di assunzione di beneficiario di Rdc iscritto proprio nelle liste previste dalla citata legge.
È riconosciuta la piena compatibilità e cumulabilità con il già esaminato "Bonus Sud" previsto dall'art. 1, co. 247, L. 145/2018 (*Legge di bilancio 2019*), per gli anni 2019 e 2020 per le assunzioni a tempo indeterminato effettuate nelle unità produttive ubicate nelle Regioni Abruzzo, Molise, Campania, Puglia, Basilicata, Calabria, Sicilia e Sardegna.

7.4.2 Incentivi per le Agenzie di lavoro

Le Agenzie per il lavoro iscritte all'Albo informatico di cui al D.Lgs. 276/2003, autorizzate da ANPAL a offrire i servizi di incontro tra domanda e offerta di lavoro, possono ora svolgere l'attività di mediazione anche per i beneficiari di Rdc (art. 8, co. 2, D.L. 4/2019).
Al fine di agevolare l'occupazione dei soggetti percettori di Rdc, alle Agenzie per il lavoro è riconosciuto, per ogni soggetto assunto a seguito di specifica attività di mediazione, effettuata mediante l'utilizzo delle piattaforme digitali, il *20% dell'incentivo* previsto per il datore di lavoro.

7.4.3 Benefici per l'Ente di formazione o Fondi paritetici (art. 8, comma 2)

Nelle ipotesi di assunzione tramite Ente di formazione, la restante metà dell'importo mensile del Rdc percepito dal lavoratore all'atto dell'assunzione, per un massimo di 390 euro mensili e per un periodo non inferiore a 6 mensilità è riconosciuta all'Ente di formazione accreditato che ha garantito al lavoratore assunto il percorso formativo o di riqualificazione professionale. L'Ente ne può fruire sotto forma di sgravio contributivo applicato ai contributi previdenziali e assistenziali dovuti per i propri dipendenti, sulla base delle stesse regole valide per il datore di lavoro che assume il beneficiario del Rdc.

7.4.4 Benefici per i percettori del Rdc (art. 8, comma 4)

Ai beneficiari del Rdc che avviano un'attività lavorativa, autonoma o di impresa individuale o una società cooperativa, entro i primi 12 mesi di fruizione del Rdc è riconosciuto un beneficio addizionale, in un'unica soluzione, pari a 6 mensilità del Rdc, nei limiti di 780 euro mensili.

7.5 Assegno di ricollocazione (art. 9)

L'istituto dell'Assegno di ricollocazione (AdR) è già stato esaminato nel volume. In questa sede occorre ricordare che l'art. 9 D.L. 4/2019 lo ha esteso anche ai percettori del

reddito di cittadinanza (cosiddetto AdR Rdc) che ricevono dall'ANPAL un assegno graduato nel suo importo in funzione del profilo personale di occupabilità, da spendere presso i CPI o presso i soggetti accreditati per la ricollocazione al lavoro.
I beneficiari del Rdc devono, entro 30 giorni dal riconoscimento dell'AdR, **scegliere il soggetto erogatore del servizio di assistenza intensiva**; la mancata scelta comporta la decadenza dal beneficio. Il servizio ha una durata di 6 mesi, prorogabile di ulteriori 6 mesi qualora residui parte dell'importo dell'assegno; nel caso in cui, entro 30 giorni dalla richiesta, il soggetto erogatore scelto non si sia attivato nella ricollocazione del beneficiario, quest'ultimo è tenuto a rivolgersi a un altro soggetto erogatore.
L'art. 9, co. 3, D.L. 4/2019 individua i contenuti del servizio di assistenza alla ricollocazione, di fatto riportando quanto già previsto per i soggetti percettori di NASpI dall'art. 23, co. 5, D.Lgs. 150/2015 (*affiancamento con tutor, programma di ricerca del lavoro, obbligo di accettare un'offerta congrua* ecc.).

Estensioni WEB

Test di verifica online

Libro IV

Economia e politiche del lavoro

SOMMARIO

Capitolo 1
Il mercato del lavoro

1.1 Il mercato dei fattori produttivi

Sappiamo che la massimizzazione del profitto determina le scelte dell'impresa nella fissazione del livello ottimale di produzione. Per effettuare la produzione l'impresa deve impiegare i fattori produttivi (lavoro, capitale ecc.); quindi, la massimizzazione del profitto guida l'impresa anche nella scelta della quantità ottima di fattori da utilizzare. Partendo dall'espressione del profitto:

$$\pi = pf(K; L) - (W_K K + W_L L)$$

l'impresa effettuerà la sua massimizzazione derivando tale funzione rispetto ai due fattori, K (capitale) e L (lavoro), ed uguaglierà a zero queste due derivate. Da tale procedimento è possibile ricavare le due seguenti condizioni:

$$pPmg_L = W_L \qquad pPmg_K = W_K$$

Queste due importanti relazioni definiscono la domanda dei due fattori produttivi da parte dell'impresa. La prima è ottenuta derivando la funzione del profitto rispetto al fattore lavoro e uguagliando tale derivata a zero. Essa ci dice che l'impresa massimizza il suo profitto quando il valore della produttività marginale del lavoro ($VMP_L = pPmg_L$) è pari al suo costo (W_L). Lo stesso vale per il fattore capitale.
Il **mercato del lavoro** è quel mercato nel quale vengono determinati i salari e il livello di occupazione (e quindi anche di disoccupazione).
Nel **mercato dei capitali** si incontrano la domanda di prestito e l'offerta di credito.

1.2 La domanda di lavoro

Assumendo di essere nel breve periodo possiamo intendere il fattore capitale come fisso. Quindi l'impresa deve scegliere soltanto il lavoro. Dalla condizione di massimo profitto possiamo ricavare la funzione di domanda di lavoro dell'impresa, la quale può essere rappresentata dalla curva di domanda di lavoro della singola impresa.

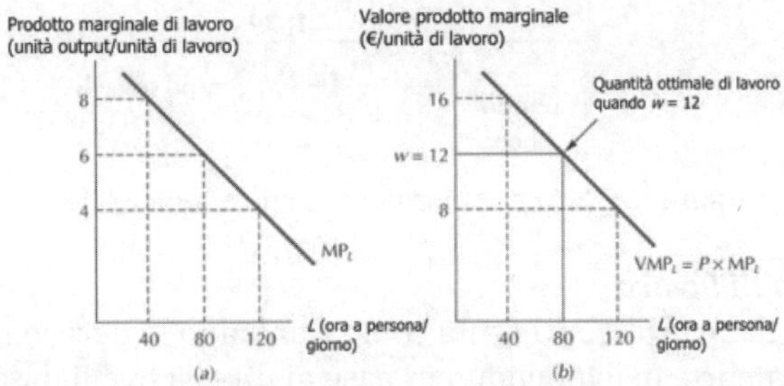

Figura 1.1 - Domanda di lavoro

Sommando tutte le funzioni di domanda di lavoro di tutte le imprese si ottiene poi la funzione di domanda di lavoro di mercato, la quale è rappresentata mediante una curva più inclinata della somma orizzontale delle curve di domanda di lavoro delle singole imprese.

1.3 L'offerta di lavoro

L'offerta di lavoro rappresenta la relazione tra l'offerta di lavoro da parte dei lavoratori e il salario. Essa rappresenta un esempio degli effetti dell'interazione tra effetto di reddito ed effetto di sostituzione. In base all'interazione tra questi due effetti, l'offerta di lavoro può reagire diversamente in seguito ad una variazione del salario.
Possiamo rappresentare le scelte di un consumatore relativamente alla sua offerta di lavoro tramite due grafici. La figura 6.2 rappresenta la scelta tra due beni quali il tempo libero e il consumo da parte di un individuo.
Il punto di dotazione, che si trova lungo il vincolo, indica il consumo massimo che egli può effettuare se non lavora (C) e il numero massimo di ore di tempo libero che egli può decidere di trascorrere (se definiamo le ore di tempo libero avendo come riferimento l'arco di una giornata, R 5 24 ore).
Ovviamente la scelta ottima non potrà mai trovarsi a destra del punto di dotazione lungo il vincolo. È infatti impossibile avere più di 24 ore di tempo libero durante una giornata.
Date le preferenze del consumatore, possiamo identificare la scelta ottima come riportato in figura 1.2 tramite la tangenza tra la curva di indifferenza e la retta di bilancio.

La scelta ottima indica il consumo e il numero di ore di tempo libero che il consumatore decide di trascorrere durante una giornata.

Il restante delle ore giornaliere sarà dedicato al lavoro e queste ore sono identificate come l'offerta giornaliera di lavoro da parte dell'individuo.

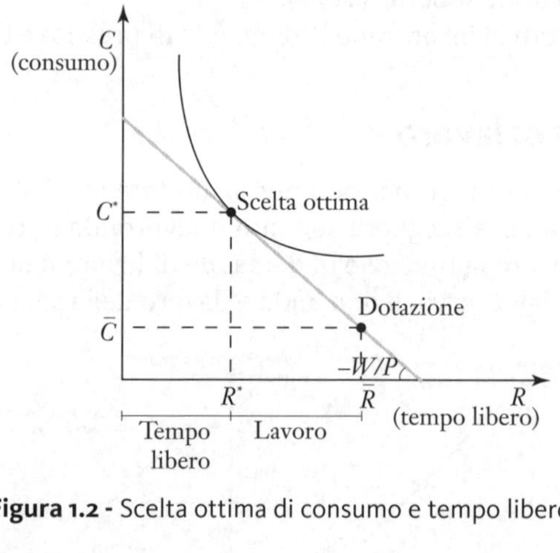

Figura 1.2 - Scelta ottima di consumo e tempo libero

La curva di offerta di lavoro

La curva di offerta di lavoro rappresenta come cambiano le decisioni, in termini di ore di lavoro offerte, da parte dell'individuo in base ai diversi livelli di salario. Costruiamo l'offerta di lavoro con l'ausilio di un grafico. Il quadrante A della figura 1.3 mostra le diverse scelte ottime in termini di consumo e tempo libero al crescere del salario. Si

ricordi che la pendenza della retta di bilancio è data dal rapporto dei prezzi dei due beni oggetto della scelta. Il prezzo del tempo libero è dato dal salario, in quanto esso rappresenta il costo-opportunità derivante dal "non lavorare". Quindi, in seguito ad incrementi del salario, la retta di bilancio diventa più ripida e la rotazione avviene attorno al punto di dotazione.
Nel riquadro A della figura vengono riportati gli effetti in seguito ad incrementi del salario. Da come è possibile verificare, il primo incremento del salario determina una riduzione delle ore di tempo di libero, e quindi determina un aumento dell'offerta di lavoro da parte dell'individuo. Cosa succede però se il salario continua a crescere?
Dal grafico è facile constatare che un ulteriore incremento del salario determina una scelta ottima in corrispondenza della quale l'individuo incrementa le ore di tempo libero e riduce così la sua offerta di lavoro. Ciò si verifica se assumiamo che il tempo libero sia un bene normale. Un aumento del salario ha vari effetti: aumenta il reddito derivante dal lavoro e rende più costoso il tempo libero. Analizziamo gli effetti di questi due fenomeni.
Innanzitutto, se il salario aumenta, il prezzo del tempo libero cresce e questo porterà il consumatore a diminuire le ore di tempo libero che trascorre. Allo stesso tempo però se il salario cresce, il reddito dell'individuo derivante dal lavoro cresce e si potrebbe così verificare il caso in cui il lavoratore decida di utilizzare il reddito addizionale derivante dal salario più elevato per incrementare il numero di ore di tempo libero. Sembra logico ipotizzare che tale evenienza sia tanto più probabile quanto più cresce il livello del salario.
Abbiamo quindi due forze contrastanti in seguito all'aumento del salario, una che spinge all'incremento delle ore di lavoro offerte e una che spinge il lavoratore a ridurre la sua offerta di lavoro. Si può ipotizzare che la forza di quest'ultima cresca al crescere del salario. Tale evenienza si sostanzia in una curva di offerta di lavoro come quella riportata nel quadrante B della figura 1.3. Per bassi livelli di salario, al crescere di quest'ultimo il lavoratore diminuirà la domanda di tempo libero, facendo aumentare la sua offerta di lavoro e quindi la curva di offerta di lavoro avrà un andamento crescente. Tuttavia, in corrispondenza di un certo livello salariale il secondo effetto può superare il primo, e un aumento del salario fa crescere la domanda di tempo libero e quindi riduce l'offerta di tempo libero. Conseguentemente la curva di offerta di lavoro tenderà a volgersi all'indietro come rappresentato in figura 1.3 B.

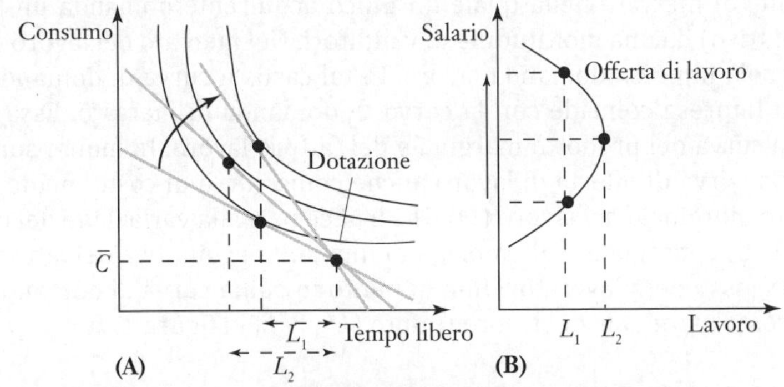

Figura 1.3 - Offerta di lavoro

La curva di offerta di mercato è ottenuta sommando orizzontalmente tutte le curve di offerta dei singoli lavoratori. Anche se la curva di offerta di lavoro degli individui ha un tratto decrescente, la curva di offerta di lavoro di mercato ha un andamento sempre crescente. Ciò avviene perché anche se l'aumento del salario induce i singoli lavoratori a lavorare di meno, esso attira comunque lavoratori da quei settori meno remunerativi.

1.4 L'equilibrio del mercato del lavoro

In figura 6.4 viene rappresentato l'equilibrio del mercato del lavoro come intersezione tra la funzione di domanda e di offerta di mercato. Da tale intersezione si determina il livello di occupazione totale (Q_1) e il salario d'equilibrio (W_1). In tale figura è anche mostrato l'effetto dell'incremento della domanda di lavoro. Tale incremento sposta la curva di domanda verso destra. Ciò comporta un incremento dell'occupazione e un incremento del salario.

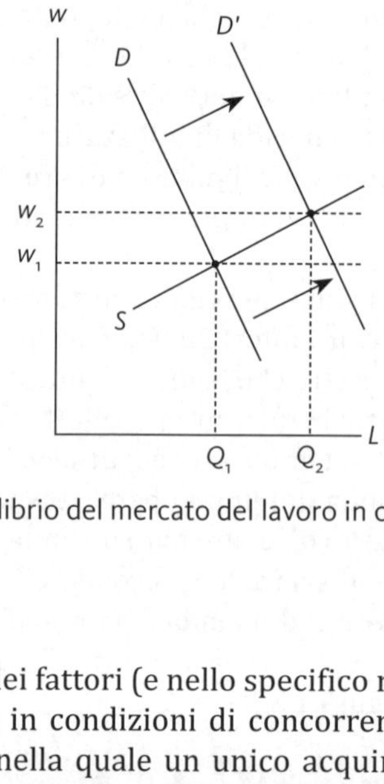

Figura 1.4 - Equilibrio del mercato del lavoro in concorrenza perfetta

1.5 Il monopsonio

La trattazione del mercato dei fattori (e nello specifico nel mercato del lavoro) è valida quando tale mercato opera in condizioni di concorrenza perfetta. Il **monopsonio** è una situazione di mercato nella quale un unico acquirente domanda un bene (o un fattore produttivo) da una moltitudine di venditori. Nel mercato del lavoro ciò avviene quando una sola impresa domanda lavoro. In tal caso, la curva di domanda di lavoro della singola impresa coincide con la curva di domanda di mercato. Essa è ottenuta sempre dalla curva del prodotto marginale del fattore lavoro. In monopsonio, possiamo definire la curva di offerta di lavoro anche come curva di costo medio del fattore (AFC). Il costo marginale del lavoro (MFC) è invece pari alla variazione del costo totale del fattore (TFC) conseguente all'impiego di una unità aggiuntiva del fattore lavoro. Il monopsonista assumerà lavoratori fino al punto in cui la curva di domanda di lavoro interseca il costo marginale del lavoro (punto (L^*; W^*) in figura 1.5).

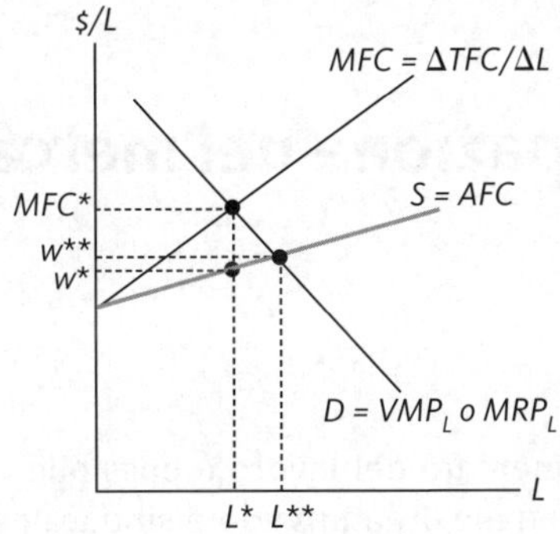

Figura 1.5 - Equilibrio del mercato del lavoro in monopsonio

Rispetto a una situazione di concorrenza il salario risulta più basso e l'occupazione è minore. Infatti in un mercato del lavoro di tipo concorrenziale l'equilibrio si troverebbe nel punto (L^{**}; W^{**}). Come fatto per il mercato del lavoro, le figure possono essere adattate ai mercati di tutti i fattori produttivi.

Capitolo 2
Salario e occupazione nel mercato del lavoro

2.1 Introduzione

Nella rappresentazione del mercato del lavoro è possibile anche ipotizzare che il lato dell'offerta sia rappresentato dalle organizzazioni sindacali e che le imprese non operino (nel loro mercato di sbocco) in condizioni di concorrenza.

2.2 Indicatori del mercato del lavoro

Si definisce **forza lavoro** la somma tra il numero di individui in cerca di lavoro e gli individui effettivamente impiegati; sono esclusi coloro che pur facendo parte della popolazione civile non sono occupati e coloro che non sono in cerca di lavoro.
Si ha **disoccupazione involontaria** quando parte della popolazione attiva, pur cercando e pur avendone capacità e volontà, non riesce a trovare un impiego, che sarebbe in grado di accettare immediatamente e al salario vigente. Questo della disoccupazione involontaria è un fenomeno puramente keynesiano, ed è dovuto, secondo lo stesso Keynes, a una domanda aggregata insufficiente.
L'analisi dell'andamento del mercato del lavoro in un dato Paese è, di solito, sviluppata non tanto con riferimento ai valori assoluti (numero degli occupati, dei disoccupati ecc.) ma con riferimento a rapporti tra queste grandezze.
Si parla allora di:

- **tasso di disoccupazione**, che è il rapporto tra i disoccupati, e cioè coloro che involontariamente sono esclusi dal mercato del lavoro, e la forza lavoro;
- **tasso di attività** o **tasso di partecipazione**, che è il rapporto tra la forza lavoro e la popolazione in età lavorativa.

Nel mercato del lavoro, accanto alla disoccupazione involontaria, è però possibile che vi sia anche la disoccupazione volontaria, e cioè quella caratterizzata da soggetti che volontariamente e spontaneamente decidono di non lavorare.

2.3 La disoccupazione

2.3.1 Forme di disoccupazione

In base agli elementi che la generano e alle conseguenze che essa provoca, possiamo distinguere diverse forme di disoccupazione; le principali sono la *disoccupazione strutturale* e la *disoccupazione frizionale*.
La **disoccupazione strutturale** è la forma più grave di disoccupazione, in cui non c'è equilibrio tra domanda e offerta di lavoro nel medio e nel lungo periodo, quindi non è facile raggiungere il pieno impiego. In questo caso, i disoccupati possono rimanere tali per periodi di tempo abbastanza lunghi.

La **disoccupazione frizionale** è la forma di disoccupazione che non si può eliminare. È il livello minimo di disoccupazione in presenza del quale si potrebbe parlare di piena occupazione; per piena occupazione non si intende quindi una situazione priva di disoccupazione, ma una situazione in cui la disoccupazione è contenuta. Si ha disoccupazione frizionale quando i lavoratori in cerca di impiego non lo trovano immediatamente, per cui durante la ricerca sono considerati disoccupati. L'ammontare della disoccupazione frizionale dipende dalla frequenza con la quale i lavoratori cambiano lavoro e dal tempo impiegato per trovarne uno nuovo.

2.3.2 Le cause della disoccupazione

Le cause che determinano disoccupazione possono essere le più disparate: *asimmetria informativa*; *limitata flessibilità* e quindi *rigidità dei salari verso il basso*; *mancato coordinamento tra le diverse forze di lavoro* ecc.
Una situazione di salari rigidi verso il basso è una situazione in cui gli stessi non possono scendere al di sotto di una certa soglia, che può essere determinata nei modi che vedremo più avanti, oppure ad esempio, come avviene in Italia, attraverso contrattazioni sindacali.
Quando i salari sono rigidi verso il basso si crea disoccupazione, perché è possibile che i salari minimi siano maggiori di quelli in cui c'è equilibrio tra domanda e offerta di lavoro. Con salari più bassi le imprese sarebbero disposte ad assumere più lavoratori, dato che più è alto il salario e minore è il numero di lavoratori che le imprese vogliono assumere.

2.4 La determinazione dei salari nel mercato del lavoro

La determinazione dei salari avviene tramite la **contrattazione collettiva** tra i sindacati e le imprese.
La forza contrattuale dei sindacati è determinata dal livello di occupazione, dai sussidi alla disoccupazione (la prospettiva di percepire un sussidio nel caso in cui si perda lavoro fa inevitabilmente crescere il livello dei salari) e dal livello atteso dei prezzi.
Anche se la contrattazione mira a determinare il **salario nominale**, le imprese e i lavoratori sono interessati al **salario reale**, cioè al potere di acquisto di tale salario, che si ottiene dal rapporto tra il salario nominale e il livello (non corrente, si ripete, ma atteso) dei prezzi. Esiste una relazione diretta tra salario nominale e livello atteso dei prezzi.

2.5 Teorie sulle rigidità salariali

Ci sono diverse teorie che studiano in particolare le cause di rigidità dei salari e quindi la disoccupazione: la *teoria dei salari di efficienza*, la *teoria dei contratti impliciti*, i *modelli insider-outsider*, i *modelli di matching e searching*.

2.5.1 Teoria dei salari di efficienza

In questa teoria, le imprese hanno interesse a **pagare un salario superiore a quello di riserva**, ossia al salario al quale i lavoratori sono disposti a lavorare, pari alla produt-

tività marginale. L'idea centrale è che i vantaggi che l'impresa trae offrendo salari più elevati sono superiori ai costi che essa sostiene per pagare questi salari. Tali vantaggi possono essere riassunti in: incrementare la produttività dei lavoratori; incentivare il lavoratore all'impegno e vederne aumentare il rendimento, si vuole evitare così che il lavoratore possa avere dei comportamenti opportunistici, perché tra il datore di lavoro e il lavoratore esiste una sorta di asimmetria informativa a sfavore del primo, che non può sapere con certezza quali saranno le decisioni e i comportamenti del lavoratore.
In questo caso, i lavoratori sono incentivati a impegnarsi di più anche perché si rendono conto che in questo modo la perdita del lavoro sarebbe più costosa per loro, dato che dovrebbero ricominciare la ricerca del lavoro e accettarne uno che magari offra loro un salario più basso. Un altro motivo alla base dei salari di efficienza può essere quello di evitare il *turn over* dei lavoratori, contenendo in questo modo i costi di reclutamento e formazione del personale, perché in questo caso un salario più elevato rende più conveniente al lavoratore permanere nell'impresa.

2.5.2 Teoria dei contratti impliciti

In questa teoria, il contratto "implicito" è visto come una sorta di contratto di assicurazione, che viene fornita da imprese che sono neutrali al rischio a lavoratori che invece sono avversi al rischio.
Con tale tipo di contratto le imprese si impegnano a **garantire salari e occupazione**; nel senso che, non potendo accedere agevolmente ad altre forme di assicurazione, il lavoratore stipula una sorta di contratto con il datore di lavoro, tramite il quale l'impresa si impegna a non licenziare il lavoratore in caso di periodi di crisi o comunque ad assicurargli una specie di sussidio di disoccupazione, in cambio paga un salario che è inferiore a quello di equilibrio, cioè a quello corrispondente alla produttività marginale, la differenza è un premio per il rischio che l'impresa si accolla. Anche in questo caso c'è rigidità salariale che viene appunto stabilita in base a tale tipo di contrattazione.

2.5.3 Modelli *insider-outsider*

In questi modelli esistono due tipi di lavoratori potenziali: gli ***insiders***, che sono i lavoratori già occupati nelle imprese, che quindi possono contrattare il salario con le imprese stesse, e gli ***outsiders***, che sono invece i disoccupati, coloro che non hanno alcun tipo di relazione con l'impresa ma che comunque possono essere assunti da questa. Scopo degli *insiders* è quello di chiedere salari più elevati di quelli che chiederebbero gli *outsiders*, perché già addestrati per quel tipo di lavoro.
In questo caso, le imprese sono disposte a **pagare salari più alti agli *insiders* pur di evitare il turn over con gli *outsiders*** e quindi evitare di sostenere costi aggiuntivi per il loro addestramento e la loro formazione. Ne consegue che una parte dei lavoratori, gli *insiders*, ha un potere di mercato tale da incidere negativamente sull'occupazione. In seguito ad accordi con gli *insiders*, l'impresa può limitare l'assunzione di nuovo personale per ridurre appunto i costi legati a queste nuove assunzioni. Tutto ciò può contribuire ad una disoccupazione di lunga durata.

2.5.4 Modelli di *matching* e *searchnig*

I modelli di *matching* e *searching* spiegano perché esiste una relazione negativa tra il numero di posti vacanti nelle imprese e il numero di persone che non lavorano: c'è un'**informazione imperfetta sia da parte dei lavoratori che dei datori di lavoro**. I lavoratori perdono tempo nel cercare lavoro, soprattutto per cercare un lavoro che assicuri un salario non inferiore a quello di riserva. D'altra parte, i datori di lavoro hanno bisogno di lavoratori, ma non hanno alcuna informazione su quale possa essere la loro produttività. Quindi c'è una continua ricerca, sia da parte di lavoratori che da parte delle imprese che intendono assumere; questa ricerca però è dispendiosa sia in termini di tempo che in termini economici, ed è proprio in seguito a questa mancanza di contemporaneità della ricerca e quindi al mancato incontro tra domanda e offerta di lavoro che può nascere una parte della disoccupazione.

Esempio
Supponiamo che un cuoco sia alla ricerca di un lavoro come chef. Egli non accetterà subito la prima offerta, ma prima cercherà più lavori e poi accetterà l'offerta che ritiene migliore. All'opposto, un ristorante che abbia bisogno di uno chef, di certo non assumerà il primo cuoco che farà il colloquio di lavoro, ma ne vedrà prima qualcun altro e poi deciderà quale assumere.

Con questo semplice esempio abbiamo dimostrato che tra il momento in cui il cuoco cerca lavoro e lo trova e il momento in cui il ristorante cerca lo chef e lo trova passa del tempo proprio perché entrambi fanno più tentativi. E questo è dovuto, innanzi tutto, al fatto che, come abbiamo visto prima, sia i lavoratori sia i datori di lavori hanno informazioni imperfette, ma anche al fatto che possono esserci salari diversi per lo stesso tipo di lavoro, nel senso che è possibile che lavoratori con la stessa qualifica possono avere salari diversi se lavorano in imprese diverse con strutture organizzative diverse.
A questo bisogna aggiungere che, quanto migliore è il ***matching***, quindi quanto più il lavoratore riesce a trovare il lavoro più adatto a lui e l'impresa riesce a trovare il lavoratore più adatto alle proprie esigenze, maggiore sarà la produttività del lavoratore e maggiore sarà il suo salario. Ma tutto questo però allunga i tempi di ricerca sia dal lato dell'offerta che da quello della domanda.
I **modelli di *searching*** mettono in relazione il tempo che si perde per la ricerca del lavoro e il salario di riserva che si è disposti ad accettare. Nell'effettuare la ricerca, il lavoratore deve anche tener conto del costo che egli sostiene per la ricerca. Quindi, quanto più è alto il costo della ricerca, minore sarà il salario che il lavoratore è disposto ad accettare, perché sa che se volesse continuare la ricerca, cercando di ottenere un lavoro con un salario più elevato, dovrebbe sopportare dei costi di ricerca sempre più elevati. Quindi in questo caso, la disoccupazione non è dovuta alla rigidità dei salari ma al processo di ricerca. Le autorità potrebbero intervenire ad esempio con sistemi di collocamento di lavoro efficienti, che riducano i tempi di ricerca. Questo è ad esempio il compito che fino a qualche tempo fa, in Italia, era affidato agli uffici di collocamento, oggi Centri per l'impiego.

2.6 Il tasso naturale di disoccupazione

Analizziamo adesso come la determinazione del livello dei prezzi e la fissazione dei salari nominali influenzano la determinazione del tasso di disoccupazione di equilibrio in un'economia. Per fare ciò abbiamo bisogno di due strumenti che prendono il nome di equazione dei salari ed equazione dei prezzi.

2.6.1 L'equazione dei salari

I *salari nominali* possono essere rappresentati dalla seguente espressione:

(1) $W = P^{a}\, F\left(\underset{-}{u}, \underset{+}{z}\right)$

I salari nominali (W) crescono al crescere dei prezzi attesi (P^{a}) e sono una funzione (F) negativa della disoccupazione (u) e positiva di un parametro z. Il parametro z rappresenta tutti quei fattori che influenzano la contrattazione salariale facendo crescere il salario (sussidi alla disoccupazione, salario minimo e leggi che rendono più costoso il licenziamento).
L'equazione dei salari ha come riferimento principale la (1), ma può essere scritta anche come:

(2) $W = P \cdot F\left(\underset{-}{u}, \underset{+}{z}\right)$

Essa indica appunto che i salari nominali sono funzione del prezzo. Nella (2) abbiamo assunto che i salari siano funzione del livello effettivo dei prezzi e non di quello atteso. In questo modo abbiamo implicitamente assunto che le aspettative sui prezzi coincidano con il loro livello effettivo. Tale assunzione faciliterà la definizione del tasso naturale di disoccupazione, ma verrà poi abbandonata nel prosieguo del capitolo (in tal modo saremo poi in grado di ricavare la curva di offerta aggregata). Quindi inizialmente l'equazione dei salari viene rappresentata dalla (2), mentre in seguito verrà formalizzata tramite la (1).
Se utilizziamo la (2), possiamo riscrivere tale relazione in termini reali come:

(3) $\frac{W}{P} = F\left(\underset{-}{u}, \underset{+}{z}\right)$

La (3) indica che i **salari reali** sono una funzione negativa della disoccupazione (u) e una funzione positiva dei fattori istituzionali del mercato del lavoro (z).
Questa relazione tra salario reale e disoccupazione viene chiamata appunto **equazione dei salari**. Tale relazione viene riportata in figura 6.6 e si presenta come una curva inclinata negativamente contrassegnata con *WS* (*Wage Setting*).

2.6.2 L'equazione dei prezzi

L'equazione dei prezzi rappresenta la formazione dei prezzi da parte delle imprese e indica come questi siano funzione del salario nominale e del **markup** (μ):

(4) $P = (1 + \mu)\, W$

La (4) viene chiamata equazione dei prezzi e il termine m indica proprio la quota di ricarico sul costo marginale da parte delle imprese, normalmente chiamata markup.

Con alcuni elementari passaggi algebrici possiamo scrivere l'equazione dei prezzi come:

$$(5)\ \frac{W}{P} = \frac{1}{1+\mu}$$

Tale equazione ci dice che il salario reale fissato dalle imprese è una funzione delle decisioni di prezzo. Se il markup (m) cresce, i prezzi crescono a parità di salari, facendo diminuire il salario reale. Intuitivamente se tutte le imprese in un'economia incrementano il markup, tutti i prezzi aumentano e il salario reale (a parità di salario nominale) scende. Quindi, quanto maggiore è il markup, tanto minore sarà il salario reale. L'equazione dei prezzi (*PS*) viene rappresentata come una retta orizzontale in figura 2.1. Il salario reale non dipende dalla disoccupazione, ma dal livello del markup tramite l'espressione 1/(1 1 m). È facile constatare che un aumento del markup genera una riduzione del termine 1/(1 1 m) e quindi porta ad una riduzione del livello dei salari reali effettivamente pagati dalle imprese.

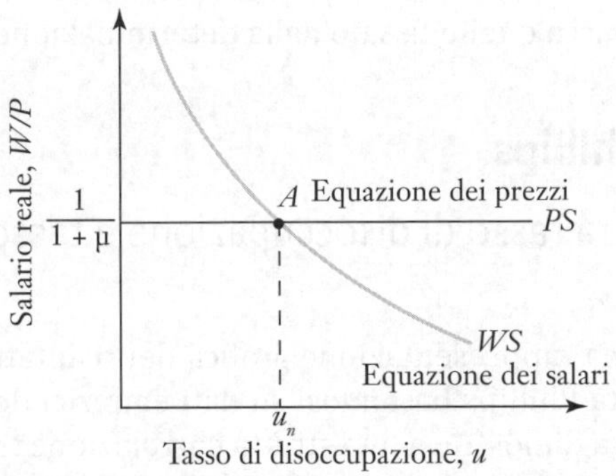

Figura 2.1 - Le equazioni dei salari e dei prezzi

2.6.3 Equilibrio del mercato del lavoro

L'equilibrio del mercato del lavoro richiede che il salario reale risultante dalla determinazione dei salari sia pari al salario reale derivante dalla determinazione dei prezzi. Per ottenere tale equilibrio basta uguagliare la (3) e la (5) e si avrà:

$$(6)\ F(u_n, z) = \frac{1}{1+\mu}$$

Notiamo quindi che il tasso di disoccupazione di equilibrio (u_n) sarà tale per cui il salario reale derivante dalla fissazione dei prezzi (il lato destro dell'uguaglianza) deve essere pari a quello risultante dalla determinazione dei salari (il lato sinistro dell'equazione).

2.6.4 Tasso naturale di disoccupazione

Il tasso di disoccupazione d'equilibrio individuato dalla (6) viene definito tasso naturale di disoccupazione. Si noti che in corrispondenza di tale tasso di disoccupazione il livello atteso e il livello osservato dei prezzi sono uguali. Il tasso naturale di disoccupazione non è un valore stabile nel tempo. Eventi che alterano le condizioni che caratterizzano la contrattazione salariale o che modificano il markup, determinano variazioni del tasso naturale di disoccupazione (ad es. le leggi antitrust).

2.7 Produzione e tasso di occupazione

Ovviamente, al tasso naturale di disoccupazione corrisponderanno un determinato livello di occupazione e un determinato livello di produzione. Questi prendono il nome di livello naturale di occupazione e livello naturale di produzione.
Il livello naturale di occupazione è il livello di occupazione associato al tasso naturale di disoccupazione. Esso è dato dal numero di lavoratori impiegati in corrispondenza del tasso naturale di disoccupazione.
Se indichiamo con u_n il tasso naturale di disoccupazione, con N_n il tasso naturale di occupazione e con L la forza lavoro avremo che:

(7) $N_n = L\,(1 - u_n)$

Il livello naturale di produzione è quel livello di produzione che un sistema raggiunge quando l'occupazione è pari al suo livello naturale.
In corrispondenza del livello naturale di produzione, il salario reale fissato dalla contrattazione salariale è pari a quello fissato dalla determinazione dei prezzi.

2.8 La curva di Phillips

2.8.1 La relazione tra tasso di disoccupazione e tasso di variazione dei salari

La curva di Phillips è una rappresentazione grafica dei risultati di un'indagine empirica svolta dall'economista Phillips basandosi su dati empirici dell'economia inglese del periodo 1861-1957. Essa dimostrava una stretta correlazione tra il saggio di salario e il tasso di disoccupazione.
In formula:

$w = f(u)$

L'equazione indica che tra il tasso di variazione dei salari w e il tasso di disoccupazione esiste una relazione inversa.
La figura 2.2 rappresenta la famosa curva individuata da Phillips.
Sull'asse delle ascisse è rappresentato il tasso di disoccupazione u e sull'asse delle ordinate il tasso di variazione dei salari w.

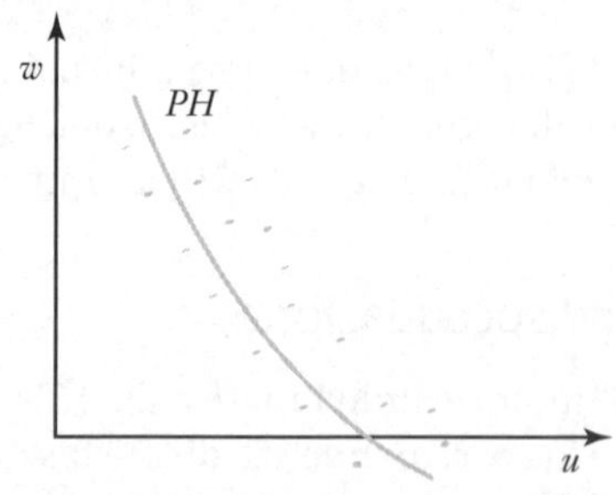

Figura 2.2 - La curva di Phillips

Ogni punto nella figura corrisponde ad una coppia di valori di *u* e *w* registratasi in un certo anno in Inghilterra.
La curva di Phillips mostrava quindi che ad ogni riduzione della forza lavoro corrispondeva un aumento del saggio percentuale di variazione dei salari monetari.
Inoltre Phillips scoprì che:

- la curva intersecava l'asse delle ascisse in corrispondenza di un tasso di disoccupazione del **5%**. In corrispondenza di questo tasso il saggio di variazione dei salari era zero, ovvero i salari non crescevano e non si riducevano. Per valori del tasso di disoccupazione maggiori del 5%, il livello dei salari monetari si riduceva nel tempo, ovvero il saggio di variazione dei salari era negativo. Invece, per valori minori del 5%, i salari crescevano (saggio di variazione dei salari positivo);
- la pendenza della curva era tanto maggiore quanto più basso era il livello di disoccupazione;
- esisteva un livello di disoccupazione al di sotto del quale non si poteva andare, pari all'1% circa.

2.8.2 L'interpretazione di Lipsey della curva di Phillips

L'analisi di Phillips fu approfondita dopo circa due anni dall'economista Lipsey, che diede una propria interpretazione dell'andamento della curva di Phillips.
L'interpretazione che Lipsey ha dato con riferimento alla relazione individuata dalla curva di Phillips si basa sulla legge della domanda e dell'offerta e afferma che i salari monetari variano tutte le volte in cui domanda e offerta di lavoro sono diverse.
Per comprendere la posizione di Lipsey, si consideri la figura 2.3. Tutti i punti della curva che si trovano a sinistra del punto *H* (come ad esempio il punto *a*) sono punti in cui il saggio di variazione dei salari è positivo, per cui i salari crescono. Questo significa che in quei punti vi sono più posti liberi rispetto ai lavoratori in cerca di lavoro, per cui la disoccupazione è inferiore a quella di equilibrio e i salari tendono a crescere a causa della concorrenza tra imprese per accaparrarsi i pochi lavoratori disponibili. Minore è la disoccupazione, maggiore sarà la tendenza dei salari a crescere.
Al contrario, i punti della curva alla destra di *H* (ad esempio, il punto *b*) sono punti in cui i salari si riducono (il saggio di variazione dei salari è negativo); in questi punti la disoccupazione è maggiore di quella naturale, ovvero vi sono più lavoratori in cerca di lavoro rispetto ai posti di lavoro disponibili. L'eccesso di offerta sulla domanda di lavoro spinge quindi i salari verso il basso.
L'unico punto in cui i salari sono costanti (il punto *H*, in cui la curva interseca l'asse delle ascisse) è il punto in cui domanda e offerta di lavoro sono uguali, per cui il mercato del lavoro risulta essere in equilibrio. Come si nota, l'equilibrio nel mercato del lavoro non implica un tasso di disoccupazione pari a zero; in corrispondenza del punto *H* infatti esiste un certo livello di disoccupazione, pari appunto a $0H$. Tale disoccupazione è, per Lipsey, **disoccupazione frizionale**, cioè disoccupazione dovuta al fatto che vi sono lavoratori in cerca di occupazione.
È importante sottolineare che, secondo Lipsey, le variazioni dei salari sono riequilibratrici, per cui l'economia tende naturalmente verso il punto *H*: se la domanda di lavoro è maggiore dell'offerta, i salari crescono ristabilendo l'equilibrio nel mercato del lavoro e portando l'economia nel punto *H*; se invece la domanda è minore dell'offerta, i salari si riducono e riportano l'economia nel punto *H*.

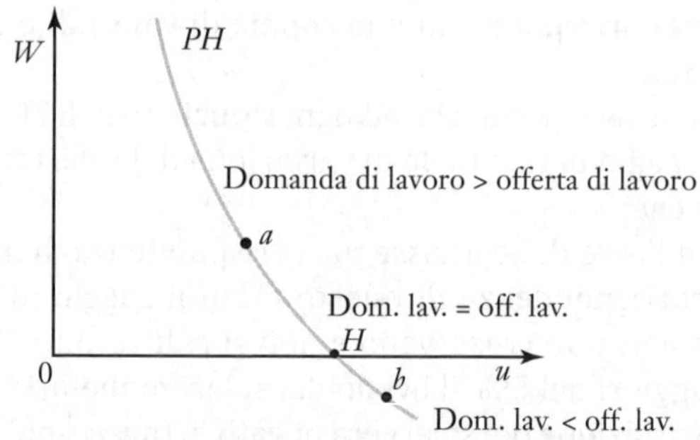

Figura 2.3 - L'interpretazione di Lipsey della curva di Phillips

2.8.3 La critica dei monetaristi

Le principali critiche alla curva di Phillips sono provenute dalla scuola monetarista, in particolare da M. Friedman e E. Phelps. I monetaristi partono da un principio di base: i soggetti economici sono soggetti razionali, e non vittime di illusioni monetarie. Essi, quindi, nel decidere la propria azione, si basano su grandezze reali (salari reali, interesse reale, etc.) e trascurano le grandezze puramente monetarie.

Partendo quindi dall'ipotesi di assenza di illusione monetaria, i monetaristi mettono in discussione l'analisi di Phillips e l'idea che esista un *trade-off* tra inflazione e disoccupazione.

Per comprendere meglio la posizione dei monetaristi, si consideri la figura 2.4, dove è tracciata una curva di Phillips che interseca l'asse delle ascisse in corrispondenza del punto *H*. Ipotizziamo che l'economia si trovi inizialmente nel punto *H* e che vi sia un aumento della domanda di beni che determina, a sua volta, un aumento della produzione. Questo, in base all'interpretazione della curva di Phillips, dovrebbe far aumentare i salari monetari e ridurre la disoccupazione, portando l'economia dal punto *H* al punto *A*. Tuttavia, secondo i monetaristi, questo può avvenire solo nel *breve periodo*. Infatti, nel punto *A* non solo i salari ma anche i prezzi sono aumentati, per cui i salari reali dei lavoratori di fatto non sono aumentati. Il passaggio dal punto *H* al punto *A* è possibile solo perché i lavoratori non si sono ancora resi conto dell'aumento dei prezzi e hanno quindi accettato di lavorare perché ingannati dal maggior valore del salario monetario.

Tuttavia, nel *lungo periodo*, i lavoratori si renderanno conto di quanto avvenuto e rivedranno le loro aspettative sul livello dei prezzi, richiedendo maggiori salari per ogni livello del tasso di disoccupazione.

Di conseguenza, la curva *PH* si sposterà verso l'alto in *PH*9. Il nuovo equilibrio di lungo periodo si avrà in *H*9 sulla nuova curva di Phillips, dove prezzi e salari crescono al tasso *HH*9 (ipotizzando che non vi siano aumenti di produttività). Partendo dal punto *H*9 possiamo ripetere lo stesso ragionamento. Un aumento della domanda e quindi della produzione può portare l'economia dal punto *H* al punto *B* (dove la disoccupazione si è ridotta) solo nel breve periodo. Infatti, con il passare del tempo, i lavoratori si renderanno conto che il salario reale non è cresciuto e chiederanno aumenti salariali. La curva di Phillips si sposterà verso l'alto in *PH*0 e il nuovo equilibrio si avrà nel punto *H* 0.

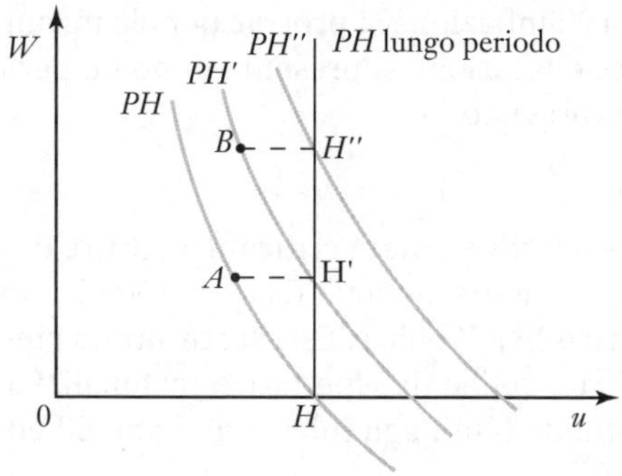

Figura 2.4 - La critica dei monetaristi alla curva di Phillips

Le tesi dei monetaristi hanno delle implicazioni molto rilevanti in tema di politica economica. Infatti, se nel lungo periodo l'economia torna sempre al livello di disoccupazione naturale, allora politiche economiche che mirano a ridurre la disoccupazione sono totalmente inefficaci nel lungo periodo. Esse possono realizzare il proprio obiettivo solo nel breve temine, ma, nel lungo termine, non faranno altro che generare maggiore inflazione.

Alla luce di quanto finora detto, i monetaristi vedono ulteriori conferme di quanto affermato a proposito del tasso naturale di disoccupazione, ovvero che:

- le politiche di gestione della domanda aggregata nel lungo periodo non hanno alcuna influenza sulle variabili reali dell'economia (disoccupazione, produzione) mentre possono influenzare quelle monetarie (il livello dei prezzi, il salario monetario);
- il tasso naturale di disoccupazione può cambiare solo in conseguenza di politiche dell'offerta, cioè politiche volte a migliorare la flessibilità e l'efficienza del mercato del lavoro, rendendo ad esempio più facile l'incontro tra domanda e offerta di lavoro;
- ogni tentativo di utilizzare politiche di gestione della domanda aggregata al fine di mantenere l'occupazione permanentemente inferiore al suo livello naturale avrà come risultato semplicemente una inflazione sempre più alta.

Tutta l'analisi dei monetaristi si basa, oltre che sull'idea di razionalità degli individui e, quindi, di **assenza di illusione monetaria** (almeno nel lungo periodo), su un'altra ipotesi, molto rilevante: gli individui prendono le loro decisioni in base alle aspettative che hanno sull'andamento delle principali variabili economiche.

Nel caso dell'interpretazione della curva di Phillips, i lavoratori decidono se offrire o meno il proprio lavoro non solo in base al salario che viene loro offerto, ma anche in base al potere di acquisto di tale salario, che dipende dal livello dei prezzi.

I lavoratori hanno quindi delle **aspettative sul livello dei prezzi** e scelgono in base a tali aspettative.

Le aspettative adattive

Secondo i monetaristi, le aspettative degli individui sono aspettative adattive: ogni soggetto adatta le proprie aspettative agli eventi degli ultimi periodi e le rettifica via via tenendo conto degli eventi osservati nel passato recente.

Secondo questa impostazione i soggetti hanno una capacità di previsione limitata. Essi riescono a prevedere gli eventi che si sono già messi in moto nel passato e rispetto a questi riescono ad evitare errori di comportamento. Ma gli stessi soggetti restano del tutto scoperti di fronte ad inversioni di tendenza o rispetto ad eventi nuovi, mai riscontrati prima. Se, ad esempio, l'inflazione si protrae per alcuni anni, essa diventa perfettamente prevista; invece, se l'inflazione si presenta dopo un periodo di stabilità monetaria, risulterà un evento imprevisto.

Le aspettative razionali

L'ipotesi delle aspettative adattive è stata criticata a partire dagli inizi degli anni '70 da molti studiosi della Nuova Macroeconomia Classica (NMC), tra cui Robert Lucas, Thomas Sargent, Robert Barro e Neil Wallace. Essi sostituirono l'ipotesi di aspettative adattive con un'ipotesi più forte, quella di aspettative razionali. La teoria delle aspettative razionali è stata introdotta da Muth agli inizi degli anni '60 ed è poi stata sistematicamente utilizzata dalla NMC.

I sostenitori delle aspettative razionali ritengono che, se un soggetto si limita a prevedere il futuro tenendo conto solo degli eventi passati, allora ogni cambiamento imprevisto negli eventi lo espone a sorprese. Inoltre, secondo la teoria delle aspettative adattive, i soggetti non imparano dagli errori compiuti e continuano ad aspettarsi un futuro in linea con il passato. Un soggetto simile non può essere definito razionale. Al contrario, un vero soggetto razionale forma le sue aspettative rispetto al futuro non solo osservando la situazione odierna o gli andamenti recenti, ma utilizzando anche **tutte le informazioni disponibili**; tra queste vanno inclusi i fatti di cui si ha conoscenza, nonché le riflessioni e gli studi che sono stati svolti su eventi passati e le relative conclusioni. Questo insieme di notizie consente di formare aspettative molto più precise di quel che non si possa ottenere con la semplice proiezione della situazione presente. Ovviamente, resta comunque un certo grado di incertezza, a causa del fatto che le informazioni disponibili sono sempre incomplete e che tutti gli eventi umani sono soggetti a disturbi casuali. Non è quindi mai possibile formulare una previsione sotto forma di dato numerico certo. La grandezza attesa sarà sempre un insieme di possibili eventi, ciascuno con un diverso grado di probabilità. L'aspettativa assume quindi la forma di distribuzione di *probabilità*, i cui valori sono ovviamente condizionati dalle informazioni disponibili.

L'ipotesi di aspettative razionali ha importanti implicazioni sull'andamento della curva di Phillips e sull'efficacia delle politiche economiche.

Poiché, in base all'ipotesi di aspettative razionali, non esiste un'asimmetria informativa fra i cittadini e le autorità di politica economica, se queste ultime attuano una politica espansiva, gli agenti si rendono conto che tale manovra provocherà un aumento nel livello dei prezzi e incorporano tale previsione nelle aspettative. Ciò implica che non esiste un *trade-off* tra tasso di inflazione e tasso di disoccupazione neppure nel breve periodo.

Le autorità di politica economica infatti non sono in grado di determinare alcun divario fra aspettative di inflazione e inflazione effettiva e quindi non sono in grado di portare il tasso di disoccupazione al di sotto del tasso naturale.

Solo nel caso di una variazione *imprevista* della domanda si può realizzare una situazione di breve periodo come quella delineata nel modello di Friedman, ovvero può esserci temporaneamente una discrepanza fra tasso di inflazione atteso e tasso di inflazione effettivo, con un conseguente scostamento temporaneo del tasso di disoccupazione da quello naturale.

Ma non può trattarsi che di una situazione temporanea determinata dall'effetto "sorpresa", che svanisce non appena vengono riviste le aspettative.

Dunque, solo nel caso di una variazione *imprevista* della domanda, si può ipotizzare l'esistenza di una curva di Phillips inclinata negativamente nel breve periodo.
Altrimenti, secondo i teorici della NMC, applicando le aspettative razionali alla curva di Phillips, essa risulta verticale anche nel breve periodo.

2.8.4 La legge di Okun

La legge di Okun indica la relazione esistente tra le variazioni del tasso di disoccupazione e le variazioni della produzione.
Per comprenderne la formulazione, partiamo da due ipotesi semplificatrici:
- variazioni della produzione si riflettono in uguali variazioni dell'occupazione, ovvero produzione e occupazione sono direttamente correlate;
- la forza lavoro è costante, per cui un incremento dell'occupazione si traduce in un uguale decremento della disoccupazione.

Queste ipotesi implicano che variazioni della produzione determinano variazioni direttamente proporzionali dell'occupazione e indirettamente proporzionali della disoccupazione.
Adesso rimuoviamo le due ipotesi semplificatrici di cui sopra. Per quanto riguarda la prima ipotesi, essa è particolarmente irreale. Immaginiamo ad esempio che aumenti, oltre alla produzione, anche la produttività del lavoro; in questo caso parte della produzione aggiuntiva (o anche tutta la produzione aggiuntiva) potrà essere realizzata da coloro che sono già impiegati, per cui la variazione della produzione non determinerà una variazione proporzionale dell'occupazione.
Anche la seconda ipotesi, che assume che la forza lavoro sia costante, è irreale. Se rimuoviamo anche questa ipotesi e assumiamo invece che la forza lavoro cresca, allora emerge un altro motivo che non rende più vera l'ipotesi che variazioni della produzione generino variazioni proporzionali della disoccupazione. Infatti, se la forza lavoro aumenta, la crescita della produzione potrebbe non essere sufficiente a ridurre la disoccupazione, anche se le imprese assumessero nuovi lavoratori.
Alla luce di quanto detto si evince che la crescita della produzione, per riuscire a provocare riduzioni della disoccupazione, deve essere maggiore della somma del tasso di crescita della produttività e del tasso di crescita della forza lavoro.

Capitolo 3
Economia del personale

3.1 Sistemi di gestione delle risorse umane

I sistemi di gestione delle risorse umane (in inglese *Human Resource Management System*, sigla HRMS) sono **meccanismi operativi** che assumono la connotazione di funzione diffusa, in quanto hanno per oggetto i prestatori di lavoro appartenenti a tutte le unità organizzative.

Tali sistemi si occupano dei processi di:

> reclutamento;
> selezione;
> inserimento, che si estrinseca attraverso addestramento e formazione;
> amministrazione;
> valutazione;
> incentivazione.

Reclutamento

Nell'ambito della gestione delle risorse umane, il **reclutamento** indica lo strumento con cui l'impresa esprime la propria domanda di lavoro e attiva l'offerta potenziale.

Selezione

Alla fase della ricerca fa seguito la **selezione**, cioè la valutazione delle capacità professionali del candidato; tale attività può essere svolta sia da personale esperto interno all'azienda sia da agenzie specializzate che hanno ricevuto apposite istruzioni da parte della Direzione del Personale, il cosiddetto **outsourcing**. Attraverso l'*outsourcing* l'impresa acquisisce una maggiore flessibilità, dovuta al fatto che essa potrà, concentrandosi principalmente sulle proprie attività strategiche, seguire con maggiore agilità i mutamenti del mercato.

Le esigenze di reclutamento delle risorse umane possono essere soddisfatte attraverso:

> **selezione interna**, o **mobilità**, cioè individuando i dipendenti che, per capacità ed esperienze acquisite in azienda, posseggono le abilità richieste per ricoprire nuove mansioni, generalmente di livello superiore;
> **selezione esterna**, ossia mediante l'assunzione di nuovi dipendenti, che comporta la preliminare ricerca di potenziali lavoratori, attraverso la quale l'azienda cerca di instaurare un contatto con gli stessi. Tale ricerca può essere effettuata mediante:
  - la pubblicazione di annunci (o inserzioni) su quotidiani o su periodici specializzati che evidenziano il tipo di mansione da svolgere, il livello di professionalità richiesta e le opportunità offerte dall'azienda;
  - l'intermediazione di Agenzie per il lavoro, specializzate nella selezione del personale;
  - i concorsi pubblici;
  - la ricerca diretta presso scuole, università o aziende concorrenti.

Inserimento

Eseguita la selezione, per favorire l'ottimale **inserimento** dei neo-assunti, si procede al loro ***addestramento***, che consiste nell'insieme delle informazioni e delle istruzioni fornite al lavoratore per consentirgli di svolgere le mansioni in modo corretto ed efficiente e fargli acquisire, oltre che le competenze che traggono origine dalla conoscenza generalmente collegata al livello di istruzione e di abilità (*skills*), dalla parte pratica della conoscenza. Il compito di addestrare i selezionati è generalmente affidato ai responsabili del settore in cui essi devono essere inseriti o a dipendenti che svolgono le stesse mansioni e che, quindi, hanno acquisito l'esperienza necessaria per istruire i neo-assunti.
L'addestramento concerne il personale nel suo insieme. All'addestramento può essere affiancata l'attività di ***formazione***, intesa come l'insieme di tutte le attività mediante le quali l'azienda consente ai neo-assunti l'acquisizione dei metodi e delle capacità richieste per lo svolgimento del lavoro. La formazione tende a sviluppare la capacità di gestire situazioni nuove e creare nuove abilità. Tale formazione può essere realizzata attraverso: lezioni impartite da personale interno all'azienda dotato di specifiche competenze oppure da esperti esterni, a cui l'azienda affida tale compito; la partecipazione a conferenze o convegni su aspetti specifici, riguardanti le mansioni affidate al lavoratore; *stage* aziendale, che consiste in una formazione teorica seguita da un periodo di praticantato presso l'azienda.

Amministrazione

I sistemi di gestione delle risorse umane si occupano altresì della risoluzione di problematiche di natura organizzativa, concernenti l'**amministrazione** di tali risorse, dalla stesura dei contratti alla determinazione delle retribuzioni. In tal senso, operano consulenti esperti per tutte le questioni in materia di risorse umane, a stretto contatto con amministrazioni pubbliche, sindacati, fornitori di servizi, che collaborano con le diverse divisioni aziendali, i reparti e le unità organizzative.

Valutazione

Quando si parla di **valutazione** delle risorse umane si intende una vera e propria procedura organica e sistematica per assicurare che su ogni dipendente sia espresso un giudizio che serva a valutare e individuarne, secondo criteri omogenei, il rendimento e le caratteristiche professionali che si estrinsecano nell'esecuzione del lavoro.
A seconda della cultura organizzativa cui si riferisce, la valutazione può assumere connotazioni differenti: ad esempio, nelle aziende (pubbliche o private) in cui la burocrazia è molto accentuata, la valutazione è generalmente messa in atto per effettuare forme di controllo di un superiore nei confronti di dipendenti subordinati gerarchicamente, mentre in aziende in cui vi è una forte spinta all'innovazione e alla crescita, la valutazione può essere un mezzo di condivisione delle informazioni, accrescendo in tal modo le competenze sia dei lavoratori sia dell'azienda.
Nell'ambito della valutazione, si distingue tra: *valutazione della performance*, *valutazione del potenziale*, *valutazione delle competenze*, *valutazione dei tratti di personalità*, *valutazione dei comportamenti*, *valutazione delle posizioni*.
La **valutazione della *performance***, ovvero delle prestazioni effettive del personale, si basa sul confronto tra i risultati ottenuti dalle persone e gli obiettivi prefissati. I sistemi di valutazione delle prestazioni del personale sono una modalità fondamentale di cono-

scenza e definizione della realtà organizzativa e sono facilitati se l'azienda dispone di una mappa delle competenze e di una definizione dei profili professionali.
La **valutazione del potenziale** mira a individuare i punti di forza, le aree di miglioramento e le possibilità di sviluppo di una persona, ovvero le caratteristiche che rendono una persona potenzialmente in grado di occupare posizioni di maggiore responsabilità.
La **valutazione delle competenze** riguarda l'esame del patrimonio di conoscenze, qualità e capacità possedute in relazione agli obiettivi analizzati.
La **valutazione dei tratti di personalità**, applicabile solo da psicologi, consente di accedere a informazioni che nessun altro strumento è in grado di cogliere.
La **valutazione dei comportamenti** è di facile applicazione, proprio perché i comportamenti sono osservabili.
La **valutazione delle posizioni** (*job evaluation*) mira a individuare le caratteristiche principali di ciascuna posizione in termini di finalità, responsabilità e compiti. Le tecniche per misurare la *job evaluation* sono di regola sia quantitative sia qualitative: appartengono alle prime il metodo del punteggio e il metodo della comparazione dei fattori; appartengono alle seconde il metodo della graduatoria (o *job ranking*) e il metodo della classificazione del lavoro. Il processo di valutazione delle posizioni si articola in quattro fasi distinte: *analisi delle posizioni* (*job analysis*), in cui vengono raccolti ed esaminati i dati e le informazioni relativi alla posizione; *descrizione della posizione* (*job description*) sulla base dei risultati emersi dalla precedente fase di analisi viene redatto un documento che formalizza e specifica i diversi fattori costitutivi della posizione; *definizione dei requisiti* (*job requirements*), che serve all'identificazione e alla descrizione dei requisiti (conoscenze, capacità, abilità, esperienza) che il titolare dovrebbe possedere per svolgere in modo efficace i compiti richiesti dalla posizione; *valutazione vera e propria* (*job evaluation*), in cui si pondera il valore relativo che una posizione assume all'interno della struttura organizzativa in rapporto alle altre posizioni presenti.
Sempre in tema di valutazione, diversa dalla *job evaluation*, che si sofferma sulla posizione lavorativa, è la *skill evaluation* che si sofferma sulla persona; la *skill evaluation*, o valutazione della specializzazione, è, infatti, un insieme di metodologie di valutazione delle abilità lavorative.

Incentivazione

Per comprendere i **sistemi di incentivazione del personale**, occorre chiarire che, in generale, un *incentivo* è una forma di ricompensa monetaria o non monetaria avente lo scopo di orientare le competenze per il perseguimento dell'obiettivo individuale o collettivo. Un *sistema di incentivazione* è un sistema operativo volto alla valutazione delle prestazioni e alla premiazione del merito in modo da adeguare il comportamento delle risorse umane alle aspettative aziendali, al fine di promuovere dati comportamenti e disincentivarne altri. Nell'implementare un sistema di incentivazione, l'azienda deve tener conto di due classi di variabili: i benefici ottenuti, correlati con il miglioramento delle performance per cui il sistema di incentivazione è stato impostato, e i costi associati. Il sistema di incentivazione aziendale deve rispettare i requisiti di chiarezza, trasparenza e misurabilità, in modo che tra responsabili e collaboratori sia individuabile la relazione che intercorre tra obiettivo e gratificazione. Per essere efficace, il sistema deve, inoltre, essere riconosciuto come funzionale al soddisfacimento di un bisogno del collaboratore. Oltre a soddisfare tali requisiti, un sistema d'incentivazione deve essere adattato alle caratteristiche dell'azienda, alla sua strategia nonché alle influenze esercitate dalla cultura organizzativa.

3.2 Il budget del personale

L'analisi del costo delle risorse umane, soprattutto nelle organizzazioni ad alto tasso di impiego di manodopera, è importante al fine della corretta interpretazione dei risultati aziendali.

Il programma di sviluppo e di gestione delle **risorse umane** trova rispondenza nel **budget del personale**, il documento contabile che formalizza l'impiego delle risorse umane. Si tratta di uno strumento di controllo del costo del lavoro, attraverso il quale si monitora la spesa del personale, si prevedono e simulano tutti i costi relativi alle risorse umane, si ottimizzano i dati e si prendono decisioni strategiche. I sistemi di controllo di gestione possono, quindi, confrontare l'andamento dei costi effettivi con quello dei valori registrati nel budget, evidenziando l'insorgere di eventuali differenze significative.

Non è possibile stabilire regole per la formalizzazione del budget del personale valide per qualsivoglia azienda. La sua stesura dipende dai dati di cui si dispone e dal livello di dettaglio deciso per il budget.

Per costruire un budget del personale occorre partire dai dati consuntivi aziendali, in cui sono raccolte informazioni quali andamento delle assenze, indice di produttività, turnover, straordinari ecc., e considerare poi tutti gli elementi che si riflettono direttamente sulla determinazione e sulla previsione del costo del personale.

3.3 Analisi del personale mediante indicatori

L'**analisi del personale mediante indicatori**, eseguita mediante confronto tra diverse grandezze, consente di ottenere misure sintetiche sull'andamento di dati aspetti gestionali e soprattutto, ponendo in relazione tali indici, consente di disporre di una visione d'insieme della *performance* aziendale.

Gli indicatori più diffusi sono:

- Tasso di turnover del personale $= \dfrac{\text{entrati nel periodo + usciti nel periodo}}{\text{organico medio nel periodo}} \times 100$
- Tasso di compensazione del turnover $= \dfrac{\text{entrati nel periodo}}{\text{usciti nel periodo}} \times 100$
- Tasso generale di stabilità anno $x = \dfrac{\text{personale con anzianità aziendale} > x \text{ anni}}{\text{organico all'anno } x} \times 100$
- Tasso di assenteismo $= \dfrac{\text{numero di ore di assenza}}{\text{numero di ore lavorabili}} \times 100$
- Costo medio del personale $= \dfrac{\text{costo complessivo nel periodo}}{\text{organico medio nel periodo}}$
- Costo orario del personale $= \dfrac{\text{costo complessivo nel periodo}}{\text{numero di ore lavorate}}$

Capitolo 4
I sindacati nel mercato del lavoro

4.1 Introduzione

L'analisi del mercato del lavoro non riguarda esclusivamente il rapporto bilaterale tra impresa e lavoratore ma deve essere condotta considerando l'esistenza di istituzioni, prevalentemente i **sindacati**, che modificano il comportamento degli agenti economici. L'esistenza di sindacati dei lavoratori, in particolare, ha caratterizzato lo sviluppo economico in tutti i Paesi occidentali nell'immediato secondo dopoguerra. La stessa disciplina dell'economia del lavoro si è sviluppata nello stesso periodo, soprattutto per valutare l'impatto dei comportamenti collettivi del sindacato sul sistema economico.

4.2 La concertazione sociale quale modello di relazioni industriali

4.2.1 La concertazione

Il modello attuale entro il quale si sviluppano le relazioni industriali e, quindi, i rapporti tra sindacati e associazioni dei datori di lavoro, è quello della concertazione sociale.
Questo nonostante le frizioni tra parti sociali e Governi e tra le principali confederazioni sindacali siano nel tempo notevolmente aumentate. Ciò ha determinato, anche in periodi molto recenti, una riapertura del metodo conflittuale per quanto riguarda parte del sindacalismo italiano e, in ogni caso, pare anche che si siano poste le basi per una tendenziale riforma del sistema concertativo.
Allo stato attuale, tuttavia, la concertazione sociale è sicuramente il metodo maggiormente aderente alla realtà sindacale italiana, motivo per il quale appare utile fornire alcuni elementi di comprensione del fenomeno fornendo una analisi delle sue finalità.

4.2.2 Finalità

La concertazione sociale è una delle possibili modalità attraverso le quali possono essere regolati in via negoziale i contrasti tra gruppi portatori di interessi diversi al fine del raggiungimento di obiettivi mutevoli a seconda della fase storica di riferimento.
Tali obiettivi sono generalmente di tipo economico ma da essi non possono essere disgiunte, salvo svilirne l'importanza e la funzione storica, finalità di ordine sociale, le quali costituiscono le basi della legittimazione di tale prassi negoziale.
Attraverso la concertazione sociale le organizzazioni e le strutture di tutela degli interessi dei lavoratori e le associazioni dei datori di lavoro sono stati progressivamente resi compartecipi nella determinazione di alcune delle più importanti innovazioni del mercato lavoro.
In differenti periodi, i modelli anche detti neo-corporativi si sono affermati in vari Paesi europei, continentali e non, con alterne fortune (Crouch).

Possiamo avanzare una tesi al riguardo della concertazione sociale: si può dire che essa dipende in gran misura dalla volontà dello Stato, prima che degli attori sociali, di partecipare ad una pratica relazionale che potrebbe svolgersi comunque senza il suo intervento, anche se con modalità e con effetti sicuramente differenti. Una volta fatta tale scelta, condivisa questa dagli altri soggetti che sono in grado di tutelare gli interessi in gioco ed in presenza di altri requisiti che possono essere mutevoli a seconda delle circostanze contingenti (grado di affidabilità dei singoli interlocutori, livello di conflittualità sociale svincolato dalla volontà di questi ultimi, livello di stabilità dell'esecutivo ecc.) si costruisce un modello – che assurgerà a sistema con la ripetibilità di esso nel tempo – che possiamo chiamare di concertazione sociale, neo-corporativo o di scambio politico a seconda delle valenze che gli si vogliono attribuire.

4.3 I sindacati nell'analisi economica

Negli anni '40 e '50 del secolo scorso, nella letteratura economica si è sviluppato un dibattito sull'analisi degli obiettivi dell'organizzazione sindacale. Le due visioni hanno come punti di riferimento i contributi di economisti del lavoro quali Ross e Dunlop.
Per **Arthur M. Ross**, il sindacato doveva considerarsi come un'**istituzione politica** e non come un'organizzazione governata secondo i calcoli di convenienza economica tipici dell'impresa industriale. Come organizzazione politica, e non solo economica, era soggetta a comportamenti basati anche sull'imitazione tra gruppi e sulla rivalità tra diverse organizzazioni.
John T. Dunlop considerava il sindacato come un'**istituzione economica** alla pari dell'impresa e, come tale, interessata al raggiungimento di un obiettivo di carattere economico. Per Dunlop, scopo del sindacato era quello di massimizzare la massa salariale; per raggiungere questo obiettivo doveva tener conto della funzione di domanda di lavoro da parte delle imprese, cioè della relazione tra salario e occupazione.

4.4 Il modello di sindacato monopolista

Si supponga che ci sia un solo sindacato che contratta i salari per tutti e un'unica impresa: il sindacato massimizza la funzione di utilità del suo iscritto e stabilisce il salario, l'impresa stabilisce, di conseguenza, il livello di occupazione che massimizza i profitti (***right to manage***).
L'analisi economica del sindacato si basa sull'ipotesi che questo sia rappresentabile mediante una funzione di utilità, come qualsiasi agente.
Se l'utilità del sindacato dipende sia dal livello di occupazione che dall'entità del salario, si possono individuare nel piano delle curve che indicano le combinazioni di occupazione e salario che forniscono lo stesso livello di utilità al sindacato.

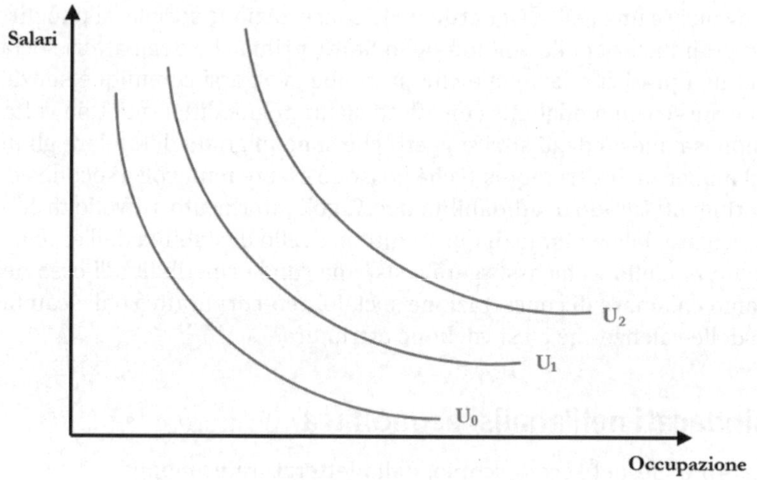

Figura 4.1 Le preferenze del sindacato monopolista

Le curve sono:

> inclinate negativamente: per compensare una diminuzione dell'occupazione è necessario un aumento del salario;
> convesse: per compensare una riduzione dell'occupazione quando questa è già bassa serve un aumento di salario elevato.

L'utilità del sindacato aumenta allontanandosi dall'origine.
Il sindacato sceglie il salario che garantisce il livello più elevato di utilità (sindacale).
L'equilibrio non è più all'intersezione di domanda e offerta di lavoro ma alla tangenza tra domanda di lavoro L_D e curve di indifferenza del sindacato.

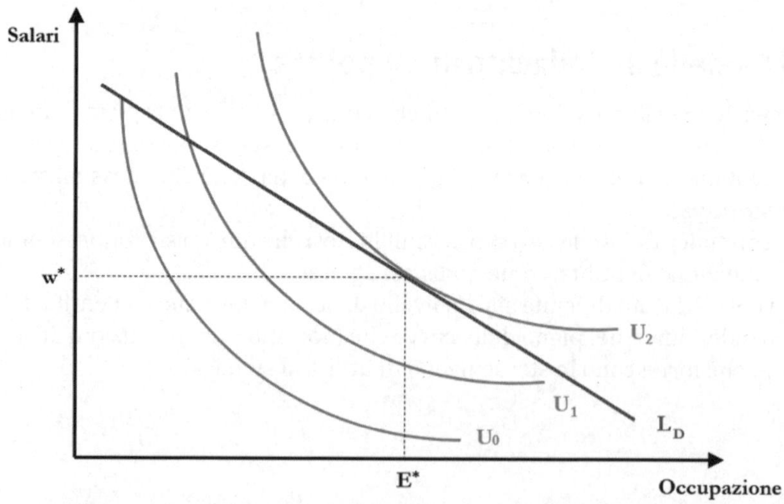

Figura 4.2 Equilibrio del mercato del lavoro con sindacato monopolista

Il punto di tangenza tra una curva di indifferenza sindacale e la curva di domanda di lavoro dell'impresa indica la situazione di massima utilità per il sindacato compatibile con la domanda di lavoro dell'impresa: se volesse fissare un salario più elevato dovrebbe accettare una diminuzione dell'occupazione, ma questo significherebbe spostarsi su una curva di iso-utilità a sud-ovest a cui è associato un livello di benessere inferiore a quella indicata.

Estensioni WEB

Test di verifica online

Libro V

I fondi europei: disciplina e gestione

SOMMARIO

Capitolo 1
Quadro complessivo dei finanziamenti europei

1.1 Il QFP, le risorse proprie e il NGEU

Fino al 2020 il quadro generale dei finanziamenti erogati dall'Unione europea e le risorse dalle quali attingere erano individuati in due documenti che tradizionalmente rappresentano l'architrave del complesso meccanismo finanziario europeo. Si tratta:

- del **Quadro Finanziario Pluriennale (QFP)**, provvedimento approvato ogni 7 anni nel quale sono individuate le azioni che l'Unione intende intraprendere e la ripartizione delle risorse disponibili. Il QFP per il *periodo 2021-2027* è stato adottato con *regolamento (UE, Euratom) 2020/2093 del 17 dicembre* 2020 e individua gli obiettivi generali da perseguire in tale arco temporale, potendo contare su una dotazione finanziaria complessiva per il periodo indicato di 1.074,3 miliardi di euro (a prezzi 2018);
- se il QFP è essenzialmente un "bilancio di spesa" (nel senso che individua solo dove allocare le risorse), quello delle entrate è definito con la **decisione sulle risorse proprie**, il provvedimento che stabilisce su quali fondi può contare l'Unione per erogare i finanziamenti previsti. Il provvedimento attualmente in vigore è la *decisione 2020/2053 del 14 dicembre 2020* e ovviamente copre lo stesso periodo del QFP (2021-2027). La centralità di questo atto giuridico è sottolineata anche dalla *necessaria ratifica da parte di tutti i Parlamenti degli Stati membri prima di poter entrare in vigore*.

La grave crisi economica innestata dalla pandemia COVID-19 ha indotto gli Stati europei ad approvare un programma straordinario di finanziamenti per il periodo 2021-2023. Si tratta del **NGEU – Next Generation EU** (spesso indicato più genericamente come *Recovery Fund*), con risorse aggiuntive per 750 miliardi di euro e che, unite a quelle del QFP, consente all'Unione di fornire finanziamenti per un importo pari a 1.824,3 miliardi di euro. Il provvedimento con quale è stato istituito questo strumento è il *regolamento (UE) 2020/2094 del 14 dicembre 2020*.

1.2 Il Quadro Finanziario Pluriennale (QFP)

Il Quadro finanziario pluriennale (QFP) è il **bilancio a lungo termine dell'Unione europea**, attraverso il quale si fissa il limite di quanto denaro l'Unione può investire per le diverse politiche. Esso è regolato dall'art. 312 del TFUE, mentre al bilancio annuale sono dedicati gli articoli 313-316.

Il bilancio pluriennale 2021-2027 è articolato nelle seguenti **sette rubriche**:

1. **mercato unico, innovazione e agenda digitale**: sono finanziati sotto questa rubrica, tra gli altri, i programmi *Orizzonte Europa* ed il *Fondo InvestEU*. Vi rientrano, inoltre, i grandi progetti nell'ambito del programma spaziale europeo e il progetto di reattore sperimentale termonucleare internazionale (ITER);

2. **coesione, resilienza e valori**: i finanziamenti di questa rubrica sono distinti in tre voci ossia *sviluppo regionale e coesione*, *ripresa e resilienza* e *investimento in persone, coesione sociale e valori*. Tra i finanziamenti della seconda rubrica si ricordano quelli destinati al *Fondo europeo di sviluppo regionale (FESR)*, al *Fondo di coesione (FC)* e al *Fondo sociale europeo plus (FSE+)*, assieme a *EU4Health*, *Erasmus+*, *Europa creativa* e *Diritti e valori*. In questa rubrica si collocano anche i più importanti programmi finanziati dal NGEU, vale a dire il *Dispositivo per la ripresa e la resilienza* (RRF nella versione inglese, ovvero *Recovery and Resilience Facility*) e *ReactEU*;
3. **risorse naturali e ambiente**: rientrano in tale rubrica, oltre all'ambiente e l'azione per il clima, anche la politica agricola e marittima. Tra i programmi finanziati a titolo della terza rubrica, si ricordano quelli per la politica agricola *FEASR (Fondo Europeo Agricolo per lo Sviluppo Rurale)* e *FEAGA (Fondo Europeo Agricolo di Garanzia)*, il *Fondo europeo per gli affari marittimi, la pesca e l'acquacoltura (FEAMPA)*, il *Programma per l'ambiente e l'azione per il clima (LIFE)* e il *Fondo per la transizione giusta (JTF – Just Transition Fund)*;
4. **migrazione e gestione delle frontiere**: questa rubrica è interamente finanziata dal QFP, senza contributi da parte di NGEU. Vi rientrano il *Fondo asilo, migrazione e integrazione (AMIF)* e il *Fondo per la gestione integrata delle frontiere (IBMF)*;
5. **sicurezza e difesa**: anche questa rubrica è interamente finanziata dal QFP. Vi rientrano il *Fondo per la sicurezza interna (ISF)* e il *Fondo europeo per la difesa*;
6. **vicinato e resto del mondo**: nessun contributo da NGEU è previsto a favore di tale rubrica. Una cifra sarà destinata allo strumento di vicinato, cooperazione allo sviluppo e cooperazione internazionale (NDICI – *Neighbourhood, Development and International Cooperation Instrument*), che accorpa gran parte degli strumenti esistenti;
7. **pubblica amministrazione europea**: attiene a voci di bilancio relative alle spese amministrative, alle pensioni e alle scuole europee.

1.3 Il Next Generation EU (NGEU) e i programmi finanziabili

L'Unione europea ha risposto alla crisi pandemica COVID-19 con l'approvazione del Next Generation EU (NGEU), strumento che presenta le seguenti **caratteristiche**:

- è *aggiuntivo* rispetto alle risorse ordinarie del QFP, con una dotazione complessiva di 750 miliardi di euro (a prezzi 2018);
- è *straordinario* nei tempi (il 70% delle risorse dovrà essere impegnato tra il 2021 e il 2022 mentre il restante 30% sarà impegnato nel 2023) e nelle *modalità di reperimento delle risorse* (dal mercato e non dal bilancio dell'Unione);
- è *complementare* e *integrativo* al QFP, in quanto parte delle risorse si aggiunge a quelle già stanziate mentre altre sono dedicate ad azioni totalmente indipendenti.

Ulteriore caratteristica del NGEU è quella di non essere uno strumento che eroga solo finanziamenti; una parte dei fondi è utilizzata per la concessione di *prestiti* (a condizioni "molto" agevolate) mentre altre sono destinate a fornire *garanzie* su vari progetti.

Le 7 azioni finanziabili a titolo di NGEU sono:

1. il **dispositivo per la ripresa e la resilienza o RRF** nella sigla inglese (*Recovery and Resilience Facility*). Si tratta della parte più consistente dell'intero importo stanziato (circa il 90%, pari a 672,5 miliardi di euro), suddiviso in prestiti e sovvenzioni. Ogni Stato ha dovuto sottoporre al vaglio della Commissione europea e all'approvazione

del Consiglio uno specifico *Piano Nazionale di Ripresa e Resilienza (PNRR)* per poter accedere alle risorse messe a disposizione. Il Piano italiano ha ricevuto il via libera dal Consiglio il 13 luglio 2021;
2. il programma **ReactEU**, destinato a fornire alle Regioni assistenza nell'affrontare le conseguenze della pandemia;
3. il finanziamento aggiuntivo al programma **Orizzonte Europa** (già finanziato nell'ambito del QFP), al fine di rafforzare la ricerca nei settori della salute, del clima e dell'innovazione;
4. il potenziamento di **InvestEU**, al fine di promuovere investimenti nel settore privato e anch'esso già finanziato nell'ambito del QFP. Si propone di utilizzare la garanzia del bilancio dell'Unione per attirare altri investitori in quattro settori principali: infrastrutture sostenibili, ricerca, innovazione e digitalizzazione, piccole e medie imprese, investimento sociale e competenze;
5. l'aumento delle risorse a disposizione per lo **sviluppo rurale** (e nelle specifico del Fondo Agricolo Europeo per lo Sviluppo Rurale - FEASR) per fornire sostegno agli agricoltori delle aree rurali che saranno colpiti dai cambiamenti strutturali necessari per l'attuazione del *Green Deal europeo*;
6. il **Fondo per una transizione giusta (JTF – Just Transition Fund)**, utilizzato per concedere sovvenzioni a favore della diversificazione economica dei territori maggiormente colpiti dalla transizione climatica, nonché per la riqualificazione professionale e l'inclusione attiva dei lavoratori e delle persone in cerca di lavoro;
7. l'espansione e il rafforzamento del meccanismo di **protezione civile dell'Unione** e della sua riserva strategica (**RescEU**).

1.4 Le risorse proprie dell'Unione

Le risorse proprie sono le **entrate sulle quali l'Unione può contare per provvedere al finanziamento delle sue attività**. Gli importi di tali risorse per gli anni 2021-2027 sono stati fissati con la *decisione 2020/2053 del Consiglio del 14 dicembre 2020*. Il completamento del processo di ratifica ha consentito l'entrata in vigore del provvedimento a decorrere dal 1° giugno 2021, con effetti retroattivi al 1° gennaio 2021.
Le risorse proprie sono composte (art. 2 decisione 2020/2053):
1. dalle **risorse proprie cosiddette tradizionali (RPT)**, vale a dire i dazi doganali riscossi dagli Stati membri per conto dell'Unione sulle importazioni provenienti dai Paesi terzi (comprendono anche i dazi agricoli, fino ad alcuni anni fa contabilizzati separatamente);
2. dalla **risorsa IVA**, costituita da un contributo pari allo 0,30% calcolato da ciascuno Stato membro sulle rispettive basi imponibili IVA nazionali, adeguate secondo criteri uniformi previsti dalla normativa UE;
3. da un'aliquota uniforme di **prelievo sul peso dei rifiuti di imballaggio di plastica non riciclati** generati in ciascuno Stato membro;
4. dalla **risorsa RNL**, commisurata alla quota parte dei redditi nazionali lordi sul reddito nazionale lordo comunitario (RNL) e destinata a finanziare le spese del bilancio UE non coperte dalle RPT e dalla risorsa IVA. L'aliquota di contribuzione è uniformemente stabilita ogni anno nel quadro della procedura di bilancio. Attualmente finanzia la maggior parte del bilancio dell'UE.

L'art. 5 della decisione 2020/2053 conferisce alla Commissione europea il potere di contrarre **prestiti per conto dell'Unione**, al solo scopo di far fronte alle conseguenze della crisi da COVID-19: le attività di prestito nette avranno termine nel 2026. Si tratta della base giuridica che ha consentito l'avvio del NGEU e il reperimento delle relative risorse. È esplicitamente escluso (art. 4) che i prestiti contratti possano essere utilizzati per finanziare spese operative.

1.5 Finanziamenti, programmi tematici e strumenti finanziari

1.5.1 Gestione diretta, indiretta e concorrente

Le risorse messe a disposizione dall'Unione europea sono erogate con queste modalità:

> **finanziamenti diretti o a gestione diretta**, amministrati senza intermediazioni dalle istituzioni europee. Operativamente fanno capo alle singole Direzioni generali della Commissione europea sulla base del settore in cui si opera (ricerca, istruzione, ambiente, trasporti ecc.); in alcuni casi la gestione è delegata a specifiche Agenzie europee. I finanziamenti diretti sono costituiti essenzialmente da sovvenzioni, prestiti, garanzie o versamenti di natura non commerciale, che devono essere integrati da risorse proprie dei beneficiari;

> **finanziamenti indiretti o a gestione indiretta**. In questo caso le risorse sono gestite interamente da soggetti terzi, senza nessun intervento delle istituzioni europee (salvo le attività di rendicontazione e di controllo). I soggetti terzi possono essere singoli Stati membri, Stati non appartenenti all'Unione, organizzazioni internazionali oppure agenzie esterne all'Unione. Si tratta di una modalità di gestione utilizzata solo in casi limitati;

> **finanziamenti a gestione concorrente**. In questo caso le istituzioni europee delegano ai singoli Stati membri tutte le fasi operative, adottando un cosiddetto sistema di "responsabilità condivisa"; la Commissione, in pratica, non ha un rapporto diretto con il beneficiario finale del finanziamento ma mediato da autorità nazionali, regionali o locali che hanno il compito di programmare gli interventi, emanare i bandi e gestire le risorse. Per queste caratteristiche tali finanziamenti sono riconducibili soprattutto alla politica di coesione economica, sociale e territoriale laddove operano i vari fondi strutturali europei (soprattutto FESR, Fondo di coesione e FSE+). Altro settore di particolare rilevanza dove si opera con una gestione concorrente è quello della politica agricola, attraverso i relativi fondi (FEAGA e FEASR). Si tratta di una quota consistente delle risorse erogate, che ammonta a circa l'80% del bilancio complessivo dell'Unione ed è concentrato soprattutto nelle rubriche 2 (*coesione, resilienza e valori*) e 3 (*risorse naturali e ambiente*) del QFP.

1.5.2 Caratteristiche dei finanziamenti diretti

Rispetto a quelli a gestione concorrente, i finanziamenti a gestione diretta presentano le seguenti **differenze**:

> sono gestiti direttamente dalla Commissione o da Agenzie da essa delegate, per cui le richieste vanno presentate a tali soggetti e non alle autorità locali, regionali o nazionali;

- i fondi sono trasferiti direttamente al beneficiario;
- sostanzialmente sono utilizzati per il finanziamento di progetti innovativi, scambi di esperienze, incentivo all'adozione di migliori pratiche oppure per organizzare seminari, convegni e studi da realizzare in partenariato con altri Stati; a differenza dei finanziamenti a gestione concorrente, quindi, non sostengono la realizzazione di progetti infrastrutturali.

I finanziamenti diretti sono erogati nell'ambito di *programmi tematici* (e possono assumere la forma di *sovvenzioni* o di *gare d'appalto*) o di *strumenti finanziari*.

1.5.3 Programmi tematici

I programmi tematici pluriennali sono delle specifiche azioni intraprese dalla Commissione nei più svariati settori: rientrano in questa categoria programmi come *Erasmus+* (per il settore della cultura), *Orizzonte Europa* (per il settore della ricerca e dell'innovazione), *LIFE* (nel settore ambientale e per promuovere lo sviluppo sostenibile) oppure il *Meccanismo per collegare l'Europa* (che ha lo scopo di completare il mercato unico europeo delle reti di trasporto, di energia e digitali); in effetti sono attualmente operativi una trentina di programmi che assumono le più disparate denominazioni e finalità e spesso sono articolati in sottoprogrammi. Tali programmi **offrono una forma di cofinanziamento dall'importo variabile**. I soggetti che intendono presentare proposte (possono essere sia enti pubblici che soggetti privati) devono soddisfare requisiti di ammissibilità legale, capacità finanziaria e tecnica; i progetti, inoltre, richiedono la partecipazione di *partnership* a carattere transnazionale e devono coinvolgere normalmente più organismi di almeno due Stati membri diversi.

I fondi a gestione diretta seguono due procedure di aggiudicazione:

- le **sovvenzioni** (*grants*) vale a dire contributi finanziari accordati a titolo di liberalità per finanziare un'azione destinata a promuovere la realizzazione di un obiettivo di politica dell'Unione oppure il funzionamento di un organismo che persegue uno scopo di interesse generale europeo o un obiettivo che si iscrive nel quadro di una politica dell'Unione ("sovvenzioni di funzionamento") e la sostiene. La sovvenzione assume la forma di un co-finanziamento assegnato a progetti le cui candidature sono presentate a seguito d'inviti a presentare proposte (*call for proposals*), pubblicati periodicamente dagli organismi europei. Le sovvenzioni a fondo perduto coprono una percentuale dei costi ammissibili che varia mediamente tra il 50% e l'80%. Il cofinanziamento deve, quindi, essere integrato da risorse proprie del beneficiario;
- le **gare d'appalto** (*contracts*) finalizzate all'acquisto di beni, servizi o opere da parte della Commissione europea. I fondi sono erogati nell'ambito di bandi di gara (*call for tenders*) pubblicati periodicamente e coprono il 100% del valore del servizio, fornitura o lavoro prestato comprensivo dell'utile d'impresa. Si differenziano dalle sovvenzioni perché il beneficiario può porre in essere anche attività di tipo commerciale o con finalità di lucro.

1.5.4 Strumenti finanziari

Gli strumenti finanziari sono risorse destinate a fornire un **sostegno per progetti che possono potenzialmente divenire auto-sostenibili, ma che nella fase di start-up non possono contare su un capitale iniziale adeguato**; si possono concretizzare in prestiti, garanzie o capitale netto, ma non è escluso che l'intervento assuma forme di sostegno non monetario, quali assistenza tecnica e abbuoni di interesse. In genere sono gestiti dalla Banca europea per gli investimenti (BEI) e dal Fondo europeo per gli investimenti (FEI) e sono erogati ai soggetti beneficiari attraverso degli intermediari finanziari. Normalmente sono azioni specifiche inquadrate nell'ambito di programmi tematici: tipico esempio è **InvestEU** (finanziato sia dal QFP che da NGEU) che può concedere controgaranzie e altri accordi di condivisione dei rischi per i sistemi di garanzia, garanzie dirette e altri accordi di condivisione dei rischi per altri intermediari finanziari che soddisfano i criteri di ammissibilità.

Capitolo 2

La politica di coesione economica, sociale e territoriale

2.1 Le disposizioni dei trattati

Una fetta particolarmente rilevante delle risorse dell'Unione europea (circa il 25%) è destinata al finanziamento della politica di coesione economica, sociale e territoriale (spesso definita più semplicemente politica regionale europea), con la quale, secondo le indicazioni contenute nell'art. 174 TFUE, **l'Unione mira a ridurre il divario tra i livelli di sviluppo delle varie Regioni ed il ritardo delle Regioni meno favorite**.

Si tratta di un obiettivo non contemplato inizialmente dai trattati istitutivi delle Comunità europee, in quanto all'epoca tutti gli sforzi erano rivolti alla creazione del mercato comune e alla progressiva apertura delle economie nazionali degli Stati aderenti. Per oltre un ventennio nessuna azione specifica fu avviata, se non in via incidentale nell'ambito di azioni intraprese in altri settori: è in questa fase, infatti, che vengono istituiti il **Fondo Sociale Europeo (FSE)**, il cui scopo è quello di migliorare l'occupazione e le possibilità di impiego (regolamento CEE n. 9/1960 del 25 agosto 1960), e il **Fondo europeo di orientamento e garanzia agricola (FEOGA)**, volto a sostenere le attività portate avanti nell'ambito della politica agricola comune (regolamento CEE n. 25/1962 del 4 aprile 1962). Entrambi i fondi erano contemplati dal Trattato di Roma, ma pensati per delle finalità specifiche (politica agricola e incentivo alla libera circolazione dei lavoratori).

Nel 1975 fu istituito il **Fondo europeo di sviluppo regionale (FESR)**, con il regolamento CEE n. 724/1975 del 18 marzo 1975. Si trattava di uno strumento provvisorio ed era previsto un periodo di prova triennale al termine del quale sarebbero state operate le necessarie valutazioni sulla sua efficacia. Lo scopo dichiarato del FESR era quello di **contribuire alla correzione degli squilibri regionali**, in particolare quelli risultanti dalla prevalenza delle attività agricole, dalle trasformazioni industriali e da una sottoccupazione strutturale.

L'avvio di una organica politica di coesione si avrà, tuttavia, solo nel 1988 con l'approvazione del primo regolamento quadro in materia (regolamento CEE n. 2052/88 del 24 giugno 1988), un provvedimento che enunciava gli obiettivi e definiva i principi base del funzionamento dei fondi strutturali; ad esso faceva seguito un regolamento di coordinamento che prevedeva una gestione maggiormente integrata delle risorse (regolamento CEE n. 4253/88 del 19 dicembre 1988). Completavano il quadro giuridico i 3 regolamenti di disciplina dei singoli fondi: regolamenti n. 4254/88 (FESR), 4255/88 (FSE) e 4256/88 (FEOGA), tutti del 19 dicembre 1988.

Con questo assetto per la prima volta si avviava una coerente e coordinata attività europea volta a rafforzare la coesione economica e sociale delle varie Regioni europee, si procedeva a un utilizzo più razionale delle risorse disponibili (tra l'altro notevolmente accresciute rispetto al periodo precedente, essendo passate dal 16% al 31% del bilancio europeo) e si definivano i principi che dovevano presiedere all'utilizzo dei fondi disponibili.

Questi erano:

- il **principio di concentrazione**, in virtù del quale si doveva evitare un'eccessiva dispersione delle risorse cercando di dirottare i fondi disponibili su un numero ristretto di obiettivi, in particolare nelle Regioni in ritardo di sviluppo;
- il **principio della programmazione** che imponeva una strategia di lungo periodo basata su interventi che avessero una durata pluriennale e fondati su un'attenta pianificazione, un monitoraggio costante e una valutazione dei risultati;
- il **principio dell'addizionalità**, che imponeva agli Stati membri di non utilizzare i fondi europei in sostituzione delle spese previste a livello nazionale. A tal fine le istituzioni europee erano tenute a concordare con gli Stati membri dei percorsi che stabilivano delle precise relazioni tra aumento delle risorse europee disponibili ed equivalente aumento del volume della spesa pubblica nazionale;
- il **principio del partenariato**, che mirava al coinvolgimento nella gestione dei fondi anche di soggetti diversi dalle autorità centrali degli Stati membri. Il riferimento era, ovviamente, diretto in primo luogo alle istituzioni regionali e locali, ma non escludeva un intervento nella progettazione e nell'attuazione dei programmi delle parti economiche e sociali e di ogni altro organismo che fosse rappresentativo della società civile.

Negli anni successivi il quadro è rimasto sostanzialmente invariato.

2.2 La politica di coesione dopo il Trattato di Lisbona

L'attuale disciplina della politica di coesione, dopo le modifiche introdotte con il Trattato di Lisbona, è riportata nel **Titolo XVIII del TFUE, agli articoli da 174 a 179**. Nello specifico tali articoli stabiliscono che:

- per promuovere uno sviluppo armonioso dell'insieme dell'Unione, questa sviluppa e prosegue la propria azione intesa a realizzare il rafforzamento della sua coesione economica, sociale e territoriale. In particolare l'Unione mira a *ridurre il divario tra i livelli di sviluppo delle varie Regioni ed il ritardo delle Regioni meno favorite*. Tra le Regioni interessate, un'attenzione particolare è rivolta alle zone rurali, alle zone interessate da transizione industriale e alle Regioni che presentano gravi e permanenti svantaggi naturali o demografici, quali le Regioni più settentrionali con bassissima densità demografica e le Regioni insulari, transfrontaliere e di montagna (art. 174 TFUE);
- gli Stati membri conducono la loro politica economica e la coordinano anche al fine di raggiungere gli obiettivi previsti dalla politica di coesione. Questi ultimi devono essere presi in considerazione anche nell'elaborazione e nell'attuazione delle politiche e delle azioni dell'Unione, nonché nell'attuazione del mercato interno e concorrono alla loro realizzazione. L'Unione appoggia questa realizzazione anche con l'azione che essa svolge attraverso fondi a finalità strutturale, la BEI e gli altri strumenti finanziari esistenti (art. 175 TFUE);
- il FESR è destinato a *contribuire alla correzione dei principali squilibri regionali esistenti* nell'Unione, partecipando allo sviluppo e all'adeguamento strutturale delle Regioni in ritardo di sviluppo nonché alla riconversione delle Regioni industriali in declino (art. 176 TFUE);
- i compiti, gli obiettivi prioritari e l'organizzazione dei fondi a finalità strutturale sono stabiliti con *regolamenti adottati dal Parlamento europeo e dal Consiglio mediante procedura legislativa ordinaria*, previa consultazione del Comitato economico e so-

ciale e del Comitato delle Regioni. La stessa procedura è adottata per l'approvazione delle norme generali applicabili ai fondi, nonché per le disposizioni necessarie a garantire l'efficacia e il coordinamento dei fondi tra loro e con gli altri strumenti finanziari esistenti (art. 177 TFUE);

- il Fondo di coesione è destinato all'erogazione di *contributi finanziari a progetti in materia di ambiente e di reti transeuropee* nel settore delle infrastrutture dei trasporti (articolo 177 TFUE).

2.3 Il Pilastro europeo dei diritti sociali e il Green Deal

La definizione degli obiettivi di un ciclo finanziario dell'Unione europea normalmente si basa su alcuni documenti programmatici, dichiarazioni solenni che fissano gli obiettivi generali che l'Unione intende perseguire e alle quali si adatteranno tutte le azioni specifiche adottate.

Per il periodo 2014-2020 il quadro generale era stato tracciato con la *Strategia Europa 2020*, approvata nel 2010. Si trattava di un documento con il quale l'Unione europea fissava gli obiettivi che intendeva raggiungere entro la fine del decennio, promuovendo una crescita economica intelligente, sostenibile e inclusiva e creando le condizioni per un'economia competitiva che avrebbe favorito un più alto tasso di occupazione.

Per il ciclo di programmazione 2021-2027 le grandi linee strategiche sono state indicate con due documenti: il *Pilastro europeo dei diritti sociali* (approvato nel 2017) e il *Green Deal europeo* (presentato nel mese di dicembre 2019). La crisi pandemica per la diffusione del COVID-19 ha inevitabilmente richiesto un parziale "ripensamento" delle priorità, soprattutto allo scopo di contrastare le ripercussioni economiche e sociali, anche se gli *obiettivi prioritari* restano quelli di creare un'Europa "più inclusiva" e "più verde".

Il **Pilastro europeo dei diritti sociali** è un documento, approvato congiuntamente dal Parlamento europeo, dal Consiglio e dalla Commissione il 17 novembre 2017, nel quale sono indicate le azioni volte a sostenere mercati del lavoro e sistemi di protezione sociale equi e ben funzionanti e a servire da bussola per un nuovo processo di convergenza verso migliori condizioni di vita e di lavoro in Europa. Il Pilastro sancisce 20 principi e diritti, che si articolano in tre categorie: *pari opportunità e accesso al mercato del lavoro*, *condizioni di lavoro eque* e *protezione sociale e inclusione*.

Il **Green Deal europeo**, invece, è la strategia presentata dalla Commissione nel mese di dicembre 2019, volta a far sì che l'Europa diventi il *primo continente a impatto climatico zero entro il 2050*. A tal fine è stato approvato il regolamento (UE) 2021/1119 che istituisce il *quadro per il conseguimento della neutralità climatica*, con obiettivi giuridicamente vincolanti di zero emissioni nette di gas a effetto serra entro il 2050 (*Net-zero*) e di riduzione delle stesse del 55% entro il 2030 (rispetto ai livelli del 1990). Per raggiungere tali traguardi il 30% delle risorse disponibili per il ciclo di programmazione 2021-2027 deve essere destinata alle azioni per il clima. È stato anche istituito uno specifico fondo (JTF-Fondo per la Transizione Giusta) per mitigare gli effetti negativi che questa forte accelerazione verso la neutralità climatica potrebbe provocare per alcuni settori.

Ai fini della disciplina della politica di coesione per il periodo 2021-2027, i grandi traguardi individuati nel Pilastro dei diritti sociali e nel Green Deal sono stati tradotti in **5 grandi obiettivi strategici o di policy (OS o OP)**, a loro volta declinati in 32 obiettivi specifici.

Capitolo 3
La regolamentazione della politica di coesione

3.1 Quadro generale

La politica di coesione economica, sociale e territoriale trova il suo fondamento sia in un'istanza di carattere solidaristico (in base alla quale *tutti i cittadini europei devono godere di un livello di benessere omogeneo)* sia nella necessità di garantire l'efficacia di un mercato europeo senza frontiere (promovendo uno *sviluppo armonioso, equilibrato e duraturo delle attività economiche, un alto tasso di occupazione e un'efficace tutela dell'ambiente*).

Si tratta di una politica che impone uno stretto coordinamento tra le autorità europee e quelle nazionali; non a caso è indicata nell'art. 4 TFUE tra i settori nei quali l'Unione ha una *competenza concorrente* con quella degli Stati membri. Da diversi anni, infatti, è stato abbandonato l'approccio centralistico che caratterizzava le prime azioni dell'Unione in questo settore (e, come visto, causa del loro sostanziale fallimento) per adottare un modello di programmazione "a cascata" che si articola nelle seguenti fasi:

- ogni 7 anni l'Unione elabora il già esaminato **Quadro Finanziario Pluriennale (QFP)**, il documento nel quale sono individuate le risorse a disposizione dell'organizzazione e si procede alla loro suddivisione tra le diverse azioni intraprese, sulla base delle varie rubriche individuate nel bilancio pluriennale;
- il secondo *step* è l'elaborazione del quadro normativo di base, con l'approvazione di diversi regolamenti che disciplinano l'attività dei vari fondi SIE (**Fondi strutturali e di investimento europei**). Questi ultimi devono contribuire alla strategia dell'Unione per una crescita intelligente, sostenibile e inclusiva e devono operare in modo integrato per la realizzazione delle altre politiche dell'Unione. Le istituzioni europee hanno approvato dapprima un regolamento "quadro", il cosiddetto **regolamento RDC** (Regolamento sulle Disposizioni Comuni), e successivamente quelli specifici di ogni fondo;
- esaurita quella che si potrebbe definire la fase europea dell'implementazione della politica di coesione inizia la fase attuativa a livello nazionale. Ogni Stato membro, infatti, è tenuto a elaborare uno specifico **Accordo di partenariato (AP)**, vale a dire un documento nel quale sono calati nel contesto nazionale tutte le indicazioni contenute nella regolamentazione europea, con indicazione di come si intende utilizzare le risorse disponibili, per quali progetti e con quali modalità di controllo e verifica. Tale documento è elaborato da ciascuno Stato membro con le competenti autorità regionali e locali, le autorità cittadine e le altre autorità pubbliche, le parti economiche e sociali e i pertinenti organismi che rappresentano la società civile, compresi i partner ambientali, le organizzazioni non governative e gli organismi di promozione dell'inclusione sociale, della parità di genere e della non discriminazione. L'AP è successivamente trasmesso alla Commissione e approvato da quest'ultima. La bozza di Accordo di partenariato dell'Italia per il periodo di programmazione 2021-2027 è stato adottato dal CIPESS (Comitato interministeriale per la programmazione econo-

mica e lo sviluppo sostenibile) il 22 dicembre 2021. Successivamente sono state apportate delle modifiche per tener conto delle osservazioni delle istituzioni europee;

> insieme all'AP gli Stati membri presentano anche i **programmi operativi (PO)**, documenti nei quali sono individuate le singole azioni che si intende intraprendere e per le quali sono richiesti i finanziamenti. Si suddividono a loro volta in programmi nazionali (PN) e programmi regionali (PR), che possono essere monofondo o plurifondo.

3.2 Il regolamento RDC (Regolamento sulle Disposizioni Comuni)

Il provvedimento che definisce gli obiettivi e gli strumenti finanziari di intervento per il ciclo di programmazione 2021-2027 è il **regolamento (UE) 2021/1060 del 24 giugno 2021**, recante disposizioni comuni ai vari fondi europei, il cosiddetto **Regolamento sulle Disposizioni Comuni o RDC** (*Common Provisions Regulation* o CPR nella dizione inglese). Questo regolamento rappresenta una sorta di "cappello" comune relativo alla disciplina finanziaria di tutti i fondi che concorrono a definire la politica di coesione economica, sociale e territoriale dell'Unione: Fondo europeo di sviluppo regionale (FESR), Fondo sociale europeo Plus (FSE+), Fondo di coesione (FC), Fondo per una transizione giusta (JTF), Fondo europeo per gli affari marittimi, la pesca e l'acquacoltura (FEAMPA), Fondo Asilo, migrazione e integrazione (AMIF), Fondo Sicurezza interna (ISF) e Strumento di sostegno finanziario per la politica di gestione delle frontiere e la politica dei visti (BMVI). Per 5 di tali fondi (FESR, FC, FSE+, JTF e FEAMPA), quelli più direttamente connessi alla gestione della politica regionale europea, riporta anche disposizioni comuni di gestione.

3.3 Obiettivi generali e tematici della politica di coesione

I fondi contribuiscono a sviluppare e portare avanti le azioni dell'Unione intese a rafforzare la coesione economica, sociale e territoriale al suo interno, conformemente all'articolo 174 TFUE. Nella definizione della propria politica regionale, l'Unione ha tradotto queste finalità in due obiettivi specifici denominati:

> **investimenti a favore dell'occupazione e della crescita (IOC)** negli Stati membri e nelle Regioni, con il sostegno del FESR, del FSE+, del Fondo di coesione e del JTF;

> **cooperazione territoriale europea (CTE)**, con il sostegno del solo FESR, attuato attraverso le iniziative avviate nell'ambito dello strumento Interreg.

Nella programmazione 2014-2020 tali obiettivi generali sono stati suddivisi in 11 obiettivi tematici, ridotti a soli **5 obiettivi strategici o di policy (OS o OP)** nel ciclo 2021-2027 e così individuati dall'art. 5 regolamento RDC:

> un'**Europa più competitiva e intelligente (OS 1)** attraverso la promozione di una trasformazione economica innovativa e intelligente e della connettività regionale alle tecnologie dell'informazione e della comunicazione (TIC);

> un'**Europa resiliente, più verde e a basse emissioni di carbonio (OS 2)** ma in transizione verso un'economia a zero emissioni nette di carbonio attraverso la promozione di una transizione verso un'energia pulita ed equa, di investimenti verdi e blu, dell'economia circolare, dell'adattamento ai cambiamenti climatici e della loro mitigazione, della gestione e prevenzione dei rischi nonché della mobilità urbana sostenibile;

- un'**Europa più connessa (OS 3)** attraverso il rafforzamento della mobilità;
- un'**Europa più sociale e inclusiva (OS 4)** attraverso l'attuazione del pilastro europeo dei diritti sociali;
- un'**Europa più vicina ai cittadini (OS 5)** attraverso la promozione dello sviluppo sostenibile e integrato di tutti i tipi di territorio e delle iniziative locali.

La maggior parte degli investimenti a titolo del FESR dovrà essere incentrata sui primi due obiettivi (Europa più intelligente ed Europa più verde). Gli Stati membri dovranno, infatti, investire in queste priorità tra il 65% e l'85% delle proprie dotazioni finanziarie, proporzionalmente alla loro ricchezza relativa espressa in termini di reddito nazionale lordo (RNL).

3.4 Ripartizione geografica dei fondi

La politica di coesione continua a investire in tutte le Regioni, in funzione della loro appartenenza alle tre categorie ereditate dai precedenti cicli di programmazione. L'Unione, infatti, ha adottato una classificazione che porta a una suddivisione tra:

- Regioni meno sviluppate, vale a dire quelle che hanno un PIL inferiore al 75% della media dell'Unione. Per l'Italia vi rientrano *la Calabria, la Campania, la Sicilia, la Puglia, la Basilicata, la Sardegna e il Molise*;
- Regioni in transizione, definizione che include le Regioni con un PIL dal 75% al 100% della media dell'Unione. Per l'Italia vi rientrano *l'Abruzzo, le Marche e l'Umbria*;
- Regioni più sviluppate, che include le aree con un PIL superiore al 100% della media dell'Unione. Per l'Italia vi rientrano *la Val d'Aosta, il Piemonte, la Liguria, la Lombardia, il Veneto, il Trentino Alto Adige, il Friuli Venezia Giulia, l'Emilia Romagna, la Toscana, il Lazio.*

Il metodo di assegnazione dei fondi è ancora in gran parte basato su questa classificazione che ha come riferimento il PIL pro capite, anche se sono stati aggiunti nuovi criteri (*disoccupazione giovanile, basso livello di istruzione, cambiamenti climatici nonché accoglienza e integrazione dei migranti*) al fine di rispecchiare più fedelmente la realtà. Sulla base della distinzione sopra riportata, per l'obiettivo IOC i fondi possono finanziare un progetto (cosiddetto tasso di cofinanziamento) nella misura che varia dal 40 all'85% del totale. La restante parte può essere coperta da fonti di finanziamento pubbliche (nazionali o regionali) o private. Percentuali diverse sono previste (o possono essere stabilite) per gli altri strumenti.

3.5 Il FESR, Interreg e il Fondo di coesione

3.5.1 Il Fondo europeo di sviluppo regionale (FESR)

Secondo quanto stabilito dall'art. 2 regolamento (UE) 2021/1058 del 24 giugno 2021, il FESR contribuisce a **ridurre il divario tra i livelli di sviluppo delle varie Regioni nell'Unione** e a ridurre il ritardo delle Regioni meno favorite attraverso la partecipazione all'adeguamento strutturale delle Regioni in ritardo di sviluppo e alla riconversione delle Regioni industriali in declino, anche promuovendo lo sviluppo sostenibile e affrontando le sfide ambientali.

Il successivo art. 3 regolamento (UE) 2021/1058 individua gli obiettivi specifici attribuiti al FESR, elencandoli attraverso un richiamo alla classificazione degli obiettivi strategici (OS) individuati per l'intera politica di coesione.

3.5.2 La Cooperazione territoriale europea (CTE) e Interreg

Il secondo macrobiettivo della politica regionale europea (che si affianca a quello degli investimenti a favore dell'occupazione e della crescita, IOC) è la cooperazione territoriale europea (CTE), con il sostegno finanziario del solo FESR e attuato attraverso le iniziative avviate nell'ambito dello strumento Interreg.
La cooperazione territoriale europea (CTE) ha la finalità di **incoraggiare le Regioni e le città dei diversi Stati membri dell'Unione a collaborare e ad apprendere le une dalle altre** mediante programmi comuni, progetti e reti con impatti concreti su ogni aspetto della vita economica, tra cui innovazione, accessibilità, istruzione, impresa, occupazione e ambiente. A beneficiarne possono essere anche Stati non appartenenti all'Unione ma che hanno avviato un percorso che preclude all'ingresso nell'organizzazione, utilizzando lo specifico Strumento di assistenza alla preadesione (IPA – *Instrument for Pre-Accession*).
L'ambito di applicazione, la copertura geografica, le risorse finanziarie, la concentrazione tematica e le priorità di investimento, la programmazione, la sorveglianza e la valutazione, l'assistenza tecnica, l'ammissibilità, la gestione, il controllo e la designazione, la partecipazione di Paesi terzi nonché la gestione finanziaria dell'obiettivo cooperazione territoriale europea sono disciplinati dal regolamento (UE) 2021/1059 del 24 giugno 2021.

3.5.3 Il Fondo di coesione

Istituito nel 1994 dopo il Trattato di Maastricht, il Fondo di coesione ha come obiettivo principale quello di **sostenere le Regioni europee più povere e stabilizzare le loro economie**, al fine di promuovere la crescita, l'occupazione e lo sviluppo sostenibile. Il contributo massimo del Fondo di coesione alla spesa pubblica nei singoli Stati membri è fissato all'85%. Fino al 2020 era disciplinato da uno specifico regolamento; con la programmazione 2021-2027 tali disposizioni sono state accorpate in un unico regolamento con quelle relative al FESR (regolamento UE 2021/1058).
Secondo le indicazioni dell'art. 3 del citato regolamento, il Fondo di coesione sostiene il conseguimento degli OS 2 (un'Europa resiliente, più verde e a basse emissioni di carbonio) e 3 (un'Europa più connessa attraverso il rafforzamento della mobilità).

3.6 Il Fondo sociale europeo+ (FSE+)

Il FSE+ è il principale **strumento finanziario dell'Unione europea per investire nelle risorse umane** attraverso azioni che consentano agli Stati membri e alle Regioni di conseguire livelli elevati di occupazione, una protezione sociale equa e una forza lavoro qualificata e resiliente, pronta per il mondo del lavoro del futuro, nonché società inclusive e coese finalizzate all'eliminazione della povertà e alla realizzazione dei principi enunciati nel Pilastro europeo dei diritti sociali. Il fondo è disciplinato dal regolamento (UE) 2021/1057 del 24 giugno 2021.

Nel ciclo di programmazione 2021-2027 ha assunto la nuova denominazione di FSE Plus (FSE+), sottolineando in tal modo l'attività di accorpamento di varie iniziative presenti nel periodo 2014-2020. L'attuale fondo, infatti, ingloba l'Iniziativa a favore dell'Occupazione Giovanile (IOT o YEI, Youth Employment Initiative), il Fondo europeo per gli aiuti agli indigenti (FEAD) e il programma per l'occupazione e l'innovazione sociale (EaSI, Employment and Social Innovation); quest'ultimo, tuttavia, è diventato una specifica componente del FSE+.
La rinnovata struttura del Fondo sociale prevede, infatti, due diverse componenti (art. 3, par. 3, reg. UE 2021/1057), la prima delle quali è attuata in regime di *gestione concorrente* (**componente del FSE+ in regime di gestione concorrente**), pienamente inglobata nella più generale programmazione dei fondi europei, e la seconda in regime di *gestione diretta e indiretta* (**componente EaSI**).
Per la parte in gestione concorrente, il FSE+ indirizza le proprie risorse per il raggiungimento dell'OS 4 (un'Europa più sociale e inclusiva) attraverso i *13 obiettivi specifici* indicati nell'art. 4 reg. UE 2021/1057.

3.7 Fondo per la transizione giusta (JTF)

La lotta ai cambiamenti climatici e al degrado ambientale avviata dall'Unione nell'ambito del Green Deal apporterà sicuramente vantaggi a tutti nel lungo termine, ma nel medio termine potrebbe anche creare effetti distorsivi, in particolare in quelle Regioni che dipendono fortemente dai combustibili fossili a fini energetici o dove sono insediate industrie ad alta intensità di gas a effetto serra. Tale situazione potrebbe aggravare le disparità tra le Regioni, a scapito degli obiettivi di coesione sociale, economica e territoriale. Proprio per evitare tali effetti con il ciclo di programmazione 2021-2027 è stato creato il JTF (*Just Transition Fund*), il cui scopo è di **attenuare gli effetti negativi della transizione climatica** fornendo sostegno ai territori e ai lavoratori più colpiti dai cambiamenti nonché promuovere una transizione socioeconomica equilibrata. Il Fondo è disciplinato dal regolamento (UE) 2021/1056 del 24 giugno 2021.

3.8 Il Fondo europeo per gli affari marittimi, la pesca e l'acquacoltura (FEAMPA)

Il FEAMPA contribuisce all'**attuazione della PCP (Politica Comune della Pesca) e della politica marittima dell'Unione**. Esso persegue le seguenti 4 priorità: promuovere la *pesca sostenibile e il ripristino e la conservazione delle risorse biologiche acquatiche* (*priorità 1*), promuovere le attività di *acquacoltura sostenibile e la trasformazione e la commercializzazione dei prodotti della pesca e dell'acquacoltura* (*priorità 2*), consentire un'*economia blu sostenibile nelle aree costiere, insulari e interne* (*priorità 3*) e rafforzare la *governance internazionale degli oceani e consentire mari e oceani sicuri* (*priorità 4*).
L'attuale disciplina è dettata dal regolamento (UE) 2021/1139 del 7 luglio 2021.

Capitolo 4
La gestione dei finanziamenti europei

4.1 Le condizioni abilitanti

I programmi presentati dagli Stati membri devono riportare l'indicazione del rispetto delle condizioni abilitanti, definite dall'art. 2, punto 2, reg. 2021/1060 come le **condizioni preliminari per l'attuazione efficace ed efficiente degli obiettivi specifici**. Si tratta, in pratica, di pre-condizioni che devono essere soddisfatte dallo Stato membro in anticipo affinché il programma operativo proposto possa portare ad un uso efficiente ed efficace delle risorse impegnate attraverso i fondi europei; il riferimento è a requisiti di natura normativa e sostanziale che, se non soddisfatti, possono anche determinare la sospensione dei pagamenti da parte della Commissione europea.
Le condizioni abilitanti riguardano prevalentemente la presenza e l'aggiornamento di piani di settore (es: trasporti, banda larga, gestione dei rifiuti, lavoro, istruzione/formazione ecc.) a livello nazionale e/o regionale, nonché la presenza di sistemi di monitoraggio e raccolta dati. Ad esempio per i finanziamenti richiesti nell'ambito dell'obiettivo specifico "rafforzare la connettività digitale", la condizione abilitante è la presenza di un "piano nazionale o regionale per la banda larga" che riporti una serie di dati e informazioni (mappatura delle infrastrutture, consultazione sugli investimenti programmati, ecc.).
Le condizioni sono strettamente concentrate sulle aree di maggiore impatto per l'efficacia della politica di coesione, e sono monitorate e applicate durante tutto il periodo di programmazione. Gli Stati membri non possono inviare richieste di finanziamento relative a progetti per i quali non siano state soddisfatte le condizioni abilitanti.
Le condizioni abilitanti sono individuate nell'art. 15 regolamento (UE) 2021/1060 (regolamento RDC), che opera una distinzione tra:

- **condizioni abilitanti orizzontali** applicabili a tutti gli obiettivi specifici e finalizzate ad assicurare il rispetto di alcuni principi comuni dell'Unione europea e/o della programmazione europea (rispetto dei principi della Carta dei diritti fondamentali, tutela della disabilità, rispetto delle norme su appalti pubblici e aiuti di Stato). Sono **solo 4** e per la loro individuazione si rimanda all'allegato III del regolamento, laddove sono indicati anche i criteri necessari per valutarne il soddisfacimento.

  Sul punto è da ricordare anche quanto stabilito dal reg. (UE, Euratom) 2020/2092, relativo a un **regime generale di condizionalità** per la protezione del bilancio dell'Unione. Il provvedimento introduce la possibilità di adottare varie misure a carico dello Stato membro che, in seguito all'avvio di una specifica procedura, dovesse essere condannato per violazione dei principi dello Stato di diritto. Tali misure comprendono la sospensione dei pagamenti e degli impegni, la sospensione dell'erogazione dei versamenti o il rimborso anticipato dei prestiti, la riduzione dei finanziamenti nell'ambito degli impegni esistenti e il divieto di assumere nuovi impegni con i destinatari o concludere nuovi accordi su prestiti o altri strumenti garantiti dal bilancio dell'Unione;

- **condizioni abilitanti tematiche**. Nell'allegato IV del regolamento RDC sono indicate le condizioni abilitanti tematiche applicabili al FESR, al FSE+ e al Fondo di coesione e i criteri necessari per valutare se sono soddisfatte. Il numero delle condizioni abilitanti si è ridotto rispetto alle condizionalità ex ante del precedente ciclo di programmazione (**16 condizioni** abilitanti).

Lo Stato membro deve garantire che le condizioni abilitanti continuino a essere soddisfatte e rispettate durante l'intero periodo di programmazione, informando la Commissione in merito a qualsiasi modifica che incida sul loro soddisfacimento.

4.2 L'Accordo di partenariato (AP)

4.2.1 Il Codice di condotta sul partenariato

L'Accordo di partenariato (AP) è l'elemento centrale intorno al quale ruota l'intero sistema di gestione dei fondi europei. Si tratta di un documento elaborato dalle autorità centrali di ciascuno Stato membro, concertato con le Regioni e con le autorità locali e frutto di un'ampia concertazione con altri soggetti interessati, che viene sottoposto all'esame della Commissione europea e con quest'ultima eventualmente discusso, modificato e approvato. Nell'AP **ogni Stato indica le modalità con le quali intende utilizzare i fondi disponibili, con la dettagliata indicazione dei programmi che intende attuare**, e si impegna a fornire un'ampia rendicontazione dei progressi conseguiti mediante le relazioni annuali.

In realtà è il concetto stesso di partenariato ad aver assunto un ruolo centrale nei rapporti tra i vari soggetti coinvolti nel processo di gestione, sorveglianza e valutazione dei progetti finanziati dai fondi europei. Come si ricordava in precedenza per i fondi della politica di coesione si parla di *gestione concorrente* dal momento che le risorse non sono gestite direttamente dalle autorità europee ma delegate agli Stati membri; questi, a loro volta, spesso delegano le Regioni stesse ad attuare parte dei programmi proposti. Ne consegue la necessità di stabilire uno stretto rapporto di coordinamento sia a monte (tra Stato membro, istituzioni e organismi europei, in particolare la Commissione) sia a valle (tra Stato centrale e vari soggetti coinvolti: Regioni, enti locali, altre autorità pubbliche, sindacati, datori di lavoro, organizzazioni non governative ecc.). Proprio la centralità assunta da questo principio ha indotto la Commissione ad approvare un **Codice europeo di condotta sul partenariato** con il regolamento delegato (UE) n. 240/2014 del 7 gennaio 2014, che continua ad applicarsi anche per il ciclo 2021-2027.

Il Codice di condotta detta disposizioni riguardanti:

- i principi di base relativi a procedure trasparenti per l'identificazione dei partner interessati, sia per l'accordo di partenariato che per i programmi (capo II);
- i principi essenziali e le buone prassi in materia di coinvolgimento dei partner nella preparazione dell'accordo di partenariato e dei programmi (capo III);
- le buone prassi relative alla formulazione delle norme riguardanti la composizione e le procedure interne dei comitati di sorveglianza (capo IV);
- i principi essenziali e le buone prassi riguardanti il coinvolgimento dei partner nella preparazione di inviti a preparare proposte e relazioni sullo stato dei lavori e in materia di sorveglianza e valutazione dei programmi (capo V);

> le indicazioni sulle modalità di rafforzamento della capacità istituzionale dei partner mediante la predisposizione di un'adeguata assistenza tecnica e ruolo della Commissione europea nella diffusione di buone pratiche (capo VI).

4.2.2 Preparazione e presentazione dell'Accordo di partenariato

L'AP è un documento strategico e conciso, redatto in conformità del modello riportato nell'allegato II del regolamento (UE) 2021/1060 e che non supera le 35 pagine, a meno che lo Stato membro, di propria iniziativa, non decida di estenderne la lunghezza. Lo Stato membro può inserire l'Accordo di partenariato in uno dei suoi programmi.
Le regole per la predisposizione dell'AP sono riportate nell'art. 10 del regolamento (UE) 2021/1060. Tale articolo stabilisce che:

> ogni Stato membro prepara un AP che espone l'orientamento strategico per la programmazione e le modalità per un impiego efficace ed efficiente del FESR, del FSE+, del Fondo di coesione, del JTF e del FEAMPA per il periodo compreso fra il 1° gennaio 2021 e il 31 dicembre 2027;

> l'AP è redatto in conformità del Codice di condotta sul partenariato. Se uno Stato membro prevede un partenariato globale già nel corso della preparazione dei suoi programmi, tale requisito si considera rispettato;

> lo Stato membro presenta l'AP alla Commissione prima della presentazione del primo programma o contestualmente alla stessa. Fanno eccezione i programmi Interreg che possono essere sottoposti alla Commissione anche prima di tale data. L'AP può essere inoltrato unitamente al pertinente Programma nazionale di riforma annuale e al Piano nazionale integrato per l'energia e il clima.

4.2.3 Contenuto dell'accordo

Gli elementi che devono essere riportati nell'Accordo di partenariato sono indicati nell'art. 11 del regolamento (UE) 2021/1060. Tale articolo richiama i seguenti elementi:

> gli obiettivi strategici selezionati e l'obiettivo specifico del JTF, comprensivi dell'indicazione di quali fondi oggetto dell'AP e programmi perseguiranno tali obiettivi strategici e della relativa giustificazione, tenendo presenti le pertinenti raccomandazioni specifiche per Paese, il Piano nazionale integrato per l'energia e il clima, i principi del Pilastro europeo dei diritti sociali e, se del caso, le sfide regionali;

> per ciascuno degli obiettivi strategici selezionati e per l'obiettivo specifico del JTF:
1. una sintesi delle scelte strategiche e dei principali risultati attesi per ciascuno dei fondi oggetto dell'Accordo di partenariato;
2. il coordinamento, la delimitazione e la complementarità tra i fondi e, se del caso, il coordinamento tra i programmi nazionali e regionali;
3. le complementarità e le sinergie tra i fondi oggetto dell'Accordo di partenariato, l'AMIF, l'ISF, il BMVI e altri strumenti dell'Unione, compresi i progetti strategici integrati e i progetti strategici per la natura del programma LIFE e, se del caso, i progetti finanziati nell'ambito di Orizzonte Europa;

> la dotazione finanziaria preliminare a carico di ciascuno dei fondi oggetto dell'AP suddivisa per obiettivo strategico a livello nazionale e, se del caso, regionale, rispettando le norme specifiche di ciascun fondo sulla concentrazione tematica e la do-

tazione finanziaria preliminare per l'obiettivo specifico del JTF, comprese eventuali risorse del FESR e del FSE+ da trasferire al JTF;
- l'obiettivo preliminare relativo al contributo all'azione per il clima (art. 6, par. 2, RDC);
- se applicabile, la ripartizione delle risorse finanziarie per categoria di Regioni (redatta in conformità dell'art. 108, par. 2, RDC) e gli importi delle dotazioni di cui si propone il trasferimento (artt. 26 e 111 RDC), compresa una giustificazione di tali trasferimenti;
- per l'assistenza tecnica, la scelta dello Stato membro in relazione alla forma di contributo dell'Unione (art. 36, par. 3 RDC), e, se del caso, la dotazione finanziaria preliminare a carico di ciascuno dei fondi oggetto dell'AP a livello nazionale e la ripartizione delle risorse finanziarie per programma e per categoria di Regioni;
- gli importi dei contributi da versare al programma InvestEU suddivisi per fondo e per categoria di Regione, se applicabile;
- l'elenco dei programmi previsti nell'ambito dei fondi oggetto dell'AP con le rispettive dotazioni finanziarie preliminari suddivise per fondo e il corrispondente contributo nazionale per categoria di Regione, se applicabile;
- una sintesi delle azioni che lo Stato membro interessato prevede di adottare per rafforzare la propria capacità amministrativa di attuazione dei fondi oggetto dell'AP;
- se del caso, un approccio integrato volto ad affrontare le sfide demografiche o le esigenze specifiche delle Regioni e delle aree.

Per quanto riguarda l'obiettivo CTE (Interreg), l'AP contiene solo l'elenco dei programmi previsti.

L'Accordo può anche riportare una sintesi della valutazione del soddisfacimento delle pertinenti condizioni abilitanti (art. 15 RDC e Allegati III e IV).

4.2.4 Approvazione e modifica dell'Accordo

Le procedure di adozione e di modifica dell'Accordo di partenariato sono indicati negli articoli 12 e 13 regolamento (UE) 2021/1060.

Con riferimento alla **fase di approvazione**, l'art. 12 richiama i seguenti passaggi:
- la Commissione *valuta l'AP* e la sua conformità al RDC e alle norme specifiche dei fondi nel rispetto del principio di proporzionalità, tenendo conto della natura strategica del documento, del numero di programmi interessati e dell'importo totale delle risorse destinate allo Stato membro interessato;
- la Commissione può *formulare osservazioni entro 3 mesi* dalla data di presentazione dell'AP da parte dello Stato membro. Quest'ultimo rivede il documento tenendo conto delle osservazioni formulate;
- la Commissione adotta, mediante un atto di esecuzione, una *decisione che approva l'AP entro 4 mesi* dalla data della prima presentazione da parte dello Stato membro. Se l'AP è inserito in un programma (art. 10, par. 6, RDC), entro 6 mesi dalla data di presentazione di quest'ultimo la Commissione adotta, mediante un atto di esecuzione, un'unica decisione in cui si approvano sia l'AP che il programma.

Con riferimento all'eventuale **modifica**, l'art. 13 afferma che uno Stato membro può presentare, *entro il 31 marzo 2025, un AP modificato* che tenga conto dei risultati del riesame intermedio. Segue una fase di valutazione da parte della Commissione che può, *entro 3 mesi, formulare osservazioni*, obbligando lo Stato membro a rivedere l'AP modificato. Il sigillo finale si ha con l'approvazione delle modifiche da parte della Commissione, *non oltre 6 mesi* dalla prima presentazione da parte dello Stato membro.

4.2.5 L'Accordo di partenariato dell'Italia

La bozza di **Accordo di partenariato dell'Italia per il periodo di programmazione 2021-2027** è stato adottata dal CIPESS (Comitato interministeriale per la programmazione economica e lo sviluppo sostenibile) il 22 dicembre 2021 e inviata alle istituzioni europee per il previsto esame. Successivamente, il 23 giugno 2022, è stata inviata una bozza rivista tenendo conto delle osservazioni della Commissione europea; quest'ultima ha annunciato l'approvazione definitiva del documento il 19 luglio 2022.
Il confronto partenariale si è articolato in 5 Tavoli tematici, ognuno dei quali corrisponde ad uno dei più volte richiamati 5 Obiettivi Strategici (OS). I lavori tengono conto degli "Orientamenti in materia di investimenti finanziati dalla politica di coesione 2021-2027 per l'Italia" espressi nell'Allegato D al Country Report 2019.
Per orientare i lavori preparatori il DPCoe ha proposto quattro "temi unificanti": *lavoro di qualità, territorio e risorse naturali per le generazioni future, omogeneità e qualità dei servizi per i cittadini, cultura veicolo di coesione economica e sociale.*
I contributi proposti dal partenariato sono stati successivamente oggetto di elaborazione e sintesi e sono confluiti nella bozza presentata alla Commissione europea e rappresentano la base sulla quale sono elaborati i Programmi Operativi.

4.3 I Programmi Operativi (PO)

Come più volte ricordato i fondi europei sono attuati mediante Programmi Operativi (PO) conformemente all'AP. I PO si suddividono in Programmi Nazionali (PN) e Programmi Regionali (PR), che possono essere monofondo o plurifondo.
Ciascun programma copre il periodo compreso fra il 1° gennaio 2021 e il 31 dicembre 2027. Le regole generali sulla predisposizione, sul contenuto e sull'eventuale modifica sono riportate negli articoli 21 e seguenti del regolamento (UE) 2021/1060.
All'art. 21 si afferma che i programmi sono **elaborati dagli Stati membri o da un'autorità da essi designata**, in cooperazione con i partner. Gli Stati membri elaborano i programmi sulla base di procedure che sono trasparenti nei confronti del pubblico e conformemente ai rispettivi quadri istituzionali e giuridici. È prevista una stretta cooperazione tra gli Stati membri e la Commissione per garantire un efficace coordinamento nella preparazione e nell'attuazione.
I PO sono sottoposti al vaglio della Commissione entro 3 mesi dalla presentazione dell'AP (fanno eccezione quelli relativi all'AMIF, all'ISF e al BMVI, per i quali i programmi devono essere presentati non oltre 3 mesi dall'entrata in vigore del pertinente regolamento specifico del fondo). Un modello di presentazione dei programmi è previsto nell'allegato V (allegato VI per AMIF, ISF e BMVI).
L'**approvazione dei programmi** da parte della Commissione avviene in seguito alla valutazione della coerenza con il RDC, con i regolamenti di ciascun fondo e con l'Accordo di partenariato. Nella sua valutazione la Commissione tiene conto in particolare delle raccomandazioni specifiche per Paese, delle pertinenti sfide individuate nei Piani nazionali integrati per l'energia e il clima e dei principi del Pilastro europeo dei diritti

sociali, nonché del modo in cui vi si è dato seguito. Le osservazioni della Commissione devono pervenire allo Stato membro entro 3 mesi, che deve provvedere alla modifica. L'approvazione definitiva avviene entro 5 mesi dall'iniziale presentazione.
Una procedura simile si applica per l'eventuale **modifica del programma**. In questo caso si ha una comunicazione dello Stato membro alla Commissione nella quale si indicano le motivazioni per le quali si ritiene di dover modificare il programma, indicando in particolare l'impatto atteso delle modifiche. La Commissione può formulare osservazioni entro 2 mesi. Se queste ultime sono recepite dallo Stato membro si procede all'approvazione del programma rivisto entro 4 mesi.

4.4 La gestione dell'Accordo di partenariato e dei programmi operativi

La verifica sullo stato di attuazione di un programma è affidato in prima istanza ad un **Comitato di sorveglianza** che lo Stato membro deve istituire, d'intesa con l'autorità di gestione, entro 3 mesi dalla data di notifica della decisione della Commissione di adozione di un programma (artt. 38 e seguenti del regolamento UE 2021/1060). È possibile istituire un unico Comitato di sorveglianza per coprire più di un programma.
Il Comitato si riunisce almeno una volta all'anno per valutare l'attuazione del programma e i progressi compiuti nel conseguimento dei suoi obiettivi; esamina anche tutti gli aspetti che incidono sui risultati del programma, comprese le conclusioni delle verifiche di efficacia dell'attuazione. Può formulare osservazioni all'Autorità di gestione in merito all'attuazione e alla valutazione del programma, comprese azioni relative alla riduzione degli oneri amministrativi a carico dei beneficiari. Il Comitato di sorveglianza controlla le azioni intraprese a seguito delle stesse.
Per quanto riguarda gli aspetti gestionali, invece, il regolamento RDC prevede, per ciascun programma operativo, che lo Stato membro proceda alla nomina di:

- un'*Autorità di gestione*, vale a dire un soggetto al quale lo Stato membro attribuisce il compito di gestire uno o più programmi operativi;
- un'*Autorità di audit*, funzionalmente indipendente dall'Autorità di gestione, *responsabile della verifica dell'efficace funzionamento del sistema di gestione e controllo*.

L'**Autorità di gestione** (artt. 71 e seguenti regolamento UE 2021/1060) è un'autorità pubblica o un organismo pubblico nazionale, regionale o locale o un organismo privato designato dallo Stato membro per ciascun programma operativo; può essere designata anche per più di un programma operativo. A questa struttura sono attribuiti molteplici compiti. In primo luogo è responsabile della gestione del programma operativo conformemente al principio della sana gestione finanziaria. Deve inoltre:

- provvedere a tutte le operazioni relative alla gestione del programma, in particolare assistere il comitato di sorveglianza e fornirgli le informazioni necessarie allo svolgimento dei suoi compiti, nello specifico dati relativi ai progressi del programma operativo nel raggiungimento degli obiettivi, dati finanziari e dati relativi a indicatori e target intermedi;
- elaborare e presentare alla Commissione le relazioni di attuazione annuali e finali, rendere disponibili agli organismi intermedi e ai beneficiari informazioni pertinenti rispettivamente per l'esecuzione dei loro compiti e l'attuazione delle operazioni,

istituire un sistema di registrazione e conservazione informatizzata dei dati relativi a ciascuna operazione;
- provvedere alla selezione dei progetti, elaborando e approvando le procedure e i criteri di selezione adeguati;
- garantire la corretta gestione finanziaria del programma operativo e istituire le procedure di controllo e verifica.

All'Autorità di gestione possono essere affidati anche compiti che rientrano nella cosiddetta *funzione contabile*, che include le attività volte a redigere e presentare le domande di pagamento alla Commissione, redigere e presentare i conti (confermandone la completezza, l'accuratezza e la veridicità) e conservare registrazioni elettroniche di tutti gli elementi dei conti, comprese le domande di pagamento, convertire in euro gli importi delle spese sostenute in un'altra valuta.

Quelli relativi alla funzione contabile sono attività che nel ciclo di programmazione 2014-2020 erano affidati all'*Autorità di certificazione*; nel nuovo ciclo il soggetto designato è l'Autorità di gestione, anche se gli Stati membri possono individuare un altro organismo.

L'Autorità di gestione può individuare uno o più **organismi intermedi** (pubblici o privati) per lo svolgimento di determinati compiti sotto la sua responsabilità. I relativi accordi sono registrati per iscritto. Gli Stati membri assicurano che sia rispettato il principio della separazione delle funzioni tra le autorità del programma e all'interno di queste.

L'**Autorità di audit** (artt. 77 e ss. RDC) garantisce lo svolgimento di attività di verifica sul corretto funzionamento del sistema di gestione e controllo del programma operativo e su un campione adeguato di operazioni sulla base delle spese dichiarate. I controlli di audit cui sono sottoposte le spese dichiarate si basano su un campione rappresentativo e, come regola generale, su un metodo di campionamento statistico.

4.5 La verifica dell'Accordo di partenariato e dei Programmi Operativi. Il sistema di gestione e controllo (SI.GE.CO.)

Il regolamento (UE) 2021/1060 prevede che ogni Stato membro istituisca un sistema di gestione e controllo (SI.GE.CO.) dei suoi programmi e ne assicuri il funzionamento secondo il principio della sana gestione finanziaria.

I requisiti fondamentali sono individuati nell'allegato XI del RDC, laddove si stabilisce che il SI.GE.CO. deve garantire:
- separazione delle funzioni e disposizioni scritte appropriate relativamente ai compiti di rendicontazione, supervisione e sorveglianza delegati a un organismo intermedio;
- criteri e procedure appropriate per la selezione delle operazioni;
- informazioni appropriate ai beneficiari sulle condizioni applicabili in relazione al sostegno per le operazioni selezionate;
- verifiche di gestione appropriate, comprese adeguate procedure per verificare l'adempimento delle condizioni per il finanziamento non collegato ai costi e per le opzioni semplificate in materia di costi;
- sistema efficace atto ad assicurare che siano detenuti tutti i documenti necessari alla pista di controllo;
- sistema elettronico affidabile (compresi i collegamenti con sistemi elettronici per lo scambio di dati con i beneficiari) per la registrazione e la conservazione dei dati

a fini di sorveglianza, valutazione, gestione finanziaria, verifiche e audit, compresi adeguati processi volti a garantire la sicurezza, l'integrità e la riservatezza dei dati e l'autenticazione degli utenti;
> efficace attuazione di misure antifrode proporzionate;
> procedure appropriate per elaborare la dichiarazione di gestione, per confermare che le spese registrate nei conti sono legittime e regolari e per la redazione e la presentazione delle domande di pagamento e dei conti e conferma della completezza, dell'accuratezza e della veridicità dei conti;
> adeguata separazione delle funzioni e indipendenza funzionale tra l'Autorità di audit (e gli eventuali organismi che svolgono le attività di audit sotto la responsabilità dell'Autorità di audit, sui quali quest'ultima fa affidamento ed esercita supervisione, se del caso) e le altre autorità del programma e il lavoro di audit eseguito secondo i principi di audit riconosciuti a livello internazionale;
> audit adeguati dei sistemi, delle operazioni e dei conti;
> procedure adeguate per l'emissione di un parere di audit affidabile e per la preparazione della relazione annuale di controllo.

4.6 Il trasferimento di risorse

Una delle novità di maggiore rilevanza per il ciclo di programmazione 2021-2027 è la possibilità di operare diversi trasferimenti di risorse tra i fondi, concedendo un certo margine di flessibilità agli Stati membri nella loro allocazione. Nel RDC si stabilisce, infatti, che al momento della presentazione dell'Accordo di Partenariato o con una successiva richiesta di modifica al programma è possibile operare i seguenti **trasferimenti tra fondi**:
> fino al 5% della dotazione nazionale iniziale di ciascun Fondo *a qualsiasi altro* strumento in regime di gestione diretta o indiretta (art. 26 RDC), se tale possibilità è prevista nell'atto di base di tale strumento (è consentito il "ritrasferimento" di tale importo);
> fino al 5% della dotazione nazionale iniziale di ciascun fondo *a un altro fondo o ad altri fondi disciplinati dall'RDC* (art. 26 RDC);
> fino al 20% della dotazione nazionale iniziale di ogni fondo tra il FESR, il FSE+ o il Fondo di coesione entro i limiti delle risorse globali dello Stato membro per l'obiettivo IOC. Gli Stati membri il cui tasso medio di disoccupazione totale per il periodo 2017-2019 è inferiore al 3% possono chiedere di trasferire un importo supplementare che va fino al 25% della dotazione nazionale iniziale (art. 26 RDC);
> fino al 15% della dotazione del FESR e del FSE+ *al JTF*; l'importo trasferito non può comunque superare il triplo dell'importo della dotazione complessiva del JTF. Tali trasferimenti sono definitivi (art. 27 RDC).

Sono consentiti anche **trasferimenti tra le risorse assegnate a ciascuna categoria di Regioni** di uno Stato membro (art. 111 RDC). In particolare:
> fino al 5% della dotazione iniziale delle Regioni meno sviluppate può essere allocata a quelle in transizione o più sviluppate. Analogo limite si applica per il risorse dalle Regioni in transizione verso quelle più sviluppate. La percentuale può salire al 10% negli Stati membri con reddito nazionale lordo inferiore al 90% della media UE-27;

> nessuna limitazione è, invece, prevista per i *trasferimenti inversi*, dalle Regioni più sviluppate o in transizione verso quelle meno sviluppato oppure dalle Regioni più sviluppate verso quelle in transizione

Nell'Accordo di partenariato gli Stati membri possono anche chiedere che un importo, nella percentuale massima del 2% della dotazione nazionale iniziale rispettivamente per il FESR, il FSE+, il Fondo di coesione e il FEAMPA, sia destinato al **programma InvestEU**. Gli Stati membri possono assegnare un ulteriore importo che va fino al 3% della dotazione nazionale iniziale di ciascuno di tali fondi dopo il 1° gennaio 2023 mediante una o più richieste di modifica del programma (art. 14 RDC).

4.7 Il disimpegno

Con il termine disimpegno si indica il principio in base al quale se una somma stanziata a favore di un dato programma non viene ritirata entro un termine prefissato tutte le **somme non versate non saranno più disponibili** per quel programma.
Nel ciclo di programmazione 2014-2020 si applicava la cosiddetta regola del N+3: la mancata richiesta delle risorse messe a disposizione entro 3 anni dall'approvazione del programma comportava la definitiva perdita dell'importo (ad esempio le risorse di un programma approvato nel 2016 andavano richieste entro il 2019).
Con il ciclo di programmazione 2021-2027 la **regola del N+3** è stata riproposta. Ai sensi dell'art. 105, par. 1, RDC, la Commissione disimpegna l'importo di un programma non impiegato per il prefinanziamento o per il quale non è stata presentata una domanda di pagamento entro il 31 dicembre del terzo anno civile successivo all'anno degli impegni di bilancio per gli anni dal 2021 al 2026.
Per gli impegni assunti nel 2027, invece, si applica la **regola N+2**: ai sensi dell'art. 105, par. 2, RDC, si procede al disimpegno delle risorse ancora disponibili al 31 dicembre 2029 qualora il pacchetto di affidabilità e la relazione finale in materia di *performance* non sono stati presentati alla Commissione.

Eccezioni alle regole di disimpegno sono previste dal successivo art. 106 RDC per quelle situazioni in cui lo Stato membro invoca circostanze di forza maggiore: operazioni sospese in virtù di un *procedimento giudiziario o di un ricorso amministrativo* con effetto sospensivo o impossibilità di presentare una domanda di pagamento per *cause di forza maggiore* che incidono gravemente sull'attuazione dell'intero programma o di parte dello stesso.

Capitolo 5
Il FSE+ (Fondo Sociale Europeo plus)

5.1 Contesto sociale e base giuridica di riferimento

È ormai acquisita consapevolezza, nella *governance* europea, che la capacità di restare competitivi nell'economia globale e di garantire livelli elevati di occupazione, istruzione, formazione, salute e inclusione sociale rappresenti una **variabile dipendente soprattutto dalla capacità investire nel potenziale dei cittadini**, nelle loro competenze e creatività, nella loro iniziativa di creare imprese e di innovare.
Allo stesso tempo tuttavia, non può trascurarsi che, nonostante i progressi compiuti, ancora oggi le questioni sociali e occupazionali figurano tra le principali preoccupazioni dei cittadini europei e costituiscono un settore nel quale ci si aspettano maggiori contributi dall'Unione.
Così, in risposta all'invito da parte dei cittadini di accrescere la dimensione sociale dell'Unione, puntando ad un rafforzamento degli investimenti nelle persone, il 17 novembre 2017 nel corso del *Summit* di *Goteborg*, il Parlamento europeo, il Consiglio e la Commissione hanno proclamato congiuntamente il **Pilastro europeo dei diritti sociali** (*European Pillar of Social Rights*). Il documento declina 20 princìpi e diritti fondamentali suddivisi in tre capi: *Pari opportunità e accesso al mercato del lavoro*, *Condizioni di lavoro eque*, *Protezione sociale e inclusione.*
Con il Piano d'azione del Pilastro europeo dei diritti sociali la Commissione ha definito una serie di iniziative concrete per realizzarne gli obiettivi richiedendo lo sforzo collettivo delle istituzioni europee, degli enti nazionali, regionali e locali, delle parti sociali e della società civile. Nell'ambito di tali iniziative è stato approvato il 24 giugno 2021 il **regolamento (UE) 2021/1057 con il quale è stato disciplinato il Fondo Sociale europeo plus (FSE+)**, il principale strumento dell'Unione europea per investire sulle persone e attuare il Pilastro europeo dei diritti sociali nel ciclo di programmazione 2021-2027.
Per il conseguimento delle finalità indicate il FSE+ **accorpa i seguenti fondi e programmi**:

- il *Fondo sociale europeo (FSE)* e l'*Iniziativa a favore dell'occupazione giovanile* (*The Youth Employment Initiative* - YEI);
- il *Fondo di aiuti europei agli indigenti (FEAD)*;
- il *Programma per l'occupazione e l'innovazione sociale* (*Employment and Social Innovation* - EaSI).

Inoltre, data l'importanza dell'accesso all'assistenza sanitaria, il FSE+ garantisce sinergie e complementarità con il Programma UE per la salute (*EU4Health*), istituito con il regolamento (UE) 2021/522; a tal fine l'ambito di applicazione del FSE+ include anche l'accesso ai sistemi sanitari per le persone in situazioni di vulnerabilità (art. 4, co. 1, lett. *k*).

Obiettivo dichiarato di tale accorpamento è lo **sviluppo di approcci più integrati e flessibili alla programmazione e all'attuazione dei fondi** oltre che la semplificazione e la riduzione degli oneri amministrativi per le autorità e i beneficiari. La *ratio* sottostante è, quindi, quella di contribuire in maniera significativa a realizzare un'Europa sociale più incisiva aumentando la convergenza economica, sociale e territoriale fra gli Stati membri in conformità all'art. 174 TFUE.

5.2 Le componenti del FSE+

Il regolamento (UE) 2021/1057 definisce gli obiettivi generali del FSE+ e l'ambito del sostegno, che viene tradotto in obiettivi specifici. Stabilisce inoltre il bilancio per il periodo 2021-2027, i metodi di esecuzione, le forme di finanziamento dell'Unione e le relative regole di erogazione.

Nello specifico il FSE+ comprende **due componenti**:

- la componente in regime di *gestione concorrente*
- la componente *Occupazione e innovazione sociale* (componente EaSI), da attuare in regime di gestione diretta e indiretta.

In **regime di gestione concorrente**, la Commissione delega agli Stati membri (Ministeri e Regioni) i compiti di programmazione strategica e attuazione: l'azione dell'Unione si limita a quanto necessario per raggiungere gli obiettivi stabiliti nei trattati. Obiettivo della gestione concorrente è garantire, in aderenza al principio della sussidiarietà, che le *decisioni siano adottate il più vicino possibile ai cittadini* le e che l'azione a livello dell'UE sia giustificata alla luce delle possibilità e delle specificità sul piano nazionale, regionale o locale. La gestione concorrente avvicina, dunque, maggiormente l'Europa ai suoi cittadini e collega le esigenze locali agli obiettivi europei e aumenta la titolarità degli obiettivi dell'Unione, poiché gli Stati membri e la Commissione condividono il potere e le responsabilità decisionali.

Diversamente, un fondo o un programma è **a gestione diretta** quando viene gestito direttamente dalla Commissione europea o da una delle sue agenzie. È quindi la Commissione che procede direttamente alla selezione dei beneficiari, all'assegnazione dei fondi, al monitoraggio, etc.

La **gestione indiretta**, invece, si riferisce ai programmi finanziati da fondi europei e attuati da Paesi *partner* dell'UE, da Paesi extra-UE, da organizzazioni internazionali o da agenzie per lo sviluppa gestire i programmi stessi. Il principio di sussidiarietà è alla base anche delle componenti in regime di gestione diretta e indiretta

5.3 Gli obiettivi del FSE+

Nell'ambito degli *obiettivi generali* il FSE+ sostiene gli Stati membri e le Regioni per **raggiungere elevati livelli di occupazione, un'equa protezione sociale e una forza lavoro qualificata e resiliente** pronta per il futuro mondo del lavoro, nonché **società inclusive e coese** volte a sradicare la povertà e a realizzare i principi stabiliti nel Pilastro europeo dei diritti sociali. Il FSE+ sostiene, integra e aggiunge valore alle politiche degli Stati membri volte a garantire pari opportunità, parità di accesso al mercato del lavoro, condizioni di lavoro eque e di qualità, protezione sociale e inclusione, in particolare concentrandosi su un'istruzione e una formazione di qualità e inclusiva, sull'ap-

prendimento lungo tutto l'arco della vita, sugli investimenti nei bambini e nei giovani e sull'accesso ai servizi di base (artt. 3 e 6 reg. UE 2021/1057).
Fra gli **obiettivi specifici** dell'FSE+ declinati all'art. 4 sono annoverati in particolare:
- il sostegno a favore dei *settori d'intervento dell'occupazione e della mobilità del lavoro*, nonché dell'*istruzione e dell'inclusione sociale*, in particolare contribuendo all'eliminazione della povertà e dunque all'attuazione del Pilastro europeo dei diritti sociali;
- il *sostegno alle transizioni verde e digitale*, alla creazione di posti di lavoro attraverso le competenze per la specializzazione intelligente e al miglioramento dei sistemi di istruzione e formazione;
- il *sostegno a favore di misure temporanee in circostanze eccezionali o inusuali* (ad esempio, il finanziamento di regimi di riduzione dell'orario lavorativo non abbinati obbligatoriamente a misure attive o l'accesso all'assistenza sanitaria, anche per le persone che non sono direttamente vulnerabili dal punto di vista socioeconomico).

5.4 Le disposizioni comuni in regime di gestione concorrente

5.4.1 Disciplina generale

I diversi fondi in regime di gestione concorrente perseguono obiettivi complementari e condividono la stessa modalità di gestione, pertanto il regolamento in esame ha previsto "disposizioni comuni" sulla programmazione, al fine di migliorare il coordinamento e armonizzare oltre che semplificare l'attuazione del sostegno (si veda la parte II del reg. UE 2021/1057).
Il regolamento contiene inoltre gli **elementi comuni di pianificazione e programmazione strategiche**, comprendenti le disposizioni sull'Accordo di partenariato da concludere con ciascuno Stato membro (art. 9), e stabilisce un approccio comune riguardo all'orientamento alle *performance* previsto per i fondi. Di conseguenza, esso contempla disposizioni comuni relative a condizioni abilitanti, revisione della performance e modalità di sorveglianza, rendicontazione e valutazione. In particolare, al fine di ridurre gli oneri amministrativi relativi alla raccolta dei dati, è previsto che laddove essi siano disponibili in registri o in fonti assimilate, gli Stati membri devono poter consentire alle Autorità di gestione di recuperarli dai registri medesimi (art. 17).
Disposizioni comuni vengono stabilite anche con riferimento all'ammissibilità delle spese (art. 16). Di seguito se ne riporta un'analisi più specifica.

5.4.2 I requisiti di concentrazione tematica

La concentrazione tematica attiene alla necessità di **convogliare le risorse su interventi volti a far fronte alle sfide individuate dai singoli Stati membri** nei loro programmi nazionali di riforma, nel semestre europeo e nelle pertinenti raccomandazioni specifiche per Paese. In base all'Accordo politico fra Parlamento europeo e Stati membri, recepito nel regolamento in esame, sono stati individuati i seguenti vincoli di concentrazione tematica:
- il 12,5% delle risorse sono impiegate per combattere la disoccupazione giovanile;
- almeno il 25% del bilancio deve essere investito per promuovere l'inclusione sociale, compresa l'integrazione dei cittadini di paesi terzi;

- almeno il 3% della dotazione deve essere destinato all'assistenza alimentare e materiale di base per gli indigenti;
- almeno il 5% delle risorse deve essere destinato all'attuazione delle misure volte a ridurre la povertà infantile.

È stato inoltre stabilito che spetta un finanziamento adeguato anche allo sviluppo delle capacità delle parti sociali e della società civile negli Stati membri, e almeno lo 0,25% del fondo dovrebbe essere assegnato in base alle raccomandazioni specifiche per paese (art. 7 reg. UE 2021/1057).

5.4.3 Il rispetto della Carta dei diritti

Si impone, all'art. 8 reg. (UE) 2021/1057, che tutte le operazioni vengano selezionate e attuate nel rispetto della Carta dei diritti fondamentali dell'Unione europea (di seguito "Carta"). La Commissione deve garantire che le denunce siano valutate tempestivamente, comprese le denunce relative a violazioni della Carta, e deve informare l'autore della denuncia dell'esito della valutazione, in linea con la comunicazione della Commissione del 19 gennaio 2017 dal titolo «Diritto dell'Unione europea: risultati migliori attraverso una migliore applicazione».

5.4.4 Il Partenariato

L'attuazione efficiente ed efficace delle azioni sostenute dal FSE+ dipende dalla qualità della governance e del partenariato tra tutti gli attori ai livelli territoriali pertinenti e gli attori socio-economici, in particolare le parti sociali e le organizzazioni della società civile. È pertanto essenziale che gli Stati membri assegnino un importo adeguato delle proprie risorse della componente del FSE+ in regime di gestione concorrente, anche sotto forma di formazione o di **misure volte alla creazione di reti e rafforzamento del dialogo sociale**, per garantire una partecipazione significativa delle parti sociali e delle organizzazioni della società civile all'attuazione della componente del FSE+.

Tale partecipazione, promossa all'art. 9 reg. (UE) 2021/1057, comprende gli organismi pertinenti che rappresentano la società civile, quali i partner ambientali, le organizzazioni non governative e gli organismi incaricati di promuovere l'inclusione sociale, i diritti fondamentali, i diritti delle persone con disabilità, la parità di genere e la non discriminazione.

5.4.5 Le azioni innovative

Il FSE+ sostiene azioni di innovazione sociale e sperimentazioni sociali, comprese quelle con una componente socio-culturale, o rafforza approcci dal basso verso l'alto basati su partenariati che coinvolgono le autorità pubbliche, le parti sociali, le imprese sociali, il settore privato e la società civile (art. 14 reg. UE 2021/1057).

Le innovazioni sociali consistono in **attività di sviluppo e attuazione di nuove idee** (riguardanti prodotti, servizi, pratiche e modelli) che soddisfano contemporaneamente le esigenze sociali e che creano nuove relazioni o collaborazioni tra organizzazioni pubbliche, della società civile e/o private, a vantaggio della società e rafforzandone la capacità di agire.

Le sperimentazioni sociali **sono interventi di policy che mirano a fornire una risposta innovativa alle esigenze sociali**, attuati su piccola scala e in condizioni che consentano di misurarne l'impatto, prima di essere attuati in altri contesti, compresi quelli geografici e settoriali, o su scala più ampia, se i risultati si rivelano convincenti.
Il FSE+ sostiene lo sviluppo di approcci innovativi sperimentati su piccola scala testati nell'ambito della sezione Occupazione e innovazione sociale e di altri programmi dell'Unione. Ciascun Stato membro dedica almeno una priorità all'attuazione delle azioni innovative. Il tasso massimo di cofinanziamento di queste priorità può essere portato al 95% per l'assegnazione di un massimo del 5% della dotazione nazionale FSE+ in gestione concorrente. Gli Stati membri individuano, nei loro programmi o in una fase successiva durante l'attuazione, i settori dell'innovazione sociale e delle sperimentazioni sociali che corrispondono alle loro esigenze specifiche. Dall'altro versante, la Commissione facilita lo sviluppo di capacità per l'innovazione sociale, in particolare sostenendo l'apprendimento reciproco, creando reti e diffondendo e promuovendo buone pratiche e metodologie.

5.4.6 Le spese ammissibili

Il reg. (UE) 2021/1060 prevede che le regole concernenti l'ammissibilità delle spese siano stabilite a livello nazionale, con alcune eccezioni per le quali è necessario stabilire regole specifiche relative alla componente del FSE+ in regime di gestione concorrente.
Al riguardo secondo quanto previsto all'art. 16 reg. (UE) 2021/1057 **non sono ammissibili** per il sostegno generale dalla componente del FSE+ in regime di gestione concorrente:
> l'acquisto di terreni e beni immobili, nonché di infrastrutture;
> l'acquisto di mobili, attrezzature e veicoli, tranne qualora tale acquisto sia necessario per raggiungere l'obiettivo dell'operazione, o qualora tali voci siano completamente ammortizzate durante l'operazione, o qualora l'acquisto di tali articoli sia l'opzione più economica.

I contributi in natura sotto forma di indennità o di salari versati da un terzo a vantaggio dei partecipanti a un'operazione possono essere ammessi a un contributo a titolo del sostegno generale dalla componente del FSE+ in regime di gestione concorrente, a condizione che i contributi in natura siano sostenuti conformemente alle regole nazionali, comprese le regole contabili, e non superino i costi sostenuti dai terzi.

5.4.7 Le misure contro la deprivazione materiale

La Parte II, Capo III, del reg. (UE) 2021/1057 contempla specifiche disposizioni comuni per l'applicazione del sostegno volto a contrastare la deprivazione materiale. L'impiego di tale sostegno è confinato alla esclusiva distribuzione di prodotti alimentari o beni conformi al diritto dell'Unione in materia di sicurezza dei prodotti di consumo.
I soggetti destinatari di questa misura, stante la definizione del regolamento, sono identificati nelle persone fisiche, i singoli, le famiglie e i nuclei familiari o i gruppi composti da tali persone (compresi i minori in situazioni di vulnerabilità e i senzatetto) la cui necessità di assistenza è riconosciuta in base a criteri oggettivi fissati dalle competenti autorità nazionali in consultazione con le pertinenti parti interessate evitando conflitti

di interessi, e che possono includere elementi tali da consentire di indirizzare il sostegno verso le persone indigenti in determinate aree geografiche.
Gli Stati membri e i beneficiari scelgono i prodotti alimentari e/o l'assistenza materiale in base ai seguenti parametri:

- fissando criteri obiettivi correlati alle *esigenze delle persone indigenti*;
- valutando *aspetti correlati al clima e ambientali*, in particolare in vista della riduzione degli sprechi alimentari e della plastica monouso;
- tenendo conto del contributo da essi apportato nel garantire una *dieta equilibrata alle persone indigenti*.

I prodotti alimentari e/o l'assistenza materiale di base possono essere forniti direttamente alle persone indigenti o indirettamente, per esempio attraverso buoni o carte, in forma elettronica o altra forma, a condizione che questi possano essere scambiati unicamente con i prodotti alimentari e/o l'assistenza materiale di base. Questa comprende beni che soddisfano le esigenze fondamentali di una persona per una vita dignitosa, quali abbigliamento, prodotti per l'igiene, tra cui prodotti per l'igiene femminile, e materiale scolastico.
Il sostegno si aggiunge a eventuali prestazioni sociali che possono essere fornite ai destinatari finali dai sistemi sociali nazionali o ai sensi del diritto nazionale. I prodotti alimentari forniti alle persone indigenti possono derivare anche dall'utilizzo, dal trattamento e dalla vendita di prodotti smaltiti a norma dell'art.16, par. 2, Reg. (UE) n. 1308/2013 del Parlamento europeo e del Consiglio), a condizione che tale opzione sia la più economicamente vantaggiosa e non ritardi indebitamente la consegna dei prodotti alimentari alle persone indigenti. Gli importi derivanti da un'operazione riguardante tali scorte sono utilizzati a favore delle persone indigenti, in aggiunta agli importi già a disposizione del programma.

I costi ammissibili relativi al sostegno del FSE+ volto a contrastare la deprivazione materiale sono: i costi per l'acquisto di prodotti alimentari e/o assistenza materiale di base, compresi i costi amministrativi, di trasporto, magazzinaggio e preparazione sostenuti anche dai beneficiari che intervengono nella distribuzione di prodotti alimentari e/o assistenza materiale di base alle persone indigenti; i costi di raccolta, trasporto, magazzinaggio e distribuzione delle donazioni di prodotti alimentari, nonché delle attività di sensibilizzazione direttamente correlate.
I costi per l'elaborazione di sistemi di buoni o carte in forma elettronica o altra forma e i costi operativi corrispondenti sono ammissibili nell'ambito dell'assistenza tecnica a condizione che siano sostenuti dall'autorità di gestione o da un altro organismo pubblico che non è un beneficiario che distribuisce il buono o la carta ai destinatari finali, o a condizione che non siano inclusi tra i costi di cui sopra.
Non sono ammissibili i costi seguenti: interessi passivi, acquisto di infrastrutture e costi di beni di seconda mano.

5.5 Gli obiettivi operativi della componente EaSI

La mancanza di accesso ai finanziamenti per le microimprese, le imprese sociali e l'economia sociale è uno dei principali ostacoli alla creazione di imprese, in particolare per le persone più lontane dal mercato del lavoro. L'emergere delle imprese sociali è, invero, rafforzato dall'impegno sociale e civile di gruppi di cittadini che si auto-organizzano, spesso con poche risorse a disposizione, per affrontare le nuove esigenze e le sfide della società.

In particolare dal reg. (UE) 2021/1057 viene definita «sociale» un'impresa, qualunque sia la sua forma giuridica, incluse le imprese dell'economia sociale, o una persona fisica che:

- conformemente al suo atto costitutivo, al suo statuto o a qualsiasi altro documento giuridico atto a far sorgere una responsabilità in base alle norme dello Stato membro in cui un'impresa sociale è ubicata, **ha come obiettivo sociale primario la realizzazione di un impatto sociale positivo e misurabile,** anche eventualmente un impatto di carattere ambientale, anziché finalità lucrative per altri scopi, fornisce beni o servizi che producono un rendimento sociale o impiega metodi di produzione di beni o servizi che incorporano obiettivi sociali;
- utilizza i **profitti in primo luogo per raggiungere il proprio obiettivo sociale primario** e ha procedure e regole predefinite che garantiscono che la distribuzione dei profitti non pregiudichi l'obiettivo sociale primario;
- è **gestita in modo imprenditoriale**, partecipativo, responsabile e trasparente, in particolare *rendendo partecipi i lavoratori,* i clienti e i pertinenti portatori di interessi coinvolti dalle sue attività.

Nell'ambito della componente EaSI, il reg. (UE) 2021/1057 contempla fra gli obiettivi operativi l'introduzione di disposizioni per l'istituzione di un ecosistema di mercato volto ad aumentare l'offerta di finanziamenti e l'accesso agli stessi a favore delle imprese sociali. Ciò per far fronte alla domanda di chi più ne ha bisogno, in particolare i disoccupati, le donne e le persone vulnerabili che intendono creare o sviluppare una microimpresa. Quest'ultima è individuata in un'impresa con meno di 10 dipendenti e con un fatturato annuo o bilancio annuo totale inferiore a 2.000.000 di euro.
Tale obiettivo viene perseguito anche mediante gli strumenti finanziari e le garanzie di bilancio nel quadro dell'ambito di intervento Investimenti sociali e competenze del Fondo InvestEU.
Fra gli altri obiettivi declinati sono ricompresi:

- facilitare uno scambio di informazioni efficiente e inclusivo, l'apprendimento reciproco, l'esame tra pari e il dialogo sulle politiche nei settori di intervento;
- sostenere sperimentazioni sociali nei settori di intervento, e sviluppare la capacità dei portatori di interessi, a livello nazionale e locale, di preparare, concepire e attuare, trasferire o applicare su larga scala le innovazioni testate nel campo della politica sociale, in particolare per quanto riguarda l'ampliamento della scala dei progetti sviluppati dai portatori di interessi locali nel settore dell'integrazione socioeconomica di cittadini di paesi terzi;
- agevolare la mobilità geografica volontaria dei lavoratori e accrescere le possibilità di impiego sviluppando e fornendo specifici servizi di sostegno ai datori di lavoro e alle persone in cerca di lavoro in vista dello sviluppo di mercati del lavoro europei integrati, dalla fase di preparazione precedente l'assunzione all'assistenza successiva al collocamento, per coprire i posti di lavoro vacanti in determinati settori, ambiti professionali, paesi, regioni frontaliere o per gruppi particolari (come le persone in situazioni di vulnerabilità);
- fornire orientamenti per lo sviluppo delle infrastrutture sociali necessarie per l'attuazione del pilastro europeo dei diritti sociali.

Anche nell'ambito delle fasi delle operazioni sostenute dalla componente EaSI devono essere garantiti i principi relativi alla parità di genere e alla non discriminazione.

5.6 La partecipazione di Paesi terzi

L'art. 29 reg. (UE) 2021/1057 prevede che Stati terzi che sono membri dello Spazio economico europeo (SEE) possano partecipare ai programmi dell'Unione relativi alla componente EaSI nel quadro della cooperazione istituita con l'accordo SEE.
È tuttavia previsto che Paesi terzi possono partecipare anche sulla base di altri strumenti giuridici purché siano rispettate le seguenti condizioni:

- garantire un giusto equilibrio tra i contributi e i benefici per il paese terzo che partecipa ai programmi dell'Unione;
- stabilire i requisiti per la partecipazione ai programmi, compreso il calcolo dei contributi finanziari ai singoli programmi o componenti dei programmi, e i rispettivi costi amministrativi;
- non conferire al paese terzo poteri decisionali per quanto riguarda la componente EaSI;
- garantire all'Unione il diritto di assicurare una sana gestione finanziaria e di tutelare i propri interessi finanziari.

A tal fine, con una disposizione specifica, s'impone ai Paesi terzi di concedere i diritti necessari e l'accesso di cui hanno bisogno l'ordinatore responsabile, l'Ufficio europeo per la lotta antifrode (OLAF) e la Corte dei conti per esercitare integralmente le rispettive competenze, compreso il diritto di effettuare indagini, attraverso controlli e verifiche sul posto (art. 33 reg. UE 2021/1057).

5.7 Il Comitato FSE+

Nell'amministrazione del FSE+ la Commissione è assistita da un Comitato istituito ai sensi dell'articolo 163 TFUE. Per poter disporre di tutte le informazioni necessarie e ottenere un'ampia gamma di opinioni dei pertinenti portatori di interessi, il Comitato FSE+ ha la facoltà di invitare rappresentanti senza diritto di voto, a condizione che l'ordine del giorno della riunione richieda la loro partecipazione, compresi i rappresentanti della BEI, del FEI e delle pertinenti organizzazioni della società civile.
Il Comitato può fornire pareri su:

- questioni connesse al contributo del FSE+ all'attuazione del pilastro europeo dei diritti sociali, comprese le raccomandazioni specifiche per paese e le priorità relative al semestre europeo, quali programmi nazionali di riforma;
- questioni relative al regolamento (UE) 2021/1060 pertinenti per il FSE+;
- questioni connesse al FSE+ a esso riferite dalla Commissione diverse da quelle indicate al comma 5 del citato art. 39 (uso pianificato dell'assistenza tecnico, attuazione di strategie dell'UE).

I pareri del comitato FSE+ sono adottati a **maggioranza assoluta dei voti** validamente espressi e sono comunicati al Parlamento europeo, al Consiglio, al Comitato economico e sociale europeo e al Comitato delle regioni per informazione. La Commissione informa per iscritto il comitato FSE+ del modo in cui ha tenuto conto dei suoi pareri.

Capitolo 6
Il Next Generation EU (NGEU)

6.1 Le ragioni del Next Generation EU e le sue peculiarità

L'Unione europea ha risposto alla crisi pandemica COVID-19 con l'approvazione del Next Generation EU (NGEU). Si tratta di uno strumento del tutto eccezionale che presenta caratteristiche diverse dalle altre azioni dell'Unione: non si tratta di un fondo aggiuntivo rispetto a quelli esistenti, non è un nuovo programma, non è una strategia di lungo periodo. Il NGEU è uno **strumento avente natura emergenziale, durata temporanea e valenza una tantum, utilizzabile esclusivamente per un'efficace risposta alla crisi e per l'adozione di misure per incentivare la ripresa**. Prevede investimenti e riforme per accelerare la transizione ecologica e digitale, migliorare la formazione delle lavoratrici e dei lavoratori e conseguire una maggiore equità di genere, territoriale e generazionale.
Le principali caratteristiche del Next Generation EU (NGEU) sono:

- **non coincide con il ciclo di programmazione ordinario dell'Unione** per il periodo 2021-2027. Le risorse, infatti, possono essere impegnate fino alla fine del 2023, mentre riforme e investimenti devono essere attuati entro il 2026;
- è **articolato in 7 misure**. Il NGEU è il piano complessivo per il rilancio post-pandemia, nell'ambito del quale sono previste diverse azioni, alcune delle quali svincolate dalla programmazione di lungo termine dell'Unione mentre altre apportano risorse aggiuntive a programmi già esistenti. Le azioni previste sono: Dispositivo per la Ripresa e al Resilienza (RRF), ReactEU, JTF, Sviluppo rurale, InvestEU, Orizzonte Europa, RescEU;
- **attinge risorse dal mercato** e non dal bilancio dell'Unione. Come più volte sottolineato, l'elemento più innovativo è la "condivisione" del debito. Attraverso l'emissione di specifiche obbligazioni la Commissione europea è stata autorizzata a raccogliere risorse aggiuntive (a nome dell'intera Unione) per finanziare i progetti straordinari previsti.

Per l'Italia (la maggiore beneficiaria delle risorse messe a disposizione) il NGEU rappresenta un'importante opportunità per investimenti in settori cruciali, per avviare riforme attese da tempo, per modernizzare la pubblica amministrazione, rafforzare il sistema produttivo e intensificare gli sforzi nel contrasto alla povertà, all'esclusione sociale e alle disuguaglianze. Il NGEU può essere l'occasione per riprendere un percorso di crescita economica sostenibile e duraturo nella fase post-pandemica.

6.2 Il quadro giuridico

L'accordo politico sul NGEU è stato giuridicamente tradotto in una serie di provvedimenti che hanno disciplinato sia lo strumento nel suo complesso (e in particolare fissato gli importi delle risorse a disposizione) sia le singole azioni. Gli atti giuridici di riferimento sono:

- il **regolamento (UE) 2020/2094** del 14 dicembre 2020 che istituisce uno strumento dell'Unione europea per la ripresa, a sostegno alla ripresa dell'economia dopo la crisi COVID-19. È il **regolamento quadro NGEU** che fissa gli obiettivi generali, stanzia le risorse e le ripartisce tra le diverse misure;
- il **regolamento (UE) 2021/241** del 12 febbraio 2021 che istituisce il dispositivo per la ripresa e la resilienza **(RRF)**, ne stabilisce gli obiettivi, le forme di finanziamento e le regole di erogazione. Disciplina anche il contenuto e le procedura per la presentazione dei Piani Nazionali di Ripresa e Resilienza (PNRR) che ogni Stato ha dovuto elaborare per accedere alle risorse messe a disposizione;
- il **regolamento (UE) 2020/2221** del 23 dicembre 2020 che, attraverso modifiche al reg. (UE) n. 1303/2013 (che definiva il quadro generale dei fondi europei per il periodo 2014-2020), prevede risorse aggiuntive per il 2021 e il 2022 per le azioni avviate nell'ambito degli strumenti già esistenti del pacchetto **ReactEU**;
- il **regolamento (UE) 2021/523** del 24 marzo 2021 che istituisce il programma **InvestEU**, con il quale sono concesse garanzie dell'Unione per sostenere operazioni di finanziamento e di investimento;
- il già citato **regolamento (UE) 2021/1056** del 24 giugno 2021 con il quale è stato istituito il Fondo per una transizione giusta **(JTF)**. Merita di essere ricordata anche la decisione di esecuzione (UE) 2021/1129 del 5 luglio 2021 che stabilisce la ripartizione annuale per Stato membro della dotazione del JTF;
- il **regolamento (UE) 2021/836** del 20 maggio 2021 che modifica la decisione n. 1313/2013/UE su un meccanismo unionale di protezione civile per attuare le disposizioni relative al **RescEU**;
- il **regolamento (UE) 2020/2220** del 23 dicembre 2020 che ha introdotto disposizioni transitorie per la politica agricola relative al periodo 2021 e 2022 e ha anche attribuito le risorse del NGEU destinate allo **sviluppo rurale**;
- il **regolamento (UE) 2021/695** del 28 aprile 2021 che ha disciplinato il programma **Orizzonte Europa** e ha incluso i fondi del NGEU nella dotazione finanziaria complessiva.

6.3 Le principali misure del NGEU: il RRF e il ReactEU

Anche se articolato in sette diverse misure, gran parte delle risorse del NGEU (oltre il 96%) è destinato a due soli strumenti, di cui l'Italia è la prima beneficiaria in valore assoluto. Si tratta:

- del **Dispositivo per la Ripresa e Resilienza (RRF)**, che garantisce al nostro Paese risorse per 191,5 miliardi di euro, da impiegare nel periodo 2021-2026, delle quali 68,9 miliardi sono sovvenzioni a fondo perduto.

  L'importo effettivo della quota di sovvenzioni dipende da vari parametri che possono cambiare nel tempo. Nel periodo 2021-2022 è prevista la ripartizione del 70% delle risorse disponibili, sulla base dei seguenti criteri: tasso di disoccupazione 2015-2019, inverso del PIL pro capite e quota di popolazione.
  Il restante 30%, da ripartire entro il 2023, terrà conto dei seguenti parametri: calo del PIL reale 2020, calo complessivo del PIL reale 2020-2021, inverso del PIL pro capite e quota di popolazione.

Per accedere a tali risorse, il regolamento che disciplina l'RRF richiede agli Stati membri di presentare un pacchetto di investimenti e riforme, il *Piano Nazionale di Ripresa e Resilienza* (PNRR), che indichi i settori nei quali si intende operare, in linea con le grandi aree di intervento individuate dallo stesso provvedimento europeo.

È opportuno sottolineare in questa sede l'uso improprio dell'espressione *Recovery Fund*, non impiegata nei documenti ufficiali dell'Unione (dove si ricorre al termine "dispositivo"), ma ampiamente utilizzata a livello giornalistico e politico (probabilmente perché più immediata rispetto a quella ufficiale, indubbiamente più ostica). Altrettanto improprio è l'utilizzo delle espressioni *Next Generation EU* e *Dispositivo per la Ripresa e la Resilienza* come sinonimi; come visto l'RFF è solo una delle azioni previste nell'ambito del NGEU, anche se rappresenta di gran lunga la parte preponderante. L'espressione *Recovery Plan*, invece, è ormai ampiamente in uso (anche tra le istituzioni europee) per indicare gli specifici Piani predisposti dagli Stati membri (i PNRR);

> del **Pacchetto di Assistenza alla Ripresa per la Coesione e i Territori d'Europa (ReactEU)**, che assegna risorse supplementari per incrementare la politica di coesione.

RISORSE DISPONIBILI ATTRAVERSO IL NEXT GENERATION EU (NGEU) (*)

	RISORSE (miliardi di euro)		*Il 70% delle risorse deve essere impegnato nel biennio 2021-2022. La quota residua entro il 2023. Le cifre sono indicate a prezzi 2018*
	Complessive	*Italia*	
Recovery and Resilience Facility (RRF)	672,5	191,5 (*)	*(*) Al PNRR italiano sono allocate risorse per **191,5 miliardi di euro** derivanti dal RRF e per **30,6 miliardi** attraverso il Fondo complementare istituito dall'Italia (D.L. 59/2021, conv. in L. 101/2021). Il totale ammonta a di **222,1 miliardi**. Sono stati stanziati, entro il 2032, ulteriori 26 miliardi da destinare alla realizzazione di opere specifiche e per il reintegro delle risorse del Fondo Sviluppo e Coesione. **Nel complesso si potrà disporre di circa 248 miliardi di euro**. Il Piano destina 82 miliardi al Mezzogiorno su 206 miliardi ripartibili secondo il criterio del territorio (per una quota dunque del 40%).*
SOVVENZIONI (GRANTS)	*312,5*	*68,9*	
PRESTITI (LOANS)	*360,0*	*122,6*	
ReactEU	47,5	13,5	
Fondo per la Transizione Giusta (JTF)	10,0	0,5	
Sviluppo rurale	7,5	0,8	
InvestEU	5,6	—	
Orizzonte Europa	5	0,5	
RescEU	1,9	0,2	
Totale	**750,0**	**207,0**	

(*) Tutte le cifre sono espresse sulla base dei prezzi 2018. Ai prezzi maggio 2021 la dotazione di NGEU è pari a 807,1 miliardi di euro, che comprendono 724 miliardi di euro per il RRF (338 miliardi in sovvenzioni e 386 miliardi in prestiti).

6.4 I pilastri del RRF e i principi orizzontali

L'iniziativa NGEU canalizza notevoli risorse verso Paesi (quali l'Italia) che, pur caratterizzati da livelli di reddito per persona in linea con la media UE, hanno sofferto di bassa crescita economica ed elevata disoccupazione. Il **meccanismo di allocazione** tra Stati Membri riflette, infatti, non solo variabili strutturali come la popolazione, ma anche variabili contingenti come la perdita di PIL legato alla pandemia.

Il NGEU intende promuovere una robusta ripresa dell'economia europea all'insegna della transizione ecologica, della digitalizzazione, della competitività, della formazione e dell'inclusione sociale, territoriale e di genere. Il regolamento RRF (art. 3 reg. UE 2021/241) enuncia le **6 grandi aree di intervento (pilastri)** sui quali i Piani nazionali (PNRR) si devono focalizzare:

1. **transizione verde**. Gli Stati membri devono illustrare come i loro Piani contribuiscono al raggiungimento degli obiettivi climatici, ambientali ed energetici adottati dall'Unione. Quanto agli obiettivi ambientali fissati a livello dell'Unione europea, il Piano deve contribuire al loro raggiungimento anche attraverso l'uso delle tecnologie digitali più avanzate, la protezione delle risorse idriche e marine, la transizione verso un'economia circolare, la riduzione e il riciclaggio dei rifiuti, la prevenzione dell'inquinamento e la protezione e il ripristino di ecosistemi sani;
2. **trasformazione digitale**. I Piani devono dedicarvi almeno il 20% della spesa complessiva per investimenti e riforme; l'obiettivo è migliorare le prestazioni digitali sintetizzate dall'Indice di digitalizzazione dell'economia e della società (DESI). Il pilastro digitale dei PNRR deve comprendere la razionalizzazione e digitalizzazione della pubblica amministrazione e lo sviluppo dei servizi pubblici digitali. Si deve, inoltre, migliorare la connettività, anche tramite un'ampia diffusione di reti di telecomunicazione (TLC) ad altissima capacità. Le competenze digitali di cittadini e lavoratori devono aumentare, così come la loro capacità di accesso a strumenti e servizi digitali, particolarmente per i gruppi sociali vulnerabili;
3. **crescita intelligente, sostenibile e inclusiva**. I Piani devono rispondere alle conseguenze economiche e sociali della crisi pandemica attraverso strategie economiche che portino a una ripresa rapida, solida e inclusiva. Devono, pertanto, contribuire a migliorare la produttività, la competitività e la stabilità macroeconomica. Devono, altresì, contribuire all'attuazione del Pilastro europeo dei diritti sociali in relazione alle sue dimensioni di pari opportunità e accesso al mercato del lavoro, condizioni di lavoro eque, accesso all'assistenza sanitaria e protezione e inclusione sociale;
4. **coesione sociale e territoriale**. I Piani rafforzano la coesione e riducono le disparità locali, regionali e fra centri urbani e aree rurali. Devono ridurre le disuguaglianze di genere e di reddito e alle tendenze demografiche. Gli Stati membri devono descrivere le tendenze e i cambiamenti intervenuti negli ultimi anni, anche in conseguenza dell'epidemia da COVID- 19, e spiegare come i rispettivi Piani allevino la crisi e promuovano la coesione e la risoluzione degli squilibri territoriali;
5. **salute e resilienza economica, sociale e istituzionale**. Gli Stati membri devono rafforzare la propria capacità di risposta a shock economici, sociali e ambientali e a cambiamenti strutturali in modo equo, sostenibile e inclusivo. La pandemia ha evidenziato la vulnerabilità dei sistemi sanitari di fronte a tassi di contagio elevati e altre debolezze strutturali e la crisi economica ha esacerbato gli squilibri e le disparità territoriali. Si deve, pertanto, puntare a rafforzare le catene di approvvigionamento e le infrastrutture industriali e sanitarie;
6. **politiche per le nuove generazioni, l'infanzia e i giovani**. Le nuove generazioni di europei non devono subire danni permanenti dalla crisi COVID-19. In linea con i principi del Pilastro europeo dei diritti sociali, gli Stati membri devono puntare a colmare i divari generazionali e rafforzare le politiche attive del lavoro e l'integrazione dei disoccupati. Risorse aggiuntive devono essere investite nel miglioramento

dell'accesso e delle opportunità per bambini e giovani e all'istruzione, alla salute, all'alimentazione e agli alloggi.

Il sostegno finanziario fornito nell'ambito del dispositivo è subordinato al rispetto di specifici **principi orizzontali** indicati nel reg. (UE) 2021/241, ovvero:

- *non può sostituire le spese di bilancio correnti al livello nazionali* se non in casi debitamente giustificati (art. 5);
- deve rispettare il *principio di addizionalità e finanziamento complementare* (art. 9): le risorse possono aggiungersi al sostegno fornito nell'ambito di altri fondi e programmi UE, a condizione di non coprire lo stesso costo;
- può finanziare solo misure che rispettino il *principio di non apportare danno significativo agli obiettivi ambientali* dell'Unione (*do no significant harm*) in termini di cambiamenti climatici, uso sostenibile e protezione delle acque e delle risorse marine, economia circolare, prevenzione e riduzione dell'inquinamento e protezione e ripristino di biodiversità e eco-sistemi (art. 5).

6.5 Il ReactEU (Assistenza alla ripresa per la coesione e i territori d'Europa)

Il ReactEU (*Recovery Assistance for Cohesion and the Territories of Europe*/Pacchetto di Assistenza alla Ripresa per la Coesione e i Territori d'Europa), entrato in vigore il 1° gennaio 2021, è lo strumento europeo che dà seguito e amplia le misure di risposta alla crisi generata dal COVID-19 adottate tramite l'Iniziativa di Investimento in Risposta al Coronavirus (CRII) e l'Iniziativa di Investimento in Risposta al Coronavirus Plus (CRII+). Con una dotazione finanziaria di 47,5 miliardi di euro (50,5 miliardi a prezzi correnti), ReactEU contribuirà a una ripresa dell'economia verde, digitale e resiliente aggiungendo nuove risorse ai programmi della **politica di coesione**. Quest'ultima è la principale politica di investimenti dell'Unione e una delle più concrete espressioni dello spirito di solidarietà tra gli Stati membri, essendo improntata alla riduzione del divario fra le diverse Regioni, promuovendo uno sviluppo territoriale più equilibrato e sostenibile.

Con il ReactEU sono destinate risorse aggiuntive per la politica di coesione 2014-2020, indirizzate ai Paesi più colpiti dalla pandemia; all'Italia è assegnata la quota più alta (13,5 miliardi su 47,5 miliardi complessivi), di cui quasi 8,5 miliardi sono rivolti al Mezzogiorno. La nuova programmazione valorizza le tematiche dell'innovazione e green, introduce un nuovo capitolo per affrontare i cronici problemi idrici, irrobustisce i sostegni alle PMI meridionali e investe risorse sulla ricerca, l'istruzione, il lavoro. In coerenza con le indicazioni europee, sono previste esclusivamente misure effettivamente realizzabili entro la scadenza del 2023, gestite a livello nazionale attraverso lo strumento dei PN.

Estensioni WEB

Test di verifica online

Libro VI

Contabilità pubblica

SOMMARIO

Capitolo 1
Le fonti normative della contabilità pubblica

1.1 Oggetto di studio della contabilità pubblica

La **contabilità di Stato** è l'insieme organico delle norme che disciplinano l'organizzazione finanziario-contabile, la gestione patrimoniale, l'attività contrattuale, la gestione del bilancio, il sistema dei controlli e la responsabilità degli amministratori della cosa pubblica. A questa definizione, data da uno dei padri della disciplina (Bennati), può essere utile affiancare (sia pure con una certa cautela) quanto enunciato dalla Corte dei conti (Atto di indirizzo della Sezione delle Autonomie, Adunanza del 27 aprile 2004): chiamata a definire l'ambito della funzione consultiva prevista dall'art. 7, comma 8, della Legge 131/2003 «in materia di contabilità pubblica», la Corte dei conti ha individuato i confini della nozione di contabilità pubblica nella «attività finanziaria che precede o che segue i distinti interventi di settore, ricomprendendo, in particolare, la disciplina dei bilanci e i relativi equilibri, l'acquisizione delle entrate, l'organizzazione finanziaria-contabile, la disciplina del patrimonio, la gestione delle spese, l'indebitamento, la rendicontazione e i relativi controlli».
Va inoltre sottolineato come la definizione di contabilità di Stato sia stata progressivamente sostituita da quella di **contabilità pubblica**, definizione più idonea a comprendere le discipline contabili di tutte le amministrazioni pubbliche: Regioni, enti locali, enti parastatali, camere di commercio, aziende sanitarie, università e istituzioni scolastiche. Su tale evoluzione ha senz'altro influito l'art. 103, comma 2 della Costituzione secondo cui «la Corte dei conti ha giurisdizione nelle materie di contabilità pubblica e nelle altre specificate dalla legge», sancendo in tal modo l'esistenza di un'area che comprende tutti i fatti e i rapporti connessi alla gestione finanziaria e patrimoniale dello Stato e degli altri enti pubblici.

1.2 La contabilità pubblica e la Costituzione

I principi costituzionali a fondamento della contabilità pubblica sono contenuti nei seguenti articoli della Costituzione:

- articolo 81, che riporta i principi fondamentali in materia di bilanci dello Stato;
- articolo 100, sui controlli da parte della Corte dei conti;
- articolo 103, sulla giurisdizione contabile della Corte dei conti;
- articolo 119, che riconosce autonomia finanziaria ai Comuni, alle Province, alle Città metropolitane e alle Regioni.

1.2.1 L'articolo 81 e il principio del pareggio di bilancio

L'art. 81 della Costituzione, che sin dalla sua versione originaria riporta i principi fondamentali in materia di bilanci dello Stato, è stato interessato da una profonda modifica ad opera della L. cost. 20 aprile 2012, n. 1. Quest'ultima, intervenendo oltre che sull'articolo 81 anche sugli articoli 97, 117 e 119 Cost., ha introdotto nella Costituzione il **principio del pareggio di bilancio**.

Le modifiche della legge costituzionale (in vigore nell'esercizio finanziario 2014 ai sensi dell'art. 6 della L. cost. 1/2012) incidono sulla disciplina di bilancio dell'intero comparto delle pubbliche amministrazioni, compresi pertanto gli enti territoriali (Regioni, Province, Comuni e Città metropolitane).

Comma 1: l'equilibrio fra entrate e uscite al netto del ciclo

Il primo comma del nuovo art. 81 definisce il principio del «pareggio di bilancio»: esso infatti afferma che lo Stato assicura l'equilibrio tra le entrate e le spese del proprio bilancio, tenendo conto delle fasi avverse e delle fasi favorevoli del ciclo economico.

La norma eleva ora a principio costituzionale per lo Stato la regola dell'equilibrio di bilancio al netto del ciclo, principio che si ispira alle vigenti regole europee (cosiddetto *Patto di stabilità*) che adottano, quale parametro di riferimento, un saldo al netto del ciclo e delle *una tantum*.

Il fatto che la Costituzione menzioni entrambe le fasi del ciclo economico sembra introdurre un criterio di compensazione ciclica tra avanzi e disavanzi di bilancio: nelle fasi avverse, il bilancio potrà esporre situazioni di deficit congiunturale, ma nelle fasi favorevoli il bilancio dovrà evidenziare l'emergere di posizioni di avanzo.

Inoltre, il testo costituzionale parla di "*equilibrio*" dei bilanci, termine che (rispetto a quello di "*pareggio*") ha una connotazione più dinamica, connessa alla sostenibilità nel tempo del saldo considerato appunto di "equilibrio"; più che una regola contabile (la mera uguaglianza fra entrate e spese), perciò, il comma 1 indica un **principio di gestione della politica economica nazionale**.

Una più precisa definizione del **principio dell'equilibrio dei bilanci** è data dalla **L. 243/2012** secondo cui (art. 3, co. 2) tale equilibrio **corrisponde all'obiettivo di medio termine** (OMT), ossia al valore del saldo strutturale (cioè: corretto per il ciclo e al netto delle misure *una tantum*.) individuato sulla base dei criteri stabiliti dall'ordinamento dell'Unione europea e differenziato per ogni Stato. Tale equilibrio (art. 3, co. 5) si considera dunque conseguito quando il **saldo strutturale**, calcolato in sede di consuntivo nel primo semestre dell'esercizio successivo a quello al quale si riferisce, soddisfa almeno **una delle seguenti condizioni**:

- risulta almeno **pari all'obiettivo di medio termine** ovvero evidenzia uno scostamento dal medesimo obiettivo di medio termine inferiore a quello considerato significativo ai sensi dell'ordinamento dell'Unione europea (procedura per i disavanzi eccessivi) e degli accordi internazionali in materia (*Fiscal compact*), ossia non superiore allo 0,5 per cento del PIL;
- assicura il **rispetto del percorso di avvicinamento all'obiettivo di medio termine** nei casi di eventi eccezionali e di scostamenti dall'obiettivo programmatico che danno luogo a meccanismi di correzione, ovvero evidenzia uno scostamento dal medesimo percorso di avvicinamento inferiore a quello considerato significativo in sede comunitaria, ossia fino a –0,5 per cento rispetto all'obiettivo.

Per quanto più specificamente riguarda l'**equilibrio del bilancio dello Stato**, secondo l'art. 14 della L. 243/2012 esso corrisponde ad un **valore** del **saldo netto** da finanziare, o da impiegare, **coerente con gli obiettivi programmatici** di equilibrio stabiliti nei documenti di programmazione finanziaria e deve essere indicato nella legge di bilancio per ciascuno degli anni del triennio di riferimento. I nuovi o maggiori oneri derivanti dalla legge di bilancio devono quindi risultare compatibili con il rispetto dell'equilibrio tra le entrate e le spese del bilancio, inteso in termini di coerenza con gli obiettivi di saldo del conto economico consolidato delle pubbliche amministrazioni, volti ad assicurare il conseguimento dell'obiettivo di medio termine.

Secondo le **definizioni** di cui all'art. 2 della L. 243/2012:

- per **saldo netto da finanziare o da impiegare** si intende il risultato differenziale tra le entrate tributarie, extratributarie, da alienazione e ammortamento di beni patrimoniali e da riscossione di crediti e le spese correnti e in conto capitale;
- per **saldo del conto consolidato** si intende l'indebitamento netto o l'accreditamento netto come definiti ai fini della procedura per i disavanzi eccessivi di cui al Trattato sul funzionamento dell'Unione europea.

Inoltre, poiché le spese delle amministrazioni centrali rappresentano meno della metà di quelle totali delle amministrazioni pubbliche, i novellati artt. 119 (commi 1 e 6) e 97 Cost. e gli artt. 9 e 13 della L. 243/2012 obbligano **anche i bilanci delle amministrazioni pubbliche** (rispettivamente, territoriali e non territoriali) a **rispettare il principio del pareggio di bilancio.**

È da notare la differenza tra l'art. 81 e gli artt. 97 e 119 Cost. che assicurano l'equilibrio dei bilanci e la sostenibilità del debito pubblico in relazione al complesso delle amministrazioni pubbliche e alle autonomie territoriali: se comune è l'obbligo di perseguire il pareggio di bilancio, **solo allo Stato è riservata la possibilità di avere disavanzi nominali** (e quindi ricorrere all'indebitamento) nelle fasi avverse del ciclo.

Comma 2: il ricorso all'indebitamento

Il comma 2 dell'art. 81 sottolinea come il **ricorso all'indebitamento** (**in deroga alla regola generale del pareggio**) sia consentito solo al fine di considerare gli effetti del ciclo economico e, previa autorizzazione del Parlamento adottata a maggioranza assoluta dei rispettivi componenti, al verificarsi di eventi eccezionali.

Il comma individua quindi **due diverse deroghe** al divieto di indebitamento:

> una prima, legata ad una fase negativa del ciclo economico secondo quanto già affermato nel comma 1;
> una seconda, da considerarsi quale clausola di salvaguardia, per evitare che l'introduzione di regole rigide che impediscano il ricorso all'indebitamento, limitando gli strumenti di reazione, si riveli paralizzante al verificarsi di circostanze eccezionali; d'altra parte, si è ritenuto opportuno sottoporre una tale possibile deroga al principio generale a ben precisi limiti. Per rendere effettivamente straordinario il ricorso all'indebitamento in quest'ultimo caso, si dispone che esso sia autorizzato con deliberazioni conformi del Parlamento con una procedura aggravata, che prevede un voto a maggioranza assoluta dei componenti.

È l'art. 6 della L. 243/2012 (di attuazione della L. cost. 1/2012) a specificare quali **eventi eccezionali** consentano il ricorso all'indebitamento:

- i periodi di grave recessione economica relativi anche all'area dell'euro o all'intera Unione europea;
- gli eventi straordinari, al di fuori del controllo dello Stato, nonché le gravi calamità naturali, con rilevanti ripercussioni sulla situazione finanziaria generale del Paese.

Tali eventi eccezionali sono individuati in coerenza con l'ordinamento dell'Unione europea.

Circa la **procedura di autorizzazione** all'indebitamento, la L. 243/2012 prevede che il Governo, qualora ritenga indispensabile discostarsi temporaneamente dall'obiettivo programmatico per fronteggiare i suddetti eventi eccezionali, sentita la Commissione europea, presenti al Parlamento:

> una relazione di aggiornamento degli obiettivi programmatici di finanza pubblica;
> una specifica richiesta di autorizzazione, che indichi la misura e la durata dello scostamento, stabilisca le finalità alle quali destinare le risorse disponibili in conseguenza dello stesso e definisca il piano di rientro verso l'obiettivo programmatico, commisurandone la durata alla gravità degli eventi eccezionali.

L'art. 6, comma 4, della L. 243/2012 impone poi un **vincolo di destinazione** delle risorse eventualmente reperite sul mercato: esse possono essere utilizzate esclusivamente per le finalità indicate nella richiesta di autorizzazione al Parlamento.

Comma 3: la copertura finanziaria delle leggi

Il comma 3 afferma il tradizionale principio della copertura finanziaria delle leggi (era già contenuto nell'originario quarto comma dell'articolo 81) in base al quale *ogni legge che importi nuovi o maggiori oneri finanziari deve provvedere ai mezzi per farvi fronte*.

Si badi che il testo risultante dalle modifiche della L. cost. 1/2012:

- si riferisce ora ad «ogni legge» e non ad ogni «altra» legge, ove «altra» andava inteso come «ogni legge diversa dalla legge di bilancio»;
- sostituisce il termine «spese» con «oneri», recependo quanto si era già affermato nella prassi applicativa dell'originario art. 81, quarto comma, della Costituzione, vale a dire la sostanziale assimilazione delle «nuove o maggiori spese» alle «minori entrate» ai fini dell'applicazione delle procedure di verifica dell'impatto sui saldi di finanza pubblica e di congruità dei mezzi di copertura. Sia le variazioni sul lato delle entrate sia quelle sul lato della spesa, allorquando determinino effetti peggiorativi dei predetti saldi, sono quindi identificati nella categoria degli «oneri» da sottoporre a copertura;
- introduce il termine «provvede» per definire l'obbligo di reperimento dei mezzi di copertura, in luogo dell'espressione «deve indicare» contenuta nel testo della Carta del 1948: una modifica volta a rafforzare il principio della copertura finanziaria delle singole leggi di spesa.

Il comma esclude dunque che possano emanarsi disposizioni che importino per l'erario oneri di più ampia portata rispetto a quelli derivanti dalla legislazione preesistente, se non venga provveduto con legge anche alla indicazione dei mezzi destinati alla copertura dei nuovi oneri (Corte Cost., sentenza n. 66 del 16 dicembre 1959). La disposizione ha l'evidente scopo di salvaguardare la coerenza delle indicazioni della legge di bilancio e la stabilità dei conti pubblici. Scopo della norma è quello di **evitare un'espansione irresponsabile della spesa pubblica** poiché impone di associare alle nuove leggi l'indicazione dei mezzi con cui farvi fronte.

La Corte costituzionale ha spesso avuto occasione di pronunciarsi sull'**applicazione dell'obbligo di copertura finanziaria** (sancito all'epoca dall'art. 81, quarto comma). In particolare, con la **sentenza 7 gennaio 1966, n. 7** aveva affermato che l'obbligo di copertura non ha un significato contabile, ma una portata sostanziale che attiene ai limiti che il legislatore ordinario è tenuto ad osservare nella sua politica di spesa, che deve essere contrassegnata non già dall'automatico pareggio del bilancio, ma dal tendenziale conseguimento dell'equilibrio tra entrate e spesa. Con la stessa sentenza, inoltre, la Corte aveva sottolineato che l'obbligo della "copertura" deve essere osservato dal legislatore ordinario anche nei confronti di spese nuove o maggiori che la legge preveda siano inserite negli stati di previsione della spesa di esercizi futuri. Limitare l'obbligo della copertura al solo esercizio in corso si ridurrebbe in una vanificazione dell'obbligo stesso; d'altra parte, ribadì la Corte, "la vita finanziaria dello Stato (...) non può essere artificiosamente spezzata in termini annuali, ma va, viceversa, considerata nel suo insieme e nella sua continuità temporale, segnatamente in un tempo (...) nel quale gli interventi statali (...) impongono previsioni che vanno oltre il ristretto limite di un anno e rendono palese la necessità di coordinare i mezzi e le energie disponibili per un più equilibrato sviluppo settoriale e territoriale dell'intera comunità".

In altre occasioni, inoltre, la Corte Costituzionale ha individuato una serie di **principi generali per la corretta copertura delle spese**:

- la copertura deve essere credibile, sufficientemente sicura, non arbitraria o irrazionale, in equilibrato rapporto con la spesa che si intende effettuare in esercizi futuri (sentenza n. 1/1966);
- la copertura è aleatoria se non tiene conto che ogni anticipazione di entrate ha un suo costo (sentenza n. 54/1983);
- l'obbligo di copertura deve essere osservato con puntualità rigorosa nei confronti delle spese che incidono su un esercizio in corso e deve valutarsi il tendenziale equilibrio tra entrate ed uscite nel lungo periodo, valutando gli oneri già gravanti sugli esercizi futuri (sentenza n. 384/1991).

Comma 4: la cadenza annuale del bilancio

Il nuovo quarto comma dell'art. 81 ("*Le Camere ogni anno approvano con legge il bilancio e il rendiconto consuntivo presentati dal Governo*") stabilisce al tempo stesso:

- la **cadenza annuale** della procedura di approvazione del bilancio;
- la **suddivisione dei ruoli** fra Governo e Parlamento nella predisposizione dei documenti finanziari e nella gestione del bilancio: il Governo (dal quale dipende la pubblica amministrazione) detiene in via esclusiva il potere di iniziativa legislativa in materia di bilancio, mentre il Parlamento autorizza l'esecutivo a gestire su base annua l'ordinamento finanziario di entrata e di spesa. La legge di bilancio costituisce pertanto lo strumento per vincolare l'attività delle amministrazioni pubbliche al perseguimento degli obiettivi individuati dal Parlamento, per legittimare il prelievo delle imposte e assicurare che i fondi pubblici vengano erogati nel rispetto dei vincoli fissati dall'organo rappresentativo della volontà popolare.

Il voto parlamentare sul bilancio costituisce perciò uno dei principali momenti di verifica del rapporto fiduciario Parlamento-Governo ed infatti la Costituzione vieta esplicitamente (art. 72, comma 4) che l'approvazione parlamentare possa avvenire adottando la procedura, più rapida, della approvazione in commissione e richiede invece la procedura normale. Inoltre, la legge di bilancio può essere assoggettata al sindacato di legittimità della Corte Costituzionale ma non a referendum abrogativo (l'articolo 75, comma 2, infatti, esclude espressamente il referendum abrogativo, tra l'altro, per le leggi tributarie e di bilancio).

Comma 5: l'esercizio provvisorio

Il quinto comma del novellato art. 81 Cost. costituzionalizza l'istituto dell'esercizio provvisorio del bilancio: se il bilancio non viene approvato entro il 31 dicembre, il Parlamento concede al Governo l'esercizio provvisorio di bilancio, con legge e per periodi non superiori a quattro mesi.

Questo comma dell'art. 81 ha una **duplice finalità**:

> assicurare la continuità dell'azione amministrativa: senza legge di bilancio, infatti, mancherebbe il fondamento giuridico per la gestione delle entrate e delle spese; occorre dunque uno strumento legale (la legge che autorizza la gestione provvisoria del bilancio) che eviti la paralisi che la carenza di autorizzazione ad assumere le spese e a realizzare le entrate comporterebbe nell'attività dello Stato per l'anno successivo;

> garantire il controllo preventivo del Parlamento sugli atti del Governo.

L'esercizio provvisorio incontra i seguenti **limiti**:

- un **limite temporale**, poiché esso non può superare i quattro mesi: si badi che la Costituzione ammette in teoria più esercizi provvisori purché la loro somma non superi i quattro mesi («per periodi non superiori *complessivamente* a quattro mesi»);
- è poi vincolato a **condizioni di necessità**: il provvedimento deve essere finalizzato ad evitare la paralisi nell'attività finanziaria dello Stato;
- l'esercizio provvisorio può aversi solo **con legge**, così da permettere il controllo della Corte Costituzionale. Per tale motivo è da escludere che l'esercizio provvisorio possa essere autorizzato con decreto legge. Inoltre, il Parlamento (l'organo deputato ad autorizzare l'esercizio provvisorio) è abilitato anche alla revoca, implicita o esplicita, prima della scadenza del termine previsto. In ogni caso, la gestione provvisoria cessa automaticamente con la definitiva approvazione della legge di bilancio.

Comma 6: la legge di contabilità

Il sesto comma dell'art. 81 Cost. demanda ad una apposita legge, oggetto di approvazione a maggioranza assoluta dei componenti di ciascuna Camera, il compito di stabilire:

> il contenuto della legge di bilancio;

> le norme fondamentali;

> i criteri volti ad assicurare l'equilibrio dei bilanci e la sostenibilità del debito del complesso delle pubbliche amministrazioni, nel rispetto dei principi definiti con legge costituzionale.

Per la sua approvazione la Costituzione ha previsto espressamente una *maggioranza qualificata* (maggioranza assoluta dei componenti di ciascuna Camera). La norma in questione, dopo un complesso iter, è stata approvata con **L. 24 dicembre 2012, n. 243**, e le sue disposizioni si applicano dal 1° gennaio 2014; dal 1° gennaio 2016, invece, trovano applicazione le norme sull'equilibrio di bilancio di Regioni ed enti locali e quelle sul contenuto della legge di bilancio.

1.2.2 L'art. 97 e l'equilibrio di bilancio delle pubbliche amministrazioni

Fino alla L. cost. 1/2012, l'art. 97 sanciva innanzitutto il principio di buon andamento e imparzialità dell'azione amministrativa. L'art. 2 della legge di revisione costituzionale 1/2012 ha premesso un comma aggiuntivo in base al quale le pubbliche amministrazioni, in coerenza con l'ordinamento europeo, assicurano l'equilibrio dei bilanci e la sostenibilità del debito pubblico (vale a dire, assicurare nel tempo la sua solvibilità).

Il comma 1 dell'art. 97 estende dunque l'obbligo di equilibrio di bilancio a tutte le pubbliche amministrazioni della Repubblica, non solo quelle immediatamente riconducibili allo Stato (vincolato mediante la revisione dell'art. 81) o le autonomie territoriali (vincolate mediante la revisione dell'art. 119).

La **disciplina di dettaglio** è contenuta nell'**art. 13 della L. 243/2012** che distingue:

> per le amministrazioni pubbliche non territoriali che adottano la **contabilità finanziaria**, l'equilibrio del bilancio si considera conseguito qualora, sia in sede di bilancio di previsione che in sede di rendiconto, si registri un saldo, in termini di cassa e di competenza, in pareggio o positivo, tra le entrate finali e le spese finali. Ai fini della determinazione del saldo, l'avanzo di amministrazione può essere utilizzato, nella misura di quanto effettivamente realizzato, solo successivamente all'approvazione del rendiconto e comunque nel rispetto di eventuali condizioni e limiti previsti dalla legge dello Stato;
> per le amministrazioni che adottano esclusivamente la **contabilità economico-patrimoniale**, una apposita legge dello Stato deve fornire la definizione del principio dell'equilibrio di bilancio.

1.2.3 Gli articoli 100 e 103 e la Corte dei conti

La Costituzione individua agli articoli 100 e 103 i principi cui devono uniformarsi le funzioni di controllo (articolo 100) e giurisdizionali (articolo 103) attribuite alla Corte dei conti.
In particolare, l'art. 100, secondo comma, attribuisce alla Corte dei conti il potere di esercitare un **controllo preventivo di legittimità** sugli atti del Governo e un **controllo successivo sulla gestione** del bilancio dello Stato; inoltre essa partecipa al controllo sulla gestione finanziaria degli enti. La Costituzione, che assicura l'indipendenza della Corte e dei suoi componenti di fronte al Governo, prevede un diretto collegamento fra la Corte ed il Parlamento, al quale essa è tenuta a riferire sul risultato del riscontro eseguito.
Dal canto suo, l'art. 103, secondo comma, costituisce il fondamento costituzionale su cui si basa la giurisdizione nelle materie di contabilità pubblica da parte della Corte dei conti.

L'art. 1 del decreto legislativo 26 agosto 2016, n. 174 (**Codice di giustizia contabile**) definisce ora l'**ambito della giurisdizione contabile**: la Corte dei conti ha giurisdizione nei giudizi di conto, di responsabilità amministrativa per danno all'erario e negli altri giudizi in materia di contabilità pubblica. Sono inoltre devoluti alla giurisdizione della Corte dei conti i giudizi in materia pensionistica.

1.2.4 Gli enti territoriali: l'articolo 119

Hanno attinenza con la contabilità pubblica anche gli articoli 117 e 119 della Costituzione.
L'art. 117, secondo comma, lett. e), dopo le modifiche operate dalla L. cost. 1/2012, attribuisce la materia **armonizzazione dei bilanci pubblici** alla **competenza esclusiva statale** (la precedente versione, frutto della revisione costituzionale operata con L. cost. 3/2001, la ascriveva invece alla competenza concorrente poiché la materia era elencata all'art. 117, terzo comma).
In base all'articolo 119, primo comma, le Regioni (come gli enti locali) sono dotate di «autonomia finanziaria di entrata e di spesa» da esercitarsi (dopo la L. cost. 1/2012), nel **rispetto dell'equilibrio tra entrate e spese** (principio, come visto, già affermato per il complesso delle pubbliche amministrazioni dall'art. 97 e per lo Stato dall'art. 81), nonché nell'osservanza dei vincoli economici e finanziari derivanti dall'ordinamento

dell'Unione europea. Il rinvio ai vincoli derivanti dal cd. «Patto di stabilità e crescita» riecheggia la «coerenza con l'ordinamento dell'Unione europea» di cui al nuovo art. 97 Cost., mentre non è prevista analoga disposizione per il bilancio dello Stato dall'art. 81.

Il secondo comma riconosce a Comuni, Province, Città metropolitane e Regioni «risorse autonome» rappresentate da tributi ed entrate propri (che tali enti territoriali stabiliscono e applicano in armonia con la Costituzione e secondo i principi di coordinamento della finanza pubblica e del sistema tributario); essi inoltre dispongono di compartecipazioni al gettito di tributi erariali riferibile al proprio territorio. Per i territori con minore capacità fiscale per abitante, la legge dello Stato istituisce un fondo perequativo «senza vincoli di destinazione» (terzo comma). Nel loro complesso tali risorse devono consentire alle Regioni ed agli altri enti locali «di finanziare integralmente le funzioni pubbliche loro attribuite» (quarto comma). Non di meno, al fine di promuovere lo sviluppo economico, la coesione e la solidarietà sociale, di rimuovere gli squilibri economici e sociali, di favorire l'effettivo esercizio dei diritti della persona o di provvedere a scopi diversi dal normale esercizio delle loro funzioni, lo Stato può destinare «risorse aggiuntive» ed effettuare «interventi speciali» in favore «di determinati Comuni, Province, Città metropolitane e Regioni» (quinto comma).

L'ultimo comma dell'art. 119, dopo aver riconosciuto alle autonomie territoriali un proprio patrimonio (attribuito secondo i principi generali determinati dalla legge dello Stato), individua entro quali **limiti** gli enti territoriali possono ricorrere all'**indebitamento**: quest'ultimo è consentito solo per finanziare spese di investimento e senza alcuna garanzia dello Stato sui prestiti contratti. La L. cost. 1/2012 ha infine aggiunto un ulteriore periodo al sesto comma dell'art. 119 ponendo quali ulteriori condizioni per l'indebitamento delle Autonomie territoriali: la contestuale definizione di piani di ammortamento e che «per il complesso degli enti di ciascuna Regione sia rispettato l'equilibrio di bilancio».
Le due nuove condizioni poste al debito, pur in presenza della possibilità di indebitamento del singolo ente, confermano il rispetto del principio del pareggio, ma su due diversi piani: quello intertemporale, a livello dello stesso singolo ente (definendo il piano di ammortamento, l'ente garantisce l'equilibrio totale sul complesso del periodo dato) e quello interterritoriale (il debito è possibile solo se è compensato dall'equilibrio dell'aggregato regionale di cui l'ente fa parte).

La nuova disciplina trova attuazione negli artt. 9-12 della L. 243/2012 (come modificati dalla L. 164/2016). In particolare, l'articolo 9, comma 1 stabilisce che i bilanci delle Regione e degli enti locali si considerano **in equilibrio** quando, sia nella fase di previsione che di rendiconto, registrano un **saldo non negativo**, in termini di competenza, tra le **entrate finali** (Entrate correnti di tributarie, Trasferimenti correnti, Entrate extratributarie, Entrate in conto capitale, Entrate da riduzione attività finanziarie) e le **spese finali** (Spese correnti, Spese in conto capitale, Spese per incremento di attività finanziarie).

1.3 Le principali norme in materia di contabilità pubblica

1.3.1 La legge 196/2009 di riforma della contabilità e finanza pubblica

La norma fondamentale in materia di contabilità e finanza pubblica è costituita dalla L. 196 del 31 dicembre 2009, provvedimento che (fra l'altro) detta **i contenuti e la tempistica dei principali documenti di finanza pubblica**, fissa i principi per l'**armonizzazione dei sistemi contabili** di Regioni, enti locali ed enti pubblici e individua i **principi contabili generali**. La L. 196/2009 (più volte oggetto di modifiche, l'ultima con D.Lgs.

12 settembre 2018, n. 116), oltre a riconfigurare il bilancio e la sua struttura, ha completamente riformato tempi e modi della programmazione finanziaria, che (dopo la L. 163/2016) si articola in:

> un **Documento di economia e finanza**, DEF, documento di programmazione economico-finanziaria sostitutivo del vecchio DPEF.

La versione originaria della L. 196/2009, in realtà, prevedeva che il Documento di Programmazione Economica e Finanziaria (**DPEF**) fosse sostituito dalla **DFP** (Decisione di Finanza Pubblica). La necessità di coordinare la nostra programmazione finanziaria con il "semestre europeo" portò in seguito all'approvazione della L. 39/2011 che ha invece individuato nel Documento di economia e finanza (**DEF**) il nuovo perno della programmazione economica e finanziaria e soppresso la Decisione di finanza pubblica e la Relazione sull'economia e finanza pubblica: i contenuti di tali documenti sono in gran parte confluiti nella prima e nella seconda sezione del DEF;

> la **Nota di aggiornamento al DEF**, da presentare al Parlamento per la relativa deliberazione;

> il **disegno di legge di bilancio** che, dall'esercizio 2017, si riferisce ad un periodo triennale e si compone di due sezioni: la prima che dispone annualmente il quadro di riferimento finanziario e contiene esclusivamente le misure finalizzate a realizzare gli obiettivi di finanza pubblica indicati nel DEF, la seconda invece dedicata alle previsioni di entrata e di spesa espresse in termini di competenza e cassa.

La legge 163/2016 ha dunque unificato in **un unico provvedimento i due strumenti contabili** di cui, storicamente, si componeva la manovra di finanza pubblica. Fino al 2016, infatti, quest'ultima si articolava in due distinti disegni di legge: il disegno di Legge di stabilità (in precedenza chiamato disegno di Legge finanziaria) e il disegno di legge di bilancio.

Per il completamento della riforma della contabilità pubblica, la L. 196/2009 ha previsto **una serie di deleghe**:

> per l'armonizzazione dei sistemi contabili;
> per la revisione delle procedure di spesa in conto capitale;
> completamento della riforma della struttura del bilancio dello Stato (delega attuata con decreto legislativo 90/2016);
> riordino della disciplina per la gestione del bilancio e il potenziamento della funzione del bilancio di cassa (delega attuata con decreto legislativo 93/2016 e con D.Lgs. 16 marzo 2018).
> per la riforma del sistema dei controlli;
> per la redazione di un Testo Unico delle disposizioni vigenti in materia di contabilità di Stato e di tesoreria (entro il 31 dicembre 2017).

1.3.2 Altre norme rilevanti per il processo di bilancio dello Stato

Oltre alla L. 196/2009, hanno un valore storico e/o sono tuttora parzialmente in vigore una serie di norme che disciplinano alcuni aspetti del processo di bilancio.

La Legge 5 agosto 1978, n. 468 e la L. 362/1988

Fino al 1978, l'unico strumento di controllo preventivo e di indirizzo dell'attività finanziaria era costituito dal bilancio annuale di previsione, il quale, però, a causa della sua natura formale, non poteva realizzare anno per anno gli aggiustamenti delle entrate e delle spese richiesti dalle manovre di politica economica. Per ovviare a tale problema, la L. 468/1978 introdusse due specifici strumenti legislativi:

- con la **Legge finanziaria** diveniva possibile adattare la legislazione tributaria e di spesa agli obiettivi di politica economica fissati ogni anno dal Governo nella sua manovra;
- con il **bilancio pluriennale** si predisponeva un utile supporto ai vari tentativi di programmazione economica nazionale.

Successivamente, la Legge 23 agosto 1988, n. 362 istituì il Documento di Programmazione Economica e finanziaria (DPEF); scopo del DPEF era quello di permettere al Parlamento di conoscere con congruo anticipo (inizio estate) le linee di politica economica e finanziaria del Governo: quest'ultimo, a sua volta, era politicamente impegnato a redigere il susseguente bilancio annuale di previsione secondo i criteri ed i parametri scaturenti dal dibattito parlamentare.
La L. 468/1978 è stata definitivamente abrogata dalla L. 196/2009.

La L. 94/1997
La **L. 3 aprile 1997, n. 94** perseguì l'obiettivo di rendere maggiormente conoscibile il bilancio dello Stato, accorpandone le suddivisioni interne: si passò da circa 6.000 capitoli a qualche centinaia di **unità previsionali di base**, che raggruppavano spese ed entrate in modo omogeneo secondo la natura o la destinazione economica. Mentre in precedenza il Parlamento autorizzava il Governo all'esecuzione del bilancio solo dopo aver approvato ogni singolo capitolo, dal 1997 e fino alla riforma operata con L. 196/2009, il voto parlamentare si è espresso sulle unità previsionali di base che dunque costituivano le unità elementari del bilancio ai fini dell'approvazione parlamentare.

La legge di contabilità generale dello Stato ed il suo regolamento attuativo
Una delle norme fondamentali per l'attività finanziaria dello Stato e degli enti pubblici è tuttora costituita dal **Regio decreto 18 novembre 1923, n. 2440** (legge di contabilità di Stato) e dal suo regolamento attuativo (**Regio decreto 23 maggio 1924, n. 827**) che hanno a lungo retto la disciplina di bilancio dello Stato. I due provvedimenti, inoltre, hanno sostanzialmente disciplinato l'attività contrattuale della Pubblica Amministrazione fino all'approvazione del cosiddetto Codice dei Contratti pubblici (D.Lgs. 163/2006, ora D.Lgs. 50/2016).

1.3.3 I vincoli europei: il Patto di stabilità e crescita, il "fiscal compact"

Dopo le modifiche della L. cost. 1/2012, il testo costituzionale in più punti fa riferimento all'«osservanza dei vincoli economici e finanziari derivanti dall'ordinamento dell'Unione europea».
Già nel 1997, gli Stati membri dell'Unione europea decisero di sottoscrivere il cosiddetto **Patto di stabilità e crescita** con cui sancirono l'impegno a perseguire l'obiettivo di medio termine di un saldo del conto economico delle amministrazioni pubbliche prossimo al pareggio o in avanzo; con i regolamenti del Consiglio nn. 1466/97 e 1467/97 del 7 luglio 1997 (poi modificati con regolamenti nn. 1175/2011 e 1177/2011) sono state definite le modalità di attuazione, rispettivamente, della *procedura di sorveglianza multilaterale* e della *procedura sui disavanzi eccessivi*.

La consapevolezza che, in pratica, alle violazioni dei limiti del Patto non sono seguite le sanzioni previste, ha indotto la Commissione UE nel 2010 a formulare nuove proposte che costituiscono il cd. pacchetto di **riforma della governance economica** della UE, basato su una serie di strumenti, tutti mirati ad una applicazione più rigorosa del Patto di stabilità e crescita:

> il **Six Pack**: un pacchetto legislativo di cinque regolamenti e una direttiva UE, che introducono un potenziamento delle procedure di sorveglianza sui bilanci dei paesi dell'eurozona, delle procedure di deficit eccessivo, delle misure correttive degli eccessivi squilibri macroeconomici, del coordinamento delle politiche economiche;
> il **Semestre europeo**, un ciclo di procedure volte ad assicurare un coordinamento preventivo delle politiche economiche al fine di accrescere il coordinamento delle politiche economiche per la concorrenza e la convergenza.

  L'introduzione del Semestre europeo ha richiesto un adeguamento della programmazione vigente delle decisioni di finanza pubblica, anche mediante modifiche alla legge n. 196/2009 e ai regolamenti parlamentari. In particolare, con la L. 39/2011 la Decisione di Finanza Pubblica e la Relazione sull'Economia e Finanza sono state abrogate e sostituite dal nuovo Documento di economia e finanza che ne include i contenuti, unitamente al Programma di Stabilità e al Programma nazionale di riforma richiesti dall'ordinamento europeo;

> il **Patto "euro plus"**, un accordo con cui gli Stati dell'area euro e alcuni altri Stati membri dell'UE hanno assunto l'ulteriore obbligo di recepire nelle Costituzioni o nella legislazione nazionale le regole del Patto di stabilità e crescita;
> il **meccanismo europeo di stabilità** (o ESM, *European stability mechanism*), firmato il 2 febbraio 2012 ed entrato in vigore il 27 settembre dello stesso anno. L'ESM è un'istituzione finanziaria internazionale che ha come missione principale quella di sostenere i Paesi della zona euro nel caso in cui ciò sia indispensabile per salvaguardare la stabilità finanziaria; può concedere prestiti, acquistare obbligazioni di Stati membri ed accordare prestiti per la ricapitalizzazione delle istituzioni finanziarie;
> il Trattato sulla stabilità, sul coordinamento e sulla governance nell'unione monetaria ed economica (comunemente noto come **Fiscal compact**), firmato il 2 marzo 2012 ed entrato in vigore il 1° gennaio 2013: in pratica si tratta del nuovo Patto di bilancio che gli Stati dell'Unione si sono impegnati a rispettare per garantire la stabilità finanziaria dei rispettivi Paesi e dell'Unione nel suo complesso;
> il **Two pack**, composto da 2 Regolamenti, cogenti in tutta l'area euro: 1) Regolamento n. 472/2013 sulla sorveglianza rafforzata agli Stati in difficoltà; 2) Regolamento n. 473/2013 sul monitoraggio rafforzato delle politiche di bilancio degli Stati.

Il Trattato sulla stabilità ha previsto l'**introduzione della regola del pareggio di bilancio nelle Costituzioni nazionali** e/o in atti legislativi equivalenti. In particolare, l'articolo 3 ha impegnato le parti contraenti ad applicare e ad introdurre, con norme vincolanti e a carattere permanente, preferibilmente di tipo costituzionale, o di altro tipo purché ne garantiscano l'osservanza nella procedura di bilancio nazionale, le seguenti regole, in aggiunta a e senza pregiudizio per gli obblighi derivanti dal diritto dell'UE:

- il bilancio dello Stato dovrà essere in pareggio o in attivo;
- tale regola si considera rispettata se il disavanzo strutturale dello Stato è pari all'obiettivo a medio termine specifico per Paese, con un deficit che non eccede lo 0,5% del PIL;
- per gli Stati che come l'Italia hanno un debito pubblico eccessivo è anche previsto l'obbligo di rientrare verso il tetto del 60% del Pil al ritmo di 1/20 l'anno per la parte eccedente.

Alla previsione dell'art. 3 del Fiscal compact hanno fatto seguito la L. cost. 1/2012 e la L. 243/2012.

Il calendario del semestre europeo

Il cosiddetto **Semestre europeo** è costituito da un ciclo di procedure volte ad assicurare un coordinamento preventivo delle politiche economiche e ad accrescere la convergenza.
Il calendario del semestre europeo (dopo il Reg. 473/2013) è articolato secondo lo schema seguente:
- nel mese di **novembre**, la Commissione elabora l'analisi annuale sulla crescita in cui fornisce l'indagine sulle prospettive macroeconomiche e formula le proposte strategiche per l'economia europea; il Consiglio europeo indica i principali obiettivi di politica economica per l'Unione europea e l'Area euro e le possibili strategie di riforma per conseguire tali obiettivi (cd. linee guida);
- a **febbraio** la Commissione pubblica le **Relazioni per Paese** integrate, per gli Stati che presentano squilibri macroeconomici, dall'**esame approfondito**;
- nel mese di **aprile**, gli Stati membri, tenuto conto delle indicazioni fornite, comunicano alla Commissione i propri obiettivi di medio termine e le principali azioni di riforma che intendono adottare con l'aggiornamento del Programma di Stabilità (PS) e il Programma Nazionale di Riforma (PNR);
- nei mesi di **giugno** e **luglio**, il Consiglio Europeo e il Consiglio dei Ministri finanziari, sulla base della valutazione dei Programmi di stabilità, forniscono indicazioni specifiche per ciascun Paese. Il Consiglio, nel caso in cui ritenga necessaria una modifica degli obiettivi di medio termine e delle misure indicate per il loro conseguimento, inviterà lo Stato membro a rivedere il programma presentato;
- entro il 15 ottobre, è reso pubblico il progetto di bilancio per l'anno successivo. Nella stessa data, gli Stati membri trasmettono alla Commissione e all'Eurogruppo un progetto di documento programmatico di bilancio per l'anno successivo, ciascuno Stato membro, tenuto conto delle raccomandazioni e delle decisioni del Consiglio e della Commissione, predispone il bilancio e le misure di politica economica finalizzate al loro conseguimento.

1.4 Gli enti soggetti alle norme di contabilità pubblica

Secondo la definizione fornita dalla L. 196/2009 (art. 1, comma 2), le amministrazioni pubbliche coincidono con gli enti e gli altri soggetti che costituiscono il settore istituzionale delle amministrazioni pubbliche individuati dall'ISTAT sulla base delle definizioni dettate da specifici regolamenti europei. Secondo tali regolamenti, il perimetro della P.A. include tutti i soggetti i quali, al di là della forma giuridica che rivestono, producono prevalentemente servizi cd. non market, cioè non destinabili alla vendita. In tal senso, il settore della pubblica amministrazione, pertanto, non comprende solo organismi pubblici, quali Stato, enti territoriali ed enti previdenziali, bensì anche soggetti, ad esempio, configurati sotto forma di società, che non adottano la contabilità finanziaria ma quella civilistica d'impresa (ad esempio, Anas S.p.a.).
Sulla base di una serie di criteri elaborati dal Sec95 (il *Sistema Europeo dei Conti,* ora aggiornato dal SEC 2010), l'ISTAT ha, infatti, da tempo individuato **3 principali sottosettori** all'interno del conto delle Amministrazioni pubbliche:

- **Amministrazioni centrali**, sottosettore composto da organi amministrativi dello Stato ed enti centrali; vi rientrano la Presidenza del Consiglio dei Ministri e i Ministeri, gli organi costituzionali, le Agenzie fiscali, altri enti;
- **Amministrazioni locali**, sottosettore che include le Regioni, gli enti locali, gli enti produttori di servizi sanitari, altri enti dell'amministrazione locale (università, comunità montane, camere di commercio, enti per il turismo, enti di sviluppo ecc.);
- **enti di previdenza e assistenza sociale**, sottosettore che raggruppa l'Inps, l'Inail e altri enti (Casse previdenziali aziendali, enti di previdenza di varie categorie professionali, le Casse previdenziali privatizzate ecc.).

Si tratta di una classificazione che in parte si discosta da quella tradizionalmente adottata nell'ambito della contabilità pubblica:

- **Settore statale**, che comprende i Ministeri e gli altri organi statali aventi autonomia contabile e finanziaria (organi costituzionali, Presidenza del Consiglio dei Ministri, Corte dei conti, TAR, Consiglio di Stato, Agenzie fiscali);
- **Settore pubblico**. È l'aggregato ottenuto dal consolidamento dei conti del Settore Statale, con le risultanze contabili di cassa degli altri enti dell'Amministrazione centrale (tra cui l'Anas), degli enti dell'Amministrazione locale e di quelli previdenziali. Il Settore Pubblico Allargato, invece, anch'esso introdotto con la L. 468/1978, di riforma della contabilità di Stato, si riferisce ad un aggregato più ampio di quello delle Amministrazioni pubbliche adottato dall'ISTAT, in quanto comprende anche le imprese pubbliche (nazionali e locali) che producono servizi destinati alla vendita, ma di pubblica utilità (energia ecc.).

1.5 Altre fonti normative per gli enti pubblici

Ciascuna tipologia di ente soggetto alle norme di contabilità pubblica (Regioni, enti locali, enti pubblici istituzionali, Camere di commercio, istituzioni scolastiche, Università) è caratterizzato da un proprio ordinamento contabile. Va detto che l'art. 2 della L. 196/2009 ha previsto una delega legislativa al Governo per l'**armonizzazione dei sistemi contabili e degli schemi di bilancio** delle amministrazioni pubbliche, ad esclusione di Regioni ed enti locali (per i quali è comunque prevista una analoga disciplina dall'art. 2 della L. 42/2009), nonché per l'armonizzazione della relativa tempistica di presentazione e approvazione. La delega ha trovato attuazione con il **D.Lgs. 31 maggio 2011, n. 91**, norma finalizzata a consentire la confrontabilità dei dati di bilancio delle differenti amministrazioni.

Principi e criteri analoghi a quelli ora visti per le altre amministrazioni pubbliche (adozione di regole contabili uniformi e di un comune piano dei conti integrato; articolazione di comuni schemi di bilancio per missioni e programmi; adozione di un bilancio consolidato con le aziende) caratterizzano il **D.Lgs. 23 giugno 2011, n. 118**, di attuazione dell'art. 2 della L. 42/2009, relativo a Regioni, enti locali, enti del Servizio sanitario nazionale.

Le Regioni

Le Regioni hanno autonomia legislativa nella materia contabile: le Regioni a statuto speciale rinvengono le norme di contabilità negli Statuti stessi; per quelle a statuto or-

dinario, invece, la materia è stata a lungo disciplinata dal **D.Lgs. 28 marzo 2000, n. 76** (abrogato dal 1° gennaio 2015).
Un primo tentativo per cercare di armonizzare i bilanci regionali è stato compiuto con il **D.Lgs. 170/2006** che, a seguito della riforma del Titolo quinto della Costituzione, individua i principi fondamentali in materia di armonizzazione dei bilanci pubblici; in particolare, il provvedimento dedica il Capo II ai principi per l'armonizzazione dei bilanci regionali. Visti gli scarsi risultati ottenuti, in attuazione dell'art. 2 della L. 42/2009 come modificato dalla L. 196/2009 è stato quindi emanato il **D.Lgs. 23 giugno 2011, n. 118** che, all'art. 2, prevede che Regioni, Province autonome, enti locali e i relativi enti strumentali in contabilità finanziaria affianchino alla contabilità finanziaria, ai fini conoscitivi, un sistema di contabilità economico-patrimoniale, garantendo la rilevazione unitaria dei fatti gestionali sia sotto il profilo finanziario che sotto il profilo economico-patrimoniale.

Gli enti locali
Il D.Lgs. 25 febbraio 1995, n. 77, recante l'ordinamento finanziario e contabile degli enti locali, è stato assorbito nel nuovo Testo unico sull'ordinamento degli enti locali, il **D.Lgs. 18 agosto 2000, n. 267**.
Anche per gli enti locali (benché in maniera molto più limitata rispetto alle Regioni) esistono problemi di disomogeneità cui cerca di porre rimedio il **D.Lgs. 23 maggio 2011, n. 118**: principi e criteri cui deve uniformarsi il decreto legislativo l'ordinamento contabile degli enti locali sono analoghi a quelli ora visti per le Regioni.

Gli enti pubblici istituzionali
Il quadro normativo per l'ordinamento contabile degli enti pubblici non economici (quelli di cui alla legge 20 marzo 1975, n. 70, sul cosiddetto parastato) è attualmente costituito dal **D.P.R. 27 febbraio 2003, n. 97**, «Regolamento concernente l'amministrazione e la contabilità degli enti pubblici di cui alla legge 20 marzo 1975, n. 70», che ha abrogato interamente il D.P.R. 696/1979, fornendo una organica raccolta di disposizioni sul sistema amministrativo e contabile degli enti pubblici.
Anche il D.P.R. 97/2003 è, ormai da considerare superato, stante la delega prevista dall'art. 2, L. 196/2009 per l'armonizzazione degli schemi contabili delle amministrazioni pubbliche cui ha dato attuazione il **D.Lgs. 31 maggio 2011, n. 91**. Il provvedimento (in modo analogo a quanto previsto dal D.Lgs. 118/2011 per Regioni, enti locali ed enti del Servizio sanitario nazionale) è volto all'armonizzazione dei sistemi contabili di tutte le amministrazioni definite pubbliche ai sensi dell'art. 1, c. 2, della L. 196/2009 e, dunque, di quelle rientranti nel conto economico della PA (sia di quelle aventi un regime di contabilità finanziaria, sia di quelle aventi un regime di contabilità economico-patrimoniale, ovvero civilistico). Anche in questo caso, i principi ed i criteri direttivi del D.Lgs. 91/2011 riguardano, in particolare:

- l'adozione di regole contabili uniformi e di un comune **piano dei conti integrato**;
- la riclassificazione dei dati contabili e di bilancio per le amministrazioni pubbliche tenute al regime di contabilità civilistica, mediante la definizione delle procedure di trasformazione dalla contabilità economica a quella finanziaria e viceversa;
- l'adozione di comuni schemi di bilancio articolati in missioni e programmi;
- l'adozione di un bilancio consolidato delle Pubbliche amministrazioni con le proprie aziende, società o altri organismi controllati, secondo uno schema-tipo definito dal Ministro dell'economia e delle finanze d'intesa con i Ministri interessati.

Il **piano dei conti integrato** è stato adottato con **D.P.R. 132/2013** (in vigore dal 1° gennaio 2015) e costituisce uno dei punti di forza del processo di armonizzazione dei sistemi contabili e degli schemi di bilancio.

Le Aziende sanitarie locali

Per le Aziende sanitarie locali, l'art. 5 del D.Lgs. 229/1999 demanda alle **Regioni** l'emanazione di norme per la gestione economico-finanziaria e patrimoniale, informate ai principi di cui al codice civile. Principi contabili e schemi di bilancio armonizzati sono ora dettati dal Titolo II del D.Lgs. 118/2011.

Le Camere di commercio

Per le Camere di commercio la disciplina della gestione patrimoniale e finanziaria delle Camere di commercio è costituita, dal 1° gennaio 2007, dal **D.P.R. 2 novembre 2005, n. 254**. Anche tale decreto, comunque, è destinato ad essere superato: l'art. 4bis della L. 580/1993 (introdotto dal decreto legislativo 23/2010) affida, infatti, al Ministro per lo sviluppo economico la vigilanza amministrativo-contabile sulle Camere; a tal fine un suo regolamento, emanato di concerto con il Ministro dell'economia e previa intesa con la Conferenza Stato-Regioni, stabilisce le norme che disciplinano la gestione patrimoniale e finanziaria delle Camere di commercio e delle loro aziende speciali, nel rispetto dei principi di armonizzazione della finanza pubblica.

Le istituzioni scolastiche

Dopo che la L. 59/1997 ha riconosciuto ampia autonomia funzionale e dopo che il D.P.R. 8 marzo 1999, n. 275 ne ha disciplinato il regime autonomistico, il nuovo regolamento di contabilità è stato emanato con **decreto 28 agosto 2018, n. 129**.

Le università

L'art. 7 della L. 9 maggio 1989, n. 168 riconosce l'autonomia finanziaria e contabile delle Università e dà loro facoltà di adottare un regolamento di ateneo per l'amministrazione, la finanza e la contabilità, anche in deroga alle norme dell'ordinamento contabile dello Stato e degli enti pubblici, ma comunque nel rispetto dei relativi principi. L'art. 5, comma 4, della legge di riforma dell'Università (L. 240/2010) ha successivamente delegato il Governo ad emanare un decreto legislativo con cui rivedere la disciplina contabile degli atenei e introdurre un sistema di contabilità economico-patrimoniale e analitica: alla delega ha dato attuazione il **D.Lgs. 27 gennaio 2012, n. 18**.

Il sistema unico di contabilità economico-patrimoniale *accrual*

Fra le diverse riforme previste dal PNRR (Piano Nazionale di Ripresa e Resilienza), figura anche la Riforma 1.15 "Dotare le Pubbliche amministrazioni di un sistema unico di contabilità economico-patrimoniale accrual". La riforma, inserita nella missione 1, componente 1, del PNRR, ha l'obiettivo di implementare un sistema di contabilità basato sul principio *accrual* unico per il settore pubblico, in linea con il percorso delineato a livello internazionale (IPSAS) ed europeo (gli elaborandi EPSAS) per la definizione di principi e standard contabili nelle pubbliche amministrazioni e in attuazione della direttiva 2011/85/UE del Consiglio.

Il "*Principio accrual*" è il principio, della contabilità economico-patrimoniale, secondo il quale le transazioni e gli altri eventi economici sono rilevati in bilancio quando essi si verificano indipendentemente dal momento in cui si manifestano le relative transazioni finanziarie e/o di cassa.

Pertanto, le transazioni e gli eventi contabili sono rilevati nei bilanci dei periodi ai quali questi si riferiscono.
Secondo il PNRR, un assetto contabile *accrual* costituisce un supporto essenziale per gli interventi di valorizzazione del patrimonio pubblico, grazie ad un sistema di imputazione, omogeneo e completo, del valore contabile dei beni delle pubbliche amministrazioni.
Il percorso di costruzione del nuovo *framework* contabile terminerà entro il secondo trimestre 2026, in linea con il percorso delineato a livello internazionale ed europeo e in attuazione della direttiva 2011/85/UE del Consiglio.

1.6 I bilanci pubblici

I bilanci differiscono tra loro secondo molteplici elementi. Vediamo le principali tipologie.

Bilancio di previsione e bilancio consuntivo
In relazione al **rapporto con l'anno finanziario**, una prima importante distinzione è quella tra bilancio di previsione (o preventivo) e bilancio consuntivo (o rendiconto).
Il *bilancio di previsione* è redatto prima dell'inizio dell'anno finanziario (*ex ante*) ed ha quale finalità quella di indirizzare l'attività di gestione, nel senso di stabilire gli obiettivi e i limiti dell'azione economica e finanziaria da porre in essere. In altri termini, con il bilancio preventivo si individuano le operazioni e le transazioni che si prevede di realizzare nel corso di un dato esercizio successivo.
Il *bilancio consuntivo*, invece, registra ad anno ormai concluso (*ex post*) i risultati effettivamente conseguiti dalla gestione e consente di esprimere un giudizio sulla stessa.

Bilancio di competenza e di cassa
In base alle *modalità di redazione*, il bilancio annuale di previsione è redatto in due versioni, una *di competenza* e una *di cassa:*

> la redazione del **bilancio in termini di competenza** comporta che venga indicato l'ammontare delle entrate che si prevede di accertare e l'ammontare delle somme che si prevede di erogare nell'esercizio finanziario. In uno Stato di diritto, l'esigenza che l'organo esecutivo sia vincolato a non assumere impegni al di là della volontà dell'organo deliberativo, è stata una delle motivazioni fondamentali che ha fatto propendere per la redazione del bilancio dello Stato in termini di competenza;
> la redazione del **bilancio in termini di cassa** indica, viceversa, l'ammontare delle somme che si prevede di incassare e di quelle che si prevede di pagare nell'anno cui il bilancio si riferisce. Questa versione dà, evidentemente, un quadro più realistico del bilancio, ma la prima versione è importante per comprendere quanti crediti e quanti debiti matureranno, nel corso dell'esercizio finanziario, a favore o a carico del bilancio.

Bilancio di previsione "a legislazione vigente" e "programmatico"
Nell'ambito del processo di costruzione del bilancio preventivo, si distingue, inoltre, tra bilancio di previsione a legislazione vigente e bilancio di previsione programmatico. Il primo mostra l'evoluzione spontanea delle entrate e delle spese così come risulta dalla proiezione della normativa in vigore; il secondo mostra l'evoluzione desiderata delle entrate e delle spese.

Il bilancio pluriennale

Quando il bilancio di previsione prende in considerazione più annualità si parla di bilancio pluriennale. Si tratta di un documento che adempie una *funzione conoscitiva* assai utile, poiché prende in considerazione l'attività di entrata e di spesa dello Stato, riferita a interventi che hanno un orizzonte temporale di più anni.
Il bilancio pluriennale, dunque, in genere non ha valenza autorizzatoria a riscuotere le entrate e ad eseguire le spese, assolvendo ad una funzione di monitoraggio delle grandezze di finanza pubblica nel medio termine ed è redatto sia nella versione a legislazione vigente sia nella versione programmatica.

Caratteristiche del bilancio di previsione dello Stato italiano

Nel caso del bilancio dello Stato, la L. 196/2009 (legge di contabilità e finanza pubblica) dispone all'art. 20 che il bilancio annuale di previsione dello Stato sia redatto **sia in termini di competenza che in termini di cassa**: esso espone per ogni voce di entrata la previsione delle somme da accertare e da incassare e, per ogni voce di spesa, la previsione delle somme da impegnare e da pagare.
A seguito delle modifiche apportate dalla L. 163/2016, inoltre, è venuta meno la distinzione fra bilancio annuale e bilancio pluriennale: il bilancio di previsione si riferisce infatti ora ad un periodo triennale.

Il bilancio economico e la contabilità analitica per centri di costo

Per migliorare l'impiego delle risorse e per rendere il bilancio pubblico (e in primo luogo quello dello Stato) coerente con le nuove esigenze dell'azione amministrativa, orientata verso l'efficienza nel percorso «obiettivi-risorse-risultati», il Titolo III del D.Lgs. 7 agosto 1997, n. 279 ha introdotto nel sistema contabile pubblico la *contabilità economica analitica per centri di costo* con la quale i costi vengono rilevati, per ogni Amministrazione centrale dello Stato, con riferimento:

a) alla responsabilità organizzativa, attraverso il **piano dei centri di costo**;
b) alla natura di costo, ossia alle caratteristiche fisico-economiche delle risorse utilizzate mediante il **piano dei conti**;
c) alla finalità o destinazione, in relazione ai risultati da perseguire, rappresentati dalla nuova classificazione per Missioni e per Programmi.

La riforma della contabilità e finanza pubblica operata dalla legge n. 196 del 31 dicembre 2009, ha rafforzato il ruolo della contabilità economica prevedendo l'istituzionalizzazione dei **documenti di Budget** e **di Consuntivazione dei costi** quali "allegati" – rispettivamente, dello Stato di previsione della spesa di ciascun Ministero (art. 21, comma 11, lett f.) e del Rendiconto generale dello Stato (art. 36) – e consentendo all'organo legislativo la conoscenza e l'approfondimento tempestivo delle informazioni economiche a completamento del quadro informativo generale relativo al bilancio.
In particolare, con la formulazione del *budget*, i titolari dei Centri di Responsabilità amministrativa, che sono responsabili delle risorse finanziarie assegnate ai programmi (art. 23 della L. 196/2009), coordinano le previsioni economiche – in termini di fabbisogni di risorse umane e strumentali – dei centri di costo sottostanti e costruiscono, in coerenza con queste, le previsioni finanziarie nell'ambito dei vincoli posti dalla manovra di finanza pubblica avvalendosi, anche, delle informazioni relative ai costi sostenuti nei periodi precedenti. Infatti, le previsioni rappresentate nel Budget economico analitico dello Stato si basano sul *principio della competenza economica*, secondo il quale i costi rilevati attengono alle risorse umane e strumentali (beni e servizi) effettivamente utilizzate in un certo periodo e sono esposte per natura dei costi previsti (in base al piano unico dei conti), per responsabilità organizzativa (in base ai centri di costo) e per destinazione dei costi (espresse in termini di Missioni e Programmi).

Il Ministero dell'Economia e delle Finanze si avvale poi di tali rilevazioni analitiche per valutare il costo delle strutture organizzative e dei programmi perseguiti con la spesa pubblica, ponendole a supporto del procedimento di riconsiderazione degli aggregati del bilancio finanziario dello Stato.
L'art. 38-*bis* (introdotto dal D.Lgs. 90/2016) al fine di perseguire la qualità e la trasparenza dei dati di finanza pubblica, impone alle Amministrazioni centrali dello Stato di adottare, nell'ambito della gestione, **a fini conoscitivi**, la **contabilità economico patrimoniale in affiancamento alla contabilità finanziaria** mediante l'adozione di un sistema integrato di scritture contabili che consenta la registrazione di ciascun evento gestionale contabilmente rilevante ed assicuri l'integrazione e la coerenza delle rilevazioni di natura finanziaria con quelle di natura economica e patrimoniale.
Inoltre, l'ordinamento finanziario e contabile delle amministrazioni centrali dello Stato si conforma ai **principi contabili generali** contenuti nell'allegato 1 alla stessa legge 196/2009 (principi che così assumono valenza normativa e non solo tecnico-pratica).
Le **finalità della contabilità integrata** sono le seguenti:
- l'**armonizzazione del sistema contabile** delle Amministrazioni centrali dello Stato con quelle delle altre Amministrazioni pubbliche. L'adozione infatti di un sistema di contabilità economico-patrimoniale e di un **piano dei conti integrato** (adottato con D.P.R. 12 novembre 2018, n. 140) è collegata alle analoghe disposizioni emanate per gli Enti territoriali (decreto legislativo 118/2011) e non territoriali (decreto legislativo 91/2011) e al Regolamento concernente le modalità di adozione del piano dei conti integrato delle Amministrazioni pubbliche (decreto del Presidente della Repubblica 4 ottobre 2013, n. 132);
- il **consolidamento e monitoraggio** nelle fasi di previsione, gestione e rendicontazione **dei dati contabili** di bilancio delle Amministrazioni centrali dello Stato;
- la maggiore **tracciabilità e trasparenza** delle informazioni nelle varie fasi di rappresentazione contabile.

1.7 I principi del bilancio

Oltre che alle norme di diritto positivo, la redazione dei bilanci pubblici deve rispondere ad una serie di requisiti ricavabili dalle norme giuridiche (annualità, integrità, universalità, unità) o elaborati dalla dottrina o rispondenti ad una consolidata prassi (veridicità, specializzazione, pubblicità).
Negli ultimi anni, inoltre, in analogia con quanto avviene per la gestione delle aziende private, sono state elaborate ulteriori **regole di carattere tecnico-applicativo** (inizialmente non giuridiche), finalizzate a costituire un punto di riferimento per gli operatori.

L'**opera di codificazione** è stata effettuata dai **decreti legislativi sull'armonizzazione dei bilanci** (**decreti legislativi 91/2011** e **118/2011**): in entrambi i casi, un apposito allegato da considerare parte integrante dei decreti elenca e specifica i principi contabili generali cui le amministrazioni pubbliche e gli enti territoriali devono uniformare i propri ordinamenti contabili e finanziari. Le stesse amministrazioni, inoltre, sono tenute a uniformare l'esercizio delle funzioni di programmazione, gestione, rendicontazione e controllo a tali principi, che costituiscono regole fondamentali, nonché ai principi contabili applicati definiti da un apposito regolamento del Ministro dell'Economia cui sarà allegato un nomenclatore contenente le definizioni degli istituti contabili e le procedure finanziarie per ciascun comparto suddiviso per tipologia di enti, al quale si conformano i relativi regolamenti di contabilità.

Ora, l'art. 38-*bis* della L. 196/2009 (introdotto dal D.Lgs. 90/2016) estende anche alle amministrazioni centrali dello Stato (in analogia con quanto già previsto per enti territoriali e pubblici dai decreti 91/2011 e 118/2011) l'obbligo di conformare il proprio ordinamento finanziario e contabile ai **principi contabili generali riportati in un apposito allegato** della stessa L. 196/2009. Un apposito regolamento è chiamato ad adottare i relativi principi contabili applicati.

1.7.1 Principio dell'annualità

Il principio dell'annualità è sancito direttamente dalla **Costituzione** (art. 81: «*Le Camere ogni anno approvano con legge il bilancio e il rendiconto consuntivo...*»).
Nel mondo, quasi tutti i sistemi contabili considerano l'anno quale periodo di riferimento. Ciò in quanto tale lasso di tempo permette di considerare un **quadro di riferimento temporale** sufficientemente ampio per consentire di impostare una manovra di politica economica e contemporaneamente sottrarre tale momento di verifica e programmazione alle eccessive fluttuazioni che deriverebbero dal considerare unità di tempo più brevi (si pensi alle fluttuazioni delle entrate pubbliche in concomitanza delle scadenze fiscali).
Ora, l'allegato 1 alla L. 196/2009 (introdotto dal D.Lgs. 90/2016 e modificato dal D.Lgs. 116/2018 ed in cui sono specificati i principi generali cui devono uniformarsi le amministrazioni centrali dello Stato) richiede che, nella predisposizione dei documenti annuali di bilancio, le previsioni per l'esercizio di riferimento siano elaborate sulla base di una *programmazione di medio periodo*, con un **orizzonte temporale almeno triennale**.

1.7.2 Principio dell'integrità

Sulla base del criterio dell'integrità, **tutte le entrate devono essere iscritte in bilancio al lordo delle spese di riscossione e di altre eventuali spese ad esse connesse**. Parimenti, **tutte le spese devono essere iscritte in bilancio integralmente**, senza alcuna riduzione delle correlative entrate. Tale principio, secondo l'art. 24 della L. 196/2009, costituisce **attuazione dell'art. 81 della Costituzione**.
In effetti, **iscrivere le entrate e le spese al lordo di qualsiasi onere o provento collegato** permette di conoscere l'entità esatta del carico tributario che grava sui contribuenti e di valutare correttamente il costo ed il beneficio derivante dall'erogazione di specifici servizi pubblici.

1.7.3 Principio dell'universalità

Per il principio dell'universalità, **tutte le spese e tutte le entrate devono trovare adeguata collocazione in bilancio** e non sono ammesse gestioni fuori bilancio se non espressamente autorizzate.
Il criterio dell'universalità è strettamente connesso con quello dell'integrità: anch'esso, infatti, costituisce, ai sensi dell'art. 24 della L. 196/2009, «profilo attuativo» dell'art. 81 della Costituzione; insieme, essi ribadiscono la necessità che il bilancio fornisca un quadro veritiero ed esauriente del complesso dell'attività finanziaria dello Stato.
Non può essere considerata un'eccezione al principio dell'universalità la presenza dei bilanci allegati, vale a dire dei bilanci delle **aziende** e delle **amministrazioni autonome** allegati al bilancio dell'ente da cui dipendono. Va sottolineato che l'art. 2, comma 1, lettera e), della L. 196/2009 prevede l'adozione (per ciascuna amministrazione pubbli-

ca) di un **bilancio consolidato** con le proprie aziende, società o altri organismi controllati, secondo uno schema tipo definito dal Ministro dell'economia d'intesa con i Ministri interessati.

Diverso è il discorso per quanto concerne le cosiddette **gestioni fuori bilancio**: gestioni costituite con **fondi dello Stato amministrati al di fuori del bilancio e delle norme che ne regolano l'esecuzione**; si tratta dunque di gestioni finanziarie che rientrano nella competenza delle amministrazioni centrali e i cui flussi di entrata e di spesa, pur essendo finalizzati allo svolgimento di compiti istituzionali dello Stato, non sono registrati in bilancio né assoggettati alle normali procedure di controllo (Monorchio).

Di qui il sostanziale sfavore di cui, a partire dalla L. 598/1993, esse sono state oggetto fino ad arrivare al divieto di gestire fondi fuori bilancio sancito dall'art. 24, comma 3, della **L. 196/2009**. Lo stesso comma 3 fa comunque salvi i casi di gestioni al di fuori del bilancio disciplinate dall'art. 40, comma 2, lettera *p*) della legge di riforma della contabilità pubblica; tale ultima norma ha previsto la **progressiva eliminazione**, delle gestioni contabili operanti a valere su contabilità speciali o conti correnti di tesoreria, ad **eccezione** delle gestioni relative, fra l'altro, alla Presidenza del Consiglio dei ministri, alle gestioni fuori bilancio istituite ai sensi della L. 1041/1971 ed a quelle autorizzate da apposite leggi (quali la L. 559/1993).

Per le gestioni rimaste attive, si prevede l'obbligo di rendicontazione annuale delle risorse acquisite e delle spese effettuate secondo schemi classificatori armonizzati con quelli del bilancio dello Stato e a questi aggregabili a livello di dettaglio sufficientemente elevato.

Infine, l'art. 15, co. 8 della L. 243/2012 ha disposto che con legge dello Stato sia disciplinato il progressivo superamento delle gestioni contabili cd. «fuori bilancio», cioè le gestioni operanti a valere su contabilità speciali o conti correnti di tesoreria, con la conseguente riconduzione delle relative risorse finanziarie al bilancio dello Stato.

1.7.4 Principio dell'unità

L'art. 24, comma 4, L. 196/2009 enuncia il principio dell'unità secondo cui «*è vietata... l'assegnazione di qualsiasi provento per spese o erogazioni speciali, salvo i proventi e le quote di proventi riscossi per conto di enti, le oblazioni e simili, fatte a scopo determinato*». Secondo tale criterio, dunque, **tutte le entrate vanno a costituire**, a prescindere dalla loro origine, **un unico fondo, finalizzato a coprire tutte le spese pubbliche**, ed è pertanto escluso che si possa stabilire una precisa correlazione fra singola entrata e singola spesa: le entrate costituiscono infatti una massa unica ed indistinta e non possono avere una destinazione specifica per determinate spese se non in casi espressamente previsti dalla legge.

1.7.5 I principi di veridicità e pubblicità

Il **principio della veridicità** richiede che **i bilanci rappresentino con la massima attendibilità le reali condizioni finanziarie ed economiche** (*true and fair view*). Le informazioni contenute nel bilancio devono perciò essere quanto più possibile realistiche nelle stime: nell'elaborare il bilancio, l'esecutivo dovrà evitare sovrastime o sottostime preordinate ad alterare l'equilibrio finale e a mascherare le reali condizioni delle operazioni e dovrà fornire dati attendibili.

Il sistema di bilancio assolve anche una funzione informativa ed è compito di ogni amministrazione rendere effettiva tale funzione.

Il principio di pubblicità richiede la **conoscibilità del documento di bilancio mediante pubblicazione con mezzi idonei**; per lo Stato ciò avviene con le stesse modalità con cui si rende nota una legge (pubblicazione nella Gazzetta Ufficiale).
Per gli altri enti pubblici le modalità con cui il principio di pubblicità è soddisfatto variano (pubblicazione nel Bollettino Ufficiale per le Regioni, pubblicazione in estratto su almeno un quotidiano a diffusione nazionale per altri enti pubblici).
L'art. 29 del D.Lgs. 33/2013 fa obbligo a tutte le pubbliche amministrazioni di rendere pubblici il bilancio preventivo e il conto consuntivo entro 30 giorni dalla loro adozione.

1.7.6 Il pareggio di bilancio

A differenza di quanto previsto dagli ordinamenti contabili degli altri enti pubblici, per il **bilancio dello Stato non era richiesto il requisito del pareggio**: nessuna norma positiva imponeva che il bilancio dello Stato presentasse una perfetta corrispondenza fra il totale delle entrate e quello delle spese. A partire dall'esercizio finanziario 2014, invece, a seguito dell'entrata in vigore della L. cost. 1/2012, è stato introdotto il principio dell'equilibrio tra entrate e spese del bilancio, il cd. «pareggio di bilancio», correlandolo a un vincolo di sostenibilità del debito di tutte le pubbliche amministrazioni. Il nuovo Allegato alla L. 196/2009 (in vigore dal primo gennaio 2019) specifica ora che il principio del pareggio di bilancio riguarda il **pareggio finanziario complessivo di competenza e di cassa**. Considerando l'evoluzione dei sistemi contabili che prevedono l'affiancamento a fini conoscitivi al sistema contabile di tipo finanziario anche della contabilità economico-patrimoniale, l'osservanza di questo principio riguarda anche gli equilibri delle varie parti, finanziaria, economico-patrimoniale, che compongono il sistema di bilancio.
Nel sistema del bilancio dello Stato, il principio del pareggio finanziario deve essere rispettato sia in fase di previsione che in fase di rendicontazione. Il pareggio finanziario di bilancio va inteso considerando tra le entrate destinate a assicurare la realizzazione delle spese previste in fase previsionale anche l'accensione di prestiti.

1.7.7 Principio della competenza finanziaria e della competenza economica

La **competenza finanziaria** è il criterio con il quale le entrate e le spese si riconducono al periodo amministrativo in cui sorge il diritto a riscuotere (accertamento) e l'obbligo a pagare (impegno); il principio è applicato solo a quei documenti di natura finanziaria che compongono il sistema di bilancio di ogni amministrazione pubblica che adotta la contabilità finanziaria, e attua il contenuto autorizzatorio degli stanziamenti nel bilancio di previsione.
Tale è il caso del bilancio di previsione annuale dello Stato: le risorse assegnate in bilancio costituiscono il limite per l'impegno e l'ordinazione della spesa da parte dei dirigenti (art. 34, comma 1 L. 196/2009); il bilancio di previsione annuale ha dunque **carattere autorizzatorio**, e rappresenta un limite agli impegni di spesa, ad eccezione delle partite di giro/servizi per conto di terzi e dei rimborsi delle anticipazioni di cassa. Gli stanziamenti del bilancio pluriennale sono aggiornati annualmente in sede di approvazione del bilancio di previsione.

Il nuovo sistema contabile delineato dal D.Lgs. 118/2011 (finalizzato ad armonizzare i sistemi contabili di Regioni, enti locali e loro enti e che si applica a partire dal 2016), invece, è caratterizzato dall'introduzione del principio della **competenza finanziaria potenziata** secondo cui le obbligazioni giuridiche attive e passive sono registrate nelle scritture contabili nel momento in cui l'obbligazione sorge, con imputazione all'esercizio nel quale vengono a scadenza, avvicinando i momenti della competenza e della cassa.

Per il principio della **competenza economica**, invece, l'effetto delle operazioni e degli altri eventi deve essere rilevato contabilmente ed attribuito all'esercizio al quale tali operazioni ed eventi si riferiscono e non a quello in cui si concretizzano i relativi movimenti finanziari.
Il principio si applica anche alle rilevazioni di contabilità analitica (budget e rendiconto economico). Il nuovo Allegato 1 alla L. 196/2009 sottolinea che l'analisi economica delle operazioni richiede la preliminare individuazione del cosiddetto **mercato relativo alla produzione di beni e servizi** delle Amministrazioni centrali dello Stato: data la peculiarità di tali Amministrazioni la loro produzione (mercato per la collettività) ha natura prevalentemente non vendibile, pur potendo essere presenti anche beni e servizi con caratteristiche simili ai beni e servizi privati. A partire da tale fondamentale caratteristica va operata una distinzione tra *fatti direttamente collegati a un processo di scambio* (acquisizione di risorse umane e strumentali, trasformazione e vendita o messa a disposizione a titolo gratuito o semi gratuito), che danno luogo a costi e/o ricavi, e *fatti per i quali il processo di scambio sul mercato di beni e servizi è assente*, in quanto relativi ad altre attività istituzionali e/o erogative (tributi, contribuzioni, trasferimenti di risorse, altro) che danno luogo a proventi e oneri. Occorre, quindi, definire gli elementi necessari per l'imputazione dei ricavi e dei costi per le Amministrazioni centrali dello Stato e anche per gli altri componenti economici positivi e negativi. Nel caso di processo di scambio sul mercato attraverso acquisizione di risorse umane e strumentali, trasformazione e vendita o messa a disposizione a titolo gratuito o semi gratuito, la competenza economica dei costi e dei ricavi è riconducibile ai contenuti dei principi contabili nazionali applicati alla contabilità civilistica (OIC 11), applicabili anche agli altri componenti positivi e negativi della gestione dell'esercizio. I **ricavi**, come regola generale, devono essere rilevati quando si verificano le seguenti due condizioni: 1) il processo produttivo dei beni o dei servizi è stato completato; 2) lo scambio è già avvenuto, si è cioè verificato il passaggio sostanziale e non solamente formale del titolo di proprietà per i beni e servizi resi. Tale momento è convenzionalmente rappresentato dalla spedizione o messa a disposizione del bene o dal momento in cui i servizi sono resi e sono fatturabili, se *servizi di tipo vendibile*, o sono resi quando si tratta di *servizi messi a disposizione a titolo semi gratuito*. I **costi** devono essere correlati con i ricavi dell'esercizio, se si tratta di un *bene o servizio vendibile*. Detta correlazione costituisce un corollario fondamentale del principio di competenza economica e intende esprimere la necessità di contrapporre ai ricavi dell'esercizio i relativi costi, siano essi certi o presunti. D'altra parte, considerando che la produzione delle Amministrazioni centrali dello Stato consiste prevalentemente nel mettere a disposizione dell'intera collettività, e anche dei singoli individui, beni o servizi a titolo gratuito o semi gratuito la correlazione sopra indicata non è riscontrabile nella maggior parte dei casi. Pertanto, in tali casi i costi associati al processo produttivo, che comunque ha avuto luogo, vanno rappresentati in corrispondenza all'erogazione del servizio o della prestazione o della messa a disposizione del bene. Per quanto riguarda le **altre operazioni non connesse alla pro-**

duzione di beni e servizi ma di natura erogativa o impositiva (nelle quali rientrano i proventi tributari, gli oneri per trasferimenti e contributi senza controprestazione) che rappresentano una consistente parte delle attività delle Amministrazioni centrali dello Stato dando luogo a proventi e oneri, la rilevazione avviene quando l'evento è *certo*; l'effettività dell'evento può essere collegata anche alla relativa manifestazione finanziaria, salvo specifiche operazioni a destinazione vincolata.

1.7.8 Altri principi e postulati dei bilanci pubblici

La contabilità pubblica contempla inoltre una serie di **regole tecniche e principi contabili** che rispondono a prassi consolidate la cui **funzione** è duplice:
a) interpretare in chiave tecnica le norme di legge in tema di ordinamento finanziario e contabile, secondo i fini voluti dal legislatore;
b) collegare a dette norme tutte quelle alle quali direttamente od indirettamente si fa o si deve fare riferimento.
Citando l'*Osservatorio per la finanza e la contabilità degli enti locali*, istituito con il compito di «promuovere l'applicazione dei principi contabili e la congruità degli strumenti applicativi per gli enti locali», possiamo ricordare i seguenti ulteriori principi e postulati del sistema di bilancio:

- **imparzialità**: esige che le grandezze dei dati non siano subordinate ad interessi o esigenze particolari;
- **chiarezza**: il sistema di bilancio deve essere comprensibile e deve perciò presentare una chiara classificazione delle voci finanziarie, economiche e patrimoniali;
- **significatività** e **rilevanza**: per essere utile, un'informazione deve essere *significativa* per le esigenze informative connesse al processo decisionale degli utilizzatori; gli inevitabili errori e le semplificazioni non devono essere di portata tale da avere un effetto rilevante sui dati del sistema di bilancio e sul loro significato per i destinatari;
- **attendibilità** e **congruità**: per essere attendibile, l'informazione in bilancio deve rappresentare fedelmente le operazioni e gli altri eventi che intende rappresentare o che può ragionevolmente ritenere che essa rappresenti; l'attendibilità delle entrate e la congruità delle spese ha un valore essenziale per la corretta gestione dell'ente, per salvaguardare l'equilibrio di bilancio e prevenire il possibile dissesto;
- **ragionevole flessibilità**;
- **neutralità**: l'informazione contenuta nel sistema di bilancio deve essere neutrale, ovverosia scevra da distorsioni preconcette;
- **prudenza previsionale**: nel bilancio di previsione devono essere iscritte solo le entrate che si prevede siano accertabili nel periodo amministrativo considerato, mentre devono rientrare nelle spese tutti gli oneri che si prevede di dover impegnare;
- **comparabilità**: gli utilizzatori devono essere in grado di comparare il sistema di bilancio di un ente nel tempo e nello spazio al fine di identificare gli andamenti tendenziali.

1.7.9 I Principi contabili internazionali per il settore pubblico: gli IPSAS

A livello internazionale, infine, occorre menzionare i cosiddetti IPSAS (*International Public Sector Accounting Standards*), **Principi contabili internazionali per il settore pubblico**. Tali principi non hanno un carattere vincolante: infatti, l'IFAC (l'Associazione

Internazionale delle professioni contabili cui aderiscono le organizzazioni professionali di più di 130 Stati e che ha sviluppato tali specifici principi contabili per la contabilità e il bilancio nel settore pubblico) è un'entità non governativa e dunque **l'adesione agli IPSAS** non può che essere **volontaria**. D'altra parte, la progressiva introduzione di concezioni aziendalistiche nella gestione delle amministrazioni pubbliche ha destato l'interesse verso queste regole tecniche particolarmente attente ai principi dell'efficacia, dell'efficienza e dell'economicità delle prestazioni.

Gli IPSAS, infatti, sono stati sviluppati adattando al contesto del settore pubblico i cosiddetti Principi contabili internazionali (Ias/Ifrs) emanati dall'*International accounting standards board* (Iasb) per la contabilità delle aziende private.

L'applicazione degli IPSAS prevede sia una contabilità finanziaria (*cash basis*, tipica delle pubbliche amministrazioni europee), sia una contabilità economico-patrimoniale (*accrual basis*), sebbene si raccomandi l'adozione di un **sistema di rilevazione dei fatti di gestione basato sul principio della competenza economica**. Il Board IPSAS (IPSASB), partendo dallo studio delle realtà che hanno già sperimentato tale cambiamento e consapevole della complessità e dell'interdisciplinarietà della tematica in oggetto, ha approntato una sorta di vademecum per l'implementazione della contabilità economica, prendendo in considerazione non solo gli aspetti tecnici ma anche quelli di natura organizzativa e gestionale.

Gli IPSAS **si applicano a tutte le entità economiche del settore pubblico** (amministrazioni centrali, enti territoriali subordinati come le Regioni o gli enti locali), ma non si applicano alle imprese a controllo pubblico, che sono invece tenute ad applicare gli IAS/IFRS.

A **livello europeo**, il rapporto IPSAS del 2013 ha raccomandato lo sviluppo, attraverso una *governance* europea, di un insieme di principi contabili armonizzati per il settore pubblico sulla base degli IPSAS, ma integrati e adattati alle esigenze specifiche contabili e gestionali del settore pubblico nella UE. Questi standard futuri sono stati denominati da Eurostat "**EPSAS**" (*European Public Sector Accounting Standards*) per la cui progettazione e sviluppo è stata avviata sin dal 2013 un'iniziativa che prevede la creazione di una governance di autorità pubbliche e organismi privati sotto la guida della Commissione europea (Eurostat) per lo sviluppo degli standard in un nuovo settore di regolamentazione a livello europeo, relativo alla contabilità pubblica.

Capitolo 2
La manovra di bilancio

2.1 Il processo di bilancio

L'esercizio finanziario è il complesso delle operazioni di incasso e di pagamento, che si riferiscono all'anno, ma che possono anche non manifestarsi nel corso dello stesso. La Legge 31 dicembre 2009, n. 196 (*Legge di contabilità e finanza pubblica*), per ciascun esercizio finanziario, disegna un processo di bilancio articolato su un sistema di documenti contabili con cui:

- l'esecutivo programma il suo intervento nel sistema economico (Documento di Economia e Finanza, manovra finanziaria di fine anno, etc.);
- il Parlamento, con la legge di bilancio, autorizza il Governo ad accertare e riscuotere le entrate e ad impegnare e pagare le spese nei limiti del bilancio approvato;
- al termine dell'esercizio finanziario, il Governo presenta il rendiconto con cui riassume e dimostra al Parlamento i risultati della gestione dell'anno finanziario.

Quello ora delineato nei suoi tre momenti essenziali (programmazione, autorizzazione alla gestione, rendicontazione) costituisce una semplificazione estrema di un processo che, invece, è molto più complesso, sia dal punto di vista temporale che nei suoi contenuti.

Il processo di bilancio, infatti, investe un arco temporale ben più esteso dei 12 mesi dell'esercizio finanziario: la preparazione del bilancio di previsione inizia a marzo dell'anno precedente e termina a luglio dell'anno successivo. Soprattutto, esso si articola in una nutrita serie di documenti contabili, ciascuno caratterizzato da una propria procedura di redazione.

2.2 Il Documento di economia e finanza (DEF)

L'art. 7, comma 2 della L. 196/2009 dispone che, **entro il 10 aprile** di ogni anno il Governo (tenendo conto delle linee guida elaborate dal Consiglio europeo di primavera in cui sono indicati i principali obiettivi di politica economica per l'Unione europea e l'Area euro e le possibili strategie di riforma per conseguire tali obiettivi, vale a dire le cosiddette *linee guida*) presenta il DEF al Parlamento. L'art. 7, comma 3 della legge di riforma di contabilità dispone inoltre che il DEF sia inviato, entro lo stesso termine, anche alla **Conferenza permanente per il coordinamento della finanza pubblica** per il relativo parere; la Conferenza è tenuta ad esprimersi in tempo utile per le deliberazioni parlamentari (che devono intervenire entro il mese di aprile per permettere al Governo di presentare alle istituzioni europee il Programma di stabilità e il Programma di riforma). Il DEF, infatti, è sicuramente lo strumento di programmazione di respiro più «europeo»: la sua introduzione si è resa necessaria proprio per **assicurare la piena integrazione tra il ciclo di programmazione nazionale e il semestre europeo**, il nuovo sistema di governance economica dell'Unione europea. La nuova procedura di sorveglianza sugli squilibri macroeconomici, infatti, prevede che gli obiettivi programmatici di finanza pubblica e le politiche economiche e di bilancio di ciascun Paese siano trasmesse, per la relativa valutazione, alla Commissione UE in una fase antecedente la loro attuazione a livello di singolo Stato. Per questa ragione, due delle tre sezioni di cui si compone il DEF, il **Programma di Stabilità** (PS) e il **Programma Nazionale di Riforma** (PNR), devono essere inviati contestualmente alle autorità europee entro la fine del mese di aprile.

Il ciclo di bilancio	
Data	**Adempimento**
entro 10 aprile (art. 7 co. 2)	Presentazione Documento Economia e Finanza (DEF)
entro 31 maggio (art. 14. co. 4)	I Relazione (trimestrale) su consolidato di cassa Amministrazioni Pubbliche
entro 27 settembre (art. 7 co. 2)	Nota di aggiornamento del DEF
entro 30 settembre (art. 14. co. 4)	II Relazione (semestrale) su consolidato di cassa Amministrazioni Pubbliche
entro 20 ottobre (art. 7 co. 2)	Presentazione disegno di legge del bilancio di Stato.
entro 30 novembre (art. 14. co. 4)	III Relazione (primi nove mesi) su consolidato di cassa Amministrazioni Pubbliche
entro 31 dicembre	Approvazione del bilancio
1 gennaio	Inizio esercizio
entro 31 gennaio	Disegni di legge collegati alla manovra
entro 30 giugno (art. 7, co. 2)	Disegno di legge di assestamento del bilancio
31 dicembre	Chiusura esercizio
entro 30 aprile anno successivo	Rendicontazione
entro 31 maggio anno successivo (art. 37)	Invio del rendiconto generale alla Corte dei conti per giudizio di parificazione
entro 30 giugno anno successivo (art. 35, co. 1)	Presentazione disegno di legge del rendiconto
entro 31 luglio anno successivo	Parificazione della Corte dei conti

Occorre sottolineare il **ruolo del Parlamento** nella definizione degli obiettivi programmatici di finanza pubblica: solo dopo la risoluzione parlamentare di approvazione scaturisce il valore vincolante (attenzione: vincolante da un punto di vista solo politico, non giuridico) del DEF e sono formalizzati i vincoli quantitativi e procedurali che interessano la successiva sessione di bilancio.
Mediante il DEF, il Governo rende esplicita l'impostazione della politica economica che si appresta a varare; il Parlamento, dal canto suo, con apposite «risoluzioni» approva il contenuto del Documento e legittima in tal modo la manovra governativa; tali risoluzioni non hanno comunque natura di atti legislativi e, pertanto, i limiti quantitativi individuati dal DEF impegnano solo da un punto di vista politico (in maniera indicativa e non precettiva) il Governo nella elaborazione dei documenti della manovra di finanza pubblica (bilancio, collegati) e lo stesso Parlamento nella presentazione di emendamenti.

La circostanza che il DEF diventi tale solo dopo il voto del Parlamento è ben sintetizzata dall'art. 10, comma 1 della L. 196/2009 secondo cui «il DEF, *come risultante delle conseguenti deliberazioni parlamentari*, è composto da tre sezioni».
Entro il successivo **27 settembre**, infine, il Governo invia alle Camere la **Nota di aggiornamento del DEF** con cui adegua le previsioni macroeconomiche e di finanza pubblica e gli obiettivi programmatici, per recepire le eventuali osservazioni del Consiglio dell'Unione europea.

Con la presentazione della Nota il Governo:
- **aggiorna le previsioni economiche e di finanza pubblica** in relazione alla maggiore stabilità e affidabilità delle informazioni disponibili sull'andamento del quadro macroeconomico (per cui sono disponibili i dati relativi ai primi due trimestri dell'anno) e di finanza pubblica rispetto a quelle utilizzate per il DEF; non si dimentichi, infatti, che il principale **documento di programmazione** economica e finanziaria è stato redatto più di cinque mesi prima;
- **aggiorna gli obiettivi programmatici**, in considerazione delle eventuali **raccomandazioni approvate dal Consiglio dell'Unione europea** sull'Aggiornamento del PS, o la loro articolazione, anche sulla base delle intese raggiunte con la Conferenza permanente per il coordinamento della finanza pubblica. In questi casi, l'art. 10-*bis*, comma 2 dispone che il Governo, entro il 10 settembre, invii alla Conferenza e alle Camere le **linee guida per la ripartizione degli obiettivi del DEF**;
- presenta un rapporto sui risultati conseguiti in materia di **misure di contrasto all'evasione fiscale e contributiva** e indica, altresì, le strategie che intende seguire (art. 10-*bis*.1 L. 196/2009).

2.2.1 Il Programma di Stabilità (prima sezione del DEF)

Secondo l'art. 10 della L. 196/2009, il Documento di economia e finanza si compone di tre sezioni:
> la prima contiene il **Programma di Stabilità**, in cui si concentra la strategia di riequilibrio dei conti pubblici e si indicano gli interventi di correzione del disavanzo necessari nell'orizzonte temporale di riferimento;
> la seconda analizza il **conto economico e di cassa delle amministrazioni pubbliche** dell'anno precedente e gli eventuali scostamenti rispetto agli obiettivi programmatici e fornisce le previsioni sul debito delle amministrazioni pubbliche;
> la terza include il **Programma nazionale di riforma**, che indica gli interventi di segno espansivo.

La prima sezione del DEF (art. 10, comma 2 della L. 196/2009) espone i contenuti richiesti per il Programma di Stabilità (PS) dal nuovo Codice di condotta sull'attuazione del Patto di Stabilità e Crescita e dai regolamenti dell'Unione europea, nonché alcune informazioni non espressamente previste dalla normativa comunitaria. In questa sezione sono dunque riportati:
> gli **obiettivi di politica economica** ed il quadro tendenziale delle **previsioni economiche** e di finanza pubblica, almeno per il triennio successivo;
> gli **obiettivi programmatici triennali** per l'**indebitamento netto**, per il **saldo di cassa**, in rapporto al prodotto interno lordo, al netto ed al lordo degli interessi e delle misure una tantum, e per il debito, articolati per i sottosettori del conto economico delle amministrazioni pubbliche;

- l'indicazione dell'articolazione della **manovra** necessaria per il conseguimento degli obiettivi di finanza pubblica accompagnata anche da un'indicazione di massima delle misure attraverso le quali si prevede di raggiungere i predetti obiettivi;
- il prodotto potenziale e gli indicatori strutturali programmatici del **conto economico delle amministrazioni pubbliche**;
- le **previsioni di finanza pubblica di lungo periodo** e gli interventi che si intende adottare per garantire la sostenibilità della finanza pubblica;
- le diverse **ipotesi di evoluzione** dell'**indebitamento netto** e del **debito** rispetto a scenari di previsione alternativi riferiti al tasso di crescita del prodotto interno lordo, della struttura dei tassi di interesse e del saldo primario.

2.2.2 La seconda sezione del DEF

Questa sezione del DEF ha ad oggetto dati attinenti soprattutto le amministrazioni pubbliche e il settore statale. Infatti, fra i dati richiesti dall'art. 10 troviamo:

- l'**analisi del conto economico e del conto di cassa delle amministrazioni pubbliche** dell'anno precedente e gli eventuali scostamenti rispetto agli obiettivi programmatici;
- le **previsioni tendenziali triennali del saldo di cassa** del settore statale con l'indicazione delle modalità di copertura;
- le **informazioni di dettaglio sui risultati e sulle previsioni** dei conti dei principali settori di spesa, nonché sul debito delle amministrazioni pubbliche e sul relativo costo medio;
- le **indicazioni triennali delle previsioni a politiche invariate** per i principali aggregati del conto economico delle amministrazioni pubbliche;
- le **regole generali sull'evoluzione della spesa delle amministrazioni pubbliche**, in coerenza con gli obiettivi programmatici definiti dallo stesso DEF.

2.2.3 Il Programma nazionale di riforma (terza sezione del DEF)

La terza sezione del DEF espone lo schema del Programma nazionale di riforma: nel quadro generale europeo delineato dalla Strategia di Lisbona, gli Stati Membri devono presentare i Programmi (o Piani) Nazionali di Riforma, documenti in cui sono individuati gli interventi a sostegno della crescita economica, della produttività, dell'occupazione e della sostenibilità. I PNR, che hanno una valenza triennale, individuano le priorità accorpando in **3 macro aree** le 24 linee guida: la prima parte riguarda le misure macroeconomiche e di politica di bilancio, la seconda include le riforme strutturali e microeconomiche, la terza riguarda le politiche del lavoro. Il Programma nazionale di riforma indica (art. 10, comma 5 L. 196/2009):

- lo stato di avanzamento delle riforme avviate;
- gli squilibri macroeconomici nazionali e i fattori di natura macroeconomica che incidono sulla competitività;
- le priorità del Paese e le principali riforme da attuare, i tempi previsti per la loro attuazione e la compatibilità con gli obiettivi programmatici indicati nella prima sezione del DEF;
- gli effetti prevedibili delle riforme in termini di crescita dell'economia, di rafforzamento della competitività del sistema economico e di aumento dell'occupazione.

Sono previsti, infine, alcuni **allegati** al DEF, tra cui:

- gli eventuali **disegni di legge collegati alla manovra di finanza pubblica**, ciascuno dei quali reca disposizioni omogenee per materia. Tali disegni di legge collegati concorrono al raggiungimento degli obiettivi programmatici fissati nel DEF, con esclusione di quelli relativi alla fissazione dei saldi programmatici, nonché all'attuazione del Programma nazionale di riforma, anche attraverso interventi di carattere ordinamentale, organizzatorio ovvero di rilancio e sviluppo dell'economia. La norma rinvia comunque ai regolamenti parlamentari per l'individuazione delle procedure e dei termini per il loro esame; in ogni caso, disegni di legge collegati possono essere indicati anche dalla Nota di Aggiornamento di settembre mentre il termine per la presentazione dei disegni di legge collegati è stabilito nel mese di gennaio;
- il **programma delle infrastrutture strategiche** (quello di cui alla cosiddetta legge obiettivo 443/2001, ora art. 201, co. 6 D.Lgs. 50/2016) e lo stato di avanzamento dello stesso programma relativo all'anno precedente;
- una relazione, predisposta dal Ministro dell'ambiente, sullo **stato di attuazione degli impegni per la riduzione delle emissioni di gas ad effetto serra**, in coerenza con gli obblighi internazionali assunti dall'Italia;
- in relazione alla spesa del bilancio dello Stato, sono esposte, con riferimento agli ultimi dati di consuntivo disponibili, distinte tra spese correnti e spese in conto capitale, le **risorse destinate alle singole Regioni**, con separata evidenza delle categorie economiche relative ai trasferimenti correnti e in conto capitale agli enti locali, e alle Province autonome di Trento e di Bolzano;
- qualora, in prossimità della presentazione del DEF si verifichino eventi eccezionali (periodi di grave recessione economica, eventi straordinari al di fuori del controllo dello Stato) la relazione con cui il Governo giustifica il temporaneo scostamento dall'obiettivo programmatico e aggiorna gli obiettivi programmatici di finanza pubblica (art. 10, comma 5-*bis*).

2.3 La manovra di finanza pubblica

Sulla base delle previsioni del DEF (come riviste con la Nota di aggiornamento), ogni anno, entro il 20 ottobre, il Governo deve presentare alle Camere (art. 7, comma 2 della L. 196/2009) il **disegno di legge di bilancio dello Stato**.

A partire **dal 1° gennaio 2016** (quindi, dalla manovra di bilancio 2017) l'art. 15 della L. 243/2012 ha previsto l'**unificazione in un solo documento** (la legge di bilancio), articolato **in due sezioni**, dei contenuti della legge di stabilità e della legge di bilancio, i due strumenti contabili che costituivano la manovra triennale di finanza pubblica.

Questa unificazione dei due tradizionali documenti contabili costituisce lo sbocco del processo di costruzione delle nuove regole di bilancio avviato con la legge costituzionale n. 1 del 2012.

Fino alla riforma operata dalla L.cost. 1/2012, infatti, l'originario terzo comma dell'articolo 81 della Costituzione, disponeva che "con la legge di bilancio *non si possono stabilire nuovi tributi e nuove spese*". La legge con cui annualmente il Parlamento approvava il bilancio, perciò, doveva limitarsi a riassumere in un unico documento contabile le decisioni relative all'entrata e alla spesa, decisioni già assunte con le leggi ordinarie. Come chiarì la Corte Costituzionale (sentenza 7/1959) «la legge del bilancio è una legge formale che non può portare nessun innovamento nell'ordine legislativo, sì che da essa non possono derivare né impegni, né diritti (...) diversi da quelli preesistenti alla legge stessa». In tal modo, però, era esclusa la possibilità che la legge di bilancio potesse incidere sulla programmazione finanziaria.

Con la L. 468/1978 si introdusse perciò la **legge Finanziaria** con la quale si salvaguardava il carattere di legge formale del bilancio e si affiancava ad essa una legge sostanziale (la Finanziaria, ap-

punto) per regolamentare e coprire l'area di variazione della spesa e dell'entrata rispetto all'anno precedente; in realtà, la Finanziaria si trasformò ben presto in un «comodo strumento legislativo che consentiva ai parlamentari di salire sull'omnibus per depositarvi emendamenti ed istanze di ogni genere, sicuri che esse sarebbero giunte alla destinazione finale in tempi molto più rapidi rispetto a quelli consentiti dall'ordinario iter parlamentare» (Vegas); essa diventò cioè uno strumento di espansione della spesa e di aggiramento sostanziale del comma 4 dell'art. 81.
Anche l'originaria la legge 196/2009, ovviamente, in ossequio al dettato costituzionale, faceva riferimento alla **natura formale del bilancio** e aveva previsto quale strumento sostanziale la Legge di stabilità.

La legge costituzionale 1/2012 nel riscrivere l'art. 81 non ha riproposto il divieto di introdurre nuovi tributi e nuove spese, permettendo così il **passaggio** da una **concezione formale** ad una **concezione sostanziale** della legge di **bilancio**. Dopo le modifiche apportate dalla L. 163/2016, è perciò divenuto effettivo il passaggio dal consolidato schema della manovra annuale di finanza pubblica fondato sulla predisposizione di **due distinti provvedimenti** – la legge di bilancio e la legge di stabilità – ad uno schema radicalmente diverso che vede la **presentazione di un unico provvedimento**, costituito dalla **legge di bilancio**: questa, oltre alle poste contabili, può ora anche contenere disposizioni che integrano o modificano la legislazione di entrata o di spesa, **incorporando** in tal modo i contenuti della **legge di stabilità.**

2.3.1 La prima sezione del bilancio di previsione

La prima sezione assorbe, in gran parte, con alcune modifiche e adattamenti, il contenuto della legge di stabilità. L'art. 21 della L. 196/2009 (profondamente modificato dalla L. 163/2016) dispone ora che la **prima sezione** contiene esclusivamente le misure volte a **realizzare gli obiettivi programmatici di finanza pubblica** indicati dal DEF ed i loro eventuali aggiornamenti risultanti dalla relativa Nota di aggiornamento, con effetti finanziari aventi decorrenza nel triennio considerato dal bilancio.
In particolare, si ribadisce che la prima sezione della legge di bilancio **deve contenere** esclusivamente (nuovo comma 1-*ter*) :

a) il **livello massimo** del **ricorso al mercato** finanziario e del **saldo netto da finanziare**;
b) **norme in materia di entrata e di spesa che determinano effetti finanziari**, con decorrenza nel triennio di riferimento, sulle previsioni di bilancio indicate nella seconda sezione o sugli altri saldi di finanza pubblica attraverso la modifica, la soppressione o l'integrazione dei parametri che regolano l'evoluzione delle entrate e della spesa previsti dalla normativa vigente o dalle sottostanti autorizzazioni legislative o attraverso nuovi interventi;
c) le norme volte a rafforzare il **contrasto e la prevenzione dell'evasione** fiscale e contributiva;
d) i **fondi speciali**;
e) l'importo massimo da destinare, in ciascun anno del triennio, al rinnovo dei contratti del **pubblico impiego** e alle modifiche del trattamento economico e normativo del personale dipendente dalle amministrazioni statali in regime di diritto pubblico;
f) le eventuali norme recanti **misure correttive** degli effetti finanziari delle leggi la cui attuazione possa recare pregiudizio al conseguimento degli obiettivi di finanza pubblica nonché di quelli derivanti dalle sentenze definitive;

g) le norme eventualmente necessarie a garantire il concorso degli **enti territoriali** agli obiettivi di finanza pubblica.

Il comma 1-*quinquies* dell'articolo 21 della legge n. 196/2009 **esclude** dalla prima sezione:

> norme di **delega** e quelle a carattere **ordinamentale** ovvero organizzatorio, nonché gli interventi di natura **localistica** o **microsettoriale**, conformemente a quanto già previsto dalla vigente legge di contabilità con riferimento alla legge di stabilità;

> le norme che dispongono la **variazione diretta delle previsioni di entrata o di spesa contenute nella seconda sezione** del disegno di legge di bilancio.

Con riferimento specifico alle spese, il comma 1-*quater* indica che le nuove o maggiori spese disposte dalla **prima sezione** del disegno di legge di bilancio **non possono** concorrere a determinare **tassi di evoluzione** delle **spese complessive incompatibili con gli obiettivi di finanza pubblica** determinati nel DEF, come risultante dalle conseguenti deliberazioni parlamentari.

Rispetto alla previgente normativa (art. 11 comma 3, lettera *i*) L. 196/2009) dunque non è stata riproposta la disposizione ai sensi della quale la legge di stabilità indicava le sole norme che comportano aumenti di entrata o riduzioni di spesa. Pertanto, la legge di bilancio può ora avere (*secundum legem* oltre che nella prassi come avvenuto negli ultimi anni) anche un carattere espansivo.

2.3.2 La seconda sezione del bilancio di previsione

La seconda sezione del disegno di legge di bilancio riprende i contenuti del precedente bilancio di previsione, come definiti dall'articolo 21 della legge di contabilità, ma viene ora ad assumere un **contenuto sostanziale**, potendo incidere direttamente, attraverso rimodulazioni ovvero rifinanziamenti, definanziamenti o riprogrammazioni, sugli stanziamenti previsti a legislazione vigente. La **seconda sezione** indica ora le **previsioni di entrata e di spesa**, espresse in termini di competenza e di cassa, formate sulla base della **legislazione vigente**, tenuto conto dell'**aggiornamento** delle previsioni relative alle spese per oneri inderogabili e fabbisogno e delle proposte di **variazioni** di **fattori legislativi**.

Tali previsioni vengono inoltre **integrate** con gli effetti delle **variazioni** derivanti dalle disposizioni della **prima sezione**, alle quali viene assicurata una autonoma evidenza contabile (cd. **bilancio integrato**).

Infatti, la seconda sezione comprende le previsioni di entrata e di spesa, espresse in termini di competenza e di cassa ed è formata (comma 1-*sexies* dell'art. 21) sulla base della legislazione vigente, tenuto conto dei parametri indicati nel DEF, ai sensi dell'evoluzione economico-finanziaria (articolo 10, comma 2, lettera *c*)), dell'aggiornamento delle previsioni per le spese per oneri inderogabili e fabbisogno di cui, rispettivamente, alle lettere *a*) e *c*) del comma 5 dell'articolo 21 della legge n. 196 e delle rimodulazioni proposte ai sensi dell'articolo 23 della medesima legge. Inoltre essa evidenzia, per ciascuna unità di voto parlamentare, gli effetti finanziari derivanti dalle disposizioni contenute nella prima sezione.

In particolare, secondo l'art. 21, comma 10 della L. 196/2009, la seconda sezione è costituita:

- dallo stato di previsione dell'entrata;
- dagli stati di previsione della spesa distinti per Ministeri;
- dal quadro generale riassuntivo con riferimento al triennio.

Il successivo comma 14 specifica che l'approvazione di ciascuna di tali articolazioni del disegno di legge deve avvenire con distinti articoli del disegno di legge, con riferimento sia alle dotazioni di competenza sia a quelle di cassa.

Le **previsioni di entrata e di spesa** del disegno di legge di bilancio, formate sulla **base** della **legislazione vigente**, secondo i parametri indicati nel DEF, tengono quindi conto:

- dell'**aggiornamento** delle previsioni relative alle spese per oneri inderogabili e di fabbisogno;
- delle **rimodulazioni** e variazioni disposte ai sensi dell'articolo 23, che interessano anche i fattori legislativi.

La **seconda sezione evidenzia** inoltre, per ciascuna unità di voto, gli effetti delle **variazioni** derivanti dalle disposizioni contenute nella **prima sezione.**

Coerentemente con quanto disposto dalla L. 196/2009, dunque:

- con il primo articolo si definisce l'**ammontare delle entrate previste** per l'anno successivo;
- seguono poi gli **articoli nei quali si autorizzano gli impegni e i pagamenti che fanno capo ai singoli Ministeri**; con apposito comma all'interno dell'articolo relativo al Ministero dell'economia è inoltre inserito (art. 21, comma 11-*ter*, L. 196/2009), in relazione alla indicazione del fabbisogno del settore statale, l'importo massimo di emissione di titoli pubblici, in Italia e all'estero, al netto di quelli da rimborsare (in tal modo il fabbisogno entra a far parte dell'equilibrio di bilancio e si pone un limite alla somma dei titoli del debito pubblico che è possibile emettere);
- segue il **totale generale della spesa dello Stato** (sia in termini di cassa che di competenza) con cui si approva il Quadro generale riassuntivo (di cui fra poco si dirà).

2.3.3 Il disegno di legge di bilancio: dalla circolare del MEF alla presentazione alle Camere

La formazione del disegno di legge di bilancio ha inizio con un'apposita **circolare** con cui il **Ministero dell'economia** (meglio, la Ragioneria Generale dello Stato) **detta le istruzioni** per la formulazione degli schemi degli stati di previsione.

I **Ministri**, anche sulla base delle proposte dei responsabili della gestione dei programmi, indicano gli **obiettivi di ciascun Dicastero** e quantificano le risorse necessarie per il loro raggiungimento anche mediante proposte di rimodulazione delle stesse risorse tra programmi appartenenti alla medesima Missione di spesa.

L'art. 22-*bis* della L. 196/2009 (introdotto dal D.Lgs. 90/2016), dettando misure in materia di **programmazione finanziaria**, tenta di avviare un progressivo superamento di una delle criticità del processo di formazione del disegno di legge di bilancio, costituito dal **criterio cd. della spesa storica**: questo, com'è noto, si sostanzia in un approccio incrementale alla formazione del disegno di legge di bilancio, vale a dire alla tendenza da parte delle amministrazioni a concentrarsi sulla formulazione di richieste di stanziamenti aggiuntivi a quelli degli esercizi precedenti. Le nuove procedure di formazione delle decisioni di spesa possono per alcuni profili ricondursi al principio del cosiddetto bilancio "a base zero" (**zero base budgeting**).

Infatti, al comma 1 si prevede che, sulla base degli obiettivi programmatici indicati nel Documento di economia e finanza, nonché secondo quanto previsto nel cronoprogramma delle riforme riportato nel medesimo Documento, **entro il 31 maggio di ciascun anno** con apposito Decreto del Presidente del Consiglio dei ministri (su proposta del Ministro dell'economia e previa deliberazione del Consiglio dei ministri) siano definiti gli **obiettivi di spesa per ciascun Ministero**, con riferimento al successivo triennio di programmazione. Gli obiettivi possono essere definiti sia in termini di risparmi da conseguire o di risorse da impiegare. Ai fini del conseguimento degli obiettivi in tal modo stabiliti, il comma 2 dispone che i Ministri propongano gli interventi da inserire nella manovra di finanza pubblica, mediante il disegno di legge di bilancio.

Dopo l'approvazione della legge di bilancio, il Ministro dell'economia e ciascun ministro di spesa con appositi **accordi** stabiliscono (entro il 1° marzo di ciascun anno) modalità e termini del **monitoraggio** del conseguimento degli obiettivi che, viene precisato, deve concernere anche "quantità e qualità" dei beni e servizi erogati.

Il Ministro dell'economia ha il compito di **valutare la congruità e la coerenza tra gli obiettivi** perseguiti da ciascun Ministro e **le risorse richieste** per la loro realizzazione, tenendo anche in considerazione:

- lo stato dei programmi in corso e dei risultati conseguiti negli anni precedenti in termini di efficacia ed efficienza della spesa;
- le risultanze illustrate nella nota integrativa al rendiconto;
- le risultanze delle attività di analisi dei nuclei di valutazioni (art. 39, comma 1, L. 196/2009);
- il Rapporto sulla spesa delle amministrazioni dello Stato.

Gli schemi degli stati di previsione di entrata e di spesa così verificati formano il **disegno di legge del bilancio a legislazione vigente** che viene predisposto dal Ministro dell'economia e **presentato alle Camere entro il 20 ottobre**.

Inoltre, particolare rilievo assume il comma 1-*ter* dell'art. 23, introdotto dal D.Lgs. 93/2016, con cui si **rafforza il ruolo della cassa** nella fase di formazione del bilancio grazie all'introduzione del **Piano finanziario dei pagamenti** come strumento propedeutico alla predisposizione delle proposte da parte delle amministrazioni: ai fini della predisposizione delle proposte da parte dei responsabili della gestione dei programmi, le previsioni pluriennali di competenza e di cassa iscritte nel bilancio dello Stato, dal 2017, sono formulate mediante la predisposizione di un apposito **Piano finanziario dei pagamenti** (detto **Cronoprogramma**), recante dettagliate indicazioni sui pagamenti che si prevede di effettuare nel periodo di riferimento, ivi distinguendosi la quota della dotazione di cassa destinata al pagamento delle somme iscritte in conto residui da quella destinata al pagamento delle somme da iscrivere in conto competenza. È altresì stabilito che le dotazioni di competenza, in ciascun anno, si adeguino a tale piano, fermo restando l'ammontare complessivo degli stanziamenti autorizzati dalla normativa vigente.

Dopo le modifiche della L. 163/2016, l'art. 23 della L. 196/2009 consente una **maggiore flessibilità nel processo di formazione del bilancio**.

In particolare, il comma 1 dell'art. 23 relativo alla formulazione da parte dei Ministri degli schemi degli stati di previsione della seconda sezione del disegno di legge di bilancio, conferma la possibilità per i Ministri di effettuare proposte di **rimodulazione delle risorse** finalizzate alla realizzazione di obiettivi del proprio dicastero, eliminando tuttavia il vincolo della compensatività all'interno di una stessa missione (il previgente testo riconosceva tale facoltà solo fra programmi della stessa missione di spesa).

Analoga flessibilità è prevista anche (art. 23, comma 3 come modificato dal D.Lgs. 116/2018) per le **rimodulazioni di spesa di fattore legislativo**: con il disegno di legge di bilancio, nell'ambito della seconda sezione, per motivate esigenze e nel rispetto dei saldi di finanza pubblica programmati, all'interno di ciascuno stato di previsione possono essere effettuate:

- la rimodulazione in via compensativa delle dotazioni finanziarie di spesa di parte corrente e in conto capitale previste a legislazione vigente relative ai fattori legislativi;
- la rimodulazione in via compensativa delle dotazioni finanziarie relative alle autorizzazioni di spesa per l'adeguamento delle dotazioni di competenza e di cassa a quanto previsto nel piano finanziario dei pagamenti;
- il rifinanziamento, definanziamento e la riprogrammazione, per un periodo temporale anche pluriennale, delle dotazioni finanziarie di spesa di parte corrente e in conto capitale ma limitatamente alle sole spese di fattore legislativo.

2.3.4 La struttura della seconda sezione e le unità di voto parlamentare

Il comma 2 dell'art. 21 L. 196/2009 dispone che l'unità elementare ai fini della decisione parlamentare sia costituita dall'**Unità di voto parlamentare** (il "*disegno di legge del bilancio di previsione deve esporre per l'entrata e distintamente, per ciascun Ministero, per la spesa le unità di voto parlamentare determinate con riferimento rispettivamente alla tipologia di entrata e ad aree omogenee di attività*").

Esaminiamo dunque l'articolazione del bilancio iniziando dallo **stato di previsione delle entrate**. Queste ultime sono articolate su cinque livelli di aggregazione (art. 25, L. 196/2009):

> **titoli**, secondo la specifica provenienza: tributarie (Titolo I) ed extratributarie (Titolo II), derivanti dall'alienazione, dall'ammortamento di beni patrimoniali e dalla riscossione di crediti (Titolo III), dall'accensione di prestiti (Titolo IV). I primi tre titoli rappresentano le entrate finali; il quarto titolo corrisponde in sostanza all'entità del ricorso al mercato finanziario;

> le entrate sono suddivise in **entrate ricorrenti** e **non ricorrenti**, a seconda che si riferiscano a proventi la cui acquisizione sia prevista a regime ovvero limitata soltanto ad alcuni esercizi;

> il successivo livello differenzia le entrate sulla base della **tipologia**, ai fini **dell'approvazione parlamentare** e dell'accertamento dei cespiti (ad esempio, le unità di voto delle entrate tributarie sono costituite dai tributi più importanti quali l'IRES, l'IVA, oppure da raggruppamenti di tributi con caratteristiche analoghe quali le imposte sostitutive);

> **categorie**, secondo la natura dei cespiti;

> **unità elementari di bilancio**, ai fini della gestione e della rendicontazione, eventualmente suddivise in articoli secondo il rispettivo oggetto, ai fini della rendicontazione.

In ciascuno degli **stati di previsione delle spese**, queste sono articolate su tre livelli di aggregazione (art. 25, comma 2):

> **missioni**, che rappresentano (art. 21, comma 2) le funzioni principali e gli obiettivi strategici della spesa.

Le **missioni** indicano le funzioni principali e gli obiettivi strategici perseguiti con la spesa pubblica e costituiscono una rappresentazione politico-istituzionale, necessaria per rendere più trasparenti le grandi poste di allocazione della spesa e per meglio comunicare le direttrici principali di azione delle singole amministrazioni.

Le missioni indicano, in sostanza, le grandi finalità perseguite con la spesa pubblica (Istruzione scolastica, Ordine pubblico, Giustizia, Infrastrutture pubbliche e logistica, etc.). Ogni missione si realizza concretamente attraverso più programmi;

- **programmi**, ossia le **unità di voto parlamentare**, definiti dall'articolo 21, comma 2 quali aggregati di spesa con finalità omogenea diretti al perseguimento degli obiettivi definiti nell'ambito delle missioni. I programmi sono presentati suddivisi in *macro-aggregati*.

TITOLO	CATEGORIA
I - Entrate tributarie	I - Imposte sul patrimonio e sul reddito
	II - Tasse ed imposte sugli affari
	III - Imposte sulla produzione, sui consumi e dogane
	IV - Monopoli
	V - Lotto, lotterie ed altre attivita' di giuoco
II - Entrate extra-tributarie	VI - Proventi speciali
	VII - Proventi di servizi pubblici minori
	VIII - Proventi dei beni dello stato
	IX - Prodotti netti di aziende autonome ed utili di gestioni
	X - Interessi su anticipazioni e crediti vari del tesoro
	XI - Ricuperi, rimborsi e contributi
	XII - Partite che si compensano nella spesa
III - Alienazione ed ammortamento di beni patrimoniali e riscossione	XIII - Vendita di beni ed affrancazione di canoni di crediti
	XIV - Ammortamento di beni patrimoniali
	XV- Rimborso di anticipazioni e di crediti vari del tesoro
IV - Accensione di prestiti	XX – Accensione di prestiti

I **programmi** rappresentano «*aggregati omogenei di attività svolte all'interno di ogni singolo Ministero, per perseguire obiettivi ben definiti nell'ambito delle finalità istituzionali, riconosciute al Dicastero competente*». La norma specifica che «*la realizzazione di ciascun programma è affidata ad un unico centro di responsabilità amministrativa*», corrispondente all'unità organizzativa di primo livello dei Ministeri (in base al D.Lgs. 300/1999, nei Ministeri costituiscono strutture di primo livello i Dipartimenti ovvero le Direzioni generali).
Sempre per quanto riguarda i programmi, il comma 2 dell'art. 21 dispone altresì un loro raccordo con i livelli della classificazione funzionale COFOG (*Classification of the functions of government*): in particolare, viene previsto che i programmi siano univocamente raccordati alla nomenclatura COFOG di secondo livello (i cosiddetti 69 Gruppi che, secondo tale sistema di classificazione contabile internazionale rappresentano le specifiche aree di intervento delle politiche pubbliche;

- dal primo **gennaio 2017**, però, il D.Lgs. 90/2016 ha previsto l'introduzione delle **azioni**, quale ulteriore articolazione di dettaglio dei programmi di spesa, destinate a costituire, in prospettiva, le unità elementari del bilancio dello Stato anche ai fini gestionali e di rendicontazione.

Le azioni (art. 25-*bis*) costituiscono un **livello di dettaglio dei programmi di spesa** che specifica ulteriormente la finalità della spesa rispetto a quella individuata in ciascun programma, tenendo conto della legislazione vigente, e sono individuate sulla base delle seguenti caratteristiche (comma 3):

a. raggruppano le risorse finanziarie dedicate al raggiungimento di una stessa finalità;
b. migliorano l'informazione sulle finalità cui sono destinate le risorse finanziarie del programma, in termini di settori di intervento, tipologie di servizi erogati o categorie di utenti; categorie di beneficiari di trasferimenti o contribuzioni in denaro; ogni altro elemento che descriva esplicitamente le realizzazioni, i risultati e gli scopi della spesa;
c. corrispondono a insiemi omogenei di autorizzazioni di spesa, sotto il profilo delle finalità;
d. sono significative sotto il profilo finanziario e, quanto più possibile, stabili.

L'individuazione delle azioni, rimessa ad un apposito decreto del presidente del Consiglio dei Ministri, su proposta del Ministro dell'economia (comma 6 dell'art. 25-*bis*) è avvenuta con D.P.C.M. 14 ottobre 2016.

> **unità elementari di bilancio** ai fini della gestione e della rendicontazione (in luogo dei capitoli), classificate secondo il contenuto economico e funzionale, eventualmente ripartite in articoli (i quali, in analogia con quanto in precedenza previsto per i capitoli, corrisponderebbero ai *piani di gestione*).

È possibile distinguere **due tipologie di bilancio**, ciascuna con una propria finalità:

> un bilancio politico per la decisione parlamentare (**bilancio decisionale**) le cui unità minime di deliberazione sono costituite per le entrate da **tipologia**, e per le spese, dai **programmi**; con tale bilancio il Parlamento identifica e determina le funzioni e gli obiettivi generali che lo Stato si prefigge di conseguire;
> un bilancio amministrativo per la gestione (**bilancio gestionale**), articolato in unità elementari di bilancio. A tal fine, ogni anno dopo l'approvazione del bilancio da parte del Parlamento e prima dell'inizio del nuovo anno finanziario, un **decreto** del **Ministro dell'economia dispone** la **ripartizione delle unità di voto**.
Si noti che il Parlamento esercita il suo potere di vincolare l'esecutivo ponendo un limite autorizzatorio che coincide con l'*unità di voto*, la partizione su cui esso è chiamato a votare; spostando tale vincolo dal capitolo all'unità, risulta più ampio il perimetro delle risorse che delimitano un intervento e la connessa responsabilità gestionale del dirigente. Per questo motivo si prevede (art. 21, comma 2) che la realizzazione di ciascun programma sia affidata ad un unico centro di responsabilità amministrativa.

Da tale differenziazione fra bilancio per la decisione e bilancio gestionale deriva che:

> per **modificare** le dotazioni delle diverse **unità di voto** (fissate con legge del Parlamento) è necessario uno specifico provvedimento legislativo (la **legge di assestamento del bilancio**);
> per **modificare** le dotazioni delle diverse unità elementari di bilancio all'interno di una stessa **unità di voto**, è sufficiente un decreto ministeriale su proposta del dirigente responsabile.

Per ogni unità di voto sono indicati (art. 21, comma 3):

a) l'ammontare presunto dei **residui attivi** o **passivi** alla chiusura dell'esercizio precedente a quello cui il bilancio si riferisce;
b) l'ammontare delle entrate che si prevede di accertare e delle spese che si prevede di impegnare nell'anno cui il bilancio si riferisce (concetto di **bilancio di competenza**);
c) le **previsioni** delle entrate e delle spese **relative al secondo e al terzo anno** del bilancio triennale; solo le previsioni del primo anno, tuttavia, costituiscono limite alle autorizzazioni di impegno e pagamento (comma 9);
d) l'ammontare delle entrate che si prevede di incassare e delle spese che si prevede di pagare nell'anno cui il bilancio si riferisce, senza distinzione fra operazioni in con-

to competenza ed in conto residui. Si intendono per incassate le somme versate in Tesoreria e per pagate le somme erogate dalla Tesoreria (concetto di **bilancio di cassa**).

Le somme comprese in ciascuna unità sono suddivise, relativamente alla spesa, in *spese correnti* (con enucleazione delle spese di personale) e *spese di investimento* (con enucleazione delle spese di investimento destinate alle regioni in ritardo di sviluppo).

Nella dotazione finanziaria di ciascun programma di spesa, le spese vanno ripartite in:

> **oneri inderogabili**, in quanto vincolati a meccanismi o parametri determinati da leggi o da altri atti normativi; vi rientrano le cosiddette spese obbligatorie, ossia quelle relative al pagamento di stipendi, assegni, pensioni ed altre spese fisse, le spese per interessi passivi, quelle derivanti da obblighi comunitari ed internazionali, quelle per ammortamento di mutui, nonché quelle vincolate a particolari parametri determinati per legge (comma 5);

> **fattori legislativi**, vale a dire spese autorizzate da espressa disposizione legislativa che ne determina l'importo, considerato quale limite massimo di spesa, e il periodo di iscrizione in bilancio;

> **spese di adeguamento al fabbisogno** (spese non predeterminate legislativamente che sono quantificate tenendo conto delle esigenze delle amministrazioni).

Ciascuno **stato di previsione** (sia quello, unico, dell'entrata, sia quelli della spesa) è **illustrato da** una serie di **elementi informativi** che andranno aggiornati al momento dell'approvazione della legge di bilancio. In particolare, ogni stato di previsione è accompagnato da (art. 21, comma 11) una **nota integrativa al bilancio di previsione** che, per le **entrate**, illustra i **criteri utilizzati per la previsione** relativa alle principali imposte e tasse e specifica, per ciascun titolo, la quota di risorse avente carattere ricorrente, mentre per la **spesa** illustra:

- le **informazioni** relative al quadro di riferimento in cui l'amministrazione opera e le **priorità politiche**, in coerenza con quanto indicato nel Documento di economia e finanza e nel decreto che entro il 31 maggio individua gli obiettivi di spesa per ciascun Ministero (art. 22-*bis*);
- il **contenuto di ciascun programma di spesa con riferimento alle azioni** sottostanti, le risorse finanziarie per il triennio di riferimento con riguardo alle categorie economiche di spesa, i relativi riferimenti legislativi e i criteri di formulazione delle previsioni;
- il **piano degli obiettivi**, intesi come risultati che le amministrazioni intendono conseguire, correlati a ciascun programma e formulati con riferimento a ciascuna azione, e i relativi indicatori di risultato in termini di livello dei servizi e di interventi.

Allo stato di previsione della spesa di alcuni Ministeri erano storicamente allegati come appendici i bilanci delle **aziende ed amministrazioni autonome** che ad essi fanno capo e erano annessi i conti consuntivi degli enti cui lo Stato contribuisce in via ordinaria:

> *Archivi notarili*, facenti capo al Ministero di grazia e giustizia;

> *Istituto agronomico per l'oltremare*, dipendente dal Ministero degli affari esteri;

> *Amministrazione del Fondo edifici di culto*, il cui bilancio era annesso a quello del Ministero dell'interno.

Il D.Lgs. 90/2016, mirando a semplificare i documenti di bilancio e di rendiconto, definisce un nuovo iter autonomo rispetto al disegno di legge di bilancio dello Stato per l'approvazione e successiva presentazione al Parlamento dei bilanci preventivi e consuntivi delle sopracitate amministrazioni autonome e **non prevede più** che essi costituiscano **parte integrante dei bilanci preventivi e dei rendiconti consuntivi delle Amministrazioni vigilanti**.

2.3.5 Il quadro generale riassuntivo

Oltre allo stato di previsione dell'entrata e agli stati di previsione della spesa distinti per Ministeri, il bilancio è costituito anche dal quadro generale riassuntivo riferito al triennio (art. 21, comma 10).
In tale documento, con riferimento sia alle dotazioni di competenza che a quelle di cassa (art. 25, comma 7) e con riferimento al triennio è data distinta indicazione:

> del risultato differenziale tra il totale delle entrate tributarie ed extratributarie ed il totale delle spese correnti (**risparmio pubblico**);
> del risultato differenziale tra tutte le entrate e le spese, escluse le operazioni riguardanti le partecipazioni azionarie ed i conferimenti, nonché la concessione e riscossione di crediti e l'accensione e il rimborso di prestiti (**indebitamento o accrescimento netto**);
> del risultato differenziale delle operazioni finali, rappresentate da tutte le entrate e le spese, escluse le operazioni di accensione e di rimborso di prestiti (**saldo netto da finanziare o da impiegare**);
> del risultato differenziale fra il totale delle entrate finali e il totale delle spese (**ricorso al mercato**).

I saldi di finanza pubblica

Le informazioni sulla situazione della finanza pubblica sono desumibili da alcuni indicatori rappresentativi degli andamenti dei conti del bilancio dello Stato e dell'aggregato delle pubbliche amministrazioni, con riguardo sia ai valori nell'anno di riferimento che a quelli per i periodi immediatamente successivi. Oltre ai saldi evidenziati nel quadro generale riassuntivo, occorre citare i saldi rilevanti per i regolamenti europei: indebitamento netto nominale e strutturale.

Risparmio pubblico

Il **risparmio pubblico** è il saldo della parte corrente del bilancio, dato dalla differenza tra le entrate correnti (tributarie ed extratributarie) e le spese correnti. Esso costituisce il parametro in base al quale si verifica il rispetto dell'obbligo di copertura da parte della Legge di bilancio: questa può infatti introdurre nuovi oneri correnti (nella forma di maggiori spese e/o di minori entrate) solo in presenza di un ammontare equivalente di risorse correnti (minori spese e/o maggiori entrate). Gli eventuali margini di miglioramento del risparmio pubblico risultante a legislazione vigente possono essere utilizzati per la copertura finanziaria delle riduzioni di entrata (ma non degli aumenti di spesa) disposte dalla legge di bilancio, purché si mantenga un valore positivo del risparmio in questione. Riferito ai conti consolidati della Pubblica Amministrazione e del Settore Pubblico Allargato esso misura, se positivo, la quota di risparmio prodotta (e, se negativo, la quota di risparmio assorbita) dai settori intestatari dei conti. Nel primo caso esso è denominato *avanzo corrente*, e nel secondo caso *disavanzo corrente*.

Saldo netto da finanziare

Il **saldo netto da finanziare** è la differenza tra le entrate finali e le spese finali, includendo pertanto in entrambe sia il conto capitale che le partite finanziarie (con esclusione solo delle voci relative all'accensione ed al rimborso dei prestiti). Il disegno di legge di bilancio indica espressamente l'importo del saldo netto da finanziare (ora, sia in termini di **competenza che di cassa**), il cui valore non può risultare modificato nel corso dell'esame parlamentare del provvedimento: pertanto, qualora vengano introdotte nuove norme onerose, le stesse devono recare le corrispondenti risorse a compensazione, al fine di lasciare invariato tale saldo che, con riguardo al bilancio dello Stato, costituisce il perno attorno al quale viene strutturata la manovra annuale di bilancio.

Indebitamento netto

Un ulteriore indicatore è rappresentato dall'**indebitamento netto,** che costituisce il saldo del conto economico **delle amministrazioni pubbliche,** dato dalla differenza tra le entrate finali e le spese finali, al netto delle operazioni finanziarie: esso, misurando il differenziale tra le entrate e le spese con riferimento al momento economico in cui si compie ciascuna operazione (e non al momento in cui se ne effettua la regolazione finanziaria), corrisponde in sostanza al saldo netto da finanziare, escluse le partite finanziarie sia di entrata che di uscita. L'indebitamento netto, in concreto, misura l'eccedenza della spesa rispetto alle risorse a disposizione del settore pubblico, da finanziare attraverso la vendita di attività o l'aumento delle passività: ne consegue che di fatto esso misura la variazione del debito pubblico prodotta a seguito del risultato di esercizio nell'anno di riferimento. Qualora abbia valore positivo, tale saldo indica invece l'*ammontare delle risorse nette* a disposizione dell'operatore pubblico, venendo in tal caso definito *accreditamento netto.*

Ricorso al mercato

Il **ricorso al mercato** costituisce il saldo congiunto del conto economico e delle operazioni finanziarie ed è dato dalla differenza tra tutte le entrate (escluse quelle per accensione di prestiti) e tutte le spese, incluso il rimborso dei prestiti. Corrisponde alla somma del saldo netto da finanziare e del rimborso dei prestiti e, pertanto, esprime l'ammontare massimo dell'indebitamento effettuabile in relazione all'esercizio finanziario.

Saldo di parte corrente e saldo primario

Oltre a tali saldi, può essere opportuno segnalare ulteriori indicatori che, pur avendo carattere parziale, possono risultare significativi per l'analisi della situazione e dell'evoluzione dei conti pubblici, tra cui il **saldo di parte corrente**, risultante dal differenziale tra le entrate e le uscite di parte corrente, che, qualora positivo, indica il "risparmio" delle pubbliche amministrazioni, ed il **saldo primario**. Quest'ultimo, in particolare, riporta il differenziale tra le entrate complessive delle amministrazioni pubbliche e le uscite, con esclusione della spesa per interessi. Di fatto esso indica il risultato d'esercizio, al netto degli oneri, (costituiti dagli interessi) derivanti dai risultati negativi degli anni finanziari precedenti. Si tratta di un saldo che costituisce uno dei principali fattori che concorrono alla variazione annua del debito pubblico, ed ha pertanto uno specifico rilievo per l'analisi di sostenibilità del debito medesimo.

Indebitamento netto nominale

L'indebitamento netto nominale misura la differenza tra le entrate e le uscite complessive del conto consolidato delle amministrazioni pubbliche e rappresenta uno dei parametri di riferimento del Patto di stabilità e crescita. È questo l'indicatore che rileva ai fini della procedura europea per deficit eccessivo.

Indebitamento netto strutturale

Dati i parametri di bilancio e le procedure di valutazione degli impegni assunti dai singoli Stati membri con il Patto di Stabilità e Crescita ed il *Fiscal compact*, assume una particolare rilevanza, tra le variabili dei conti pubblici alla base della programmazione di medio periodo della finanza pubblica e delle decisioni di politica fiscale, l'indebitamento netto strutturale, pari all'indebitamento netto corretto per gli effetti del ciclo economico sulle componenti di bilancio e per gli effetti delle misure *una tantum*, che influiscono solo temporaneamente sull'andamento del disavanzo.

2.4 La manovra di finanza pubblica in Parlamento

Entro il 20 ottobre il Governo presenta alle Camere il disegno di Legge di bilancio dello Stato. Per convenzione, ogni anno i due rami del Parlamento si alternano nell'affrontare la prima lettura dei disegni di legge governativi.

Ha così inizio l'iter parlamentare per l'approvazione della manovra di bilancio, iter che i regolamenti parlamentari disciplinano con particolare attenzione. L'art. 119 del regolamento della Camera dei deputati, ad esempio, prevede che *"l'esame del disegno di legge di approvazione dei bilanci di previsione, annuale e pluriennale, dello Stato e dei documenti relativi alla politica economica nazionale e alla gestione del pubblico denaro, collegati alla presentazione dei predetti disegni di legge, ha luogo nell'ambito di una **apposita sessione parlamentare di bilancio**"*.

Durante la sessione di bilancio è **sospesa ogni deliberazione**, da parte dell'Assemblea e delle Commissioni in sede legislativa, **sui progetti di legge che comportino nuove o maggiori spese o diminuzioni di entrate**. Le uniche eccezioni sono previste per le deliberazioni relative alla conversione di decreti-legge, ai progetti di legge collegati alla manovra contenuta nel DEF approvato dal Parlamento, nonché quelle concernenti i disegni di legge di autorizzazione alla ratifica dei trattati internazionali e di ricezione e attuazione di atti normativi dell'Unione europea, quando dalla mancata tempestiva approvazione dei medesimi possa derivare responsabilità dello Stato italiano per inadempimento di obblighi internazionali o comunitari.

I regolamenti parlamentari fissano una rigida scansione temporale dei lavori delle Commissioni e dell'Assemblea (anche perché occorre ovviamente rispettare la scadenza del 31 dicembre, pena l'esercizio provvisorio come previsto dalla Costituzione). Il Presidente dell'assemblea in cui i disegni sono in prima lettura verifica, innanzitutto, che la Legge di bilancio **non rechi disposizioni estranee** e che sia rispettata la regola della copertura.
L'ordine di votazione dei provvedimenti è stabilito dalla stessa legge di contabilità; infatti, secondo l'art. 21, commi 14 e 15, L. 196/2009, si approvano (con riferimento sia alle dotazioni di competenza che di cassa) con distinti articoli:
> lo stato di previsione dell'entrata;
> ciascuno stato di previsione della spesa;
> i totali generali della spesa;
> il quadro generale riassuntivo;
> i fondi di riserva e speciali disciplinati dagli artt. 26-29 della legge di contabilità.

È importante notare che (art. 21, comma 12) gli effetti finanziari derivanti dalle modifiche apportate alla prima sezione del disegno di legge di bilancio nel corso della discussione parlamentare sono integrati nella seconda sezione attraverso un'apposita nota di variazioni.

Sintetizzando il nuovo quadro legislativo, la **previsione di spesa per ciascun programma** (che, si rammenta, costituisce l'unità di voto in sede parlamentare) si forma secondo tale **sequenza**:
- partendo dal dato contabile a legislazione vigente, ciascun programma può essere modificato prima dalle rimodulazioni compensative per fattori legislativi e cronoprogramma e poi dalle variazioni alle dotazioni finanziarie relative ai fattori legislativi; si forma in tal modo il dato contabile di spesa risultante dalla seconda sezione;
- su questo dato contabile va quindi inserito l'effetto finanziario determinato sul programma dalle eventuali modifiche risultanti dalla prima sezione;
- si forma in tal modo il dato di bilancio "integrato", cioè comprensivo di entrambe le sezioni, che costituirà l'unità di voto.

In termini analoghi si procede per l'unità di voto parlamentare delle **entrate** - vale a dire la **tipologia** delle stesse – per la quale, al dato contabile risultante dalla seconda sezione, formato sulla base della legislazione vigente, vanno inseriti gli effetti finanziari derivanti dalla prima sezione, determinandosi così il dato "integrato" delle due sezioni.
La **nota di variazioni**, con cui si incorporano nella seconda sezione gli effetti finanziari derivanti dalle modifiche apportate da ciascuna Camera alla prima sezione del disegno di legge di bilancio,

è presentata dal Governo e votata dalla medesima Camera prima della votazione finale. Per ciascuna unità di voto la nota evidenzia, distintamente con riferimento sia alle previsioni contenute nella seconda sezione sia agli effetti finanziari derivanti dalle disposizioni della prima sezione, le variazioni apportate rispetto al testo del disegno di legge presentato dal Governo ovvero rispetto al testo approvato nella precedente lettura parlamentare.
Prima delle modifiche introdotte dalla L. 163/2016, invece, dopo che le Camere avevano approvato i singoli articoli del disegno di legge di bilancio, la votazione finale sul disegno di legge di bilancio rimaneva invece sospesa: le Camere dovevano prima approvare la Legge di stabilità. Dopo che quest'ultima era stata approvata, infatti, il Governo presentava una **nota di variazione al bilancio di previsione dello Stato** per incorporarne gli effetti sullo stesso bilancio dello Stato. La Commissione Bilancio esaminava la nota di variazione e solo a questo punto l'assemblea procedeva alla votazione finale del disegno di legge di bilancio.

Alla data di entrata in vigore della legge di bilancio (come previsto dall'art. 21, comma 17 della L. 196/2009) un **apposito decreto del Ministro dell'Economia**, d'intesa con le amministrazioni interessate, **ripartisce le unità di voto parlamentare in unità elementari ai fini della gestione e della rendicontazione**.
Entro dieci giorni dalla pubblicazione della legge di bilancio **i Ministri assegnano le risorse ai responsabili della gestione** e si procede al raccordo tra il bilancio di previsione dello Stato approvato e il sistema di contabilità nazionale per i conti del settore della pubblica amministrazione.

2.5 Il bilancio di assestamento

Durante l'esercizio finanziario, mentre viene data esecuzione al bilancio di previsione, può accadere che si verifichino *nuove o maggiori entrate* rispetto a quelle previste in bilancio oppure che si dimostrino necessarie nuove o maggiori spese rispetto agli stanziamenti.
Per variare ed aggiornare le poste del bilancio sono perciò previsti strumenti diversificati in relazione alla nuova struttura del bilancio nella doppia articolazione di bilancio politico (quello approvato dalle Camere, basato sulle unità di voto parlamentare) e di bilancio gestionale (articolato per unità elementari).
Poiché il primo documento (bilancio politico) è stato oggetto di approvazione legislativa, è necessario che le dotazioni delle singole unità di base siano variate con un provvedimento avente analoga forza di legge: a tale finalità risponde il bilancio di assestamento (mentre per le variazioni delle ripartizioni amministrative del bilancio, si provvede con decreti presidenziali o ministeriali).
Al riguardo, l'art. 33, comma 1, della L. 196/2009 stabilisce che **entro il mese di giugno** di ciascun anno il Ministro dell'Economia presenta un disegno di legge ai fini dell'assestamento delle previsioni di bilancio formulate a legislazione vigente, anche in considerazione della consistenza dei residui attivi e passivi accertata in sede di rendiconto dell'esercizio scaduto il 31 dicembre dell'anno precedente. Dopo le modifiche della L. 163/2016, con il disegno di legge di assestamento possono essere proposte, limitatamente all'esercizio in corso, **variazioni compensative** tra le dotazioni finanziarie previste a legislazione vigente, anche relative a unità di voto diverse, restando comunque precluso l'utilizzo degli stanziamenti di spesa in conto capitale per finanziare spese correnti (art. 33, comma 3 che ha in tal modo aumentato la flessibilità in sede di assestamento: la possibilità di compensazione era originariamente limitata soltanto nell'ambito dei programmi di una medesima missione).

Capitolo 3
L'esecuzione del bilancio

3.1 La gestione delle entrate

Con l'approvazione parlamentare del bilancio, il Governo è autorizzato ad acquisire le entrate e ad erogare le spese indicate nel documento contabile; l'insieme di atti e di attività amministrativo-contabili poste in essere a tal fine si definisce **gestione del bilancio**.
È possibile distinguere diverse fasi, sia sul versante dell'entrate che su quello delle spese. Le fasi dell'**entrata** sono:
> l'accertamento;
> la riscossione;
> il versamento.

3.1.1 L'accertamento

L'accertamento è la fase nel corso della quale l'amministrazione competente determina la ragione (giuridica) del credito, identifica la persona del debitore e provvede ad iscrivere la somma che dovrà essere incassata nella competenza dell'anno finanziario (così l'art. 222 del R.D. 827/1924, Regolamento di Contabilità generale). Più analiticamente la fase dell'accertamento evidenzia quattro elementi fondamentali:
> motivo giuridico del credito;
> individuazione del debitore;
> importo da riscuotere;
> imputazione dell'importo (in entrata al bilancio).

Ai sensi del comma 2 del citato art. 222 del Regolamento di contabilità generale, l'accertamento avviene **secondo diverse modalità**:
a) mediante *ruoli*, per le imposte dirette e per le altre entrate a scadenze determinate, emessi nelle forme e con le modalità prescritte dalle relative leggi e regolamenti aventi effetto costitutivo del debito (in realtà, l'accertamento mediante ruoli ha attualmente ceduto il passo al principio dell'autoaccertamento e autoliquidazione dei tributi da parte del debitore d'imposta, il quale si avvale a tal fine dell'intermediazione delle aziende di credito);
b) mediante *liste di carico*, per affitti, censi, canoni, livelli e per ogni altra prestazione periodica;
c) mediante *prenotazione* in registri o campioni tenuti dalle Ragionerie territoriali dello Stato e notificazioni fatte dalle Direzioni del Tesoro, per le entrate amministrate dal Dipartimento del Tesoro;
d) altri *specifici atti amministrativi* per tutte le altre entrate di natura eventuale e variabile accertabili nello stesso momento della riscossione, liquidabili entro l'esercizio finanziario (è il caso, ad es., del lotto, i cui proventi sono accertati all'atto della giocata).

Si badi che **l'accertamento come stadio contabile** della entrata va tenuto concettualmente **distinto** dall'**accertamento tributario** che attiene al rapporto giuridico di imposta. Mentre l'accertamento della entrata costituisce una fase contabile interna con la quale, ai fini della gestione del bilancio di competenza, si accerta il diritto alla riscossione, l'accertamento d'imposta attiene al rapporto giuridico d'imposta ed ha la funzione di rendere liquido ed esigibile il debito d'imposta e rende esigibile l'obbligazione tributaria all'esito di un procedimento che si snoda attraverso altri adempimenti da parte dello stesso contribuente e degli uffici amministrativi (dichiarazioni, visite, rettifiche, variazioni, avvisi).

L'accertamento di qualsiasi entrata non incontra limiti negli stanziamenti di entrata iscritti in bilancio poiché, diversamente dalla spesa, la previsione di bilancio non ha funzione autorizzatoria di modo che il diritto a riscuotere rimane impregiudicato anche se le relative entrate non siano previste (art. 219 del Regolamento di Contabilità generale).

L'accertamento qualificato

Il decreto legislativo 16 marzo 2018, n. 29 ha introdotto (art. 21-*bis* L. 169/2009) il concetto di accertamento qualificato, con il quale si intende l'iscrizione nello stato di previsione dell'entrata del bilancio dello Stato di tutti i redditi, proventi e crediti di qualsiasi natura, per un ammontare corrispondente all'importo che lo Stato, avendone diritto sulla base della legislazione vigente, prevede di riscuotere nel triennio di riferimento. In questo modo, si tiene distinto l'accertamento "giuridico" - che permane ed esplica i propri effetti ai fini dell'attività di controllo da parte dell'Amministrazione finanziaria, oltre a formare egualmente oggetto di rilevazione gestionale da esporre nel conto del bilancio, indipendentemente dal suo grado di riscuotibilità - da quello contabile cd. "qualificato", volto a incidere sui saldi contabili per la sola componente ritenuta riscuotibile.
Mentre l'accertamento contabile mira a privilegiare l'aspetto giuridico del diritto dello Stato all'acquisizione delle risorse, con l'accertamento qualificato si ha uno spostamento della fase dell'accertamento, quanto alla sua rilevazione contabile nel bilancio dello Stato, al momento della riscossione del credito, quando, cioè, il credito diventa esigibile. Tale cambiamento si inserisce nell'ambito della più ampia attività finalizzata al potenziamento della funzione del bilancio di cassa.
Le modalità per l'applicazione, in via sperimentale, della nozione di accertamento qualificato sono state definite con il decreto del Ministro dell'economia e delle finanze 25 maggio 2018, che ha provveduto a disciplinare le varie fasi della sperimentazione.

3.1.2 La riscossione

È la fase in cui il debitore paga la somma dovuta allo Stato. La riscossione è fatta "per conto delle singole Amministrazioni che sotto la propria responsabilità" amministrano le somme (art. 224 Regolamento di contabilità generale) per mezzo di "agenti designati dalle relative leggi e regolamenti nei modi e nelle forme da essi prescritti" (art. 223 Reg. Cont.).
Il ruolo di agente di riscossione può essere svolto:

- da **dipendenti dell'amministrazione** (agenti contabili, tenuti a rendere il conto della loro gestione alle Amministrazioni da cui dipendono – art. 74 Legge contabilità generale e art. 252 Reg. Cont. – e, in quanto agenti contabili – art. 178 Reg. Cont. –, sono altresì tenuti alla presentazione del conto giudiziale alla Corte dei Conti);
- da un **ente pubblico incaricato** sia dell'accertamento che della riscossione di alcune entrate erariali specifiche (ad esempio il CONI per i concorsi pronostici dello sport; l'ACI per le tasse automobilistiche; la RAI per il canone radiotelevisivo);

- **altri soggetti esterni** cui sia stato affidato per contratto l'incarico o che hanno preso in concessione il servizio (Poste italiane, banche etc.).

La riscossione delle entrate avviene generalmente con il versamento spontaneo da parte dei contribuenti, dietro quietanza delle somme versate. In caso contrario, cioè quando il debitore risulta insolvente, si procede alla riscossione coattiva tramite titoli esecutivi (ruolo e ingiunzione).

Il sistema della riscossione, che prima era diversificato e disomogeneo nelle procedure, è stato riordinato, con il D.Lgs. 22 febbraio 1999 n. 37, che ha abolito l'obbligo del *non riscosso come riscosso* (secondo cui i concessionari della riscossione avevano l'obbligo di versare all'amministrazione le somme iscritte a ruolo come se fossero state incassate, salvo ottenerne il rimborso una volta dimostrata la loro inesigibilità), e il D.Lgs. 26 febbraio 1999 n. 46, che ha riordinato il sistema dei ruoli come strumento di riscossione coattiva di tutte le entrate tributarie ed extratributarie dello Stato e degli enti pubblici istituzionali.

Dal primo ottobre 2006 (art. 3 del D.L. 30-9-2005, n. 203, convertito in L. 248/2005), è stato soppresso il Servizio nazionale della riscossione e le relative funzioni sono state attribuite all'Agenzia delle Entrate attraverso **Equitalia** (ex Riscossione S.p.A.), società per azioni a totale capitale pubblico (51 per cento all'Agenzia delle Entrate, 49 per cento all'INPS). A decorrere dal 1° luglio 2017, le società del gruppo Equitalia sono state sciolte e l'esercizio delle funzioni di riscossione sono svolte da "Agenzia delle Entrate Riscossione", ente strumentale dell'Agenzia (D.L. 193/2016).

3.1.3 Il versamento

La procedura di acquisizione delle entrate si esaurisce con il versamento alla Tesoreria delle somme riscosse dagli esattori, nei termini stabiliti dalle leggi e dai regolamenti, e con la conseguente imputazione al bilancio. Il versamento può essere: **diretto**, se fatto direttamente dal debitore (art. 232 Reg. Cont.), **indiretto**, se avviene tramite gli agenti delle riscossione, oppure per commutazione di un titolo di spesa in quietanza di entrata o in vaglia del tesoro (art. 430 Reg. Cont.).

3.2 La gestione delle spese

L'articolazione del procedimento contabile della spesa è disciplinata dagli articoli 270 e seguenti del Regolamento di Contabilità di Stato, secondo cui la procedura di spesa si sviluppa attraverso:

- l'impegno;
- la liquidazione;
- l'ordinazione;
- il pagamento.

3.2.1 L'impegno

L'impegno è la prima fase del procedimento di spesa con la quale, a seguito di obbligazione giuridicamente perfezionata, è determinata la somma da pagare, individuato il soggetto creditore, indicata la ragione e costituito il vincolo sulle previsioni di bilancio, nell'ambito della disponibilità finanziaria accertata.

Per lungo tempo è mancata una definizione legislativa dell'impegno: il R.D. 2440/1923 (Legge sull'ordinamento contabile dello Stato) si limitava infatti a prescrivere l'obbligo

di dare avvio al procedimento per la registrazione dell'impegno, comunicando alle rispettive ragionerie tutti gli atti con i quali si approvano contratti o si autorizzano spese o dai quali derivi un obbligo di pagare somme a carico del bilancio (art. 50).
Ora, tale formula ha trovato conferma nell'art. 34 della L. 196/2009; prima di analizzare i principi, è bene ricordare che **gli impegni, a seconda della fonte, possono derivare**:

- da leggi, che dispongono determinate spese (**impegni legislativi**). Ad esempio, formano impegno sui relativi fondi della competenza le *spese in conto capitale* autorizzate da speciali disposizioni di legge, ripartite in più anni, per la quota che si è stabilita potersi erogare nell'anno. In realtà, anche in questi casi, fatta eccezione per l'ipotesi dei cd. residui di stanziamento, se non interviene un atto amministrativo di impegno concreto al termine dell'esercizio finanziario la spesa erogata non dà luogo a residui ma passa in economia. Pertanto, anche in questo caso, perché si producano gli effetti contabili tipici dell'impegno amministrativo è necessario comunque che quest'ultimo intervenga;
- da contratti stipulati dalla pubblica amministrazione (**impegni contrattuali**, ad esempio per affitti o per contratti di appalto);
- da atti amministrativi non contrattuali (**impegni amministrativi**);
- da sentenze passate in giudicato che condannano lo Stato a pagare una certa somma (**impegni giudiziali**).

La disciplina degli impegni e dei pagamenti è ora dettata dall'art. 34 della L. 196/2009 come modificato dai decreti legislativi 93/2016, 29/2018 e 116/2018. L'articolo in questione individua i seguenti **principi**:

- l'impegno di spesa ed il pagamento, in linea generale, è compito dei dirigenti, nell'ambito delle attribuzioni ad essi demandate e nei limiti delle risorse assegnate in bilancio (comma 1 che conferma gli atti 16 e 17 D.Lgs. 165/2001);
- per quanto riguarda le somme dovute dallo Stato in relazione all'adempimento **di obbligazioni giuridiche perfezionate**, gli impegni di spesa sono assunti nel rispetto delle leggi vigenti e, nei limiti dei pertinenti stanziamenti iscritti in bilancio, **con imputazione agli esercizi in cui le obbligazioni sono esigibili**, dando pubblicità mediante divulgazione periodica delle informazioni relative agli impegni assunti per gli esercizi in cui l'obbligazione diviene esigibile. Questa nuova modalità di imputazione agli esercizi finanziari in cui le obbligazioni sono esigibili (in vigore dal 1° gennaio 2019: art. 9, co. 2 D.Lgs. 93/2016, come mod. da D.L. 148/2017) è stata disposta nell'ottica del rafforzamento del bilancio di cassa. Per la sua attuazione è necessario che le amministrazioni predispongano e aggiornino l'apposito *Piano finanziario dei pagamenti pluriennale* (cosiddetto Cronoprogramma) sulla base del quale ordinare e pagare le spese. Tale Piano finanziario dei pagamenti riporta, quali elementi necessari e presupposti del pagamento stesso, in relazione a ciascun impegno, l'ammontare del debito e l'esatta individuazione della persona del creditore, supportati dai titoli e dai documenti comprovanti il diritto acquisito, nonché la data in cui viene a scadenza l'obbligazione;
- l'assunzione dei suddetti impegni è possibile **solo in presenza delle necessarie disponibilità finanziarie**, in termini di competenza e di cassa, e dei seguenti elementi costitutivi: la ragione del debito, l'importo ovvero gli importi da pagare, l'esercizio finanziario o gli esercizi finanziari su cui gravano le previste scadenze di pagamento e il soggetto creditore univocamente individuato. L'impegno può essere assunto solo in presenza, sulle pertinenti unità elementari di bilancio, di disponibilità finanziarie sufficienti, in termini di competenza, a far fronte in ciascun anno

alla spesa imputata in bilancio e, in termini di cassa, a farvi fronte almeno nel primo anno, garantendo comunque il rispetto del piano finanziario dei pagamenti;

- non è possibile **assumere impegni di spesa a carico dell'esercizio scaduto** successivamente alla data di chiusura dell'esercizio finanziario, ovvero il 31 dicembre (comma 6). Tuttavia, in via derogatoria, le risorse assegnate con variazioni di bilancio, adottate con decreti del Ministro dell'economia e delle finanze e trasmessi alla Corte dei conti entro il 28 febbraio, sono conservate tra i residui passivi dell'anno successivo a quello di iscrizione in bilancio, nei casi previsti dal comma 6-*bis* (applicazione di provvedimenti legislativi pubblicati nell'ultimo quadrimestre dell'anno; riassegnazione di entrate di scopo, adottate nell'ultimo mese dell'anno; attribuzione delle risorse di fondi la cui ripartizione, tra le unità elementari di bilancio interessate, è disposta con il predetto decreto di variazione di bilancio del Ministro dell'economia e delle finanze, a seguito dell'adozione di un provvedimento amministrativo che ne stabilisce la destinazione);
- per **le spese afferenti all'acquisto di beni e servizi**, sia di parte corrente che in conto capitale, l'assunzione dell'impegno è subordinata alla **preventiva registrazione**, sul sistema informativo per la gestione integrata della contabilità economica e finanziaria, **dei contratti** o degli ordini che ne costituiscono il presupposto;
- le **spese per competenze fisse ed accessorie** relative al personale, sono imputate alla **competenza** del bilancio dell'**anno finanziario** in cui vengono disposti i relativi **pagamenti**;
- per gli **impegni di spesa in conto capitale** che prevedono opere o interventi ripartiti in più esercizi le amministrazioni pubbliche possono stipulare contratti o comunque assumere impegni nei limiti dell'intera somma indicata dalle leggi pluriennali di spesa ovvero nei limiti indicati dalla Legge di bilancio (art. 34, comma 5 che rinvia all'art. 30, comma 2).

L'impegno in concreto avviene in sede di **controllo preventivo** della competente Ragioneria dello Stato la quale, ricevuto l'atto di rilievo finanziario e riscontratane la **regolarità contabile ed amministrativa**, effettua la registrazione contabile delle somme necessarie con conseguente effetto di rendere indisponibili ad altri fini le somme ad essa riferite (art. 6, comma 1, D.Lgs. n. 123/2011 di riforma dei controlli di regolarità amministrativa e contabile).

Per garantire una corretta programmazione dell'utilizzo degli stanziamenti di cassa del bilancio statale, il dirigente responsabile della gestione, in relazione a **ciascun impegno assunto** sulle unità elementari di bilancio di propria pertinenza, con esclusione delle spese relative alle competenze fisse e accessorie da corrispondere al personale e al rimborso del debito pubblico, ha l'obbligo di predisporre ed aggiornare, contestualmente all'assunzione del medesimo impegno, un apposito **piano finanziario dei pagamenti** sulla base del quale ordina e paga le spese. Le informazioni contenute nei piani finanziari di pagamento sono rese pubbliche con cadenza periodica. Il dirigente responsabile della gestione ha l'obbligo di aggiornare il piano finanziario dei pagamenti, con riferimento alle unità elementari di bilancio di propria pertinenza, almeno con cadenza mensile, anche in assenza di nuovi impegni e, in ogni caso, in relazione a provvedimenti di variazioni di bilancio adottati ai sensi della normativa vigente in materia di flessibilità in fase di gestione (art. 34, co. 7 L. 196/2009).

3.2.2 La liquidazione

La liquidazione è la fase del procedimento di spesa attraverso la quale, in base a titoli e documenti comprovanti il diritto acquisito dal creditore dello Stato:

> si individua il creditore;
> si delimita e precisa la causa giuridica della spesa;
> si determina la somma certa e liquida da pagare nei limiti dell'ammontare dell'impegno definitivo assunto.

In genere la liquidazione spetta allo stesso organo che ha promosso l'impegno; come dispone l'art. 288 del Regolamento di Contabilità di Stato, in ciascuna Amministrazione essa spetta agli "uffici amministrativi cui è affidata la trattazione degli affari".
La liquidazione da parte degli uffici amministrativi deve essere appoggiata a titoli e documenti comprovanti il diritto acquisito dal creditore. A tal proposito, si ricorda che l'art. 1, comma 209, della legge 24 dicembre 2007, n. 244 ha stabilito che l'emissione, la trasmissione, la conservazione e l'archiviazione delle fatture, emesse nei rapporti con le amministrazioni dello Stato, anche ad ordinamento autonomo, e con gli enti pubblici nazionali deve essere effettuata esclusivamente in forma elettronica (cosiddetta **fatturazione elettronica**). Il D.M. n. 55 del 3 aprile 2013, dando attuazione a tale disposizione, ha fissato al 6 giugno 2014 la decorrenza degli obblighi di utilizzo della fatturazione elettronica nei rapporti economici con le amministrazioni centrali; dal 31 marzo 2015, l'obbligo è esteso a tutte le rimanenti amministrazioni pubbliche.

3.2.3 L'ordinazione

Per ordinazione si intende quella fase della spesa nella quale lo Stato manifesta documentalmente la volontà di adempiere all'obbligazione precedentemente assunta nei confronti del creditore, emettendo un "titolo di spesa", ed ordinandone il pagamento in favore del creditore medesimo.

A seconda della forma di pagamento, l'ordinazione può avvenire (art. 54 R.D. 2440/1923, come modificato dal D.L. 73/2022):

- se il **pagamento è a valere sugli stanziamenti del bilancio**: attraverso: *a*) mandati informatici, emessi dagli ordinatori primari di spesa; *b*) ordinativi informatici, emessi dagli ordinatori secondari di spesa titolari di contabilità ordinaria sulle aperture di credito disposte dalle amministrazioni deleganti; *c*) buoni di prelevamento informatici, a valere sulle risorse messe a disposizione degli ordinatori secondari ai sensi della lettera *b*); *d*) spese fisse telematiche, per i pagamenti delle pensioni e delle indennità a carattere ricorrente; *e*) altre disposizioni di pagamento informatizzato previste dalla legge o dal regolamento di contabilità generale;
- se il **pagamento avviene tramite l'utilizzo di risorse disponibili in tesoreria**: *a*) con ordinativi informatici a valere sulle disponibilità delle contabilità speciali e dei conti aperti presso la tesoreria statale; *b*) con ordinativi informatici a titolo di anticipazione di tesoreria, nei casi previsti da norme di legge o regolamentari o da autorizzazione amministrativa da parte del Dipartimento della Ragioneria generale dello Stato.

3.2.4 Il pagamento

Il pagamento è l'atto conclusivo della procedura di spesa con il quale il debito dello Stato viene totalmente o parzialmente estinto. In quanto ultimo stadio della spesa, esso determina l'effettiva uscita di denaro comportando una movimentazione passiva di cassa e perciò assume rilievo ai fini del bilancio di cassa.
Per i creditori non titolari di contabilità speciale o di altri conti aperti presso la tesoreria statale, i pagamenti avvengono (art. 55 R.D. 2440/1923, come modificato dal D.L. 73/2022):

- mediante accredito sul conto di pagamento indicato dal beneficiario e ad esso intestato;
- con altri strumenti di pagamento elettronici disponibili nel sistema dei pagamenti;
- in contanti nel rispetto della normativa vigente.

Qualora si debba dare esecuzione a provvedimenti giurisdizionali di condanna dell'Amministrazione o quando non sia possibile acquisire gli estremi del conto di pagamento del beneficiario, si procede con assegni a copertura garantita.
I pagamenti a favore di titolari di contabilità speciale o di altri conti aperti presso la tesoreria statale si estinguono mediante operazioni di girofondi.

Per permettere il monitoraggio della spesa pubblica, i tesorieri o cassieri delle amministrazioni pubbliche trasmettono quotidianamente (mensilmente i soli enti previdenziali) alla banca dati **SIOPE**, tramite l'infrastruttura SIOPE+, i dati concernenti tutti gli incassi e i pagamenti effettuati.
SIOPE è una base dati realizzata dalla Banca d'Italia, in collaborazione con la Ragioneria generale dello Stato e l'Agenzia per l'Italia digitale (AgID), che favorisce (art. 14, co. 6, L. 196/2009) il monitoraggio dei conti pubblici e dei tempi di esecuzione dei pagamenti mediante la raccolta di informazioni sulle operazioni di incasso e pagamento degli enti aderenti.
L'art. 25 D.L. 66/2014, inoltre, per i pagamenti dovuti dalle pubbliche amministrazioni, ha fatto divieto di procedere al pagamento delle fatture elettroniche che non riportano il Codice identificativo di gara (**CIG**, il codice alfanumerico univoco e obbligatorio di dieci caratteri che identifica una gara d'appalto; è richiesto dal RUP attraverso il Sistema Informativo di Monitoraggio delle Gare **SIMOG**) e il Codice Unico di Progetto (**CUP**, il codice che identifica ogni progetto d'investimento pubblico).
Tutte le pubbliche amministrazioni sono tenute a pagare entro 30 giorni (60 in casi eccezionali) dalla data di ricevimento della fattura (art. 4, co. 4, D.Lgs. 231/2002); i termini sono raddoppiati per gli enti del Servizio sanitario nazionale.

L'art. 69 del R.D. 2440/1923 elenca una serie di atti (cessioni, delegazioni, costituzione di pegno, pignoramenti, sequestri, opposizioni) che, qualora siano notificati all'amministrazione prima che sia ordinato il pagamento, possono impedire il pagamento della spesa in maniera assoluta o relativa, a favore del creditore.
Una particolare forma di sospensione del pagamento è il **fermo amministrativo** in base a cui qualsiasi amministrazione dello Stato che vanti, a qualsiasi titolo, una ragione di credito verso i creditori dello Stato ha facoltà di chiedere la sospensione del pagamento e questa deve essere eseguita in attesa del provvedimento definitivo (art. 69, ultimo comma R.D. 2440/1923). Si tratta di una forma di autotutela privilegiata, di carattere cautelare, preordinata alla compensazione legale tra crediti e debiti delle varie amministrazioni dello Stato; tale autotutela non è però utilizzabile da altre amministrazioni pubbliche diverse da quelle statali e ha carattere provvisorio.

Per i **pagamenti**, a qualunque titolo, di **importo superiore a 5.000 euro**, l'art. 48-*bis* del D.P.R. n. 602/1973 (come modificato dalla L. 205/2017) dispone che le Amministrazioni Pubbliche e le società a prevalente partecipazione pubblica **verifichino** se il beneficiario è inadempiente all'obbligo di **versamento** derivante dalla notifica di una o più cartelle di pagamento. In caso affermativo, il soggetto pubblico non procede al pagamento e segnala la circostanza all'agenzia della riscossione competente per territorio.

3.3 La gestione di tesoreria

Le operazioni pratiche di incasso e di pagamento per conto dello Stato sono svolte dalla Banca d'Italia che svolge dunque il ruolo di cassiere dello Stato. Tale delicato servizio è regolato da una Convenzione fra Ministero dell'Economia e Banca d'Italia che è stata rinnovata tacitamente fino al 2030.

Ma il complesso dell'attività finanziaria dello Stato non si esaurisce con la gestione del bilancio: esso si proietta in una serie di attività collegate (la cosiddetta gestione di tesoreria) in cui rientrano soprattutto le operazioni necessarie a fronteggiare momentanei squilibri di cassa tra incassi e pagamenti imputabili al bilancio.

Essenziale, a tal proposito, è stato l'intervento dell'art. 44 della L. 196/2009 che, per la prima volta, ha fornito la **definizione del saldo di cassa del settore statale**, come risultato del consolidamento dei flussi di cassa del bilancio dello Stato con quelli generati dalla tesoreria del settore statale ed esprime quindi il fabbisogno da finanziare attraverso emissioni di titoli di Stato ed altri strumenti a "breve termine".

Il comma 2 fornisce invece la definizione del **saldo di cassa delle amministrazioni pubbliche**, che risulta dal consolidamento dei flussi di cassa dei diversi sottosettori.

Si ricordi, a tal proposito, che nella seconda sezione del disegno di legge di bilancio è stabilito annualmente, per ogni anno del triennio di riferimento, in relazione alla indicazione del fabbisogno del settore statale, l'importo massimo di emissione di titoli dello Stato, in Italia e all'estero, al netto di quelli da rimborsare (art. 21, comma 11-*ter*).

La tesoreria unica

Presso la Tesoreria, oltre a quello dello Stato, sono inoltre aperti conti correnti e contabilità speciali delle diverse amministrazioni pubbliche non statali. Con la L. 720/1984, infatti, sono stati accentrati nella Tesoreria le giacenze di cassa degli enti pubblici (cosiddetto sistema di Tesoreria unica) e si è disposto l'obbligo per i soggetti pubblici di mantenere le proprie disponibilità liquide (eccedenze di cassa) in contabilità speciali o conti correnti infruttiferi presso le sezioni di tesoreria dello Stato. In particolare, la L. 720/1984 ha individuato due gruppi:

- ciascuno degli enti del primo gruppo (elencato nella **Tabella A** allegata alla L. 720/1984) si avvale (per lo svolgimento del servizio di cassa vero e proprio) di una banca che ha l'obbligo di accendere presso la Banca d'Italia dei conti speciali: tali conti sono infruttiferi, se su di essi sono versati i trasferimenti statali, o fruttiferi se in essi confluiscono le entrate proprie dell'ente. Tali entrate sono utilizzate prioritariamente per i pagamenti;
- gli enti del secondo gruppo (compresi nella **Tabella B** allegata alla L. 720/1984) non possono detenere presso il proprio tesoriere disponibilità liquide superiori al 3 per cento del complesso delle entrate di competenza e le eventuali eccedenze sono versate presso la Tesoreria dello Stato su appositi conti: fruttiferi (se in esso confluiscono le entrate tributarie ed extratributarie degli enti) o infruttiferi (in cui confluiscono tutte le altre entrate, comprese quelle provenienti da mutui); anche in questo caso i pagamenti sono effettuati in via prioritaria a valere sulle contabilità fruttifere.

Con il D.Lgs. 7 agosto 1997 n. 279 (art. 7) i vincoli della Tesoreria unica erano stati attenuati mantenendoli solamente per i fondi di provenienza direttamente o indirettamente dal bilancio dello Stato (**sistema di tesoreria unica mista**) e si era previsto il graduale superamento del sistema per Regioni ed enti locali, sulla base dell'ampiezza demografica dell'ente.

Per tutelare "l'unità economica della Repubblica e il coordinamento della finanza pubblica", l'art. 35, commi 8 e 9, D.L. n. 1/2012 (come modificato dall'art. 1 co. 636 Legge di Bilancio 2022) ha tuttavia **sospeso**, **fino al 31 dicembre 2025, il regime di tesoreria mista**, con ritorno a quello della

L. n. 720/1984, con l'obbligo di versamento in due *tranches* delle disponibilità liquide esigibili sulle rispettive contabilità speciali, sotto conto fruttifero, aperte presso la tesoreria statale.
L'art. 45 della L. 196/2009 ha fatto salve le disposizioni della L. 720/1984 in materia di tesoreria unica.

3.4 I residui

La formazione del bilancio secondo il principio della competenza finanziaria, a causa dell'inevitabile sfalsamento tra la fase iniziale (accertamento o impegno) e quella in cui la spesa entra o esce materialmente dal bilancio (versamento e pagamento) comporta che ogni anno, al 31 dicembre (termine dell'esercizio finanziario) alcune entrate accertate non siano state riscosse e alcune spese impegnate non siano state pagate. Si determinano in tal modo i cosiddetti residui, che possono essere distinti in:

> **residui attivi**, che corrispondono a entrate accertate ma non ancora riscosse o versate; essi rappresentano dei crediti vantati dallo Stato e vengono classificati, in funzione della loro esigibilità, in:
- residui la cui riscossione può considerarsi certa;
- residui connessi a dilazioni di pagamento concesse ai debitori;
- residui incerti in quanto giudizialmente controversi;
- residui riconosciuti di dubbia e difficile esazione;
- residui riconosciuti assolutamente inesigibili e che, con decreto ministeriale, vengono eliminati dalle scritture contabili;

> **residui passivi**, che sono espressione di spese già impegnate e non ancora ordinate, ovvero ordinate ma non ancora pagate; in altri termini, essi rappresentano debiti dell'azienda statale nei confronti di terze economie, ovvero possono riferirsi sia a spese deliberate, ma di fatto non ancora impegnate (cd. *residui per impegni latenti*), sia a spese previste in bilancio in relazione alle quali non si è ancora avuto l'accertamento (cd. *residui per stanziamento*).

I residui sono accertati al momento della chiusura dell'anno finanziario ed iscritti nel rendiconto generale e di qui riportati nella contabilità del successivo esercizio (ed iscritti in un apposito conto, il **conto dei residui**) e mantenuti nella contabilità degli esercizi successivi fino a quando non siano effettuate le relative operazioni di incasso o pagamento oppure siano eliminati per perenzione amministrativa.

La **perenzione amministrativa** è un istituto tipico della contabilità pubblica, in virtù del quale le somme stanziate e non utilizzate, una volta divenute residui, possono permanere in bilancio soltanto per un periodo di tempo determinato, decorso il quale vengono eliminate dalle scritture in bilancio per essere eventualmente reiscritte in esse dietro richiesta del creditore che agisce nei termini di prescrizione del relativo diritto.
Tale istituto risponde essenzialmente a finalità di natura pratica, individuate nell'esigenza di semplificare le scritture contabili ed eliminare le partite passive relative ad esercizi trascorsi. Essa non estingue il diritto del creditore che potrà chiederne il soddisfacimento entro i termini previsti dalla prescrizione estintiva civilistica ai sensi dell'art. 2934 del codice civile.

In particolare:

> i *residui attivi* sono mantenuti in bilancio fino a quando non vengono riconosciuti di dubbia o difficile esazione (in tal caso passano al patrimonio dello Stato e sono iscritti nei registri contabili del demanio) ovvero assolutamente inesigibili (in questo caso

sono eliminati dalle scritture contabili con decreto ministeriale registrato dalla Corte dei conti, ai sensi dell'art. 265 R. D. 827/1924);
- per i *residui passivi* la disciplina è stata modificata prima dal D.Lgs. 93/2016 e poi dal D.Lgs. 29/2018 e, ora, gli stanziamenti di parte corrente non impegnati alla chiusura dell'esercizio costituiscono economie di bilancio (salvo eccezioni).

L'art. 34-*bis* comma 2 della L. 196/2009 dispone un termine di conservazione biennale dei residui propri di parte corrente con l'eccezione rappresentata dai residui relativi alle spese destinate ai trasferimenti correnti alle amministrazioni pubbliche per i quali il termine di conservazione è differito a tre anni.

Per quanto riguarda la disciplina della **conservazione degli stanziamenti di bilancio delle spese in conto capitale**, le somme stanziate e non impegnate alla chiusura dell'esercizio possono essere mantenute in bilancio, quali residui impropri, non oltre l'esercizio successivo a quello di iscrizione in bilancio. Il periodo di conservazione è protratto di un ulteriore anno per le somme stanziate in bilancio in forza di leggi di spesa entrate in vigore nell'ultimo quadrimestre dell'esercizio precedente. Per gli stanziamenti derivanti da autorizzazioni di spesa pluriennali non aventi carattere permanente e non impegnati alla chiusura dell'esercizio, l'amministrazione ha facoltà di conservare tali somme non come residui di stanziamento ma come risorse da reiscrivere con la legge di bilancio nelle competenze degli esercizi successivi (grazie al piano finanziario dei pagamenti di cui al comma 2 dell'articolo 30).

Per i **residui propri attinenti le spese in conto capitale** è fissato a tre anni (art. 34-*bis*, comma 4) il termine di conservazione in bilancio, termine oltre il quale i residui si intendono perenti agli effetti amministrativi. I residui generati da leggi relative a contributi pluriennali possono essere utilizzati a favore di altri soggetti, ferme restando le finalità per le quali le risorse sono state originariamente iscritte in bilancio (nuova possibilità prevista dall'art. 34-*bis*, comma 5).

La disciplina relativa al **decreto di riaccertamento dei residui**, dopo l'abrogazione dell'art. 53 del R.D. 2440/1923, è ora dettata dall'art. 34-*ter*. Al termine dell'esercizio finanziario, per ogni unità elementare di bilancio, con decreto ministeriale da registrarsi alla Corte dei conti, è determinata la somma da conservarsi in conto residui per impegni riferibili all'esercizio scaduto: le amministrazioni competenti verificano la sussistenza delle ragioni del mantenimento in bilancio dei residui provenienti dagli anni precedenti a quello di consuntivazione e comunicano ai competenti Uffici centrali di bilancio le somme da conservare e quelle da eliminare per economia e per perenzione amministrativa. Gli uffici di controllo, dal canto loro, verificano le somme da conservarsi nel conto dei residui per impegni riferibili all'esercizio scaduto e quelle da eliminare al fine della predisposizione, a cura dell'amministrazione, del decreto di riaccertamento dei residui.

3.5 Variazioni del bilancio e ricorso ai fondi di riserva

Per far fronte ad esigenze sopravvenute o non esattamente quantificate al momento dell'approvazione del bilancio di previsione, la legislazione contabile ha sin dall'origine previsto idonei strumenti di variazione. Oltre alle variazioni legislative (disposte con il disegno di legge di assestamento del bilancio dello Stato), le norme hanno dunque previsto che, in casi ben definiti e delimitati, si possa far luogo a variazioni amministrative degli stanziamenti di bilancio con modalità varie a seconda del tipo e della natura della spesa.

Innanzitutto, è sempre possibile riassegnare **somme da un capitolo all'altro della stessa Unità di voto** mediante un decreto del Ministro competente; l'autorizzazione parlamentare, infatti, ha avuto ad oggetto non le singole unità elementari di bilancio ma l'Unità di voto; il principio di gerarchia delle fonti, secondo cui una legge (quale è il bilancio approvato dal Parlamento) non può essere modificata da un atto amministrativo, è rispettato.
Altre variazioni possono avvenire mediante prelevamento delle somme occorrenti da appositi fondi di copertura (cd. **fondi di riserva**) già inseriti in bilancio ed autorizzati dal Parlamento.
Ai sensi dell'art. 26 L. 196/2009, è possibile effettuare prelievi dal **fondo di riserva per le spese obbligatorie**; tale fondo di riserva è istituito fra le spese di parte corrente del Ministero dell'economia e il suo importo è determinato con apposito articolo della legge di bilancio. Le somme necessarie per aumentare gli stanziamenti di spesa aventi carattere obbligatorio sono trasferite da tale fondo ed iscritte in aumento delle dotazioni sia di competenza sia di cassa delle competenti unità elementari di bilancio con decreto del Ministro dell'economia, da registrare alla Corte dei conti.
Altro fondo cui è possibile attingere è il **fondo di riserva delle spese impreviste**, finalizzato a coprire eventuali mancanze negli stanziamenti connessi ad eventi imprevedibili e che non impegnino i bilanci futuri con carattere di continuità (articolo 28 L. 196/2009); anche il trasferimento delle somme di questo fondo e la corrispondente iscrizione alle unità elementari di bilancio ha luogo con decreto del Ministro dell'economia.
L'art. 29 della L. 196/2009 disciplina poi i prelievi dal **fondo di riserva per l'integrazione delle autorizzazioni di cassa**. Anche in questo caso, l'ammontare del fondo è determinato annualmente con la legge di bilancio; con decreto del Ministero dell'economia, da comunicare alla Corte dei conti e compatibilmente con gli obiettivi di finanza pubblica, è quindi possibile trasferire le somme necessarie per sopperire ad eventuali deficienze delle dotazioni delle unità elementari di bilancio iscritte negli stati di previsione delle amministrazioni statali.

Non rientrano fra le spese impreviste quelle per la copertura di provvedimenti legislativi da approvare nel corso dell'anno. L'art. 18 della L. 196/2009, infatti, dispone ogni anno che la legge di bilancio (prima sezione) preveda gli importi dei **fondi speciali destinati alla copertura finanziaria di provvedimenti legislativi che si prevede siano approvati** nel corso degli esercizi finanziari compresi nel bilancio pluriennale ed in particolare di quelli correlati al perseguimento degli obiettivi indicati. Tali somme sono iscritte in apposite tabelle allegate alla Legge di bilancio (una di parte corrente e una in conto capitale) e non possono essere utilizzate per destinazioni diverse da quelle previste nelle relative tabelle per la copertura finanziaria di provvedimenti adottati in casi straordinari di necessità e d'urgenza (articolo 77, secondo comma, della Costituzione), salvo che essi riguardino spese di primo intervento per fronteggiare calamità naturali o improrogabili esigenze connesse alla tutela della sicurezza del Paese o situazioni di emergenza economico-finanziaria.

A seguito delle modifiche apportate dal D.Lgs. 90/2016, l'art. 33 della legge di contabilità prevede ora **maggiori** ambiti di **flessibilità anche nella fase gestionale**: la possibilità di variare le dotazioni finanziarie interne a ciascun programma e limitatamente alle sole spese di fabbisogno con decreto del Ministro dell'economia, **è stata** infatti **estesa a tutte le tipologie di spese,** ad **eccezione** di quelle predeterminate per legge.

Più in particolare, i commi da 4 a 4-*sexies* dell'articolo 33, consentono:

- **variazioni** compensative tra le **dotazioni finanziarie** di **ciascun programma** nell'ambito di **uno stesso stato di previsione** da parte del **Ministro competente**, con proprio decreto da comunicare alla Corte dei conti, per motivate esigenze, previa verifica del Ministero dell'economia, con **esclusione** delle **spese predeterminate per legge**. Resta precluso l'utilizzo degli stanziamenti di spesa in conto capitale per finanziare spese correnti (comma 4 dell'art. 33). Con l'unica eccezione delle spese da fattore legislativo, le rimodulazioni consentite dalla norma in esame con decreto del Ministro competente possono riguardare pertanto - seppure nell'ambito di ciascun programma del proprio stato di previsione - **tutte le tipologie di spese, comprese**, dunque, quelle qualificate come **oneri inderogabili** secondo la nuova formulazione del comma 5 dell'articolo 21;
- **variazioni** compensative nell'ambito degli **stanziamenti di spesa di ciascuna azione,** con **decreti direttoriali** previa verifica del Ministero dell'economia, con **esclusione** delle **spese predeterminate per legge**. Anche in questo caso è ribadito il divieto di utilizzo degli stanziamenti di spesa in conto capitale per finanziare spese correnti (comma 4-*bis* dell'art. 33);
- **variazioni** compensative nell'ambito di **ciascuno stato di previsione** tra gli **stanziamenti** di bilancio iscritti nella **Categoria 2** "Consumi intermedi" e quelli iscritti nella **Categoria 21** "Investimenti fissi lordi", da parte del **Ministro dell'economia** su proposta del Ministro competente, con esclusione degli stanziamenti riguardanti le spese predeterminate per legge e fermo restando il divieto di utilizzo degli stanziamenti di spesa in conto capitale per finanziare spese correnti (comma 4-*ter* dell'art. 33);
- **variazioni** compensative **di sola cassa**, tra capitoli di uno **stesso stato di previsione,** con decreto del **Ministro competente**, fatta **eccezione** per i pagamenti effettuati mediante l'emissione di **ruoli di spesa fissa**, previa verifica da parte del Ministero dell'economia, della compatibilità delle medesime con gli obiettivi programmati di finanza pubblica (comma 4-*quinquies* dell'art. 33);
- **variazioni** di bilancio in termini di **residui**, competenza e cassa necessarie alla ripartizione, anche tra amministrazioni diverse, dei Fondi istituiti per legge in ciascuno stato di previsione della spesa, da operare con decreti del Ministro dell'economia (comma 4-*sexies* dell'art. 33).

Capitolo 4
Il rendiconto generale dello Stato

4.1 Le funzioni

Il rendiconto generale dello Stato è un bilancio di carattere consuntivo che riassume i risultati dell'esercizio scaduto il 31 dicembre dell'anno precedente, e viene detto "generale" per distinguerlo dai rendiconti relativi a specifiche operazioni, denominati, invece, "speciali". La predisposizione del rendiconto generale dello Stato costituisce innanzitutto un obbligo costituzionale: l'art. 81, comma 4 dispone che "le Camere ogni anno approvano con legge il bilancio e il rendiconto consuntivo presentati dal Governo". Per comprendere perché la Carta costituzionale ne imponga la predisposizione (da parte dell'esecutivo) e la successiva approvazione (da parte delle Camere) occorre considerare che, mentre il bilancio previsionale rappresenta un documento programmatico riferito alla gestione dell'esercizio finanziario che sta per iniziare, il rendiconto è relativo alla verifica successiva di tale gestione, realizzata attraverso l'analisi delle operazioni effettivamente poste in essere. Il rendiconto svolge dunque una doppia funzione:

> una **funzione di controllo politico**, poiché con l'approvazione del rendiconto il Parlamento valuta la conformità dell'azione del Governo agli indirizzi di politica economica ed al programma di governo della maggioranza;

> una **funzione di controllo giuridico**, poiché l'approvazione parlamentare sancisce che l'azione dell'Esecutivo è stata condotta nel rispetto dei limiti imposti dalla legge di approvazione del bilancio di previsione.

4.2 Struttura

Al dettato costituzionale dà attuazione la L. 196/2009 che a questo documento contabile dedica gli artt. dal 35 al 38 secondo cui il rendiconto è presentato dal Ministro dell'Economia al Parlamento entro il mese di giugno (art. 35, L. 196/2009) e si articola in due documenti fondamentali (art. 36), rappresentati dal Conto del bilancio e dal Conto generale del patrimonio (art. 36, co. 2-4), nonché da alcuni allegati recanti:

> una *nota integrativa per ciascuna amministrazione*. Per le entrate, la nota integrativa espone le risultanze della gestione; per la spesa, è articolata per missioni e programmi in coerenza con le indicazioni contenute nella nota integrativa al bilancio di previsione. La nota integrativa al rendiconto per ciascun programma di spesa, con riferimento alle azioni sottostanti, illustra i risultati finanziari per categorie economiche di spesa, motivando gli eventuali scostamenti tra le previsioni iniziali di spesa e quelle finali indicate nel rendiconto generale dello Stato tenuto conto dei principali fatti di gestione intervenuti nel corso dell'esercizio. Essa contiene inoltre l'analisi e la valutazione del grado di realizzazione degli obiettivi indicati nella nota integrativa al bilancio di previsione, in coerenza con il relativo schema e i relativi indicatori, motivando gli eventuali scostamenti rispetto a quanto previsto, anche tenuto con-

to dell'evoluzione del quadro socio economico e delle eventuali criticità riscontrate (art. 35, comma 2);
- le *risultanze economiche per ciascun Ministero*; i costi sostenuti sono rappresentati secondo le voci del piano dei conti, distinti per programma e per centri di costi (art. 36, comma 5);
- l'illustrazione delle risultanze delle spese relative ai programmi aventi natura o contenuti ambientali, allo scopo di evidenziare le risorse impiegate per finalità di protezione dell'ambiente, riguardanti attività di tutela, conservazione, ripristino e utilizzo sostenibile delle risorse e del patrimonio naturale.

4.2.1 Il Conto del bilancio

In via generale, il Conto del bilancio espone le risultanze delle entrate e delle spese con riferimento alla gestione finanziaria. Per il principio della corrispondenza tra bilancio di previsione e bilancio consuntivo, unitamente alla necessità di conseguire un'attenta ricognizione ex post dell'attività svolta, il Conto del bilancio indica le predette risultanze secondo la stessa natura e la medesima struttura del bilancio annuale di previsione.
Ai sensi dell'art. 36 della L. 196/2009, il Conto del bilancio, in relazione alla classificazione del bilancio, deve comprendere:
- le *entrate di competenza dell'anno*, accertate, versate e rimaste da versare;
- le *spese di competenza dell'anno*, impegnate, pagate o rimaste da pagare;
- la *gestione dei residui* attivi e passivi degli esercizi anteriori;
- le *somme versate in tesoreria e quelle pagate* per ciascuna unità elementare del bilancio distintamente in conto competenza e in conto residui;
- il *conto totale dei residui* attivi e passivi che si tramandano all'esercizio successivo.

4.2.2 Il Conto generale del patrimonio

Il Conto generale del patrimonio illustra la composizione delle poste patrimoniali e delle variazioni determinatesi nella consistenza del patrimonio a seguito della gestione finanziaria; la struttura del conto generale del patrimonio evidenzia, altresì, i punti di concordanza tra la contabilità del bilancio e quella patrimoniale. Ai sensi del citato art. 36, il Conto generale comprende:
- le attività e le passività finanziarie e patrimoniali con le variazioni derivanti dalla gestione del bilancio e quelle verificatesi per qualsiasi altra causa;
- la dimostrazione dei vari punti di concordanza tra la contabilità del bilancio e quella patrimoniale.

Il Conto generale del patrimonio è inoltre corredato del conto del dare ed avere relativo al servizio di Tesoreria statale, con allegati il movimento generale di cassa e la situazione del Tesoro e la situazione dei debiti e crediti di tesoreria (art. 36, comma 4).

4.3 Il giudizio di parificazione e l'approvazione parlamentare

Al termine dell'anno finanziario ogni Ministero, a cura del direttore del competente Ufficio centrale del bilancio, compila il conto del bilancio ed il conto del patrimonio relativi alla propria Amministrazione (art. 37 della L. 196/2009). Detti conti sono quindi tra-

smessi al Dipartimento della Ragioneria generale dello Stato entro il 30 aprile successivo alla conclusione dell'anno finanziario.
Entro il mese di maggio, il Ministro dell'economia, attraverso il Ragioniere generale dello Stato, invia alla Corte dei conti il rendiconto generale dell'esercizio scaduto ai fini della prescritta parificazione (art. 37 della L. 196/2009 che dà così attuazione a quanto previsto dall'art. 100, comma 2 Cost.); la Carta costituzionale, infatti, assegna alla magistratura contabile il compito di esercitare il controllo successivo sulla gestione del bilancio dello Stato e tale controllo ha per oggetto appunto il rendiconto generale dello Stato relativo all'esercizio finanziario dell'anno precedente.
Oggetto dell'attività di parificazione è la **verifica della legittimità e regolarità della gestione finanziario-contabile**: la Corte dei conti verifica il rendiconto generale e ne confronta i risultati, ponendoli a riscontro con il bilancio di previsione e il suo assestamento.
Il documento adottato dalle Sezioni Riunite della Corte dei conti si compone di due parti: la deliberazione e la relazione.
La **deliberazione** attesta la corrispondenza tra i dati contenuti nel rendiconto generale dello Stato e quelli del correlato bilancio di previsione, valutando le ragioni di eventuali scostamenti; essa si conclude con una vera e propria deliberazione, che prende il nome di **parificazione del rendiconto generale dello Stato**, emessa dalla Corte dei conti a Sezioni Riunite con le formalità della sua giurisdizione contenziosa, ai sensi dell'art. 40 R.D. 1214/1934 (T.U. delle leggi sulla Corte dei conti).

La Corte, in dettaglio, verifica se le entrate riscosse e versate ed i resti da riscuotere e da versare risultanti dal rendiconto siano conformi ai dati esposti nei conti periodici e nei riassunti generali trasmessi alla Corte stessa dai singoli Ministeri; verifica se le spese ordinate e pagate durante l'esercizio concordino con le scritture tenute o controllate dalla Corte; accerta i residui passivi in base alle dimostrazioni allegate ai Decreti Ministeriali di impegno ed alle proprie scritture. La Corte, inoltre, verifica i rendiconti delle aziende, gestioni ed Amministrazioni statali con ordinamento autonomo soggette al suo riscontro.
Poiché il giudizio di parificazione si svolge con le formalità della propria giurisdizione contenziosa (ovvero, con la partecipazione del Procuratore generale, in contraddittorio con i rappresentanti dell'amministrazione) e si conclude con una pronunzia adottata in esito a pubblica udienza, la Corte dei conti è legittimata a **sollevare questione di legittimità costituzionale** nel corso del giudizio annuale sul rendiconto generale dello Stato (Corte Cost., 13 giugno 1995, n. 244).

Alla pronuncia di parificazione del rendiconto generale dello Stato (che deve essere adottata entro il mese di giugno ed è definitiva e insindacabile) è unita una Relazione annuale che riporta, tra l'altro, le osservazioni della Corte sul modo con il quale le varie amministrazioni si sono conformate alle discipline di ordine amministrativo e finanziario e le modifiche opportune per il perfezionamento delle leggi e dei regolamenti sull'amministrazione e sui conti del pubblico denaro (art. 41 T.U. del 1934).
La deliberazione di parificazione e la Relazione annuale della Corte sono presentate al Parlamento mentre il rendiconto e i relativi allegati, corredati della deliberazione e della Relazione, sono restituiti al Ministro dell'economia (art. 38 L. 196/2009).
Entro il mese di giugno, il Ministero dell'economia, previa deliberazione del Consiglio dei Ministri e con l'autorizzazione del Presidente della Repubblica, presenta **al Parlamento il disegno di legge per l'approvazione del rendiconto generale**; il disegno di legge viene discusso secondo le ordinarie procedure e l'esame parlamentare si conclude con il voto sulla legge di approvazione.

Capitolo 5
La responsabilità amministrativa e contabile

5.1 La responsabilità in genere

I lavoratori delle amministrazioni pubbliche rispondono del loro operato non soltanto sul piano penale e disciplinare, ma anche sul piano civile o patrimoniale, in quanto obbligati a risarcire i danni da essi causati all'amministrazione o ai terzi.
Tale forma di responsabilità, che secondo la terminologia adottata dalla Corte dei conti viene definita **responsabilità patrimoniale**, assume aspetti diversi a seconda dei soggetti cui si riferisce, delle norme violate e del tipo di danno cagionato. Essi sono:

- la responsabilità civile verso i terzi;
- la responsabilità amministrativa;
- la responsabilità contabile.

Il fondamento giuridico va trovato nell'**art. 28 Cost.** (che ha sancito la responsabilità dei funzionari e dei dipendenti dello Stato e degli enti pubblici per gli atti compiuti in violazione di diritti e l'estensione di tale responsabilità allo stesso Stato e agli enti pubblici) e nell'**art. 55 del D.Lgs. 165/2001** (norme sul pubblico impiego) che, nel regolare la materia delle sanzioni disciplinari dei dipendenti delle pubbliche amministrazioni, fa innanzitutto salva la «disciplina in materia di responsabilità civile, amministrativa, penale e contabile».

5.2 La responsabilità civile

Per **responsabilità civile** si intende la conseguenza dell'atteggiamento commissivo od omissivo di una persona che, intenzionalmente o colposamente, viola norme cogenti poste a tutela di interessi di rilevanza privatistica, che nel caso concreto sono riferite ad un singolo o ad oggetti determinati; l'istituto trova fondamento in una molteplicità di norme, ma in particolare nel codice civile, e possono essere distinte in due grandi gruppi, di cui agli artt. 1218 ss. c.c. (responsabilità da inadempimento contrattuale) e agli artt. 2043 ss. c.c. (responsabilità residuale, cd. extracontrattuale da fatto illecito).
Norma cardine della responsabilità civile verso terzi è costituita dall'art. 28 della Costituzione ("I funzionari e i dipendenti dello Stato e degli enti pubblici sono direttamente responsabili, secondo le leggi penali, civili e amministrative, degli atti compiuti in violazione di diritti. In tali casi la responsabilità civile si estende allo Stato e agli enti pubblici") che è stato recepito nell'ordinamento degli impiegati civili dagli artt. 22 e 23 del T.U. 10 gennaio 1957 n. 3, che disciplinano l'esposizione diretta dei dipendenti pubblici.
La responsabilità civile **può essere distinta** in:

- **responsabilità contrattuale**, quando l'obbligo di risarcimento del danno deriva dalla violazione di un obbligo derivante da preesistente rapporto obbligatorio;

- **responsabilità precontrattuale**, che scaturisce dalla violazione del dovere di buona fede nelle trattative negoziali;
- **responsabilità extracontrattuale**, quando un soggetto, in violazione del principio del *neminem laedere*, provoca a terzi un danno ingiusto.

5.3 La responsabilità amministrativa

Per responsabilità amministrativa si intende la responsabilità a contenuto patrimoniale di amministratori o dipendenti pubblici per i danni causati all'ente di appartenenza nell'ambito o in occasione del rapporto d'ufficio.
L'art. 18 del D.P.R. 3/1957 (Testo Unico degli impiegati civili dello Stato) prevede che "l'impiegato delle amministrazioni dello Stato anche ad ordinamento autonomo è tenuto a risarcire alle amministrazioni stesse i danni derivanti da violazioni di obblighi di servizio". Tale principio (nel D.P.R. 3/1957 limitato ai soli dipendenti delle amministrazioni statali) è stato esteso agli altri ordinamenti contabili dalle rispettive normative (art. 71 D.Lgs. 118/2011 per le Regioni; art. 93 D.Lgs. 267/2000 per gli amministratori e il personale degli enti locali; art. 8 L. 70/1975 per gli enti del parastato, ecc.).
Elementi costituivi della responsabilità amministrativa sono:

- l'**elemento soggettivo** (dolo o colpa grave);
- l'**elemento oggettivo** (condotta antigiuridica, danno patrimoniale alla P.A., nesso di causalità fra l'evento dannoso e la condotta antigiuridica).

Presupposto necessario, infine, è l'esistenza di un rapporto di servizio fra l'autore del danno e l'ente pubblico.
Esaminiamo dunque i singoli elementi. A seguito della riforma operata dalla L. 14 gennaio 1994, n. 20 (*Disposizioni in materia di giurisdizione e controllo della Corte dei conti*), i caratteri della responsabilità amministrativa possono essere così sintetizzati:

- la **responsabilità è personale** e si estende agli eredi nei soli casi di illecito arricchimento del dante causa e di indebito arricchimento degli eredi (art. 1, comma 1);
- **parziarietà**, poiché in caso di fatto dannoso causato da più persone, ciascuno è condannato per la parte che vi ha preso; in tali casi rispondono solidalmente i soli concorrenti che abbiano conseguito un illecito arricchimento o abbiano agito con dolo (art. 1, commi *1quater* e *1quinquies*, L. 20/1994).

Gli **elementi costitutivi** della responsabilità amministrativa non differiscono da quelli della comune responsabilità civile, con l'aggiunta della **necessaria presenza del rapporto di servizio**. Oltre al comportamento lesivo dei doveri d'ufficio tenuto dal lavoratore, dunque, gli **elementi costitutivi** sono:

- il **danno**, o lesione di un interesse patrimoniale economicamente valutabile, che deve essere effettivo ed attuale e, oltre a comprendere il *danno emergente* (cioè la diminuzione patrimoniale subita dalla P.A.), si estende al *lucro cessante* (vale a dire agli incrementi patrimoniali non conseguiti a causa del fatto dannoso). Il danno rilevante ai fini dell'azione di responsabilità amministrativo-contabile deve essere:
  - *certo* (il depauperamento patrimoniale deve essersi prodotto);
  - *attuale* (deve sussistere sia all'atto della proposizione della domanda che al momento della decisione);
  - *effettivo* (il pregiudizio patrimoniale, pur se non definitivo, non deve essere meramente ipotetico).

Negli ultimi anni, la *magistratura contabile* ha sempre più spesso sanzionato anche i comportamenti di coloro che recano un **danno all'immagine dell'amministrazione** presso cui lavorano. Si tratta principalmente dei casi di corruzione o reati analoghi, situazioni nelle quali oltre al danno diretto al servizio si colpisce il prestigio della P.A. In materia di risarcimento del danno all'immagine la L. 190/2012 ha disposto che, nel giudizio di responsabilità, l'entità del danno all'immagine della P.A. si presuma, salva prova contraria, pari al doppio della somma di denaro o del valore patrimoniale di altra utilità illecitamente percepita dal dipendente;

- il **dolo o** la **colpa** (*elemento soggettivo della responsabilità*). L'art. 1, comma 1 della L. 20/1994 limita esplicitamente la responsabilità amministrativa "ai fatti ed alle omissioni commessi con dolo o con colpa grave":
  - il *dolo* consiste nella intenzionalità del comportamento produttivo dell'evento lesivo; presuppone cioè la volontà cosciente dell'agente di provocare con il suo comportamento un determinato evento; dopo il D.L. 76/2020 (art. 21), la prova del dolo richiede la dimostrazione della volontà dell'evento dannoso;
  - la *colpa*, in generale, è invece riferita ad un atteggiamento volontario antidoveroso o negligente che prescinde dalla intenzionalità delle conseguenze dannose. Come detto, nel caso della responsabilità amministrativa l'elemento psicologico rileva solo nei casi di colpa grave: occorre cioè che al soggetto agente sia imputabile un comportamento di negligenza particolarmente accentuato, non conforme alla diligenza media. La gravità della colpa è esclusa (e quindi i fatti o le omissioni commesse non sono soggette ad azione di responsabilità) se il danno trae origine dall'emanazione di un atto vistato o registrato in sede di controllo preventivo di legittimità. È in ogni caso esclusa la sindacabilità nel merito delle scelte discrezionali (art. 1, comma 1, L. 20/1994);
- il **rapporto di servizio**, che deve essere inteso in senso lato: esso è ravvisabile tutte le volte che «un soggetto privato si inserisca funzionalmente, anche temporaneamente, nell'organizzazione della P.A. quale organo tecnico e straordinario, in modo da aversi un inserimento o una sostituzione in un'attività di interesse pubblico, ancorché in nome proprio, ma in vece e per conto di un'amministrazione, indipendentemente dalla natura giuridica dell'atto di affidamento (provvedimento, convenzione o contratto) e dal tipo di rapporto funzionale (codipendenza, delegazione intersoggettiva) o professionale» (Santoro).
  Il rapporto può perciò essere di tipo organico (rapporto d'impiego), onorario (esercizio di funzioni pubbliche), professionale comportante esercizio di prerogative pubbliche (incarichi);
- il **nesso di causalità**, diretto ed immediato, tra le conseguenze dannose ed il comportamento illecito o poco diligente del pubblico impiegato che le ha provocate.

5.4 La responsabilità contabile e il giudizio di conto

Una **particolare tipologia di responsabilità amministrativa** è costituita dalla **responsabilità contabile**: essa grava su coloro che hanno gestione di fondi pubblici ed è dunque limitata ai soggetti che hanno "maneggio di pubblico denaro" e sono tenuti a renderne il conto, vale a dire gli **agenti contabili** che l'art. 74 della L. 2440/1923 definisce come "agenti incaricati della riscossione delle entrate e dell'esecuzione dei pagamenti delle spese, o che ricavano somme dovute allo Stato e altre delle quali lo

Stato diventa debitore, o hanno maneggio qualsiasi di denaro ovvero debito di materia, nonché coloro che si ingeriscono negli incarichi attribuiti ai detti agenti".

Quanto ad elementi costitutivi, la responsabilità contabile si modella dunque sullo stesso paradigma che connota la responsabilità amministrativa ma se ne differenzia per la **peculiare caratterizzazione dell'elemento soggettivo** (gli "agenti contabili"). Pertanto, mentre la responsabilità amministrativa tutela la pubblica amministrazione per eventuali danni arrecati da soggetti cui è demandata la gestione di risorse pubbliche, la responsabilità contabile è circoscritta ai soli soggetti che hanno, legalmente o di fatto, avuto in consegna denaro, beni o altri valori pubblici.

Gli agenti contabili, così come i titolari di gestioni di tesoreria, hanno l'obbligo di rendere il **conto giudiziale** all'amministrazione da cui dipendono. Il **giudizio di conto** è appunto la speciale verifica di regolarità cui è sottoposto il conto giudiziale dell'agente contabile.

Ai sensi dell'**art. 16 del D.Lgs. 123/2011**, entro i due mesi successivi alla chiusura dell'esercizio finanziario di riferimento e comunque alla data della cessazione della gestione, **gli agenti** incaricati della riscossione delle entrate e dell'esecuzione dei pagamenti delle spese, o che ricevono somme dovute allo Stato e altre delle quali lo Stato diventa debitore, o hanno maneggio qualsiasi di denaro ovvero debito di materie, nonché coloro che si ingeriscono negli incarichi attribuiti ai detti agenti, **devono rendere il conto della propria gestione** alle amministrazioni centrali o periferiche dalle quali dipendono, ovvero dalla cui amministrazione sono vigilati, per il successivo inoltro ai competenti uffici di controllo.

Gli **uffici di controllo**, qualora non abbiano nulla da osservare, appongono sui singoli conti il **visto di regolarità amministrativo-contabile** entro i due mesi successivi. La Sezione giurisdizionale competente assegna il conto ad un magistrato relatore che compie gli accertamenti volti a verificare la regolarità del conto e della gestione; al termine dell'istruttoria il magistrato propone al Presidente della sezione o l'approvazione del conto, quando esso è ritenuto regolare, con emanazione del decreto presidenziale di discarico del contabile o, in caso contrario, l'iscrizione del giudizio al ruolo della Sezione, con fissazione dell'udienza di discussione.

Decorsi cinque anni dal deposito del conto senza che sia stata depositata la relazione del magistrato istruttore o siano state elevate contestazioni a carico del contabile, il giudizio si estingue, salva l'eventuale responsabilità amministrativa e contabile (art. 150 D.Lgs. 174/2016). L'art. 21, comma 2 del **D.L. 76/2020** interviene in materia di responsabilità amministrativa-contabile e **limita**, con riguardo ai fatti commessi dal 17 luglio 2020 e fino al **30 giugno 2023** (così dopo l'art. 51, co. 1, lett. *h* D.L. 77/2021), la **responsabilità per danno erariale**, **ai soli casi** in cui la produzione del danno **conseguente alla condotta** del soggetto agente sia stata compiuta con **dolo**. Questa limitazione di responsabilità si applica ai danni cagionati dalle *sole condotte attive*, mentre nel caso di danni cagionati da omissione o inerzia il soggetto agente continuerà a risponderne sia a titolo di dolo, sia di colpa grave.

5.5 Il giudizio di responsabilità

Il giudice competente a conoscere della responsabilità amministrativa e della relativa obbligazione risarcitoria nei confronti dello Stato è la Corte dei conti. La giurisdizione nelle materie di contabilità pubblica è infatti affidata dalla Costituzione (art. 103, comma 2) alla Corte dei conti. In particolare, essa è chiamata a decidere in merito alle controversie in materia di contabilità pubblica ed in particolare alle azioni di responsabilità amministrativa nei confronti dei pubblici dipendenti e dei pubblici amministratori (giu-

dizio di responsabilità), nonché degli amministratori e funzionari delle società sotto il controllo pubblico, e riguardo al contenzioso pensionistico.
L'azione di responsabilità amministrativa è esercitata:
- dal pubblico ministero contabile, cioè dal **Procuratore regionale** competente presso le Sezioni giurisdizionali regionali della Corte dei conti;
- in grado d'appello, dal **Procuratore generale** rappresentante il pubblico ministero innanzi alle Sezioni d'appello della Corte dei conti.

Il P.M. è l'unico soggetto che **può attivare l'azione di responsabilità**, non potendo il giudice procedere d'ufficio in assenza di domanda di parte. Se, quindi, il P.M. contabile ritiene che non vi siano i presupposti per l'esercizio dell'azione di responsabilità, il processo non avrà inizio. Inoltre, le Procure della Corte dei conti possono iniziare l'attività istruttoria ai fini dell'esercizio dell'azione di danno erariale solo a fronte di **specifica e concreta notizia di danno**, fatte salve le fattispecie direttamente sanzionate dalla legge (art. 51 D.Lgs. 174/2016).

Il Pubblico ministero contabile promuove il giudizio attraverso un **atto di citazione**, nel quale deve dimostrare il danno erariale, la condotta dolosa o colposa dell'agente pubblico ed il nesso di causalità.
Prima di emettere l'atto di citazione in giudizio, il Procuratore regionale svolge un'**attività istruttoria** volta alla raccolta delle prove; tale fase preliminare presuppone una "notizia di danno erariale" che può provenire sia da privati cittadini o organi di stampa, sia dalla stessa P.A. o, comunque, da ogni istituzione.
Il Procuratore regionale, sempre che non ritenga di dover archiviare la denuncia per mancanza di elementi, svolge un'attività di raccolta delle prove durante la quale (avvalendosi, se necessario, della Guardia di finanza o di altri organi di polizia giudiziaria) può disporre, tra l'altro, l'esibizione di documenti, ispezioni e accertamenti, il sequestro di documentazione e qualsiasi altra attività preordinata alla ricerca delle prove.
Solo al termine dell'istruttoria, ove il P.M. ritenga di avere elementi di prova sufficienti per emettere una citazione in giudizio, è tenuto a notificare al presunto responsabile un atto, chiamato **invito a dedurre**, disciplinato dall'art. 67 del D.Lgs. 174/2016.
Il procuratore contabile, nel caso in cui le deduzioni difensive della controparte non lo convincano a desistere dall'azione di responsabilità, emette l'**atto di citazione** entro un termine perentorio di centoventi giorni di tempo.

Lo svolgimento del processo è disciplinato dalla Parte II ("Giudizi di responsabilità"), Titolo III (dedicato al "Rito ordinario") del **Codice di giustizia contabile** (decreto legislativo 26 agosto 2016, n. 174). Per quanto non disciplinato dal decreto in esame, l'art. 7 comma 2 del D.Lgs. 174/2016 prevede l'applicabilità dei principi generali del codice di procedura civile. È un processo di parti (P.M. attore e convenuto/i) che si svolge innanzi a un giudice terzo e imparziale sulla base dei principi costituzionali che regolano il giusto processo (art. 111 Cost.).
Compito del giudice è pronunciarsi, al termine del processo, sulla base della domanda del P.M. (citazione in giudizio), per stabilire se sussistano o meno i presupposti per poter pronunciare una sentenza di condanna al risarcimento del danno nei confronti dei convenuti in giudizio.
Il processo, che consta di una fase introduttiva scritta e di una fase orale (udienza dibattimentale), è regolato dal principio del contraddittorio, nel senso che ognuna delle parti può svolgere le proprie difese e produrre i mezzi di prova che ritenga opportuni.

Al termine del processo, il giudice emette *sentenza* sulla base della citazione in giudizio del pubblico ministero contabile e stabilisce se sussistano o meno i presupposti per la condanna al risarcimento del danno nei confronti del convenuto in giudizio. Ai sensi dell'art. 1 (commi 2 e 3 L. 20/1994), il **diritto al risarcimento del danno si prescrive in ogni caso in cinque anni**, decorrenti dalla data in cui si è verificato il fatto dannoso, ovvero, in caso di occultamento doloso del danno, dalla data della sua scoperta.

Una particolarità del giudizio contabile è costituita dal **potere riduttivo dell'addebito**: esso consiste nel potere della Corte dei conti di ridurre l'entità del risarcimento a carico dei pubblici ufficiali stipendiati in relazione a vari fattori, quali il grado di gravità della colpa e altre circostanze come i precedenti di servizio del dipendente etc. Il potere di riduzione del danno era previsto già dalla legge di contabilità di Stato del 1923 (art. 83 della L. 2440/1923: il giudice contabile valutate le singole responsabilità può porre a carico dei responsabili tutto o parte del danno accertato) ed è stato riconfermato dall'art. 1, comma 1-*bis* della L. 20/1994 secondo cui, nel giudizio di responsabilità, fermo restando il potere di riduzione, deve tenersi conto dei vantaggi comunque conseguiti dall'amministrazione di appartenenza, o da altra amministrazione, o dalla comunità amministrata in relazione al comportamento degli amministratori o dei dipendenti pubblici soggetti al giudizio di responsabilità.

Contro le sentenze delle Sezioni giurisdizionali regionali è ammesso **appello** (proponibile dalle parti, dal Procuratore regionale o dal Procuratore generale) alle Sezioni giurisdizionali centrali. Per soli motivi di giurisdizione, le sentenze della Corte dei conti possono essere impugnate dinanzi alle Sezioni Unite della Cassazione.

Capitolo 6
Il sistema dei controlli

6.1 Definizione di attività di controllo

Si può definire il controllo come quell'attività di riesame che un organo esercita sull'attività espletata in precedenza da un altro organo alla stregua di un prefissato parametro di valutazione ed in vista di una possibile misura sanzionatoria.
Occorre in primo luogo precisare che i controlli possono differenziarsi in base all'oggetto. Pertanto, si hanno controlli sull'**attività**, sugli **atti** e sugli **organi**.
I controlli sull'*attività* possono essere:
> **interni**, se sono esercitati da organi interni allo stesso ente che vi è soggetto;
> **esterni**, se li effettua un ente diverso da quello controllato.

I controlli sugli *atti* sono essenzialmente:
> **preventivi**: un eventuale esito negativo preclude la produzione dei relativi effetti;
> **successivi**: intervengono quando gli effetti si sono già prodotti;
> **mediante riesame**: l'autorità che ha già deliberato è chiamata ad una nuova deliberazione condizionante l'efficacia dell'atto.

Per quanto concerne i controlli sugli *organi*, in relazione a quelli degli enti territoriali, va ricordato che alla luce della riforma costituzionale realizzata con L. cost. 3/2001, la materia non è più riservata allo Stato: perciò i controlli esterni statali sono compatibili con il nuovo assetto costituzionale solo se limitati alle amministrazioni statali decentrate e non se indirizzati anche agli enti territoriali.

6.2 I controlli interni

Il modello tradizionale di attività di controllo nelle pubbliche amministrazioni si è per lungo tempo identificato con un tipo di controllo formale e legalistico, esercitato da organi esterni. A partire dagli anni Novanta del secolo scorso, una serie di riforme (L. 142/1990, Leggi Bassanini, L. 20/1994) ha progressivamente ridotto la tipologia di atti soggetti a valutazione esterna.
Contemporaneamente hanno assunto sempre maggiore importanza i controlli interni, effettuati anche da organi diversi, con metodologie ed approcci differenti, ma tutti accomunati dalla messa a disposizione nei confronti dell'amministrazione di maggiori informazioni circa la gestione delle risorse pubbliche. Tale processo è culminato nell'emanazione del **D.Lgs. 286/1999** recante il riordino e potenziamento dei meccanismi e strumenti di monitoraggio e valutazione dei costi, dei rendimenti e dei risultati dell'attività svolta dalle amministrazioni pubbliche, a norma dell'art. 11 della legge 15 marzo 1997, n. 59.
Questi sono i **punti principali** della riforma operata con il D.Lgs. 286/1999:
> la distinta individuazione delle attività di competenza delle strutture di controllo interno;
> l'affidamento di tali attività a strutture diverse.

Più in generale, sono stati ridisegnati contenuti e competenze dei controlli interni, prevedendo un sistema articolato in **quattro differenti funzionalità**:

- **controllo di regolarità amministrativo-contabile**, che deve garantire la legittimità, la regolarità e la correttezza dell'azione amministrativa (su tale tipologia di controllo è poi intervenuto il D.Lgs. 123/2011);
- **controllo di gestione**, che deve verificare l'efficacia, l'efficienza e l'economicità dell'azione amministrativa, per consentire ai dirigenti di ottimizzare, anche mediante tempestivi interventi di correzione, il rapporto tra costi e risultati;
- **valutazione dei dirigenti**, necessaria, fra l'altro, ad attivare la responsabilità dirigenziale;
- **controllo strategico**, un controllo a lungo termine che va sempre necessariamente integrato al controllo di gestione, che è, invece, a breve termine.

Circa l'**ambito di applicazione**, l'art. 1, comma 2 del decreto dispone che la progettazione d'insieme dei controlli interni rispetti i principi generali ora sintetizzati e che tali principi sono: *obbligatori* per i Ministeri; *applicabili* alle Regioni sulla base dell'autonomia organizzativa e legislativa, loro garantita; *derogabili* dalle altre amministrazioni pubbliche, sempreché non sia inficiato il principio di separazione fra indirizzo politico e gestione amministrativa. Gli enti locali e le Camere di commercio hanno facoltà di adeguare le normative regolamentari alle disposizioni del citato decreto, nel rispetto dei propri ordinamenti generali e delle norme concernenti l'ordinamento finanziario e contabile.

6.2.1 Il controllo di regolarità amministrativa e contabile

Il controllo di regolarità amministrativa e contabile deve (art. 1, comma 1 lett. *a* D.Lgs. 286/1999) **garantire la legittimità contabile e amministrativa, al fine di assicurare la trasparenza, la correttezza e la regolarità dell'azione amministrativa**.
A seguito del **D.Lgs. 30 giugno 2011 n. 123** (attuativo della delega di cui all'art. 49 L. 196/2009), l'art. 2 del D.Lgs. 286/1999 è stato parzialmente modificato.
Nel dettare i **principi generali del controllo di regolarità amministrativa e contabile**, l'art. 2 del D.Lgs. 123/2011 specifica:

- che esso ha ad **oggetto** gli atti aventi riflessi finanziari sui bilanci dello Stato, delle altre amministrazioni pubbliche e degli organismi pubblici;
- che a seguito dell'**esito positivo del controllo preventivo**, gli atti divengono efficaci a decorrere dalla data della loro emanazione; non si dimentichi, comunque, che (art. 2, comma 3 del D.Lgs. 286/1999 tuttora vigente) le *verifiche preventive sono espressamente limitate ai casi previsti dalla legge* ed in ogni caso non possono riguardare valutazioni di merito che spettano all'organo di controllo strategico per gli atti di indirizzo e all'organo di controllo di gestione per gli atti di gestione;
- le sue **finalità**, ossia assicurare la trasparenza, la regolarità e la correttezza dell'azione amministrativa, sia in via preventiva, sia in via successiva.

6.2.2 Il controllo di gestione

Secondo l'art. 1, comma 1 lett. *b*) del D.Lgs. 286/1999, tale tipologia di controllo è diretta a verificare l'efficacia (rapporto fra obiettivo e risultato), l'efficienza (rapporto output/input) e l'economicità dell'azione amministrativa al fine di ottimizzare, anche mediante tempestivi interventi di correzione, il rapporto tra costi e risultati; infatti, nelle amministrazioni dello Stato, il sistema dei controlli di gestione **supporta la funzione dirigenziale** e ciascuna amministrazione è chiamata a definire (art. 4, comma 1):

- l'unità o le unità responsabili della progettazione e della gestione del controllo di gestione;
- le unità organizzative a livello delle quali si intende misurare l'efficacia, efficienza ed economicità dell'azione amministrativa;
- le procedure di determinazione degli obiettivi gestionali e dei soggetti responsabili;
- l'insieme dei prodotti e dei fini dell'azione amministrativa, con riferimento all'intera amministrazione o a singole unità organizzative;
- gli indicatori specifici per misurare efficacia, efficienza e economicità;
- la frequenza di rilevazione delle informazioni (art. 4 D.Lgs. 286/1999).

La struttura preposta al controllo di gestione e riceve direttive dal dirigente al quale risponde e riferisce. L'esito del controllo consiste nella redazione di relazioni per segnalare, al suddetto dirigente, gli aspetti critici che si evidenziano nell'unità organizzativa e le conseguenti proposte correttive.

6.2.3 La valutazione della dirigenza

L'art. 1, comma 1 lett. *c*) del D.Lgs. 286/1999, definisce tale tipologia di controllo interno come la valutazione del personale con qualifica dirigenziale sia riguardo le **prestazioni (risultati raggiunti) sia con riferimento alle capacità organizzative dei dirigenti**, vale a dire delle capacità di sviluppare, motivare, coordinare e valutare i propri collaboratori, valutazioni che, sulla base di fattori predeterminati, portano all'erogazione dell'indennità di risultato o alla revoca dell'incarico.

Proprio al fine di rendere effettivo il principio della responsabilità dirigenziale, l'art. 13 D.Lgs. 150/2009 aveva previsto l'istituzione della **Commissione per la valutazione, la trasparenza e l'integrità delle amministrazioni** (CIVIT), un organismo autonomo ed indipendente, con il compito di indirizzare, coordinare e sovraintendere alle funzioni da parte degli Organismi indipendenti di valutazione delle performance organizzative (OIV) istituiti in ogni amministrazione. A seguito della legge del 6 novembre 2012 n. 190, l'**ANAC** (Autorità Nazionale Anticorruzione) ha preso il posto della CiVIT. In seguito, il D.L. 90/2014, convertito con modificazioni dalla L. 114/2014 ha disposto (art. 19, comma 9) che al fine di concentrare l'attività dell'Autorità nazionale anticorruzione sui compiti di trasparenza e di prevenzione della corruzione nelle pubbliche amministrazioni, le funzioni della predetta Autorità in materia di misurazione e valutazione della performance, di cui agli articoli 7-14 del D.Lgs. 150/2009, siano trasferite al **Dipartimento della funzione pubblica** della Presidenza del Consiglio dei ministri.

6.2.4 L'attività di valutazione e controllo strategico

L'attività di valutazione e controllo strategico (art. 1, comma 1, lett. *d* D.Lgs. 286/1999) **mira a verificare, in funzione dell'esercizio dei poteri di indirizzo da parte dei competenti organi, l'effettiva attuazione delle scelte contenute nelle direttive ed altri atti di indirizzo politico**. L'attività stessa consiste nell'analisi, preventiva e successiva, della congruenza e/o degli eventuali scostamenti tra le missioni affidate dalle norme, gli obiettivi operativi prescelti, le scelte operative effettuate e le risorse umane, finanziarie e materiali assegnate, nonché nella identificazione degli eventuali

fattori ostativi, delle eventuali responsabilità per la mancata o parziale attuazione, dei possibili rimedi.
Lo svolgimento di tale controllo per le Amministrazioni dello Stato, prima affidato all'**apposito servizio di controllo interno** per effetto del D.Lgs. 150/2009, è esercitato (dal 30 aprile 2010) dall'apposito **Organismo indipendente di valutazione** delle performance che riferisce direttamente all'organo di indirizzo politico-amministrativo (cfr. art. 14, D.Lgs. 150/2009).
L'esito dell'attività di controllo strategico consiste nella **predisposizione di relazioni annuali** sui risultati delle analisi effettuate, con proposte di miglioramento della funzionalità delle amministrazioni.

6.3 La Ragioneria Generale dello Stato

Di particolare rilevanza, ai fini contabili-amministrativi, è il controllo esercitato dalla Ragioneria Generale dello Stato tramite gli Uffici centrali del bilancio cui la Legge di contabilità generale dello Stato (art. 27 R.D. 2440/1923) affida il compito di vigilare affinché siano osservate le norme in materia di conservazione del patrimonio dello Stato, esatto accertamento delle entrate, regolare gestione dei fondi di bilancio.
In attuazione della delega disposta dall'art. 49 della L. 196/2009, il **D.Lgs. 30 giugno 2011, n. 123** ha disposto il potenziamento delle strutture e degli strumenti di controllo e monitoraggio della Ragioneria generale dello Stato e **riordinato il sistema dei controlli** preventivi e dei controlli successivi **sulle spese delegate**.

6.3.1 Il controllo preventivo degli uffici di ragioneria

L'art. 5 del D.Lgs. 123/2011 assoggetta al controllo preventivo di regolarità amministrativa e contabile di ragioneria:

> tutti gli **atti dai quali derivino effetti finanziari** per il bilancio dello Stato (ad eccezione di quelli posti in essere dalle amministrazioni, dagli organismi e dagli organi dello Stato dotati di autonomia finanziaria e contabile); rientrano in tale tipologia tutti gli atti che vanno ad incidere sui singoli stati di previsione, in quanto comportanti un'attività di gestione delle relative risorse finanziarie, quali gli impegni, i pagamenti, gli ordini di accreditamento ed in genere tutti gli atti e provvedimenti che comportano una transazione sul sistema informativo della Ragioneria generale dello Stato, nonché gli atti di variazione patrimoniale ed i provvedimenti di gestione degli stati di previsione dell'entrata e della spesa. Per questi atti, all'esito positivo del controllo seguirà il visto di regolarità amministrativa e contabile, con registrazione dell'impegno o del pagamento;

> tutti gli **atti elencati al comma 2**, a prescindere dalla produzione di effetti finanziari a carico del bilancio dello Stato:
a) atti soggetti a controllo preventivo di legittimità della Corte dei conti (il controllo di legittimità della Corte dei conti non è interessato dalla riforma operata dal D.Lgs. 123/2011);
b) decreti di approvazione di contratti o atti aggiuntivi, atti di cottimo e affidamenti diretti, atti di riconoscimento di debito;
c) provvedimenti o contratti di assunzione di personale a qualsiasi titolo;

d) atti relativi alle modifiche della posizione giuridica o della base stipendiale del personale statale in servizio;

e) accordi in materia di contrattazione integrativa, di qualunque livello, intervenuti ai sensi della vigente normativa legislativa e contrattuale. Gli accordi locali stipulati dalle articolazioni centrali e periferiche dei Ministeri sono sottoposti al controllo da parte del competente Ufficio centrale del bilancio;

f) atti e provvedimenti comportanti trasferimenti di somme dal bilancio dello Stato ad altri enti o organismi;

g) atti e provvedimenti di gestione degli stati di previsione dell'entrata e della spesa, nonché del conto del patrimonio;

g-*bis*) contratti passivi, convenzioni, decreti ed altri provvedimenti riguardanti interventi a titolarità delle Amministrazioni centrali dello Stato, cofinanziati in tutto o in parte con risorse dell'Unione europea, ovvero aventi carattere di complementarità rispetto alla programmazione dell'Unione europea, giacenti sulla contabilità del Fondo di rotazione di cui all'articolo 5 della legge 16 aprile 1987, n. 183.

Ad eccezione degli atti di cui al comma 2, lettera *a)* (soggetti al controllo preventivo di legittimità da parte della Corte dei conti ai sensi dell'articolo 3 della L. 20/1994, atti che le amministrazioni inviano contestualmente agli Uffici di controllo e agli uffici della Corte dei conti competenti per l'effettuazione del controllo di legittimità), gli altri atti soggetti al controllo preventivo elencati dalle lettere da *b)* a *g-bis*) del comma 2 sono inviati agli Uffici di controllo per il controllo di regolarità amministrativa e contabile contestualmente alla loro adozione.

L'ufficio di controllo, **entro trenta giorni dal ricevimento** (art. 8) provvede all'apposizione del visto di regolarità amministrativa e contabile. Fanno eccezione i provvedimenti o contratti di assunzione del personale (art. 5, comma 2, lettera *c*) e gli atti relativi alle modifiche della posizione giuridica o della base stipendiale del personale statale in servizio (art. 5, comma 2, lettera *d*) per i quali è previsto un termine di 60 giorni, nonché per gli accordi in materia di contrattazione integrativa (art. 5, comma 2, lettera *e*), per i quali restano fermi i termini previsti dalle vigenti disposizioni contrattuali (articolo 8, comma 1).

Una particolare disciplina è prevista per gli atti di pagamento emessi a titolo di corrispettivo nelle transazioni commerciali (art. 8, comma 4-*bis*): essi devono pervenire all'ufficio di controllo almeno 15 giorni prima della data di scadenza del termine di pagamento. L'ufficio di controllo espleta i riscontri di competenza e dà comunque corso al pagamento entro i 15 giorni successivi al ricevimento degli atti di pagamento, sia in caso di esito positivo, sia in caso di formulazione di osservazioni o richieste di integrazioni e chiarimenti.

L'art. 6 del decreto legislativo reca invece la disciplina del **controllo contabile**, afferente alla fase dell'impegno di spesa. In questo caso, l'ufficio di controllo effettua la registrazione contabile delle somme relative agli atti di spesa di cui all'articolo 5, con conseguente effetto di rendere indisponibili ad altri fini le somme ad essa riferite.

Gli **atti di spesa non possono avere corso** (*rifiuto assoluto di registrazione*, art. 6, comma 2 come modificato dal D.Lgs. 29/2018) qualora:

a) siano pervenuti oltre il termine perentorio di ricevibilità del 31 dicembre dell'esercizio finanziario cui si riferisce la spesa, fatti salvi quelli direttamente conseguenti all'applicazione di prov-

vedimenti legislativi pubblicati nell'ultimo quadrimestre dell'anno, quelli relativi a risorse iscritte in bilancio a seguito dell'adozione, nell'ultimo mese dell'anno, di decreti di riassegnazione di entrate di scopo, nonché di quelli relativi alla attribuzione delle risorse di fondi la cui ripartizione, tra le unità elementari di bilancio interessate, è disposta con decreto del Ministro dell'economia, a seguito dell'emanazione di un provvedimento amministrativo che ne stabilisce la destinazione;
b) la spesa ecceda lo stanziamento dell'unità elementare di bilancio, ovvero dell'articolo, qualora l'unità elementare sia suddivisa in articoli;
c) l'imputazione della spesa sia errata rispetto all'unità elementare di bilancio o all'esercizio finanziario, o alla competenza piuttosto che ai residui;
d) siano violate le disposizioni che prevedono specifici limiti a talune categorie di spesa;
e) non si rinviene la compatibilità dei costi della contrattazione integrativa con i vincoli di bilancio ai sensi dell'articolo 40-*bis* del D.Lgs. 165/2001;
e-*bis*) i relativi provvedimenti di impegno non risultino conformi a quanto stabilito dall'articolo 34, comma 2, della legge 196/2009, ovvero, nel caso in cui dispongano l'utilizzo di risorse destinate ad altre finalità, i corrispondenti decreti di variazione di bilancio non risultino registrati dalla Corte dei conti.

L'art. 7 disciplina il **controllo amministrativo**, comportante l'esame degli atti con riferimento alla normativa vigente, ossia alle specifiche norme sostanziali che sovrintendono l'atto, riscontro che completa l'iter del controllo preventivo. Infatti, a seguito della registrazione contabile, sono accantonate e rese indisponibili le somme fino al momento del pagamento e l'ufficio di controllo procede all'esame degli atti di spesa sotto il profilo della regolarità amministrativa, con riferimento alla normativa vigente.

Prima di tutto, però, l'Ufficio verifca che i pagamenti siano coerenti con il cronoprogramma previsto dall'art. 34, comma 7 della L. 196/2009. Il controllo può determinare i seguenti esiti:

- **esito negativo**; qualora vengano rilevati vizi dell'atto sotto il profilo amministrativo, l'ufficio deve, entro il termine di 30 giorni dal ricevimento dello stesso, muovere formale osservazione, indicando le norme che si ritengono violate; il termine dei 30 giorni è perentorio, decorso il quale l'atto acquista efficacia a tutti gli effetti e l'ufficio di controllo dovrà obbligatoriamente effettuare le registrazioni contabili.
  In caso di riscontro negativo, gli atti non producono effetti a carico del bilancio dello Stato, salvo che sia esplicitamente richiesto di dare ulteriore corso al provvedimento, sotto la responsabilità del dirigente titolare della spesa: infatti (art. 10, comma 1) il dirigente titolare della spesa può richiedere esplicitamente, sotto la propria responsabilità, di dare ulteriore corso al provvedimento che, conseguentemente, acquista efficacia pur in presenza di osservazioni;
- **esito positivo**; l'ufficio di controllo appone il visto di regolarità amministrativa e contabile; nel caso di decorso dei termini senza che siano state formulate osservazioni o richiesti chiarimenti, l'ufficio di controllo restituirà gli atti muniti di «*Visto ai sensi dell'articolo 8, comma 2, del decreto legislativo 30 giugno 2011, n. 123*».

6.3.2 Il controllo successivo

L'art. 11 del D.Lgs. 123/2011 sottopone al controllo successivo di regolarità amministrativa e contabile i seguenti atti:

a) rendiconti amministrativi, resi dai funzionari delegati titolari di contabilità ordinaria e speciale alimentate con fondi di provenienza dal bilancio dello Stato (art. 32 D.L. 73/2022);

b) rendiconti amministrativi resi dai commissari delegati titolari di contabilità speciale di cui all'articolo 5, comma 5-bis, della L. 225/1992, nonché da ogni altro soggetto gestore, comunque denominato;
c) rendiconti amministrativi afferenti a un'unica contabilità speciale alimentata con fondi di provenienza statale e non statale per la realizzazione di accordi di programma;
d) ogni altro rendiconto previsto da specifiche disposizioni di legge;
e) conti giudiziali;
e*bis*) spese fisse telematiche.

Quanto al procedimento, l'art. 14 introduce una nuova tempistica che prevede, fatti salvi i termini stabiliti per determinati casi (art. 14), **i rendiconti** vanno presentati al competente ufficio riscontrante **entro 25 giorni dal termine dell'esercizio finanziario** di riferimento. Gli uffici di controllo, entro l'esercizio finanziario successivo alla presentazione dei rendiconti, provvedono al discarico di quelli ritenuti regolari e li restituiscono al funzionario delegato muniti del visto di regolarità amministrativo-contabile, unitamente alla documentazione originale, debitamente obliterata. Nel caso in cui siano riscontrate irregolarità, gli uffici di controllo non discaricano i rendiconti e inviano al funzionario delegato una nota di osservazione. I funzionari delegati rispondono ai rilievi entro trenta giorni dal ricevimento della predetta nota di osservazione.

Qualora nell'esame dei rendiconti siano riscontrate irregolarità tali da non consentirne il discarico e non siano intervenute controdeduzioni idonee a superare le osservazioni formulate, gli uffici di controllo devono informare la competente Sezione di controllo della Corte dei conti (art. 14, comma 8).

6.4 I controlli esterni: la Corte dei Conti

Il sistema dei controlli esterni nelle materia di contabilità pubblica è imperniato sulla **Corte dei conti, organo di rilevanza costituzionale**. L'**art. 100, comma 2 della Costituzione**, infatti, così recita: «La Corte dei conti esercita il controllo preventivo di legittimità sugli atti del Governo, e anche quello successivo sulla gestione del bilancio dello Stato. Partecipa, nei casi e nelle forme stabiliti dalla legge, al controllo sulla gestione finanziaria degli enti a cui lo Stato contribuisce in via ordinaria. Riferisce direttamente alle Camere sul risultato del riscontro eseguito».
Possiamo, perciò, affermare che la Corte dei conti svolge innanzi tutto:

- un controllo preventivo di legittimità sugli atti del governo;
- un controllo successivo sulla gestione del bilancio dello Stato;
- un controllo sulla gestione finanziaria degli enti cui lo Stato contribuisce un via ordinaria.

Oltre a tali funzioni di controllo, altre sono state introdotte nel tempo da leggi ordinarie: infatti, nulla preclude al legislatore di introdurre nuove forme di controllo purché, per queste ultime, sia rintracciabile un adeguato fondamento normativo (Corte Cost., sentenza 29/1995). Ad esempio, sono state attribuite alla Corte dei conti importanti **funzioni di controllo/referto** quali:

- il controllo sulla **copertura finanziaria delle leggi di spesa** (art. 17 L. 196/2009);
- in materia di **costo del lavoro pubblico** e di certificazione dell'attendibilità dei costi (art. 47 del D.Lgs. 165/2001);
- referti sulla **finanza regionale e locale**.

6.4.1 Il controllo preventivo di legittimità

Il controllo preventivo di legittimità consiste in **un procedimento teso a valutare la conformità degli atti che ne formano oggetto alle norme del diritto oggettivo, ad esclusione di qualsiasi apprezzamento che non sia di ordine strettamente giuridico** ed è volto unicamente a garantire la legalità degli atti.

A seguito della L. 20/1994 (art. 3), il controllo preventivo di legittimità della Corte dei conti si esercita **esclusivamente sui seguenti atti non aventi forza di legge**:

a) provvedimenti emanati a seguito di deliberazione del Consiglio dei Ministri;

b) atti del Presidente del Consiglio dei Ministri e atti dei Ministri aventi ad oggetto la definizione delle piante organiche, il conferimento di incarichi di funzioni dirigenziali e le direttive generali per l'indirizzo e per lo svolgimento dell'azione amministrativa;

c) atti normativi a rilevanza esterna, atti di programmazione comportanti spese ed atti generali attuativi di norme comunitarie;

d) provvedimenti dei comitati interministeriali di riparto o assegnazione di fondi ed altre deliberazioni emanate nelle materie di cui alle lettere *b)* e *c)*;

f) provvedimenti di disposizione del demanio e del patrimonio immobiliare;

f-*bis*) atti e contratti di lavoro autonomo, di natura occasionale o coordinata e continuativa con cui le amministrazioni affidano incarichi individuali ad esperti qualificati (articolo 7, comma 6, del decreto legislativo 30 marzo 2001, n. 165);

f-*ter*) atti e contratti concernenti studi e consulenze di cui all'articolo 1, comma 9, della legge 23 dicembre 2005, n. 266;

g) decreti che approvano contratti delle amministrazioni dello Stato, escluse le aziende autonome: *attivi*, di qualunque importo, ad eccezione di quelli che per loro natura devono essere consegnati immediatamente all'acquirente (ipotesi prevista dall'ultimo comma dell'articolo 19 del R.D. 2440/1923); di *appalto d'opera*, se di importo superiore alla soglia comunitaria; *altri contratti passivi*, se di importo superiore ad un decimo del valore suindicato;

h) decreti di variazione del bilancio dello Stato, di accertamento dei residui e di assenso preventivo del Ministero del tesoro all'impegno di spese correnti a carico di esercizi successivi;

i) atti per il cui corso sia stato impartito l'ordine scritto del Ministro;

l) atti che il Presidente del Consiglio dei Ministri richieda di sottoporre temporaneamente a controllo preventivo o che la Corte dei conti deliberi di assoggettare, per un periodo determinato, a controllo preventivo in relazione a situazioni di diffusa e ripetuta irregolarità rilevate in sede di controllo successivo.

Ai sensi dell'art. 27 della L. n. 340/2000, gli atti trasmessi alla Corte dei conti diventano in ogni caso **esecutivi** trascorsi **sessanta giorni dalla loro ricezione**, senza che sia intervenuta una pronuncia della Sezione del controllo, salvo che la Corte, nel suddetto termine, abbia sollevato questione di legittimità costituzionale per violazione dell'art. 81 Cost., delle norme aventi forza di legge che costituiscono il presupposto dell'atto, ovvero abbia sollevato, in relazione all'atto, conflitto di attribuzione; detto termine è sospeso per il periodo intercorrente tra le eventuali richieste istruttorie e le risposte delle Amministrazioni o del Governo, che non può complessivamente essere superiore a trenta giorni.

Il **comma 3 del citato art. 3** della L. n. 20/1994, inoltre, fissa il principio secondo il quale le Sezioni Riunite della Corte dei conti possono, con deliberazione motivata, stabilire

che singoli atti di notevole rilievo finanziario, individuati per categorie ed Amministrazioni statali, siano sottoposti all'esame della Corte per un periodo determinato.
La Corte può chiedere il **riesame degli atti** entro quindici giorni dalla loro ricezione, ferma rimanendone l'esecutività. Le Amministrazioni trasmettono gli atti adottati a seguito del riesame della Corte dei conti, che ove rilevi illegittimità, ne dà avviso al Ministro.

L'art. 25 del T.U. n. 1214 del 1934 disciplina l'istituto della **registrazione con riserva**: in caso di rifiuto di registrazione, qualora il controllo riguardi un atto governativo, il Ministro interessato può chiedere un'apposita deliberazione da parte del Consiglio dei ministri, il quale può ritenere che l'atto risponda ad interessi pubblici superiori e debba avere comunque corso. In questo caso la Corte dei conti ordina la registrazione dell'atto e vi appone il *visto con riserva*. L'atto registrato con riserva acquista piena efficacia, ma il Governo se ne assume la responsabilità politica poiché la Corte trasmette periodicamente al Parlamento l'elenco degli atti registrati con riserva.

6.4.2 Il controllo successivo sulla gestione

A differenza del controllo preventivo di legittimità, **oggetto del controllo successivo** non sono singoli atti, ma la gestione nel suo complesso. L'art. 3, comma 4 della L. 20/1994, dispone infatti che la Corte dei conti svolge, anche in corso di esercizio, il controllo successivo sulla **gestione del bilancio e del patrimonio delle amministrazioni pubbliche**, nonché sulle gestioni fuori bilancio e sui fondi di provenienza comunitaria.

Nei confronti delle **amministrazioni regionali**, l'art. 3 comma 5 prevede espressamente che il controllo della gestione concerne il perseguimento degli obiettivi stabiliti dalle leggi di princìpio e di programma. A ciò si aggiunga che l'**art. 20 della L. 243/2012** (attuazione della L. cost. 1/2012 sul pareggio di bilancio) afferma che la Corte dei conti è competente a svolgere, anche in corso di esercizio, il **controllo successivo sulla gestione dei bilanci delle Regioni e degli enti territoriali** nonché delle amministrazioni pubbliche non territoriali; inoltre, il D.L. 174/2012, dal canto suo, oltre ad estendere a tutte le **Regioni** il **giudizio di parifica sui rendiconti generali** con le stesse modalità procedurali previste per il bilancio statale, ha introdotto nuove tipologie di controllo di regolarità della gestione (cd. *auditing finanziario contabile*) correlandolo, tra l'altro, alla necessità di garantire il rispetto dei vincoli finanziari derivanti dall'appartenenza dell'Italia all'Unione europea, quali:

- la verifica semestrale sulle coperture finanziarie adottate dalle leggi regionali;
- il controllo di regolarità sui bilanci preventivi e i rendiconti consuntivi delle regioni e degli enti del SSN;
- la verifica annuale sulla regolarità della gestione e sull'efficacia e sull'adeguatezza del sistema dei controlli interni;
- il controllo di regolarità sui rendiconti dei Gruppi consiliari e dei Consigli regionali.

Per quanto invece concerne gli **enti locali**, la L. 14 gennaio 1994, n. 20 ha mantenuto in vigore i controlli già previsti dalla L. 26 febbraio 1982, n. 51 e successive modifiche secondo cui Province e Comuni con popolazione superiore ad ottomila abitanti sono tenuti ad inviare i conti consuntivi alla Corte che riferisce annualmente al Parlamento i risultati dell'esame compiuto.
Anche in questo caso, il **D.L. 174/2012** (art. 3, comma 1) ha ampliato consistentemente la funzione di controllo della Corte dei conti nei confronti degli enti locali, la quale viene a comprendere, **anche in corso di esercizio**, la **regolarità della gestione finanziaria**, gli atti di programmazione, nonché la verifica del funzionamento dei controlli interni di ciascun ente. Alla Corte è anche affidato un potere sanzionatorio nei confronti degli amministratori dell'ente locale.

Finalità di tale tipologia di controllo (svolto a campione) è quello di accertare il conseguimento da parte dell'Amministrazione degli obiettivi prestabiliti dalla legge o dal programma e le caratteristiche dell'attività posta in essere per realizzarli, secondo i parametri di legittimità e di regolarità, termine quest'ultimo riferito ai criteri di efficacia, efficienza ed economicità dell'azione amministrativa. Infatti, a mente della L. 20/1994, tale controllo è teso a verificare «la legittimità e la regolarità delle gestioni, nonché il funzionamento dei controlli interni a ciascuna amministrazione» e accertare, «anche in base all'esito di altri controlli, la rispondenza dei risultati dell'attività amministrativa agli obiettivi stabiliti dalla legge valutando comparativamente costi, modi e tempi dello svolgimento dell'azione amministrativa».

Il controllo avviene sulla base di una **programmazione dei lavori:** la Corte approva ogni anno per l'anno successivo i programmi e i criteri di riferimento del controllo sulla base delle priorità previamente deliberate dalle competenti Commissioni parlamentari a norma dei rispettivi regolamenti, anche tenendo conto, ai fini di referto per il coordinamento del sistema di finanza pubblica, delle relazioni redatte dagli organi, collegiali o monocratici, che esercitano funzioni di controllo o vigilanza su amministrazioni, enti pubblici, autorità amministrative indipendenti o società a prevalente capitale pubblico.

La Corte dei conti, poi, secondo il disposto del successivo comma 6, **riferisce**, almeno annualmente, **al Parlamento ed ai Consigli regionali sull'esito** del controllo eseguito. Le relazioni della Corte sono altresì inviate alle amministrazioni interessate, alle quali la Corte formula, in qualsiasi altro momento, le proprie osservazioni, con l'obbligo, in capo alle suddette amministrazioni, di comunicare alla Corte ed agli organi elettivi, entro sei mesi dalla data di ricevimento della relazione, le misure conseguentemente adottate.
Circa le differenze fra **controllo «sulla gestione» e controllo interno «di gestione»** la Corte Costituzionale ha chiarito che il primo costituisce un controllo successivo ed esterno all'amministrazione, di natura imparziale e collaborativa, mentre il secondo è invece concomitante all'azione della pubblica amministrazione e di natura amministrativa.

Il controllo concomitante

La **L. n. 15/2009** (*legge Brunetta*) ha aggiunto un ulteriore tassello nel sistema dei controlli sulla gestione, fondati sull'art. 100 Cost. e, sul piano applicativo, sulle leggi n. 20/1994, n. 131/2003 e n. 266/2005 e successive modificazioni.
Per quanto riguarda le amministrazioni dello Stato, l'**art. 11, comma 2**, della citata L. n. 15 dispone che la Corte dei conti, anche a richiesta delle competenti Commissioni parlamentari, possa effettuare **controlli** su gestioni pubbliche statali **in corso di svolgimento**. Nel caso in cui essa accerti gravi irregolarità gestionali ovvero gravi deviazioni da obiettivi, procedure o tempi di attuazione stabiliti da norme (nazionali o comunitarie), ovvero da direttive del Governo, la Corte ne individua, in contraddittorio con l'amministrazione, le cause e provvede, con decreto motivato del Presidente, su proposta della competente sezione, a darne comunicazione (anche con idonei strumenti telematici), al Ministro competente, il quale, con decreto da comunicare al Parlamento e alla presidenza della Corte, sulla base delle proprie valutazioni, anche di ordine economico-finanziario, può disporre la sospensione dell'impegno di somme stanziate sui pertinenti capitoli di spesa. La norma aggiunge che, qualora emergano rilevanti ritardi nella realizzazione di piani e programmi, nell'erogazione di contributi ovvero nel trasferimento di fondi, la Corte ne individua, in contraddittorio con l'amministrazione, le cause, e provvede, con decreto motivato del Presidente, su proposta della competente sezione, a darne comunicazione al Ministro competente.
Entro sessanta giorni l'amministrazione competente adotta i provvedimenti idonei a rimuovere gli impedimenti, ferma restando la facoltà del Ministro, con proprio decreto da comunicare alla

presidenza della Corte, di sospendere il termine stesso per il tempo ritenuto necessario, ovvero di comunicare, al Parlamento ed alla presidenza della Corte, le ragioni che impediscono di ottemperare ai rilievi formulati dalla Corte.
Il successivo **comma 3** stabilisce che le Sezioni Regionali di controllo della Corte dei conti, previo concerto con il Presidente della Corte, possono applicare le disposizioni in parola nei confronti delle gestioni pubbliche regionali o degli Enti locali. In tal caso la facoltà attribuita al Ministro competente si intende attribuita ai rispettivi organi di governo e l'obbligo di riferire al Parlamento è da adempiere nei confronti delle rispettive Assemblee elettive.
Vanno dunque evidenziate le seguenti particolarità di questo **controllo concomitante**:

a) l'area di applicazione delle disposizioni della L. n. 15 appare esplicitamente riferita alle 'gestioni pubbliche statali' (comma 2 dell'art. 11) ed alle 'gestioni pubbliche regionali e degli Enti locali' (comma 3), il che comporta dunque l'inapplicabilità delle disposizioni in esame ad amministrazioni diverse, quali quelle degli enti pubblici non territoriali o delle Università;

b) il carattere marcatamente '**concomitante**' è riconducibile al controllo su gestioni 'in corso di svolgimento', e cioè su gestioni non ancora concluse, in ordine alle quali sono possibili interventi correttivi 'in corso d'opera' (di tipo preventivo), tali da determinare il mancato avverarsi, o quanto meno l'interruzione di situazioni illegittime o pregiudizievoli;

c) variano anche gli schemi di riferimento, atteso che il controllo concomitante pone uno specifico accento, fermo il comune requisito del contraddittorio con l'amministrazione, sul piano dell'individuazione delle cause sottese alle gravi irregolarità gestionali ovvero alle gravi deviazioni da obiettivi, procedure e tempi di attuazione stabiliti da norme (nazionali o comunitarie), ovvero da direttive del Governo, così come sulle cause di rilevanti ritardi nella realizzazione di piani e programmi, nell'erogazione di contributi ovvero nel trasferimento di fondi.

L'art. 22 del **D.L. 76/2020**, intervenendo sulla disciplina dei **controlli concomitanti della Corte dei conti**, ha previsto una procedura speciale in caso di accertamento di gravi irregolarità gestionali, ovvero di rilevanti e ingiustificati ritardi nell'erogazione di contributi per la realizzazione dei "**principali piani, programmi e progetti relativi agli interventi di sostegno e di rilancio dell'economia nazionale**". In tali casi, il risultato dell'accertamento è immediatamente trasmesso all'amministrazione competente ai fini della **responsabilità dirigenziale** ai sensi e per gli effetti dell'art. 21, comma 1, D.L.gs. 165/2001.
Attuando la disposizione, la **delibera 272/2021** del Consiglio di presidenza della Corte Conti ha istituito presso la Sezione centrale di controllo sulla gestione delle amministrazioni dello Stato il "**Collegio concomitante di controllo**", sui principali piani, programmi e progetti relativi agli interventi di sostegno e rilancio dell'economia nazionale (in particolare, piani e programmi relativi al Pnrr). L'attività del controllo è esercitata in autonomia sulla base del programma annuale deliberato dallo stesso Collegio nel quadro della programmazione generale dei controlli. Ove l'attuazione di piani, programmi e progetti sia rimessa a Regioni/Province autonome o ad altri enti o a organi operanti esclusivamente in ambito regionale, tali funzioni sono svolte dalla competente Sezione regionale di controllo.

6.4.3 Il controllo sugli enti sovvenzionati

Sono sottoposti a tale tipo di controllo (L. 21 marzo 1958 n. 259) i seguenti **enti**:

- gli enti che godono di contribuzione periodica a carico dello Stato;
- gli enti che si finanziano con imposte, contributi, tasse che sono autorizzati ad imporre;
- gli enti che godono di un apporto al patrimonio in capitale, servizi, beni ovvero mediante concessione di garanzia;

- le società derivanti dalla trasformazione degli enti pubblici economici in società per azioni, fino a quando permanga la partecipazione maggioritaria dello Stato o degli altri pubblici poteri al capitale sociale (Corte costituzionale, sentenza 28 dicembre 1993 n. 466).

Tali soggetti devono far pervenire alla Corte dei conti (Sezione controllo enti) i **conti consuntivi ed i bilanci di esercizio** col relativo conto dei profitti e delle perdite corredati dalle relazioni dei rispettivi organi amministrativi e di revisione, non oltre quindici giorni dalla loro approvazione e, in ogni caso, non oltre sei mesi e quindici giorni dalla chiusura dell'esercizio finanziario al quale si riferiscono. Alla Corte sono trasmesse altresì le relazioni degli organi di revisione che vengano presentate in corso di esercizio (art. 4).

La legge 21 marzo 1958 n. 259 ha previsto **due modalità di controllo**:

- quello svolto direttamente dall'apposito ufficio della Corte dei conti (Sezione controllo enti);
- quello svolto da una magistrato della Corte (art. 12) che partecipa alle sedute degli organi di amministrazione e revisione dell'ente.

In entrambi i casi il controllo, che è sia di legittimità che di merito, è concomitante, cioè si svolge nel corso della gestione dell'ente, e ha per oggetto l'intera gestione finanziaria e amministrativa dell'ente stesso.

Il controllo sugli enti sovvenzionati differisce dunque sia dal controllo di legittimità (preventivo o successivo) su atti, sia dal controllo sulla gestione, essendo partecipe dei caratteri sia dell'uno che dell'altro. La Corte, in caso di accertata irregolarità nella gestione di un ente, può in ogni momento formulare i propri rilievi al Ministro del tesoro e al Ministro competente (art. 8 legge 1958/259).

Anche in questo caso, l'**art. 20 della L. 243/2012** (attuazione della L. cost. 1/2012 sul pareggio di bilancio) ha sancito nuove competenze per la Corte dei conti riconoscendone la competenza a svolgere, anche in corso di esercizio, il **controllo successivo sulla gestione dei bilanci delle amministrazioni pubbliche non territoriali** ai fini del coordinamento della finanza pubblica e dell'equilibrio dei bilanci.

6.4.4 Il controllo finanziario e contabile nei confronti di Regioni e Autonomie locali

Tale tipologia di controllo trova la sua originaria disciplina nell'art. 7, co. 7, della L. n. 131/2003, che ha attribuito alla Corte dei conti la **verifica del rispetto degli equilibri di bilancio**, anche in relazione ai vincoli comunitari, e un **controllo collaborativo**, da esercitare attraverso le Sezioni regionali di controllo del medesimo istituto, rivolto a perseguire la **sana gestione finanziaria** e sempre più avanzati livelli di efficienza e di economicità.

Nell'esercizio dei predetti compiti, a garanzia dell'autonomia degli Enti controllati, la Corte non è chiamata ad operare come organo ausiliario del Governo o comunque dello Stato centrale, ma come **organo della Repubblica**, nella nuova definizione di cui all'art. 114 Cost., e, quindi, come organo sia dello Stato che delle Regioni e degli altri Enti territoriali (Parisi).

A tal fine, le sezioni regionali di controllo della Corte dei conti verificano, nel rispetto della natura collaborativa del controllo sulla gestione, il perseguimento degli obiettivi posti dalle leggi statali o regionali di principio e di programma, secondo la rispettiva competenza, nonché la sana gestione finanziaria degli enti locali ed il funzionamento dei controlli interni e riferiscono sugli esiti delle verifiche esclusivamente ai consigli degli enti controllati (art. 7, co. 7 L. 131/2003).

Tale forma di controllo è stata poi compiutamente disciplinata dall'art. 1, commi da 166 a 170, della **L. n. 266/2005** (*legge finanziaria 2006*). Più in dettaglio, il comma 166 ha previsto che gli organi degli Enti locali di revisione economico-finanziaria trasmettano alle competenti Sezioni regionali di controllo della Corte dei conti una **relazione sul bilancio di previsione dell'esercizio di competenza e sul rendiconto** dell'esercizio medesimo. Detta relazione, ai sensi del successivo comma 167, deve dare conto, in ogni caso, del rispetto degli obiettivi annuali posti dal Patto di stabilità interno, dell'osservanza del vincolo previsto in materia di indebitamento dall'art. 119, ultimo comma, della Cost., e di ogni grave irregolarità contabile e finanziaria in ordine alle quali l'Amministrazione non abbia adottato le misure correttive segnalate dall'organo di revisione.
Il comma 170 estende i predetti adempimenti anche agli enti del S.S.N.

Con il **D.L. 174/2012** si è infine proceduto ad una nuova strutturazione dei controlli della Corte dei conti, finalizzata a "rafforzare il coordinamento della finanza pubblica, in particolare tra i livelli di governo statale e regionale, e di garantire il rispetto dei vincoli finanziari derivanti dall'appartenenza dell'Italia all'Unione europea" (art. 1, co. 1).
Con riguardo ai controlli sugli enti locali, in particolare, l'art. 3 lett *e*) modifica l'**art. 148 del TUEL** (Testo Unico Enti Locali, D.Lgs. 267/2000) e amplia in maniera consistente la funzione di controllo della Corte, la quale ha ad oggetto, anche in corso di esercizio, la regolarità della gestione finanziaria, gli atti di programmazione, nonché la verifica del funzionamento dei controlli interni di ciascun ente. Recita infatti il comma 1 (modificato dalla L. 116/2014): "Le sezioni regionali della Corte dei conti, con cadenza annuale, nell'ambito del controllo di legittimità e regolarità delle gestioni, verificano il funzionamento dei controlli interni ai fini del rispetto delle regole contabili e dell'equilibrio di bilancio di ciascun ente locale".
Il comma 2 prevede che i controlli esterni vengono esercitati, oltre che dalle sezioni regionali di controllo della Corte dei conti, anche, autonomamente, dal Ministero dell'economia e finanze – Ragioneria Generale dello Stato, il quale può procedere ad effettuare verifiche sulla regolarità della gestione amministrativo-contabile in presenza di specifici indicatori di squilibrio finanziario.
Il comma 5 affida alla Corte anche un **potere sanzionatorio** nei confronti degli amministratori dell'ente locale: fermo restando quanto previsto dalla L. 20/1994 in materia di responsabilità erariale, la Corte può irrogare "agli amministratori responsabili la condanna ad una sanzione pecuniaria da un minimo di cinque fino ad un massimo di venti volte la retribuzione mensile lorda dovuta al momento di commissione della violazione".
Il D.L. 78/2012 introduce inoltre l'articolo **148-bis del TUEL** (rubricato "Rafforzamento del controllo della Corte dei conti sulla gestione finanziaria degli enti locali") nel quale si prevede che le Sezioni regionali di controllo della Corte, al fine di verificare il "rispetto degli obiettivi annuali posti dal patto di stabilità interno [ora, il rispetto degli equilibri di bilancio], dell'osservanza del vincolo previsto in materia di indebitamento dall'articolo 119, sesto comma, della Costituzione, della sostenibilità dell'indebitamento, dell'assenza di irregolarità, suscettibili di pregiudicare, anche in prospettiva, gli equilibri economico-finanziari degli enti", esaminino i bilanci preventivi e i rendicon-

ti consuntivi degli enti locali ai fini della **verifica di specifici elementi** suscettibili di pregiudicare gli **equilibri economico finanziari** degli enti. L'accertamento ha anche ad oggetto la verifica che i rendiconti consuntivi tengano conto delle partecipazioni dell'ente locale in società controllate alle quali è affidata la gestione di servizi pubblici per le collettività locali o attività strumentali all'ente. Sono previste specifiche conseguenze nell'ipotesi in cui la Corte riscontri irregolarità e l'ente locale non provveda a rimuoverle. L'accertamento, da parte delle competenti sezioni regionali di controllo della Corte dei conti, di squilibri economico-finanziari, della mancata copertura di spese, della violazione di norme finalizzate a garantire la regolarità della gestione finanziaria, o del mancato rispetto degli obiettivi posti con il patto di stabilità interno comporta per gli enti interessati l'obbligo di adottare, entro sessanta giorni dalla comunicazione del deposito della pronuncia di accertamento, i provvedimenti idonei a rimuovere le irregolarità e a ripristinare gli equilibri di bilancio. Tali provvedimenti sono trasmessi alle sezioni regionali di controllo della Corte dei conti che li verificano nel termine di trenta giorni dal ricevimento. Qualora l'ente non provveda alla trasmissione dei suddetti provvedimenti o la verifica delle sezioni regionali di controllo dia esito negativo, è preclusa l'attuazione dei programmi di spesa per i quali è stata accertata la mancata copertura o l'insussistenza della relativa sostenibilità finanziaria.

Capitolo 7
Ordinamento finanziario e contabile delle Regioni

7.1 L'armonizzazione contabile

L'ordinamento finanziario e contabile delle Regioni trova il suo principale fondamento normativo nel D.Lgs. 118/2011, in particolare nel Titolo III (artt. da 36 a 73); il provvedimento, che reca "*Disposizioni in materia di armonizzazione dei sistemi contabili e degli schemi di bilancio delle Regioni, degli enti locali e dei loro organismi*" costituisce attuazione degli articoli 1 e 2 L. 5-5-2009, n. 42, sul federalismo fiscale.
L'art. 2 **L. 196/2009** (modificando la L. 42/2009 sul federalismo fiscale) ha infatti delegato il Governo ad emanare uno o più decreti finalizzati all'**armonizzazione dei sistemi contabili e degli schemi di bilancio di Regioni ed enti locali**. La delega è esplicitamente finalizzata a consentire il concorso di tutte le amministrazioni pubbliche al governo della finanza pubblica poiché tale compito presuppone necessariamente la confrontabilità dei dati di bilancio delle differenti amministrazioni.
Alla delega hanno dato attuazione:

- per le Regioni, le Province autonome, gli enti locali e il settore sanitario, il **D.Lgs. 23-6-2011, n. 118**;
- per tutte le altre **amministrazioni definite pubbliche** ai sensi dell'art. 1, c. 2, L. 196/2009 e, dunque, rientranti nel **conto economico della PA** (sia di quelle aventi un regime di contabilità finanziaria, sia di quelle aventi un regime di contabilità economico-patrimoniale, ovvero civilistico) il **D.Lgs 31-5-2011, n. 91**. Il provvedimento (in modo analogo a quanto previsto dal D.Lgs. 118/2011), è volto all'**armonizzazione dei sistemi contabili** degli enti pubblici.

La **riforma di armonizzazione contabile** operata dal D.Lgs. 118/2011 ha dunque mirato a definire in modo univoco per tutti gli enti territoriali:

- i **principi contabili** generali e applicati di trattamento contabile delle varie operazioni di gestione, stabilendo le stesse norme teoriche e tecniche contabili di rilevazione, di valutazione, di esposizione in bilancio per le medesime operazioni;
- la **classificazione** delle entrate e delle spese, agevolando il consolidamento dei conti;
- alcune **definizioni giuridico-contabili**, eliminando diversità terminologiche e interpretative.

L'introduzione di regole contabili uniformi acquista particolare significato per le Regioni, storicamente dotate di autonomi sistemi contabili, con positivi riflessi sulla confrontabilità degli andamenti finanziari e gestionali del comparto e, pertanto, sull'effettività dei controlli previsti dalla legge.
Il processo di armonizzazione prefigurato dal D.Lgs. 118/2011 ha trovato conferma nella novella costituzionale del 2012. La **L. cost. 1/2012** (oltre ad introdurre il vincolo del pareggio di bilancio), nel riscrivere l'art. 117 comma 2 della Carta costituzionale ha infatti operato uno spostamento di competenza, attribuendo la **materia "armonizza-**

zione dei bilanci pubblici" alla competenza esclusiva statale e non più – come nel riparto previgente previsto a seguito della L. cost. 3/2001 – alla competenza concorrente Stato-Regioni.
Di conseguenza, le nuove norme si applicano in via diretta alle **Regioni a statuto ordinario**, ma (art. 79 D.Lgs. 118/2011) ne è opportunamente prevista l'estensione alle **Regioni a statuto speciale ed alle Province autonome.** Per la definizione delle modalità e della decorrenza delle nuove regole, la norma rinvia alle procedure di cui all'art. 27, L. 5-5-2009, n. 42.

7.2 I principi contabili

Al pari degli altri enti territoriali, a seguito del D.Lgs. 118/2011 (art. 3) le Regioni hanno l'obbligo di conformare la propria gestione ai principi generali ed applicati allegati al D.Lgs. n. 118/2011.
In contabilità, i principi contabili sono quei principi, ivi inclusi i criteri, le procedure ed i metodi di applicazione, che stabiliscono l'individuazione dei fatti da registrare, le modalità di contabilizzazione degli eventi, i criteri di valutazione e quelli di esposizione dei valori nel sistema di bilancio, funzionali allo svolgimento dei processi di programmazione e controllo.
La finalità dei principi contabili, generali ed applicati, è quella di consentire a tutti gli operatori coinvolti, sia di governo che di amministrazione, di ottemperare con professionalità alle proprie responsabilità.

7.2.1 I principi contabili generali

I **principi contabili generali** costituiscono i fondamenti e le regole di carattere generale cui deve informarsi l'intero sistema di bilancio. L'Allegato 1 D.Lgs. 118/2011 ne individua 18. Si tratta di **postulati** in gran parte derivati da quelli della contabilità di impresa (ad esempio, la competenza economica, la neutralità, la significatività e rilevanza, la continuità e costanza, la verificabilità). In ogni caso, l'insieme dei postulati rappresenta un sistema, poiché essi – seppure eterogenei – sono coordinati fra loro e rivolti ad un'unica fondamentale finalità: la rappresentazione contabile e informativa di bilancio veritiera e corretta.

Questi sono i **18 principi contabili generali** che elenca l'Allegato 1 al D.Lgs. 118/2011:
1. Principio dell'annualità
2. Principio dell'unità
3. Principio dell'universalità
4. Principio dell'integrità
5. Principio della veridicità, attendibilità, correttezza e comprensibilità
6. Principio della significatività e rilevanza
7. Principio della flessibilità
8. Principio della congruità
9. Principio della prudenza
10. Principio della coerenza
11. Principio della continuità e della costanza
12. Principio della comparabilità e della verificabilità
13. Principio della neutralità

14. Principio della pubblicità
15. Principio dell'equilibrio di bilancio
16. Principio della competenza finanziaria
17. Principio della competenza economica
18. Principio della prevalenza della sostanza sulla forma.

Si noti che le definizioni contenute nell'Allegato ripropongono, con notevole fedeltà, quelle espresse nel Documento n. 11 dell'**OIC** (**Organismo Italiano di Contabilità**) con riferimento alle imprese. Essendo stati integrati nel D.Lgs. 118/2011, i principi espressi da un organismo professionale, quale è l'OIC, assurgono ora a norme giuridiche con riferimento agli enti territoriali (**codificazione dei principi contabili**): infatti, l'Allegato 1 è parte integrante del decreto legislativo e quanto è in esso pubblicato ha valore di norma giuridica e forza cogente di farsi applicare.

7.2.2 I principi contabili applicati

I **principi contabili applicati** specificano singoli istituti definiti nell'ordinamento ed identificano i corretti adempimenti in coerenza con le indicazioni generali dei postulati. Sono norme tecniche di dettaglio, di specificazione ed interpretazione delle norme contabili e dei principi generali, che svolgono una funzione di completamento del sistema generale e favoriscono comportamenti uniformi e corretti. Nella armonizzazione contabile degli enti territoriali, però, il loro significato e il loro campo di applicazione è più ampio e complesso. Infatti, i principi contabili applicati degli enti territoriali riguardano interi sub-sistemi contabili:

> la **programmazione** (Allegato 4/1 del D.Lgs. 118/2011). La **programmazione** è il processo di analisi e valutazione che, comparando e ordinando coerentemente tra loro le politiche e i piani per il governo del territorio, consente di organizzare, in una dimensione temporale predefinita, le attività e le risorse necessarie per la realizzazione di fini sociali e la promozione dello sviluppo economico e civile delle comunità di riferimento;

> il **sistema di contabilità finanziaria** (Allegato 4/2 del D.Lgs. 118/2011). Nelle amministrazioni pubbliche che la adottano, la **contabilità finanziaria** costituisce il sistema contabile principale e fondamentale per fini autorizzatori e di rendicontazione della gestione. La contabilità finanziaria rileva le obbligazioni, attive e passive, gli incassi ed i pagamenti riguardanti tutte le transazioni poste in essere da una amministrazione pubblica, anche se non determinano flussi di cassa effettivi. Sia il D.Lgs. 91/2011 (concernente le altre amministrazioni pubbliche) che il D.Lgs. 118/2011 hanno previsto la sperimentazione di una nuova configurazione del **principio della competenza finanziaria cd. "potenziata"**, secondo la quale le obbligazioni attive e passive giuridicamente perfezionate, sono registrate nelle scritture contabili nel momento in cui l'obbligazione sorge ma con l'imputazione all'esercizio nel quale esse vengono a scadenza. La corretta applicazione di tale principio, consente di:
  - conoscere i debiti effettivi delle amministrazioni pubbliche;
  - evitare l'accertamento di entrate future e di impegni inesistenti;
  - rafforzare la programmazione di bilancio;
  - favorire la modulazione dei debiti secondo gli effettivi fabbisogni;
  - avvicinare la competenza finanziaria a quella economica;

> il sistema di contabilità economico-patrimoniale (Allegato 4/3 del D.Lgs. 118/2011). La **contabilità economica** mira a fornire informazioni sull'andamento economico

della gestione attraverso la rilevazione dei costi dei fattori impiegati e dei ricavi. Essa permette perciò di determinare l'effettivo risultato economico conseguito e di esprimere un giudizio sull'efficacia e sull'efficienza dell'utilizzo delle risorse: per tali motivi essa è tipica delle aziende private e, comunque, delle aziende orientate al mercato;

- il bilancio consolidato delle amministrazioni pubbliche locali (Allegato 4/4 del D.Lgs. 118/2011). È un documento contabile a carattere consuntivo che rappresenta il risultato economico, patrimoniale e finanziario del «*gruppo amministrazione pubblica*» (le società controllate, le società partecipate; gli organismi e gli enti strumentali dell'ente), attraverso un'opportuna eliminazione dei rapporti che hanno prodotto effetti soltanto all'interno del gruppo, al fine di rappresentare le transazioni effettuate con soggetti esterni al gruppo stesso. Il bilancio consolidato è predisposto dall'ente capogruppo, che ne deve coordinare l'attività.

Il bilancio consolidato è quindi lo strumento informativo primario di dati patrimoniali, economici e finanziari del gruppo inteso come un'unica entità economica, distinta dalle singole società e/o enti componenti il gruppo, che assolve a funzioni essenziali di informazione, sia interna che esterna, funzioni che non possono essere assolte dai bilanci separati degli enti e/o società componenti il gruppo né da una loro semplice aggregazione.

Contabilità finanziaria e contabilità economica

La **contabilità finanziaria**, al contrario, ha ad oggetto soltanto i flussi di denaro in entrata o in uscita, attesi o realizzati in un determinato periodo. Fatti di gestione che originano costi ma non comportano esborsi di moneta (ad esempio, il consumo di scorte di materiali) in genere trovano registrazione in un bilancio economico ma non in un bilancio finanziario. La contabilità finanziaria è perciò tipica degli enti pubblici e mira essenzialmente ad autorizzare in via preventiva i flussi monetari.

A seguito del D.Lgs. 118/2011, il sistema contabile delle Regioni e degli Enti locali continua dunque a basarsi su una **contabilità di tipo finanziario** (costituisce il sistema contabile principale e fondamentale per fini autorizzatori e di rendicontazione della gestione) **ma ad esso si affianca un sistema di contabilità economico-patrimoniale, per garantire la rilevazione unitaria dei fatti gestionali sia sotto il profilo finanziario che sotto il profilo economico-patrimoniale.**

Il sistema richiede la rilevazione anche di fatti che comportano variazioni economiche o patrimoniali, sebbene non diano luogo ad alcuna manifestazione monetaria. Per transazione, infatti, si intende ogni evento che determina la creazione, trasformazione, scambio, trasferimento o estinzione di valori economici, patrimoniali e finanziari (debiti e crediti) che si origina dall'interazione tra differenti soggetti (pubbliche amministrazioni, società, famiglie ecc.), e avviene per mutuo accordo o per atto unilaterale dell'amministrazione pubblica (cfr. Principio contabile applicato sulla contabilità finanziaria).

La *rilevazione delle transazioni* da cui non derivano flussi di cassa è effettuata al fine di attuare pienamente il contenuto autorizzatorio degli stanziamenti di previsione.

La *registrazione delle transazioni* che non presentano flussi di cassa è effettuata attraverso le regolarizzazioni contabili, costituite da impegni cui corrispondono accertamenti di pari importo e da mandati versati in quietanza di entrata nel bilancio dell'amministrazione stessa.

Le *regolazioni contabili* sono effettuate solo con riferimento a transazioni che riguardano crediti e debiti o che producono effetti di natura economico-patrimoniale.

7.3 Il Piano dei conti integrato

L'art. 2 D.Lgs. 118/2011 prescrive che Regioni ed enti locali affianchino alla contabilità finanziaria, ai fini conoscitivi, un sistema di contabilità economico-patrimoniale, garantendo la rilevazione unitaria dei fatti gestionali sia sotto il profilo finanziario che sotto il profilo economico-patrimoniale. La disposizione è esplicitamente ribadita, per le Regioni, dall'art. 37.

L'integrazione dei due sistemi contabili si realizza in particolare attraverso l'adozione del piano dei conti integrato previsto dall'art. 4 dello stesso decreto 118/2011. Il piano dei conti è costituito dall'elenco delle articolazioni delle unità elementari del bilancio finanziario gestionale e dei conti economico-patrimoniali, definito in modo da evidenziare, attraverso i principi contabili applicati, le modalità di raccordo, anche in una sequenza temporale, dei dati finanziari ed economico-patrimoniali, nonché consentire la rilevazione unitaria dei fatti gestionali. È dunque un elenco completo, ordinato, articolato in vari livelli di aggregazione di tutti i conti che si intendono aprire in un sistema contabile.

È *integrato*, poiché comprende le unità elementari della contabilità finanziaria e di quella economico-patrimoniale in modo da consentire la rilevazione unitaria dei fatti gestionali; è riferito a tutti gli enti territoriali dell'ordinamento giuridico amministrativo italiano e dunque consente il consolidamento e il monitoraggio dei conti pubblici, ed inoltre di migliorare la raccordabilità dei conti delle amministrazioni pubbliche italiane con il sistema europeo dei conti nazionali.

Il piano dei conti è strutturato gerarchicamente secondo vari livelli di dettaglio: vi sono 5 livelli di dettaglio contabile. Come stabilito dall'art. 4, comma 5, del D.Lgs. 118/2011, per potersi raccordare con i capitoli e gli articoli, il livello minimo di articolazione del piano dei conti è il quarto (IV). Ai fini gestionali, il livello minimo di articolazione del piano dei conti è costituito dal quinto livello (V).

7.4 Il sistema di bilancio

Il **sistema di bilancio** delle amministrazioni pubbliche costituisce lo strumento essenziale per il processo di programmazione, previsione, gestione e rendicontazione (art. 9 D.Lgs. 118/2011). Le sue **finalità** sono quelle di fornire informazioni in merito ai programmi futuri, a quelli in corso di realizzazione ed all'andamento dell'ente, a favore dei soggetti interessati al processo di decisione politica, sociale ed economico-finanziaria.

Il D.Lgs. 118/2011, all'art. 36, sottolinea che "Le Regioni ispirano la propria gestione al principio della programmazione" e alla **programmazione** dedica un apposito principio contabile applicato (Allegato 4/1).

L'Allegato innanzi tutto ne fornisce la **definizione**: la programmazione viene definita come il processo di analisi e valutazione che, comparando e ordinando coerentemente tra loro le politiche e i piani per il governo del territorio, consente di organizzare, in una dimensione temporale predefinita, le attività e le risorse necessarie per la realizzazione di fini sociali e la promozione dello sviluppo economico e civile delle comunità di riferimento.

Sono poi elencati (Allegato 4/1, par. 4.1) gli **strumenti della programmazione regionale**:

a) entro il 30 giugno di ciascun anno la Giunta regionale presenta al Consiglio il Documento di economia e finanza regionale (DEFR) per le conseguenti deliberazioni;
b) la Nota di aggiornamento del DEFR, da presentare al Consiglio entro 30 giorni dalla presentazione della Nota di aggiornamento del DEF nazionale per le conseguenti deliberazioni e comunque non oltre la data di presentazione sul disegno di legge di bilancio;
c) il disegno di legge di stabilità regionale, da presentare al Consiglio entro il 31 ottobre di ogni anno e comunque non oltre 30 giorni dalla presentazione del disegno di legge di bilancio dello Stato;
d) il disegno di legge di bilancio, da presentare al Consiglio entro il 31 ottobre di ogni anno e comunque non oltre 30 giorni dall'approvazione del disegno di legge di stabilità dello Stato;
e) il piano degli indicatori di bilancio, approvato dalla giunta entro 30 giorni dall'approvazione del bilancio di previsione e dall'approvazione del rendiconto e comunicato al Consiglio;
f) il disegno di legge di assestamento del bilancio, presentato al Consiglio entro il 30 giugno di ogni anno;
g) gli eventuali disegni di legge di variazione di bilancio;
j) gli eventuali disegni di legge collegati alla manovra di bilancio, da presentare al Consiglio entro il mese di ottobre di ogni anno;
k) gli specifici strumenti di programmazione regionale formulati in attuazione di programmi statali, comunitari e regionali e definiti nelle specifiche normative regionali in materia di programmazione generale e settoriale.

Il rendiconto della gestione conclude il sistema di bilancio, da approvarsi entro il 30 aprile dell'anno successivo all'esercizio di riferimento da parte della Giunta, ed entro il 31 luglio da parte del Consiglio.

7.5 Il Documento di economia e finanza regionale (DEFR)

Il Documento di economia e finanza regionale (DEFR) definisce gli obiettivi della manovra di bilancio regionale, ha carattere generale, contenuto programmatico e costituisce lo strumento a supporto del processo di previsione (Allegato 4/1 del D.Lgs. 118/2011, par. 5). Il DEFR ha le seguenti **finalità**:

- rappresentare il quadro di riferimento per la definizione dei programmi da realizzare all'interno delle singole missioni e per la definizione delle risorse disponibili per il finanziamento degli stessi;
- orientare le successive deliberazioni del Consiglio e della Giunta;
- costituire il presupposto dell'attività di controllo strategico, con particolare riferimento allo stato di attuazione dei programmi all'interno delle missioni e alla relazione al rendiconto di gestione.

I procedimenti di formazione dei documenti contabili previsionali dell'ente devono necessariamente partire dal DEFR e fare riferimento agli indirizzi generali definiti all'inizio della legislatura regionale.

Il DEFR contiene le **linee programmatiche dell'azione di governo regionale** per il periodo compreso nel bilancio di previsione (dunque, almeno per un triennio), necessarie per il conseguimento degli obiettivi di sviluppo della Regione. Ogni Regione può definire i **contenuti** del DEFR, che dovrà comunque contenere almeno:

- le politiche da adottare
- gli obiettivi della manovra di bilancio, tenendo conto degli obiettivi di finanza pubblica,
- il quadro finanziario unitario di tutte le risorse disponibili per il perseguimento degli obiettivi della programmazione unitaria, esplicitandone gli strumenti attuativi per il periodo di riferimento,
- gli indirizzi agli enti strumentali ed alle società controllate e partecipate.

In particolare, il DEFR è articolato in due Sezioni:

- la prima sezione comprende: - il quadro sintetico del contesto economico e finanziario di riferimento; la descrizione degli obiettivi strategici con particolare riferimento agli obiettivi e gli strumenti di politica regionale in campo economico, sociale e territoriale, anche trasversali, articolati secondo la programmazione autonoma delle singole Regioni evidenziando, laddove presenti, gli interventi che impattano sugli enti locali;
- la seconda Sezione comprende l'analisi sulla situazione finanziaria della Regione ed, in particolare, contiene: - la costruzione del quadro tendenziale di finanza pubblica della Regione e degli Enti regionali sulla base delle risultanze dell'esercizio precedente; la manovra correttiva; l'indicazione dell'articolazione della manovra necessaria per il conseguimento degli obiettivi di finanza pubblica, accompagnata anche da un'indicazione di massima delle misure attraverso le quali si prevede di raggiungere i predetti obiettivi;
- gli obiettivi programmatici pluriennali di riduzione del debito.

Il Documento di economia e finanza regionale (DEFR) è presentato dalla Giunta regionale al Consiglio entro il **30 giugno** di ciascun anno.

Sono evidenti le affinità con il **DEF nazionale** (Documento di Economia e Finanza di cui all'art. 10 L. 196/2009). D'altra parte, Regioni, Province autonome e enti locali sono tenuti a determinare gli obiettivi dei propri bilanci annuali e pluriennali in coerenza con gli obiettivi programmatici risultanti dal Documento di economia e finanza.

La L. 196/2009 dispone poi che, entro il 20 settembre di ogni anno, il Governo presenti alle Camere la Nota di aggiornamento del DEF; l'allegato 4/1, per garantire la necessaria coerenza con gli aggiornamenti della finanza pubblica nazionale, richiede che la Giunta regionale presenti al Consiglio la **Nota di aggiornamento del DEFR annuale** entro 30 giorni dalla presentazione della Nota di aggiornamento del DEF nazionale, e comunque non oltre la data di presentazione del disegno di legge di bilancio.

7.6 La legge di stabilità regionale

In connessione con le esigenze derivanti dallo sviluppo della fiscalità regionale, le Regioni adottano una legge di stabilità regionale, contenente il quadro di riferimento finanziario per il periodo compreso nel bilancio di previsione. Essa contiene esclusivamente norme tese a realizzare effetti finanziari con decorrenza dal primo anno considerato nel bilancio di previsione.

Essa provvede, per il medesimo periodo:

a. alle variazioni delle aliquote e di tutte le altre misure che incidono sulla determinazione del gettito dei tributi di competenza regionale, con effetto, di norma, dal 1° gennaio dell'anno cui tale determinazione si riferisce;

b. al rifinanziamento, per un periodo non superiore a quello considerato dal bilancio di previsione, delle leggi di spesa regionali, con esclusione delle spese obbligatorie e delle spese continuative;
c. alla riduzione, per ciascuno degli anni considerati dal bilancio di previsione, di autorizzazioni legislative di spesa;
d. con riferimento alle spese pluriennali disposte dalle leggi regionali, alla rimodulazione delle quote destinate a gravare su ciascuno degli esercizi considerati nel bilancio di previsione e degli esercizi successivi;
e. alle eventuali autorizzazioni di spesa per interventi la cui realizzazione si protrae oltre il periodo di riferimento del bilancio di previsione altre regolazioni meramente quantitative rinviate alla legge di stabilità dalle leggi vigenti;
f. norme che comportano aumenti di entrata o riduzioni di spesa, restando escluse quelle a carattere ordinamentale ovvero organizzatorio;
g. le norme eventualmente necessarie a garantire l'attuazione dei vincoli di finanza pubblica.

La legge di stabilità trae il riferimento necessario, per la dimostrazione della copertura finanziaria delle autorizzazioni annuali e pluriennali di spesa da essa disposte, dalle previsioni del bilancio a legislazione vigente.

Con gli eventuali **progetti di legge collegati** possono essere disposte modifiche ed integrazioni a disposizioni legislative regionali aventi riflessi sul bilancio per attuare il DEFR e la relativa Nota di aggiornamento.

In un'unica sessione sono approvati il progetto di legge di stabilità, il progetto di legge di bilancio e gli eventuali progetti di legge collegati.

7.7 Il bilancio di previsione finanziario

Il bilancio di previsione finanziario è il documento nel quale vengono rappresentate contabilmente le previsioni di natura finanziaria riferite a ciascun esercizio compreso nell'arco temporale considerato nei Documenti di programmazione dell'ente (il DEFR regionale e il DUP degli enti locali), attraverso il quale gli organi di governo di un ente, nell'ambito dell'esercizio della propria funzione di indirizzo e di programmazione, definiscono la distribuzione delle risorse finanziarie tra i programmi e le attività che l'amministrazione deve realizzare, in coerenza con quanto previsto nel documento di programmazione.

Il bilancio di previsione finanziario è **almeno triennale**. Le previsioni riguardanti il primo esercizio costituiscono il bilancio di previsione finanziario annuale (al tesoriere sono trasmesse solo le informazioni relative al bilancio annuale, costituite dai residui alla data di avvio dell'esercizio e dagli stanziamenti relativi al primo esercizio, completi delle articolazioni previste nello schema di bilancio).

Il bilancio di previsione finanziario svolge le seguenti **finalità**:

> politico-amministrative in quanto consente l'esercizio delle prerogative di indirizzo e di controllo che gli organi di *governance* esercitano sull'organo esecutivo ed è lo strumento fondamentale per la gestione amministrativa nel corso dell'esercizio;
> di programmazione finanziaria poiché descrive finanziariamente le informazioni necessarie a sostenere le amministrazioni pubbliche nel processo di decisione politica, sociale ed economica;

- di destinazione delle risorse a preventivo attraverso la funzione autorizzatoria, connessa alla natura finanziaria del bilancio;
- di verifica degli equilibri finanziari nel tempo e, in particolare, della copertura delle spese di funzionamento e di investimento programmate. Per le regioni il bilancio di previsione costituisce sede per il riscontro della copertura finanziaria di nuove o maggiori spese stabilite da leggi della regione a carico di esercizi futuri;
- informative in quanto fornisce informazioni agli utilizzatori interni (consiglieri ed amministratori, dirigenti, dipendenti, organi di revisione, ecc.) ed esterni (organi di controllo, altri organi pubblici, fornitori e creditori, finanziatori, cittadini, ecc.) in merito ai programmi in corso di realizzazione, nonché in merito all'andamento finanziario della amministrazione.

Il bilancio di previsione finanziario comprende le *previsioni di competenza e di cassa del primo esercizio* del periodo considerato e le *previsioni di competenza degli esercizi successivi* ed è redatto secondo gli schemi previsti dall'Allegato n. 9 al D.Lgs. 118/2011. Le previsioni riguardanti il primo esercizio costituiscono il *bilancio di previsione finanziario annuale*.

Il bilancio di previsione finanziario ha **carattere autorizzatorio**, costituendo limite:

a) agli accertamenti e agli incassi riguardanti le accensioni di prestiti;
b) agli impegni e ai pagamenti di spesa. Non comportano limiti alla gestione le previsioni riguardanti i rimborsi delle anticipazioni di tesoreria e le partite di giro.

La **funzione politico amministrativa di indirizzo e controllo è svolta dal Consiglio**, che la esercita attraverso l'approvazione del bilancio autorizzatorio per missioni e programmi e titoli, che ripartisce le risorse disponibili tra le funzioni e i programmi. Entro il 31 ottobre di ogni anno, e comunque non oltre 30 giorni dalla presentazione del disegno di bilancio dello Stato, la Giunta approva lo schema della delibera di approvazione del bilancio di previsione finanziario relativa almeno al triennio successivo, da sottoporre all'approvazione del Consiglio. Unitamente allo schema di delibera di approvazione del bilancio, la Giunta trasmette, a fini conoscitivi, anche la proposta di articolazione delle tipologie in categorie e dei programmi in macroaggregati. Entro il **31 dicembre di ciascun anno il Consiglio approva il bilancio di previsione**. L'unità di voto per l'approvazione del bilancio di previsione è costituita dai programmi (art. 13, comma 2, e art. 45) per le spese e dalle tipologie (art. 15 e art. 44) per le entrate.

Per quanto riguarda la **classificazione delle entrate** regionali, l'art. 44 D.Lgs. 118/2011 specifica che esse sono ripartite in:

a) *titoli*, definiti secondo la fonte di provenienza delle entrate;
b) *tipologie*, definite in base alla natura delle entrate. Le tipologie sono a loro volta suddivise in *capitoli* ed eventualmente in *articoli*. Le tipologie di entrata previste dal decreto sono: entrate correnti di natura tributaria, contributiva e perequativa; trasferimenti correnti; entrate extratributarie; entrate in conto capitale; entrate da riduzione di attività finanziarie; accensione prestiti; anticipazioni da istituto tesoriere/cassiere; entrate per conto terzi e partite di giro.

Le entrate in conto capitale e derivanti da debito sono destinate esclusivamente al finanziamento di spese di investimento e non possono essere impiegate per la spesa corrente.

Per quanto riguarda la **classificazione delle spese**, invece, l'art. 45 D.Lgs. 118/2011 prevede la seguente suddivisione:

a) *missioni*, che rappresentano le funzioni principali e gli obiettivi strategici perseguiti dalle Regioni, utilizzando risorse finanziarie, umane e strumentali ad esse destinate;
b) *programmi*, che rappresentano gli aggregati omogenei di attività volte a perseguire gli obiettivi definiti nell'ambito delle missioni.

Nella prima seduta di Giunta successiva all'approvazione del bilancio da parte del Consiglio, la Giunta approva la ripartizione delle tipologie in categorie e dei programmi in macroaggregati per ciascuno degli anni considerati nel bilancio, che costituisce il **Documento Tecnico di accompagnamento.**
Contestualmente all'approvazione del Documento tecnico di accompagnamento, la Giunta, o il Segretario generale (secondo quanto previsto dal regolamento di contabilità), approva la ripartizione delle categorie e dei macroaggregati in capitoli ed eventualmente in articoli, per ciascuno degli esercizi considerati nel bilancio, che costituisce il **bilancio finanziario gestionale.**
Il bilancio di previsione finanziario, il relativo documento tecnico di accompagnamento e il bilancio gestionale sono pubblicati contestualmente nel sito internet della Regione.

7.8 La gestione del bilancio

Mentre nella fase della programmazione giocano un ruolo primario gli organi politici dell'ente (Giunta e Consiglio), la fase della gestione del bilancio vede una più decisa presenza dei dirigenti e dei responsabili di spesa. Sono infatti attribuiti ai dirigenti tutti i compiti di attuazione degli obiettivi e dei programmi definiti con gli atti di indirizzo adottati dai medesimi organi, tra i quali in particolare, secondo le modalità stabilite dallo statuto o dai regolamenti dell'ente, gli atti di gestione finanziaria, ivi compresa l'assunzione di impegni di spesa.
La **gestione delle entrate** si attua attraverso le fasi di:

> **accertamento** (art. 53), con la registrazione nelle scritture contabili. L'accertamento costituisce la prima fase della gestione dell'entrata con la quale il funzionario competente, sulla base di idonea documentazione verifica la ragione del credito e la sussistenza di un idoneo titolo giuridico che dà luogo all'obbligazione attiva giuridicamente perfezionata, individua il debitore, quantifica la somma da incassare, individua la relativa scadenza, e registra il diritto di credito imputandolo contabilmente all'esercizio finanziario nel quale viene a scadenza. Tutte le obbligazioni giuridicamente perfezionate attive, da cui derivano entrate per la regione, devono essere registrate nelle scritture contabili quando l'obbligazione è perfezionata, con imputazione all'esercizio in cui l'obbligazione viene a scadenza, secondo le modalità previste dal principio applicato della contabilità finanziaria di cui all'allegato n. 4/2. Le entrate sono registrate nelle scritture contabili anche se non determinano movimenti di cassa effettivi;

> **riscossione** (art. 54), con il materiale introito da parte del tesoriere o di altri eventuali incaricati della riscossione delle somme dovute. La riscossione è disposta a mezzo di ordinativo d'incasso;

> **versamento** (art. 55), con il trasferimento delle somme riscosse nelle casse della Regione. Costituisce l'ultima fase dell'entrata, consistente nel trasferimento delle somme riscosse nelle casse della regione. Gli incaricati della riscossione interni ed esterni, versano al tesoriere le somme riscosse nei termini e nei modi fissati dai regolamenti di contabilità e dagli accordi convenzionali.

La **gestione delle spese** si attua attraverso le fasi di:

> **impegno** (art. 56). Tutte le obbligazioni giuridicamente perfezionate passive, da cui derivano spese per la Regione, devono essere registrate nelle scritture contabili quando l'obbligazione è perfezionata, con imputazione all'esercizio in cui l'obbligazione viene a scadenza, secondo le modalità previste, dal principio applicato della contabilità finanziaria di cui all'allegato n. 4/2. Le spese sono registrate nelle scritture contabili anche se non determinano movimenti di cassa effettivi. Il comma 6 fornisce indicazioni per evitare ritardi nei pagamenti e la formazione di debiti pregressi;

> **liquidazione** (art. 57). La liquidazione costituisce la fase del procedimento di spesa con la quale, in base ai documenti ed ai titoli atti a comprovare il diritto del creditore, si determina la somma da pagare nei limiti dell'ammontare dell'impegno definitivo assunto. È una registrazione contabile effettuata quando l'obbligazione diviene effettivamente esigibile, a seguito della acquisizione completa della documentazione necessaria a comprovare il diritto del creditore e a seguito del riscontro operato sulla regolarità della fornitura o della prestazione e sulla rispondenza della stessa ai requisiti quantitativi e qualitativi, ai termini ed alle condizioni pattuite;

> **ordinamento al pagamento** dal tesoriere (art. 58), con l'emissione di mandati di pagamento. L'art. 59 disciplina le diverse forme di mandati di pagamento;

> **pagamento delle spese** (art. 58), conseguenti alle deliberazioni o agli atti con i quali sono assunti i relativi impegni.

I **residui attivi** sono costituiti dalle somme accertate e non riscosse e versate entro il termine dell'esercizio, da iscriversi nel bilancio di previsione.

I **residui passivi** sono costituiti dalle somme impegnate, liquidate o liquidabili, e non pagate entro il termine dell'esercizio, da iscriversi nel bilancio di previsione dell'esercizio successivo.

7.9 Il rendiconto generale

I risultati della gestione sono dimostrati nel rendiconto generale annuale della Regione (art. 63 D.Lgs. 118/2011), composto dal conto del bilancio relativo alla gestione finanziaria, dai relativi riepiloghi, dai prospetti riguardanti il quadro generale riassuntivo e la verifica degli equilibri, dal conto economico e dallo stato patrimoniale.

Il **conto del bilancio** dimostra i risultati finali della gestione rispetto alle autorizzazioni contenute nel primo esercizio considerato nel bilancio di previsione. Per ciascuna tipologia di entrata e per ciascun programma della spesa, il conto del bilancio comprende, distintamente per residui e competenza:

a) per l'entrata le somme accertate, con distinzione della parte riscossa e di quella ancora da riscuotere;
b) per la spesa le somme impegnate, con distinzione della parte pagata, di quella ancora da pagare e di quella impegnata con imputazione agli esercizi successivi, che costituisce il fondo pluriennale vincolato.

Il **conto economico** evidenzia i componenti positivi e negativi della gestione di competenza economica dell'esercizio considerato, rilevati dalla contabilità economico-patrimoniale, nel rispetto del principio contabile generale n. 17 di cui all'allegato n. 1 e dei principi applicati della contabilità economico-patrimoniale di cui all'allegato n. 4/3.

Lo **stato patrimoniale** rappresenta la consistenza del patrimonio al termine dell'esercizio. Il patrimonio delle Regioni è costituito dal complesso dei beni e dei rapporti giuridici, attivi e passivi, di pertinenza della Regione, ed attraverso la cui rappresentazione contabile è determinata la consistenza netta della dotazione patrimoniale comprensiva del risultato economico dell'esercizio. Le Regioni includono nel conto del patrimonio anche:

a) i beni del demanio, con specifica distinzione, ferme restando le caratteristiche proprie, in relazione alle disposizioni del codice civile. Le regioni valutano i beni del demanio e del patrimonio, comprensivi delle relative manutenzioni straordinarie, secondo le modalità previste dal principio applicato della contabilità economico-patrimoniale di cui all'allegato n. 4/3;
b) i crediti inesigibili, stralciati dal conto del bilancio, sino al compimento dei termini di prescrizione. Al rendiconto della gestione è allegato l'elenco di tali crediti distintamente rispetto a quello dei residui attivi.

Contestualmente al rendiconto, la Regione approva il **rendiconto consolidato**, comprensivo dei risultati del consiglio regionale e degli eventuali organismi strumentali.

Il rendiconto generale della Regione è approvato con legge regionale **entro il 31 luglio** dell'anno successivo all'esercizio cui questo si riferisce. L'ordinamento contabile regionale disciplina le modalità e i termini per la sua presentazione al Consiglio regionale.

Nel sito internet della Regione dedicato ai bilanci è pubblicata la versione integrale del rendiconto della gestione, comprensivo anche della gestione in capitoli, con il relativo allegato concernente l'esatta perimetrazione delle entrate e delle uscite relative al finanziamento del proprio Servizio Sanitario regionale, del rendiconto consolidato, comprensivo della gestione in capitoli e del rendiconto semplificato per il cittadino.

Estensioni WEB

Test di verifica online

Libro VII

I contratti pubblici

SOMMARIO

Capitolo 1
I contratti della Pubblica Amministrazione

1.1 L'attività di diritto privato della Pubblica Amministrazione

1.1.1 L'autonomia negoziale delle amministrazioni pubbliche

Nel perseguimento di un interesse pubblico l'amministrazione può far ricorso anche a *forme negoziali di natura privatistica*, ponendosi su un piano diverso rispetto a quando agisce con i tradizionali **strumenti di tipo pubblicistico**.

In quest'ultimo caso, infatti, essa si trova in condizione di supremazia rispetto ai singoli cittadini che sono assoggettati al potere pubblico: la loro posizione può essere modificata in modo unilaterale dall'amministrazione nel legittimo esercizio della sua potestà. E ciò in ragione della preminenza degli interessi di volta in volta perseguiti. Nel caso degli **strumenti privatistici**, viceversa, l'attività dell'amministrazione risulta sostanzialmente strumentale al raggiungimento di un interesse pubblico. In tale evenienza, l'amministrazione procede per procurare direttamente a sé stessa determinate utilità e si trova ad operare su un piano paritetico rispetto al soggetto privato, nei cui confronti non riveste una posizione di preminenza né esercita alcuna potestà, operando al contrario secondo le regole di diritto comune.

Il riconoscimento generale dell'autonomia negoziale della Pubblica Amministrazione trova oggi il proprio fondamento normativo nell'art. 1, co. 1-*bis*, L. n. 241/1990 (aggiunto dalla L. n. 15/2005), ai sensi del quale "la Pubblica Amministrazione, nell'adozione di atti di natura non autoritativa, agisce secondo le **norme di diritto privato** salvo che la legge disponga diversamente". In altri termini, il negozio giuridico di diritto privato diventa uno degli strumenti con cui si possono raggiungere gli interessi pubblici e si pone quale valida alternativa al provvedimento unilaterale: laddove possibile si predilige l'agire consensuale per una migliore realizzazione del fine pubblico di questa autonomia negoziale.

Il **limite principale** – che vale a distinguerla dalla generale capacità riconosciuta ai soggetti privati – è quello di carattere funzionale. È preclusa, in sostanza, la conclusione di negozi incompatibili con lo specifico **scopo pubblico** perseguito dall'amministrazione stipulante; quest'ultima è tenuta ad indirizzare e conformare la sua attività alla realizzazione dell'interesse pubblico affidato alle sue cure.

1.1.2 Contratti di diritto comune, diritto speciale e ad oggetto pubblico

L'attività di diritto privato delle amministrazioni pubbliche si sostanzia nella stipula di contratti, termine al quale sono riconducibili fenomeni diversificati che vanno meglio esaminati.

Nell'ambito dei contratti della Pubblica Amministrazione è, infatti, possibile distinguere tra:

- **contratti di diritto comune**, che non presentano nessuna differenza rispetto ad un ordinario contratto stipulato da qualsiasi altro soggetto dell'ordinamento giuridico e normalmente disciplinato dal codice civile. Si tratta dell'ipotesi "pura" dell'attività contrattuale della Pubblica Amministrazione, dove quest'ultima si pone su di un piano di assoluta parità rispetto alla controparte privata ed è impossibilitata ad esercitare qualunque potere autoritativo; le regole che disciplinano il rapporto sono quelle dettate dalla disciplina civilistica e non sono consentite deroghe. L'esempio più comune è quello del contratto di locazione o di acquisto stipulato dall'amministrazione e non direttamente finalizzato all'attuazione di un interesse pubblico;
- **contratti di diritto speciale** che presentano aspetti derogatori rispetto alla disciplina ordinaria della tipologia contrattuale alla quale appartengono, differenziazione legata al fatto che uno dei due contraenti è un'amministrazione pubblica. Pur facendo ricorso ad un'attività negoziale e non ad un atto tipico dell'amministrazione (il provvedimento) i contraenti non sono posti su un piano di perfetta parità dal momento che la disciplina è dettata, oltre che dalle norme civilistiche, anche da disposizioni pubblicistiche. Il settore di maggiore rilevanza in questo ambito è indubbiamente quello dei contratti di appalti pubblici che trova una sua disciplina derogatoria, rispetto alle norme del codice civile, nel Codice dei contratti pubblici (D.Lgs. n. 50/2016);
- **contratti ad oggetto pubblico** (o *contratti di diritto pubblico*) che sotto il profilo giuridico si caratterizzano per la *stretta correlazione tra un provvedimento amministrativo* e *il contratto stipulato*, quest'ultimo generalmente una diretta emanazione del primo. Altra caratteristica essenziale è il fatto che *il bene* oggetto del negozio può essere oggetto di disposizione *solo da parte della Pubblica Amministrazione* e non di altri; ciò rende l'amministrazione un soggetto contrattuale necessario.

1.1.3 Contratti attivi e passivi

Una diversa distinzione che è possibile operare è quella tra **contratti attivi** e contratti passivi. I primi comportano un'entrata a favore dello Stato (si pensi alla locazione o alla vendita di un immobile pubblico); la necessità di stipulare un atto negoziale differenzia queste entrate dagli altri introiti derivanti, ad esempio, dall'imposizione tributaria. I **contratti passivi**, invece, comportano una spesa, vale a dire un'erogazione di somme di denaro necessarie per acquisire beni e servizi essenziali per l'attività dell'amministrazione; l'esempio della vendita o della locazione sopra riportato può essere ripreso, invertendo, però, il ruolo delle parti contrattuali (in questo caso è l'amministrazione che acquista).

1.2 Le fonti della contrattualistica pubblica

Il sistema delle fonti che regola l'attività contrattuale dell'amministrazione si presenta alquanto complesso e contempla:

- *norme di diritto comune*, in particolare gli articoli 1321 e seguenti nonché gli articoli 1470 e seguenti del codice civile;
- *norme di diritto pubblico* (R.D. n. 2440/1923, recante la legge di contabilità di Stato; R.D. n. 827/1924, recante il regolamento attuativo della legge di contabilità; L. 241/1990, sul procedimento amministrativo).

Per lungo tempo sia la legge di contabilità di Stato che il suo regolamento attuativo hanno costituito la principale fonte normativa in materia di contratti pubblici; attualmente, però, essi hanno carattere residuale, trovando applicazione soprattutto per i contratti attivi. Prevalenti sono ora la normativa europea (principi dei Trattati, sentenze della Corte di giustizia, direttive dell'Unione) e le disposizioni speciali quali il complesso *corpus* normativo di cui al D.Lgs. n. 50/2016 (Codice dei contratti pubblici).

1.3 L'obbligo dell'evidenza pubblica

1.3.1 Inquadramento dell'istituto

L'art. 3 del R.D. n. 2440/1923 enuncia un principio fondamentale dell'attività contrattuale della Pubblica Amministrazione, secondo cui **ogni contratto della Pubblica Amministrazione da cui derivi un'entrata o una spesa deve essere preceduto da una gara, salvo che non ricorrano le ipotesi in cui si possa far ricorso alla trattativa privata**.

La finalità di questo principio di contabilità pubblica è di garantire la *par condicio* tra tutti i potenziali interessati a contrattare con l'amministrazione e di consentire all'amministrazione stessa, mediante l'acquisizione di un pluralità di offerte, di ottenere le condizioni più vantaggiose. Del resto, nella scelta del giusto contraente si considerano pienamente soddisfatte le esigenze di trasparenza ed imparzialità, imposte all'azione amministrativa dall'art. 97 Cost.

A tal fine, nell'espletare la gara le norme di contabilità pubblica richiedono il rispetto di una serie di regole tese ad impedire collusioni tra privati ed uffici dell'amministrazione pubblica. Tali regole informano uno speciale metodo procedurale, noto come **procedura dell'evidenza pubblica**, che richiede, tra l'altro, il **rispetto di termini ben precisi per la pubblicità della gara e di rigorosi criteri di valutazione**.

Nel rapporto contrattuale sorto dall'azione *iure privatorum* della Pubblica Amministrazione, perciò, si possono distinguere due fasi:

- la prima è quella che precede la stipulazione del contratto ed è contrassegnata dalla rilevanza dell'interesse pubblico e dominata da norme di diritto pubblico (evidenza pubblica);
- la seconda è quella che segue alla stipulazione e concerne l'esecuzione del contratto secondo le norme di diritto privato (salvo qualche eccezione).

L'espressione "evidenza pubblica", quindi, vuole proprio indicare il procedimento amministrativo che accompagna la conclusione dei contratti della Pubblica Amministrazione e si caratterizza per la presenza di atti amministrativi che rendono evidenti (e ne consentono la verifica) le ragioni di pubblico interesse che hanno spinto alla stipulazione del contratto, alla scelta della controparte e alla formazione del consenso.

Si tratta di un procedimento complesso, articolato in diversi sub-procedimenti. In particolare, vanno citati i seguenti passaggi necessari all'interno della fase di diritto pubblico:

- la **determinazione a contrattare** nella quale l'autorità procedente deve evidenziare le ragioni che la inducono a negoziare e l'interesse pubblico che viene perseguito e realizzato con lo strumento negoziale. Essa si sostanzia in un provvedimento amministrativo di tipo gestionale che deve precedere la conclusione di qualsiasi negozio, enucleando l'oggetto del contratto, le sue clausole essenziali, lo scopo da perseguire e le modalità attraverso cui realizzarlo: la deliberazione, in sostanza, predetermina il contenuto del futuro contratto.

In questa fase si sottopone all'autorità di controllo uno **schema di contratto-tipo** che deve essere corredato, ai sensi dell'art. 45 R.D. 827/1924, dai **capitolati d'oneri.** Tale schema può essere redatto in accordo con l'altro contraente ma, il più delle volte, è atto unilaterale dell'autorità procedente. Lo schema di contratto tipo deve, peraltro, inserire le **clausole** dei **capitolati generali e speciali** relativi al contratto da concludere.
I capitolati generali sono atti della P.A. che recano la disciplina generale dei contratti appartenenti ad un determinato tipo. I capitolati speciali, invece, sono atti che recano la disciplina relativa ad un singolo rapporto contrattuale. I **primi**, secondo la giurisprudenza, hanno **carattere normativo** mentre i **secondi** hanno **carattere negoziale**;

> la **scelta del contraente**;
> la fase dell'**aggiudicazione e della conclusione del contratto**;
> quella dell'**approvazione** del contratto con cui si dispone l'**esecuzione.** Tutti i contratti della pubblica amministrazione devono essere stipulati per iscritto, e devono poi essere approvati. L'**approvazione** è un atto di controllo con cui un organo superiore a quello che ha stipulato il contratto ne ordina l'esecuzione e assume l'impegno della relativa spesa.

1.3.2 Le modalità di scelta del contraente

Determinato il contenuto del contratto e conseguita l'autorizzazione a contrarre, la procedura dell'evidenza pubblica prevede particolari modalità di **scelta del contraente**, funzionalizzate al perseguimento dell'obiettivo della trasparenza. L'individuazione della modalità selettiva è effettuata con il **bando** che costituisce la *lex specialis* della procedura. La fase della scelta del contraente si conclude con l'aggiudicazione.
La scelta del contraente può svolgersi mediante il ricorso a vari sistemi quali l'asta pubblica, la licitazione privata, la trattativa privata, l'appalto concorso. In particolare:

> l'**asta pubblica**. Ha inizio con la pubblicazione del bando di gara (o avviso d'asta) contenente l'oggetto, le condizioni per essere ammessi alla gara, per l'esecuzione del contratto e per la fase di aggiudicazione. È una *procedura aperta* perché ad essa possono partecipare tutti i soggetti che posseggano i requisiti fissati nel bando di gara;
> la **licitazione privata**. Ha inizio con una sorta di prequalificazione dei fornitori (ed in ciò sta il carattere ristretto della procedura) fatta da un'apposita commissione, sulla base di elenchi aggiornati o mediante la pubblicazione di un bando di gara contenente i requisiti tecnici ed economico-finanziari richiesti ai concorrenti (viene perciò detta *procedura ristretta*). Segue quindi l'invio dell'invito, indirizzato alle sole ditte ritenute idonee: si tratta di uno schema di atto comprendente l'oggetto e le condizioni generali e particolari del contratto, con l'indicazione dei termini e delle modalità per la presentazione delle offerte e del criterio di aggiudicazione;
> la **trattativa privata**. È ammessa solo a fronte di *speciali ed eccezionali circostanze* tassativamente elencate dalla normativa. Infatti nella trattativa privata l'amministrazione dispone di una maggiore discrezionalità nella scelta del contraente in quanto il procedimento amministrativo prevede solo una fase di negoziazione diretta tra amministrazione e contraente, mentre manca la fase dell'aggiudicazione (viene perciò detta *procedura negoziata*);

> l'**appalto concorso**. Ad esso si ricorre quando, per l'esecuzione di lavori o forniture con particolari caratteristiche tecniche, l'amministrazione ritenga opportuno invitare diverse ditte a presentare non soltanto le offerte economiche ma anche i relativi progetti tecnici. Anche i casi in cui questo tipo di procedura può essere utilizzata sono tassativamente indicati dalla legge.

1.4 Le norme di derivazione euro-unitaria

L'appartenenza dell'Italia all'Unione europea ha comportato che, in materia di contratti pubblici, alle norme di contabilità pubblica si siano affiancate quelle di derivazione europea. Rispetto alla normativa dell'evidenza pubblica, attenta soprattutto al rispetto delle procedure formali e finalizzata in particolare a garantire la trasparenza e l'oggettività del procedimento, le norme europee si caratterizzano per essere finalizzate alla tutela della concorrenza e, più in generale, alla difesa dei principi ricavabili dai Trattati europei. A tal proposito, il considerando n. 1 della Direttiva n. 2014/24/UE afferma esplicitamente che "L'aggiudicazione degli appalti pubblici da o per conto di autorità degli Stati membri deve rispettare i principi del Trattato sul funzionamento dell'Unione europea (TFUE) e in particolare la libera circolazione delle merci, la libertà di stabilimento e la libera prestazione di servizi, nonché i principi che ne derivano, come la parità di trattamento, la non discriminazione, il mutuo riconoscimento, la proporzionalità e la trasparenza".

1.4.1 I principi desumibili dai Trattati

I contenuti dei principi dei Trattati ritenuti fondamentali in materia di contratti pubblici sono stati sintetizzati dalla Commissione europea. Nella Comunicazione 12 aprile 2000, la Commissione notava che benché il Trattato istitutivo della Comunità europea non contenesse alcuna esplicita menzione degli appalti pubblici né delle concessioni, molte delle sue disposizioni sono rilevanti in materia. Si tratta delle **norme del Trattato** che instaurano e garantiscono il buon funzionamento di un mercato unico europeo, ossia:

> le norme che vietano qualsiasi discriminazione fondata sulla nazionalità;
> le norme relative alla libera circolazione delle merci, alla libertà di stabilimento, alla libera prestazione di servizi nonché le eccezioni a tali norme.

In particolare i **principi** interessati sono stati così sintetizzati nella Circolare 1 marzo 2002 n. 3944 del Dipartimento per le politiche europee:

> il **principio di parità di trattamento**. Il principio implica che le amministrazioni, pur essendo libere di scegliere la procedura di aggiudicazione più appropriata alle caratteristiche del settore interessato e di stabilire i requisiti che i candidati devono soddisfare durante le varie fasi della procedura, debbano poi garantire che la scelta del candidato avvenga in base a criteri obiettivi e che la procedura si svolga rispettando le regole e i requisiti inizialmente stabiliti (cfr. CGCE, 25 aprile 1996, causa C-87/94 Bus Wallons, punto 54);
> il **principio di non discriminazione**, in particolare in base alla nazionalità;
> il **principio di trasparenza**, che è strettamente legato a quello di non discriminazione, poiché garantisce condizioni di concorrenza non falsate ed esige che le amministrazioni rendano pubblica, con appropriati mezzi di pubblicità, la loro intenzione di

ricorrere ad una gara. Tali forme di pubblicità dovranno contenere le informazioni necessarie affinché i potenziali concorrenti siano in grado di valutare il loro interesse a partecipare alla procedura quali l'indicazione dei criteri di selezione ed attribuzione, l'oggetto della concessione e delle prestazioni attese;
> il **principio di proporzionalità**. In base a tale principio le amministrazioni devono adottare provvedimenti necessari ed adeguati in relazione all'obiettivo, evitando di fissare requisiti professionali o finanziari sproporzionati rispetto all'oggetto della gara;
> il **principio del mutuo riconoscimento**. Il rispetto di tale principio comporta che lo Stato nel cui territorio la prestazione è fornita deve accettare le specifiche tecniche, i controlli, i titoli e i certificati prescritti in un altro Stato nella misura in cui questi siano riconosciuti equivalenti a quelli richiesti dallo Stato membro destinatario della prestazione;
> il **principio della tutela dei diritti fondamentali**, rientrante nelle tradizioni comuni agli Stati membri. Il principio esige che eventuali provvedimenti di diniego adottati dalle amministrazioni nel corso delle procedure interessate debbano essere motivati e siano oggetto di ricorsi giurisdizionali da parte di loro destinatari.

1.4.2 Le direttive

Ai principi enucleabili dai Trattati si sono nel tempo affiancate una serie di norme (le direttive) che hanno regolato il settore. Dal febbraio 2014, le norme europee che regolano i contratti sono le cosiddette *Direttive di quarta generazione*:
> la **direttiva 2014/24/UE** del 26 febbraio 2014 (cosiddetta **direttiva Appalti**) sugli appalti pubblici che abroga la Direttiva 2004/18/CE;
> la **direttiva 2014/25/UE** del 26 febbraio 2014 (cosiddetta **direttiva Utilities**) sulle procedure d'appalto degli enti erogatori nei settori dell'acqua, dell'energia, dei trasporti e dei servizi postali e che abroga la direttiva 2004/17/CE;
> la **direttiva 2014/23/UE** del 26 febbraio 2014 in materia di **concessioni**.

Le direttive trovano applicazione nei contratti pubblici il cui valore monetario superi un certo importo (le cosiddette **soglie**). Per gli appalti di valore inferiore, invece, si applicano le norme nazionali (che devono tuttavia conformarsi ai principi generali del diritto dell'UE) che, in tali casi, possono prevedere procedure semplificate rispetto a quelle degli appalti sopra la soglia di rilevanza europea.
Le tre direttive sono entrate in vigore il 18 aprile 2014 e da quella data ha preso avvio per il legislatore nazionale la complessa attività di recepimento sfociata nell'emanazione del **D.Lgs. 18 aprile 2016, n. 50** recante "Attuazione delle direttive 2014/23/UE, 2014/24/UE e 2014/25/UE (sinteticamente indicato come Codice dei contratti pubblici).

Capitolo 2
Il Codice dei contratti pubblici (D.Lgs. 50/2016)

2.1 Il Codice dei contratti pubblici: la struttura

L'Italia, con la Legge delega 28 gennaio 2016, n. 11, ha preferito recepire le tre direttive in materia di appalti, *utilities* e concessioni con un unico strumento normativo, il **decreto legislativo 18 aprile 2016, n. 50**, nuovo Codice dei contratti pubblici. Quest'unico provvedimento, integrato da ulteriori norme attuative come fra poco si vedrà, disciplina dunque i contratti di appalto e le concessioni pubbliche di lavori, di beni e servizi di importo sia superiore che inferiore alla soglia di rilevanza europea.

Il Codice è articolato in sei parti:

> la prima parte definisce l'**ambito di applicazione** e riporta alcune **disposizioni comuni**, come le definizioni (indicate all'art. 3), la specificazione dei contratti esclusi in tutto o in parte dall'ambito di applicazione (artt. 4-20), le norme sulla pianificazione, programmazione e progettazione (artt. 21-27) ed i principi comuni sulle modalità di affidamento (artt. 28-34);

> la seconda parte disciplina i **contratti di appalto per lavori**, **servizi e forniture**: di rilevanza europea e sotto soglia (artt. 35-36); qualificazione delle stazioni appaltanti (artt. 37-43); procedure di affidamento (artt. 44-93); aggiudicazione per i settori ordinari (artt. 94-99); l'esecuzione del contratto (artt. 100-113); appalti nei settori speciali, nei servizi sociali, nel settore dei beni culturali, nei concorsi di progettazione e di idee, nei servizi ricerca e sviluppo ed in specifici settori (artt. 114-163);

> la terza parte è relativa ai **contratti di concessione** (artt. 164-178);

> la quarta parte è dedicata al **partenariato pubblico privato** e al contraente generale(artt. 179-199);

> la quinta parte detta misure in materia d'**infrastrutture e d'insediamenti prioritari** (artt. 200-203);

> la sesta parte riporta le **disposizioni finali e transitorie** (artt. 204-220).

Con l'entrata in vigore del nuovo Codice (19 aprile 2016) sono state **abrogate le disposizioni** del precedente Codice dei contratti (**D.Lgs. 12 aprile 2006, n. 163**), e quelle del **D.P.R. n. 207/2010** (il Regolamento attuativo del previgente Codice) elencate dall'art. 217 del D.Lgs. 50/2016. Le altre parti del Regolamento citato resteranno, invece, vigenti fino alla data di entrata in vigore degli atti attuativi del D.Lgs. n. 50/2016 che opereranno la ricognizione delle disposizioni sostituite.

A seguito del D.L. 32/2019, del D.L. 76/2020 (Decreto Semplificazioni, convertito in L. 120/2020) e del D.L. 77/2021 (*decreto semplificazioni-bis*, convertito dalla L. 108/2021), risulta **sospesa fino al 30 giugno 2023**, l'applicazione delle **seguenti norme** del Codice:

- art. 37, comma 4, che reca l'obbligo per i Comuni non capoluogo di provincia di provvedere agli acquisti in forma centralizzata (ricorso a centrali di committenza o a soggetti aggregatori o Unioni di Comuni o Stazione unica appaltante presso la provincia);

- art. 59, comma 1, quarto periodo, ove viene stabilito il divieto di "appalto integrato" (salvo le eccezioni contemplate nel periodo stesso), cioè il divieto di affidamento congiunto della progettazione e dell'esecuzione dei lavori;
- art. 77, comma 3, quarto periodo, quanto all'obbligo di scegliere i commissari tra gli esperti iscritti all'albo istituito presso l'ANAC.

Ulteriori disposizioni derogatorie del Codice dei contratti pubblici, sia per le procedure di aggiudicazione dei contratti pubblici sotto che per quelle sopra soglia europea, sono state previste dal D.L. 76/2020 (*decreto semplificazioni*, convertito dalla L. 120/2020) e dal D.L. 77/2021 (*decreto semplificazioni-bis*, convertito dalla L. 108/2021).

La semplificazione in materia di contratti pubblici è una delle **riforme abilitanti previste dal PNRR**, in quanto obiettivo essenziale per l'efficiente realizzazione delle infrastrutture e per il rilancio dell'attività edilizia. A tal fine la **L. 21-6-2022, n. 78 delega** il Governo a **rivedere la disciplina dei contratti pubblici**: la riforma prevede di recepire le norme delle tre direttive UE (2014/23, 24 e 25), integrandole esclusivamente nelle parti che non siano *self executing* e ordinandole in una nuova disciplina più snella rispetto a quella vigente.

2.2 L'attuazione del Codice dei contratti pubblici

Per la sua attuazione il D.Lgs. 50/2016 aveva inizialmente previsto una serie molto numerosa di provvedimenti di dettaglio, allontanandosi in questo dalla scelta a suo tempo effettuata dal D.Lgs. 163/2006 (che demandava la disciplina attuativa ad un unico regolamento governativo, il D.P.R. 5 ottobre 2010, n. 207).
In particolare, con una scelta innovativa, il D.Lgs. 50/2016 aveva privilegiato il ricorso ad una regolamentazione più flessibile (cd. *soft law*) e, si sperava, più snella rispetto ai tradizionali decreti: all'Autorità Nazionale Anticorruzione (già Autorità di Vigilanza sui Lavori Pubblici) il Codice chiedeva di emanare apposite Linee guida, alcune delle quali con carattere vincolante, nonché bandi-tipo, capitolati-tipo, contratti-tipo ed altri strumenti di regolazione flessibile, comunque denominati, al fine di garantire "*la promozione dell'efficienza, della qualità dell'attività delle stazioni appaltanti, ... anche facilitando lo scambio di informazioni e la omogeneità dei procedimenti amministrativi*" e di favorire lo sviluppo delle migliori pratiche (art. 213, comma 2 del Codice).
Questa impostazione è stata però decisamente abbondonata con il decreto legge 18 aprile 2019, n. 32 (convertito in L. 55/2019) che ha previsto il **ritorno al Regolamento di esecuzione unico** e ridimensionato di molto il ruolo delle Linee guida ANAC. Il D.L. 32/2019 prevede infatti l'approvazione di un nuovo Regolamento unico (sulla falsariga del D.P.R. 207/2010); fino all'entrata in vigore di questo provvedimento, restano in vigore le Linee guida e i singoli decreti attuativi già emanati (così l'art. 216, comma 27-*octies* del Codice). Sulla scorta della nuova disciplina transitoria dettata dal Codice dopo il D.L. 32/2019, vediamo dunque quali provvedimenti trovano applicazione fino all'emanazione del Regolamento unico.
Nella sua versione originaria, il Codice dei contratti ha previsto tre differenti tipologie di **atti e provvedimenti attuativi**:

a) quelli **adottati con decreto del Ministro delle infrastrutture e trasporti**, su proposta dell'Autorità nazionale anticorruzione (ANAC), previo parere delle competenti commissioni parlamentari;

b) quelli **adottati con delibera dell'ANAC a carattere vincolante** *erga omnes*, e in particolare le Linee Guida. Come puntualizzato dal Consiglio di Stato, essi non hanno valenza normativa ma sono "atti amministrativi generali appartenenti al *genus* degli atti di regolazione delle Autorità amministrative indipendenti", sia pure connotati in modo peculiare;
c) quelli **adottati con delibera dell'ANAC a carattere non vincolante**. Le Linee Guida non vincolanti sono anch'esse atti amministrativi generali, con consequenziale applicazione dello statuto del provvedimento amministrativo. Esse perseguono lo scopo di fornire indirizzi e istruzioni operative alle stazioni appaltanti.

L'**ANAC** ha approvato finora 17 **Linee Guida**; di seguito le principali:
Linee Guida n. 1 - Indirizzi generali sull'affidamento dei servizi attinenti all'architettura e all'ingegneria
Linee Guida n. 2 - Offerta economicamente più vantaggiosa
Linee Guida n. 3 - Nomina, ruolo e compiti del responsabile unico del procedimento per l'affidamento di appalti e concessioni
Linee Guida n. 4 - Procedure per l'affidamento dei contratti pubblici di importo inferiore alle soglie di rilevanza comunitaria, indagini di mercato e formazione e gestione degli elenchi di operatori economici
Linee Guida n. 5 - Criteri di scelta dei commissari di gara e di iscrizione degli esperti nell'Albo nazionale obbligatorio dei componenti delle commissioni giudicatrici
Linee Guida n. 6 - Indicazione dei mezzi di prova adeguati e delle carenze nell'esecuzione di un precedente contratto di appalto che possano considerarsi significative per la dimostrazione delle circostanze di esclusione di cui all'art. 80, comma 5, lett. c) del Codice
Linee Guida n. 8 - Ricorso a procedure negoziate senza previa pubblicazione di un bando nel caso di forniture e servizi ritenuti infungibili.
Linee Guida n. 13 – Disciplina delle clausole sociali
Linee Guida n. 14 – Indicazioni sulle consultazioni preliminari di mercato
Linee Guida n. 15 – Individuazione e gestione dei conflitti di interesse nelle procedure di affidamento di contratti pubblici.
Norme di dettaglio sono poi tuttora contenute nel **D.P.R. 5 ottobre 2010 n. 207** (Regolamento di attuazione del precedente Codice dei contratti pubblici) nelle parti **non abrogate** dal D.Lgs. n. 50/2016 e precisamente:
- gli articoli dal 14 al 43 che saranno abrogati successivamente all'emanazione del Regolamento unico che definirà i contenuti della progettazione dei tre nuovi livelli progettuali;
- gli articoli dal 60 al 96 che saranno abrogati successivamente all'emanazione del Regolamento chiamato a disciplinare il sistema di qualificazione, i casi e le modalità di avvalimento;
- gli articoli dal 215 al 238 che saranno abrogati successivamente all'emanazione del Regolamento unico che disciplinerà le modalità tecniche e di svolgimento del collaudo.

Occorre infine considerare gli articoli del Capitolato generale d'appalto di cui al **Decreto Ministero dei lavori pubblici 19 aprile 2000, n. 145** tuttora vigenti (artt. 1-6, 8, 16-19, 27, 35-36).

Fino all'entrata in vigore del Regolamento unico rimangono in vigore o restano efficaci (se e in quanto compatibili con il Codice e non oggetto delle procedure di infrazione dell'UE) le Linee guida e i decreti disciplinanti le seguenti materie (art. 216, comma 27-*octies* del Codice):
> requisiti degli operatori economici per l'affidamento dei servizi di architettura ed ingegneria (D.M. 2 dicembre 2016, n. 263);
> nomina, ruolo e compiti del responsabile del procedimento (Linee guida ANAC n. 3);

- procedure "sottosoglia", indagini di mercato, formazione e gestione degli elenchi degli operatori economici (Linee guida ANAC n. 4);
- opere per le quali sono necessari lavori o componenti di notevole contenuto tecnologico o di rilevante complessità tecnica e requisiti di specializzazione richiesti per la loro esecuzione (D.M. 10 novembre 2016, n. 248);
- controllo tecnico, contabile e amministrativo e verifica di conformità (il previsto decreto non è mai stato emanato; trovano ancora applicazione gli artt. 178-210 del D.P.R. n. 207/2010);
- lavori concernenti i beni culturali (D.M. 22 agosto 2017, n. 154).

L'emanando Regolamento unico di attuazione

Il Regolamento dovrà disciplinare, in particolare, le seguenti materie:

a) nomina, ruolo e compiti del responsabile del procedimento;
b) progettazione di lavori, servizi e forniture, e verifica del progetto;
c) sistema di qualificazione e requisiti degli esecutori di lavori e dei contraenti generali;
d) procedure di affidamento e realizzazione dei contratti di lavori, servizi e forniture di importo inferiore alle soglie comunitarie;
e) direzione dei lavori e dell'esecuzione;
f) esecuzione dei contratti di lavori, servizi e forniture, contabilità, sospensioni e penali;
g) collaudo e verifica di conformità;
h) affidamento dei servizi attinenti all'architettura e all'ingegneria e relativi requisiti degli operatori economici;
i) lavori riguardanti i beni culturali.

2.3 Ambito oggettivo di applicazione del D.Lgs. 50/2016

All'art. 1 D.Lgs. n. 50/2016 si stabilisce che il Codice disciplina i **contratti di appalto e di concessione** delle amministrazioni aggiudicatrici e degli enti aggiudicatori aventi ad oggetto l'acquisizione di servizi, forniture, lavori e opere, nonché i concorsi pubblici di progettazione.

2.3.1 I contratti pubblici di appalto e i concorsi di progettazione

L'art. 3 (articolo dedicato alle **definizioni**), al comma 1, lett. *ii*), definisce gli **appalti pubblici**, come "*i contratti a titolo oneroso, stipulati per iscritto tra una o più stazioni appaltanti e uno o più operatori economici, aventi per oggetto l'esecuzione di lavori, la fornitura di prodotti e la prestazione di servizi*".

Gli **appalti pubblici di lavori**, sono definititi in modo più preciso (art. 3, comma 1, lett. *ll*) come i contratti stipulati per iscritto tra una o più stazioni appaltanti e uno o più operatori economici aventi per oggetto:

1) l'esecuzione di lavori o opere relativi a una delle attività di cui all'allegato I;
2) l'esecuzione, oppure la progettazione esecutiva e l'esecuzione di un'opera (in questo caso si parla di *appalto integrato*);
3) la realizzazione, con qualsiasi mezzo, di un'opera corrispondente alle esigenze specificate dall'amministrazione aggiudicatrice o dall'ente aggiudicatore che esercita un'influenza determinante sul tipo o sulla progettazione dell'opera (cd. esecuzione mediante contraente generale o *general contractor*).

Gli **appalti pubblici di servizi** sono definiti (comma 1, lett. *ss*) come quei contratti tra una o più stazioni appaltanti e uno o più soggetti economici, aventi per oggetto la prestazione di servizi diversi dagli appalti pubblici di lavori.
Gli **appalti pubblici di forniture**, invece, comprendono i contratti tra una o più stazioni appaltanti e uno o più soggetti economici aventi per oggetto l'acquisto, la locazione finanziaria, la locazione o l'acquisto a riscatto, con o senza opzione per l'acquisto, di prodotti. Un appalto di forniture può includere, a titolo accessorio, lavori di posa in opera e di installazione (art. 3, comma 1, lett. *tt*).

Mentre l'oggetto dell'appalto del lavoro o di servizio consiste in un *facere*, quello del contratto di fornitura consiste in un *dare*. La difficoltà incontrata dalla dottrina e dalla giurisprudenza ha riguardato, in particolare, l'individuazione delle linee distintive tra appalto di lavori ed appalto di fornitura; ai **contratti misti**, il D.Lgs. n. 50/2016 dedica l'art. 28 secondo cui quando i contratti, nei settori ordinari o nei settori speciali, o le concessioni, hanno ad oggetto due o più tipi di prestazioni, sono aggiudicati secondo le disposizioni applicabili al tipo di appalto che caratterizza l'oggetto principale del contratto in questione.

Infine, i **concorsi di progettazione** sono le procedure intese a fornire alle stazioni appaltanti, nel settore dell'architettura, dell'ingegneria, del restauro e della tutela dei beni culturali e archeologici, della pianificazione urbanistica e territoriale, paesaggistica, naturalistica, geologica, del verde urbano e del paesaggio forestale agronomico, nonché nel settore della messa in sicurezza e della mitigazione degli impatti idrogeologici ed idraulici e dell'elaborazione di dati, un piano o un progetto, selezionato da una commissione giudicatrice in base a una gara, con o senza assegnazione di premi (art. 3, comma 1, lett. *ddd*).

L'articolo 1, comma 2 elenca, poi, una serie di **particolari tipologie di contratti** soggetti alla disciplina del D.Lgs. n. 50/2016 e in particolare:
a) gli appalti di lavori, di importo superiore ad 1 milione di euro, sovvenzionati direttamente in misura superiore al 50% da amministrazioni aggiudicatrici, nel caso in cui tali appalti comportino una delle seguenti attività: lavori di genio civile; lavori di edilizia relativi a ospedali, impianti sportivi, ricreativi e per il tempo libero, edifici scolastici e universitari e edifici destinati a funzioni pubbliche;
b) gli appalti di servizi di importo superiore alla soglia comunitaria sovvenzionati direttamente in misura superiore al 50% da amministrazioni aggiudicatrici, allorché tali appalti siano connessi a un appalto di lavori di importo superiore ad 1 milione di euro di cui alla lettera *a*);
c) i lavori pubblici affidati dai concessionari di lavori pubblici che non sono amministrazioni aggiudicatrici;
d) i lavori pubblici affidati dai concessionari di servizi, quando essi sono strettamente strumentali alla gestione del servizio e le opere pubbliche diventano di proprietà dell'amministrazione aggiudicatrice;
e) i lavori pubblici da realizzarsi da parte dei privati, titolari di titolo abilitativo, riguardanti l'esecuzione delle opere di urbanizzazione a scomputo.

2.3.2 I contratti di concessione

Le norme di contabilità pubblica qualificavano le concessioni di lavori e servizi come *provvedimenti*. A seguito del decisivo intervento europeo, l'ordinamento italiano ha attribuito *natura giuridica di contratti* sia agli appalti che alle concessioni.

Infatti, ora l' art. 3, comma 1 lett. *uu*) del Codice contratti definisce la **concessione di lavori** come "un *contratto* a titolo oneroso stipulato per iscritto in virtù del quale una o più stazioni appaltanti affidano l'esecuzione di lavori ad uno o più operatori economici riconoscendo a titolo di corrispettivo unicamente il diritto di gestire le opere oggetto del contratto o tale diritto accompagnato da un prezzo, con assunzione in capo al concessionario del rischio operativo legato alla gestione delle opere".
La **concessione di servizi**, invece, è definita (art. 3, comma 1 lett. *vv*) come "un contratto a titolo oneroso stipulato per iscritto in virtù del quale una o più stazioni appaltanti affidano a uno o più operatori economici la fornitura e la gestione di servizi diversi dall'esecuzione di lavori", riconoscendo a titolo di corrispettivo unicamente il diritto di gestire i servizi oggetto del contratto o tale diritto accompagnato da un prezzo, con assunzione in capo al concessionario del rischio operativo legato alla gestione dei servizi.
La differenza fra appalti e concessioni va individuata nel cosiddetto **rischio di gestione**: il concessionario non è remunerato direttamente dall'amministrazione committente ma dall'utenza, che corrisponde, in un regime normalmente tariffario, i canoni richiesti per usufruire del servizio fornito dal gestore.

2.4 Ambito soggettivo di applicazione del D.Lgs. 50/2016

Dal punto di vista soggettivo, il Codice si applica ai contratti d'appalto e di concessione stipulati da *amministrazioni aggiudicatrici* ed *enti aggiudicatori*.
Rientrano fra le **amministrazioni aggiudicatrici** (art. 3, co. 1, lett. *a*):
> le amministrazioni dello Stato;
> gli enti pubblici territoriali (enti locali: Comuni, Province, Comunità Montane, Città Metropolitane);
> gli altri enti pubblici non economici;
> gli organismi di diritto pubblico; è così definito (art. 3, co. 1 lett. *d*) qualsiasi organismo, anche in forma societaria: 1) che sia stato istituito per soddisfare specificatamente esigenze di interesse generale, aventi carattere non industriale o commerciale; 2) che sia dotato di personalità giuridica; 3) la cui attività sia finanziata in modo maggioritario dallo Stato, dagli enti pubblici territoriali o da altri organismi di diritto pubblico oppure la cui gestione sia soggetta al controllo di questi ultimi oppure il cui organo d'amministrazione, di direzione o di vigilanza sia costituito da membri dei quali più della metà è designata dallo Stato, dagli enti pubblici territoriali o da altri organismi di diritto pubblico;
> le associazioni, unioni, consorzi, comunque denominati, costituiti da detti soggetti.

Gli **enti aggiudicatori** (art. 3, co. 1 lett. *e*) sono invece individuati:
> nelle amministrazioni aggiudicatrici che operano nei cosiddetti *settori speciali* (gas, elettricità, acqua, trasporti, pubblici...) o che, pur non essendo amministrazioni aggiudicatrici, operano in tali settori in virtù di diritti speciali o esclusivi concessi loro dall'autorità competente;
> negli enti che svolgono determinate attività nei settori speciali (elencate nell'Allegato II al decreto) e che aggiudicano una concessione.

Anche **talune tipologie di privati** sono soggette alle norme del Codice: quelli che realizzano determinati tipi di opere d'importo superiore al milione di euro e che beneficiano di un finanziamento pubblico superiore al 50% (sono gli **altri soggetti aggiudicatori** di cui all'art. 3, co. 1, lett. *g*).

Amministrazioni aggiudicatrici, enti aggiudicatori, soggetti aggiudicatori e altri soggetti aggiudicatori sono tutti definiti come *stazioni appaltanti* (art. 3, co. 1, lett. *o*).

Il Codice è stato adottato nell'esercizio della competenza legislativa esclusiva statale in materia di tutela della concorrenza, ordinamento civile, nonché nelle altre materie cui è riconducibile lo specifico contratto (art. 2). Di conseguenza, le **Regioni a statuto ordinario** sono chiamate ad operare nel rispetto dei vincoli derivanti dall'ordinamento europeo e delle disposizioni relative a materie di competenza statale ma esercitano le proprie funzioni nelle materie di competenza regionale ai sensi dell'articolo 117 della Costituzione. Le **Regioni a statuto speciale** e le **province autonome** di Trento e di Bolzano devono adeguare la propria legislazione secondo quanto previsto nei propri statuti e nelle proprie norme di attuazione.

2.5 I contratti esclusi

Il D.Lgs. 50/2016 individua, agli artt. 4-20, le fattispecie di contratti esclusi dal suo ambito di applicazione: si tratta di contratti che il legislatore prevede siano assoggettati a regole peculiari e che, conseguentemente, non necessitano del rispetto di tutte le regole in tema di "evidenza pubblica"; fra di essi, dopo l'intervento del D.Lgs. 56/2017, rientrano espressamente i **contratti attivi**, vale a dire quei contratti da cui deriva un'entrata per lo Stato (ad esempio, vendite e locazioni): tali contratti sono soggetti alle norme di contabilità pubblica (R.D. 2440/1923, suo regolamento attuativo e le norme settoriali).
Per tutti i **contratti esclusi**, comunque, l'art. 4 dispone il **rispetto di regole minimali di evidenza pubblica**, a tutela della concorrenza e del mercato: l'affidamento di tali contratti deve infatti avvenire nel rispetto dei principi di economicità, efficacia, imparzialità, parità di trattamento, trasparenza, proporzionalità, pubblicità, tutela dell'ambiente ed efficienza energetica.

2.5.1 Gli affidamenti in house

L'affidamento di concessioni o appalti "*in house*" (cosiddetto **in house providing**) consiste nella possibilità per le pubbliche amministrazioni di reperire beni, servizi, forniture o, più in generale, prestazioni a contenuto negoziale, all'interno del settore pubblico, senza cioè ricorrere al mercato. In tal caso, dunque, l'ente pubblico non si rivolge a privati ma affida direttamente ad una propria articolazione (più o meno diretta) la realizzazione di un'opera pubblica o la gestione di servizi pubblici.
Poiché tale modalità di affidamento si sottrae al confronto concorrenziale, prima la giurisprudenza europea e poi le direttive in materia di contratti pubblici l'hanno ritenuta ammissibile solo al ricorrere di specifici requisiti.
Ora, l'art. 5 del Codice, riprendendo l'articolo 12 della Direttiva n. 2014/24/UE in materia di appalti pubblici, stabilisce le condizioni che, se soddisfatte, consentono l'affidamento in house (e, dunque, consentono di non applicare la disciplina del Codice stesso).
Tali **condizioni** ricorrono quando:
a) un'amministrazione aggiudicatrice o un ente aggiudicatore esercita su tale persona giuridica un controllo analogo a quello esercitato sui propri servizi (ciò si presume qualora essa eserciti un'influenza determinante sia sugli obiettivi strategici che sulle decisioni significative della persona giuridica controllata);
b) oltre l'80% delle attività della persona giuridica controllata è effettuato nello svolgimento dei compiti ad essa affidati dall'amministrazione aggiudicatrice controllante

o da altre persone giuridiche controllate dall'amministrazione aggiudicatrice o da un ente aggiudicatore;

c) nella persona giuridica controllata non vi è alcuna partecipazione diretta di capitali privati, ad eccezione di forme di partecipazione di capitali privati previste dalla legislazione nazionale, in conformità dei trattati, che non esercitano un'influenza determinante sulla persona giuridica controllata.

2.5.2 I contratti di sponsorizzazione

Anche i **contratti di sponsorizzazione** sono espressamente **esclusi** dall'ambito di applicazione del Codice, ma quest'ultimo detta al contempo **alcuni obblighi minimi** per i contratti di importo **superiore a 40.000 euro**: essi sono soggetti esclusivamente alla previa pubblicazione sul sito internet della stazione appaltante, per almeno trenta giorni, di apposito avviso, con il quale si rende nota la ricerca di sponsor per specifici interventi, ovvero si comunica l'avvenuto ricevimento di una proposta di sponsorizzazione, indicando sinteticamente il contenuto del contratto proposto. Trascorso il periodo di pubblicazione dell'avviso, il contratto può essere liberamente negoziato, purché nel rispetto dei principi di imparzialità e di parità di trattamento fra gli operatori che abbiano manifestato interesse, nonché nel rispetto dell'art. 80 (sui motivi di esclusione dalle gare).

2.6 Le soglie di rilevanza europea

Il Codice differenzia la disciplina (procedure, obblighi delle stazioni appaltanti, termini delle gare...) degli appalti per lavori, servizi e forniture in base all'importo posto a base di gara: per i contratti economicamente meno rilevanti, l'art. 36 prevede infatti procedure più snelle.
Le soglie oltre le quali trova applicazione la normativa di diretta derivazione euro-unitaria (**soglie di rilevanza europea**) sono state fissate dall'art. 35 e successivamente aggiornate dai Regolamenti UE nn. 1950, 1951, 1952 e 1954 del 10 novembre 2021; dal primo gennaio 2022, pertanto, le soglie di rilevanza europea sono così fissate (tutti gli importi al netto dell'IVA):

> appalti di forniture e di servizi, 140.000 euro se aggiudicati dalle amministrazioni centrali (i Ministeri), 215.000 euro per gli appalti di forniture e di servizi aggiudicati da altre stazioni appaltanti;
> appalti di servizi sociali, 750.000 euro;
> appalti e concessioni di lavori pubblici, 5.582.000 euro.

2.7 Il responsabile del procedimento negli appalti e nelle concessioni

Il D.Lgs. 50/2016 (art. 31) prevede che tutte le stazioni appaltanti debbano nominare, già al momento della programmazione (nell'atto di adozione o di aggiornamento dei programmi) o comunque nell'atto di avvio relativo ad ogni singolo intervento un **responsabile unico del procedimento** (RUP) per le fasi della programmazione, della progettazione, dell'affidamento, dell'esecuzione.

Per le amministrazioni pubbliche, il RUP è **nominato con atto formale** del soggetto responsabile dell'unità organizzativa **tra i dipendenti di ruolo** addetti all'unità medesima, dotati del necessario livello di inquadramento giuridico in relazione alla struttura della Pubblica Amministrazione e di competenze professionali adeguate in relazione ai compiti per cui è nominato. Laddove sia accertata la carenza nell'organico della suddetta unità organizzativa, il RUP è nominato tra gli altri dipendenti in servizio. L'ufficio di responsabile unico del procedimento è obbligatorio e non può essere rifiutato.
Le stazioni appaltanti che non sono pubbliche amministrazioni e enti pubblici, invece, individuano, secondo i propri ordinamenti, uno o più soggetti cui affidare i compiti propri del responsabile del procedimento (art. 31, comma 10). Il RUP può svolgere, per uno o più interventi e nei limiti delle proprie competenze professionali, anche le funzioni di progettista o di direttore dei lavori o dell'esecuzione, purché siano rispettate le condizioni individuate dall'ANAC con le Linee Guida n. 3 (dal Regolamento unico quando questo entrerà in vigore).

Il RUP, coerentemente con quanto stabilito dalla L. 241/1990, svolge tutti i **compiti** relativi alle procedure di programmazione, progettazione, affidamento ed esecuzione previste dal Codice, che non siano specificatamente attribuiti ad altri organi o soggetti. Inoltre:

a) formula proposte e fornisce dati e informazioni al fine della predisposizione del programma triennale dei lavori pubblici e dei relativi aggiornamenti annuali e di ogni atto di programmazione di contratti pubblici di servizi e forniture;
b) cura, in ciascuna fase di attuazione degli interventi, il controllo sui livelli di prestazione e di prezzo determinati in coerenza alla copertura finanziaria e ai tempi di realizzazione dei programmi;
c) cura il corretto e razionale svolgimento delle procedure;
d) segnala eventuali disfunzioni, impedimenti, ritardi nell'attuazione degli interventi;
e) accerta la libera disponibilità di aree e immobili necessari;
f) fornisce all'amministrazione i dati e le informazioni relativi alle principali fasi di svolgimento dell'attuazione dell'intervento, necessari per l'attività di coordinamento, indirizzo e controllo di sua competenza e sorveglia la efficiente gestione economica dell'intervento;
g) propone all'amministrazione aggiudicatrice la conclusione di un accordo di programma, laddove è necessaria l'azione di diverse amministrazioni e l'indizione, ove competente, della conferenza di servizi;
h) verifica e vigila sul rispetto delle prescrizioni contrattuali nelle concessioni.

Il ruolo di RUP è, di regola, incompatibile con le funzioni di commissario di gara e di presidente della commissione giudicatrice (art. 77, comma 4 del Codice).

In caso di **acquisti centralizzati e aggregati**, le funzioni di responsabile del procedimento sono svolte dal RUP della stazione appaltante e dal RUP del modulo aggregativo secondo le rispettive competenze, evitando la sovrapposizione di attività.

Il **Decreto Semplificazioni** (D.L. 76/2020 convertito in L. 120/2020, come modificato dal D.L. 77/2021), in considerazione dell'emergenza sanitaria da COVID-19 e della esigenza di accelerare gli investimenti pubblici durante il periodo emergenziae, ha previsto in relazione all'aggiudicazione dei contratti pubblici sotto soglia (art. 1) e sopra soglia (art. 2) termini e adempimenti più snelli rispetto all'ordinario per le procedure di affidamento qualora la determina a contrarre o altro atto equivalente di avvio del procedimento sia adottato entro il 30 giugno 2023.

Per tali procedure emergenziali, il mancato rispetto dei termini, la mancata tempestiva stipulazione del contratto e il tardivo avvio dell'esecuzione dello stesso possono essere valutati ai fini della **responsabilità del RUP per danno erariale**.

2.8 La programmazione

La programmazione è l'organizzazione dell'attività istituzionale dell'ente secondo un programma; è un processo che, attraverso aggiustamenti progressivi, deve portare, guidando e responsabilizzando l'amministrazione, a raggiungere maggiori ed elevati livelli qualitativi e quantitativi nella cura dell'interesse pubblico.
L'art. 32 del D.Lgs. n. 50/2016 nell'elencare le varie fasi della procedura di affidamento, stabilisce al comma 1 che le stazioni appaltanti nelle procedure di affidamento dei contratti pubblici devono rispettare gli atti di programmazione previsti dal Codice o dalle norme vigenti. In modo più specifico, il Codice disciplina la programmazione dei lavori e dei servizi e delle forniture all'art. 21 e dispone che le amministrazioni aggiudicatrici e gli enti aggiudicatori provvedano all'adozione (e al relativo aggiornamento annuale):

> del **programma biennale degli acquisti di beni e servizi** di importo unitario stimato non inferiore a 40.000 euro (per le acquisizioni di importo superiore al milione di euro è previsto l'obbligo di comunicare il relativo elenco al Tavolo tecnico dei soggetti aggregatori);
> del **programma triennale dei lavori pubblici** di importo stimato non inferiore a 100.000 euro, in cui devono essere obbligatoriamente incluse le opere pubbliche incompiute, ai fini del loro completamento o per l'individuazione di soluzioni alternative. Gli interventi da avviare nel corso della prima annualità costituiscono l'**elenco annuale dei lavori pubblici**.

Nell'ambito del programma, le amministrazioni aggiudicatrici e gli enti aggiudicatori individuano, tra l'altro, i bisogni che possono essere soddisfatti con capitali privati (cosiddetto PPP – **Partenariato Pubblico Privato**).
I programmi sono approvati nel rispetto dei documenti programmatori e in **coerenza con il bilancio** e, per gli enti locali, secondo le norme che disciplinano la **programmazione economico-finanziaria** degli enti (art. 21, comma 1 Codice); il riferimento è, in particolare, al DUP (Documento Unico di Programmazione) di cui al D.Lgs. 118/2011 e all'art. 170 del D.Lgs. 267/2000: tali ultime normative prevedono che, nell'ambito della **Sezione operativa del DUP**, vada inserito obbligatoriamente il programma triennale dei lavori pubblici.

Sempre in questa fase il Codice prevede un particolare sub-procedimento finalizzato alla trasparenza nella partecipazione di portatori di interessi: il **dibattito pubblico**, che guarda chiaramente al modello francese del cd. *débat public*, ha l'obiettivo di far intervenire tutte le parti interessate, per arricchire lo schema iniziale del progetto di fattibilità e prevenire l'eventuale e futuro contenzioso.

2.9 La determinazione a contrarre

Prima dell'avvio delle procedure di affidamento dei contratti pubblici, le stazioni appaltanti, in conformità ai propri ordinamenti, decretano o determinano di contrarre, individuando gli **elementi essenziali del contratto e i criteri di selezione degli operato-**

ri economici e delle offerte. Con l'approvazione della cosiddetta deliberazione (o, più spesso, determinazione) a contrarre, in particolare, va enucleato *l'oggetto del contratto*, le sue *clausole essenziali*, lo *scopo da perseguire* e le *modalità* attraverso cui realizzarlo: *la deliberazione in sostanza predetermina il contenuto del futuro contratto.*

Dal canto suo, l'**art. 192 del Testo Unico Enti Locali** (D.Lgs. 267/2000) richiede che la stipulazione dei contratti sia preceduta da apposita determinazione del responsabile del procedimento di spesa indicante:

a) il fine che con il contratto si intende perseguire;
b) l'oggetto del contratto, la sua forma e le clausole ritenute essenziali;
c) le modalità di scelta del contraente ammesse dalle disposizioni vigenti in materia di contratti delle Pubbliche Amministrazioni e le ragioni che ne sono alla base.

Pur avendo un contenuto molto simile, la determinazione/deliberazione a contrarre si differenzia dal bando perché ha rilevanza meramente interna, mentre il bando di gara è atto amministrativo di natura generale a rilevanza esterna, con il quale la stazione appaltante rende conoscibile la propria determinazione di addivenire alla conclusione del contratto.

2.10 La pubblicazione di bandi e avvisi

Tutte le procedure di scelta del contraente (con limitate eccezioni) sono indette mediante bandi di gara: così dispone l'art. 71 del Codice che prevede altresì tutta una serie di adempimenti a carico delle stazioni appaltanti per assicurare adeguata pubblicità alle procedure.

L'art. 70 D.Lgs. 50/2016 prevede che le stazioni appaltanti rendano nota, di norma entro il 31 dicembre di ogni anno, l'intenzione di bandire appalti per l'anno successivo, pubblicando un **avviso di preinformazione** sul proprio sito web (il *profilo di committente*). Per gli appalti di importo pari o superiore alla soglia di rilevanza europea, l'avviso di pre-informazione è pubblicato dall'Ufficio delle pubblicazioni dell'Unione europea o dalla stazione appaltante sul proprio profilo di committente, in quest'ultimo caso informandone l'Ufficio europeo. Il **periodo coperto dall'avviso può durare al massimo 12 mesi dalla data di trasmissione** per la pubblicazione. Tuttavia, nel caso di appalti pubblici per servizi sociali e altri servizi specifici, può coprire un periodo fino a 24 mesi.

Come detto (art. 71 D.Lgs. 50/2016), tutte le procedure di scelta del contraente sono indette mediante **bandi di gara** (art. 71); fanno **eccezione**:

> i casi in cui l'appalto sia aggiudicato mediante procedura ristretta o procedura competitiva con negoziazione e sia preceduto da un avviso di pre-informazione (art. 59, co. 5);
> quelli in cui le amministrazioni possono ricorrere ad una procedura negoziata senza previa pubblicazione di un bando di gara (art. 63).

Il bando deve riportare tutti i dati necessari a consentire la partecipazione alla gara e, circa il suo **contenuto**, l'art. 71 rinvia all'allegato XIV, Parte I, lettera C dello stesso Codice che ne disciplina minuziosamente gli elementi (oggetto dell'appalto, importo, soggetti ammessi, requisiti generali e speciali dei partecipanti, criteri di aggiudicazione etc.).

Al fine di agevolare l'attività delle stazioni appaltanti e di rendere omogenee le condotte, il Codice prevede che l'ANAC (Autorità Nazionale Anticorruzione) predisponga

appositi **bandi tipo** (tali bandi tipo sono, in via generale, vincolanti; eventuali deroghe, infatti, devono essere adeguatamente motivate).
Il Codice diversifica le modalità di pubblicazione (albo pretorio del Comune, profilo del committente, Gazzetta Ufficiale, quotidiani nazionali, Gazzetta Ufficiale dell'Unione europea) in base agli importi di gara.
L'art. 75 D.Lgs. 50/2016 prevede che, nelle procedure ristrette, nel dialogo competitivo, nei partenariati per l'innovazione, nelle procedure competitive con negoziazione, le stazioni appaltanti invitino simultaneamente e per iscritto (**inviti ai candidati**), di norma con procedure telematiche, i candidati selezionati a presentare le rispettive offerte o a negoziare o, nel caso di dialogo competitivo, a partecipare al dialogo. Con le stesse modalità le stazioni appaltanti invitano, nel caso di indizione di gara tramite un avviso di preinformazione, gli operatori economici che già hanno espresso interesse, a confermare nuovamente interesse.

Il **bando di gara** (unitamente alla lettera d'invito, in caso di procedura ristretta) costituisce la ***lex specialis* del procedimento concorsuale**, ed essa non è derogabile né dalla stazione appaltante né dai concorrenti, neppure se alcune delle sue regole risultassero non più conformi allo *ius superveniens* (nuove norme nel frattempo emanate), con il solo ovvio limite del ricorso ai poteri di autotutela.
Dal bando di gara va tenuto distinto il **capitolato** poiché i due documenti hanno funzioni e finalità nettamente diverse:

- il bando di gara è destinato a disciplinare la procedura di gara, il cd. procedimento selettivo e costituisce vera e propria lex specialis della gara;
- il capitolato speciale d'appalto è finalizzato a definire le complessive condizioni del futuro rapporto contrattuale e contiene, ad esempio, le clausole relative alla disciplina dell'esecuzione dell'oggetto dell'appalto, l'elencazione degli obblighi e dei diritti delle parti con le eventuali sanzioni, le clausole di garanzia, la disciplina delle procedure di pagamento delle prestazioni, le clausole che disciplinano gli sviluppi stessi del contratto.

In ossequio ai principi di pubblicità e trasparenza, l'art. 76 del Codice impone, su richiesta scritta dell'offerente interessato, l'**obbligo** per le stazioni appaltanti **di informare tempestivamente ciascun candidato** o ciascun offerente delle decisioni prese riguardo alla conclusione di un accordo quadro, o all'aggiudicazione di un appalto, o all'ammissione ad un sistema dinamico di acquisizione. Le stazioni appaltanti, in particolare, d'ufficio e comunque entro un termine non superiore a cinque giorni devono comunicare:

a) l'aggiudicazione, all'aggiudicatario, al concorrente che segue nella graduatoria, a tutti gli offerenti che hanno presentato un'offerta ammessa in gara, a coloro la cui candidatura o offerta siano state escluse se hanno proposto impugnazione avverso l'esclusione o sono in termini per presentare impugnazione, nonché a coloro che hanno impugnato il bando o la lettera di invito, se tali impugnazioni non siano state respinte con pronuncia giurisdizionale definitiva;
b) l'esclusione agli offerenti esclusi;
c) la decisione di non aggiudicare un appalto ovvero di non concludere un accordo quadro, a tutti i candidati;
d) la data di avvenuta stipulazione del contratto con l'aggiudicatario, ai soggetti di cui alla lettera a).

L'art. 98 del Codice, ancora, impone che, con le stesse modalità di pubblicazione dei bandi e degli avvisi, sia data pubblicità degli esiti degli appalti aggiudicati (**avvisi di post-informazione**).
La pubblicazione dell'avviso sui risultati della procedura di affidamento non è obbligatoria in caso di affidamenti diretti di importo inferiore ai 40.000 euro (art. 36, comma 2, lett. *a* come modificato da art. 1, comma 5-*bis*, L. n. 120/2020).
Ricordiamo, infine, che **tutti gli atti** delle amministrazioni aggiudicatrici e degli enti aggiudicatori relativi alla programmazione e alle procedure per l'affidamento di appalti pubblici e di concessioni devono essere pubblicati e aggiornati:
- sul **profilo del committente** (il sito internet), nella sezione "Amministrazione trasparente";
- sul **sito del Ministero delle infrastrutture e della mobilità sostenibili**;
- sulla **Banca Dati Nazionale dei Contratti pubblici** dell'ANAC, contenente le informazioni inerenti agli atti delle amministrazioni aggiudicatrici e degli enti aggiudicatori relativi alla programmazione, alla scelta del contraente, all'aggiudicazione e all'esecuzione dei contratti (art. 29, co. 2).

Dal canto suo, il D.M. 2 dicembre 2016 dispone che gli avvisi e i bandi di gara siano pubblicati nella Gazzetta Ufficiale della Repubblica italiana – serie speciale relativa ai contratti, con esclusione degli avvisi e bandi di gara relativi a lavori di importo inferiore a 500.000 euro che sono pubblicati solo nell'albo pretorio del Comune dove si eseguono i lavori. Il decreto conferma poi l'obbligo di pubblicazione di un estratto dei bandi sui quotidiani locali e nazionali.

Adempimenti di pubblicità per appalti di servizi e forniture				
Pubblicazione		Procedura negoziata senza bando	Procedure ordinarie	
		Sotto soglia	Sotto soglia	Sopra soglia
Avviso di preinformazione (art. 70)	G.U.U.E			Sì
	Profilo di committente			Sì
Avviso di indagine di mercato (art. 36, co. 2 Codice e Linee guida 4)	Profilo di committente	Sì	Sì	Sì
	BDNCP presso ANAC	Sì	Sì	Sì
	Sito Mims	Sì	Sì	Sì
Lettere di invito (art. 29 Codice)	Profilo di committente	Sì		
	BDNCP presso ANAC	Sì		
	Sito Mims	Sì		
Bando di gara (art. 36, co. 9 e art. 71 Codice; D.M. MIT 2 dicembre 2016)	G.U.U.E			Sì
	G.U.R.I.		Sì	Sì
	Profilo di committente		Sì	Sì
	BDNCP presso ANAC		Sì	Sì
	Sito Mims		Sì	Sì
	Quotidiani nazionali			2
	Quotidiani locali			2
	Profilo di committente	Sì	Sì	Sì
Esclusioni e ammissioni (art. 29 Codice)	G.U.U.E			Sì
Avviso post-informazione (art. 98 Codice; D.M. MIT 2 dicembre 2016)	G.U.R.I.		Sì	Sì
	Profilo di committente	Sì	Sì	Sì
	BDNCP presso ANAC	Sì	Sì	Sì
	Sito Mims	Sì	Sì	Sì
	Quotidiani nazionali			2
	Quotidiani locali			2

2.11 I soggetti ammessi alle gare

L'art. 45 del Codice elenca le tipologie di soggetti che possono partecipare alle procedure di affidamento dei contratti pubblici; tale indicazione non è da considerarsi esaustiva e, ai fini dell'ammissione alla gara, occorre far riferimento alla nozione di **operatore economico**, nozione che comprende qualsiasi soggetto che offre sul mercato la realizzazione di lavori o opere, la fornitura di prodotti o la prestazione di servizi sia essa una persona fisica o giuridica, un ente pubblico, un raggruppamento di tali persone o enti (compresa qualsiasi associazione temporanea di imprese) oppure un ente senza personalità giuridica. Più nel dettaglio, ai sensi dell'art. 45 possono partecipare:

- gli **imprenditori individuali**, anche artigiani, e le società, anche cooperative;

- i **consorzi fra società cooperative** di produzione e lavoro;
- i **consorzi stabili**, costituiti anche in forma di società consortili (ai sensi dell'articolo 2615-*ter* del codice civile), tra imprenditori individuali, anche artigiani, società commerciali, società cooperative di produzione e lavoro.

  Si tratta di una figura introdotta dalla L. 109/1994 al fine di favorire la collaborazione fra imprese nella realizzazione di lavori pubblici. Ai sensi dell'art. 45 del Codice dei contratti, i **consorzi stabili** devono essere in possesso di **particolari requisiti di qualificazione** per partecipare alle gare: sono formati da almeno 3 consorziati che abbiano deciso di operare in modo congiunto nel campo dei contratti pubblici per almeno 5 anni. A tale scopo istituiscono una comune struttura di impresa. Consorziati e consorzi non possono partecipare alla medesima procedura di affidamento a pena di sanzioni penali (art. 353 c.p.); analogamente, consorzi e consorziati non possono costituire tra loro e con terzi altri consorzi o associazioni temporanee;

- i **raggruppamenti temporanei di concorrenti**, costituiti dai soggetti indicati ai punti precedenti, i quali, prima della presentazione dell'offerta, abbiano conferito mandato collettivo speciale con rappresentanza ad uno di essi, qualificato *mandatario*, il quale esprime l'offerta in nome e per conto proprio e dei mandanti. Le stazioni appaltanti possono imporre ai raggruppamenti di operatori economici di assumere una forma giuridica specifica dopo l'aggiudicazione del contratto (art. 45, co. 3) o richiedere condizioni per l'esecuzione di un appalto o di una concessione diverse da quelle imposte ai singoli partecipanti, purché tali richieste siano proporzionate e giustificate da ragioni oggettive (co. 5).

  Si distingue fra raggruppamento di tipo verticale ed orizzontale. Nel caso di forniture o servizi (per i lavori la definizione è leggermente diversa), per **raggruppamento di tipo verticale** si intende un raggruppamento di concorrenti in cui il mandatario esegua le prestazioni indicate come principali anche in termini economici, mentre i mandanti eseguono quelle indicate come secondarie; nel **raggruppamento orizzontale**, invece, gli operatori economici eseguono tutti il medesimo tipo di prestazione;

- i **consorzi ordinari di concorrenti** (art. 2602 c.c.), costituiti tra i soggetti prima richiamati anche in forma societaria;
- le aggregazioni tra le **imprese aderenti al contratto di rete** (art. 3, co. 4*ter*, D.L. 5/2009);
- i soggetti che abbiano stipulato il contratto di gruppo europeo di interesse economico (**GEIE**).

2.12 I requisiti di partecipazione

2.12.1 Introduzione

Le norme di contabilità pubblica hanno da sempre previsto che i partecipanti alle procedure di affidamento siano in possesso di determinati requisiti:

- *di ordine generale*, come l'assenza di condizioni soggettive impeditive (fallimento, condanne ecc.);
- di *ordine speciale*, quali l'idoneità professionale o l'iscrizione in un registro professionale o commerciale.

2.12.2 Le cause di esclusione dalle gare

L'art. 80 del Codice, al primo comma, riporta un dettagliato elenco di **reati** che costituiscono **motivo di esclusione di un operatore economico** dalla partecipazione a una procedura d'appalto o concessione.

L'esclusione è stabilita quando si è in presenza di una **condanna con sentenza definitiva**, di decreto penale di condanna divenuto irrevocabile o di sentenza di applicazione della pena su richiesta delle parti (patteggiamento) per uno dei reati elencati dal comma 1 (associazione di stampo mafioso; traffico di stupefacenti; terrorismo; sfruttamento del lavoro minorile; delitto da cui derivi, quale pena accessoria, l'incapacità di contrattare con la pubblica amministrazione...).

Tra i motivi di esclusione vanno aggiunti quelli che rilevano la sussistenza di **cause di decadenza, di sospensione o di divieto** previste dal Codice delle leggi antimafia (art. 67 D.Lgs. 159/2011) o di un tentativo di **infiltrazione mafiosa** (art. 84, comma 4 D.Lgs. 159/2001). Restano ferme le disposizioni applicabili in tema di **comunicazioni e informazioni antimafia** previste dal citato Codice (art. 88, co. 4-*bis*, e 92, commi 2 e 3).

L'esclusione in questi casi va disposta se la sentenza o il decreto ovvero la misura interdittiva sono stati emessi nei confronti dei **soggetti** elencati al comma 3 dell'art. 80: il titolare, il direttore tecnico, un socio, un membro del consiglio di amministrazione cui sia stata conferita la legale rappresentanza, ivi compresi institori e procuratori generali, membri degli organi con poteri di direzione o di vigilanza o dei soggetti muniti di poteri di rappresentanza, di direzione o di controllo.

Un operatore economico è escluso dalla partecipazione a una procedura d'appalto anche nell'ipotesi in cui abbia commesso violazioni gravi, definitivamente accertate, rispetto agli **obblighi relativi al pagamento delle imposte e tasse o dei contributi previdenziali**. Il **requisito della regolarità contributiva** deve sussistere fin dalla presentazione dell'offerta e deve permanere per tutta la durata della gara e del successivo rapporto contrattuale con la stazione appaltante.

Ancora, **la stazione appaltante esclude dalla partecipazione alla procedura d'appalto** un operatore economico in una delle seguenti situazioni:

a) la stazione appaltante possa dimostrare, con qualunque mezzo adeguato, la presenza di *gravi infrazioni* debitamente accertate alle *norme in materia di salute e sicurezza* sul lavoro nonché agli obblighi in materia ambientale di cui all'art. 30, co. 3, D.Lgs. 50/2016;

b) l'operatore economico sia stato sottoposto a fallimento (*liquidazione giudiziale*, dal 1° settembre 2021) o si trovi in *stato di fallimento*, di *liquidazione coatta*, di *concordato preventivo*, salvo il caso di concordato con continuità aziendale, o nei cui riguardi sia in corso un procedimento per la dichiarazione di una di tali situazioni;

c) la stazione appaltante dimostri con mezzi adeguati che l'operatore economico si sia reso colpevole di *gravi illeciti professionali*, tali da rendere dubbia la rispettiva integrità o affidabilità;

c-*bis*) l'operatore economico abbia tentato di influenzare indebitamente il processo decisionale della stazione appaltante o di ottenere informazioni riservate a fini di proprio vantaggio oppure abbia fornito, anche per negligenza, informazioni false o fuorvianti suscettibili di influenzare il corretto svolgimento della procedura di selezione (aggiunta dal D.L. 135/2018);

c-*ter*) l'operatore economico abbia dimostrato significative o persistenti carenze nell'esecuzione di un precedente contratto di appalto che ne hanno causato la risoluzione per inadempimento ovvero la condanna al risarcimento del danno o altre sanzioni comparabili (aggiunta dal D.L. 135/2018);

c-*quater*) l'operatore economico abbia commesso grave inadempimento nei confronti di uno o più subappaltatori, riconosciuto o accertato con sentenza passata in giudicato (aggiunta dal D.L. 32/2019);

d) la partecipazione dell'operatore economico determini una situazione di conflitto di interesse, non diversamente risolvibile (cfr. art. 42, co. 2, D.Lgs. 50/2016);

e) una *distorsione della concorrenza* derivante dal precedente coinvolgimento degli operatori economici nella preparazione della procedura d'appalto di cui all'art. 67 del Codice non possa essere risolta con misure meno intrusive;

f) l'operatore economico abbia subito *misure interdittive* per essere incorso in violazione delle norme in materia di responsabilità amministrativa e sicurezza di lavoro;

f-*bis*) l'operatore economico presenti nella procedura di gara in corso e negli affidamenti di subappalti *documentazione o dichiarazioni non veritiere*;

f-*ter*) l'operatore economico *iscritto nel casellario informatico* tenuto dall'Osservatorio dell'ANAC per aver presentato false dichiarazioni o falsa documentazione nelle procedure di gara e negli affidamenti di subappalti. Il motivo di esclusione perdura fino a quando opera l'iscrizione nel casellario informatico;

g) l'operatore economico iscritto nel casellario informatico tenuto dall'Osservatorio dell'ANAC abbia presentato false dichiarazioni o falsa documentazione ai fini del rilascio dell'attestazione di qualificazione, per il periodo durante il quale perdura l'iscrizione;

h) l'operatore economico abbia violato il *divieto di intestazione fiduciaria* (ex art. 17 L. 55/1990);

i) l'operatore economico non presenti la certificazione di essere in regola con le *norme di tutela del lavoro dei disabili* di cui all'articolo 17 L. 68/1999, ovvero autocertifichi la sussistenza del medesimo requisito;

l) l'operatore economico che, pur essendo stato *vittima dei reati di concussione ed estorsione* previsti e puniti dagli articoli 317 e 629 c.p. aggravati ai sensi dell'art. 7 D.L. 152/1991, *non risulti aver denunciato* i fatti all'autorità giudiziaria;

m) l'operatore economico si trovi, rispetto ad un altro partecipante alla medesima procedura di affidamento, in una *situazione di controllo* di cui all'art. 2359 c.c. o in una qualsiasi relazione, anche di fatto, se la situazione di controllo o la relazione comporti che le offerte sono imputabili ad un unico centro decisionale.

2.12.3 I requisiti di ordine speciale

I criteri di selezione "speciali" sono disciplinati dall'art. 83 che li limita espressamente a (comma 1):

a) **idoneità professionale**; a tal fine il bando può richiedere che i concorrenti siano iscritti nel registro delle Camere di commercio, o presso i competenti ordini professionali;

b) la **capacità economico-finanziaria** (e quindi l'idoneità a far fronte alle obbligazioni assunte nei confronti della pubblica amministrazione);

c) le **capacità tecniche e professionali**. Le stazioni appaltanti possono richiedere requisiti per garantire che gli operatori economici possiedano le risorse umane e tecniche e l'esperienza necessarie per eseguire l'appalto con un adeguato standard di qualità.

Il successivo comma 2 dispone che i suddetti requisiti richiesti agli operatori economici siano attinenti e proporzionati all'oggetto dell'appalto, tenendo presente l'interesse pubblico ad avere il più ampio numero di potenziali partecipanti, nel rispetto dei principi di trasparenza e rotazione.

Le stazioni appaltanti indicano le condizioni di partecipazione richieste, che possono essere espresse come livelli minimi di capacità, congiuntamente agli idonei mezzi di prova, nel bando di gara o nell'invito a confermare interesse. I bandi e le lettere di invito non possono contenere ulteriori prescrizioni a pena di esclusione rispetto a quelle previste dal Codice e da altre disposizioni (**principio di tassatività delle cause di esclusione**: art. 83, comma 8).

Per quanto concerne gli **appalti di forniture e servizi**, il Codice (art. 83) richiede:

- con riguardo alla solidità economica e finanziaria, che le referenze economiche vengano comprovate tramite idonee dichiarazioni bancarie, bilanci, dichiarazioni sulla cifra d'affari globale e sul fatturato degli ultimi tre anni;
- che la capacità tecnica e professionale sia comprovata mediante titoli di studio e professionali dei dirigenti e dei responsabili, elenco dei lavori eseguiti negli ultimi tre anni, descrizione delle attrezzature tecniche disponibili, dichiarazione sull'organico medio e sul numero dei dirigenti.

Per quanto concerne gli **appalti di lavori**, il Codice (art. 84) dispone che i soggetti esecutori a qualsiasi titolo di lavori pubblici di importo pari o superiore a 150.000 euro, provino il possesso dei requisiti di qualificazione, mediante attestazione da parte degli appositi organismi di diritto privato autorizzati dall'ANAC: le SOA (società organismi di attestazione).

Nel **fascicolo virtuale dell'operatore economico** (istituito presso la Banca dati nazionale dei contratti pubblici dal D.L. 77/2021 quale evoluzione del precedente sistema AVCPAS) sono conservati i dati per la verifica dell'assenza di motivi di esclusione, l'attestazione SOA per i soggetti esecutori di lavori pubblici, nonché i dati e i documenti relativi ai criteri di selezione caricati dall'operatore economico (art. 81, co. 4).

1. L'avvalimento

L'art. 89 del Codice disciplina l'**avvalimento** e consente, per un determinato appalto, che un operatore economico (*ausiliato*), singolo o in raggruppamento dimostri il possesso dei requisiti di carattere economico, finanziario, tecnico e professionale per partecipare alla gara, facendo affidamento sulle capacità di altri soggetti (*ausiliari*). È ammesso l'avvalimento di più imprese ausiliarie ma il comma 6 vieta che l'impresa ausiliaria si avvalga a sua volta di altro soggetto (divieto di *avvalimento a cascata*).

2. Il DGUE. Il soccorso istruttorio

Al momento della presentazione delle domande di partecipazione o delle offerte, gli operatori economici presentano il **documento di gara unico europeo** (**DGUE**): si tratta di un'autodichiarazione aggiornata come prova documentale preliminare in sostituzione dei certificati rilasciati da autorità pubbliche o terzi in cui si conferma che l'operatore economico non si trova in una delle situazioni di cui all'articolo 80 che costituiscono causa di esclusione e che soddisfa i criteri di selezione definiti a norma dell'articolo 83. Le carenze di qualsiasi elemento formale della domanda possono essere sanate attraverso la procedura di **soccorso istruttorio** disciplinata dall'art. 83, comma 9. In particolare, in caso di mancanza, incompletezza e di ogni altra irregolarità essenziale degli elementi e del documento di gara unico europeo, con esclusione di quelle afferenti all'offerta economica e all'offerta tecnica, la stazione appaltante assegna al concorrente un termine, non superiore a dieci giorni, perché siano rese, integrate o regolarizzate le dichiarazioni necessarie, indicandone il contenuto e i soggetti che le devono rendere. In caso di inutile decorso del termine di regolarizzazione, il concorrente è escluso dalla gara. Non sono sanabili le carenze della documentazione che non consentono l'individuazione del contenuto o del soggetto responsabile della stessa.

2.13 Le procedure di scelta del contraente

Le procedure di scelta del contraente per i settori ordinari sono contemplate dalla Sezione IV del D.Lgs. 50/2016 (articoli da 59 a 65). In particolare, l'art. 59 prevede che, per l'aggiudicazione di appalti pubblici le stazioni appaltanti utilizzino le *procedure aperte* o *ristrette*, previa pubblicazione di un bando o avviso di indizione di gara.
In presenza di determinati presupposti, le stazioni appaltanti possono utilizzare procedure aventi carattere eccezionale quali la procedura *competitiva con negoziazione*, il *dialogo competitivo*, il *partenariato per l'innovazione* e la *procedura negoziata senza previa pubblicazione di un bando di gara*.

2.13.1 La procedura aperta

La procedura aperta, secondo la definizione dell'art. 3, co. 1, lett. *sss*), è quella in cui ogni operatore economico interessato può presentare un'offerta; la procedura è disciplinata dall'art. 60 del Codice laddove si prevede la possibilità per qualsiasi operatore economico interessato di presentare un'offerta in risposta a un avviso di indizione di gara.
Il **termine** minimo per la **ricezione delle offerte** è di **35 giorni** decorrenti dalla data di trasmissione del bando di gara. Nel caso in cui sia stato pubblicato un avviso di preinformazione, il termine minimo per la ricezione delle offerte potrà essere ridotto a 15 giorni:

> quando l'avviso di preinformazione contenga tutte le prescritte informazioni richieste per il bando di gara, che siano disponibili al momento della pubblicazione dell'avviso medesimo;
> quando l'avviso di preinformazione sia stato inviato alla pubblicazione da non meno di 35 giorni e non oltre 12 mesi prima della data di trasmissione del bando di gara.

L'articolo prevede, infine, che le amministrazioni aggiudicatrici possano fissare un termine non inferiore a 15 giorni a decorrere dalla data di invio del bando di gara, se, per ragioni di urgenza debitamente motivate dall'amministrazione aggiudicatrice, i termini minimi stabiliti non possono essere rispettati.

2.13.2 La procedura ristretta

Per procedure ristrette s'intendono le procedure di affidamento alle quali ogni operatore economico può chiedere di partecipare e in cui possono presentare un'offerta soltanto gli operatori economici invitati dalle stazioni appaltanti. La disposizione normativa di riferimento è l'art. 61 D.Lgs. 50/2016.
Il **termine minimo** per la **ricezione delle domande** di partecipazione è di **30 giorni** dalla data di trasmissione del bando di gara o, se è utilizzato un avviso di preinformazione come mezzo di indizione di una gara, dalla data d'invio dell'invito a confermare interesse.
Le amministrazioni aggiudicatrici valutano le informazioni fornite e selezionano gli operatori economici da invitare: soltanto questi ultimi possono presentare un'offerta.

Le amministrazioni aggiudicatrici possono, comunque, limitare il numero di candidati idonei da invitare a partecipare alla procedura: quando si avvalgono di tale facoltà, le stazioni appaltanti indicano nel bando di gara o nell'invito a confermare interesse i criteri oggettivi e non discriminatori, secondo il principio di proporzionalità, che intendono applicare, il numero minimo dei candidati che intendono invitare (che nelle procedure ristrette non può essere inferiore a cinque: art. 91, comma 2), e, ove lo ritengano opportuno per motivate esigenze di buon andamento, il numero massimo.
Il **termine minimo** per la **ricezione delle offerte** è di **30 giorni** dalla data di trasmissione dell'invito a presentare offerte. Nel caso in cui le amministrazioni aggiudicatrici abbiano pubblicato un avviso di preinformazione non utilizzato per l'indizione di una gara, il termine minimo per la presentazione delle offerte può essere ridotto a 10 giorni purché:

> l'avviso di preinformazione contenga tutte le prescritte informazioni;
> dette informazioni siano disponibili al momento della pubblicazione dell'avviso di preinformazione;
> l'avviso di preinformazione sia stato inviato alla pubblicazione da non meno di 35 giorni e non oltre 12 mesi prima della data di trasmissione del bando di gara.

Quando, per **motivi di urgenza** debitamente motivati è impossibile rispettare i termini minimi previsti, l'amministrazione aggiudicatrice può fissare, per la **ricezione delle domande** di partecipazione, un **termine non inferiore a 15 giorni** dalla data di trasmissione del bando di gara e un **termine di ricezione delle offerte non inferiore a 10 giorni** a decorrere dalla data di invio dell'invito a presentare offerte.

2.13.3 La procedura competitiva con negoziazione

Secondo la definizione dell'art. 3, comma 1, lett. *uuu*) le procedure negoziate sono le procedure di affidamento in cui le stazioni appaltanti consultano gli operatori economici da loro scelti e negoziano con uno o più di essi le condizioni dell'appalto.
La procedura competitiva con negoziazione di cui all'art. 62 (che, per i settori ordinari, ha sostituito la *procedura negoziata previa pubblicazione di un bando di gara* di cui all'art. 56 del D.Lgs. 163/2006) prende avvio con una **fase di preselezione** avente le medesime forme previste per la procedura ristretta. Nei documenti di gara la stazione appaltante individua l'oggetto dell'appalto, fornendo una descrizione delle proprie esigenze e delle caratteristiche richieste per i servizi da appaltare, specificando i criteri per l'aggiudicazione dell'appalto e indicando, altresì, i requisiti minimi che tutti gli offerenti devono soddisfare.
Seguono gli inviti a presentare le offerte e la presentazione delle stesse (cd. *offerte iniziali*) da parte degli operatori economici invitati, con modalità e termini identici alla procedura ristretta.
Inizia a questo punto una **fase di negoziazione** in cui la stazione appaltante negozia con gli operatori economici le loro offerte iniziali per migliorarne il contenuto, garantendo parità di trattamento e non fornendo informazioni che avvantaggino alcuni offerenti rispetto ad altri.
Si tratta di una procedura di gara avente **carattere eccezionale** che può essere attivata **solo nei seguenti casi** (art. 59, comma 2):

a) in presenza di una o più delle seguenti condizioni:
   1) le esigenze dell'amministrazione aggiudicatrice perseguite con l'appalto non possono essere soddisfatte senza adottare soluzioni immediatamente disponibili;

2) quando implicano la progettazione o l'adozione di soluzioni innovative;
3) l'appalto non può essere aggiudicato senza preventive negoziazioni a causa di circostanze particolari in relazione alla natura, complessità o impostazione finanziaria e giuridica dell'oggetto dell'appalto o a causa dei rischi a esso connessi;
4) le specifiche tecniche non possono essere stabilite con sufficiente precisione dall'amministrazione aggiudicatrice con riferimento a una norma, una valutazione tecnica europea, una specifica tecnica comune o un riferimento tecnico;

b) quando, in esito a una procedura aperta o ristretta, siano state presentate soltanto offerte irregolari o inammissibili. In tal caso, al fine di evitare pratiche elusive, la nuova procedura deve riprodurre nella sostanza le condizioni contrattuali originarie.

2.13.4 Il dialogo competitivo

Il dialogo competitivo è un'altra **procedura di gara avente carattere eccezionale**: il Codice ne ammette l'attivazione solo negli stessi casi ora visti (art. 59, comma 2) in cui è ammessa la procedura competitiva con negoziazione e solo con provvedimento specificamente motivato (art. 64).
Consiste in una procedura di affidamento nella quale la stazione appaltante avvia un dialogo con i candidati, al fine di elaborare una o più soluzioni atte a soddisfare le sue necessità e sulla base della quale o delle quali i candidati selezionati sono invitati a presentare le offerte; qualsiasi operatore economico può chiedere di partecipare a tale procedura, fornendo le informazioni richieste dalla stazione appaltante.

Più in dettaglio, le stazioni appaltanti indicano e definiscono nel bando di gara o nell'avviso di indizione di gara le loro esigenze e i requisiti richiesti. Quindi avviano con i partecipanti selezionati **un dialogo** finalizzato all'individuazione e alla definizione dei mezzi più idonei a soddisfare le proprie necessità (art. 64 D.Lgs. 50/2016). Nella fase del dialogo possono discutere con i partecipanti selezionati tutti gli aspetti dell'appalto garantendo comunque la parità di trattamento di tutti i partecipanti (a tal fine, non forniscono informazioni che possano avvantaggiare determinati partecipanti rispetto ad altri).

I dialoghi competitivi possono svolgersi in fasi successive in modo da ridurre il numero di soluzioni da discutere durante la fase del dialogo. La stazione appaltante prosegue il dialogo finché non è in grado di individuare la soluzione o le soluzioni che possano soddisfare le sue necessità. A questo punto, dopo aver dichiarato concluso il dialogo e averne informato i partecipanti rimanenti, la stazione appaltante invita ciascuno a presentare le offerte finali in base alla soluzione presentata e valuta le offerte ricevute sulla base dei criteri di aggiudicazione fissati nel bando di gara.

2.13.5 Il partenariato per l'innovazione

Il partenariato per l'innovazione è una procedura che consente alle amministrazioni di sviluppare in prima persona prodotti innovativi non acquisibili sul mercato. Ad essa, in base a quanto stabilito dall'art. 65, le amministrazioni aggiudicatrici e gli enti aggiudicatari possono fare ricorso per **sviluppare prodotti, servizi o lavori innovativi** non presenti sul mercato e a condizione che essi corrispondano ai livelli di prestazioni e ai costi massimi concordati tra le stazioni appaltanti e i partecipanti.

Nei documenti di gara le amministrazioni aggiudicatrici fissano i requisiti minimi che tutti gli offerenti devono soddisfare, in modo sufficientemente preciso da permettere agli operatori economici di individuare la natura e l'ambito della soluzione richiesta e decidere se partecipare alla procedura. Qualsiasi operatore economico può formulare una domanda di partecipazione ma soltanto gli operatori economici invitati dalle amministrazioni aggiudicatrici in seguito alla valutazione delle informazioni fornite possono partecipare alla procedura. Gli appalti sono aggiudicati unicamente sulla base del miglior rapporto qualità/prezzo.

2.13.6 La procedura negoziata senza pubblicazione del bando di gara

Grazie all'obbligo delle amministrazioni aggiudicatrici di individuare il loro contraente attraverso il confronto concorrenziale (art. 59 comma 1), la procedura negoziata senza pubblicazione del bando di gara riveste carattere di **assoluta eccezionalità**.
L'art. 63 D.Lgs. 50/2016 per tale motivo, oltre ad individuare i casi in cui è possibile ricorrere ad essa, richiede un particolare rigore nell'individuazione dei presupposti giustificativi, da interpretarsi restrittivamente, ed è onere dell'amministrazione committente dimostrarne l'effettiva esistenza già nel primo atto della procedura.
La procedura può essere utilizzata solo nelle seguenti **condizioni**:

a) quando non è stata presentata alcuna offerta o alcuna offerta appropriata in esito all'esperimento di una procedura aperta o ristretta;
b) quando vi sia un solo operatore economico in condizione di poter offrire le prestazioni oggetto dell'appalto (in tal senso, si vedano le Linee Guida ANAC n. 8 sugli affidamenti di forniture e servizi infungibili);
c) nella misura strettamente necessaria, per ragioni di estrema urgenza derivante da eventi imprevedibili dall'amministrazione aggiudicatrice. Tra questi sono inclusi i casi urgenti di bonifica e messa in sicurezza dei siti contaminati e sono esplicitamente comprese le emergenze di protezione civile.

La procedura è inoltre consentita per nuovi lavori o servizi consistenti nella **ripetizione di lavori o servizi** analoghi, già affidati all'**operatore economico aggiudicatario** dell'appalto iniziale a condizione che tali lavori o servizi siano conformi al progetto a base di gara e che tale progetto sia stato oggetto di un primo appalto aggiudicato. Tale possibilità è limitata al triennio successivo alla stipulazione del contratto d'appalto iniziale (comma 5).
Il comma 6 richiede che, ove possibile, le amministrazioni aggiudicatrici individuino gli operatori economici da consultare sulla base di informazioni riguardanti le caratteristiche di qualificazione economica e finanziaria, tecniche e professionali desunte dal mercato, nel rispetto dei principi di trasparenza, concorrenza, rotazione, e selezionano almeno 5 operatori economici, se sussistono in tale numero soggetti idonei. L'amministrazione aggiudicatrice sceglie l'operatore economico che ha offerto le condizioni più vantaggiose, previa verifica del possesso dei requisiti di partecipazione previsti per l'affidamento di contratti di uguale importo mediante procedura aperta, ristretta o mediante procedura competitiva con negoziazione.

2.14 La scelta del contraente per importi sotto la soglia europea

Nel caso di appalti di importo inferiore alla soglia di rilevanza europea, l'art. 36 del Codice riconosce alle stazioni appaltanti la facoltà di ricorrere (in alternativa alle procedure ordinarie: quelle aperte o ristrette) a procedure semplificate.

Il comma 1 dell'art. 36 richiede comunque esplicitamente il rispetto dei **principi** cui deve soggiacere (in base all'art. 30 del Codice) **qualsiasi aggiudicazione ed esecuzione di appalti e concessioni**:

- **principio di economicità** (uso ottimale delle risorse da impiegare nello svolgimento della selezione ovvero nell'esecuzione del contratto). Questo principio può essere subordinato, nei limiti in cui è espressamente consentito dalle norme vigenti e dal Codice, a criteri (purché previsti nel bando) ispirati a esigenze sociali o alla tutela della salute, dell'ambiente, del patrimonio culturale e alla promozione dello sviluppo sostenibile, anche dal punto di vista energetico;
- **principio di efficacia** (congruità dei propri atti rispetto al conseguimento dello scopo cui sono preordinati);
- **principio di tempestività** (esigenza di non dilatare la durata del procedimento di selezione del contraente in assenza di obiettive ragioni);
- **principio di correttezza** (condotta leale ed improntata a buona fede);
- **principio di libera concorrenza** (occorre cioè assicurare l'effettiva contendibilità degli affidamenti da parte di tutti i soggetti potenzialmente interessati);
- **principio di non discriminazione**;
- **principio di proporzionalità** (adeguatezza ed idoneità dell'azione rispetto alle finalità e all'importo dell'affidamento);
- **trasparenza** e **pubblicità**;
- **sostenibilità energetica** e **ambientale** (art. 34);
- **principio di rotazione degli inviti e degli affidamenti** (in modo da assicurare l'effettiva possibilità di partecipazione delle microimprese, piccole e medie imprese).

Il principio di rotazione negli appalti sotto soglia

Il principio di rotazione – che per espressa previsione normativa deve orientare le stazioni appaltanti nella fase di consultazione degli operatori economici da consultare e da invitare a presentare le offerte – trova fondamento nell'esigenza di evitare il consolidamento di rendite di posizione in capo al gestore uscente (la cui posizione di vantaggio deriva soprattutto dalle informazioni acquisite durante il pregresso affidamento), soprattutto nei mercati in cui il numero di agenti economici attivi non è elevato.

Tale principio è dunque volto proprio a tutelare le esigenze della concorrenza in un settore, quale quello degli appalti "sotto soglia", nel quale è maggiore il rischio del consolidarsi, ancor più a livello locale, di posizioni di rendita anticoncorrenziale da parte di singoli operatori del settore risultati in precedenza aggiudicatari della fornitura o del servizio.

Per tale motivo, l'invito all'affidatario uscente riveste carattere eccezionale e la stazione appaltante dovrà puntualmente motivarlo (Consiglio di Stato, sez. V, 13 dicembre 2017, n. 5854).

Fermo restando il rispetto di tali principi, il Codice individua diverse procedure in base all'importo dei contratti. Il **decreto semplificazioni** (D.L. 76/2020) e il **decreto semplificazioni-bis** (D.L. 77/2021) hanno però previsto **modalità semplificate** di affidamento per gli appalti di lavori, servizi, forniture e servizi tecnici per l'ingegneria e l'architettura la cui determina di indizione o determina a contrarre sia adottata entro il **30 giugno 2023**. Di tale disciplina derogatoria rispetto al Codice dei contratti pubblici, si dirà più avanti.

2.14.1 Affidamenti sotto soglia ex art. 36 del Codice

Ai sensi dell'art. 36, comma 2 lett. *a*) del Codice, salva la possibilità di ricorrere alle procedure ordinarie, per **affidamenti di importo inferiore a 40.000 euro**, sia per lavori che forniture e servizi, si procede mediante affidamento diretto anche senza previa consultazione di due o più operatori economici o per i lavori in amministrazione diretta. L'affidamento diretto prende avvio con la determina a contrarre, o atto equivalente, che contenga, in modo semplificato, l'oggetto dell'affidamento, l'importo, il fornitore, le ragioni della scelta del fornitore, il possesso da parte sua dei requisiti di carattere generale, nonché il possesso dei requisiti tecnico-professionali, ove richiesti (art. 32, comma 2).

Al di sopra dei 40.000 euro, dopo la L. 55/2019, occorre distinguere fra procedure che riguardano i lavori e quelle di forniture e servizi.

Per le **forniture e i servizi compresi fra un importo pari o superiore a 40 mila euro e le soglie europee** è previsto l'affidamento diretto previa valutazione di almeno cinque operatori economici individuati sulla base di indagini di mercato o tramite elenchi di operatori economici, nel rispetto di un criterio di rotazione degli inviti (art. 36, comma 2, lett. *b*). L'avviso sui risultati della procedura di affidamento contiene l'indicazione anche dei soggetti invitati.

Per i **lavori**, invece, occorre distinguere le seguenti soglie:

> per affidamenti di importo pari o superiore **a 40 mila euro e inferiore a 150 mila euro** si procede mediante affidamento diretto previa valutazione di tre preventivi, ove esistenti. I lavori possono essere eseguiti anche in amministrazione diretta, fatto salvo l'acquisto e il noleggio di mezzi, per i quali si applica comunque la procedura comparativa di cui sopra. L'avviso sui risultati della procedura di affidamento contiene l'indicazione anche dei soggetti invitati;

> per affidamenti **da 150 mila a 350 mila euro**, mediante la procedura negoziata senza bando, previa consultazione, ove esistenti, di almeno dieci operatori economici, nel rispetto di un criterio di rotazione degli inviti, individuati sulla base di indagini di mercato o tramite elenchi di operatori economici. L'avviso sui risultati della procedura di affidamento contiene l'indicazione anche dei soggetti invitati;

> per affidamenti di lavori di importo **fra 350 mila e 1 milione di euro**, mediante la procedura negoziata senza bando previa consultazione, ove esistenti, di almeno quindici operatori economici, nel rispetto di un criterio di rotazione degli inviti, individuati sulla base di indagini di mercato o tramite elenchi di operatori economici. L'avviso sui risultati della procedura di affidamento contiene l'indicazione anche dei soggetti invitati;

> per affidamenti di lavori di importo **fra 1 milione di euro e la soglia europea**, mediante una procedura aperta.

Per quanto concerne la **verifica dei requisiti**, l'art. 1, comma 3 della L. 55/2019 (come modificato dalla L. 120/2020 e dalla L. 108/2021) consente, fino al 30 giugno 2023, la cd. **inversione procedimentale** anche nei settori ordinari (e non più solo nei settori speciali): nelle procedure aperte, le stazioni appaltanti possono decidere di esaminare le offerte prima (e non dopo, come da procedimento tradizionale) di verificare l'idoneità degli offerenti.

Per gli acquisti sotto soglia, le stazioni appaltanti possono inoltre procedere attraverso un **mercato elettronico** che consenta acquisti telematici basati su un sistema che attua procedure di

scelta del contraente interamente gestite per via elettronica. A tal fine il Ministero dell'economia, avvalendosi di CONSIP S.p.A., mette a disposizione delle stazioni appaltanti il mercato elettronico delle pubbliche amministrazioni (art. 36, comma 6).
Nei mercati elettronici, per gli affidamenti di importo inferiore a 40.000 euro, la verifica sull'assenza dei motivi di esclusione è effettuata su un campione significativo in fase di ammissione e di permanenza, dal soggetto responsabile dell'ammissione al mercato elettronico. Resta comunque ferma la verifica sull'aggiudicatario da parte della stazione appaltante (art. 36, comma 6-*ter*).

2.14.2 Affidamenti sotto soglia dopo i due Decreti Semplificazioni (D.L. 76/2020 e D.L. 77/2021)

A seguito dei due decreti semplificazione (D.L. 76/2020 e D.L. 77/2021), per l'affidamento delle attività di esecuzione di lavori, servizi e forniture, la cui determina di indizione o determina a contrarre sia adottata entro il **30 giugno 2023** la stazione appaltante applica le disposizioni di cui all'art. 1, comma 2 secondo cui occorre distinguere fra appalti di lavori e appalti di servizi e forniture.
Per gli **appalti di lavori** è previsto:

> **affidamento diretto** per importi inferiori a 150.000 euro;
> **procedura negoziata**, senza bando previa **consultazione** di almeno:
- **cinque operatori economici** per importo pari o superiore a 150.000 euro e inferiore a 1 milione di euro;
- **dieci operatori economici** per importo pari o superiore a un milione di euro e fino alle soglie comunitarie (art. 35 Codice dei contratti).

Per servizi e forniture, compresi i servizi di ingegneria e architettura e l'attività di progettazione:

> **affidamento diretto** per importo inferiore a 139.000 euro;
> **procedura negoziata**, senza bando previa consultazione di almeno **cinque operatori economici** per importo pari o superiore a 139.000 euro e fino alle soglie comunitarie.

In ogni caso, la consultazione degli operatori economici, se esistenti, deve avvenire nel rispetto di un criterio di rotazione degli inviti, che tenga conto anche di una diversa dislocazione territoriale delle imprese invitate, individuati in base ad indagini di mercato o tramite elenchi di operatori economici.

Affidamenti sopra soglia dopo i Decreti Semplificazioni e appalti PNRR
Per le procedure indette **entro il 30 giugno 2023** che prevedano **importi superiori alla soglia europea**, il D.L. 76/2020 (art. 2) come modificato dal D.L. 77/2021 dispone che le stazioni appaltanti operino mediante le **procedure ordinarie**: *procedura aperta*, *ristretta* o, previa motivazione sulla sussistenza dei presupposti previsti dalla legge, la *procedura competitiva con negoziazione* di cui all'art. 62 del Codice o il *dialogo competitivo* di cui all'art. 64 del Codice (art. 2, co. 2); in questo caso, sono previsti **termini ridotti** rispetto agli ordinari: 6 mesi dall'avvio del procedimento per giungere all'aggiudicazione (art. 2, comma 1) e termini ridotti per la pubblicazione del bando (art. 8, co. 1, lett. c).
In alternativa, **per ragioni di estrema urgenza** derivanti dagli effetti negativi della crisi causata dalla pandemia COVID-19 e per particolare settori (fra cui edilizia scolastica, universitaria, sanitaria), le stazioni appaltanti possono utilizzare una **procedura negoziata** ai sensi dell'art. 63, previa pubblicazione dell'avviso di indizione della gara o di altro atto equivalente, nel rispetto di un criterio di rotazione; in tali casi, le stazioni appaltanti operano "*in deroga ad ogni disposizione di legge*

salvo quella penale", quella relativa alle leggi antimafia, alle direttive europee e agli articoli 30, 34 e 42 del D.Lgs. n. 50/2016 oltre che in materia di subappalto (art. 2, co. 3 e 4).
La L. 29-7-2021, n. 108 (di conversione del D.L. 31-5-2021, n. 77) ha previsto norme specifiche per **contratti pubblici direttamente collegati al Piano Nazionale di Ripresa e Resilienza** (PNRR) **e al Piano Complementare** (PNC).
In particolare, l'art. 48 prevede la possibilità di ricorrere alla procedura negoziata senza pubblicazione di bando, di cui all'art. 63 del Codice (o 125 per i settori speciali), nella misura strettamente necessaria, quando, per ragioni di estrema urgenza derivanti da circostanze imprevedibili, non imputabili alla stazione appaltante, l'applicazione dei termini, anche abbreviati, previsti dalle procedure ordinarie può compromettere la realizzazione degli obiettivi o il rispetto dei tempi di attuazione di cui al PNRR nonché al PNC (Piano nazionale complementare) e ai programmi cofinanziati dai fondi strutturali dell'Unione Europea. Al solo scopo di assicurare la trasparenza, le stazioni appaltanti danno evidenza dell'avvio delle procedure negoziate nei rispettivi siti internet istituzionali. La pubblicazione non costituisce ricorso a invito, avviso o bando di gara a seguito del quale qualsiasi operatore economico può presentare un'offerta.
Lo stesso art. 48 prevede l'assegnazione di un punteggio premiale per l'uso nella progettazione di metodi e strumenti elettronici specifici, limita l'espressione del parere del Consiglio Superiore dei lavori pubblici, esclusivamente sui progetti di fattibilità tecnica ed economica ai soli lavori pubblici di competenza statale, o comunque finanziati per almeno il 50% dallo Stato, di importo pari o superiore ai 100 milioni di euro. L'art. 53 reca inoltre norme di semplificazione degli acquisti di beni e servizi informatici strumentali alla realizzazione del PNRR. Nello specifico, si prevede il ricorso all'affidamento diretto per i contratti sottosoglia comunitaria, ammettendo comunque il ricorso a tale procedura quando, in base a determinate condizioni, non sia possibile ricorrere ad altra procedura di affidamento.

2.15 Criteri di aggiudicazione della gara

Le stazioni appaltanti procedono all'aggiudicazione degli appalti e all'affidamento dei concorsi di progettazione e dei concorsi di idee, sulla base dei seguenti criteri:

- **criterio dell'offerta economicamente più vantaggiosa** individuata nel miglior rapporto qualità/prezzo. Sono aggiudicati esclusivamente sulla base del criterio dell'offerta economicamente più vantaggiosa individuata sulla base del miglior rapporto qualità/prezzo: a) i contratti relativi ai servizi sociali e di ristorazione ospedaliera, assistenziale e scolastica, nonché ai servizi ad alta intensità di manodopera, fatti salvi gli affidamenti diretti di importo inferiore ai 40.000 euro ai sensi dell'articolo 36, comma 2, lettera a); b) i contratti relativi all'affidamento dei servizi di ingegneria e architettura e degli altri servizi di natura tecnica e intellettuale di importo pari o superiore a 40.000 euro; b-*bis*) i contratti di servizi e le forniture di importo pari o superiore a 40.000 euro caratterizzati da notevole contenuto tecnologico o che hanno un carattere innovativo.

Come precisato dalle Linee Guida Anac in materia di offerta economicamente più vantaggiosa (Linee Guida n. 2), con l'articolo 95 è stata definitivamente **superata la rigida separazione tra requisiti di partecipazione e criteri di valutazione** che aveva caratterizzato a lungo la materia della contrattualistica pubblica (il cosiddetto divieto di commistione tra requisiti di qualificazione e criteri di valutazione dell'offerta, di origine comunitaria, secondo cui non era lecito prendere in considerazione, ai fini della valutazione dei contenuti qualitativi dell'offerta, un elemento relativo al profilo soggettivo dei concorrenti). Nel D.Lgs. n. 50/2016, i requisiti di natura soggettiva possono essere introdotti nella valutazione delle offerte quando questi permettano di valutare meglio il contenuto e l'affidabilità dell'offerta o per premiare il concorrente che presenta determinati requisiti ritenuti particolarmente meritevoli;

> **criterio del minor prezzo**, seguendo un criterio di comparazione costo/efficacia quale il costo del ciclo di vita. Il ricorso a tale criterio è consentito (art. 95, commi 4 e 5), previa motivazione, oltre che nel caso di contratti sotto soglia (art. 36, comma 9-*bis*), nel caso di servizi e forniture con caratteristiche standardizzate o le cui condizioni sono definite dal mercato fatta eccezione per i servizi ad alta intensità di manodopera.

Le offerte anomale

Quando le offerte appaiono eccessivamente basse (tanto da essere poco credibili o da far dubitare della qualità della prestazione, sulla base di un giudizio tecnico sulla congruità, serietà, sostenibilità e realizzabilità dell'offerta), l'art. 97 dispone che:

- se il criterio di aggiudicazione è quello del **prezzo più basso**, la congruità delle offerte è valutata sulle offerte che presentano un ribasso pari o superiore ad una **soglia di anomalia** determinata, al fine di non rendere predeterminabili dagli offerenti i parametri di riferimento per il calcolo della soglia, seguendo uno dei metodi elencati al comma 2, lettere da a) ad e), se le offerte anomale sono più di quindici, o al comma 2-bis se sono meno di 15;
- se il criterio di aggiudicazione è quello dell'**offerta economicamente più vantaggiosa**, la congruità delle offerte è valutata sulle offerte che presentano sia i punti relativi al prezzo sia la somma dei punti relativi agli altri elementi di valutazione, entrambi pari o superiori ai quattro quinti dei corrispondenti punti massimi previsti dal bando di gara e le offerte ammesse siano più di tre.

Quando un'offerta appaia anormalmente bassa, la stazione appaltante richiede all'offerente le giustificazioni sul prezzo o sui costi proposti nelle offerte.

L'art. 97, al comma 8, dispone, per gli appalti sotto soglia e con il criterio di aggiudicazione del prezzo più basso, che la stazione appaltante preveda nel bando l'esclusione automatica dalla gara delle offerte anomale, sempreché il numero delle offerte ammesse non sia inferiore a 10 (fino al 30 giugno 2023, inferiore a 5: L. 108/2021).

2.16 *E-procurement*

Si definiscono "***e-Public Procurement***" (o, più semplicemente *e-procurement*) tutti quei processi di approvvigionamento delle pubbliche amministrazioni basati sull'utilizzo di tecnologie dell'informazione e della comunicazione (ICT – *Information and Comunication Technologies*).

Dal canto suo, l'Unione europea preferisce parlare di **appalti elettronici**: il Titolo II, Capo II (artt. 33-39) della Direttiva 2014/24 è infatti dedicato alle *tecniche e strumenti per gli appalti elettronici e aggregati*. Nel recepire la direttiva, il Codice dei contratti dedica una apposita sezione (artt. 54-58) che ha ad oggetto gli accordi quadro, i sistemi dinamici di acquisizione, le aste elettroniche, i cataloghi elettronici.

La digitalizzazione degli appalti pubblici è una delle principali direttrici delle politiche economiche della Commissione europea e, già alla fine del 2011, la Commissione ha proposto di rendere obbligatorie le fasi di pubblicazione elettronica (*e-notification*), di accesso elettronico ai documenti di gara (*e-access*) e di presentazione elettronica delle offerte (*e-submission*). Successivamente la Commissione è intervenuta sulla digitalizzazione della fatturazione (*e-invoicing*).

In questo contesto, l'art. 44 del Codice dei contratti pubblici ha previsto l'introduzione delle **nuove tecnologie digitali nei processi di acquisto della P.A.** e demandato ad un regolamento del Ministro per la pubblica amministrazione la definizione delle modalità di digitalizzazione delle procedure di tutti i contratti pubblici, anche attraverso l'interconnessione per interoperabilità dei dati delle pubbliche amministrazioni. La disposizione è stata attuata con **D.P.C.M. 12-8-2021, n. 148** secondo cui le comunicazioni e gli scambi di informazioni tra gli utenti e il sistema telematico avvengono utilizzando il domicilio digitale. I dati, i documenti e le comunicazioni relativi alle procedure di gara sono raccolti in un fascicolo informatico conservato dalla stazione appaltante, che provvede alla conservazione dello stesso secondo quanto stabilito dalle regole tecniche in materia di conservazione digitale dei documenti informatici. L'AgID (Agenzia per l'Italia digitale) è chiamata ad emanare apposite Linee guida con le regole tecniche per la definizione delle modalità di digitalizzazione.
Così come disposto all'articolo 29 del D.P.C.M. 12 agosto 2021, n. 148 ("Regolamento recante modalità di digitalizzazione delle procedure dei contratti pubblici"), il sistema entrerà compiutamente a regime dopo che tutte le stazioni appaltanti adegueranno i propri sistemi telematici entro 6 mesi dall'adozione delle Linee guida.
Dal canto suo, l'ANAC ha predisposto un **bando digitale tipo** per contratti pubblici di servizi e forniture nei settori ordinari sopra soglia europea affidati con il criterio dell'offerta economicamente più vantaggiosa sulla base del miglior rapporto qualità/prezzo (delibera 24 novembre 2021, n. 733, Bando-tipo n. 1/2021).
Va infine ricordato che l'art. 40 del Codice **obbliga** le stazioni appaltanti, a partire **dal 18 ottobre 2018**, ad effettuare le comunicazioni e gli scambi di informazioni utilizzando **mezzi di comunicazione elettronici**.

2.16.1 Accordi quadro

L'accordo quadro è un accordo concluso fra una o più stazioni appaltanti e uno o più operatori economici e il cui scopo è quello di **stabilire le clausole** relative agli appalti da aggiudicare durante un dato periodo, in particolare per quanto riguarda i prezzi, e, se del caso, le **quantità** previste.
Il Codice, all'art. 54, stabilisce che le stazioni appaltanti possano concludere accordi quadro la cui durata, per gli appalti nei settori ordinari, non può superare 4 anni (8 anni per gli appalti nei settori speciali) salvo in casi eccezionali, debitamente motivati, in relazione in particolare all'oggetto dell'accordo quadro. Questi casi, potrebbero, ad esempio, presentarsi quando gli operatori economici hanno bisogno di disporre di materiale con un periodo di ammortamento superiore a quattro anni che deve essere disponibile in qualsiasi momento per tutta la durata dell'accordo quadro.

2.16.2 Sistemi dinamici di acquisizione

Il sistema dinamico di acquisizione costituisce un processo di acquisizione interamente elettronico, per acquisti di uso corrente, le cui caratteristiche così come generalmente disponibili sul mercato, soddisfano le esigenze di una stazione appaltante: dalla definizione di cui all'art. 3, comma 1, lett. *aaaa*) si ricava dunque che è possibile ricorrere a tale sistema solo per l'acquisto di forniture e servizi tipizzati e standardizzati di uso corrente.

Il sistema dinamico di acquisizione è un procedimento aperto per tutto il periodo di efficacia a qualsiasi operatore economico che soddisfi i criteri di selezione (art. 55). Può essere diviso in categorie definite di prodotti, lavori o servizi sulla base delle caratteristiche dell'appalto da eseguire.
Per l'aggiudicazione nell'ambito di un sistema dinamico di acquisizione, le stazioni appaltanti seguono le norme previste per la **procedura ristretta**:

a) pubblicano un avviso di indizione di gara precisando che si tratta di un sistema dinamico di acquisizione;
b) nei documenti di gara precisano almeno la natura e la quantità stimata degli acquisti previsti, nonché tutte le informazioni necessarie riguardanti il sistema dinamico d'acquisizione, comprese le modalità di funzionamento del sistema, il dispositivo elettronico utilizzato nonché le modalità e le specifiche tecniche di collegamento;
c) indicano un'eventuale divisione in categorie di prodotti, lavori o servizi e le caratteristiche che definiscono le categorie;
d) offrono accesso libero, diretto e completo, ai documenti di gara.

Tutti i candidati che soddisfano i criteri di selezione sono ammessi al sistema; il numero dei candidati ammessi non deve essere limitato.

2.16.3 Aste elettroniche e cataloghi elettronici

L'asta elettronica non è una procedura di aggiudicazione ma, più propriamente, una modalità di valutazione e selezione delle offerte ed è applicabile a tutte le procedure di aggiudicazione previste dal Codice (procedure aperte, ristrette, negoziate con bando, accordo quadro e sistema dinamico di acquisizione).
Può essere utilizzata sia quando l'appalto debba essere aggiudicato al prezzo più basso, sia quando il criterio utilizzato è quello dell'offerta economicamente più vantaggiosa. In ogni caso, la valutazione delle offerte deve essere effettuata sulla base di elementi quantificabili, espressi in cifre o in percentuali così da permettere una valutazione automatizzata con strumenti elettronici, senza intervento da parte dell'amministrazione aggiudicatrice. Gli appalti di servizi e lavori che hanno per oggetto prestazioni intellettuali, come la **progettazione dei lavori, non possono essere oggetto di aste elettroniche** (art. 3 comma 15 Codice).

La stazione appaltante effettua una prima valutazione dell'ammissibilità delle offerte e dopo aver effettuato i controlli sul possesso dei requisiti, provvede ad invitare i soggetti ammessi, ad effettuare le offerte migliorative con i nuovi prezzi, modificati al ribasso, o con i nuovi valori riguardanti taluni elementi delle offerte (art. 56).
L'asta si conclude alla data e ora preventivamente stabilite nel bando. Successivamente l'amministrazione procede alla verifica delle offerte anormalmente basse e aggiudica la gara al migliore offerente.

I **cataloghi elettronici** (art. 57) sono, invece, un formato per la presentazione delle offerte e l'organizzazione delle informazioni in un modo comune per tutti gli offerenti: in tal modo essi consentono un aumento della concorrenza e dell'efficacia della commessa pubblica, in termini di risparmio di tempo e denaro.
Quando richiedono la presentazione delle offerte sotto forma di cataloghi elettronici, le stazioni appaltanti lo indicano nel bando di gara o nell'invito e indicano nei documenti di gara tutte le informazioni necessarie relative al formato, al dispositivo elettronico utilizzato nonché alle modalità e alle specifiche tecniche.

2.16.4 Il MEPA (Mercato Elettronico Pubblica Amministrazione)

Il **MEPA** (Mercato elettronico della Pubblica Amministrazione) è uno strumento elettronico mediante il quale le stazioni appaltanti possono effettuare acquisti di forniture e servizi sotto la soglia comunitaria. Si tratta di un mercato virtuale disponibile unicamente attraverso la rete telematica, che favorisce l'incontro tra domanda e offerta.
Il MEPA è stato istituito dalla Consip grazie al D.P.R. 101/2002 (poi abrogato dal D.P.R. 207/2010) che ha introdotto la disciplina del mercato elettronico nel nostro ordinamento. A seguito dei diversi provvedimenti che hanno incentivato la costituzione delle centrali di committenza, oltre alla Consip altre centrali di committenza hanno sviluppato un proprio mercato elettronico; tutti comunque presentano caratteristiche analoghe:
> il MEPA è sempre gestito da una centrale di committenza;
> si può far ricorso al MEPA solo per affidamenti sotto soglia;
> è utilizzabile per acquisti che non richiedono un confronto competitivo ovvero che presuppongono una negoziazione.

Le stazioni appaltanti predispongono i **bandi** per il mercato elettronico di interesse e li pubblicano (in conformità alla disciplina applicabile per le procedure sotto soglia). Gli operatori economici che si sono abilitati al mercato elettronico possono proporre un catalogo contenente i beni e/o i servizi che intendono offrire ai soggetti aggiudicatori, nel rispetto delle regole e della documentazione richiesta. In tal modo, la stazione appaltante dispone di un catalogo elettronico per ciascuna categoria di bene e servizio e i beni presenti nel catalogo costituiscono delle offerte irrevocabili di vendita da parte del fornitore. Per l'acquisto, la stazione appaltante può:

- comparare le varie offerte (cataloghi) presenti sul MEPA e decidere di acquistare direttamente emettendo un ordine diretto di acquisto al fornitore. L'ordine diretto di acquisto è consentito nei soli casi in cui la stazione appaltante può acquistare senza ricorrere ad una procedura ad evidenza pubblica, ossia per affidamenti diretti di importo inferiore a 40.000 euro (fermo restando il rispetto dei principi di trasparenza e semplificazione delle procedure, parità di trattamento e non discriminazione);
- inviare una richiesta di offerta (RDO) agli operatori abilitati al MEPA con cui si chiede agli operatori di presentare un'offerta migliorativa rispetto a quella presente in catalogo. Il sistema predispone in automatico una graduatoria delle offerte in base ai criteri scelti dal soggetto aggiudicatore. Segue la fase della valutazione. La RDO è consentita per gli acquisti di importo inferiore alla soglia di rilevanza comunitaria.

2.17 Centrali di committenza e acquisti centralizzati

La gestione degli strumenti elettronici è particolarmente appropriata per soggetti che svolgono un significativo numero di negoziazioni o di negoziazioni con molti partecipanti e con elevata frequenza come le centrali di committenza.
L'art. 3, comma 1 lett. *i*) definisce le **centrali di committenza** come un'amministrazione aggiudicatrice o un ente aggiudicatore che forniscono attività di:
> *centralizzazione delle committenze*, ovvero le attività svolte su base permanente riguardanti l'acquisizione di forniture o servizi destinati a stazioni appaltanti e/o l'aggiudicazione di appalti o la conclusione di accordi quadro per lavori, forniture o servizi destinati a stazioni appaltanti;
> *committenza ausiliaria*, vale a dire la prestazione di supporto alle attività di committenza (messa a disposizione di infrastrutture tecniche, consulenze, preparazione e gestione delle procedure di appalto in nome e per conto della stazione appaltante interessata).

La centrale di committenza consente, dunque, di aggregare la domanda. Permette quindi di ottenere, oltre che migliori condizioni sul mercato, una riduzione dei costi di gestione legati allo svolgimento delle gare. È inoltre opinione diffusa che la riduzione del numero delle stazioni appaltanti costituisca uno strumento di prevenzione della lotta alla corruzione.

La Consip

In linea con le esigenze di riduzione della spesa pubblica, già l'art. 26 della L. 448/1999 aveva attribuito al Ministero del Tesoro la competenza a stipulare convenzioni quadro con le imprese fornitrici, individuate nel rispetto della normativa in materia di scelta del contraente. La **convenzione quadro** è un contratto con il quale è possibile acquistare beni e servizi ad elevata standardizzazione per importi sopra e sotto la soglia di rilevanza comunitaria. La convenzione consente alle amministrazioni di ridurre i tempi di approvvigionamento, i costi di acquisto, ed elimina l'onere di gestire la gara e il contenzioso. L'incarico di stipulare le convenzioni quadro è stato conferito dal Ministero alla società **Consip S.p.a.**, da esso interamente posseduta.

Con l'art. 1, commi 449-458 L. 296/2006 si dispose l'obbligo per le amministrazioni statali centrali e periferiche (escluse università e scuole) di approvvigionarsi utilizzando le convenzioni quadro stipulate da Consip e si diede facoltà per le altre amministrazioni pubbliche di ricorrere alle convenzioni Consip o di utilizzarne i parametri di prezzo-qualità come limiti massimi per la stipulazione dei contratti. L'obbligo è stato ribadito prima dall'art. 7 D.L. 52/2012 e poi dall'art. 1 D.L. 95/2012 (cosiddetti *decreti spending review*).

La Consip è stata dunque chiamata ad operare come **Centrale di committenza nazionale** che acquista forniture e servizi destinati ad amministrazioni aggiudicatrici o altri enti aggiudicatori o aggiudica appalti pubblici o conclude accordi quadro di lavori, forniture o servizi destinati ad amministrazioni aggiudicatrici o altri enti aggiudicatori.

Attraverso il portale www.acquistinretepa.it, la Consip mette a disposizione una piattaforma di e-Procurement con diversi strumenti di acquisto ed un'ampia gamma di servizi agli utenti.

Inizialmente il sistema offriva unicamente le Convenzioni quadro e il MEPA (Mercato Elettronico della P.A.). Successivamente, la piattaforma si è arricchita con il Sistema dinamico di acquisizione e gli Accordi quadro e sono aumentate le categorie merceologiche, ampliando così l'ambito della contrattazione.

Nell'ottica di ridurre la spesa pubblica, il D.L. 66/2014 ha istituito un elenco di **Soggetti aggregatori**, vale a dire, come anche ribadito nella definizione fornita dall'art. 3, lett. *n*), D.Lgs. 50/2016, quelle centrali di committenza iscritte in un apposito elenco operante presso l'Autorità nazionale anticorruzione (ANAC).

L'elenco è aggiornato con cadenza triennale: a seguito della Delibera n. 643 del 22 settembre 2021 nel nuovo elenco, oltre alla Consip, figurano le 21 centrali di acquisto delle Regioni e delle due Province autonome di Trento, 8 centrali di acquisto di città metropolitane, e due centrali istituite nella provincia di Vicenza e Brescia per un totale di 32 grandi stazioni appaltanti.

Infine, **dal 9 agosto 2016** tutte le amministrazioni statali centrali e periferiche (ad esclusione delle istituzioni educative e delle istituzioni universitarie), le Regioni, gli enti locali e gli enti del Servizio sanitario nazionale hanno l'**obbligo di ricorrere ai soggetti aggregatori di riferimento** (Consip S.p.A., Città Metropolitana, Regione), se il fabbisogno annuo, per le **categorie merceologiche d'interesse**, è superiore alla soglia indicata nel D.P.C.M. 11 luglio 2018. Fra i servizi (con relative soglie previste dal D.P.C.M.) che interessano i Comuni vi sono: Servizi di trasporto scolastico, 40.000 euro; Vigilanza armata, 40.000 euro; Facility management immobili: soglia comunitaria; Pulizia immobili: soglia comunitaria; Guardiania: 40.000 euro; Manutenzione immobili e impianti: Soglia comunitaria.

In materia di aggregazioni delle stazioni appaltanti, il **Codice** mira, da un lato, alla riduzione del numero delle stesse (art. 37), e dall'altro, ad incrementare il grado di specializzazione professionale delle Amministrazioni (art. 38). In particolare, l'art. 37, comma 4, **obbliga i Comuni non capoluogo di provincia** (ferme restando le facilitazioni previste dai commi 1 e 2 dello stesso articolo 37 per gli acquisti di importo contenuto), a provvedere agli acquisti di lavori, servizi e forniture secondo una delle seguenti modalità:

a) ricorrendo a una centrale di committenza o a soggetti aggregatori qualificati;
b) mediante unioni di Comuni costituite e qualificate come centrali di committenza, ovvero associandosi o consorziandosi in centrali di committenza nelle forme previste dall'ordinamento;
c) ricorrendo alla stazione unica appaltante costituita presso le province, le città metropolitane ovvero gli enti di area vasta.

Tale **obbligo** è stato però **sospeso fino al 30 giugno 2023** (art. 52 L. 108/2021).
L'art. 38 del Codice, infine, prevede la costituzione in seno all'ANAC di un apposito **elenco delle stazioni appaltanti qualificate** di cui fanno parte anche le centrali di committenza.
La qualificazione è conseguita dalle stazioni appaltanti in conformità ai seguenti parametri: ai bacini territoriali; alla tipologia; alla complessità del contratto; per fasce d'importo.
Ai sensi dell'art. 37, comma 1, solo le stazioni appaltanti in possesso della necessaria qualificazione possono effettuare autonomamente procedure relative all'acquisizione di forniture e servizi di importo superiore a 40.000 euro e di lavori di importo superiore a 150.000 euro.
L'entrata in vigore di tale sistema di qualificazione è subordinata alla emanazione:

a) di un apposito D.P.C.M.;
b) di un provvedimento dell'Anac finalizzato a definire (ex art. 38, comma 6 del Codice dei contratti) le «modalità attuative del sistema di qualificazione» prevedendo anche «un congruo termine per dotarsi dei requisiti necessari alla qualificazione»;
c) un decreto del Ministero Economia che metterà a punto «apposite linee guida esplicative» dei criteri adottati per la verifica degli adempimenti organizzativi.

2.18 L'aggiudicazione, l'approvazione e la stipula del contratto

La fase di scelta del contraente si conclude con l'**aggiudicazione**, atto finale con il quale, sulla base delle risultanze di gara, è proclamato il vincitore.
La **proposta di aggiudicazione** è successivamente **soggetta ad approvazione** dell'organo competente secondo l'ordinamento delle amministrazioni aggiudicatrici e nel rispetto dei termini previsti dai singoli ordinamenti (termini che possono essere interrotti dalla richiesta di chiarimenti o documenti). In tale fase, la stazione appaltante provvede a verificare l'attività svolta nella procedura di gara e la sua regolarità.
Decorsi i termini previsti dai singoli ordinamenti o, in mancanza, quello di 30 giorni, la proposta di aggiudicazione si intende approvata. È espressamente sancito (art. 32, comma 6) che l'aggiudicazione non equivale all'accettazione dell'offerta e **diviene efficace soltanto dopo l'esito positivo della verifica** del possesso da parte dell'aggiudicatario dei requisiti prescritti negli atti di gara e dichiarati in sede di offerta.

La **stipulazione** del contratto di appalto o di concessione deve aver luogo entro i successivi 60 giorni, salvo diverso termine previsto nel bando o nell'invito ad offrire, oppure nei casi di differimento espressamente concordata con l'aggiudicatario.
La mancata stipulazione del contratto nel termine previsto deve essere motivata con specifico riferimento all'interesse della stazione appaltante e a quello nazionale alla sollecita esecuzione del contratto e viene valutata ai fini della responsabilità erariale e disciplinare del dirigente preposto (così dopo la L. 120/2020).

2.19 L'esecuzione del contratto. La verifica di conformità e il collaudo

L'esecuzione del contratto può avere inizio **solo dopo che lo stesso è divenuto efficace**, salvo che nei casi di urgenza, in cui la stazione appaltante ne chieda l'esecuzione anticipata (art. 32, co. 13, D.Lgs. 50/2016).
L'**esecuzione d'urgenza** è ammessa esclusivamente nelle ipotesi di eventi oggettivamente imprevedibili, per ovviare a situazioni di pericolo per persone, animali o cose, per l'igiene e la salute pubblica, per la tutela del patrimonio storico, artistico, culturale e nei casi in cui la mancata esecuzione immediata della prestazione dedotta nella gara determinerebbe un grave danno all'interesse pubblico che è destinata a soddisfare, ivi compresa la perdita di finanziamenti europei.
L'esecuzione del contratto è diretta dal Responsabile Unico del Procedimento (RUP), che controlla i livelli di qualità delle prestazioni e che si avvale, quando non ricopre direttamente tale incarico, del **direttore dell'esecuzione del contratto** (art. 101). Quest'ultimo riceve dal RUP le disposizioni di servizio per garantire la regolarità dell'esecuzione del contratto (art. 16, D.M. 7 marzo 2018, n. 49, regolamento sulle modalità di svolgimento delle funzioni di direttore dei lavori e direttore dell'esecuzione).
L'articolo 111, comma 2, del Codice enuncia, in linea generale, i compiti del direttore dell'esecuzione, individuandoli nel coordinamento, direzione e controllo tecnico-contabile dell'esecuzione del contratto stipulato dalla stazione appaltante, in modo da assicurarne la regolare esecuzione.
Eventuali modifiche o **varianti** dei contratti di appalto in corso di validità devono essere autorizzate dal Responsabile Unico del Procedimento con le modalità previste dall'ordinamento della stazione appaltante da cui il RUP dipende.
Al termine dell'esecuzione, occorre certificare che l'oggetto del contratto in termini di prestazioni, obiettivi e caratteristiche tecniche, economiche e qualitative sia stato realizzato ed eseguito nel rispetto delle previsioni e delle pattuizioni contrattuali: l'art. 102 dispone quindi che i contratti per i **lavori** siano soggetti a **collaudo**, mentre i contratti per **servizi e forniture** sono sottoposti a **verifica di conformità**. Il collaudo finale o la verifica di conformità deve avere luogo non oltre sei mesi dall'ultimazione dei lavori o delle prestazioni, salvi i casi di particolare complessità, per i quali il termine può essere elevato sino ad un anno. Il certificato di collaudo o il certificato di verifica di conformità ha carattere provvisorio e assume carattere definitivo decorsi due anni dalla sua emissione. Decorso tale termine, il collaudo si intende tacitamente approvato ancorché l'atto formale di approvazione non sia stato emesso entro due mesi dalla scadenza del medesimo termine.

2.20 Garanzie assicurative per la partecipazione alla procedura e per l'esecuzione del contratto

Già il regolamento di contabilità di Stato (art. 54 del R.D. 827/1924) disponeva che, a copertura degli oneri per il mancato o inesatto inadempimento del contratto, l'aggiudicatario prestasse la cosiddetta cauzione definitiva mediante deposito in contanti o in titoli di Stato.

Anche il Codice dei contratti prevede una serie di forme di garanzia sia per la partecipazione alla procedura che per l'esecuzione del contratto. Tali garanzie fideiussorie (che devono essere conformi al **decreto MISE 19 gennaio 2018, n. 31**, con cui sono stati adottati gli schemi di contratti) sono:

> **Garanzia fideiussoria per la cauzione provvisoria**; l'art. 93 del Codice obbliga l'esecutore del contratto a costituire una garanzia fideiussoria provvisoria del 2 per cento del prezzo base indicato nel bando o nell'invito (ma la stazione appaltante può motivamente ridurre l'importo sino all'1 per cento o incrementarlo sino al 4 per cento). L'importo della garanzia è ridotto del 50 per cento per gli operatori economici in possesso della certificazione del sistema di qualità. La garanzia copre la mancata sottoscrizione del contratto dopo l'aggiudicazione dovuta ad ogni fatto riconducibile all'affidatario o all'adozione di informazione antimafia interdittiva ed è svincolata automaticamente al momento della sottoscrizione del contratto. La stazione appaltante, nell'atto con cui comunica l'aggiudicazione ai non aggiudicatari, provvede contestualmente, nei loro confronti, allo svincolo della cauzione provvisoria, entro un termine non superiore a trenta giorni dall'aggiudicazione. Per le **procedure sotto soglia indette entro il 30 giugno 2023**, la stazione appaltante **non richiede le garanzie provvisorie**, salvo per particolari esigenze indicate nell'avviso di indizione della gara o in altro atto equivalente; in tale ultimo caso, l'ammontare della garanzia provvisoria è dimezzato rispetto a quello previsto dall'art. 93 (così dopo la L. 120/2020);

> **Garanzia fideiussoria per la cauzione definitiva**. L'appaltatore per la sottoscrizione del contratto deve costituire una "garanzia definitiva" (a sua scelta sotto forma di cauzione o fideiussione) pari al 10 per cento dell'importo contrattuale (art. 103). In caso di aggiudicazione con ribasso d'asta superiore al 10 per cento, la garanzia fideiussoria è aumentata di tanti punti percentuali quanti sono quelli eccedenti il 10 per cento; ove il ribasso sia superiore al 20 per cento, l'aumento sarà di due punti percentuali per ogni punto di ribasso superiore al 20 per cento. La cauzione è prestata a garanzia dell'adempimento di tutte le obbligazioni del contratto e del risarcimento dei danni derivanti dall'eventuale inadempimento delle obbligazioni stesse, nonché a garanzia del rimborso delle somme pagate in più all'esecutore rispetto alle risultanze della liquidazione finale, salva comunque la risarcibilità del maggior danno verso l'appaltatore. La garanzia cessa di avere effetto solo alla data di emissione del certificato di collaudo provvisorio o del certificato di regolare esecuzione;

> **Garanzia fideiussoria per l'anticipazione**; sul valore del contratto di appalto viene calcolato l'importo dell'anticipazione del prezzo pari al 20 per cento (che può essere incrementato al 30 per cento fino al 31 dicembre 2022: art. 207 D.L. 34/2020 dopo l'art. 3, co. 4 D.L. 228/2021) da corrispondere all'appaltatore entro quindici giorni dall'effettivo inizio della prestazione. L'erogazione dell'anticipazione è subordina-

ta alla costituzione di garanzia fideiussoria bancaria o assicurativa di importo pari all'anticipazione maggiorato del tasso di interesse legale (art. 35, comma 18);

> **Garanzia fideiussoria per la rata di saldo**; il pagamento della rata di saldo è subordinato alla costituzione di una cauzione o di una garanzia fideiussoria bancaria o assicurativa pari all'importo della medesima rata di saldo maggiorato del tasso di interesse legale applicato per il periodo intercorrente tra la data di emissione del certificato di collaudo o della verifica di conformità nel caso di appalti di servizi o forniture e l'assunzione del carattere di definitività dei medesimi.

Le seguenti garanzie si applicano esclusivamente agli appalti di lavori pubblici:

- per gli affidamenti al Contraente generale o appalti di particolare valore, in caso di risoluzione del contratto il garante si impegna nei confronti della Stazione appaltante, ai sensi dell'art. 104, comma 5, del Codice, nei limiti dei danni effettivamente subiti dalla Stazione appaltante e, comunque, nel limite massimo della somma garantita indicata nella Scheda Tecnica, al risarcimento dei costi relativi alle procedure di riaffidamento dei lavori e dell'eventuale maggior costo tra importo contrattuale risultante dall'aggiudicazione originaria dei lavori e importo contrattuale del riaffidamento dei lavori stessi, sommati i pagamenti effettuati al Contraente o da effettuarsi in base agli stati d'avanzamento. La garanzia si applica ai casi di risoluzione del contratto previsti sia dal Codice dei contratti che dal Codice civile;
- per gli affidamenti al Contraente generale o appalti di particolare valore l'art. 104 prevede anche la garanzia di buon adempimento che sembra replicare il contratto relativo alla garanzia definitiva ma se ne differenzia perché riguarda i soli appalti di lavori ed è complementare a quella sulla rescissione del contratto.

2.21 Il contenzioso

2.21.1 Gli strumenti deflativi del contenzioso

La Parte IV del Codice (Titolo I) è intitolata al contenzioso e disciplina gli **strumenti stragiudiziali e giudiziali di composizione delle liti** in materia di contratti pubblici e, nella specie, l'accordo bonario, la transazione e l'arbitrato:

> con l'**accordo bonario** le parti raggiungono un'intesa quando, a seguito di iscrizione di riserve sui documenti contabili, l'importo economico dell'opera può essere oggetto di una variazione compresa tra il 5 ed il 15 per cento dell'importo contrattuale. La questione è rimessa ad un esperto scelto dalle controparti o, in caso di mancata intesa sul nome, dalla Camera arbitrale. L'impresa, in caso di rifiuto della proposta di accordo bonario ovvero di inutile decorso del termine per l'accettazione, può instaurare un contenzioso giudiziario entro i successivi sessanta giorni, a pena di decadenza (art. 205);

> la **transazione** è un rimedio residuale: le controversie relative a diritti soggettivi derivanti dall'esecuzione dei contratti pubblici possono essere risolte mediante transazione nel rispetto del codice civile, solo se non risulti possibile esperire altri rimedi alternativi (art. 208);

> ai sensi dell'art. 209, le controversie su diritti soggettivi, derivanti dall'esecuzione dei contratti pubblici, comprese quelle conseguenti al mancato raggiungimento dell'accordo bonario, possono essere deferite ad arbitri (**arbitrato**). Il collegio arbitrale è composto da tre membri ed è nominato dalla Camera arbitrale. La nomina degli arbitri per la risoluzione delle controversie nelle quali è parte una pubblica ammini-

strazione avviene nel rispetto dei principi di pubblicità e di rotazione oltre che nel rispetto delle disposizioni del Codice contratti;
- su iniziativa delle stazioni appaltanti o di una o più delle altre parti, è possibile sottoporre all'ANAC questioni che possano insorgere nello svolgimento delle procedure di gara. Tale **parere di precontenzioso** viene reso dall'ANAC entro 30 giorni dalla ricezione della richiesta ed è vincolante in quanto obbliga le parti che vi abbiano preventivamente acconsentito ad attenersi a quanto in esso stabilito. Il parere è impugnabile innanzi ai competenti organi della giustizia amministrativa ai sensi dell'articolo 120 del Codice del processo amministrativo.

2.21.2 Ricorsi giurisdizionali

L'art. 133, comma 1, lett. *e*), del D.Lgs. 104/2010 (Codice del processo amministrativo) affida alla giurisdizione esclusiva del giudice amministrativo tutte le controversie, incluse quelle risarcitorie, relative alle procedure di affidamento di contratti pubblici di lavori, servizi, forniture, sia sopra che sotto soglia europea, sia nei settori ordinari che in quelli speciali, quale che sia la tipologia contrattuale utilizzata (appalto o concessione).

2.22 Gli appalti di lavori pubblici

Quello sin qui esposto è, sostanzialmente, l'abituale procedimento attraverso cui si articola la scelta del contraente e l'esecuzione nel caso di contratti pubblici aventi ad oggetto la fornitura di beni e servizi pubblici. Nel caso di lavori pubblici, tale procedimento è più complesso poiché sono previste ulteriori fasi ed istituti specifici. Volendo sintetizzare, rispetto alle forniture di beni e servizi, l'esecuzione di opere pubbliche si caratterizza soprattutto per una disciplina minuziosa della fase della progettazione e per una normativa specifica relativa alla qualificazione degli esecutori.
L'art. 23 del Codice dei contratti dispone che **la progettazione in materia di lavori pubblici** sia articolata secondo **tre livelli** di successivi approfondimenti tecnici, in: progetto di fattibilità tecnica ed economica, progetto definitivo e progetto esecutivo. Le prestazioni relative alla progettazione possono essere espletate da dipendenti pubblici (progettazione interna) o affidate a soggetti esterni alla pubblica amministrazione (progettazione esterna) previa procedura di evidenza pubblica.
L'art. 84 del Codice, ha previsto **un sistema di qualificazione per tutti gli esecutori**, a qualsiasi titolo, di **lavori pubblici di importo superiore a 150.000 euro**. Le imprese devono ottenere una attestazione di qualificazione rilasciata da una Società Organismo di Attestazione (SOA) che attesti che l'impresa è in possesso di:
- certificato di sistema qualità rilasciato ai sensi della ISO 9000;
- requisiti generali (assenza di cause di possibile esclusione);
- requisiti speciali (tecnico-organizzativi e economico-finanziari);
- certificazione del *rating* di impresa, rilasciata dall'ANAC.

Capitolo 3
Il partenariato pubblico-privato

3.1 I contratti di partenariato

L'espressione partenariato pubblico-privato (PPP) si riferisce a "**forme di cooperazione tra le autorità pubbliche ed il mondo delle imprese** che mirano a garantire il finanziamento, la costruzione, il rinnovamento, la gestione o la manutenzione di un'infrastruttura o la fornitura di un servizio" (così il *Libro Verde* presentato dalla Commissione a Bruxelles il 30-4-2004). Si tratta di un fenomeno che negli ultimi anni si è sviluppato in molti settori poiché permette al settore pubblico di reperire risorse finanziarie private e contemporaneamente di beneficiare del *know-how* e dei metodi di funzionamento del settore privato nel quadro della vita pubblica.
Normalmente le operazioni di PPP condividono le seguenti **caratteristiche**:

> la modalità di **finanziamento**, normalmente **garantito da parte dal settore privato** anche se non è raro che vi siano quote di finanziamento pubblico aggiuntive rispetto alle risorse impiegate dai privati;
> l'importante **ruolo dell'operatore economico**, che partecipa a varie fasi del progetto (progettazione, realizzazione, attuazione, finanziamento). Il partner pubblico si concentra principalmente sulla definizione degli obiettivi da raggiungere e garantisce il controllo del rispetto di questi obiettivi;
> la **ripartizione dei rischi tra il partner pubblico ed il partner privato**, con quest'ultimo che si assume rischi di solito a carico del settore pubblico.

L'art. 3 D.Lgs. 50/2016 definisce più esplicitamente il partenariato pubblico privato come il contratto a titolo oneroso stipulato per iscritto con il quale una o più stazioni appaltanti conferiscono a uno o più operatori economici, per un periodo determinato in funzione della durata dell'ammortamento dell'investimento o delle modalità di finanziamento fissate, un complesso di attività consistenti nella realizzazione, trasformazione, manutenzione e gestione operativa di un'opera in cambio della sua disponibilità, o del suo sfruttamento economico, o della fornitura di un servizio connesso all'utilizzo dell'opera stessa, con assunzione di rischio secondo modalità individuate nel contratto, da parte dell'operatore. Nella tipologia del contratti appena definiti rientrano la finanza di progetto (*project financing*), la concessione di costruzione e gestione, la concessione di servizi, la locazione finanziaria di opere pubbliche, il contratto di disponibilità e qualunque altra procedura di realizzazione in partenariato di opere o servizi che presentino le caratteristiche suddette.

3.2 Le concessioni

Gli articoli da 164 a 178 del Codice recano la disciplina dei contratti di concessione e, sulla scorta di quanto prevede la direttiva 2014/23/UE, per la prima volta dettano regole generali unitarie per le concessioni di lavori e di servizi.

L'articolo 165 (Concessioni) chiarisce che si tratta di contratti caratterizzati dal **trasferimento al concessionario del rischio operativo** riferito alla possibilità che le variazioni del mercato incidano sull'equilibrio del piano economico finanziario.
Sotto il profilo finanziario, si segnala in particolare:

> che le variazioni devono essere, in ogni caso, in grado di incidere significativamente sul valore attuale netto dell'insieme degli investimenti, dei costi e dei ricavi del concessionario;
> che l'equilibrio economico finanziario rappresenta il presupposto per una corretta allocazione dei rischi e che, ai soli fini del raggiungimento del predetto equilibrio, in sede di gara l'amministrazione aggiudicatrice può stabilire anche un prezzo consistente in un contributo pubblico ovvero nella cessione di beni immobili;
> che l'eventuale riconoscimento del prezzo, sommato al valore di eventuali garanzie pubbliche o di ulteriori meccanismi di finanziamento a carico della pubblica amministrazione, non può essere superiore al 50% del costo dell'investimento complessivo, comprensivo di eventuali oneri finanziari;
> che la sottoscrizione del contratto di concessione è condizionata alla presentazione del contratto di finanziamento.

La **sottoscrizione del contratto** di concessione, in particolare, ha luogo dopo la presentazione di idonea documentazione inerente il finanziamento dell'opera. È risolto di diritto ove il contratto di finanziamento non sia perfezionato entro 12 mesi dalla sottoscrizione del contratto di concessione.
L'articolo 168, sulla base di quanto stabilisce l'articolo 18 della direttiva, prevede una **durata massima** limitata delle concessioni, che è determinata nel bando di gara dall'amministrazione aggiudicatrice o dall'ente aggiudicatore in funzione dei lavori o servizi richiesti al concessionario. Rispetto al testo della direttiva, si prevede, inoltre, che la stessa sia commisurata al valore della concessione, nonché alla complessità organizzativa dell'oggetto della stessa.
L'art. 164, comma 2, del Codice afferma esplicitamente che "*alle procedure di aggiudicazione di contratti di concessione di lavori pubblici o di servizi si applicano, per quanto compatibili, le disposizioni contenute nella parte I* [disposizioni comuni] *e nella parte II* [contratti di appalto per lavori, servizi e forniture], *del presente codice, relativamente ai principi generali, alle esclusioni, alle modalità e alle procedure di affidamento, alle modalità di pubblicazione e redazione dei bandi e degli avvisi, ai requisiti generali e speciali e ai motivi di esclusione, ai criteri di aggiudicazione, alle modalità di comunicazione ai candidati e agli offerenti, ai requisiti di qualificazione degli operatori economici, ai termini di ricezione delle domande di partecipazione alla concessione e delle offerte, alle modalità di esecuzione*".

L'articolo 166 esplicitamente riconosce il **principio di libera amministrazione delle autorità pubbliche**, per cui le autorità nazionali, regionali e locali possono liberamente organizzare l'esecuzione dei propri lavori o la prestazione dei propri servizi per garantire, in particolare, un elevato livello di qualità, sicurezza e accessibilità, la parità di trattamento e la promozione dell'accesso universale e dei diritti dell'utenza nei servizi pubblici. L'articolo 173, comma 1, disciplina i criteri di aggiudicazione delle concessioni richiamando l'articolo 30, recante i principi per l'aggiudicazione dei contratti pubblici, tra i quali i principi di economicità, efficacia, tempestività e correttezza, nonché i principi di libera concorrenza, non discriminazione, trasparenza, proporzionalità, nonché di pubblicità.

3.3 Il *project financing*

L'istituto del *project financing*, di derivazione anglosassone, è stato introdotto nel nostro ordinamento al fine di agevolare la realizzazione di opere pubbliche mediante l'apporto di capitali privati: sua caratteristica essenziale è quella di porre a **carico dei soggetti promotori o aggiudicatari, in tutto o in parte, i costi necessari alla progettazione ed esecuzione dei lavori, assicurando loro come unica controprestazione il diritto di gestione funzionale e di sfruttamento economico** delle opere realizzate; come afferma l'art. 183 del Codice (D.Lgs. 50/2016), quindi, si tratta di una particolare tipologia di concessione di lavori.

L'art. 183, co. 1-14, D.Lgs. 50/2016 disciplina una prima procedura su iniziativa delle amministrazioni aggiudicatrici per lavori inclusi nella programmazione. Si tratta della procedura in cui le amministrazioni aggiudicatrici possono **affidare una concessione** ponendo **a base di gara il progetto di fattibilità**, mediante pubblicazione di un bando finalizzato alla presentazione di offerte che contemplino l'utilizzo di risorse totalmente o parzialmente a carico dei soggetti proponenti. Tale procedura riguarda la realizzazione di **lavori pubblici** o di lavori di pubblica utilità **inseriti negli strumenti di programmazione** formalmente approvati dall'amministrazione aggiudicatrice sulla base della normativa vigente.

A seguito dell'art. 8, comma 5, lett. d) del **D.L. 76/2020**, gli operatori economici possono presentare proposte relative alla realizzazione in concessione di lavori pubblici o di lavori di pubblica utilità, **anche se presenti negli strumenti di programmazione** approvati dall'amministrazione aggiudicatrice presentando progetti alternativi o migliorati rispetto a quelli già previsti dai citati strumenti (art. 183, commi 15-20 del Codice).

Dopo l'aggiudicazione il soggetto aggiudicatario può costituire una **società di progetto** in forma di società per azioni o a responsabilità limitata, anche consortile, che consente di separare i rapporti giuridici conseguenti ad un progetto rispetto all'attività ordinaria dei soggetti coinvolti. La norma si applica nei casi di concessione per la realizzazione e/o gestione di un'infrastruttura o di un nuovo servizio di pubblica utilità (art. 184).

3.4 Il contratto di disponibilità

Si tratta del contratto (introdotto dall'art. 44 del D.L. 1/2012 e ora contemplato dall'art. 188 D.Lgs. 50/2016) mediante il quale sono affidate, a rischio e a spesa dell'affidatario, la costruzione e la messa a disposizione a favore dell'amministrazione aggiudicatrice di un'opera di proprietà privata destinata all'esercizio di un pubblico servizio, a fronte di un corrispettivo. Si intende per *messa a disposizione* l'onere assunto a proprio rischio dall'affidatario di assicurare all'amministrazione aggiudicatrice la costante fruibilità dell'opera, nei limiti dei parametri di funzionalità previsti dal contratto, garantendo allo scopo la perfetta manutenzione e la risoluzione di tutti gli eventuali vizi, anche sopravvenuti.

L'affidatario del contratto di disponibilità può essere retribuito con i seguenti corrispettivi:

a) un **canone di disponibilità**, da versare soltanto in corrispondenza all'effettiva disponibilità dell'opera. Il canone è proporzionalmente ridotto o annullato nei periodi di ridotta o nulla disponibilità della stessa per manutenzione, vizi o qualsiasi motivo non rientrante tra i rischi a carico dell'amministrazione aggiudicatrice;

b) l'eventuale riconoscimento di un **contributo in corso d'opera**, comunque non superiore al 50% del costo di costruzione, in caso di trasferimento della proprietà dell'opera all'amministrazione aggiudicatrice;
c) un eventuale **prezzo di trasferimento**, parametrato, in relazione ai canoni già versati e all'eventuale contributo in corso d'opera, al valore di mercato residuo dell'opera. Può essere corrisposto al termine del contratto, in caso di trasferimento della proprietà dell'opera all'amministrazione aggiudicatrice.

3.5 Il contraente generale

L'istituto del contraente generale (*general contractor)* consente al soggetto aggiudicatore di affidare ad un soggetto dotato di adeguata capacità organizzativa, tecnico-realizzativa e finanziaria la realizzazione con qualsiasi mezzo dell'opera, nel rispetto delle esigenze specificate nel progetto redatto dal soggetto aggiudicatore e posto a base di gara, a fronte di un corrispettivo pagato in tutto o in parte dopo l'ultimazione dei lavori (art. 194, co. 1).
La disciplina prevede:
> che il **soggetto aggiudicatore nomini** il **direttore dei lavori e i collaudatori** e assicuri un costante monitoraggio dei lavori anche tramite un comitato permanente costituito da suoi rappresentanti e rappresentanti del contraente generale;
> che il ricorso alla **scelta** di aggiudicare mediante affidamento al contraente generale deve essere **motivata** dalla stazione appaltante in ragione della complessità e di altre esigenze al fine di garantire un elevato livello di qualità, sicurezza ed economicità;
> che per l'affidamento a contraente generale si ponga a **base di gara il progetto definitivo** (comma 2);
> che l'aggiudicazione dei contratti avvenga secondo il criterio dell'**offerta economicamente più vantaggiosa** (comma 4).

Il **collaudo delle infrastrutture** deve avvenire con le modalità e nei termini previsti dall'articolo 102 del Codice. Gli *oneri relativi sono a carico dei fondi a disposizione del soggetto aggiudicatore* per la realizzazione delle predette infrastrutture.
L'art. 197 D.Lgs. 50/2016 prevede che l'**attestazione del possesso dei requisiti** del contraente generale sia disciplinata con il Regolamento unico di attuazione (così dopo la L. 55/2019).

Estensioni WEB

Test di verifica online